홈페이지 QR

예제 파일 다운로드

❶ 혜지원 홈페이지(www.hyejiwon.co.kr) 접속

❷ 상단 메뉴의 〈자료실〉에서 〈IT〉 클릭

❸ 검색 창에 실무 엑셀 완전 정복2 입력

❹ 페이지 하단의 다운로드 탭에서

파일 다운로드 클릭

엑셀 이것만!

진짜 실무 엑셀 완전 정복 2

업무에서 쓰이는 실전 백과사전

진짜 업무에서 쓰이는 실전 백과사전
실무 엑셀 완전 정복 2

진짜 업무에서 쓰이는 실전 백과사전

실무 엑셀 완전 정복 2

초판 인쇄일 2026년 1월 5일
초판 발행일 2026년 1월 14일

지은이 이동훈(튜터 엔진)
발행인 박정모
발행처 도서출판 혜지원
등록번호 제9-295호
주소 경기도 파주시 회동길 445-4(문발동 638) 302호
전화 031)955-9221~5
팩스 031)955-9220
홈페이지 www.hyejiwon.co.kr **인스타그램** @hyejiwonbooks

기획 김태호
진행 박혜지
디자인 김보리
영업마케팅 김준범, 서지영
ISBN 979-11-6764-092-5
정가 29,000원

엑셀 이것만!

진짜 업무에서 쓰이는 실전 백과사전

실무 엑셀 완전 정복 2

이동훈 지음

피벗 테이블을 활용하는 방법 | 주요 엑셀 함수 정리 | 엑셀의 자동화 기능

혜지원

머리말

엑셀은 기능의 폭이 넓고, 그 안에 담긴 원리를 이해할수록 업무 효율은 눈에 띄게 높아집니다. 1권에서 엑셀의 기본 엔진과 주요 탭을 중심으로 기초를 다졌다면, 이 두 번째 책에서는 엑셀의 심화 기능과 실무 응용력 향상에 초점을 맞추었습니다.

이번 책은 실무자들이 가장 많이 활용하면서도 제대로 이해하지 못하는 기능과 함수를 중심으로 구성했습니다. 특히 많은 강의나 서적에서도 자세히 다루지 않는 피벗 테이블의 구조와 운영 원리를 깊이 있게 분석하여, 사용자가 스스로 데이터를 설계하고 분석 논리를 세울 수 있도록 체계적으로 정리했습니다. 피벗 테이블이 단순한 요약 도구가 아니라 '데이터 분석의 중심 엔진'임을 깨닫게 될 것입니다.

또한 함수 파트에서는 수많은 함수를 무작정 나열하는 대신, 실제 업무 현장에서 반복적으로 사용되는 핵심 함수들만 선별하여 그 원리와 응용법을 실무 중심으로 다루었습니다. 각 함수가 어떤 상황에서 필요하고, 다른 함수와 어떻게 연결되어 문제를 해결하는지 명확히 이해할 수 있도록 구성했습니다.

2권의 파트 구성은 다음과 같습니다. PART 1은 삽입 탭에 있는 도형, 차트, 이미지, 피벗 테이블 등 시각적 표현과 분석 도구를 활용하는 방법을 다루었고, PART 2는 함수 운영 원리 및 사용 방법으로 실무에서 반드시 익혀야 할 주요 함수를 실제 예제 중심으로 정리했습니다. PART 3은 개발 도구 탭의 내용으로 매크로와 양식 컨트롤 기능을 통해 엑셀의 자동화와 확장 기능을 이해하도록 구성했습니다.

이 책이 엑셀의 구조적 사고를 확장하고, 실무 문제를 스스로 해결하는 능력을 키우는 데 실질적인 도움이 되길 바랍니다. 『실무 엑셀 완전 정복』 1권에서 시작된 학습의 여정이 이 책을 통해 한 단계 더 깊이 있는 전문성으로 이어지기를 기대합니다.

이동훈(튜터 엔진)

목차

PART 1 실무 예제로 알아보는 리본 메뉴- 삽입 탭

PART 2

실무 예제로 알아보는 함수 운영 원리 및 사용 방법

PART 3 실무 예제로 알아보는 리본 메뉴 개발 도구 탭

실무 예제로 알아보는

리본 메뉴- 삽입 탭

Part 1

CHAPTER 01

한 셀 안에서 막대나 꺾은선으로 데이터 추세 쉽게 확인하기

예제 파일 PART1_1 한 셀 안에서 막대나 꺾은선으로 데이터 추세 쉽게 확인하기

실무 스킬

엑셀에는 시각화에 쓰이는 도구들이 있습니다. 그중 데이터의 추세를 한 셀 안에서 파악하기 쉽게 차트 형태로 출력해 주는 스파크라인 기능에 대해 알아보도록 하겠습니다. 스파크라인은 행별로 정리된 데이터의 추세를 한 개 셀에 출력해 시간이나 날짜의 추세를 시각적으로 쉽게 확인할 수 있도록 도와주는 미니 차트입니다. 하지만 사용자의 필요에 따라서는 머리글이 시간이나 날짜가 아니라고 해도 규칙을 정해 놓고 사용할 수 있습니다. 엑셀을 어떻게 응용해서 사용하느냐는 사용자의 몫입니다.

실무 연습 ❶

01 [일주일판매량] 시트에서 '스타일코드별 일주일간 판매량' 추세를 L6:L18셀 범위에 꺾은선형 미니 차트로 출력해 보겠습니다. D6:J18셀을 범위 지정- [삽입] 탭- 스파크라인- '꺾은선형' 메뉴를 클릭합니다.

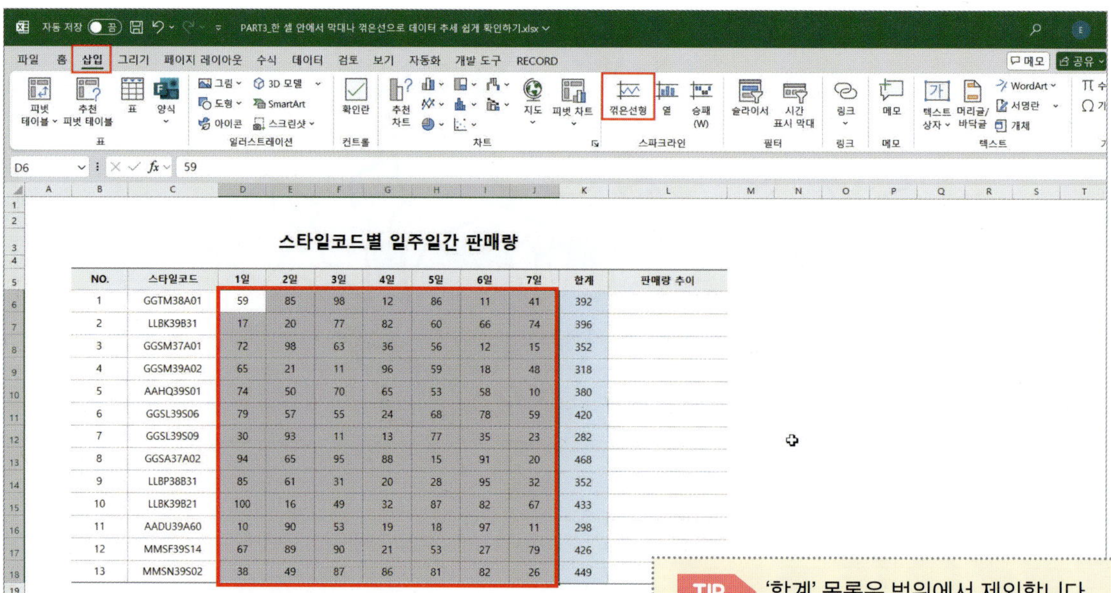

TIP '합계' 목록은 범위에서 제외합니다.

02 스파크라인 만들기- 원하는 데이터 선택- 데이터 범위- D6:J18- 스파크라인을 배치할 위치 선택- 위치 범위- '$L$6:$L$18' 를 마우스로 지정하고 확인 버튼을 누릅니다.

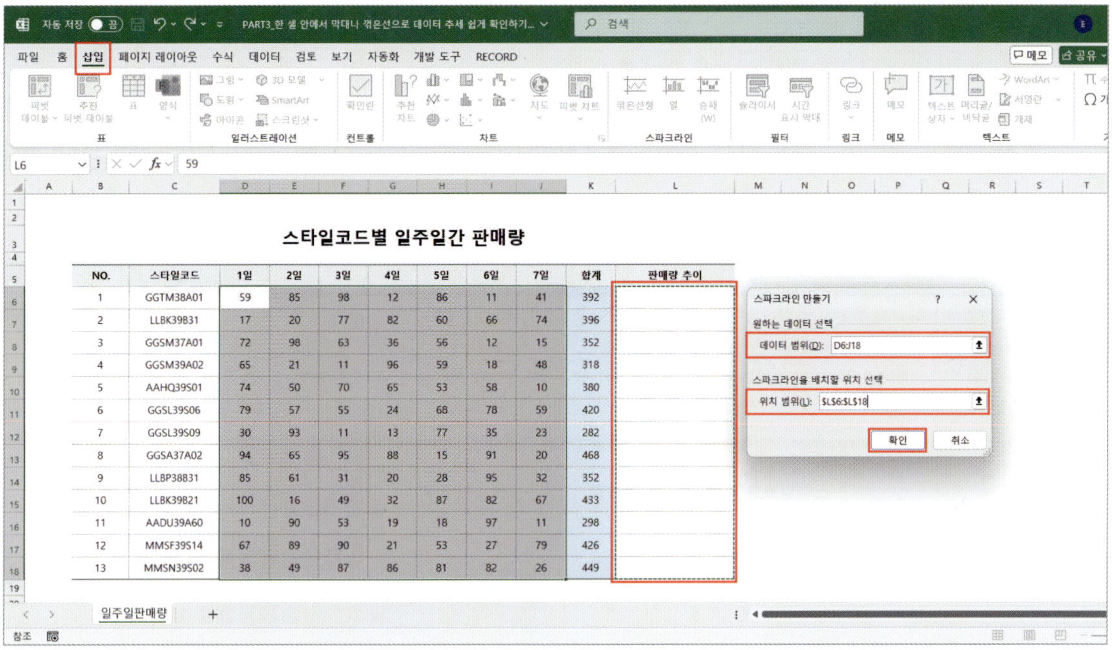

03 L6:L18셀 범위에 스파크라인 꺾은선형 미니 차트가 출력된 결과를 확인합니다.

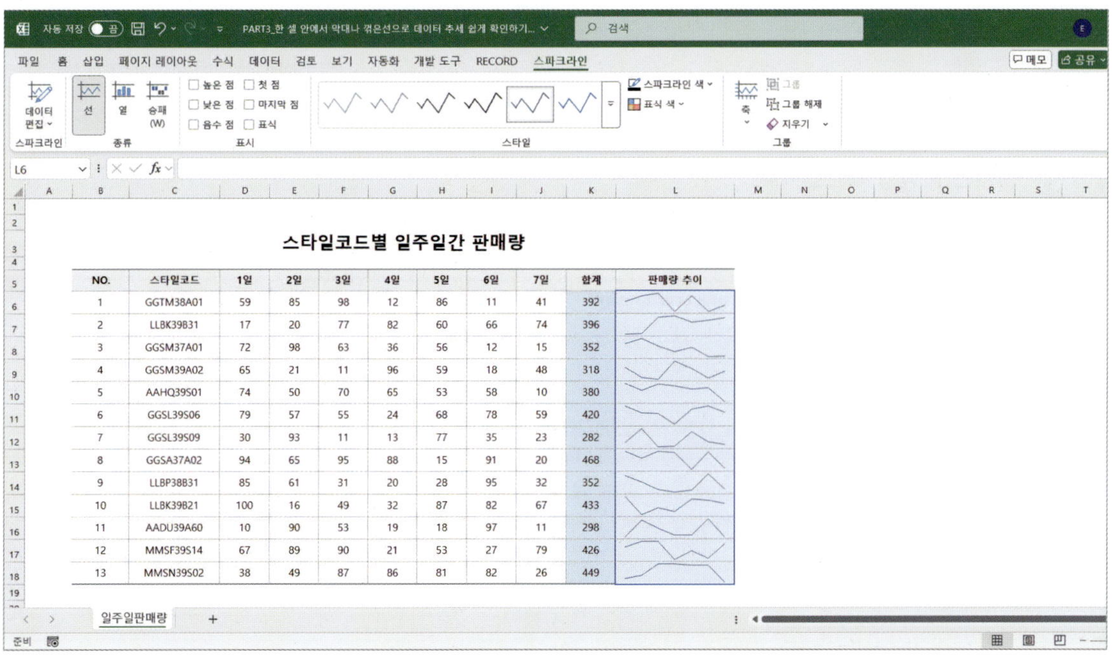

04 출력된 꺾은선형 미니 차트의 서식을 변경해 보겠습니다. 변경 조건은 아래와 같습니다.

> 1) (가장) '높은 점' 표시
> 2) (가장) '낮은 점' 표시
> 3) '표식' 표시, '표식 색상'-검정, 텍스트 1

❶ L6:L18셀을 범위 지정하거나 L6:L18셀 중 아무 셀을 클릭합니다. ❷ [스파트라인] 탭-[표시]에서 '높은 점', '낮은 점', '표식'에 체크합니다. ❸ [표식 색]에서는 [표식]-'검정, 텍스트1'을 선택합니다.

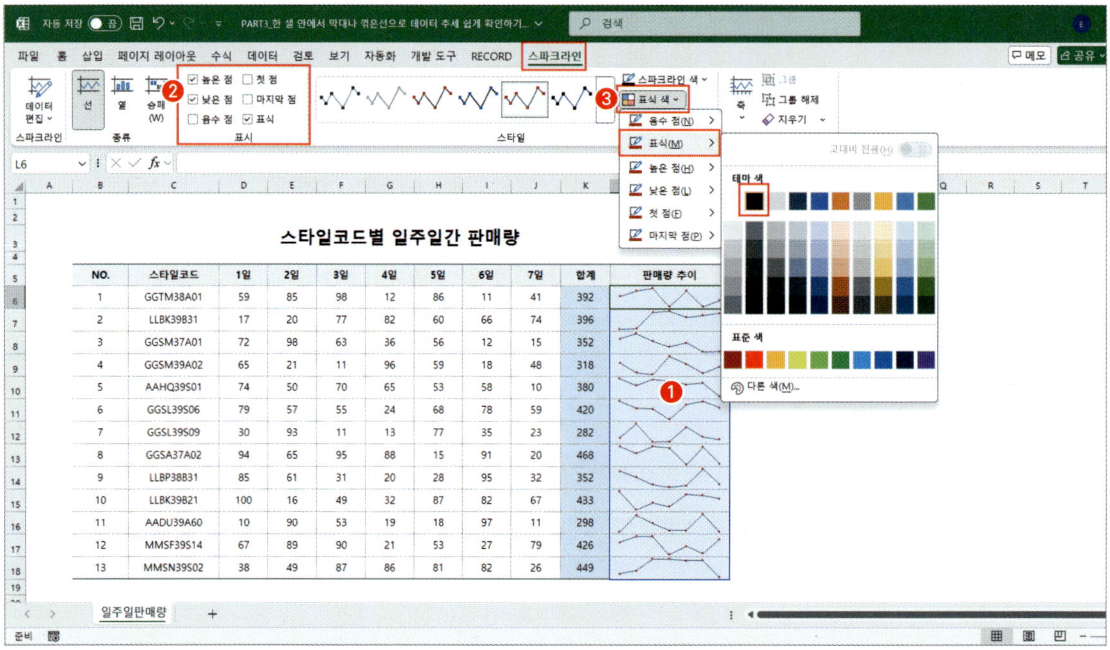

05 출력된 결과를 확인합니다.

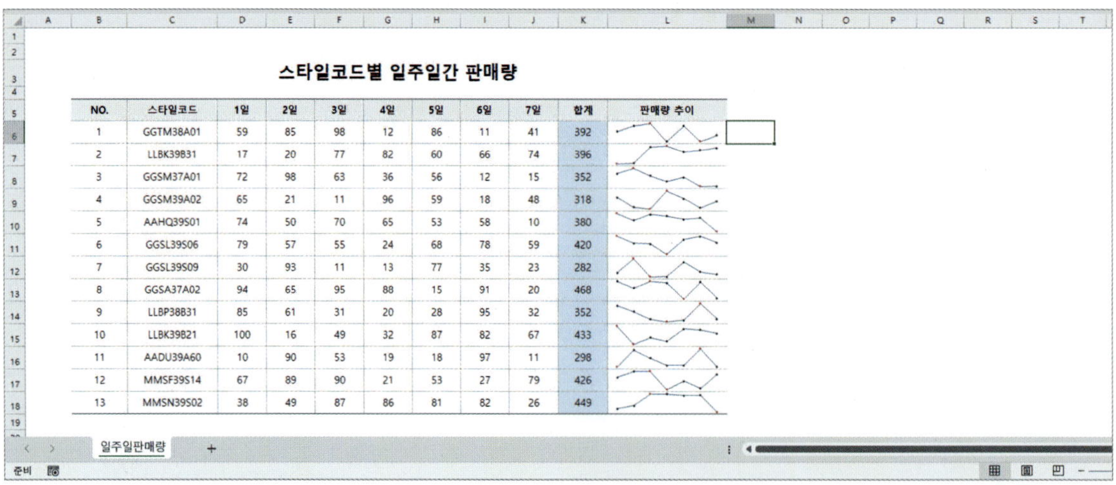

06

L6:L18셀 범위에 출력된 스파크라인 그룹을 해제하고 L7셀의 스파크라인만 꺾은선형에서 막대 형태의 열 스파크라인으로 표시해 보겠습니다. ❶ L7셀을 클릭합니다. ❷ [스파트라인] 탭-[그룹]-[그룹 해제]를 클릭합니다.

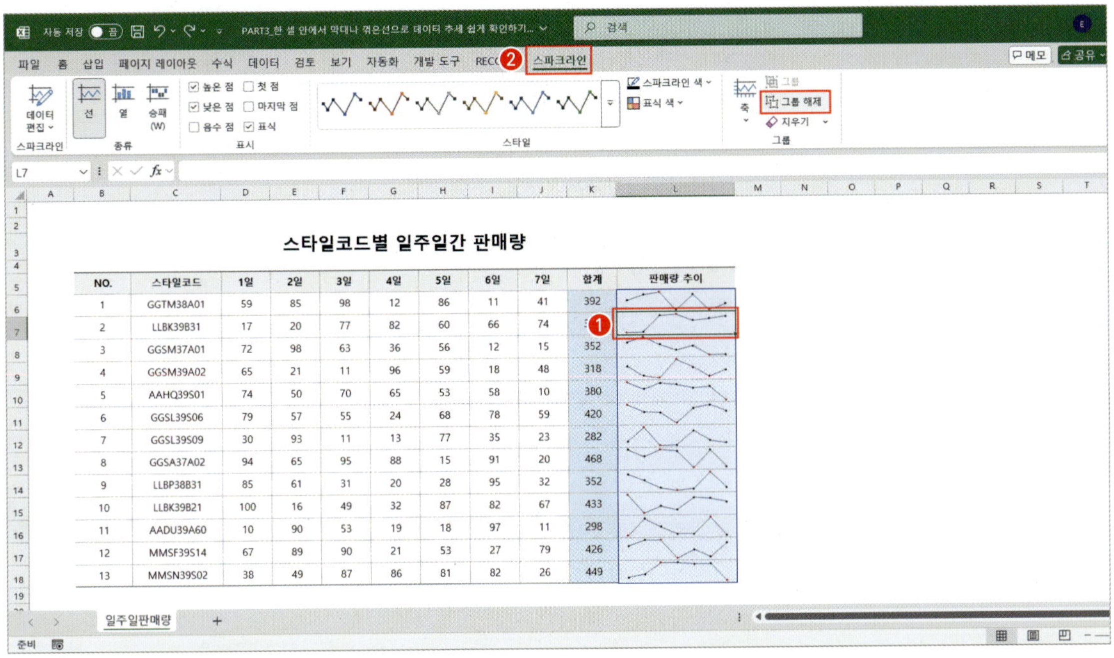

07

❶ [스파크라인] 탭-[종류]-[열]을 클릭합니다. ❷ L7셀에 출력된 결과를 확인합니다.

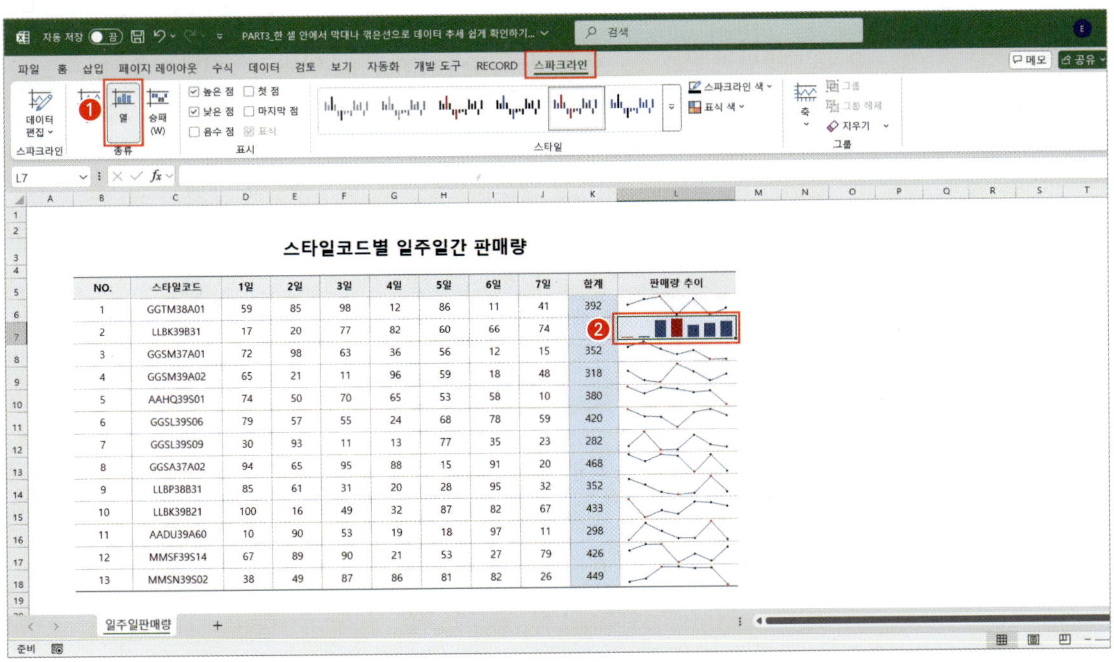

실무 연습 ❷

01 [일주일판매량] 시트에서 지금까지 출력된 스파크라인 미니 차트를 전부 지워 보겠습니다. L6:L18 셀 범위를 지정합니다.

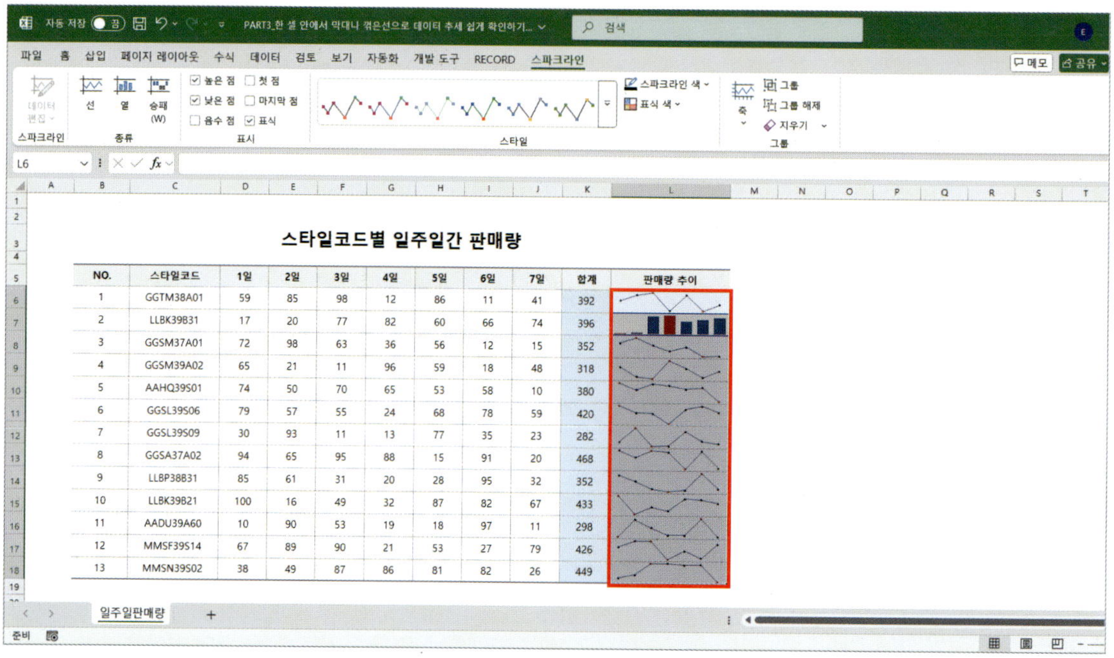

02 [스파크라인] 탭- 그룹- '지우기' 메뉴를 클릭합니다.

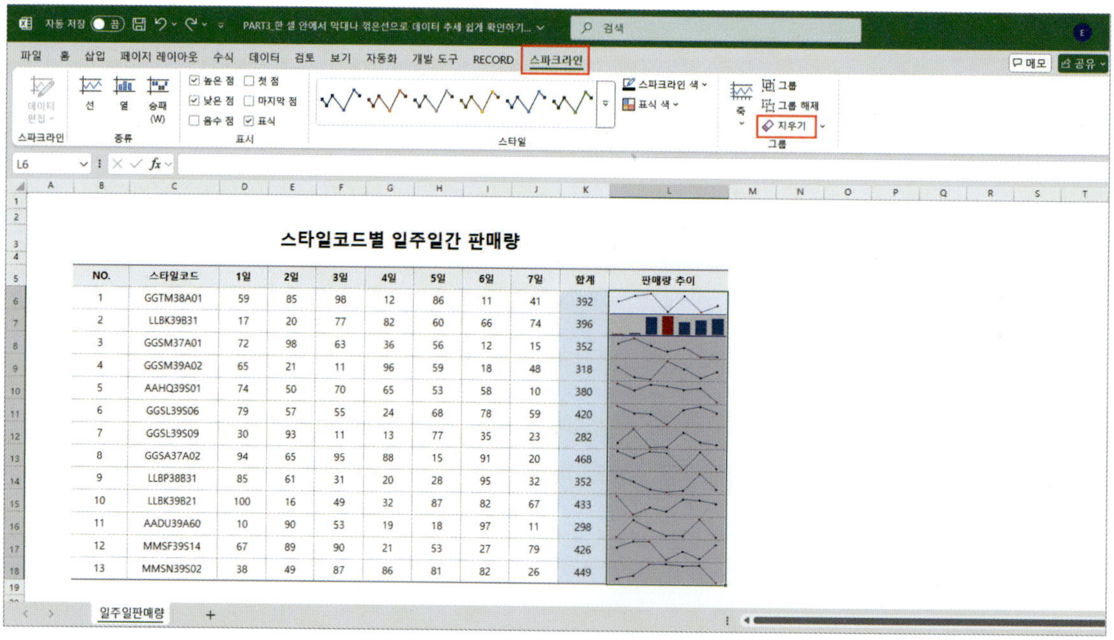

03 선택 범위에 스파크라인이 지워진 결과를 확인합니다.

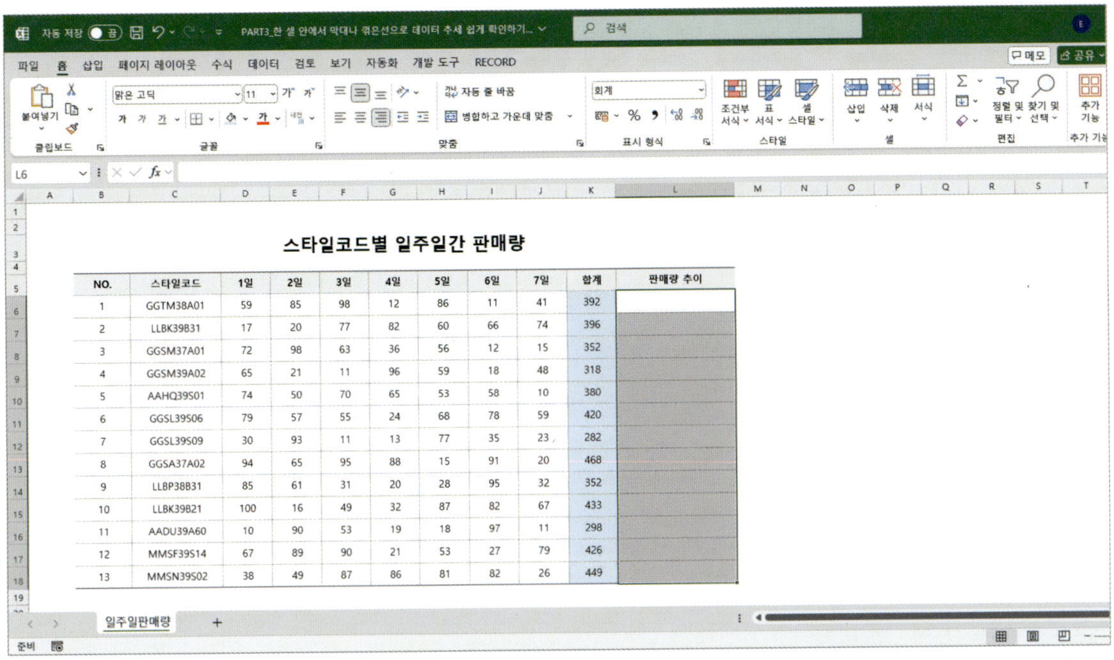

스타일코드별 일주일간 판매량

NO.	스타일코드	1일	2일	3일	4일	5일	6일	7일	합계	판매량 추이
1	GGTM38A01	59	85	98	12	86	11	41	392	
2	LLBK39B31	17	20	77	82	60	66	74	396	
3	GGSM37A01	72	98	63	36	56	12	15	352	
4	GGSM39A02	65	21	11	96	59	18	48	318	
5	AAHQ39S01	74	50	70	65	53	58	10	380	
6	GGSL39S06	79	57	55	24	68	78	59	420	
7	GGSL39S09	30	93	11	13	77	35	23	282	
8	GGSA37A02	94	65	95	88	15	91	20	468	
9	LLBP38B31	85	61	31	20	28	95	32	352	
10	LLBK39B21	100	16	49	32	87	82	67	433	
11	AADU39A60	10	90	53	19	18	97	11	298	
12	MMSF39S14	67	89	90	21	53	27	79	426	
13	MMSN39S02	38	49	87	86	81	82	26	449	

TIP 스파크라인의 [승패] 메뉴는 양수 또는 음수 구간에만 스파크라인을 표시해 주는 기능입니다. 하지만 실무에서 양수나 음수의 추세나 트렌드를 [승패] 메뉴를 사용해 출력하는 경우는 드뭅니다. '꺾은선형' 또는 '열' 스파크라인 기능만으로도 충분합니다.

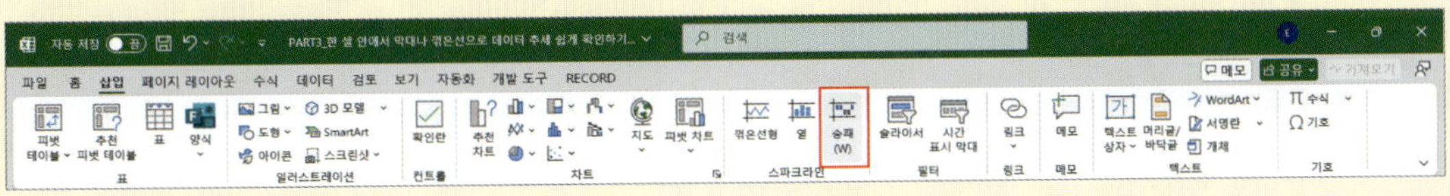

CHAPTER 02

조직도! 스마트하게 만들기!

예제 파일 PART1_2 조직도! 스마트하게 만들기!

실무 스킬

엑셀에서도 PPT 같은 템플릿을 만들 수 있습니다. 일부 기능 제한이 있지만 메뉴는 똑같습니다. 셀 단위로 이뤄진 엑셀은 셀 간격을 유지하면서 테두리 기능으로 표를 만들어야 한다는 제약이 있습니다. 하지만 도형 기능이 탑재된 SmartArt 기능을 활용하면 셀에 구애받지 않고 원하는 레이아웃의 조직도를 빠르게 만들 수 있습니다.

실무 연습 1

01 [조직도] 시트의 '○○회사 영업팀 조직도'를 SmartArt 기능을 사용해 만들어 보겠습니다. [삽입] 탭-[일러스트레이션]-[SmartArt]를 클릭합니다. 대화상자에서 [계층 구조]-[조직도형]을 더블클릭합니다.

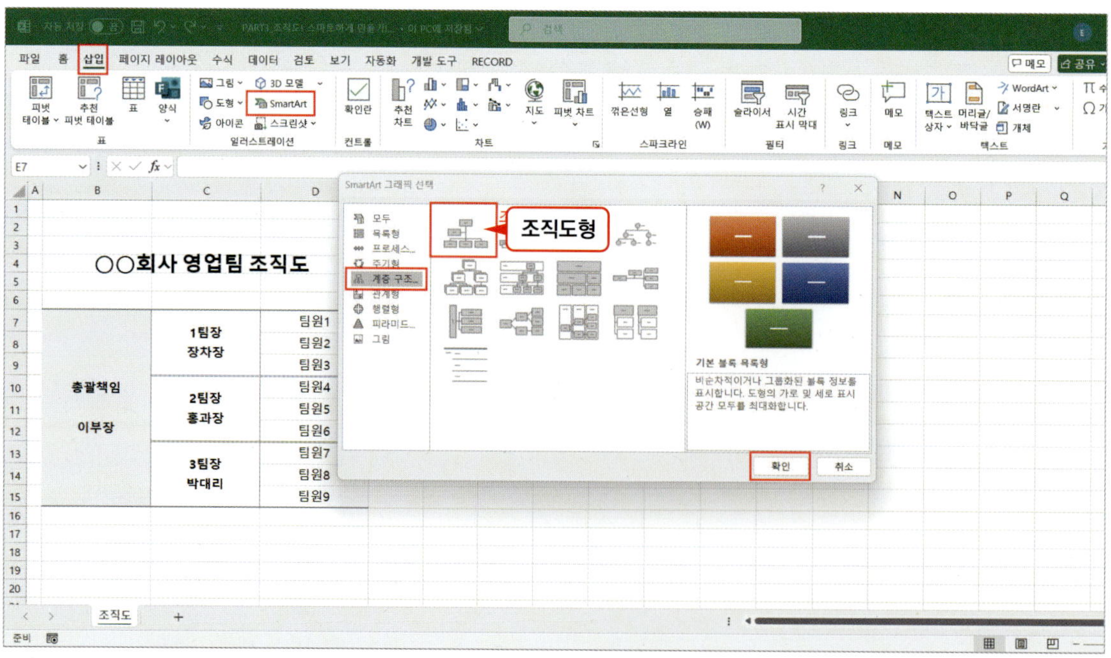

02 '텍스트를 입력하십시오' 대화상자 아래에 텍스트 입력란 5개가 있습니다. 위에서 두 번째 도형을 선택 후 [Delete] 키를 눌러 삭제합니다.

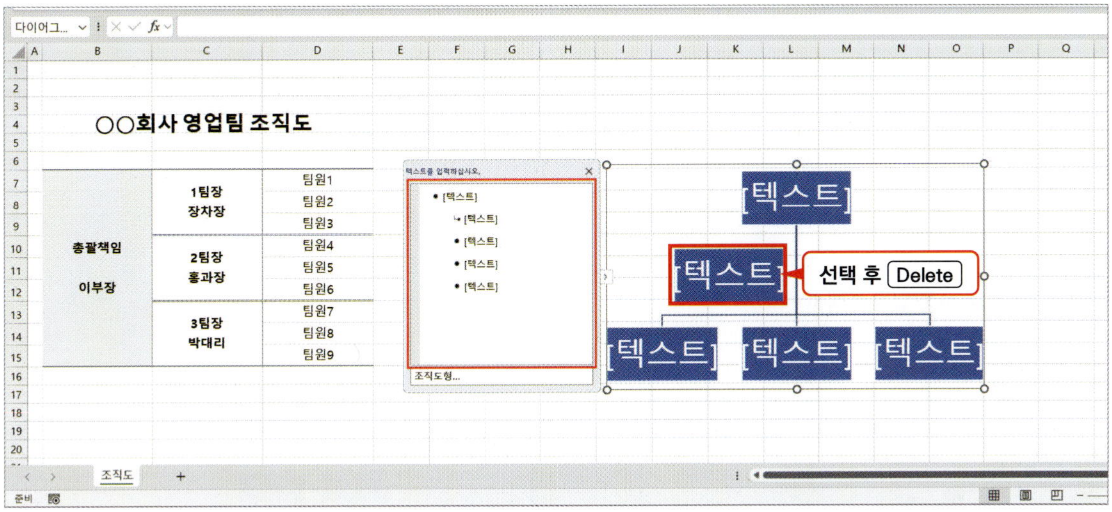

> **TIP** 위에서 두 번째 도형을 [Delete] 하는 이유는 아래 **03**번 레이아웃처럼 만들기 위함입니다.

03 [텍스트]란에 대/중/소분류별로 정보를 입력합니다. [텍스트]란이 부족하면 [Enter] 키를 누릅니다. 이때 추가된 텍스트는 현재 수준의 텍스트로 수준이 결정됩니다. '총괄책임 이부장- 1팀장 장차장을 입력합니다. [Tab] 키를 눌러가며 팀원1, 2, 3 정보를 차례대로 입력합니다.

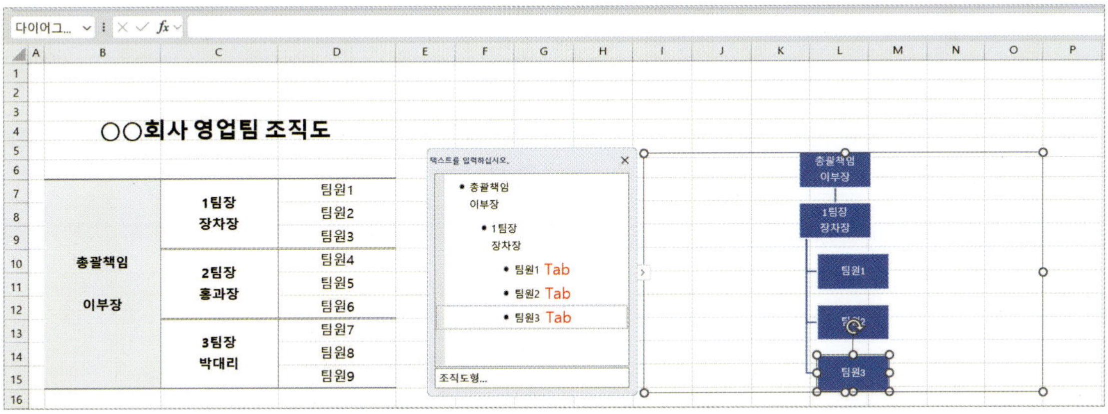

> **TIP** [텍스트] 수준을 올릴 때는 [Shift]+[Tab], [텍스트] 수준을 내릴 때는 [Tab] 키를 누르면 됩니다.

> **TIP** '텍스트를 입력하십시오' 대화상자가 보이지 않을 때 도형 외곽선 왼쪽 부등호 모양(>)을 클릭합니다.

04 다섯 번째 텍스트인 '팀원3'을 입력했으면, Enter 키를 누르고 Shift+Tab 키를 누릅니다. (수준 한 단계 올리기) 2팀장 홍과장 입력-Enter-Tab (수준 한 단계 내리기) 팀원4 입력-Enter-팀원5 입력-Enter-팀원6 입력을 수행합니다.

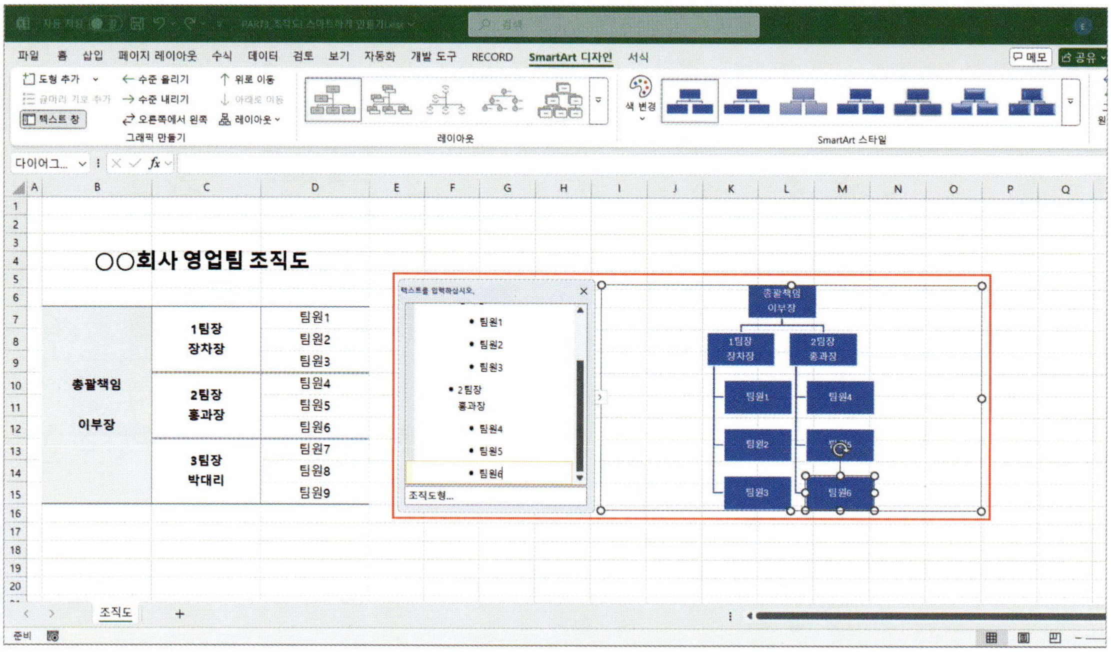

05 '팀원6'을 입력했으면, Enter 키를 누르고 Shift+Tab 키를 누릅니다. Enter-Tab-팀원7-Enter-팀원8-Enter-팀원9 정보를 차례대로 입력합니다.

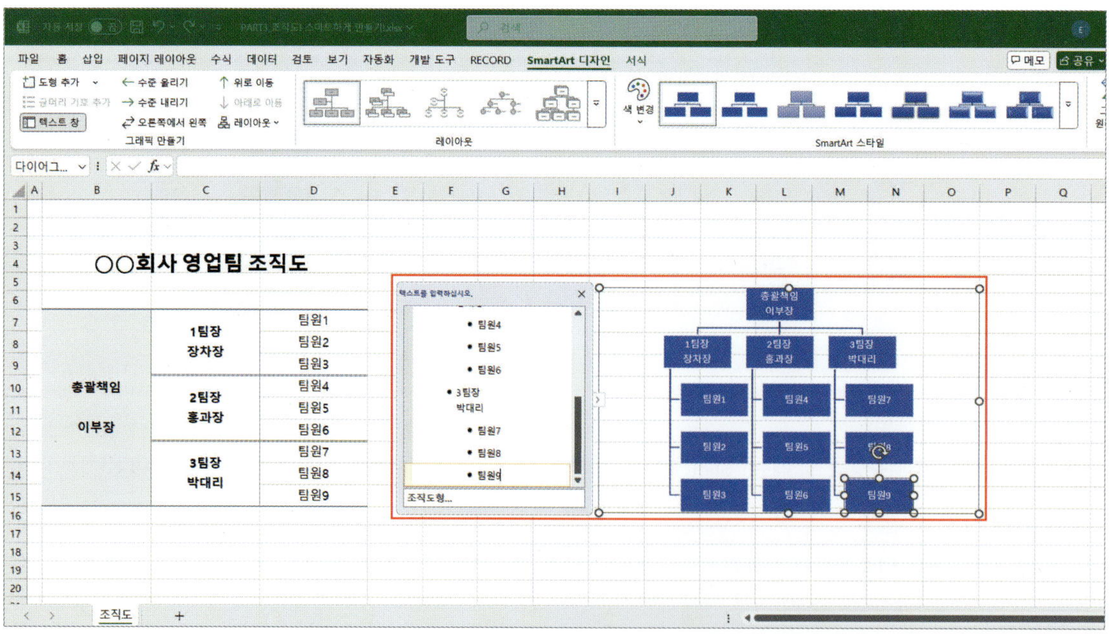

06 디자인 컬러 변경을 위해 [SmartArt디자인] 탭-[SmartArt 스타일]-[색 변경]-[강조 3]- [그라데이션 범위-강조 3]을 클릭합니다.

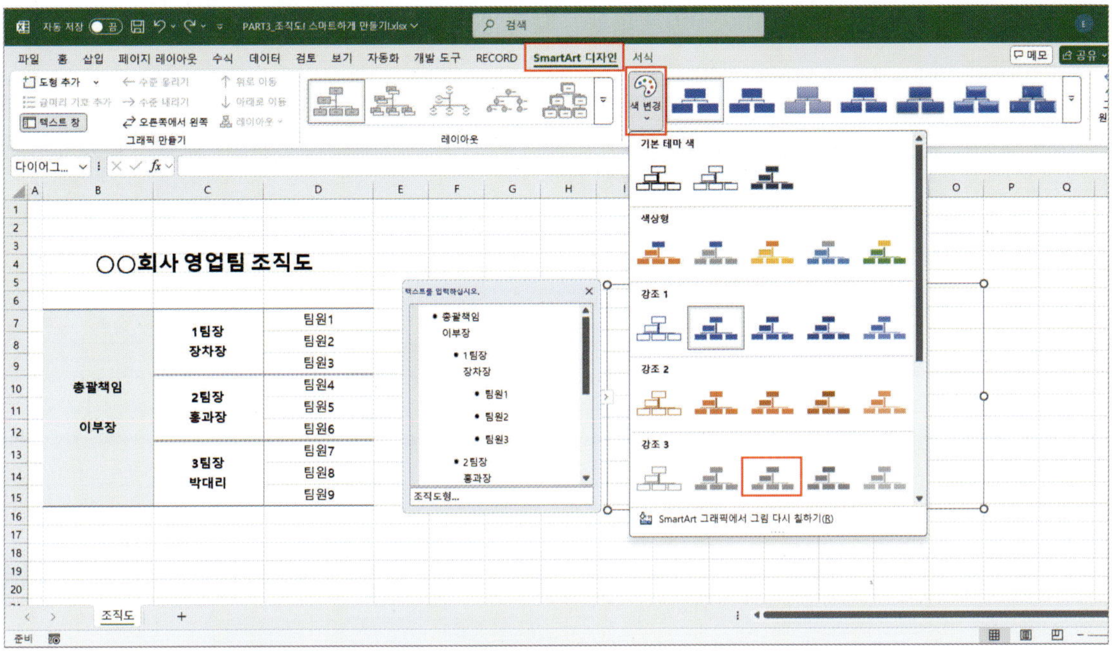

07 셀 여백을 클릭해 출력된 최종 결과물을 확인합니다.

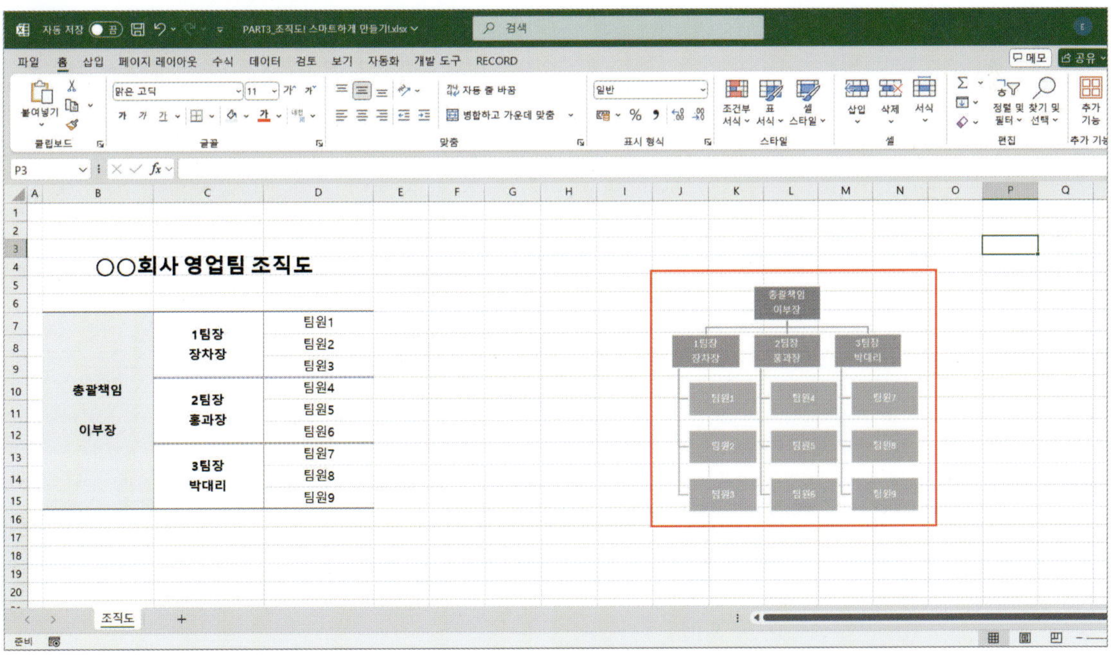

엑셀 엔진 UP! SmartArt 도형 크기 조정하기

01 SmartArt로 출력된 조직도 크기를 조정하기 위해서는 SmartArt로 출력된 도형을 클릭하면 보이는 양쪽 모서리 조절점(흰색 동그라미)을 당깁니다. 이때 모든 글꼴 크기 및 도형의 크기는 자동으로 조정됩니다.

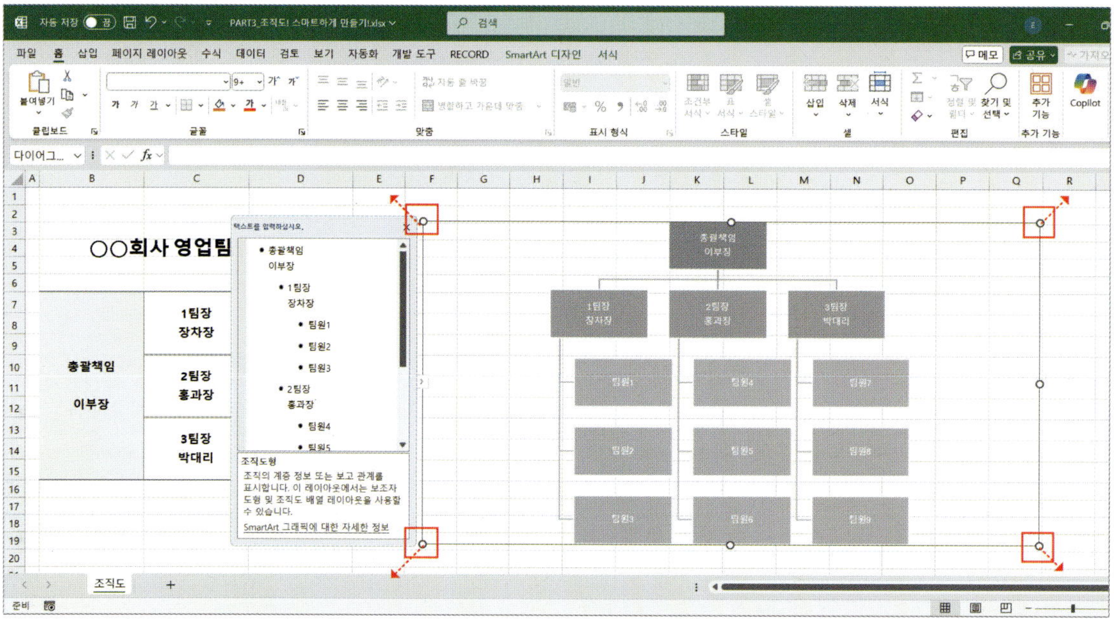

CHAPTER 03

PPT에서도 사용할 수 있는 도형 가공 방법 배우기

예제 파일 PART1_3 PPT에서도 사용할 수 있는 도형 가공 방법 배우기

실무 스킬

도형을 통해 보고서를 연출할 수 있습니다. 이를 위해 엑셀로 도형을 가공할 때 알아야 할 몇 가지 방법을 단계별로 알아보겠습니다.

실무 연습 ① 정사각형이나 정원 같은 대칭적이고 규칙적인 도형 출력 방법

01 [삽입] 탭-[일러스트레이션]-[도형]-[직사각형]을 클릭합니다.

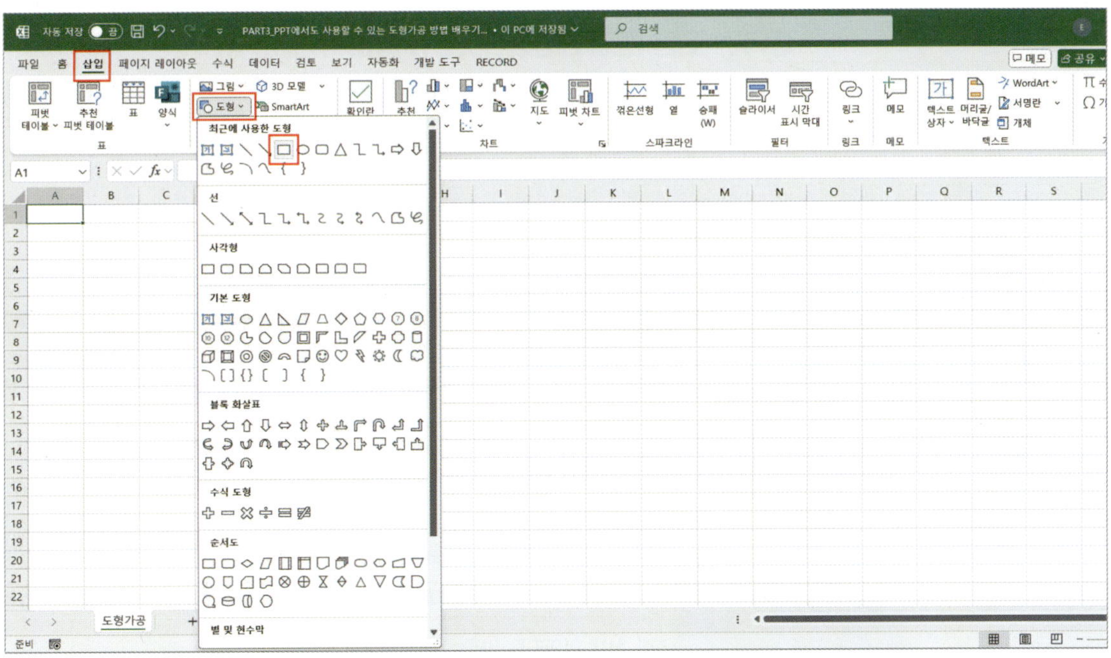

02 Shift 키를 누른 채 클릭 앤 드래그합니다. 그러면 아래와 같이 정사각형이 출력됩니다. 정원도 출력 방식은 똑같습니다.

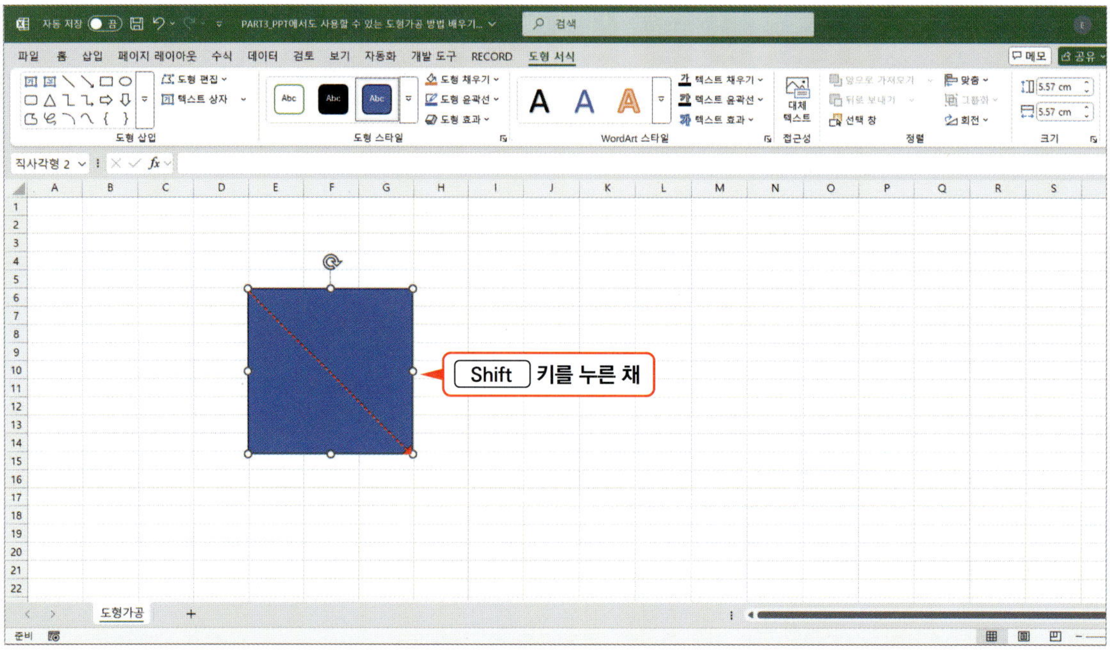

실무 연습 ② 출력된 도형 전체 대칭으로 크기 늘이기(줄이기)

01 각 모서리 조절점(흰색 동그라미)에 마우스를 갖다 대고 Ctrl 키를 누른 채 대각선으로 드래그합니다. 도형을 대칭으로 줄이기 위해서는 안쪽 대각선으로 드래그합니다. 이때 위/아래 너비와 좌/우 너비가 대칭으로 동시에 줄어들게 됩니다.

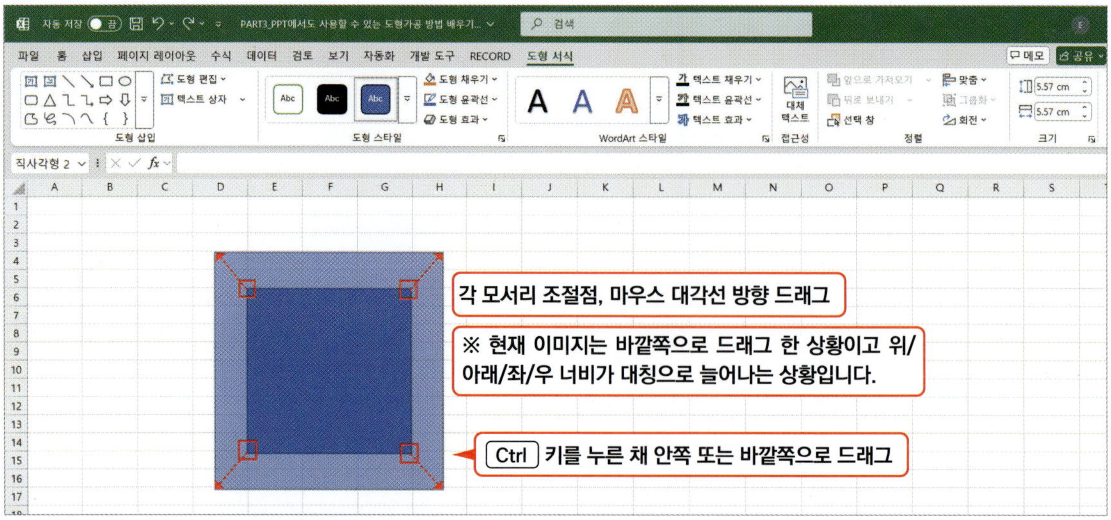

실무 연습 ❸ 출력된 도형 위/아래 또는 좌/우 대칭으로 크기 늘이기(줄이기)

01 상하의 도형 조절점을 클릭한 채 Ctrl 키를 누른 채로 드래그합니다. 도형을 대칭으로 늘이기 위해서는 바깥쪽으로 드래그합니다.

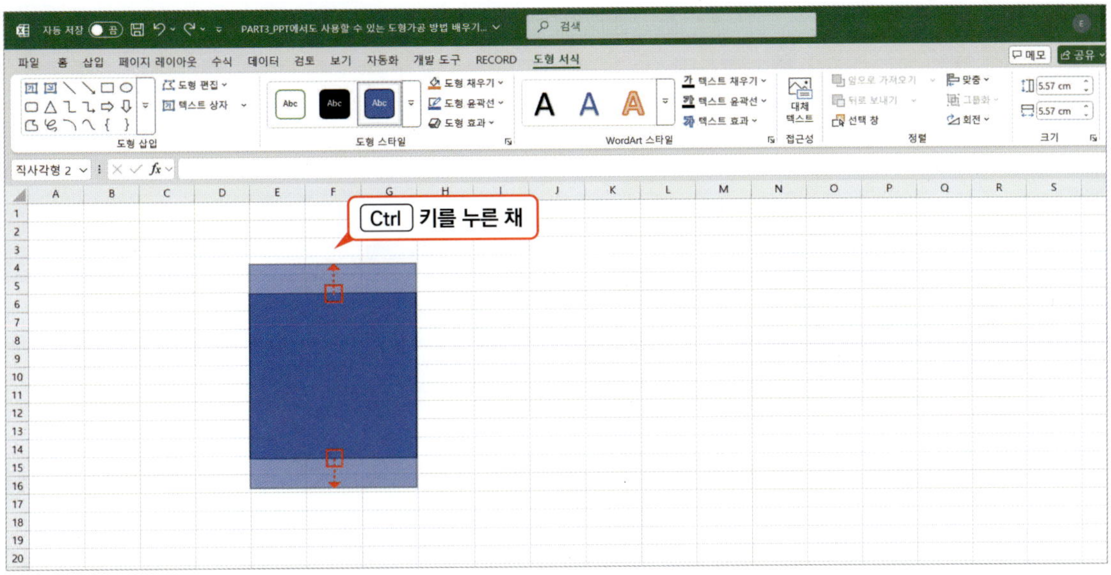

※ 도형을 위/아래 대칭으로 줄이기 위해서는 Ctrl 키를 누른 채 안쪽으로 드래그합니다.

02 좌우 도형 조절점에 마우스를 위치하고 Ctrl 키를 누른 채 왼쪽 또는 오른쪽으로 드래그합니다.

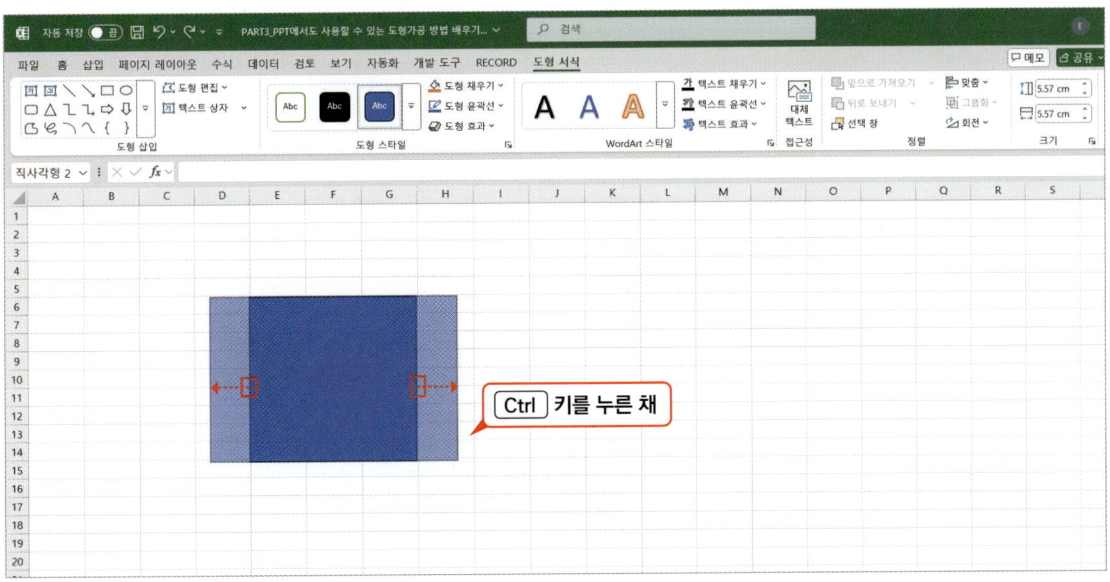

※ 도형을 좌우 대칭으로 줄이기 위해서는 Ctrl 키를 누른 채 안쪽으로 드래그합니다.

실무 연습 ❹ 도형 평행이동시키기

01 ❶ 도형을 마우스로 클릭합니다. ❷ Shift 키를 누른 채 원하는 곳으로 이동합니다.

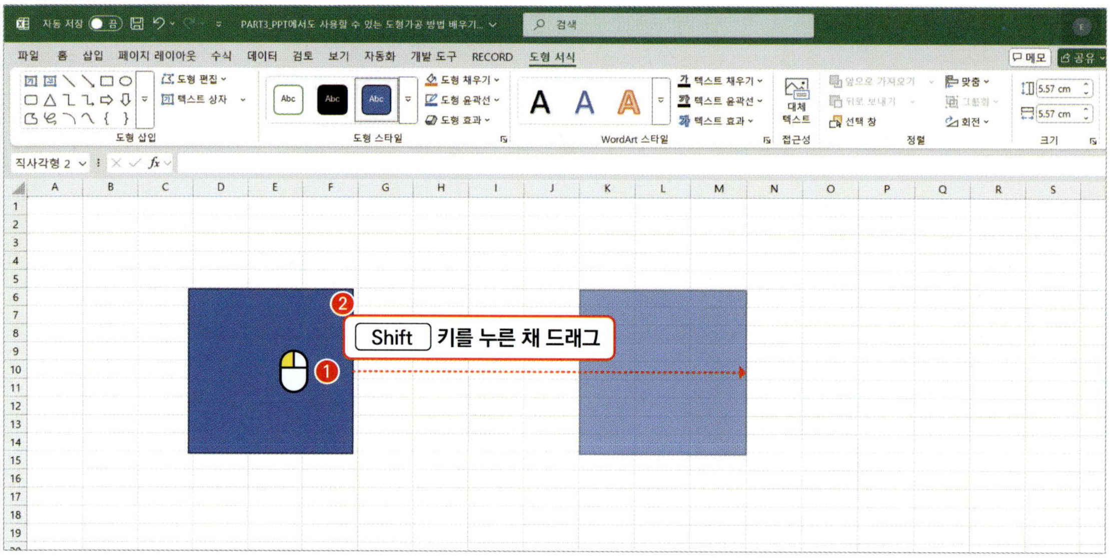

※ 왼쪽, 위/아래 모두 Shift 키를 누른 채 마우스 드래그 결과는 동일합니다.

실무 연습 ❺ 도형 복사하기

01 도형을 클릭하고 Ctrl 키를 누른 채 드래그합니다. 도형이 복사됩니다.

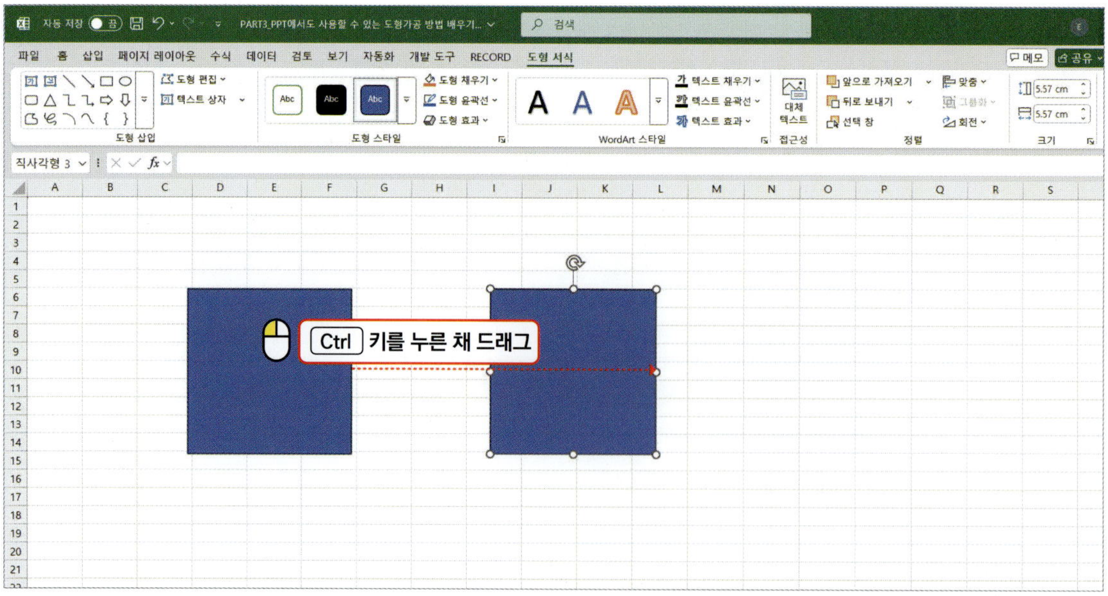

실무 연습 ❻ 셀의 모서리에 도형 자석처럼 이동하기

01 D6셀을 기준점으로 배치된 도형을 클릭합니다. [Alt] 키 누른 채 B2셀로 드래그합니다. 그럼 B2셀의 모서리에 자석처럼 이동됩니다. [Alt] 키를 누른 채 드래그 시 한 셀 한 셀을 지날 때마다 자석처럼 끌리는 느낌을 받을 수 있습니다. 사용자가 직접 실행하면서 감각을 익혀야 합니다.

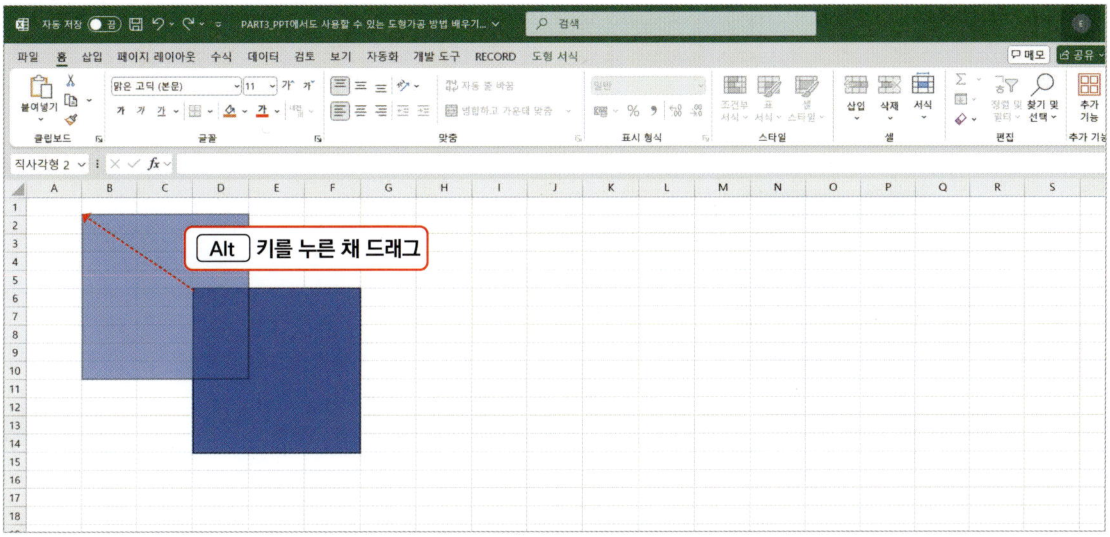

실무 연습 ❼ 도형 오른쪽 또는 왼쪽으로 15도 회전시키기

01 ❶ 도형을 클릭합니다. ❷ [Alt] 키를 누른 채 오른쪽(왼쪽) 방향키를 누릅니다.

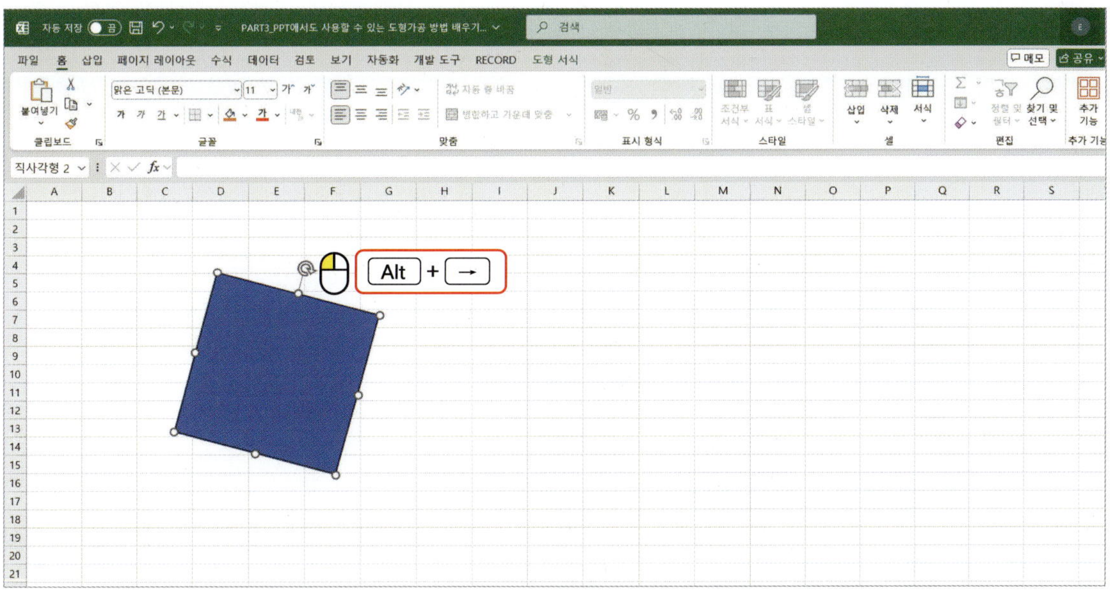

실무 연습 ❽ 도형 좌/우 또는 위/아래 대칭으로 늘이기(줄이기)

01 ❶ 도형을 클릭합니다. ❷ Shift 키를 누른 채 오른쪽(왼쪽) 방향키를 누릅니다.

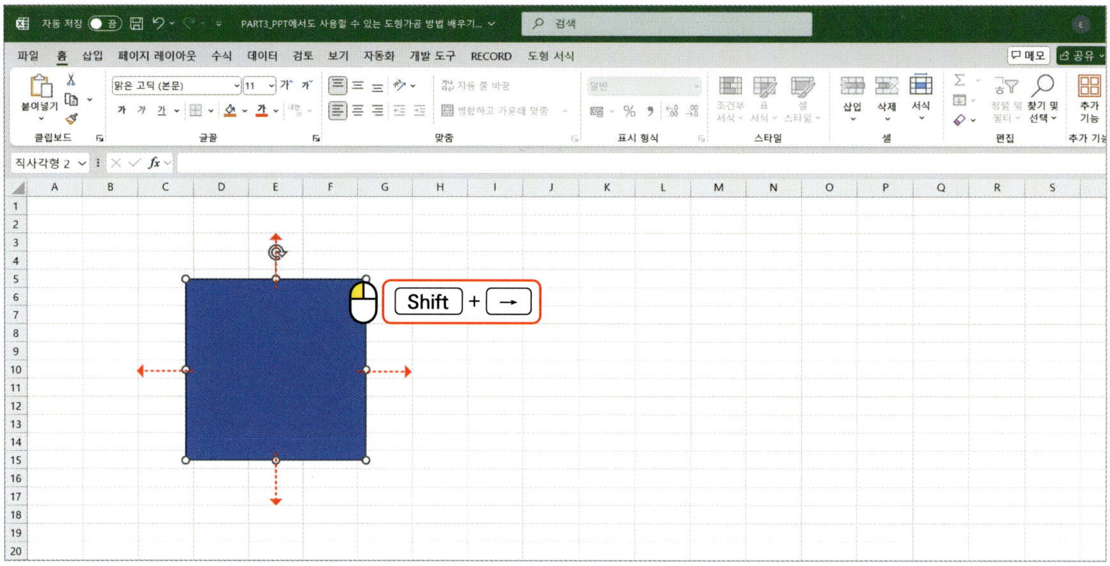

※ 오른쪽 방향키- 좌/우 대칭 늘이기, 왼쪽 방향키- 좌/우 대칭 줄이기
위쪽 방향키- 위/아래 대칭 늘이기, 아래 방향키- 위/아래 대칭 줄이기

실무 연습 ❾ 도형 그룹화하기

01 ❶ 아무 도형을 하나 클릭합니다. ❷ Ctrl 또는 Shift 키를 누른 채 두 번째 도형을 클릭합니다.
❸ 계속해서 Ctrl 또는 Shift 키를 누른채 세 번째 도형을 클릭합니다.

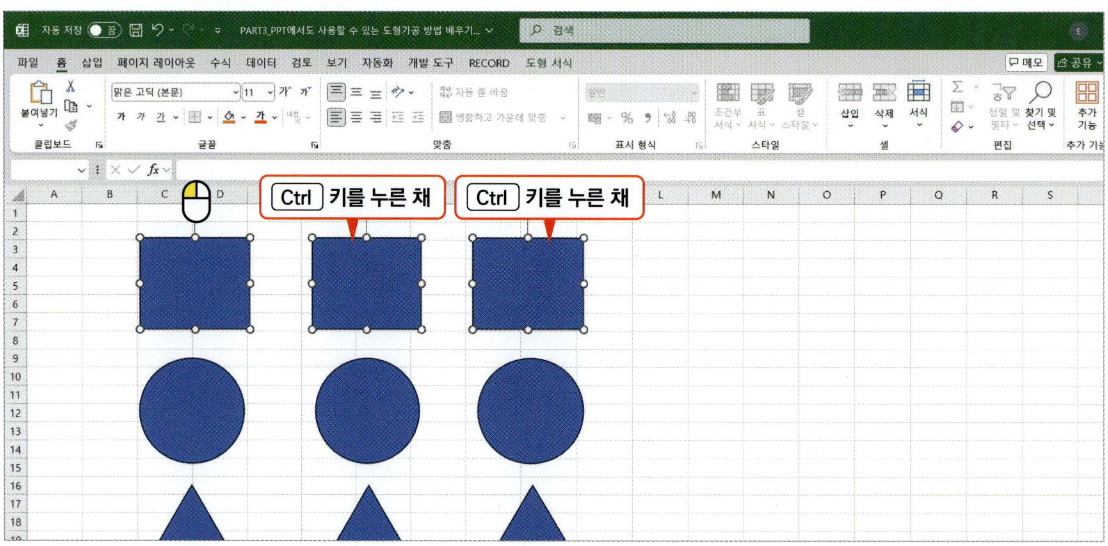

02 ❶ 조절점이 생긴 도형 아무 곳에서 마우스 오른쪽 버튼을 클릭합니다. ❷ [그룹화]-[그룹]을 클릭합니다.

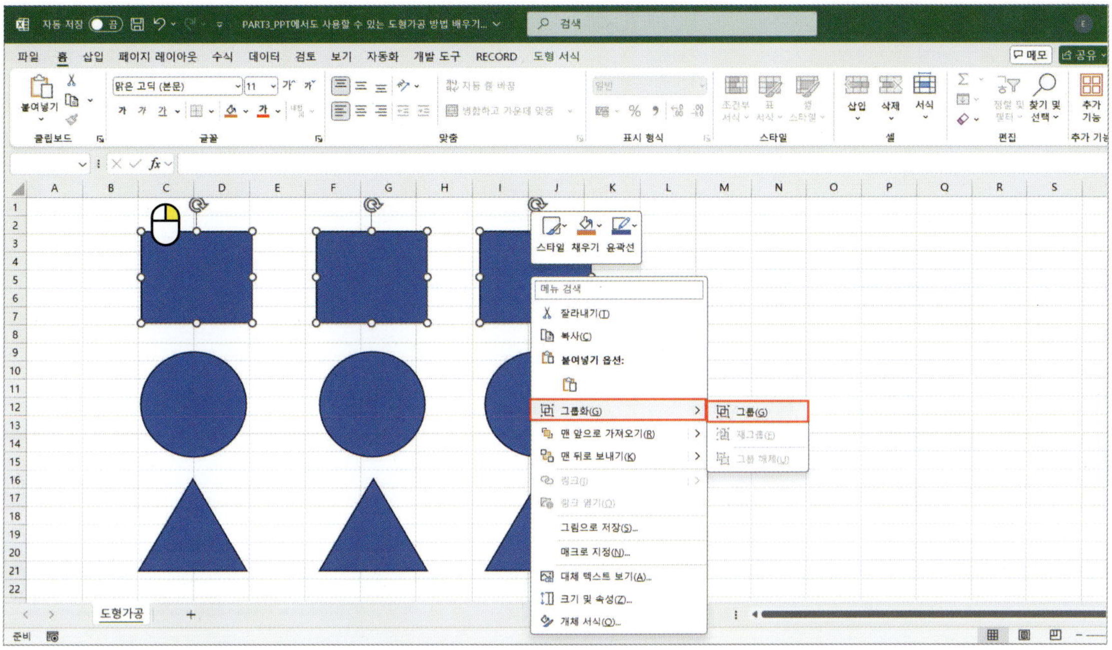

03 조절점이 세 개의 도형을 둘러싼 외곽에 출력되었습니다.

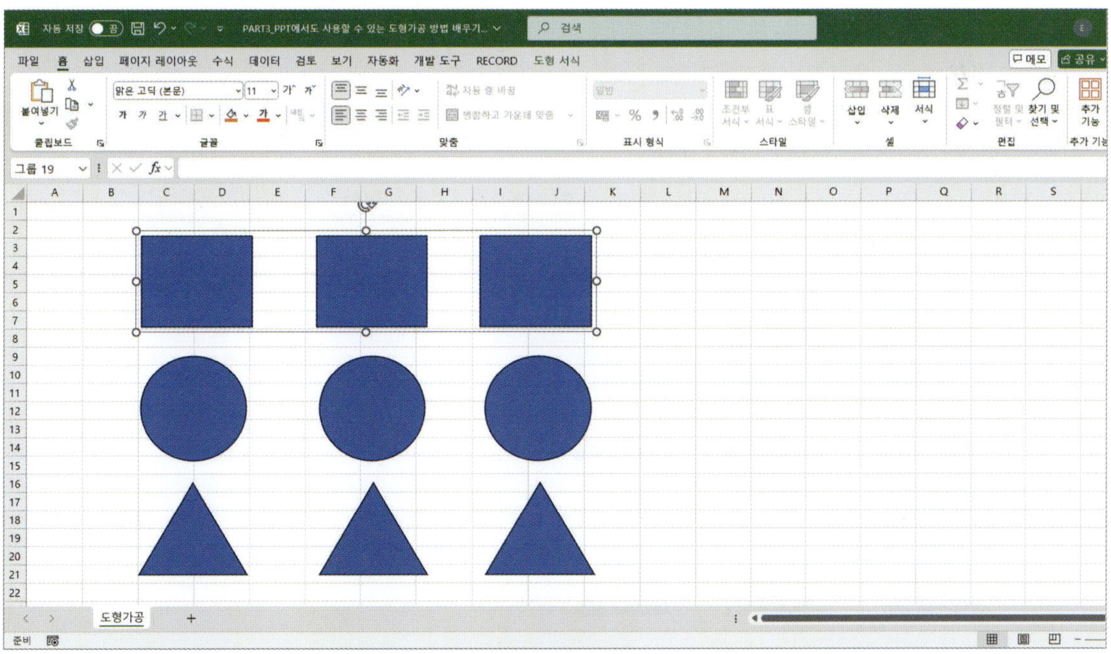

04 그룹화를 해제할 때는 그룹화 외곽선에 마우스를 위치시킨 상태에서 마우스 오른쪽 버튼 클릭-[그룹화]-[그룹 해제]를 클릭합니다.

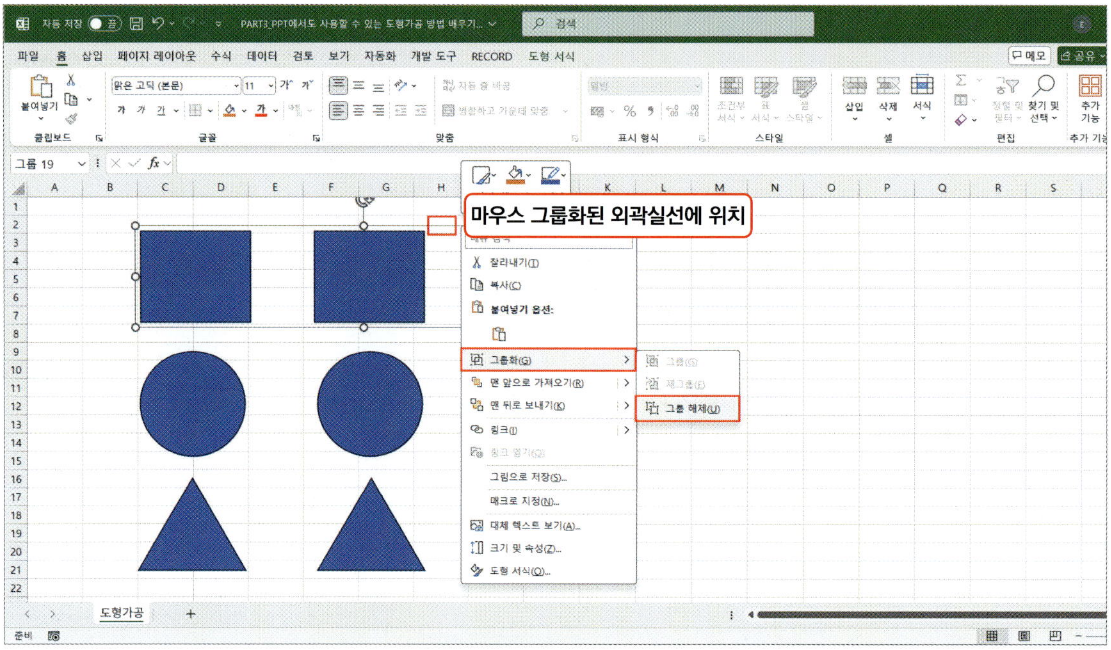

실무 연습 ⑩ [선택 창] 기능으로 가장 맨 앞과 맨 뒤 도형 한 번에 확인하기

01 [홈] 탭-[편집]-[찾기 및 선택]-[선택 창]을 클릭합니다. 도형은 클릭하지 않습니다.

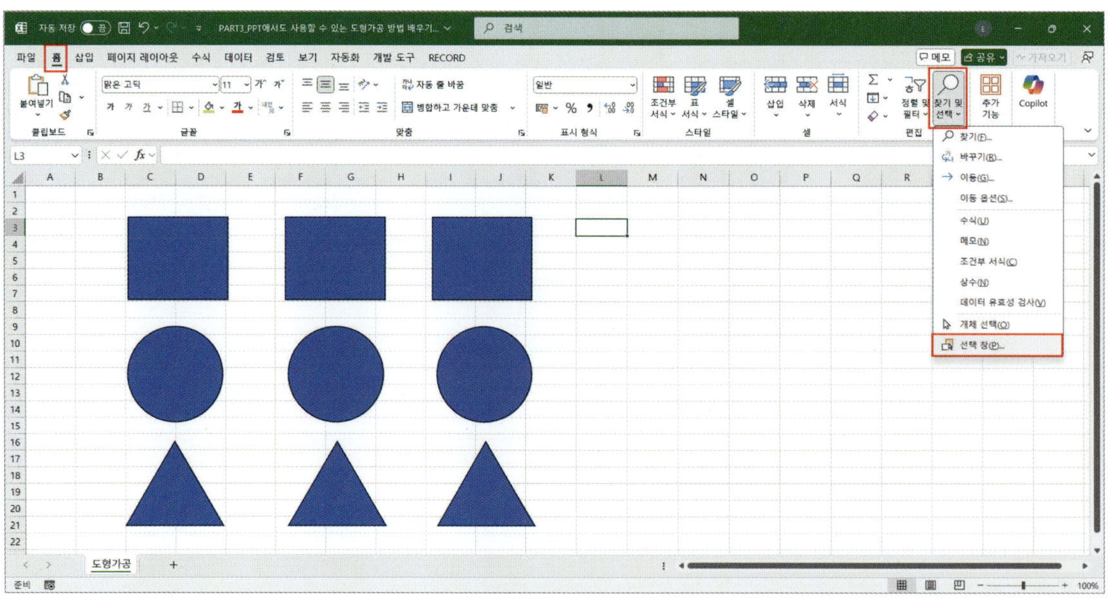

02 선택 대화상자에서 맨 앞-'이등변 삼각형 18', 맨 뒤-'직사각형 8'을 확인합니다. 클릭하면 도형을 확인할 수 있습니다.

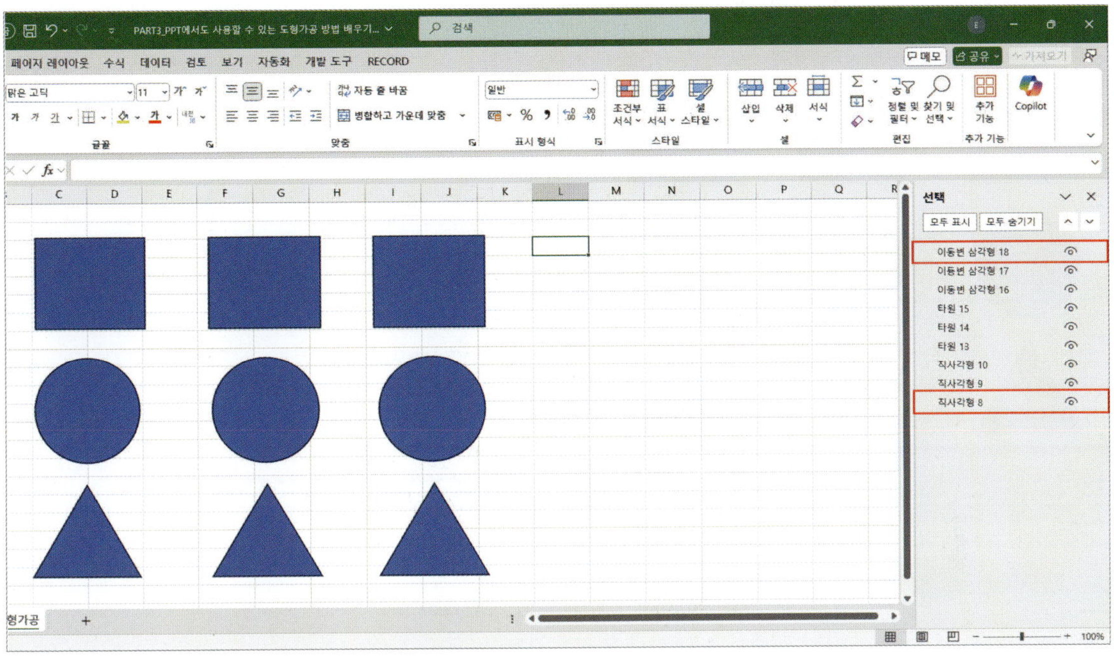

실무 연습 ⑪ 도형 순서 바꾸기

01 위치 순서를 바꾼다는 의미는 도형이 겹쳤을 때 선택 순서상 위에 있는 도형이 위로 옮겨진다는 의미입니다. 원하는 도형을 클릭합니다(여기서는 '타원 15' 도형 클릭). 드래그한 채로 위에서 두 번째 순서로 옮깁니다.

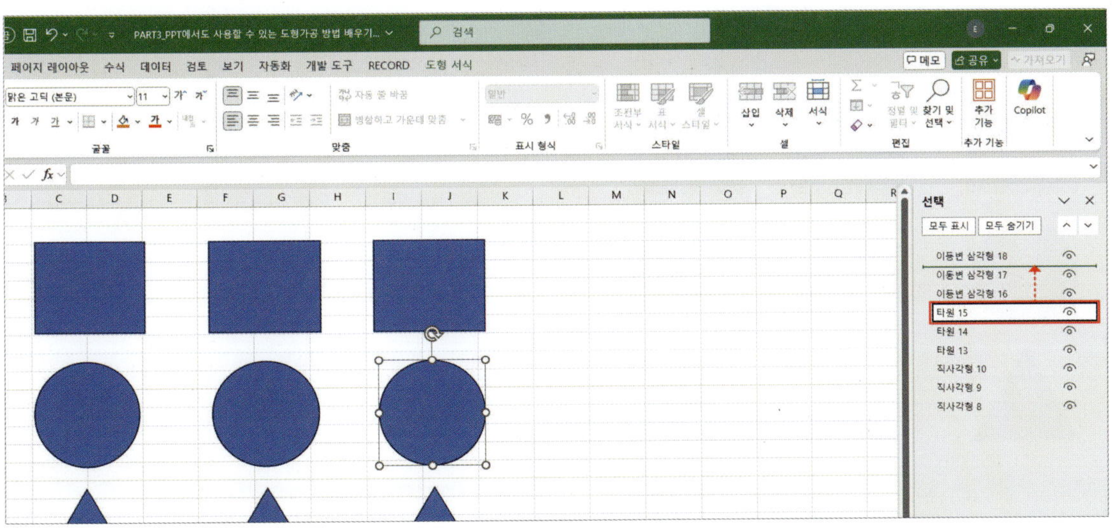

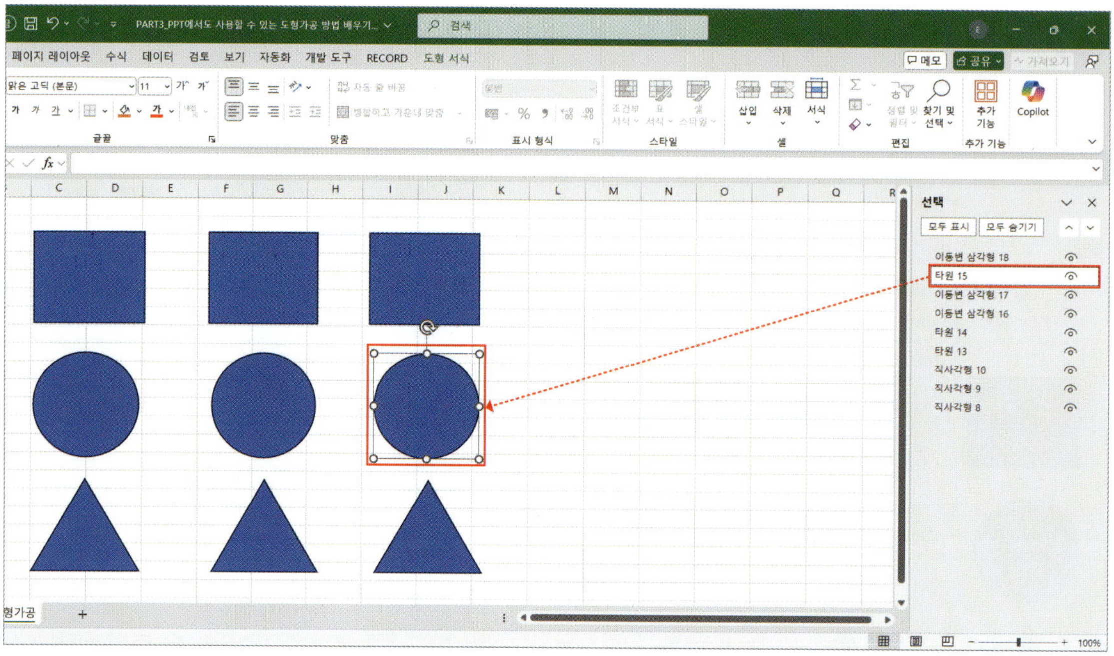

실무 연습 ⑫ 도형 숨기기(나타내기)

01 맨 앞의 도형(여기서는 '이등변 삼각형 18')을 숨겨 보겠습니다. ❶ [선택] 대화상자에서 '이등변 삼각형 18' 도형 오른쪽의 눈 모양 아이콘을 클릭합니다.

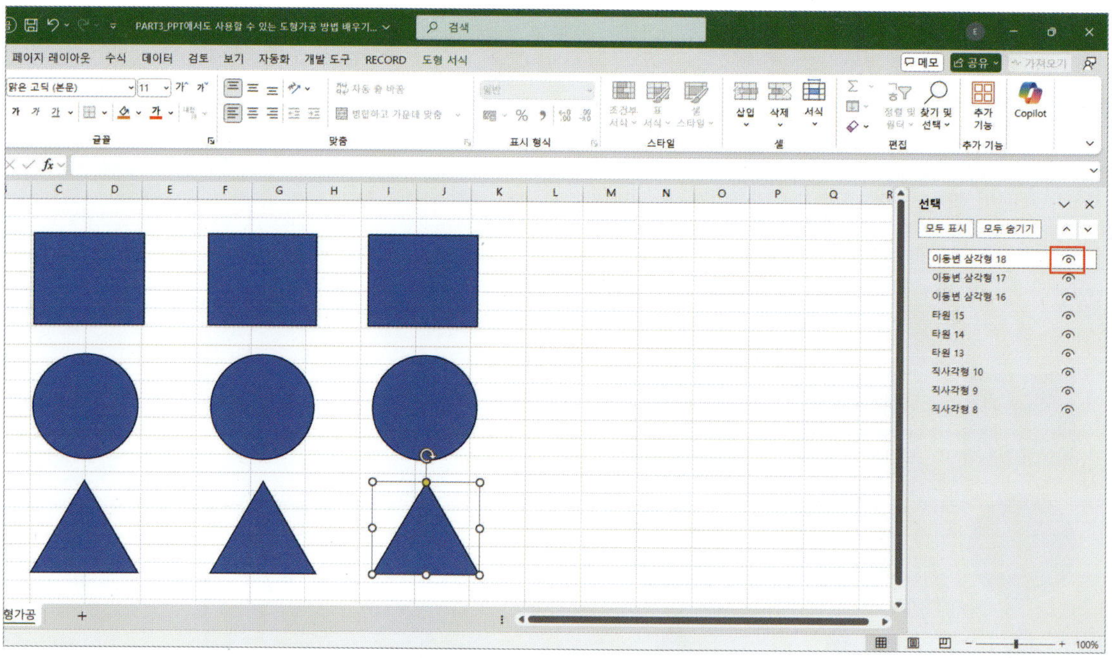

02 맨 앞의 도형이 숨겨졌습니다. 다시 나타내기 위해서는 눈 모양 아이콘을 다시 클릭하면 됩니다. 여러 가지 도형 다중 선택도 가능합니다.

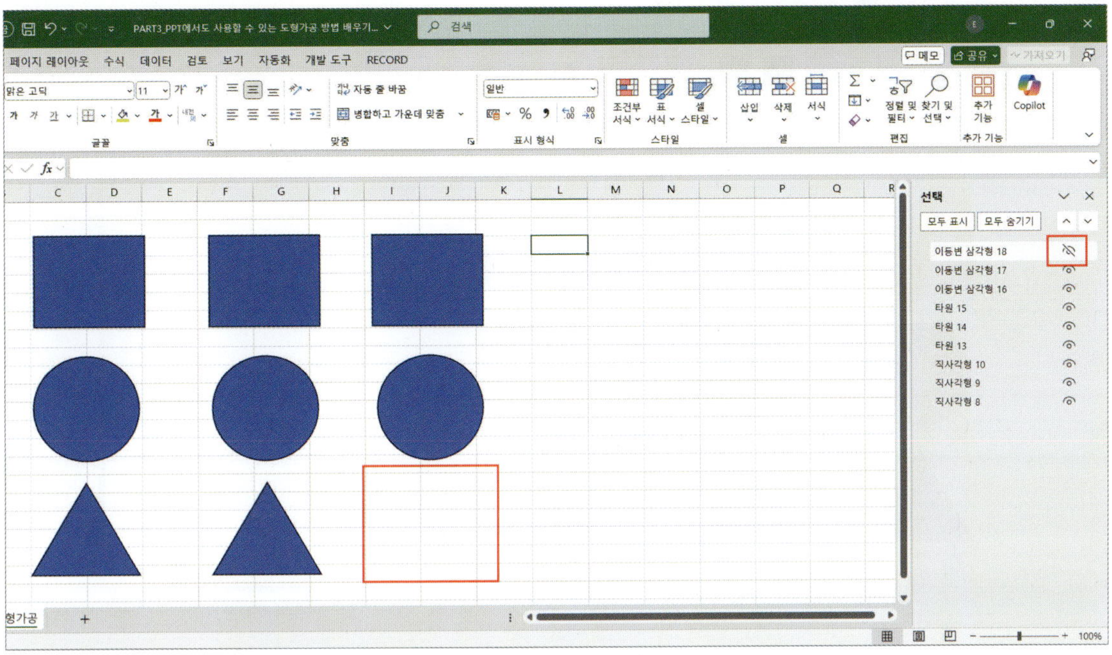

실무 연습 ⑬ 도형 채우기 색 및 테두리 색, 두께 변경하기

01 ❶ 도형을 선택합니다. ❷ [도형 서식] 탭-[도형 스타일]-[도형 채우기]-[노란색]을 클릭합니다.

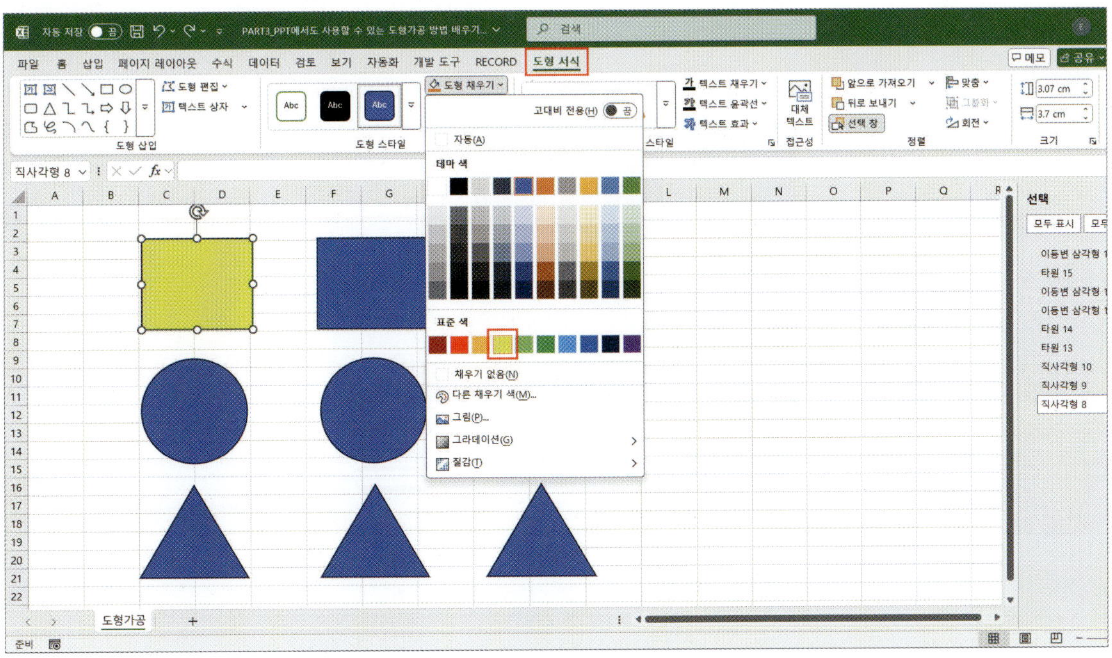

02 도형을 선택한 상태에서 [도형 서식] 탭-[도형 스타일]-[도형 윤곽선]-[빨간색]을 클릭합니다.

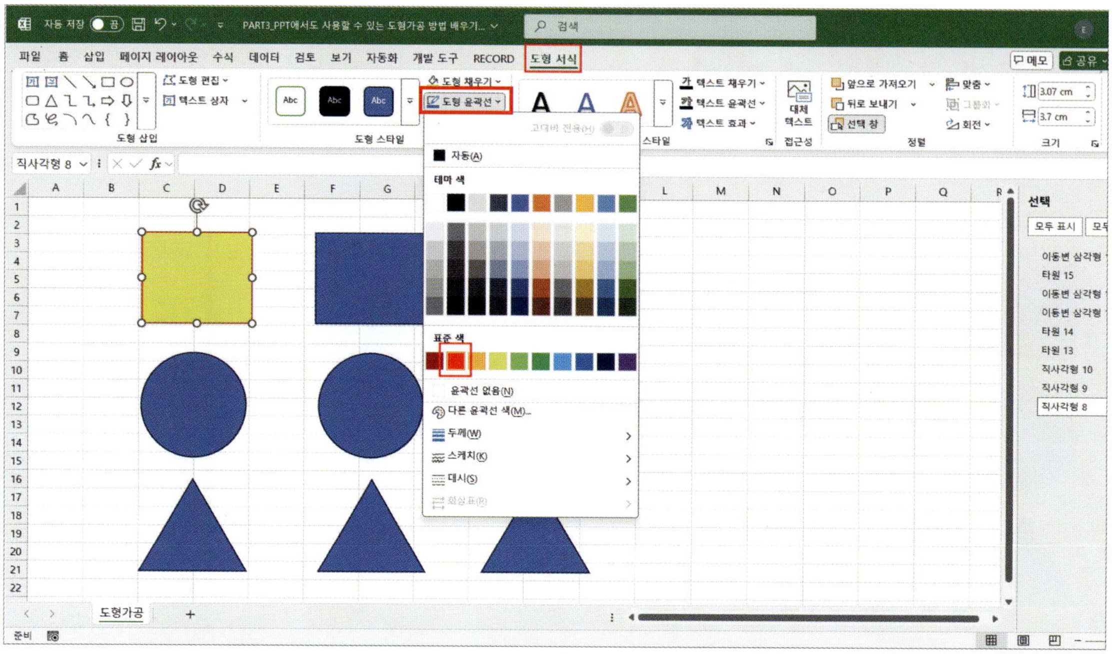

03 도형을 계속 선택한 상태에서 [도형 서식]-[도형 스타일]-[도형 윤곽선]-[두께-'1pt']를 클릭합니다.

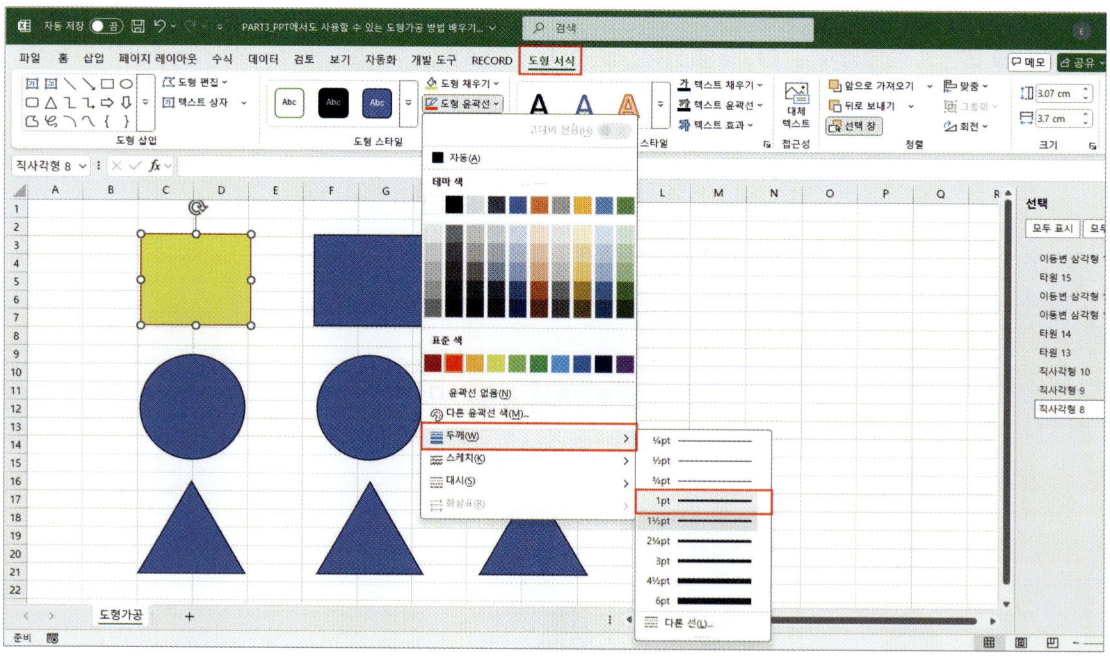

실무 연습 ⓮ 도형 맞춤으로 정렬하기

01 3개 원형 도형의 간격과 평행을 유지해서 정렬해 보도록 하겠습니다. ❶ Ctrl 또는 Shift 키를 누른 채 클릭하여 도형들을 선택합니다. 도형 선택 순서는 상관없습니다.

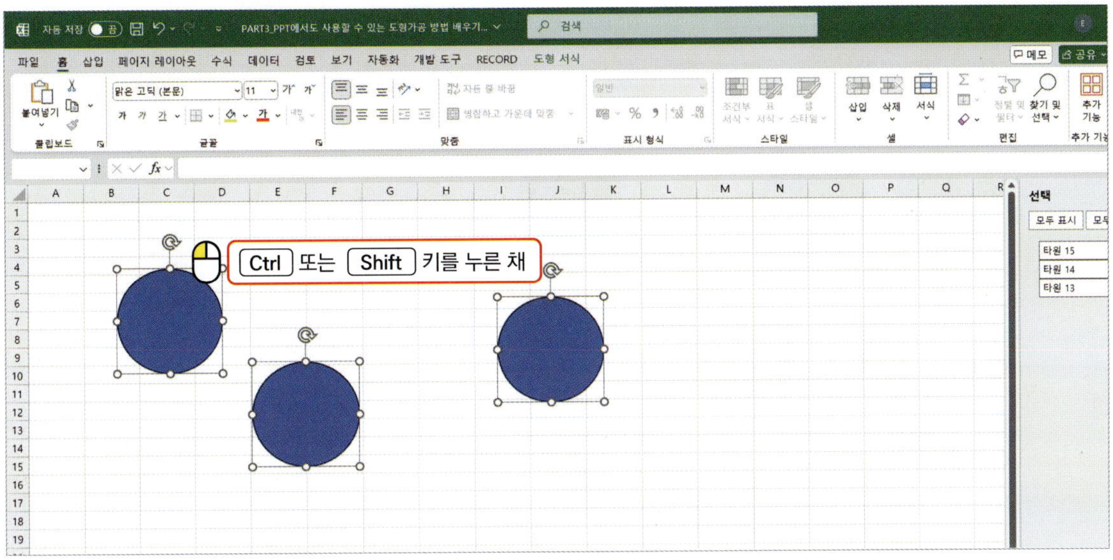

02 [도형 서식] 탭-[정렬]-[맞춤]-[위쪽 맞춤]을 클릭합니다.

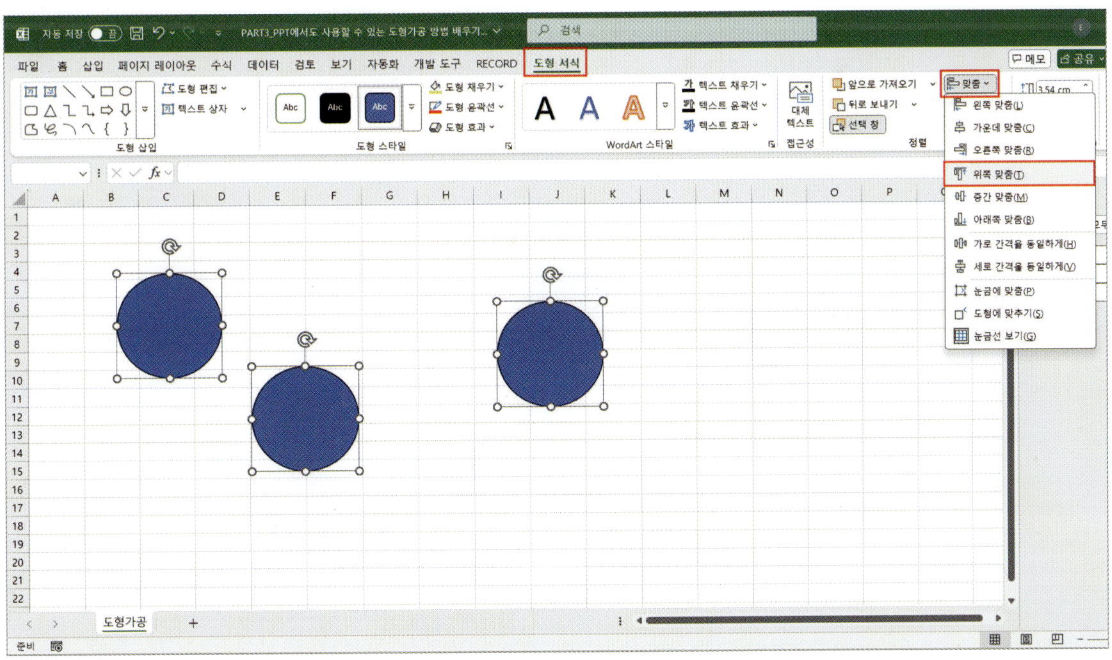

03 [도형 서식] 탭-[정렬]-[맞춤]-[가로 간격을 동일하게]를 클릭합니다.

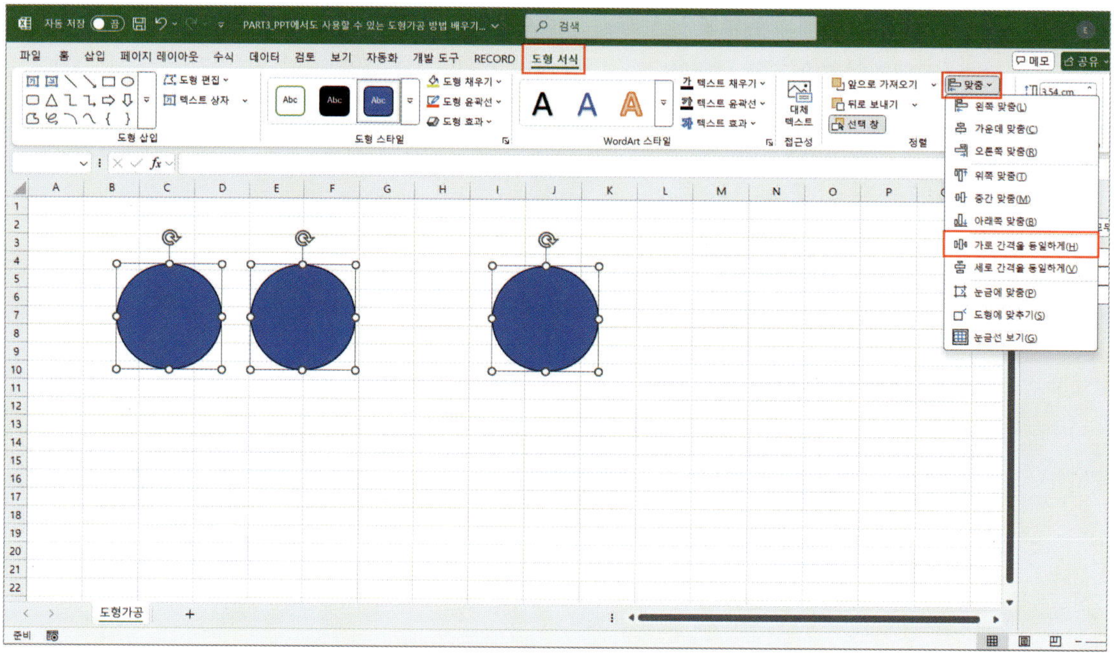

04 3개 원형 도형의 간격과 평행을 유지해 정렬된 결과물을 확인합니다.

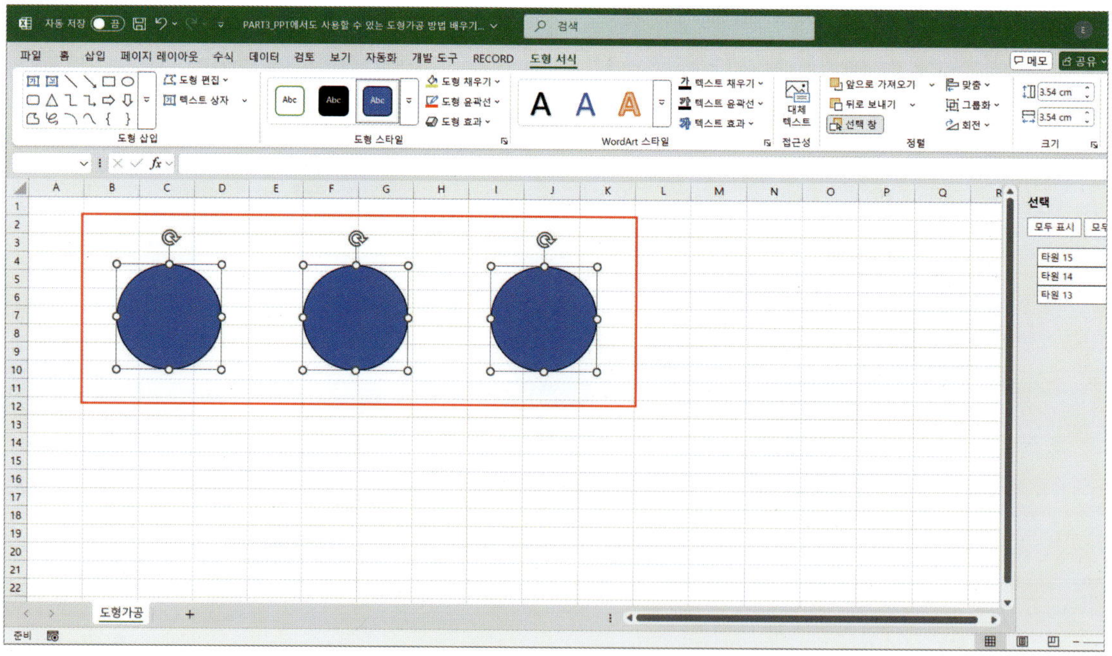

TIP 도형 안에 문자를 입력할 때는 도형을 클릭하고 키보드로 입력하면 됩니다.

CHAPTER 04

시트(SHEET)에 이미지 가져오는 3가지 방법 및 가공 방법 알아보기

예제 파일 PART1_4 시트(Sheet)에 이미지 가져오는 3가지 방법 및 가공 방법 알아보기

실무 스킬

엑셀로 보고서를 작성할 때 도형이나 이미지를 활용해 출력하는 경우가 있습니다. 도형 가공 방법과 이미지 가공 방법에는 차이가 있습니다. 이번에는 이미지를 엑셀 시트로 가져오는 방법과 가공 방법 등에 대해서 알아보겠습니다.

실무 연습 ❶ 시트에 이미지 가져오기

01 시트에 이미지를 가져오는 3가지 방법을 알아보겠습니다. 먼저 [이 디바이스] 메뉴를 이용하는 방법입니다. [삽입] 탭-[일러스트레이션]-[그림]-[셀 위에 배치]-[이 디바이스]를 클릭합니다.

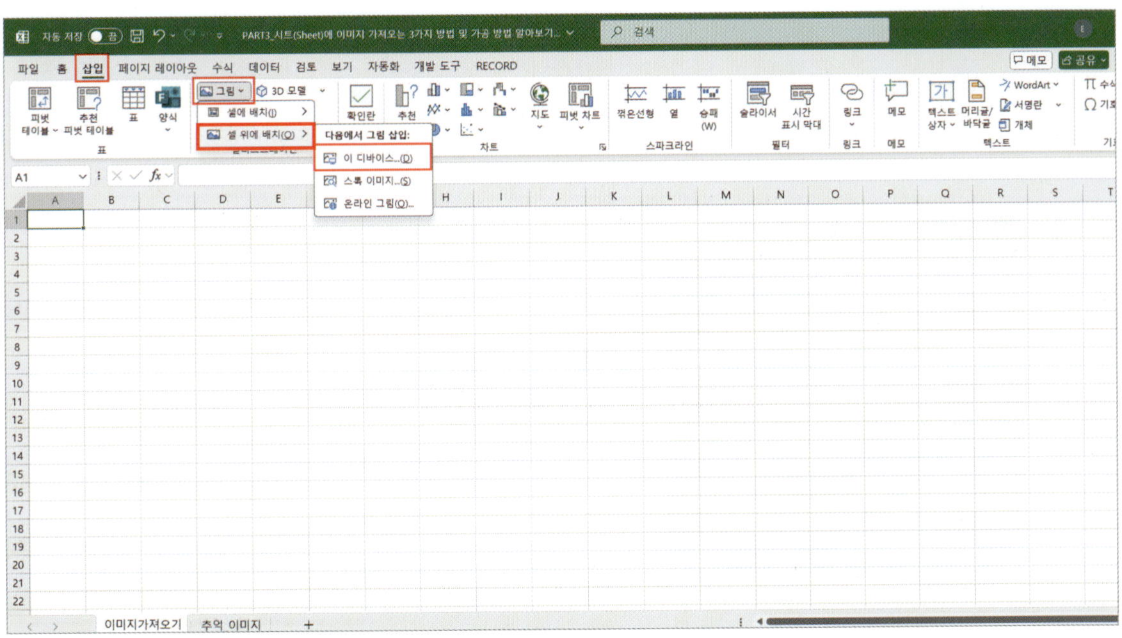

TIP 버전에 따라 '셀 위에 배치' 메뉴가 없을 수 있습니다.

02 ❶ [그림 삽입] 창이 열리면 원하는 경로를 찾아 이미지를 선택합니다. ❷ [삽입]을 클릭합니다.

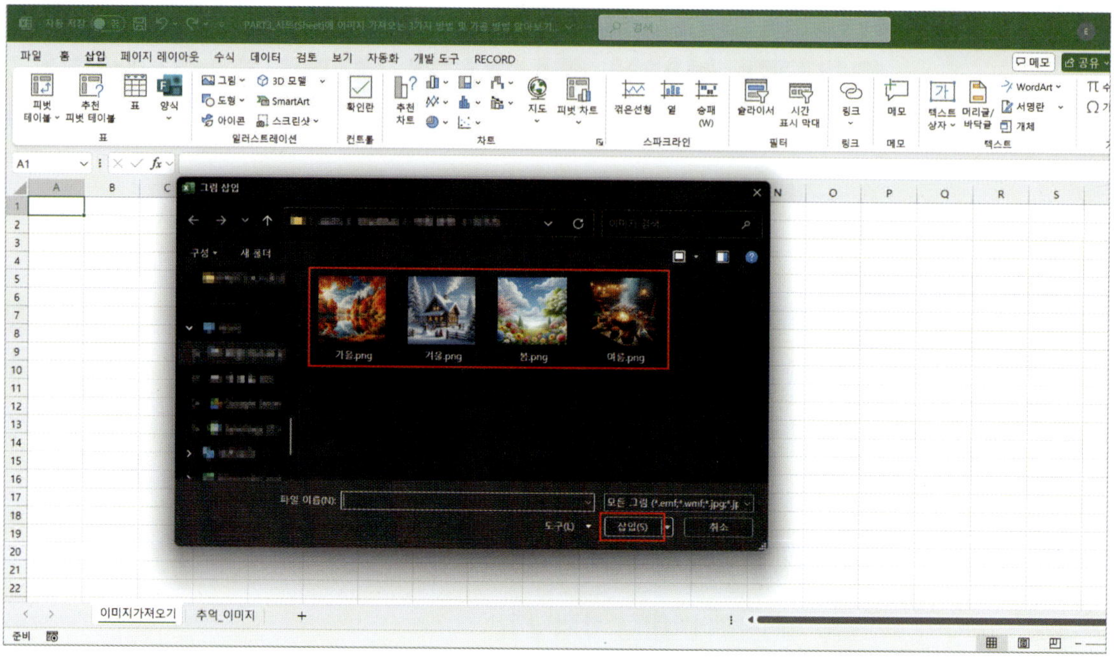

03 출력된 결과물을 확인합니다.

04 두 번째로 [스크린샷] 메뉴를 이용하는 방법입니다. ❶ [삽입] 탭-[일러스트레이션]-[스크린샷]-[사용할 수 있는 창]에서 ❷ 이미지 창 하나를 선택합니다.

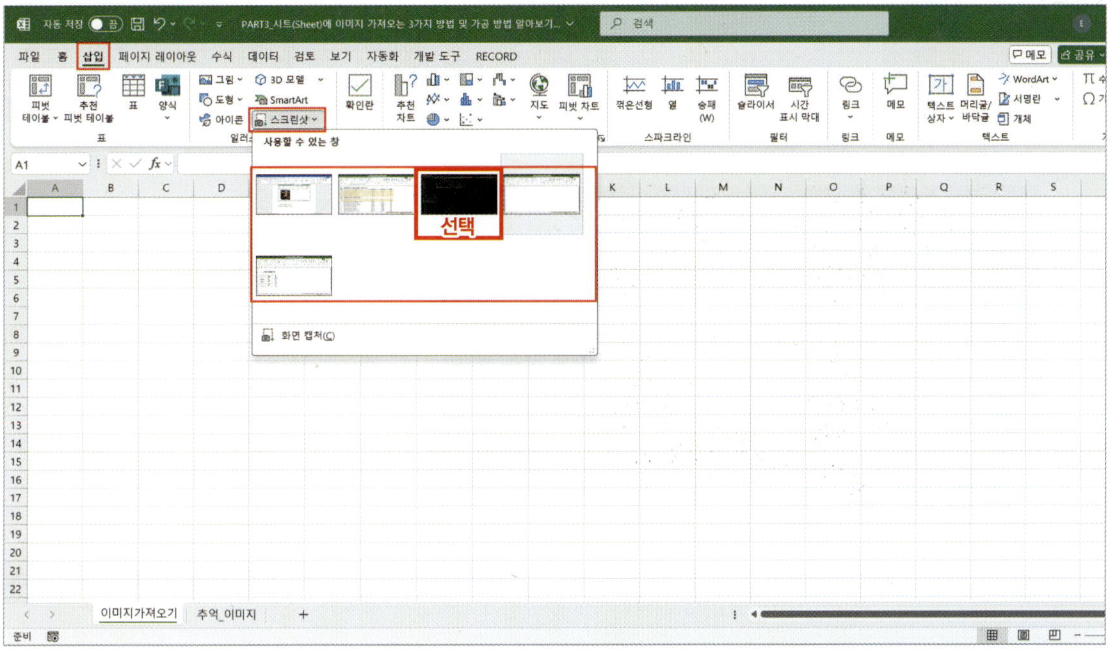

05 이미지 형태로 출력된 결과물을 확인합니다.

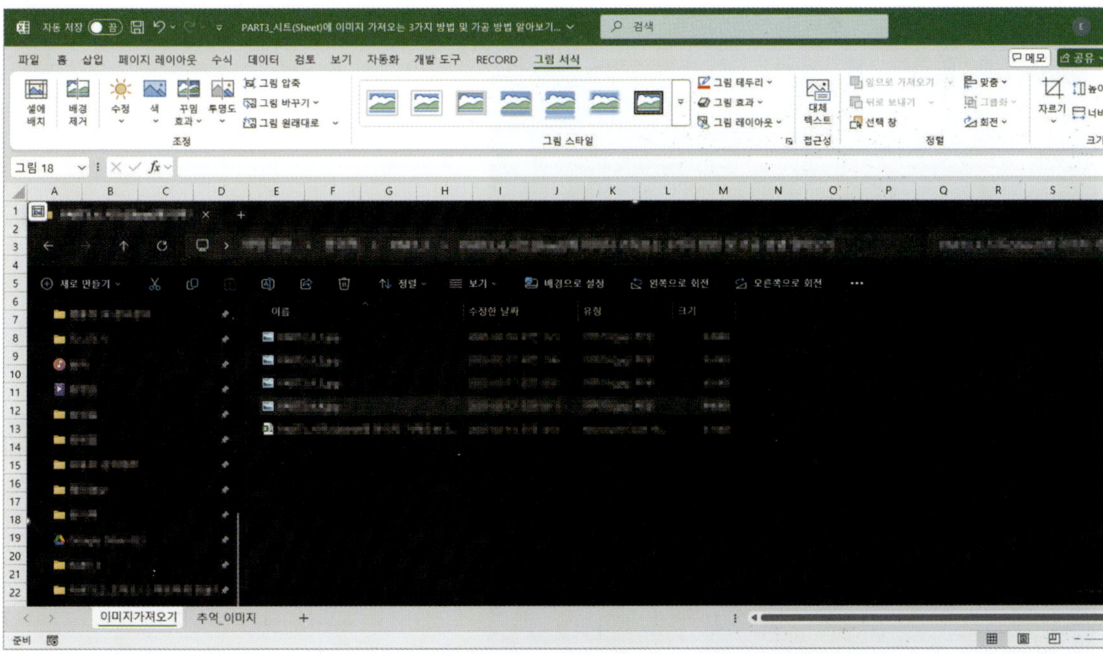

06 출력된 이미지 크기를 양쪽 모서리 조절점(흰색 동그라미)을 이용해 적당하게 조절합니다.

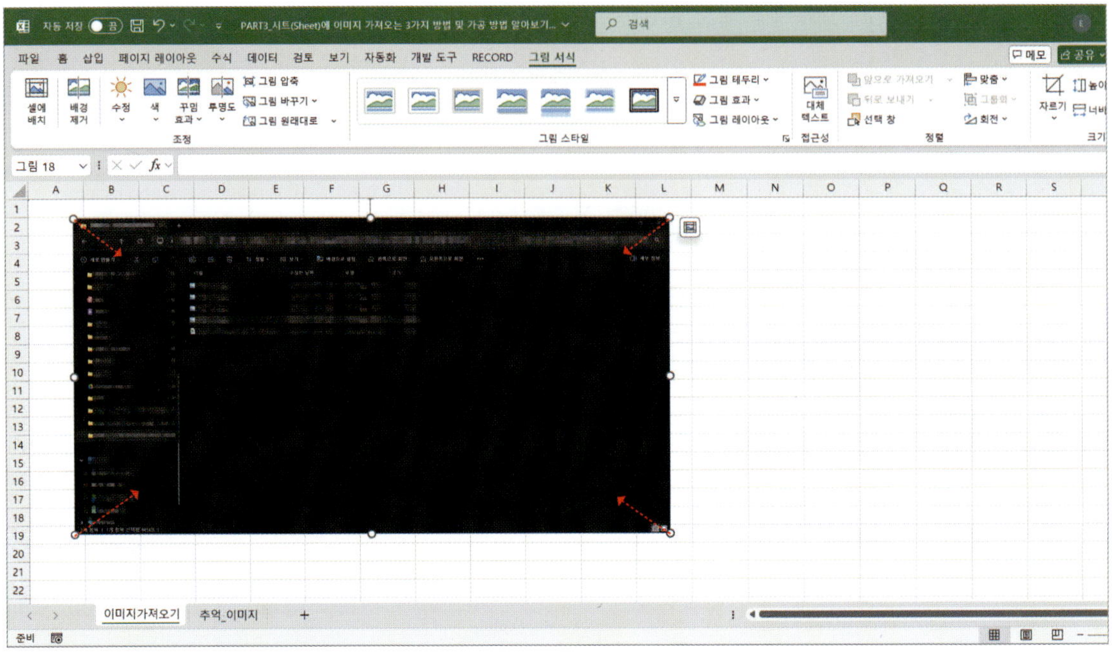

07 세 번째로 윈도우 캡처 프로그램을 사용하는 방법입니다. 윈도우의 검색란에 [캡처 도구]를 입력합니다.

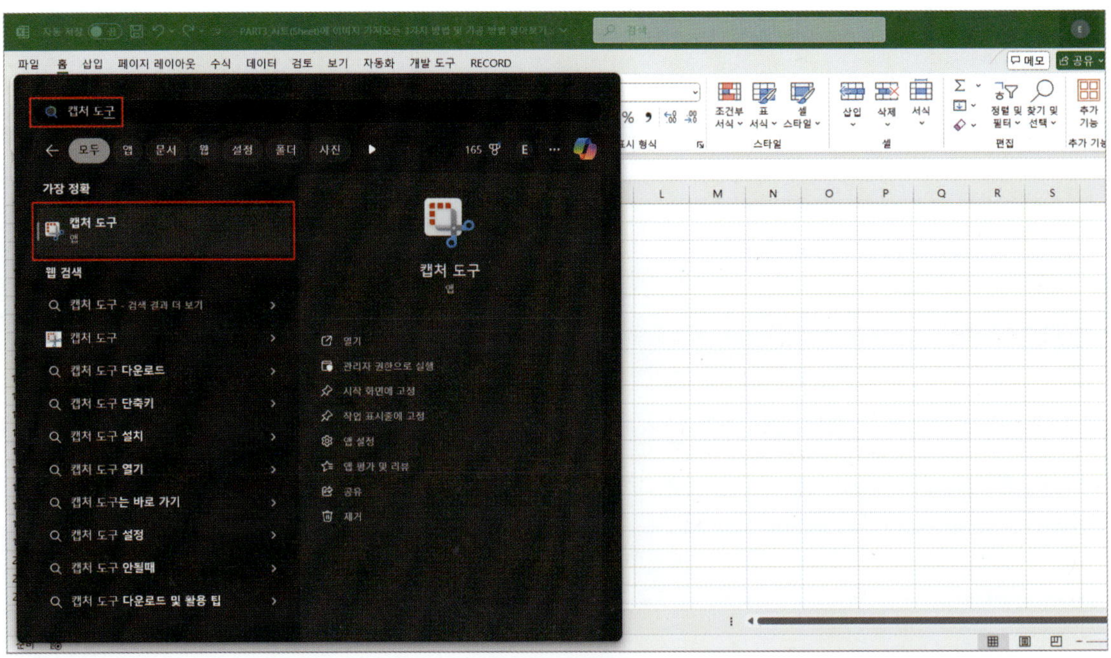

08

❶ [캡처 도구]-[새 캡처]를 클릭합니다. ❷ 캡처하고 싶은 영역 F1:N18셀 범위를 드래그합니다.

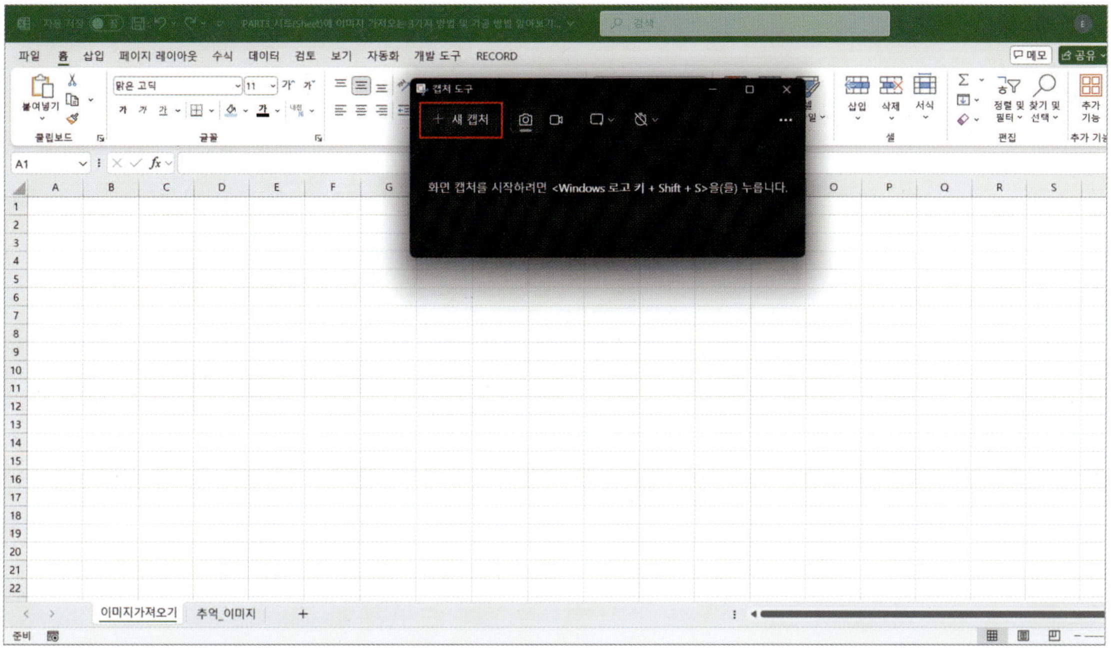

09

원하는 영역(F1:N18)이 캡처된 결과를 확인합니다.

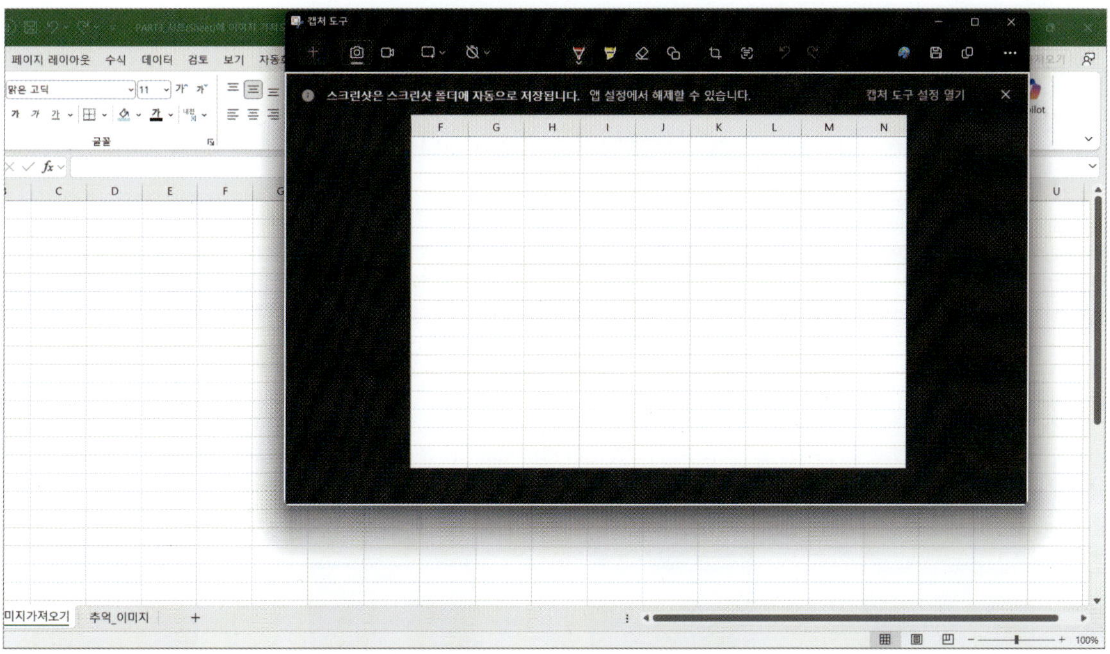

10 시트 빈 여백을 클릭하고 Ctrl+V 해 캡처한 영역을 붙여넣습니다.

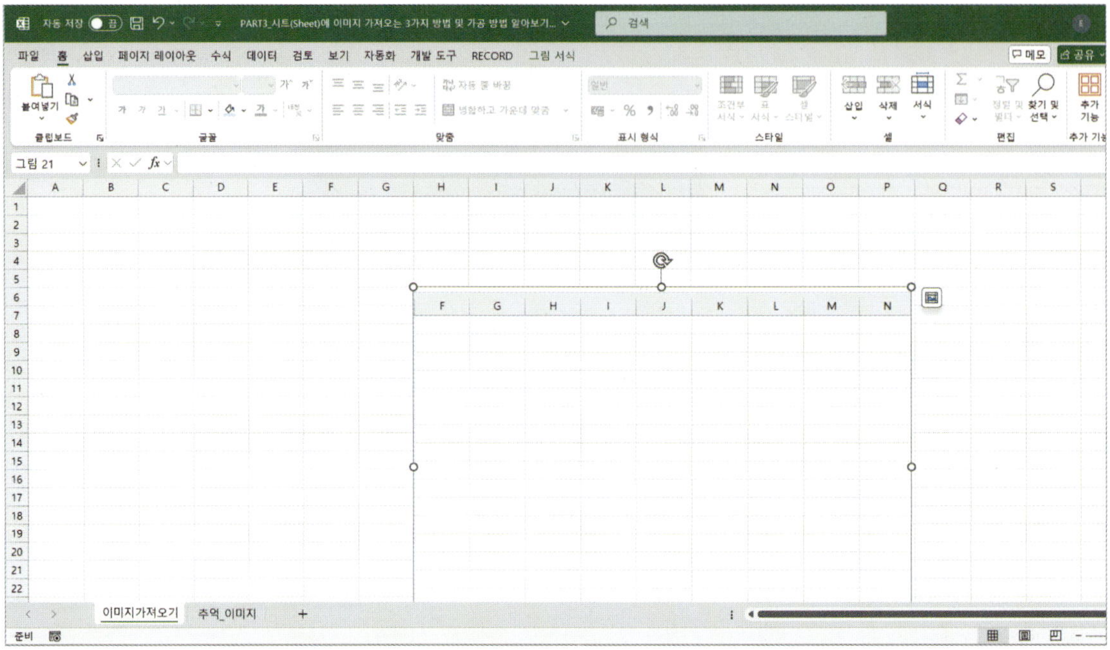

TIP 알캡처, 네이버 캡처 등의 캡처 프로그램을 사용하면 더 디테일한 캡처가 가능합니다. 영역별 캡처, 영역 드래그, 전체 화면 캡처, 편집 구간 지정 등 다양한 기능을 사용할 수 있습니다.

실무 연습 ❷ 이미지 가공하기

01 먼저 배경 제거하기입니다. ❶ 시트에 불러온 이미지 하나를 선택합니다. ❷ [그림 서식] 탭-[배경 제거]를 클릭합니다.

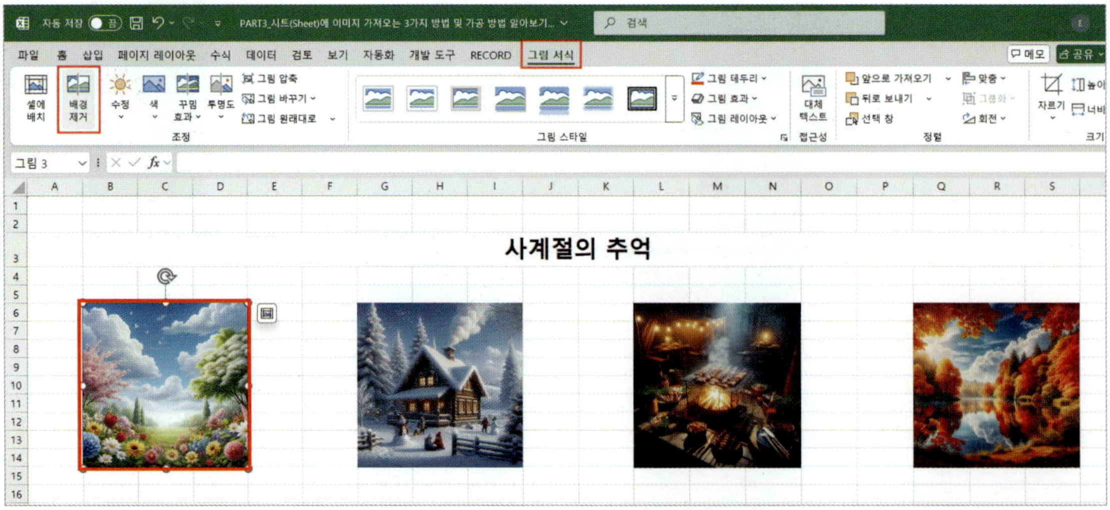

02 선택한 이미지 자주색 영역(나중에 배경이 제거될 구역입니다)- [배경 제거] 탭- '보관할 영역 표시' 메뉴: 자주색 영역을 제거하는 기능으로 연필 모양의 도구로 보관할 영역에 선을 긋게 되면 자주색 영역이 제거됩니다. '제거할 영역 표시' 메뉴: 자주색 영역을 넓히는 기능으로 연필 모양의 도구로 배경 제거할 영역에 선을 긋게 되면 자주색 영역이 확장됩니다. 이때 지정된 자주색 영역 배경은 제거됩니다.

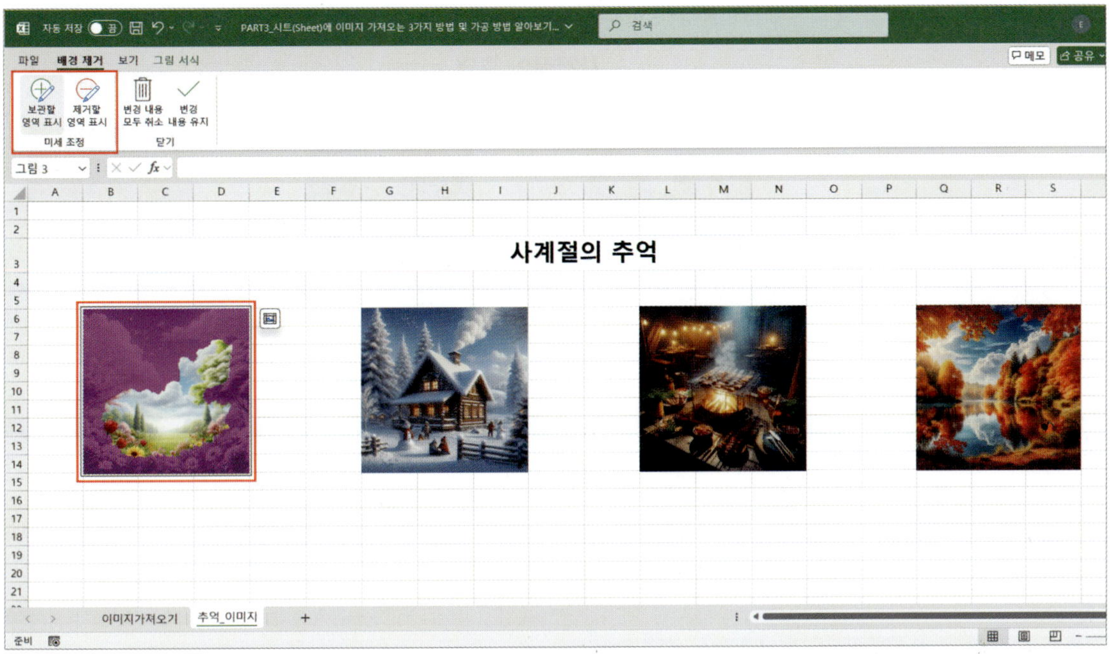

03 아래 예시는 [보관할 영역 표시]로 자주색 영역을 제거하는 예시입니다. [제거할 영역 표시]도 사용 방법이 동일합니다.

04 녹색선이 그어진 부분에 자주색이 사라진 것을 확인할 수 있습니다.

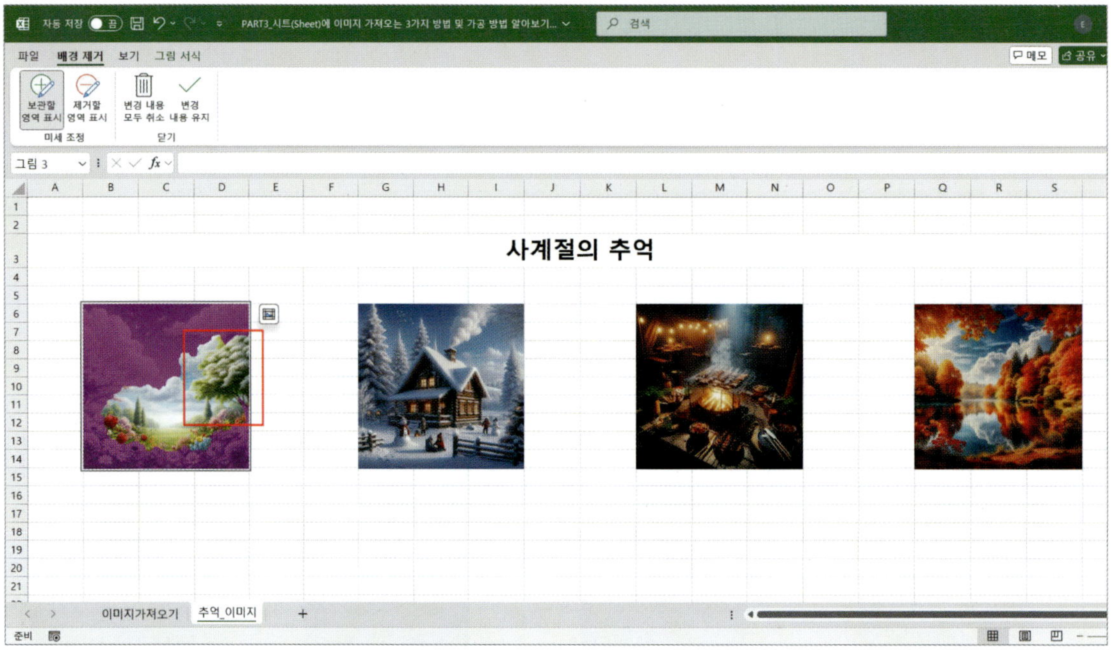

05 시트의 빈 곳을 클릭해 자주색 영역이 제거된 최종 결과물을 확인합니다.

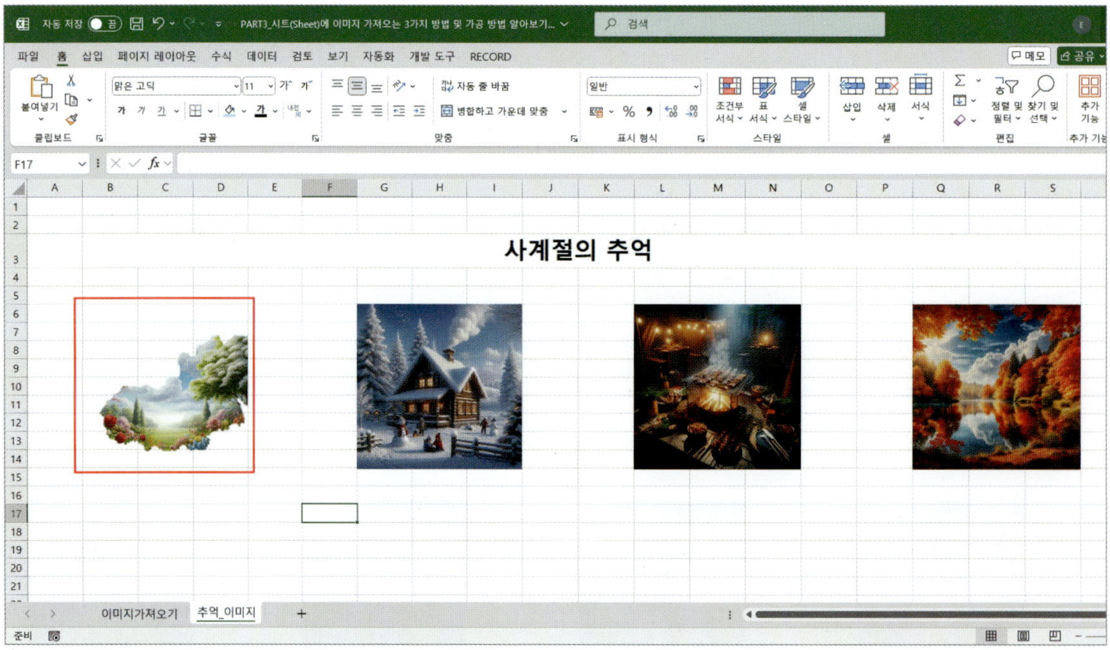

06 다음으로는 이미지 크기 조정입니다. 도형 가공 방법과 유사하나 한 가지 다른 점이 있는데, Shift +방향키입니다. 이미지 하나를 선택하고 Shift +방향키(오른쪽 또는 왼쪽)을 누릅니다.

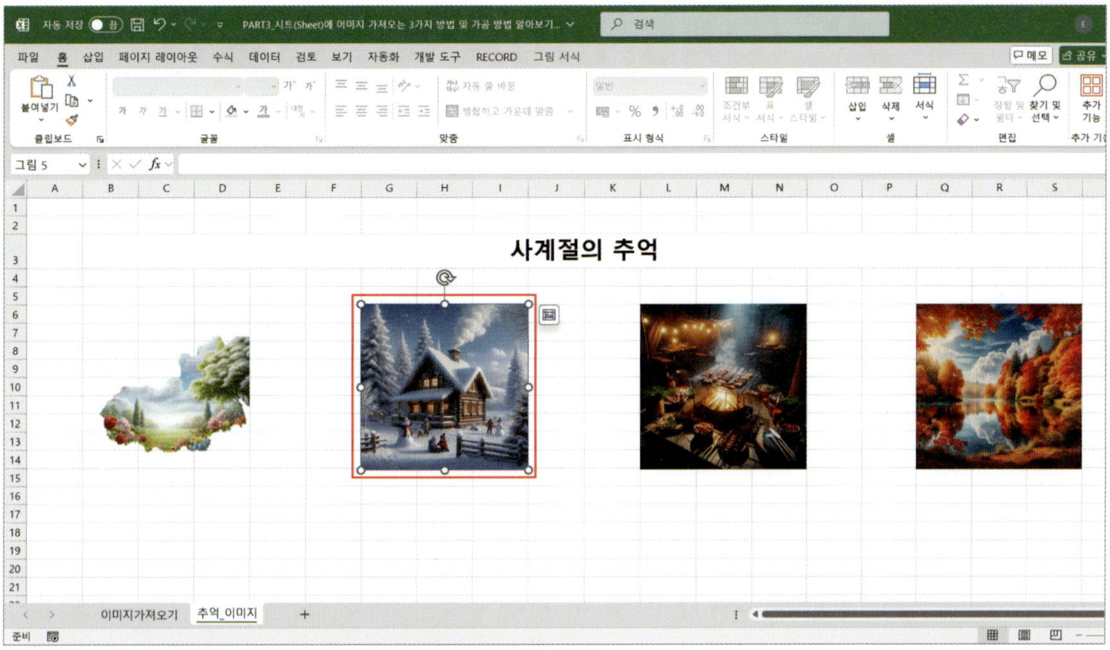

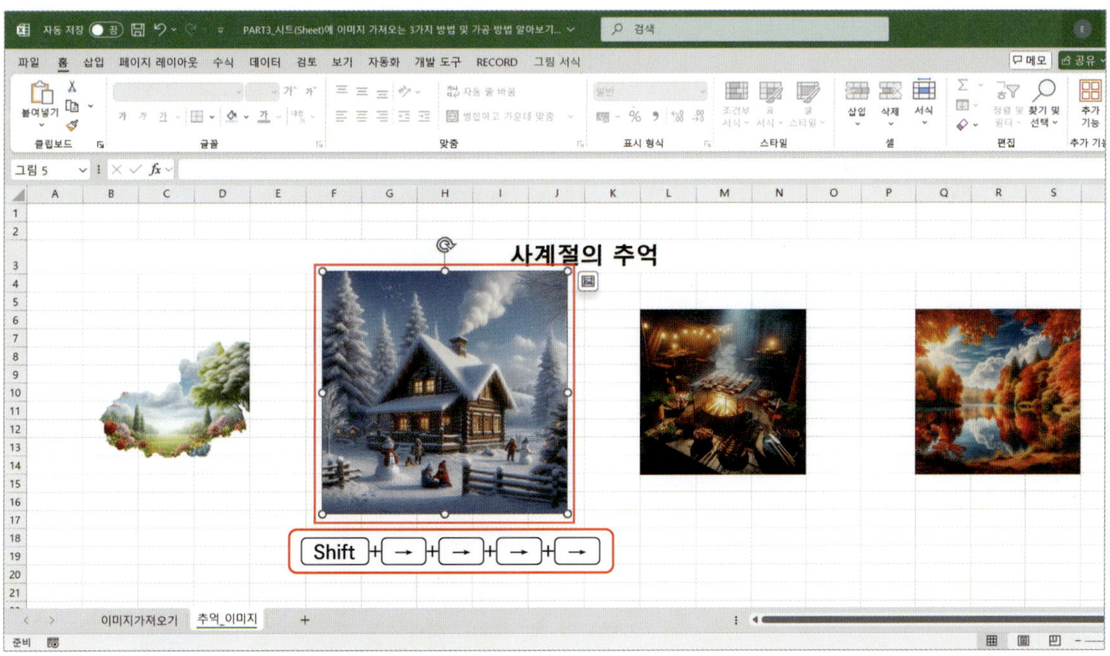

TIP 오른쪽 키는 좌/우, 위/아래 모두 같은 크기로 이미지 크기가 커지고, 왼쪽 키는 좌/우, 위/아래 모두 같은 크기로 이미지 크기가 작아집니다.

CHAPTER 05

납품수량, 표 기능으로 1분 대시보드(DASHBOARD) 만들기

예제 파일 PART1_5 납품수량, 표 기능으로 1분 대시보드(Dashboard) 만들기

실무 스킬

클릭 한 번으로 원하는 정보를 시각적으로 나타낼 수 있는 도구가 있습니다. 바로 표 기능과 슬라이서 도구를 활용하는 것입니다.

표 기능은 일반적인 표가 아닌 기능이 탑재된 엑셀에서 제공하는 메뉴로서, 클릭 한 번으로 스타일 변경이나 전체 열을 대상으로 계산을 도와주기도 합니다. 슬라이서는 눈에 보이는 필터라고 생각하시면 됩니다. 보통 필터는 필터링하고 나면 어떤 메뉴를 선택했는지 알 수 없습니다. 반면에 슬라이서는 어떤 메뉴를 선택했는지 볼 수 있도록 레이아웃을 제공합니다.

표와 슬라이서 기능을 활용해서 대시보드(Dashboard)를 빠르게 출력하는 방법에 대해 알아보겠습니다.

실무 연습 ❶

01 [납품수량] 시트에 있는 '일자별 납품수량' 데이터를 활용해 '유형별, 접수일에 따른 납품수량'을 1분 대시보드로 만들어 보겠습니다. ❶ B16:E31셀을 범위 지정합니다. ❷ [삽입] 탭–[표]–[표]를 클릭합니다.

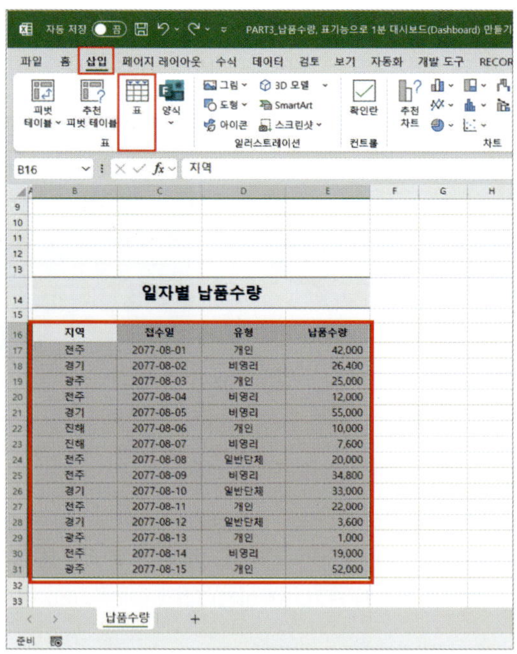

02 ❶ 범위에 $B$16:$E$31이 입력된 것을 확인합니다. ❷ '머리글 포함'에 체크하고 ❸ [확인]을 클릭합니다.

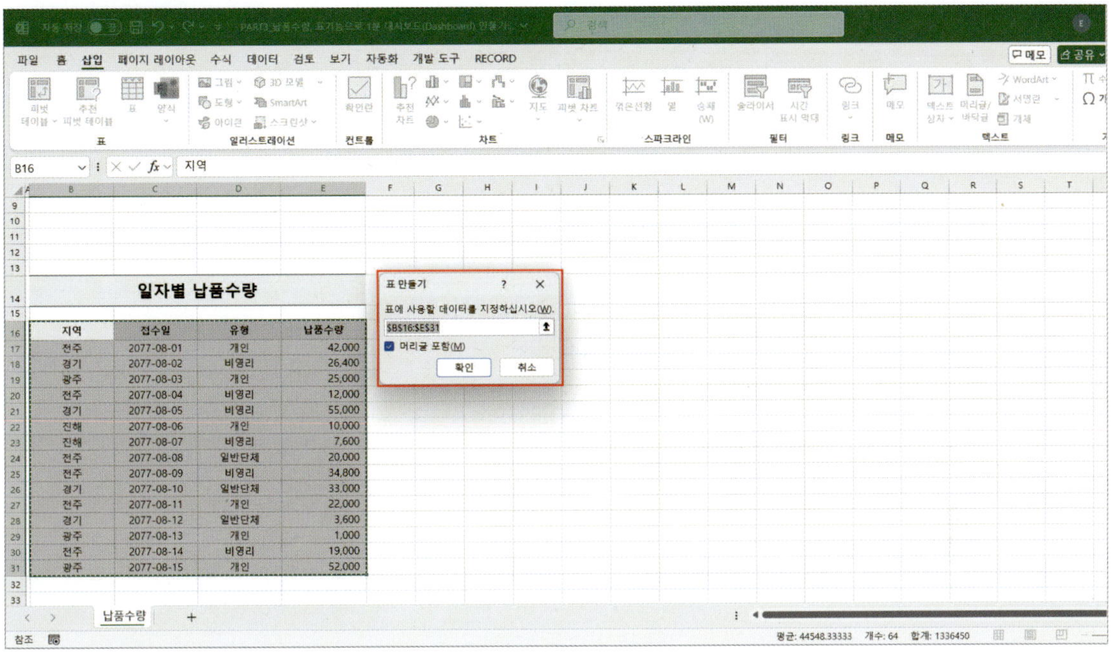

03 기존에 디자인된 표 스타일을 유지하기 위해 [테이블 디자인] 탭-[밝게]-[없음] 스타일을 선택합니다.

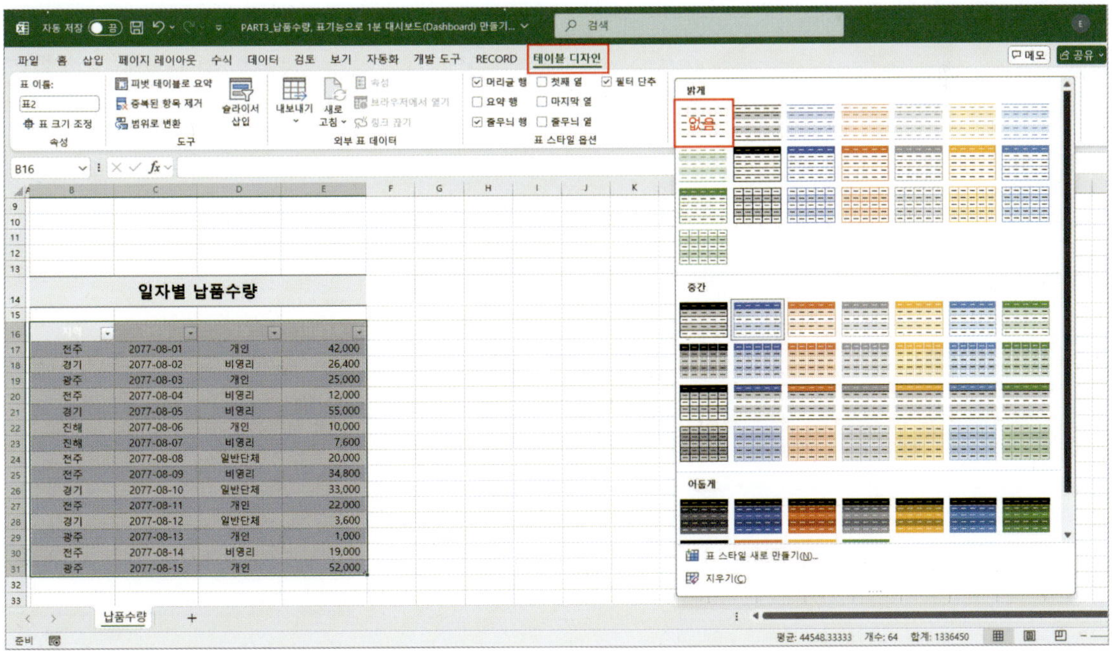

04 ❶ [테이블 디자인] 탭–[슬라이서 삽입]을 클릭합니다. ❷ [유형]에 체크하고 ❸ [확인]을 클릭합니다.

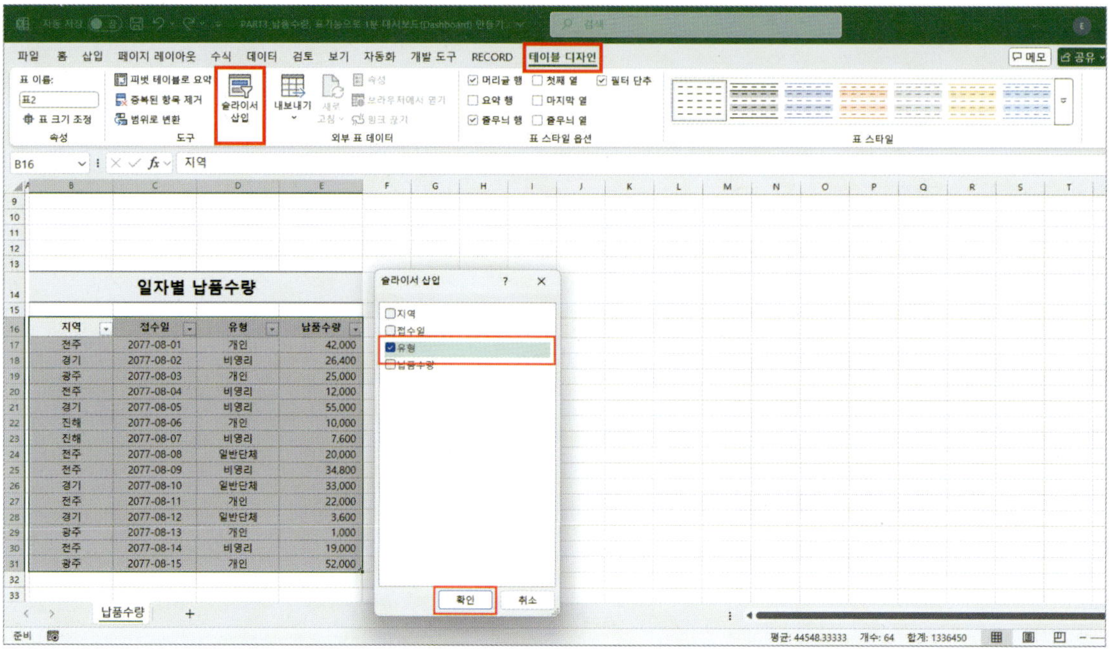

05 유형 슬라이서의 아래 가운데 조절점으로 크기를 적당히 조절합니다.

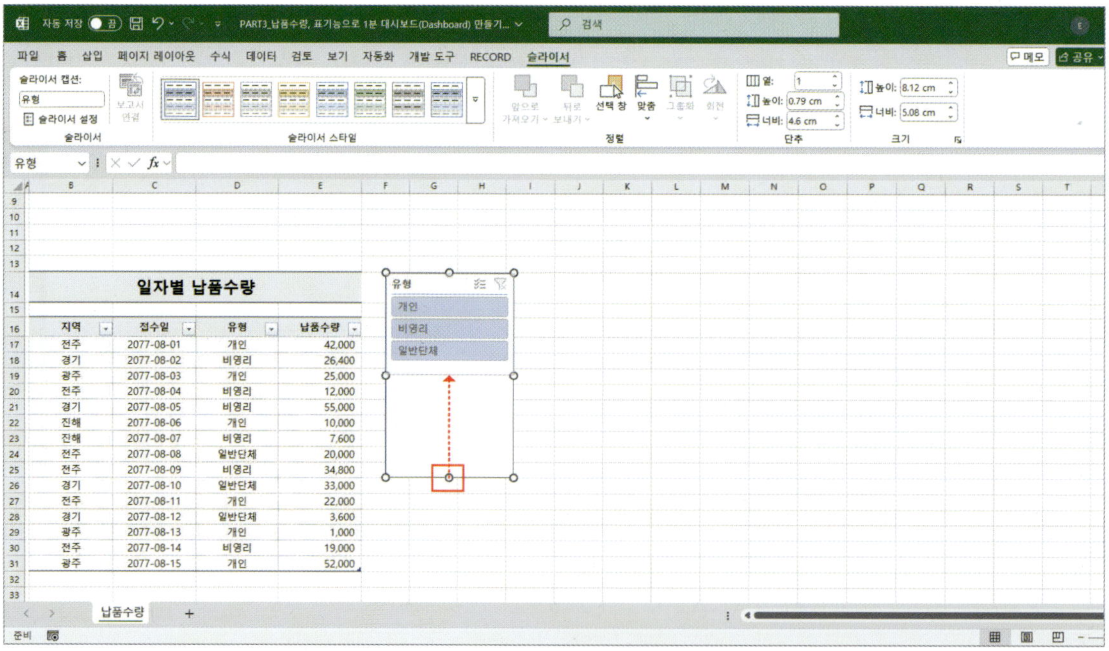

06 유형 슬라이서를 드래그해 A1셀에 위치시킵니다.

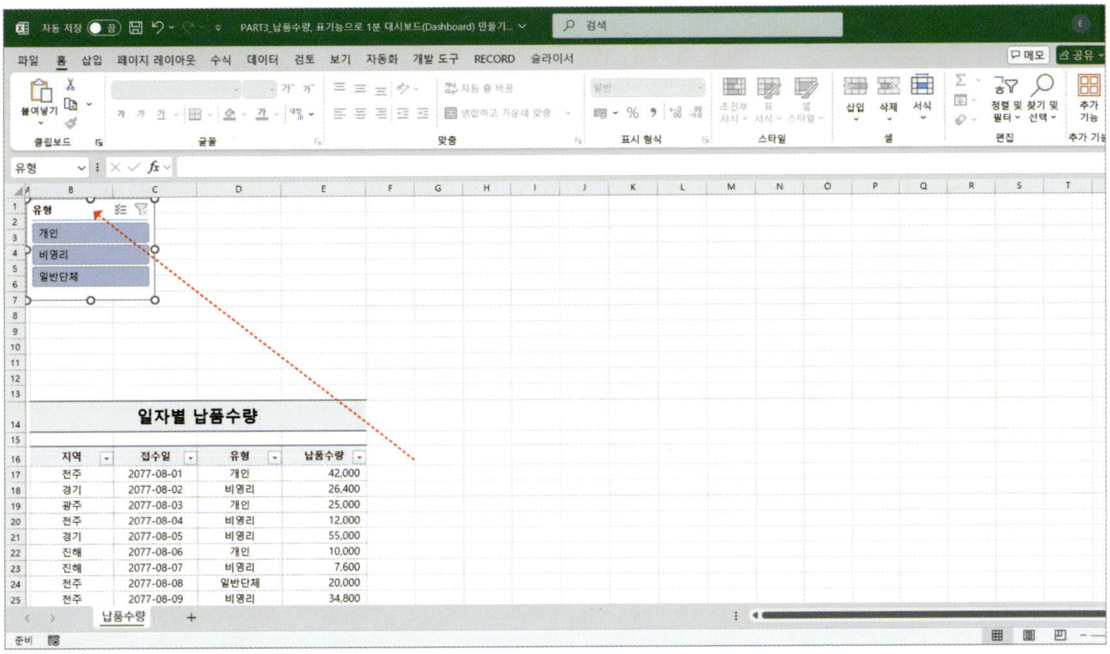

07 ❶ C16:C31셀을 범위 지정한 후 ❷ Ctrl 키를 누른 채 E16:E31셀 범위를 추가로 지정합니다.

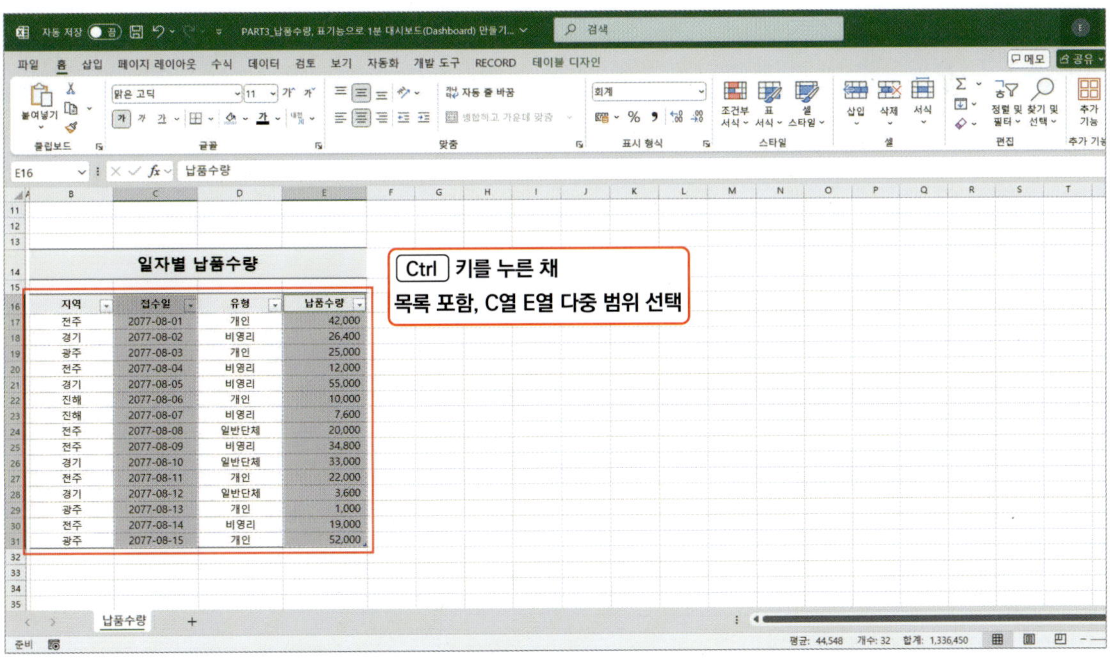

08 ❶ [삽입] 탭-[차트]-[세로 또는 가로 막대형 차트 삽입]-[2차원 세로 막대형]에서 ❷ [묶은 세로 막대형]을 클릭합니다.

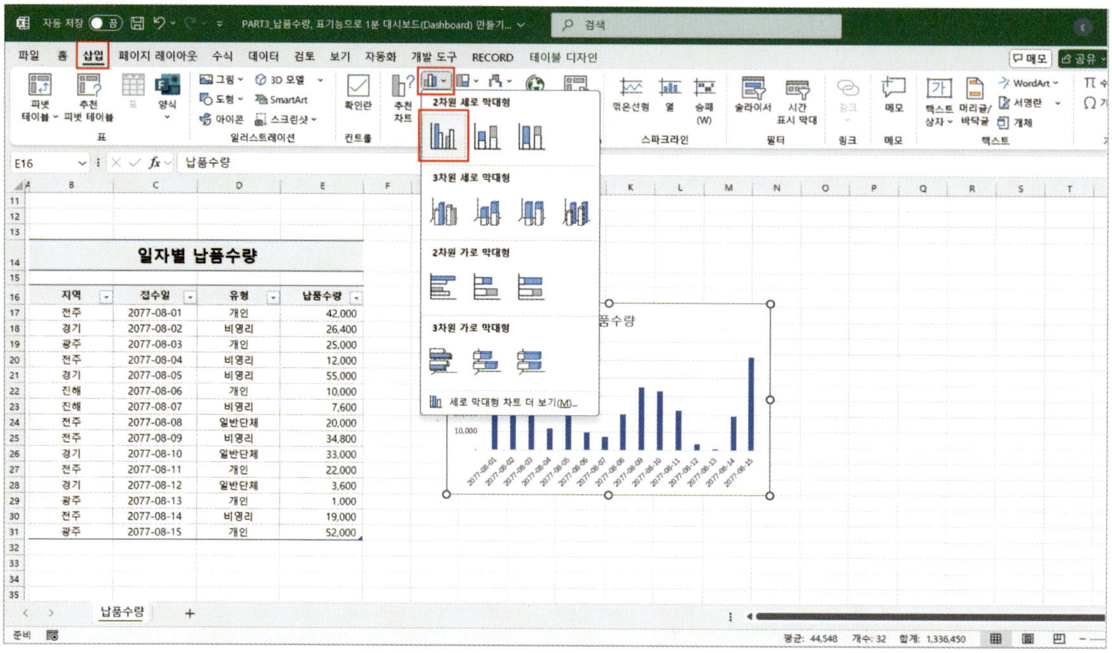

09 묶은 세로 막대형 차트가 출력된 결과를 확인합니다.

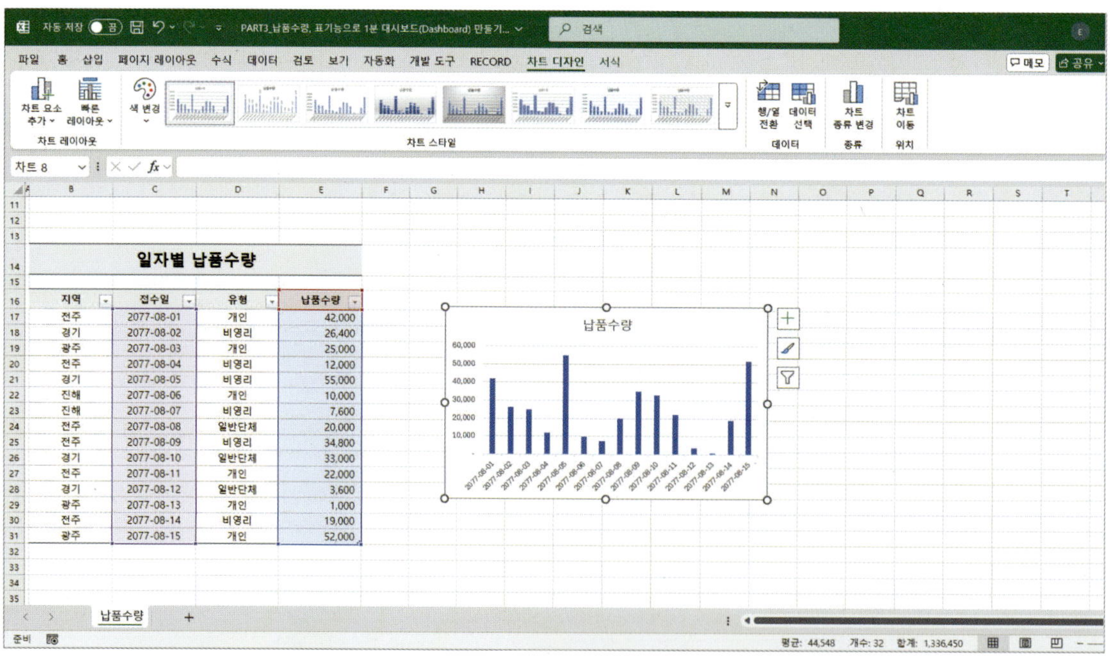

10 차트를 클릭한 채 드래그해 슬라이서 옆의 적당한 위치에 배치합니다.

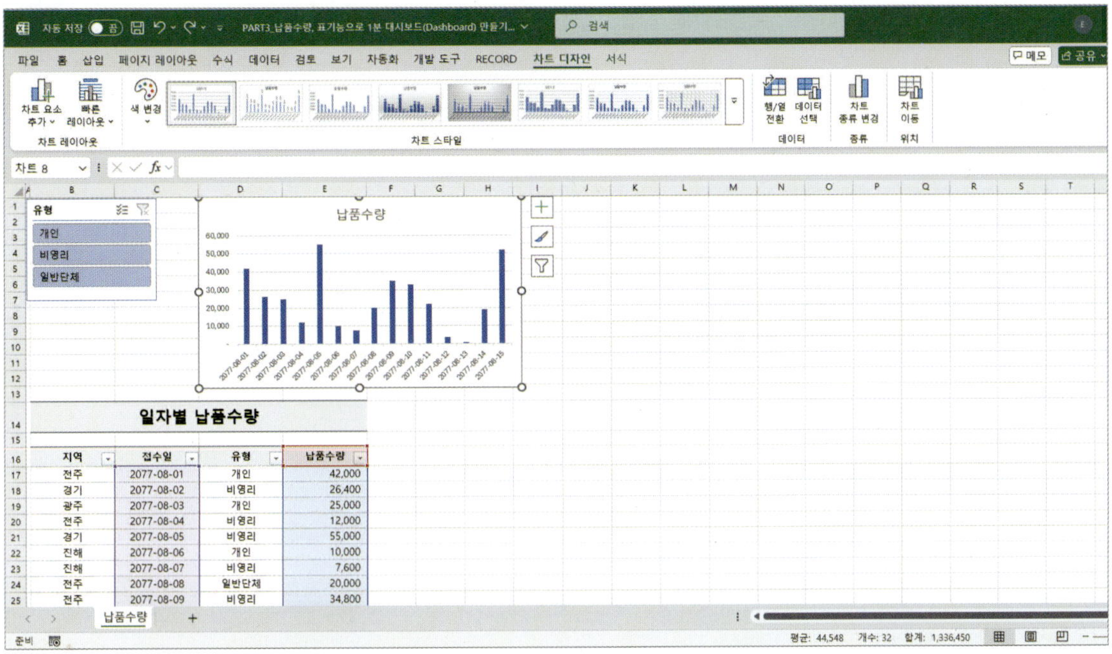

11 차트의 오른쪽 가운데 조절점(흰색 동그라미)를 오른쪽으로 드래그해 차트 크기를 키웁니다.

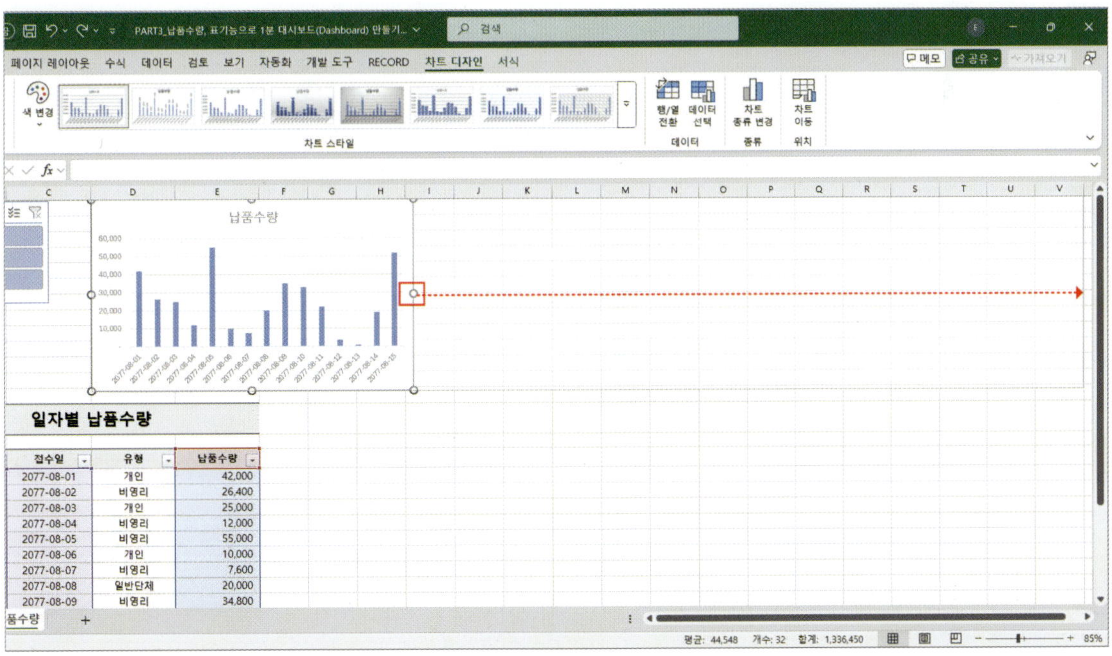

12 차트 크기가 조절된 결과를 확인합니다.

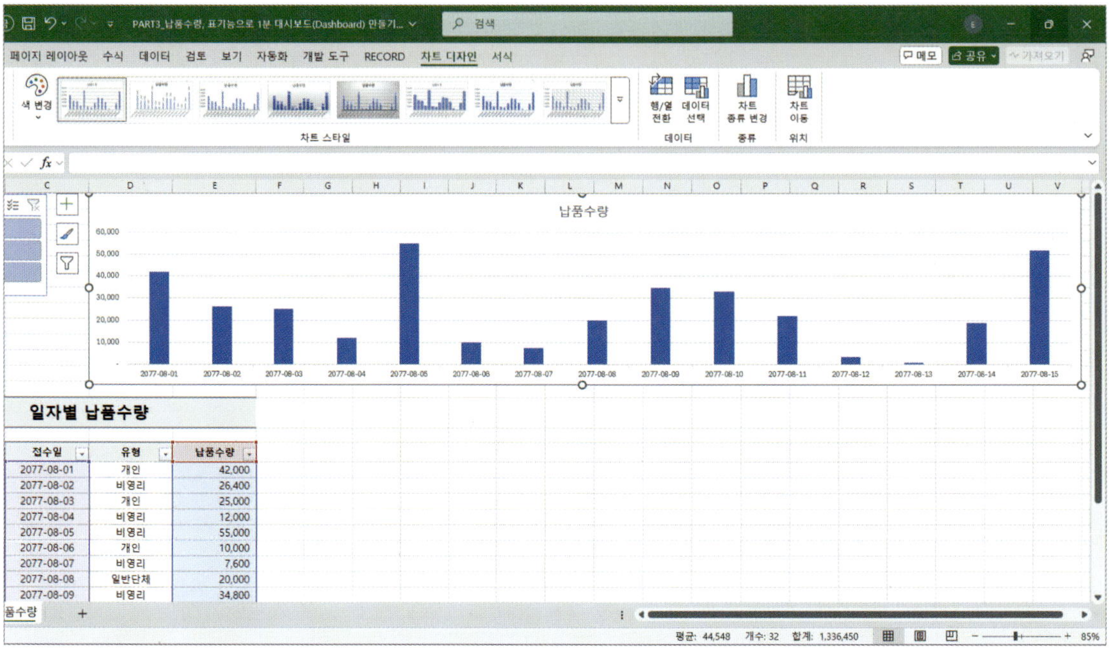

13 대시보드(Dashboard) 작동 여부를 확인하기 위해 유형 슬라이서에서 '비영리'를 클릭해 차트와 표가 반응하는지 확인합니다.

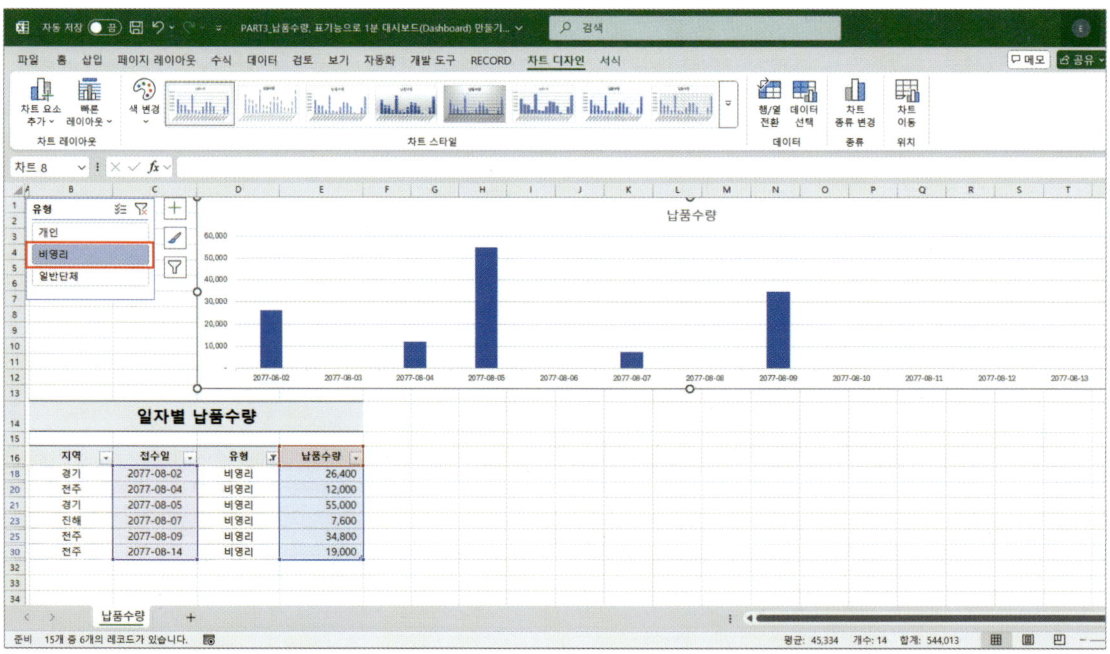

TIP 슬라이서 스타일 변경 및 차트 가공에 대한 방법은 다른 파트에서 다룰 예정입니다.

CHAPTER 06

표 기능 운영 방법 및 핵심 사용법 알아보기!

예제 파일 PART1_6 표 기능 운영 방법 및 핵심 사용법 알아보기!

실무 스킬

엑셀에서 제공하는 표 만들기 기능이 있습니다. 사용자가 인식하는 단순한 테두리나 머리글을 강조하고 단순한 채우기 색상이 아닌 추가 기능이 탑재되어 있습니다. 클릭 몇 번으로 스타일을 변경할 수도 있고, 수식 한 개로 전체 열의 빈칸을 채울 수도 있습니다. 표 이름을 정의해 범위로도 쉽게 활용할 수가 있습니다. 이번에는 표 기능에 대한 운영 방법과 핵심 기능에 대해 알아보겠습니다.

실무 연습 ❶

01 표 기능을 삽입해 스타일을 변경해 보고 요약 행을 통해 숫자가 있는 목록 구간에 합계나 평균을 구해 보고, 목록에 없는 매출도 쉽게 출력해 보겠습니다. B5:E19셀을 범위 지정합니다.

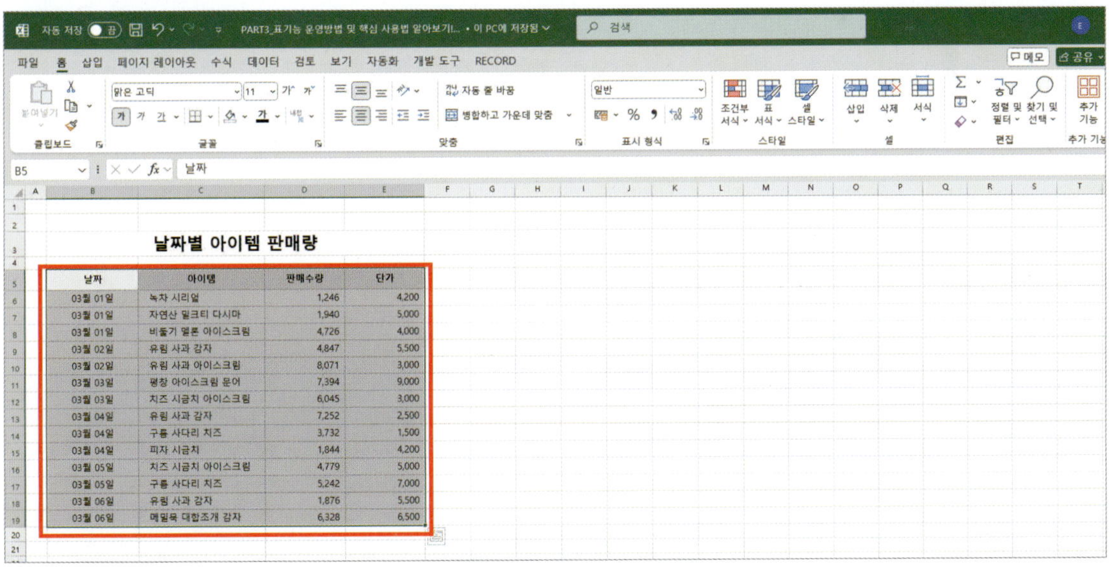

TIP 데이터가 공백 없이 셀 안에 연속적으로 연결되어 있는 형태에서는 전체 범위를 지정하지 않아도 표 삽입이 가능하나, 사용자가 직접 출력 범위를 확인하는 게 좋습니다.

02 [삽입] 탭-[표]를 클릭합니다.

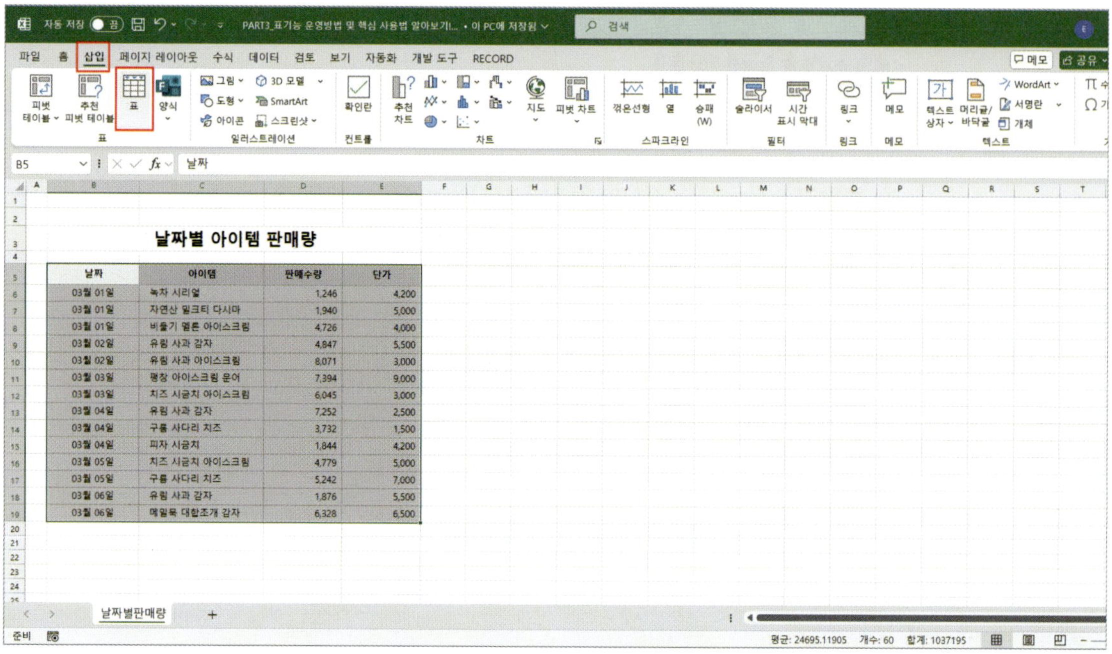

03 ❶ 범위 $B$5:$E$19를 확인합니다. ❷ 머리글 포함 체크박스에 체크하고 ❸ [확인]을 클릭합니다.

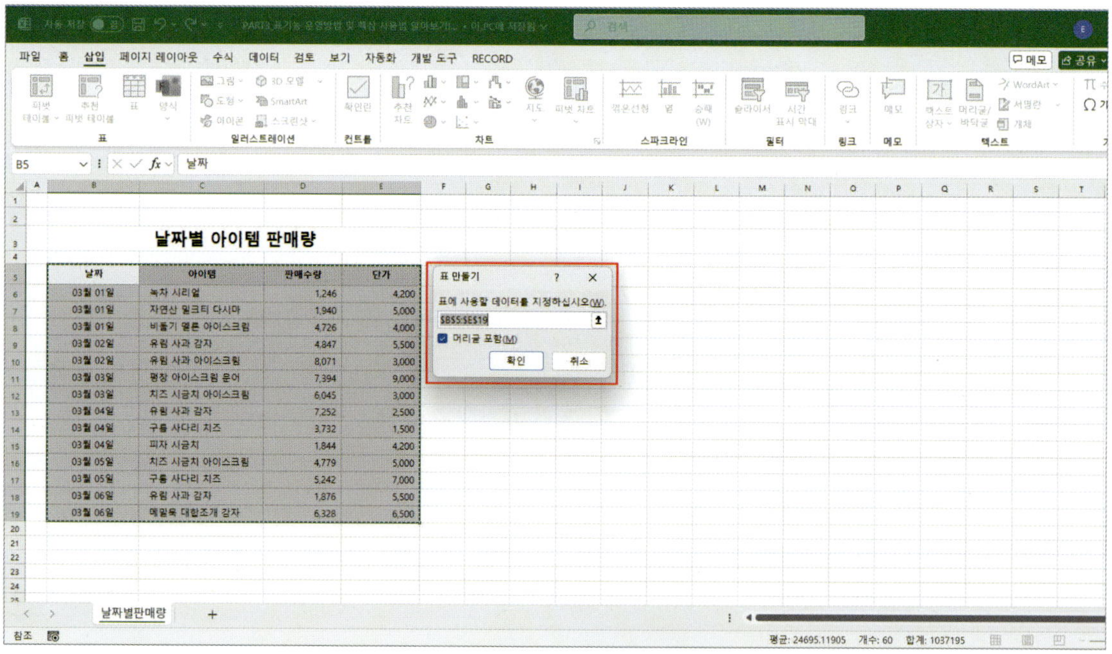

04 [테이블 디자인] 탭과 표 오른쪽 아래에 꺽쇠 모양 기호가 생성된 것을 확인합니다.

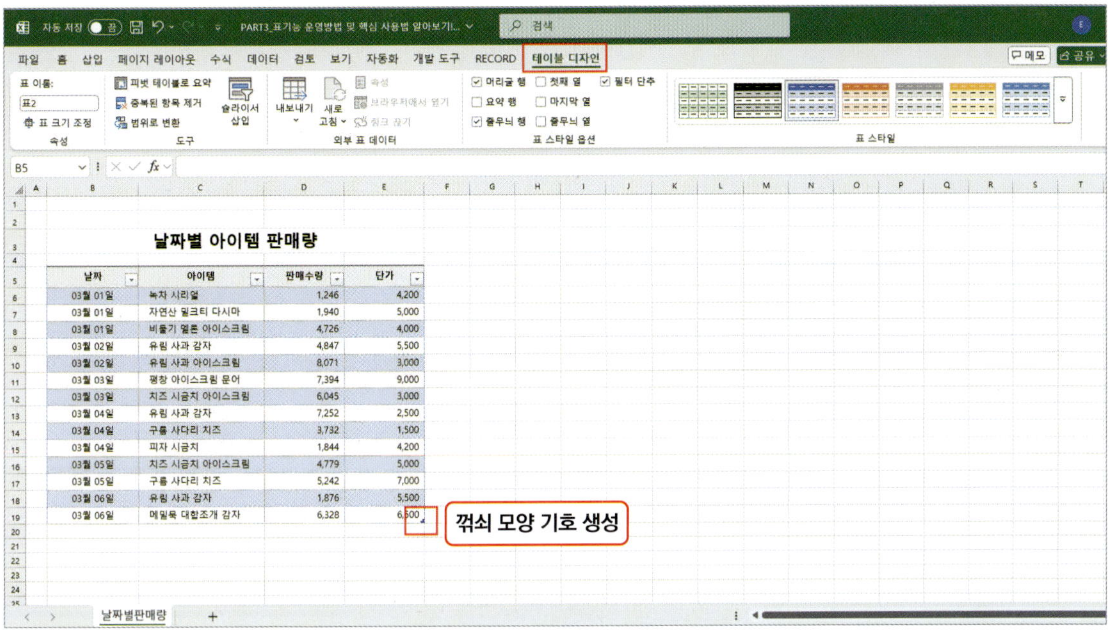

05 [테이블 디자인] 탭-[표 스타일]-[밝게]-[없음]을 클릭합니다.

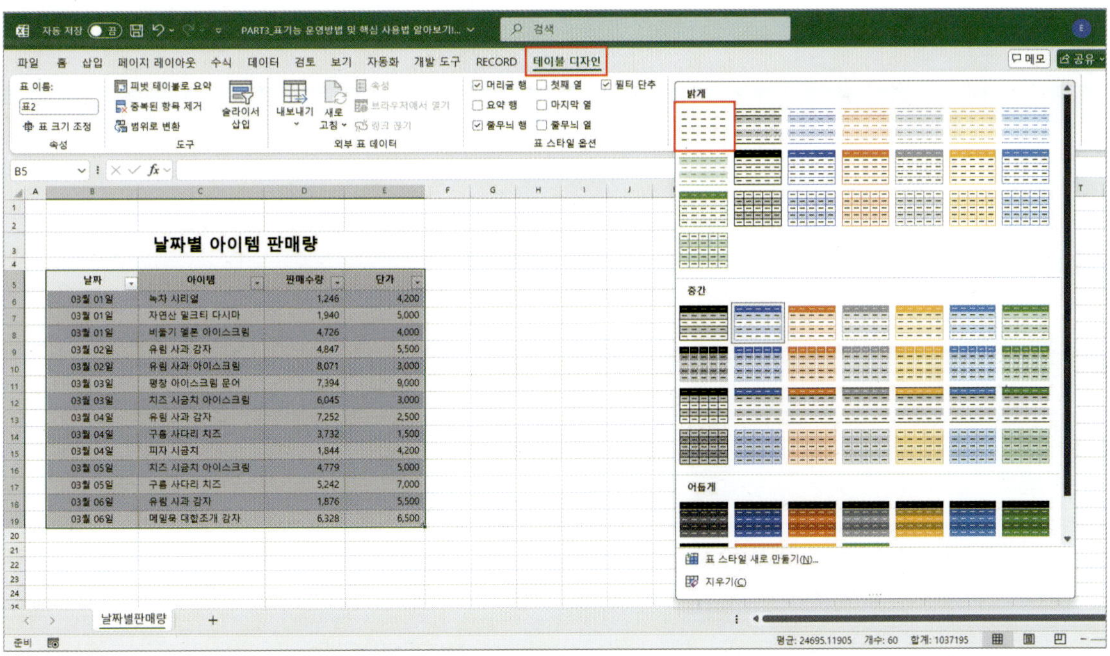

TIP 이미 표의 테두리 및 머리글에 디자인이 되어 있기 때문에 표 기능으로 입혀진 스타일을 기존에 있는 서식으로 대체하기 위해서 스타일을 없음으로 선택합니다.

06 [테이블 디자인] 탭-[속성]에서 [표 이름]을 '날짜별판매량'으로 변경합니다.

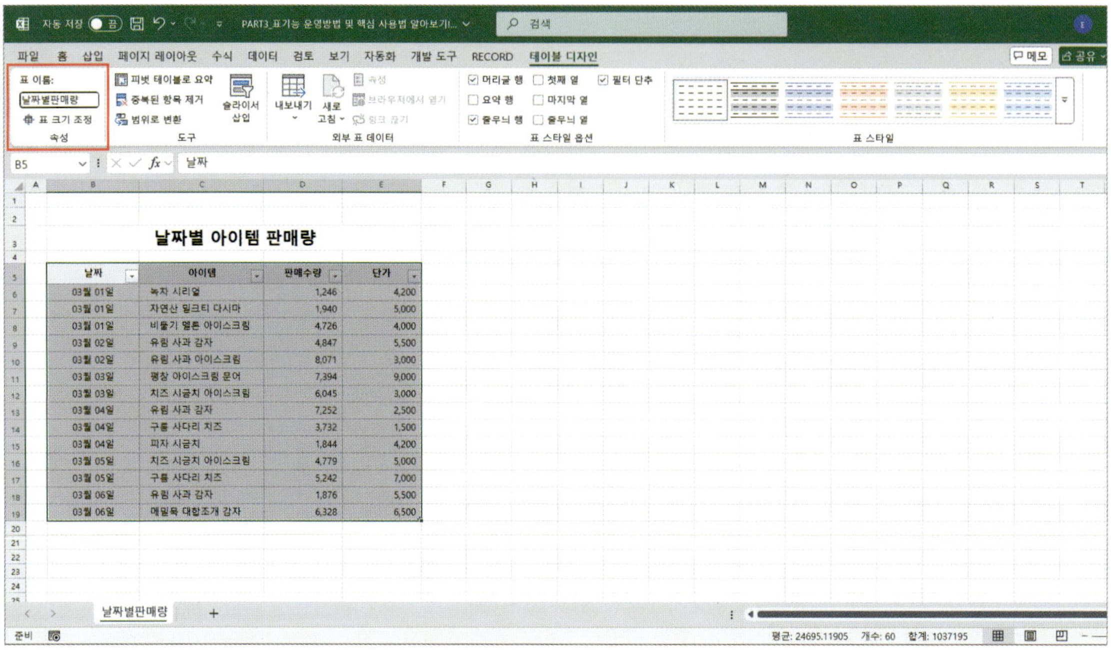

07 ❶ [테이블 디자인] 탭-[표 스타일 옵션]-[요약 행]을 체크합니다. ❷ B20:E20셀에 요약 행이 삽입된 결과를 확인합니다.

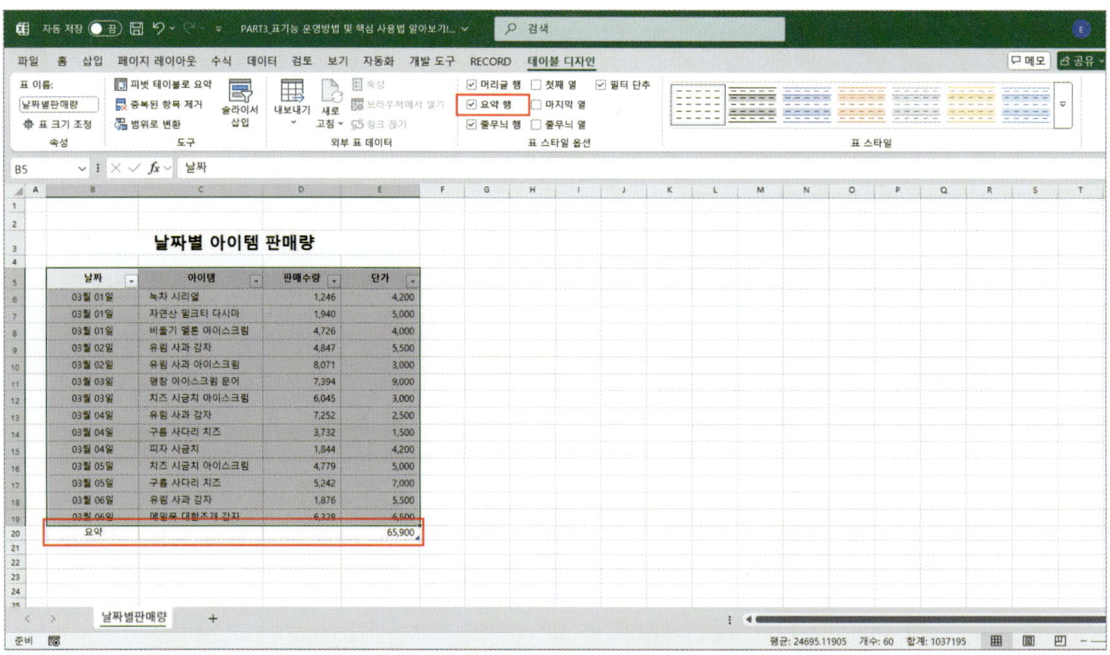

08 ❶ E20셀을 클릭합니다. ❷ 필터 단추를 클릭하고 [평균]을 선택합니다.

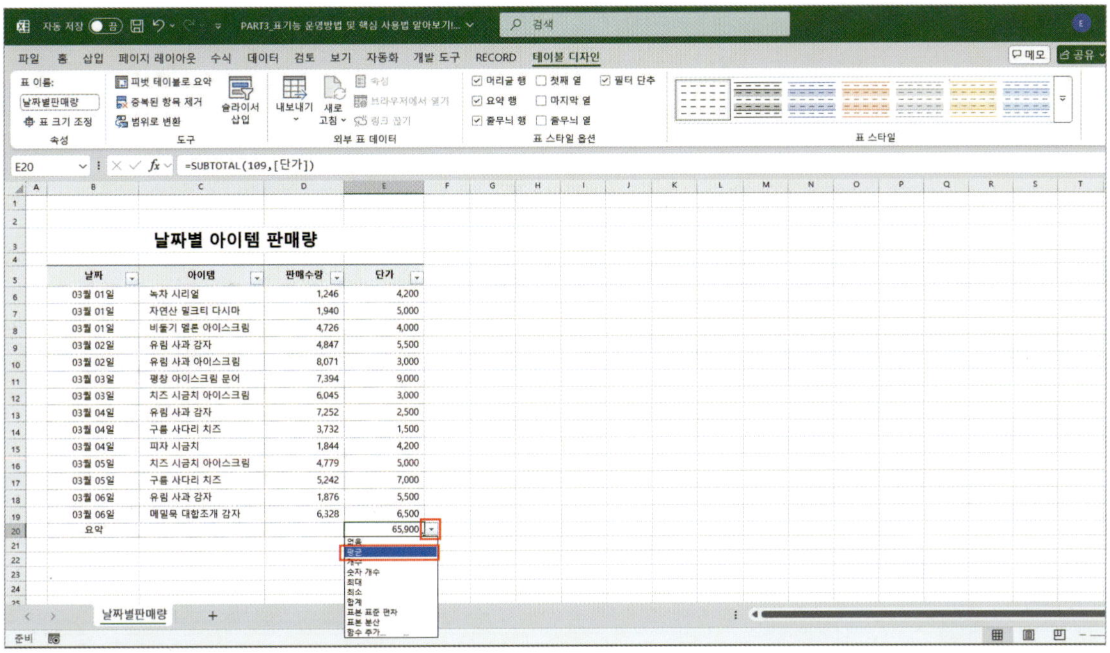

09 ❶ D20셀을 클릭합니다. ❷ 필터 단추를 클릭하고 [합계]를 선택합니다.

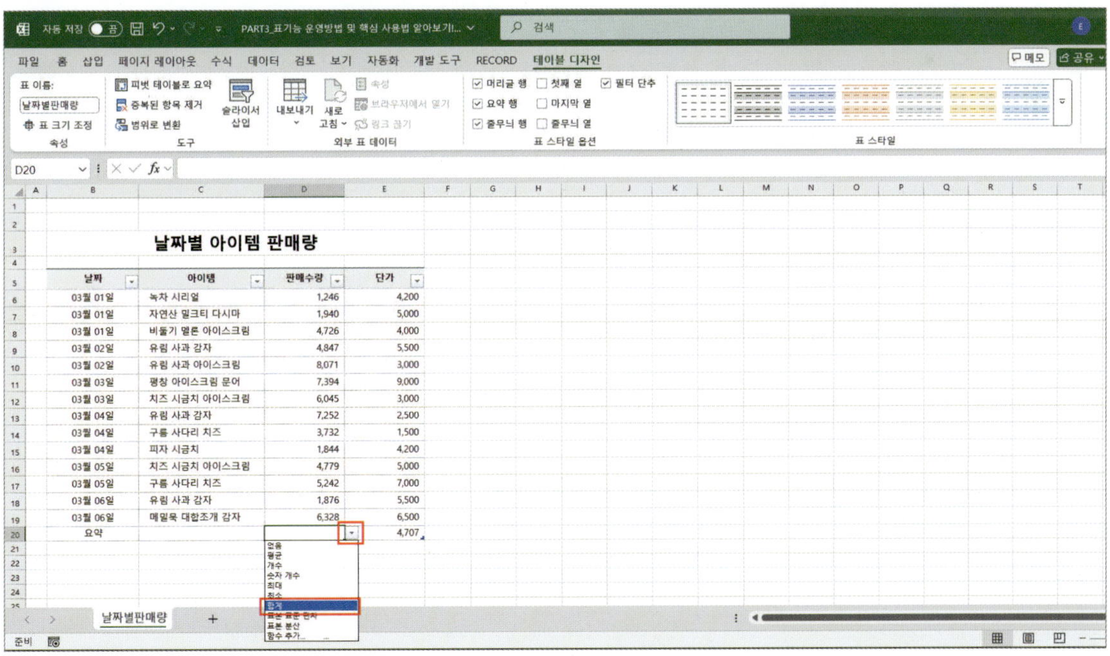

10

❶ C20셀을 클릭합니다. ❷ 필터 단추를 클릭하고 [개수]를 선택합니다.

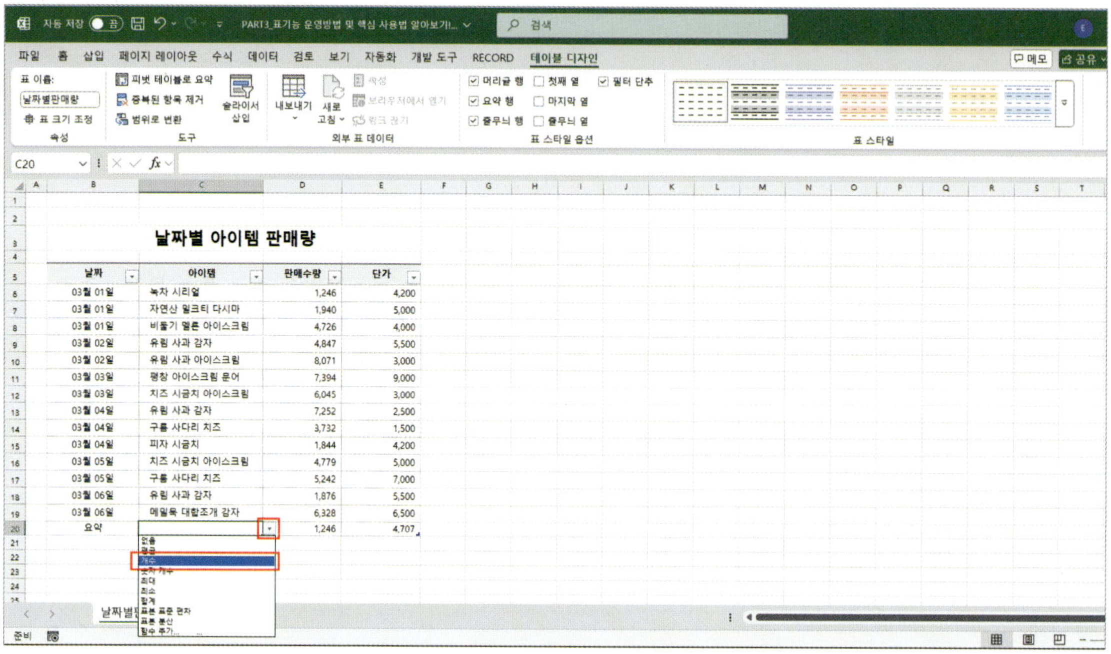

11

B20:E20셀 범위에 수식으로 출력된 결과를 각각 확인합니다.

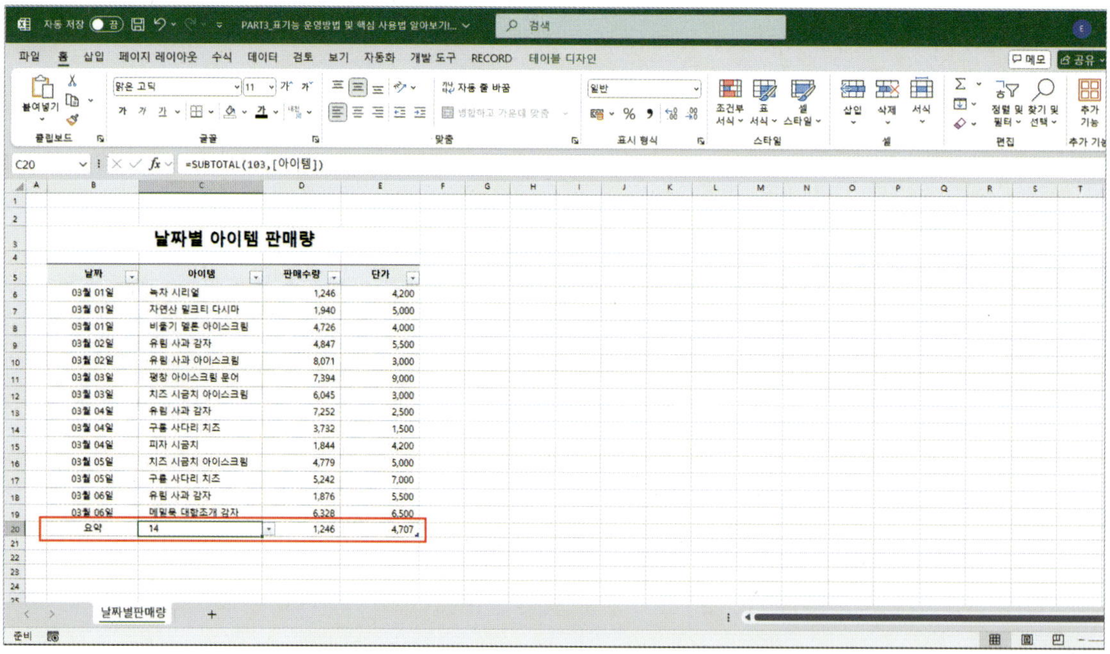

실무 연습 ❷ 수식 하나로 전체 아이템 매출 한 번에 구하기

01 ❶ '단가' 열의 아무 셀에서 마우스 오른쪽 버튼을 클릭합니다. ❷ [삽입]- [오른쪽에 표 열 삽입]을 클릭합니다.

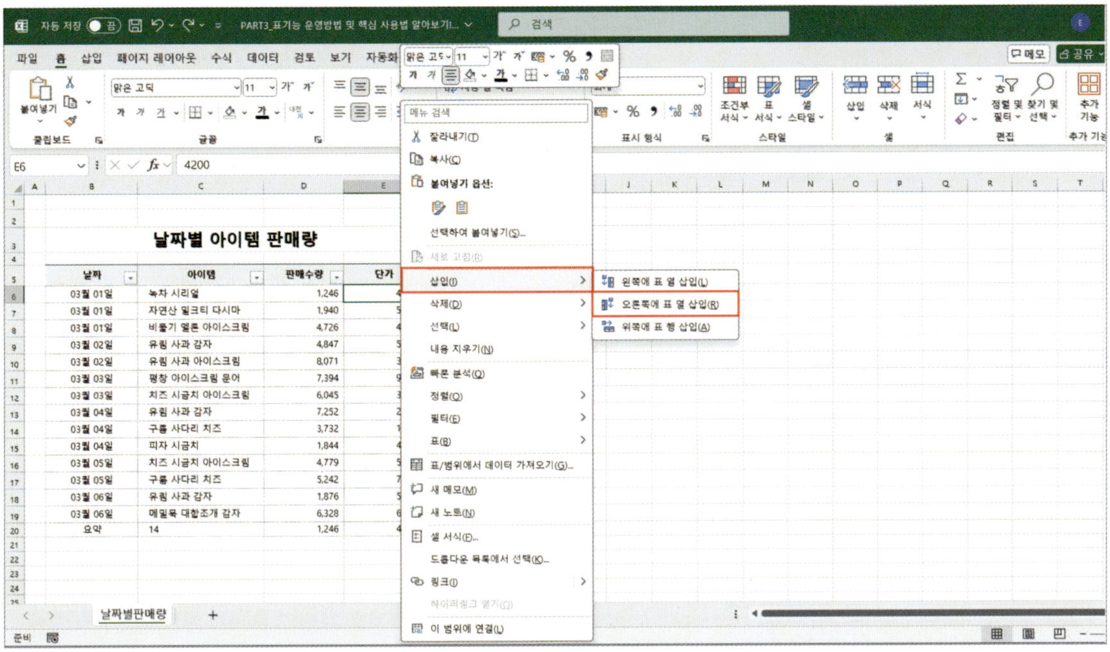

02 '열1' 목록이 생성된 것을 확인합니다.

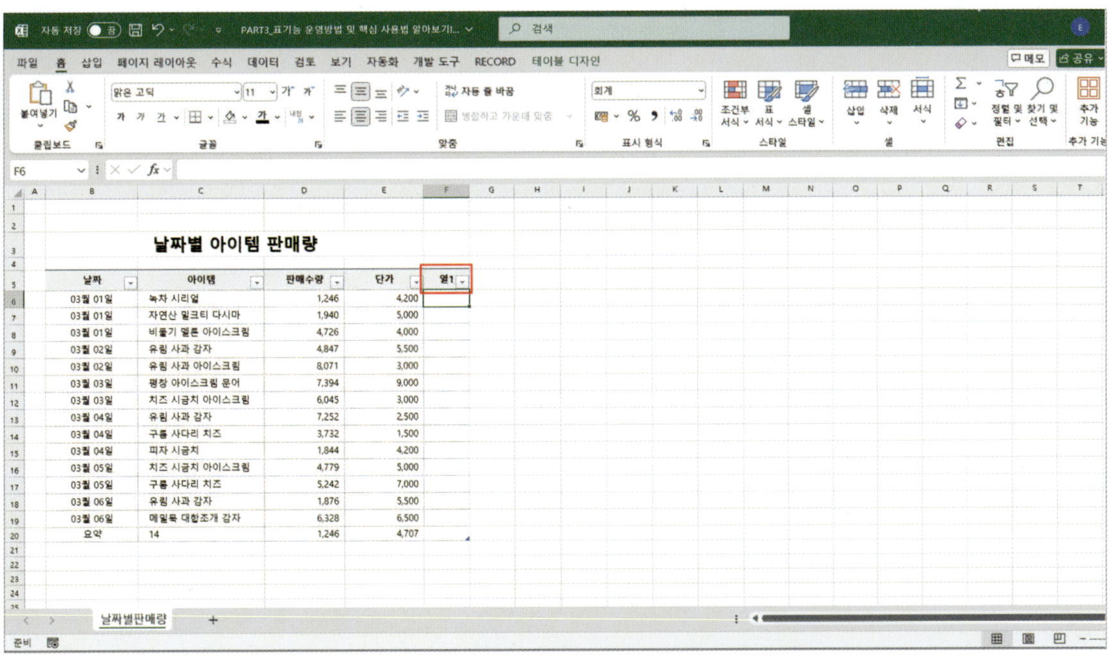

03

❶ '열1' 목록 이름을 '매출'이라고 변경합니다. ❷ E6셀에 수식 '=D6*E6'을 입력하고 Enter 키를 누릅니다.

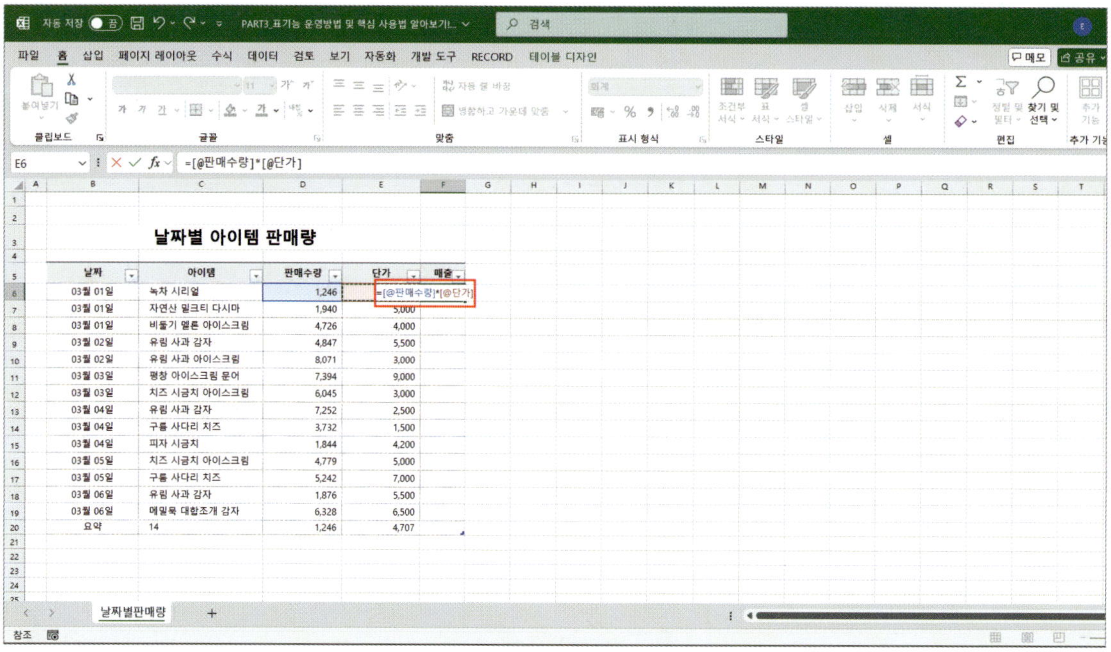

TIP '=D6*E6' 수식을 입력했을 때 '=[@판매수량]*[@단가]'와 같이 수식이 변경되어 출력된 결과를 확인합니다.

04

'매출' 목록에 출력된 필드값이 '#'으로 출력되고 있습니다.

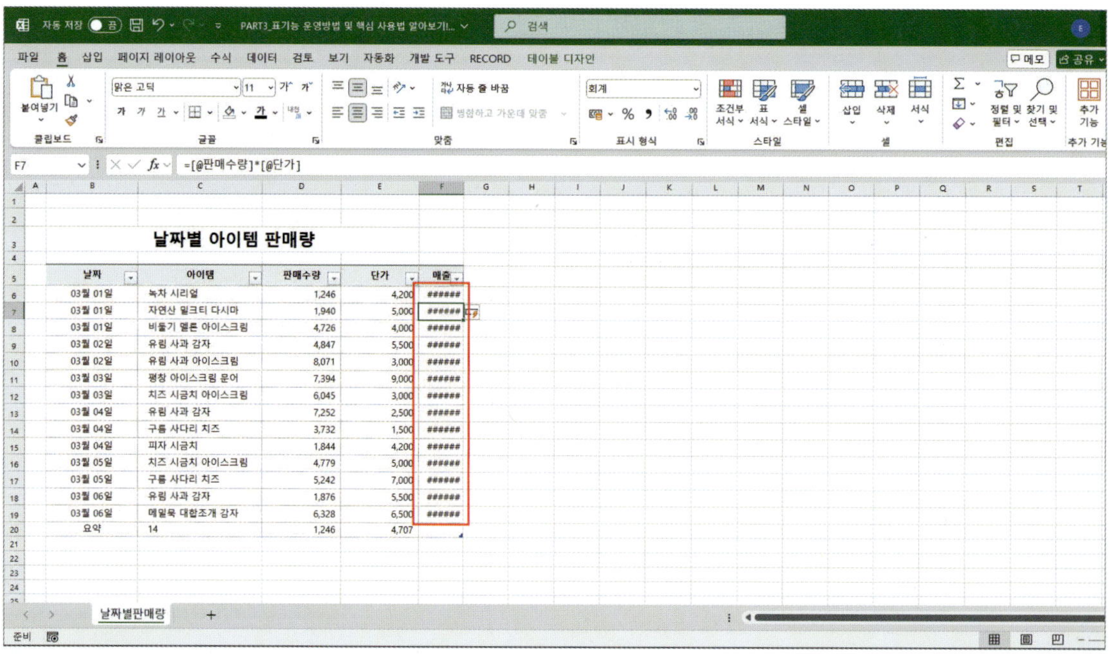

05 '=D6*E6' 수식을 입력했을 때 '=[@판매수량]*[@단가]'와 같이 수식이 변경되어 출력된 결과를 확인합니다. F열과 G열 사이 실선에 마우스를 갖다 대고 클릭한 채 오른쪽으로 충분히 넓혀 줍니다. 또는 F열과 G열 사이 실선에서 더블클릭합니다(자동 열 맞춤).

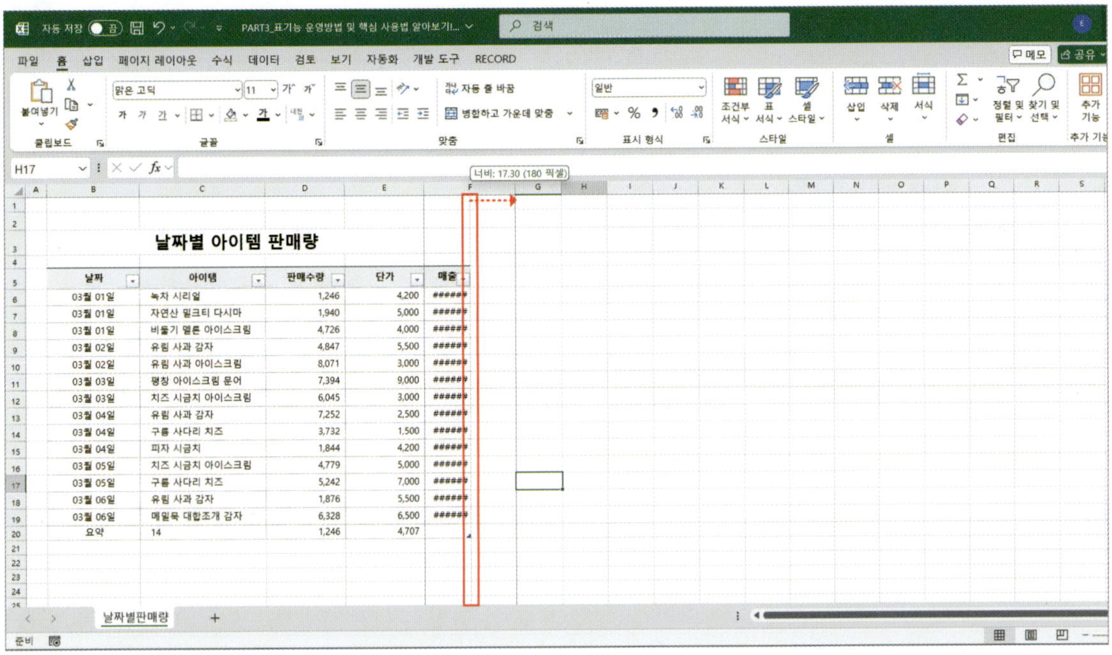

06 수식 하나로 출력된 '매출' 결과값들을 확인합니다.

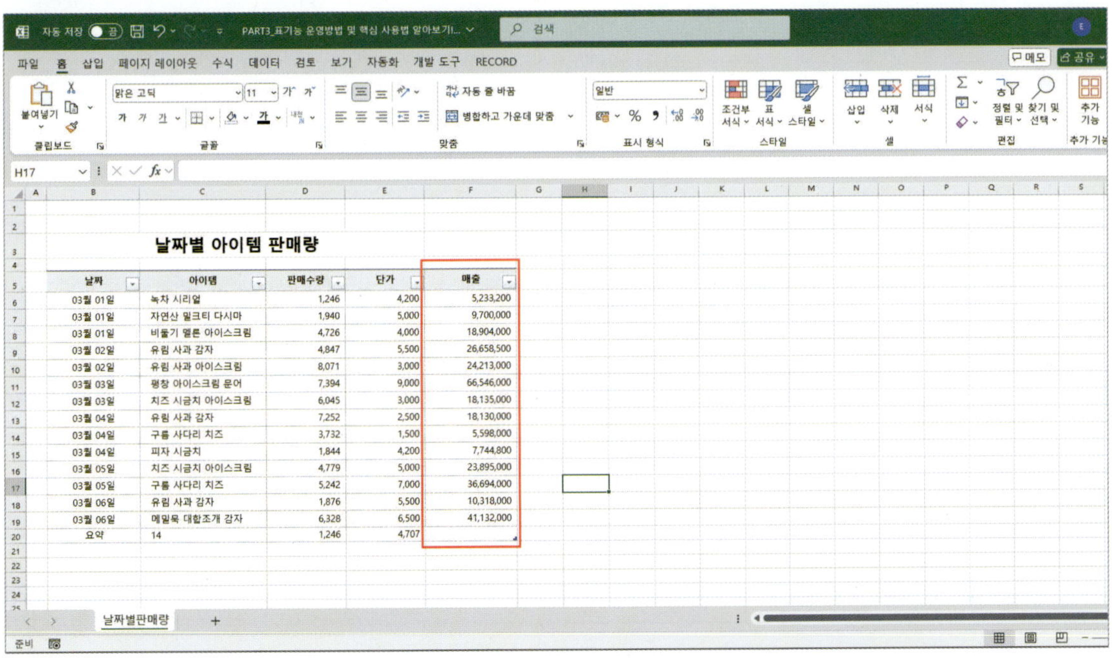

07 표 범위를 해제해 보겠습니다. ❶ '날짜별판매량' 표의 아무 셀이나 클릭합니다. 책에서는 D9셀을 클릭한 상황입니다. ❷ [테이블 디자인] 탭-[도구]- [범위로 변환]을 클릭합니다.

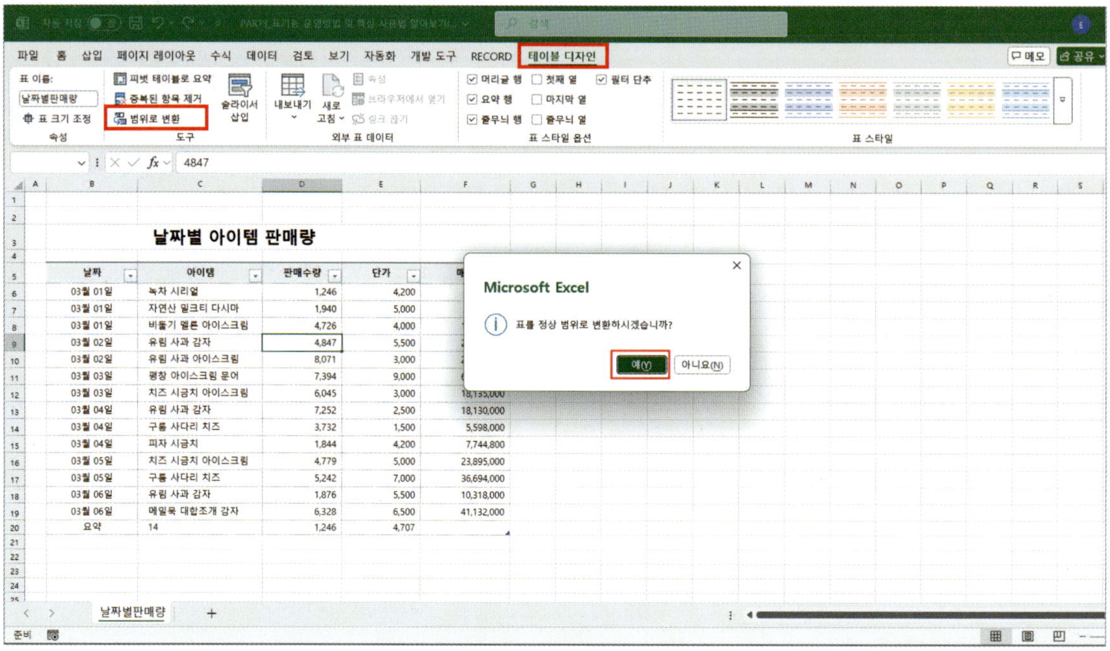

08 [예]를 클릭하면 [테이블 디자인] 탭과 필터 단추가 사라지고, 표 가장 오른쪽 아래 꺾쇠 모양 기호가 사라지며 표가 해제됩니다.

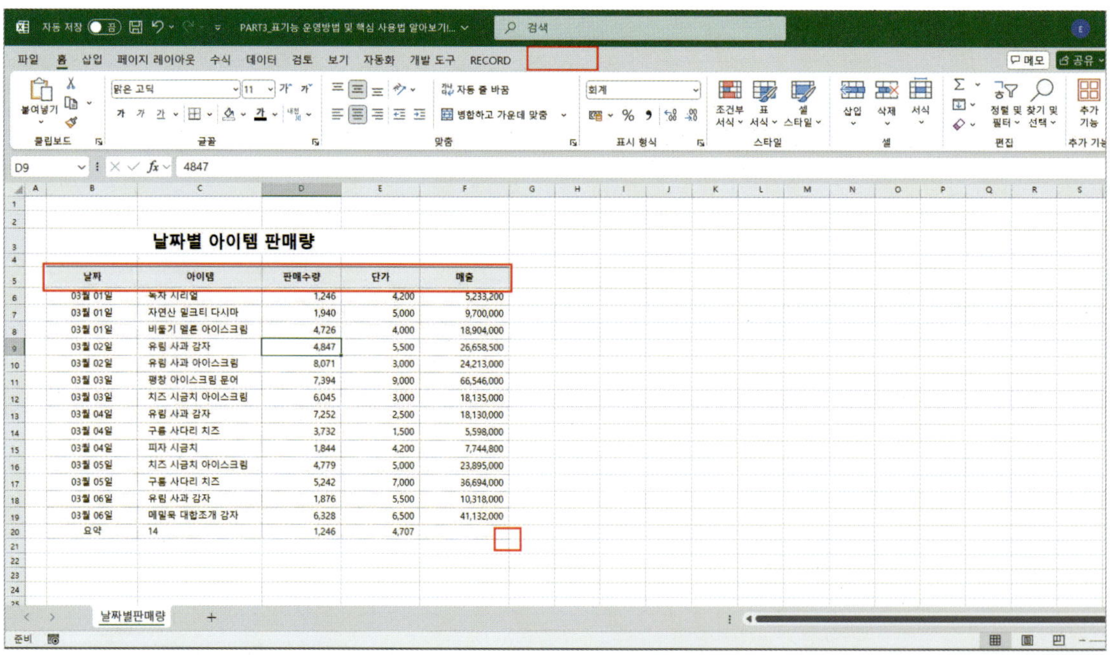

TIP 표 기능은 자동으로 표 범위를 확장해 주기도 합니다. 요약 행이 없는 상태에서 꺾쇠 모양 기호에 셀 포인터를 위치하고 Tab 키를 누르면 한 행이 추가되며 표 범위가 자동 확장됩니다.

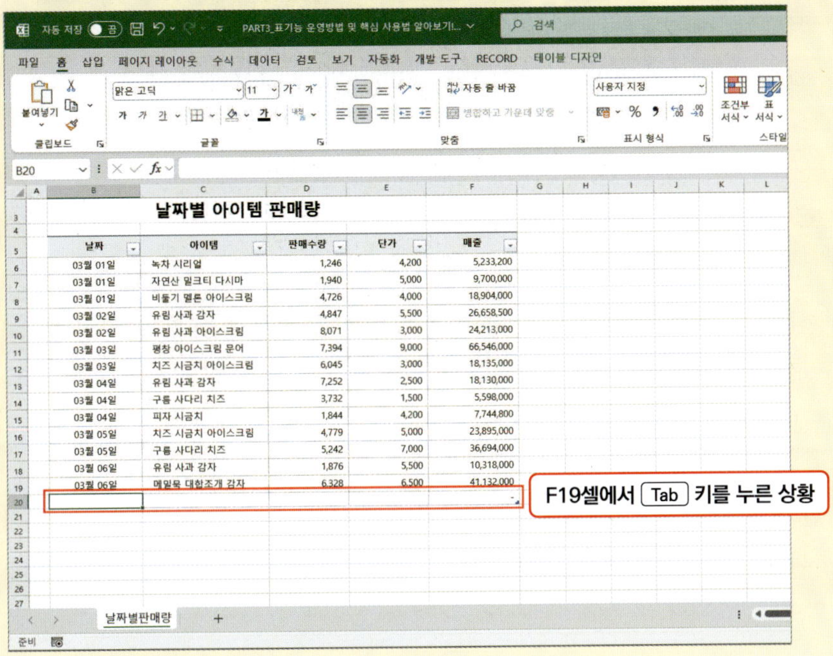

CHAPTER 07

클릭 한 번으로 원하는 시트(SHEET)나 셀로 이동하기

예제 파일 PART1_7 클릭 한 번으로 원하는 시트(Sheet)나 셀로 이동하기

실무 스킬

주제별이나 날짜, 프로젝트에 따라 시트를 나눠 관리하면 업무에 도움이 됩니다. 업무별로 나눠진 시트로 바로 이동하고 싶을 때 셀에 입력된 키워드 클릭 한 번으로 엑셀에서 제공하는 '하이퍼링크' 기능을 이용하면 원하는 시트로 빠르게 이동할 수 있습니다.

예제의 [프로젝트] 시트에 적혀 있는 프로젝트 담당자를 클릭했을 때 해당 담당자 이름이 적힌 시트로 이동하고, 이동한 시트에 있는 프로젝트명을 클릭하면 다시 [프로젝트] 시트로 이동하는 하이퍼링크를 걸어 보도록 하겠습니다. 그리고 [프로젝트] 시트, A1셀을 클릭했을 때 이미지가 있는 경로를 따라 이미지를 출력하는 방법도 알아보겠습니다.

실무 연습 ❶

01 [프로젝트] 시트에 적혀 있는 프로젝트 담당자를 클릭했을 때 해당 담당자 이름이 적힌 시트로 이동하는 하이퍼링크를 걸어 보겠습니다. ❶ '홍길동'이 적힌 C5셀을 마우스 오른쪽 버튼으로 클릭합니다. ❷ [링크]를 클릭합니다.

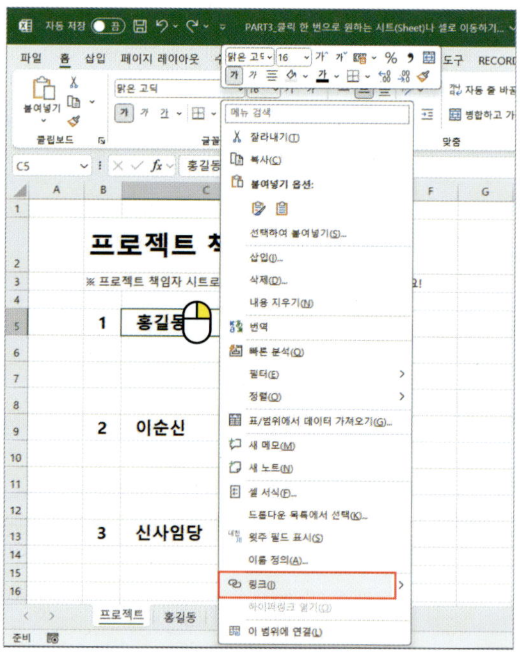

02

❶ 하이퍼링크 삽입 대화상자에서 현재 문서를 클릭합니다. ❷ [표시할 텍스트]에는 '홍길동', [참조할 셀 입력]에는 'B1'을 입력하고 [이 문서에서 위치 선택]에서는 '홍길동'을 클릭합니다. ❸ [확인]을 클릭합니다.

※ 이 문서에서 위치 선택 리스트는 시트 이름을 뜻합니다.

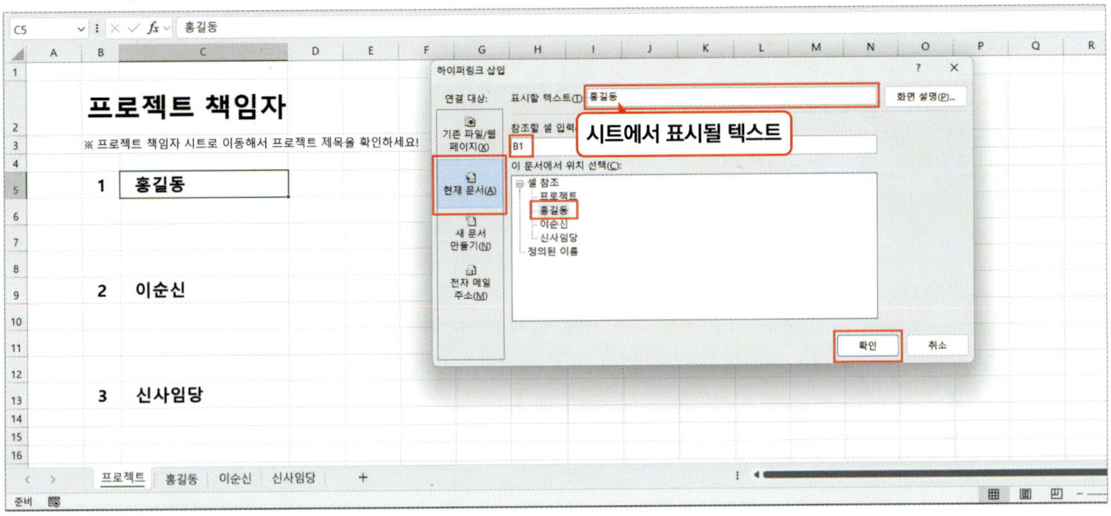

TIP 하이퍼링크를 클릭할 시 이동할 셀이 B1입니다.

03

C5셀 텍스트가 파란색 밑줄로 변경됩니다.

TIP 하이퍼링크로 출력된 텍스트의 문자 크기 및 밑줄, 글꼴 색상과 같은 서식도 리본 메뉴를 이용해 바꿀 수 있습니다.

04 이 상태에서 '홍길동' 하이퍼링크 걸린 텍스트를 클릭합니다. 그리고 [홍길동] 시트 B1셀로 이동한 결과를 확인합니다.

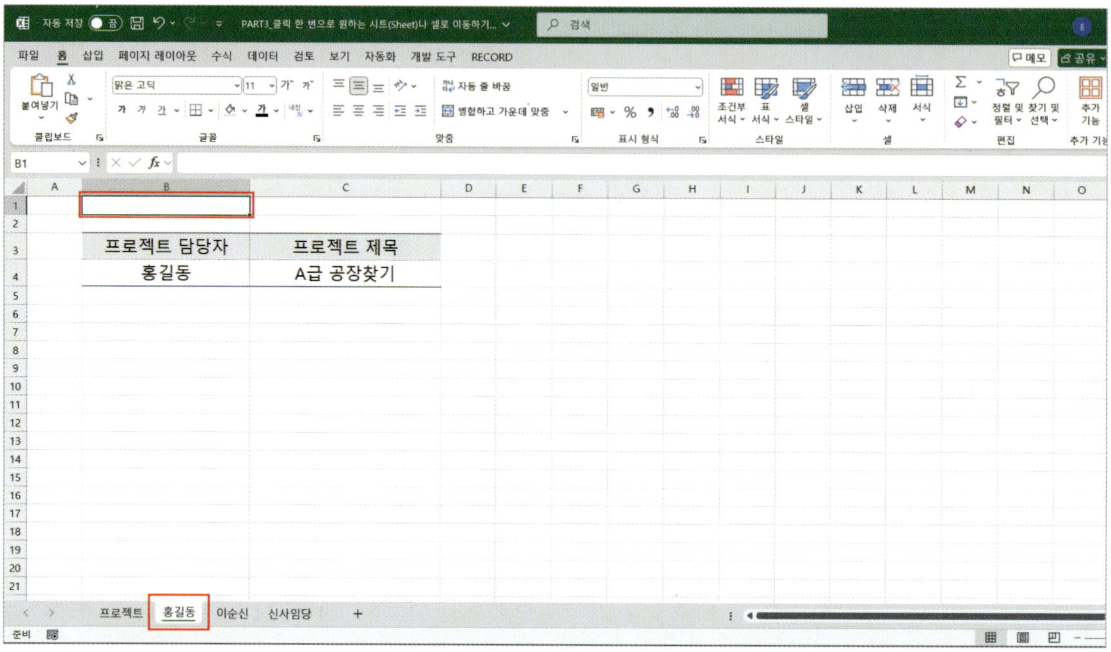

05 이번에는 [홍길동] 시트에 적혀 있는 프로젝트 제목(C4셀)을 클릭했을 때 [프로젝트] 시트로 이동하는 하이퍼링크를 걸어 보도록 하겠습니다. ❶ '프로젝트 제목'이 적힌 C4셀을 마우스 오른쪽 버튼으로 클릭합니다. ❷ [링크]를 클릭합니다.

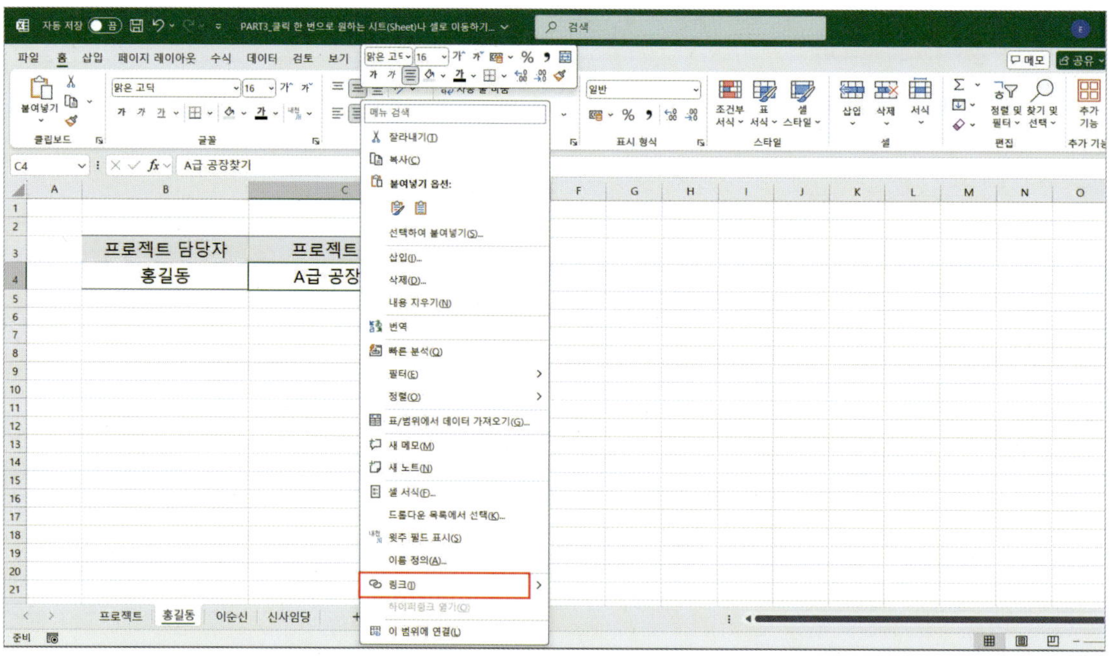

06 ❶ 하이퍼링크 삽입 대화상자에서 현재 문서를 클릭합니다. ❷ [표시할 텍스트]에는 'A급 공장찾기', [참조할 셀 입력]에는 'B1'을 입력하고 [이 문서에서 위치 선택]에서는 '프로젝트'를 클릭합니다. ❸ [확인]을 클릭합니다.

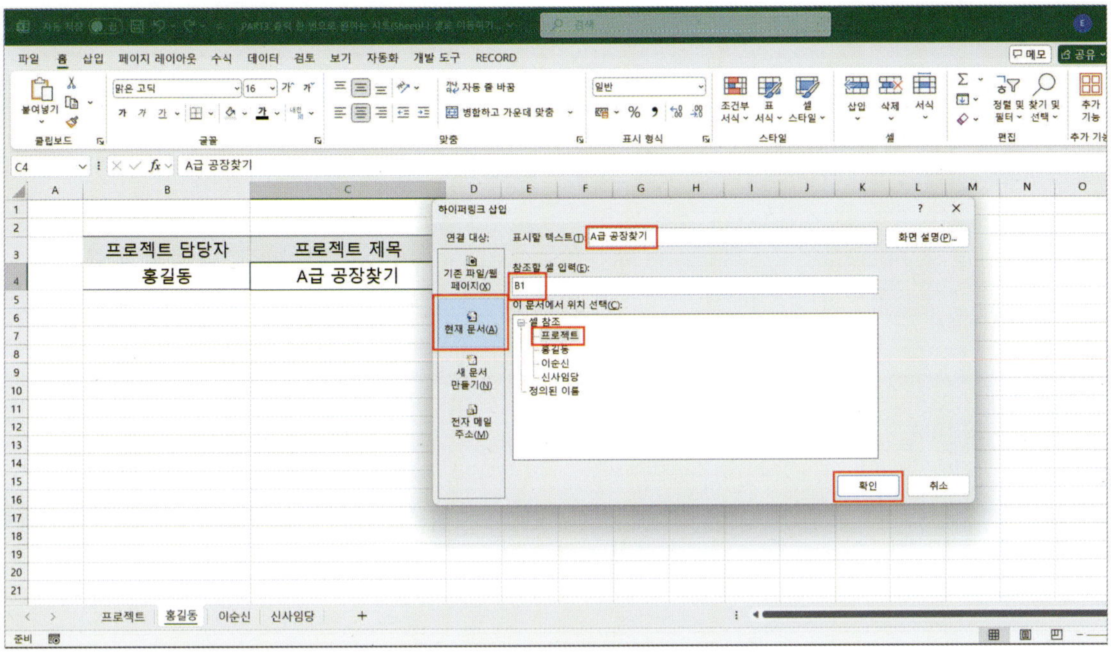

07 C4셀을 클릭합니다.

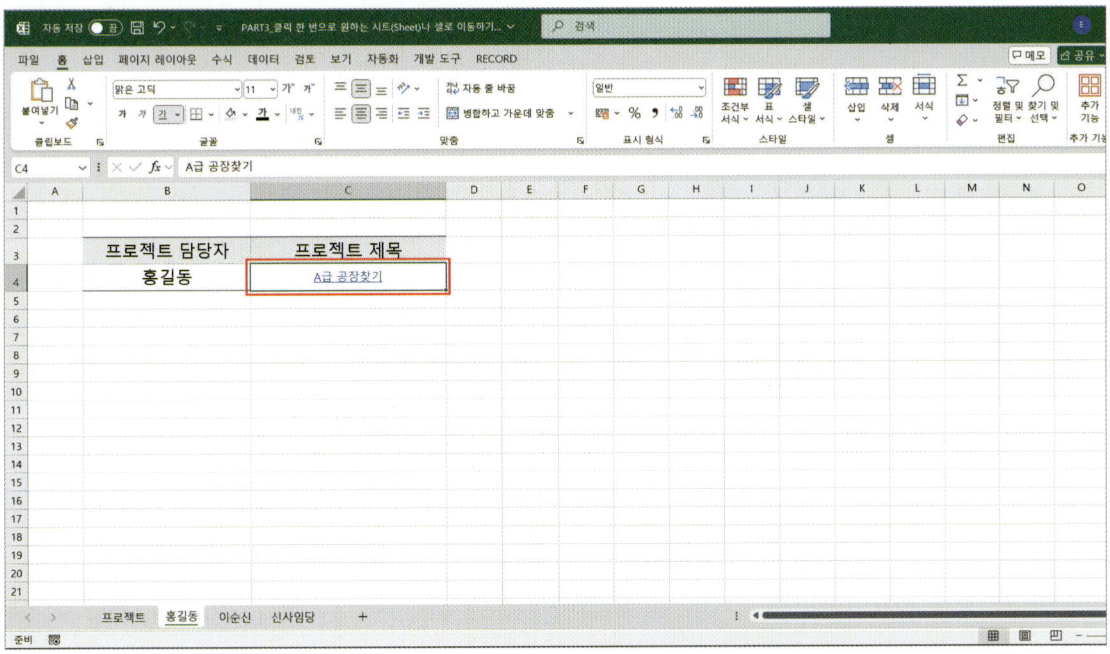

08 [프로젝트] 시트의 B1셀로 이동합니다.

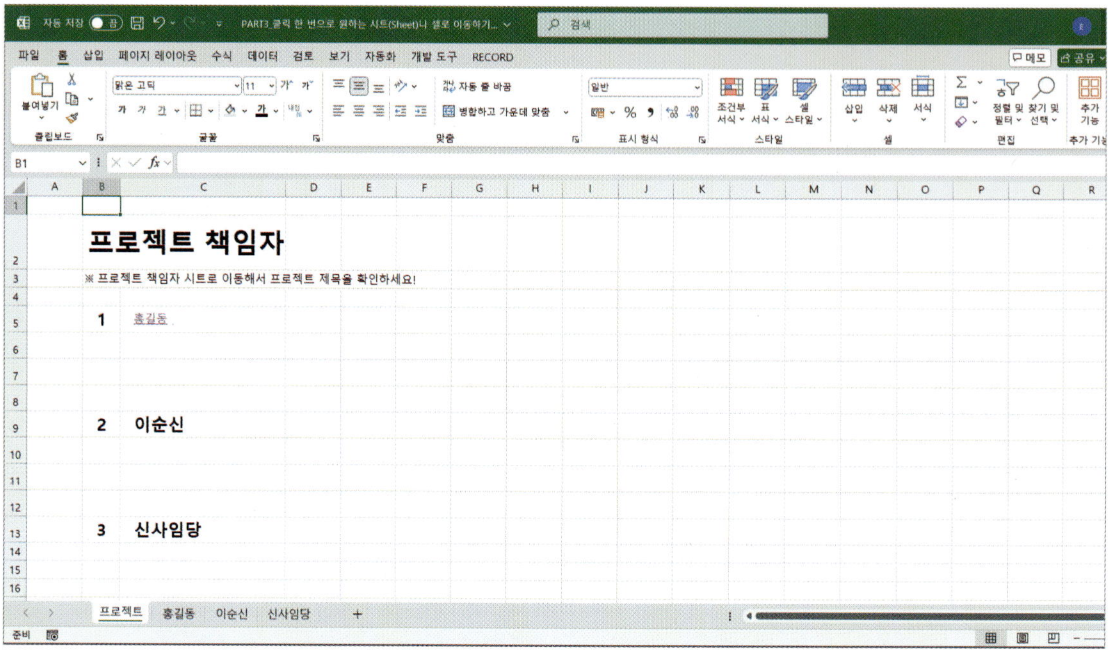

실무 연습 ❷

01 [프로젝트] 시트의 A1셀을 클릭했을 때 이미지를 출력하는 방법을 알아보겠습니다. 책에서 출력할 이미지는 '봄' 이미지이며, 자신이 원하는 이미지를 선택하시길 바랍니다. ❶ A1셀을 마우스 오른쪽 버튼으로 클릭합니다. ❷ [링크]를 클릭합니다.

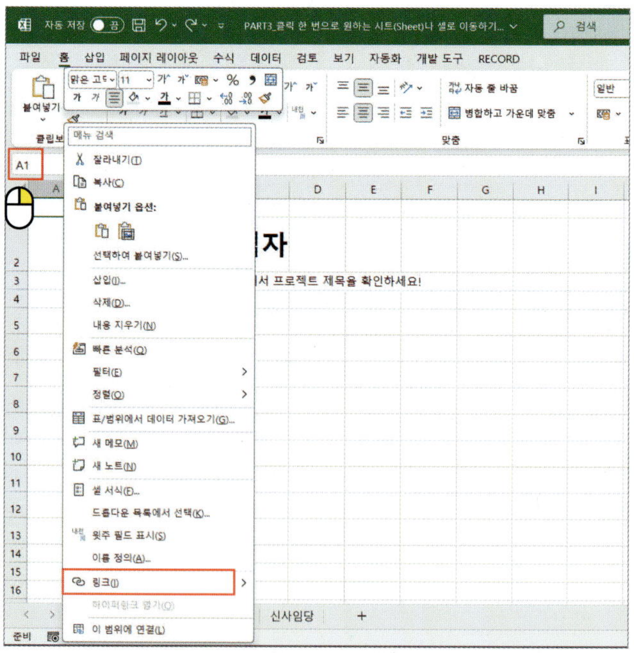

02 하이퍼링크 삽입 대화상자에서 [기존 파일/웹 페이지]를 클릭합니다. [표시할 텍스트]에 '봄'을 입력하고 [찾는 위치] 오른쪽 아래 방향 화살표를 클릭합니다.

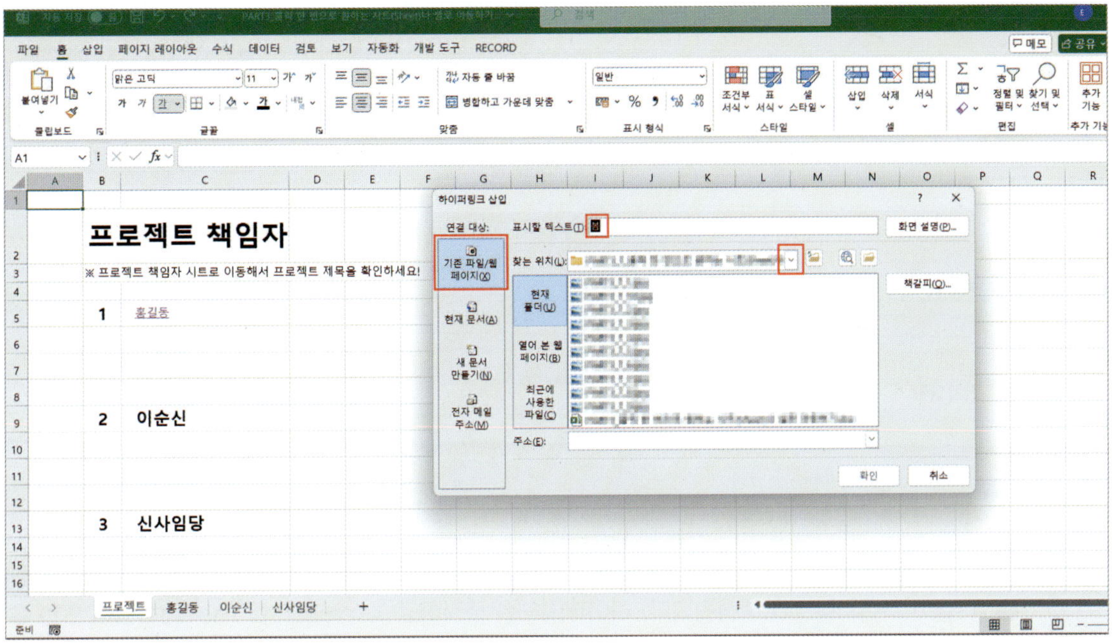

TIP 표시할 텍스트에는 첨부할 이미지와 관련된 텍스트를 입력하세요.

03 이미지가 있는 경로를 찾아 이미지를 선택하고 [확인]을 클릭합니다.

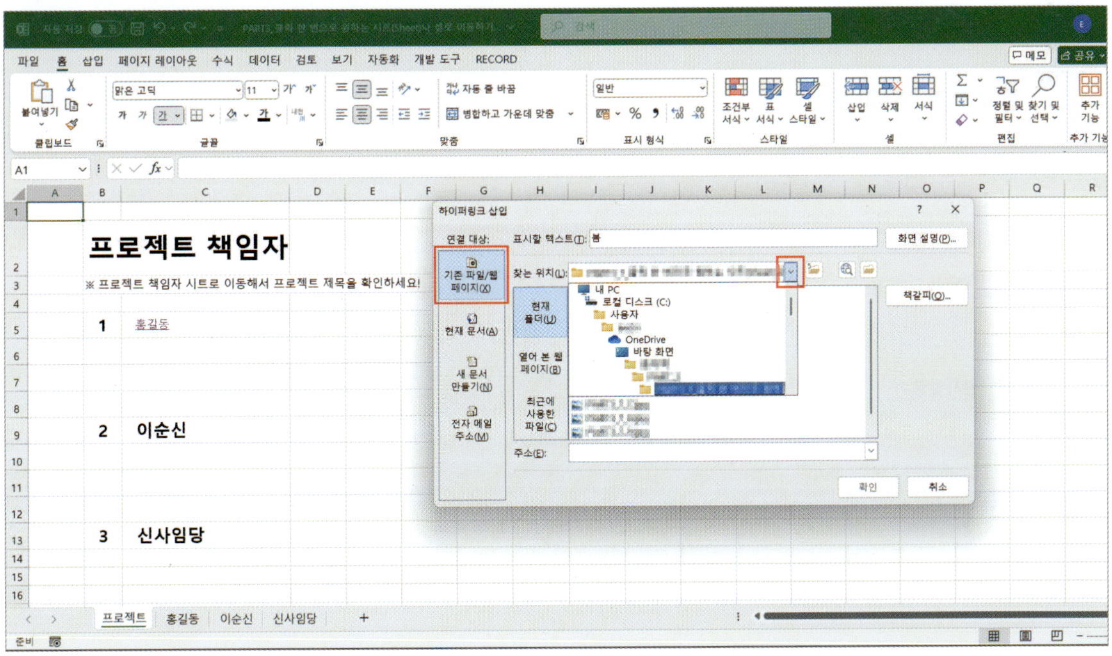

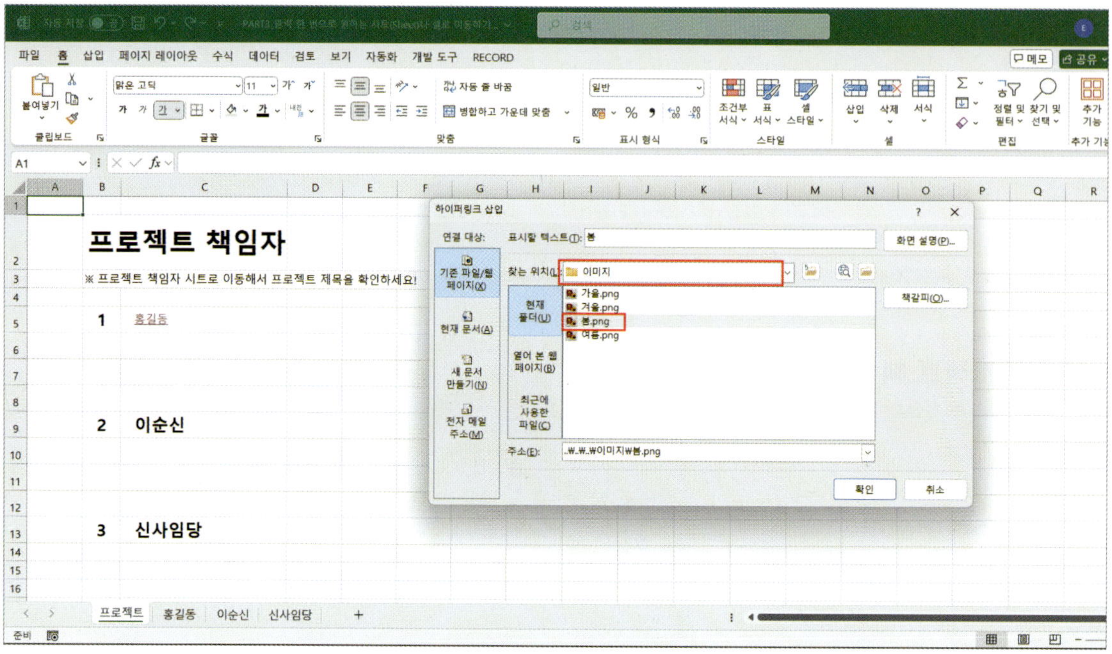

04 ❶ A1셀에 하이퍼링크가 생성됩니다. 하이퍼링크를 클릭하고 'Microsoft Office' 대화창이 뜨면 ❷ [확인]을 클릭합니다.

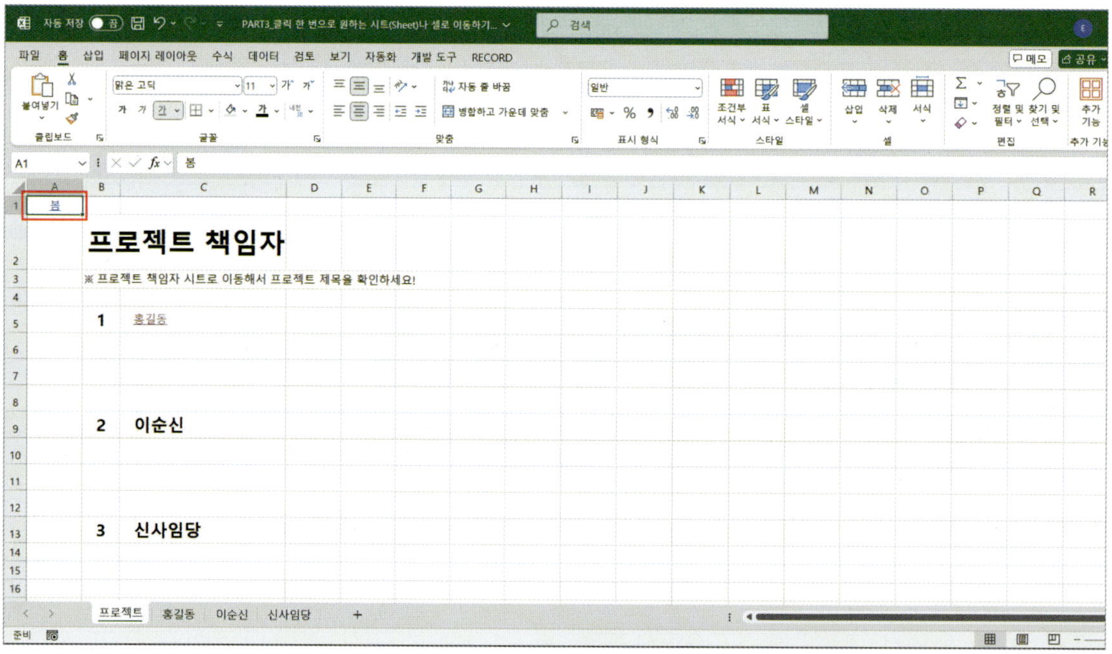

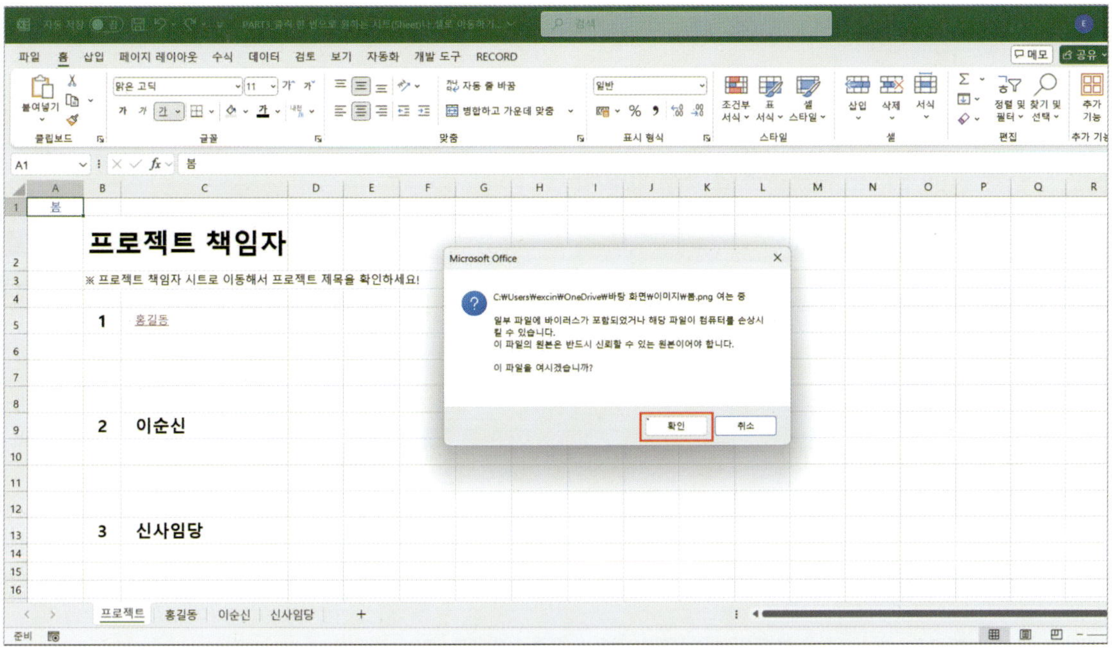

05 이미지가 나타납니다.

엑셀 엔진 UP! 같은 시트 내에서 하이퍼링크 마우스로 삽입하기

01 ❶ [프로젝트] 시트에서 이순신이 적힌 C9셀의 가장자리에 마우스를 위치시키고 ❷ 마우스 오른쪽 버튼을 클릭한 채 드래그해 D6셀로 이동합니다.

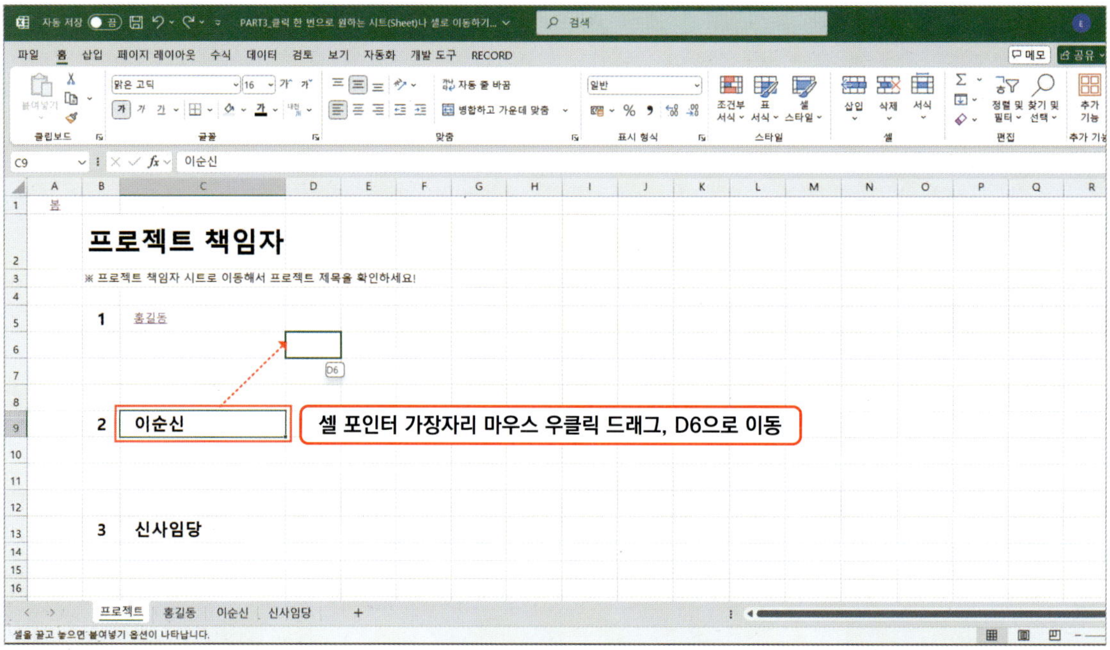

02 [여기에 하이퍼링크 만들기]를 클릭합니다.

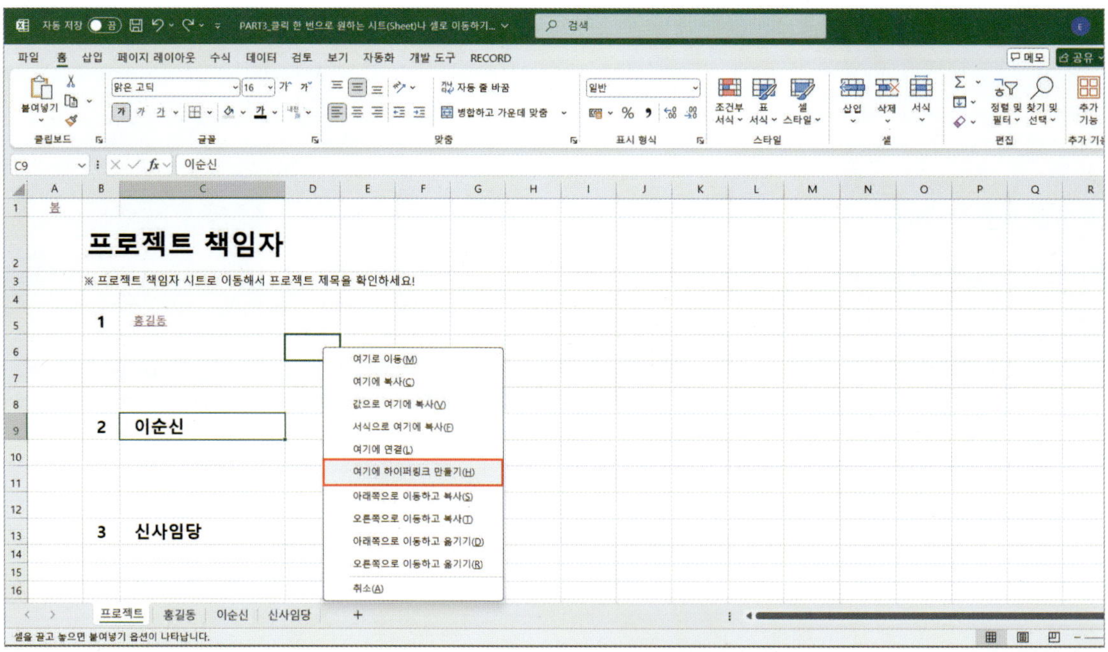

03 D6셀에 '이순신' 이름으로 하이퍼링크가 생성된 것을 확인합니다.

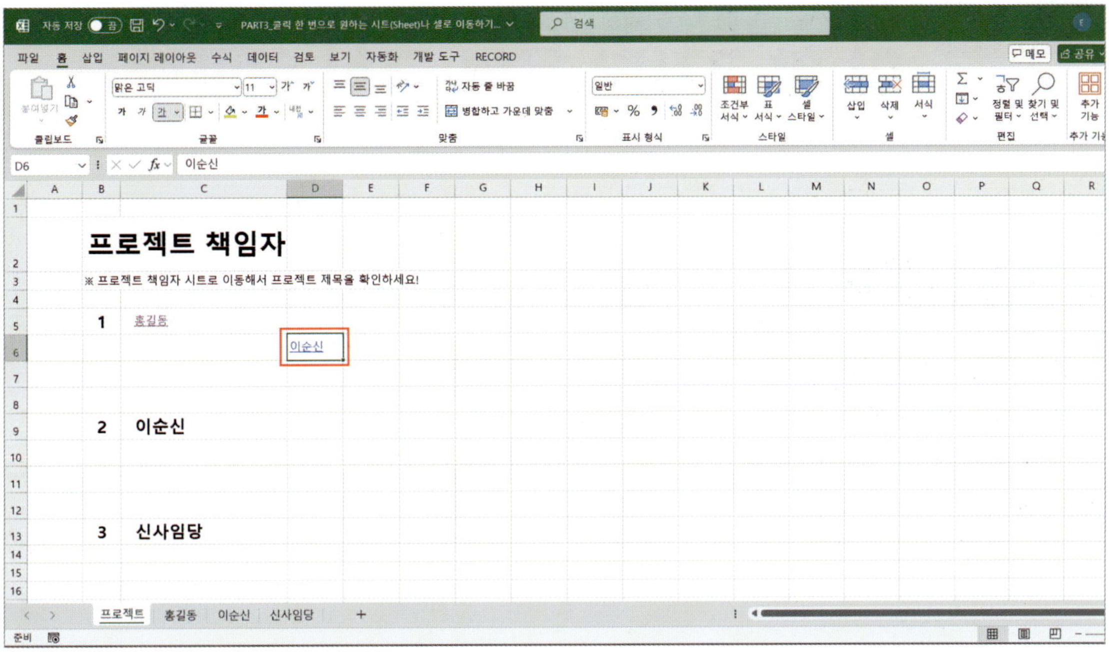

04 '이순신' 하이퍼링크를 클릭해 봅니다. 셀 포인터가 C9셀로 이동합니다.

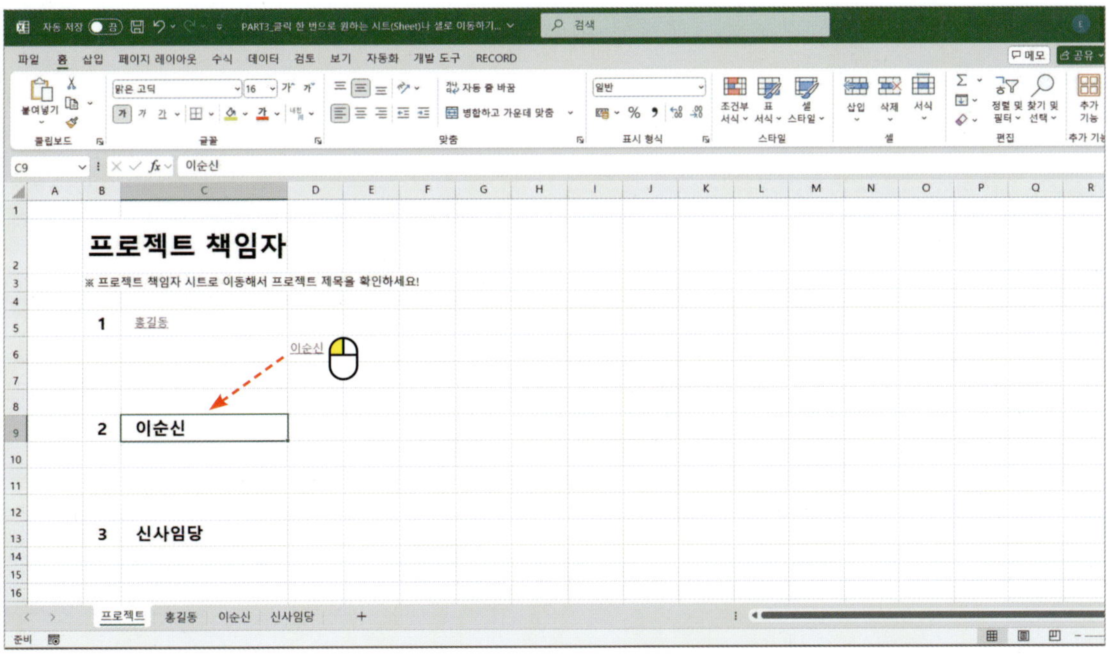

CHAPTER 08

피벗 테이블 운영 시 반드시 알아야 할 3가지 운영 규칙 알아보기

예제 파일 PART1_8 피벗 테이블 운영 시 반드시 알아야 할 3가지 운영 규칙 알아보기

실무 스킬

피벗 테이블은 데이터를 분석하고 요약하는 데 매우 유용한 도구입니다. 무엇보다 업무시간을 줄여 줍니다. 피벗 테이블에서 피벗이란, 기준 축을 중심으로 행과 열을 사용자가 원하는 위치에 놓는다는 의미입니다. 행과 열을 만족하는 결과값을 출력해 원하는 보고서를 만들 수도 있고, 필터링 및 정렬을 통해 원하는 데이터만 선별해 분석할 수도 있습니다.

*피벗 테이블의 기능

1. **데이터 요약**: 대량의 데이터를 간단하게 요약해 정보를 빠르게 파악하고 가공할 수 있습니다.
2. **유연성**: 행과 열을 자유롭게 바꾸거나 추가하여 다양한 각도에서 데이터를 분석할 수 있습니다.
3. **업데이트**: 원본 데이터가 변경되면 업데이트 버튼 하나로 데이터를 최신화할 수 있습니다.
4. **필터링 및 정렬**: 필터와 정렬 기능을 통해 원하는 데이터만 선별하여 분석할 수 있습니다.
5. **계산 기능**: 합계, 평균, 개수, 최대값, 최소값 등 계산을 클릭 한 번으로 데이터 분석을 쉽게 할 수 있습니다.

피벗 테이블을 사용하면 복잡한 데이터를 보다 직관적이고 효율적으로 분석할 수 있어 업무 생산성을 높일 수 있습니다. 이번에는 피벗 테이블을 운영하기 위해 반드시 알아야 할 세 가지 운영 규칙에 대해 알아보겠습니다.

실무 연습 ❶

01 [피벗테이블_운영원리] 시트에 있는 '성적표' 테이블을 이용해 피벗 테이블을 운영해 보겠습니다. 피벗 테이블은 현재 시트에 있는 G4셀에 운영하겠습니다. ❶ B4:E24셀을 범위 지정합니다. ❷ [삽입] 탭-[피벗 테이블]을 클릭합니다.

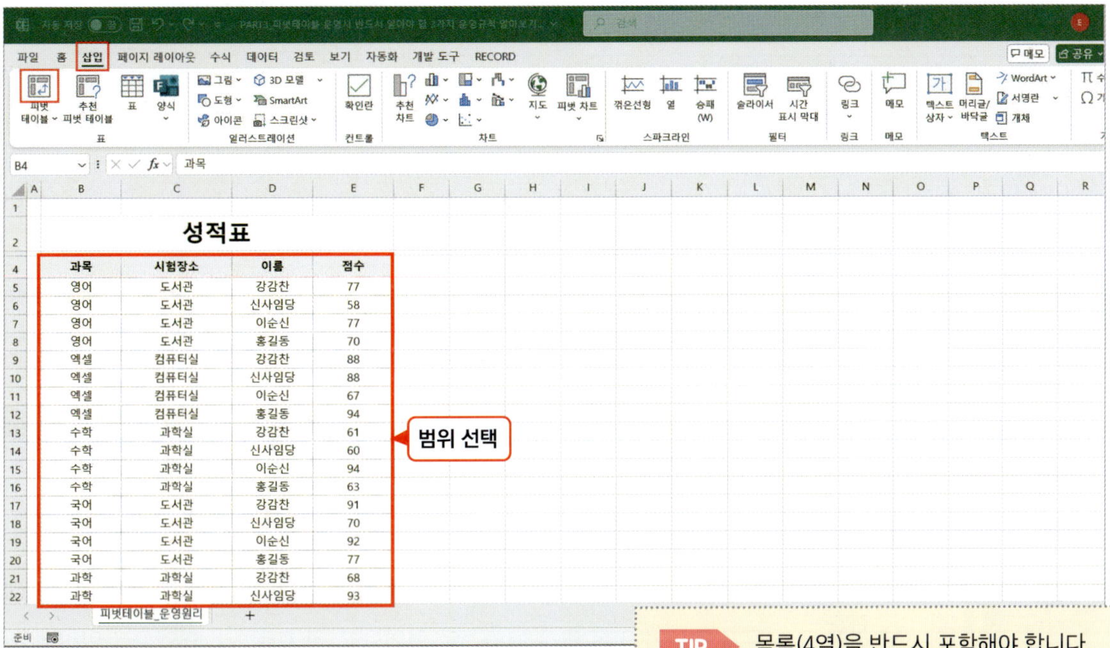

TIP 목록(4열)을 반드시 포함해야 합니다.

02 ❶ 표/범위에는 앞서 범위 지정한 피벗테이블_운영원리!$B$4:$E$24가 입력되어 있습니다. 피벗 테이블을 배치할 위치를 선택합니다. ❷ [기존 워크시트]를 클릭하고 G4셀을 클릭합니다. 위치에 '피벗 테이블_운영원리!$G$4'가 삽입됩니다. ❸ [확인]을 클릭합니다.

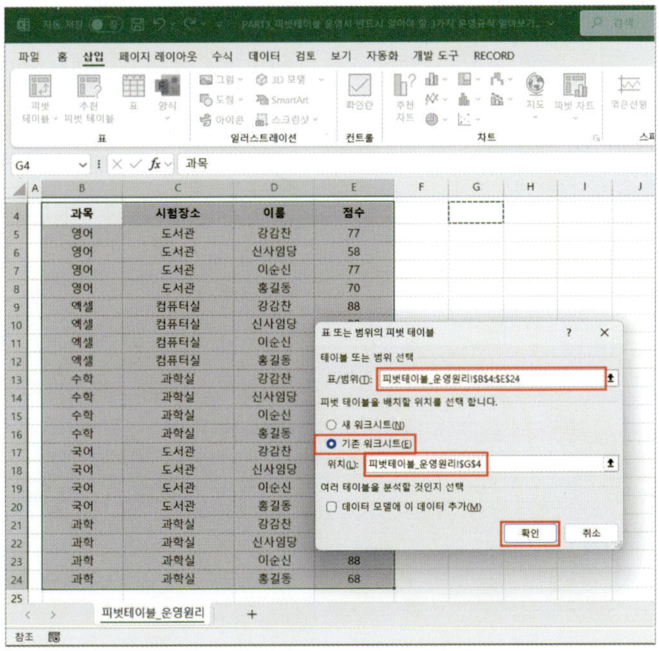

03 출력된 피벗 테이블 필드 대화상자를 확인합니다. 검색 아래의 원본 데이터 목록에 필드가 적혀 있고, 그 아래는 '필터, 행, 열, 값' 네 가지 영역으로 구분되어 있습니다.

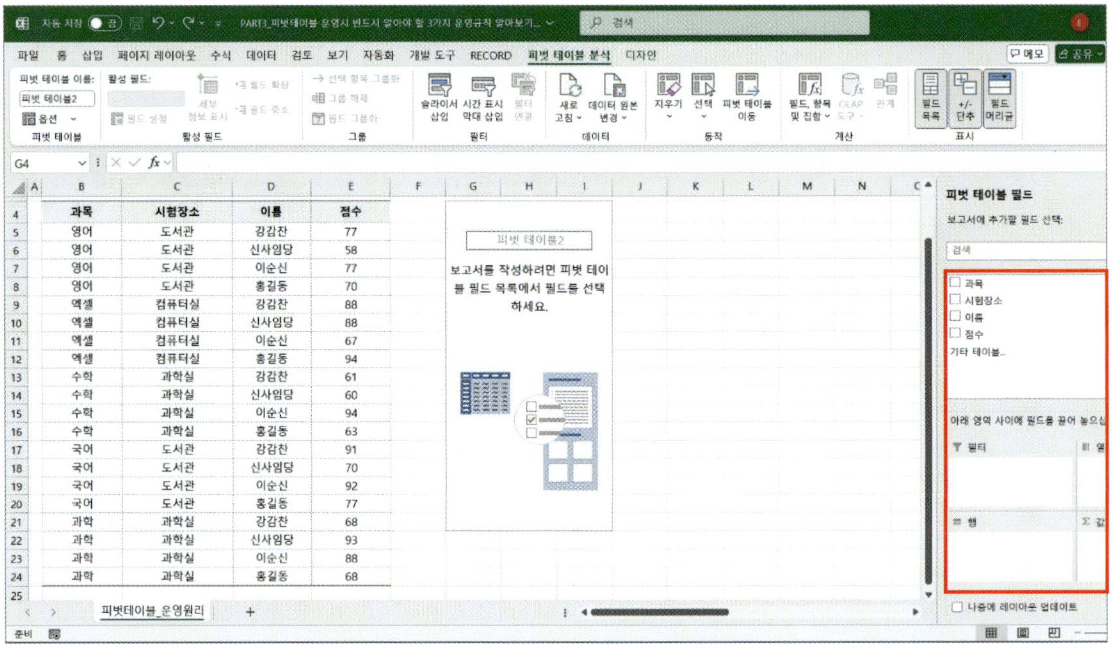

04 첫 번째 운영 규칙은 '피벗 테이블 필드 목록을 아래의 4개 영역에 드래그한다'입니다. 필드 앞의 체크박스에 체크하게 되면 문자 정보가 있는 열은 보통 '행' 영역으로, 숫자는 '값' 영역으로 알아서 정보를 출력해 줍니다. 목록을 드래그하는 방법은 각각의 필드를 클릭한 채 아래 4개 영역 중 하나로 드래그합니다. 아래의 예시는 '시험장소' 필드는 '행' 영역, '과목' 필드는 '열' 영역, '점수' 필드는 '값' 영역으로 드래그한 과정입니다. 출력된 결과를 확인합니다. 이렇게 필드를 드래그&다운하는 이유는 사용자 주도적인 운영을 위함입니다.

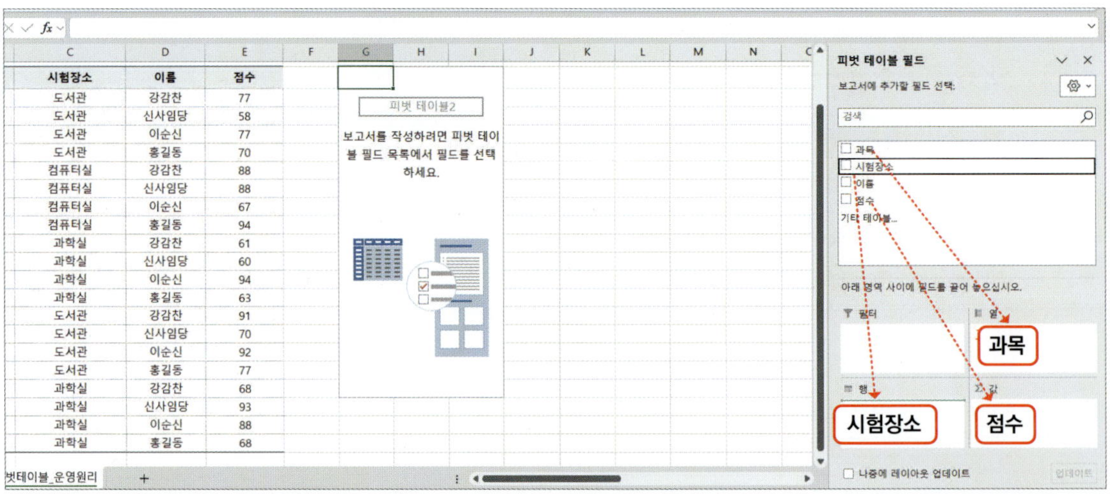

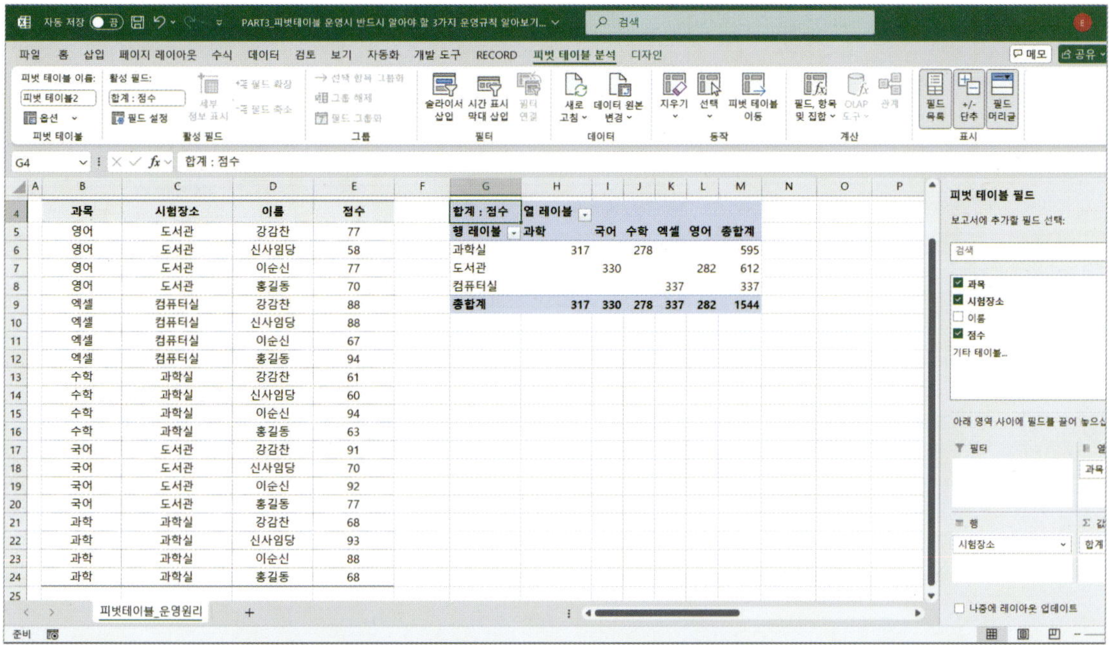

05 두 번째 운영 규칙은 '출력된 수식 결과를 변경할 수 있다'입니다. 피벗 테이블을 운영했을 때 '값' 영역에는 수식이 출력됩니다. 이를 사용자가 결정할 수 있습니다. '값' 영역에 출력되는 현재 수식을 확인하는 방법은 다음과 같습니다.

왼쪽에 출력된 표에서 숫자가 출력된 영역 어느 셀이든지 마우스 오른쪽 버튼을 클릭합니다. [값 요약 기준]을 클릭하여 수식 중 어느 것에 체크되었는지 확인합니다. 현재는 합계(SUM) 수식이 운영되고 있습니다. 사용자의 필요에 따라 수식을 선택해서 운영하면 됩니다.

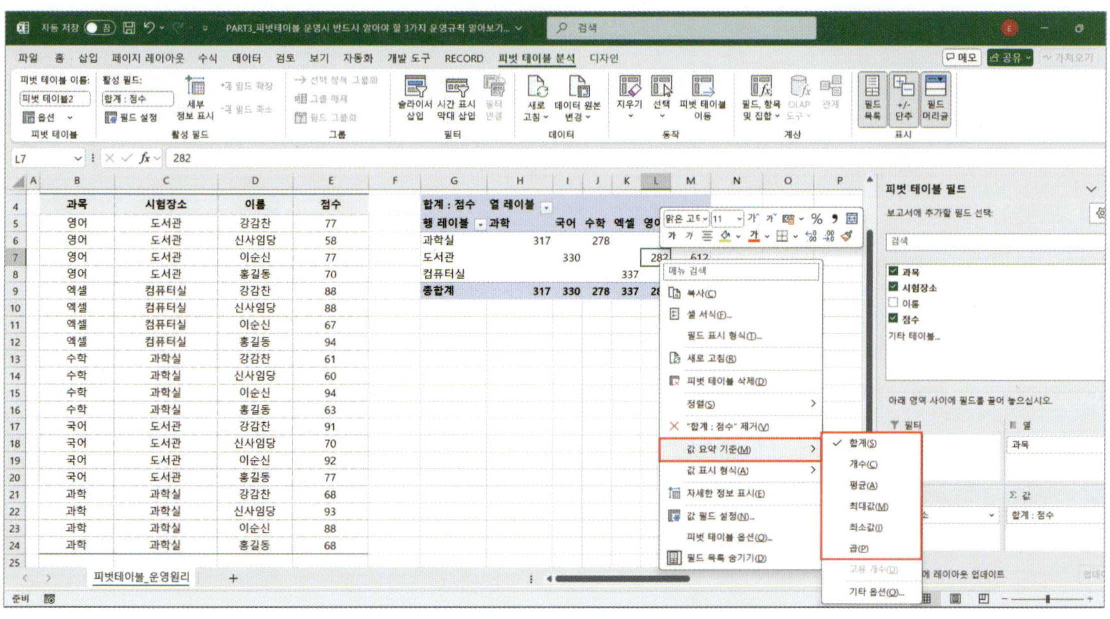

※ '합계'에서 '평균'으로 바꾼 결과입니다.

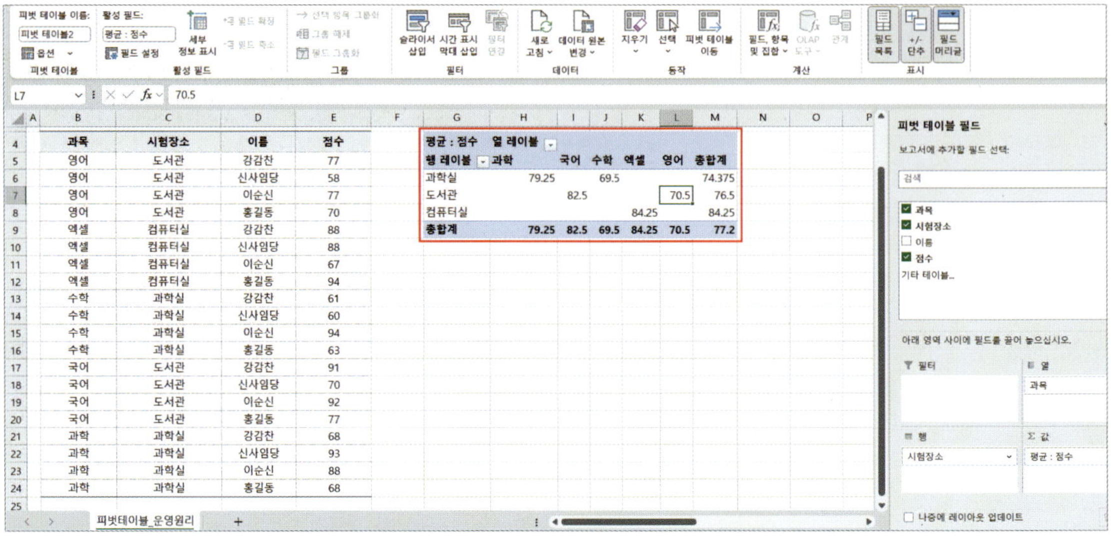

06 세 번째 운영 규칙은 '피벗 테이블은 필드(블록)의 상하 위치에 따른 분류 관계가 성립된다'입니다. 필드(블록)의 위치가 위에 있으면 상위 분류, 그 아래 있으면 중분류 또는 하위 분류가 됩니다. 아래 예시를 통해 알아보겠습니다.

현재 '열' 영역에 있는 '과목' 필드를 '행' 영역 '시험장소' 필드 아래로 이동시킵니다. '시험장소' 아래에 '과목'이 각각 종속되어 출력되었습니다. 필드 개수에 상관없이 가장 위에 위치한 필드가 최상위 분류가 되고 아래로 쌓일수록 분류가 한 단계씩 밀리게 됩니다. 블록 위치를 이동시킬 때는 마우스를 이용해 드래그/다운하면 됩니다.

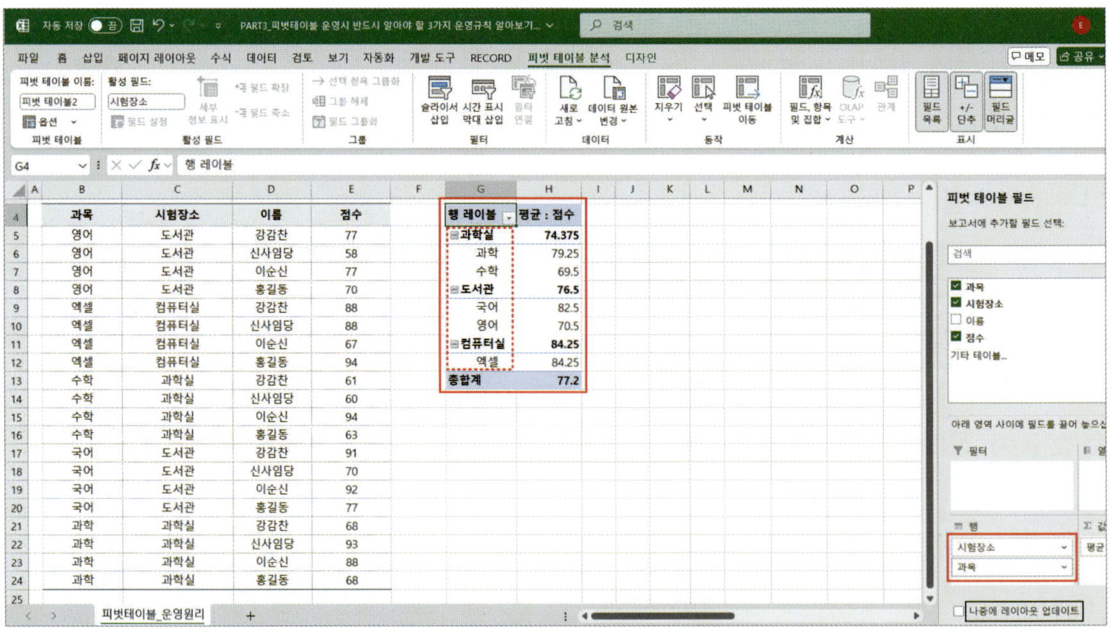

CHAPTER 09

피벗 테이블이 가지고 있는 제한적 기능 알아보기

예제 파일 PART1_9 피벗 테이블이 가지고 있는 제한적 기능 알아보기

실무 스킬

피벗 테이블을 운영할 때는 제한 사항이 몇 가지 있습니다. 값 영역에 출력된 셀에는 어떤 텍스트도 입력할 수 없습니다. 그리고 셀 병합도 제한됩니다. 피벗 테이블 기반의 일부 차트 출력도 제한이 됩니다. 이런 제한 사항들을 정리해서 알아보겠습니다.

* 피벗 테이블 제한적 기능

1. **일부 서식운영 제한:** '값' 영역 텍스트 입력, 병합 및 이동, 복사/붙여넣기가 제한됩니다. 모든 영역 정보 지우기도 제한됩니다.
2. **일부 차트 출력 제한:** 분산형, 거품형 또는 지도, 트리맵, 주식형, 선버스트, 히스토그램, 상자 수염, 폭포, 깔대기형 차트 종류 출력이 제한됩니다.
3. **자동 업데이트 문제:** 원본 데이터가 변경되었을 때 피벗 테이블이 자동으로 업데이트되지 않을 수 있습니다. 수동으로 새로 고침이 필요합니다.

이런 제한을 무시하고 입력/수정을 하면 이용할 수 없다는 메시지 창이 나타납니다. 피벗 테이블은 복잡한 데이터를 보다 직관적이고 효율적으로 분석할 수 있어 업무 생산성을 높일 수 있지만, 제한적인 기능을 제대로 알고 가공해야 업무 효율을 더 높일 수 있습니다.

실무 연습 ❶

01 예제 파일을 열면 왼쪽의 '성적표' 테이블을 기준으로 출력된 피벗 테이블이 있습니다.

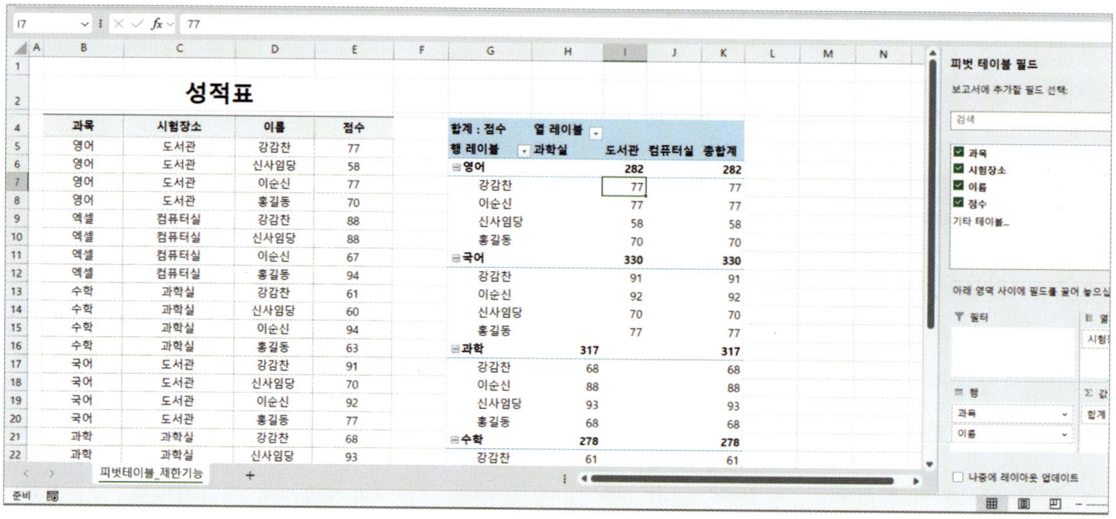

TIP B4:E24셀 범위 지정 후 [삽입] 탭-[피벗 테이블]을 클릭해 피벗 테이블을 생성한 상태입니다.

02 ❶ 원본 데이터에서 '강감찬' 학생의 '도서관'에서 진행한 '영어' 점수 B5셀 77점에서 90점으로 수정해 봅니다. ❷ 피벗 테이블에 반영이 안 됩니다.

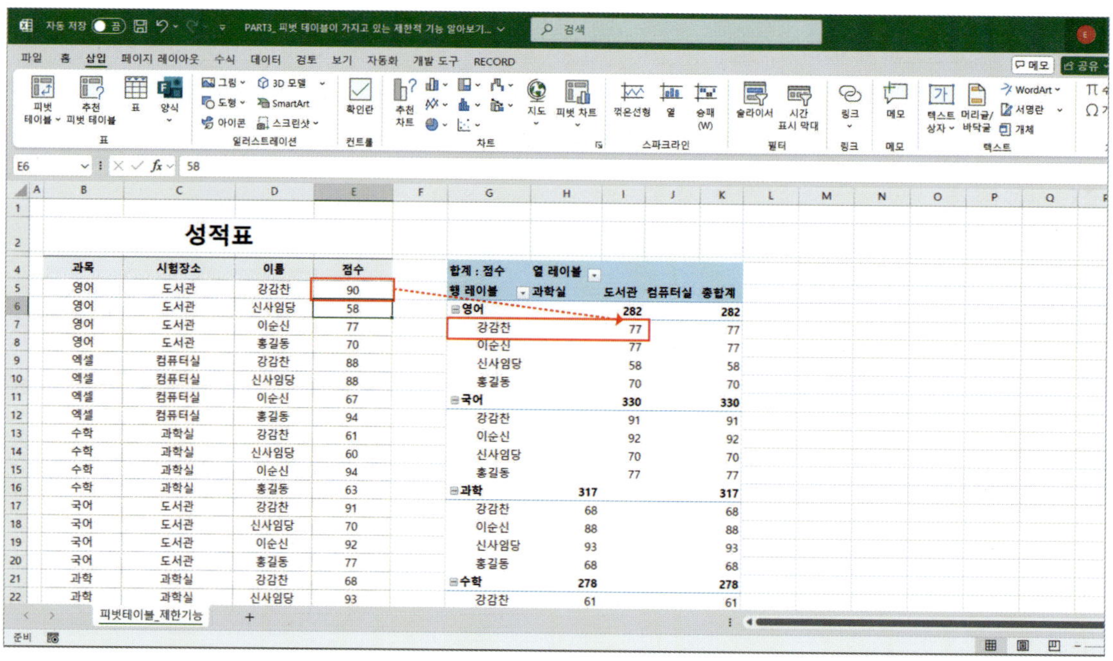

03

❶ 원본 데이터 결과를 반영하기 위해 피벗 테이블로 출력된 범위 아무 곳이나 마우스 오른쪽 버튼으로 클릭합니다. ❷ [새로 고침]을 클릭합니다.

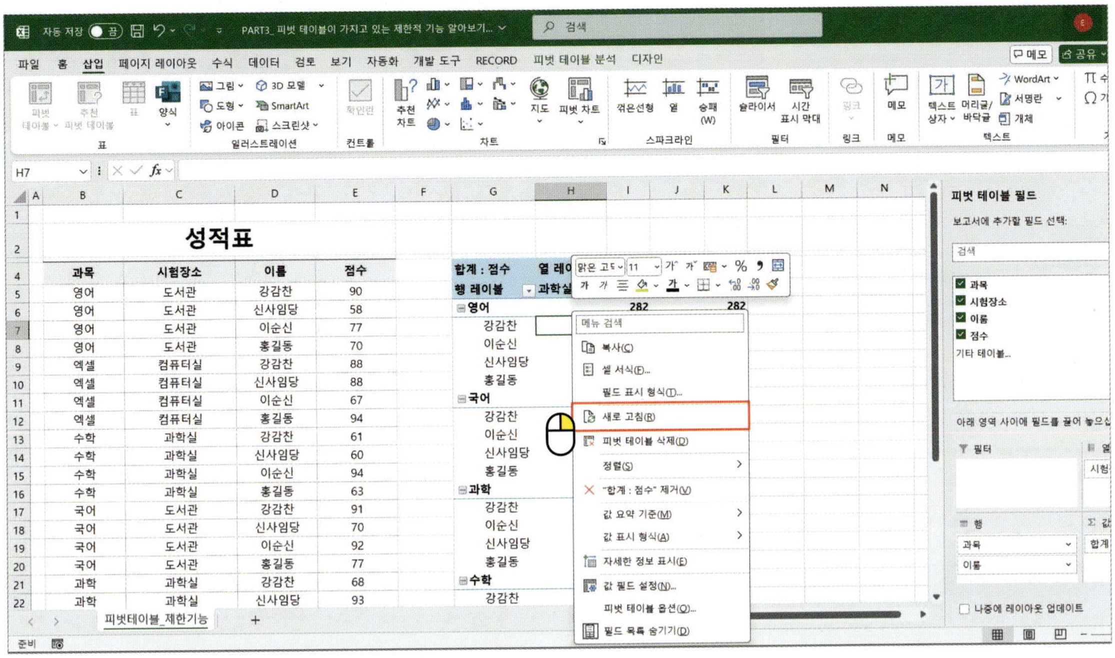

04

원본 데이터가 변경된 결과를 확인합니다.

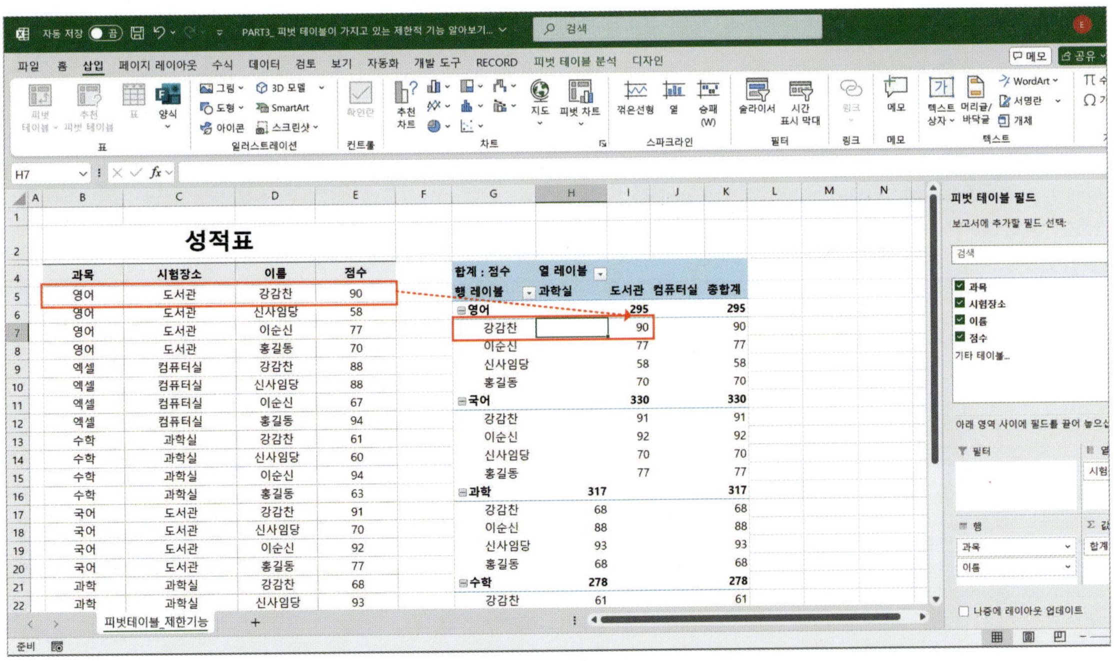

CHAPTER 10

피벗 테이블로 연도별, 월별, 브랜드별 총판매량 합계 및 평균, 개수 값 구하기

예제 파일 PART1_10-30 피벗 테이블

실무 스킬

날짜로 이뤄진 정보에서 연도나 월 데이터를 따로 추출해 보고서를 만들어야 할 때가 있습니다. 날짜는 연, 월, 일로 이루어져 있습니다. 그래서 연도나 월별 데이터를 분석하기 위해서는 추가 가공이 필요합니다.

피벗 테이블을 이용하면 날짜 정보를 그룹핑하거나 추출하는 데 큰 어려움 없이 작업이 가능합니다. 이 도구는 물리적인 작업 시간을 줄여 자기계발이나 다른 업무에 투자할 시간을 벌어 줍니다. 이번에는 년도별, 월별 브랜드에 따른 수식을 출력하는 피벗 테이블을 만들어 보겠습니다.

실무 연습 ❶

01 [판매정보] 시트에 있는 'OO부서 판매정보'에서 '매출등록일자' 필드값, 연도와 월별정보와 '브랜드' 필드값의 '총판매량' 합계와 평균, 개수를 각각 출력해 보겠습니다. ❶ B4셀을 클릭합니다. ❷ Ctrl+Shift+→를 누른 뒤 Ctrl+Shift+↓를를 눌러 전체 데이터 범위를 지정합니다(B4:M429).

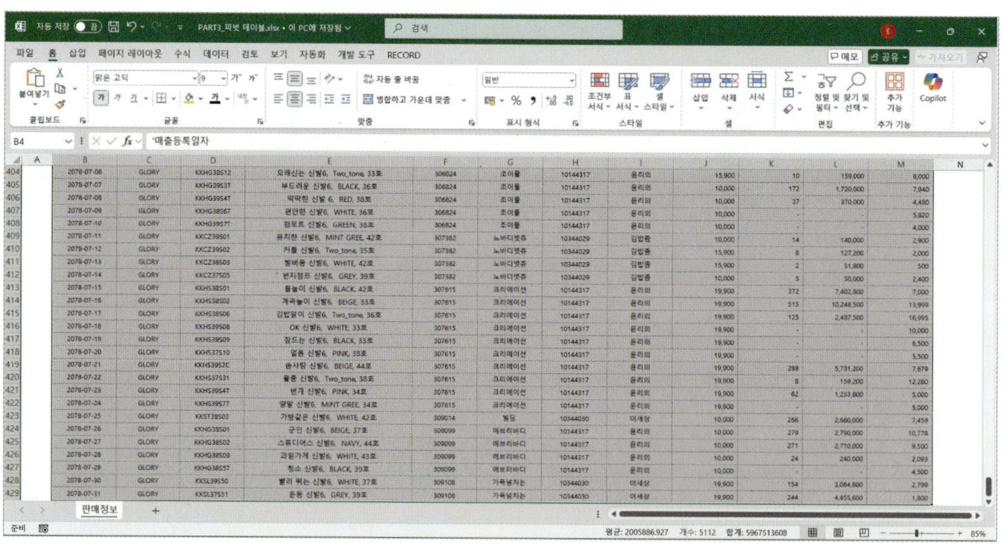

02 ❶ [삽입] 탭-[표]-[피벗 테이블]을 클릭합니다. ❷ 표/범위에 판매정보!$B$4:$M$429가 입력된 것을 확인합니다. ❸ [새 워크시트]를 클릭하고 ❹ [확인]을 클릭합니다.

※ 새 워크시트의 이름은 본문 내 이미지와 다를 수 있습니다. 편한대로 이미지와 동일하게 Sheet 3으로 변경해도 상관없습니다.

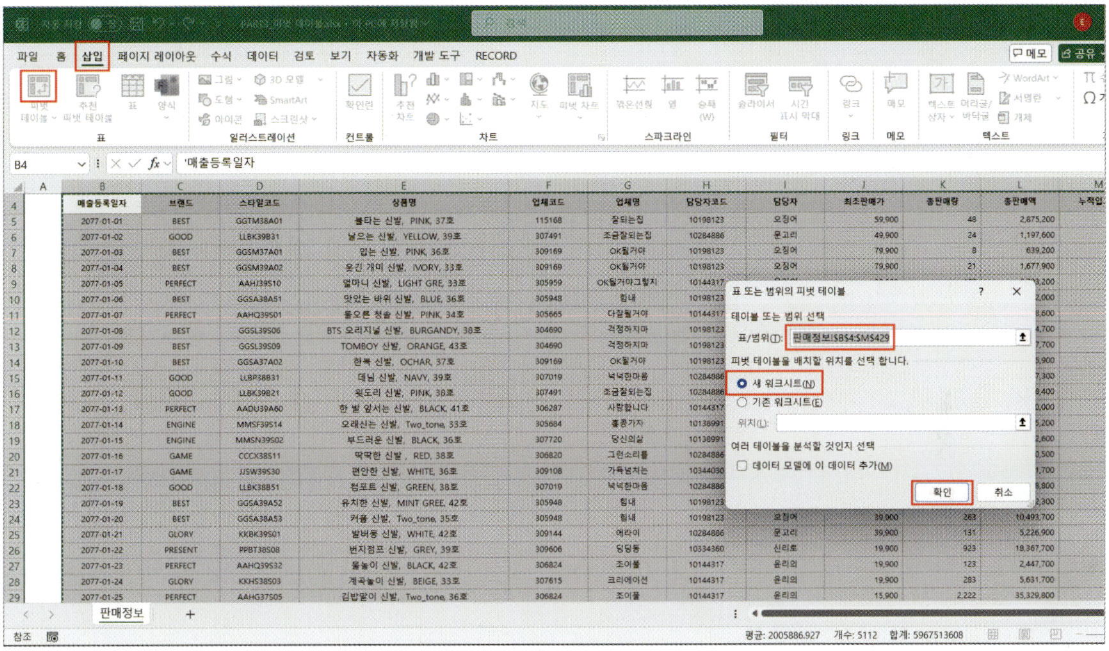

03 피벗 테이블 필드에서 '매출등록일자' 필드를 선택합니다. 클릭한 채 '행' 영역에 드래그합니다.

04 ❶ 왼쪽의 피벗 테이블 안에서 마우스 오른쪽 버튼을 클릭합니다. ❷ [그룹]을 클릭합니다.

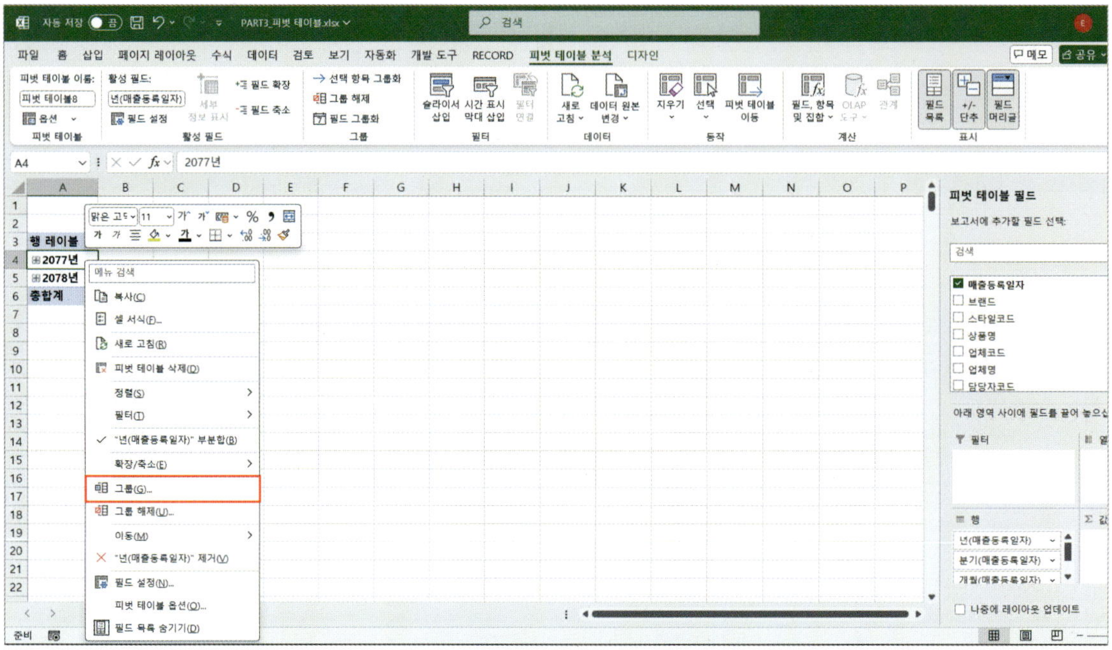

05 ❶ 그룹화 단위에서 '월'과 '연'을 동시에 선택 후 ❷ [확인]을 클릭합니다.

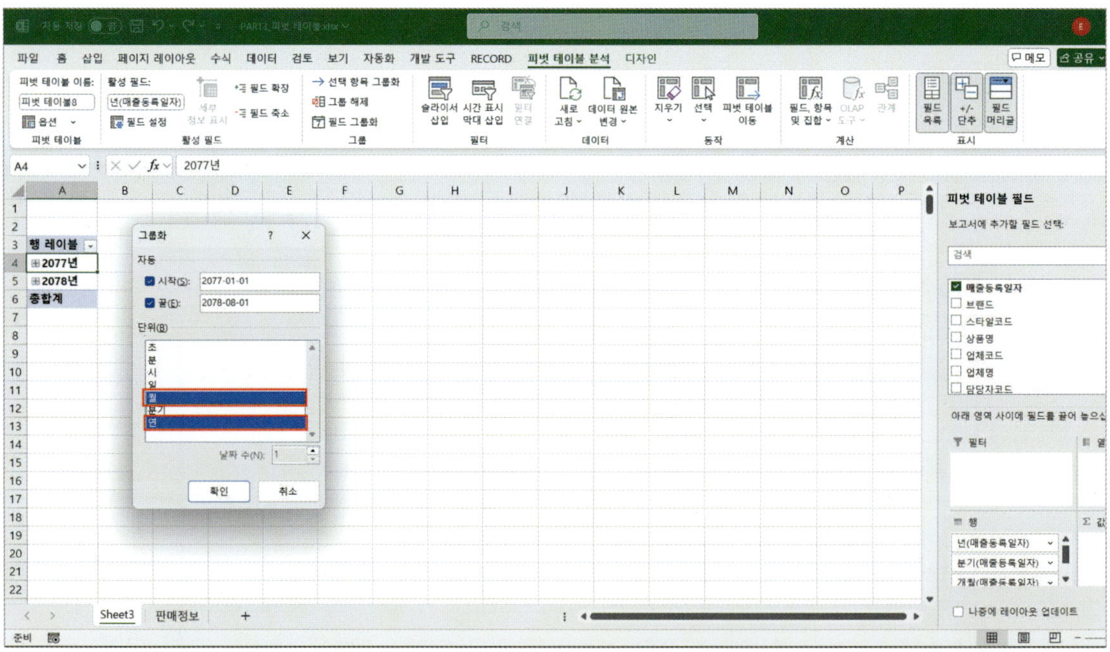

TIP 피벗 테이블로 출력되는 날짜값은 엑셀 버전에 따라 차이가 있을 수 있습니다. [+] 단추를 눌러 그룹화된 정보를 펼칠 수 있습니다.

06 피벗 테이블 필드에서 '브랜드' 필드를 클릭한 채 '열' 영역으로 드래그합니다.

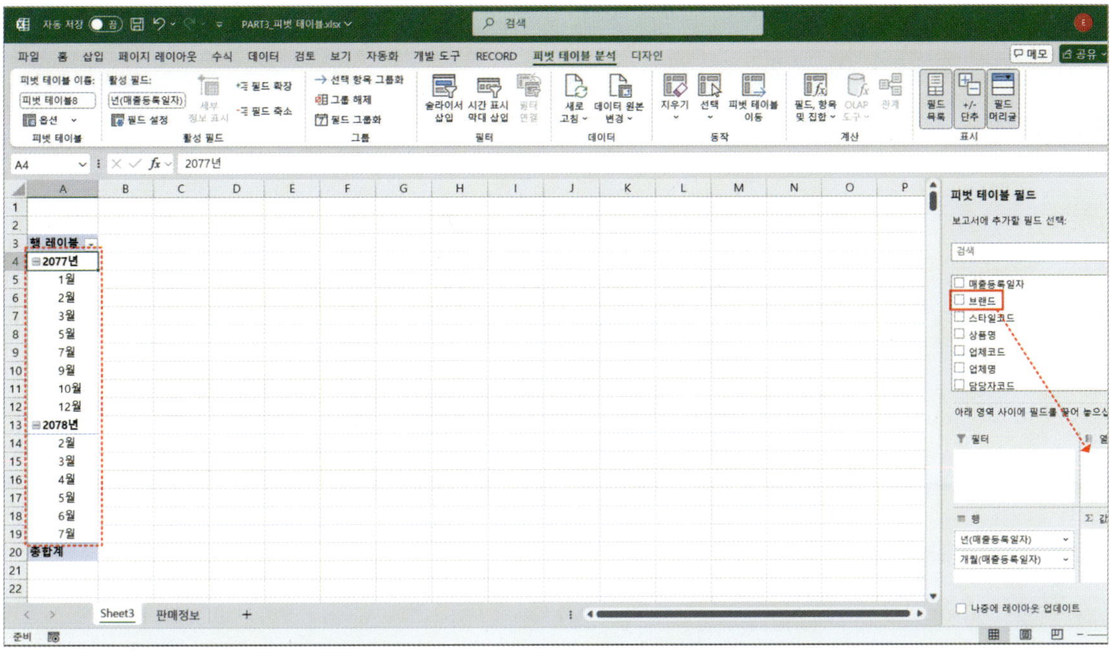

07 '총판매량' 필드를 클릭한 채 '값' 영역으로 드래그합니다. 연도, 월, 브랜드별 총판매량 합계 자료가 출력된 결과를 확인합니다.

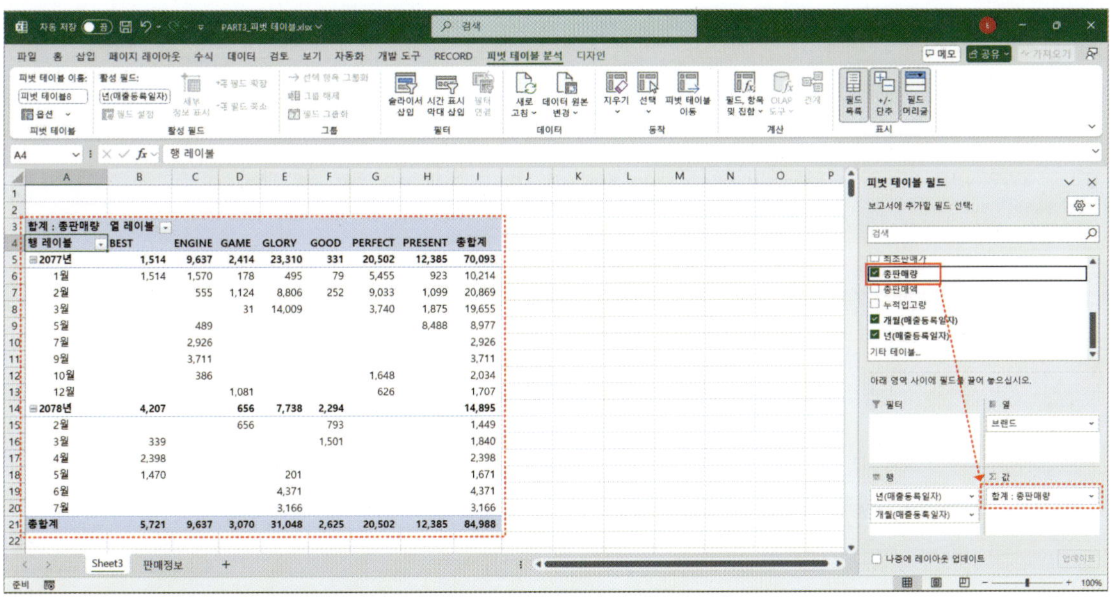

TIP 현재 피벗 테이블에 출력된 수식은 합계(SUM)로, 총판매량 필드값을 모두 더한 값입니다.

08 이번에는 '평균'을 구해 보겠습니다. ❶ 피벗 테이블로 출력된 숫자값이 있는 아무 셀을 마우스 오른쪽 버튼으로 클릭합니다. ❷ [값 요약 기준]-[평균]을 클릭합니다.

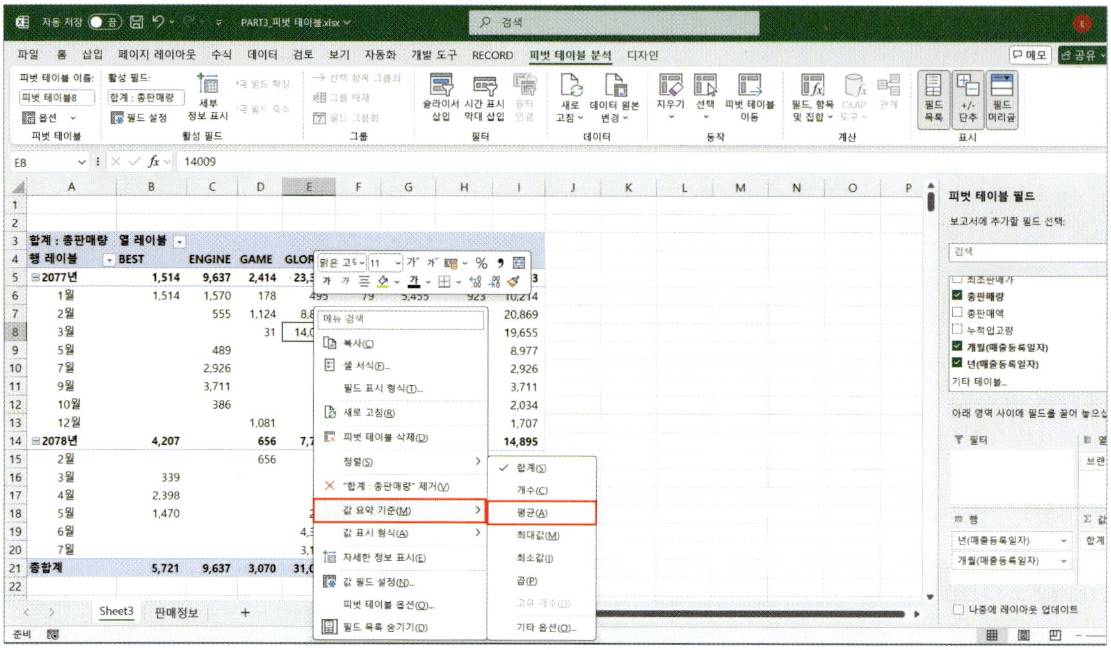

09 '값' 영역이 '평균: 총판매량'으로 변경됩니다.

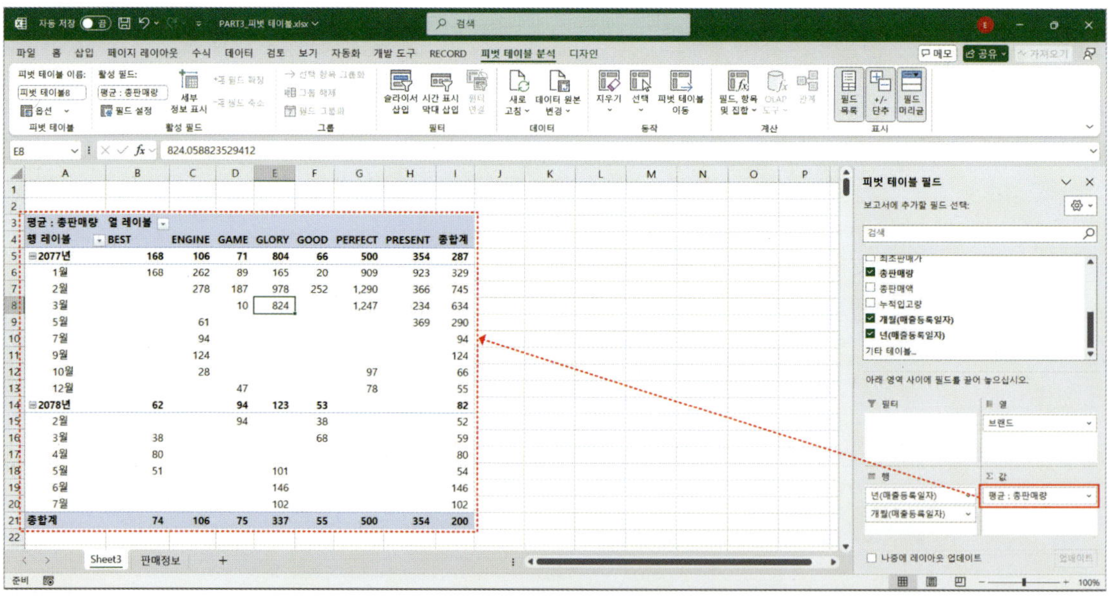

TIP 엑셀 버전에 따라 피벗 테이블로 평균 값을 출력했을 때 소수점이 포함된 경우로 출력된 경우가 있습니다. 이 경우, 피벗 테이블 전체를 범위 지정한 후 소수점 첫 번째 자리에서 반올림해 주는 [홈] 탭-[표시 형식]-[쉼표 스타일]을 눌러 주면 됩니다.

10 마지막으로 '개수'를 구해 보겠습니다. ❶ 피벗 테이블로 출력된 숫자값이 있는 아무 셀을 마우스 오른쪽 버튼으로 클릭합니다. ❷ [값 요약 기준]-[개수]를 클릭합니다.

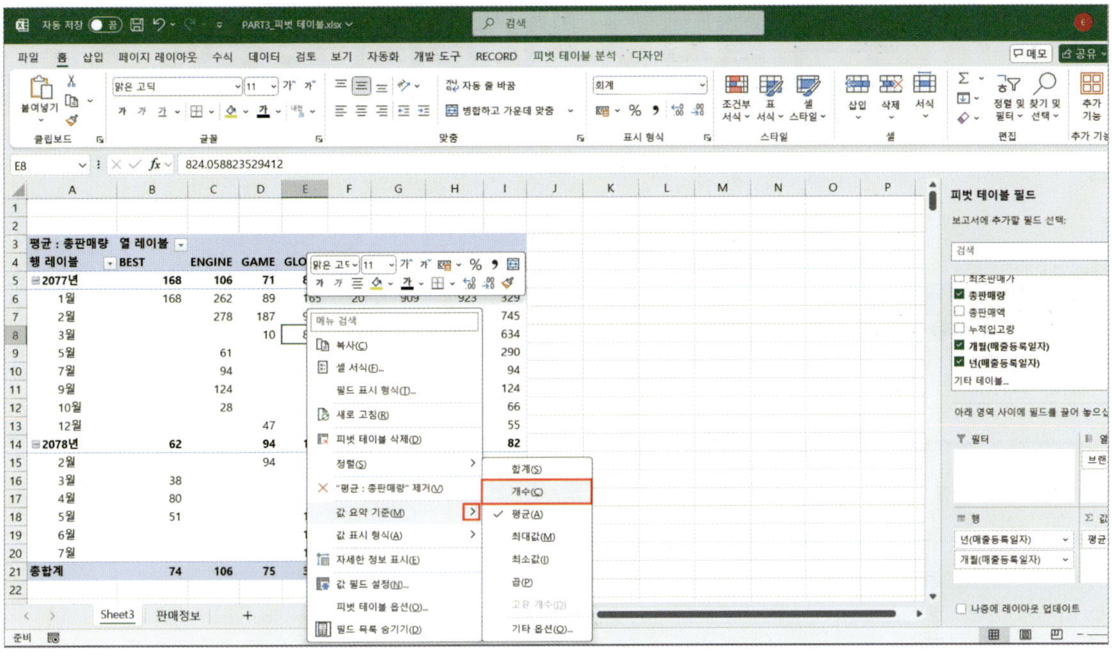

11 '값' 영역이 '개수: 총판매량'으로 변경된 결과를 확인합니다.

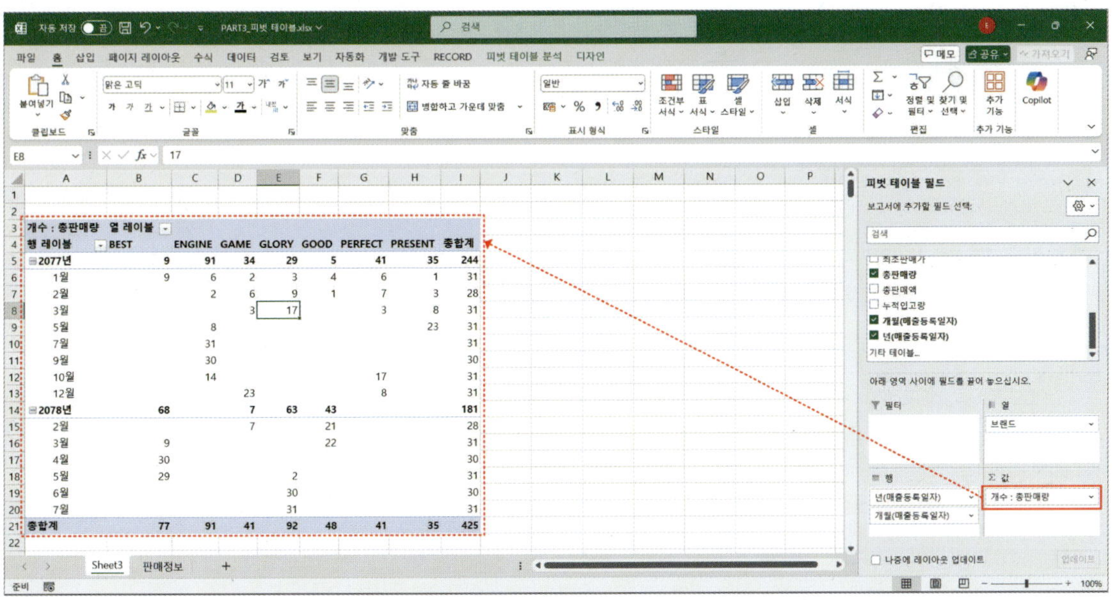

CHAPTER 11

피벗 테이블로 출력된 '값' 영역 수식 결과값 백데이터 한눈에 확인하기

예제 파일 PART1_10-30 피벗 테이블

실무 스킬

피벗 테이블로 출력된 '값' 영역에 출력된 숫자값은 수식에 의해 출력됩니다. 이때 출력된 수식의 백데이터를 손쉽게 확인할 수 있는 방법이 있습니다. 그리고 이 백데이터를 활용해 추가 가공도 가능합니다.

앞서서 [판매정보] 시트에 있는 원본 데이터로 연도, 월, 브랜드별 총판매량 개수값을 출력했습니다. 이의 근거가 되는 백데이터를 확인해 보겠습니다.

실무 연습 ❶

01 '2077년 3월 'GLORY' 브랜드(E8셀)의 판매 일수가 출력된 백데이터를 확인해 보도록 하겠습니다. ❶ E8셀을 마우스 오른쪽 버튼으로 클릭합니다. ❷ [자세한 정보 표시]를 클릭합니다. 또는 E8셀을 더블클릭해도 됩니다.

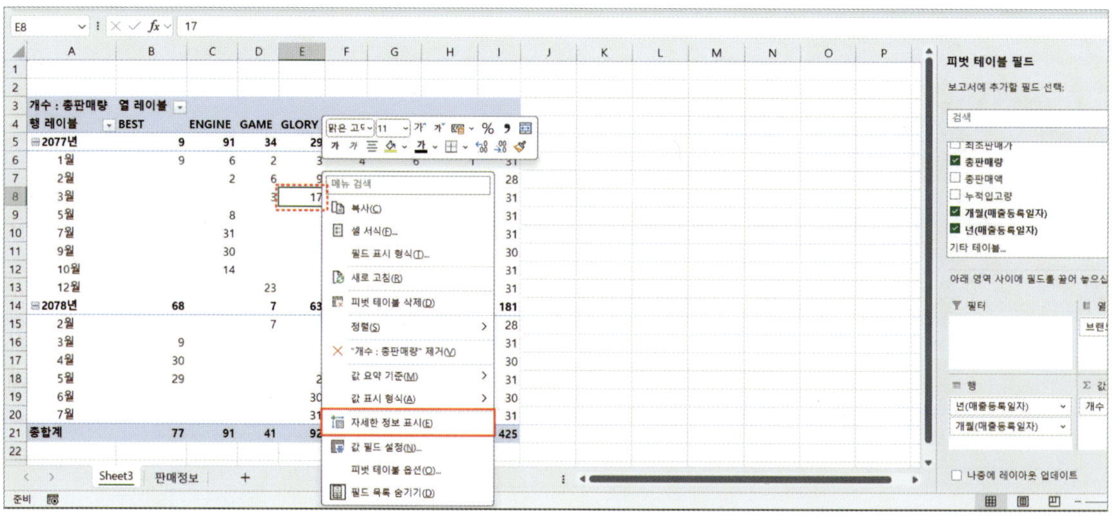

02 [세부 정보1] 시트가 생성됩니다. [세부 정보1] 시트 J4:J20셀을 범위 지정합니다. 오른쪽 아래를 살펴보면 개수값이 17이 출력되었는지 확인합니다.

TIP 시트 이름은 엑셀 버전에 따라 [Sheet숫자] 형태로 출력되는 경우가 있습니다. 오류가 아니라 단순히 버전 차이입니다.

CHAPTER 12

피벗 테이블로 출력되는 판매량 없는 구간 숫자 0으로 채워 넣기

예제 파일 PART1_10-30 피벗 테이블

실무 스킬

앞서 출력한 피벗 테이블 '값' 영역을 보면 군데군데 공백이 있는 것을 확인할 수 있습니다. 공백이 많은 보고서는 이해 관계자들에게 신뢰를 얻기 어려울 수 있습니다. 또한 데이터를 분석하고 통계적으로 처리하는 데 어려움이 생깁니다. 그래서 판매량 같은 정보는 0을 입력해 판매가 이루어지지 않음을 표시해 주기도 합니다.

이번에는 피벗 테이블로 출력된 '값' 영역에 숫자 0 또는 사용자가 원하는 값을 입력하는 방법을 알아보겠습니다.

실무 연습 ①

01 출력된 테이블 공백에 숫자 0 또는 사용자가 원하는 값을 입력하는 방법을 알아보겠습니다. '값' 영역 피벗 테이블 아무 곳이나 마우스 왼쪽 버튼으로 클릭합니다. [피벗 테이블 분석] 탭-[피벗 테이블]-[옵션]을 클릭합니다.

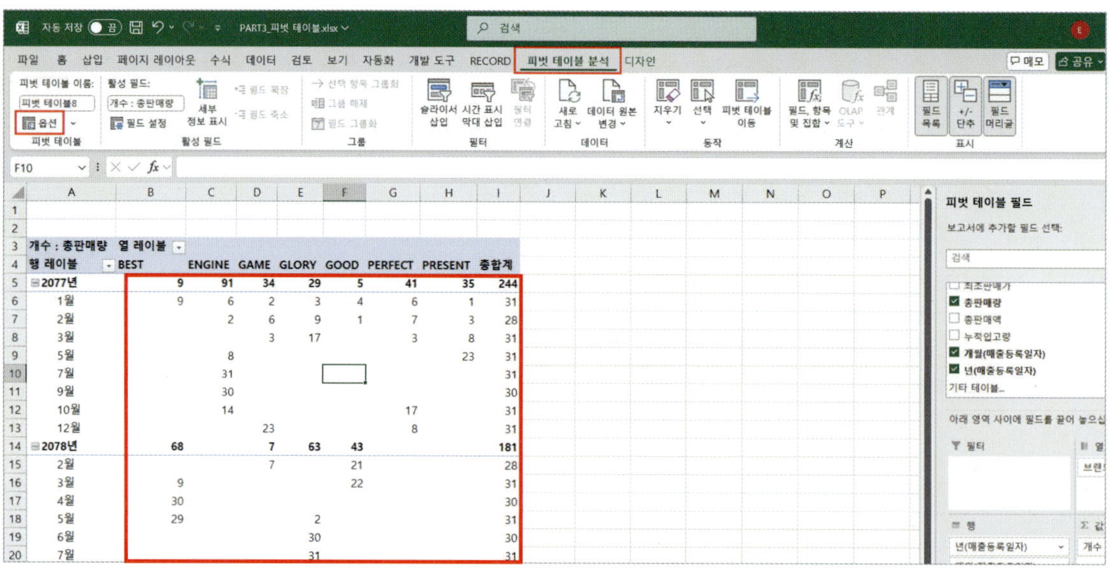

02 ❶ [레이아웃 및 서식]-[서식]의 빈 셀 표시에 체크하고 0을 입력합니다. ❷ [확인]을 클릭합니다.

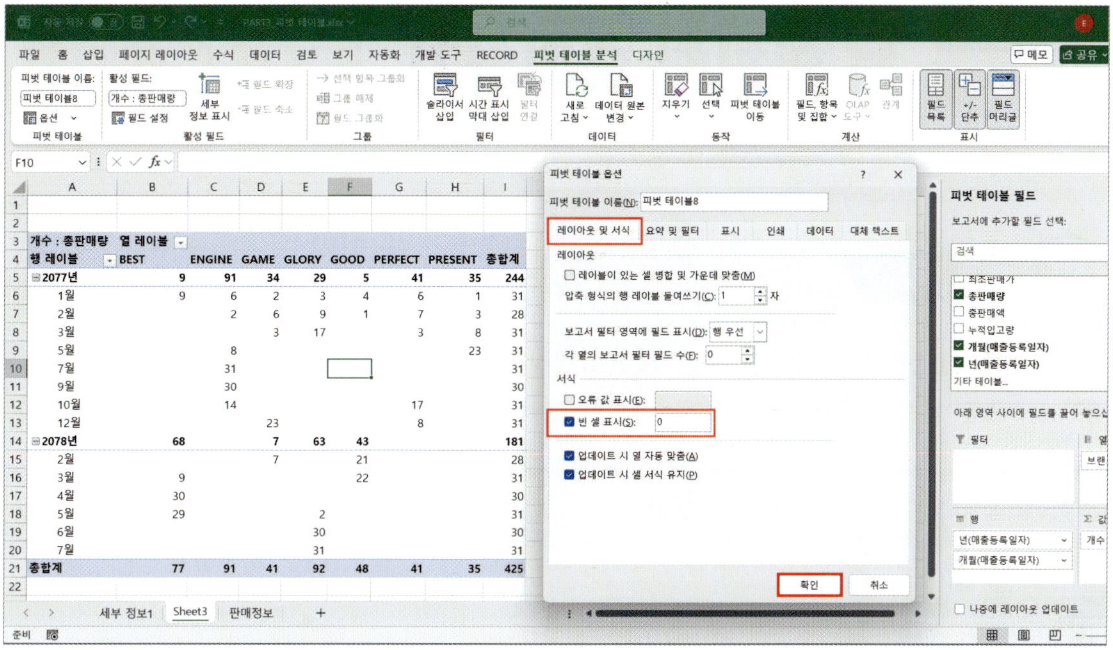

03 공백에 숫자 0이 입력됩니다. 0 대신 입력하고 싶은 문자나 숫자, 기호 등 사용자가 원하는 텍스트를 입력해도 됩니다.

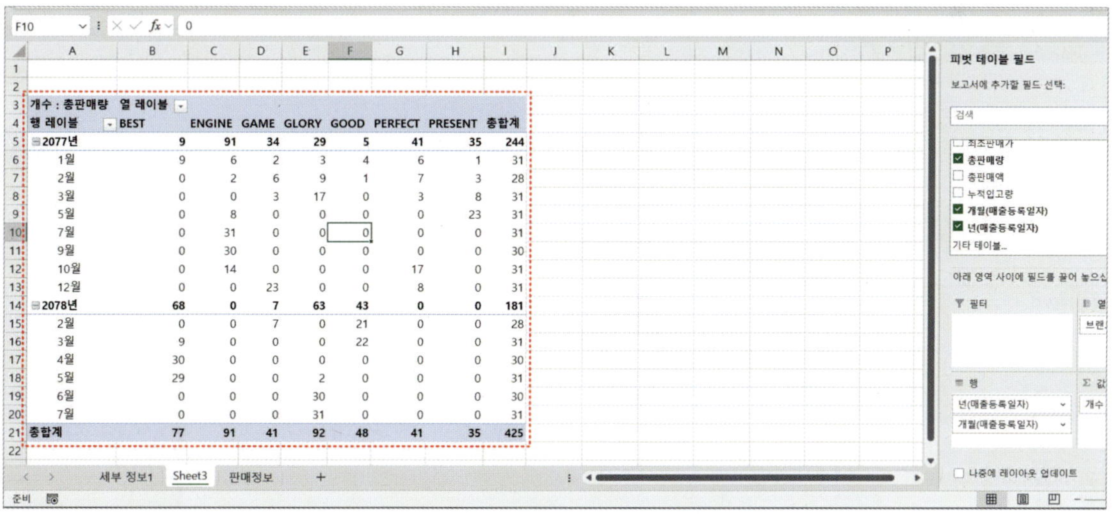

TIP [옵션] 메뉴로 바로 진입하기 위해서, 피벗 테이블 '값' 영역 안에서 마우스 오른쪽 버튼을 클릭한 뒤 [피벗 테이블 옵션]을 선택해도 됩니다.

CHAPTER 13 피벗 테이블로 부분합, 총합 원하는 위치에 출력하기

예제 파일 PART1_10-30 피벗 테이블

실무 스킬

피벗 테이블로 출력한 정보는 대분류를 기준으로 부분합을 출력해 줍니다. 대분류 관계가 병렬로 나열된 상황에서 모든 대분류 정보에 부분합이 출력됩니다. 출력되는 위치를 클릭 몇 번으로 정할 수 있습니다. 위치는 상단 또는 하단에 출력하거나 출력하지 않을 수 있습니다. 한편 모든 정보의 총합계를 행 방향 또는 열 방향으로 출력하거나 하지 않을 수도 있습니다.

실무 연습 ❶

01 [Sheet3] 시트에 출력된 피벗 테이블의 대분류 '연도'를 중심으로 부분합을 출력해 보도록 하겠습니다. 위치는 하단, 상단, 그리고 없음, 3개의 과정으로 알아보겠습니다. ❶ 피벗 테이블 아무 셀이나 클릭합니다. [디자인] 탭-[레이아웃]-[부분합]-[그룹 하단에 모든 부분합 표시]를 클릭합니다.

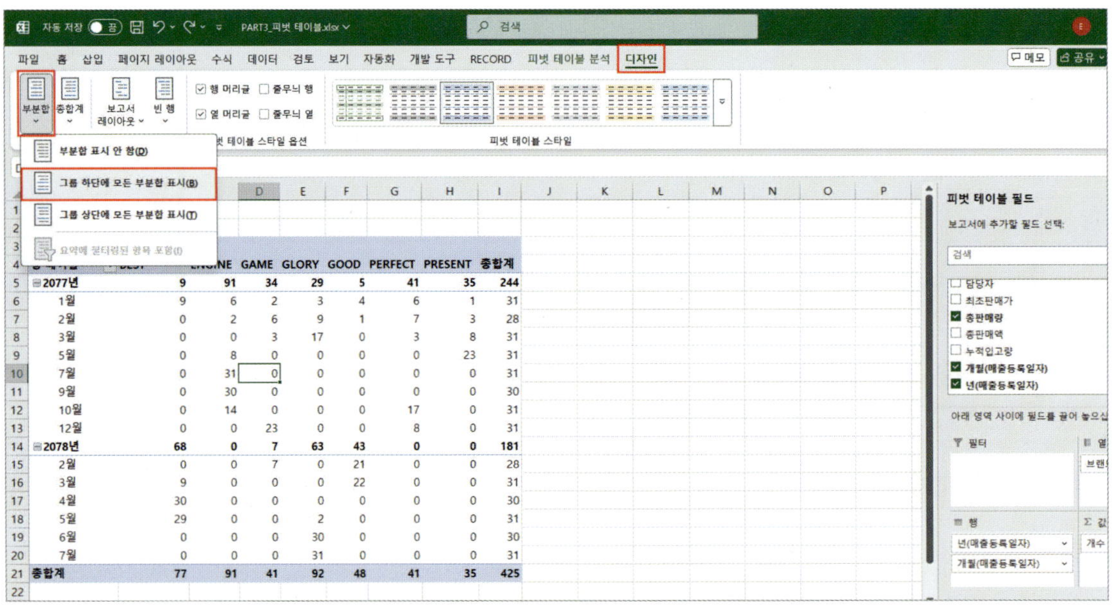

02 2077년과 2078년 행에 출력된 부분합 정보가 사라지고, 대분류 가장 하단에 '2077년 요약', '2078년 요약' 행이 각각 생성됩니다.

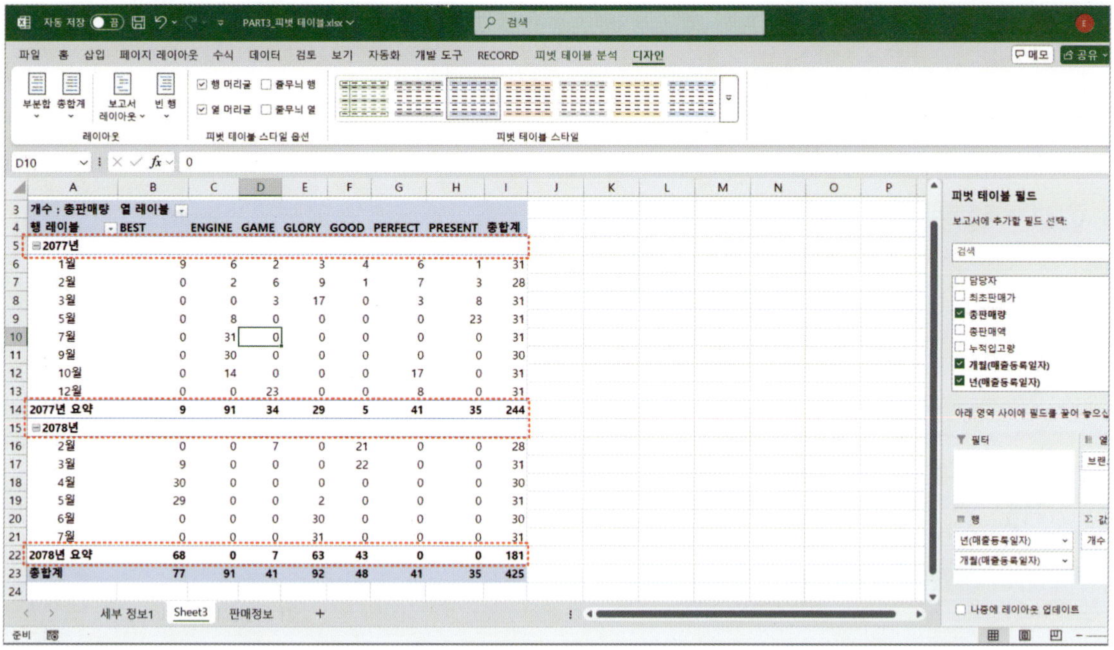

03 피벗 테이블 대분류 상단에 부분합을 출력해 보겠습니다. ❶ 피벗 테이블 아무 셀이나 클릭합니다. ❷ [디자인] 탭-[레이아웃]-[부분합]-[그룹 상단에 모든 부분합 표시]를 클릭합니다.

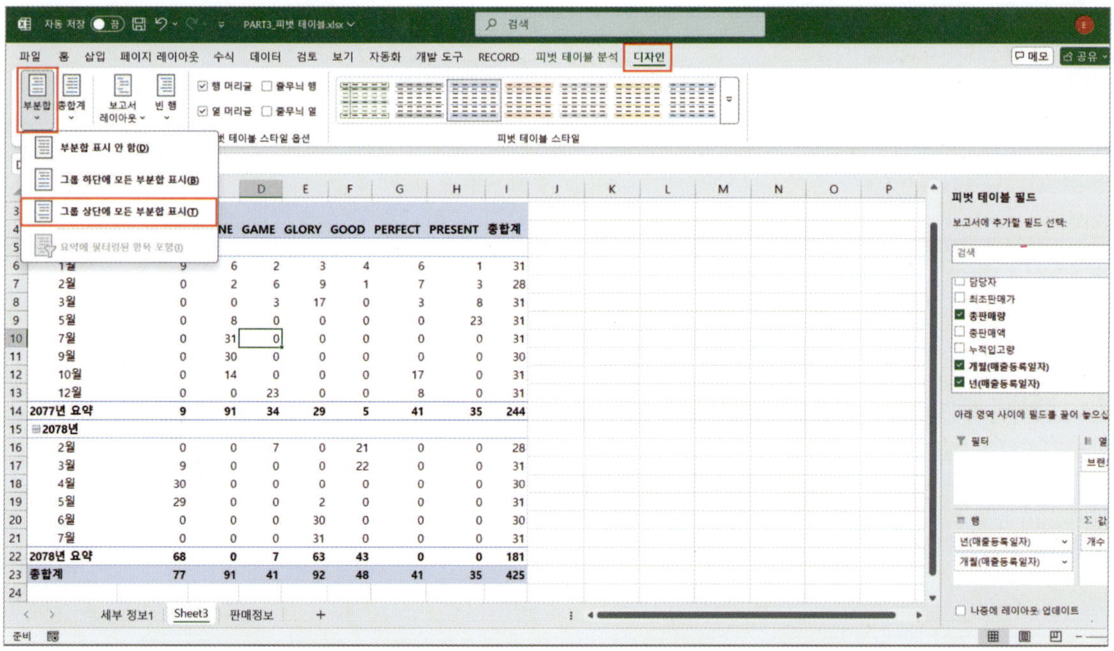

04 2077년과 2078년 행에 각 대분류 정보에 해당하는 부분합이 출력됩니다.

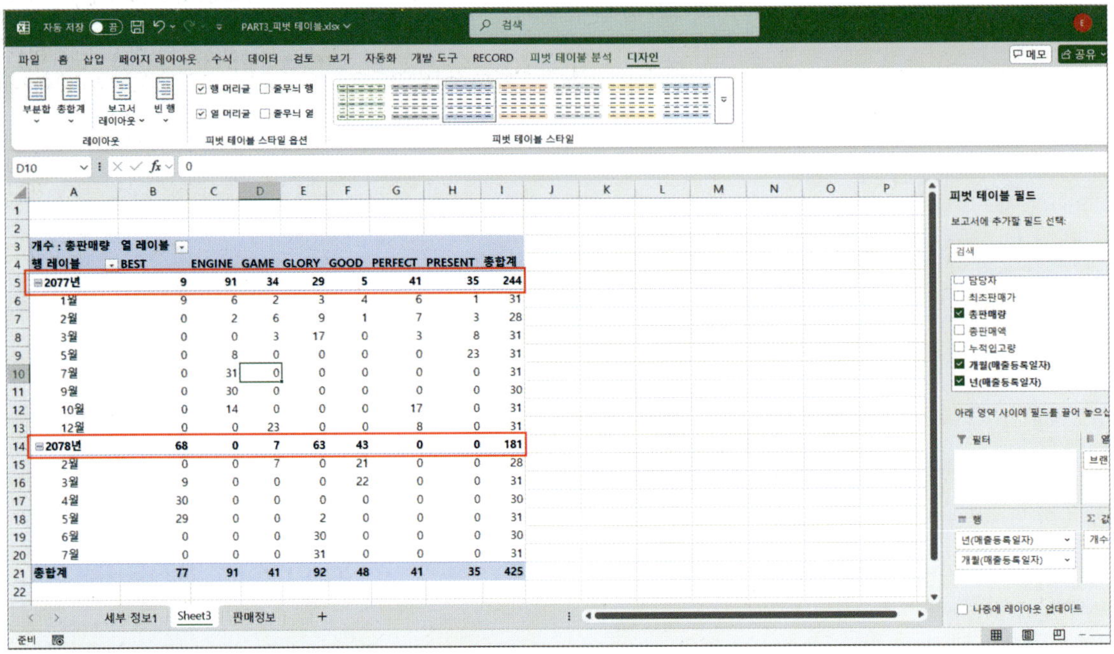

05 이번에는 부분합 표시 안함으로 출력해 보겠습니다. ❶ 피벗 테이블 아무 셀이나 클릭합니다. [디자인] 탭-[레이아웃]-[부분합]-[부분합 표시 안 함]을 클릭합니다.

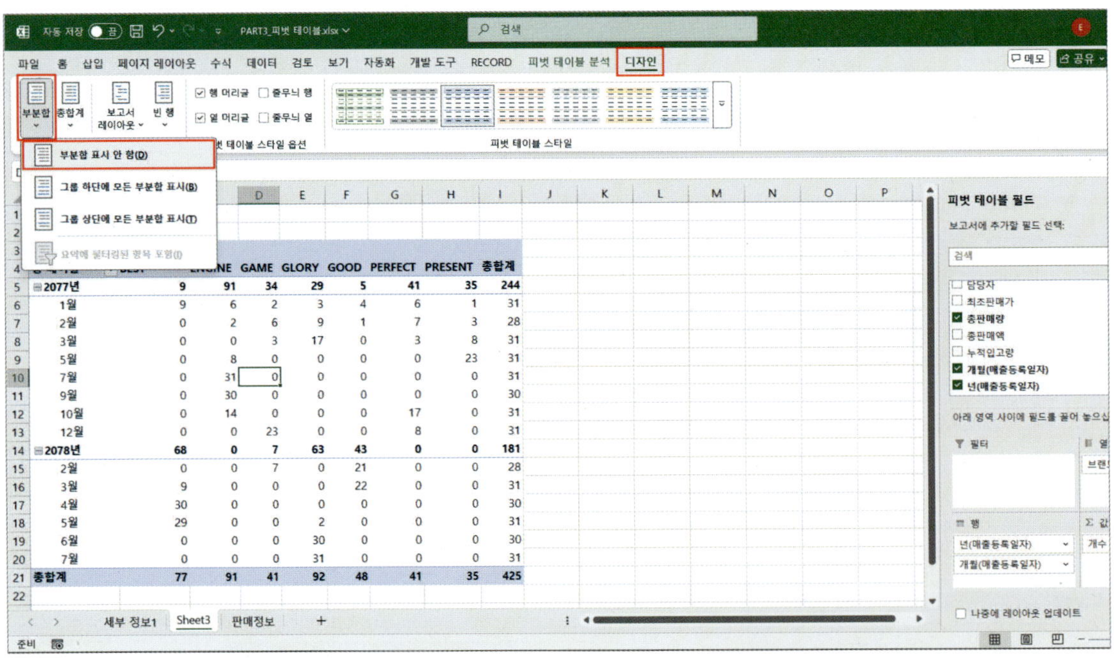

06 '2077년'과 '2078년' 행에 각각 공백이 출력됩니다.

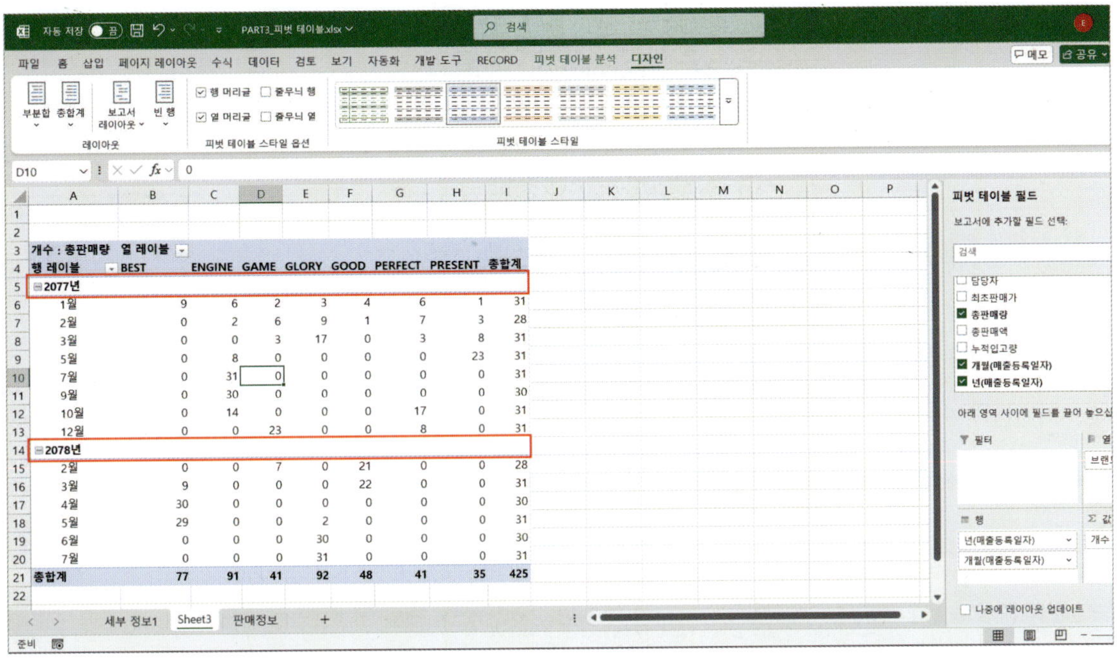

실무 연습 ❷

01 이번에는 총합계입니다. 먼저 기존에 출력된 총합계를 해제하겠습니다. ❶ 피벗 테이블 아무 셀이나 클릭합니다. ❷ [디자인] 탭-[레이아웃]-[총합계]-[행 및 열의 총합계 해제]를 클릭합니다.

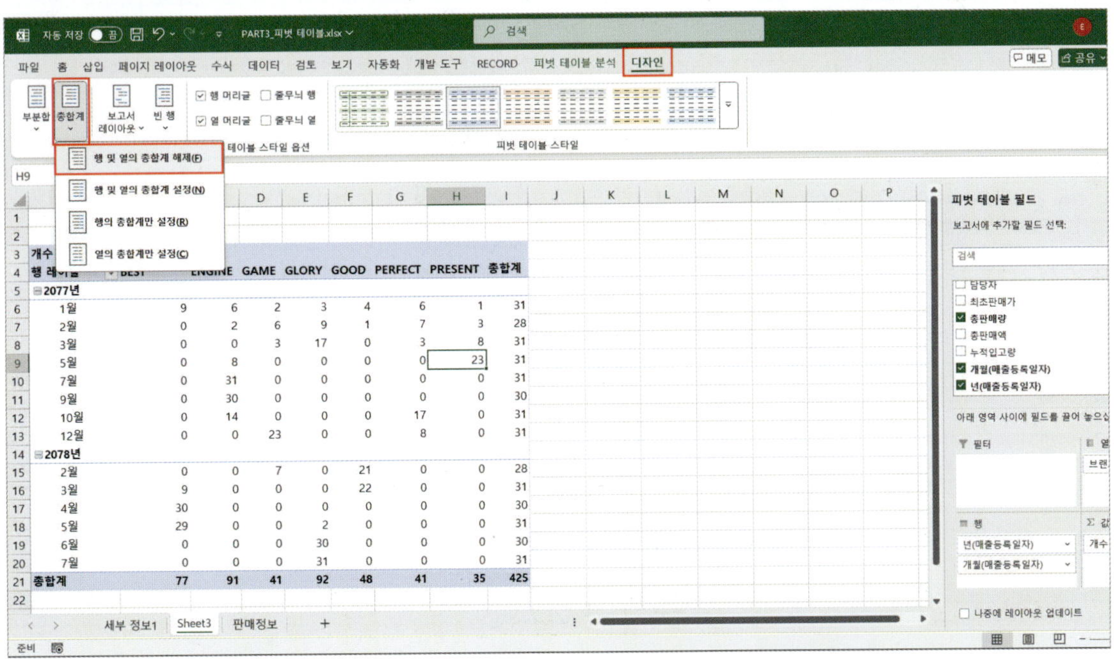

02 행 방향과 열 방향의 총합계가 모두 해제됩니다.

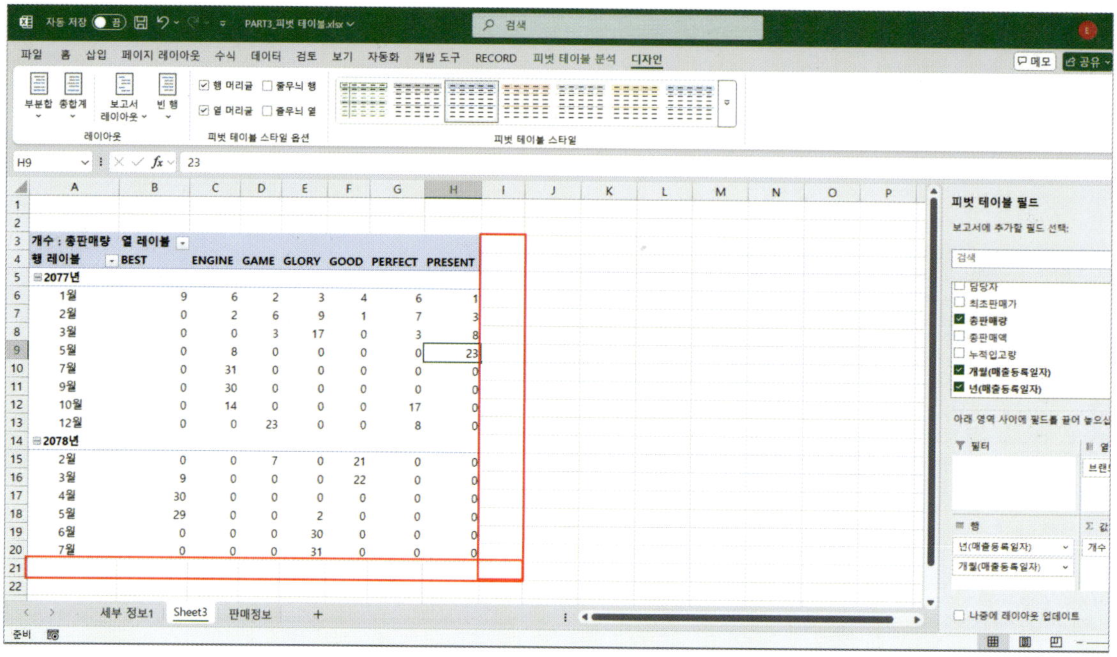

03 ❶ 총합계를 다시 설정하기 위해 피벗 테이블 아무 셀이나 클릭합니다. ❷ [디자인] 탭-[레이아웃]-[총합계]-[행 및 열의 총합계 설정]을 클릭합니다.

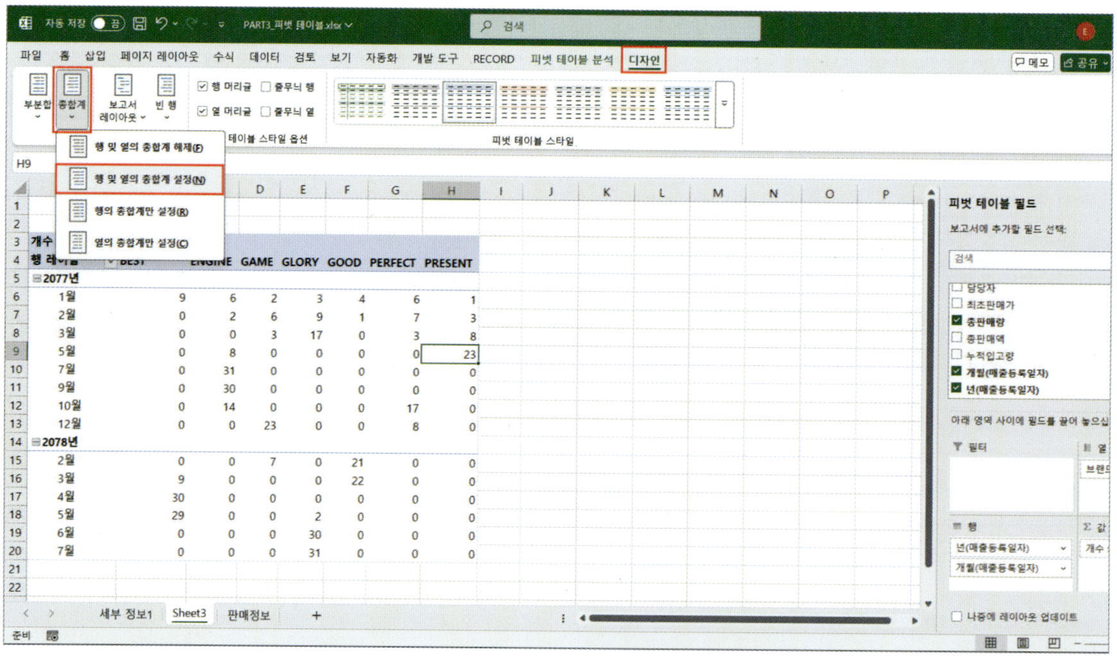

04 총합계가 행 방향과 열 방향에 각각 생성됩니다.

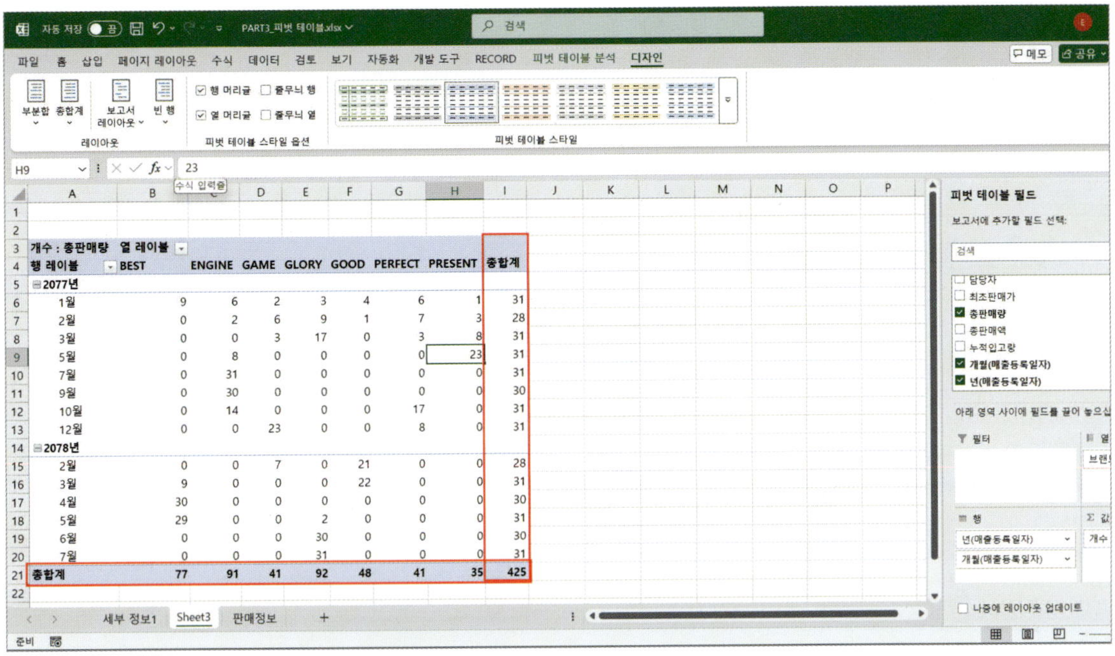

05 피벗 테이블로 출력된 총합계를 '행의 총합계만 설정'해 보도록 하겠습니다. 피벗 테이블 아무 셀 클릭– [디자인] 탭– 레이아웃– 총합계– '행의 총합계만 설정' 메뉴를 클릭합니다.

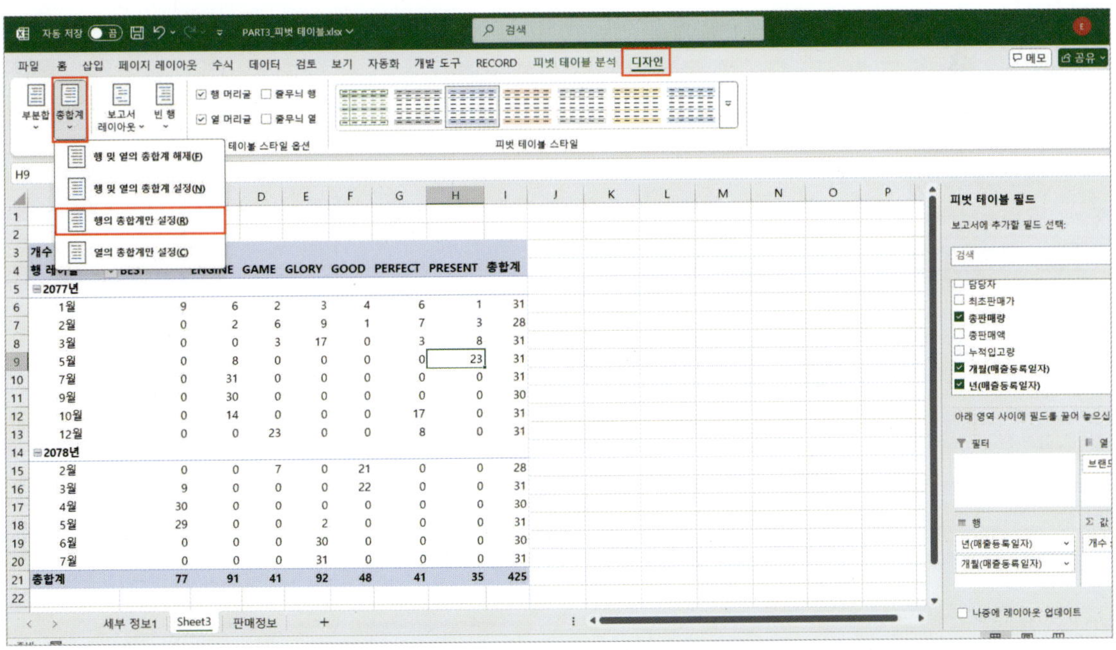

06 피벗 테이블 행 방향만 총합계가 출력된 결과를 확인합니다.

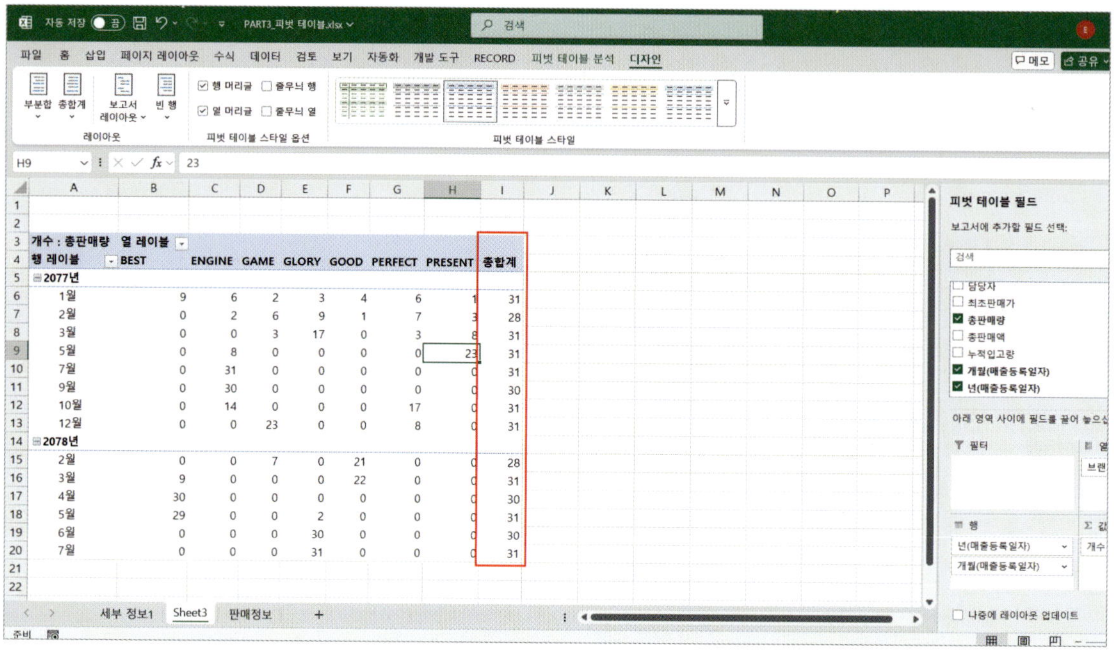

07 피벗 테이블로 출력된 총합계를 '열의 총합계만 설정'해 보도록 하겠습니다. 피벗 테이블 아무 셀 클릭- [디자인] 탭- 레이아웃- 총합계- '열의 총합계만 설정' 메뉴를 클릭합니다.

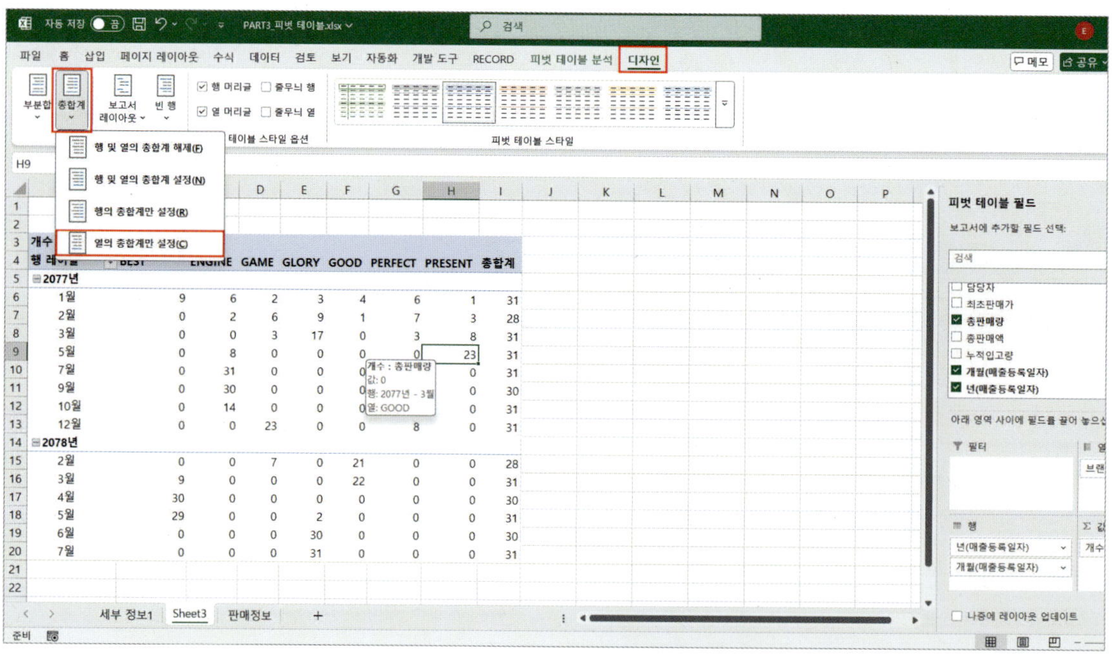

08 피벗 테이블 열 방향만 총합계가 출력된 결과를 확인합니다.

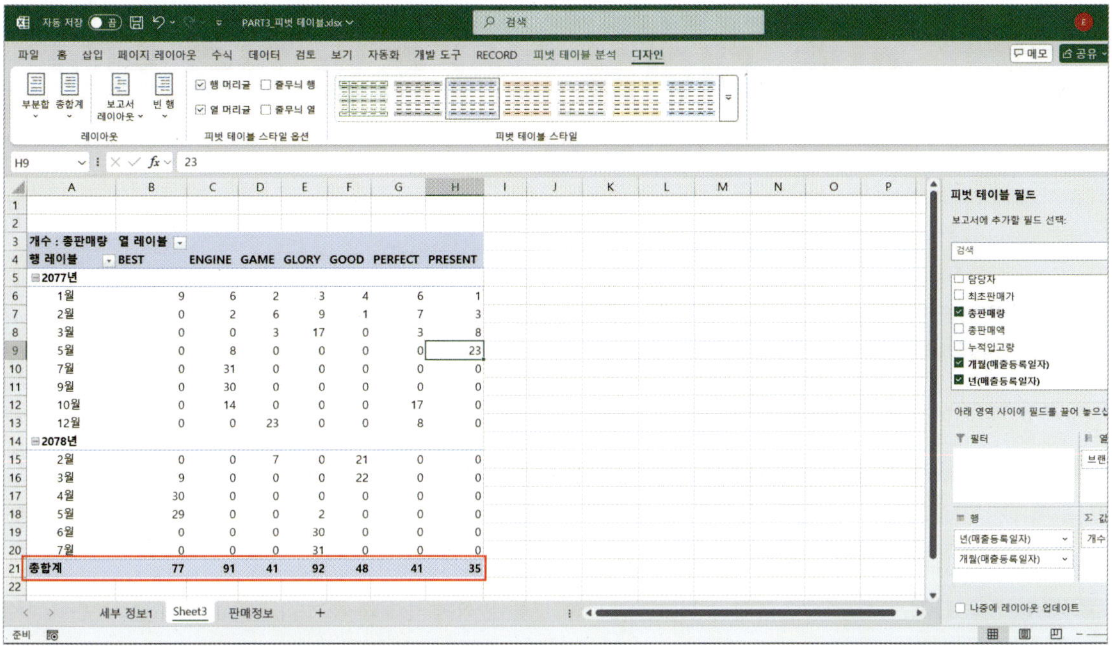

CHAPTER 14

피벗 테이블로 가독성 높은 레이아웃, 테이블 형식 또는 개요 형식으로 출력하기

예제 파일 PART1_10-30 피벗 테이블

실무 스킬

보통 피벗 테이블로 출력되는 레이아웃 행정보는 압축 형식으로 표시됩니다. 압축 형식을 사용하면 피벗 테이블의 한 열에 다양한 필드 정보가 동일한 행에 압축되어 표시됩니다. 예를 들어 년도/월 목록을 행 영역으로 배치하면 A열 안에 년도/월 정보가 함께 들어와 한 열 안에서 여러 행에 출력됩니다. 이를 통해 피벗 테이블의 공간 효율성을 높이게 됩니다.

하지만 종속 관계가 성립되는 형태의 정보군에서는 보통 왼쪽에서 오른쪽으로 정보를 펼쳐놓고 분석해야 될 때가 있습니다. 그래야 데이터가 한눈에 잘 들어오기 때문입니다. 날짜나 시간 정보가 대표적인 정보들입니다. 연, 월, 일 또는 시, 분, 초처럼 종속 관계가 성립되거나 대/중/소분류로 나눠 정보를 분석해야 할 때 기본 레이아웃인 압축 형식에서 사용자가 원하는 '테이블 형식'이나 '개요 형식'으로 출력하는 방법을 알아보겠습니다. 그리고 테이블 형식과 개요 형식의 차이도 알아보겠습니다.

실무 연습 ❶

[Sheet3] 시트에서 출력된 피벗 테이블은 압축 형식 레이아웃으로 한 열에 여러 목록 정보가 나열된 상황입니다. 정보 분석이 용이한 테이블 형식과 개요 형식으로 레이아웃을 바꿔 가독성을 높여 보겠습니다. 출력하고 나서 '업체명' 필드를 C열에 배치해 대/중/소분류로 나눠진 피벗 테이블을 만들어 보겠습니다.

01 먼저 '개요 형식' 레이아웃입니다. ❶ 피벗 테이블 아무 셀이나 클릭합니다. ❷ [디자인] 탭-[레이아웃]-[보고서 레이아웃]-[개요 형식으로 표시]를 클릭합니다.

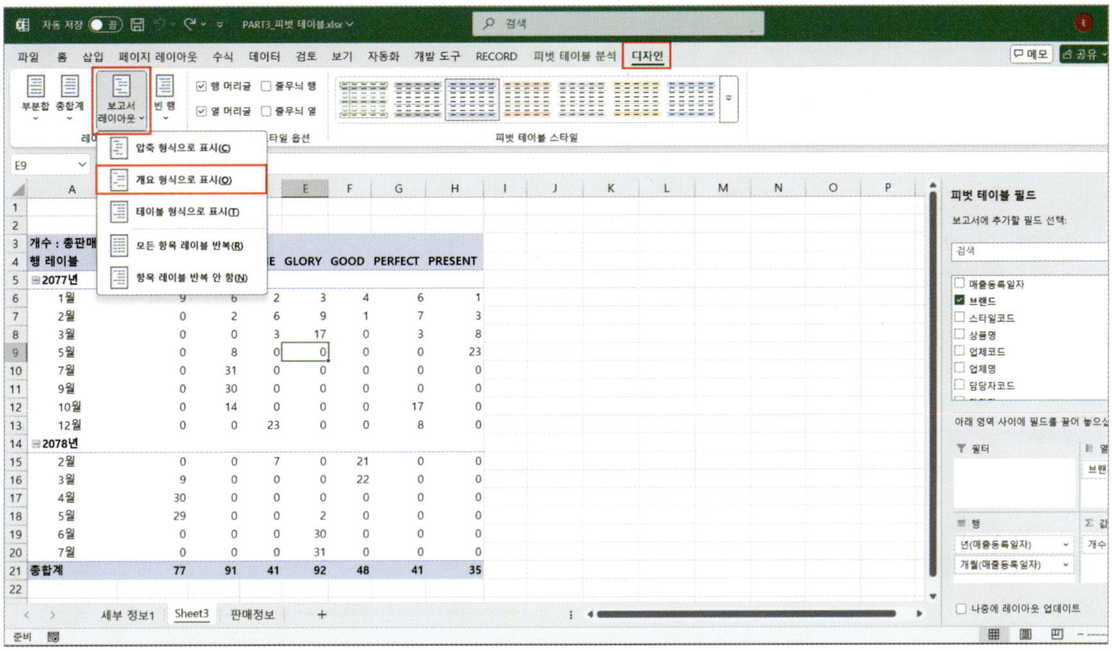

02 A열에는 '연도'가, B열에는 '월'이 출력된 피벗 테이블을 확인합니다. 대분류인 2077년, 2078년이 한 행씩 할당되어 있는 레이아웃을 추가로 확인합니다. 테이블 형식과의 차이점을 확인하기 위해서입니다.

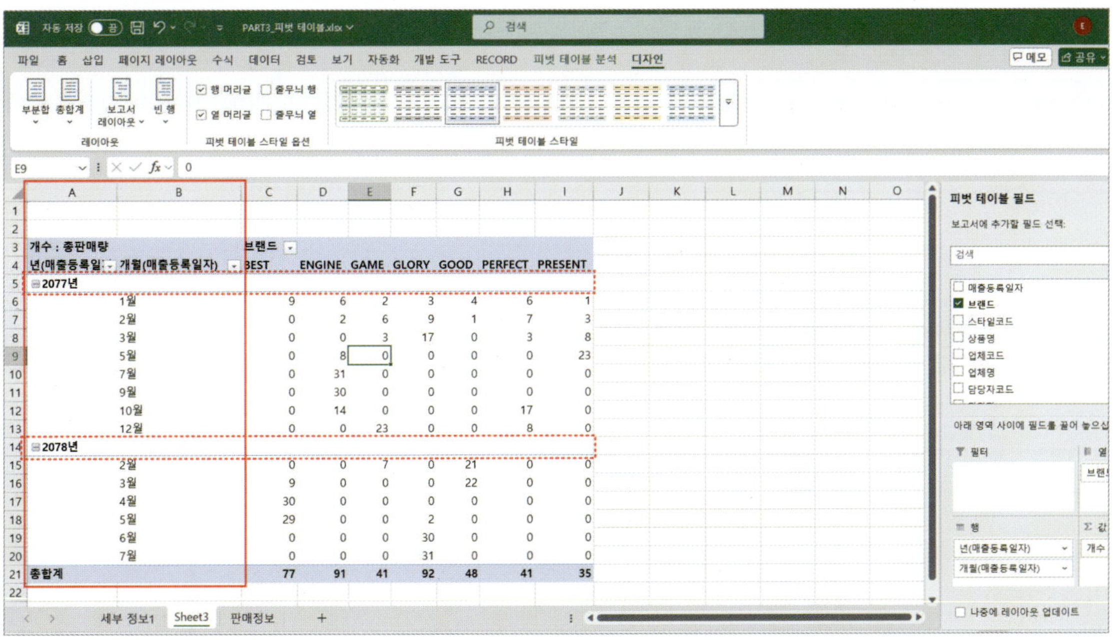

03 이번에는 '테이블 형식 표시' 레이아웃입니다. ❶ 피벗 테이블 아무 셀이나 클릭합니다. ❷ [디자인] 탭-[레이아웃]-[보고서 레이아웃]-[테이블 형식으로 표시]를 클릭합니다.

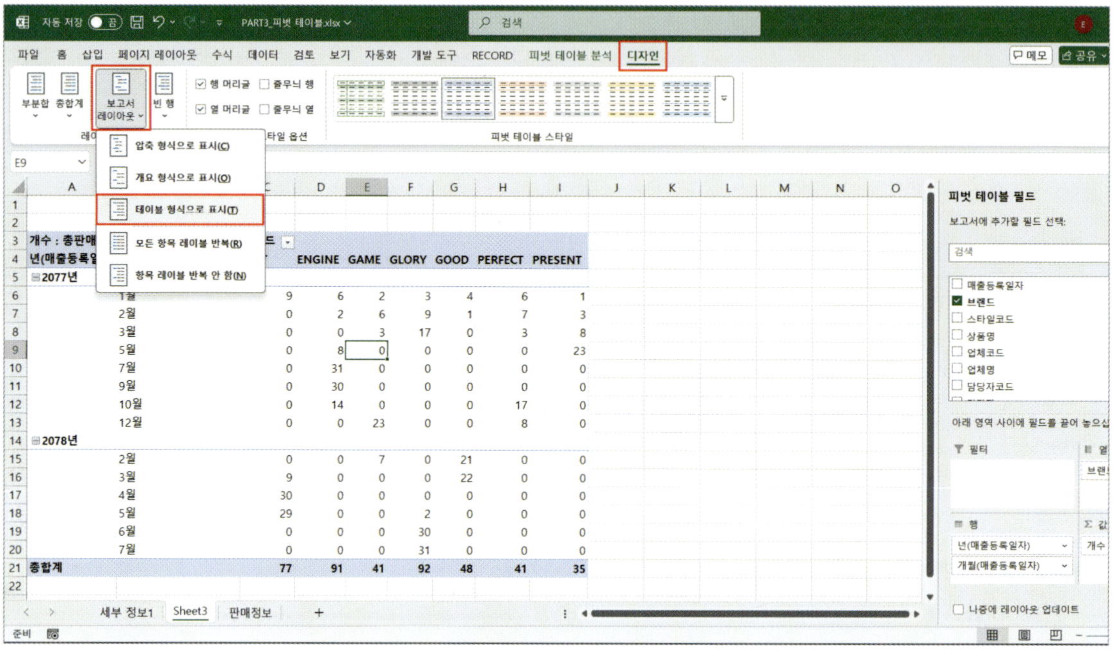

04 A열에는 '연도'가, B열에는 '월'이 출력된 피벗 테이블을 확인합니다. '개요 형식 표시' 레이아웃과 다른 점은 대분류인 연도(2077년, 2078년)정보가 5번 행, 한 행에 공간이 할당되어 있지 않고 바로 그 다음 분류인 '월' 정보가 같은 행에 배치되어 있다는 것입니다. A5행- 2077년 입력, 같은 행 B5행- '1월'이 입력되어 있어 '개요 형식으로 표시' 처럼 5번 행 공간이 할당되어 있지 않습니다.

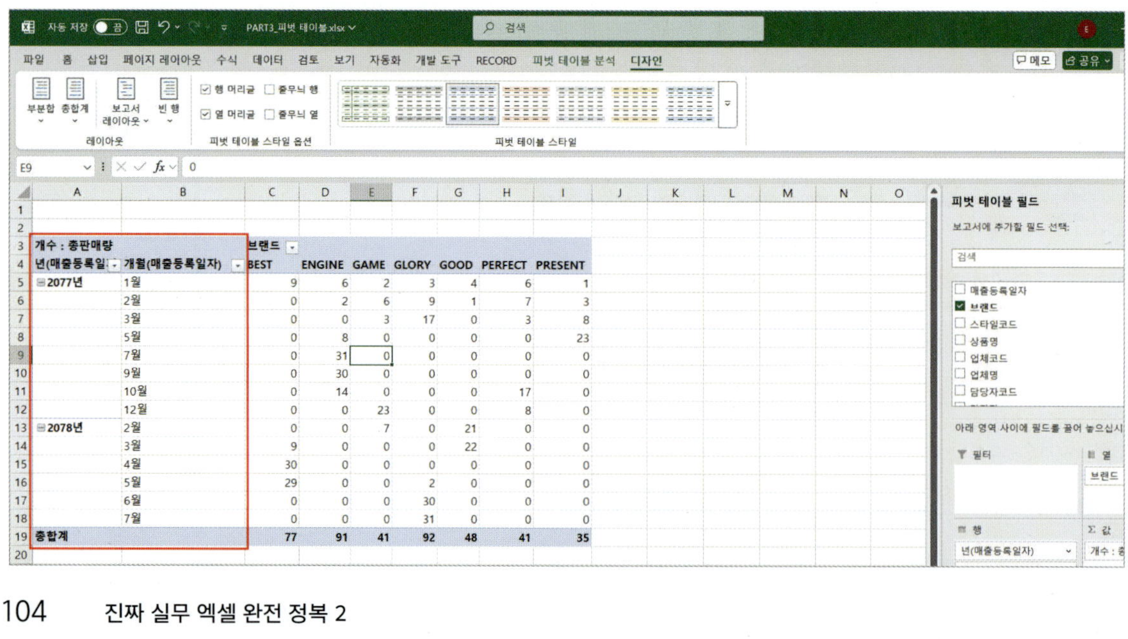

05 마지막으로 '업체명' 필드를 C열에 배치해 대/중/소분류로 나눠진 피벗 테이블을 만들어 보겠습니다. 레이아웃은 '테이블 형식 표시' 레이아웃으로 출력해 보겠습니다. ❶ 오른쪽 피벗 테이블 필드 대화상자에서 '업체명' 필드를 '행' 영역 필드의 가장 아래에 드래그해 배치합니다.

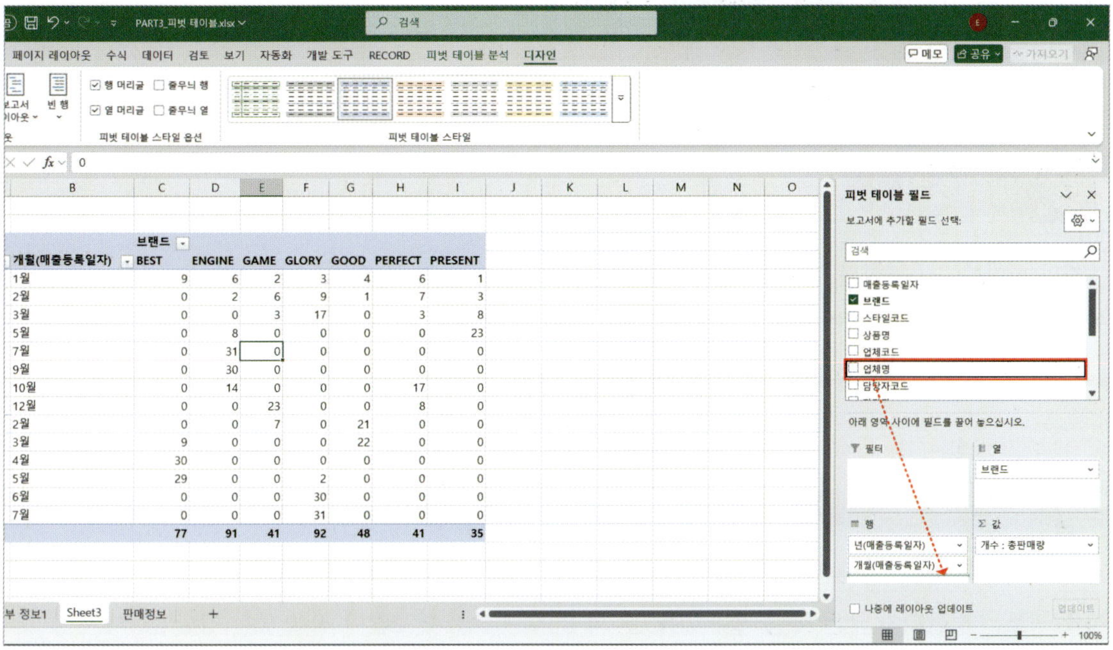

06 '연도'- '월'- '업체명' 순으로 대/중/소분류화되어 A열-B열-C열 순으로 정리되었습니다. 필드 블록의 상하 위치에 따른 종속관계가 성립되는 피벗 테이블 출력 원리를 이해합니다.

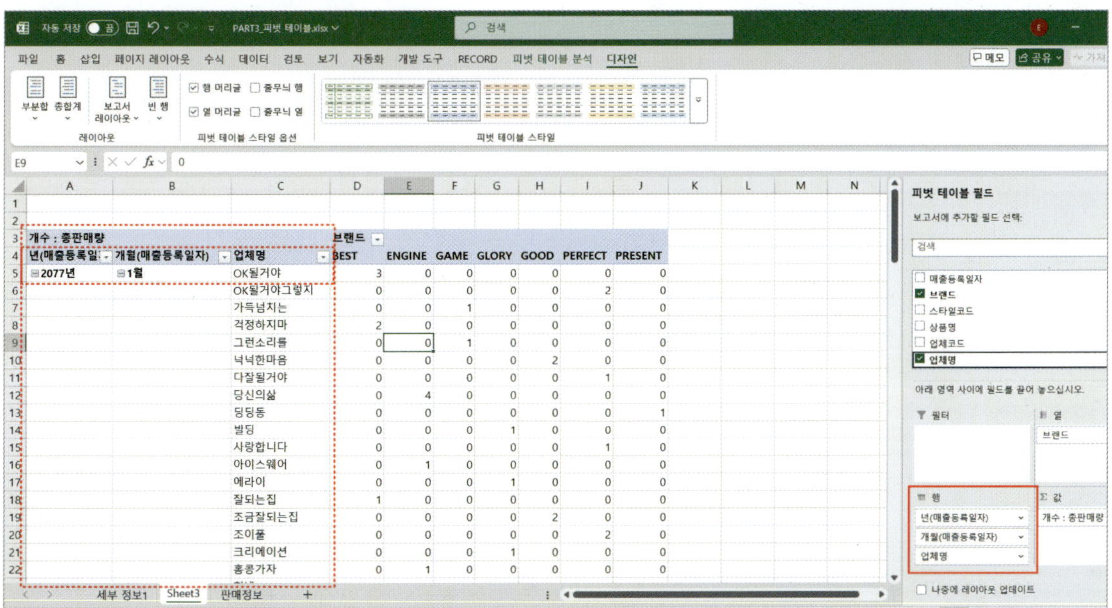

CHAPTER 15

피벗 테이블에서 날짜 년도 목록 구간 병합하기

예제 파일 PART1_10-30 피벗 테이블

실무 스킬

피벗 테이블에서 제한된 기능 중 하나는 '값' 영역에서 병합을 할 수 없다는 것입니다. 하지만 목록 구간에서는 다릅니다. 옵션 설정을 변경하면 목록 구간에서도 병합을 할 수 있습니다. [Sheet3] 시트에서 피벗 테이블의 목록을 병합해 보겠습니다.

실무 연습 ❶

피벗 테이블 [Sheet3] 시트에서 '연도'와 '월' 필드를 병합해 보도록 하겠습니다. 현재 피벗 테이블 목록 아래 정보는 병합되지 않은 채 A5셀- '2077년'과 B5셀- '1월' 필드값이 적혀 있는 상황입니다.

01 ❶ 피벗 테이블의 아무 셀이나 클릭합니다. ❷ [피벗 테이블 분석] 탭-[피벗 테이블]-[옵션]을 클릭합니다.

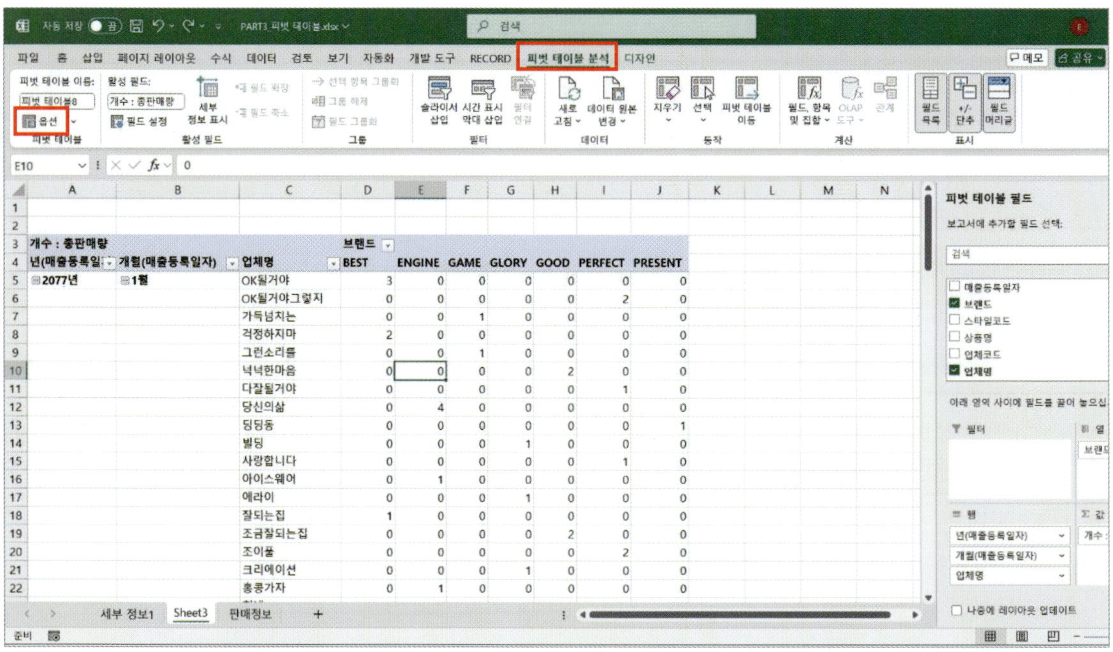

02 ❶ [레이아웃 및 서식]-[레이아웃]에서 [레이블이 있는 셀 병합 및 가운데 맞춤]에 체크한 후 ❷ [확인]을 클릭합니다.

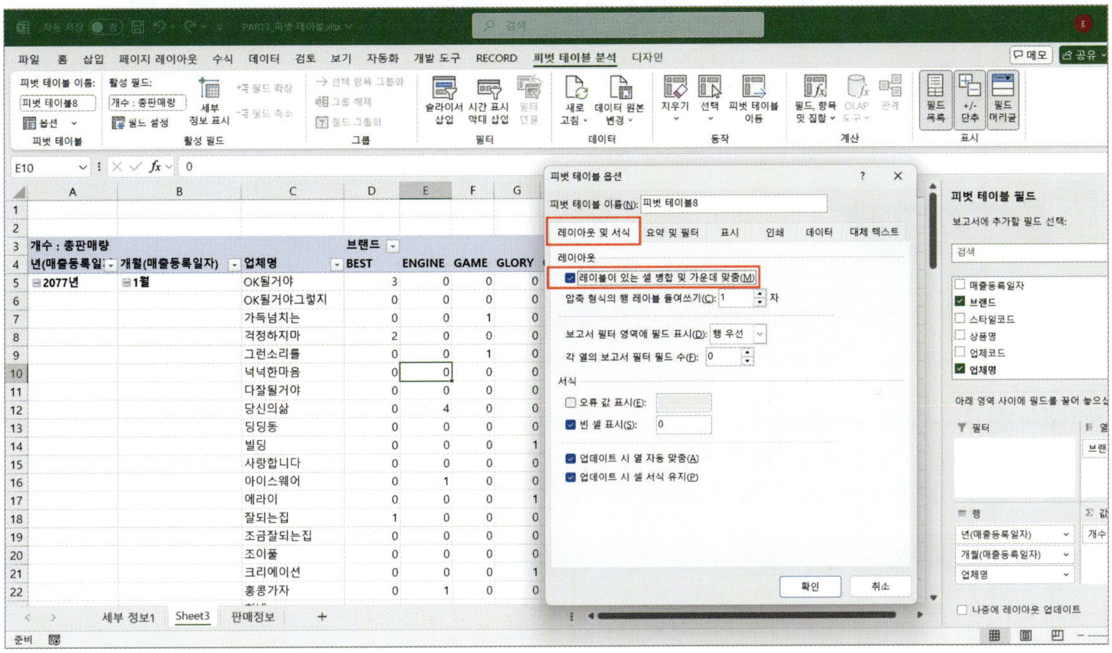

03 '연도'와 '월' 필드가 병합된 결과를 확인합니다.

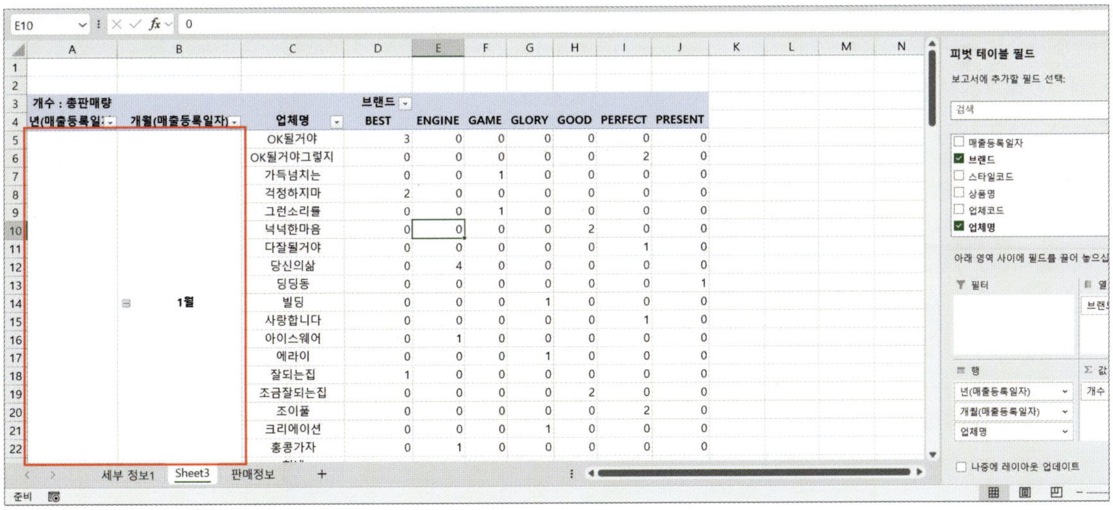

TIP [레이블이 있는 셀 병합 및 가운데 맞춤] 체크를 해제하면 병합이 해제됩니다.

CHAPTER 16

피벗 테이블 필드 목록, 단추 표시, 필드 머리글 생성 및 숨기기

예제 파일 PART1_10-30 피벗 테이블

실무 스킬

피벗 테이블을 운영할 때 추가 메뉴가 몇 가지 생성됩니다. 첫 번째로 '필드 목록 상자'가 오른쪽에 생성됩니다. 필드 목록 상자는 피벗 테이블을 운영할 때 행이나 열 목록을 생성하거나 필터나 값을 생성하는 데 필요합니다. 두 번째로 종속된 정보를 그룹화하기 위해 '+/-단추'가 생성됩니다. 마지막으로 '필드 머리글'이 생성되는데, 이는 원본 데이터의 필드를 기반으로 피벗 테이블 정보의 머리글로 사용됩니다.

출력된 피벗 테이블에서 '필드 목록', '단추 표시', '필드 머리글' 메뉴가 어떻게 작동하는지 알아보겠습니다.

실무 연습 ❶

01 피벗 테이블과 함께 출력된 '피벗 테이블 필드 목록'을 숨기거나 나타내 보겠습니다. ❶ 피벗 테이블 아무 셀이나 클릭합니다. ❷ [피벗 테이블 분석] 탭-[표시]-[필드 목록]을 클릭합니다.

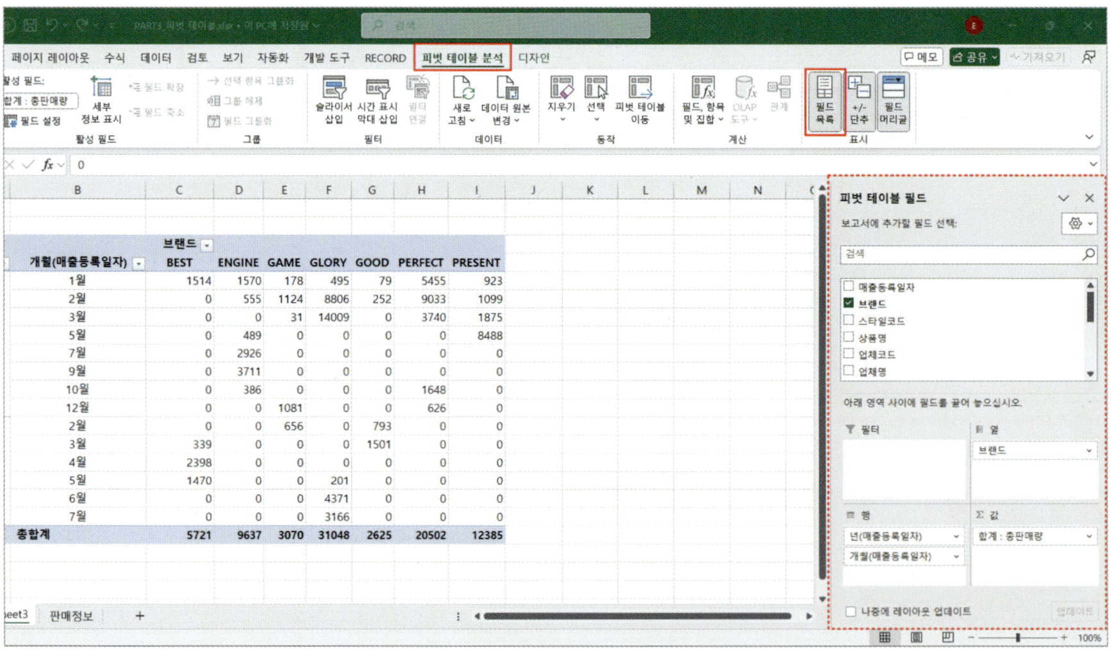

02 오른쪽의 필드 목록 상자가 숨겨진 결과를 확인합니다.

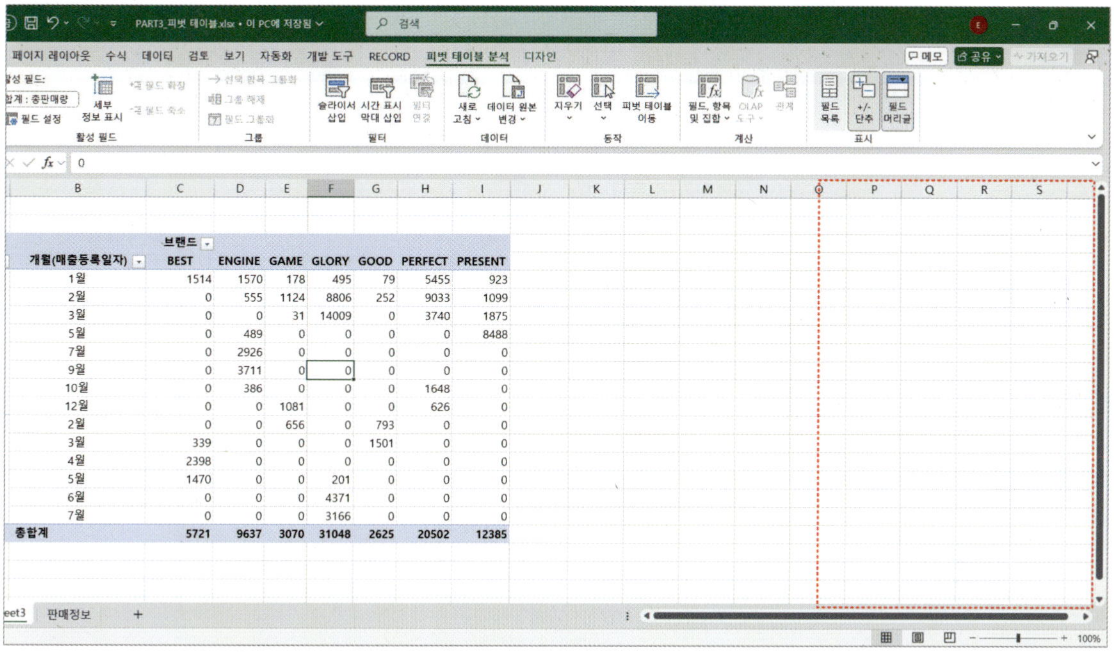

TIP 다시 필드 목록을 나타내기 위해서는 [필드 목록]을 한 번 더 클릭하면 됩니다. 메뉴로 필드 목록 대화상자를 숨기거나 나타낼 때, 피벗 테이블 아무 셀이나 클릭하고 마우스 오른쪽 버튼 클릭-[필드 목록 숨기기]를 클릭해도 같은 결과를 얻을 수 있습니다.

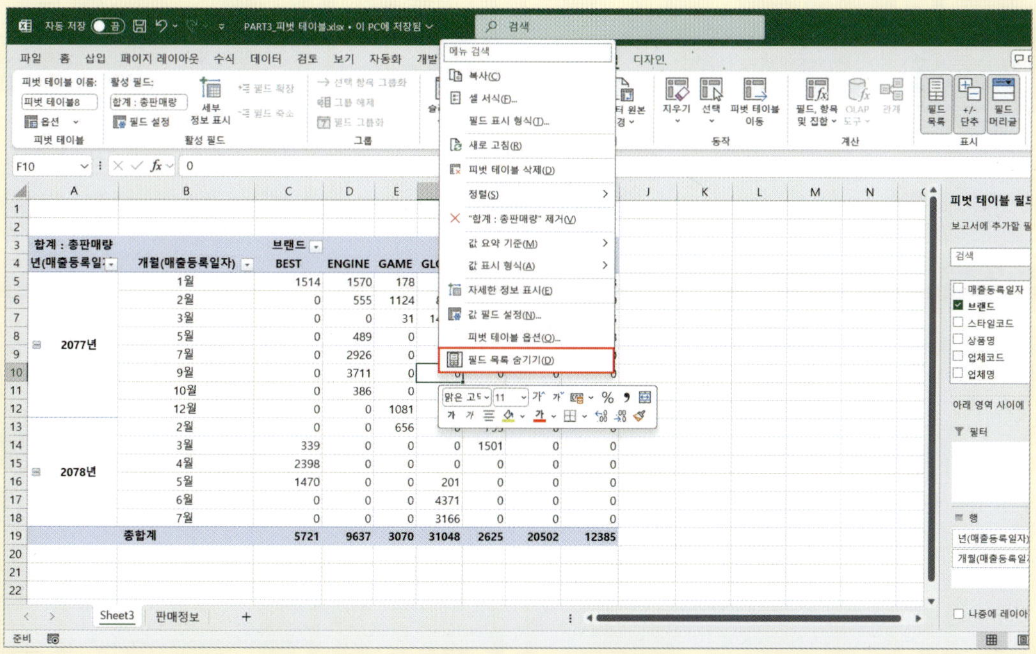

03 이번에는 출력된 '+/-단추'를 통해 대분류에 종속된 정보를 숨기거나 나타내 보겠습니다. 출력된 연도 필드값 앞에 붙은 -단추를 클릭합니다.

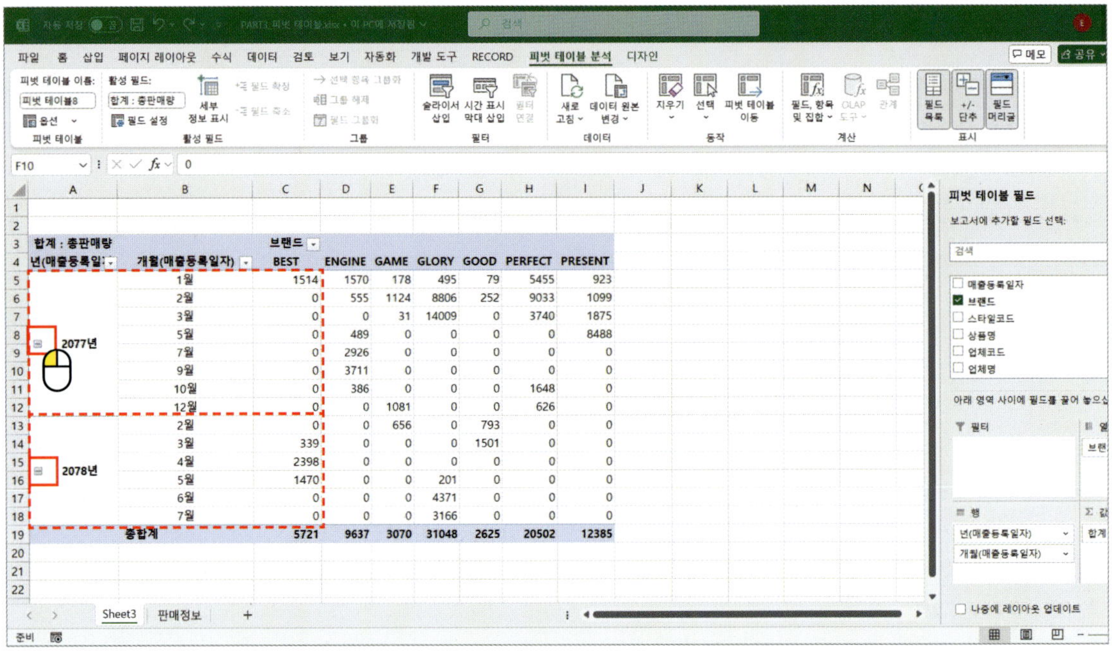

04 연도 필드값이 숨겨지고 총합계만 나타납니다.

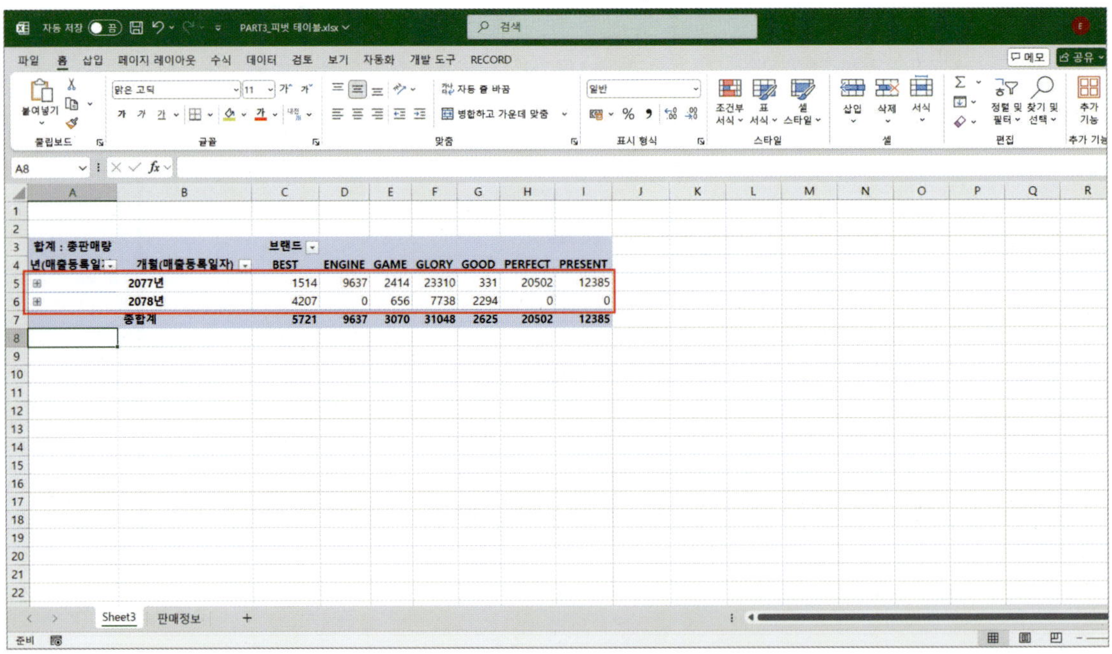

05 +단추를 클릭하면 대분류에 종속된 하위 분류가 다시 나타납니다.

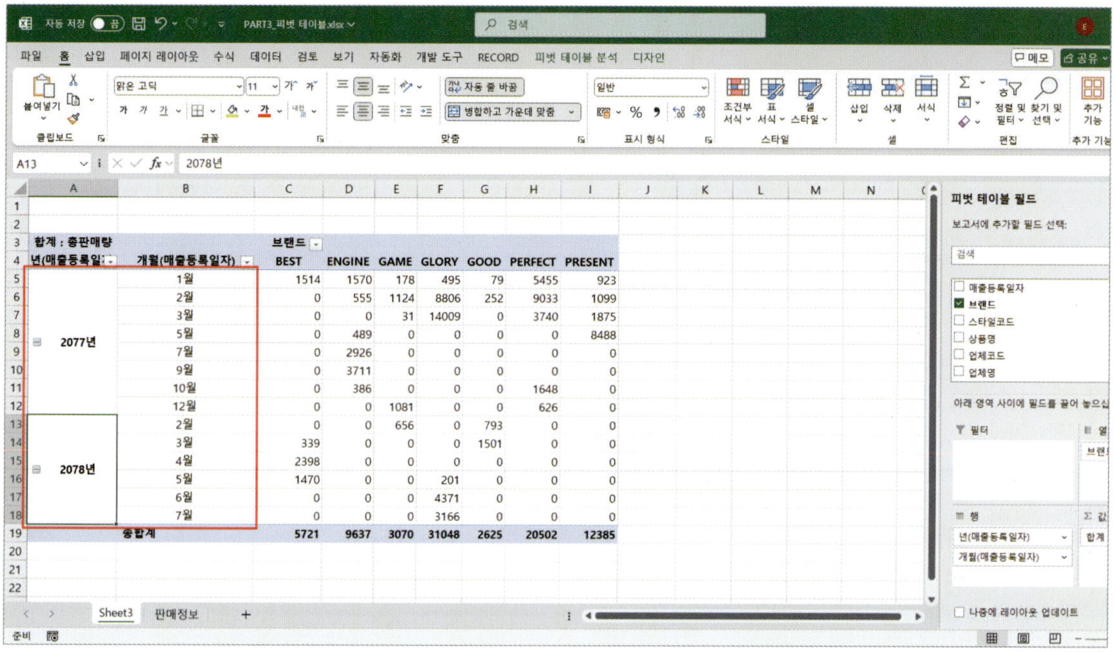

06 +/-단추를 생략해 보겠습니다. [피벗 테이블 분석] 탭-[표시]-[+/-단추]를 클릭합니다.

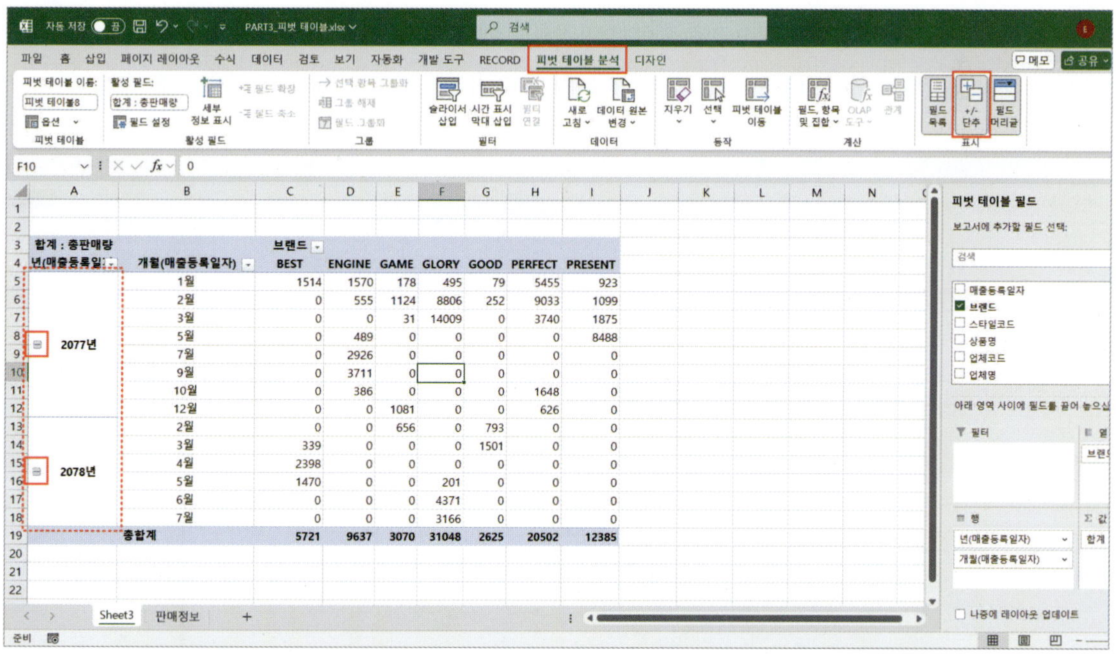

07 +/-단추가 생략됩니다.

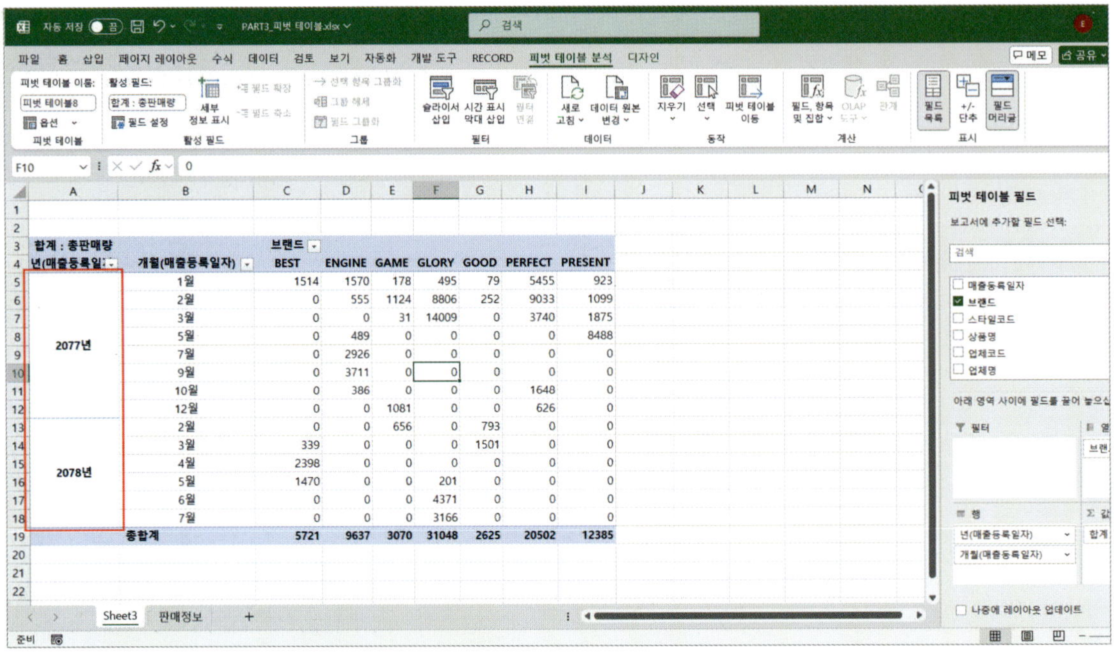

TIP +/-단추가 숨겨진 상황에서 +단추나 -단추를 누른 효과를 나타내기 위해서는 대분류 정보를 마우스로 더블클릭하면 됩니다.

08 [Sheet3] 시트에 피벗 테이블로 출력된 머리글을 [필드 머리글]를 통해 숨겨 보겠습니다. ❶ 피벗 테이블 아무 셀이나 클릭합니다. ❷ [피벗 테이블 분석] 탭-[표시]-[필드 머리글]을 클릭합니다.

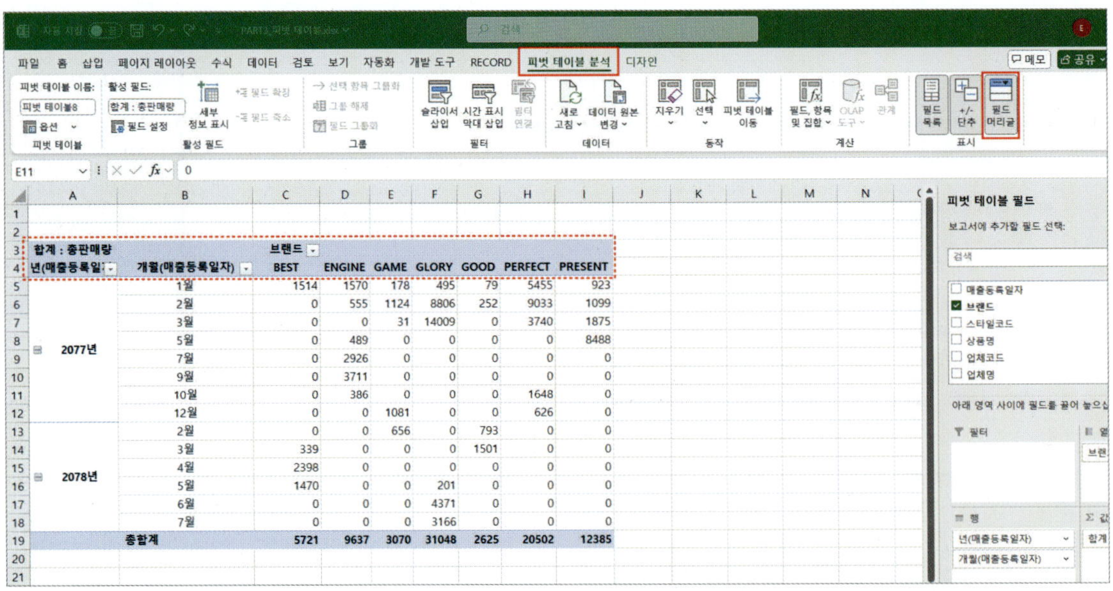

09 피벗 테이블 머리글이 숨겨졌습니다.

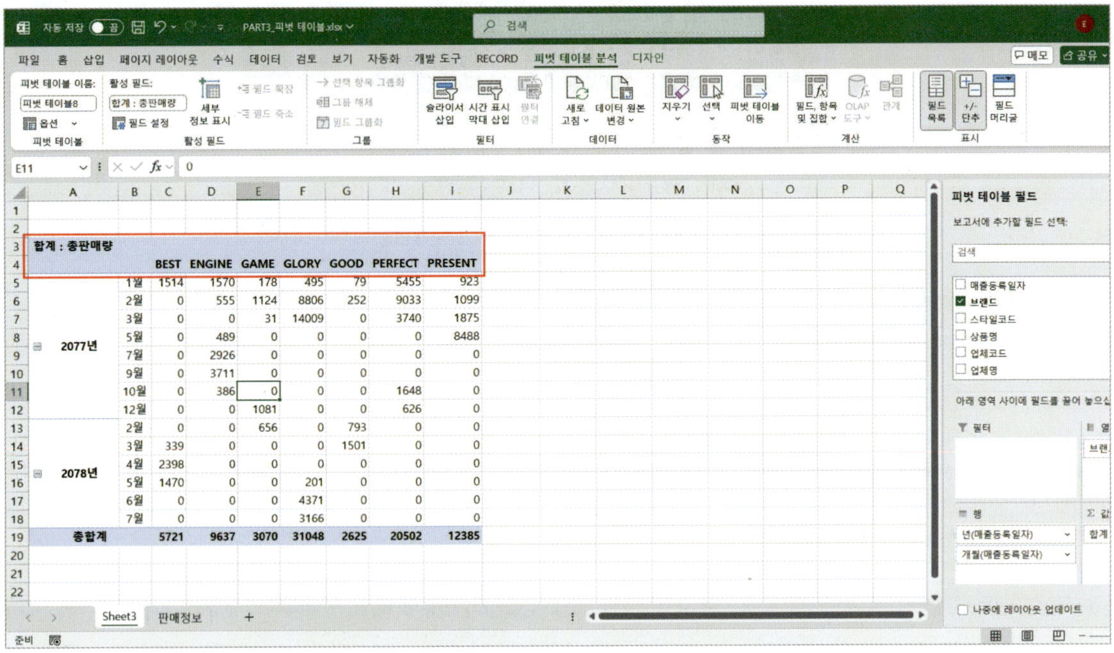

TIP '값' 영역 머리글은 그대로 표시가 됩니다.

CHAPTER 17

피벗 테이블, 데이터 업데이트마다 바뀌는 열 너비, 표시 형식 고정하기

예제 파일 PART1_10-30 피벗 테이블

실무 스킬

피벗 테이블로 출력된 정보는 수식이 업데이트되거나 '열' 영역 필드가 바뀌었을 때 기본 설정으로 자동 열 맞춤 옵션이 실행됩니다. 수식이나 '열' 영역 필드 정보 업데이트가 업데이트될 때마다 각 열의 내용을 기준으로 열 너비를 조정하기 때문에, 열 너비가 고정되지 않습니다. 이로 인해 표가 복잡해 보이거나 가독성이 떨어질 수 있습니다. 그리고 원하는 포맷을 유지하는 것이 어렵습니다. 이럴 때 열 너비를 수동으로 고정할 수 있는 '업데이트 열 자동 맞춤' 옵션을 비활성화하면 문제를 해결할 수 있습니다.

한편 피벗 테이블 정보가 업데이트될 때마다 '값' 영역 표시 형식 역시 바뀌는 문제가 있습니다. 예를 들어, 천 단위 구분 기호가 사라지거나 소수점이 출력되는 등의 문제가 발생할 수 있습니다. 이럴 때 사용자가 원하는 표시 형식으로 고정해 피벗 테이블을 출력하는 '값 필드 설정'에 대해서 알아보겠습니다.

[Sheet3] 시트에는 [판매정보] 시트에 있는 원본 데이터를 가공해 만든 피벗 테이블이 합계값으로 출력되고 있습니다. '값' 영역 수식을 합계에서 평균으로 바꾸거나 '필드 머리글'을 숨겼을 때, 최초 출력된 열 너비 그대로 출력되도록 설정을 바꿔 보겠습니다.

실무 연습 ❶

먼저, 열 너비가 고정되는 과정을 확인하기 위해 현재 피벗 테이블의 열 너비를 확인해 보겠습니다.

01 피벗 테이블의 B열과 C열을 기준으로 열 너비 포인트를 확인합니다. B열 머리글에서 마우스 오른쪽 버튼을 클릭합니다. [열 너비]를 클릭합니다.

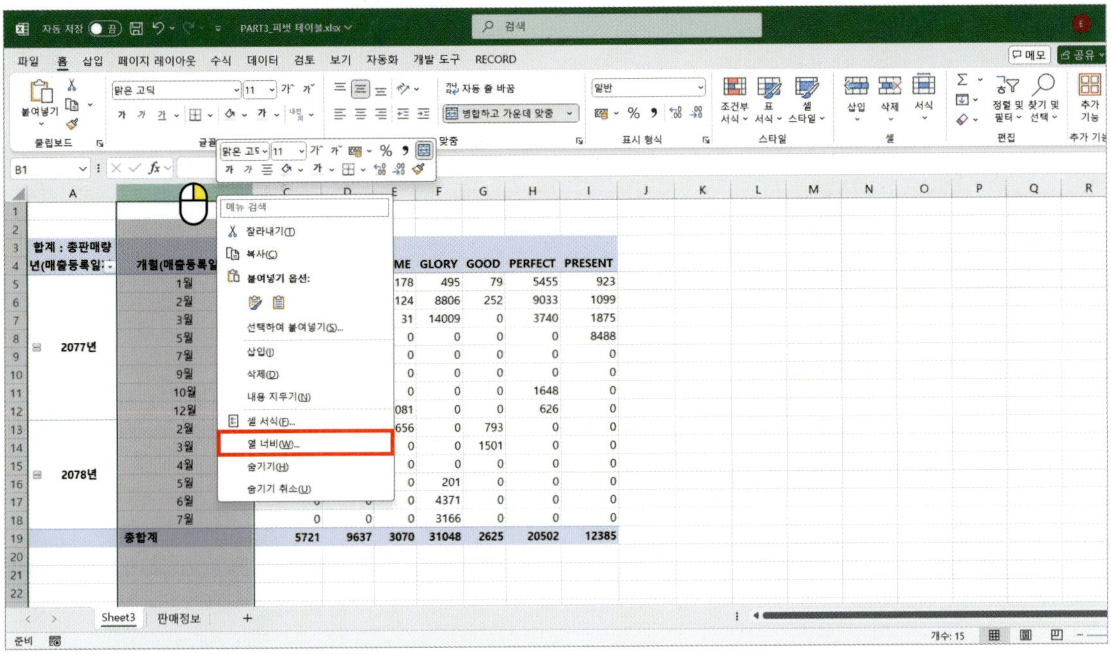

02 열 너비가 '20.9' 포인트임을 확인합니다.

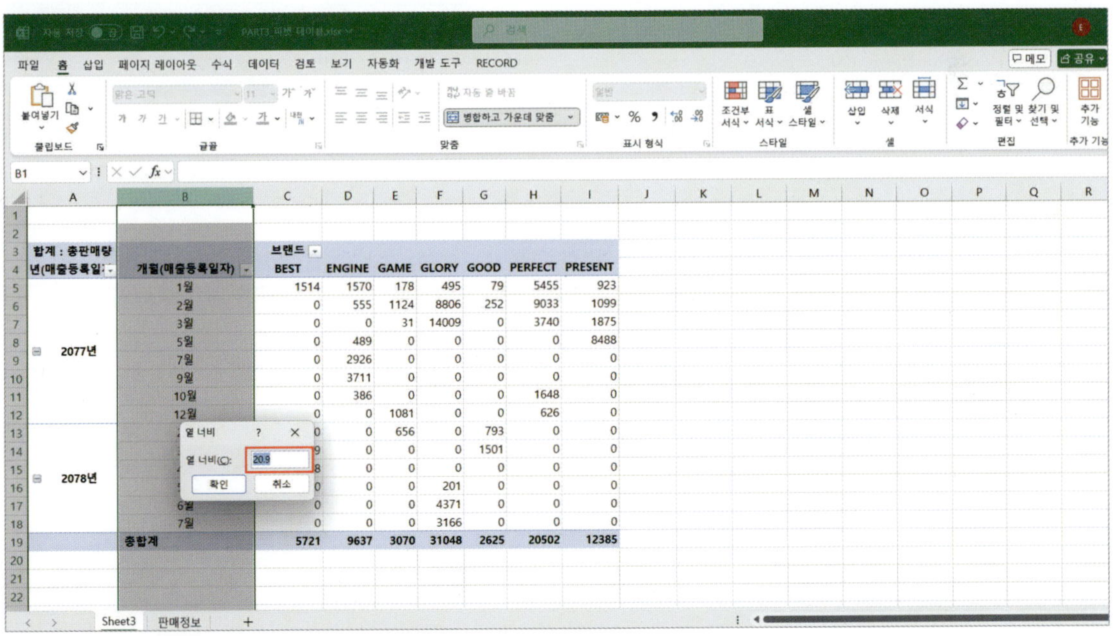

TIP 포인트 크기는 PC환경에 따라 다소 차이가 있을 수 있습니다.

03 C열 머리글에서 마우스 오른쪽 버튼을 클릭합니다. [열 너비]를 클릭합니다.

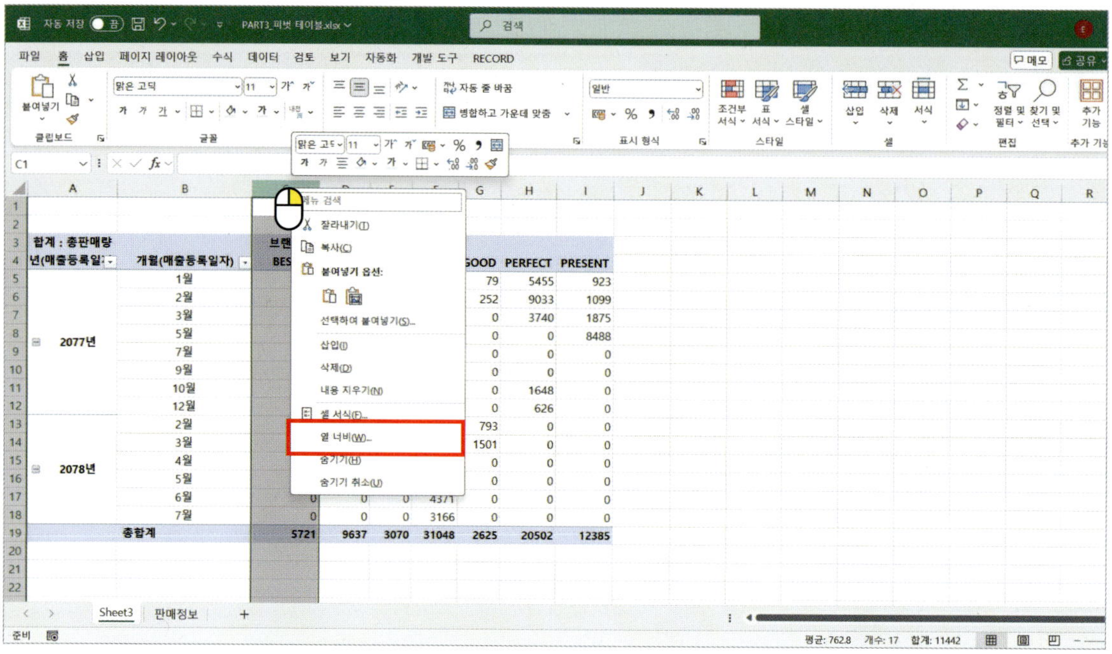

04 열 너비가 '10.1'포인트임을 확인합니다.

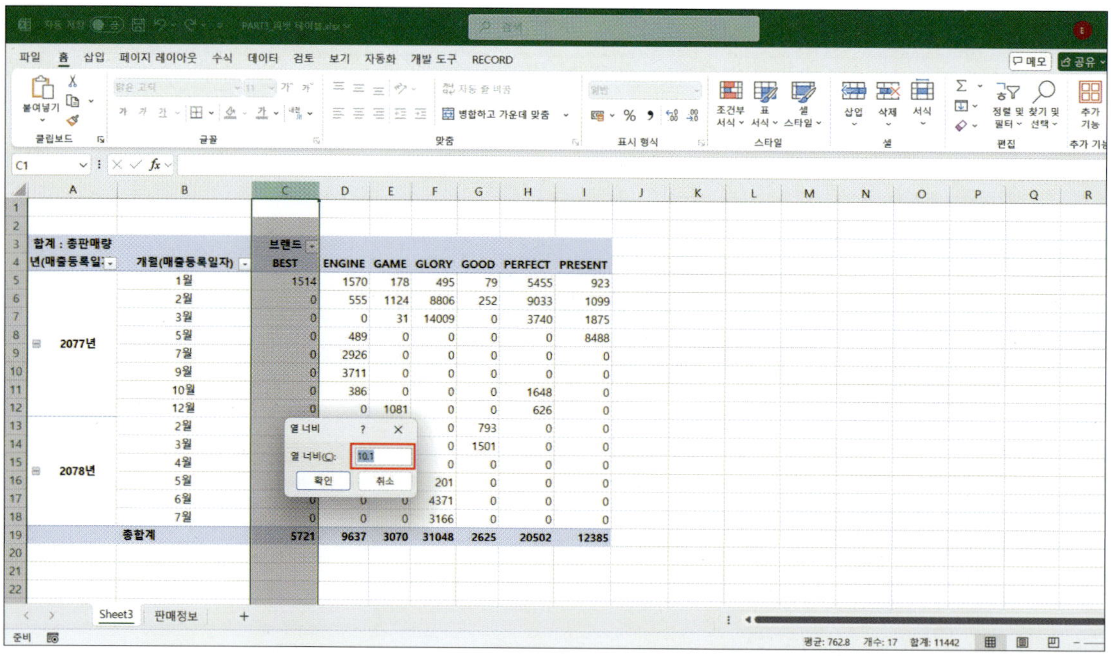

05 ❶ 피벗 테이블 아무 셀이나 마우스 오른쪽 버튼으로 클릭합니다. ❷ [값 요약 기준]-[평균]을 클릭합니다.

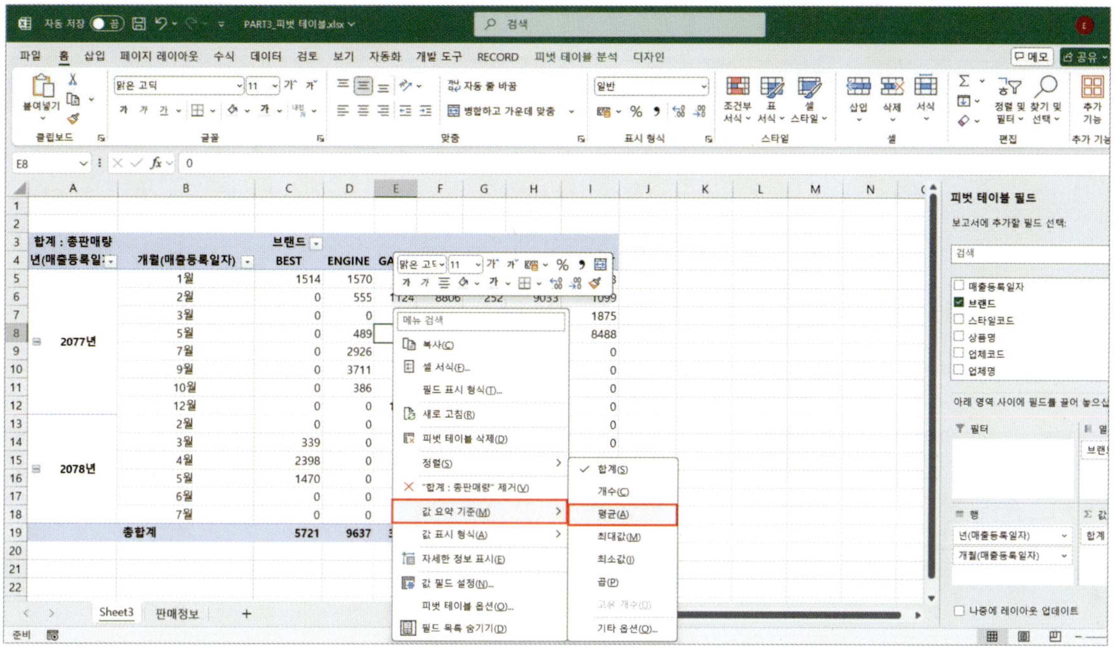

06 03~04번 과정을 반복하여 평균이 출력된 C열의 열 너비가 '11.9'포인트로 변경된 것을 확인합니다.

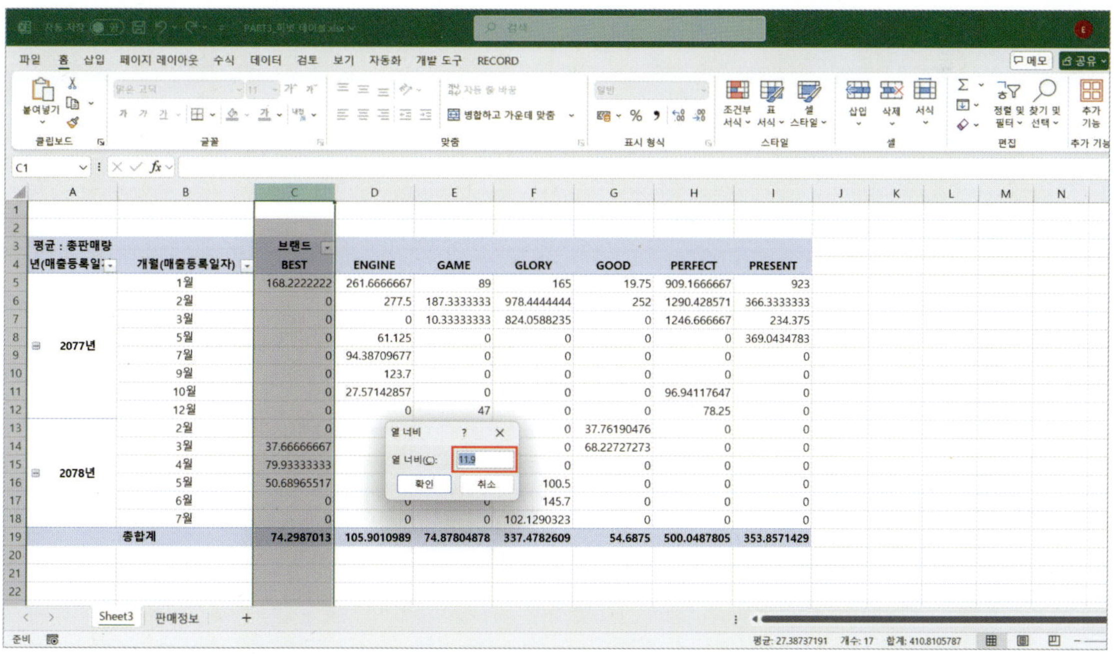

07 ❶ Ctrl + Z 키를 눌러 합계가 출력된 이전 결과로 되돌립니다. 이번에는 '필드 머리글'을 숨김 처리해 B열의 열 너비를 비교하겠습니다. ❷ 피벗 테이블 아무 셀이나 클릭한 상태에서 [피벗 테이블 분석] 탭-[표시]-[필드 머리글]을 클릭합니다.

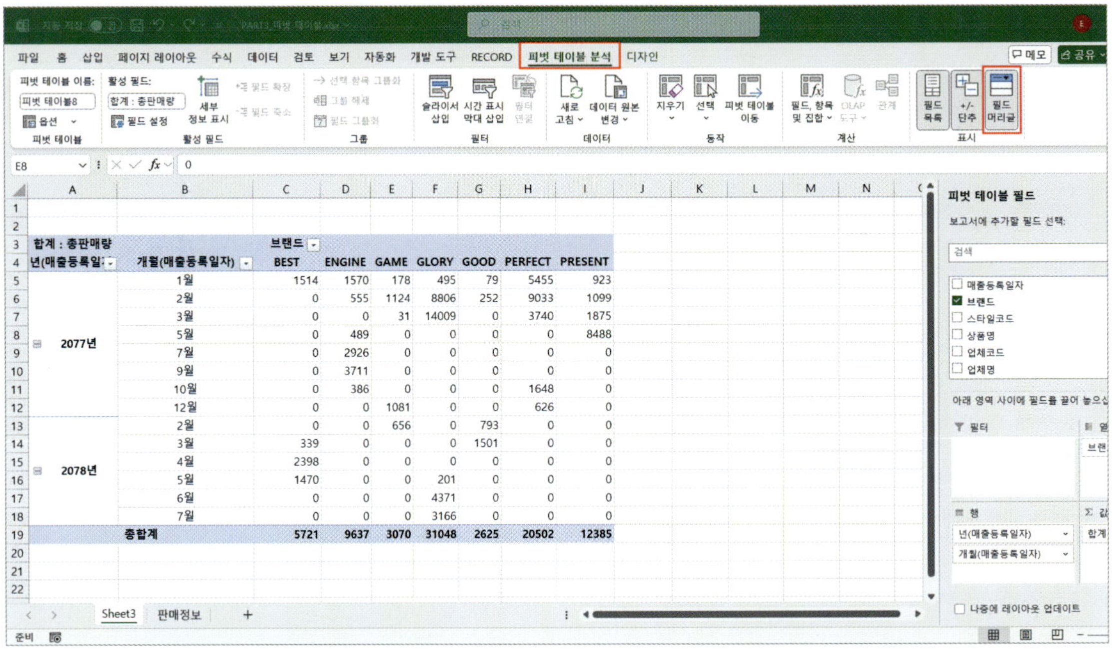

08 01~02번 과정을 반복하여 B열의 열 너비가 '4.5' 포인트로 변경된 것을 확인합니다.

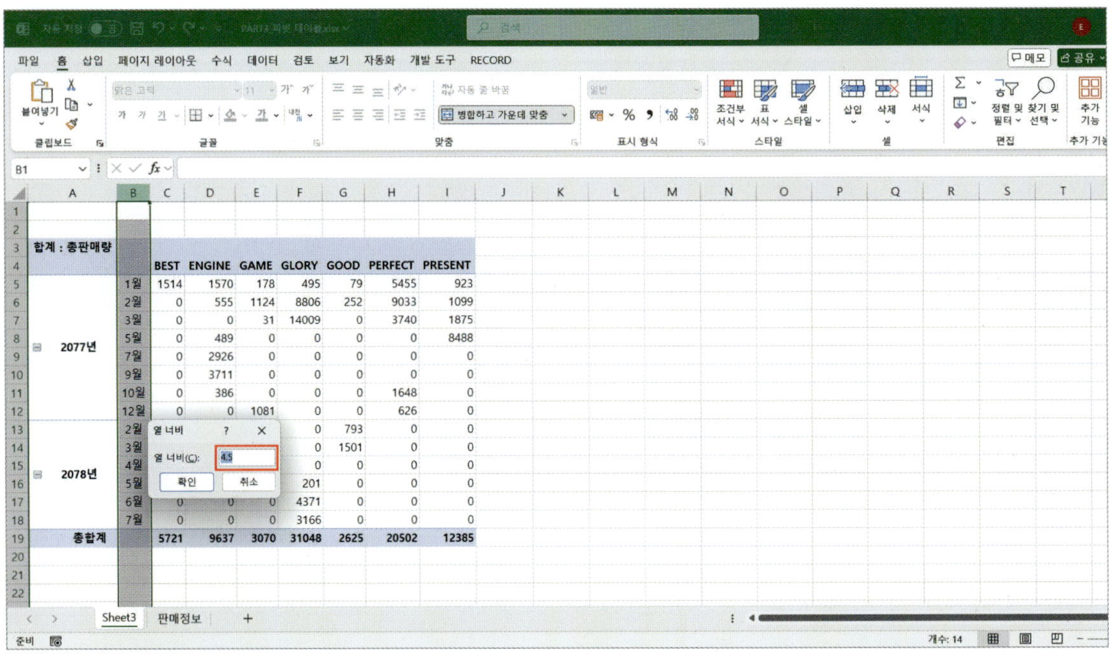

09

지금까지 수식이 변경되거나 필드 머리글이 숨겨지게 되면 열 너비는 한 열에서 문자가 가장 긴 셀 구간 열 너비를 를 기준으로 자동으로 열 맞춤되는 것을 확인했습니다. 설정 변경을 통해 최초 출력된 피벗 테이블 열 너비를 유지할 수 있도록 해 보겠습니다. ❶ '필드 머리글'이 다시 출력되게 Ctrl+Z 또는 [피벗 테이블 분석] 탭-[표시]-[필드 머리글]을 클릭합니다. ❷ 피벗 테이블 아무 셀에서 마우스 오른쪽 버튼 클릭-[피벗 테이블 옵션]을 클릭합니다.

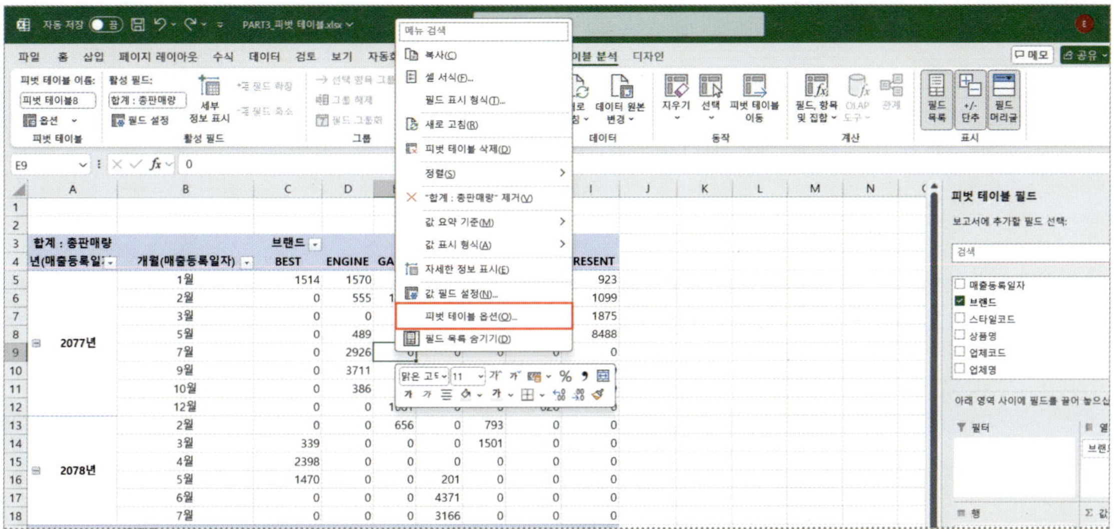

TIP [피벗 테이블 분석] 탭 메뉴 이름은 엑셀 버전에 따라 [옵션] 탭과 같이 표시될 수 있습니다.

10

피벗 테이블 옵션- 서식- '업데이트 시 열 자동 맞춤, 체크 해제'하고 '확인'버튼을 누릅니다.

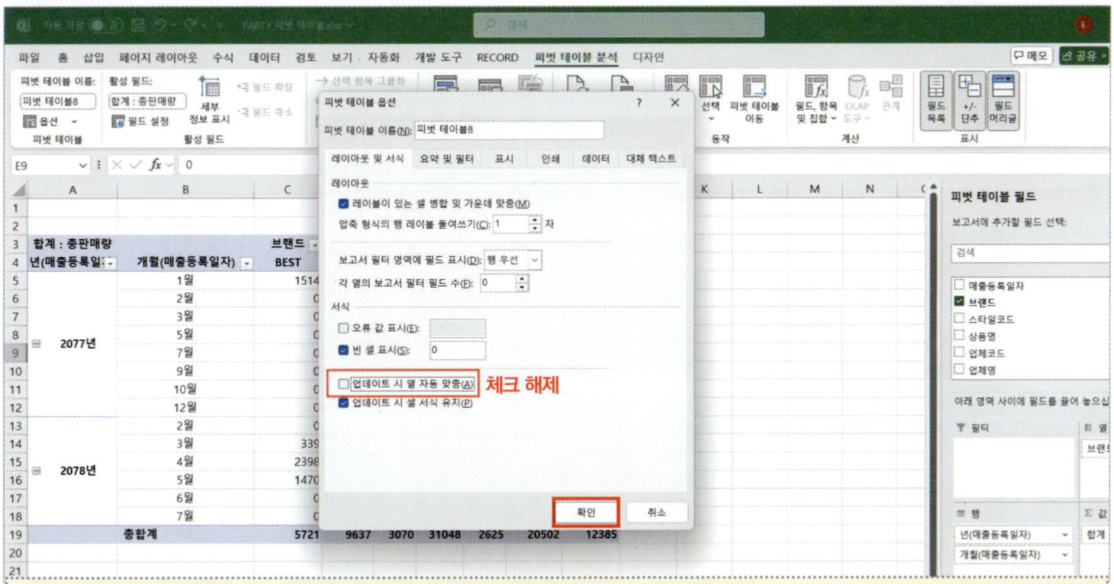

TIP [피벗 테이블 분석] 탭 메뉴 이름은 엑셀 버전에 따라 [옵션] 탭과 같이 표시될 수 있습니다.

11

테스트로 '필드 머리글'을 숨겨 열 너비가 고정되어 있는지 확인하기 위해, 피벗 테이블 아무 셀 클릭- [피벗 테이블 분석] 탭- '필드 머리글' 메뉴를 클릭합니다.

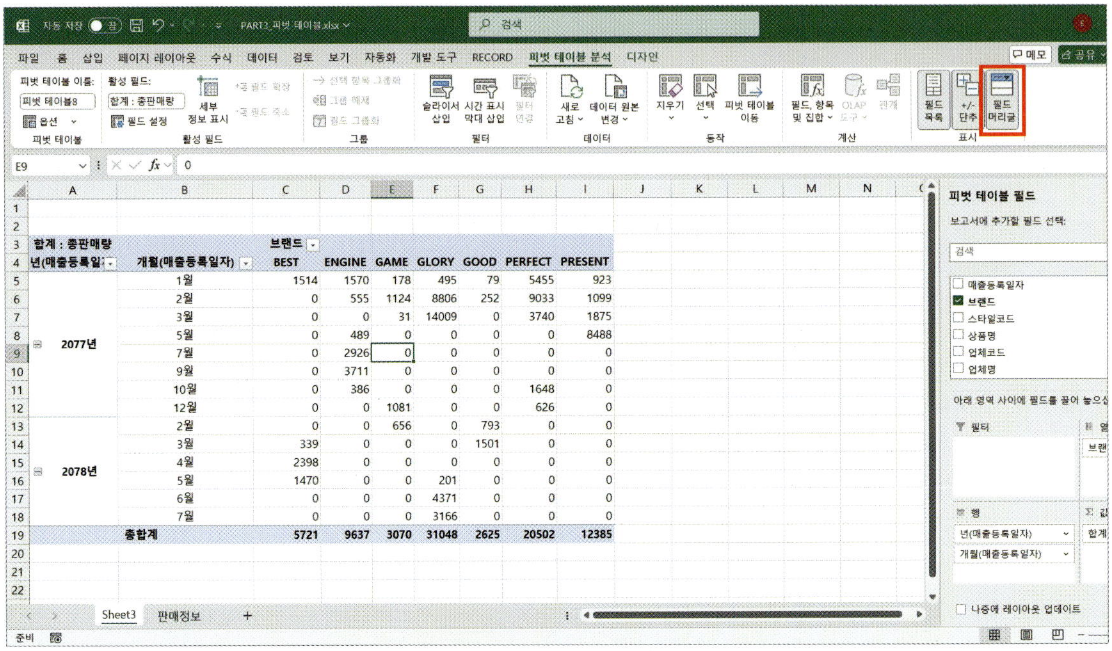

12

B열이 처음에 확인했던 대로 '20.9'포인트로 설정되어 있습니다.

※ B열 선택- 마우스 우클릭- '열 너비' 메뉴를 선택한 결과입니다.

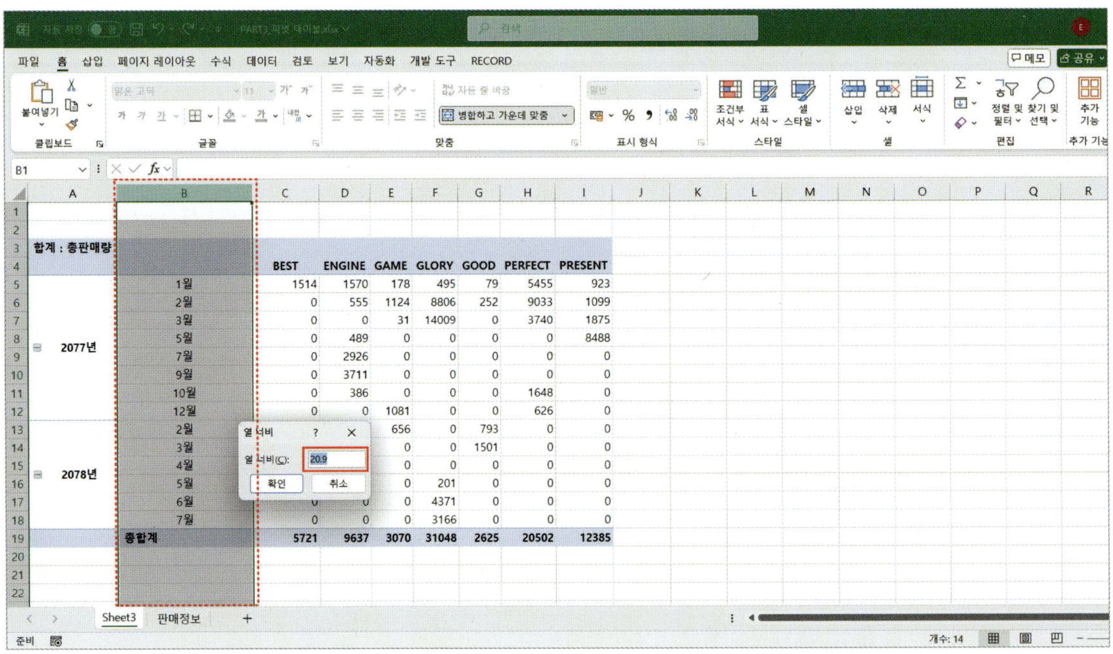

실무 연습 ❷

[Sheet3] 시트에는 [판매정보] 시트에 있는 원본 데이터를 가공해 만든 피벗 테이블이 합계값으로 출력되고 있습니다. 정보가 업데이트되더라도 '값' 영역에 출력되는 표시 형식이 처음 설정한 표시 형식으로 출력될 수 있게 옵션값을 변경해 보겠습니다.

01 피벗 테이블 아무 셀이나 마우스 오른쪽 버튼 클릭합니다. ❶ [값 필드 설정]을 클릭합니다.

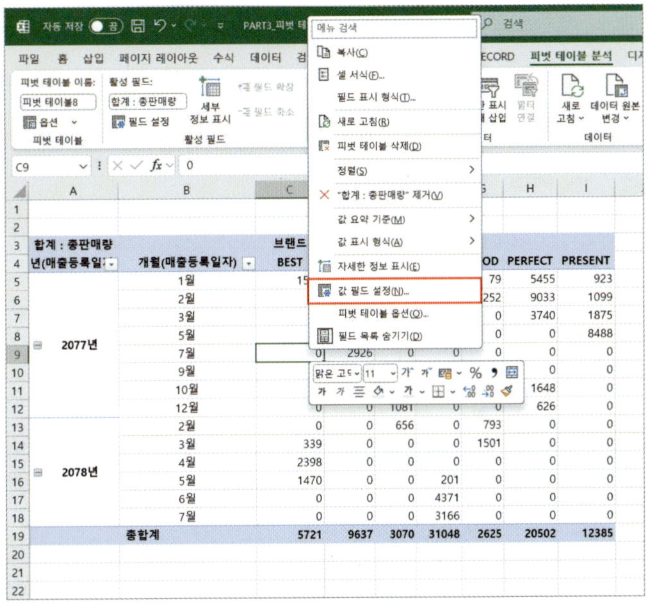

02 [표시 형식]을 클릭합니다.

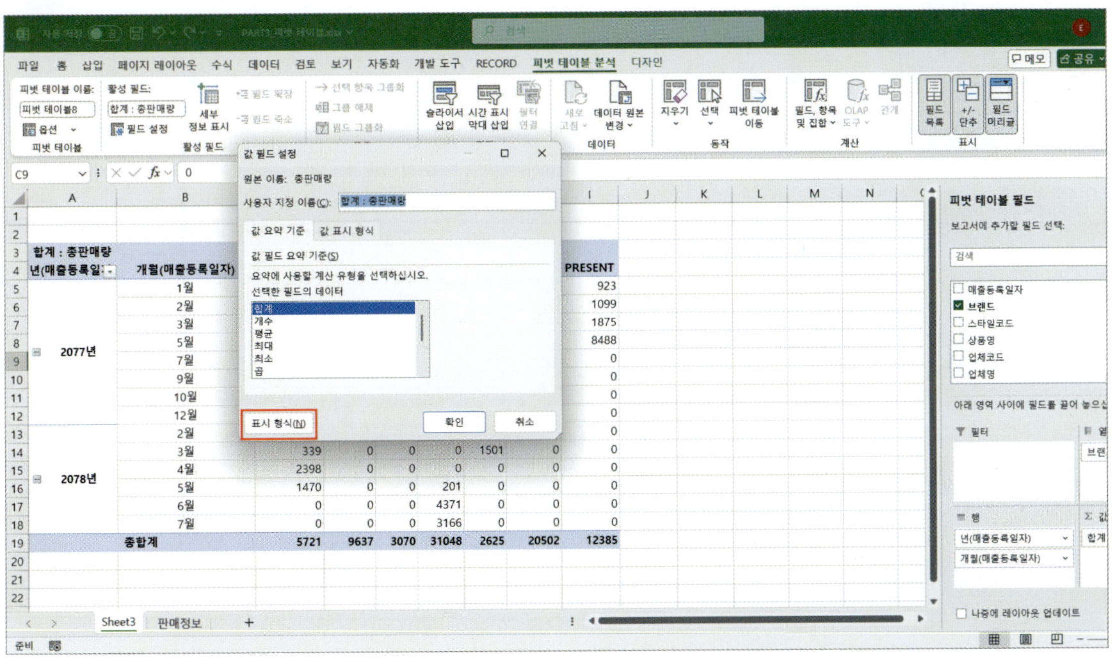

03 ❶ 범주에서 [숫자]를 선택합니다. ❷ [1000단위 구분 기호 사용]에 체크하고 ❸ [확인]을 클릭합니다.

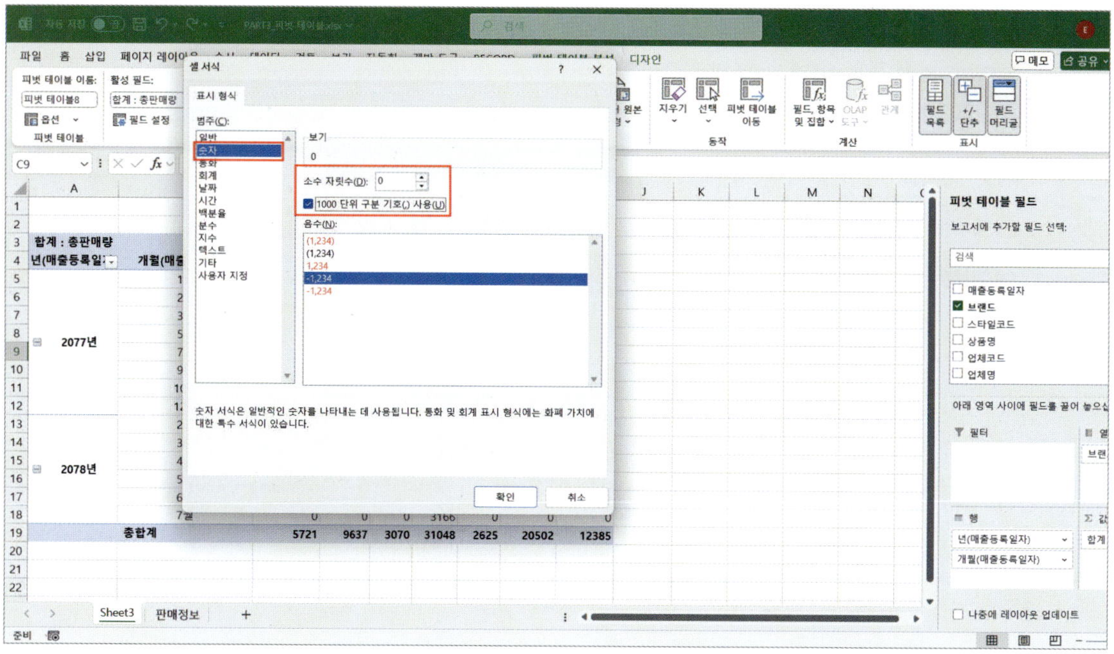

04 [값 필드 설정] 대화상자에서 [확인]을 다시 한 번 클릭합니다.

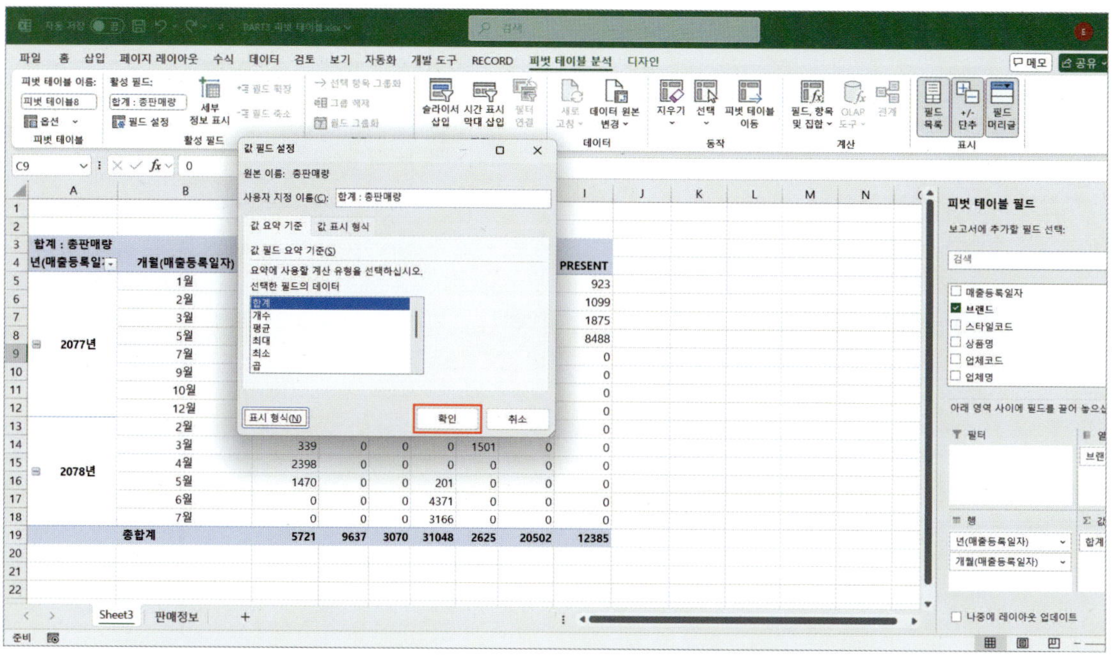

05 '값' 영역에 천 단위 구분 기호가 출력되었습니다.

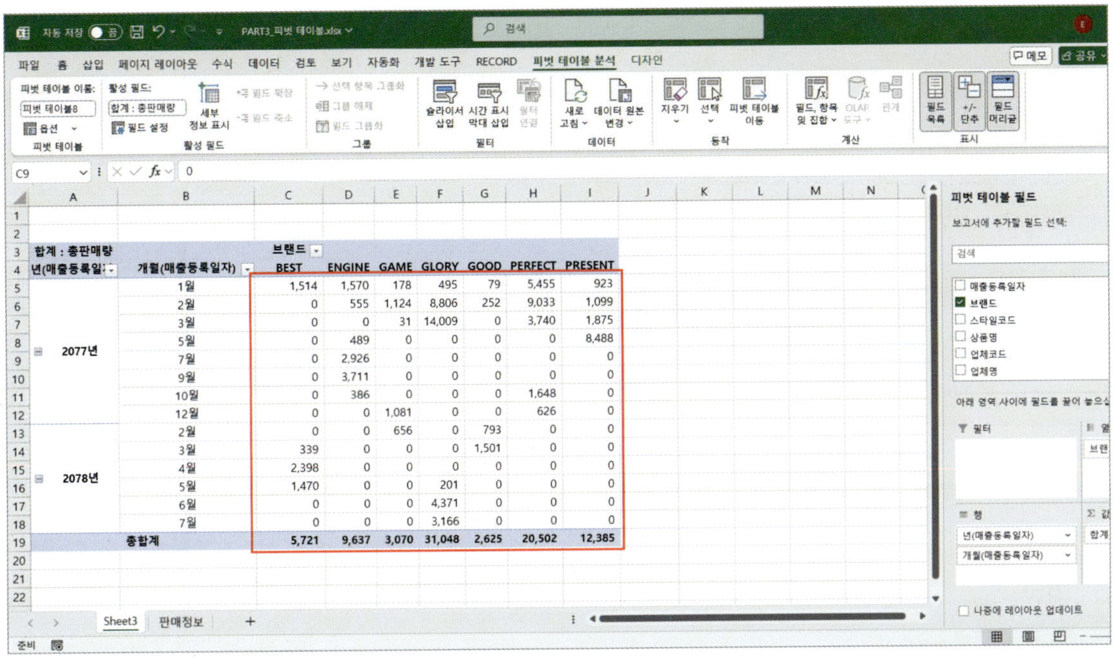

06 마지막으로 평균 수식으로 변경했을 때 소수점 첫째 자리에서 반올림된 천 단위 출력값이 제대로 출력되는지 확인하기 위해, ❶ 피벗 테이블 아무 셀이나 마우스 오른쪽 버튼 클릭- ❷ [값 요약 기준]-[평균]을 클릭합니다.

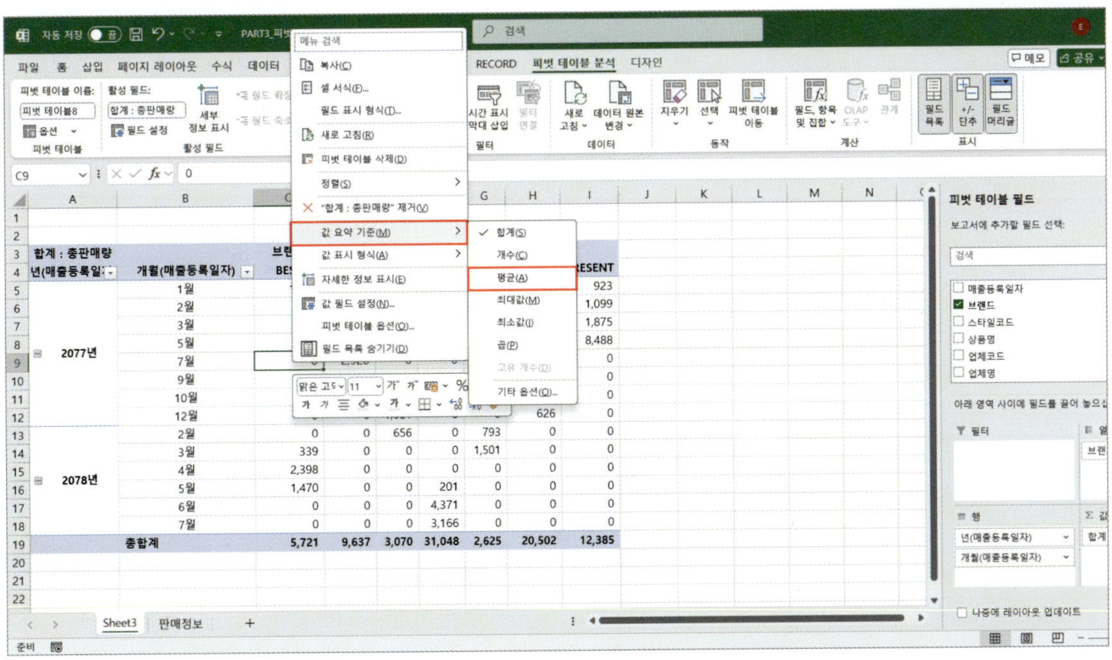

07 '값' 영역에 평균 수식이 출력되었습니다. 이때 천 단위 구분 기호가 여전히 표시된 것을 확인할 수 있습니다.

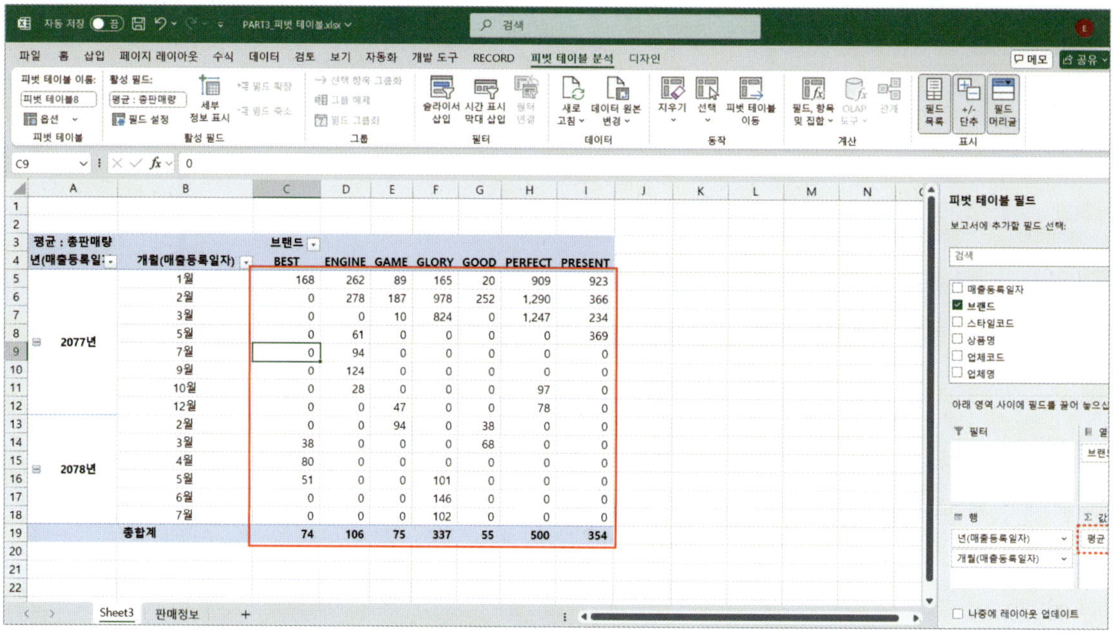

평균 : 총판매량		브랜드						
년(매출등록일자)	개월(매출등록일자)	BEST	ENGINE	GAME	GLORY	GOOD	PERFECT	PRESENT
2077년	1월	168	262	89	165	20	909	923
	2월	0	278	187	978	252	1,290	366
	3월	0	0	10	824	0	1,247	234
	5월	0	61	0	0	0	0	369
	7월	0	94	0	0	0	0	0
	9월	0	124	0	0	0	0	0
	10월	0	28	0	0	0	97	0
	12월	0	0	47	0	0	78	0
2078년	2월	0	0	94	0	38	0	0
	3월	38	0	0	0	68	0	0
	4월	80	0	0	0	0	0	0
	5월	51	0	0	101	0	0	0
	6월	0	0	0	146	0	0	0
	7월	0	0	0	102	0	0	0
총합계		74	106	75	337	55	500	354

CHAPTER 18

피벗 테이블, 새로 고침 필요없는 목록끼리 계산을 도와주는 계산 필드 추가 알아보기

예제 파일 PART1_10-30 피벗 테이블

실무 스킬

피벗 테이블이 출력된 상황에서 원본 데이터가 업데이트되어도 새로 고침을 하지 않으면 피벗 테이블에 업데이트 정보가 반영되지 않습니다. 그래서 업무 중에 새로 고침을 누락해 실수하는 경우가 종종 발생합니다. 이때 계산 필드를 이용할 수 있습니다.

원본 데이터에 계산 영역을 추가해 또 다른 필드를 생성해야 할 때가 있는데, 이때 피벗 테이블 내에서 계산 필드를 추가할 수 있습니다. 이 기능을 활용하면 새로 고침과 같은 업데이트를 하지 않아도 피벗 테이블에 바로 정보가 반영됩니다. 계산 필드를 추가하는 방법을 알아보겠습니다.

실무 연습 ❶

[Sheet3] 시트에 출력된 피벗 테이블은 '행' 영역에 '연도'와 '월' 필드가 배치되어 있고, '열' 영역에 '브랜드' 필드가 배치되어 있습니다. '값' 영역에는 '총판매량' 필드가 배치되어 있습니다. 여기에서 '열' 영역의 '브랜드' 필드를 제거하고 값 영역에 '판매율' 필드를 추가해 보겠습니다.

01 ❶ '브랜드' 필드를 클릭합니다. 아래 방향 검정색 삼각형 클릭- ❷ [필드 제거]를 클릭합니다.

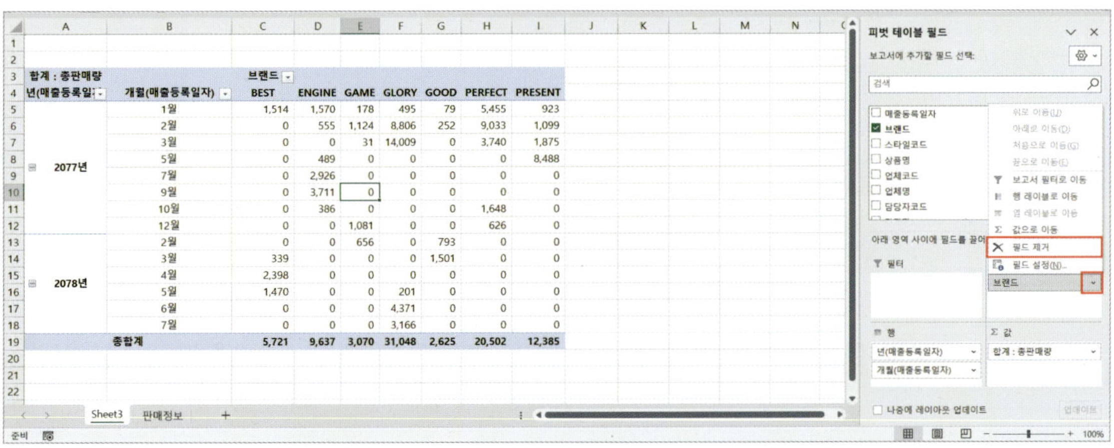

02 [피벗 테이블 분석] 탭-[필드, 항목 및 집합]-[계산 필드]를 클릭합니다.

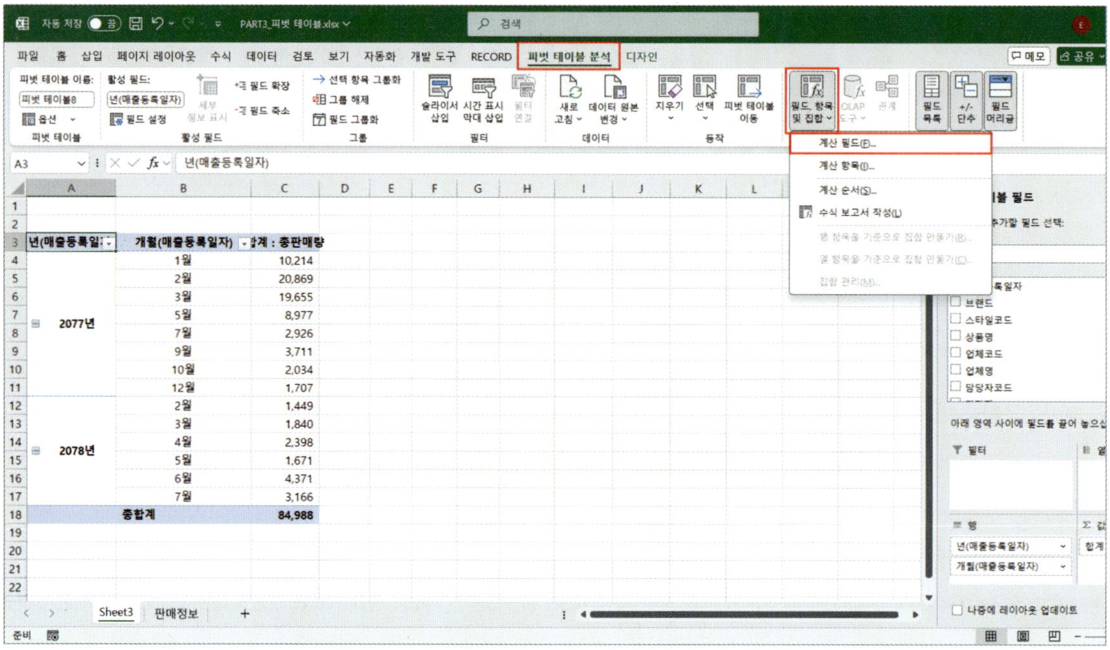

03 ❶ [이름]에는 '판매율'을 입력합니다. ❷ [수식]에는 '=총판매량/누적입고량'을 입력합니다. ❸ [확인]을 클릭합니다.

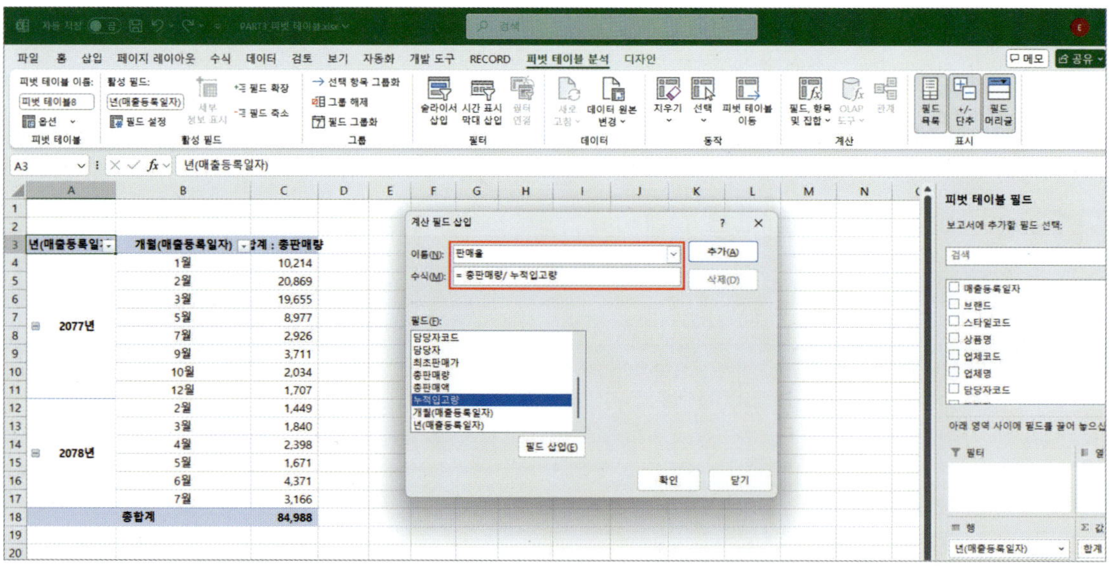

TIP 수식을 입력할 때는 필드 목록에서 '총판매량'과 '누적입고량'을 더블클릭해 수식을 쉽게 완성할 수 있습니다.

04 생성된 '판매율' 필드가 숫자 0으로 표시되어 있습니다. 백분율(%)로 변경하기 위해 ❶ '판매율' 필드값 아무 셀을 클릭하고 마우스 오른쪽 버튼을 클릭합니다. ❷ [값 필드 설정]을 클릭합니다.

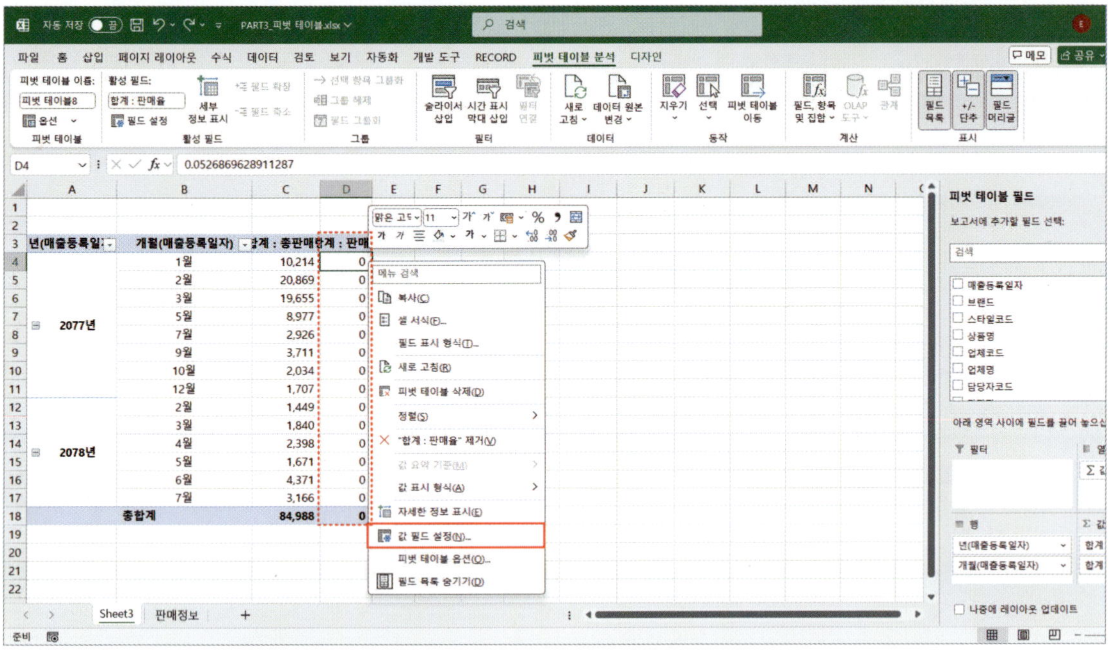

05 [표시 형식]을 클릭합니다.

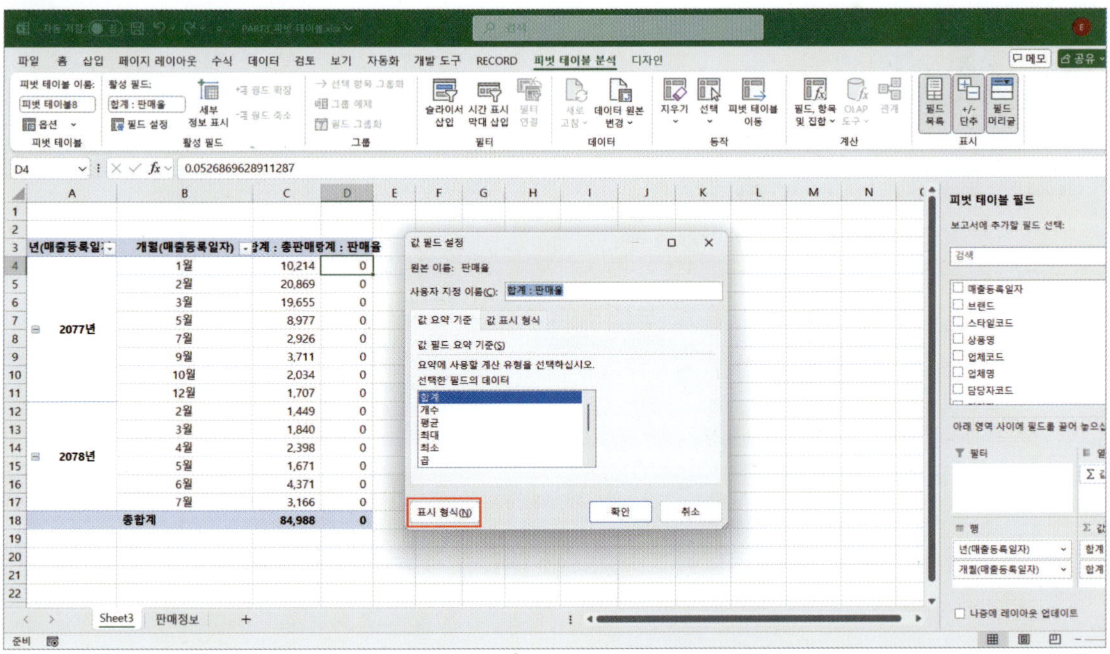

06 ❶ [범주]에서 [백분율]을 선택하고 ❷ [확인]을 클릭합니다.

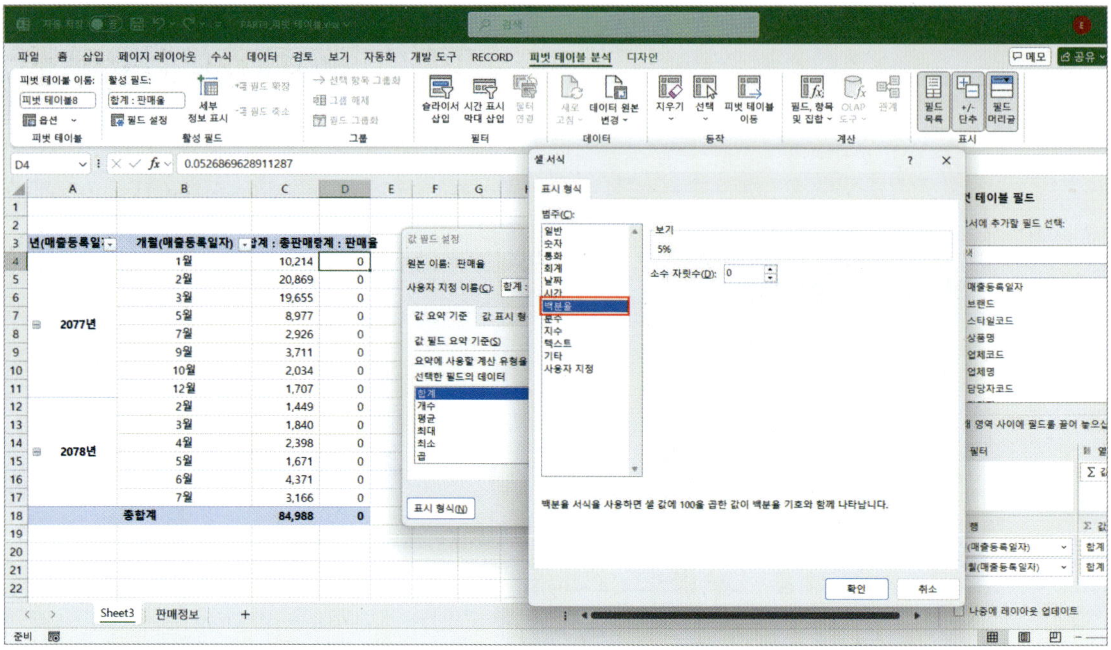

07 [확인]을 클릭합니다.

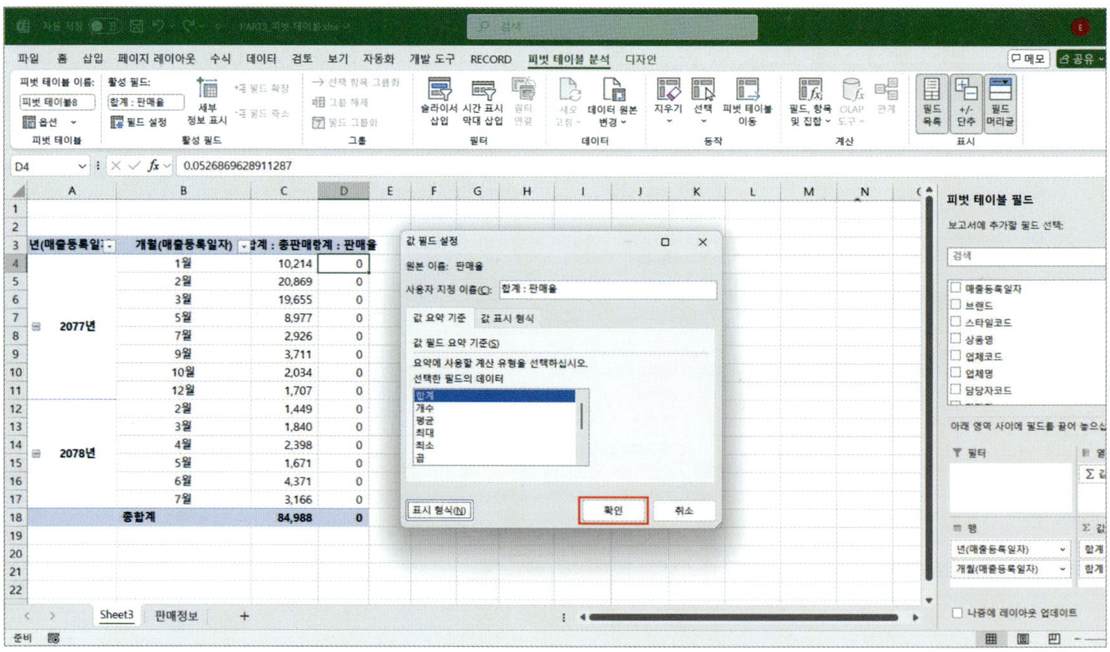

08 D열에 '판매율' 필드가 백분율(%)로 출력된 피벗 테이블 결과를 확인합니다.

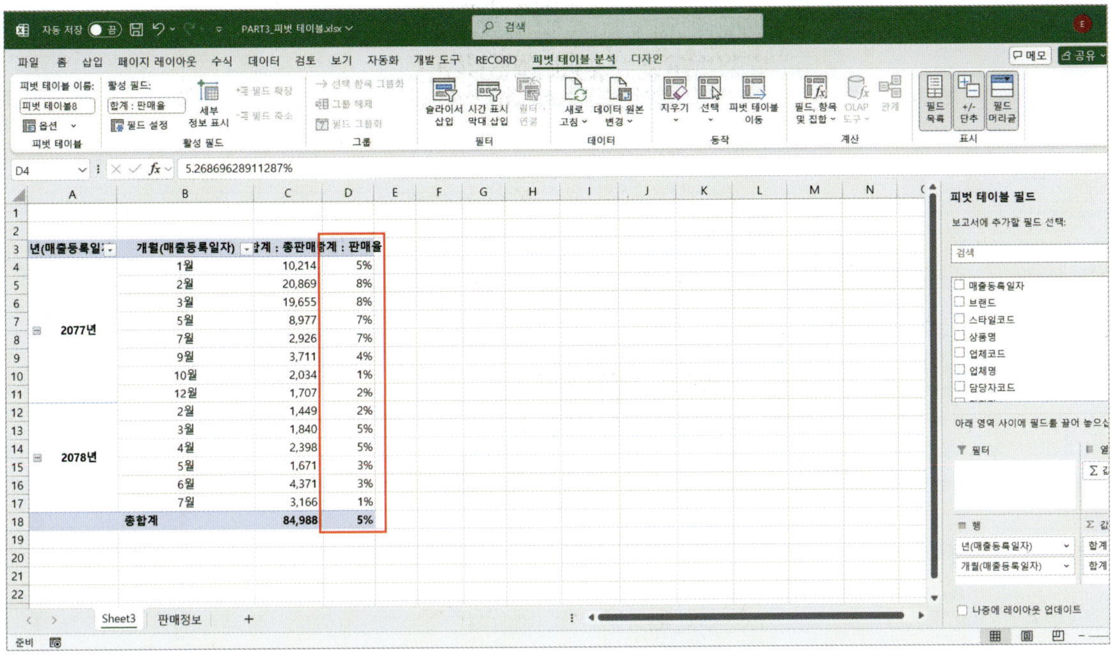

엑셀 엔진 UP! 사용자가 추가한 계산 필드를 삭제하는 방법

01 ❶ 피벗 테이블 아무 셀이나 클릭합니다. ❷ [피벗 테이블 분석] 탭-[필드, 항목 및 집합]-[계산 필드]를 클릭합니다.

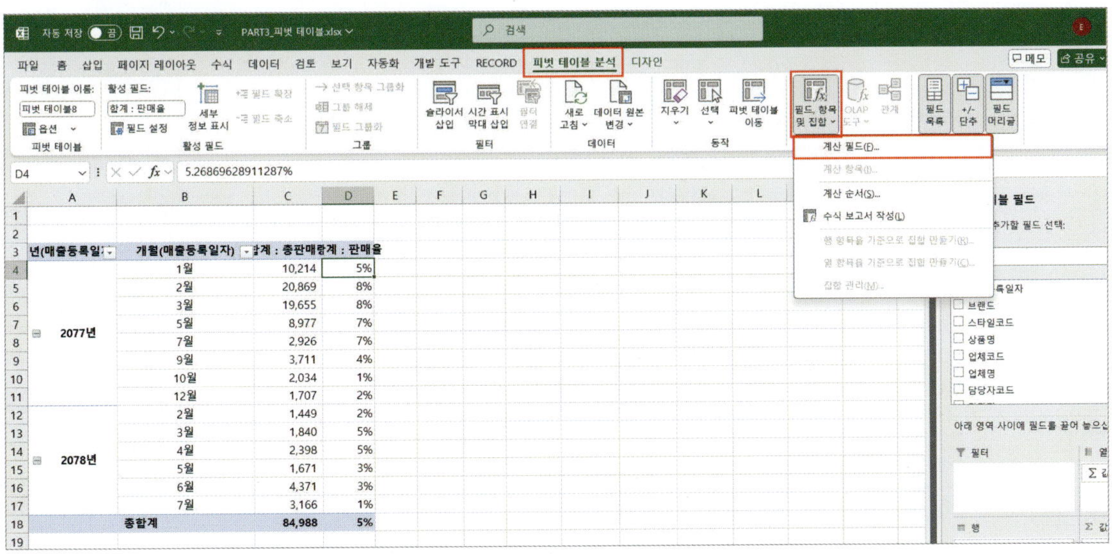

02 이름은 아무것도 입력하지 않은 채 그대로 유지하고, 계산 필드 삽입- '이름' 오른쪽, 아래 방향 검정색 삼각형 클릭- '판매율' 메뉴를 선택합니다.

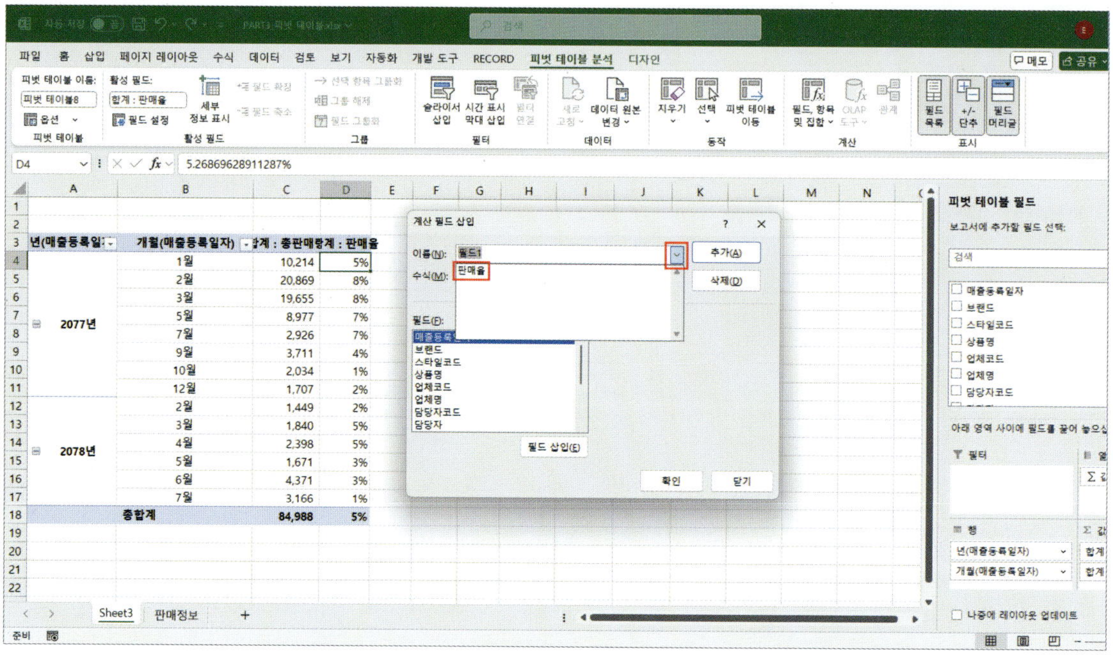

03 [삭제]를 클릭하고 [확인]을 클릭합니다.

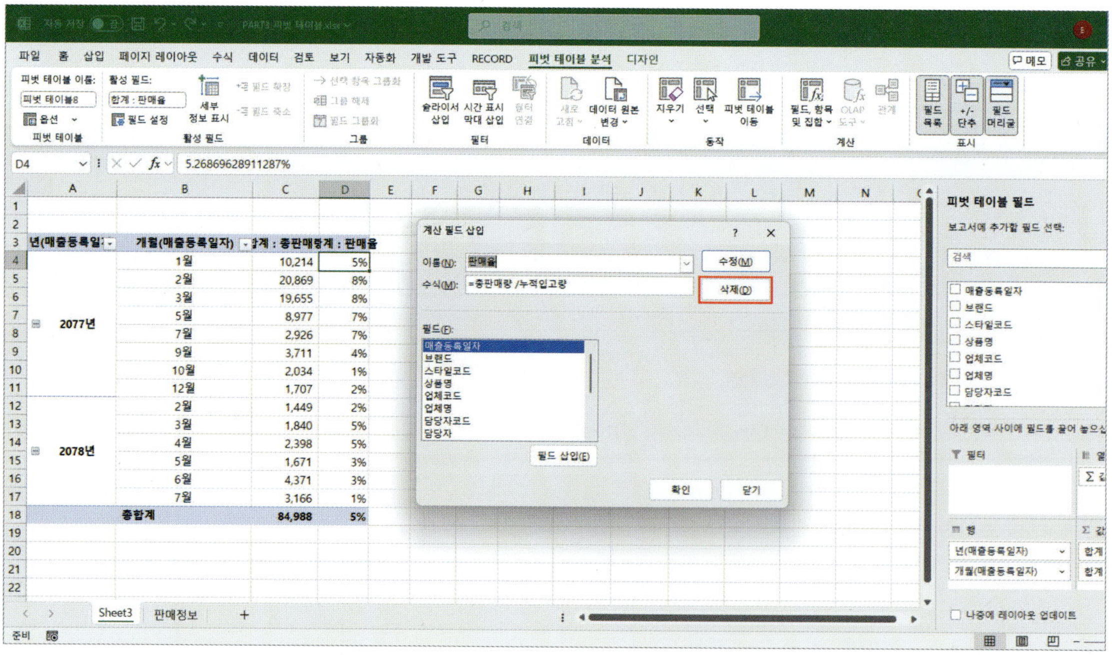

04 '판매율' 필드가 삭제되었습니다.

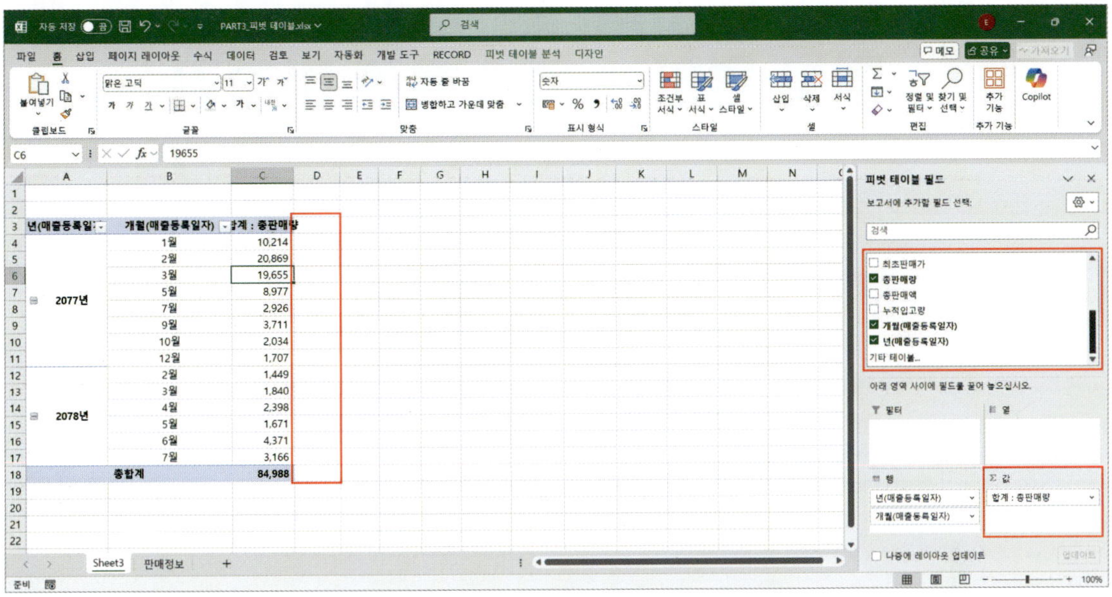

CHAPTER 19

피벗 테이블 '값' 영역 정보 중 에러 정보 원하는 텍스트로 바꾸기

예제 파일 PART1_10-30 피벗 테이블

실무 스킬

피벗 테이블에 원본 데이터 변경 없이 필드를 추가하는 방법이 계산 필드 기능을 이용하는 것입니다. 이때 추가한 계산 필드값에 오류가 발생하면 에러가 발생하는데 이러면 데이터에 대한 신뢰도가 떨어지고 가독성도 떨어지게 됩니다. 그래서 발생한 에러값을 다른 값으로 대체해 줄 필요가 있습니다. 피벗 테이블에서 제공하는 옵션으로 에러값을 사용자가 원하는 텍스트로 대체하는 방법에 대해 알아보겠습니다.

실무 연습 ❶

[Sheet3] 시트에서 행 영역에 '년도'와 '월' 필드, 열 영역에 '브랜드' 필드, 그리고 '값' 영역에는 '총판매량' 필드로 출력된 피벗 테이블에서 '값' 영역을 제거하고 계산 필드를 '판매율, 수식=총판매량/누적입고량'으로 추가합니다. 추가 이후 #DIV/0! 에러가 발생할 것입니다. 이 셀 영역을 '값없음'이란 텍스트로 대체해 보겠습니다.

01 피벗 테이블 아무 셀이나 클릭합니다. '값' 영역 '합계 : 총판매량' 부등호 아래 방향 메뉴 클릭- '필드 제거' 메뉴 클릭합니다.

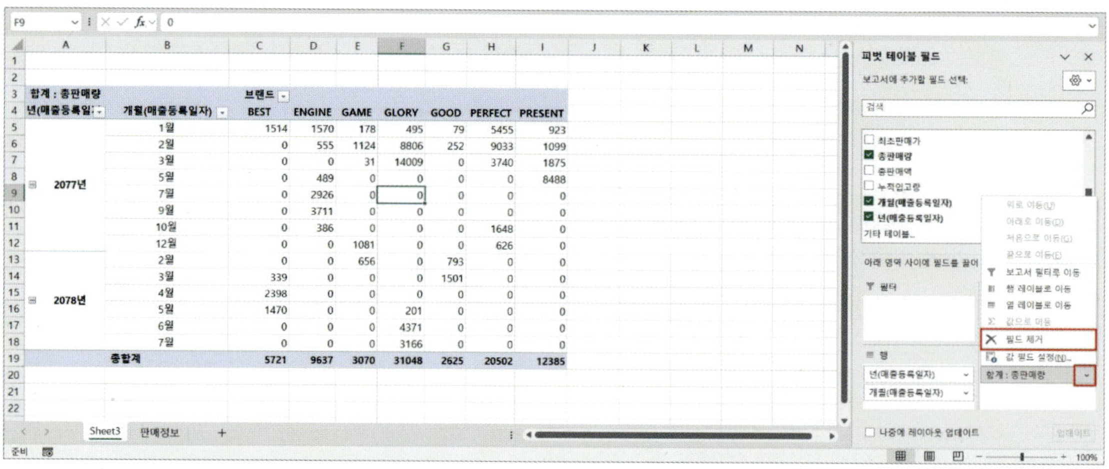

02 [피벗 테이블 분석] 탭– 계산– 필드, 항목 및 집합– '계산 필드' 메뉴를 클릭합니다.

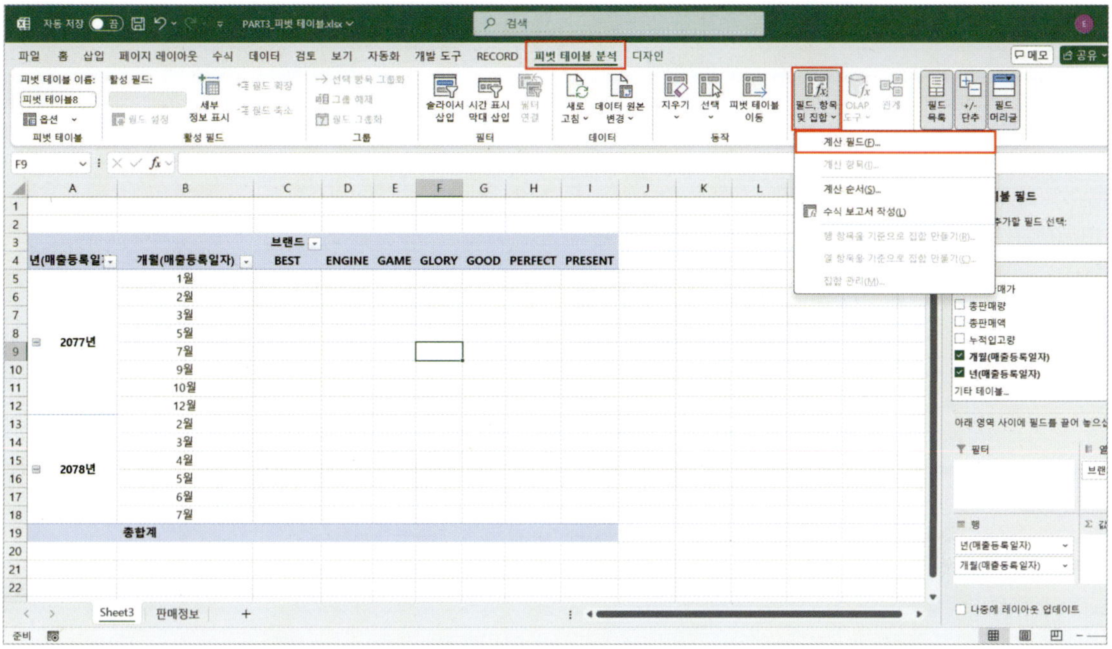

03 계산 필드 삽입– 이름: '판매율'– 수식– '=총판매량/누적입고량'– 확인 버튼을 클릭합니다.

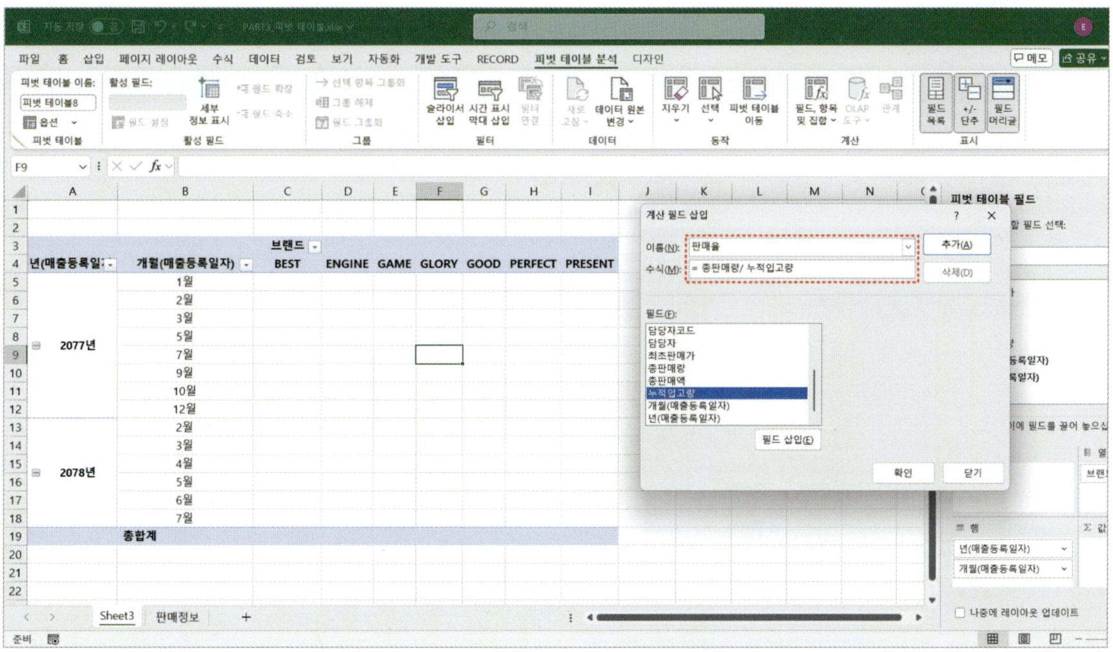

04 피벗 테이블 아무 셀 클릭- 마우스 우클릭- '피벗 테이블 옵션' 메뉴를 클릭합니다.

※ '#DIV/0!'오류가 군데군데 출력된 결과를 확인합니다.

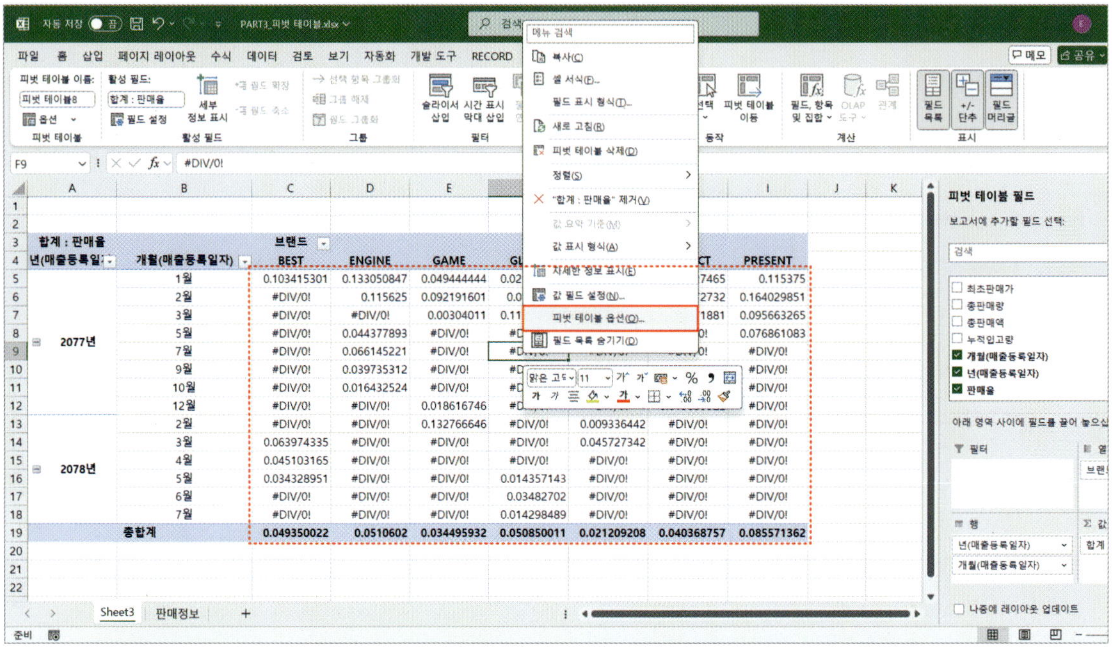

05 피벗 테이블 옵션- 레이아웃 및 서식- 서식- '오류값 표시, 체크: 값없음' 입력 후 확인 버튼을 누릅니다.

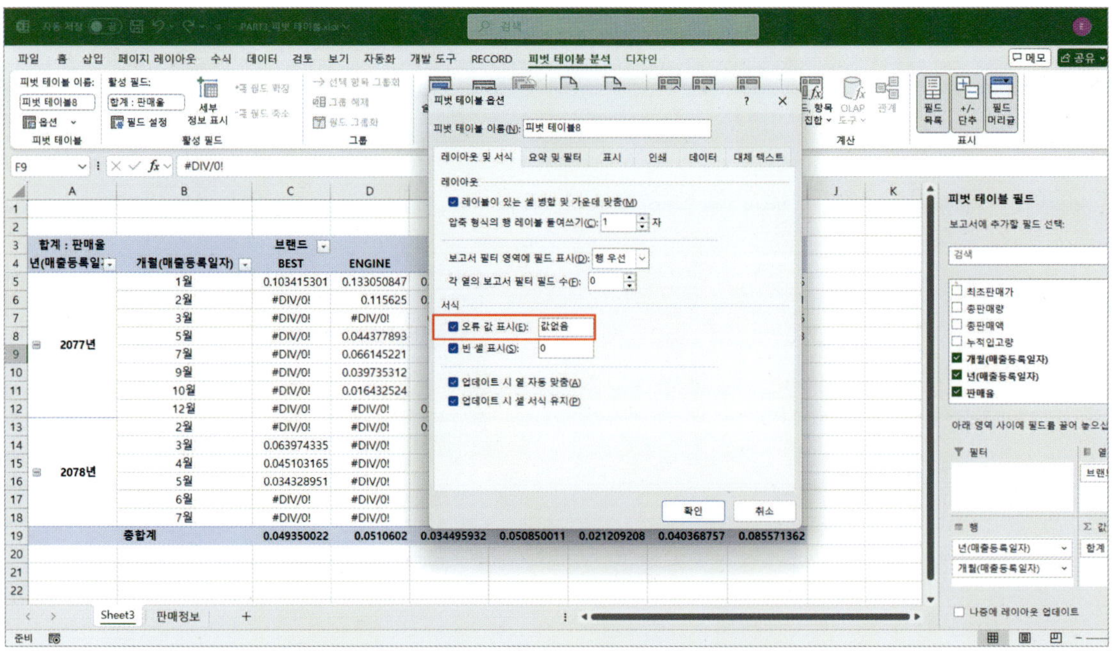

06 '#DIV/0!' 오류값이 '값없음'으로 변경된 결과값을 확인합니다.

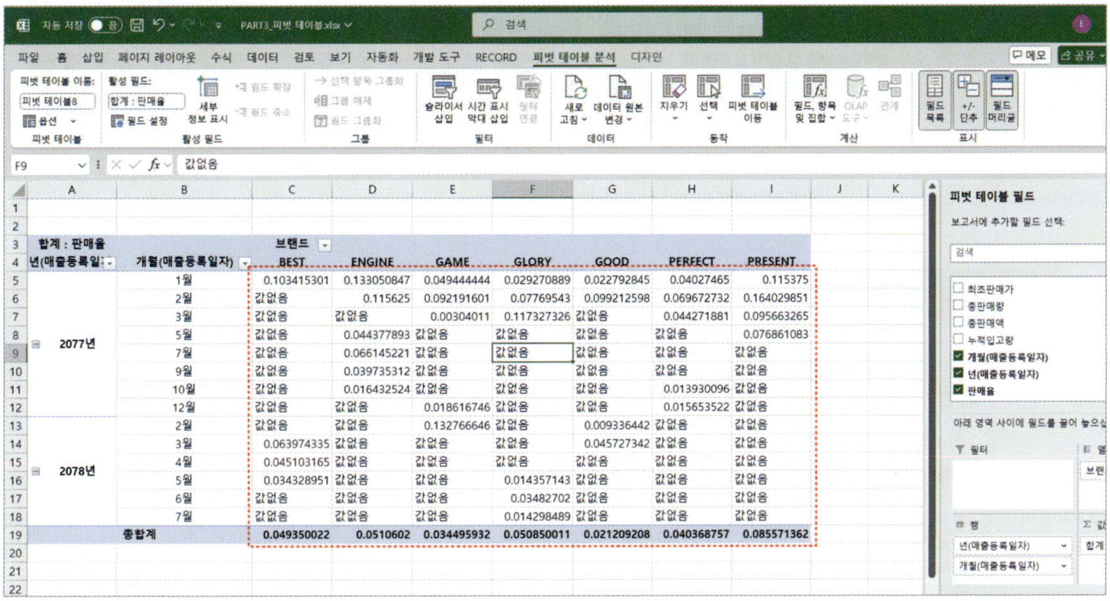

합계 : 판매율		브랜드						
년(매출등록일자)	개월(매출등록일자)	BEST	ENGINE	GAME	GLORY	GOOD	PERFECT	PRESENT
2077년	1월	0.103415301	0.133050847	0.049444444	0.029270889	0.022792845	0.04027465	0.115375
	2월	값없음	0.115625	0.092191601	0.07769543	0.099212598	0.069672732	0.164029851
	3월	값없음	값없음	0.00304011	0.117327326	값없음	0.044271881	0.095663265
	5월	값없음	0.044377893	값없음	값없음	값없음	값없음	0.076861083
	7월	값없음	0.066145221	값없음	값없음	값없음	값없음	값없음
	9월	값없음	0.039735312	값없음	값없음	값없음	값없음	값없음
	10월	값없음	0.016432524	값없음	값없음	값없음	0.013930096	값없음
	12월	값없음	값없음	0.018616746	값없음	값없음	0.015653522	값없음
2078년	2월	값없음	값없음	0.132766646	값없음	0.009336442	값없음	값없음
	3월	0.063974335	값없음	값없음	값없음	0.045727342	값없음	값없음
	4월	0.045103165	값없음	값없음	값없음	값없음	값없음	값없음
	5월	0.034328951	값없음	값없음	0.014357143	값없음	값없음	값없음
	6월	값없음	값없음	값없음	0.03482702	값없음	값없음	값없음
	7월	값없음	값없음	값없음	0.014298489	값없음	값없음	값없음
	총합계	0.049350022	0.0510602	0.034495932	0.050850011	0.021209208	0.040368757	0.085571362

TIP 참고로 '#DIV/0!'오류값은 나누는 분모 값이 0일 때 뜨는 오류 메시지입니다. 즉, 누적 판매량 필드값이 0인 판매율 값에 '#DIV/0!'오류가 출력이 된 것입니다.

CHAPTER 20

피벗 테이블 날짜 정보 중 판매량 데이터가 없는 월정보 항목 표시하기

예제 파일 PART1_10-30 피벗 테이블

실무 스킬

피벗 테이블에서는 날짜나 시간과 같은 정보를 그룹화나 연속성이 가능하게끔 출력을 도와줍니다. 그룹화의 경우, 날짜에서는 년도나 분기, 월 정보가 해당됩니다. 그리고 연속성 정보는 한 개 년도에 12개의 월이 포함되어 있는데 정보가 없는 월은 생략된 채 월 정보를 출력해 주는 형식이 기본 옵션입니다. 연속성이 있는 정보가 생략된 채 출력이 된다면 차트를 만들거나 피벗 테이블을 출력했을 때 가독성이나 데이터 연결이 자연스럽지 않습니다. 이번 파트에서는 판매량이 없는 빈 월의 정보를 숫자 0으로 출력해 데이터의 가독성을 높이는 방법을 알아보겠습니다.

실무 연습 ❶

[Sheet3] 시트에 출력되고 있는 피벗 테이블 정보는 '행' 영역에 '년도'와 '월' 필드가 출력되고 있고, '열' 영역에는 '브랜드', '값' 영역에는 '총판매량' 필드가 출력되고 있습니다. 이때 '행' 영역에 있는 '월' 필드에 4월/6월/8월/11월 정보가 없는 판매량이 출력되고 있습니다. 빈 월구간 목록을 만들고 판매량을 0으로 표시해 보도록 하겠습니다.

01 피벗 테이블 A열 또는 B열, '행' 영역 중 하나의 셀을 선택합니다('값' 영역을 선택하면 안 됩니다).- 마우스 우클릭- '필드 설정' 메뉴를 클릭합니다.

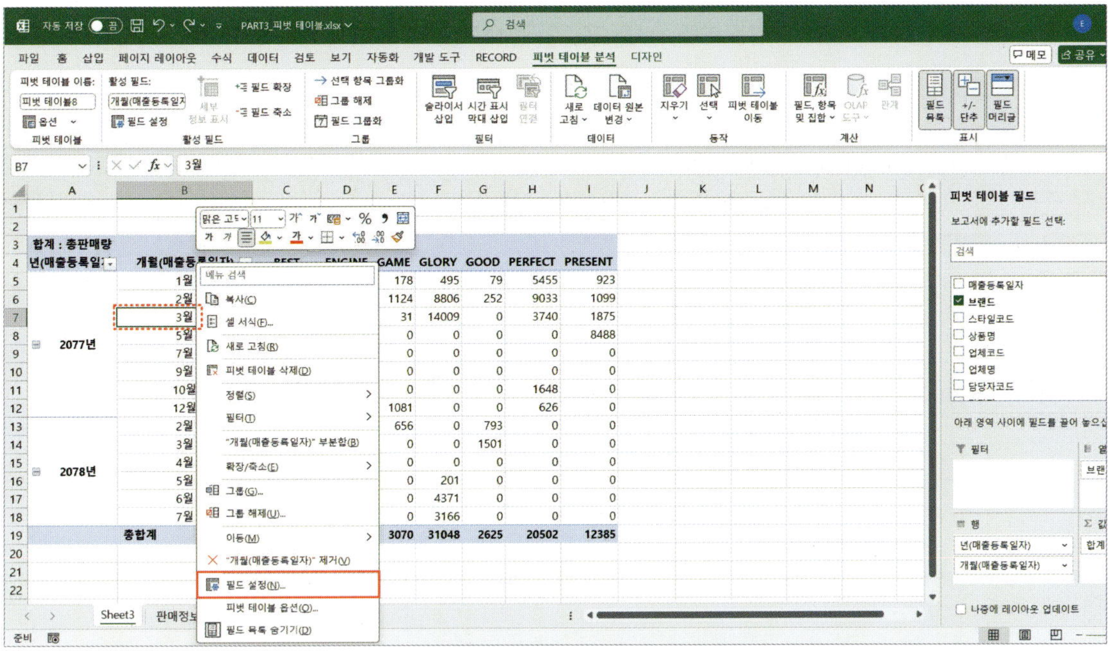

02 필드 설정- 레이아웃 및 인쇄- 데이터가 없는 항목 표시, 체크- 확인 버튼을 누릅니다.

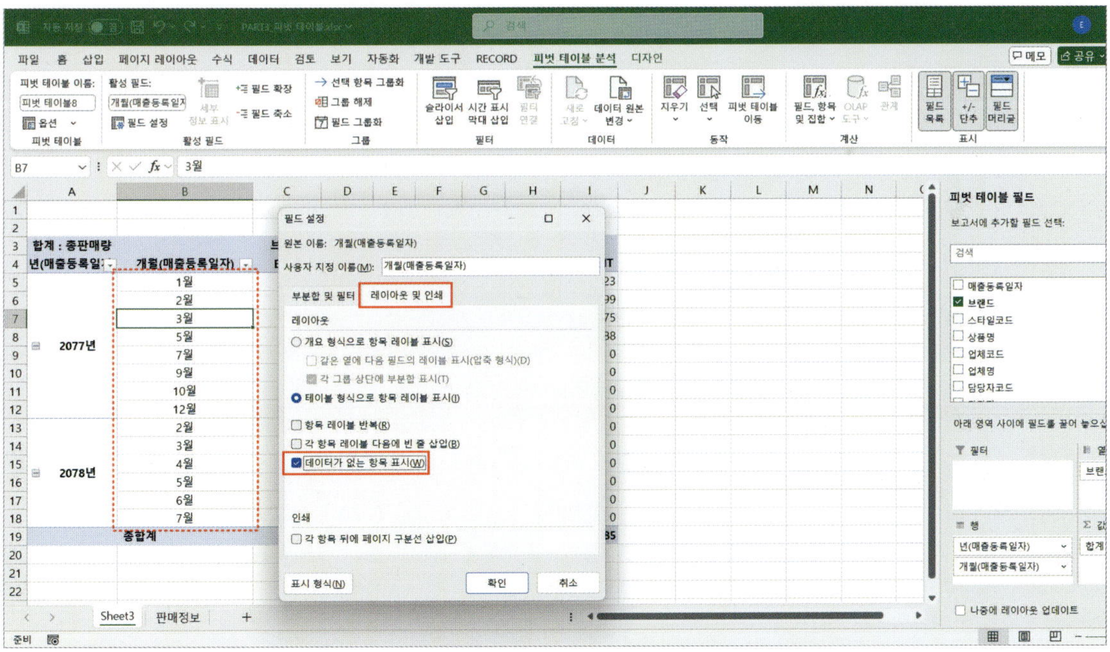

03 '행' 영역, '월' 정보 4월/6월/8월/11월 정보가 출력되고 판매량 정보에 숫자 0이 출력된 결과값을 확인합니다.

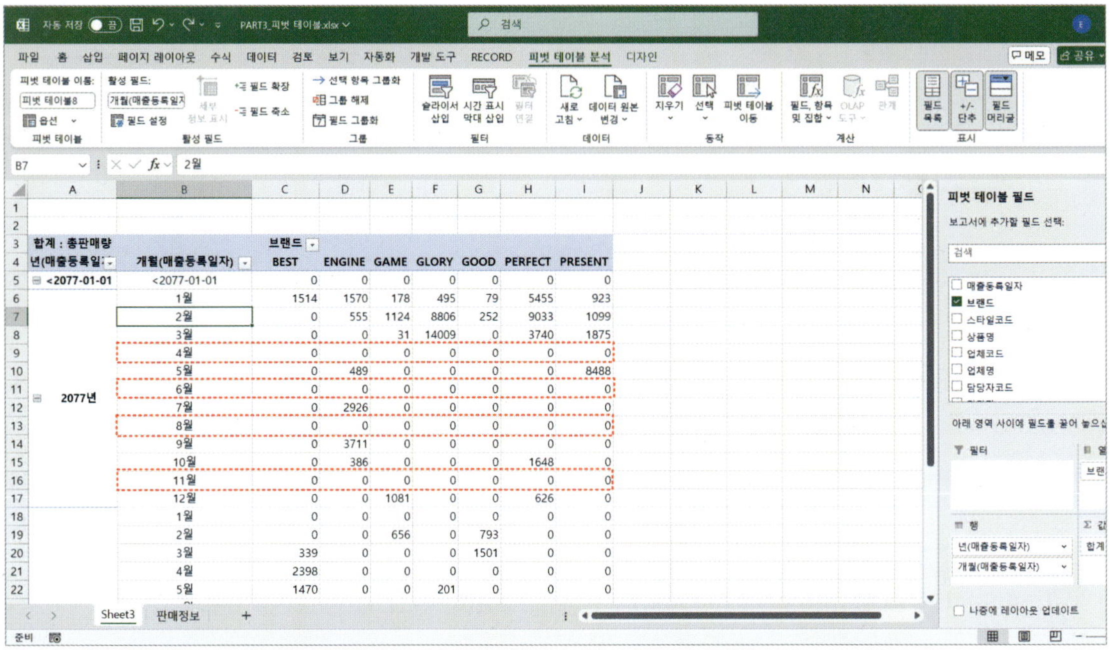

CHAPTER 21

피벗 테이블로 3일, 5일, 일주일 단위로 원하는 판매 수량 출력하기

예제 파일 PART1_10-30 피벗 테이블

실무 스킬

피벗 테이블로 '행' 영역에 출력된 날짜는 일 단위를 기준으로 사용자가 원하는 기간으로 설정해 '값' 영역에 정보를 출력할 수 있습니다. 보통 일주일 단위로 많이 출력하는데 더 다양하게 설정을 변경해 원하는 기간으로 일자 정보 옵션을 설정하는 방법에 대해 알아보겠습니다.

실무 연습 ①

[Sheet3] 시트 피벗 테이블 정보, '행' 영역 날짜 일 단위로 변경해 기간을 3일, 5일, 일주일 단위로 '값' 영역 총판매량 합계를 출력해 보도록 하겠습니다.

01 피벗 테이블 A열 또는 B열, '행' 영역 아무 셀을 클릭하고 마우스 우클릭- '그룹' 메뉴를 클릭합니다.

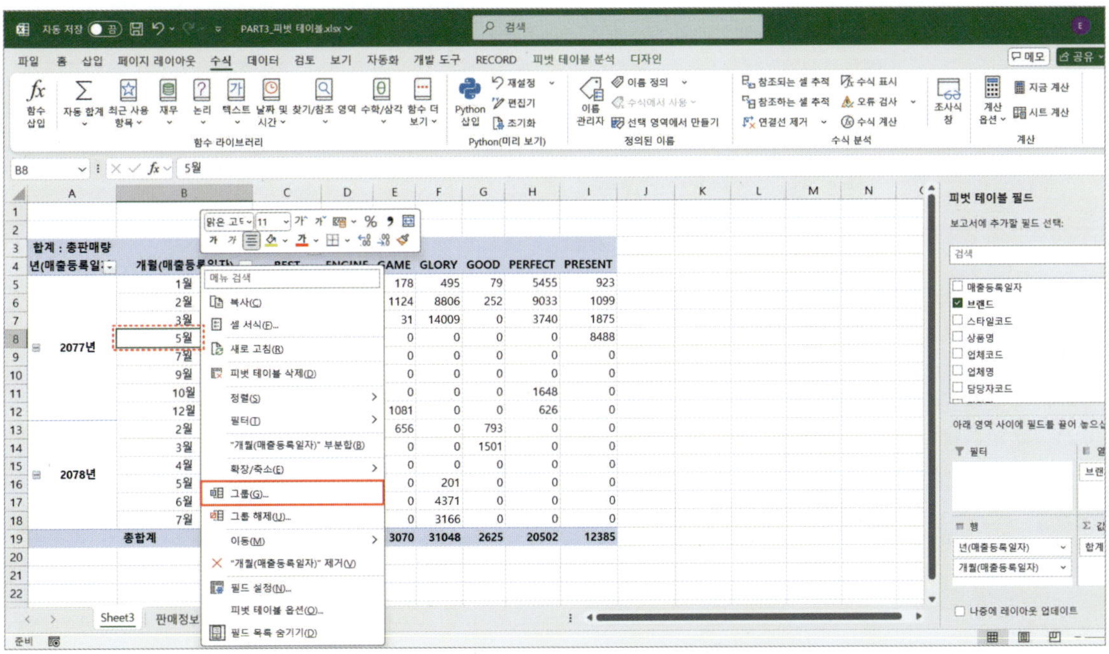

02 그룹화- 단위- 일- '날짜 수: 3'을 입력하고 확인 버튼을 누릅니다.

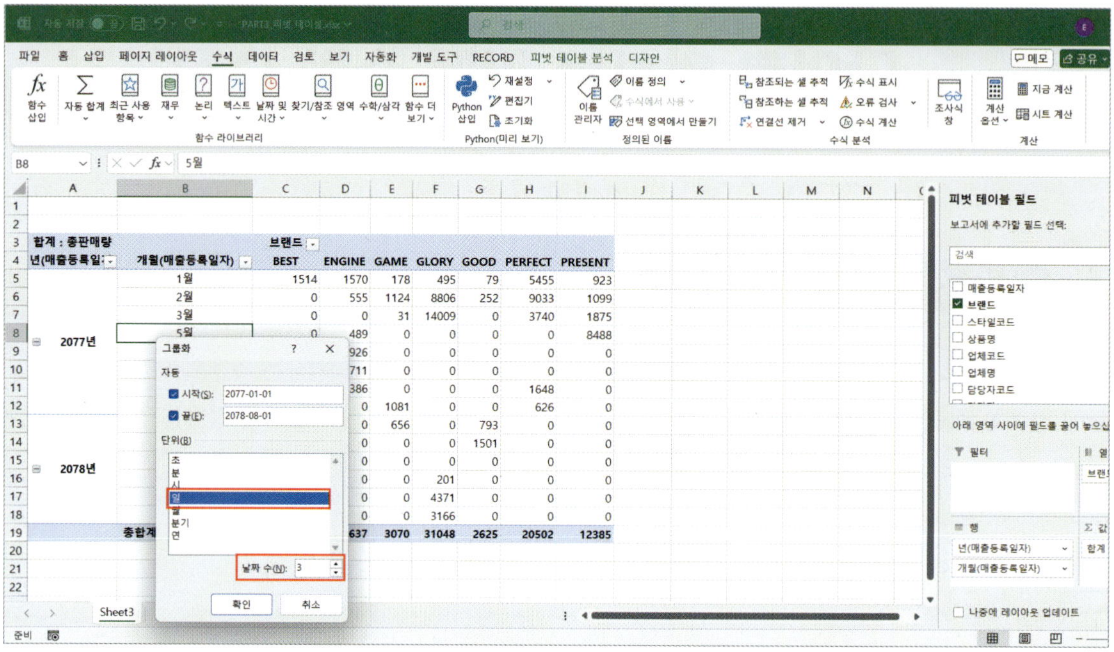

03 날짜 그룹 정보가 3일 단위로 출력된 결과를 확인합니다.

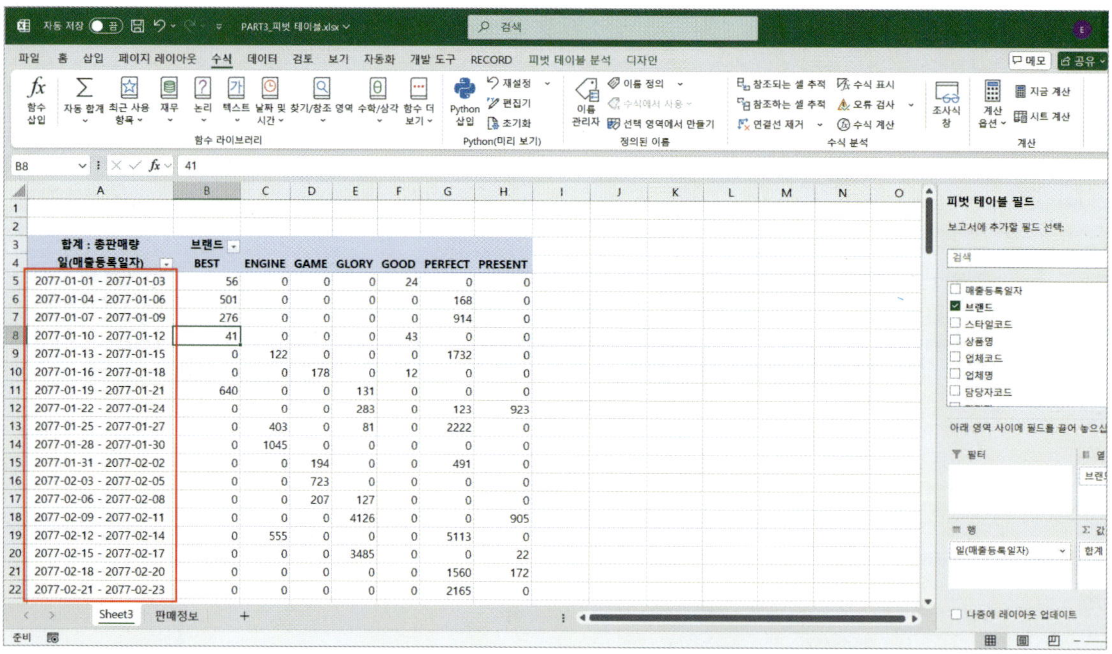

04 피벗 테이블 A열 '행' 영역 아무 셀 클릭– 마우스 우클릭– '그룹' 메뉴를 선택합니다.

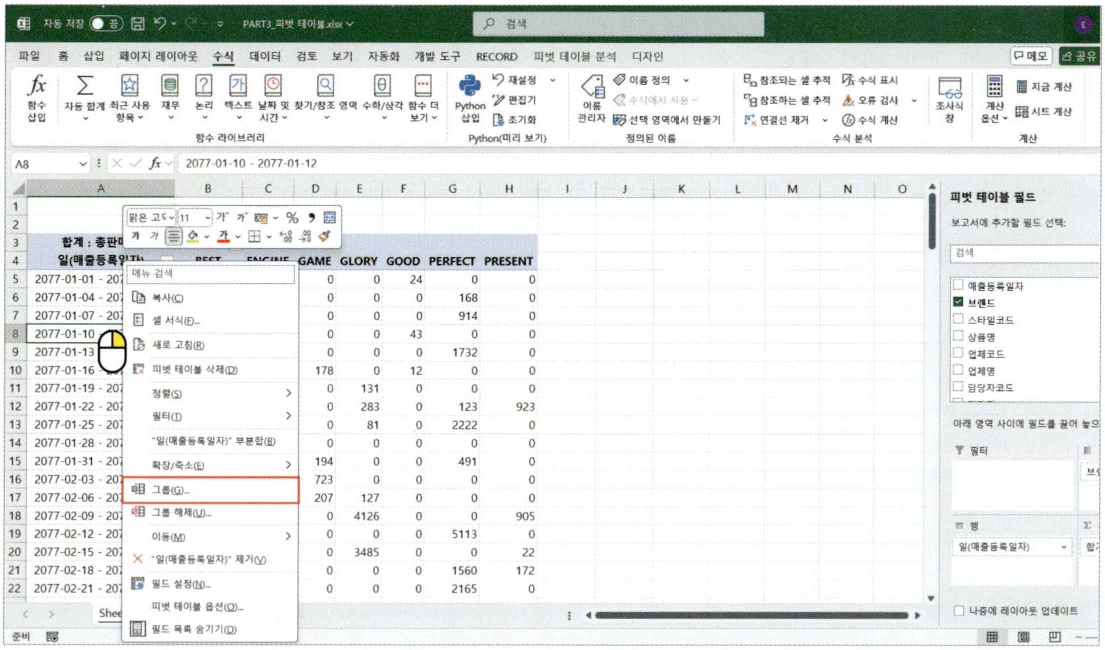

05 그룹화– 단위– 일– '날짜 수: 5'를 입력하고 확인 버튼을 누릅니다.

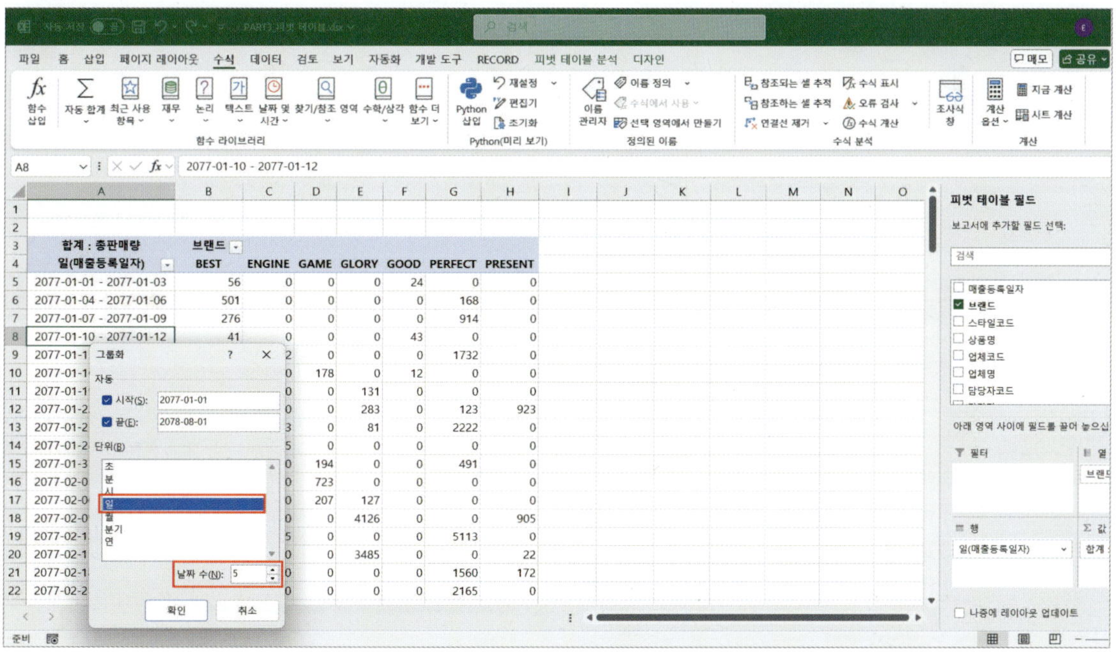

06 날짜 그룹 정보가 5일 단위로 출력된 결과를 확인합니다.

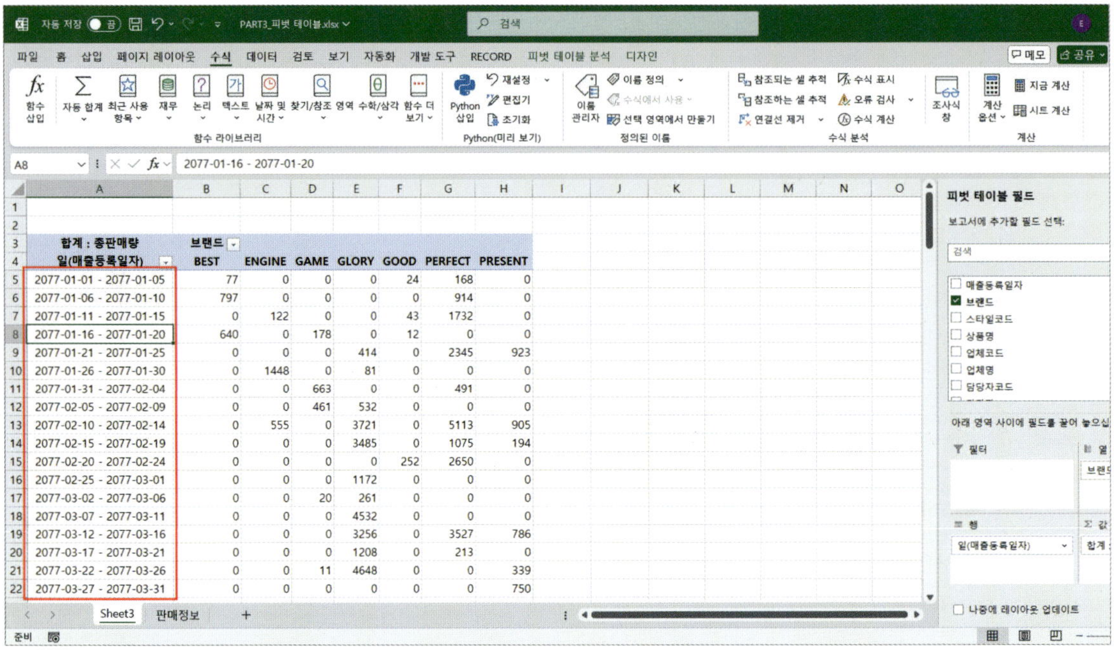

07 피벗 테이블 A열 '행' 영역 아무 셀 클릭- 마우스 우클릭- '그룹' 메뉴를 선택합니다.

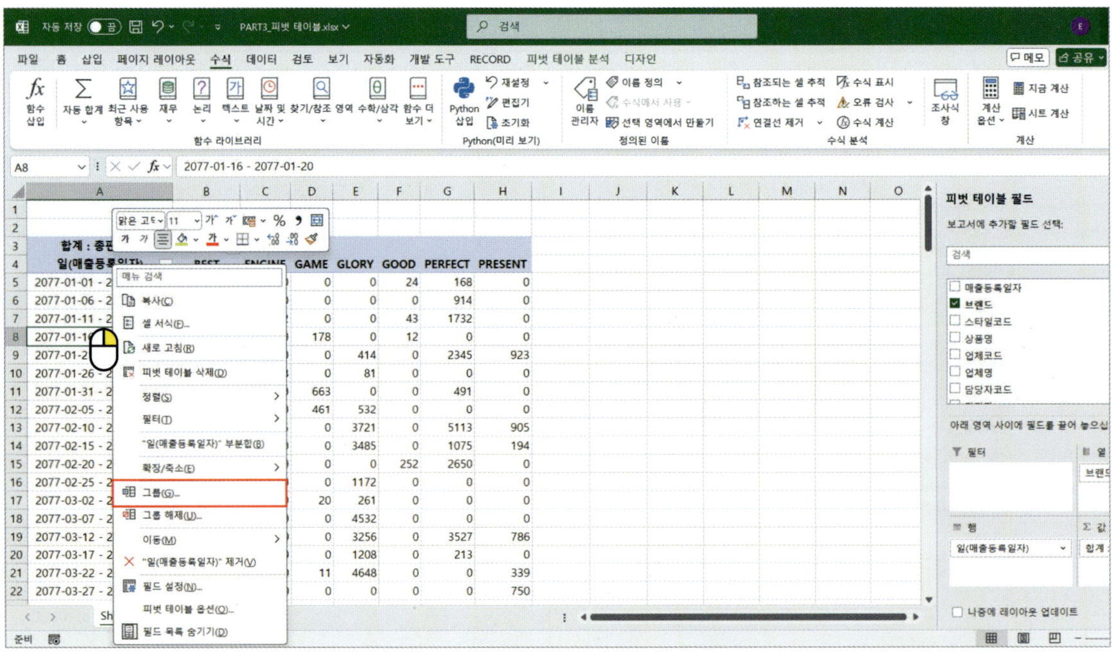

08 그룹화- 단위- 일- '날짜 수: 7'을 입력하고 확인을 누릅니다.

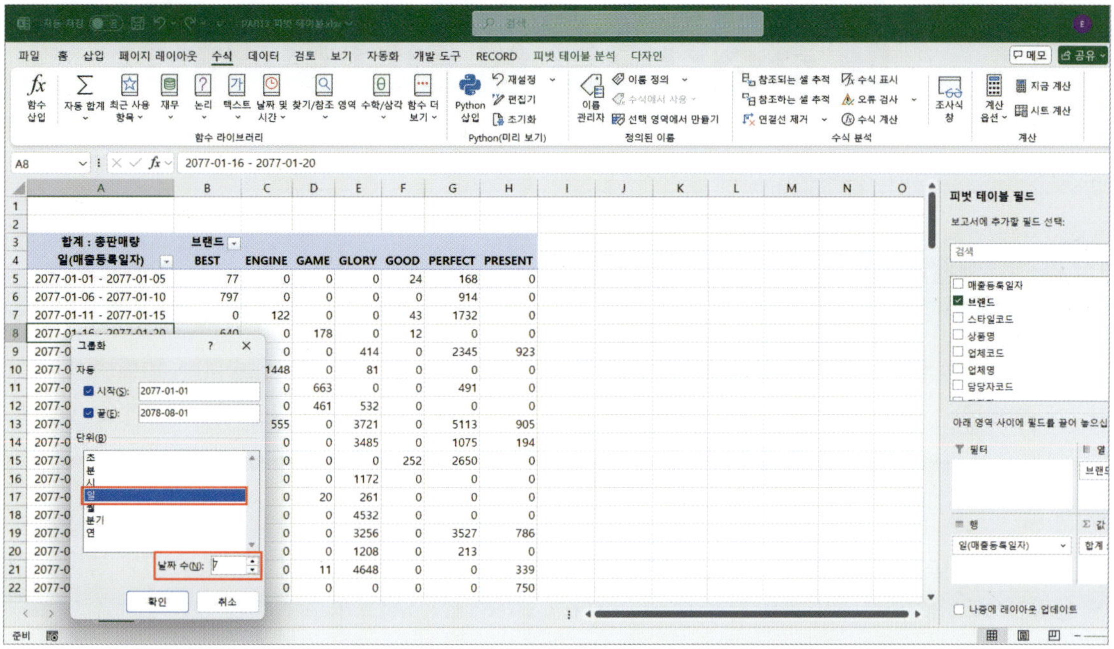

09 날짜 그룹 정보가 7일 단위로 출력된 결과를 확인합니다.

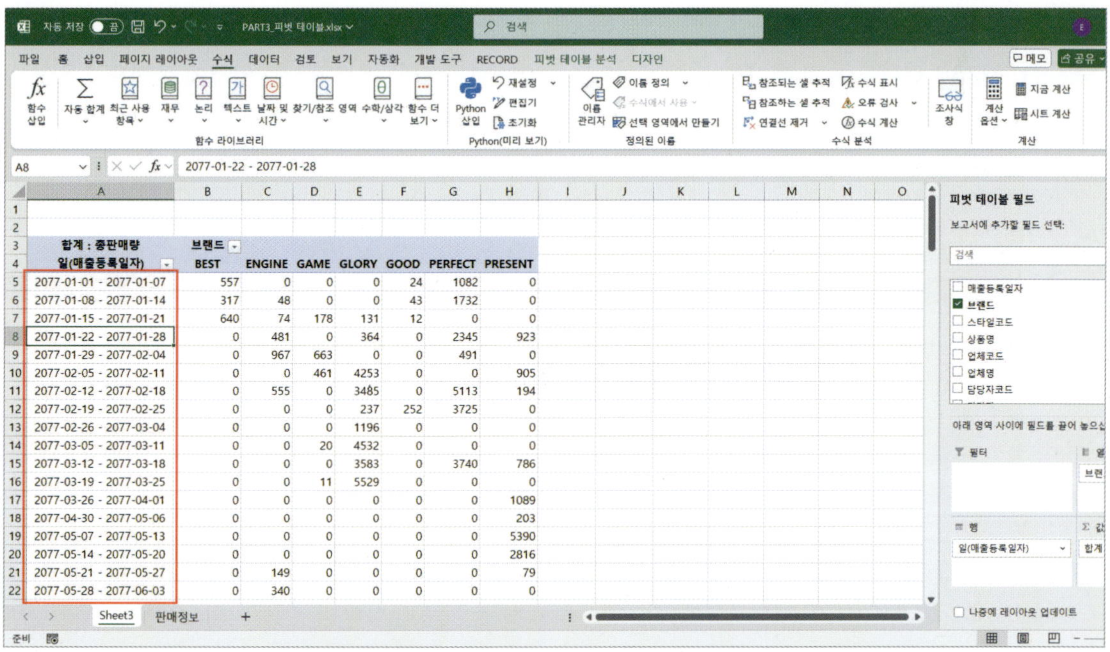

CHAPTER 22

피벗 테이블 참고해서 수식 계산할 때 주소값으로 셀 정보 출력하기

예제 파일 PART1_10-30 피벗 테이블

실무 스킬

피벗 테이블로 출력된 정보를 참조해서 간단한 검산이나 계산을 해야 할 때가 있습니다. 이때 피벗 테이블 '값' 영역에 출력된 정보를 참조해서 수식을 만들면, 기본 설정을 변경하지 않은 이상 GETPIVOTDATA 함수가 출력되면서 참조값을 계산하게 됩니다. 해당 함수가 출력이 되면 수식 결과를 복사/붙여넣기 할 때 문제가 됩니다.

실무에서는 GETPIVOTDATA 함수 운영을 통해 피벗 테이블 정보를 출력하는 것보다 피벗 테이블 자체 운영만으로도 완벽한 보고서를 만들 수 있습니다. GETPIVOTDATA 함수 운영을 중단해 조금 더 효과적으로 주소값을 참조할 수 있는 피벗 테이블 구조를 만드는 방법에 대해 알아보겠습니다.

실무 연습 ①

[Sheet3] 시트에 출력된 피벗 테이블에서 '행' 필드, '2077년', '1월' 정보의 '값' 영역에 출력된 7개 브랜드 총판매량 합계를 J5셀에 출력하고 나서 J5셀을 복사해서 J18셀까지 붙여넣기해 결과를 확인해 보겠습니다.

01 J5셀 클릭- 수식, '=C5+D5+E5+F5+G5+H5+I5' 입력- Enter 키를 누릅니다.

※ J5셀에는 주소 셀을 참조한 횟수만큼 GETPIVOTDATA 함수가 7번 출력되면서 피벗 테이블 '값' 영역 숫자를 참조해 수식이 작성되고 있습니다.

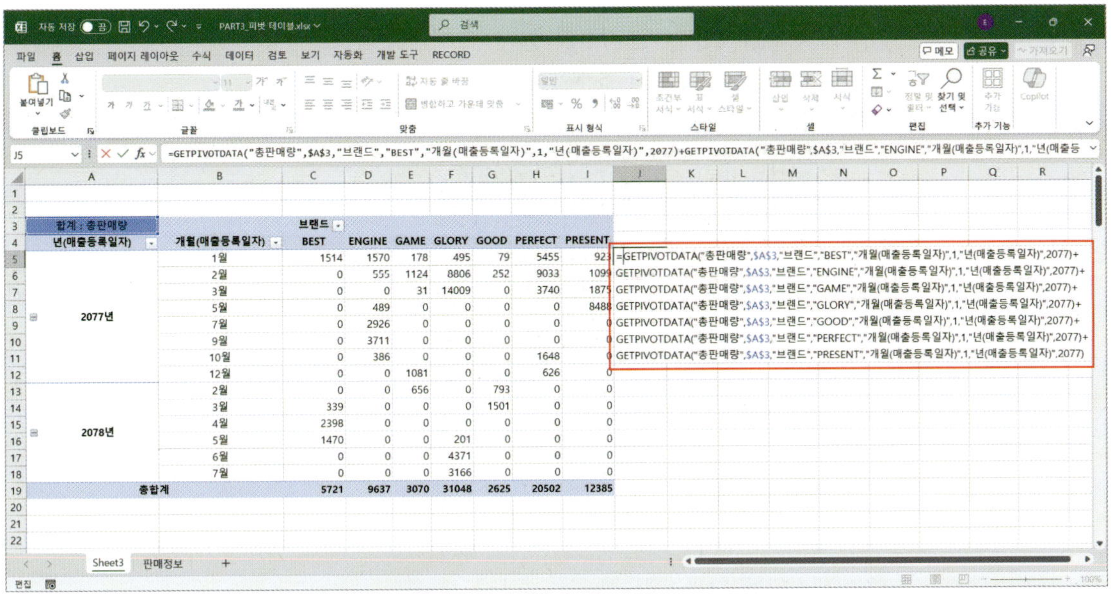

02 J5셀 자동 채우기 핸들로 J18셀까지 드래그(복사/붙여넣기)합니다.

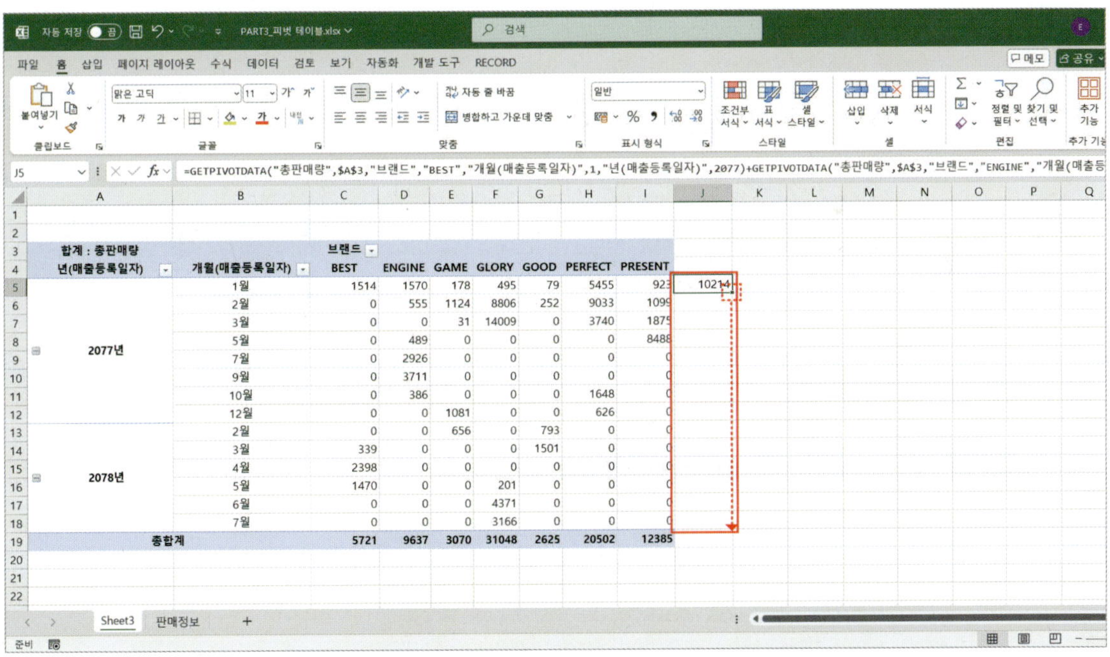

03 J5:J18셀 범위에 똑같은 결과 수식이 복사/붙여넣기된 결과를 확인합니다.

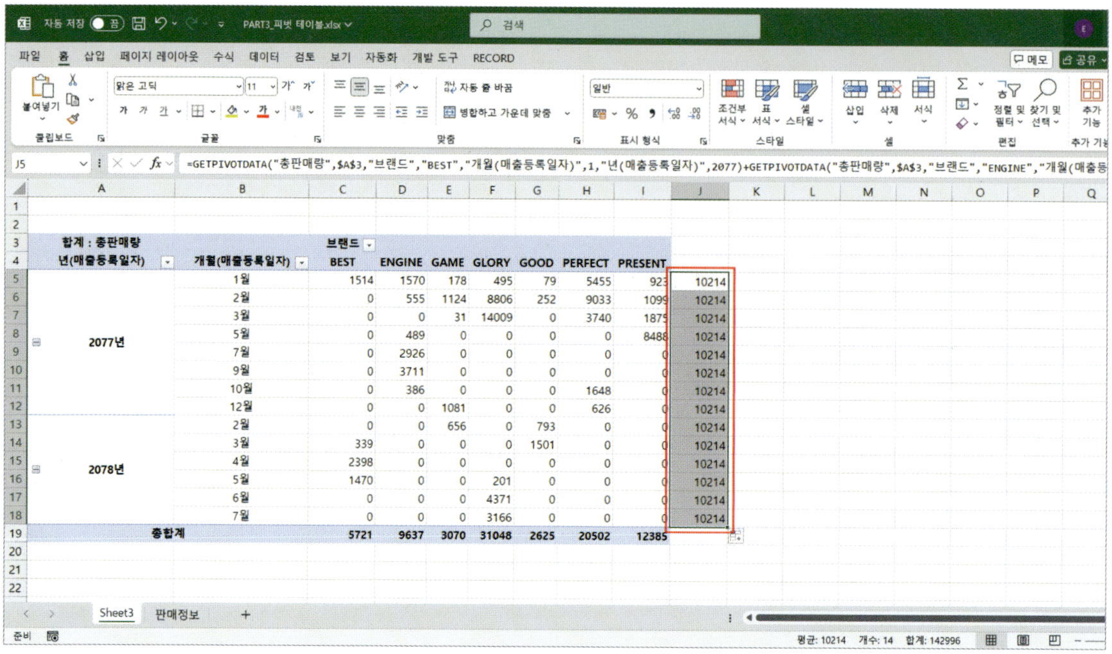

04 피벗 테이블에 출력된 각 월별 합계를 제대로 구하기 위해 옵션을 변경해 보겠습니다. 우선 출력된 값을 모두 지웁니다.

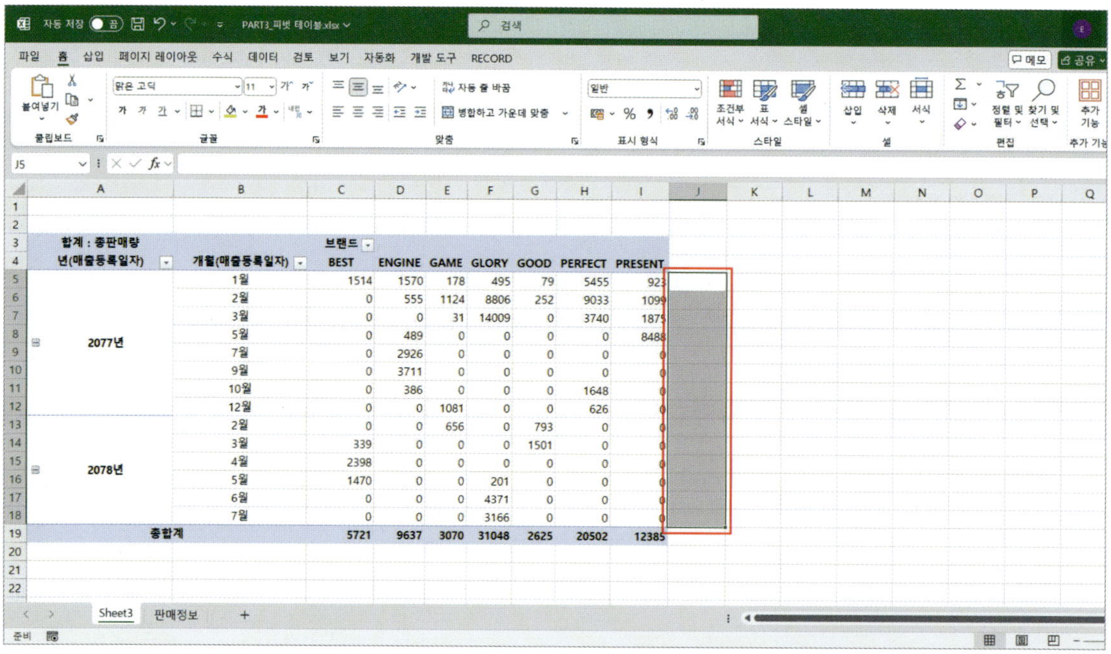

05 피벗 테이블 아무 셀 클릭- [피벗 테이블 분석] 탭- 피벗 테이블- 옵션, 아래 방향 부등호 클릭- 'GetPivotData 생성, 체크 해제' 합니다.

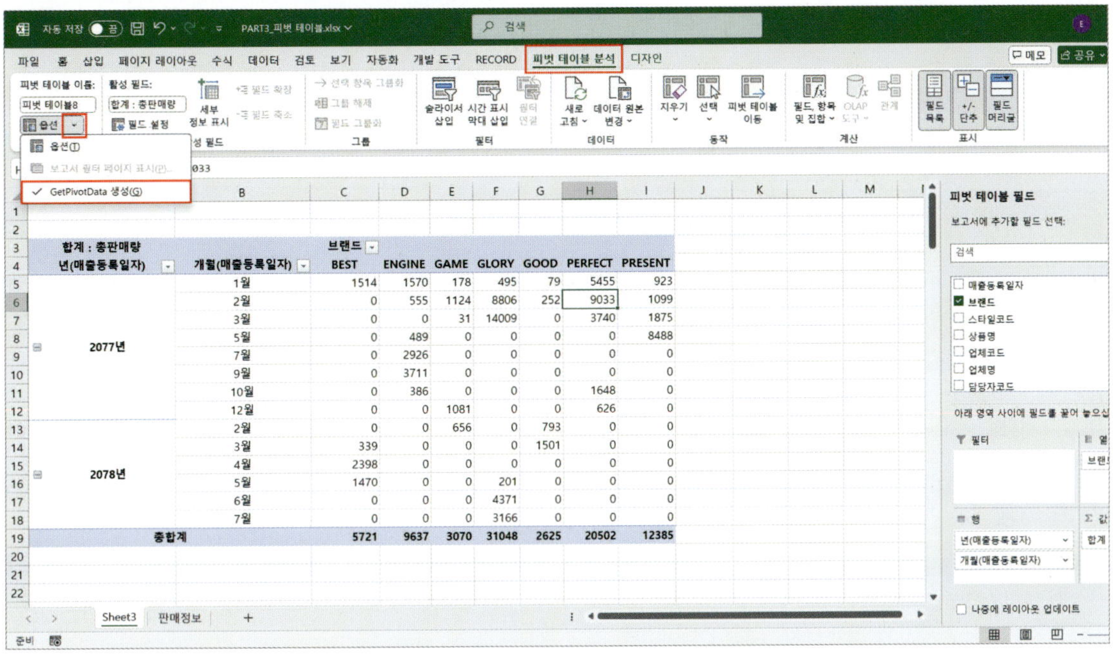

06 다시 J5셀에 다음 수식 '=C5+D5+E5+F5+G5+H5+I5'을 입력하고 [Enter] 키를 누릅니다.

※ GETPIVOTDATA 함수가 운영되지 않고 일반 주소값으로 참조된 수식을 확인할 수 있습니다.

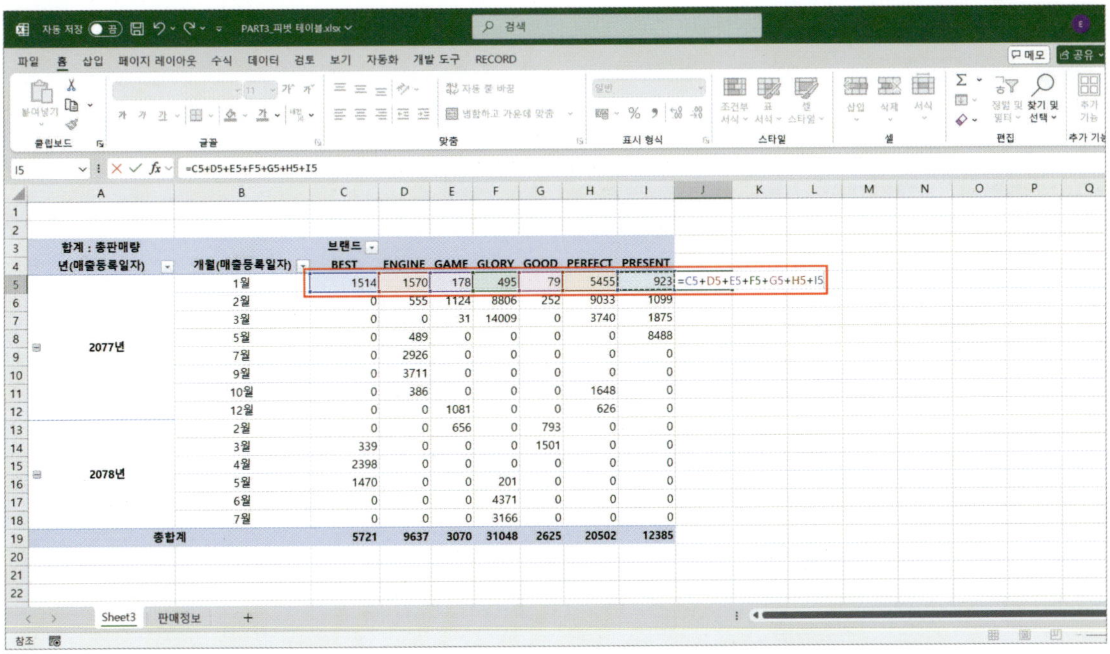

07 J5셀 자동 채우기 핸들로 J18셀까지 드래그(복사/붙여넣기)합니다.

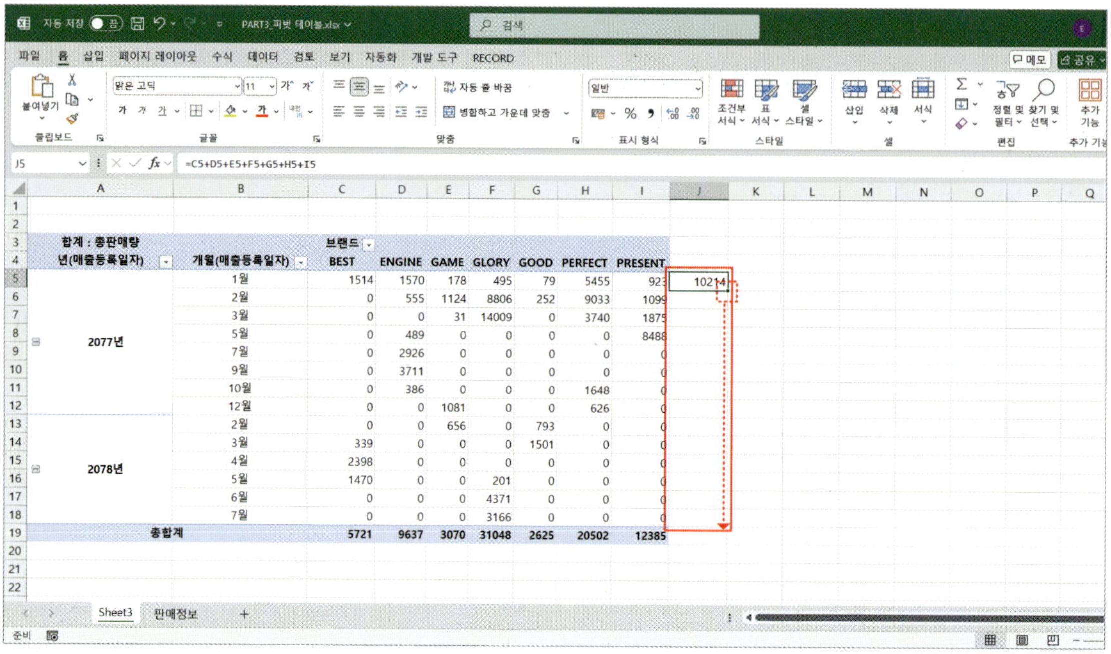

08 피벗 테이블을 참조해 '행' 필드 각 월별 총판매량 합계값이 제대로 합계된 수식 결과를 확인합니다.

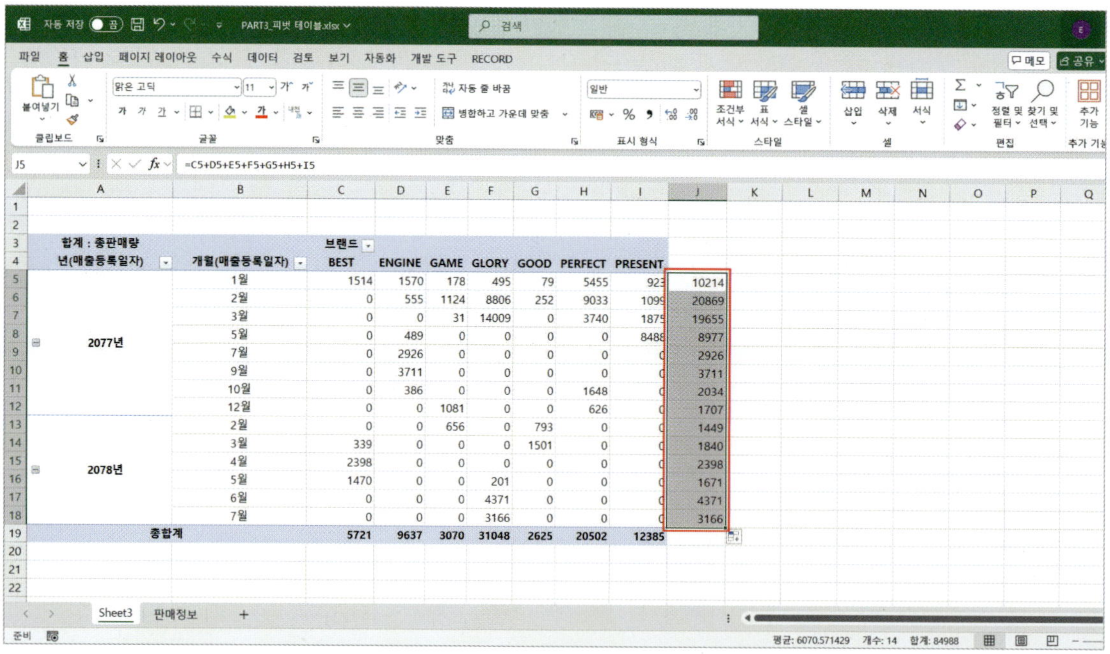

TIP 옵션으로 GETPIVOTDATA 함수 운영을 중단하는 방법이 있습니다. 피벗 테이블이 운영 중이지 않더라도 옵션을 통해 해당 함수 운영을 중단시켜 놓을 수 있습니다.

❶ [파일] 탭 클릭합니다.

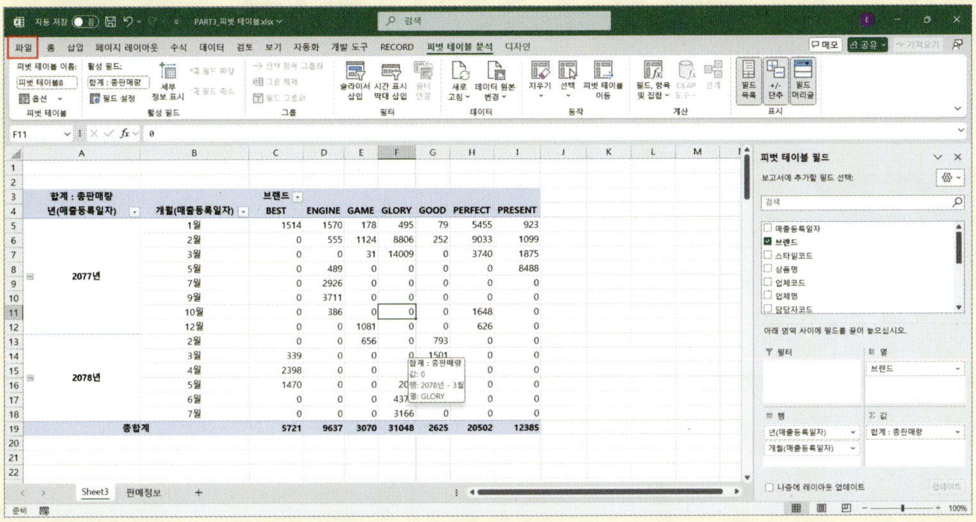

❷ Excel 옵션- 수식- 수식 작업- '피벗 테이블 참조에 GetPivotData 함수 사용, 체크 해제' 하면 됩니다.

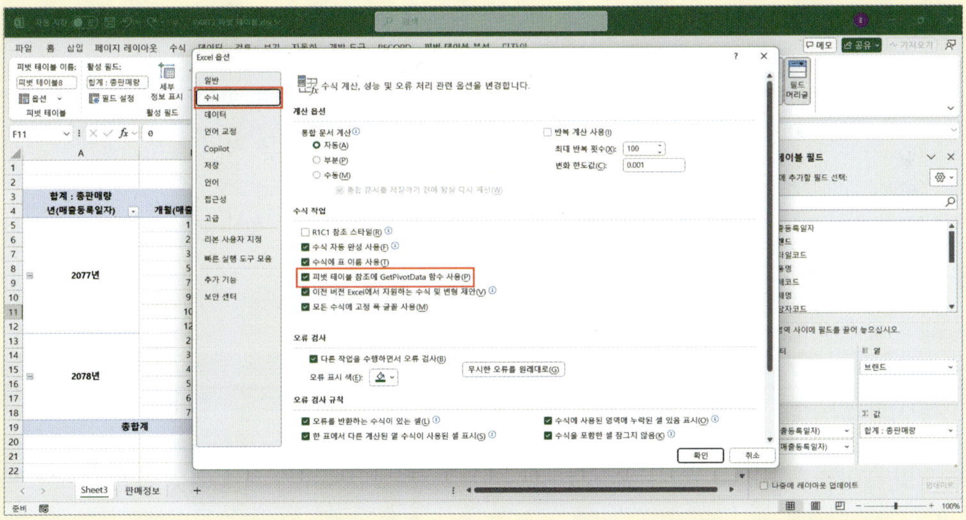

CHAPTER 23

피벗 테이블 정보 복사/붙여넣기 후 수정하기(트릭 활용하기)

예제 파일 PART1_10-30 피벗 테이블

실무 스킬

피벗 테이블로 출력받은 정보를 바탕으로 보고서로 만들어 수정, 보완해야 할 때가 있습니다. 출력된 '값' 영역에 병합과 같은 레이아웃이 필요하거나 추가 정보 입력이 필요할 때 피벗 테이블 속성 그대로 활용하기는 어렵습니다. 그때는 정보를 복사해서 추가 가공을 해야 합니다. 이번 파트에서는 트릭을 활용해 피벗 테이블 정보를 복사해서 붙여넣기한 다음 피벗 테이블 제한적 기능을 피해 추가 가공하는 방법에 대해 알아보겠습니다.

실무 연습 ❶

[Sheet3] 시트에 출력된 피벗 테이블 정보를 복사해 K3셀에 붙여넣기하려 합니다. 복사한 피벗 테이블 정보, 'BEST' 브랜드, '2078년' '값' 영역 0정보를 '값없음'이란 텍스트로 처리해 보겠습니다. 그리고 '열' 영역에 '브랜드' 필드를 C3:I3셀까지 병합해서 출력해 보도록 하겠습니다.

트릭을 활용해 가공 가능한 피벗 테이블 복사/붙여넣기

01 트릭을 활용한 복사를 하기 위해 [Seet3] 시트에 출력된 피벗 테이블 범위를 A4:I19셀까지 지정하고 복사합니다.

※ 피벗 테이블 출력 전체 범위는 A3:I19셀이지만 한 행을 누락시킨 채 범위를 지정해 복사해야 합니다. 피벗 테이블 어느 행이나 열이든 상관없이 누락시킨 정보를 복사한다는 것이 포인트입니다.

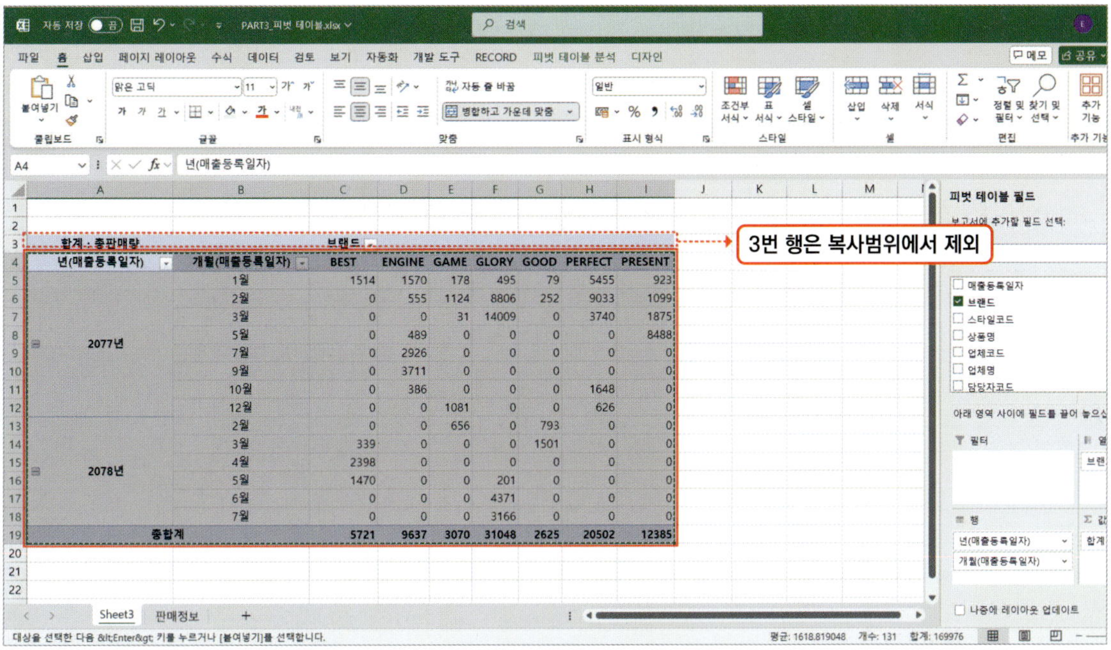

02 복사한 정보를 K4셀에 붙여넣기합니다.

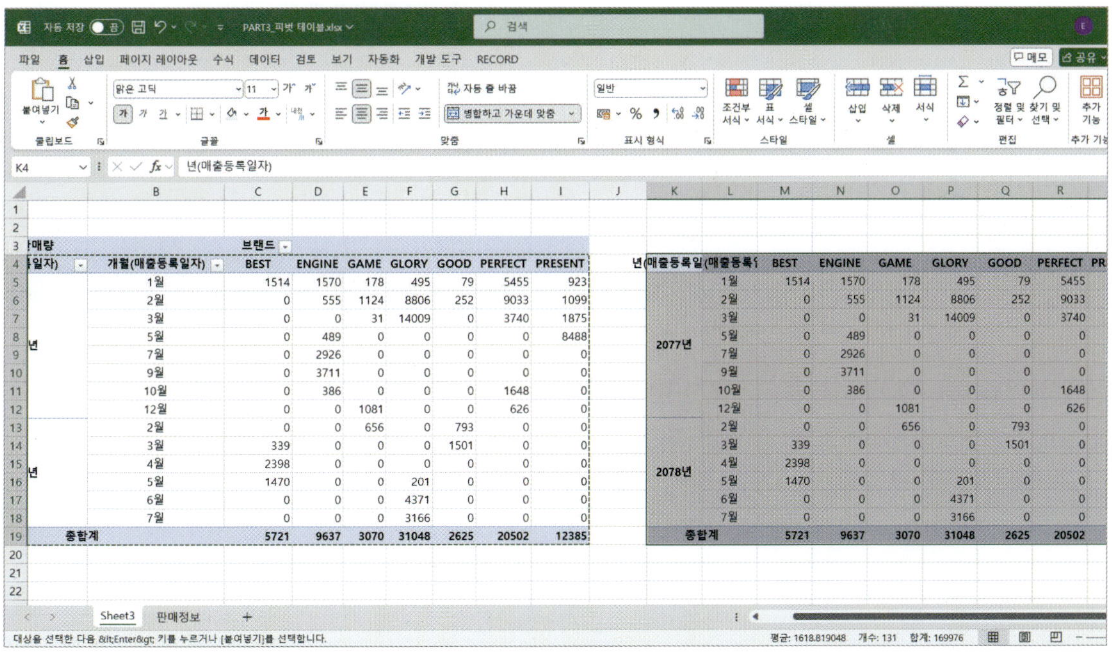

03 추가로 누락시킨 A3:I3셀 피벗 테이블 정보를 복사해 K3셀에 붙여넣기합니다.

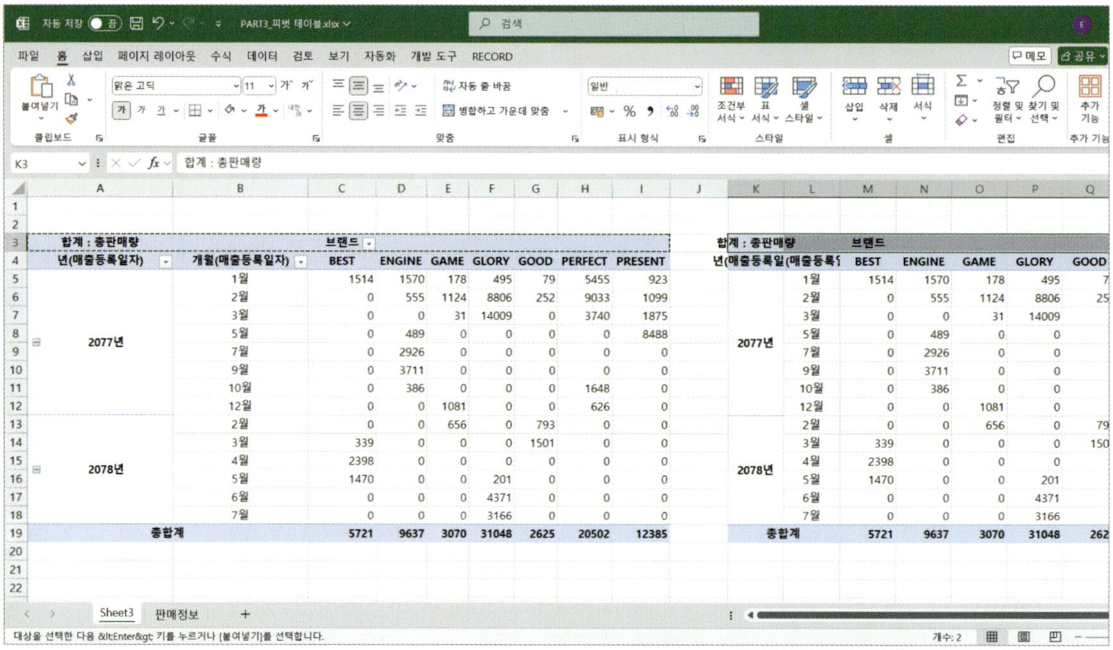

'BEST' 브랜드, '2078년' '값' 영역 0정보를 '값없음'이란 텍스트로 처리하기

01 M13, M17, M18셀에 각각 '값없음' 텍스트를 입력해 '값' 필드에 정보가 입력되는지 확인합니다.

※ 피벗 테이블 레이아웃 및 모든 정보를 복사해 붙여넣기하였지만 기능에 제약 없이 입력되는지 확인합니다.

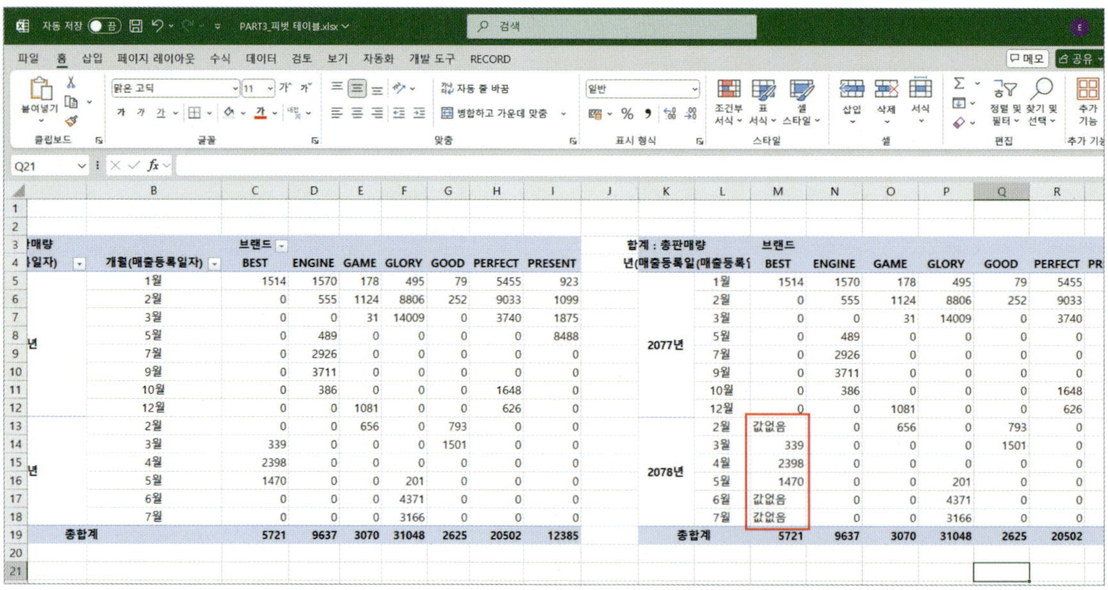

'열' 영역에 '브랜드' 필드를 C3:I3셀까지 병합해 출력하기

01 M3:S3셀 범위 지정- [홈] 탭- 맞춤- '병합하고 가운데 맞춤' 메뉴를 클릭해 '열' 필드 병합이 진행되는지 확인합니다.

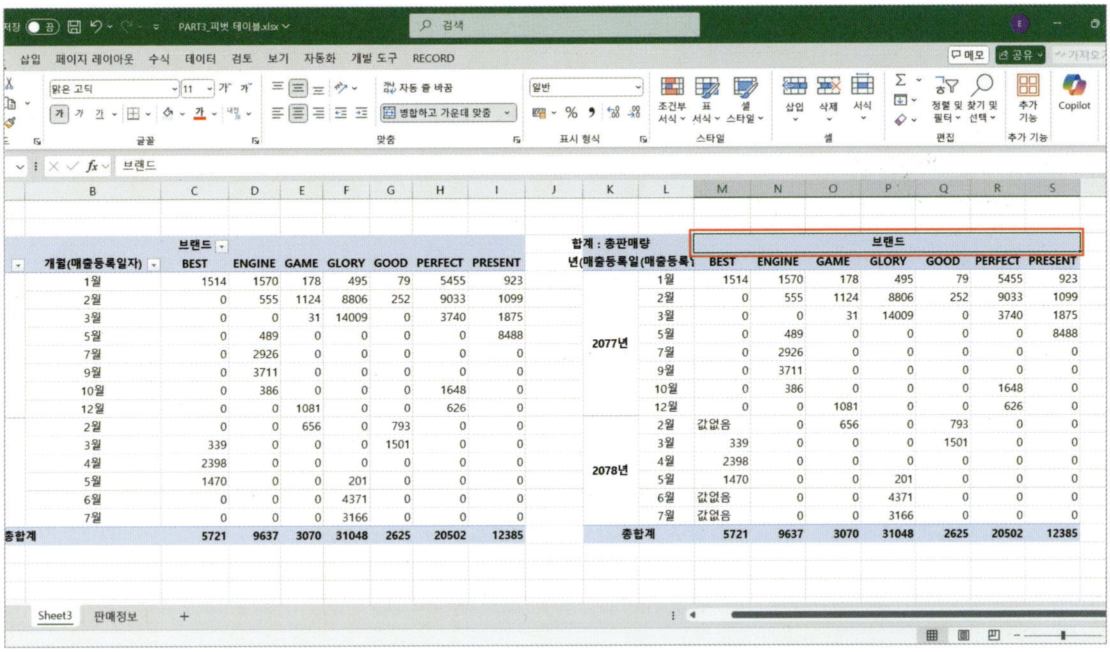

CHAPTER 24

피벗 테이블 운영 시 백데이터 수정 후 주의사항 알아보기

예제 파일 PART1_10-30 피벗 테이블

실무 스킬

'피벗 테이블이 가지고 있는 제한적 기능 알아보기'편에서 다룬 적이 있는 내용이지만 중요하기 때문에 조금 더 디테일한 부분을 다뤄 보도록 하겠습니다. 피벗 테이블을 운영한 상태에서 원본 데이터에 수정이 생겼을 때 반드시 '새로 고침' 메뉴를 눌러 업데이트를 해야 피벗 테이블에 반영이 됩니다. 이 부분을 놓쳐 실수하는 경우가 많습니다. 이번 파트에서는 범위 변동에 대한 부분을 추가로 다뤄 보려 합니다. 함께 살펴보겠습니다.

실무 연습 ①

[Sheet3] 시트에 출력된 피벗 테이블 정보는 [판매정보] 시트에 있는 원본 데이터를 기반으로 출력되었습니다. [판매정보] 시트 N열에 '총불량수' 라는 필드를 추가해서 피벗 테이블 목록으로 불러올 수 있도록 범위를 조정하는 방법에 대해 알아보겠습니다.

01 [판매정보] 시트 N4셀에 '총불량수'라는 필드 이름을 입력합니다.

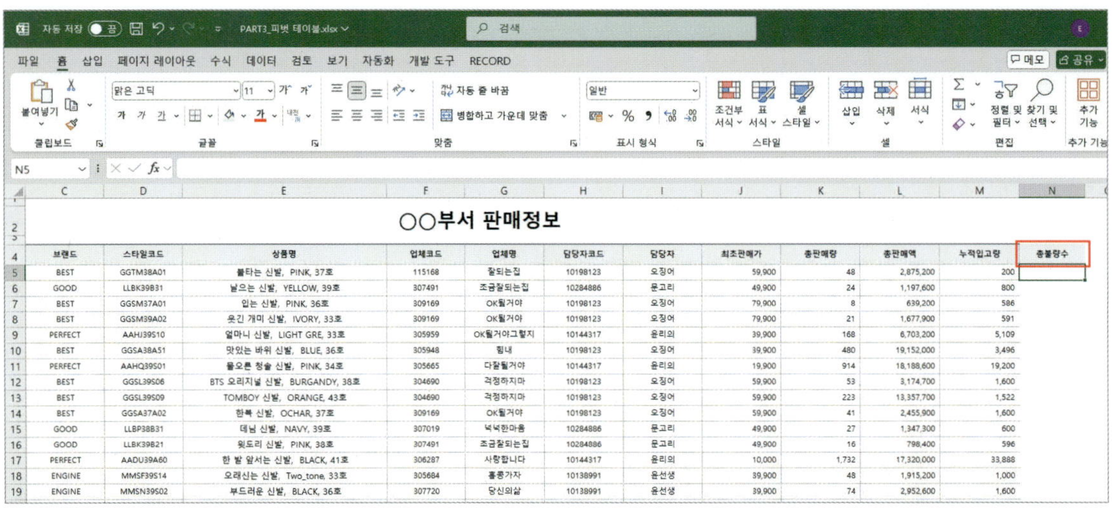

02 [Sheet3] 시트에 출력된 피벗 테이블 아무 셀 클릭- [피벗 테이블 분석]- 데이터- '데이터 원본 변경' 메뉴를 클릭합니다.

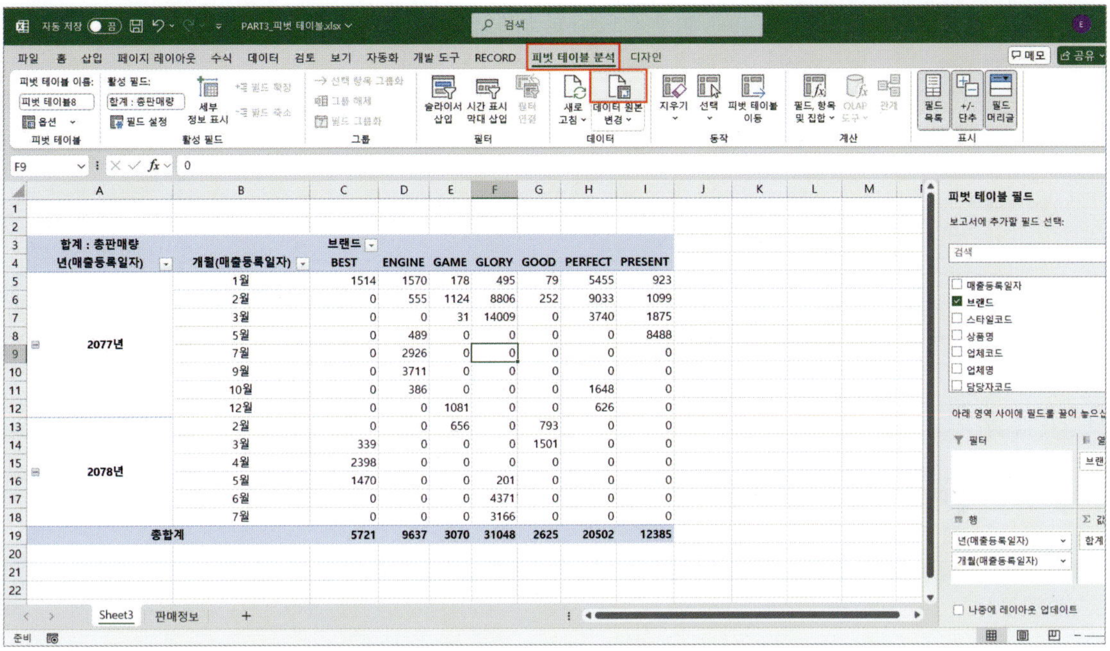

03 피벗 테이블 데이터 원본 변경- 분석할 데이터를 선택하십시오.- 표 또는 범위 선택- 표 범위: '판매정보!$B$4:$N$429', 뒷 자리 주소 M열을 N열로 고쳐 입력합니다.

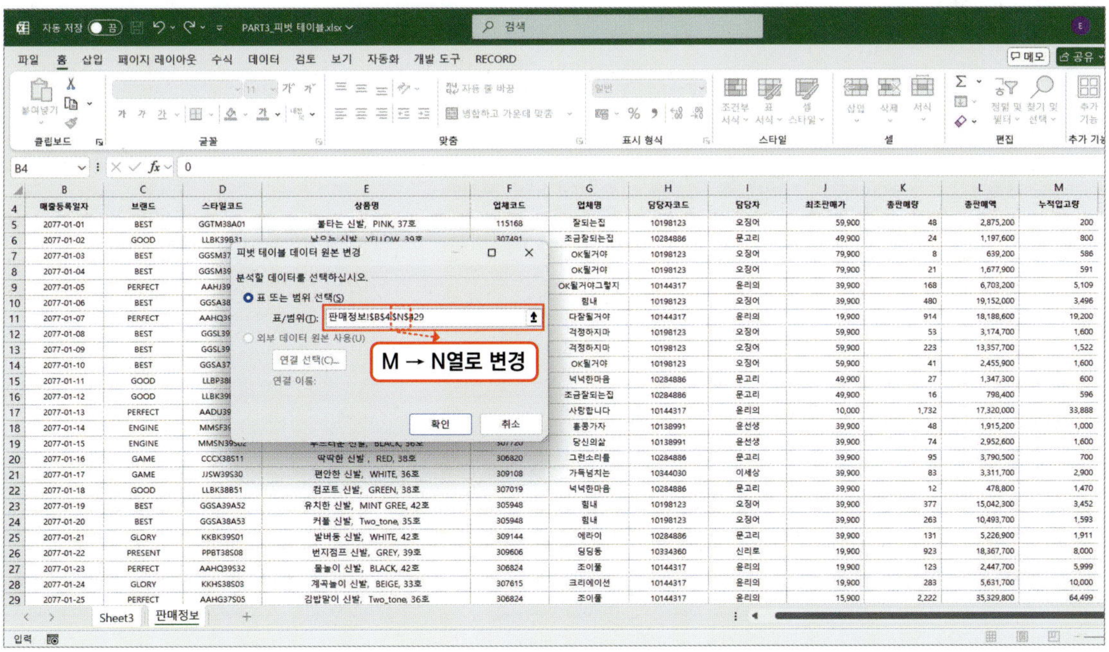

04 [Sheet3] 피벗 테이블 아무 셀 클릭- 마우스 우클릭- '새로 고침' 메뉴를 클릭합니다.

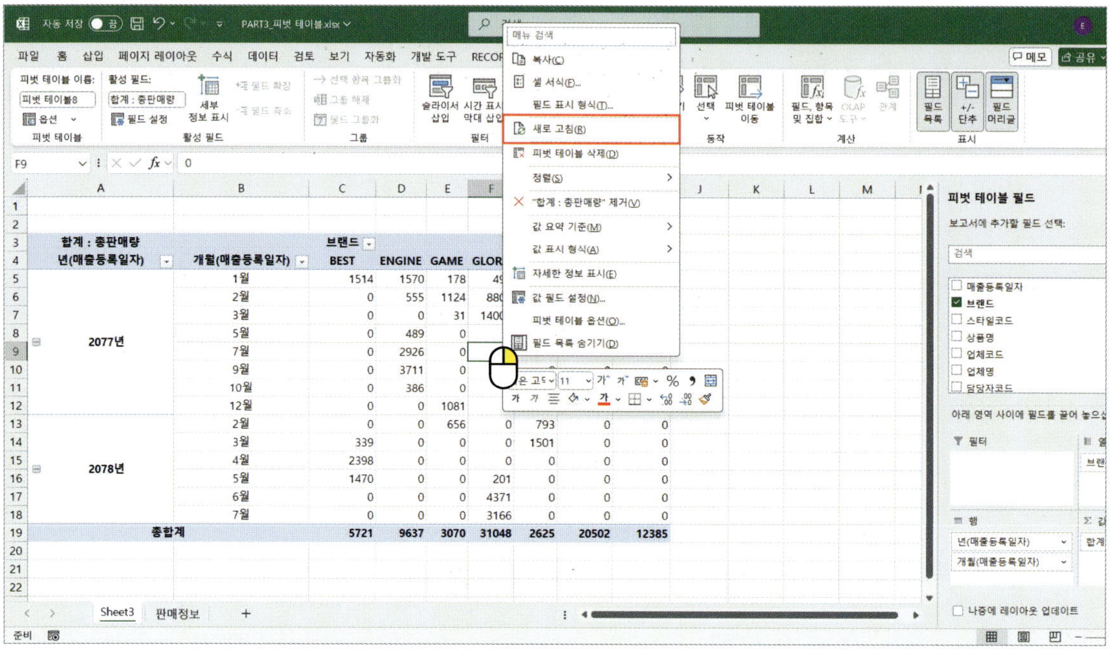

05 피벗 테이블 필드- 보고서에 추가할 필드 선택- '총불량수'가 업데이트된 정보를 확인합니다.

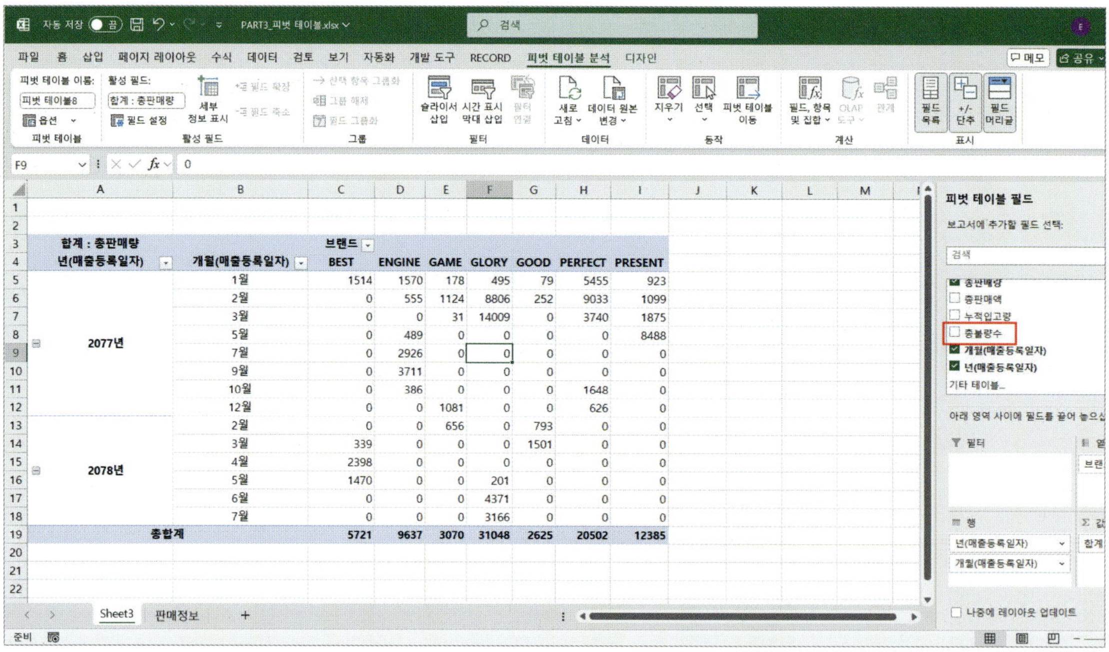

CHAPTER 25

피벗 테이블로 연도별, 담당자 매출 순위 구하기

예제 파일 PART1_10-30 피벗 테이블

실무 스킬

피벗 테이블에 '값 표시 형식' 메뉴를 활용해 기준 필드에 대한 오름차순 또는 내림차순 순위를 매길 수 있습니다. '값 표시 형식' 메뉴는 14가지 정도로 이루어져 있습니다. 이 중에서 실무에서 사용 빈도가 높은 순위 관련 메뉴 운영 방법을 알아보도록 하겠습니다. 피벗 테이블의 이 기능을 활용하면 복잡한 함수를 사용할 필요 없이 클릭 몇 번으로 원하는 순위를 오름차순 또는 내림차순으로 쉽게 구할 수 있습니다.

실무 연습 ①

[판매정보] 시트 정보를 활용해 피벗 테이블을 운영하는데 '행' 필드에 '년도'와 '담당자'를 배치하고 '값' 영역에는 '총판매액'(매출) 필드를 배치해 연도별, 담당자 총판매액(매출) 순위를 내림차순으로 구해 보도록 하겠습니다.

01 B4:M429셀 범위 지정– [삽입] 탭– 표– '피벗 테이블' 메뉴를 클릭합니다.

※ Ctrl +A 단축키를 활용하면 데이터 범위를 한 번에 전체를 지정할 수 있습니다. 단, 전체 범위에서 한 행 또는 한 열 정보가 전체 비어 있으면 안됩니다.

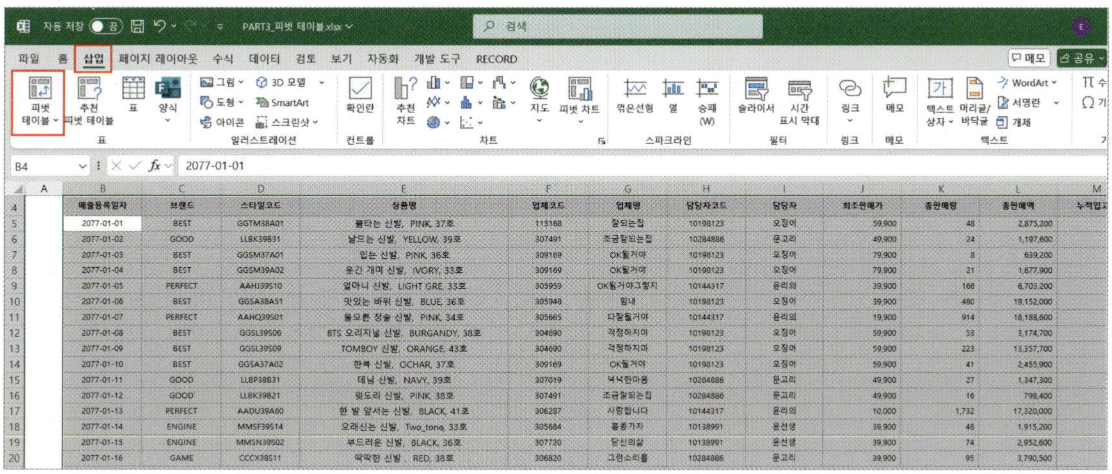

02 표 또는 범위의 피벗 테이블- 테이블 또는 범위 선택- 표/범위: 판매정보!$B$4:$M$429- 피벗 테이블을 배치할 위치를 선택합니다.- '새 워크시트'- 확인 버튼을 클릭합니다.

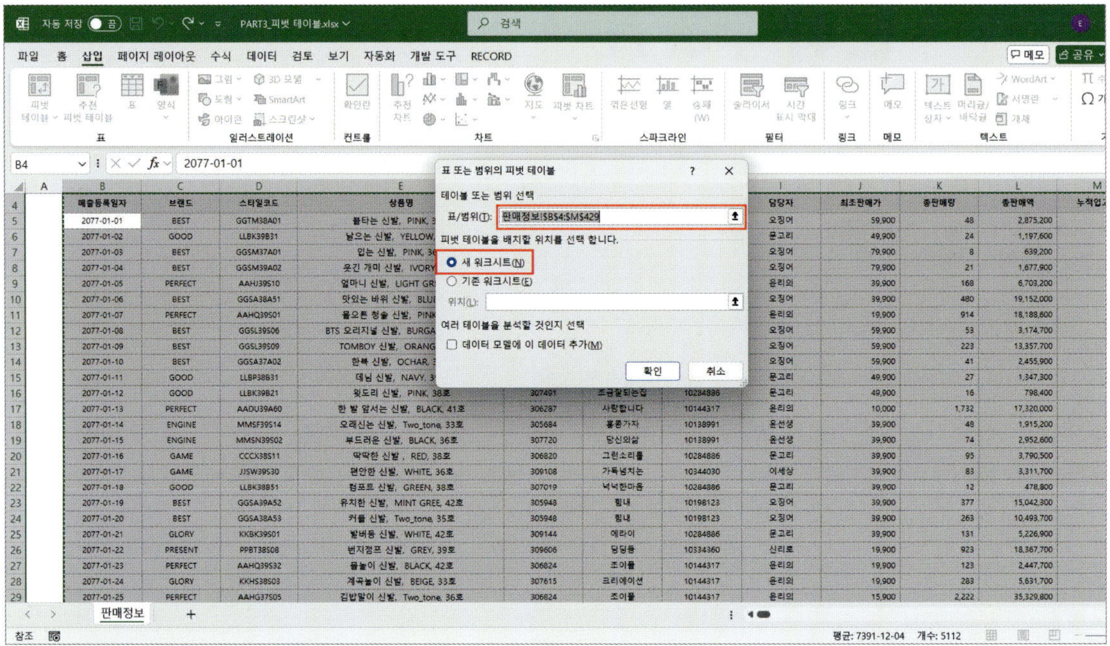

03 피벗 테이블 필드- 매출등록일자 필드 드래그- '행' 영역에 드래그 다운합니다.

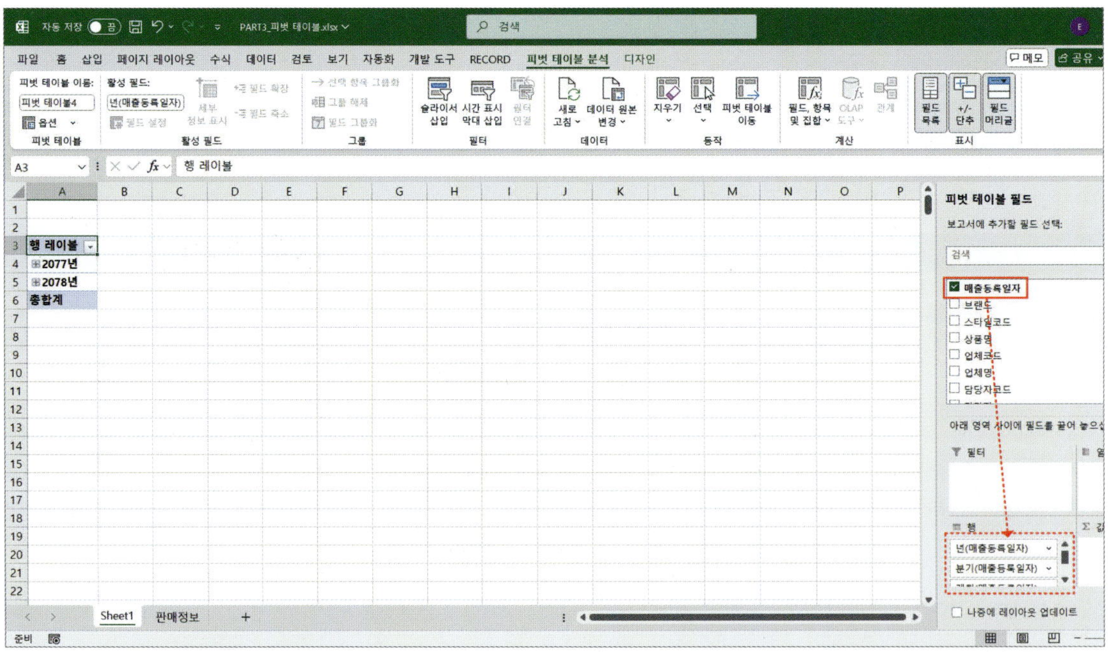

04 피벗 테이블 아무 셀 클릭– 마우스 우클릭– '그룹' 메뉴를 선택합니다.

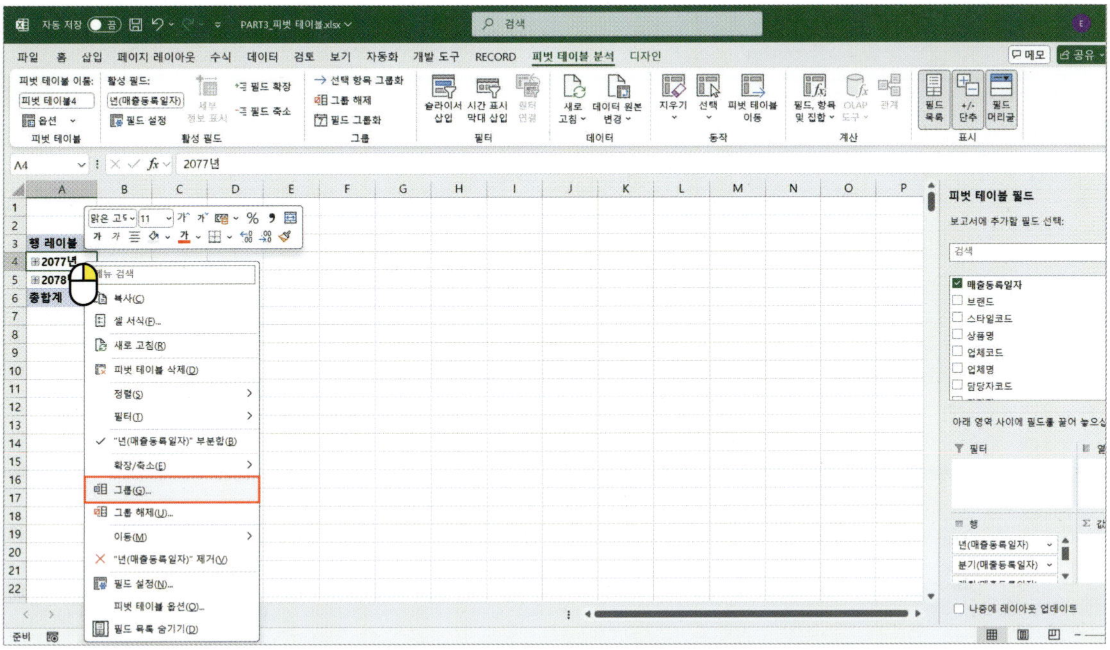

05 그룹화– 단위– '연' 메뉴만 선택하고 확인 버튼을 누릅니다.

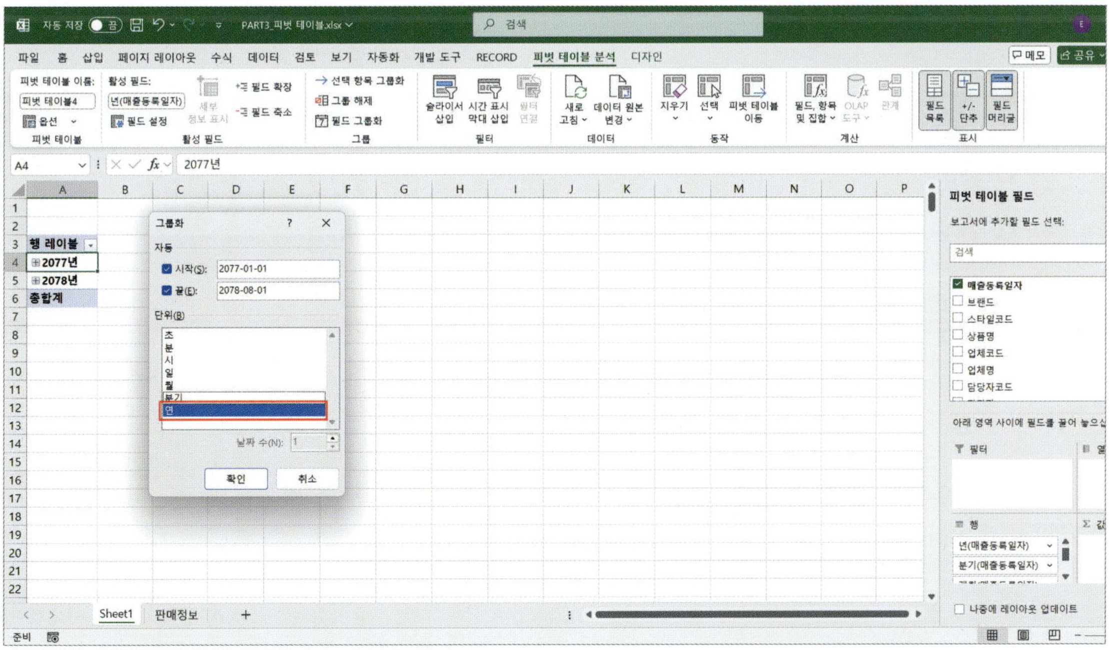

06 피벗 테이블 필드- '담당자' 필드 드래그- '행' 영역에 드래그 다운합니다.

※ 이때 이미 생성된 '행' 영역 '년도' 필드 아래에 블록이 생성되도록 합니다.

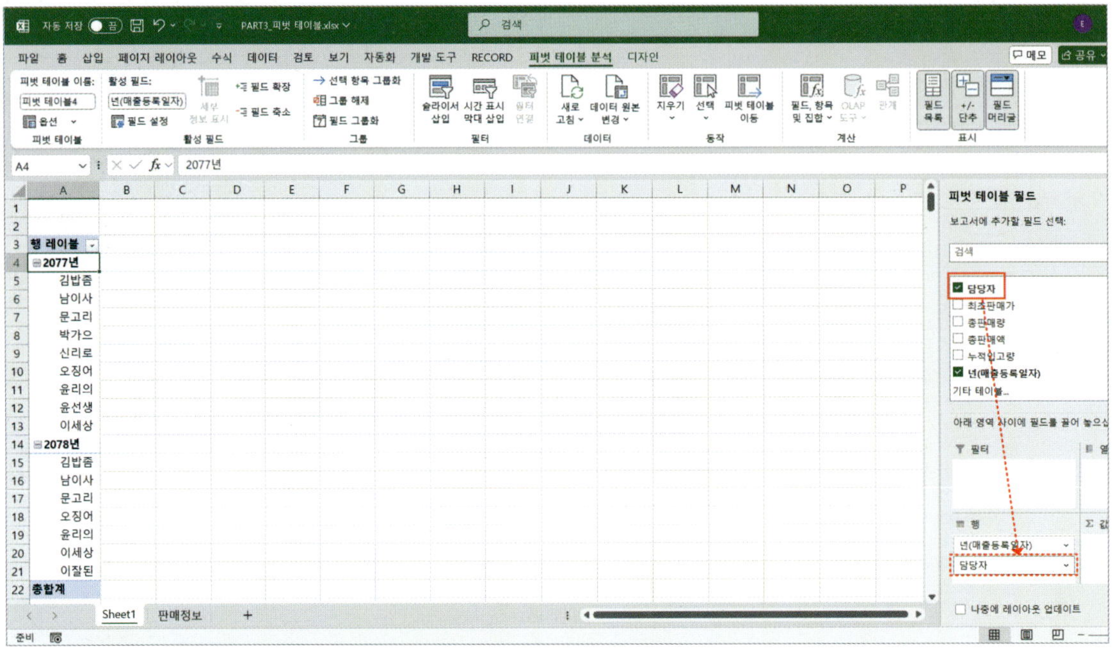

07 피벗 테이블 아무 셀 클릭- [디자인] 탭- 레이아웃- 보고서 레이아웃- '테이블 형식으로 표시' 메뉴를 클릭합니다.

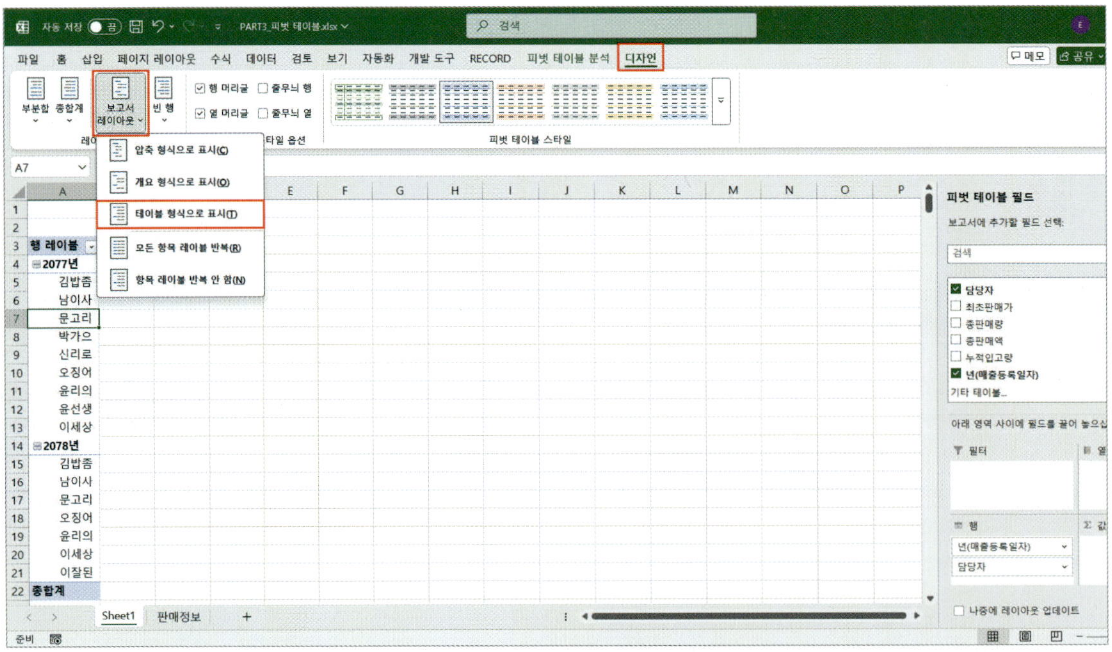

08 피벗 테이블 아무 셀 클릭- [디자인] 탭- 레이아웃- 부분합- '부분합 표시 안 함' 메뉴를 클릭합니다.
※ 대분류에 해당하는 '년도' 필드에 각각 '년도'별 요약 행이 생성되면 레이아웃이 깔끔하지 못하기 때문에 부분합 없음으로 출력합니다. 단, 사용자의 필요가 있을 때는 그대로 유지해도 상관없습니다.

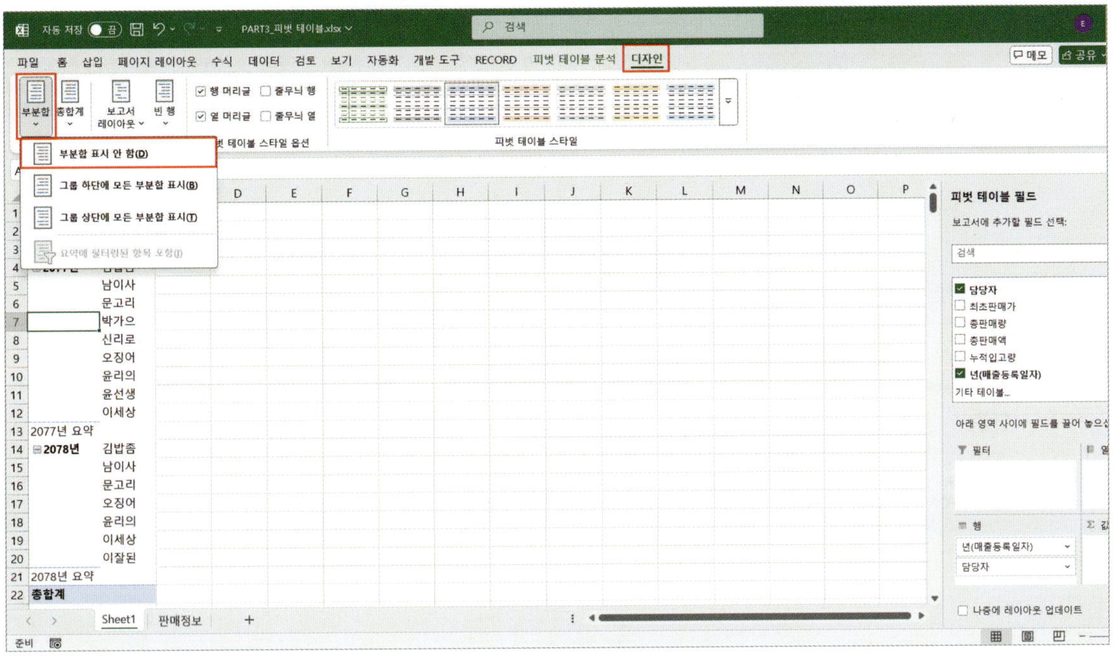

09 피벗 테이블 필드- '총판매액' 필드, 두 번 연속해서 '값' 영역으로 드래그 다운합니다.

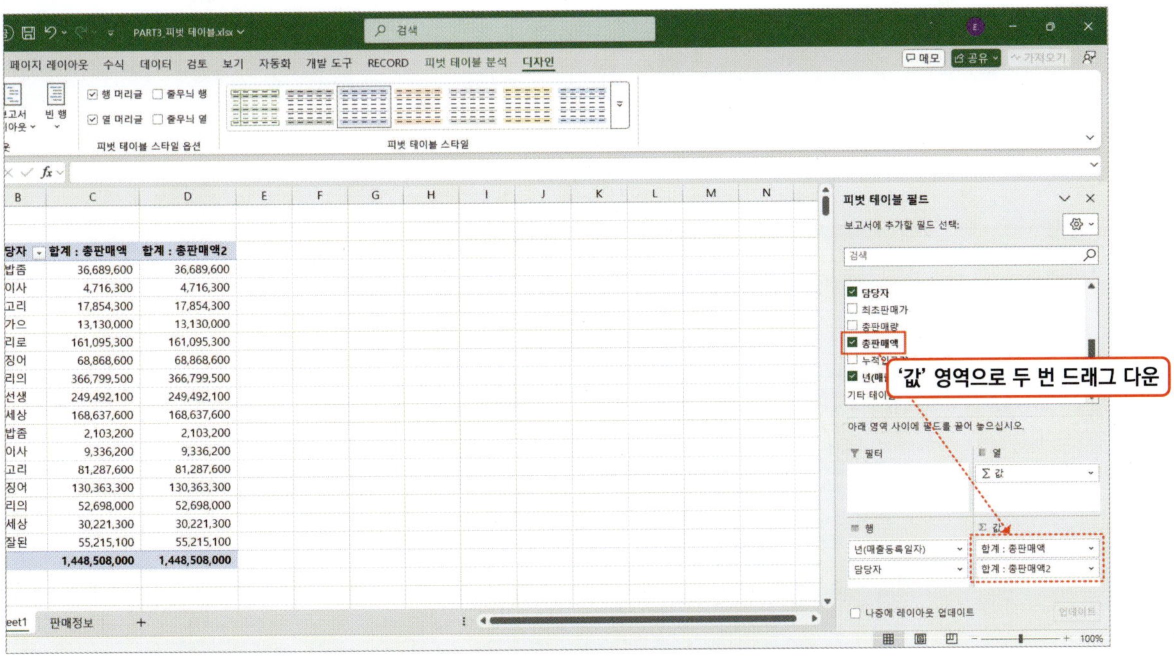

10

피벗 테이블 D열 아무 셀 클릭- 마우스 우클릭- 값 표시 형식- '내림차순 순위 지정' 메뉴를 클릭합니다.

※ 이때 반드시 피벗 테이블 D열을 클릭한 후 마우스 우클릭해야 해당 메뉴를 사용할 수 있으니 유의하시기 바랍니다.

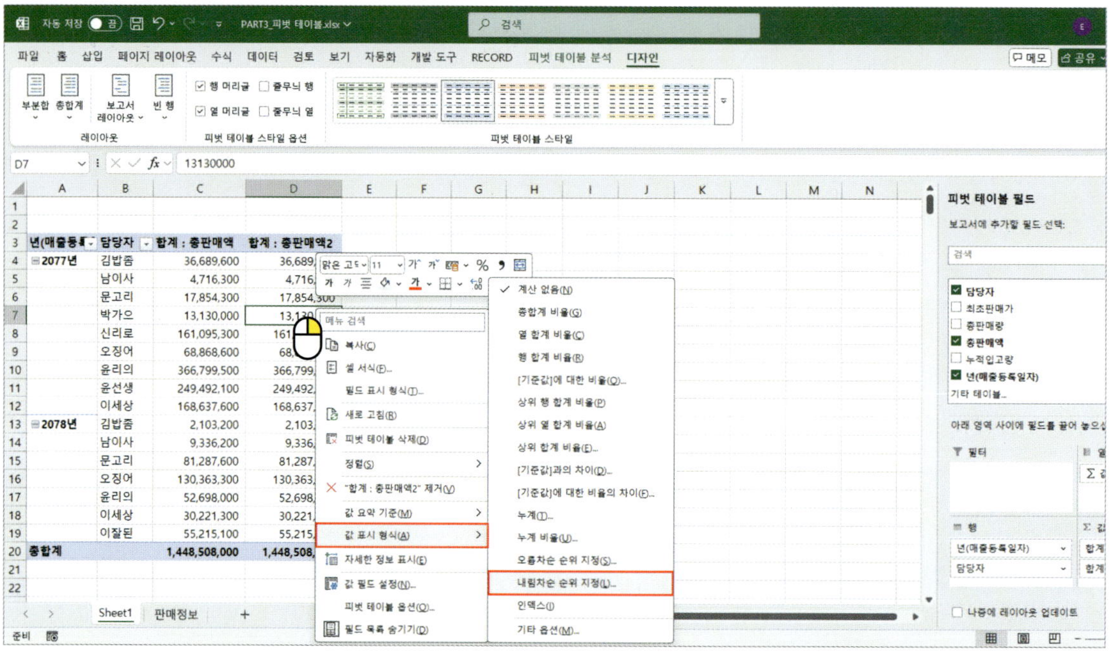

11

값 표시 형식- 계산- '기준필드: 담당자' 선택하고 확인 버튼을 누릅니다.

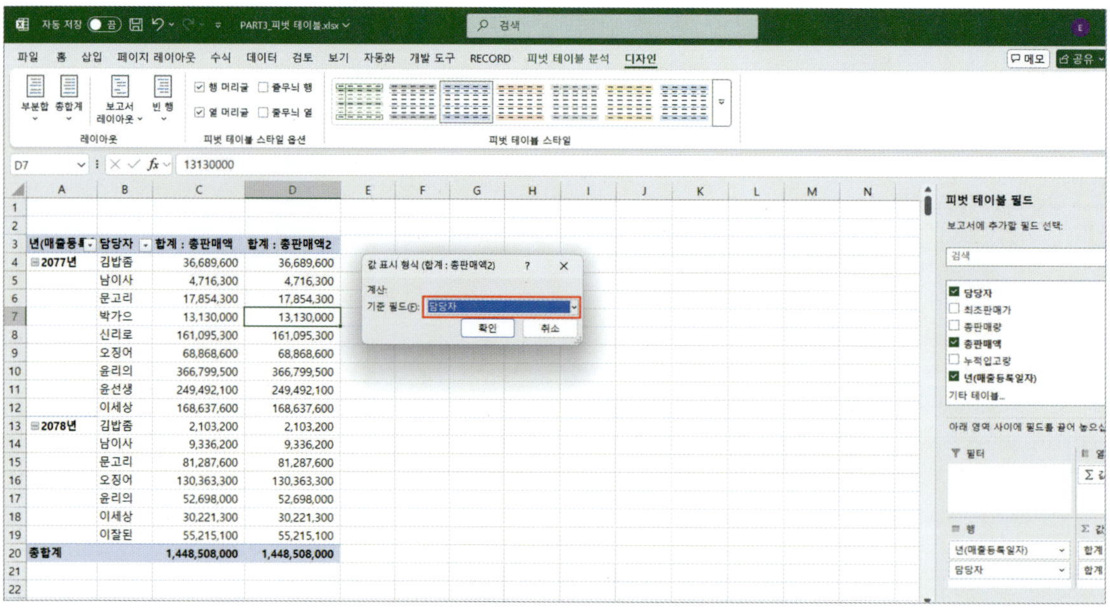

12 연도별, 담당자 총판매액(매출) 순위가 내림차순으로 출력된 결과를 확인합니다.

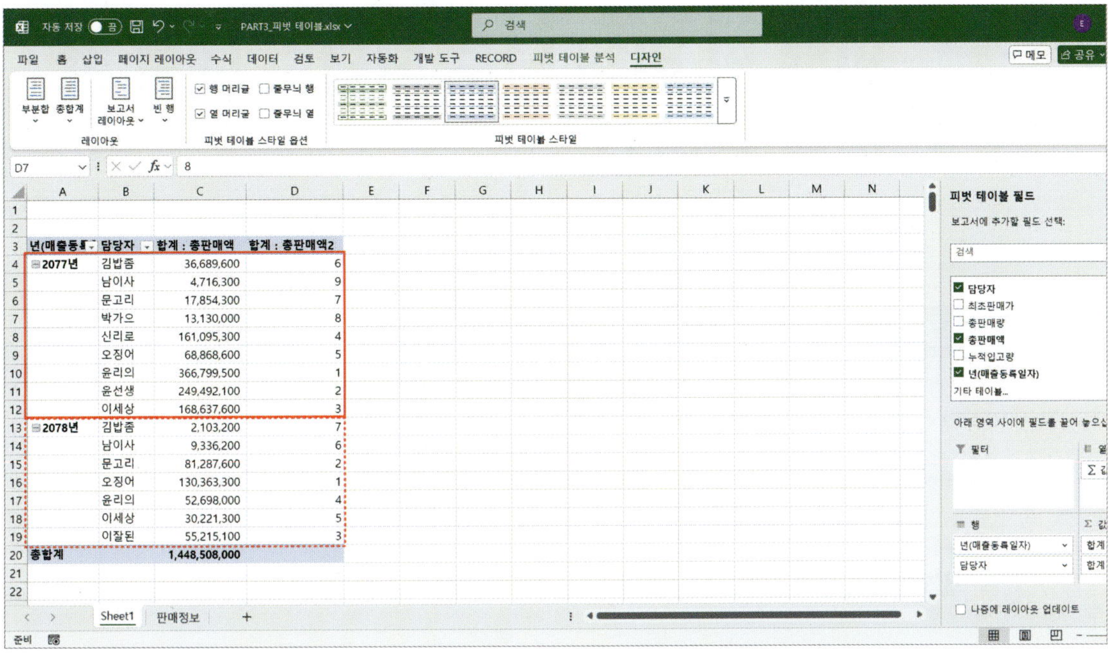

TIP 피벗 테이블이 출력된 D열은 담당자별 총판매액(매출) 순위입니다. 그래서 D3셀, 필드명을 '순위'로 바꿔주면 가독성이 높은 표가 됩니다.

※ 피벗 테이블에서 '값' 영역을 제외한 영역은 텍스트 입력이 자유롭습니다. 참고해서 원하는 필드명으로 입력하면 됩니다.

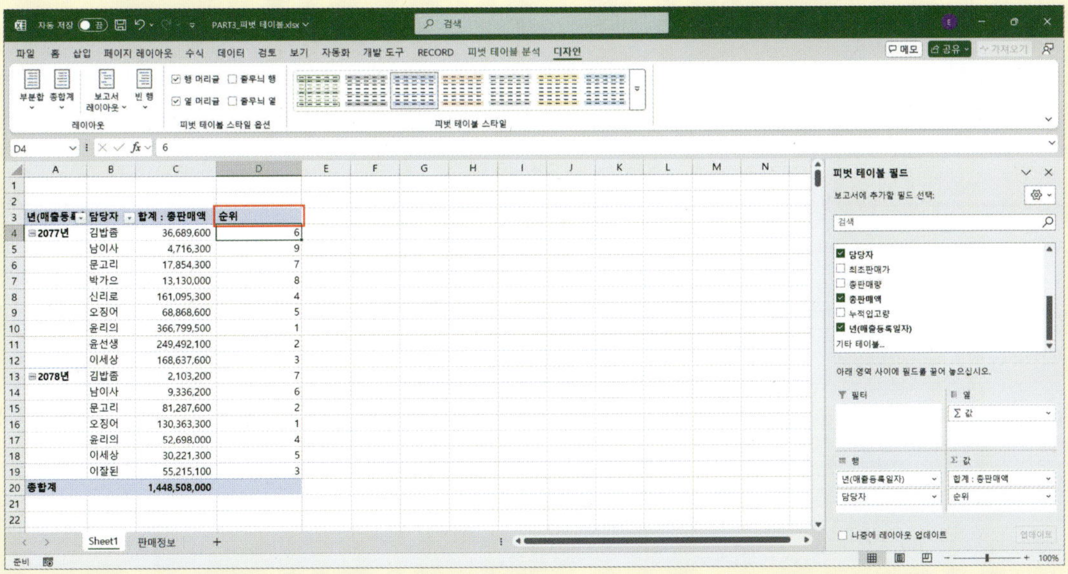

CHAPTER 26

피벗 테이블로 연도별, 담당자 매출 비율 및 전체 년도 담당자 매출 총 비율 구하기

예제 파일 PART1_10-30 피벗테이블

실무 스킬

피벗 테이블에 '값 표시 형식' 메뉴를 활용해 많이 사용하는 기능이 비중, 비율을 구하는 메뉴입니다. 이 기능은 각각의 대분류를 기준으로 비율을 구할 수도 있고, 전체 대분류 중 차지하는 비율도 구할 수 있습니다. 이 기능도 클릭 몇 번으로 해결할 수 있습니다.

※ 피벗 테이블은 CHAPTER 25(157p)를 참고해 운영되었습니다.

실무 연습 ❶

피벗 테이블로 출력한 연도별, 담당자 총판매액(매출) 순위를 내림차순으로 출력한 정보를 바탕으로 담당자의 각 연도별 총판매액(매출) 비율과 전체 년도의 총판매액(매출) 비율을 구해 보겠습니다.

01 담당자의 각 연도별 총판매액(매출) 비중을 구해 보겠습니다.

❶ [Sheet1] 시트에 출력된 피벗 테이블, 담당자 별 내림차순 순위 구간 D열 아무 셀 클릭- 마우스 우클릭- 값 표시 형식- '상위 행 합계 비율' 메뉴를 클릭합니다.

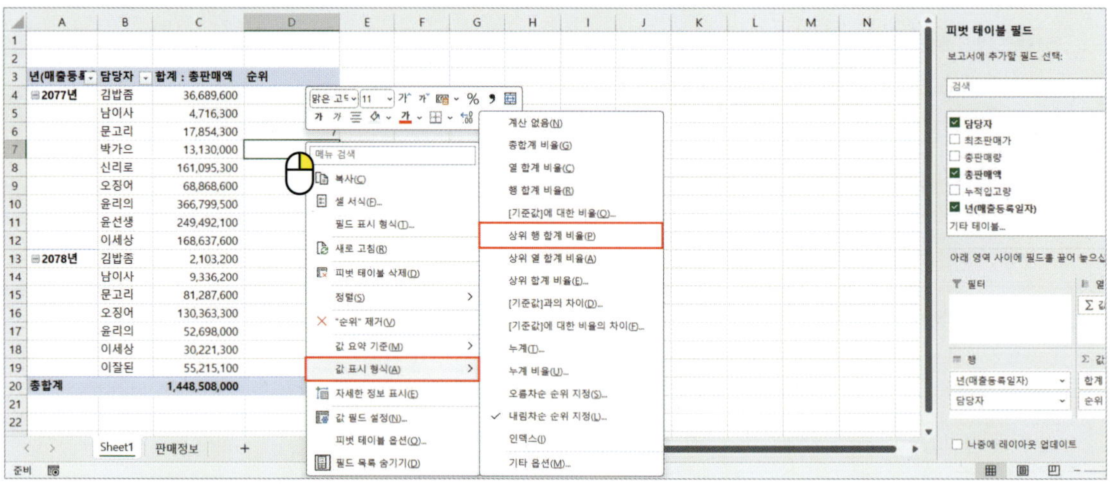

❷ 각 년도를 기준으로 담당자 별 비율이 퍼센트(%)로 출력된 결과를 확인합니다.

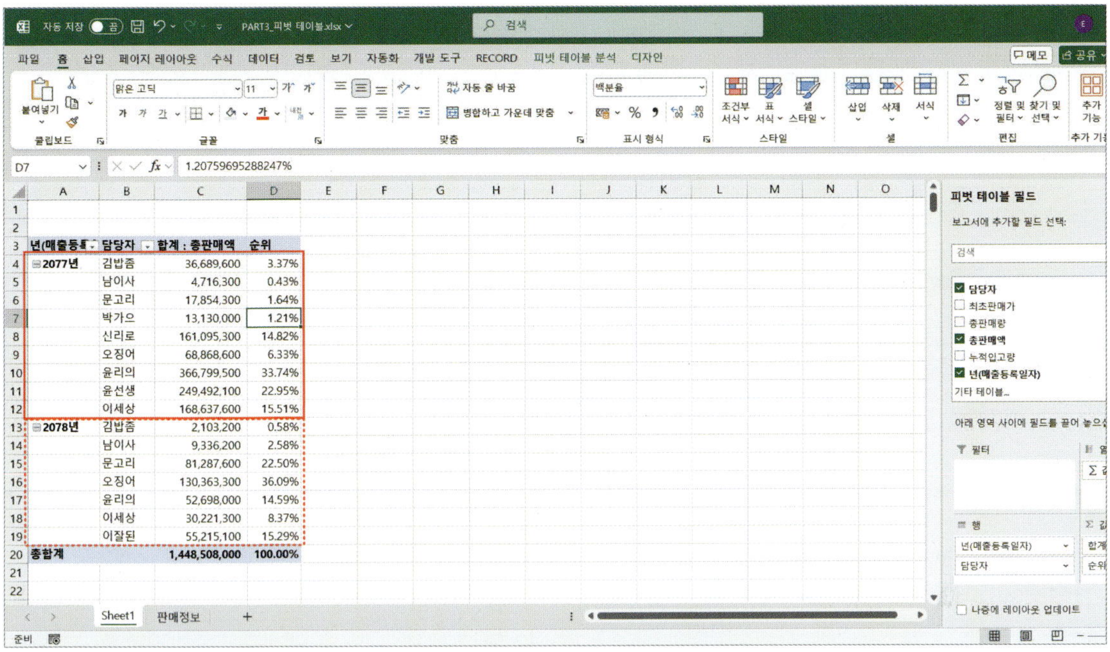

02 담당자의 전체 년도 총판매액(매출) 비중을 구해 보겠습니다.

❶ [Sheet1] 시트에 출력된 피벗 테이블, 담당자별 내림차순 순위 구간 D열 아무 셀 클릭- 마우스 우클릭- 값 표시 형식- '총합계 비율' 메뉴를 클릭합니다.

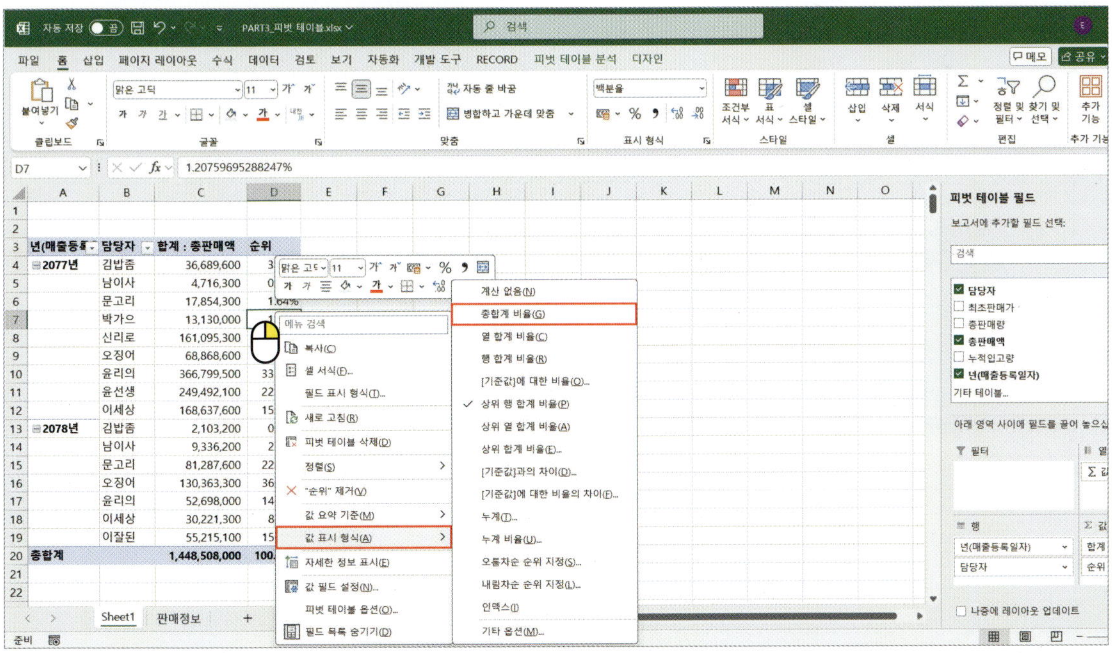

❷ 전체 총합계 비율이 100%가 출력된 결과를 확인할 수 있고 전체 년도에 대한 담당자별 비율이 출력된 결과를 확인합니다.

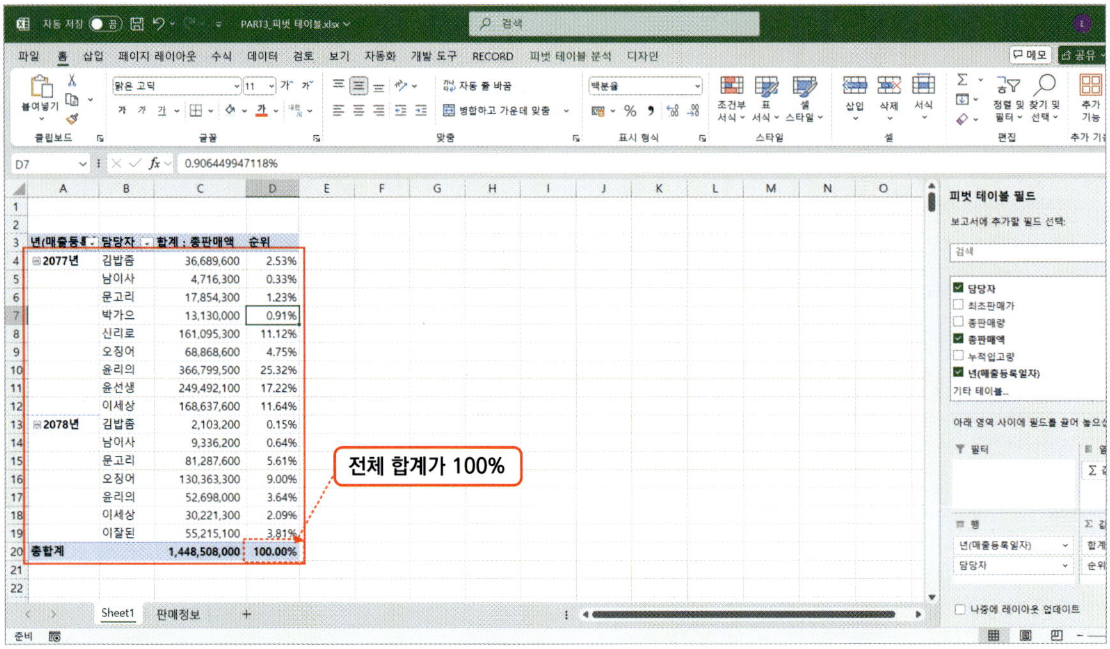

TIP 이번에도 D열 필드 이름을 출력된 정보에 맞게 '비율'이라고 고쳐 가독성을 높입니다.

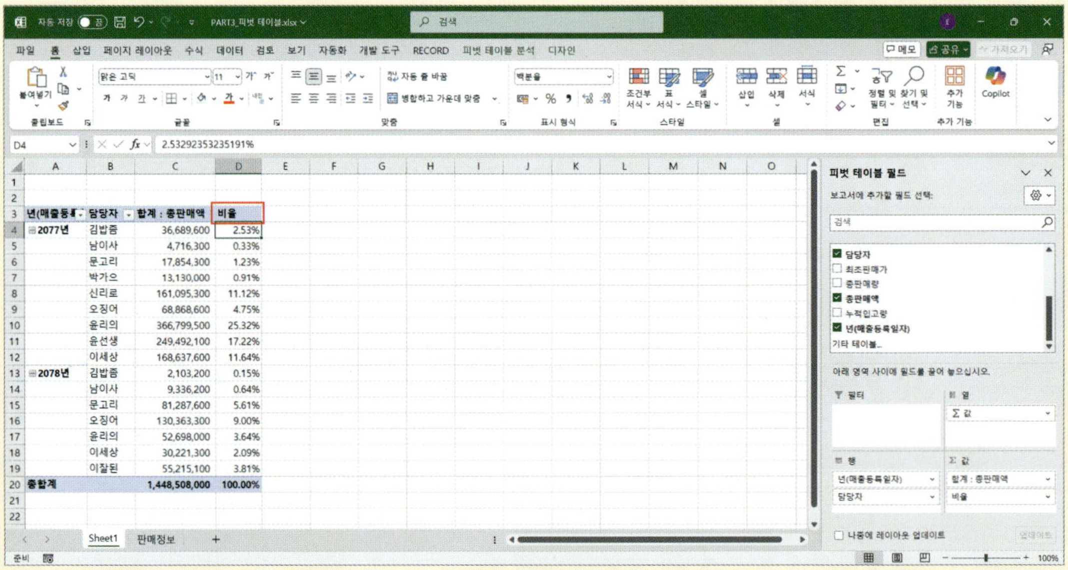

CHAPTER 27

피벗 테이블, 시간 표시 막대 삽입 기능 활용해 분기별 총판매량 출력하기

예제 파일 PART1_10-30 피벗 테이블

실무 스킬

피벗 테이블로 출력한 정보는 대부분 클릭 몇 번으로 원하는 결과를 얻을 수 있습니다. 이것이 피벗 테이블의 가장 큰 장점이 아닐까 합니다. 데이터도 직관적으로 바로바로 출력되니 사용자 입장에서는 사용 안 할 이유가 없습니다. 그런데 이보다 더 직관적으로 데이터를 관리할 수 있게 도와주는 '시간 표시 막대' 기능을 활용하면 대시보드(Dashboard)를 출력할 때 버튼으로 활용할 수 있는 메뉴가 생성됩니다. 이 '시간 표시 막대' 기능은 시간의 흐름을 나타내는 필드에만 적용할 수 있는데, 날짜나 시간 정보가 그것입니다. 그리고 필터 기능 기반으로 운영되기 때문에 원하는 정보만 출력할 수 있다는 장점이 있습니다. 이번 파트에서는 직관적으로 날짜 정보를 추출할 수 있는 '시간 표시 막대 삽입'기능에 대해 알아보겠습니다.

실무 연습 ❶

[Sheet1] 시트는 [판매정보] 시트를 바탕으로 피벗 테이블을 출력하는데, '행' 필드에는 '년도' 필드가 '월' 필드보다 상위정보로 출력되게 하고 '값' 영역에는 '총판매량' 합계 필드가 출력되게끔 피벗 테이블을 운영한 뒤 '시간 표시 막대'를 이용해 분기 단위로 '총판매량' 정보를 출력해 보겠습니다.

01 B4:M429셀 범위 지정- [삽입] 탭- 표- '피벗 테이블' 메뉴를 클릭합니다.

※ Ctrl+A 단축키를 활용하면 데이터 범위를 한 번에 전체를 지정할 수 있습니다. 단, 전체 범위에서 한 행 또는 한 열 정보가 전체 비어 있으면 안됩니다.

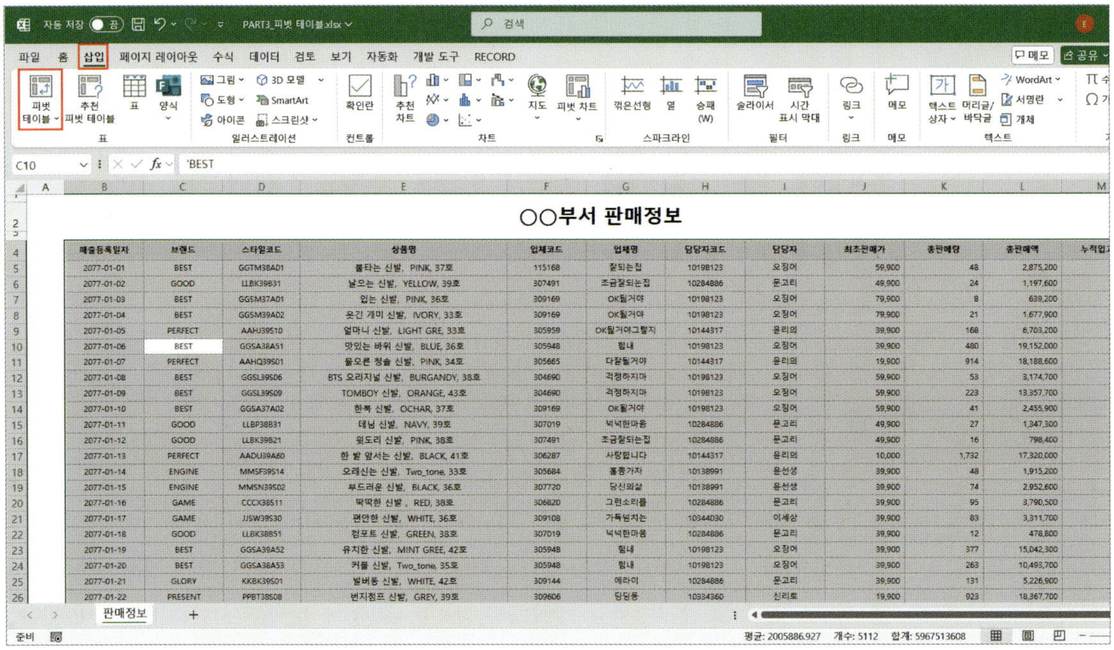

02 표 또는 범위의 피벗 테이블– 테이블 또는 범위 선택– 표/범위: 판매정보!$B$4:$M$429– 피벗 테이블을 배치할 위치를 선택합니다.– '새 워크시트'– 확인 버튼을 클릭합니다.

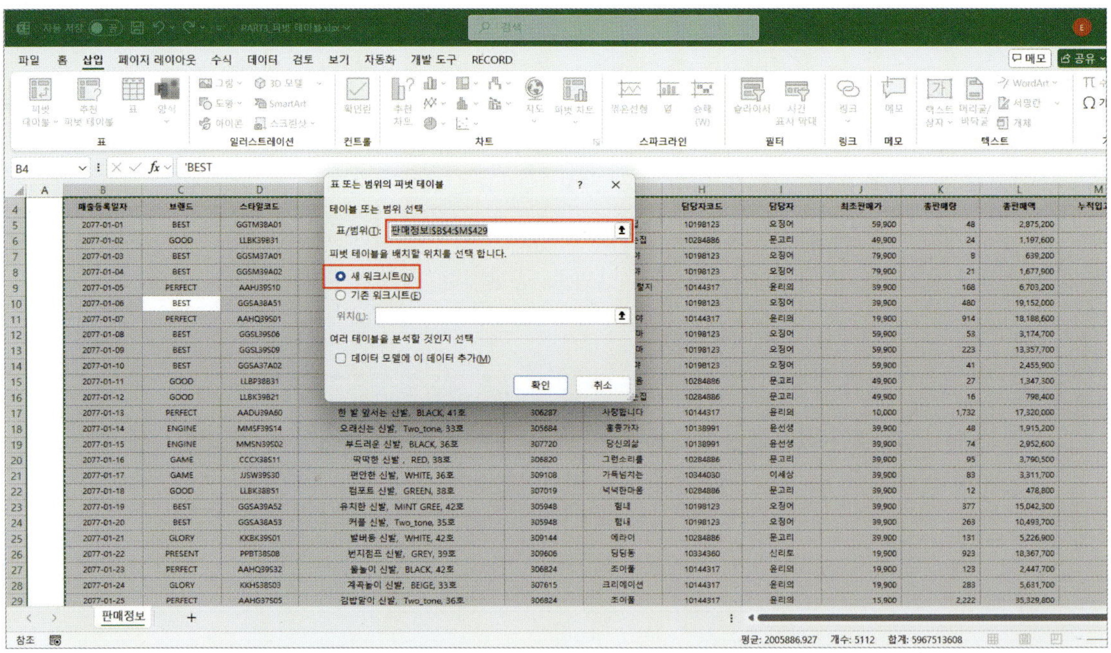

03 피벗 테이블 필드- 매출등록일자 필드 드래그- '행' 영역에 드래그 다운합니다.

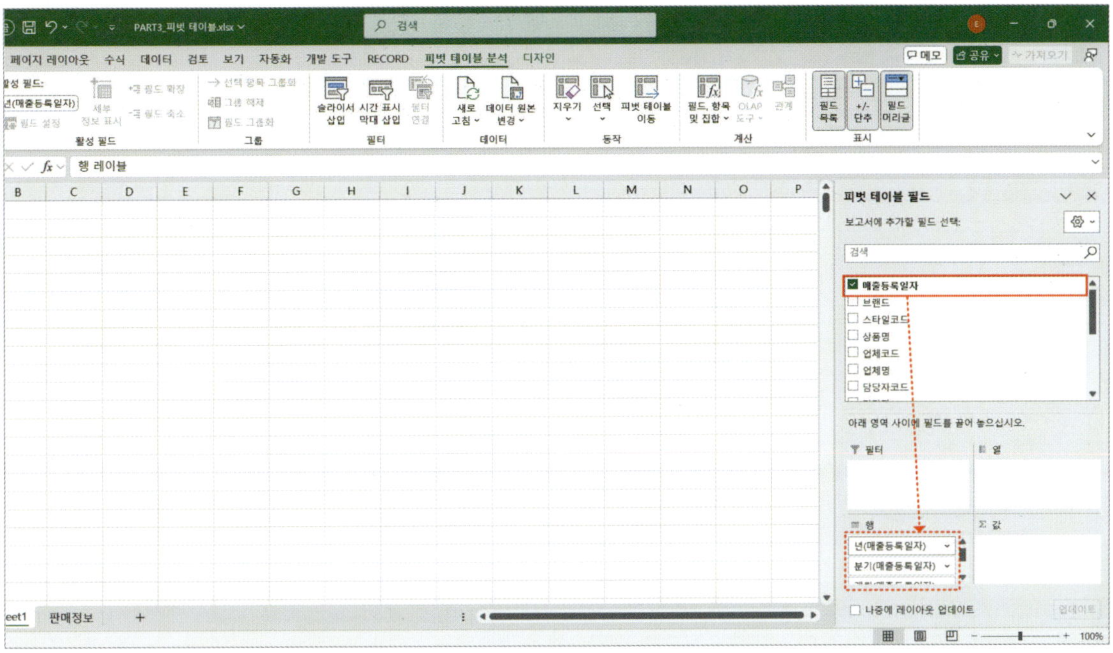

04 피벗 테이블 아무 셀 클릭- 마우스 우클릭- '그룹' 메뉴를 선택합니다.

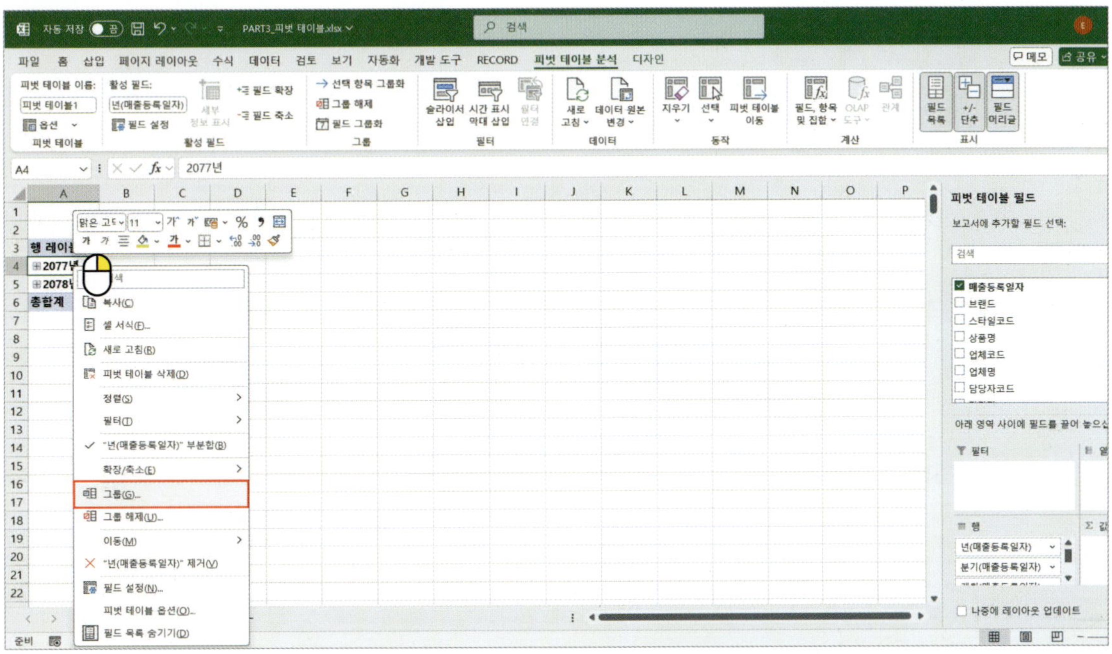

05 그룹화– 단위– '월' 과 '연' 메뉴를 선택하고 확인 버튼을 누릅니다.

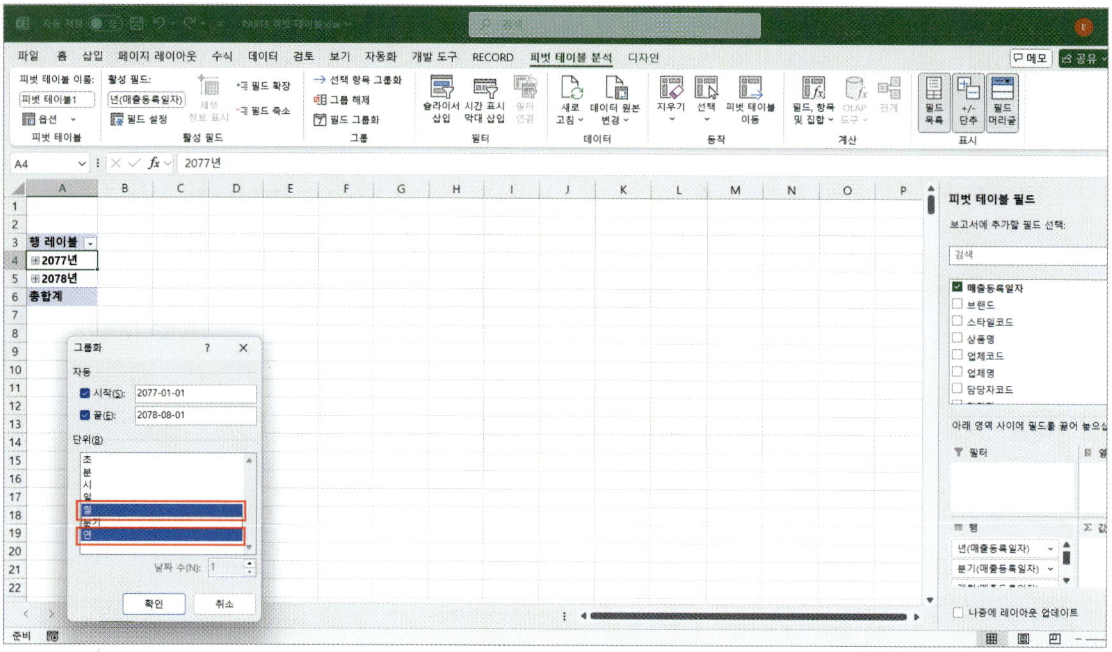

06 피벗 테이블 필드– '총판매량' 필드– '값' 영역에 드래그 다운합니다.

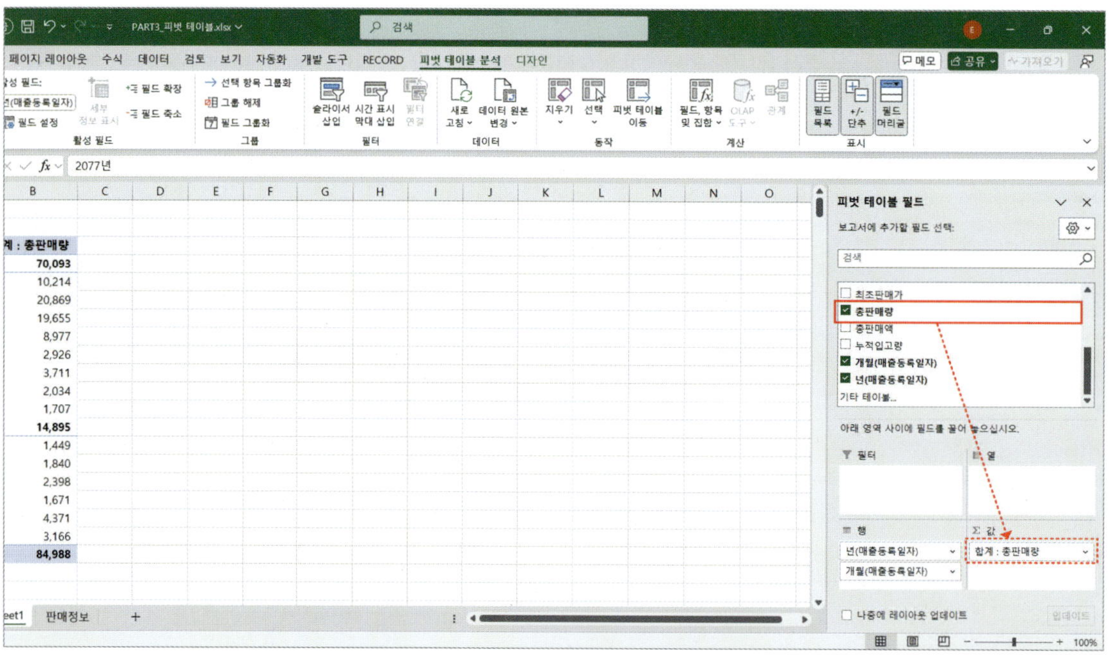

07 피벗 테이블 아무 셀 클릭- [피벗 테이블 분석] 탭- 시간 표시 막대 삽입- 시간 표시 막대 삽입- '매출등록일자', 체크박스 클릭- 확인 메뉴를 클릭합니다.

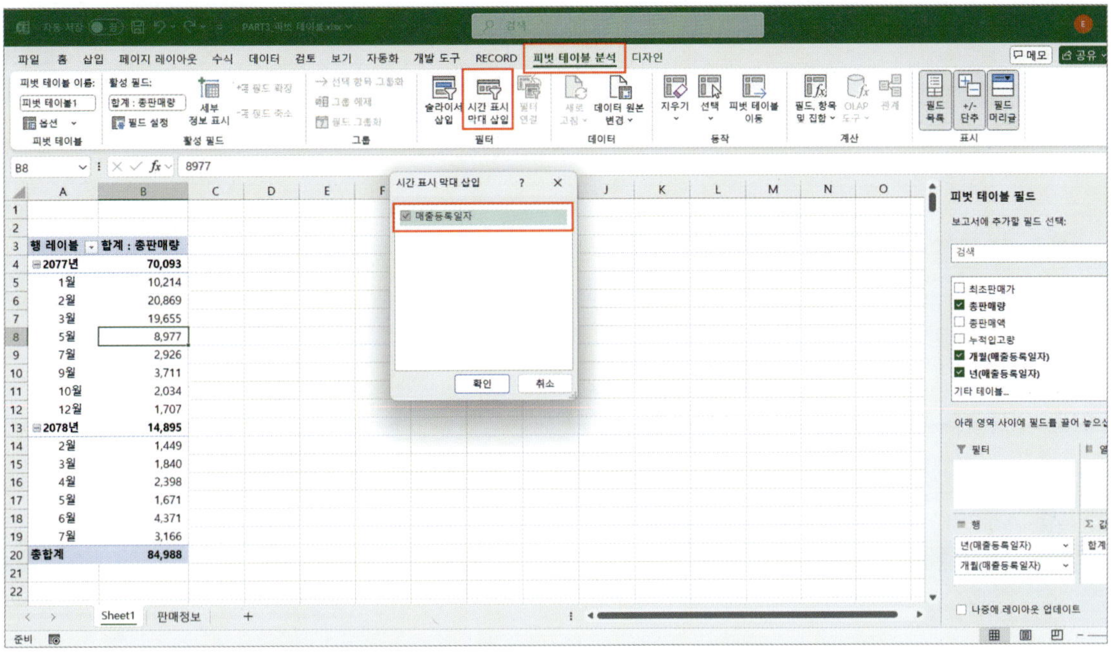

08 매출등록일자, 시간 표시 막대 오른쪽 '월', 삼각형 아래 방향 메뉴 탭- '분기' 메뉴를 선택합니다.

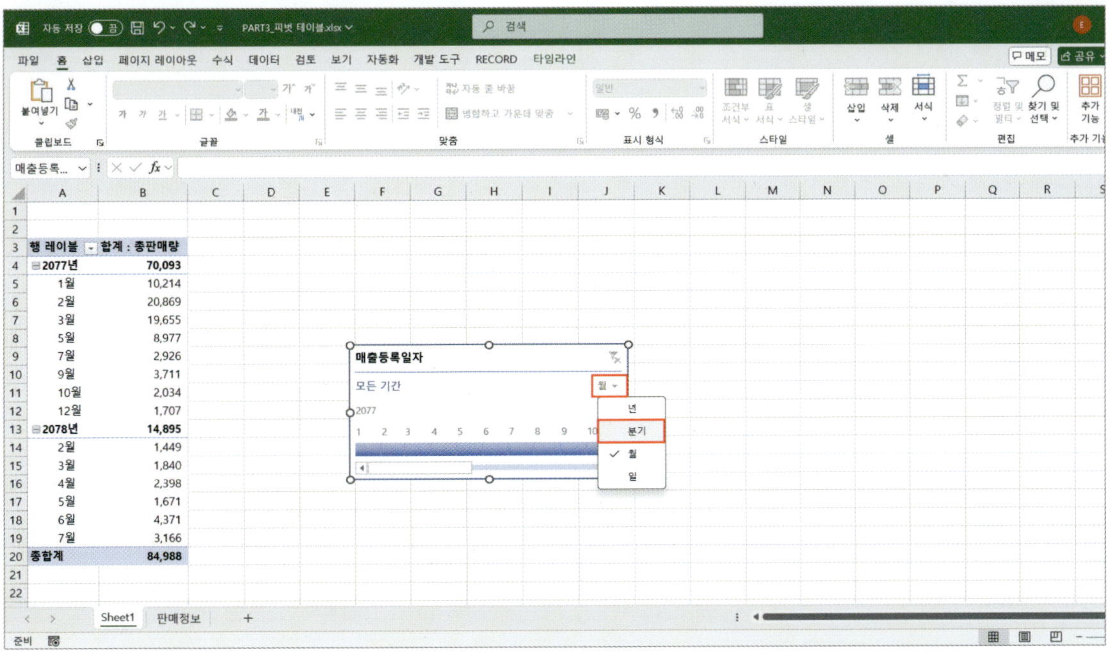

09 '매출등록일자', '시간 표시 막대 분기'정보의 오른쪽 가운데 동그라미 조절점을 적당한 크기로 너비를 늘려 줍니다.

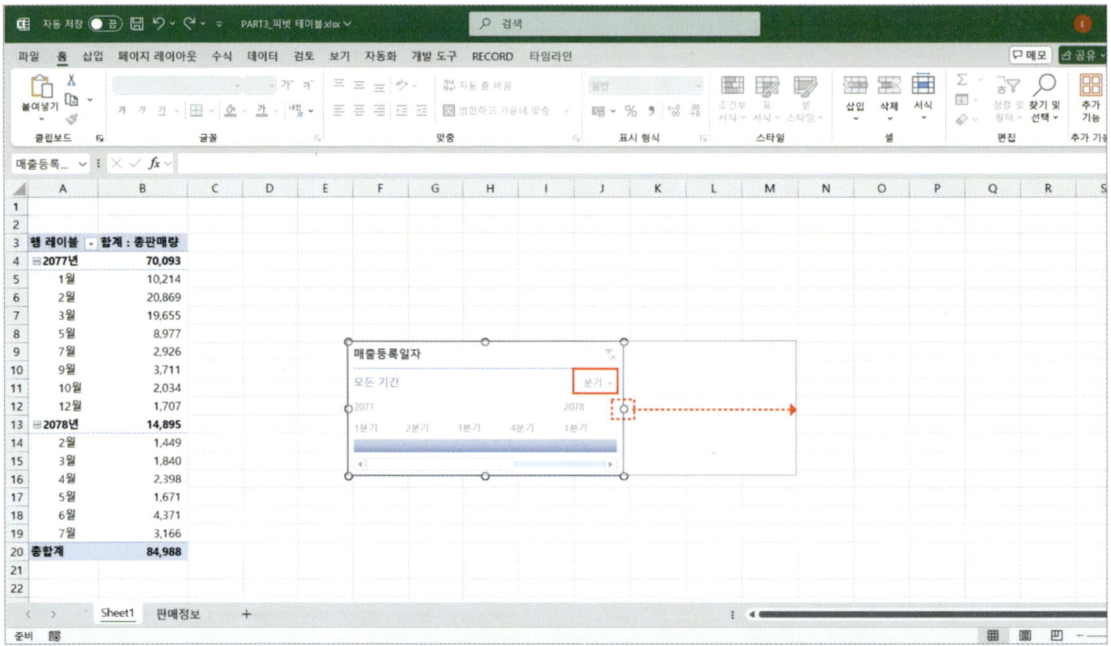

10 '2077년', 1분기 파란색 바를 클릭해 피벗 테이블 결과를 확인합니다.

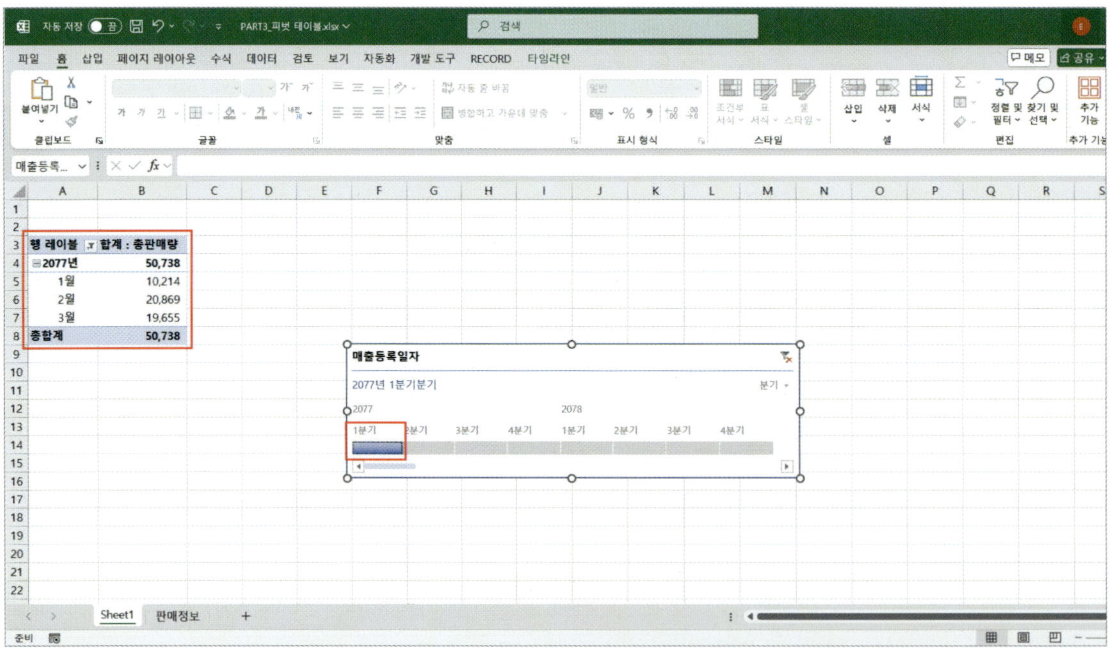

11 '2078년', 1분기와 2분기 동시에 선택해 총판매량을 확인합니다.

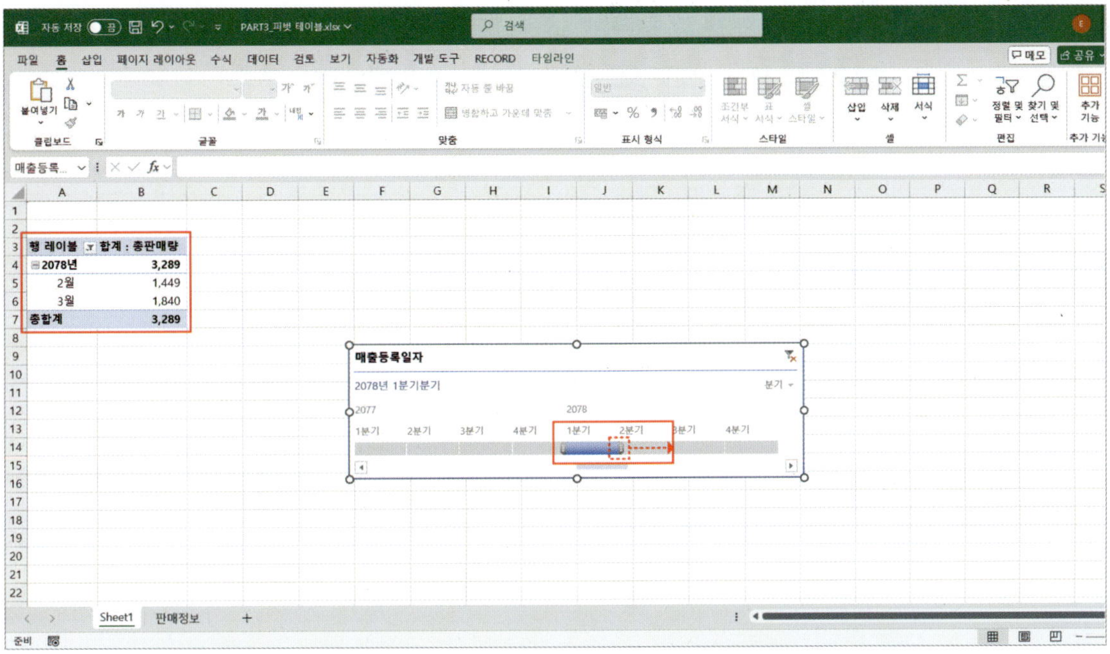

※ 2개 이상 파란색 바를 선택하기 위해서 먼저 기준 바 하나를 선택하면(화면에서 2078년 1분기 파란색 바 먼저 클릭) 파란색 바 오른쪽 흰 점 세 개가 보이는데 그 곳에 마우스를 밀어 넣어 2분기가 있는 빈칸까지 드래그해 파란색으로 채워진 결과를 확인하고 마우스에서 손을 떼면 됩니다.

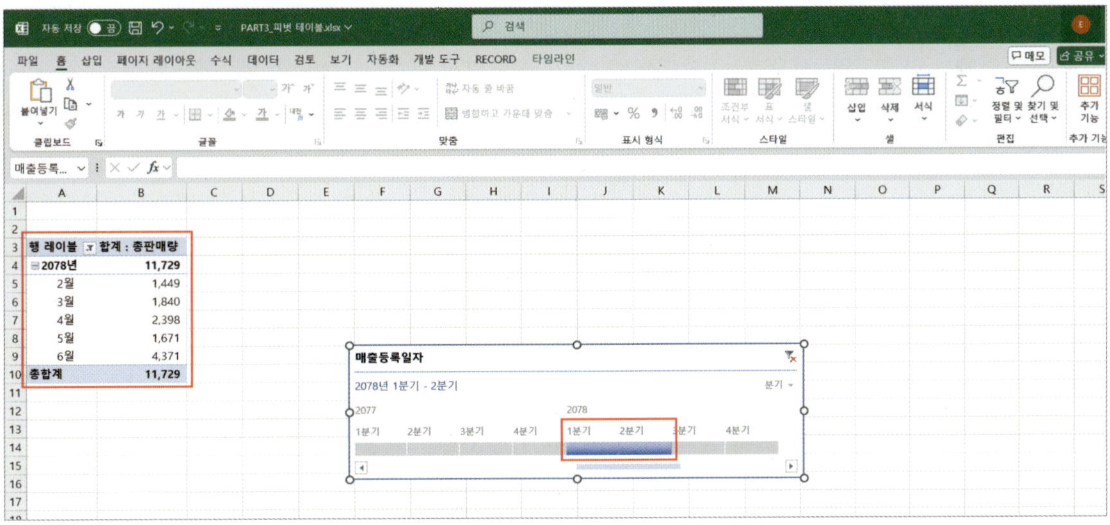

TIP 시간 표시 막대는 데이터를 연속으로만 지정할 수 있습니다. 예를 들어, 1분기와 2분기, 3분기 이렇게 연속으로는 지정할 수 있지만 1분기와 3분기 이런 식으로 떨어진 정보를 시간 표시 막대에서는 선택할 수 없으니 참고 바랍니다.

CHAPTER 28

피벗 테이블, 눈에 보이는 필터, 슬라이서 사용법 및 가공하기

예제 파일 PART1_10-30 피벗테이블

실무 스킬

피벗 테이블 기능 중 시간 표시 막대는 시간의 흐름을 대시보드 버튼처럼 활용할 수 있다면 지금 배울 '슬라이서' 기능은 날짜나 시간 관련 필드뿐만 아니라 모든 텍스트 필드에 적용되는 조금 더 넓은 범위에서 사용 가능한 대시보드 버튼이라 생각하면 됩니다. 특정 필드가 대시보드 버튼의 대상이 되며 해당 필드 '슬라이서'를 클릭했을 때 피벗 테이블은 관련 정보를 보여 주게 됩니다. '시간 표시 막대' 기능과 유사하다고 생각하면 쉽습니다. 슬라이서 사용법 및 가공하는 간단한 방법에 대해 함께 알아보도록 하겠습니다.

실무 연습 ❶

'행' 필드에는 '년도' 필드가 '월' 필드보다 상위정보로 출력되게 하고, '열' 필드에는 '브랜드' 필드가 출력되게 합니다. 그리고 '값' 영역에는 '총판매량' 합계 필드가 출력되게끔 피벗 테이블을 운영합니다.

[판매정보] 시트를 바탕으로 피벗 테이블을 출력하는데, '행' 필드에는 '년도' 필드가 '월' 필드보다 상위정보로 출력되게 하고, '열' 필드에는 '브랜드' 필드가 출력되게 합니다. 그리고 '값' 영역에는 '총판매량' 합계 필드가 출력되게끔 피벗 테이블을 운영합니다. 그리고 나서 '담당자'와 '업체명' 필드로 출력된 두 개의 '슬라이서'로 관련 정보를 클릭했을 때 관련 정보가 출력되는 피벗 테이블를 만들어 보겠습니다.

01 B4:M429셀 범위 지정- [삽입] 탭- 표- '피벗 테이블' 메뉴를 클릭합니다.

※ Ctrl+A 단축키를 활용하면 데이터 범위를 한 번에 전체를 지정할 수 있습니다. 단, 전체 범위에서 한 행 또는 한 열 정보가 전체 비어 있으면 안됩니다.

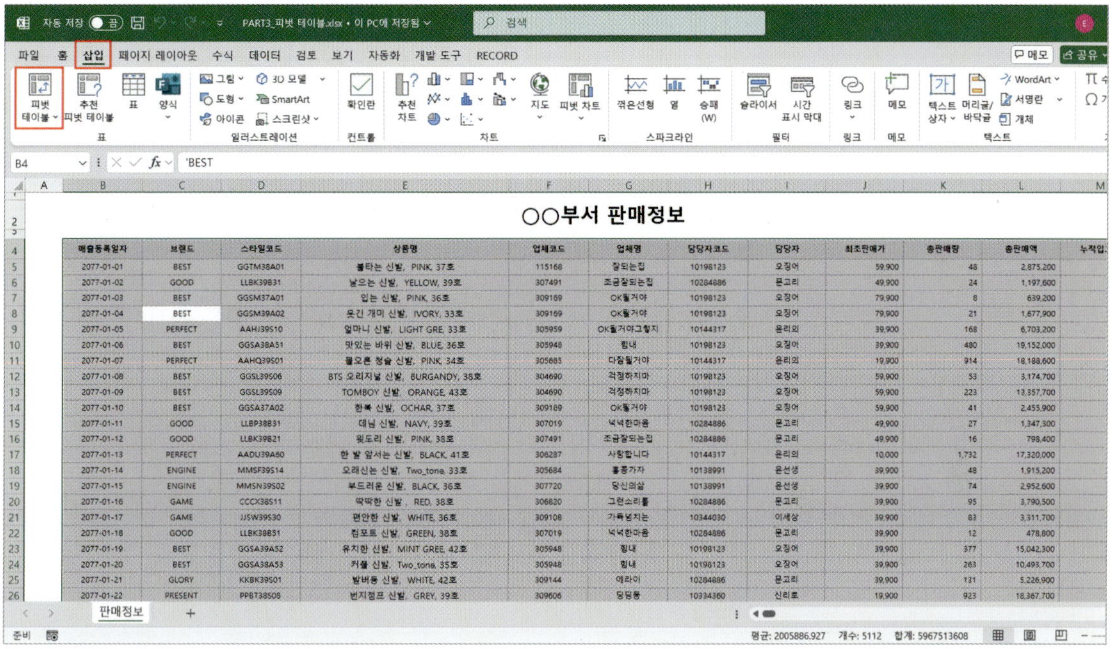

02 표 또는 범위의 피벗 테이블- 테이블 또는 범위 선택- 표/범위: 판매정보!$B$4:$M$429- 피벗 테이블을 배치할 위치를 선택합니다.- '새 워크시트'- 확인 버튼을 클릭합니다.

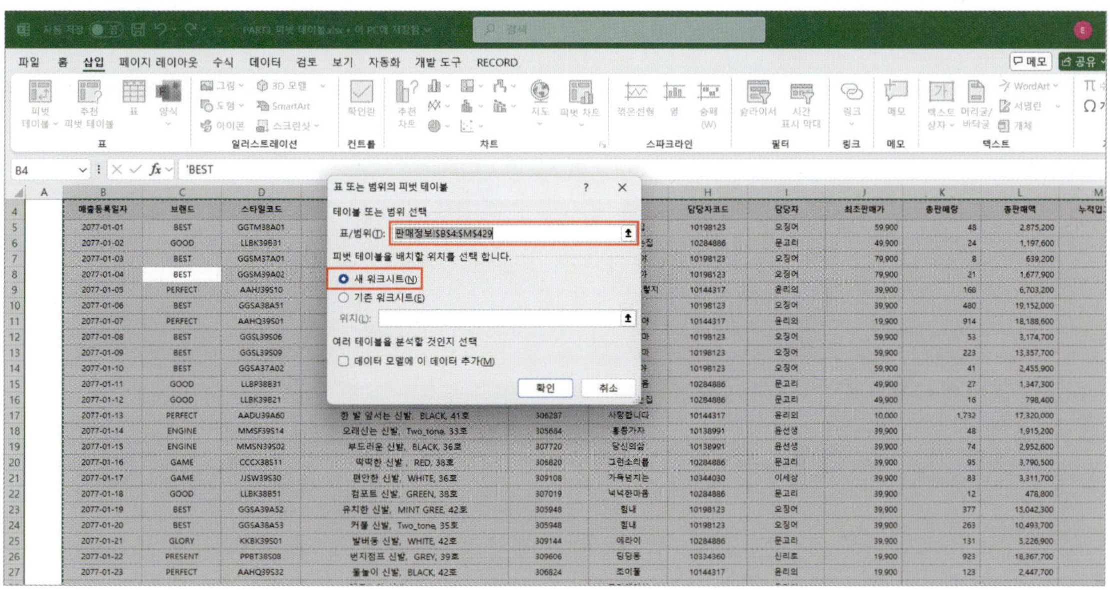

03 피벗 테이블 필드- 매출등록일자 필드 드래그- '행' 영역에 드래그 다운합니다.

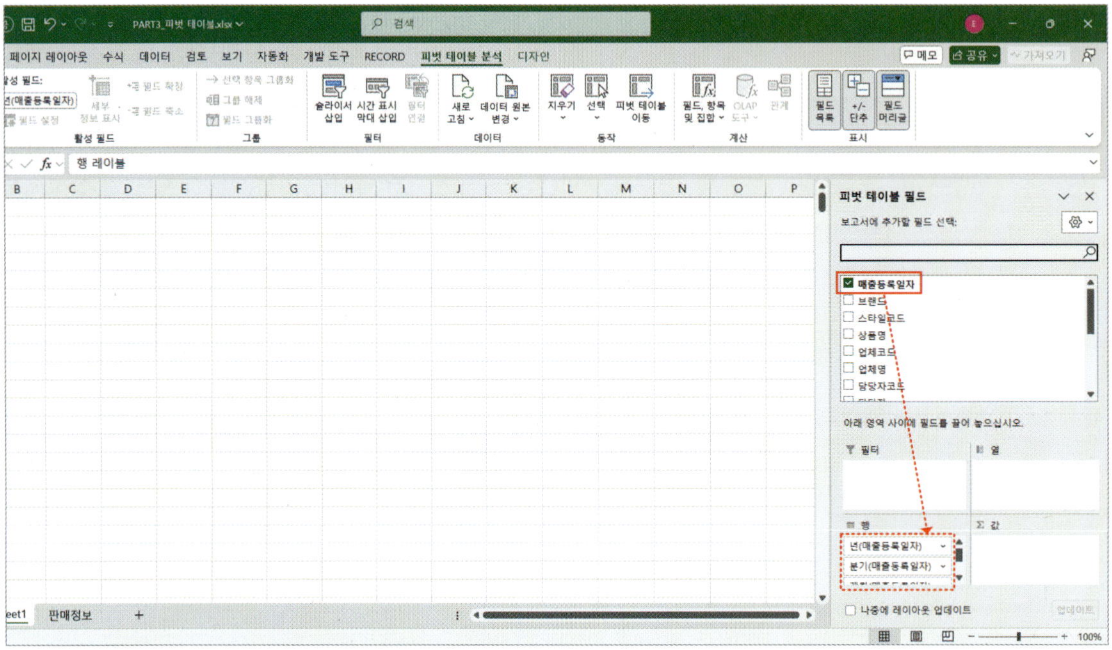

04 피벗 테이블 아무 셀 클릭- 마우스 우클릭- '그룹' 메뉴를 클릭합니다.

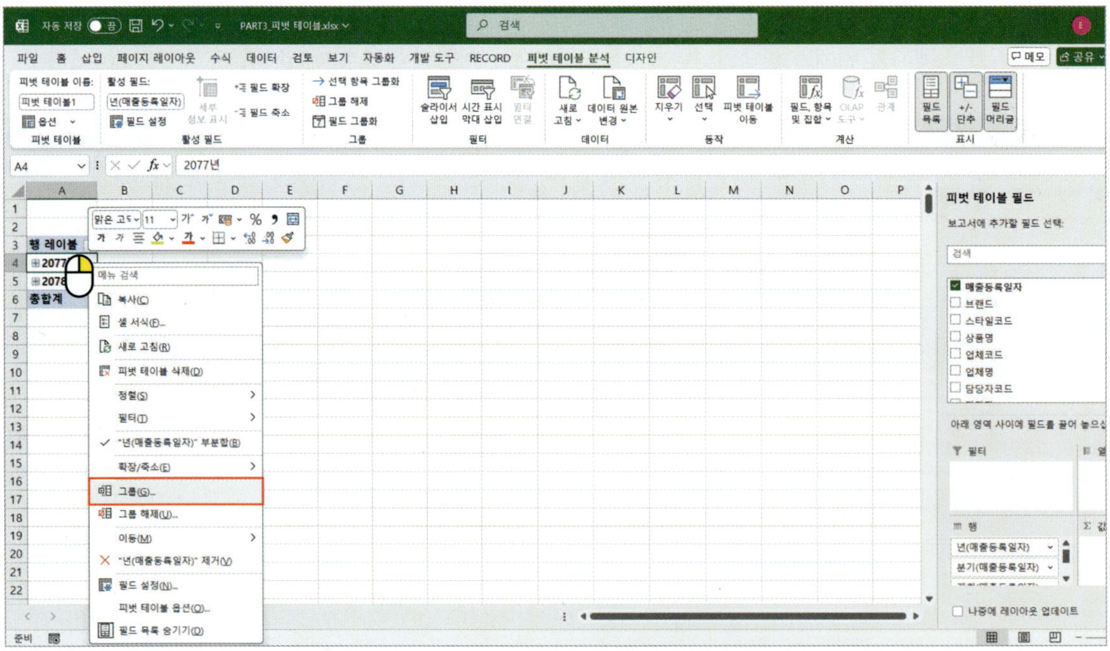

05 그룹화- 단위- '월'과 '연' 메뉴 선택- 확인 버튼을 누릅니다.

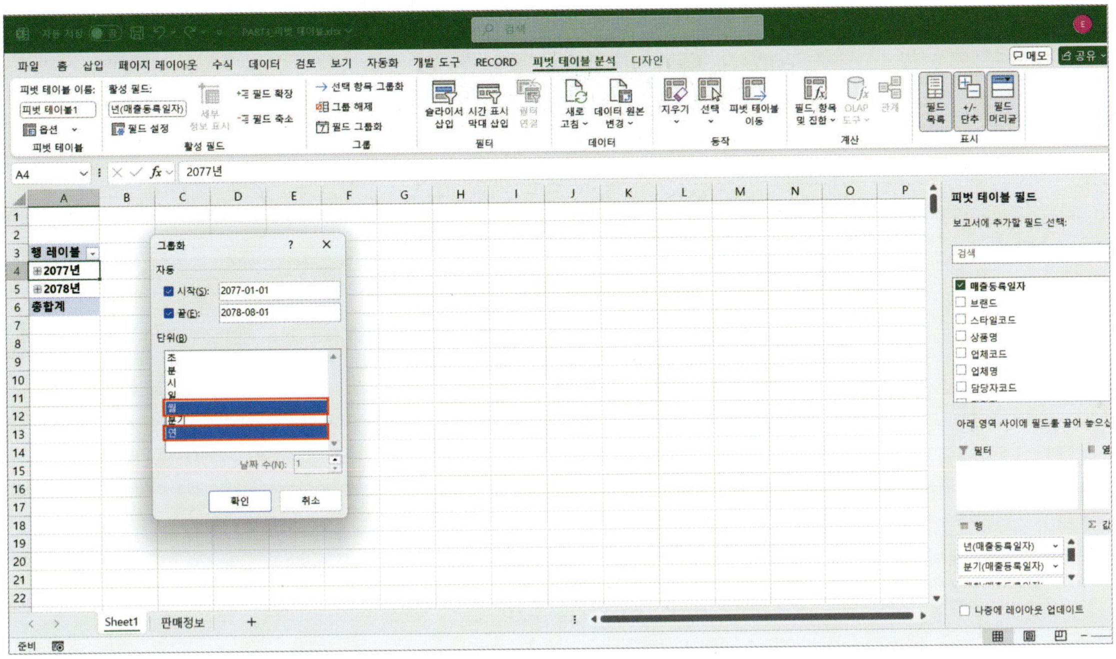

06 피벗 테이블 필드- '브랜드' 필드를 '열' 영역으로 드래그 다운합니다.

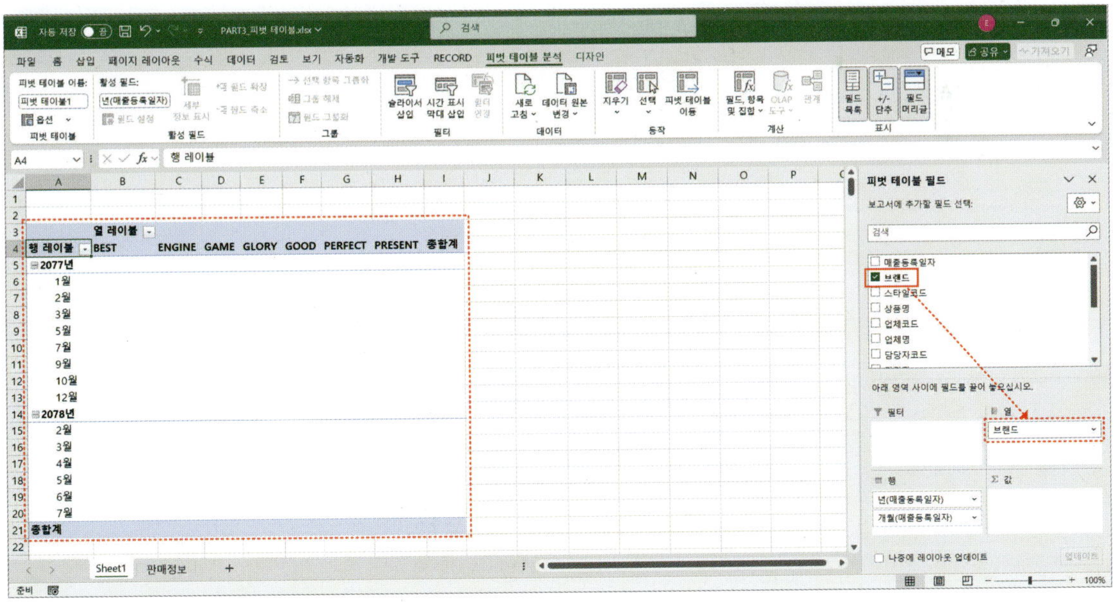

07 피벗 테이블 필드- '총판매량' 필드를 '값' 영역으로 드래그 다운합니다.

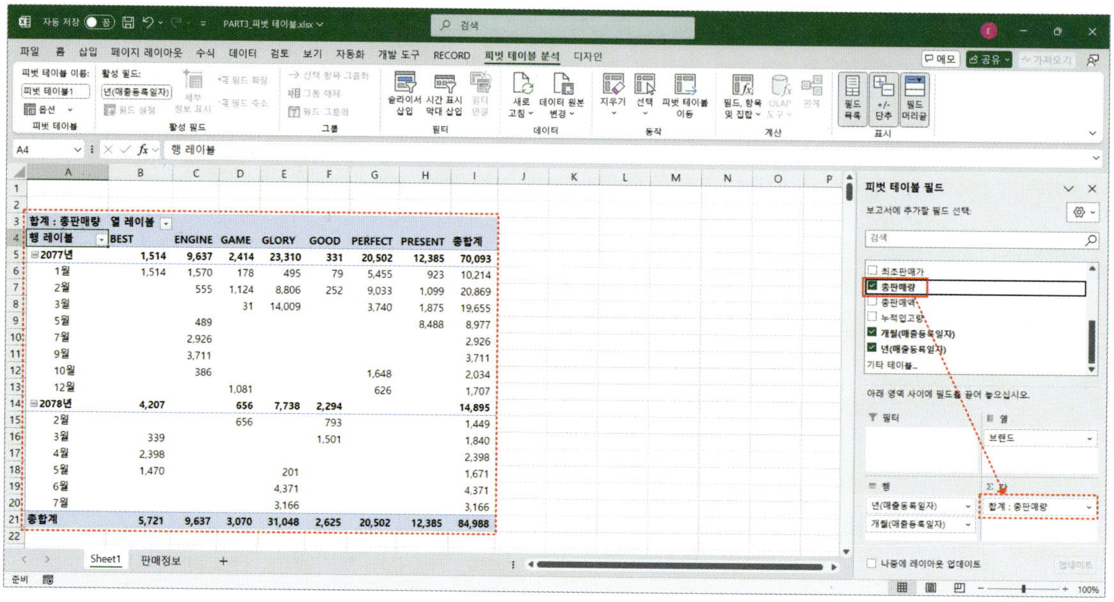

08 피벗 테이블 아무 셀 클릭- [피벗 테이블 분석] 탭- 필터- 슬라이서 삽입- 슬라이서 삽입- '업체명과 담당자 필드, 각각 체크박스 체크'- 확인 버튼을 클릭합니다.

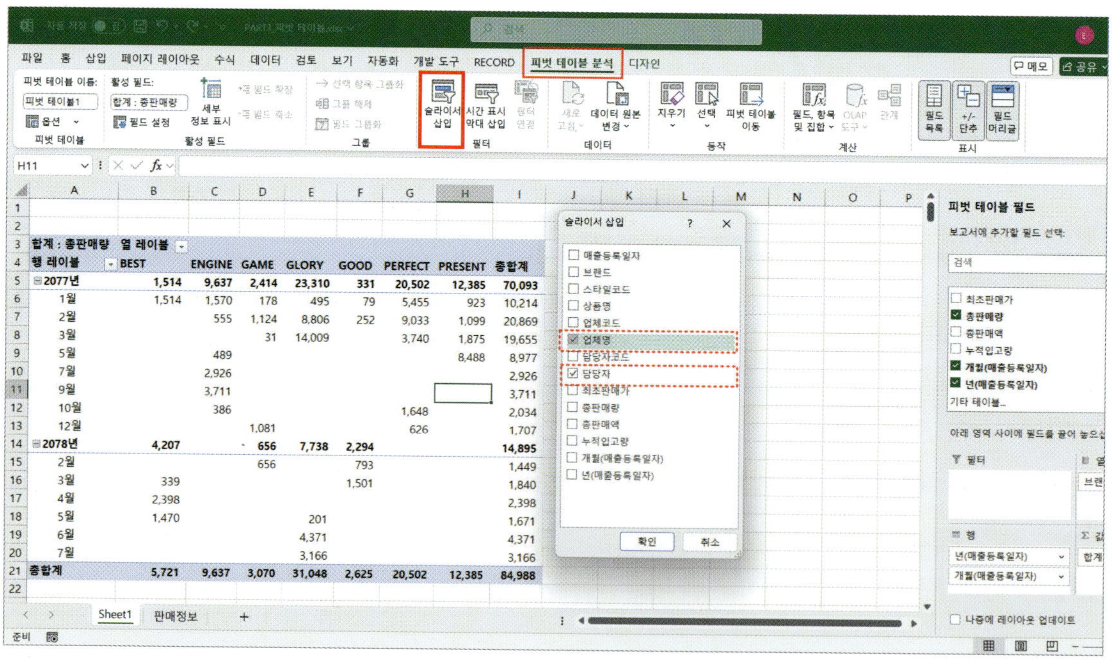

09 출력된 두 개의 슬라이서 중 '담당자' 슬라이서를 K1셀로 드래그해 이동시킵니다.

※ 슬라이서를 이동시킬 때는 '담당자' 필드 오른쪽 흰색 여백을 클릭한 상태(마우스 커서 모양이 상하좌우 검정색 화살표와 흰색 큰 화살표 모양)에서 드래그합니다.

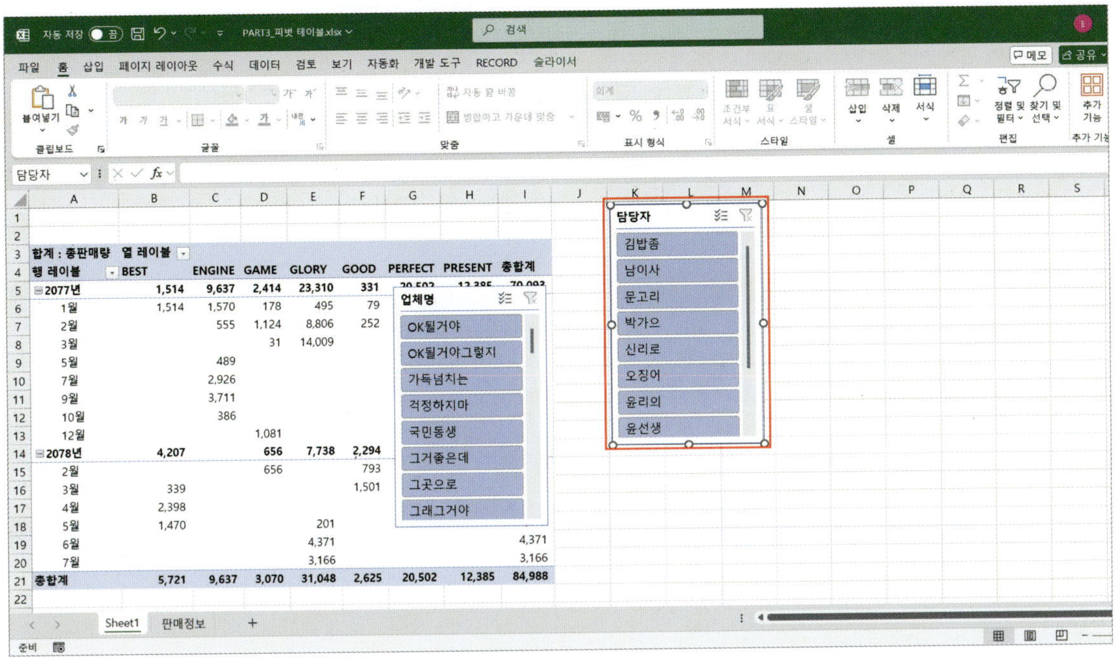

10 '담당자' 슬라이서를 클릭한 상태에서 [슬라이서] 탭- '단추- 열: 10'으로 변경하고 나서 슬라이서 오른쪽 가운데 동그라미를 오른쪽으로 드래그해 크기를 넓히고 아래 가운데 동그라미 조절점을 위로 드래그해 슬라이서 크기를 보기 좋게 만듭니다.

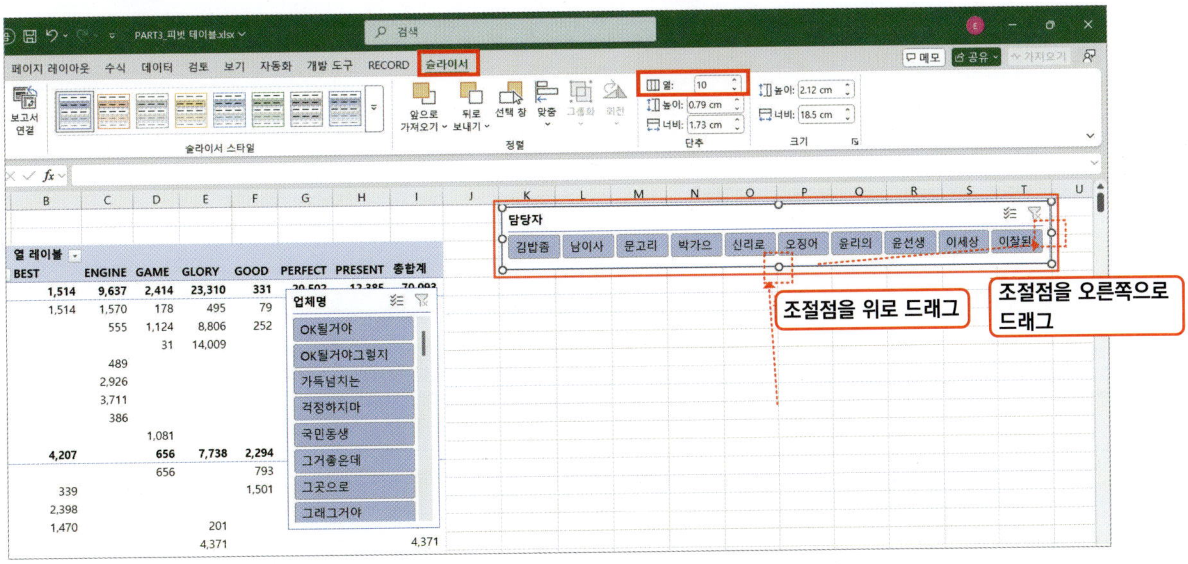

11 이번에는 '업체명' 슬라이서를 K6셀로 이동시킵니다.

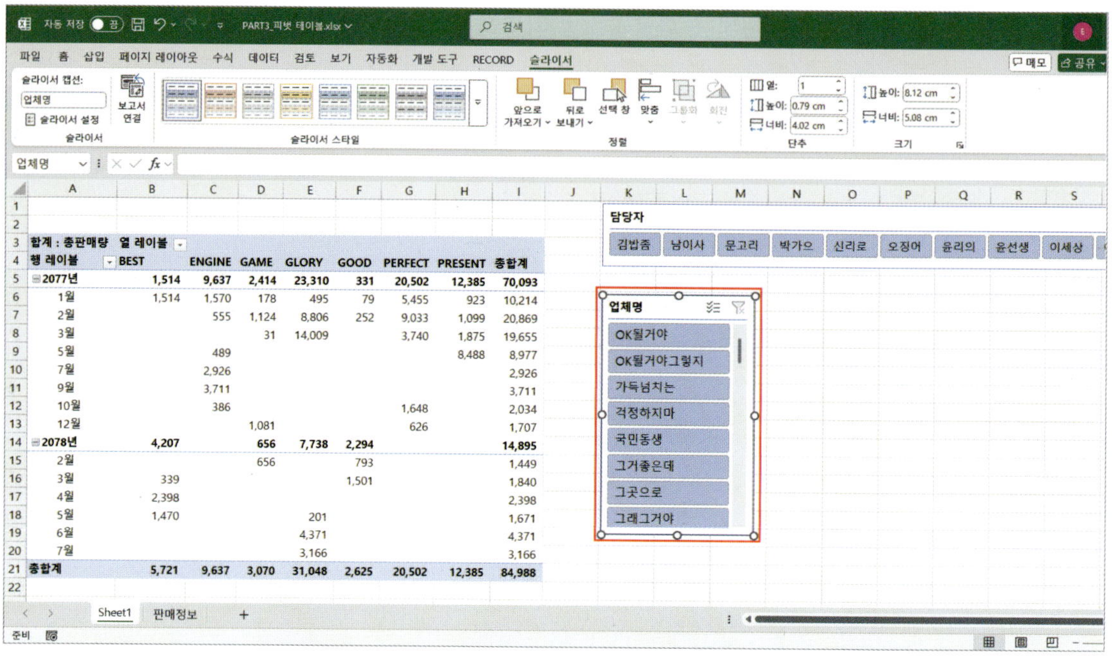

12 '업체명' 슬라이서 클릭– [슬라이서] 탭– '단추– 열: 7'로 변경하고 나서 슬라이서 오른쪽 가운데 동그라미 조절점을 오른쪽으로 드래그해 크기를 넓히고 아래 가운데 동그라미 조절점을 위로 드래그해 슬라이서 크기를 보기 좋게 만듭니다.

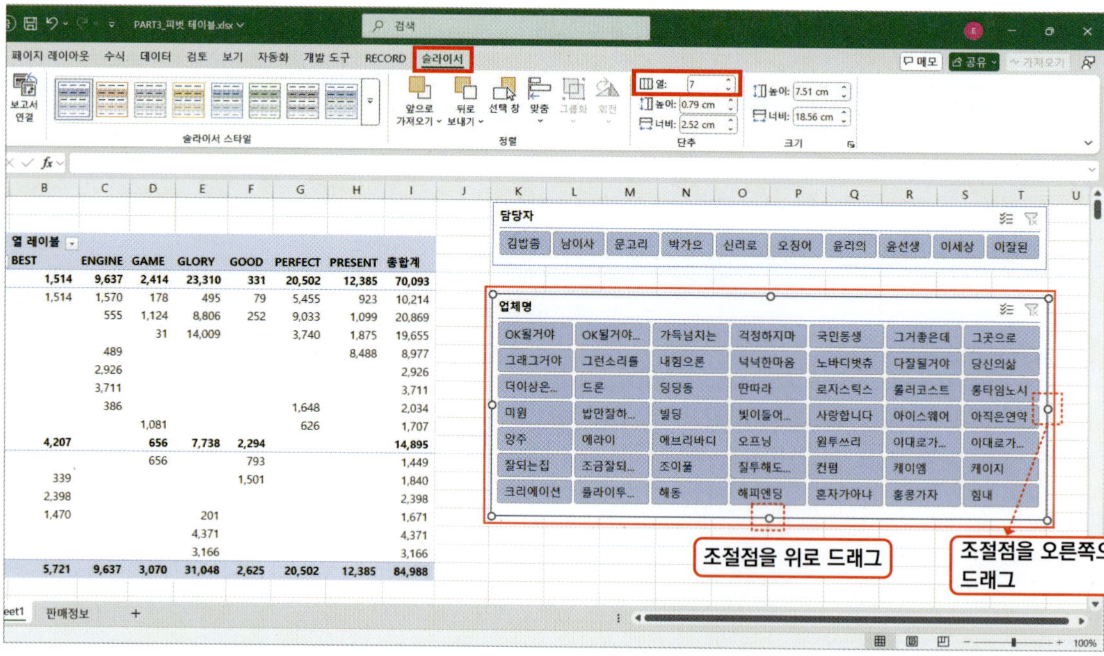

13 이제 슬라이서 정보를 클릭했을 때 왼쪽 피벗 테이블이 어떻게 반응하는지 확인하기 위해 먼저 '담당자' 슬라이서에서 '윤리의' 담당자를 선택하고 피벗 테이블 정보를 확인합니다. 그리고 그 아래 '업체명' 슬라이서도 어떻게 반응하는지 확인합니다.

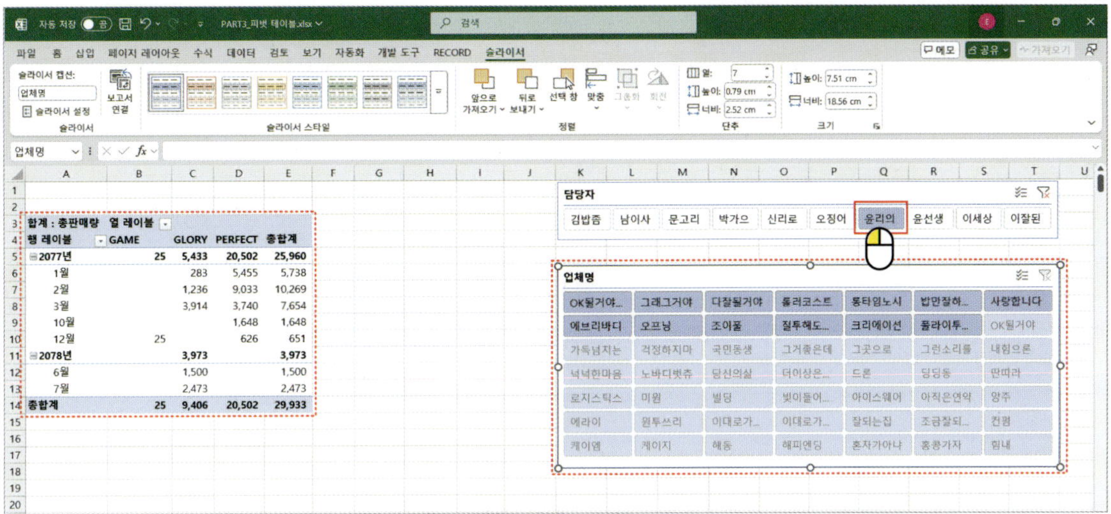

※ '담당자' 슬라이서에서 '윤리의' 담당자를 선택했을 때 관련된 정보가 '업체명' 슬라이서에서 진한 파란색으로 업체명이 표시된 것을 확인할 수 있고, 왼쪽 피벗 테이블도 관련한 정보로 출력된 것을 확인할 수 있습니다.

14 슬라이서 다중 선택지원이 가능한데, 방법은 Ctrl 키를 누른 채 다른 정보를 클릭하면 됩니다. '담당자' 슬라이서에서 추가로 '문고리' 담당자를 선택하기 위해서 Ctrl 키를 누른 채 '문고리'를 클릭합니다.

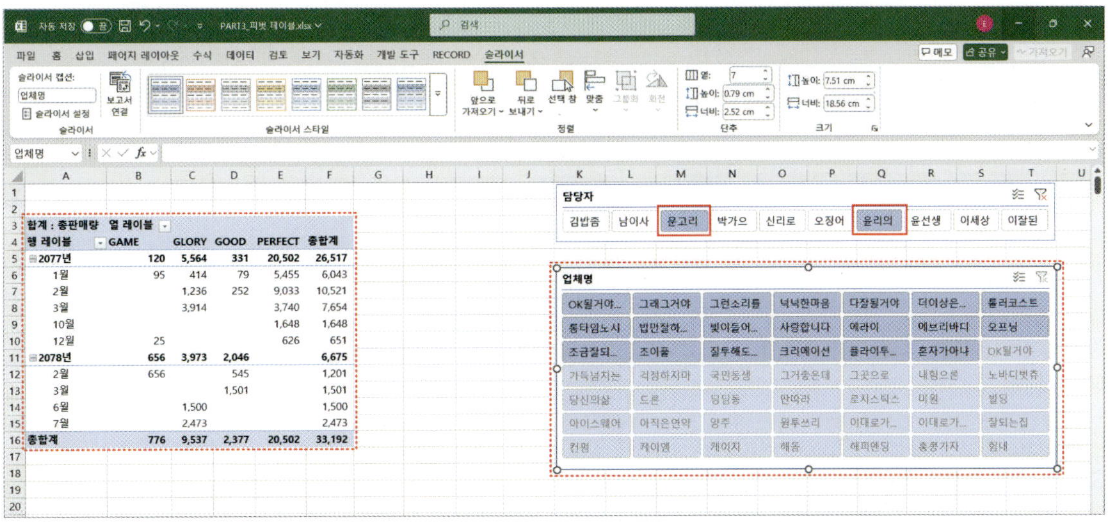

※ '담당자' 슬라이서를 다중 선택했을 때 다른 '업체명' 슬라이서도 반응하고 피벗 테이블도 반응하는 것을 확인할 수 있습니다.

15 '업체명' 슬라이서도 운영해 보겠습니다. 리셋을 위해 '담당자' 슬라이서 오른쪽 끝에 필터 모양 깔대기 모양의 X표시를 누릅니다.

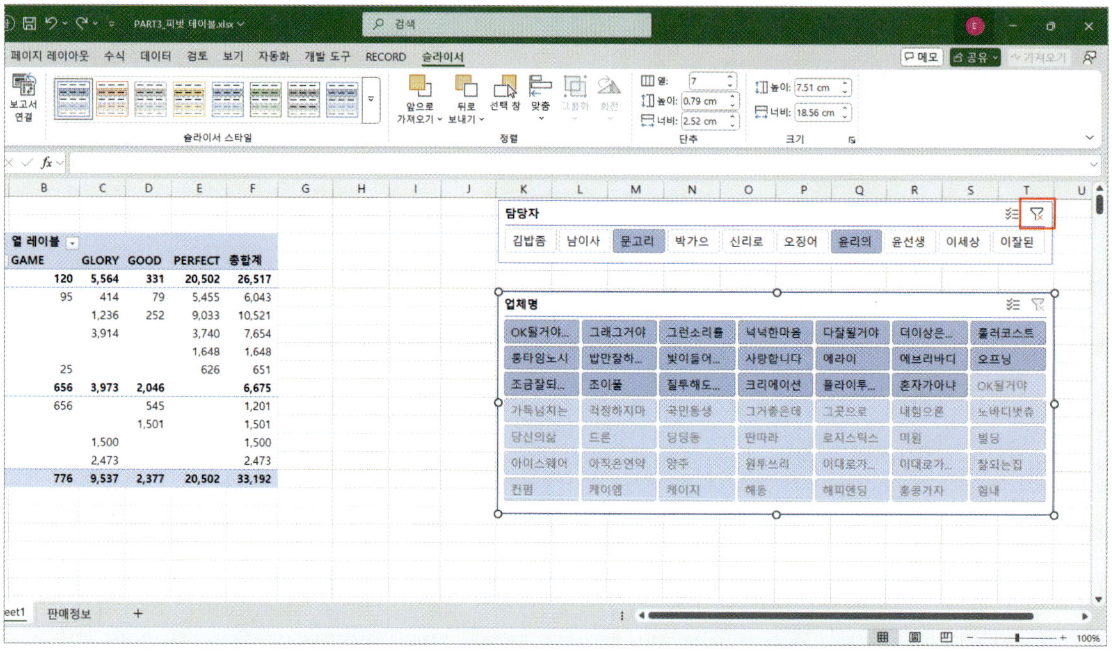

16 슬라이서가 리셋된 결과를 확인합니다. '업체명' 중 'OK될거야' 업체를 클릭합니다.

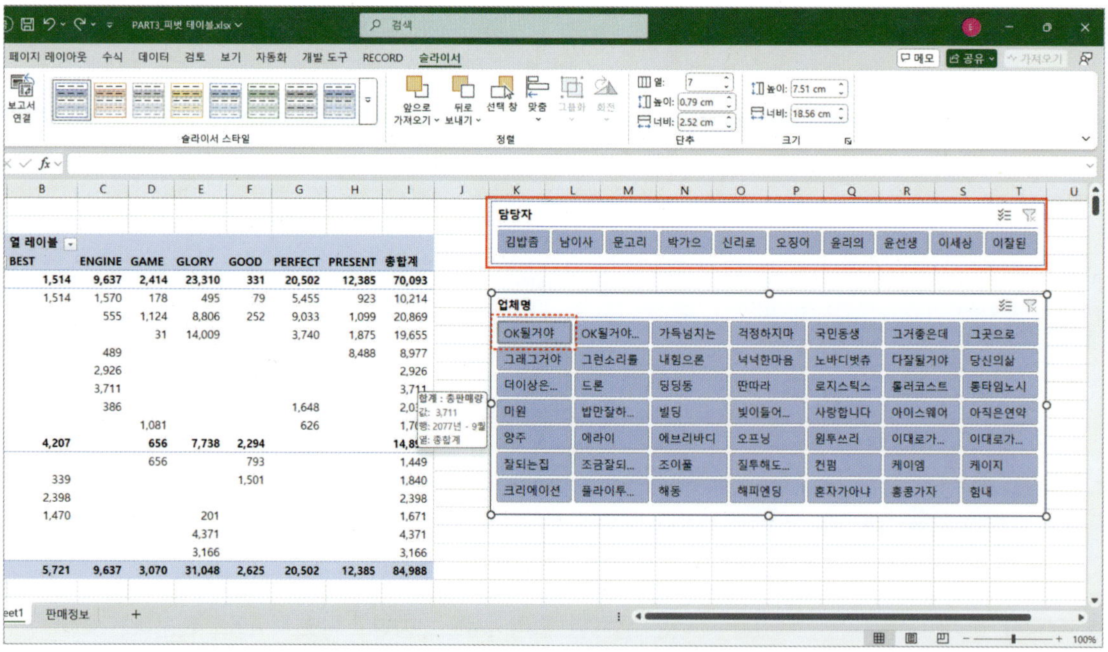

17 '업체명' 슬라이서에서 'OK될거야' 업체를 클릭했을 때 '담당자' 슬라이서와 피벗 테이블이 동시에 반응하는 것을 확인합니다.

※ 파란색 음영이 진하게 표시된 슬라이서 정보는 현재 클릭한 정보에 종속되거나 관계가 있다는 의미입니다. '업체명' 슬라이서, 'OK될거야' – '담당자' 슬라이서, '오징어' 담당자가 거래를 진행했다는 의미로 파란색 음영이 진하게 표시되었습니다.

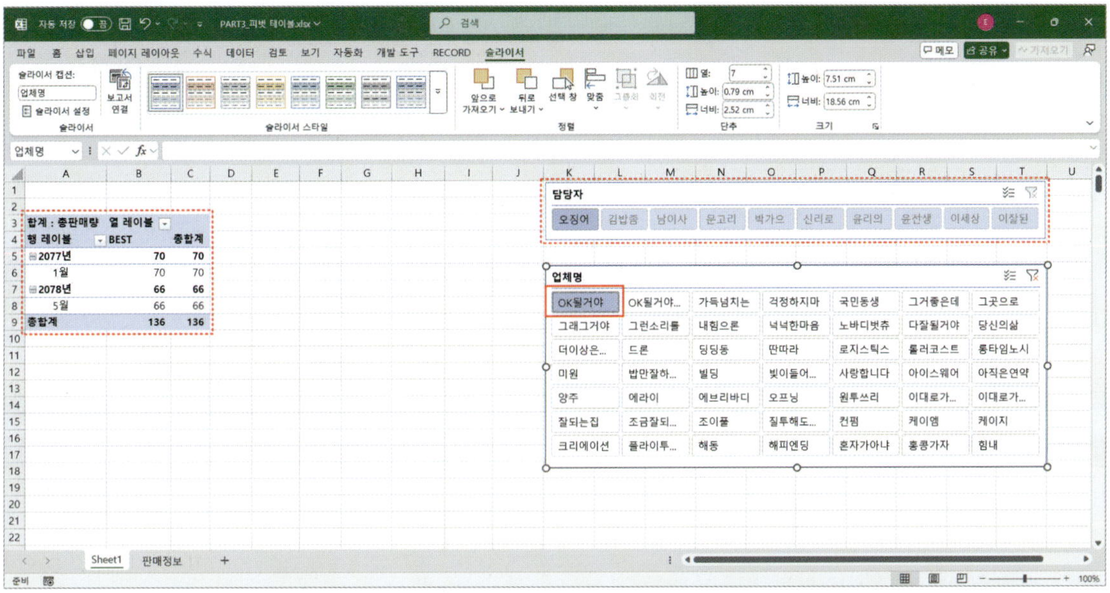

엑셀 엔진 UP! 피벗 테이블 '필터' 영역과 슬라이서 비교하기

지금까지 피벗 테이블을 다루면서 4개 영역 중 '필터' 영역에 대해서는 언급을 하지 않았습니다. 그 이유는 바로 슬라이서 기능이 '필터' 영역을 대체할 만큼 강력한 기능이기 때문입니다.

'필터' 영역에서 운영되는 정보의 필터 단추를 클릭했을 때 내용을 확인할 수 있지만 슬라이서는 내용이 밖으로 나와 있어 어떤 메뉴를 선택했는지 직관적으로 바로 확인할 수 있어 '필터' 영역에 필드를 통해 내용을 필터링하는 것보다 슬라이서를 사용하면 데이터를 더 직관적으로 확인할 수 있어 좋습니다.

01 출력한 슬라이서 2개를 모두 삭제하고 '필터' 영역에 '담당자'와 '업체명' 필드를 위치시켜 운영해 보겠습니다.

※ 참고로 슬라이서를 삭제할 때는 리셋을 반드시 진행해 주세요. 슬라이서 오른쪽 상단 필터 단추 아래 빨간색 X표시를 눌러 회색 X표시가 표시되게 해 주는 것이 리셋입니다.

리셋 전

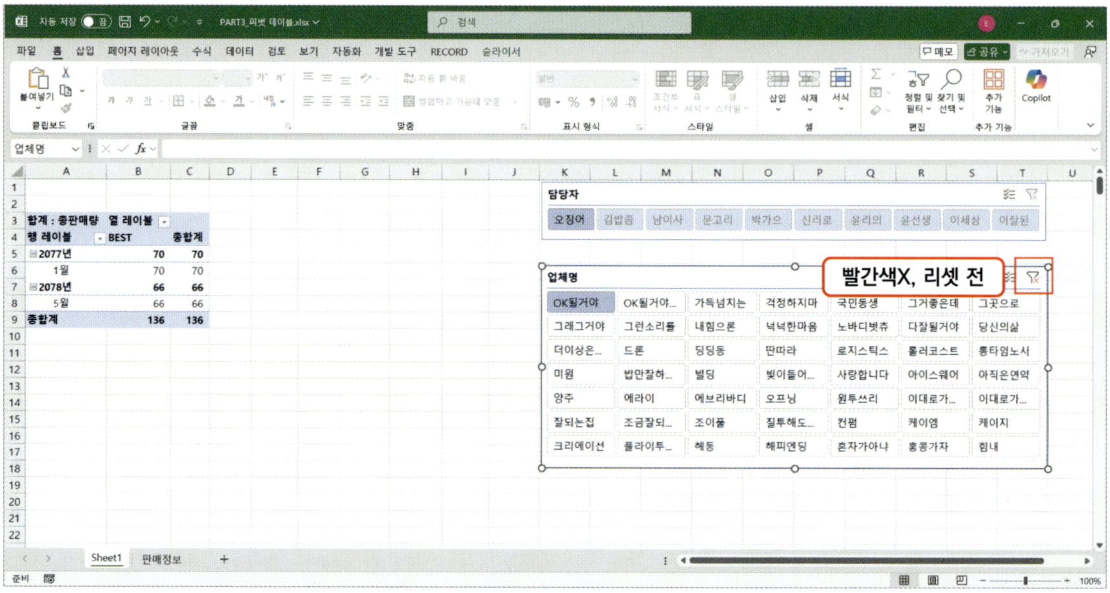

리셋 후

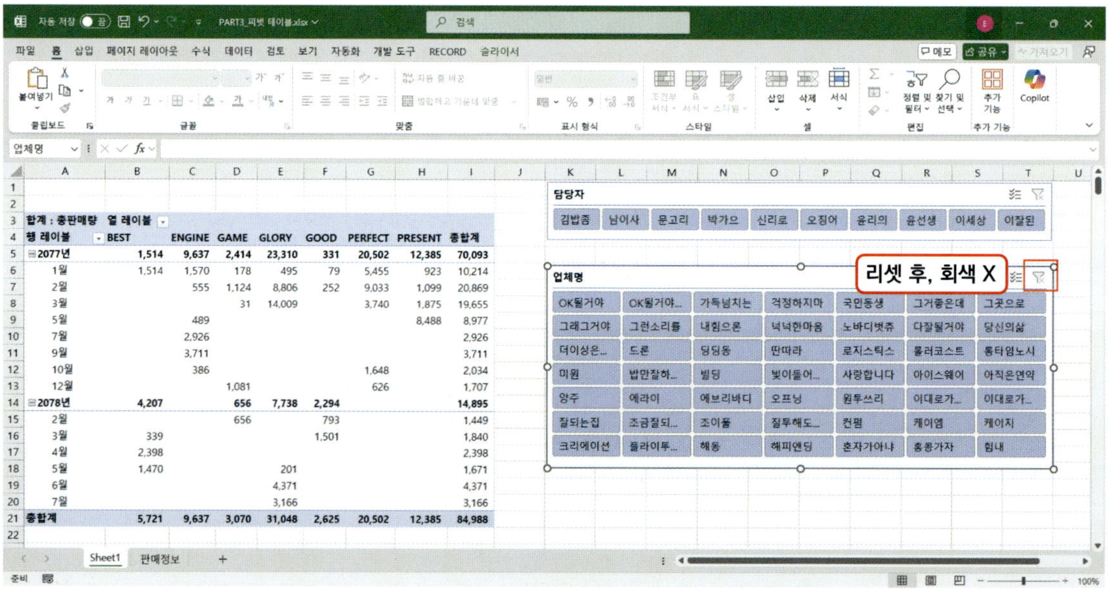

02 담당자'와 '업체명' 필드로 출력된 두 개의 '슬라이서'로 관련 정보를 클릭했을 때 관련 정보가 출력되는 피벗 테이블를 만들어 보겠습니다.

❶ 슬라이서 2개를 각각 선택 후 [Delete] 키를 눌러 삭제 후, 피벗 테이블 아무 셀 클릭- 마우스 우클릭- '필드 목록 표시' 메뉴를 눌러 피벗 테이블 목록 상자를 팝업시킵니다.

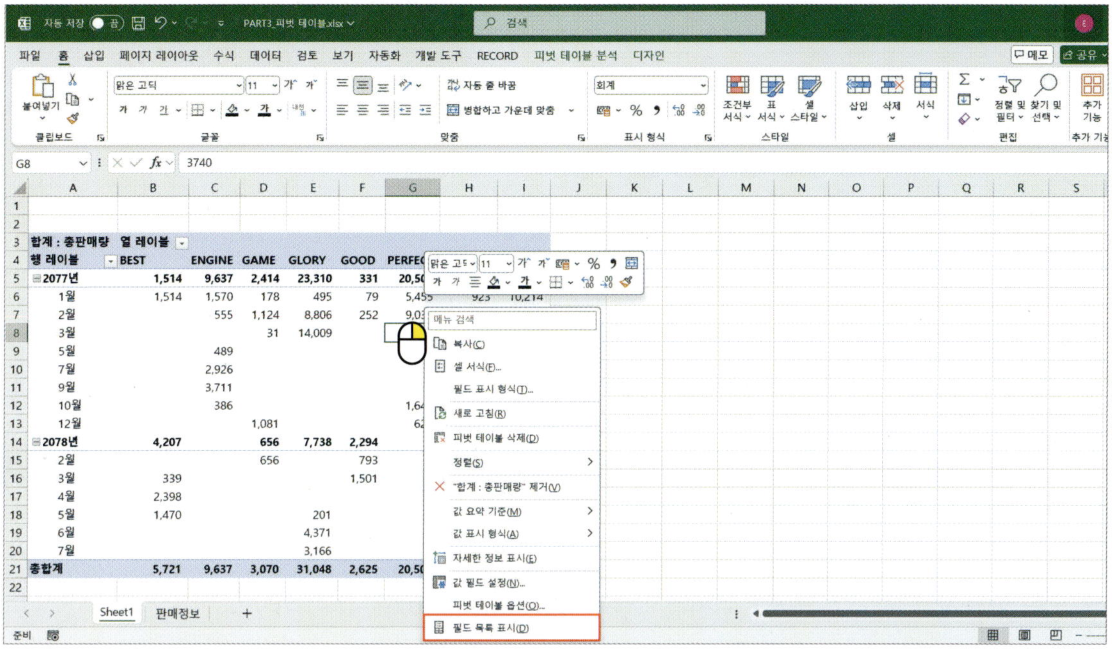

❷ 피벗 테이블 필드- '업체명' 필드, '필터' 영역으로 드래그 다운- '담당자' 필드, '필터' 영역, '업체명' 필드 아래로 드래그 다운합니다.

※ 여기에서 필드 상하 순서가 바뀌어도 상관없습니다.

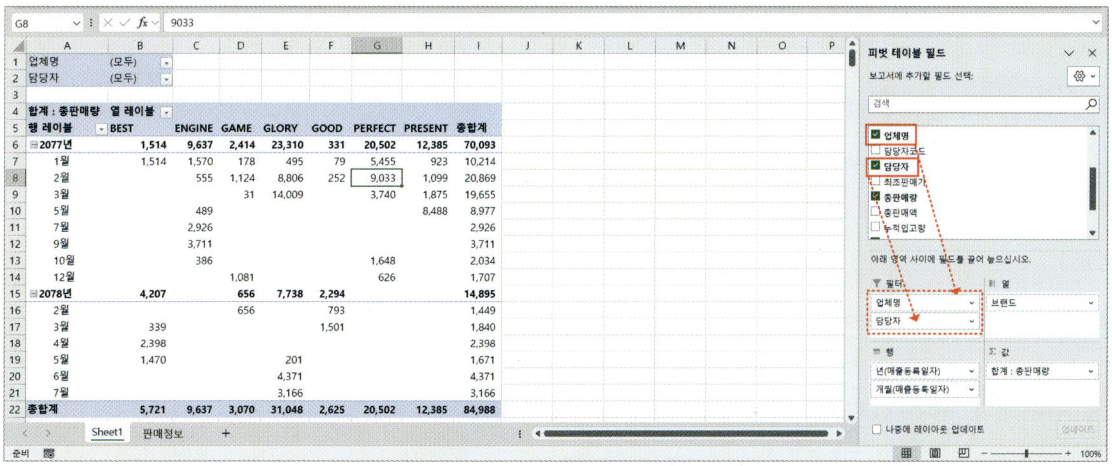

❸ B1셀에 '업체명' 필터 단추 클릭- '여러 항목 선택'이 필요한 경우 체크박스에 체크해 목록을 선택합니다. 여기에서는 'OK될거야' 업체를 선택해 보겠습니다.

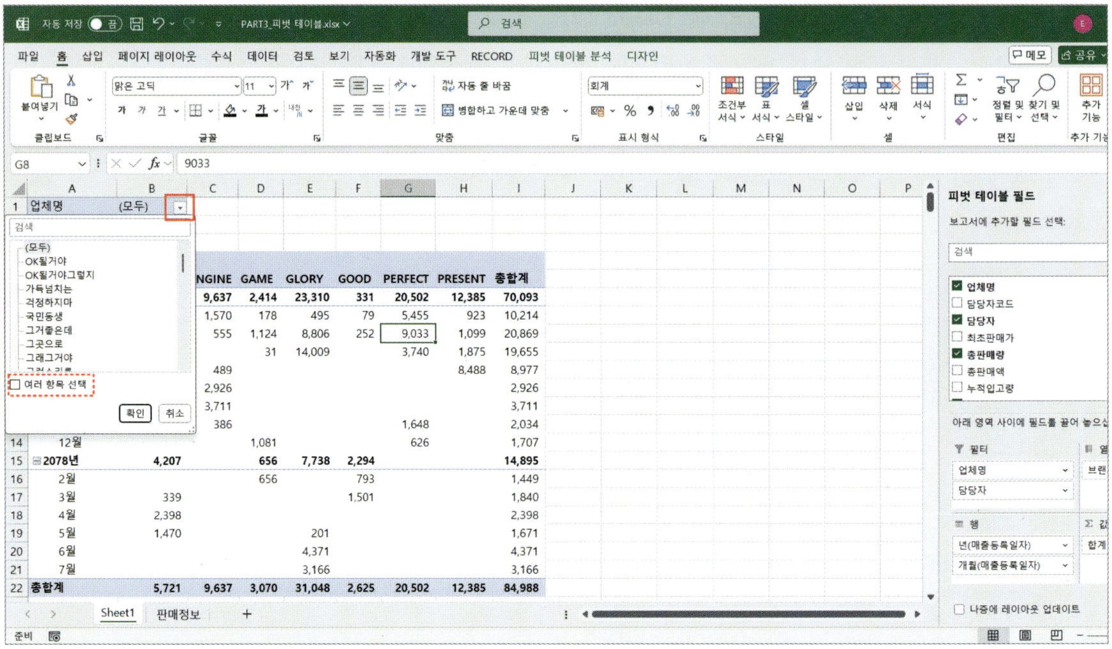

❹ '모두' 메뉴 체크 후- 'OK될거야' 업체명 선택- 확인 버튼을 클릭합니다.

※ '여러 항목 선택' 체크박스 체크 후, 모든 업체명에 체크가 됩니다. '모두' 메뉴를 눌러 체크를 모두 해제한 후 원하는 업체명을 선택하면 됩니다.

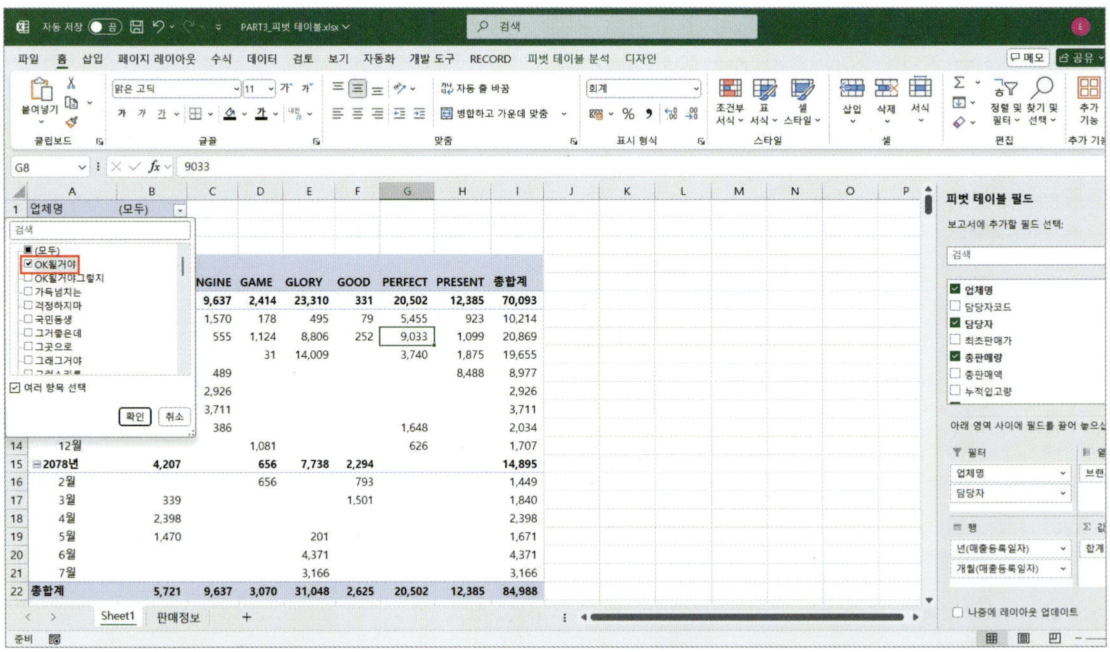

❺ '업체명', 'OK될거야' 업체관련 피벗 테이블 정보가 출력된 결과를 확인합니다.

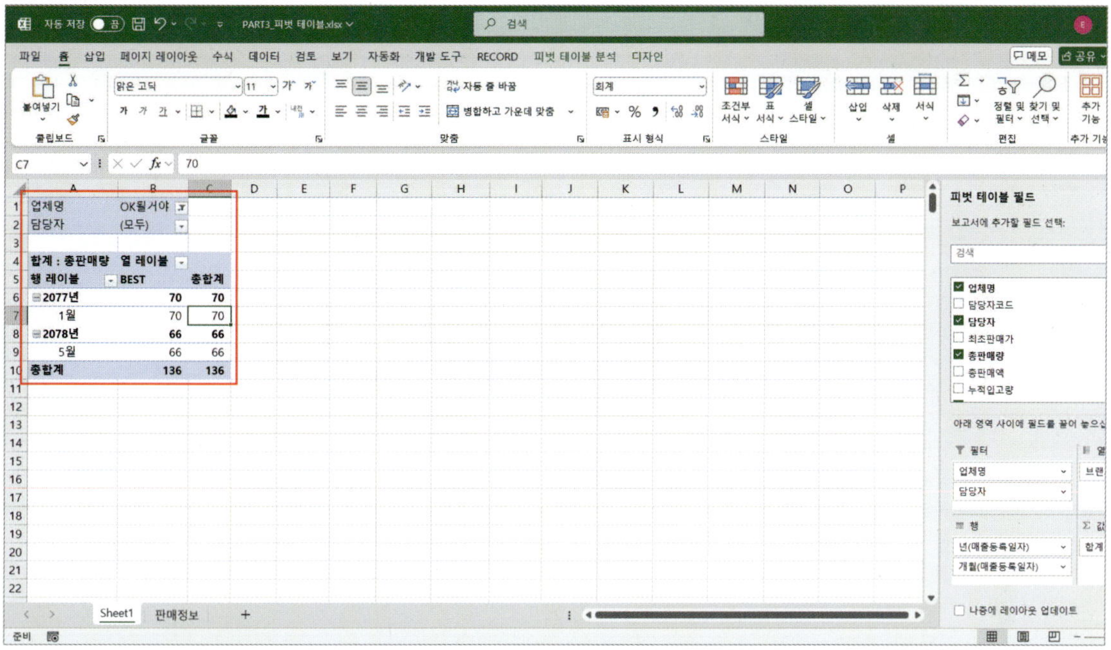

❻ '담당자', 필터 단추를 눌러 '업체명'과 동일하게 운영할 수 있습니다. 단, 필터 단추가 다중으로 생성되었을 때는 모두 만족 조건, 즉 AND조건으로 필터링된 결과값이 출력됩니다. '담당자' 필터 단추를 눌러 동일한 방법으로 '신리로' 담당자를 필터링해 보겠습니다.

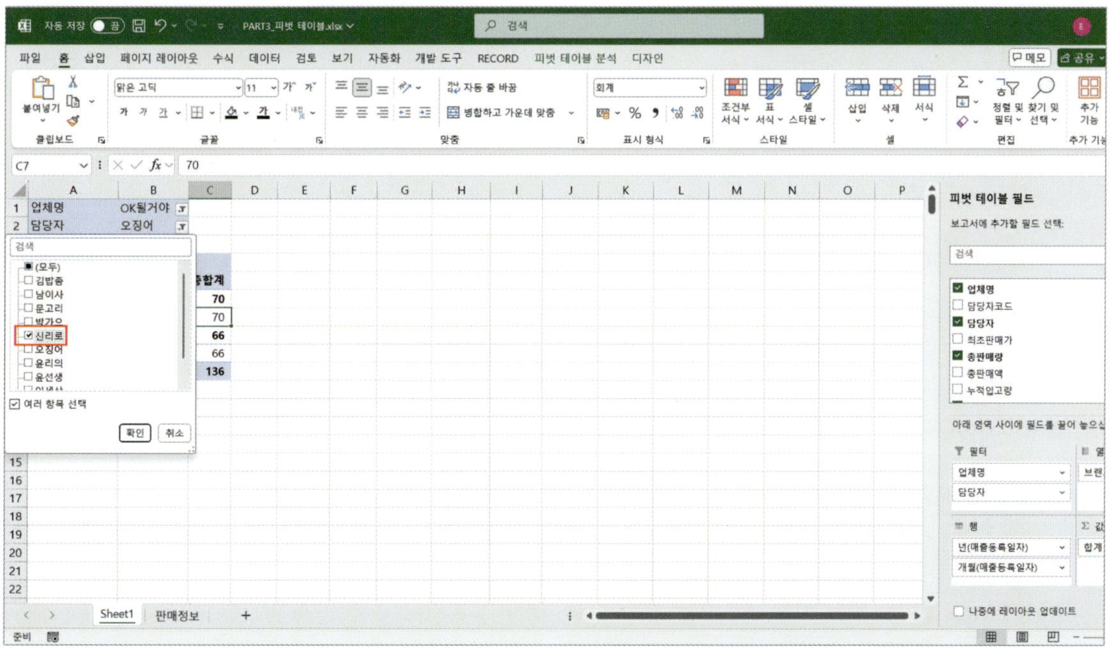

❼ '업체명', 'OK될거야' 업체를 만족하면서 '담당자', '신리로' 담당자를 만족하는 정보가 없음을 확인할 수 있습니다.

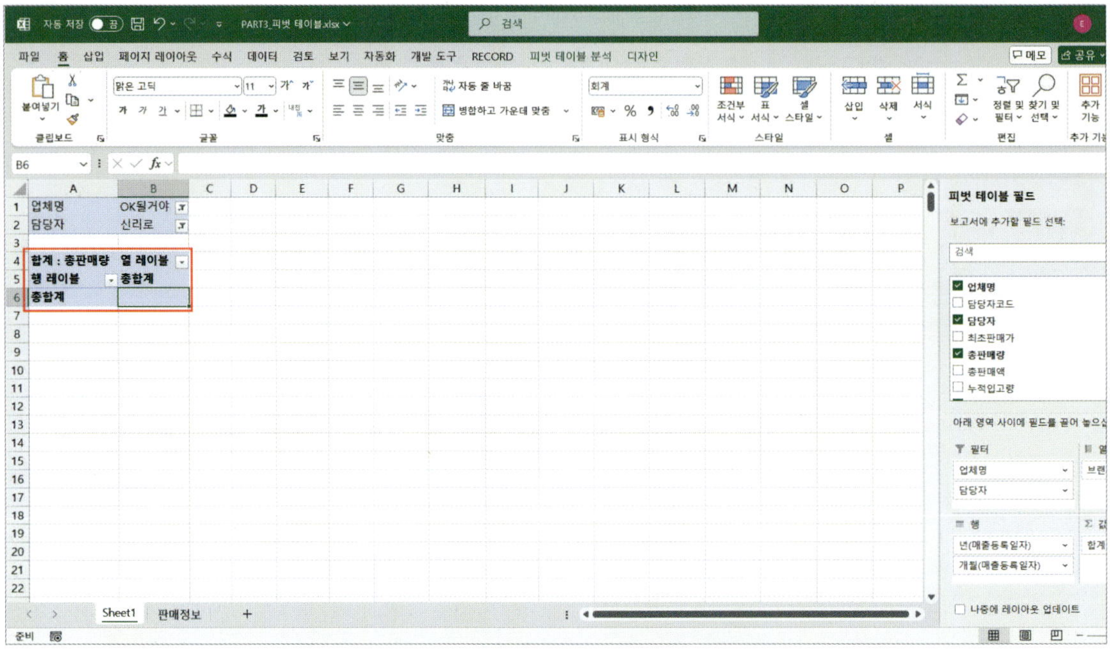

CHAPTER 29

피벗 테이블만 클릭 한 번으로 연동되는 피벗 차트 만들기

예제 파일 PART1_10-30 피벗 테이블

실무 스킬

피벗 테이블을 운영해 놓은 표를 기반으로 [삽입] 탭에 차트 메뉴, 클릭 한 번으로 차트를 출력할 수 있습니다. 이번 파트에서는 출력할 수 있는 메뉴를 확인하고 일반 차트와 다른 피벗 테이블에서만 운영가능한 점만 간단하게 확인해 보겠습니다. 차트 관리에 대한 세부적인 내용에 대해서는 차트 파트에서 다루도록 하겠습니다.

[Sheet1] 시트는 [판매정보] 시트를 참조해서 운영된 피벗 테이블 표입니다. '행' 영역에는 '년도' 필드와 '월' 필드가 상하관계를 이루면서 출력이 되고 있고, '열' 영역에는 '브랜드' 필드가 출력되고 있습니다. 그리고 '값' 영역에는 '총판매량' 필드가 자리하고 있습니다.

이 피벗 테이블을 기반으로 실무에서 많이 쓰는 2차원 세로 막대 차트와 꺾은선 차트를 각각 출력해 보겠습니다. 꺾은선 차트는 '총판매량'이 비어 있는 구간을 선으로 연결하는 작업을 추가 진행해 보겠습니다.

실무 연습 ❶

2차원 세로 막대형(묶은 세로 막대형) 차트를 출력해 보고, 일반 차트와 다른 점인 필터 기능을 이용해 '2077년'도 전체 월을 출력해 보고, '브랜드' '2077년 2월'을 필터링해 차트를 출력해 보겠습니다.

※ 일반 차트도 필터 메뉴 구성은 되어 있으나 레이아웃이 다르다는 의미입니다. 이 레이아웃 필터 메뉴를 보고 피벗 차트인지 일반 차트인지도 구분할 수 있습니다.

01 피벗 테이블 아무 셀 클릭- [삽입] 탭- 차트- '세로 또는 가로 막대형 차트'- 2차원 세로 막대형- '묶은 세로 막대형' 메뉴를 클릭합니다.

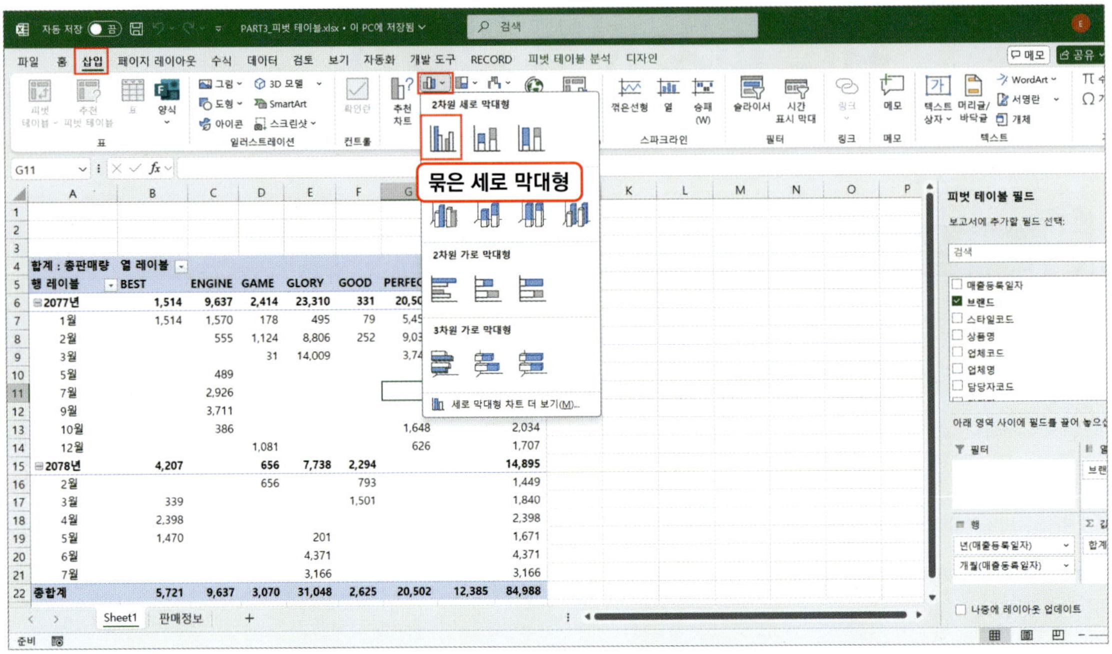

02 차트 레이아웃이 잘 보이게 하기 위해 '피벗 차트 필드' 메뉴는 오른쪽 'X' 표시를 눌러 창을 닫습니다.

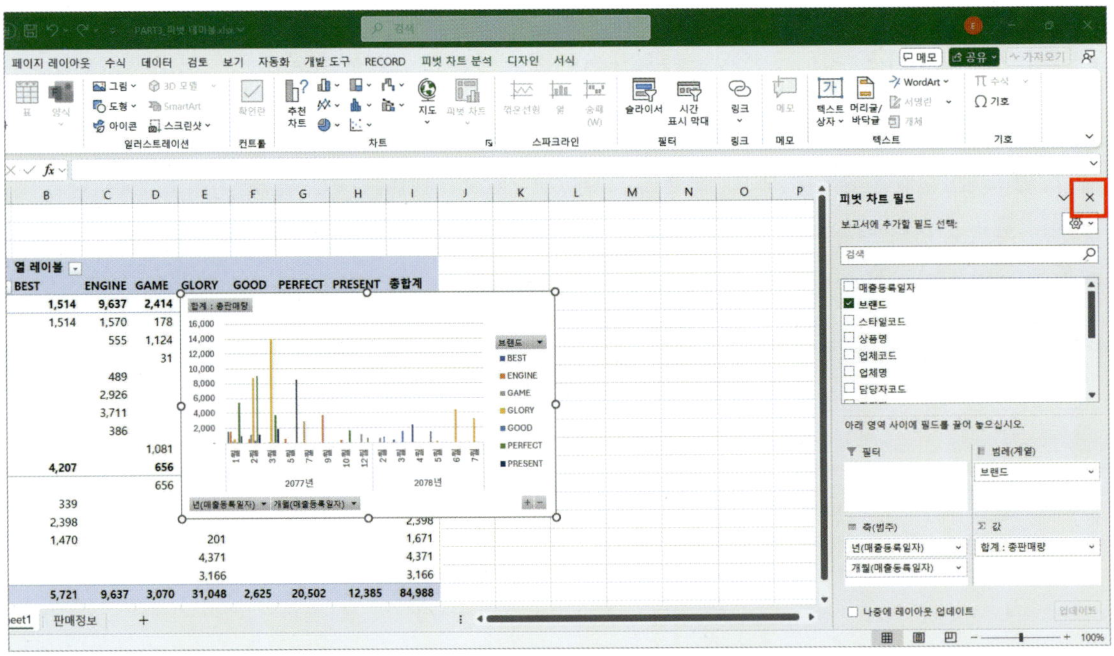

03

출력된 2차원 세로 막대형 차트 오른쪽 가운데 흰색 동그라미 조절점을 이용해 크기를 K4셀을 기준으로 T4셀까지 크기를 늘려 줍니다.

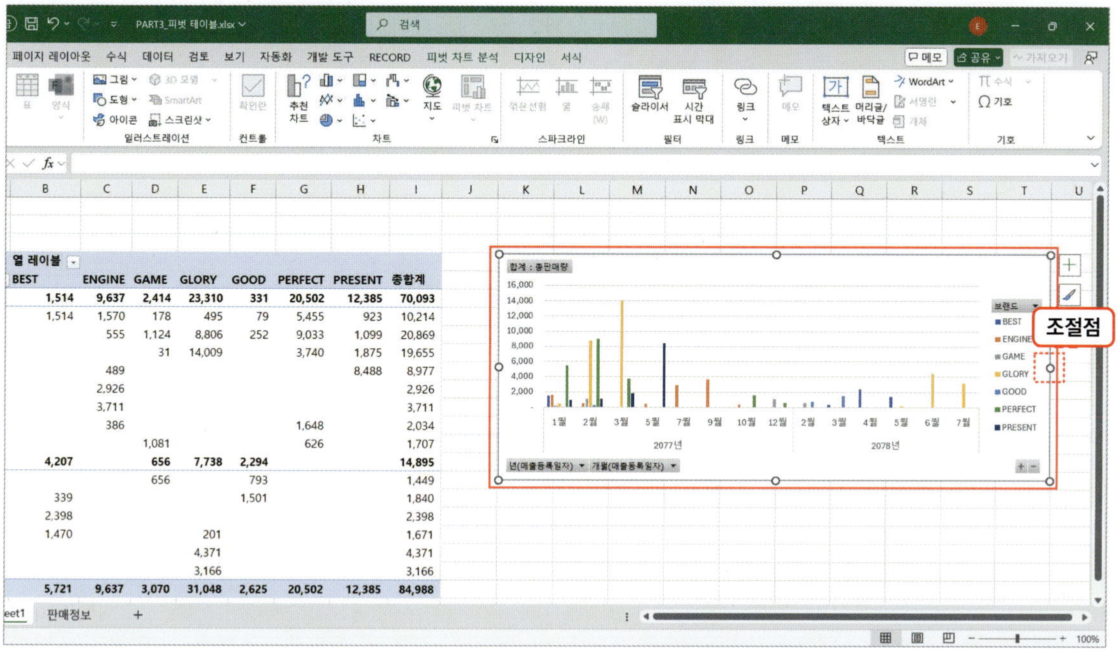

04

출력된 차트에 회색 바 필터 메뉴 중 왼쪽 아래 '년(매출등록일자)' 회색 바 필터 메뉴를 클릭한 후 팝업된 대화상자에서 '2077년'만 체크박스 체크 후 확인 버튼을 누릅니다.

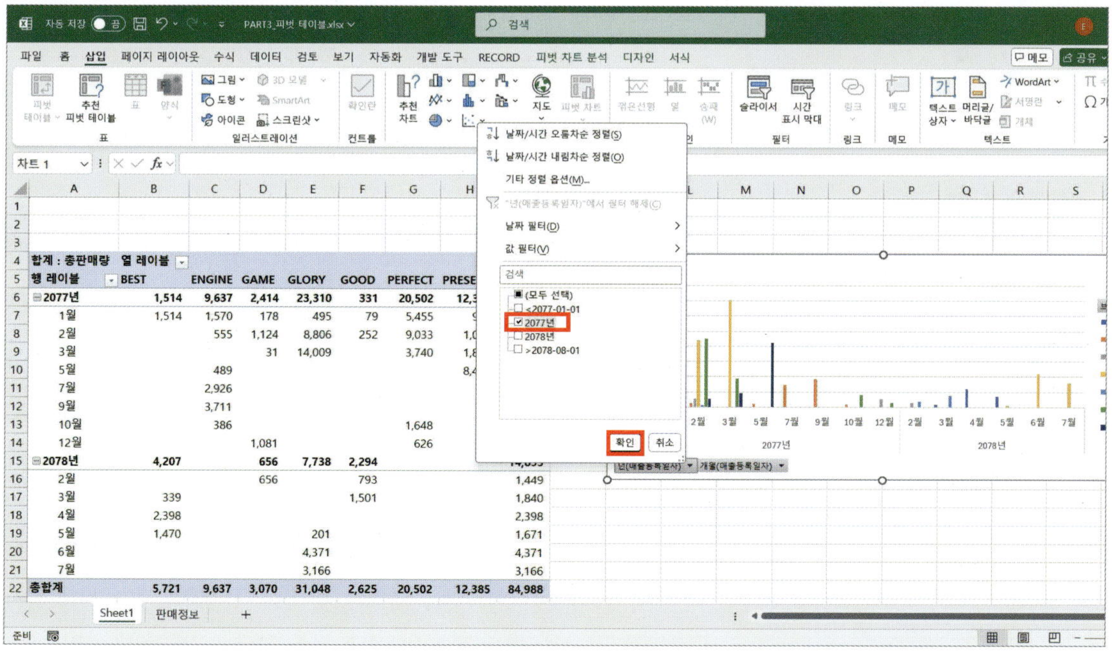

05 '2077년' 피벗 테이블 정보와 피벗 차트가 각각 출력된 결과를 확인합니다.

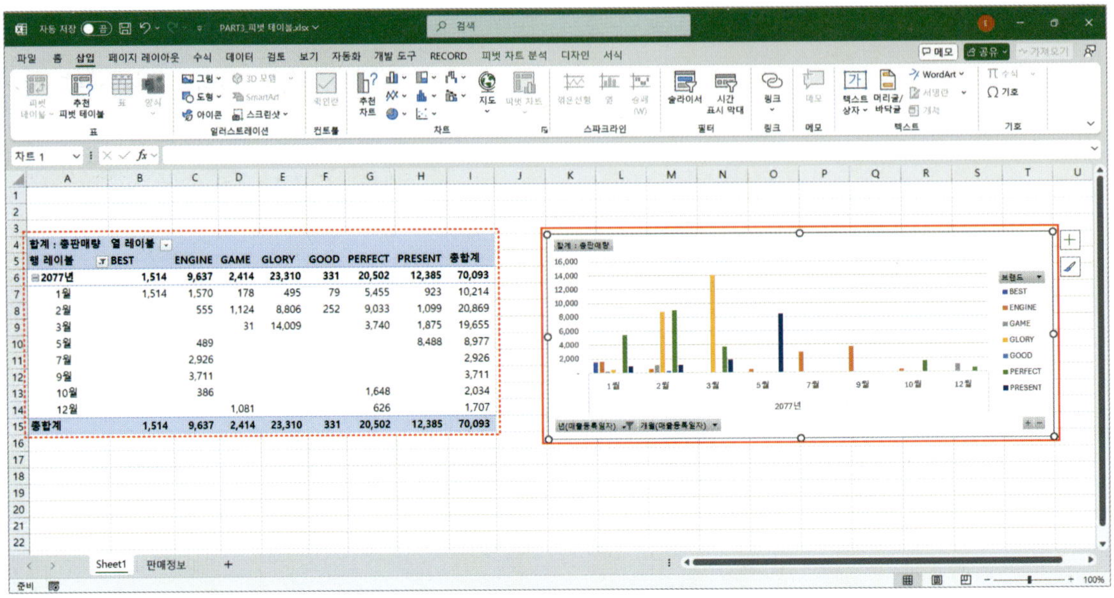

06 출력된 차트에 회색 바 필터 메뉴 중 왼쪽 아래 '개월(매출등록일자)' 회색 바 필터 메뉴를 클릭한 후 팝업 된 대화상자에서 '2월'만 체크박스 체크 후 확인 버튼을 누릅니다.

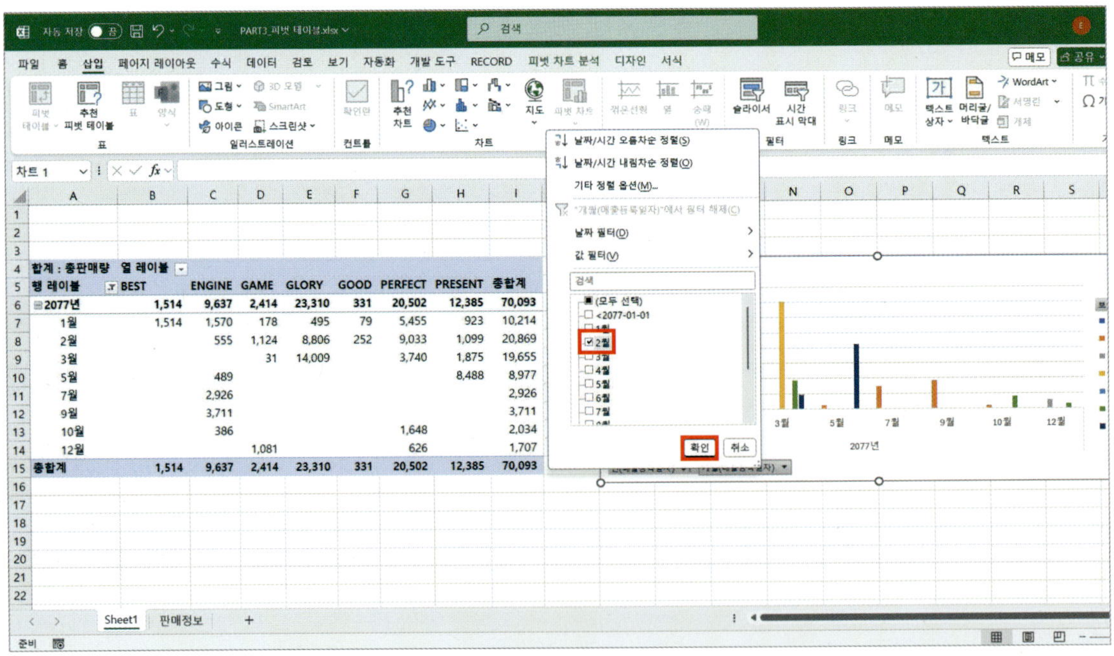

07 '2077년 2월' 피벗 테이블 정보와 피벗 차트가 각각 출력된 결과를 확인합니다.

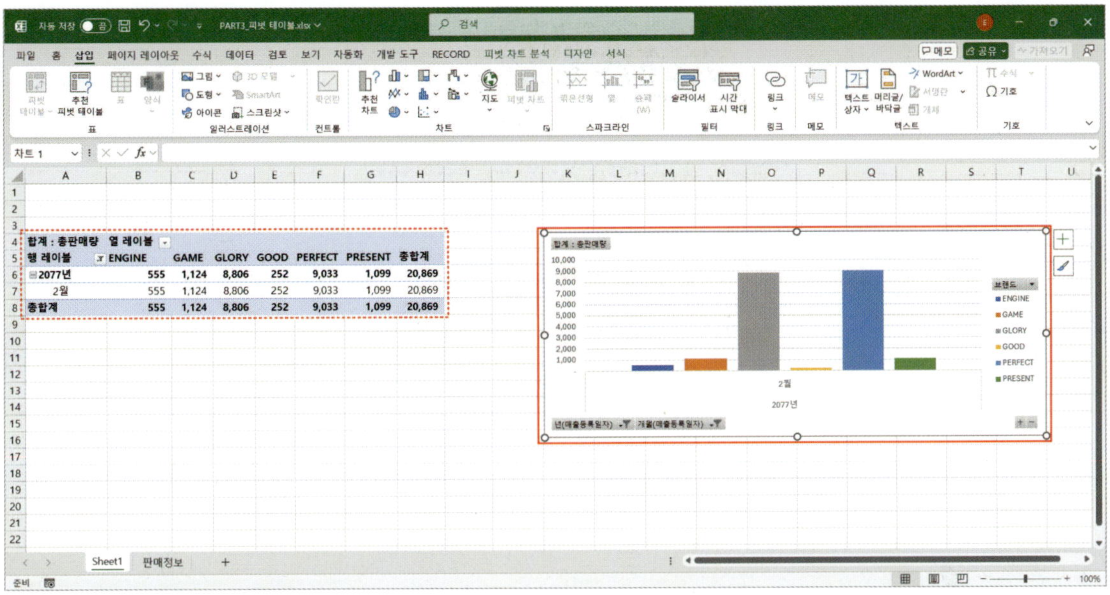

실무 연습 ❷

꺾은선 차트는 '총판매량'이 비어 있는 구간을 선으로 연결하는 작업을 추가 진행해 보겠습니다.

01 실습을 위해 **실무 연습 ❶** 문제에서 필터를 진행한 부분을 처음 원본 데이터로 돌려놓기 위해 필터링된 정보를 '모두'로 다 바꿔 놓습니다. 왼쪽 아래 회색 필터 바, '년(매출등록일자)' 클릭- '(모두 선택)' 체크- 확인 버튼을 누릅니다.

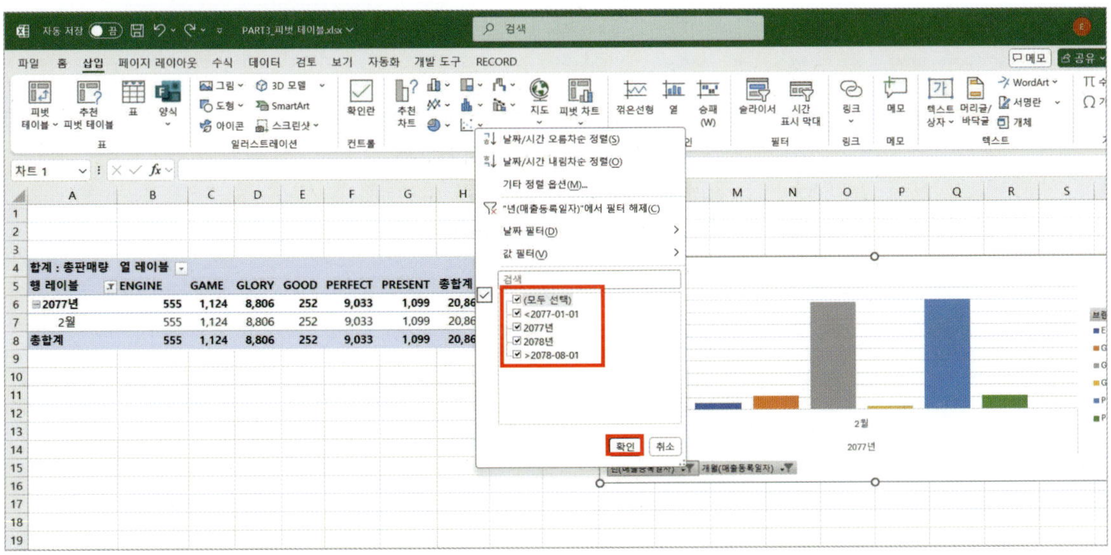

왼쪽 아래 회색 필터 바, '개월(매출등록일자)' 클릭- '(모두 선택)' 체크- 확인 버튼을 누릅니다.

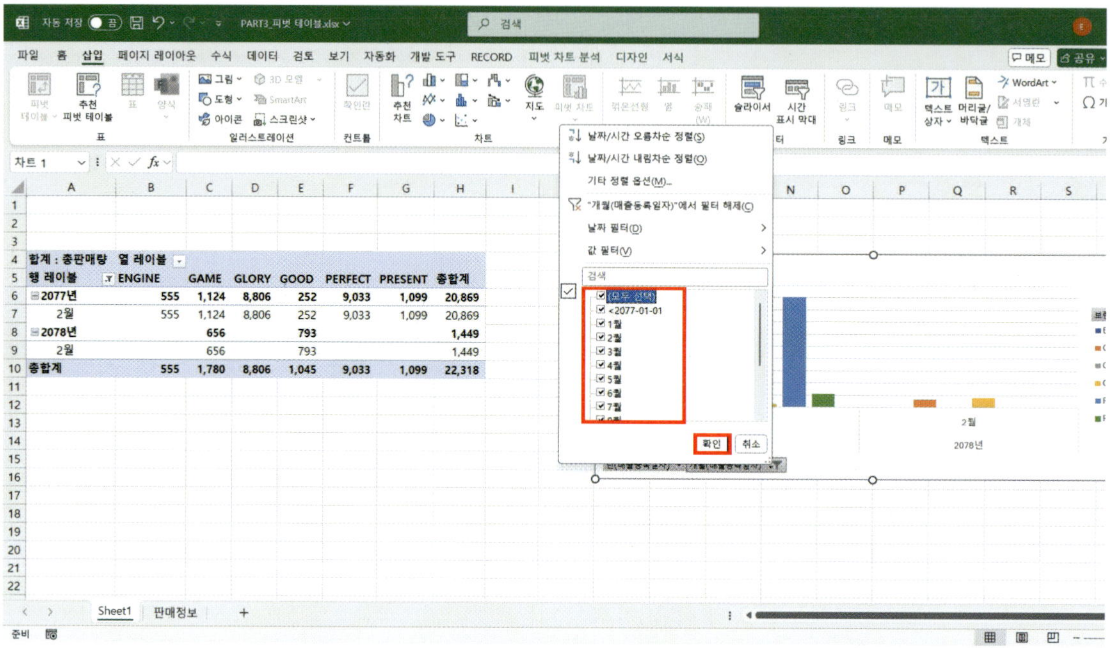

02 2차원 세로 막대 외곽선 선택- Delete 키를 눌러 차트를 삭제합니다.

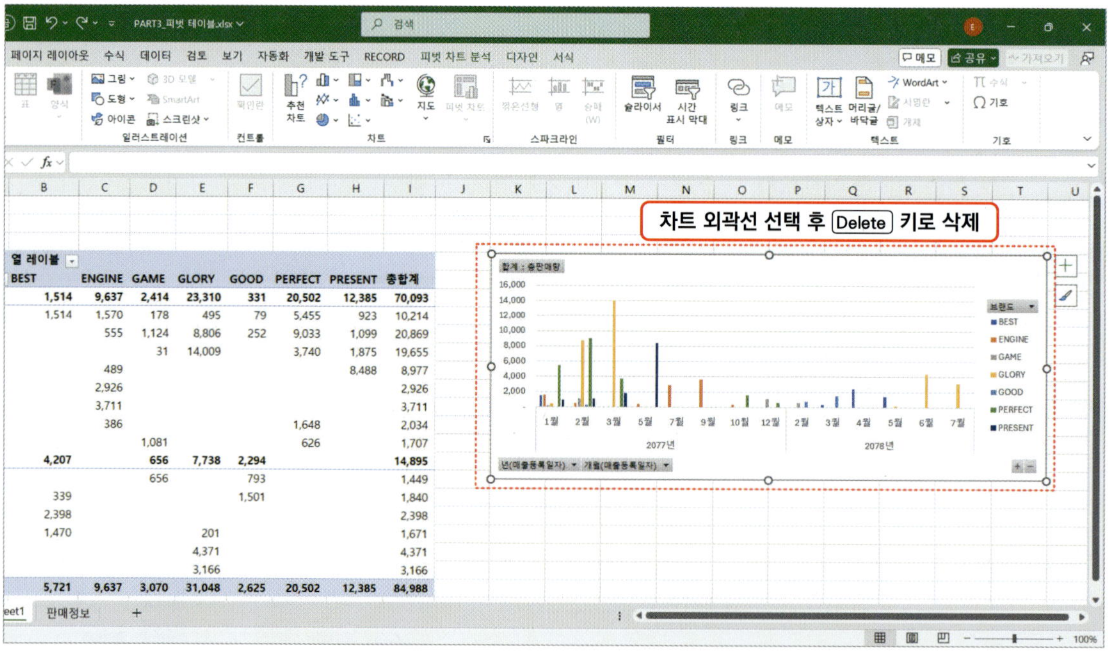

03 [삽입] 탭- 차트- 꺾은선형 또는 영역형 차트 삽입- 2차원 꺾은선형- '표식이 있는 꺾은선형' 메뉴를 클릭합니다.

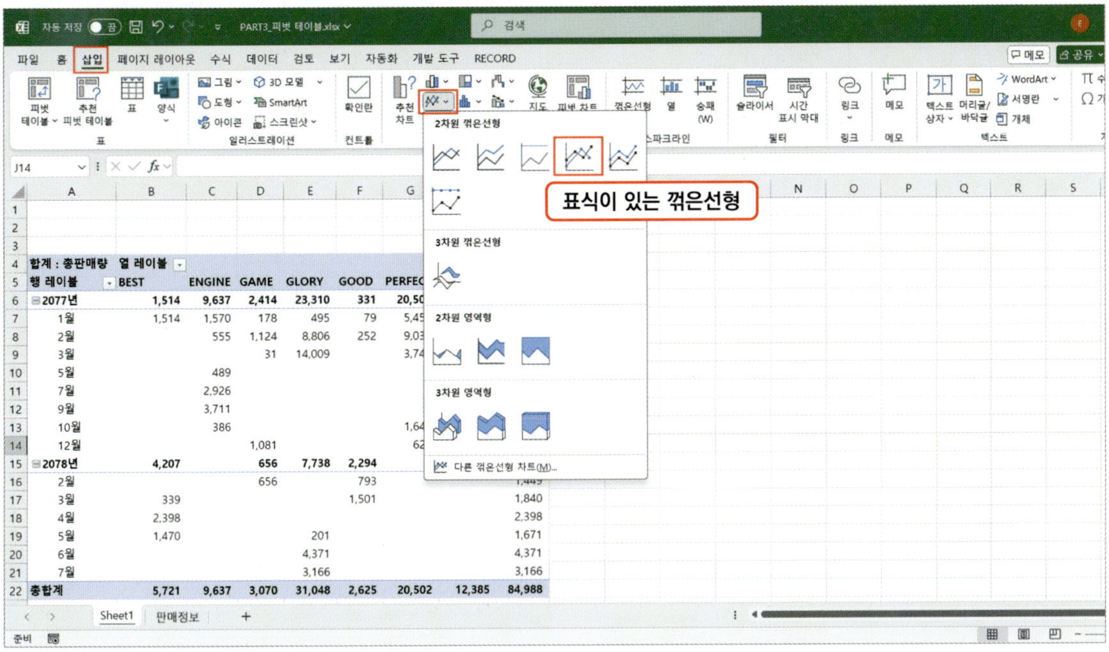

04 출력된 표식이 있는 꺾은선 차트 가운데 흰색 동그라미 조절점을 이용해 크기를 K4셀을 기준으로 T4셀까지 크기를 늘려 줍니다.

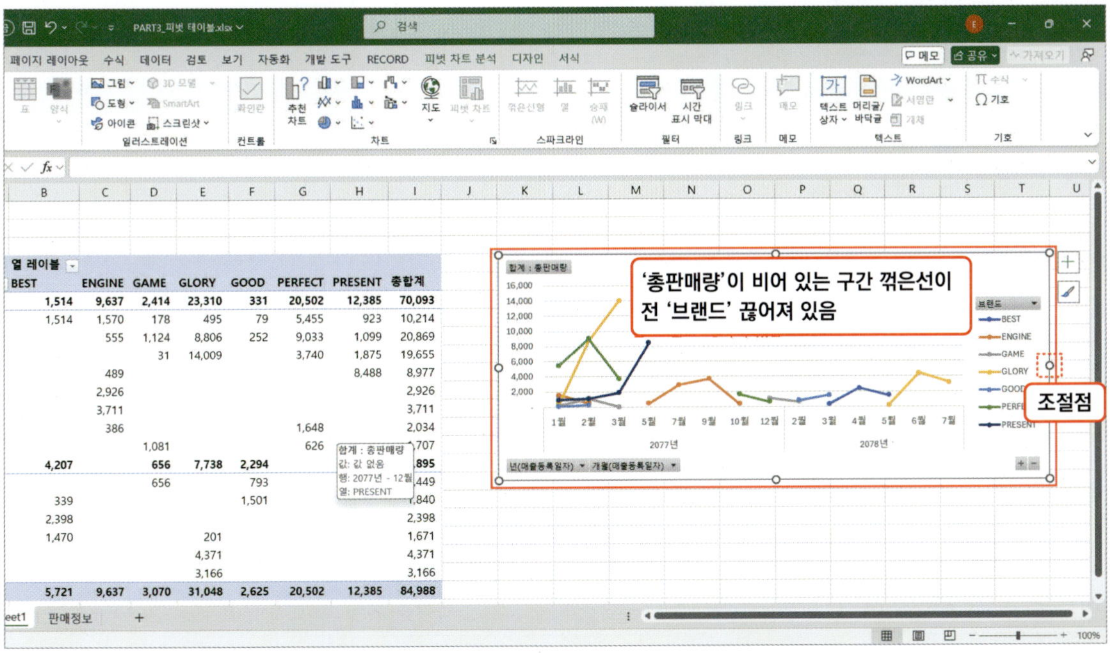

05 출력된 '표식이 있는 꺾은선' 차트는 '2077년 1월부터 2078년 7월'까지 전 '브랜드'에, '총판매량'이 비어 있는 구간이 많이 있습니다. 그래서 차트 연결선이 군데군데 끊어져 있습니다. 2078년 7월을 기점으로 비어 있는 셀(숫자 0)을 하나의 선으로 연결하기 위해 출력된 차트 외곽선을 클릭한 후 마우스 우클릭 후– '데이터 선택' 메뉴를 클릭합니다.

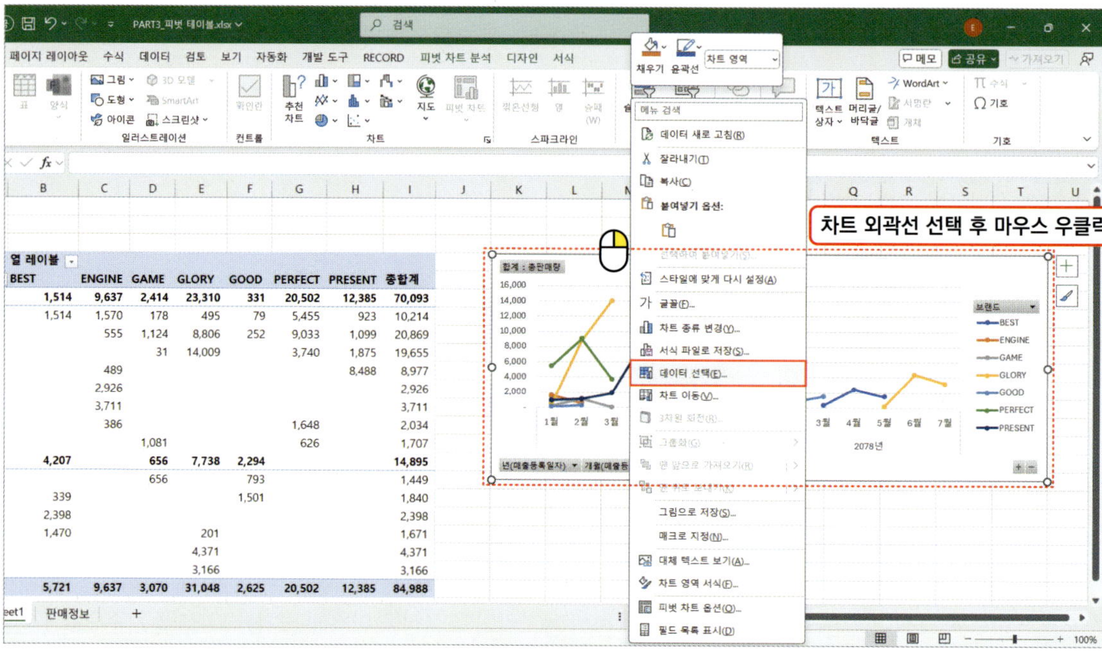

06 데이터 원본 선택– '숨겨진 셀/빈 셀' 메뉴를 클릭합니다.

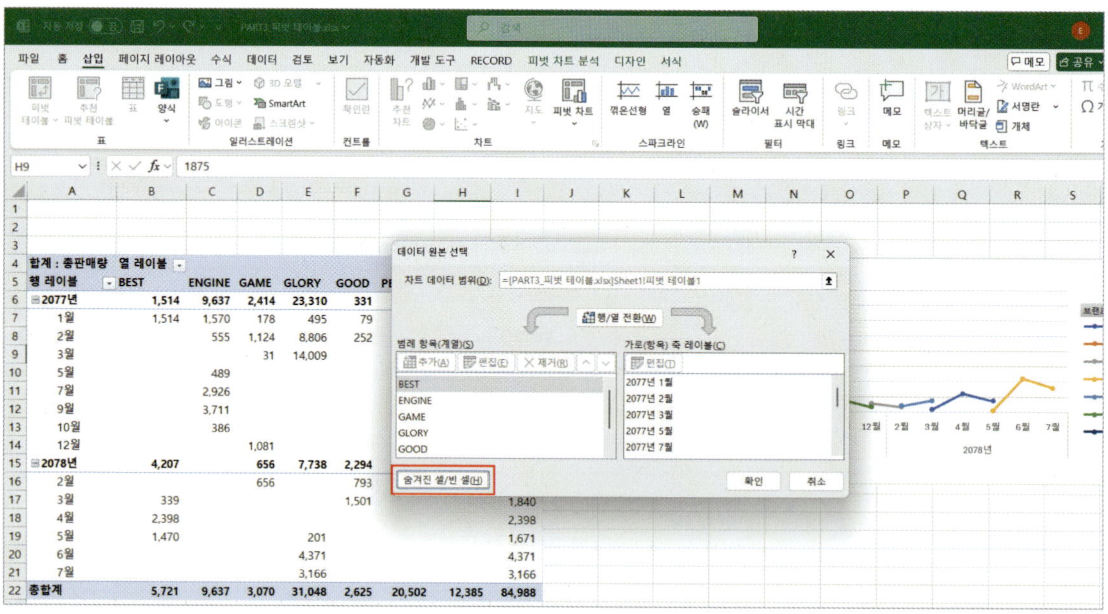

07 숨겨진 셀/빈 셀 설정– 빈 셀 표시 형식– '선으로 데이터 요소 연결'– 확인 버튼을 클릭합니다.

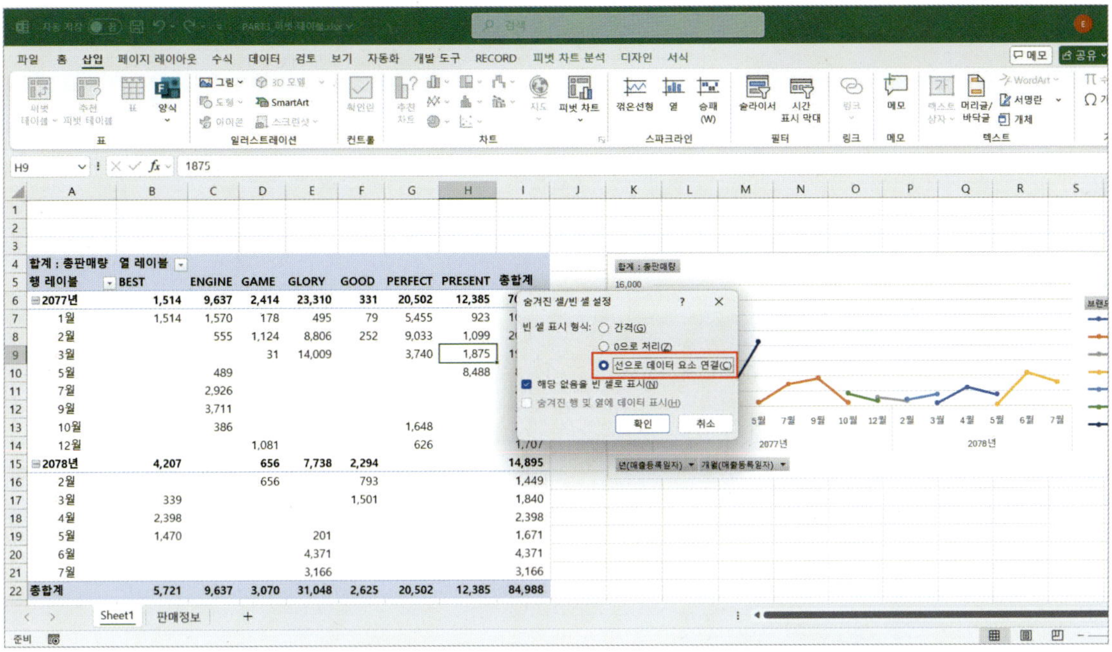

08 데이터 원본 선택– 확인 버튼을 클릭합니다.

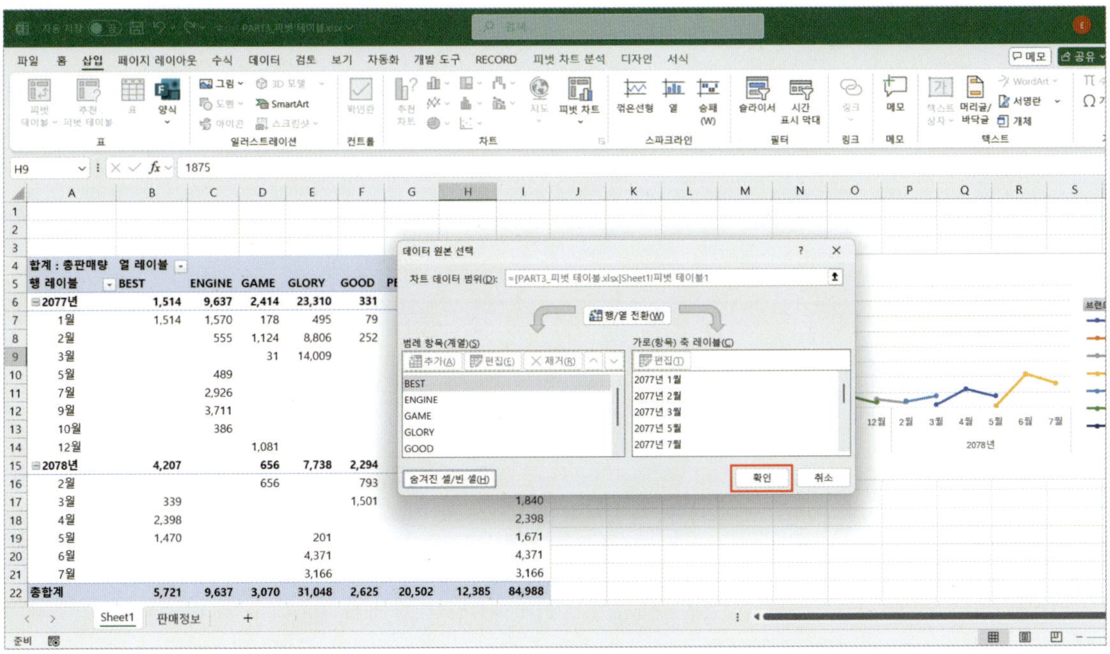

09 '2078년 7월'을 기점으로 차트의 꺾은선이 연결되어 출력된 결과를 확인합니다.

※ 각 월의 '브랜드', '총판매량' 마지막 데이터를 기준으로 꺾은선이 연결되었습니다.

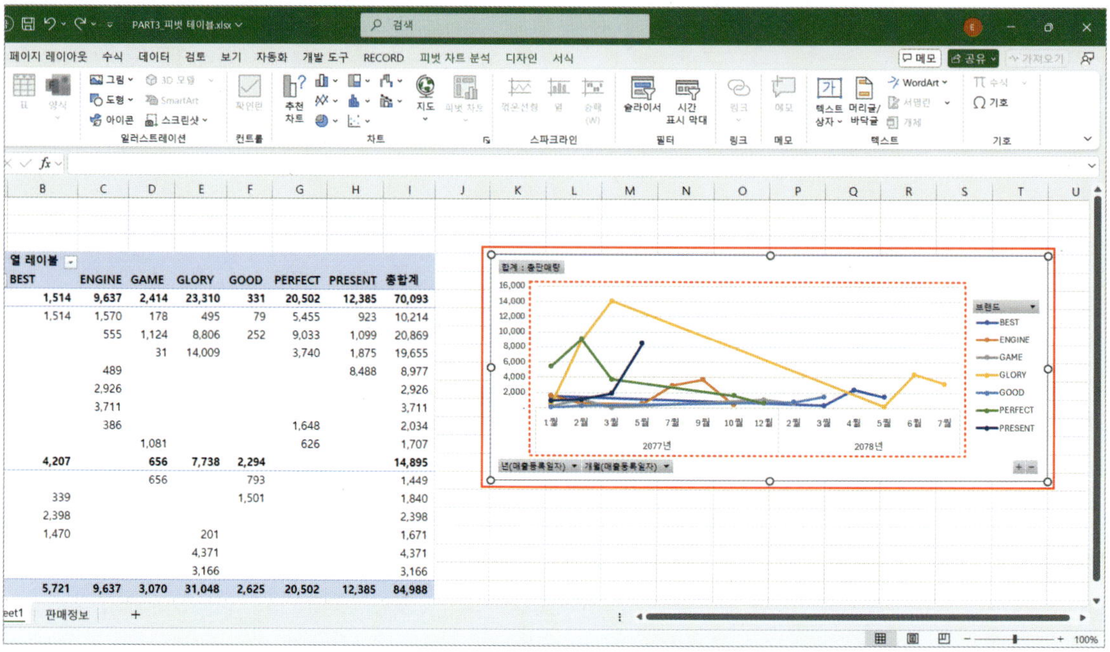

CHAPTER 30

피벗 테이블로 담당자가 관리하는 중복 없는 고유한 업체 개수 파악하기

예제 파일 PART1_10-30 피벗 테이블

실무 스킬

엑셀에서 민감한 이슈 중 하나가 중복값 관련 문제를 해결하는 것입니다. 중복값을 제거해 고유 개수를 출력하게 되면 데이터 분석과 관리에 도움이 됩니다. 그리고 데이터의 주요 특징과 패턴을 파악하는데도 도움이 됩니다. 예를 들어, 고객 데이터에서 고유한 고객 ID를 추출해 실제 고객 수나 방문 횟수 같은 정보를 제공받을 수 있습니다. 이미 앞서 피벗 테이블을 다뤄 왔는데 바로 피벗 테이블은 중복값을 제거한 고유한 값만 남김으로써 정제된 데이터를 추출해 주는 도구입니다. 그런데 일반적으로 피벗 테이블로 정제된 '고유 개수'를 출력하기 위해서는 범위 지정 단계에서부터 메뉴 선택을 잘 해야 합니다. 지금까지 피벗 테이블을 운영할 때와 다르게 메뉴 한 가지만 추가 선택해 주면 '고유 개수'란 카테고리 수식을 활용해 중복값을 제거해 고유한 값을 추출해 낼 수 있습니다. 방법을 함께 알아보도록 하겠습니다.

실무 연습 ❶

[판매정보] 시트 데이터로 피벗 테이블을 운영해 담당자가 관리하는 고유한 업체 개수를 파악해 보려 합니다. 그리고 원본 데이터에서 중복되어 출력되고 있는 업체명의 고유한 업체 개수도 함께 파악해 보겠습니다.

01 [판매정보] 시트에서 B4:M429셀 범위 전체 지정– [삽입] 탭– 표– '피벗 테이블' 메뉴를 클릭합니다.

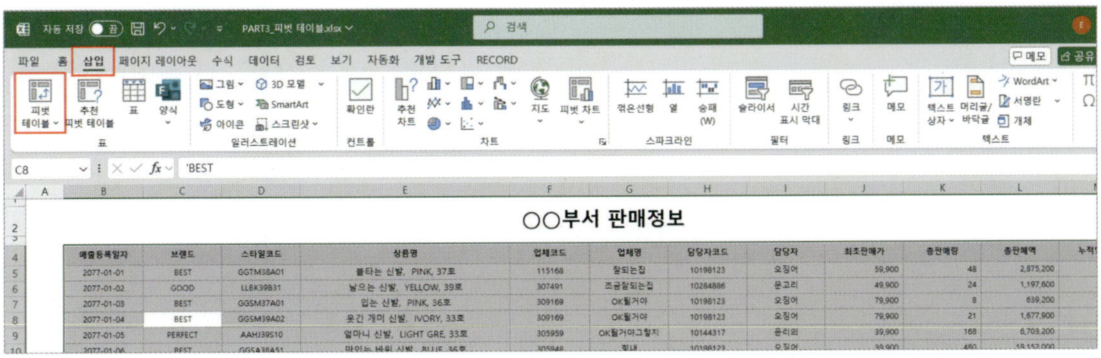

02 표 또는 범위의 피벗 테이블– 테이블 또는 범위 선택– '표/범위: 판매정보!$B$4:$M$429'– 피벗 테이블을 배치할 위치를 선택 합니다.– 새 워크시트– 여러 테이블을 분석할 것인지 선택– '데이터 모델에 이 데이터 추가, 체크박스 체크!(중요!)'– 확인 버튼을 클릭합니다.

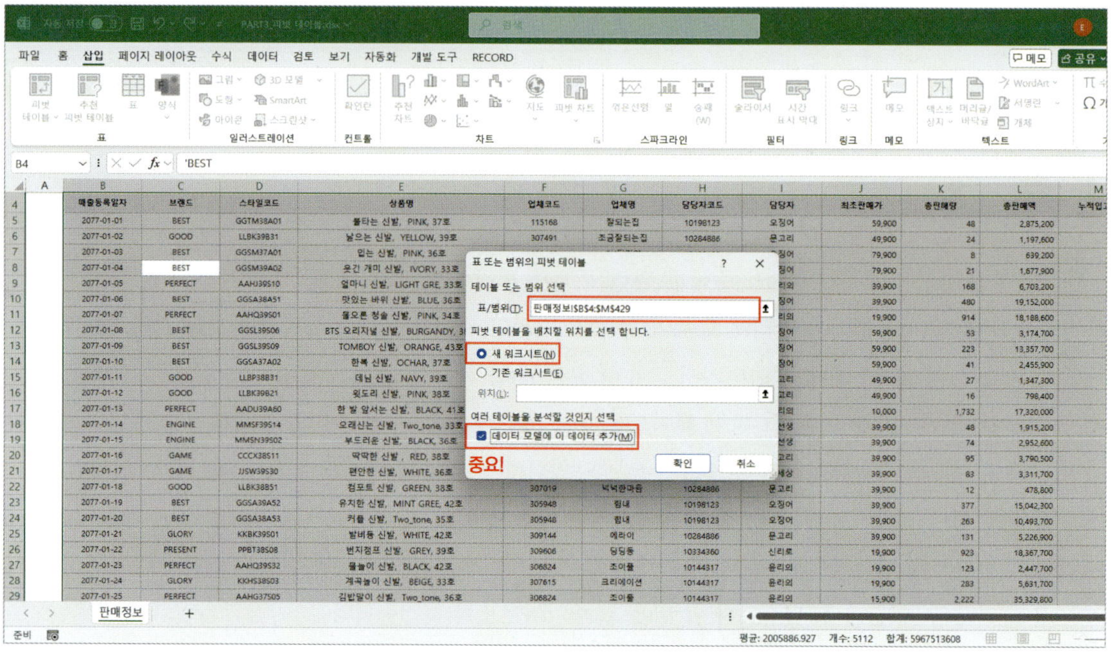

03 피벗 테이블 필드– 보고서에 추가할 필드 선택– '범위' 카테고리가 생성된 것을 확인합니다.
※ 기존 피벗 테이블 운영시 '데이터 모델에 이 데이터 추가' 메뉴에 체크를 하지 않고 진행한 점이 가장 다른 점입니다.

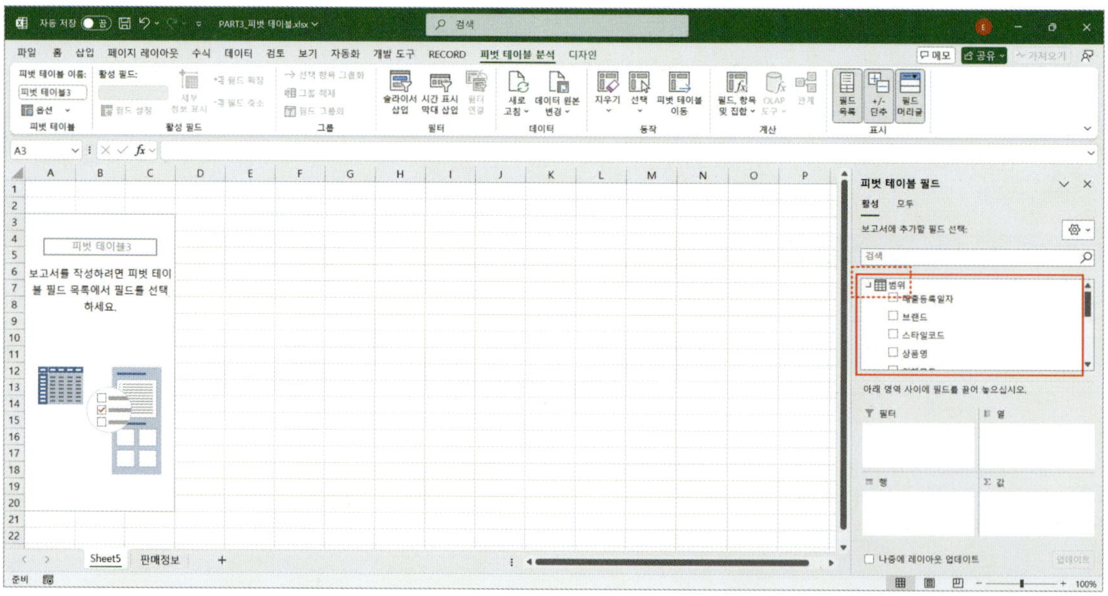

04 '행' 영역에 먼저, '담당자' 필드를 드래그 다운하고 이어서 '업체명' 필드를 '담당자' 필드 아래로 드래그 다운합니다.

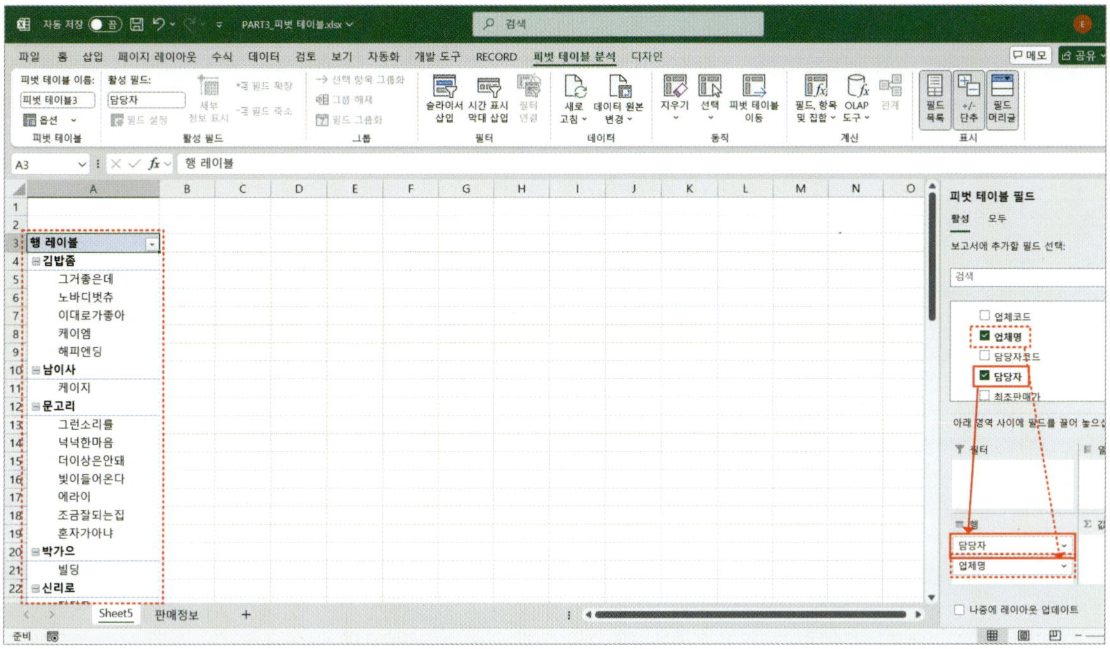

05 '값' 영역으로 '업체명' 필드를 한 번 더 드래그 다운해 '담당자' 필드에 종속된 '업체명'의 중복값을 개수 수식으로 확인합니다.

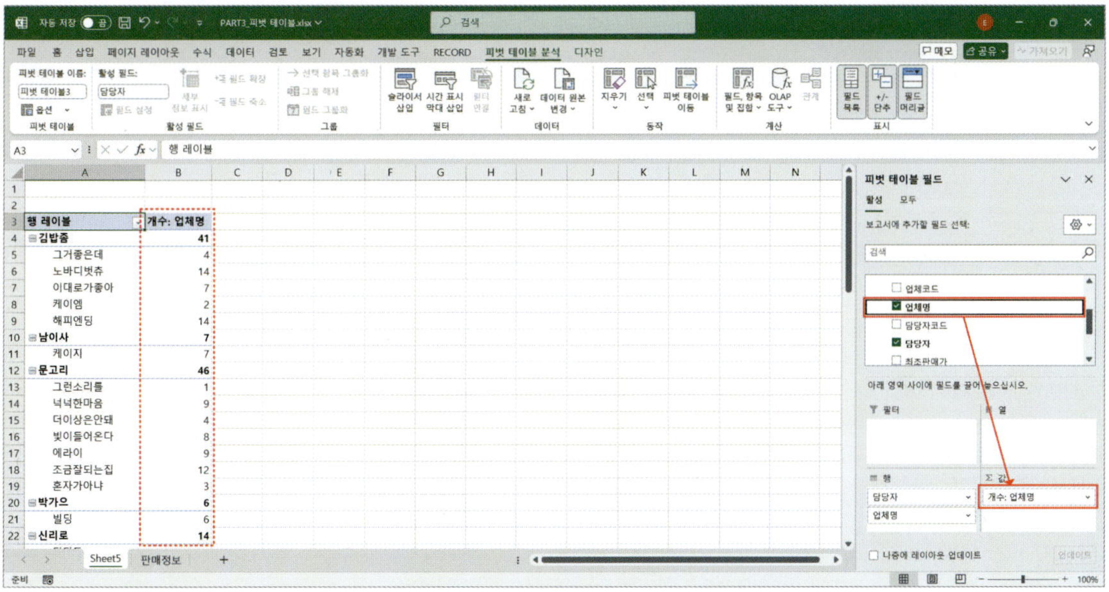

06 현재 알고 싶은 결과는 담당자가 관리하는 업체 개수가 몇 개인지를 파악하기 위함이기 때문에 고유값이 필요한 상황입니다. 피벗 테이블 '값' 영역 아무 셀 클릭– 마우스 우클릭– '고유 개수' 메뉴를 클릭합니다.

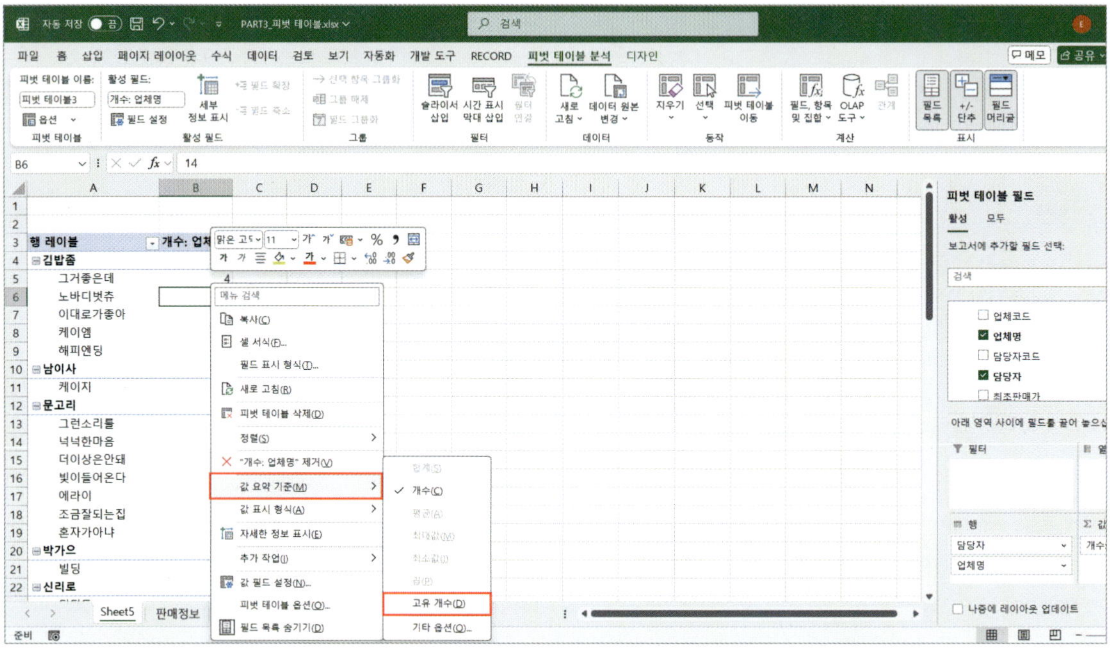

07 '값' 영역, '업체명' 필드가 고유한 개수값인 1로 모두 출력된 결과를 확인합니다.

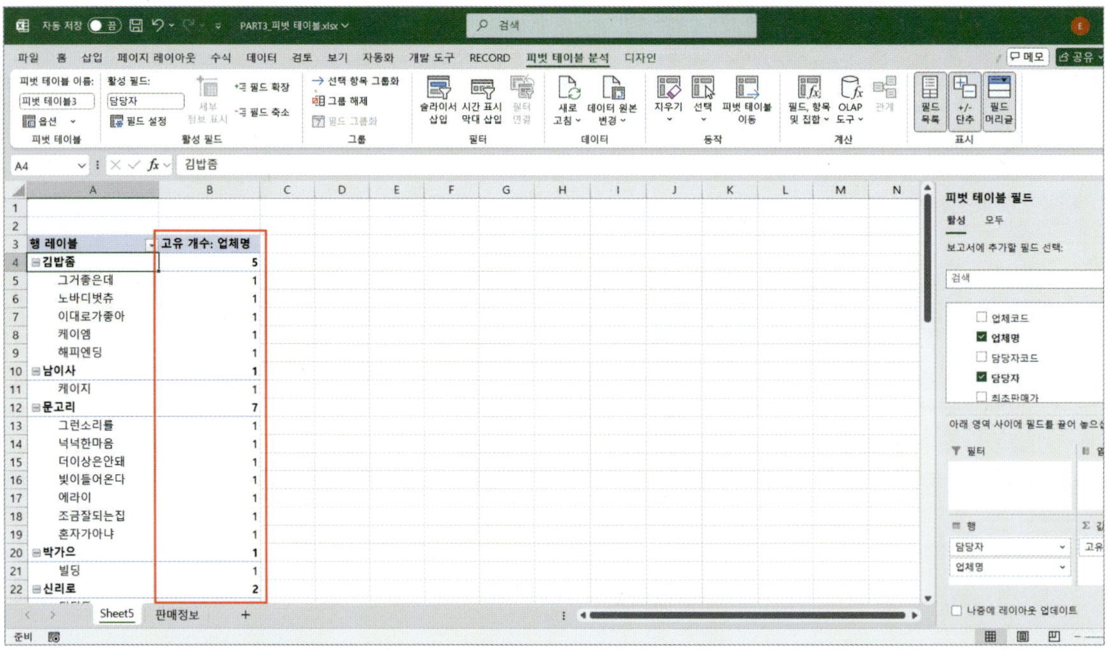

08 각 담당자가 별 담당하는 업체 개수의 합을 구하기 위해서 피벗 테이블 '행' 영역 아무 셀 클릭- 마우스 우클릭- 확장/축소- '전체 필드 축소' 메뉴를 클릭합니다.

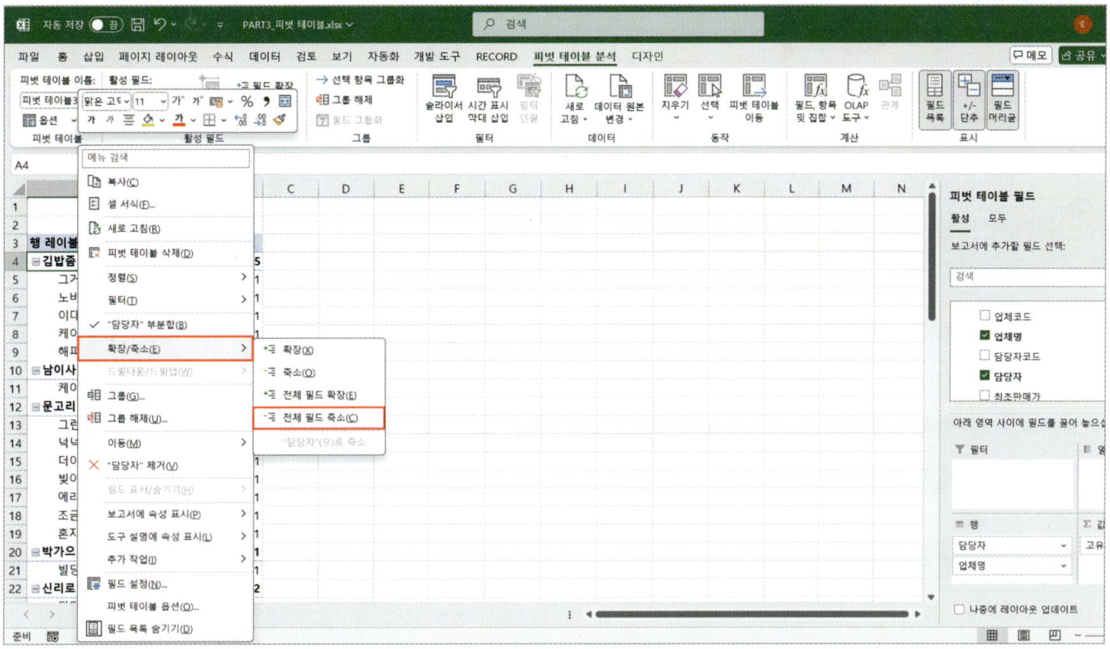

09 '담당자'에 종속된 '업체명' 정보가 축소되면서 각 '담당자'가 관리하는 '업체명'의 합계값이 출력된 결과를 확인합니다.

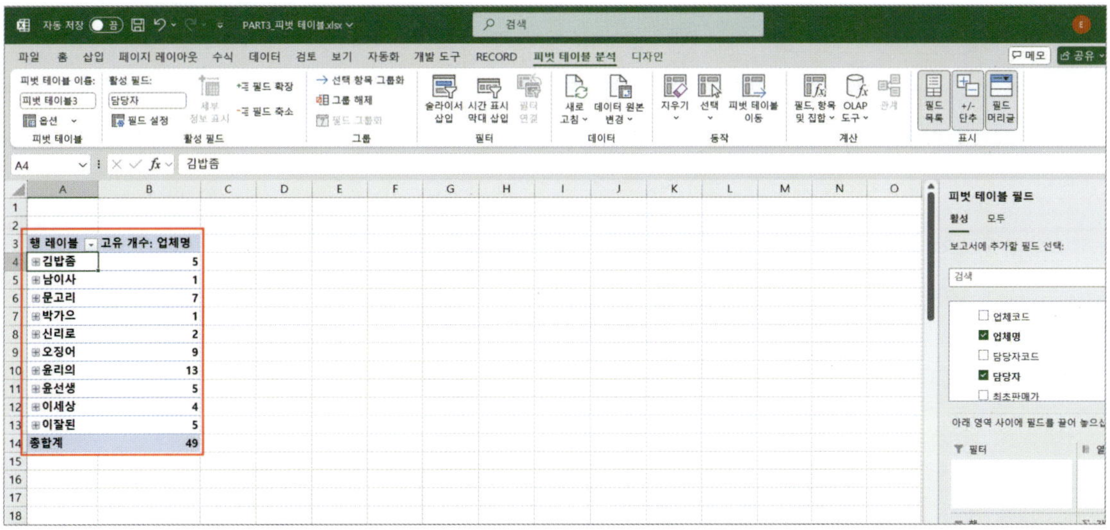

TIP 마지막에 출력된 맨 아래 총합계 값 49는 전체 '담당자'가 관리하는 업체 수를 더한 값이 아닌 '업체명' 자체의 모든 중복값을 제거한 고유 개수이니 착오 없으시기 바랍니다.

CHAPTER 31

차트 구성 및 서식 활용 방법 이해하기

예제 파일 PART1_31 차트 구성 및 서식 활용 방법 이해하기

실무 스킬

엑셀에서 차트를 사용하게 되면 숫자나 텍스트로만 구성된 데이터보다 시각적으로 정보를 쉽게 이해할 수 있게 해 줍니다. 복잡한 데이터 수치를 한눈에 보기 좋게 가공을 도와주기도 하고 데이터의 흐름과 경향, 추세를 쉽게 확인할 수 있게 도와줍니다. 또한 직관적으로 데이터를 쉽게 분석할 수 있기 때문에 빠른 의사결정에도 도움을 줍니다.

엑셀에서 차트를 출력하기 위해서는 차트의 기본 구조를 이해하는 것이 중요합니다. 차트는 서식으로 이뤄진 여러 개의 서식 영역이 합쳐져 출력되는 구조입니다. 차트 종류가 많기 때문에 구조를 보는 방법을 세로 막대 차트와 꺾은선 차트의 혼합 차트를 보면서 설명해 보겠습니다.

실무 연습 ❶

01 차트 영역: 전체 외곽을 둘러싸고 있는 레이아웃입니다.

※ 차트 서식 메뉴에 마우스를 갖다 대고 잠시 대기하고 있으면 메뉴 설명창이 팝업됩니다. 이 메뉴 설명창은 모든 차트 영역에서 동일하게 보여집니다.

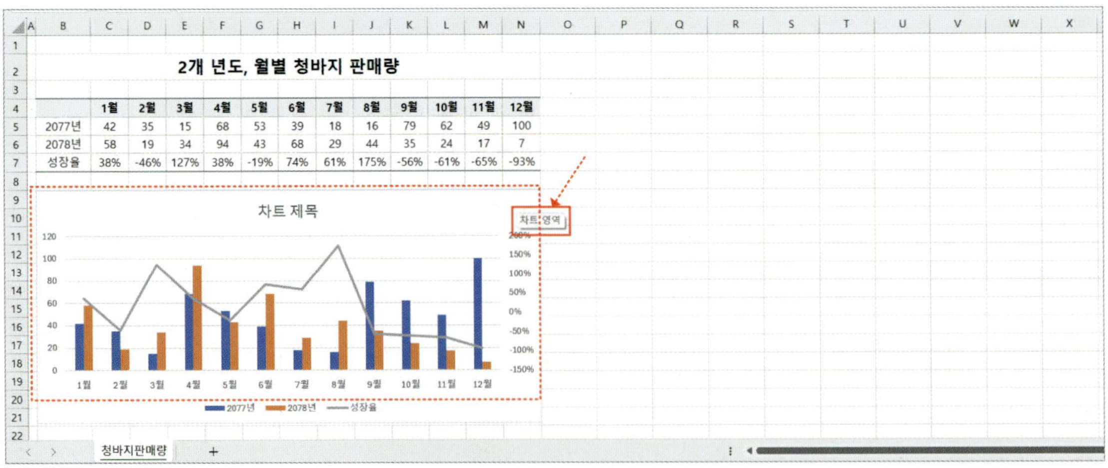

02 세로(값) 축: 표 안에 데이터의 집합 범위입니다.

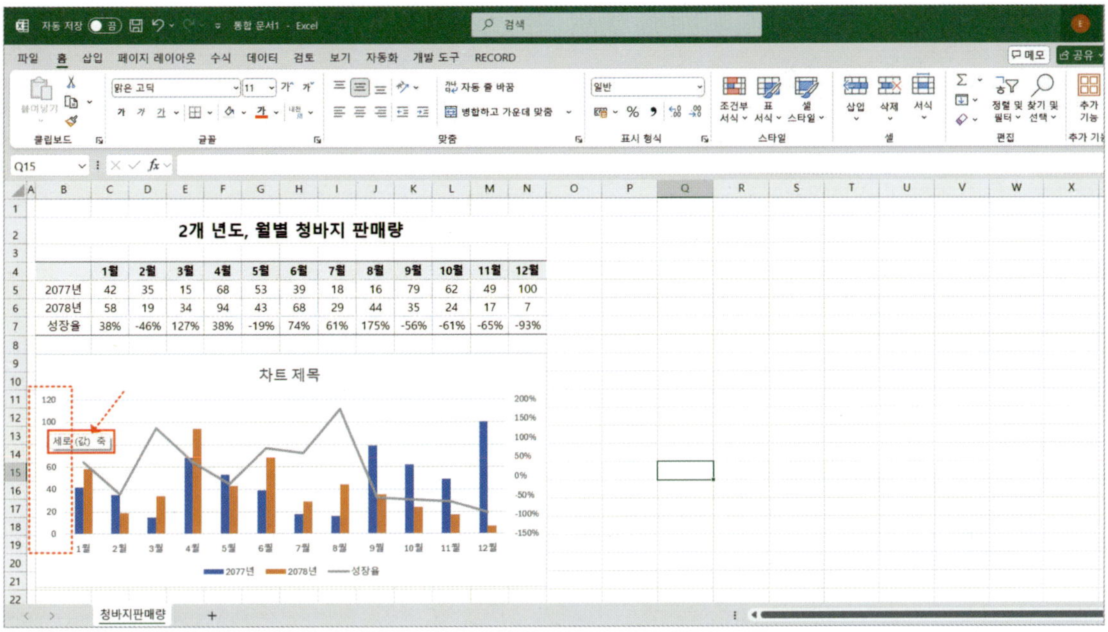

03 가로(항목) 축: 열 목록 필드의 집합입니다.

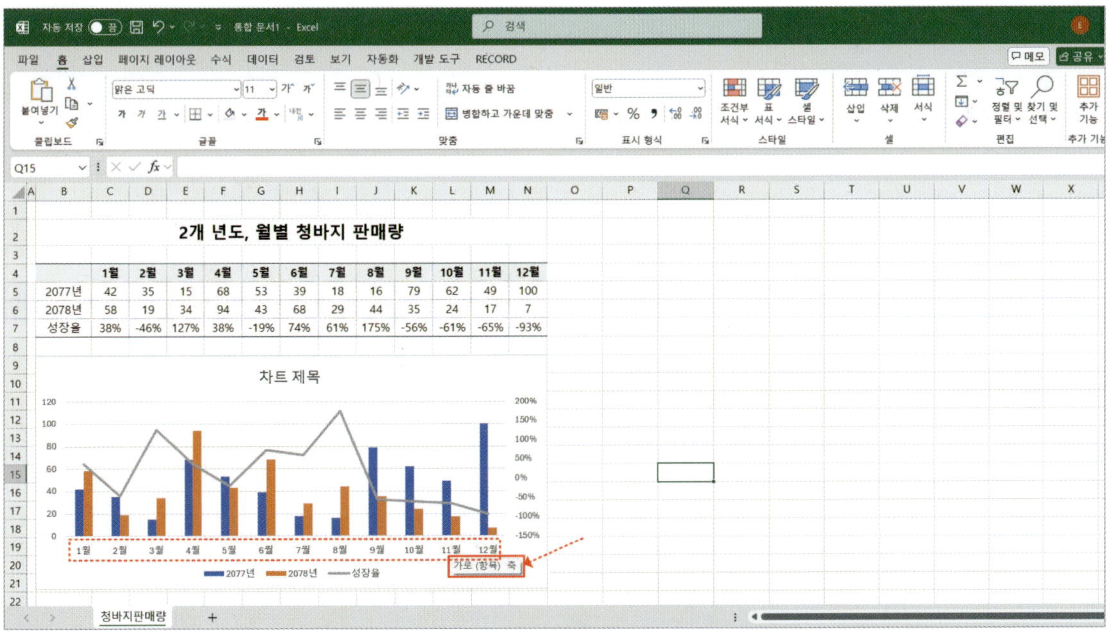

04 범례 항목: 행 목록 필드의 집합입니다.

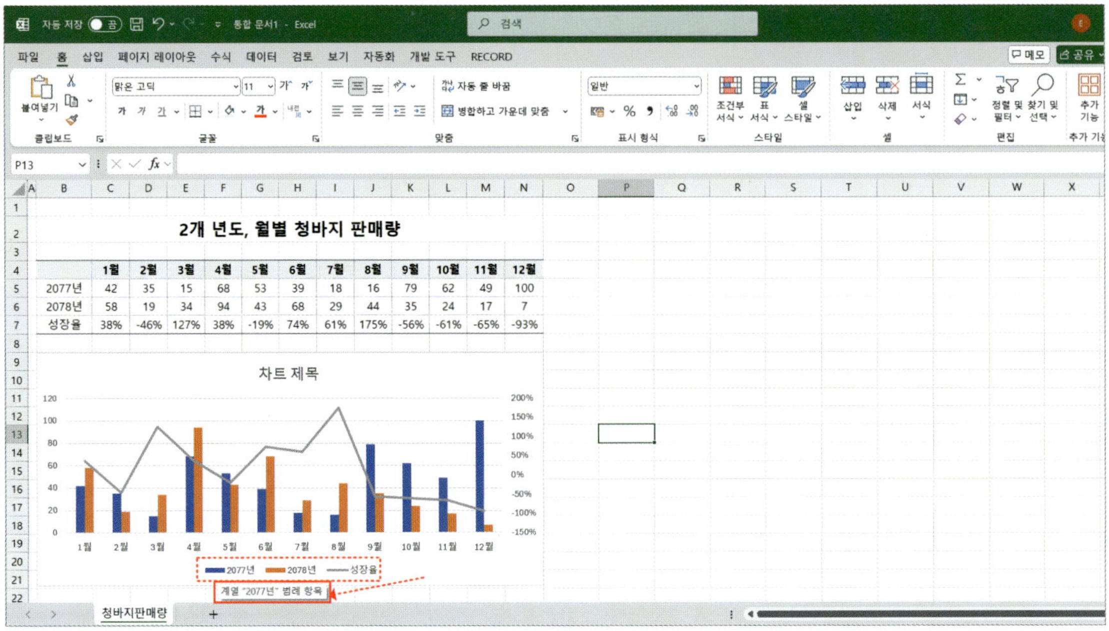

05 보조 세로(값) 축: 기본 가로 축과 숫자 갭이 크거나 두 가지 서로 다른 데이터 계열을 나타낼 때 보통 사용합니다(평소에는 생략되어 있습니다).

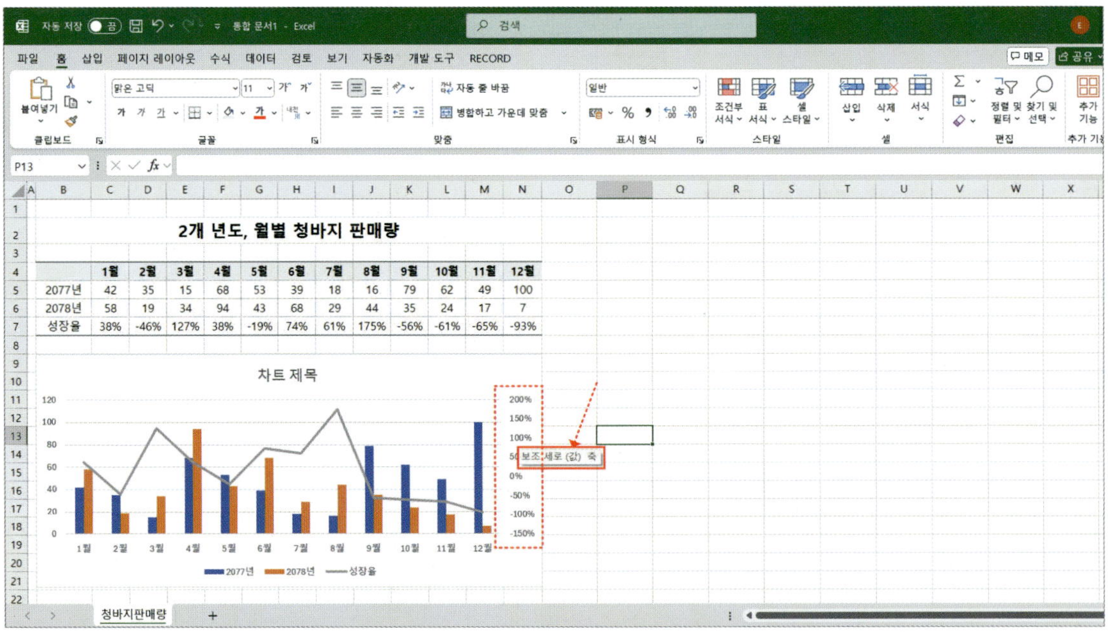

※ 보조 가로 축도 설정할 수 있으나 실무에서는 많이 사용되지 않아 설명은 생략합니다.

06 그림 영역: 값 영역이 출력되는 전체 범위입니다.

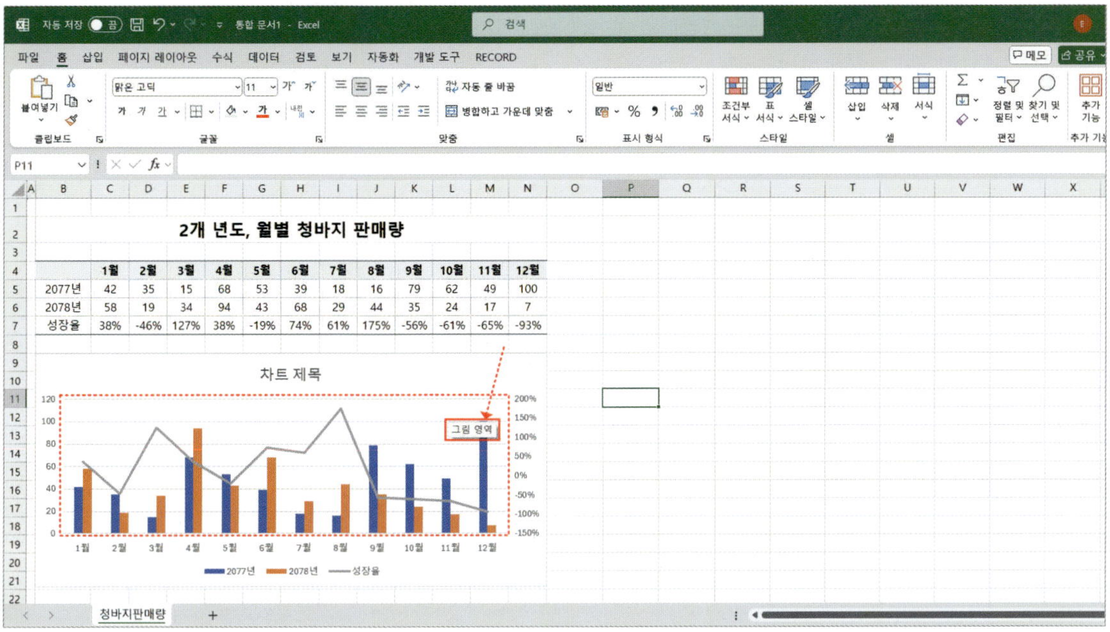

07 값 영역: 원본 표 안에 데이터로 세로 막대와 꺾은선으로 표시된 영역입니다.

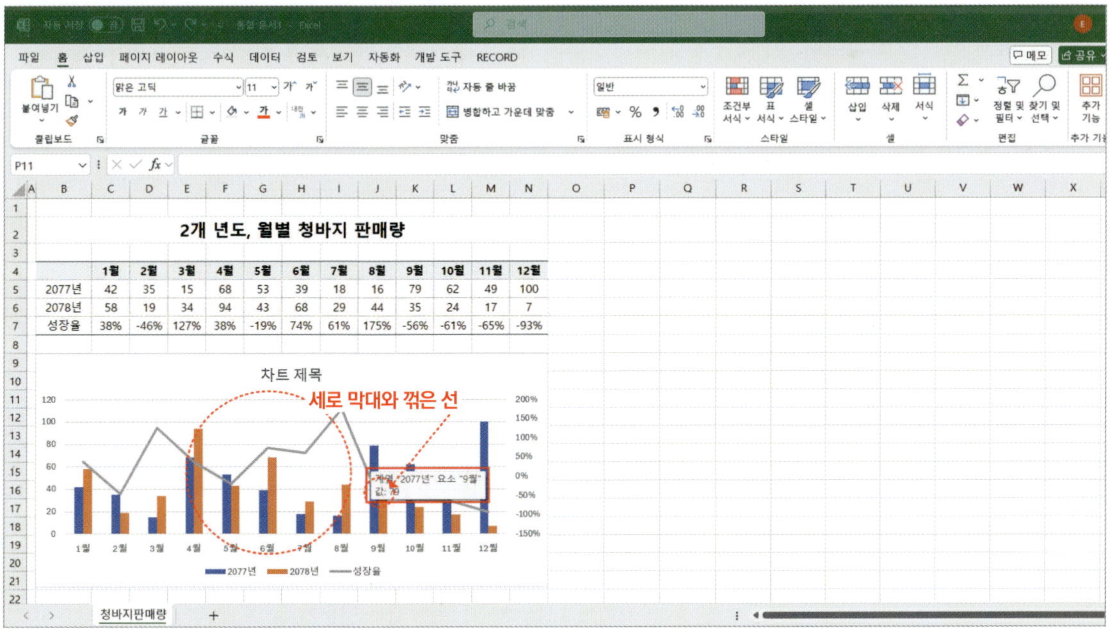

08 차트 제목: 말 그대로 차트의 제목을 삽입할 수 있는 메뉴입니다.

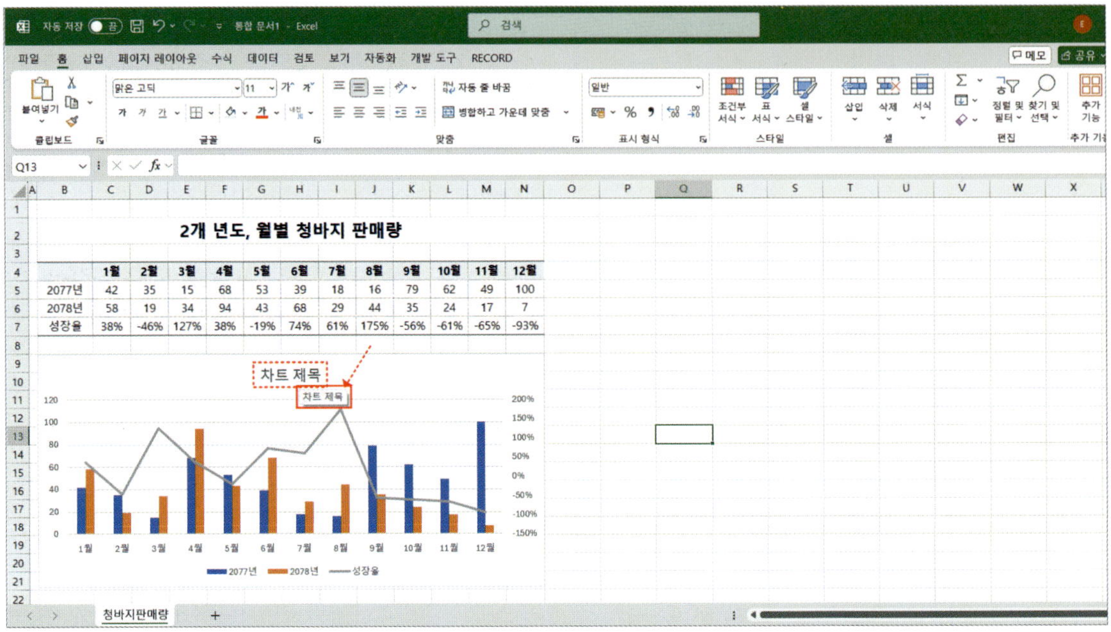

이 외에도 다른 서식 영역이 있으나 실무에서 주로 사용하는 8가지 서식에 대해 사용법만 잘 익혀도 업무에서 충분히 좋은 차트를 만들 수 있습니다. 이 서식 영역을 가공하기 위해서는 한 가지 단어 메뉴만 기억하면 되는데, 바로 '서식'이란 단어입니다. 지금까지 언급한 8가지 영역, 아무 영역에서 마우스 우클릭하게 되면 '~~서식'이란 메뉴가 보입니다. 이 메뉴를 클릭하면 모두 같은 대화상자 메뉴창을 불러낼 수 있습니다.

예시로, 차트 영역을 클릭해 보겠습니다.

TIP

1. 차트 영역 클릭- 마우스 우클릭- '차트 영역 서식' 메뉴를 클릭합니다.

※ '~~서식', '차트 영역 서식' 메뉴를 찾은 예시이고 위에서 언급한 나머지 7가지 영역에서도 마우스 우클릭해 보여지는 차트 메뉴 대화상자를 확인합니다. 대화상자 제목만 다르고 모두 같은 기능을 사용할 수 있습니다.

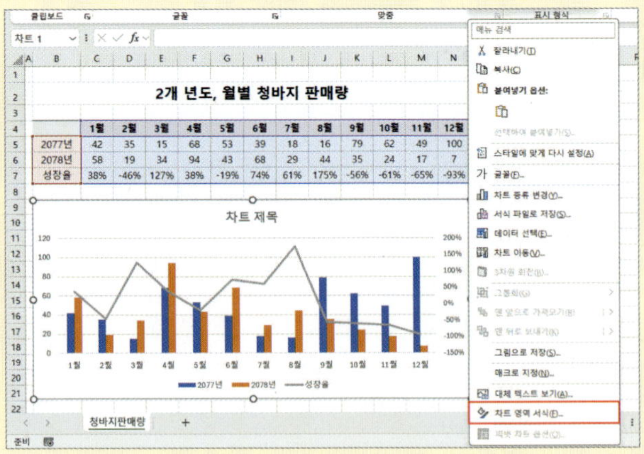

2. 오른쪽에 차트 영역 서식 대화상자가 팝업된 결과를 확인합니다. 그리고 그 아래 부등호 아래 방향 '차트 옵션' 메뉴를 클릭해 보면 위에서 언급한 대부분의 메뉴 서식을 확인할 수 있습니다.

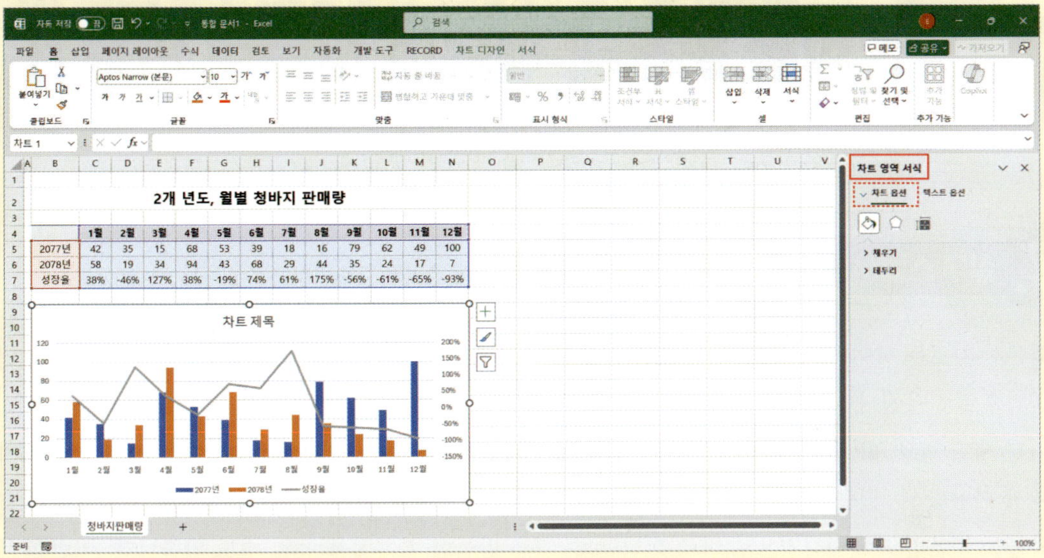

3. 차트 옵션 클릭한 화면을 보면 '세로(값) 축 주 눈금선' 메뉴를 제외한 나머지 메뉴는 위에서 모두 확인한 차트 영역 메뉴입니다. 필요에 따라 차트 영역 서식을 사용할 수 있습니다. 모든 차트 영역은 이 대화상자에서 서식 가공이 가능하니 잘 알아 두어야 합니다.

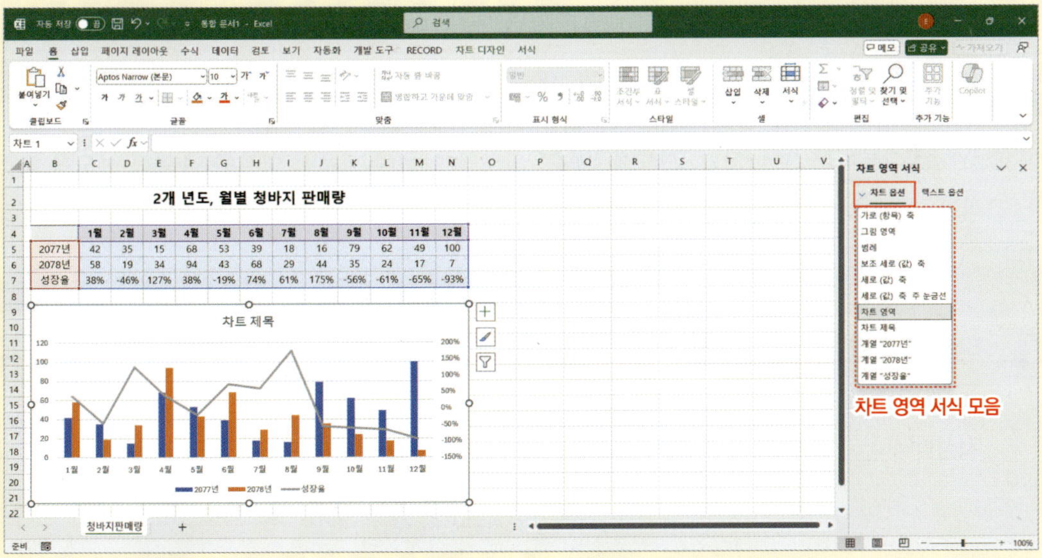

차트 영역 서식을 활용하는 방법은 차트 파트를 다루면서 자세하게 알아보도록 하겠습니다. 차트는 여러 영역이 합쳐져 하나의 차트를 이룹니다. 각 차트 서식 영역에 대한 가공법 그리고 여러 차트를 출력해 가공하는 방법은 다음 파트에서부터 다뤄 보도록 하겠습니다.

CHAPTER 32

판매채널별 매출현황 오차 막대 서식을 활용해 꺾은선 차트로 만들기

예제 파일 PART1_32 판매채널별 매출현황 오차 막대 서식을 활용해 꺾은선 차트로 만들기

실무 스킬

꺾은선 차트는 데이터가 시간, 순서 또는 연속적인 값에 따라 변하는 양상을 시각적으로 나타낼 때 가장 효과적으로 사용됩니다. 꺾은선 차트를 활용할 수 있는 상황들은 ❶ 시간에 따른 변화 추세 분석, ❷ 다중 데이터 세트 비교, ❸ 데이터 간 상호 작용 분석, ❹ 세부적인 데이터 변화 강조, ❺ 예측 모델 결과 시각화 등에서 사용할 수 있습니다. 이외에도 사용자가 분석하기 원하는 판매추세나 아이템별 매출동향의 크고 작음들을 꺾은선으로 시각적으로 바로 확인할 수 있게 만들어 가독성을 높일 수도 있습니다. 이번 파트에서는 오차 막대 기능을 활용해 차트 세로 축과 꺾은선의 표식을 연결해 아이템이 많은 경우 시각적 확인이 쉽게 꺾은선 차트를 만들어 보겠습니다.

실무 연습 ❶

[판매채널매출] 시트에서 '판매채널' 필드와 '매출' 필드를 이용해 꺾은선 차트를 출력해 보도록 하겠습니다. 그리고 '판매채널'과 '매출'을 연결하는 오차 막대를 출력해 가독성을 높여 꺾은선을 만들어 보겠습니다.

01 B4:B15셀 범위를 먼저 지정하고 Ctrl 키를 누른 채 F4:F15셀 범위를 지정합니다.

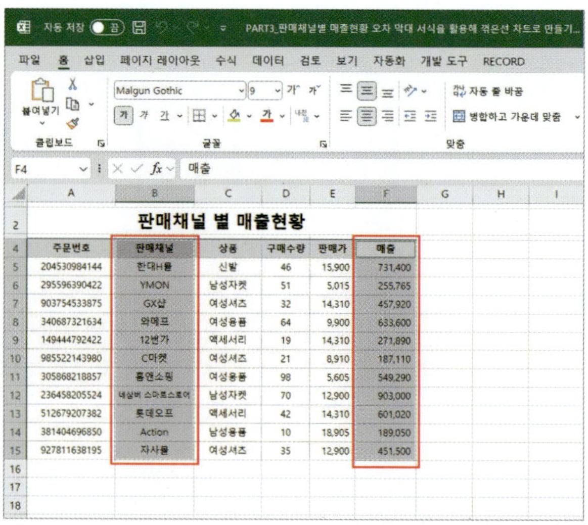

판매채널 별 매출현황

주문번호	판매채널	상품	구매수량	판매가	매출
204530984144	한대H몰	신발	46	15,900	731,400
295596390422	YMON	남성자켓	51	5,015	255,765
903754533875	GX샵	여성셔츠	32	14,310	457,920
340687321634	와메프	여성용품	64	9,900	633,600
149444792422	12번가	액세서리	19	14,310	271,890
985522143980	C마켓	여성셔츠	21	8,910	187,110
305868218857	홈앤소핑	여성용품	98	5,605	549,290
236458205524	네상버 스마트스토어	남성자켓	70	12,900	903,000
512679207382	롯데오프	액세서리	42	14,310	601,020
381404696850	Action	남성용품	10	18,905	189,050
927811638195	자사몰	여성셔츠	35	12,900	451,500

02 [삽입] 탭- 차트- 2차원 꺾은선형- '표식이 있는 꺾은선형' 메뉴를 클릭합니다.

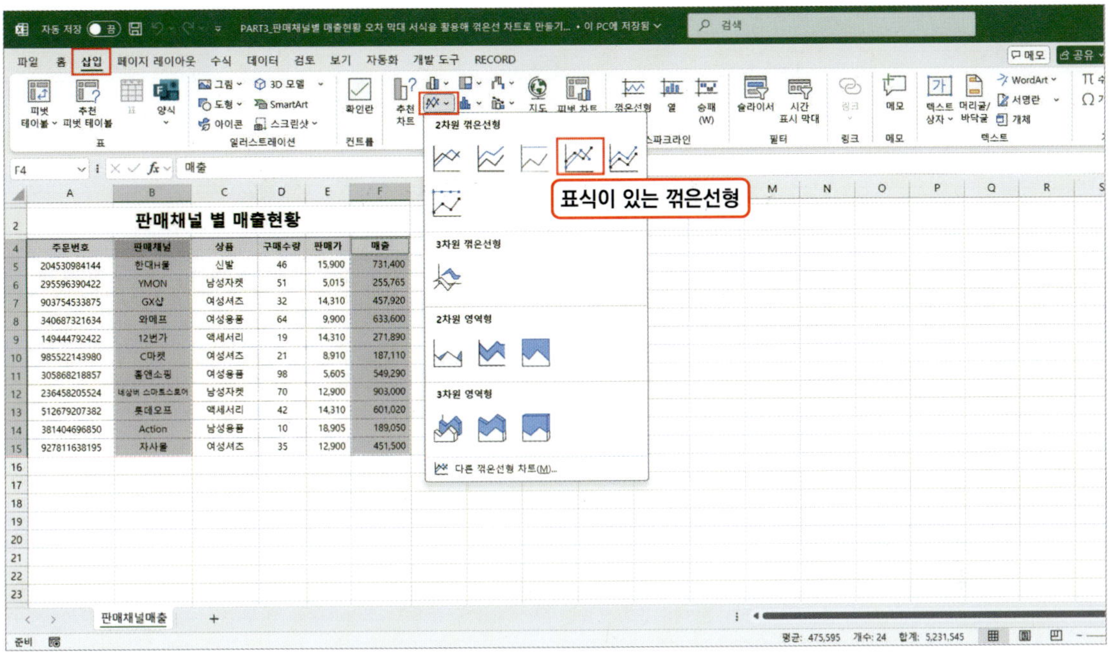

03 차트 영역 외곽선 클릭- 드래그해 A4셀 셀로 이동합니다.

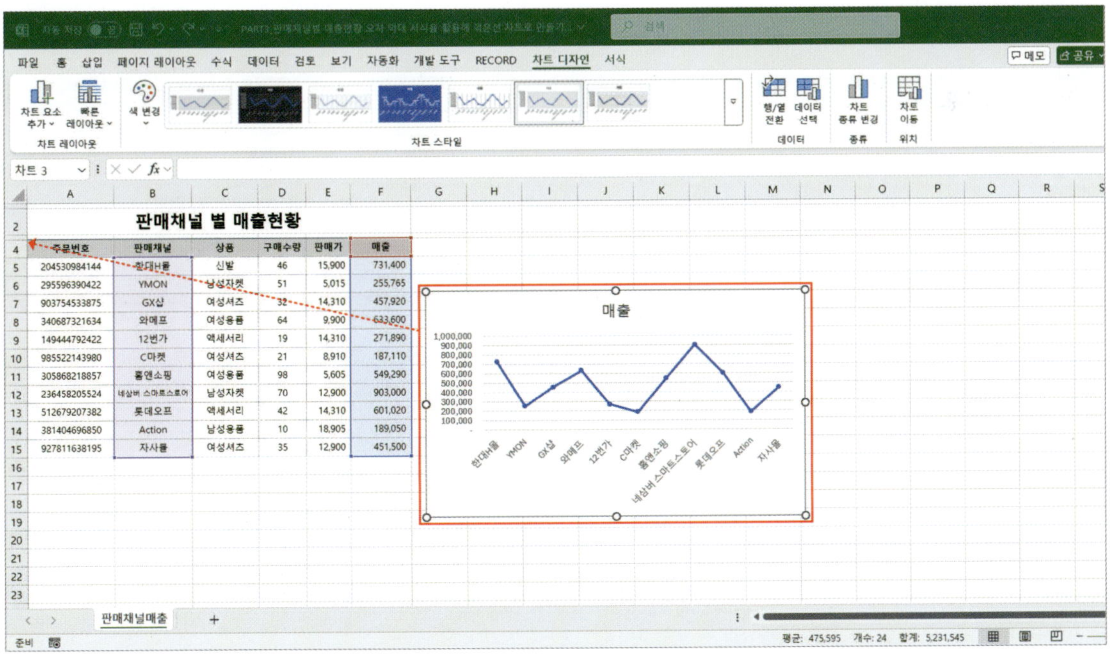

04 A4셀로 이동 후 차트 영역 오른쪽 가운데 동그라미 조절점을 드래그해 O4셀까지 차트 크기를 키웁니다.

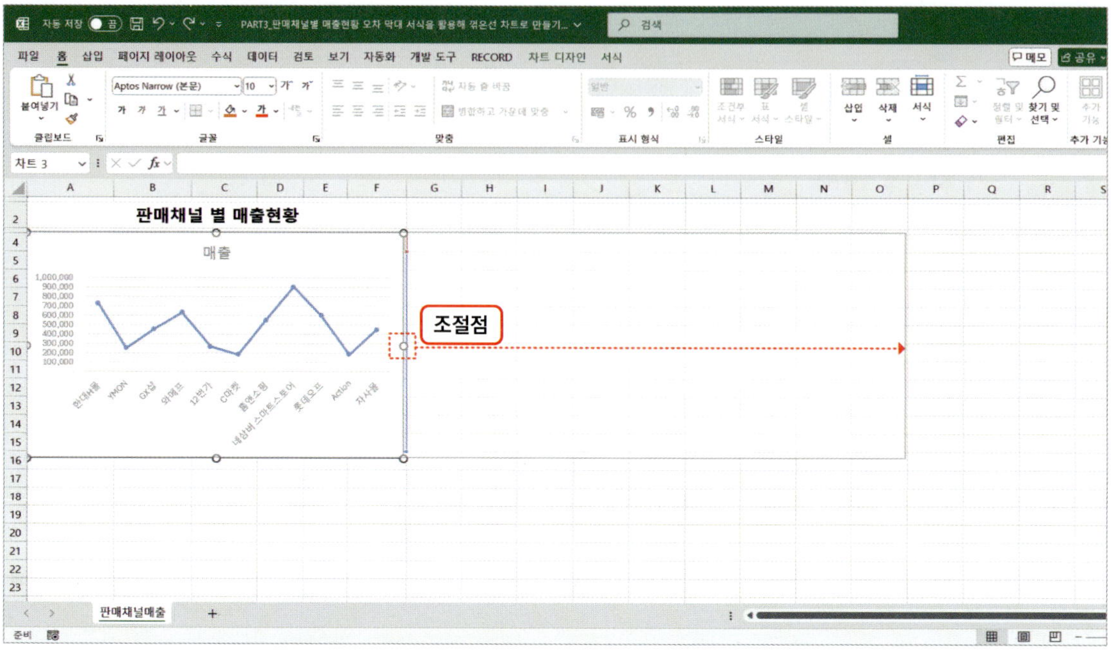

05 차트 영역 클릭 후 오른쪽 상단에 보이는 '+' 단추 클릭- 차트 요소- 오차 막대, 오른쪽 부등호 클릭- '기타 옵션…' 메뉴를 클릭합니다.

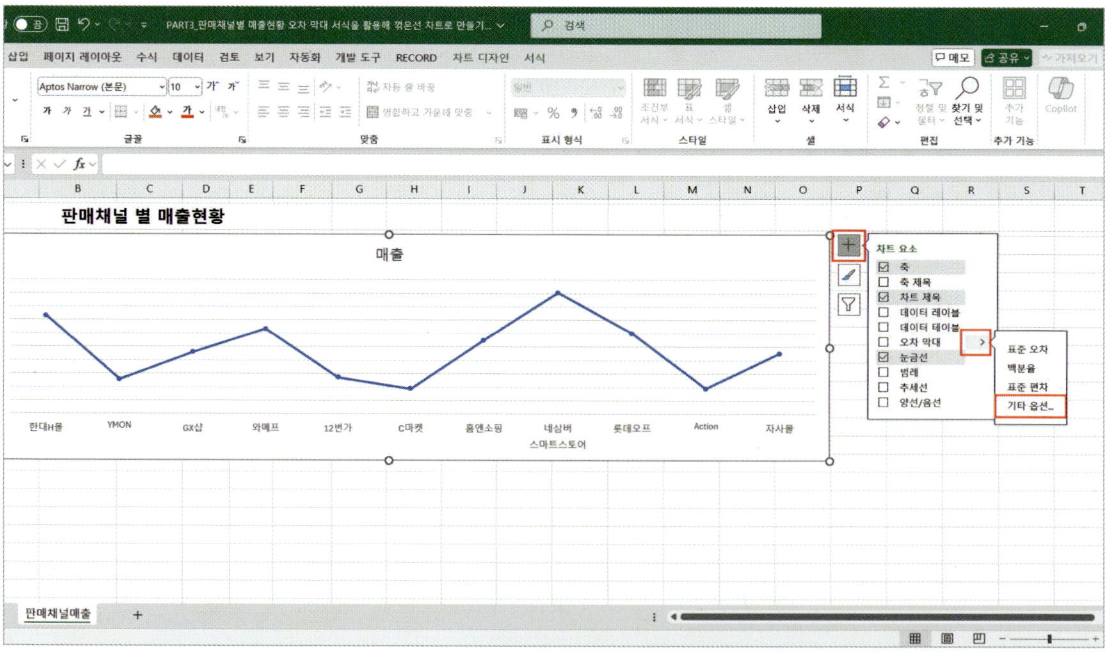

06 오차 막대 서식- 오차 막대 옵션- 세로 오차 막대- 방향- 음의 값- 끝 스타일- 끝 모양- 오차량- 사용자 지정- '값 지정' 메뉴를 클릭합니다.

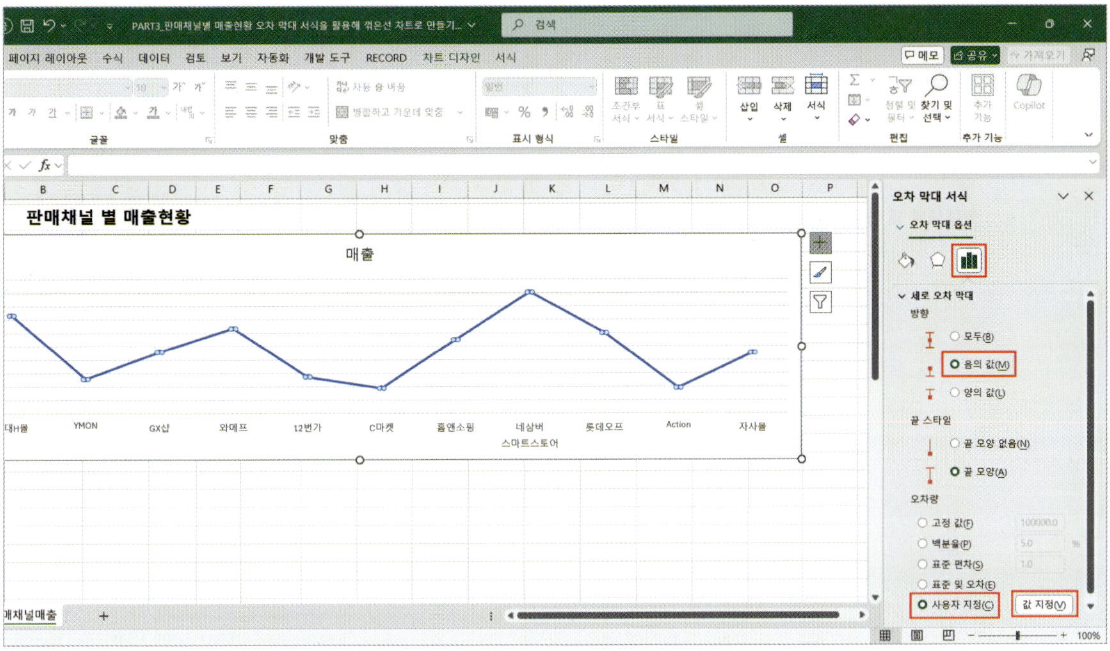

07 오차 막대 사용자 지정- 양의 오류값: 0- 음의 오류값- '=판매채널매출!$F$5:$F$15' 입력 후 확인 버튼을 누릅니다.

※ '매출' 필드 아래 범위를 드래그해 범위를 지정합니다. 현재는 차트에 가려 범위가 보이지 않으니 방향키와 Shift 키를 이용해 범위를 지정해 봅니다.

※ =판매채널매출!$F$5:$F$15 범위는 현재 시트 $F$5:$F$15 범위입니다.

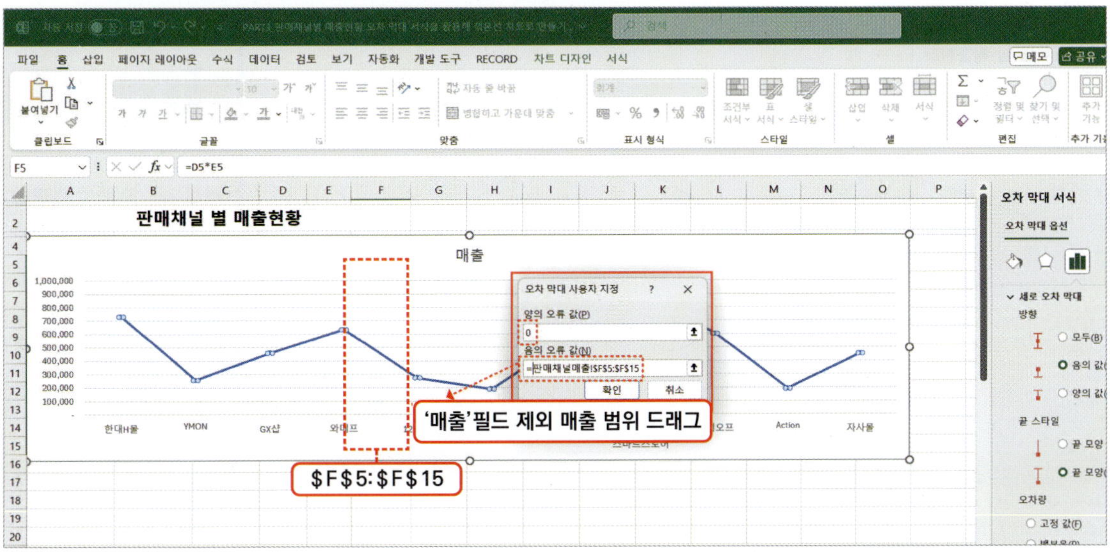

08 오차 막대 중 아무거나 클릭하면 전체 오차 막대에 조절점이 생성됩니다. 생성 확인 후 오차 막대 서식- '채우기 및 선' 메뉴를 클릭합니다.

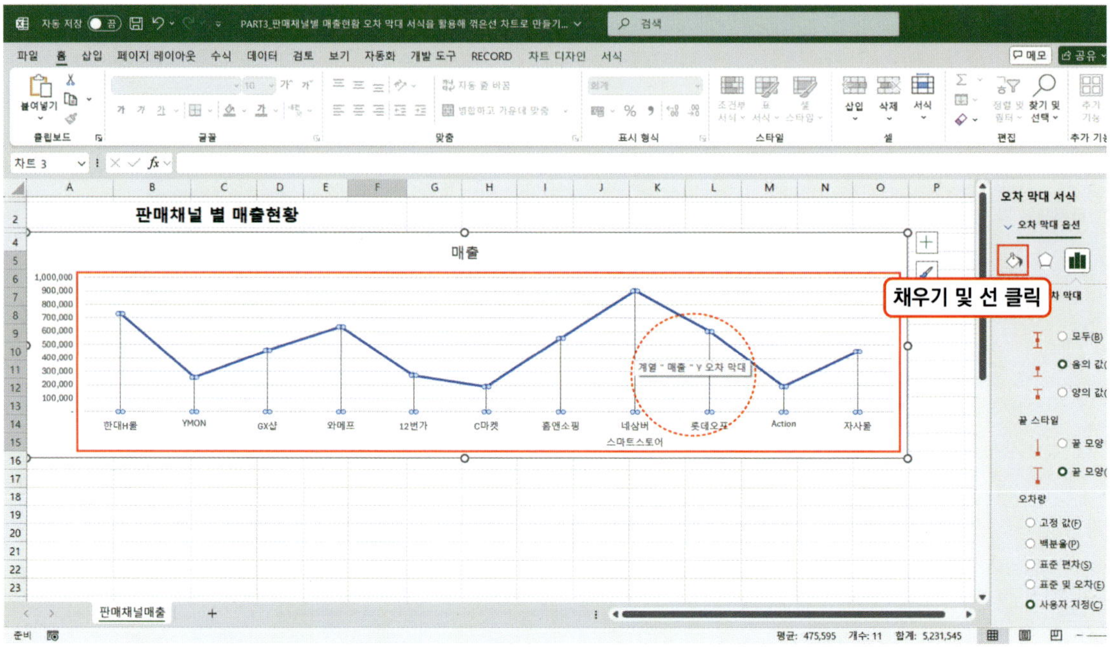

09 선- 색- '녹색, 강조 6, 60% 더 밝게' 메뉴 선택- 너비: '1 pt' 입력 후 Enter 키를 누릅니다.

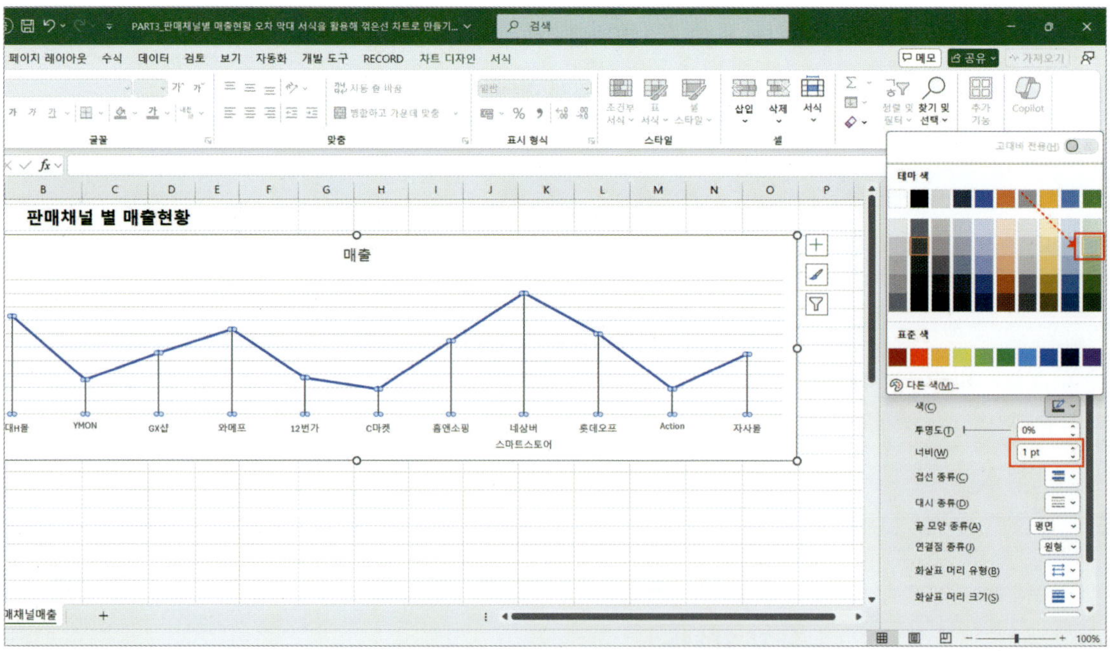

10 대시 종류- '사각 점선' 메뉴를 클릭합니다.

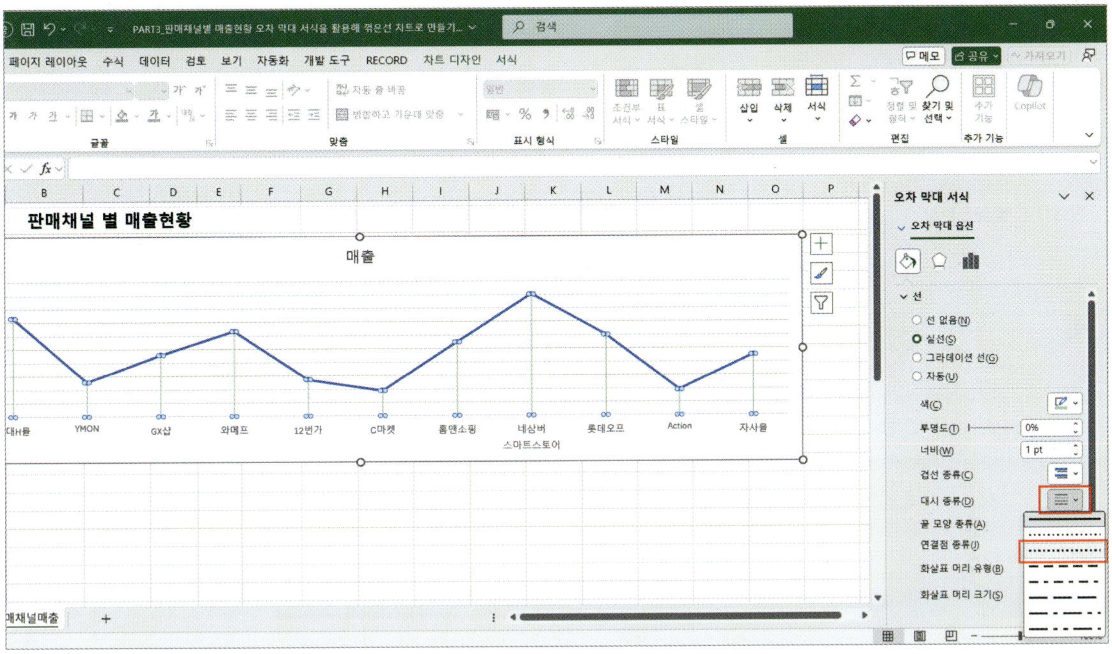

11 파란색 꺾은선 아무 선을 클릭하면 표식이라고 하는 꺾인 선 구간에 4개의 작은 조절점들이 생성된 것을 확인합니다. 그리고 오른쪽 대화상자 이름이 '데이터 계열 서식'으로 변경된 것을 확인합니다.

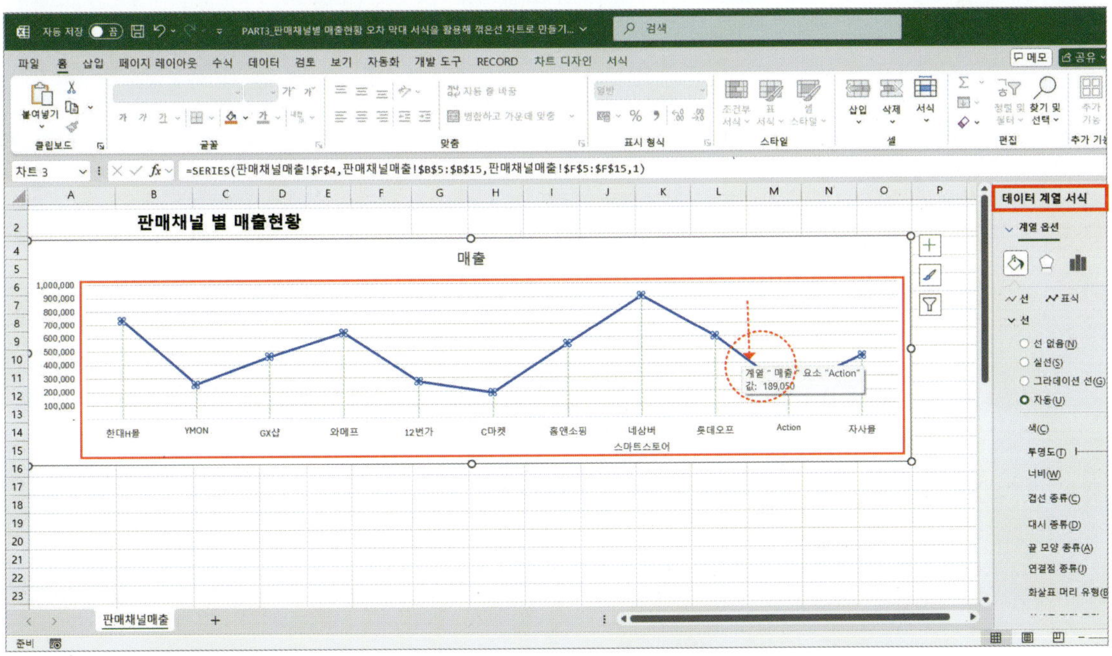

12 데이터 계열 서식- 계열 옵션- 색- '파랑, 강조 1, 60% 더 밝게' 메뉴를 클릭합니다.

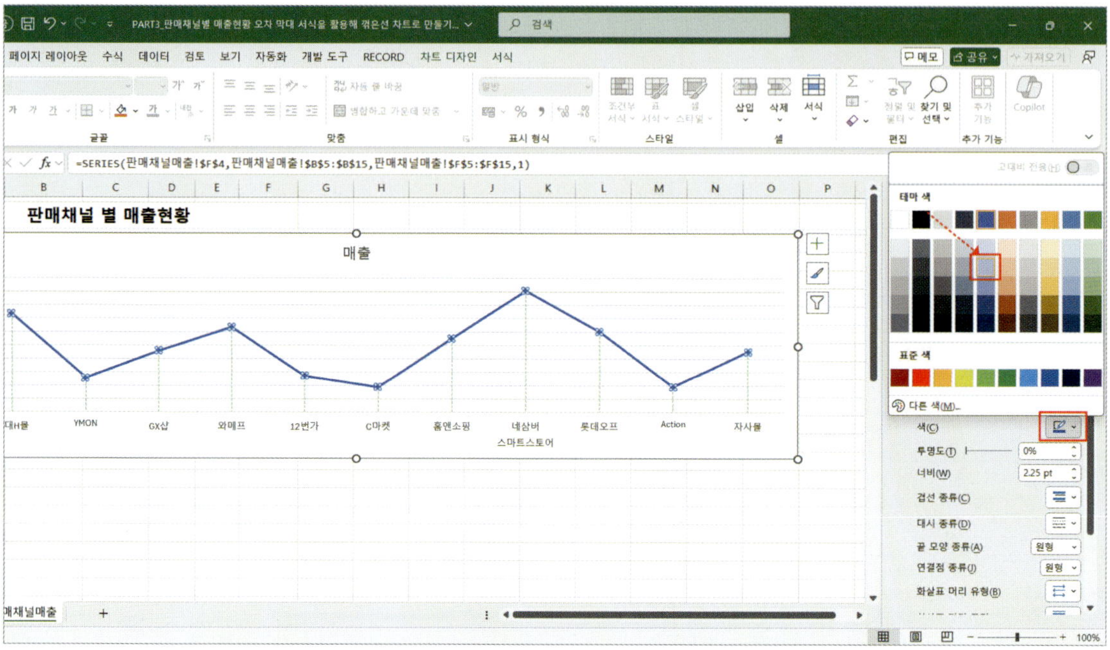

13 데이터 계열 서식- 오른쪽 'X'표시를 눌러 닫기하고 최종 출력된 차트를 확인합니다.

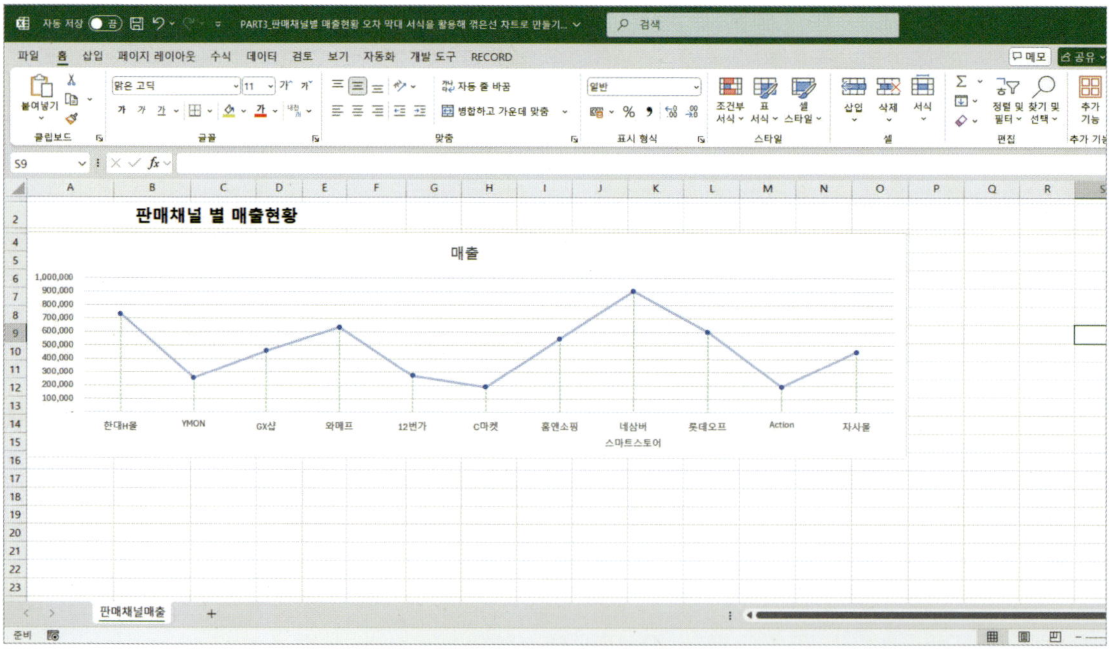

CHAPTER 33 결제수단별 판매정보 원형 차트로 비중 및 판매수량 나타내기

예제 파일 PART1_33 결제수단별 판매정보 원형차트로 비중 및 판매수량 나타내기

실무 스킬

원형 차트는 데이터를 전체와의 비율이나 구성으로 나타낼 때 가장 많이 사용됩니다. 데이터의 각 항목이 전체에서 차지하는 비율을 명확하고 직관적으로 시각화할 수 있는 도구입니다. 원형 차트는 다음과 같은 상황에서 사용할 수 있습니다. ❶ 비율과 분포를 강조할 때, ❷ 데이터 항목이 적을 때, ❸ 전체 구성에서 차지하는 비율을 나타낼 때, ❹ 결과를 간략히 요약할 때 등에서 자주 사용합니다.

원형 차트는 항목 수가 너무 많거나 차이가 미미한 경우 데이터 해석이 어려울 수 있습니다. 이번 파트에서는 원형 차트를 통해 전체에서 차지하는 비중과 값을 원형 차트로 나타내는 실습을 해 보겠습니다.

실무 연습 ❶

[결제수단구매정] 시트에서 '상품별 판매정보' 원본 데이터를 기준으로 '결제수단별 구매수량 정보' 데이터를 추출해 또 하나의 표를 만들어 놓았습니다. 이 정보를 바탕으로 2차원 원형 차트를 출력해 각 결제수단별 전체에서 차지하는 구매수량 비중과 값을 원형 차트로 나타내 보겠습니다.

01 K4:L7셀 범위 지정– [삽입] 탭– 차트– 원형 또는 도넛형 차트 삽입– 2차원 원형– '원형' 차트를 클릭합니다.

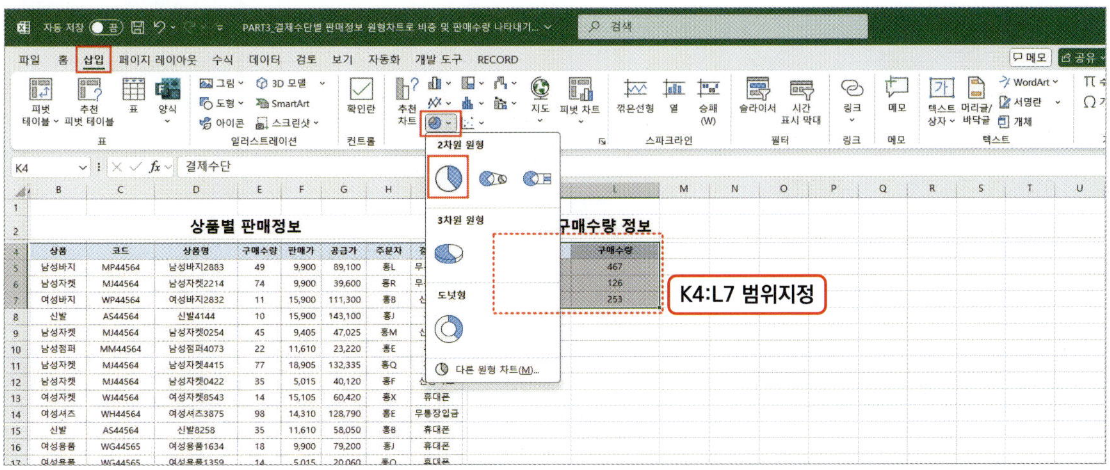

02 출력된 원형 차트, 차트 영역 클릭 후 드래그해 K10셀에 배치- 차트 영역 클릭(차트 외곽 클릭)- '+'단추 클릭- 차트 요소- 데이터 레이블, 오른쪽 부등호 모양 클릭- '기타 옵션' 메뉴를 클릭합니다.

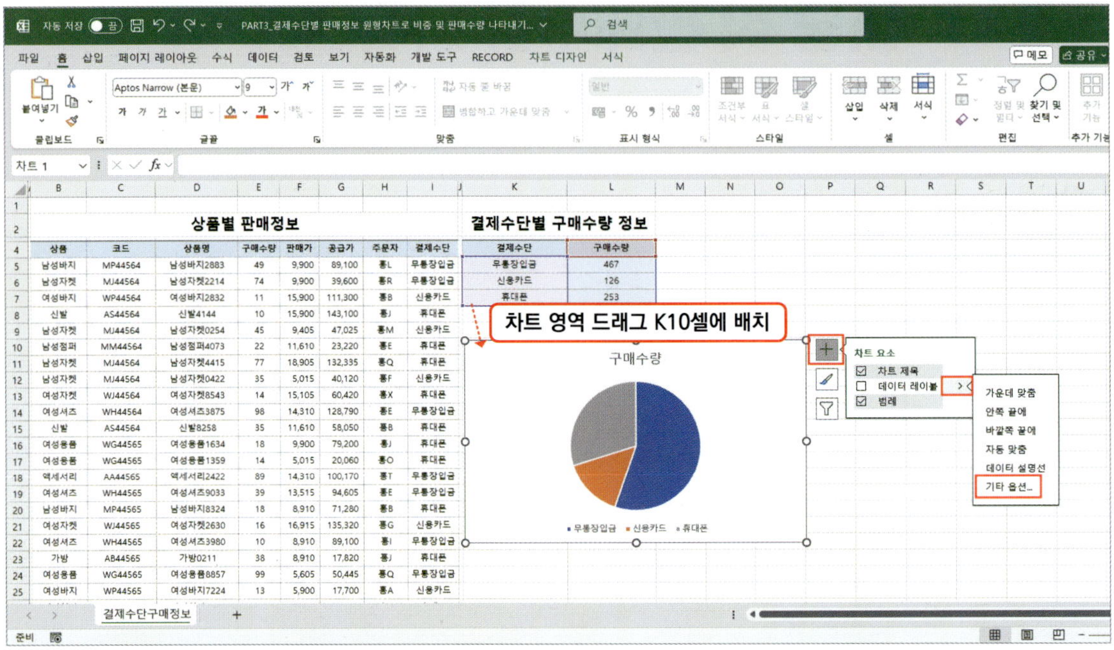

03 데이터 레이블 서식- 레이블 옵션- 값, 백분율, 지시선 표시- 구분 기호- '(줄 바꿈)'- 레이블 위치- '바깥쪽 끝에' 메뉴를 선택합니다.

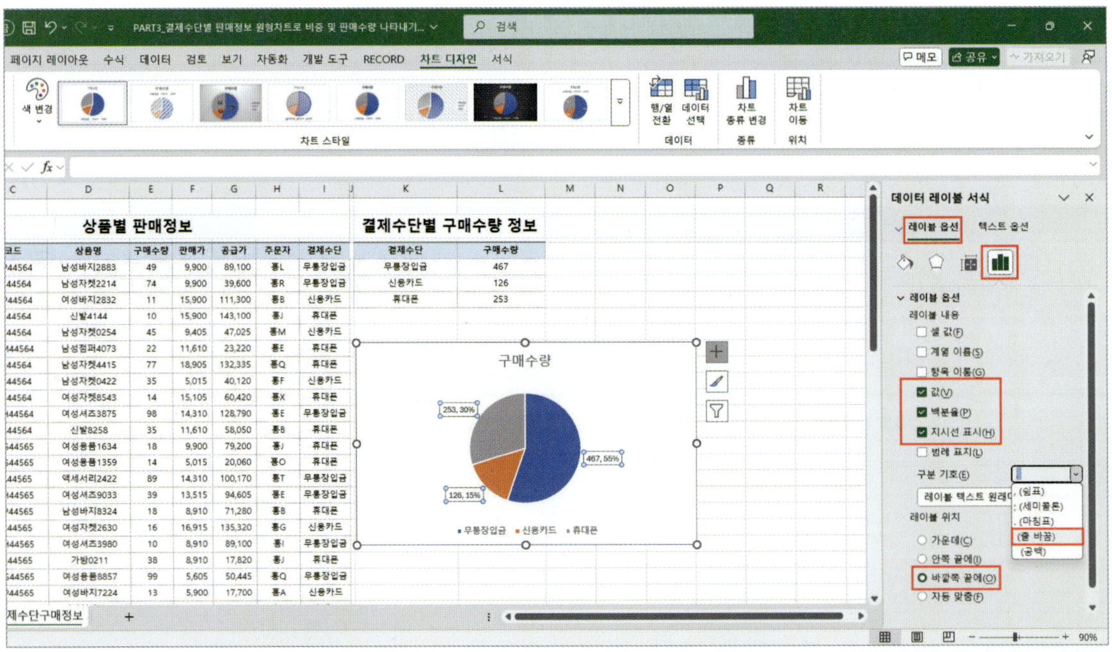

04 [차트 디자인] 탭- 차트 스타일- 색 변경- 색상형- '다양한 색상표 3' 메뉴를 클릭해 디자인을 적용해 줍니다.

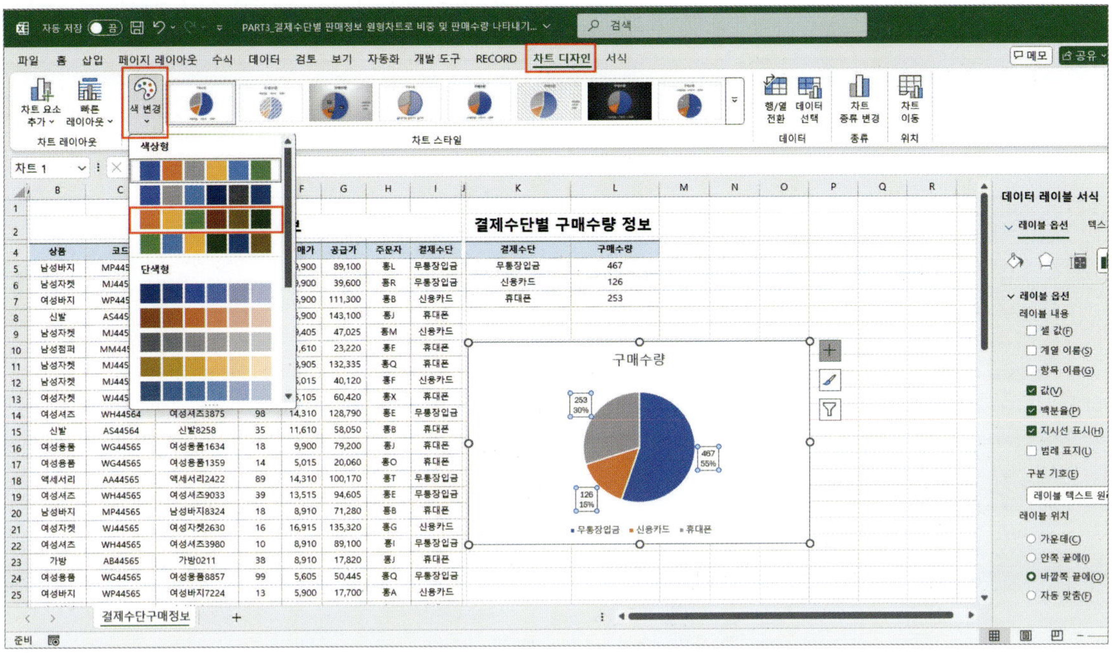

05 차트 제목란에 '구매수량'을 클릭해 '결제수단별 구매수량 정보'로 수정합니다.

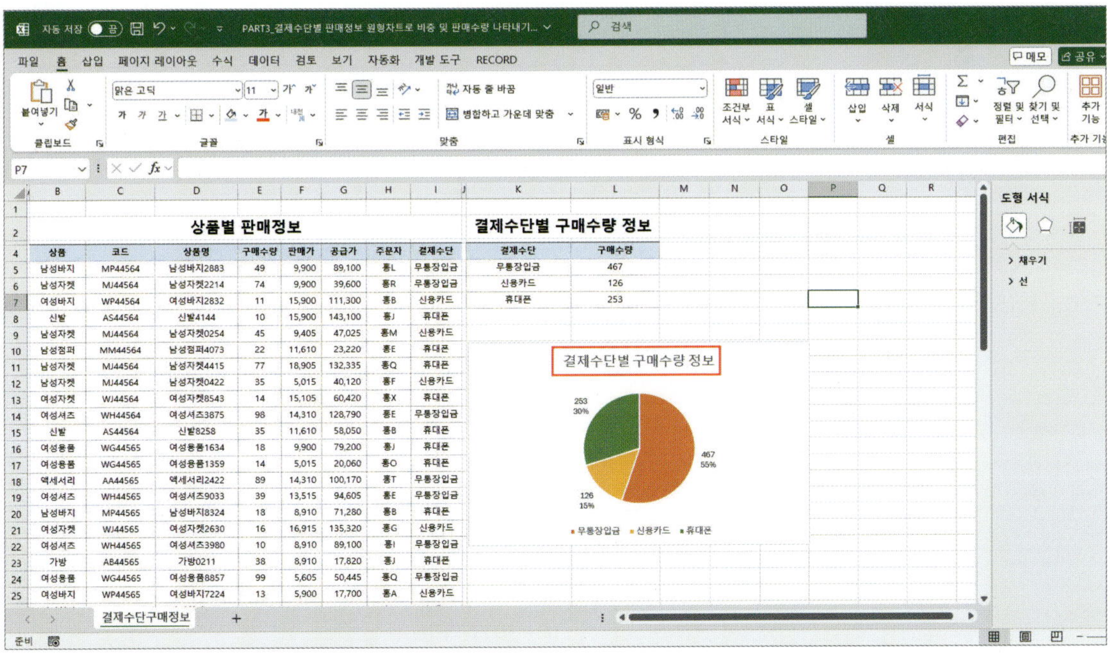

06 데이터 레이블이 있는 정보 아무 구간을 클릭- [홈] 탭- 글꼴- 글꼴 포인트: '11' 을 입력해 데이터 레이블 구간 글꼴 크기를 키우고 마무리합니다.

※ 데이터 레이블 구간은 숫자가 적힌 값이 있는 구간입니다. 현재, 판매량과 비중(%)이 출력된 곳입니다.

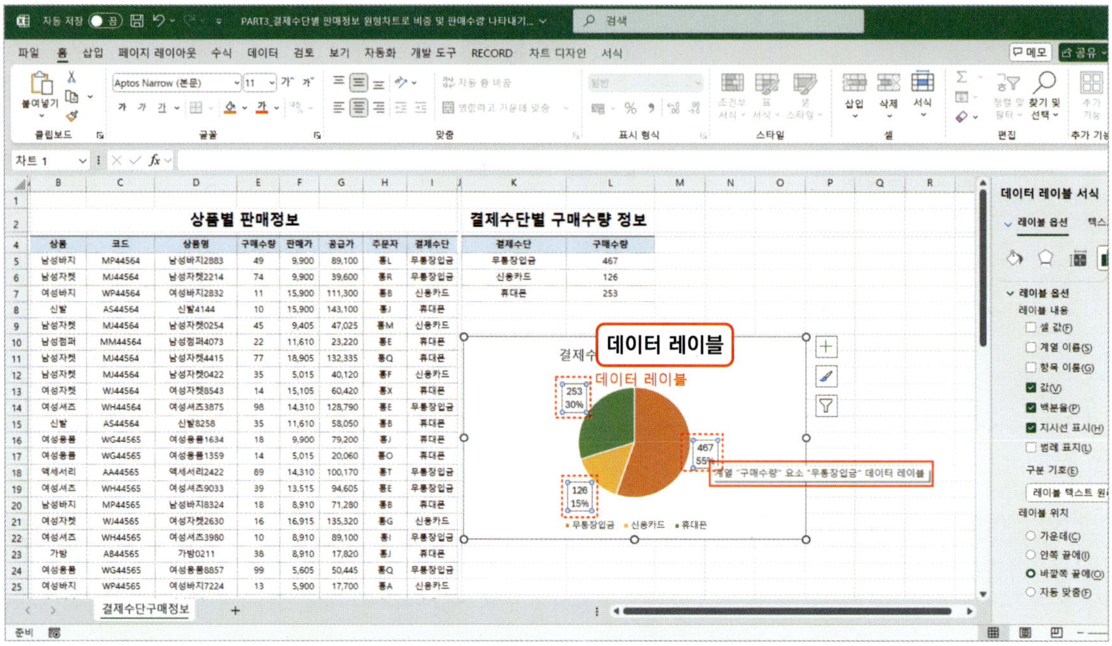

CHAPTER 34

상품별 1분기 오더수량 추세 2차원 세로 막대형 차트로 만들기

예제 파일 PART1_34 상품별 1분기 오더수량 추세 2차원 세로 막대형 차트로 만들기

실무 스킬

실무에서 가장 많이 사용되는 차트 3가지는 세로 막대, 꺾은선, 원형 차트 3가지 정도일 것입니다. 이번 파트에서는 막대 차트를 이용한 항목별 비교 추세에 대해 알아보겠습니다. 막대 차트는 데이터를 항목별로 비교하고, 각 데이터 포인트의 크기를 시각적으로 강조할 때 주로 사용되고 ❶ 항목 간 데이터 비교, ❷ 시간에 따른 데이터 분석, ❸ 많은 데이터 항목을 효율적으로 표현, ❹ 명확한 데이터 계열 표현 등에 많이 사용됩니다.

가로 막대형도 종종 볼 수 있으나 2차원 세로 막대 가공방법과 똑같다고 생각하면 됩니다. 단지 방향만 세로이냐 가로이냐 차이라고 보면 됩니다. 막대 차트는 데이터를 쉽게 이해하고 의사결정을 돕는데 효과적입니다.

실무 연습 ❶

세로 또는 가로형 막대 차트는 보통 2차원을 많이 사용하기 때문에 2차원 막대 차트를 위주로 설명됩니다. 그리고 세로 막대형 차트는 종류가 3가지가 있는데 차례대로 출력 및 가공방법에 대해 알아보겠습니다.

[1분기판매정보] 시트에서 '상품별 오더수량' 표에서 1분기 정보를 '2차원 묶은 세로 막대형 차트'로 출력하고 숫자 값이 가장 큰 막 대 하나에만 빨간색 점선 테두리를 표시해 보도록 하겠습니다. 그리고 같은 계열 막대간 간격을 0%로 좁혀 보도록 하겠습니다.

01 I4:N7셀 범위 지정- [삽입] 탭- 차트- 세로 또는 가로 막대형 차트 삽입- 2차원 세로 막대형- '묶은 세로 막대형' 메뉴를 선택합니다.

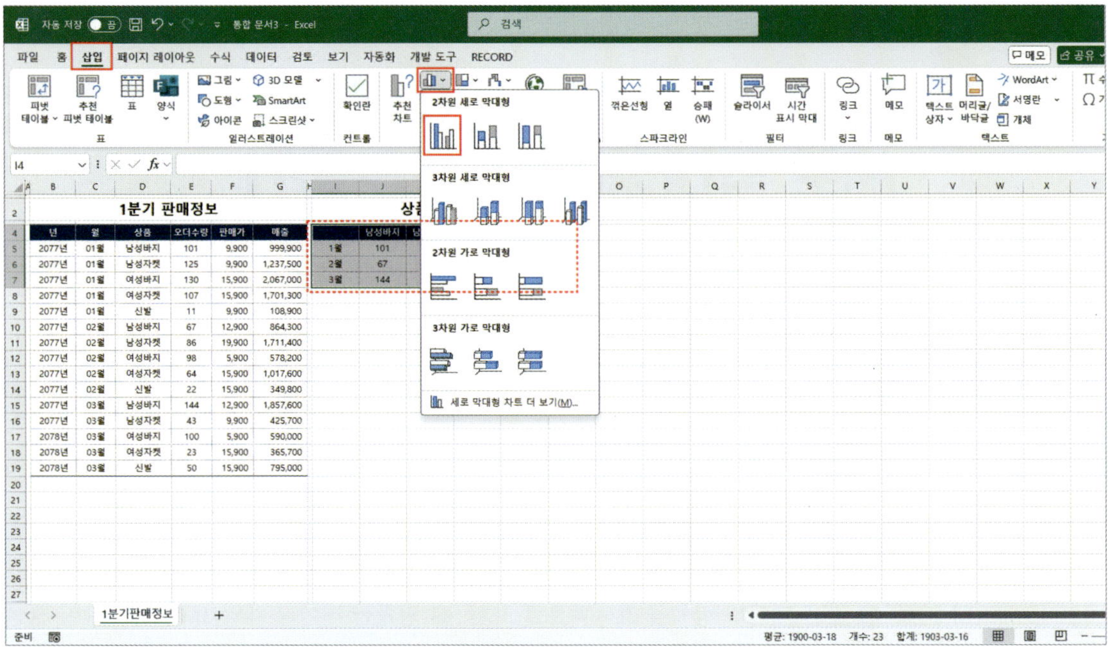

02 출력된 차트 영역 선택 후 드래그해 I9셀로 이동 후 오른쪽 가운데 동그라미 조절점 드래그해 T9셀까지 크기를 키웁니다.

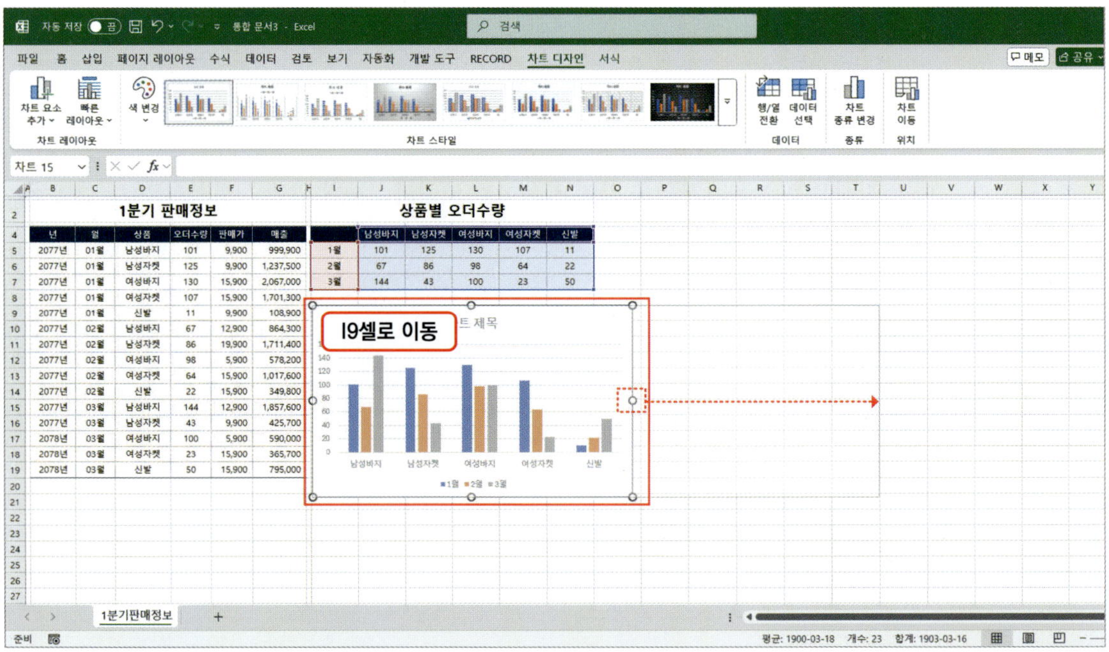

03 막대가 가장 높이 솟은 '남성바지', '3월' 막대 그래프를 한 번 클릭 후, 2초 대기 후 다시 한번 더 클릭- 마우스 우클릭- '데이터 요소 서식' 메뉴를 클릭합니다.

※ 가장 높이 솟은 막대를 더블클릭하는 것이 아니라 한 번 클릭 후, 2초 대기 후 다시 한번 더 클릭해야 합니다. 더블클릭하면 '데이터 요소 서식' 이라는 대화상자 메뉴가 팝업되니 주의하시기 바랍니다.

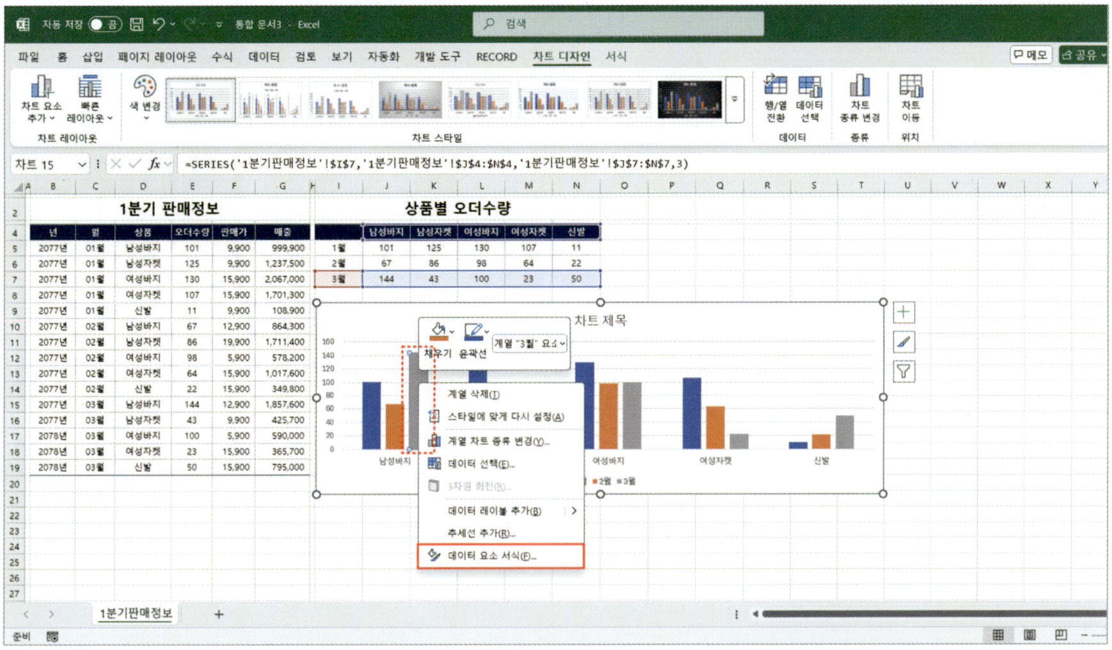

04 데이터 요소 서식- 계열 옵션- 채우기 및 선- 테두리- '색' 메뉴를 클릭합니다.

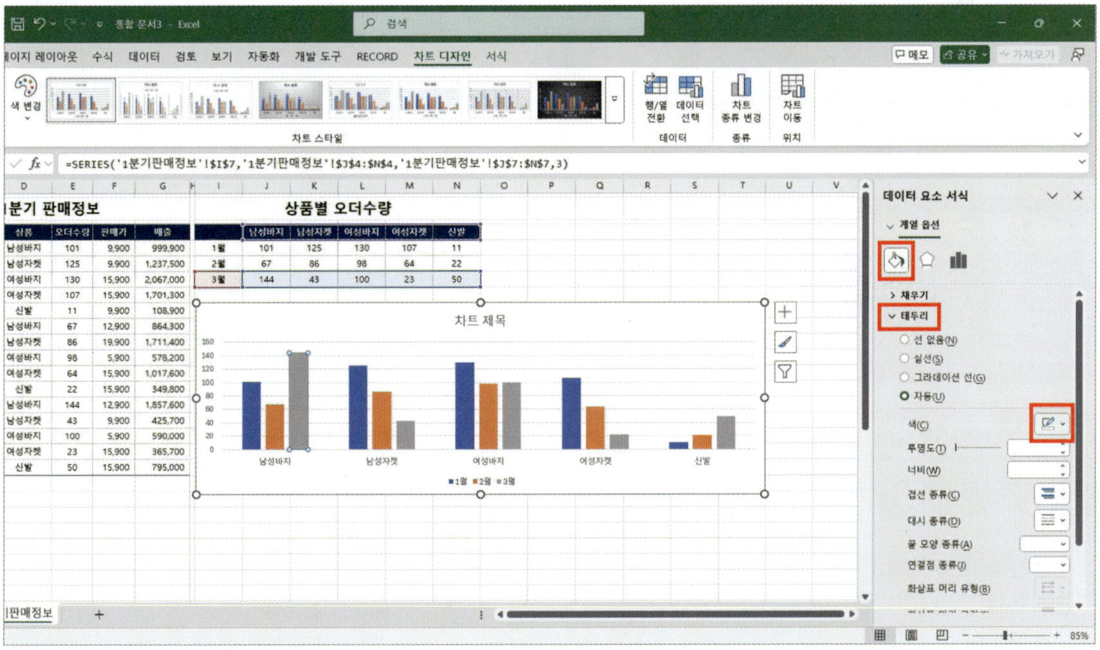

05 색– '빨강'을 선택합니다.

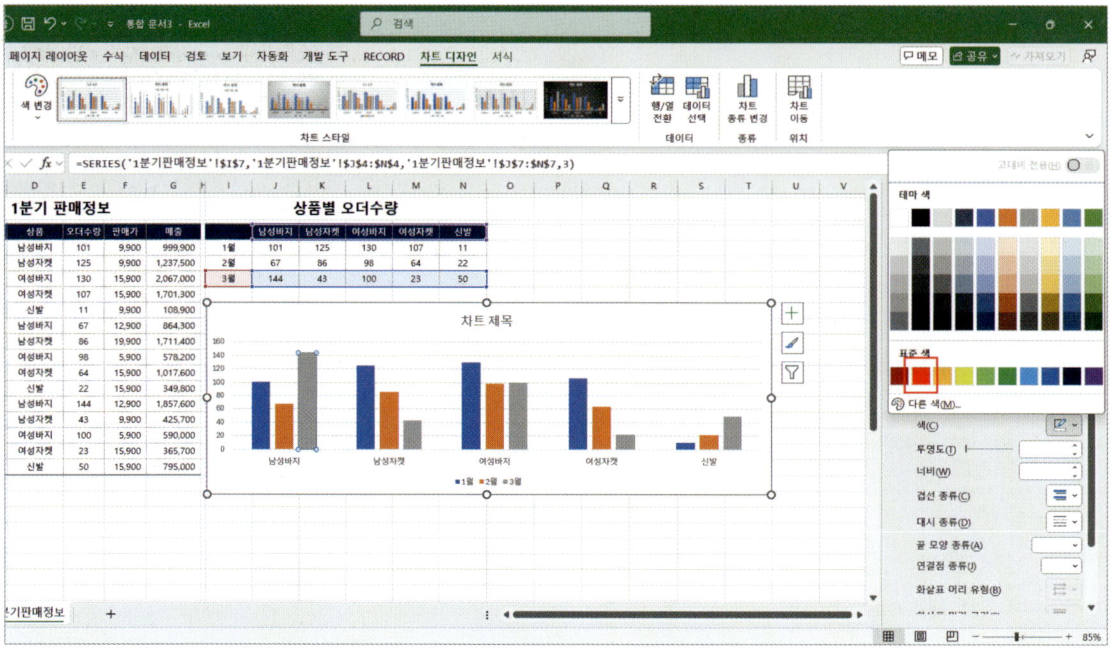

06 너비– '2pt'로 입력합니다.

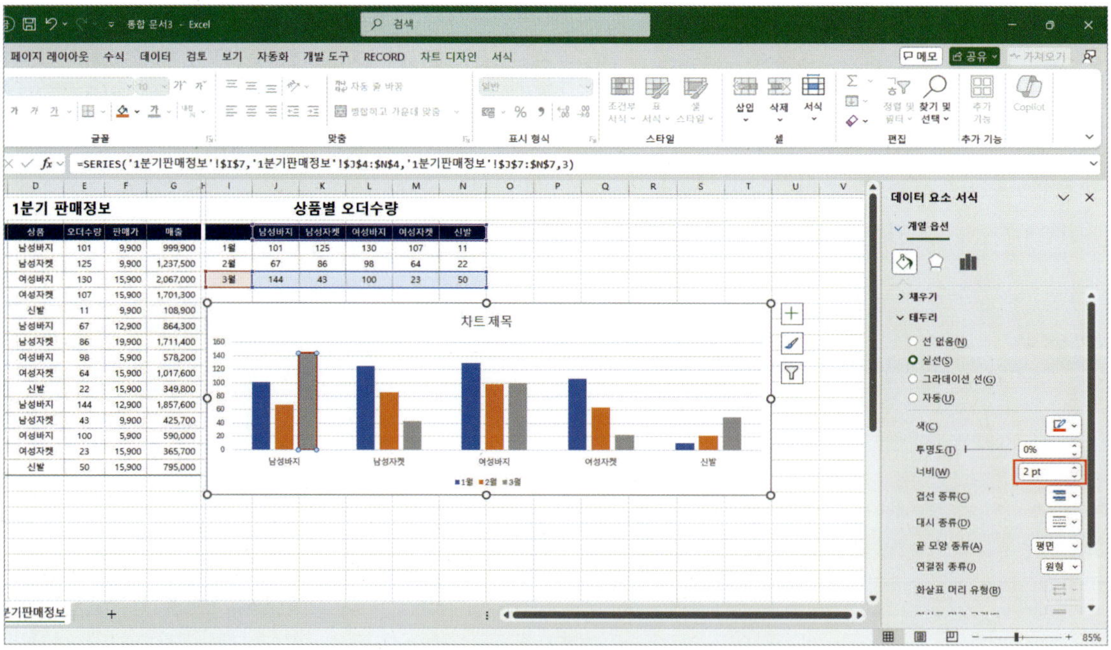

07 대시 종류- '사각 점선' 메뉴를 선택합니다.

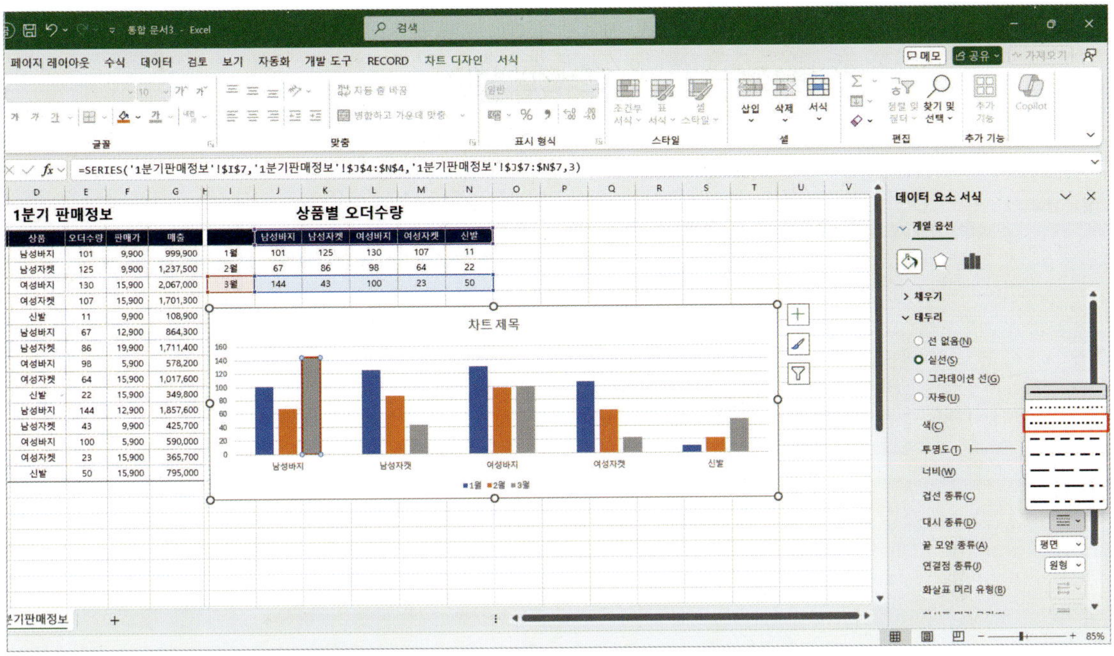

08 차트 제목 클릭- '상품별 오더수량'으로 입력합니다.

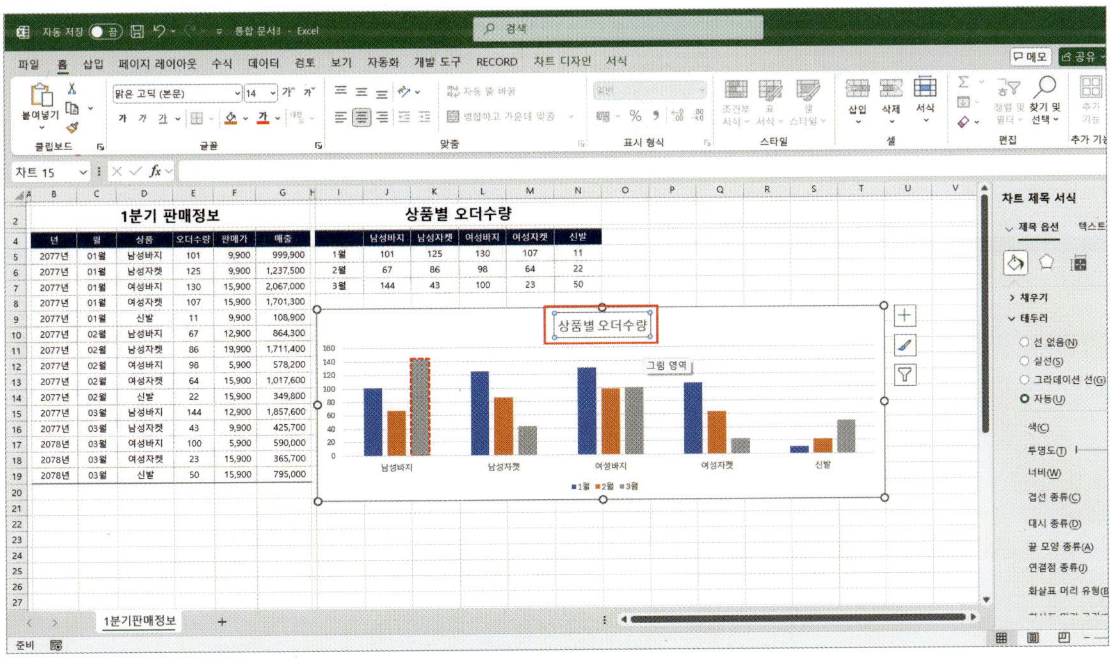

09 '세로(값) 축' 영역 선택- 축 서식- 축 옵션- 단위- '기본: 50'을 입력하고 Enter 키를 누릅니다.

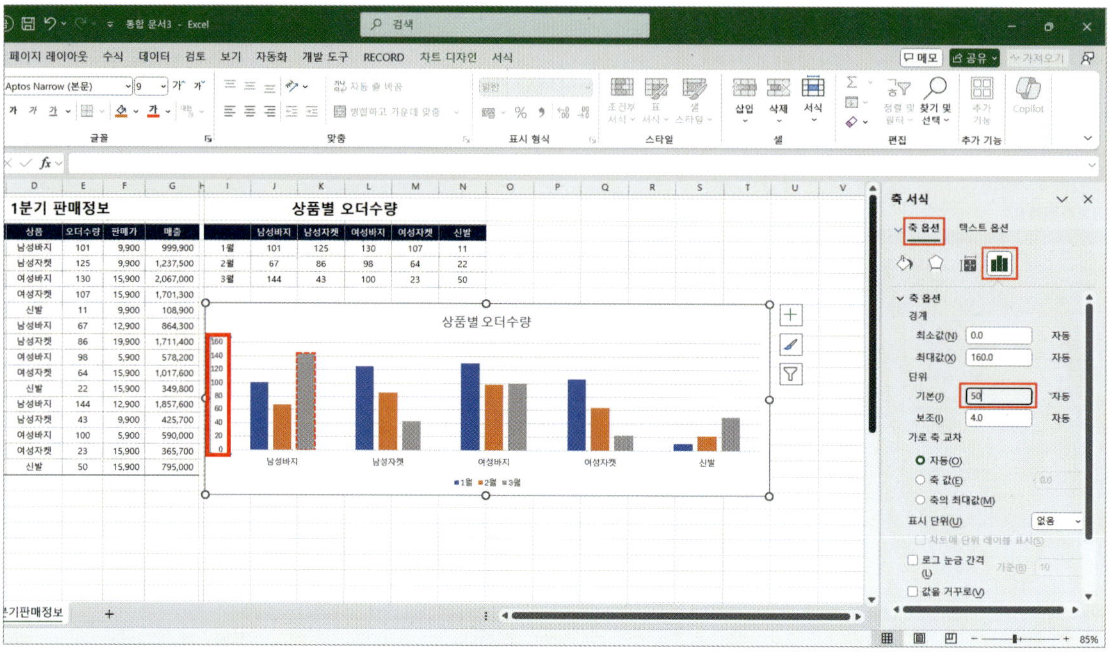

10 세로(값) 축, 단위가 50으로 변경된 결과를 확인합니다.

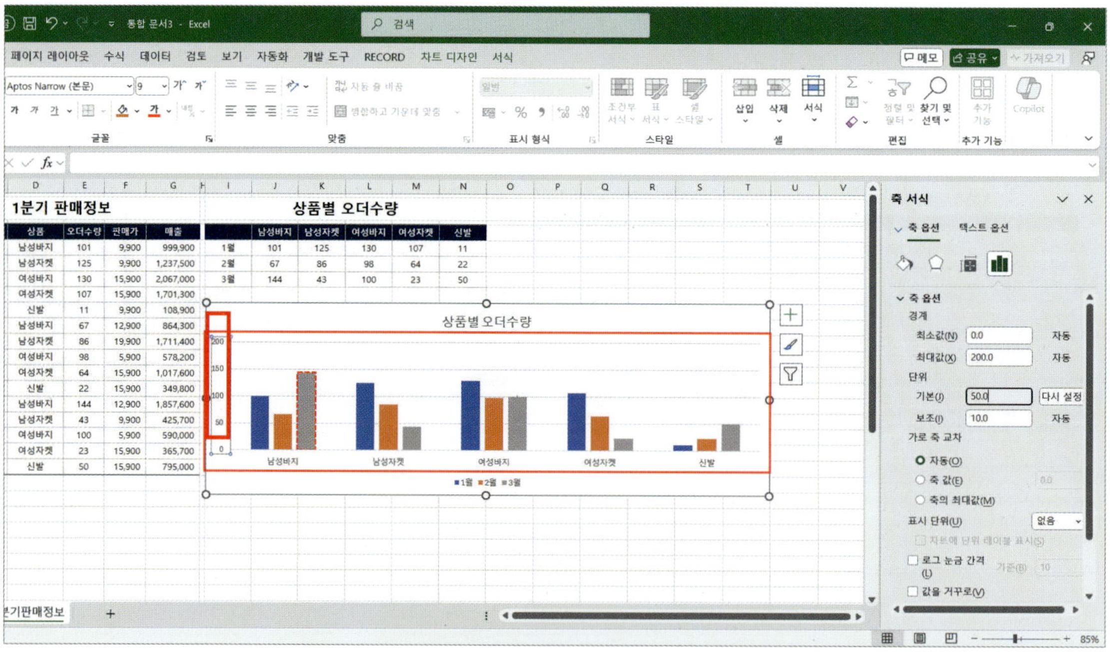

11 차트 아무 막대 선택(아래에서는 '1월', '여성바지'를 선택했습니다)- 데이터 계열 서식- 계열 옵션- 계열 겹치기: '0' 입력 후 [Enter] 키를 누릅니다. 같은 상품 막대 간격이 좁혀진 결과를 확인합니다.

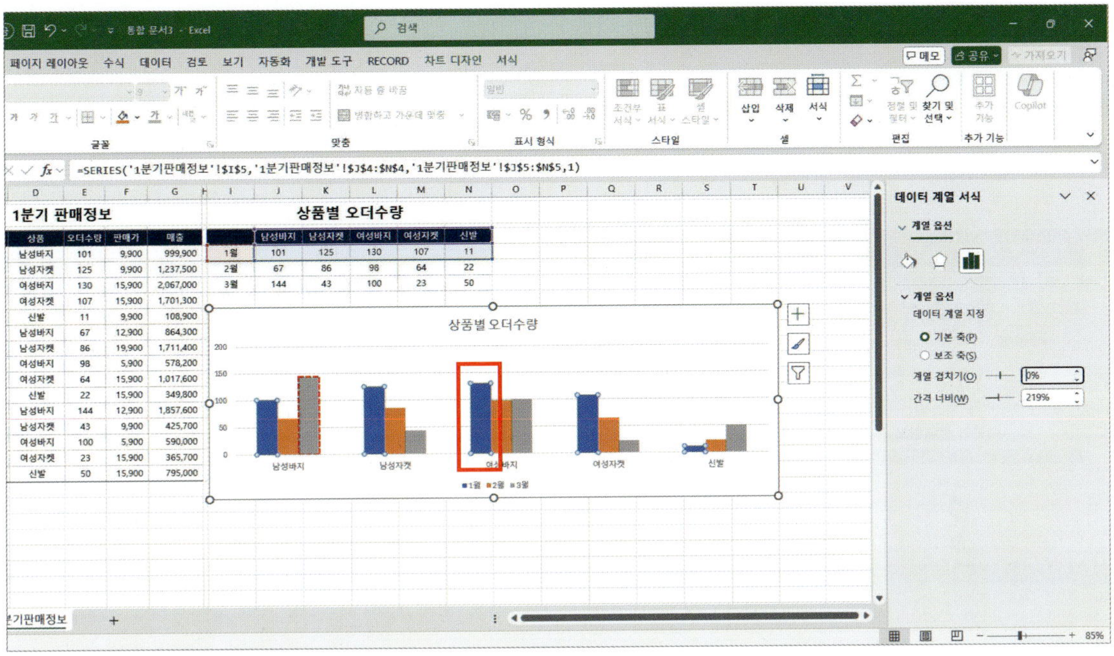

TIP 차트에서는 값 요소 클릭 한 번으로 같은 계열에 모든 막대나 꺾은선을 선택할 수 있습니다. 어떤 상품에 값 영역 막대나 꺾은선을 선택하면 같은 계열 모든 상품 막대가 한 번에 동시 선택이 됩니다. 그래서 서식을 한 번에 적용할 수 있습니다. 클릭 후 2초 대기 후 클릭은 오직 한 가지 요소 값만 선택하겠다는 의미이고 선택된 그 한 가지 요소 값에만 서식을 입히겠다는 의미가 되기 때문에 구별해야 합니다.

실무 연습 ②

[1분기판매정보] 시트에서 '상품별 오더수량' 표에서 1분기 정보를 '2차원 누적 세로 막대형'으로 출력하고 막대 너비를 200%로 좁혀 보도록 하겠습니다.

01 I4:N7셀 범위 지정- [삽입] 탭- 차트- 세로 또는 가로 막대형 차트 삽입- 2차원 세로 막대형- '누적 세로 막대형' 메뉴를 선택합니다.

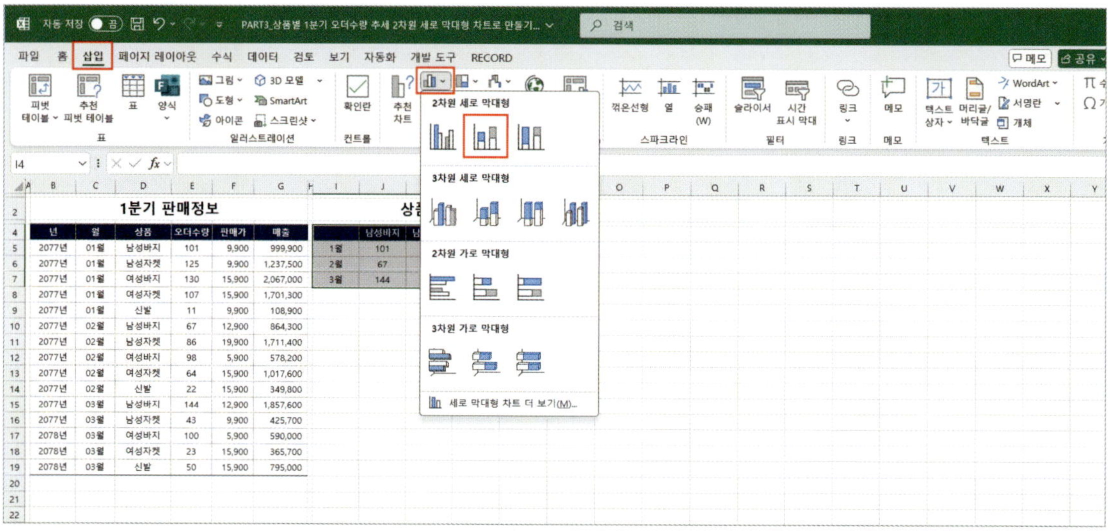

02 출력된 차트 영역 선택 후 드래그해 I9셀로 이동 후 오른쪽 가운데 동그라미 조절점 드래그해 T9셀까지 크기를 키웁니다.

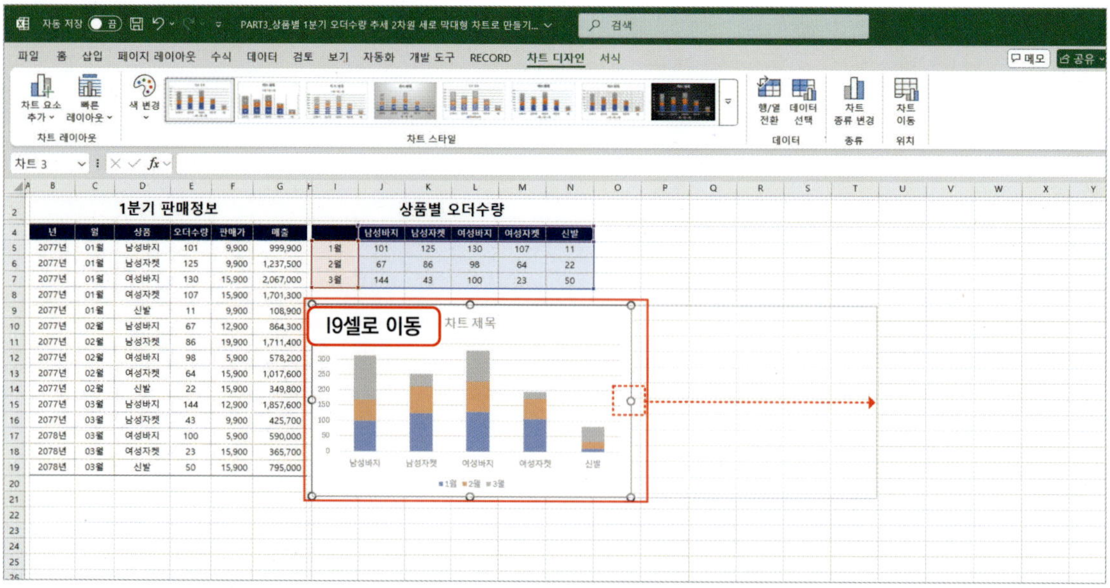

03 차트 아무 막대 선택(아래에서는 '3월', '여성바지'를 선택했습니다)- 마우스 우클릭- '데이터 계열 서식' 메뉴를 클릭합니다.

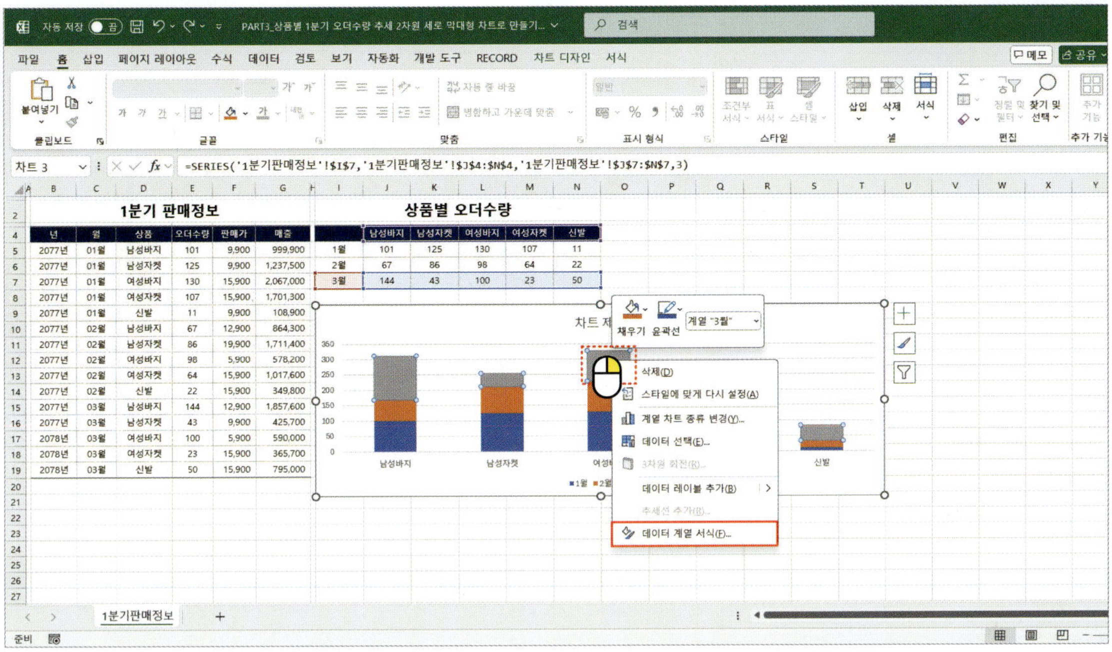

04 데이터 계열 서식- 계열 옵션- 데이터 계열 지정- 간격 너비: '200%'로 입력하고 Enter 키를 누릅니다.

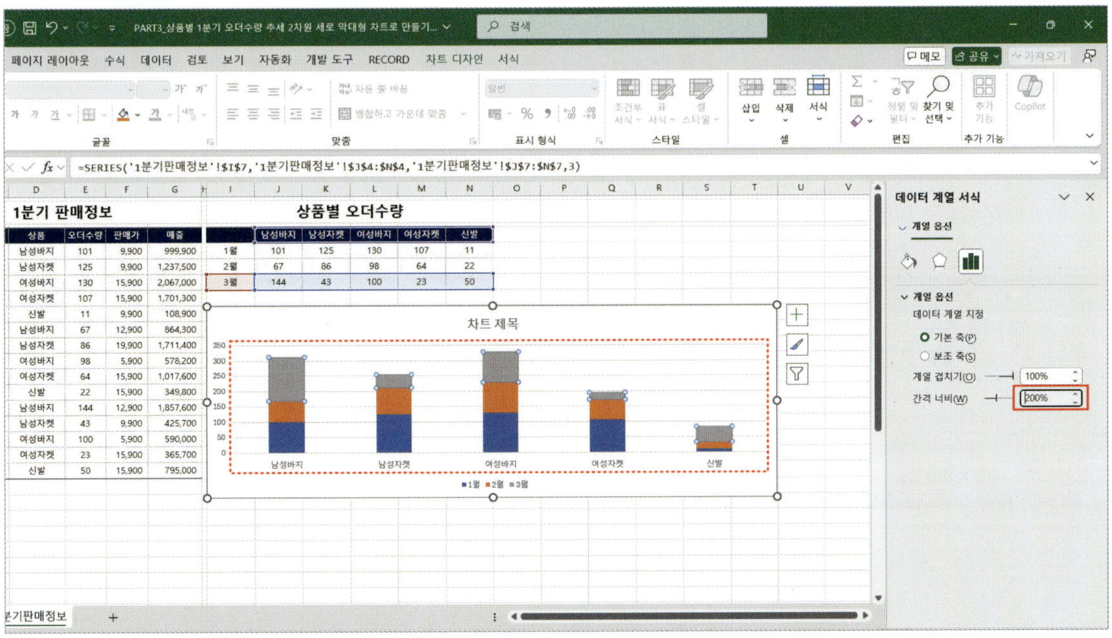

※ 각 막대 간격이 줄어든 결과를 확인할 수 있습니다.

05 차트 제목- '상품별 오더수량'으로 수정하고 마무리합니다.

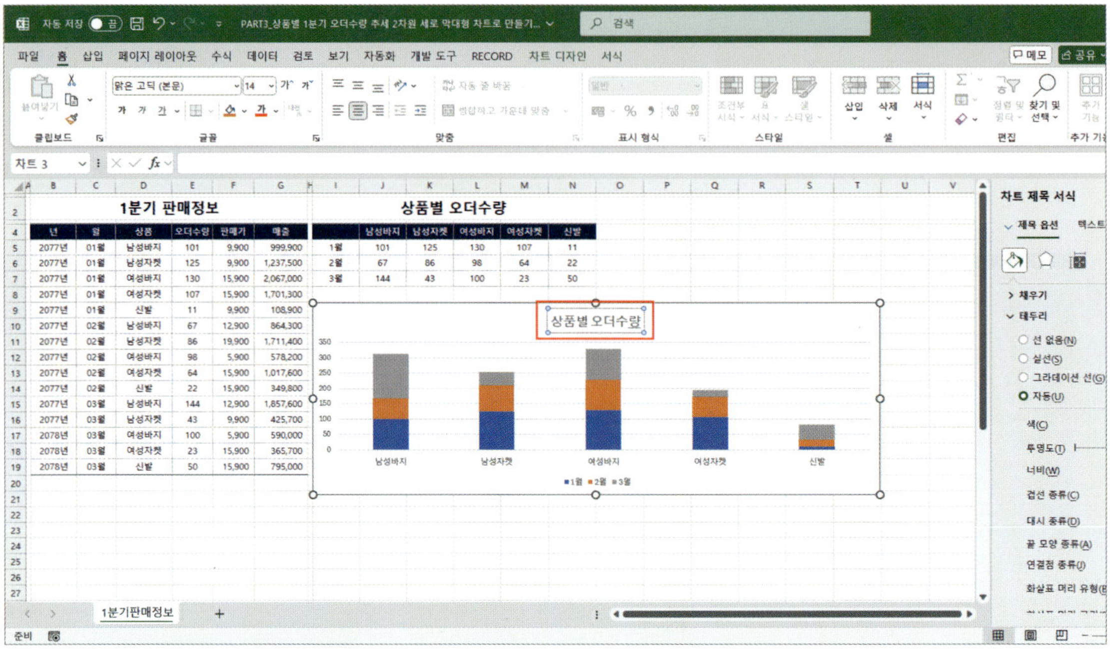

실무 연습 ❸

[1분기판매정보] 시트에서 '상품별 오더수량' 표에서 1분기 정보를 '2차원 100% 기준 누적 세로 막대형'으로 출력하고 계열이 같은 막대의 색상을 파스텔 톤의 밝은 색상으로 변경해 보도록 하겠습니다. 그리고 전체 막대에 값이 표시되게 만들어 보겠습니다.

01 I4:N7셀 범위 지정- [삽입] 탭- 차트- 세로 또는 가로 막대형 차트 삽입- 2차원 세로 막대형- '100% 기준 누적 세로 막대형' 메뉴를 선택합니다.

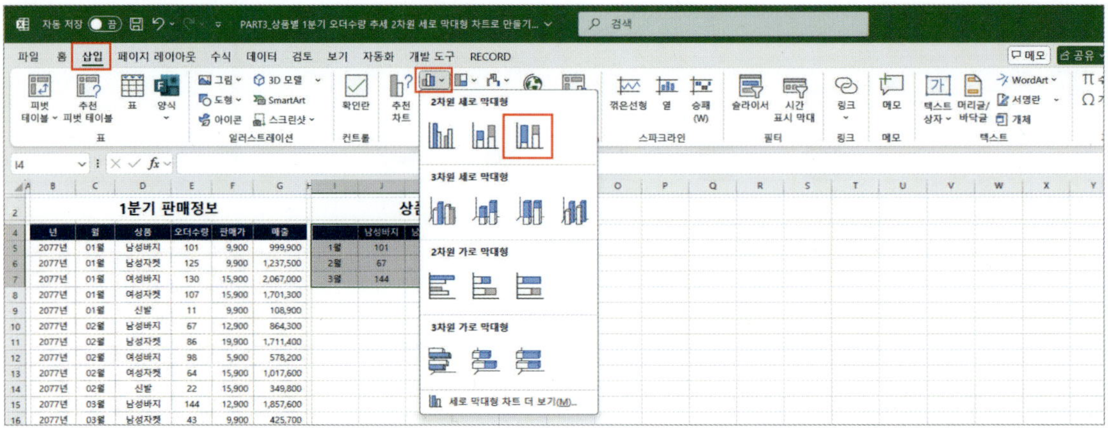

02 출력된 차트 영역 선택 후 드래그해 I9셀로 이동 후 오른쪽 가운데 동그라미 조절점 드래그해 T9셀까지 크기를 키웁니다.

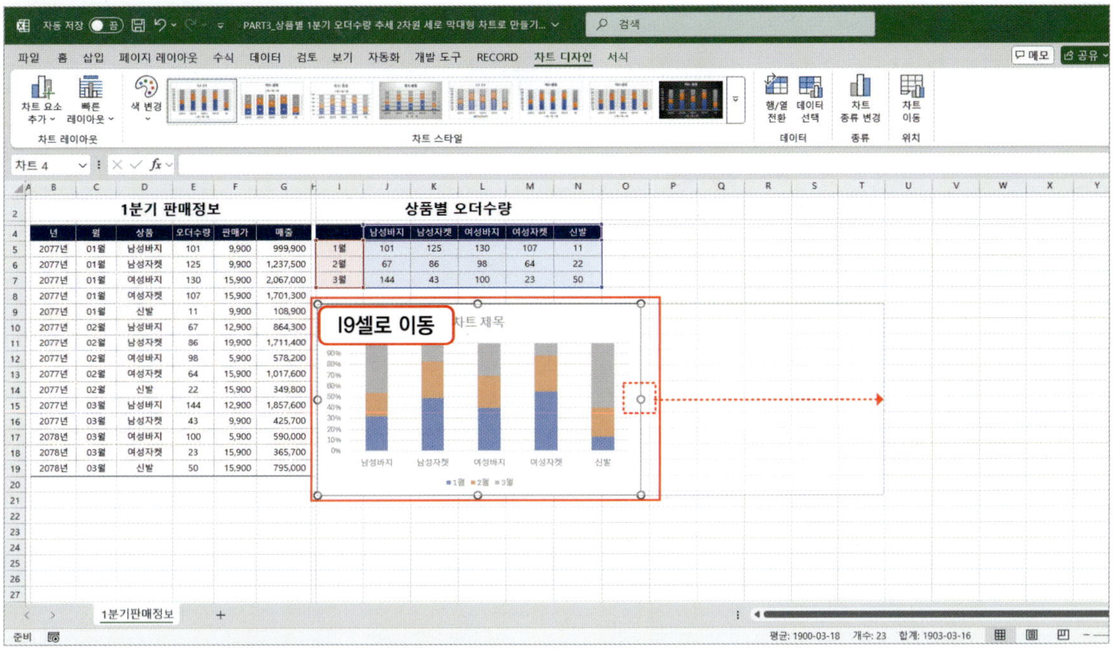

03 차트의 '1월'을 선택합니다(화면에서는 '남성바지', '1월'을 선택했습니다).- 마우스 우클릭- '데이터 계열 서식' 메뉴를 클릭합니다.

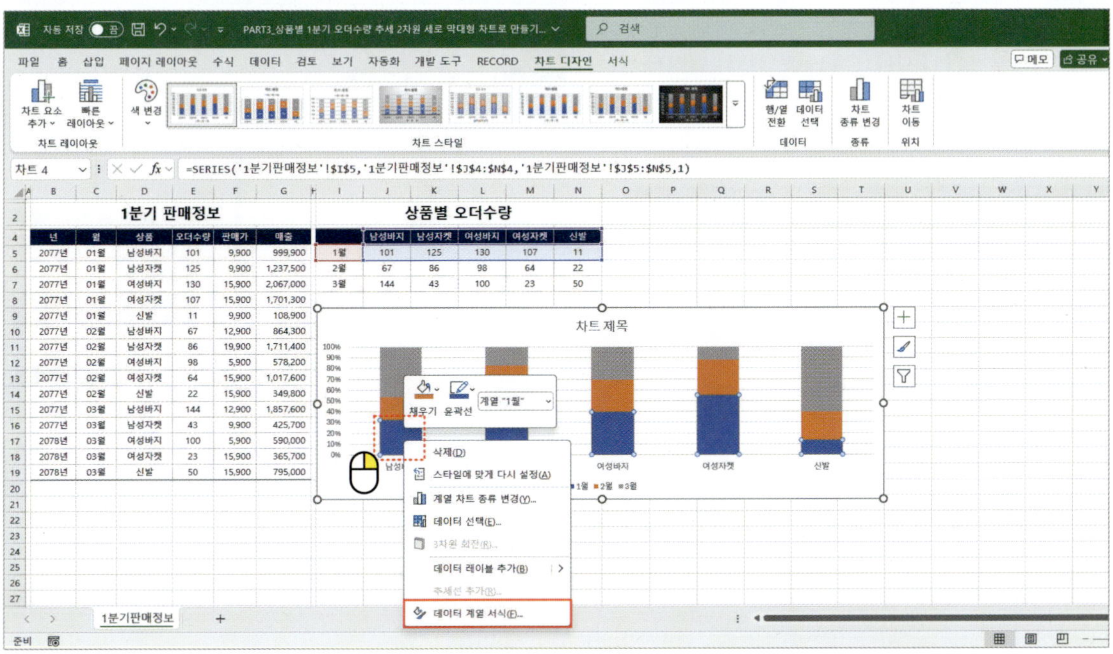

04 데이터 계열 서식- 계열 옵션- 채우기- '단색 채우기' 메뉴를 클릭합니다.

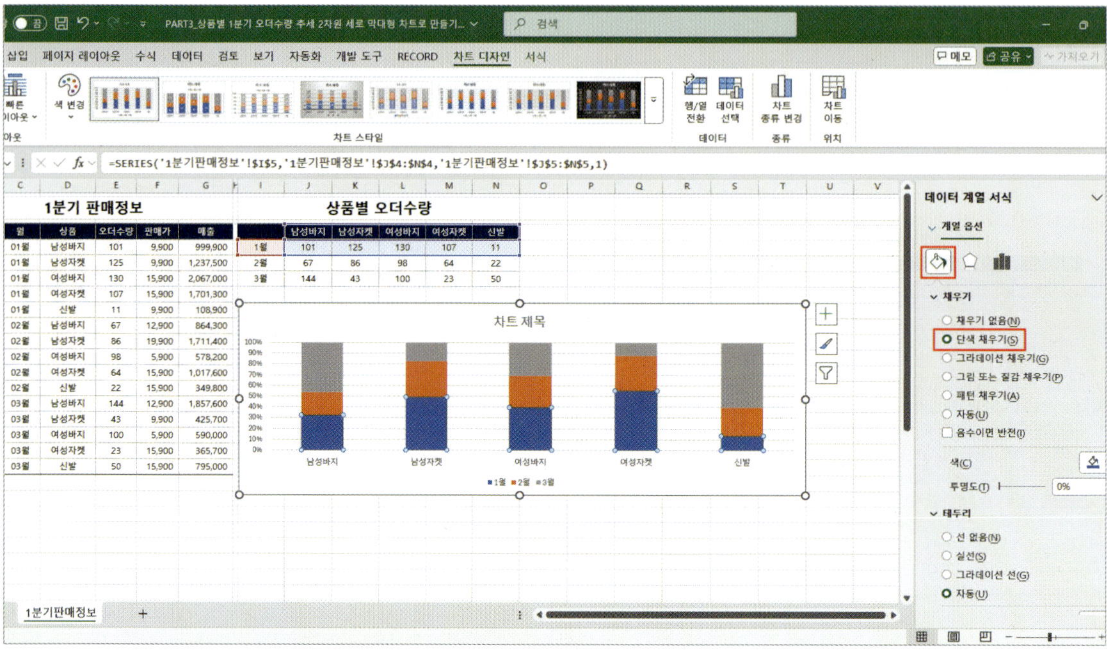

05 색- '파랑, 강조 1, 80% 더 밝게' 메뉴를 클릭합니다.

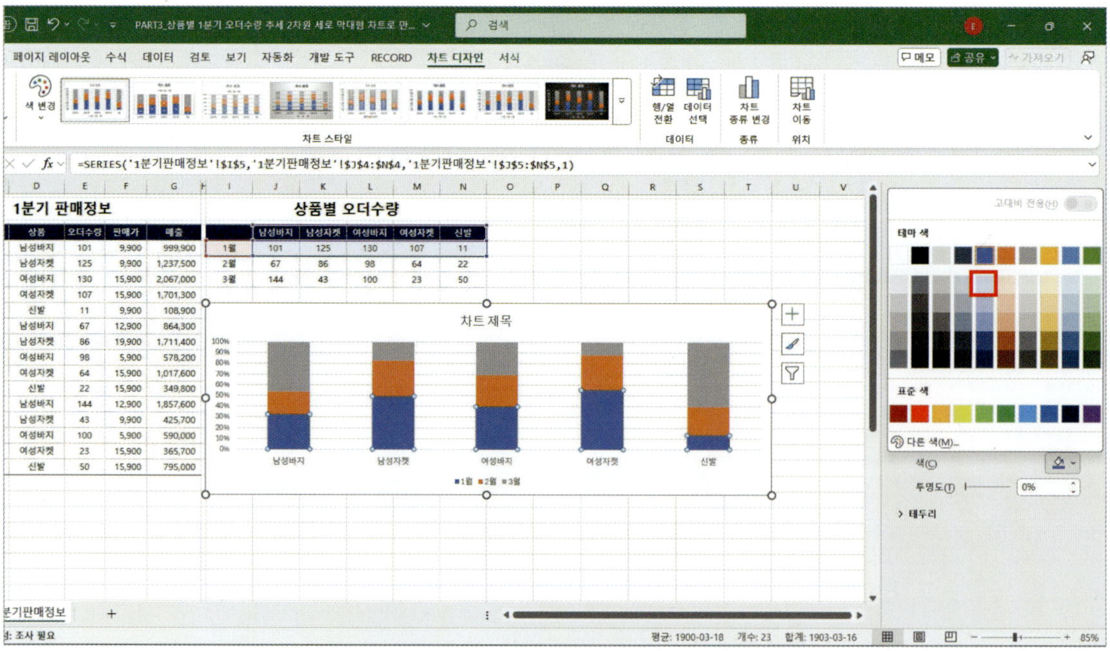

06 차트의 '2월'을 선택합니다(화면에서는 '남성바지', '2월'을 선택했습니다).- 마우스 우클릭- 데이터 계열 서식- 계열 옵션- 채우기- 단색 채우기- '주황, 강조 2, 80% 더 밝게' 메뉴를 클릭합니다.

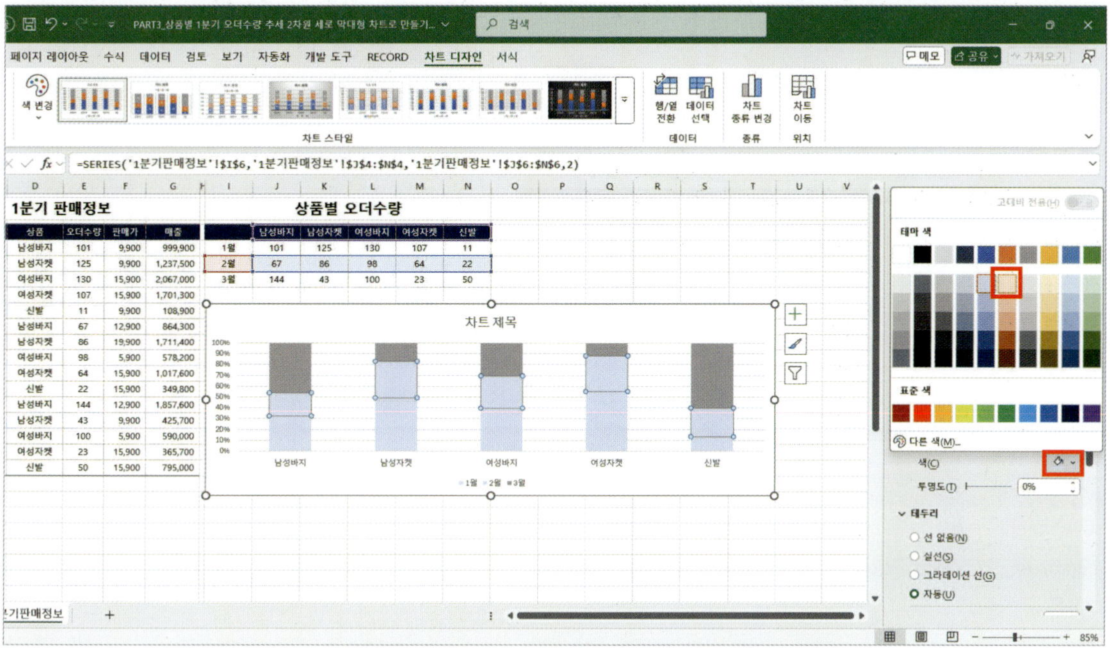

07 차트의 '3월'을 선택합니다(화면에서는 '남성바지', '3월'을 선택했습니다).- 마우스 우클릭- 데이터 계열 서식- 계열 옵션- 채우기- 단색 채우기- '흰색, 배경 1, 5% 더 어둡게' 메뉴를 클릭합니다.

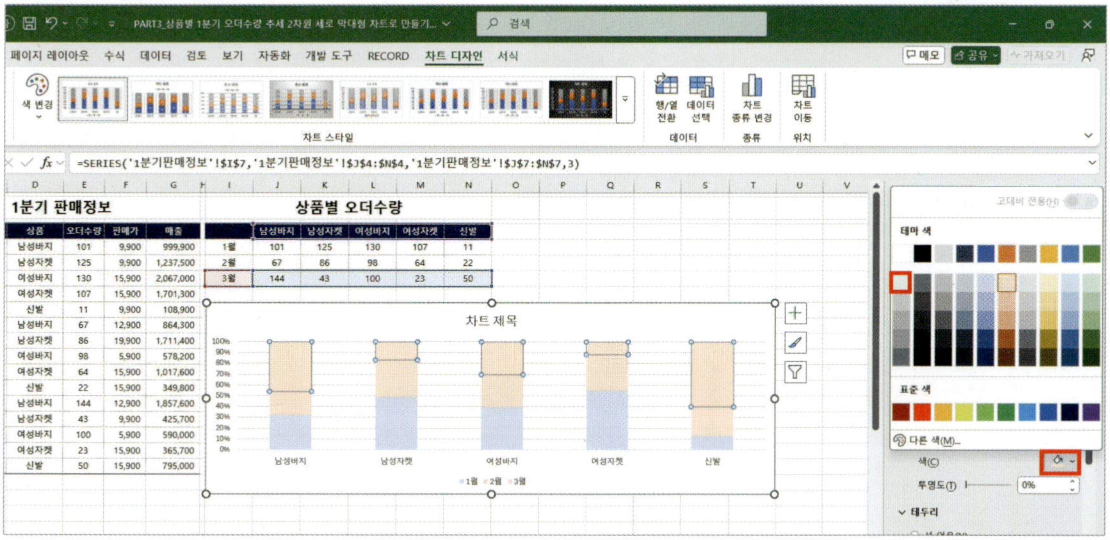

TIP 현재 3월 막대를 선택하고, 채우기- 단색 채우기 메뉴를 클릭하면 자동으로 이전 색상인 '주황, 강조 2, 80% 더 밝게'가 선택되어집니다.

08 차트 제목을 '상품별 오더수량'으로 수정합니다.

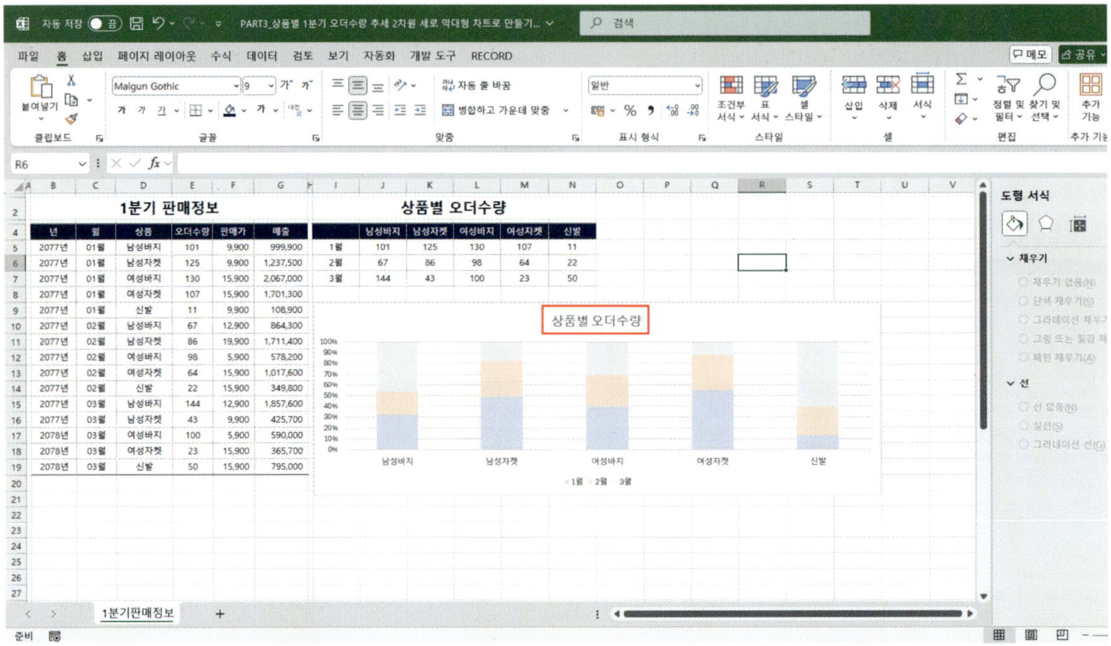

09 마지막으로 오른쪽 도형 서식 대화상자 'X'버튼을 눌러 닫기 한 후, 차트 영역 선택 후 '+'단추 클릭- 차트 요소- 데이터 레이블 '체크' 후 마무리합니다.

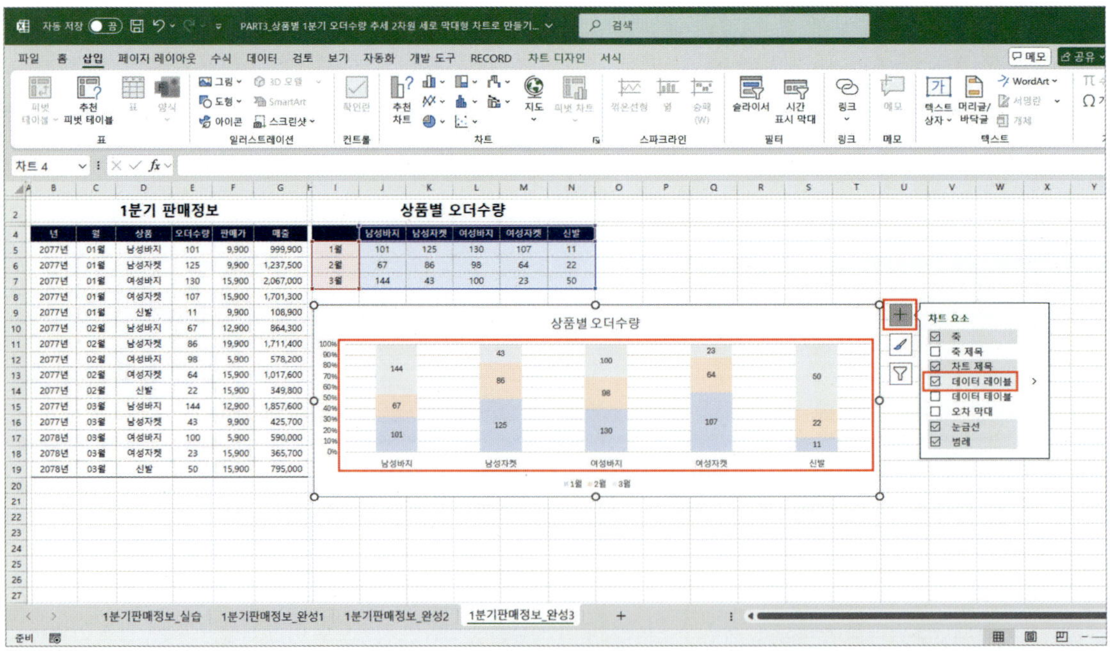

10 2차원 100% 기준 누적 세로 막대형이 출력된 결과물을 확인합니다.

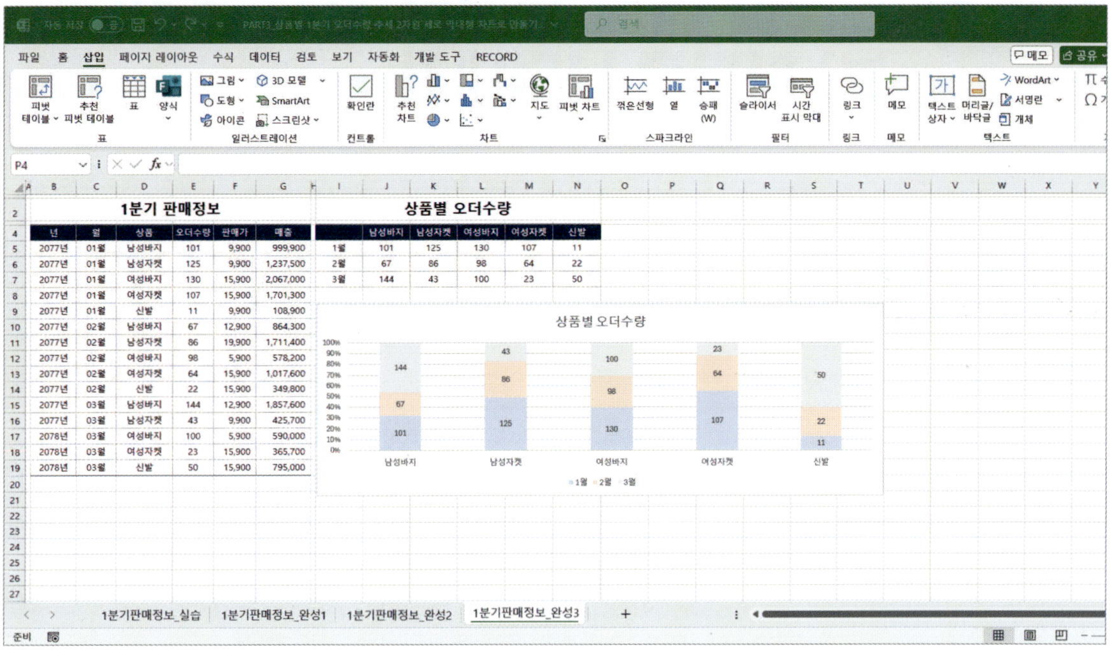

CHAPTER 35

연도별 월별 판매량 추세 혼합(콤보) 차트로 나타내기

예제 파일 PART1_35 연도별 월별 판매량 추세 혼합(콤보) 차트로 나타내기

실무 스킬

엑셀의 혼합 차트는 서로 다른 데이터 계열을 두 가지 이상의 차트 유형으로 결합하여 시각화할 때 사용됩니다. 이 차트는 데이터 간의 상호 작용을 명확히 보여 주고, 서로 다른 데이터 특성을 동시에 비교하거나 분석할 때 유용합니다. 그리고 ❶ 서로 다른 단위의 데이터 비교, ❷ 다중 데이터 유형 비교, ❸ 시간 흐름과 데이터 간 상관관계 분석, ❹ 복잡한 데이터를 간결하게 시각화할 때 등 사용됩니다. 이번 파트에서는 세로 막대 차트와 꺾은선 차트를 함께 운영하는 혼합(콤보)차트를 만드는 방법을 알아보겠습니다.

실무 연습 ❶

[판매정보] 시트에는 '판매채널 판매정보', 원본 데이터를 바탕으로 추출된 '월별 판매 데이터' 표가 출력되어 있습니다. 이 '월별 판매 데이터' 표를 기준으로 '2077년' 월별 데이터는 세로 막대 차트로 출력하고 '2078년' 월별 데이터는 꺾은선 차트로 출력해 보도록 하겠습니다. 막대 차트는 채우기 색을 그라데이션 효과를 적용해 출력하고, 꺾은선은 동그라미 빨강 점선 표식을 만들어 출력해 보겠습니다.

01 J4:V6셀 범위 지정- [삽입] 탭- 차트- 추천 차트- 차트 삽입- 모든 차트- 혼합(콤보)- 계열 이름- 2077년, 2078년- 차트 종류- '묶은 세로 막대형, 꺾은선형' 선택 후 확인 버튼을 클릭합니다.

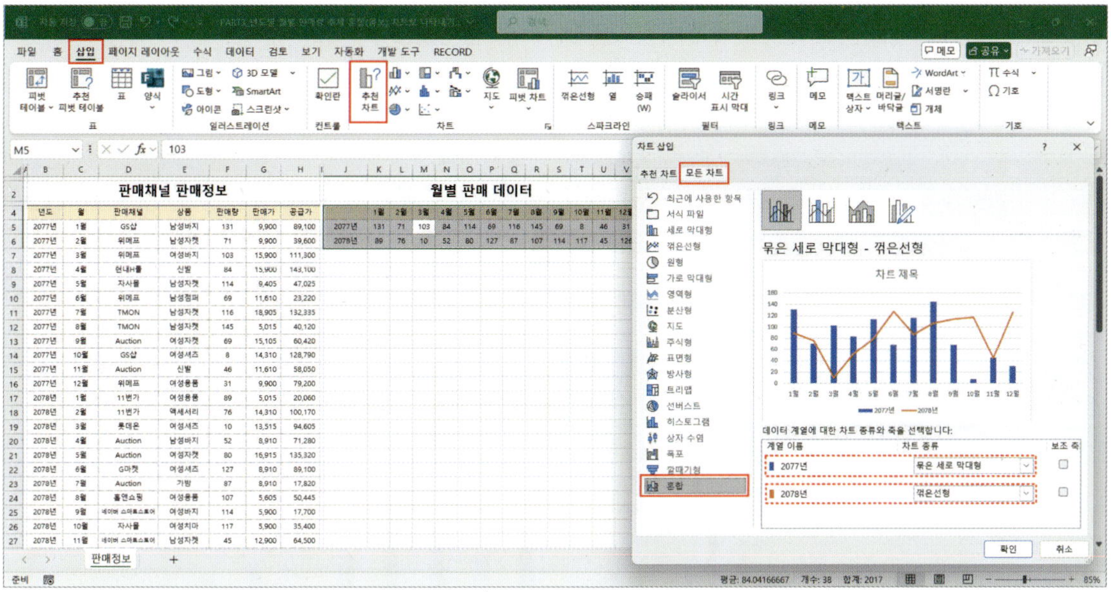

02 출력된 차트 영역 선택 후 드래그해 J9셀로 이동 후 오른쪽 가운데 동그라미 조절점 드래그해 AA9셀까지 크기를 키웁니다.

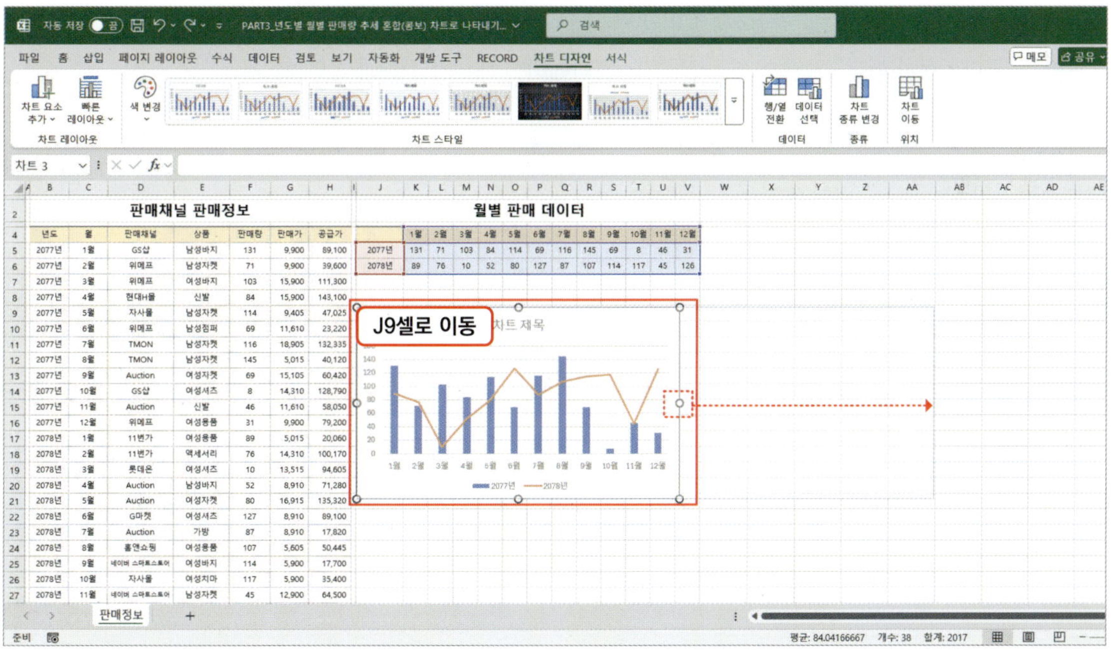

03

차트 아무 세로 막대 선택(아래에서는 '1월' 데이터를 선택했습니다).- 마우스 우클릭-'데이터 계열 서식' 메뉴를 선택합니다.

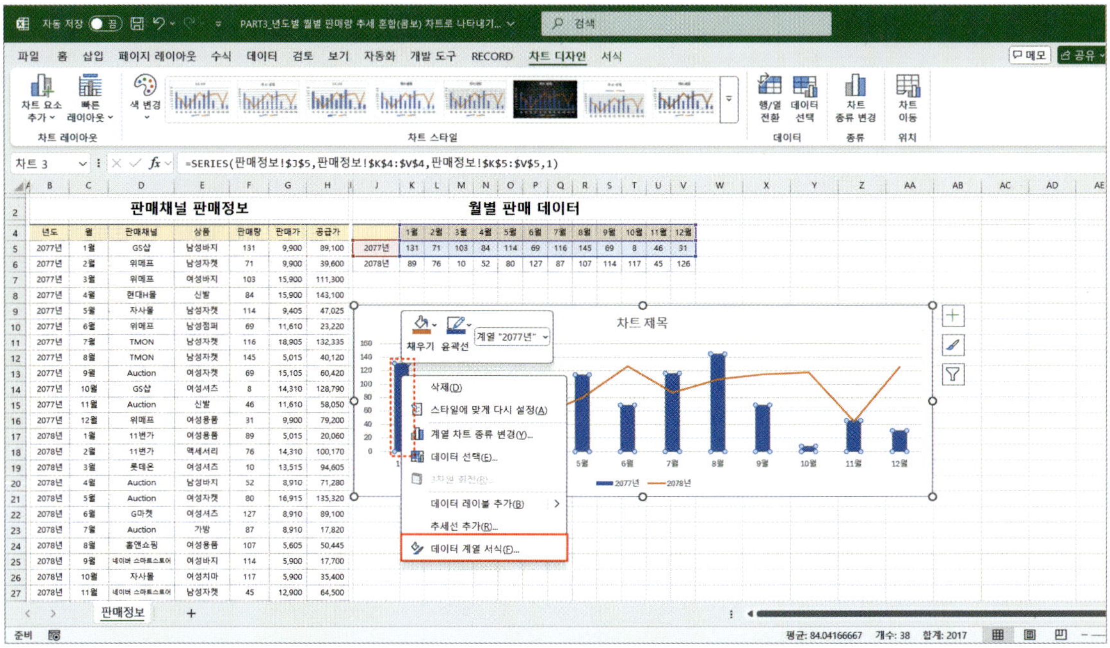

04

데이터 계열 서식- 계열 옵션- 채우기- '그라데이션 채우기' 메뉴를 선택합니다.

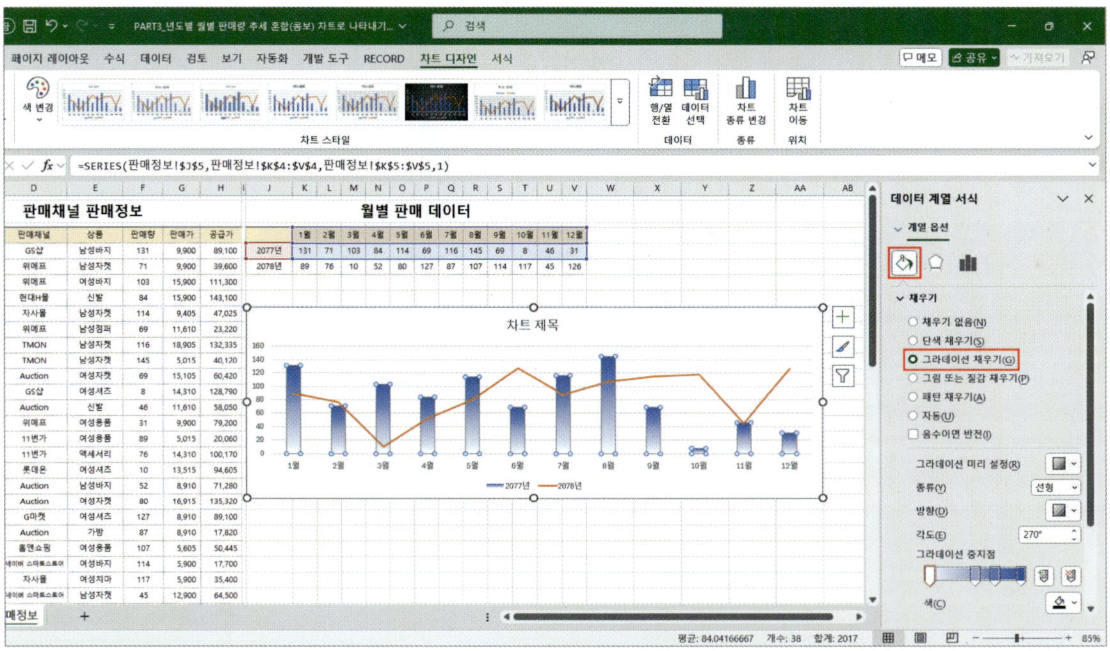

05 그라데이션 채우기- 그라데이션 중지점- 두 번째 중지점 선택- '그라데이션 중지점 제거'- 세 번째 중지점 선택- '그라데이션 중지점 제거' 버튼을 눌러 가운데 두 개 중지점을 삭제합니다.

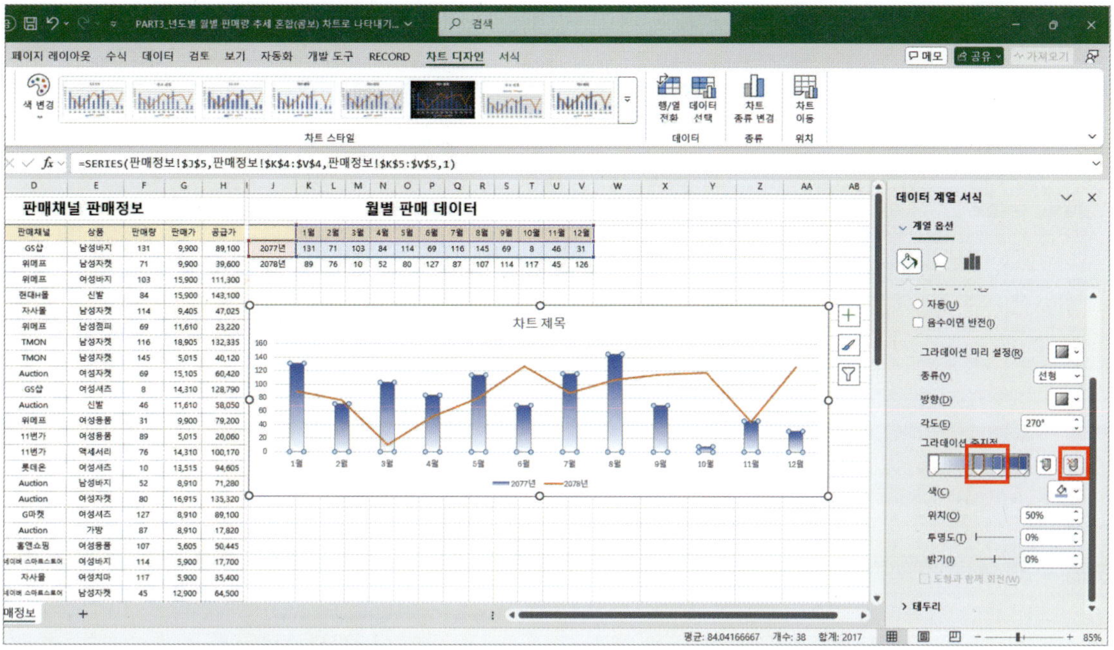

06 가운데 두 개 중지점이 삭제된 세로 막대 차트와 중지점 가운데 두 개가 삭제된 내용을 확인합니다.

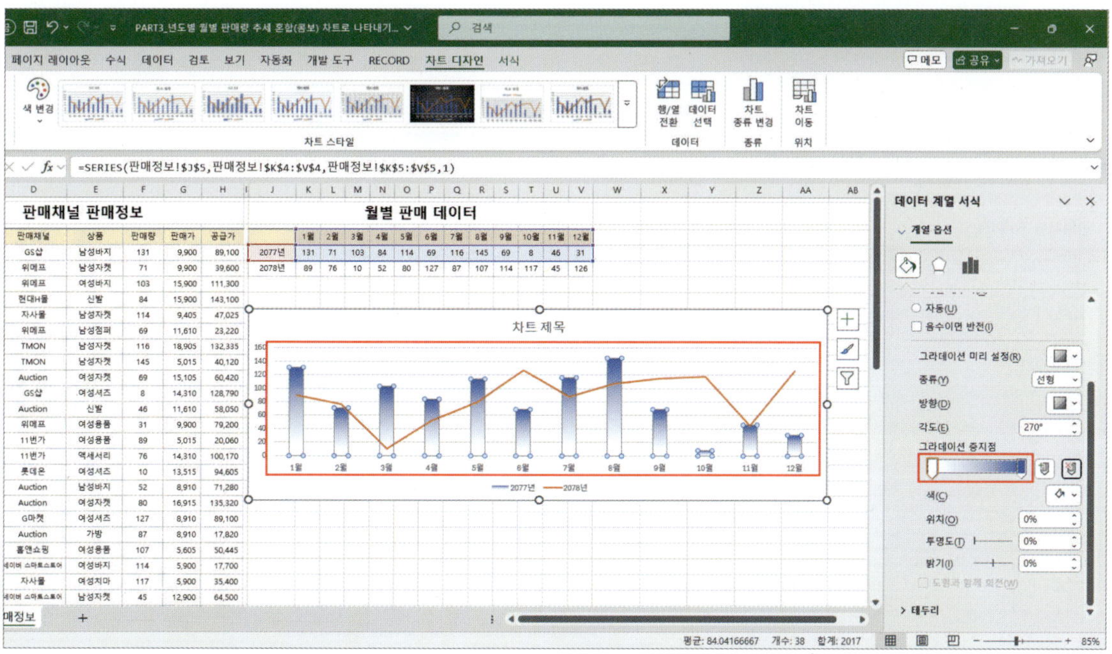

07 꺾은선 선택- 데이터 계열 서식- 채우기 및 선- 표식- 표식 옵션- 기본 제공- 형식- '동그라미' 표식을 선택합니다.

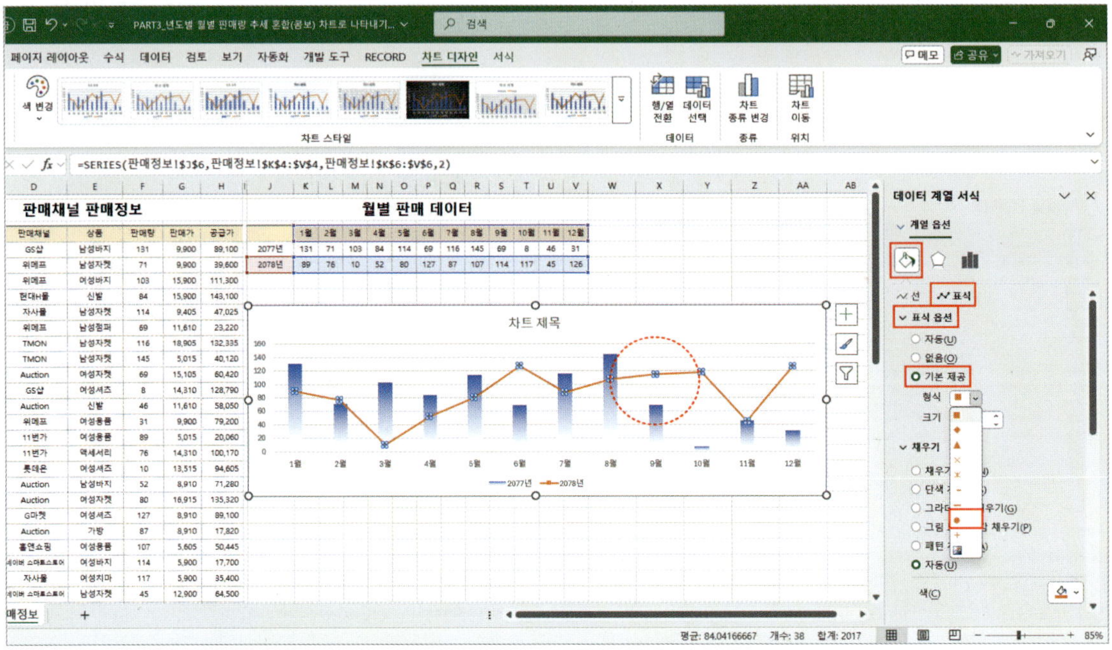

08 크기- '10'으로 수정합니다. 그리고 꺾은선 각 꼭지점 표식 동그라미가 10 포인트만큼 커진 내용을 확인합니다.

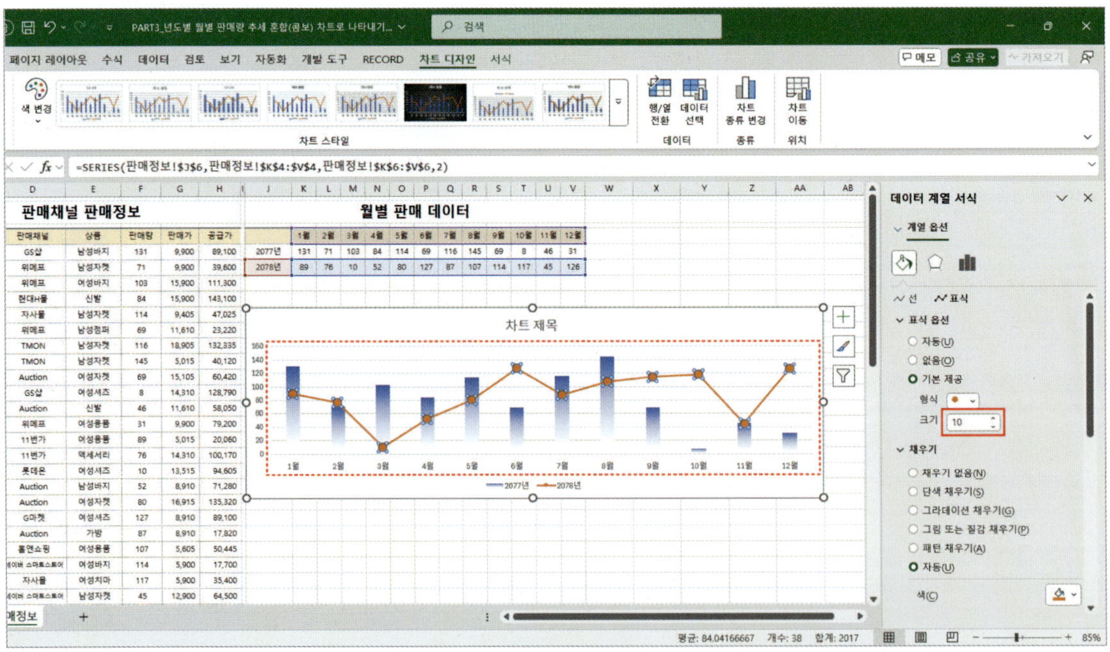

09 채우기- 자동- 색- '황금색, 강조 4, 80% 더 밝게' 메뉴를 클릭합니다.

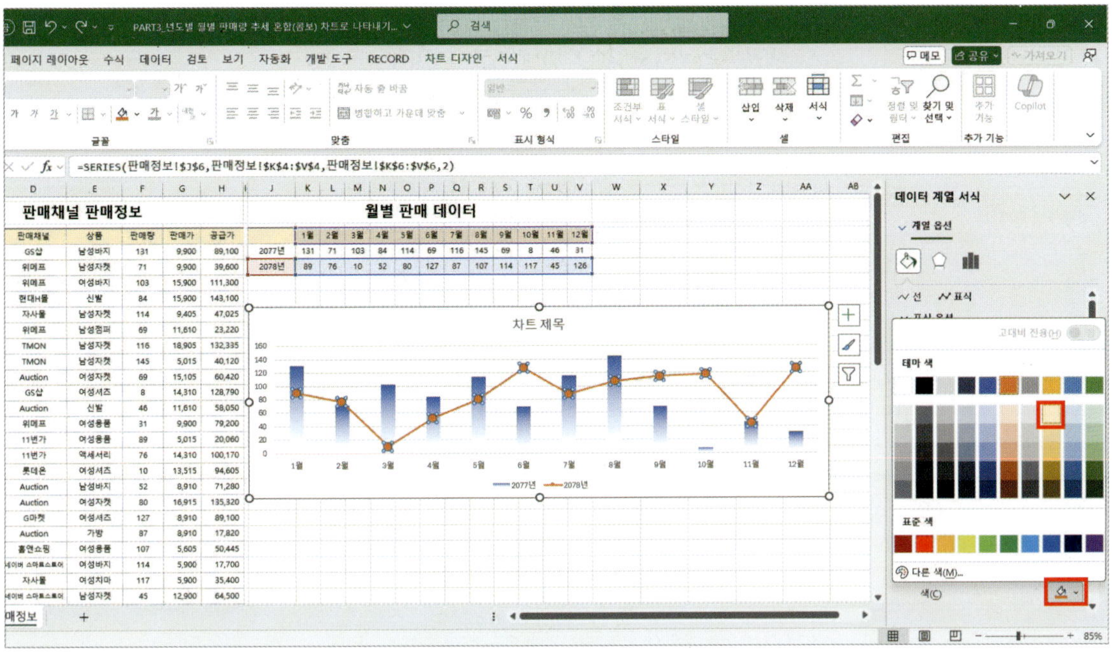

10 테두리- 실선- 너비: '1.5 pt' 로 수정합니다.

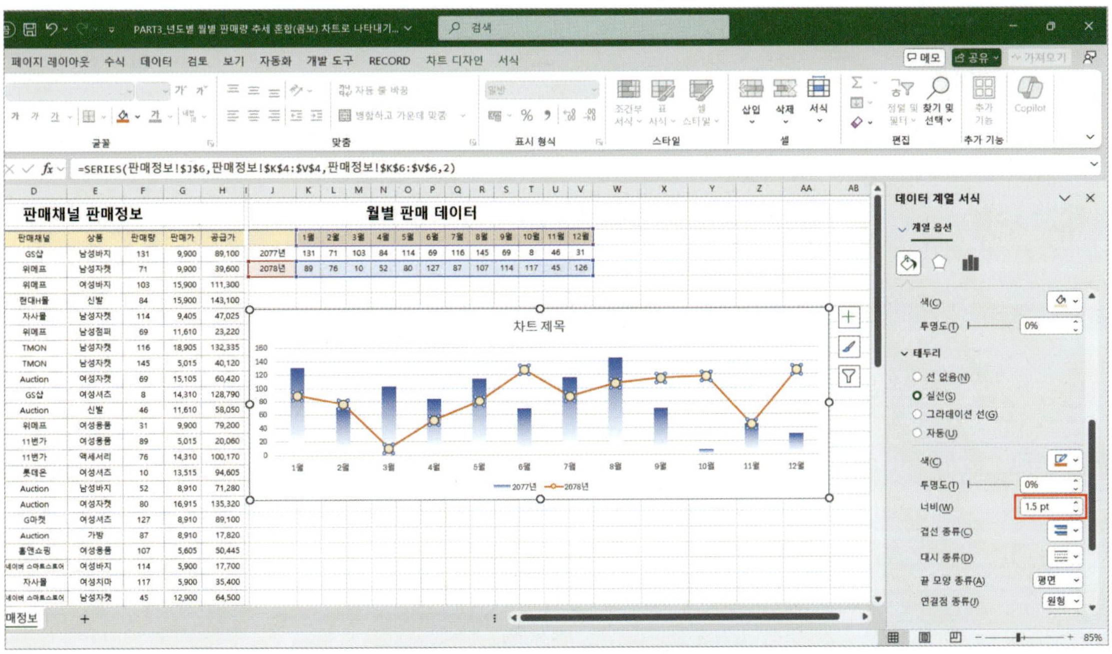

11 테두리- 대시 종류- '사각 점선' 메뉴를 선택합니다.

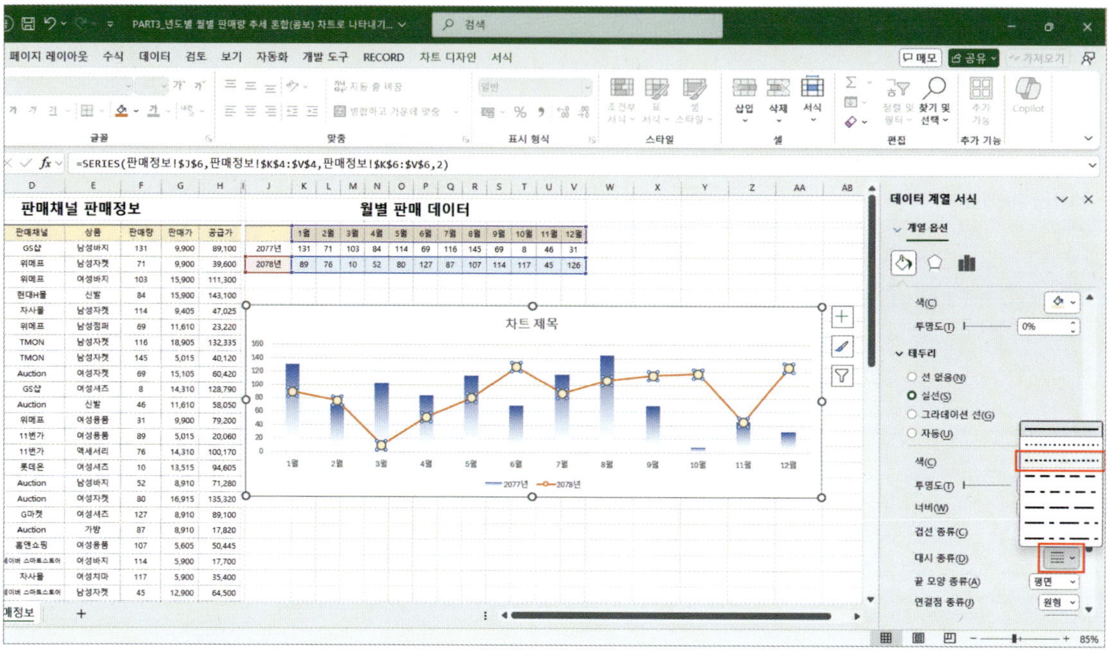

12 차트 제목을 '월별 판매 데이터'로 수정하고, 차트 제목 서식 오른쪽 'X'를 눌러 대화상자를 닫습니다.

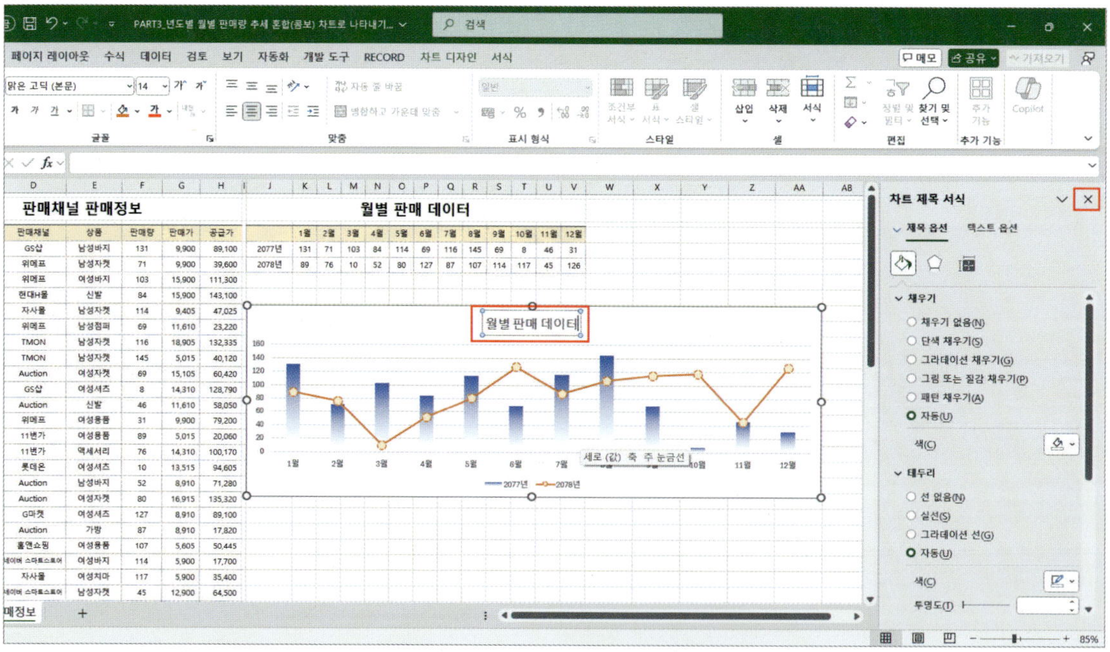

13 세로 막대 차트와 꺾은선 차트로 만들어진 혼합(콤보)차트를 확인합니다.

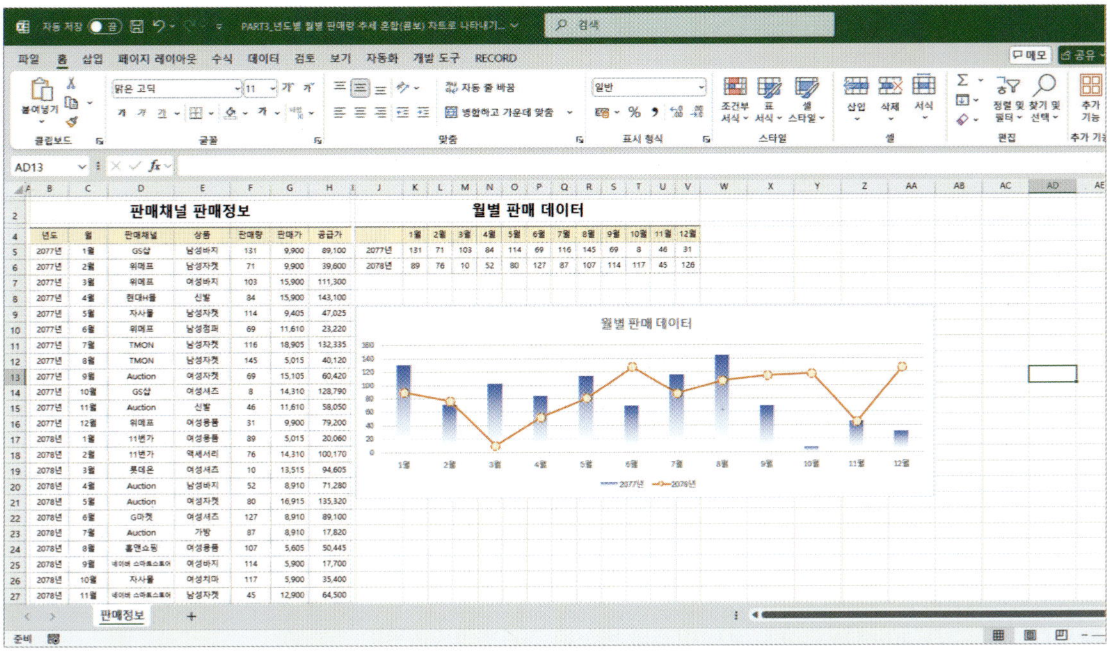

엑셀 엔진 UP! 그라데이션 방향 및 색상 수정하기

실습 파일로 실습을 하다 보면 서면에 내용과 달라질 수 있습니다. 위에서 언급하지 않은 내용 중 그라데이션 '방향'이란 옵션과 색상을 수정하는 방법에 대해 알아보겠습니다.

그라데이션 방향 위에서 아래 방향으로 바꾸기

01 현재 막대 차트에서 그라데이션 방향이 아래에서 위로 되었습니다. 그라데이션 방향을 위에서 아래 방향으로 바꿔 보겠습니다.

❶ 차트의 아무 세로 막대 선택(아래에서는 '1월' 데이터를 선택했습니다)– 마우스 우클– 데이터 계열 서식– 계열 옵션– 채우기 및 선– 채우기– 그라데이션 채우기– 방향– '선형 위쪽' 메뉴를 선택합니다.

※ 방향 옵션에서 그라데이션 옵션 방향을 잘 보고 필요에 맞는 메뉴를 선택하여 사용하면 됩니다.

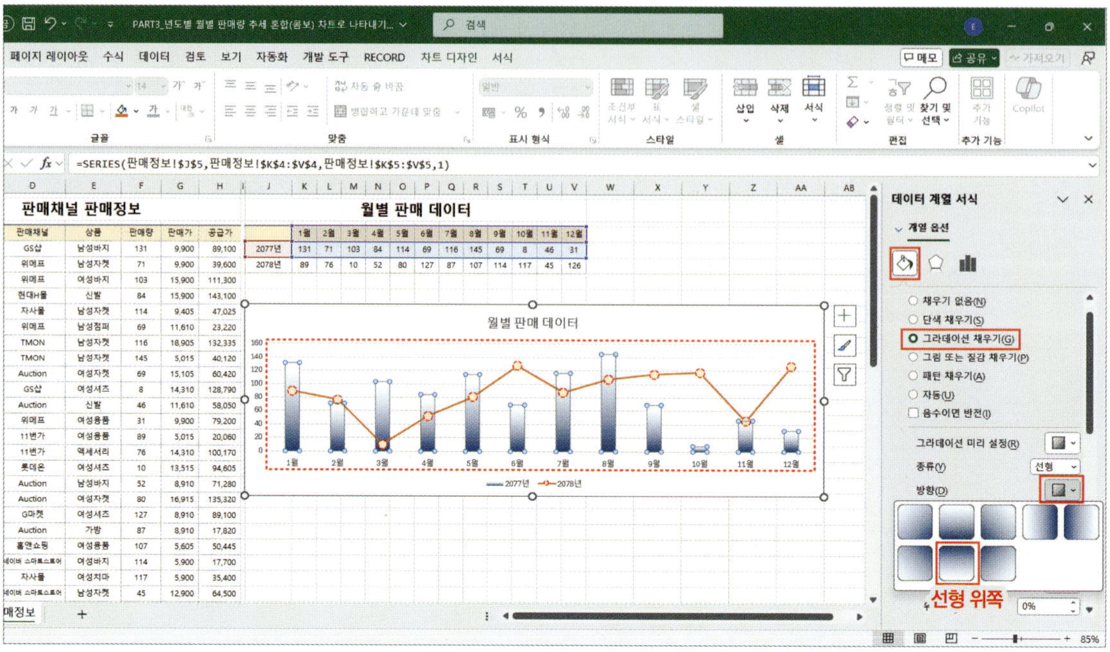

❷ 막대 차트 그라데이션 방향이 위에서 아래로 변경된 결과를 확인합니다.

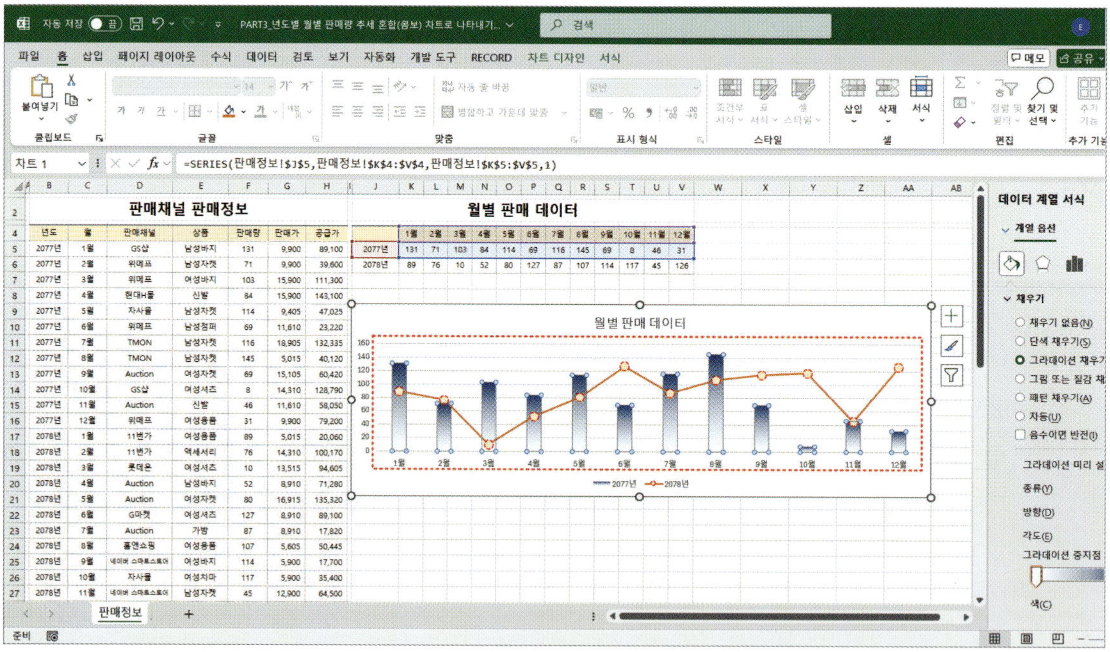

02 현재 막대 차트에서 그라데이션 시작점 컬러가 파랑 계열인데 빨강 계열로 바꿔 보겠습니다.

❶ 차트의 아무 세로 막대 선택(아래에서는 '1월' 데이터를 선택했습니다)- 마우스 우클릭- 데이터 계열 서식- 계열 옵션- 채우기 및 선- 채우기- 그라데이션 채우기- 그라데이션 중지점- 두 번째 중지점('중지점 2/2 위치: 100%, 색: 진한 파랑, 강조 1, 25% 더 어둡게')클릭- '색' 메뉴를 클릭합니다.

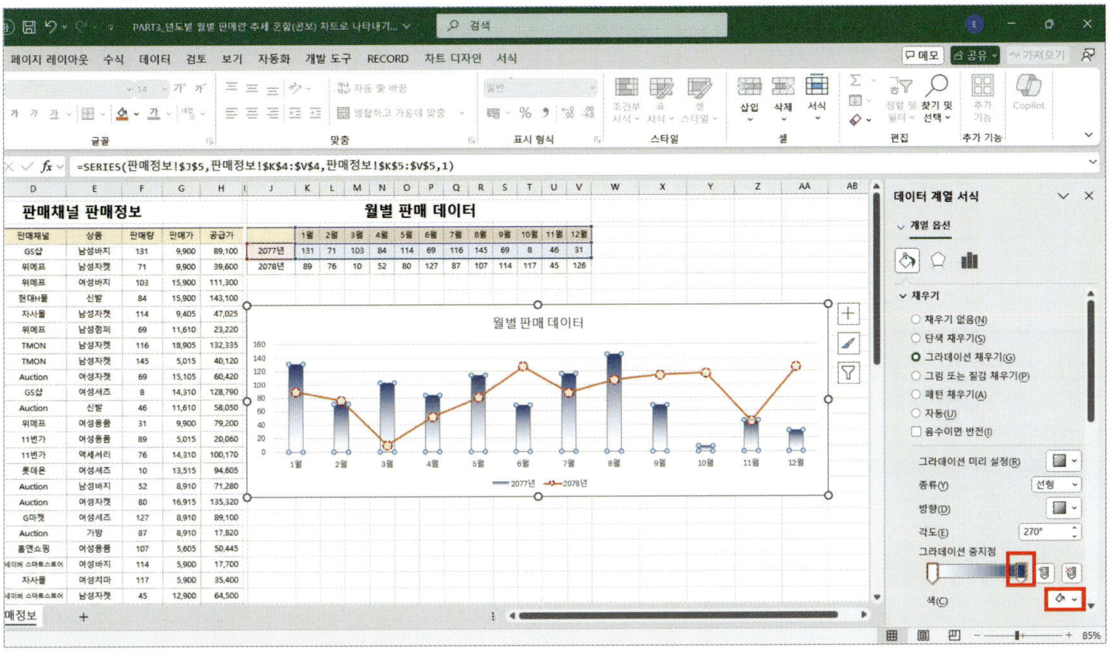

❷ 색- '빨강'을 선택합니다.

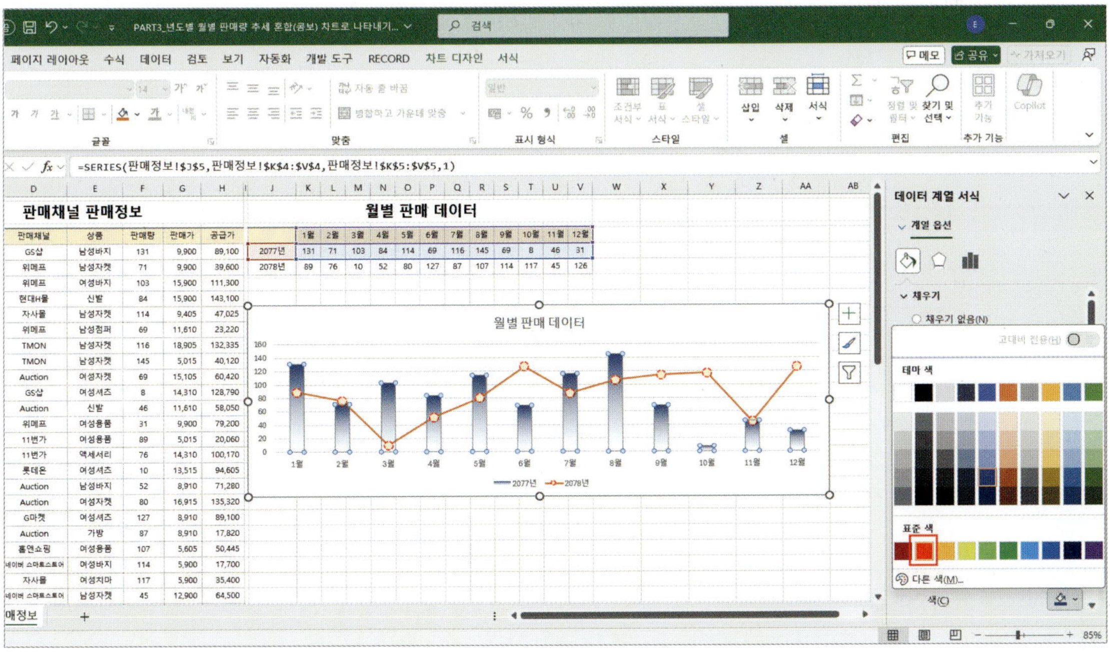

❸ 막대 차트 그라데이션 컬러가 빨강으로 변경된 결과를 확인합니다.

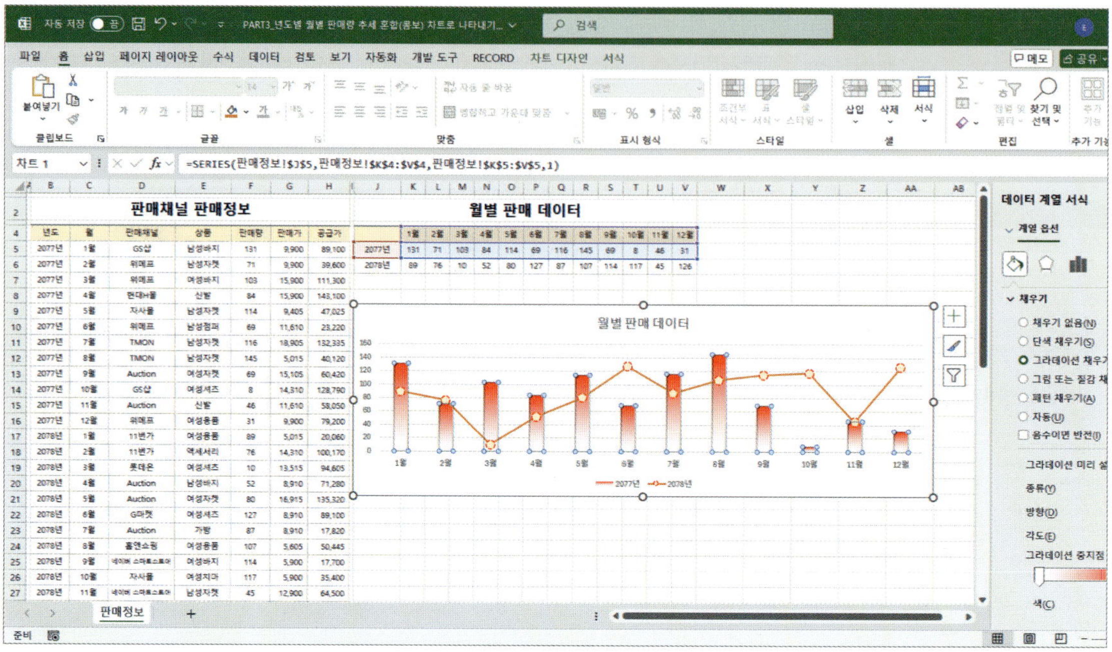

CHAPTER 36

연도별 월별 판매량, 성장율 추세 보조축 활용한 혼합(콤보) 차트로 나타내기

예제 파일 PART1_36 연도별 월별 판매량, 성장율 추세 보조축 활용한 혼합(콤보) 차트로 나타내기

실무 스킬

엑셀에서 보조축은 서로 다른 단위를 갖거나 값의 범위가 크게 다른 데이터 세트를 한 차트에서 효과적으로 비교할 때 사용됩니다. 보조축을 활용하면 데이터의 관계와 상호 작용을 명확히 이해할 수 있도록 도와줍니다. 또한 ❶ 서로 다른 단위의 데이터 비교, ❷ 범위 차이가 큰 데이터 비교, ❸ 다른 데이터 시각화 방식 결합, ❹ 데이터 상관관계 분석 등에 많이 사용됩니다. 이번 파트에서는 보조축을 설정하는 방법과 데이터 테이블 기능을 활용해 차트 안에 표를 같이 출력하는 방법을 알아보겠습니다.

실무 연습 ❶

[성장율정보] 시트에서 '판매채널 판매정보' 원본 데이터를 근거로 출력된 '성장율 판매정보' 표가 있습니다. '성장율 판매정보' 표를 참조해 연도별, 월별 세로 막대 차트와 성장율 꺾은선 차트가 혼합된 혼합(콤보) 차트를 출력하려 합니다. 판매량과 성장율 데이터 값의 범위가 크게 차이 나기 때문에 성장율은 보조축을 활용하고 원본 데이터는 차트 안에 함께 출력해 보도록 하겠습니다.

01 J4:V7셀 범위 지정- [삽입] 탭- 차트- 추천 차트- 모든 차트- 혼합(콤보)- 계열 이름- 2077년, 2078년, 성장율- 차트 종류- 묶은 세로 막대형, 묶은 세로 막대형, 꺾은선형- 보조축-성장율만 체크- 확인을 클릭합니다.

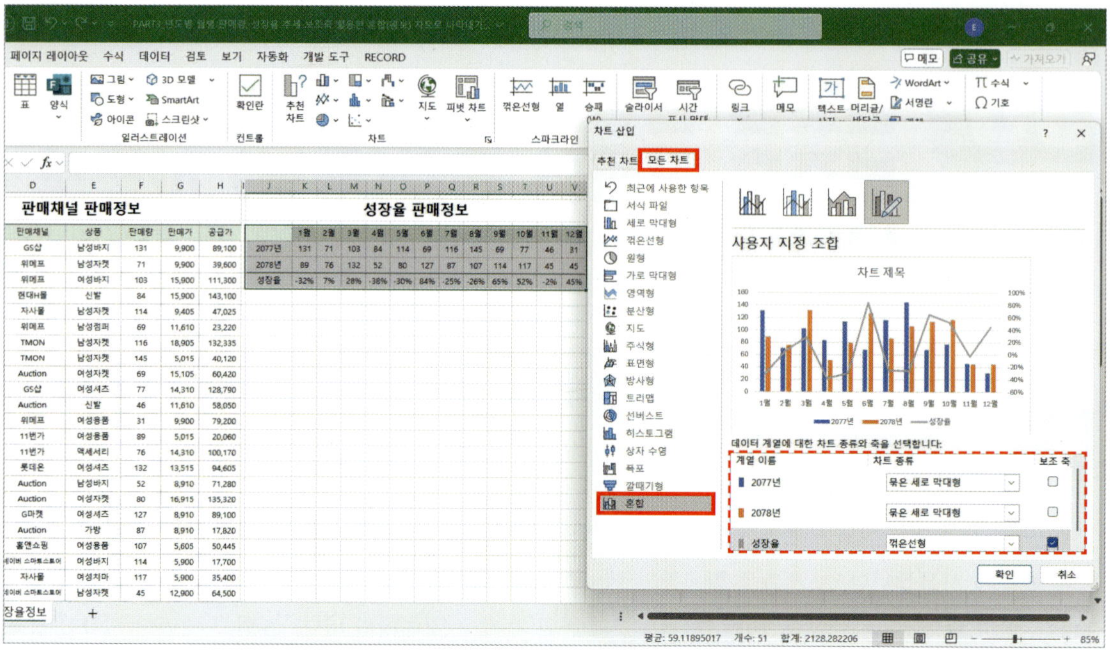

02 출력된 차트를 J4셀에 배치해 J4:AB17셀 크기로 조절점을 이용해 맞춰 줍니다. '+'단추 클릭- 차트 요소- 데이터 테이블, 오른쪽 부등호 클릭- '기타 옵션' 메뉴를 클릭합니다.

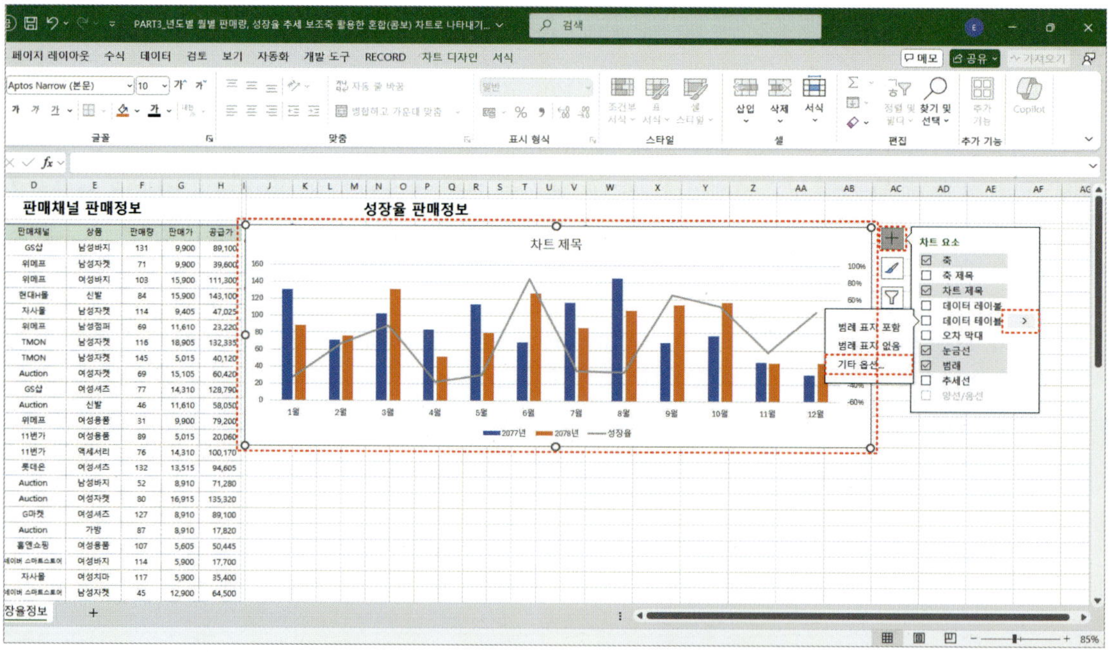

03 데이터 표 서식- 표 옵션- 데이터 표 옵션- '범례 표지 표시 체크 해제' 합니다.

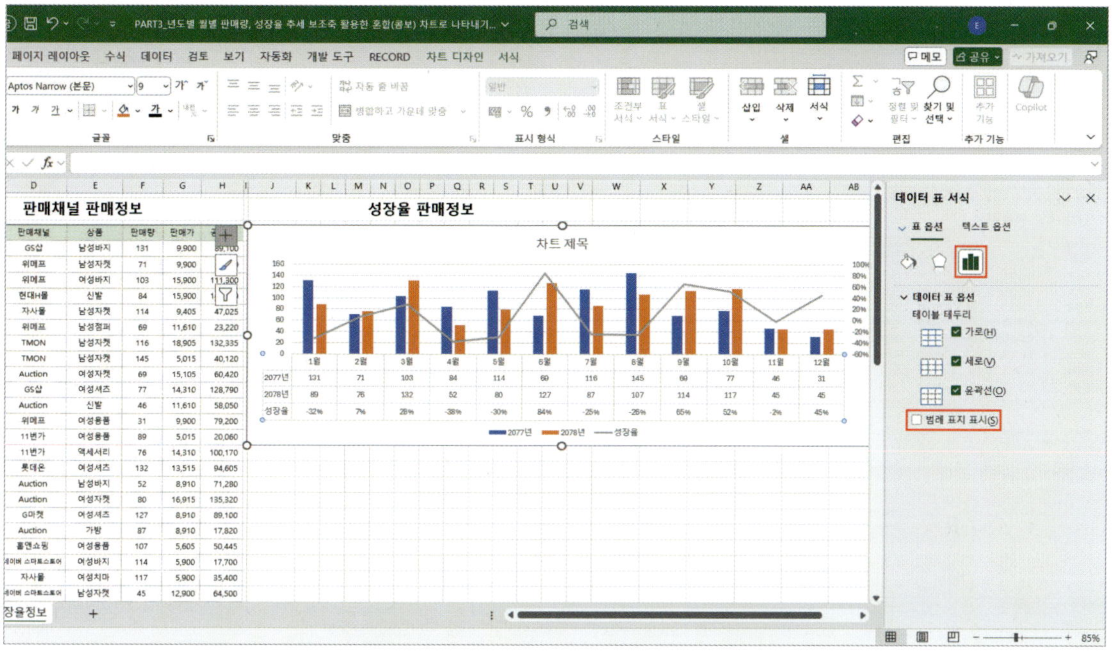

04 [차트 디자인] 탭- 차트 스타일- 색 변경- '다양한 색상표 3' 메뉴를 클릭합니다.

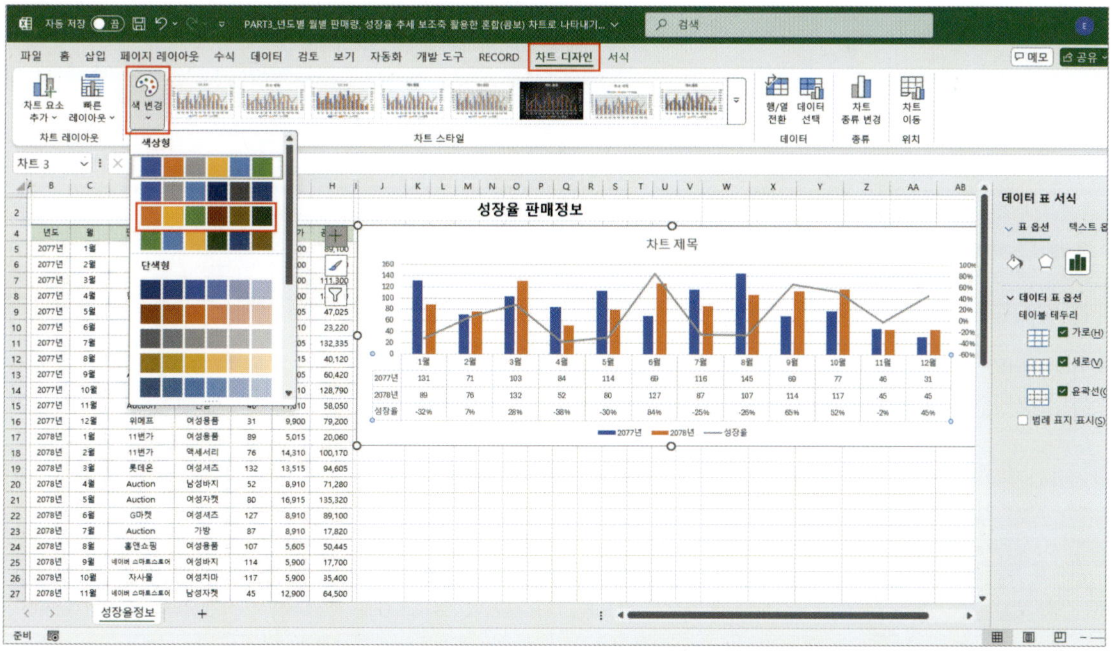

05 차트 스타일이 변경되었으면 오른쪽 차트 영역 서식 대화창을 닫기합니다(오른쪽 'X' 표시 클릭).

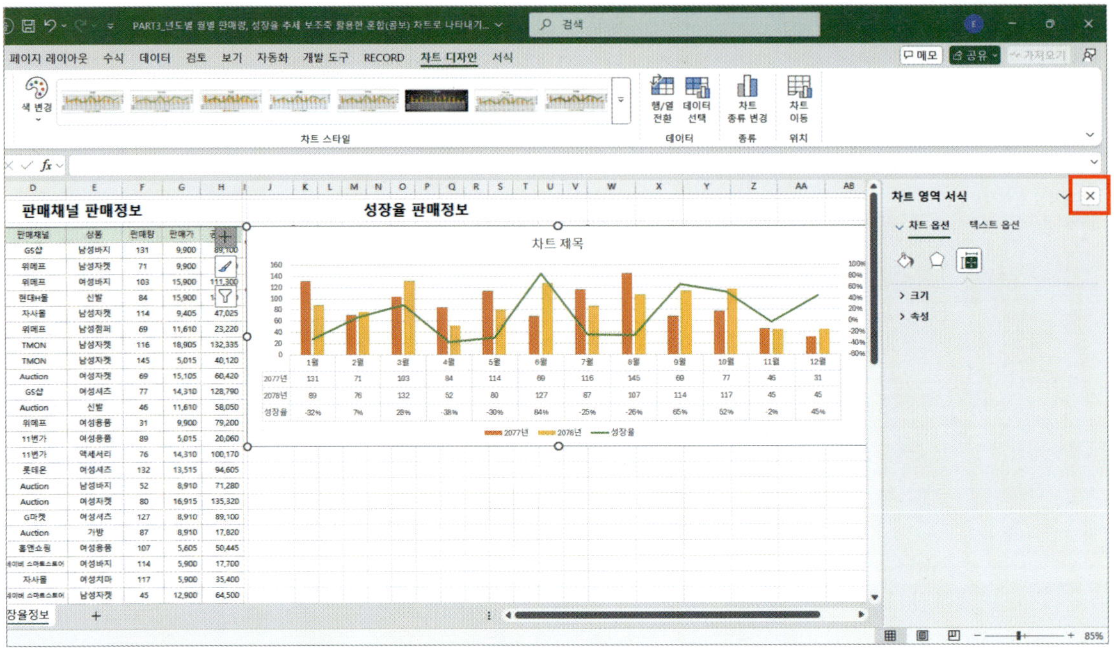

06 성장율 꺾은선 클릭– '+'단추– 차트 요소– 데이터 레이블, 오른쪽 부등호 클릭– '위쪽' 메뉴를 클릭합니다.

07 차트 제목- '성장율 판매정보'로 수정하고 마무리합니다.

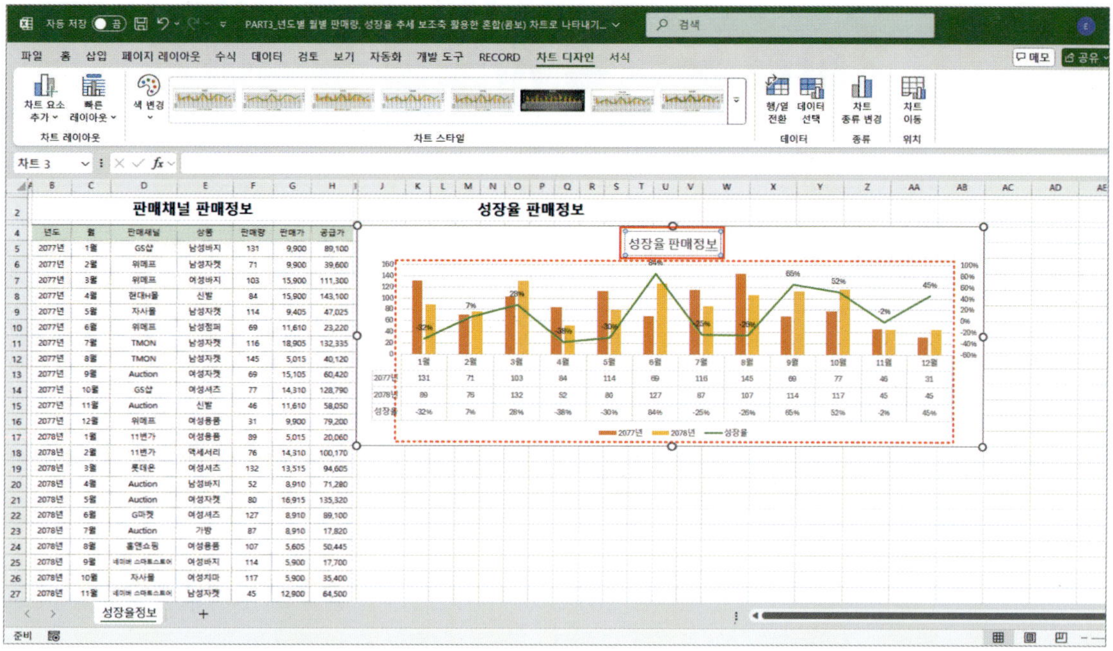

CHAPTER
37

특정 아이템 컬러별 매출 비중 현황 2차원 도넛형 차트로 출력하기

예제 파일 PART1_37 특정 아이템 컬러별 매출 비중 현황 2차원 도넛형 차트로 출력하기

실무 스킬

엑셀의 도넛형 차트는 데이터를 원형으로 시각화하면서 여러 데이터 계열을 한 차트에 표시해야 할 때 유용합니다. 다음과 같은 경우에 자주 사용되는데, ❶ 비율 비교, ❷ 다중 데이터 계열 비교, ❸ 시각적 임팩트, ❹ 차트를 간결하게 표현 등 이외에도 2차원 도넛형 차트로 표현할 수 있는 데이터가 많이 있습니다. 이번 파트에서는 특정 컬러군에 대한 비율을 도넛형 차트로 출력하는 방법에 대해 알아보도록 하겠습니다.

실무 연습 ❶

[컬러별매출비중] 시트에 출력된 '컬러별 매출' 표를 참고해서 2차원 도넛 차트를 이용해 매출 비중을 출력해 보겠습니다. 그리고 비중이 가장 큰 컬러는 조각을 쪼개 시각화해 보고, 도넛 구멍 크기를 60%로 맞춰 보겠습니다.

01 J4:K8셀 범위 지정- [삽입] 탭- 차트- 원형 또는 도넛형 차트 삽입- 도넛형- '도넛형' 메뉴를 클릭합니다.

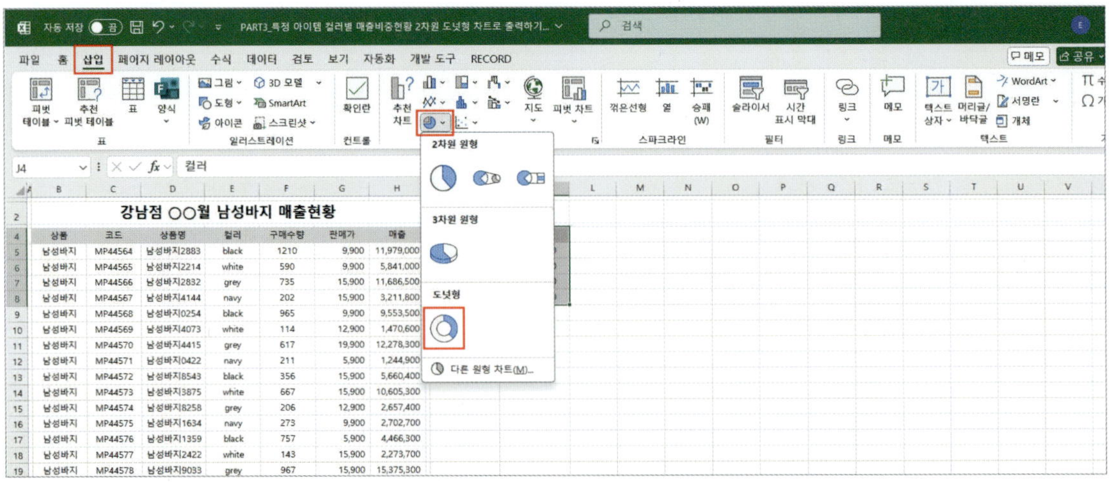

02 출력된 도넛형 차트를 J10셀로 이동해 조절점을 이용해 크기를 J10:P24셀까지 키워 줍니다. 그리고 나서 차트 영역 클릭– '+'단추 클릭– 차트 요소– 데이터 레이블, 오른쪽 부등호 표시 클릭– '기타 옵션' 메뉴를 클릭합니다.

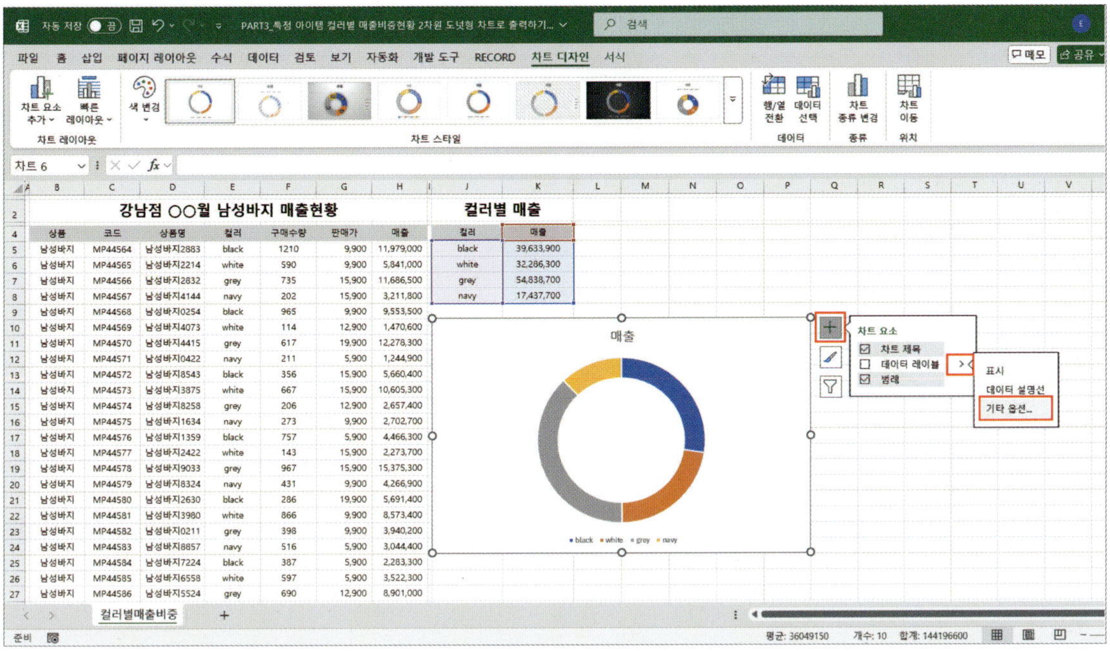

03 데이터 레이블 서식– 레이블 옵션– '백분율'만 체크하고 나머지는 모두 체크 해제합니다.

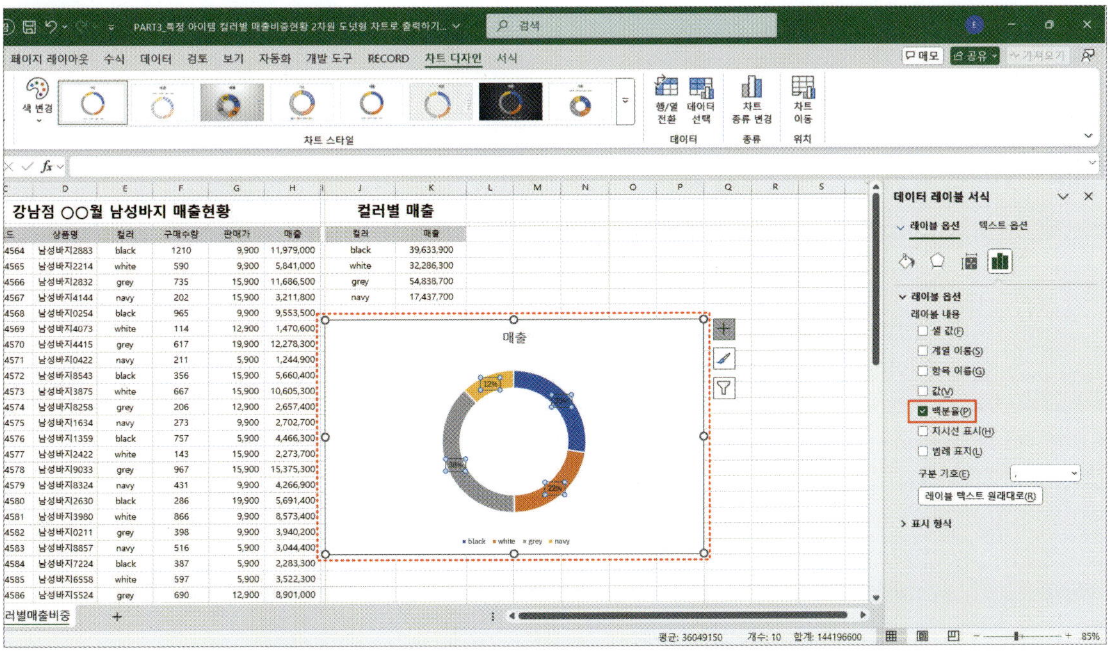

04 [홈] 탭- 글꼴- '글꼴 크기: 12' 포인트로 수정합니다.

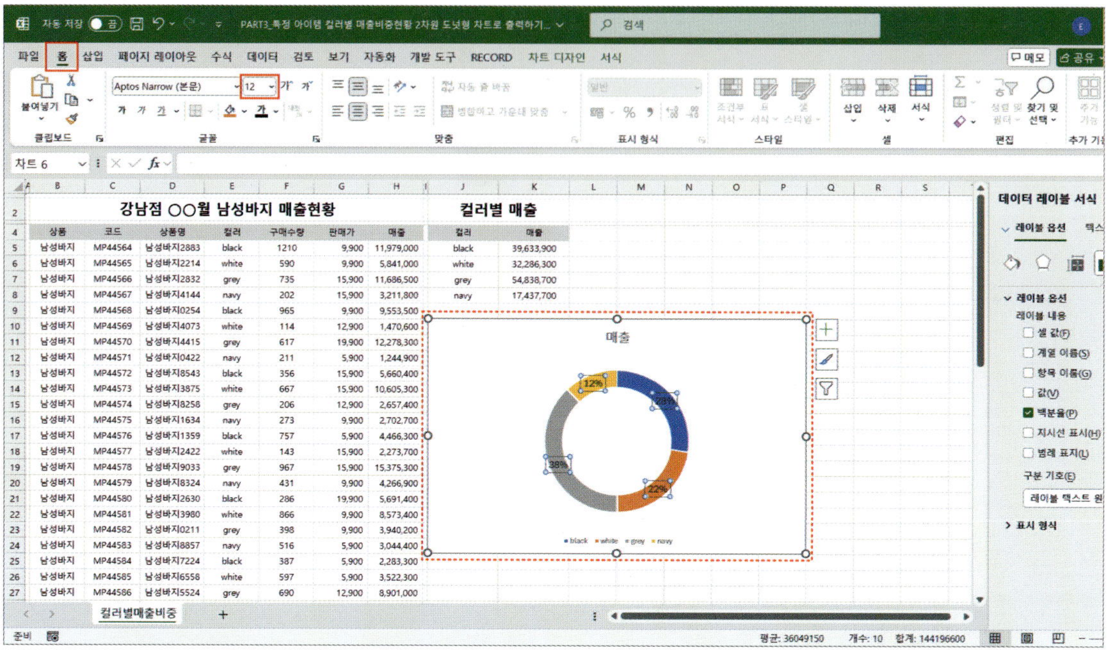

05 도넛형 차트 아무 곳 한 번 클릭(여기에서는 파란색 도넛형 차트 선택)- 데이터 계열 서식- 계열 옵션- '도넛 구멍 크기: 60%'로 수정 후 Enter 키를 누릅니다.

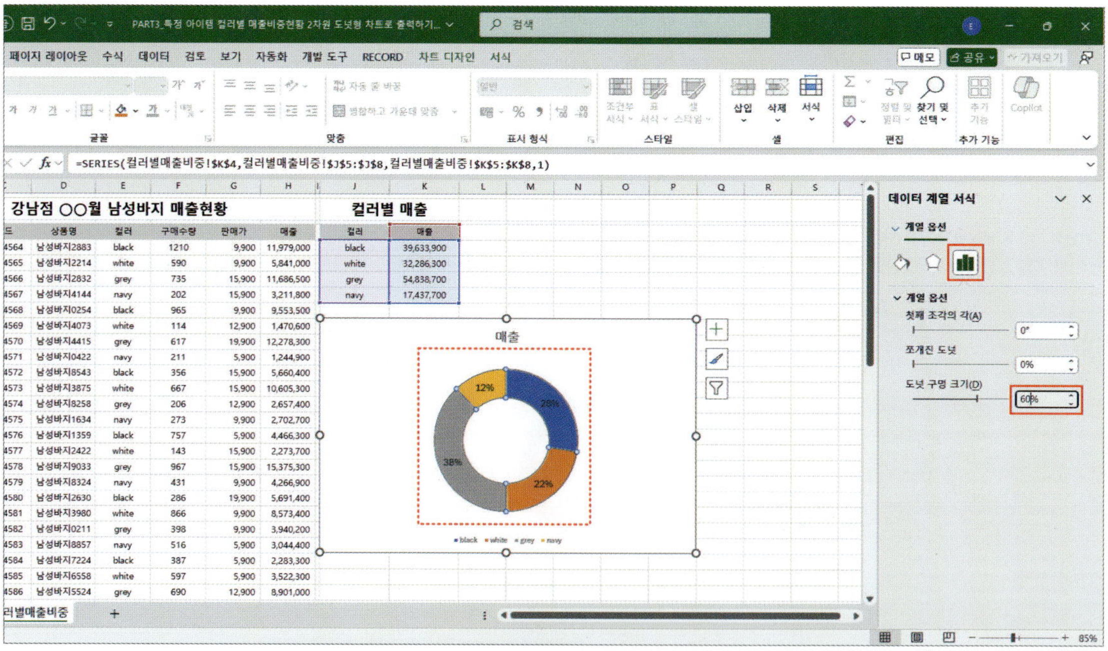

06 비중이 가장 큰 회색 도넛형 차트를 선택- 데이터 요소 서식- 계열 옵션- '쪼개진 요소: 25%'로 입력 후 [Enter] 키를 누릅니다.

※ 이때 같은 계열인 도넛형 차트 아무거나 선택하면 전체가 선택되고, 2초 대기 후 또 다른 도넛형 차트를 클릭하면 해당 도넛형만 선택이 됩니다.

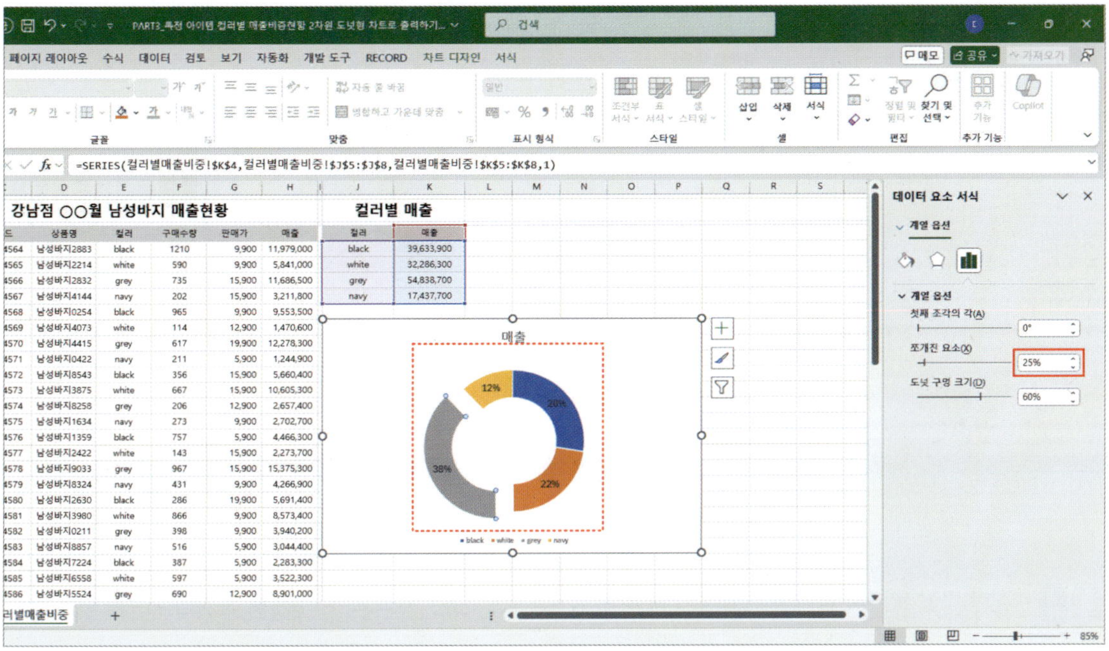

07 범례 항목에 적힌 색상으로 도넛형 차트도 색상을 맞추기 위해 회색 위 노랑 도넛형 차트 클릭- 데이터 요소 서식- 계열 요소- 채우기- '색' 메뉴를 클릭합니다.

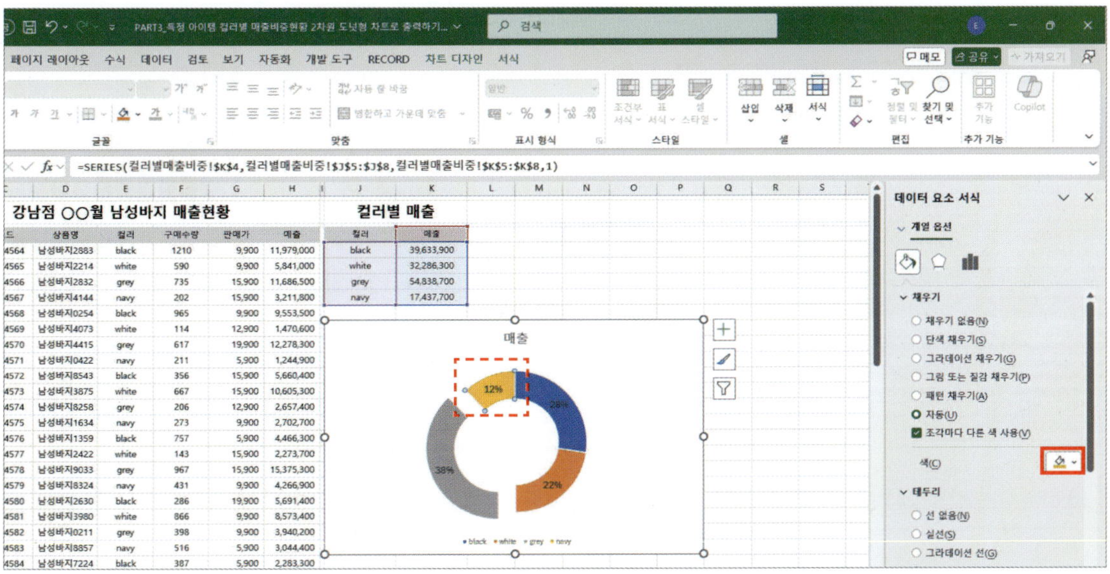

08 색- navy(엑셀 색상이름- 진한 파랑)를 선택합니다.

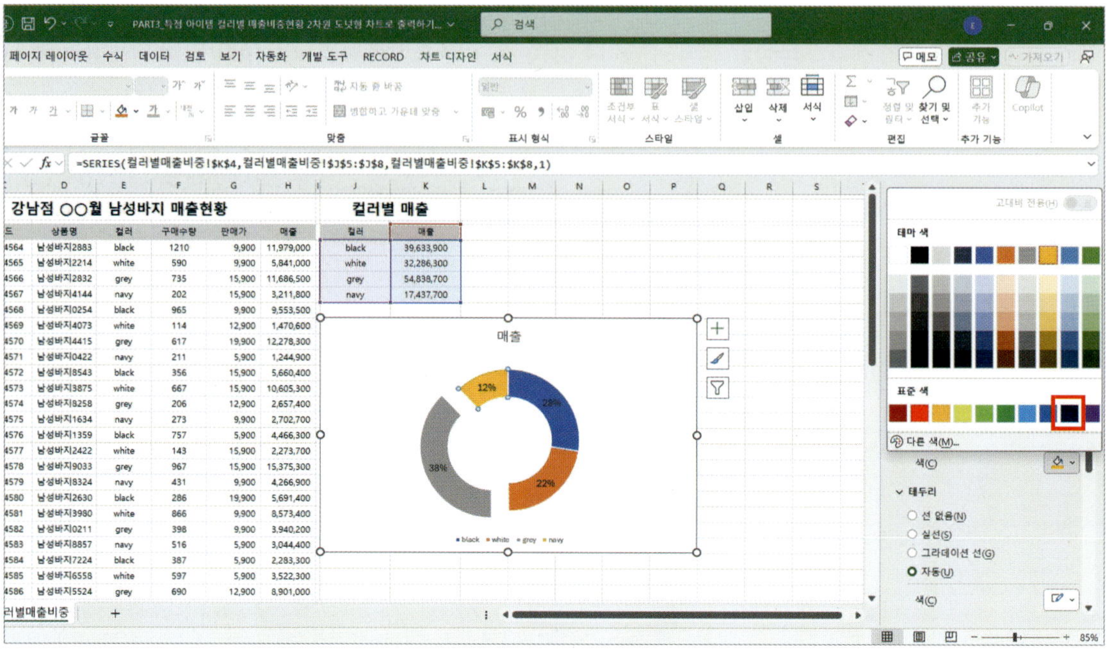

09 진한 파랑 오른쪽 파란색 계열 도넛형 차트 선택- 색- '검정, 텍스트 1' 색상을 클릭합니다.

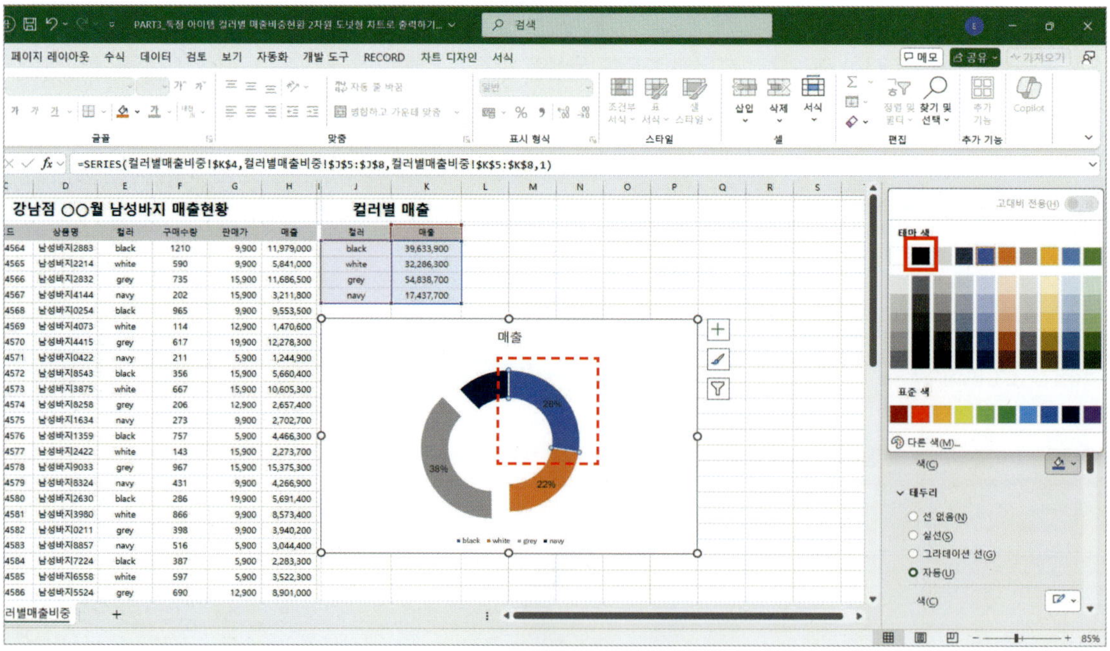

10 검정색 아래 주황색 계열 도넛형 차트 선택– 색– '흰색, 배경 1'을 클릭합니다.

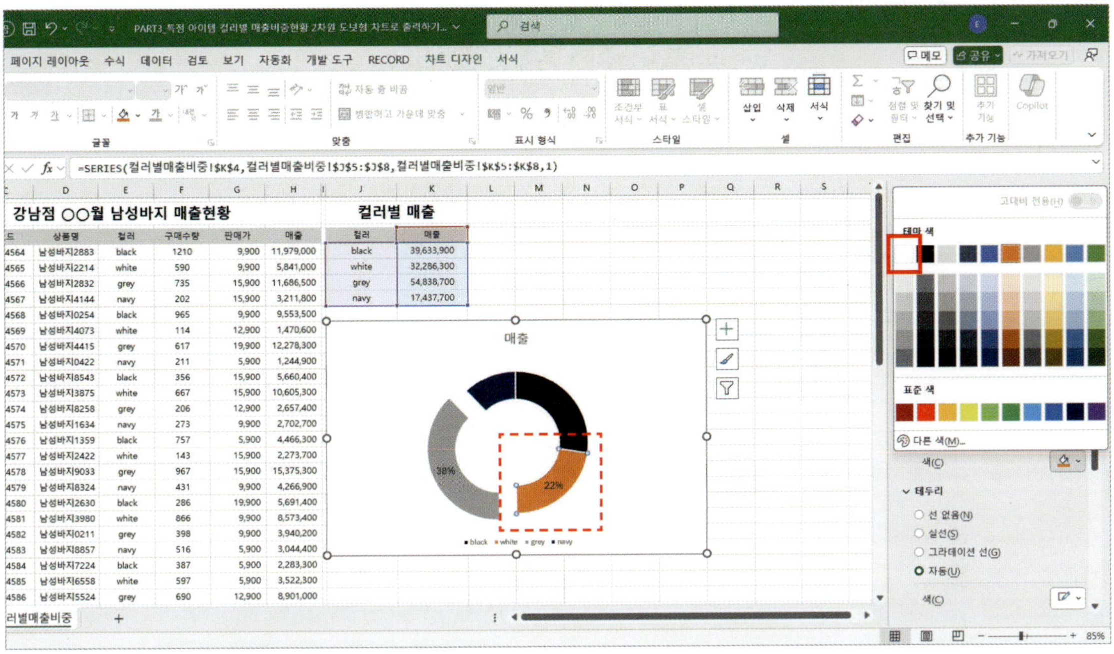

11 테두리– 실선– 색– 검정, 텍스트 1(위에 검정색 채우기 색상과 동일)선택– 너비: '1pt'로 수정합니다.

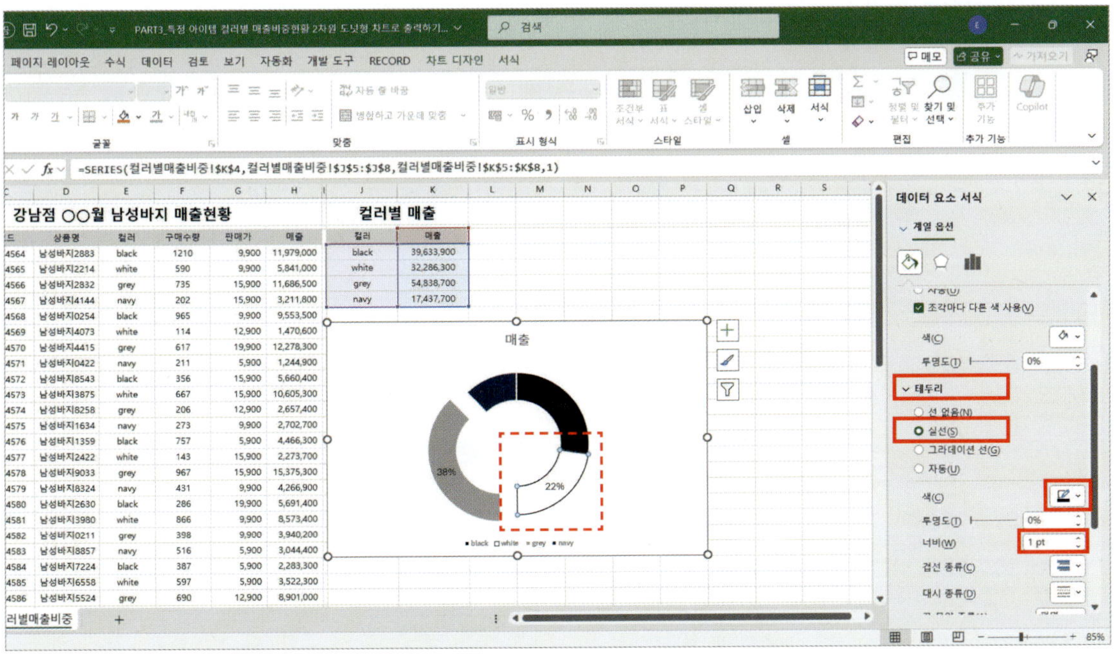

12 진한 파랑 도넛형 차트 데이터 레이블만 선택(한 번 클릭, 2초 대기 후 다시 클릭)- [홈] 탭- 글꼴- 글꼴색- '흰색, 배경 1' 색상을 클릭합니다.

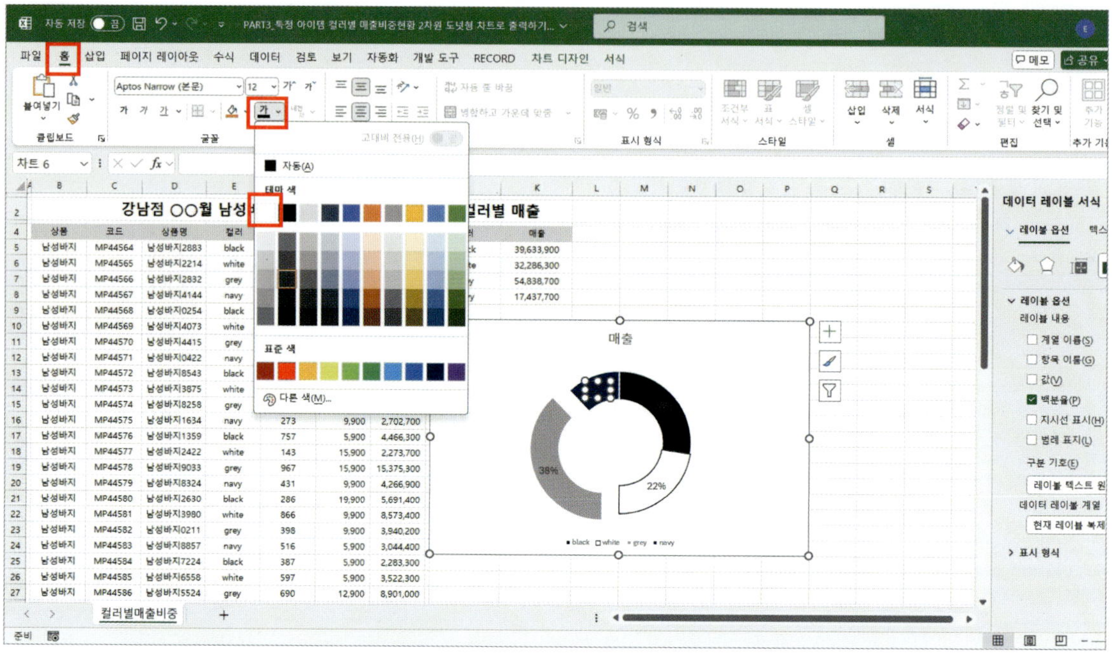

13 검정색 도넛형 차트 데이터 레이블만 선택(한 번 클릭, 2초 대기 후 다시 클릭)- [홈] 탭- 글꼴- 글꼴색- '흰색, 배경 1' 색상을 클릭합니다.

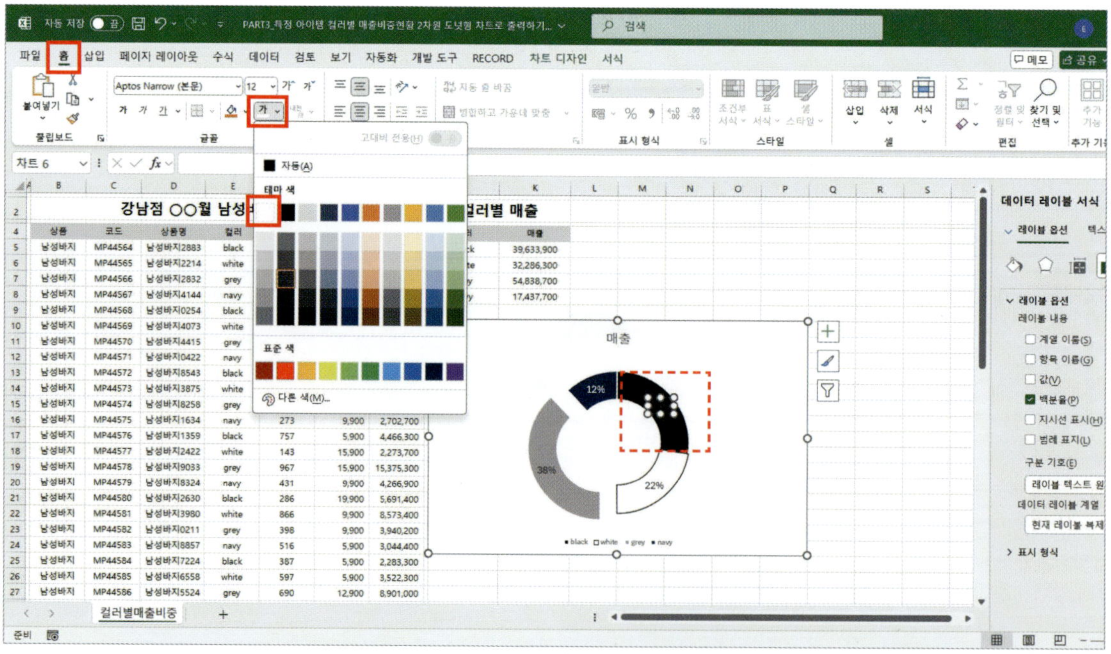

14 차트 제목을 '컬러별 매출'로 수정하고 마무리합니다.

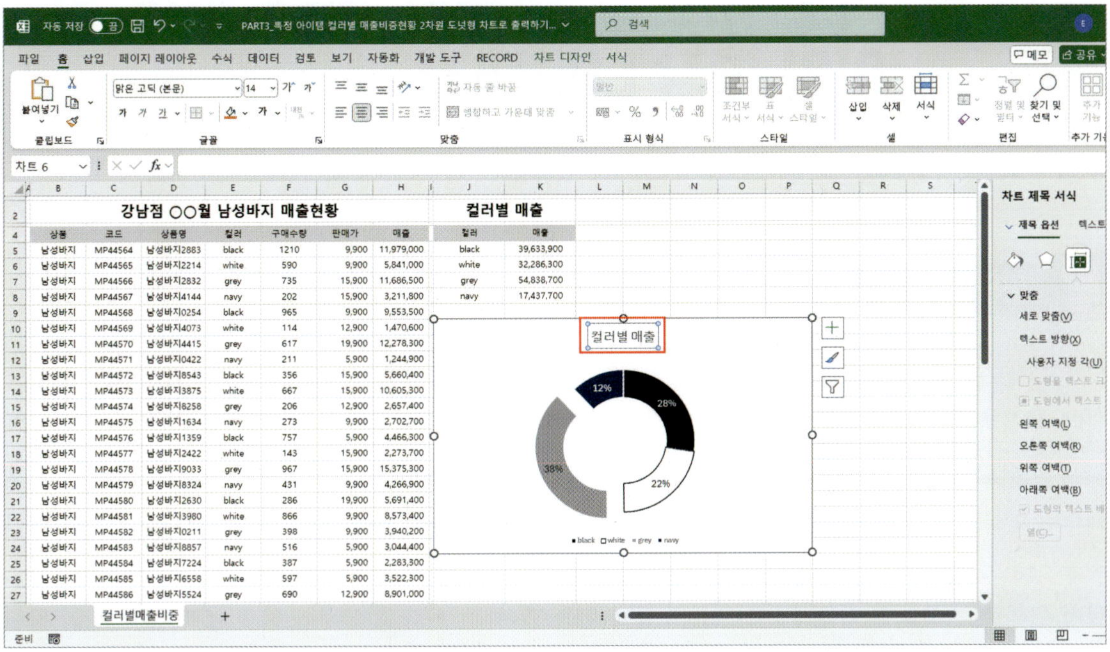

CHAPTER 38

폭포 차트를 이용한 비용 분석 및 이익 증감 나타내기

예제 파일 PART1_38 폭포 차트를 이용한 비용 분석 및 이익 증감 나타내기

실무 스킬

폭포 차트는 숫자의 증감 과정을 명확히 시각화하고, 각 단계에서의 기여도를 보여 줄 때 강력한 도구입니다. 다음과 같은 상황에서 사용할 수 있는데, ❶ 재무 분석, 활용 사례: 기업의 순이익 증감 분석, 매출과 비용 항목 간의 상호 작용 파악하는 데 사용 가능합니다. ❷ 비용 관리, 활용 사례: 특정 프로젝트나 프로세스의 비용 증감 요소 분석에 사용 가능합니다. ❸ 프로젝트 예산, 활용 사례: 프로젝트의 초기 예산에서 최종 사용 금액까지의 변화를 추적하는데 사용할 수 있습니다. ❹ 성과 평가, 활용 사례: 특정 목표를 달성하기 위해 여러 요소가 어떻게 기여했는지 분석 하는 데 사용할 수 있습니다. ❺ 전략적 의사 결정, 활용 사례: 현재 상황 분석과 함께 개선 방향을 제시할 때 사용할 수 있습니다. 이외에 다양한 분야에서 사용할 수 있습니다.

폭포 차트는 데이터를 직관적으로 표현하면서도 복잡한 숫자의 흐름을 쉽게 이해할 수 있게 도와주는 특징이 있습니다. 이번 파트에서는 프로젝트 비용 분석과 이익 분석을 폭포 차트를 통해 출력하는 방법에 대해 알아보겠습니다.

실무 연습 ❶

[일주일판매량] 시트에서 '스타일코드별 일주일간 판매량' 추세를 L6:L18셀 범위에 꺾은선형 미니 차트로 출력해 보겠습니다.

※ 폭포 차트는 엑셀 버전 2016이상에서 사용 가능하니 참고 바랍니다.

01 B4:C11셀 범위 지정- [삽입] 탭- 차트- 폭포, 깔때기형, 주식형, 표면형 또는 방사형 차트 삽입- '폭포' 메뉴를 클릭합니다.

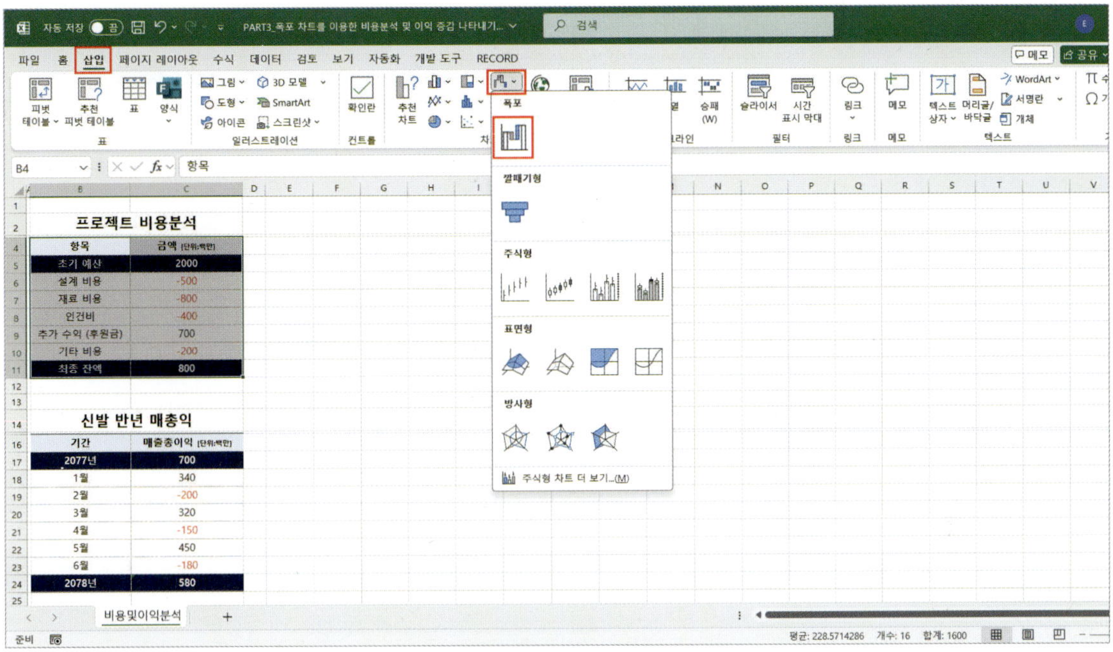

02 출력된 차트 영역 드래그해 E2셀에 배치해 흰색 동그라미 조절점을 이용해 크기를 E2:S12셀 만큼 키워 줍니다.

※ 차트 영역을 드래그할 때 Alt 키를 누른 상태로 차트를 이동시키면 셀 모서리에 정확하게 배치할 수 있습니다. 도형 가공 관련 파트 참고 바랍니다.

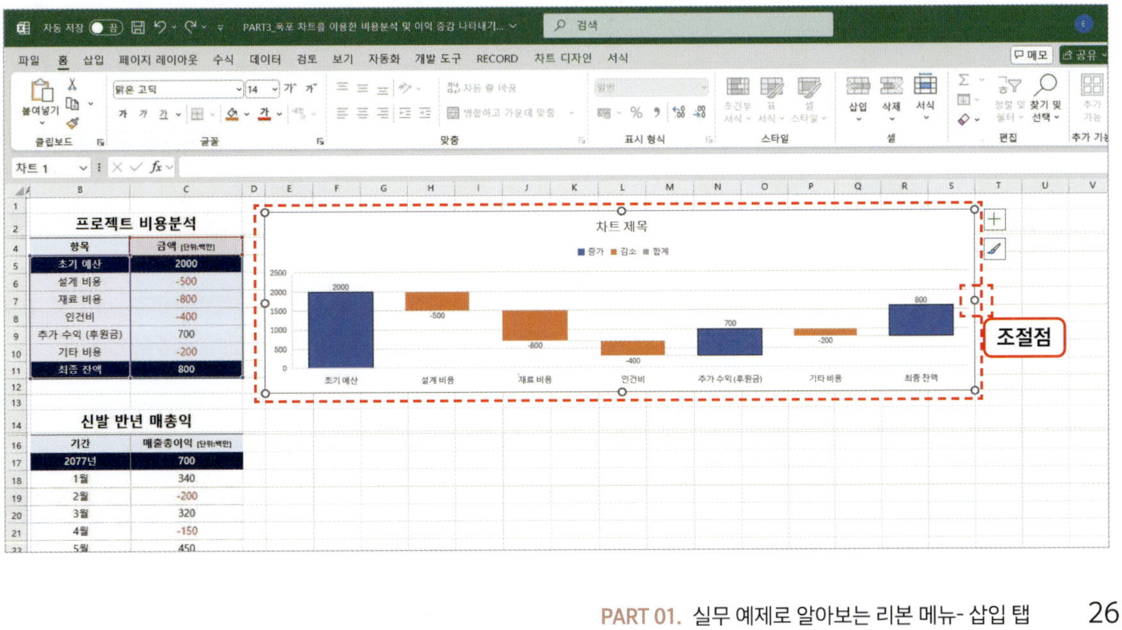

03 범례 항목 한 번 클릭- 2초 대기- '증가' 항목만 클릭- '증가' 항목 더블클릭- 범례 항목 서식- 범례 항목 옵션- 채우기 및 선- 채우기- 단색 채우기- '색' 메뉴를 클릭합니다.

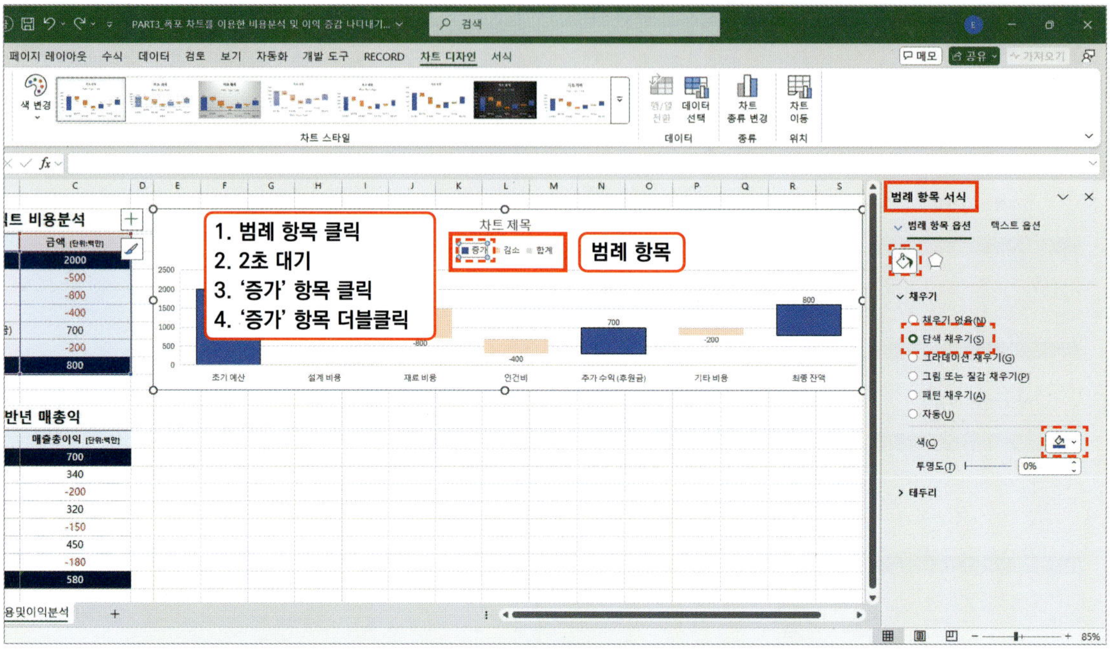

04 색- '빨강' 메뉴를 클릭합니다.

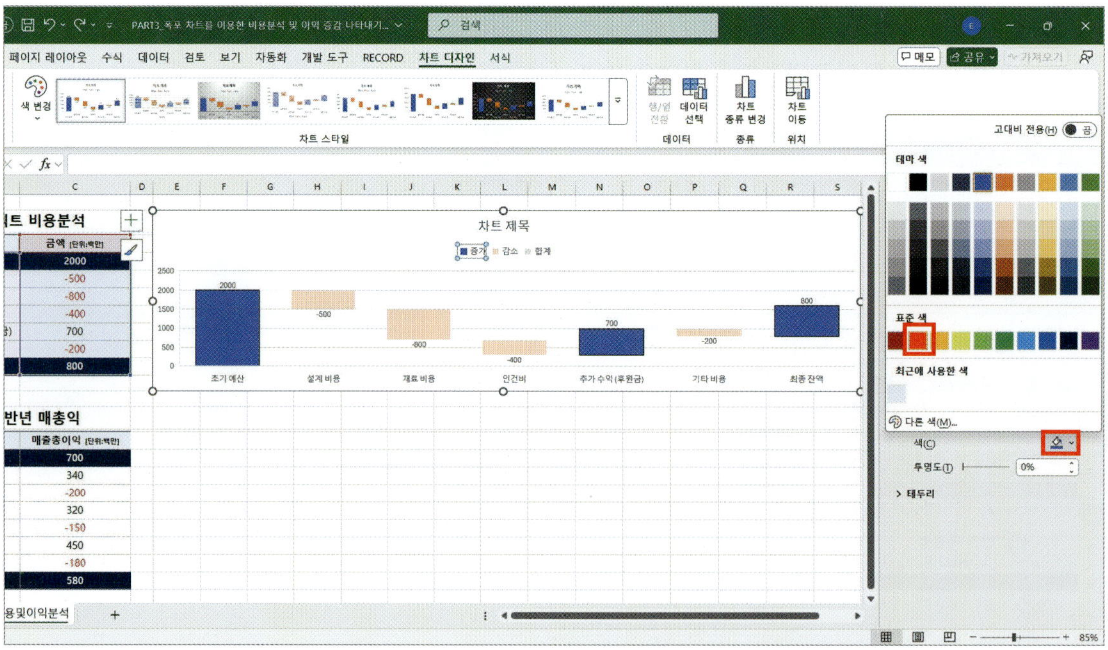

05 범례 항목- '감소' 항목 클릭- 색- '검정' 메뉴를 클릭합니다.

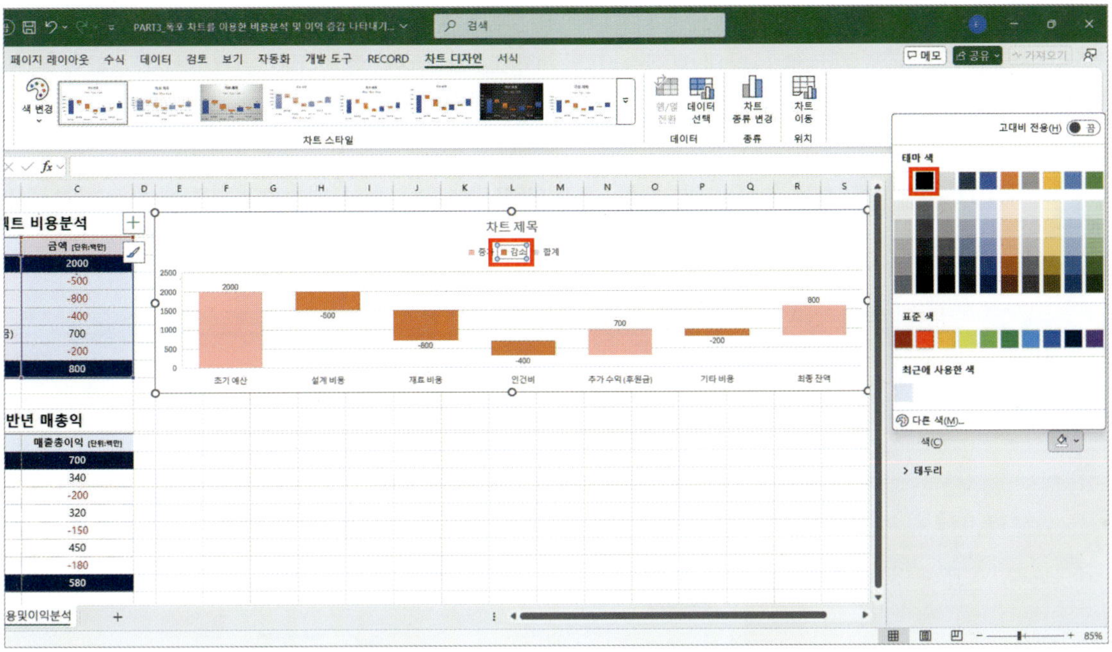

06 차트 제목- '프로젝트 비용분석'으로 수정합니다. 증가: 빨간색 채우기, 감소: 검정색 채우기된 폭포 차트를 확인합니다. 출력된 이미지에서 바로 빨간색이 적용되지 않는 이유는 '감소' 항목을 선택하게 되면 채우기-'자동' 메뉴로 전환되기 때문에 바로 빨간색으로 출력되지 않았습니다. '감소' 항목까지 모두 선택을 마치게 되면 선택한 색상으로 보여지게 됩니다.

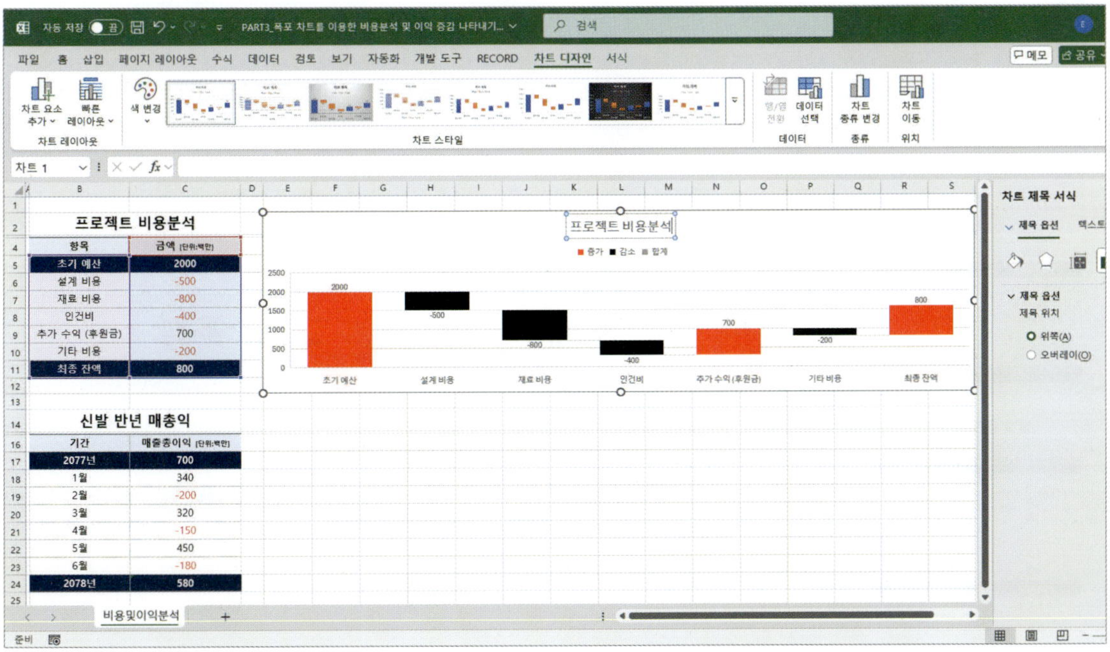

실무 연습 ❷

[비용및이익분석] 시트에서 '신발 반년 매출익' 표에서 '2077년', 1/2분기 합계값을 '2078년', '1월~6월'로 나눠 증감을 폭포 차트로 나타내 보겠습니다. 그리고 '2078년' 합계값은 '2077년' 합계값과 비교가 쉽게 막대 차트로 가공해 보겠습니다.

01 B16:C24셀 범위 지정- [삽입] 탭- 차트- 폭포, 깔때기형, 주식형, 표면형 또는 방사형 차트 삽입- '폭포' 메뉴를 클릭합니다.

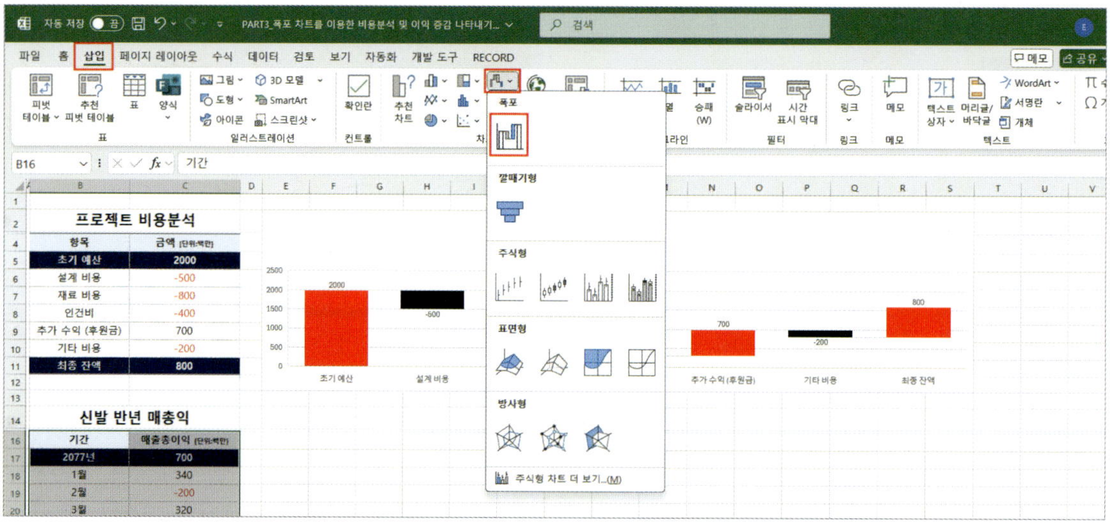

02 출력된 차트 영역 드래그해 E14셀에 배치해 흰색 동그라미 조절점을 이용해 크기를 E14:S24셀 만큼 키워 줍니다.

※ 차트 영역을 드래그할 때 [Alt] 키를 누른 상태로 차트를 이동시키면 셀 모서리에 정확하게 배치할 수 있습니다. 도형 가공 관련 파트 참고 바랍니다.

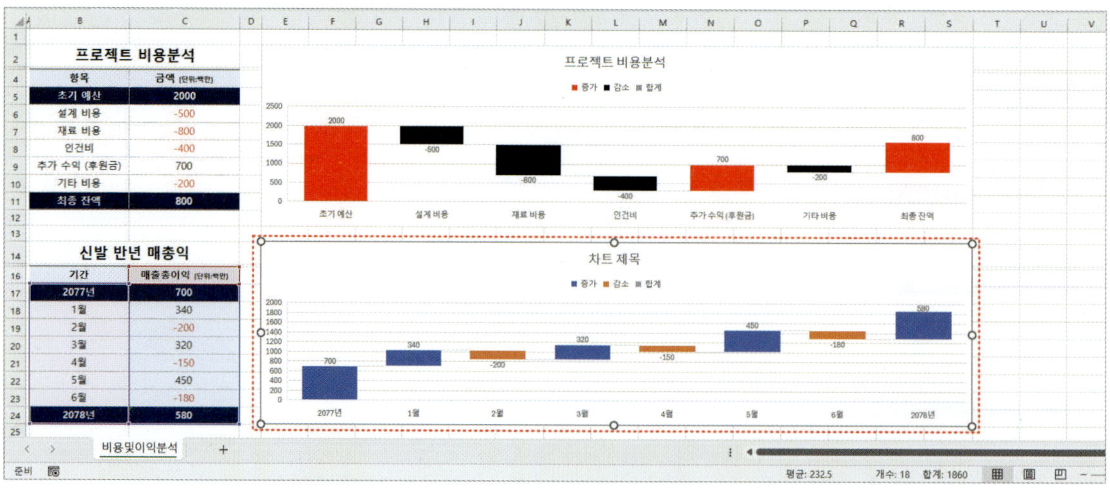

03 '2078년', '값: 580' 막대 한 번 클릭- 2초 대기- '2078년', '값: 580' 막대 클릭- 마우스 우클릭- '합계로 설정' 메뉴를 클릭합니다.

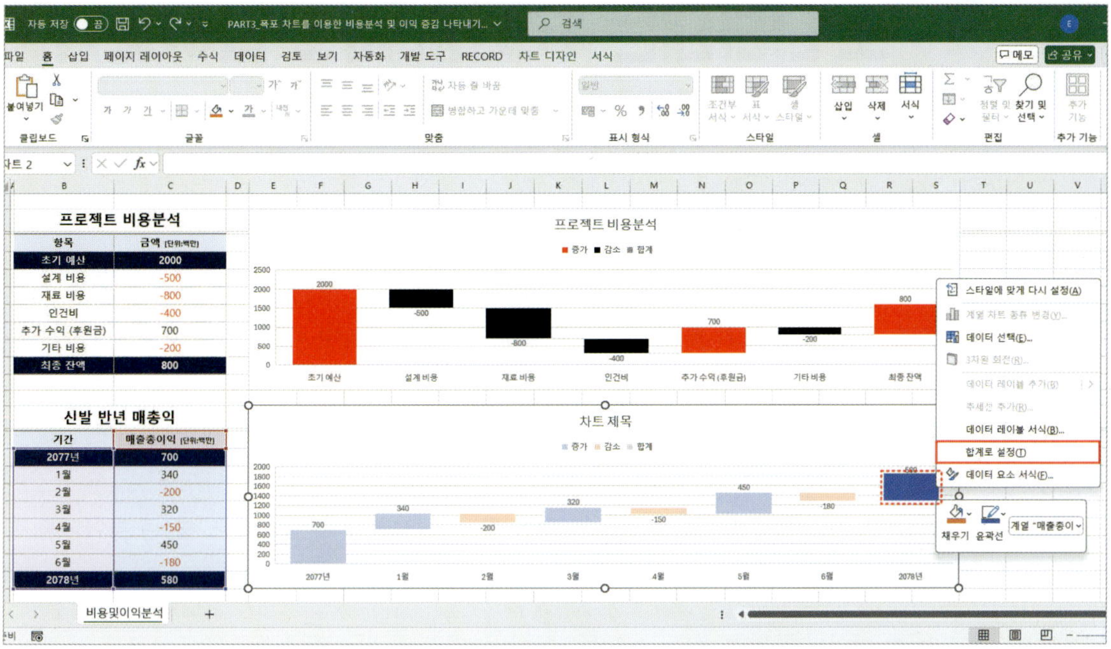

04 '2077년' 전체 매출 총이익과 '2078년' 전체 매출 총이익 값을 비교해 봅니다. '2078년', '1월~6월' 증가, 감소폭 추이도 함께 폭포 차트에서 확인합니다.

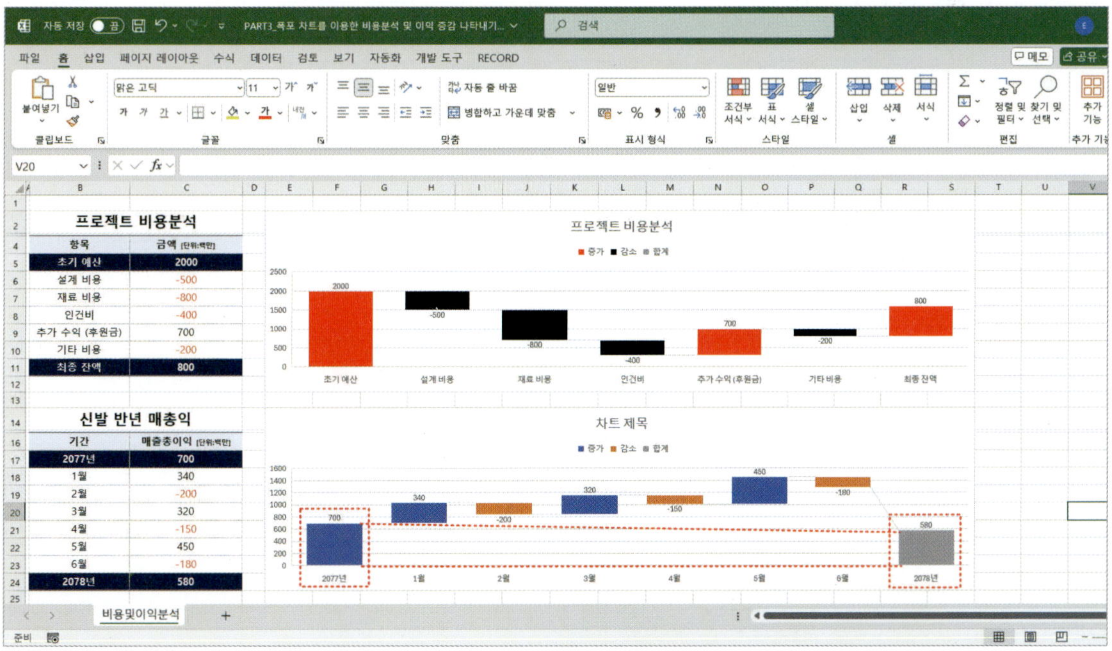

CHAPTER 39

상, 하위 계층 구조 비율을 효과적으로 나타내는 두 가지 차트 알아보기

예제 파일 PART1_39 상, 하위 계층구조 비율을 효과적으로 나타내는 두 가지 차트 알아보기

실무 스킬

트리맵과 선버스트 차트는 상, 하위 계층 구조 비율을 효과적으로 나타내 주는 차트입니다. 두 차트 모두 데이터의 계층 구조를 시각적으로 표현할 때 사용되며, 각각의 특징에 따라 적합한 상황이 다를 수 있습니다. 아래는 이 두 차트를 사용하는 경우를 비교한 내용입니다. 트리맵 차트를 사용하는 경우는 ❶ 데이터를 직사각형 영역으로 표현하며, 각 항목의 상대적인 크기를 강조하고자 할 때 사용합니다. ❷ 공간이 제한적일 때 데이터의 비율과 계층을 명확하게 보여 줘야 할 때도 사용할 수 있습니다. ❸ 큰 데이터를 한눈에 확인하고, 중요도가 높은 항목을 빠르게 파악하고자 할 때 사용합니다.

선버스트 차트는 ❶ 데이터를 원형 계층 구조로 표현하며, 계층 간 연결과 관계를 강조하고자 할 때 사용할 수 있으며, ❷ 계층적인 데이터가 많아, 상위와 하위 관계를 동시에 보여 주고 싶을 때 활용할 수 있습니다. ❸ 시각적으로 직관적인 차트가 필요하며, 중앙에서 시작해 바깥으로 확장되는 구조를 활용하고 싶을 때에도 선버스트 차트를 활용할 수 있습니다. 두 차트를 출력하는 방법은 계층 구조가 나눠진 데이터만 있으면 쉽게 출력할 수 있습니다. 범위 지정만 잘하면 누구든지 쉽게 출력할 수 있는 두 가지 차트에 대해 알아보도록 하겠습니다.

실무 연습 ❶

[ENGINE그룹판매량] 시트에서 대분류, 중분류로 나눠진 표를 바탕으로 트리맵 차트를 만들어 각 분류별 비율분포를 확인해 보겠습니다.

※ 트리맵 차트와 선버스트 차트는 엑셀 버전 2016 이상에서 사용 가능하니 참고 바랍니다.

01 B4:D26셀 범위 지정- [삽입] 탭- 차트- 계층 구조 차트 삽입- '트리맵' 메뉴를 선택합니다.

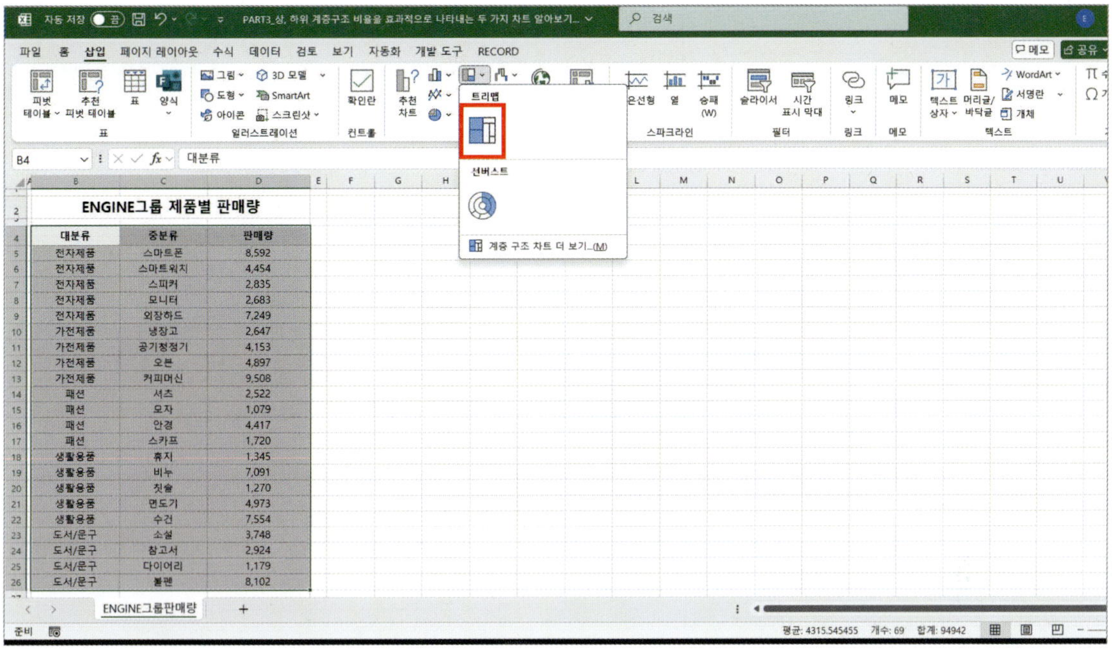

02 출력된 차트를 F4셀로 이동시켜 Alt 키를 누른 채 크기를 F4:W26셀 범위까지 조정합니다.

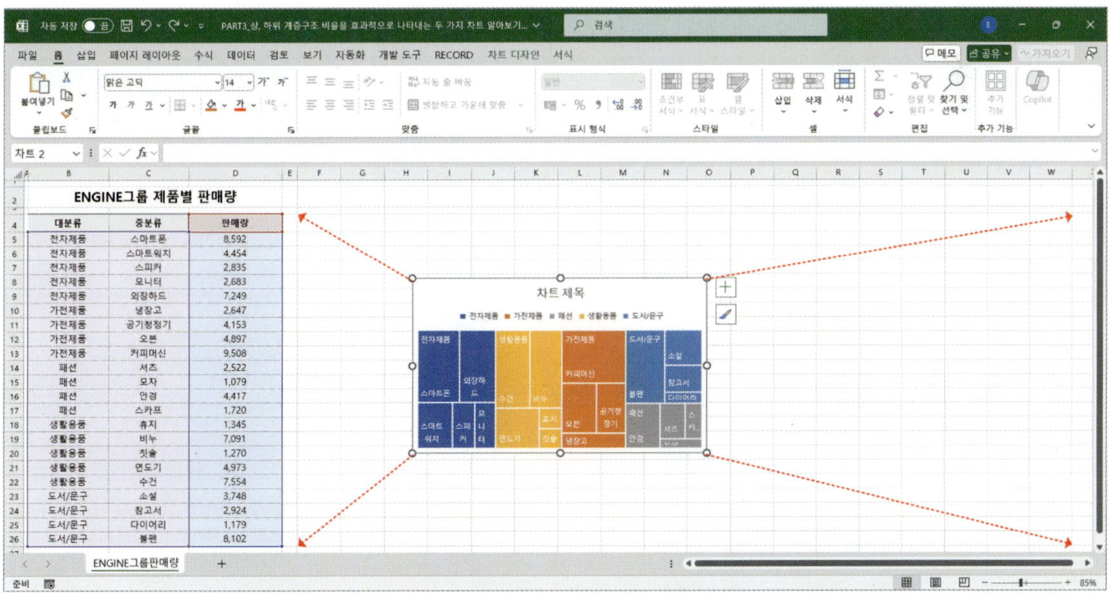

03 차트 영역이 선택된 상태에서 [차트 디자인] 탭- 차트 스타일- '스타일 4' 메뉴를 선택해 차트 스타일을 변경합니다.

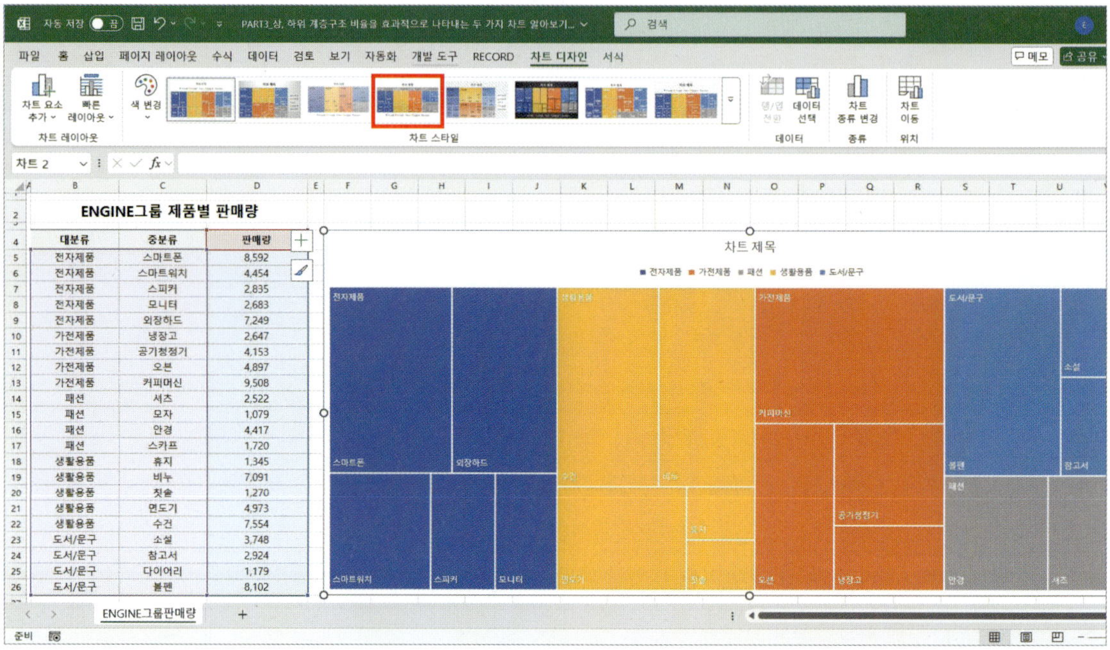

04 차트 제목을 'ENGINE그룹 제품별 판매량'으로 수정합니다. 그리고 출력된 트리맵 차트로 대분류, 중분류의 비율을 차트로 확인합니다.

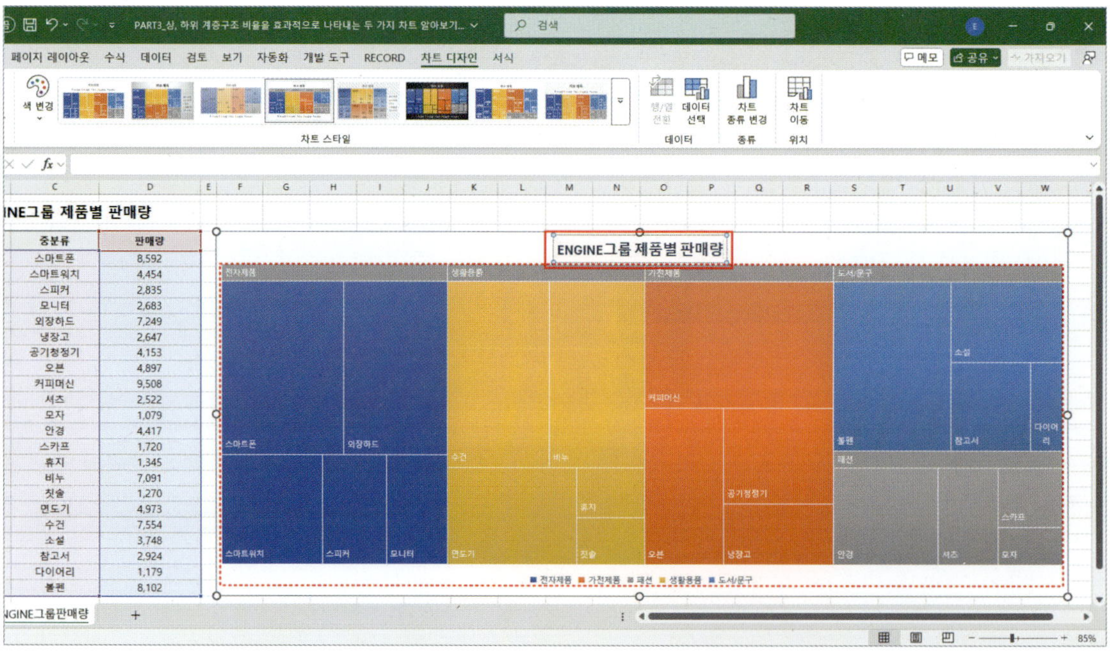

05 '+'단추(차트 요소) 클릭- 데이터 레이블, 오른쪽 부등호 표시 클릭- '기타 데이터 레이블 옵션…' 메뉴를 클릭합니다.

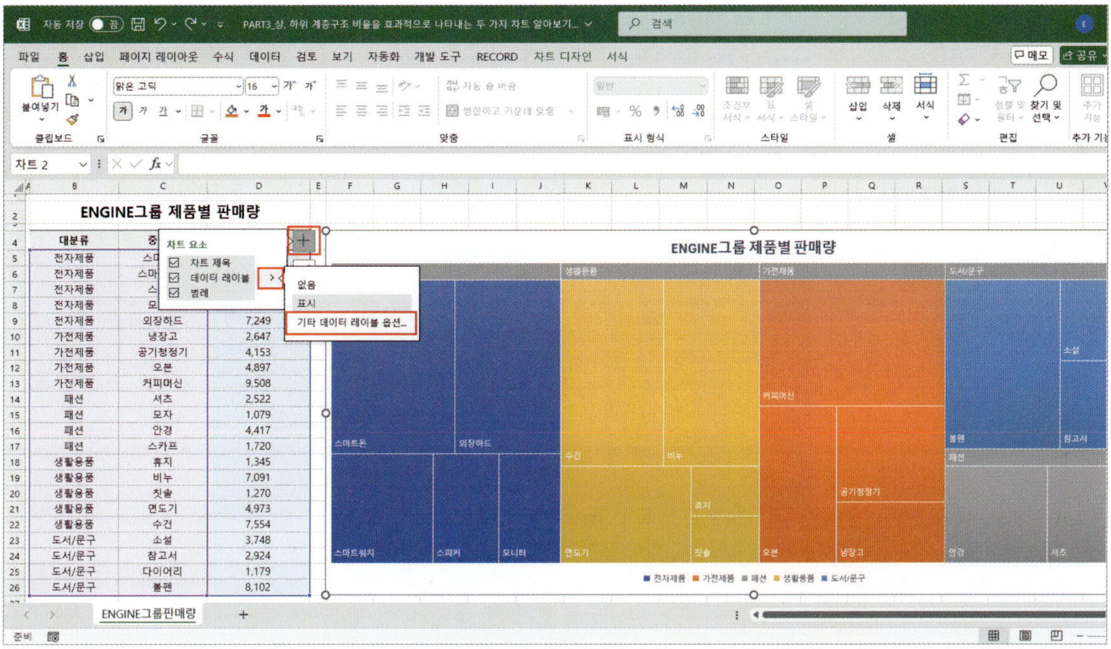

06 데이터 레이블 서식- 레이블 옵션- '값', 체크- 구분 기호- '(줄 바꿈)' 메뉴를 선택합니다.

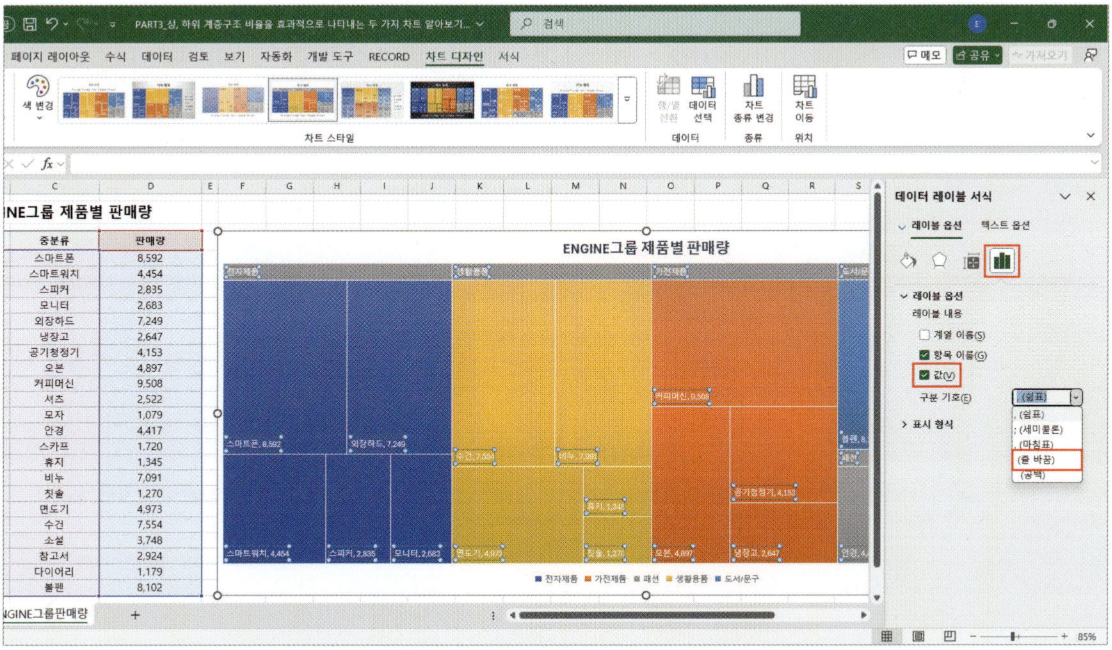

07 [홈] 탭- 글꼴- '굵게'를 선택하고 오른쪽 '데이터 레이블 서식' 대화창 닫기(오른쪽 'X'표시 클릭)를 눌러 마무리합니다.

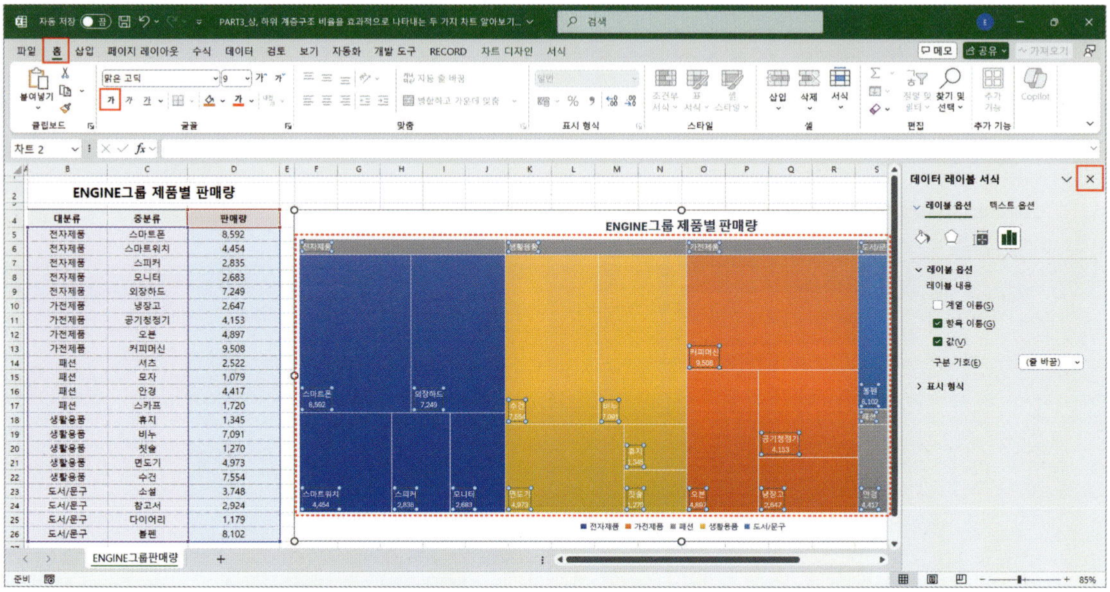

08 출력된 최종 차트 결과를 확인합니다.

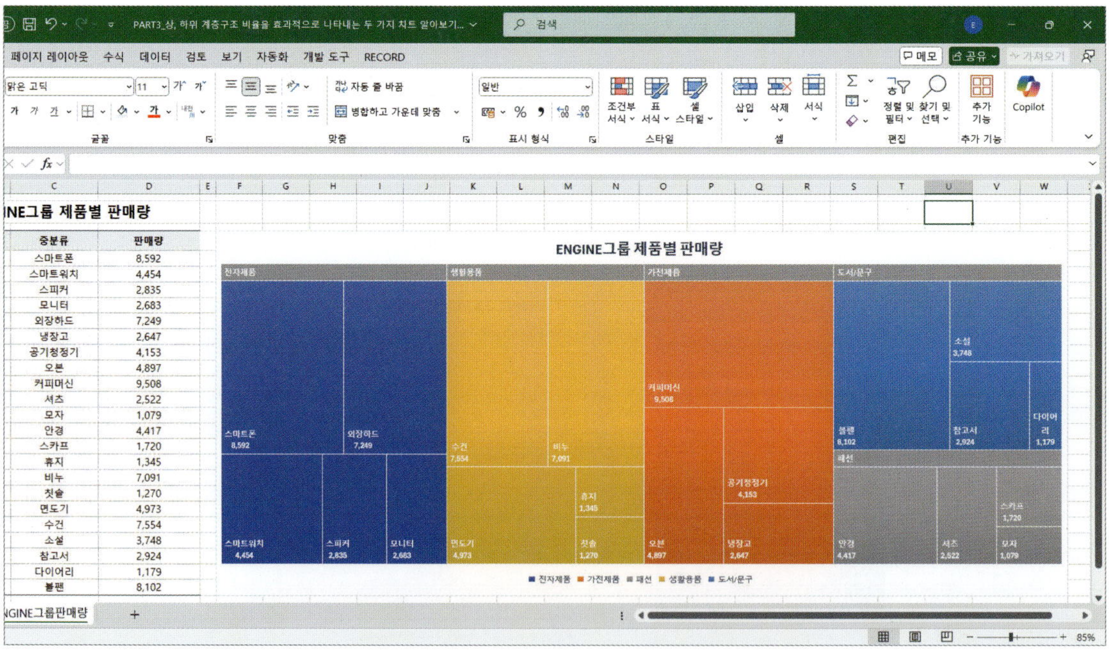

[ENGINE그룹판매량 (2)] 시트에서 대분류, 중분류로 나눠진 표를 바탕으로 선버스트 차트를 만들어 각 분류별 비율 분포를 확인해 보겠습니다.

01 B4:D26셀 범위 지정- [삽입] 탭- 차트- 계층 구조 차트 삽입- '선버스트' 메뉴를 선택합니다.

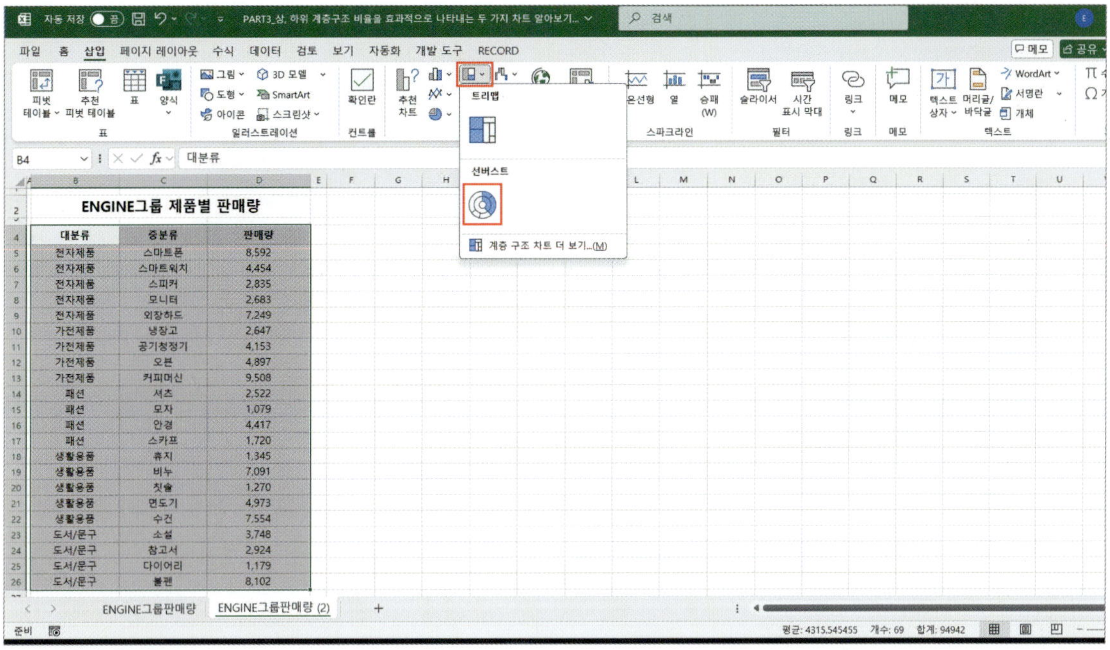

02 출력된 차트를 F4셀로 이동시켜 Alt 키를 누른 채 크기를 F4:W26셀 범위까지 조정합니다.

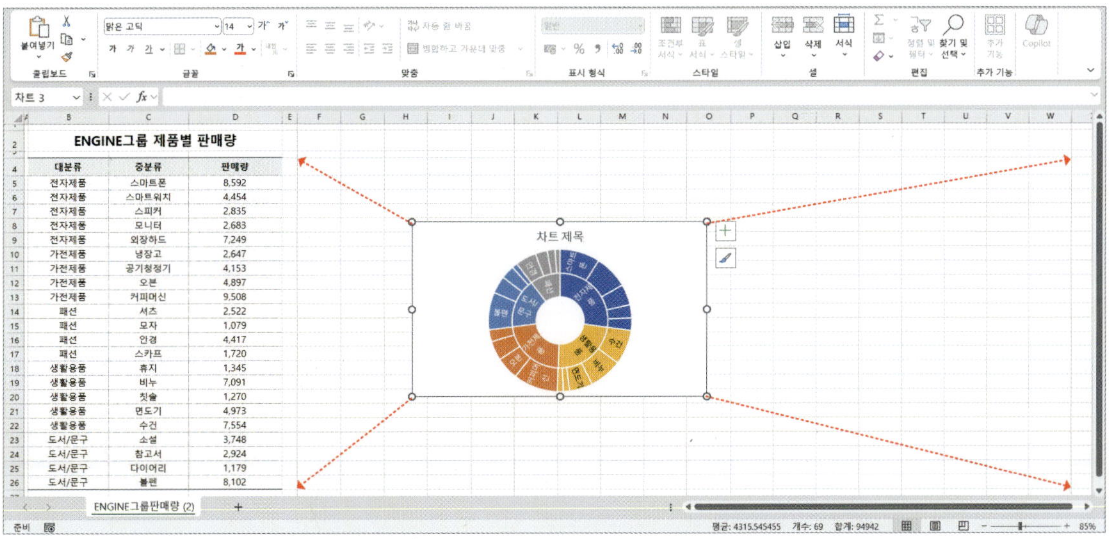

03 차트 영역이 선택된 상태에서 [차트 디자인] 탭- 차트 레이아웃- 빠른 레이아웃- '레이아웃 3' 메뉴를 선택해 차트 레이아웃을 변경합니다.

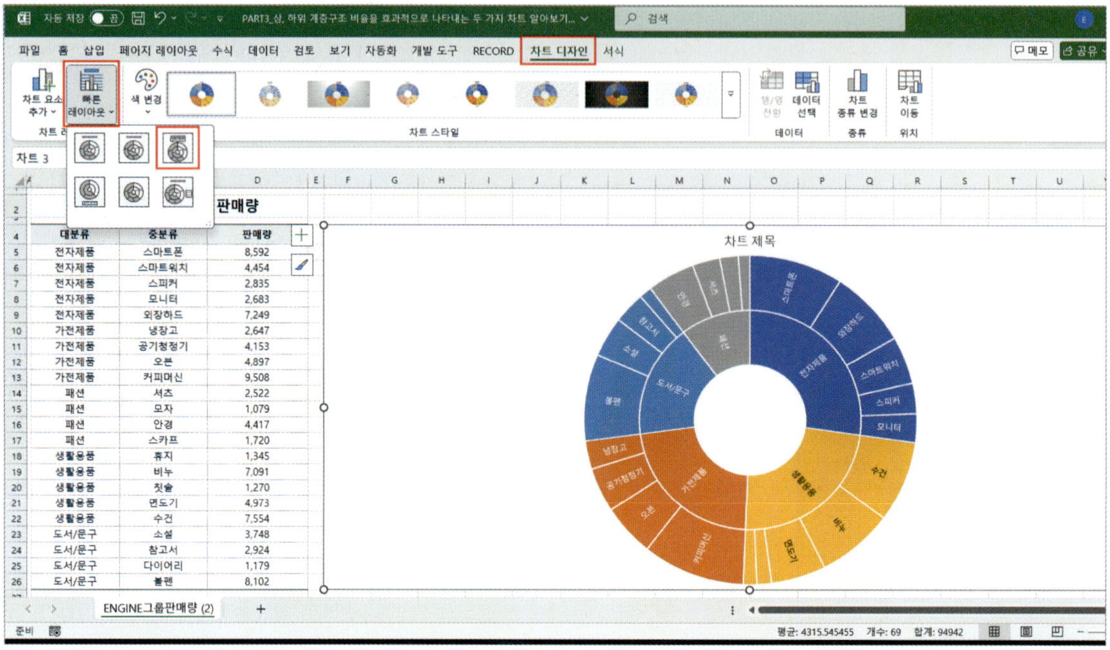

04 차트 제목을 'ENGINE그룹 제품별 판매량'으로 수정하고 마무리합니다.

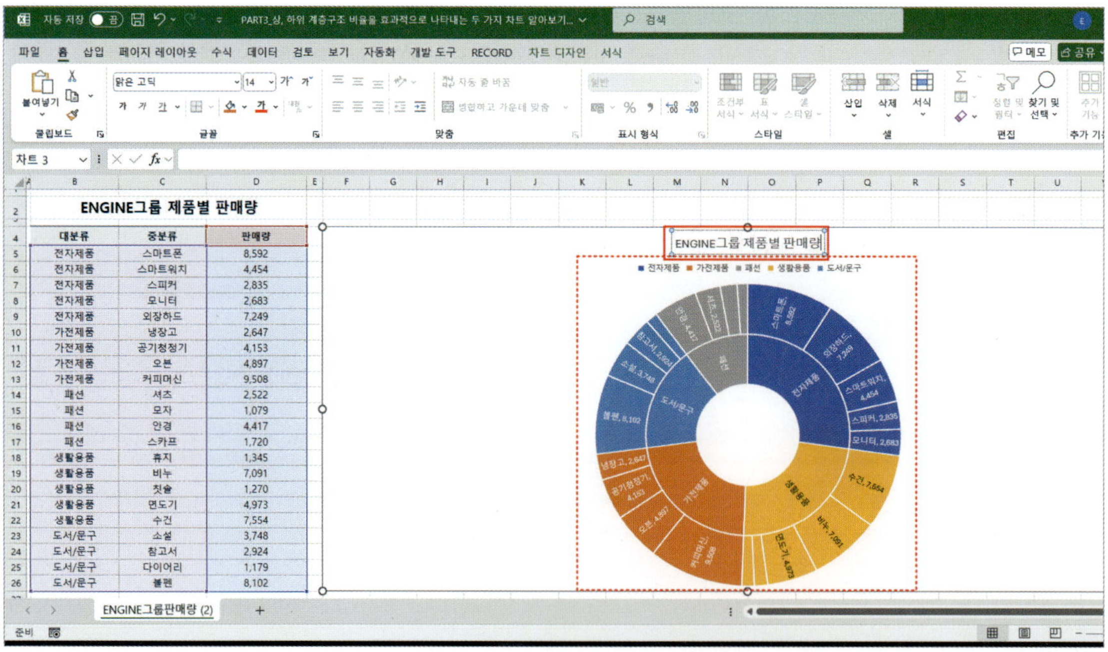

CHAPTER 40

차트 제목, 셀과 연결하기 및 차트 영역, 그림 영역, 막대 차트에 이미지 삽입하기

예제 파일 PART1_40 차트 제목, 셀과 연결하기 및 차트 영역, 그림 영역, 막대 차트에 이미지 삽입하기

실무 스킬

차트를 출력하고 나서 차트 제목을 수정해야 할 일이 많이 있습니다. 차트 제목 영역은 텍스트를 입력할 수 있는 란으로 셀과는 다른 개체 영역입니다. 그렇기 때문에 차트 영역에 입력되는 텍스트 정보를 자동화할 수가 없습니다. 하지만 셀과 연결해 입력된 정보를 차트 제목 영역에 출력되도록 연결하는 작업을 진행해 놓으면 셀에 입력된 정보를 받아올 수가 있습니다. 방법에 대해 알아보고, 그림 영역, 차트 막대 계열, 그림 영역에 이미지를 삽입하는 간단한 방법도 함께 배워 보겠습니다.

[첫주가방판매량] 시트에서 2차원 세로 묶은 차트를 출력하고 표 제목이 적힌 셀과 차트 제목을 연결시켜 연동이 되게 구조를 만들고 그림 영역, 차트 막대 계열, 그림 영역에 이미지를 삽입해 보겠습니다.

실무 연습 ① 표 제목 셀과 차트 제목 연동시키기

01 B2셀에 '=K2&"월"&" 첫 주 가방 판매량"' 수식을 입력하고 Enter 키를 누릅니다.

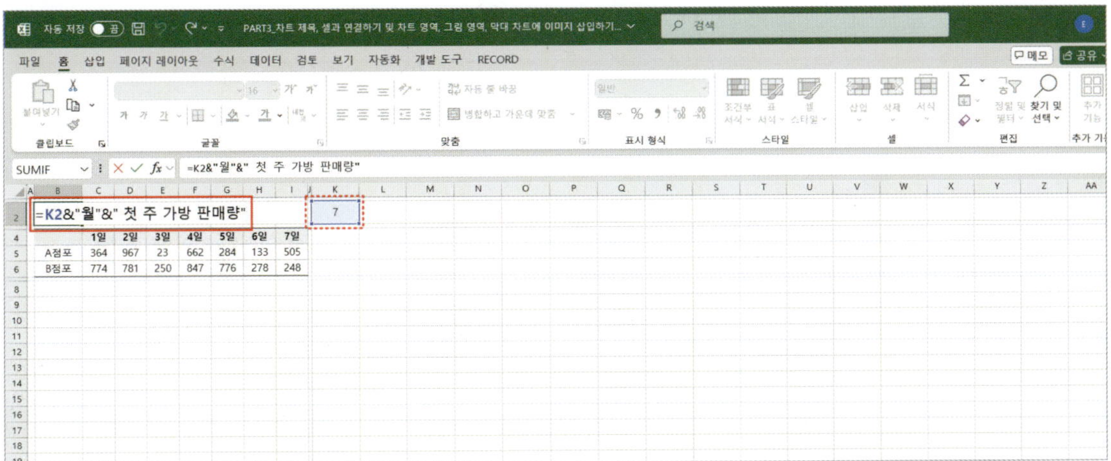

02 B4:I6셀 범위 지정- [삽입] 탭- 차트- 세로 또는 가로 막대형 차트 삽입- 2차원 세로 막대형- '묶은 세로 막대형' 메뉴를 클릭합니다.

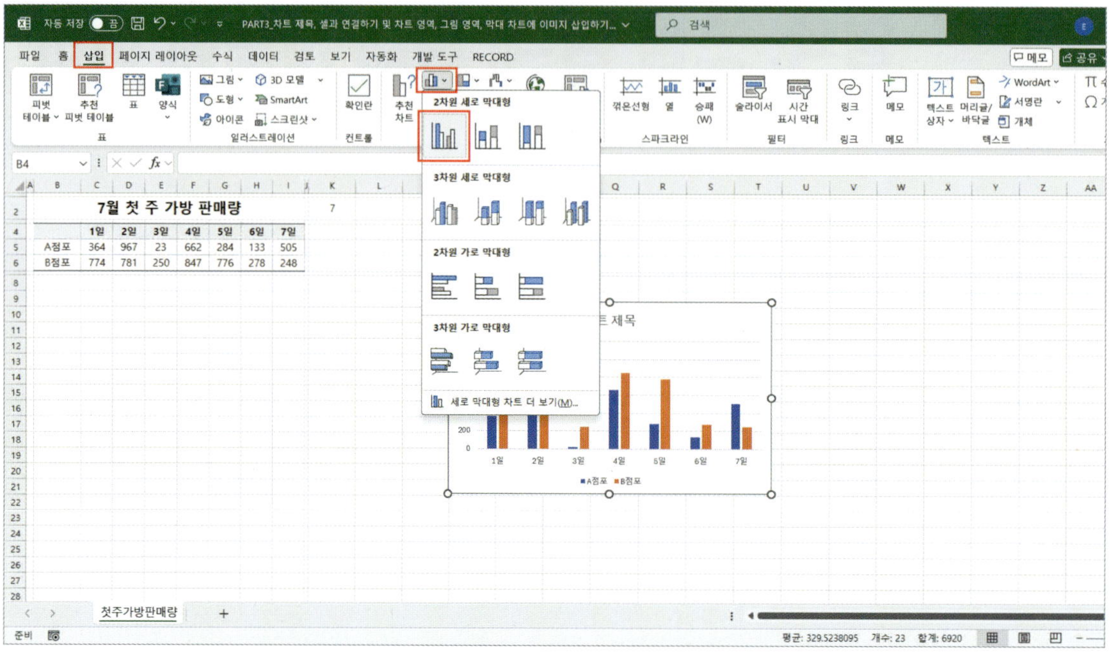

03 차트 영역을 클릭해 B8셀을 기준으로 차트 크기를 B8:X27셀 범위까지 키워 줍니다.

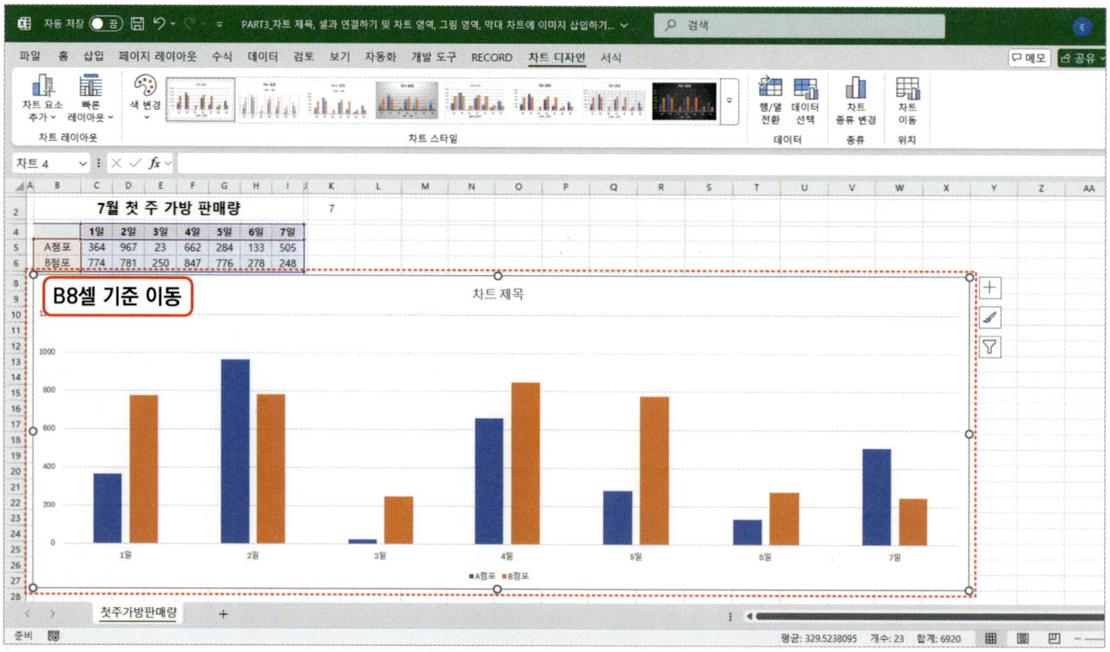

04 차트 제목 클릭- '수식 입력줄' 클릭합니다.

※ 차트 제목을 클릭 시 차트 제목 외곽선을 클릭합니다. 제대로 클릭했다면 각 모서리에 파란색 동그라미가 보여야 합니다.

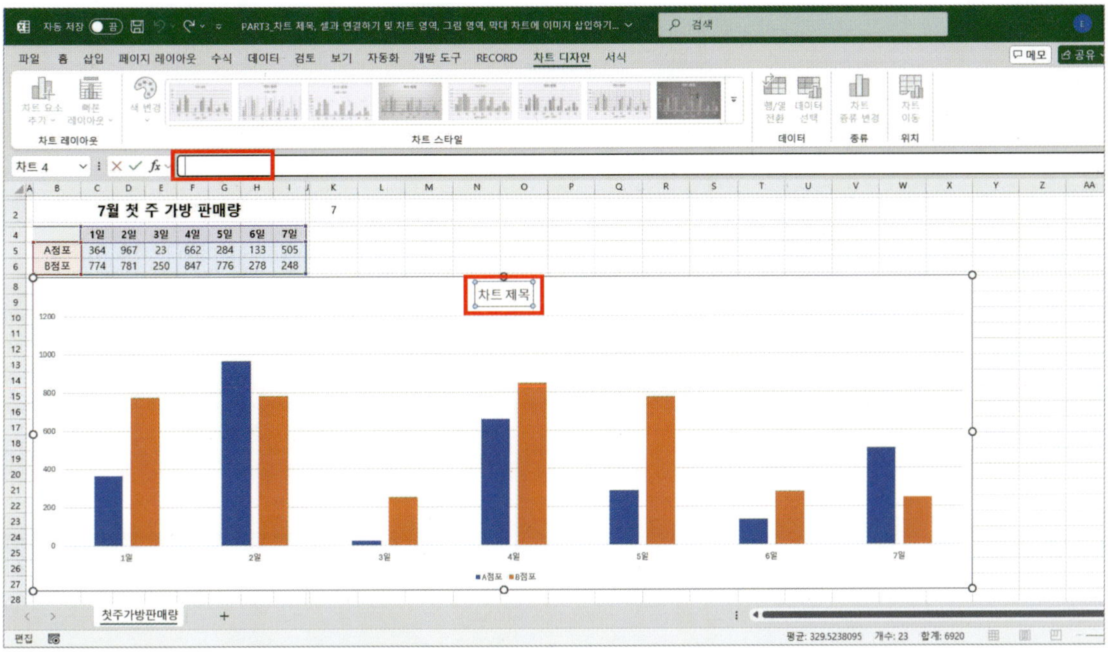

05 수식 입력줄 클릭- '='등호 입력- 'B2'셀 클릭- Enter 키를 누릅니다.

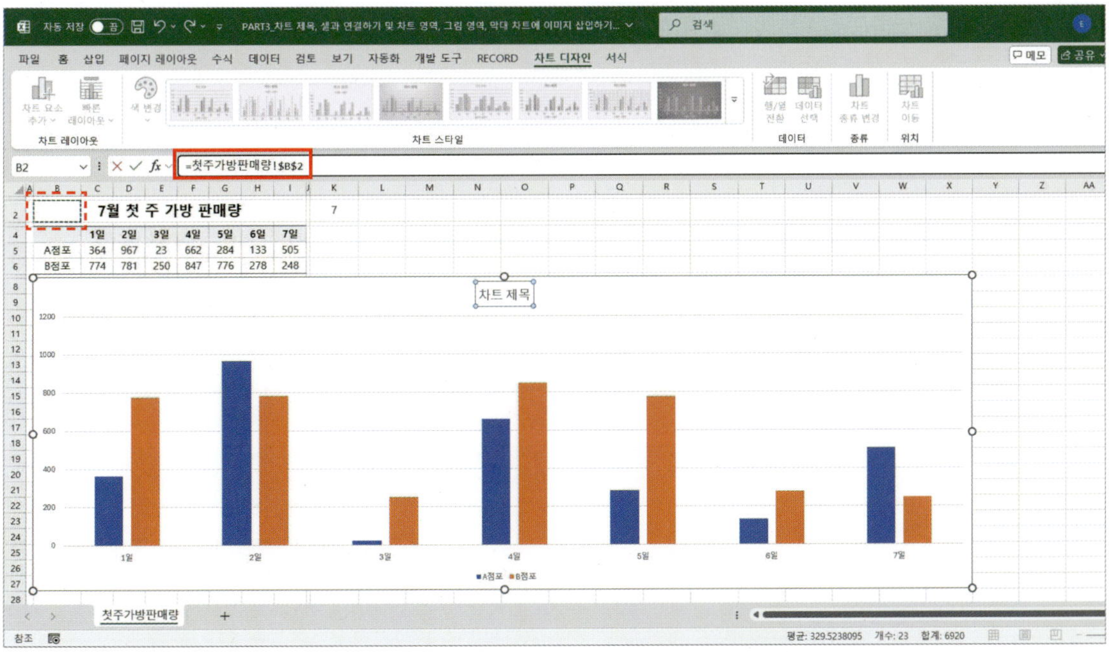

06 차트 제목과 표 제목이 연동된 결과를 확인합니다.

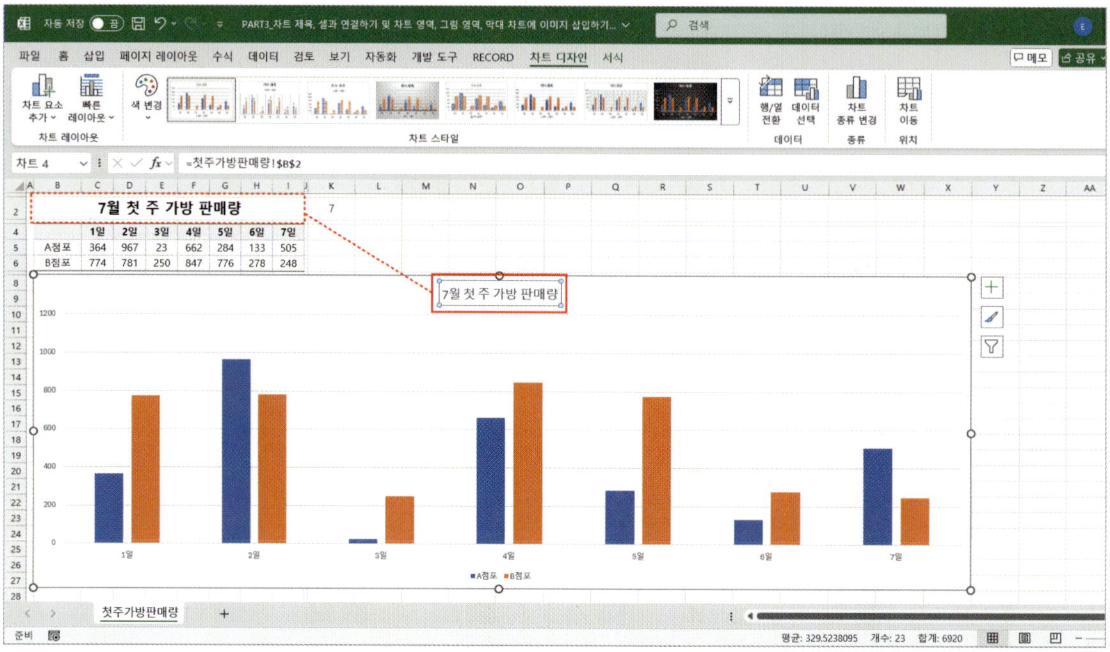

실무 연습 ❷ 그림 영역, 막대 계열, 차트 영역 이미지 삽입하기

01 **실무 연습 ❶**에서 마지막으로 출력된 차트에 그림 영역을 클릭합니다.

※ 가장 외곽선이 아닌 아래 그림처럼 빨간 테두리 그림 영역을 잘 선택해야 합니다.

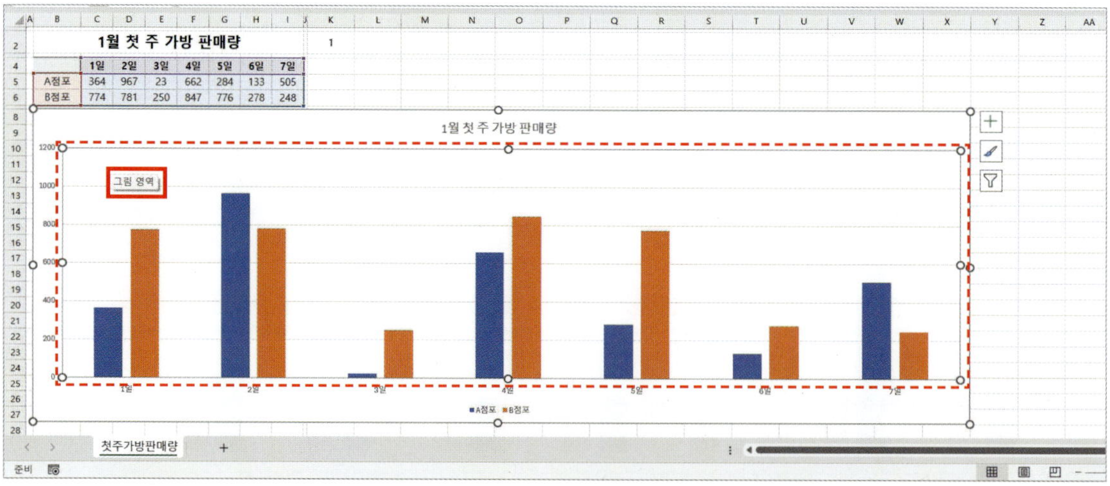

02 그림 영역 클릭- 마우스 우클릭- '그림 영역 서식' 메뉴를 클릭합니다.

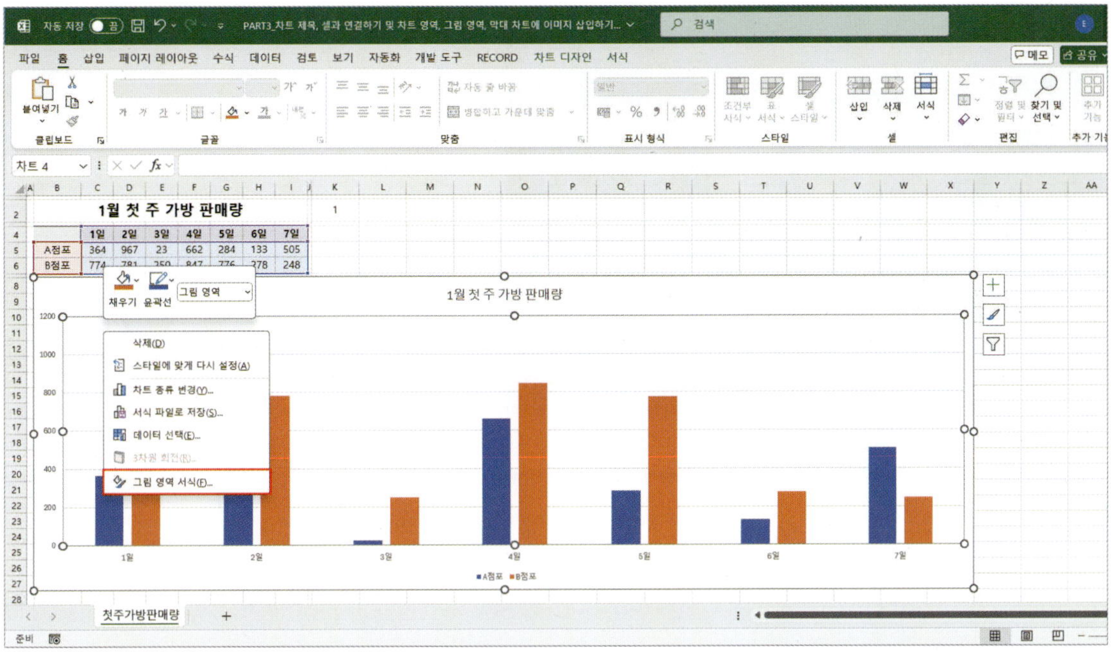

03 그림 영역 서식- 채우기 및 선- 채우기- 그림 또는 질감 채우기- 그림 원본- 삽입- 그림 삽입- '파일에서' 메뉴를 클릭합니다.

※ 그림 경로는 다양합니다. '스톡 이미지'나 '온라인 그림' 또는 '아이콘에서' 메뉴를 선택해 원하는 이미지를 선택할 수도 있습니다.

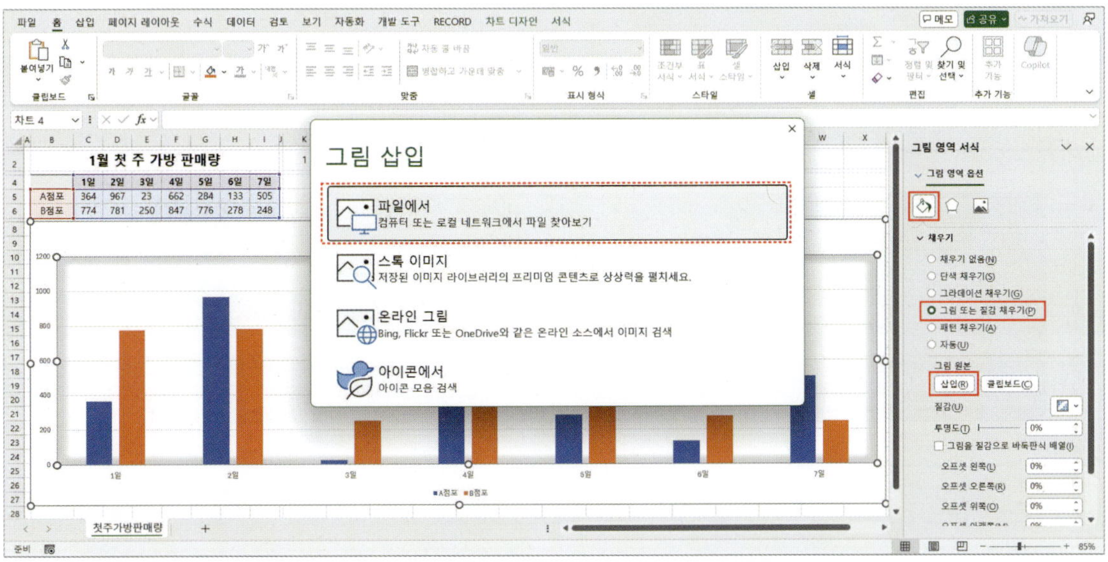

04 그림 삽입- 이미지가 있는 경로에서 원하는 이미지 선택 후 '삽입' 버튼을 클릭합니다.

※ 아래 이미지는 '여름' 이미지를 선택한 그림입니다.

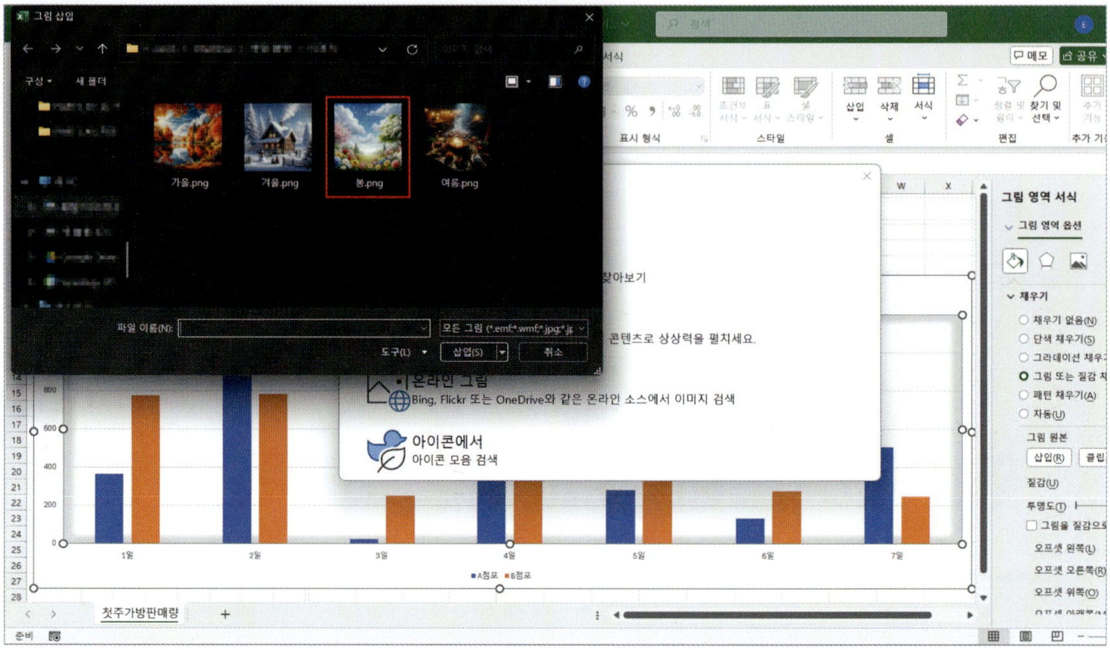

05 그림 영역에 선택한 이미지가 삽입된 결과를 확인합니다.

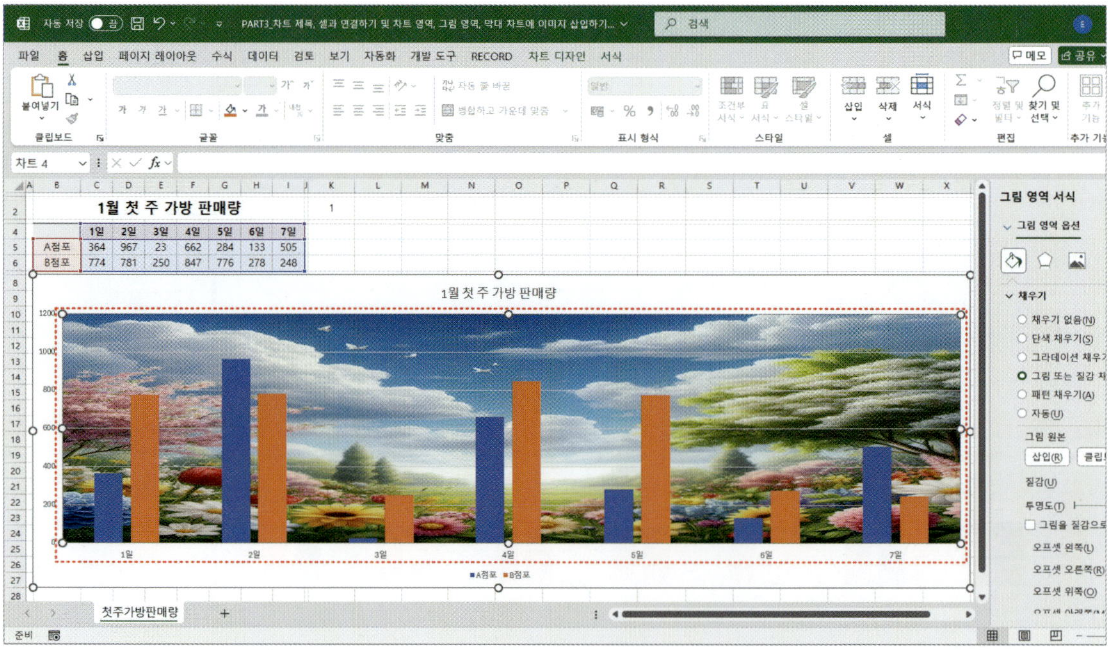

06 그림 영역- 그림 영역 서식- 채우기 및 선- 채우기- '채우기 없음' 메뉴를 선택합니다.

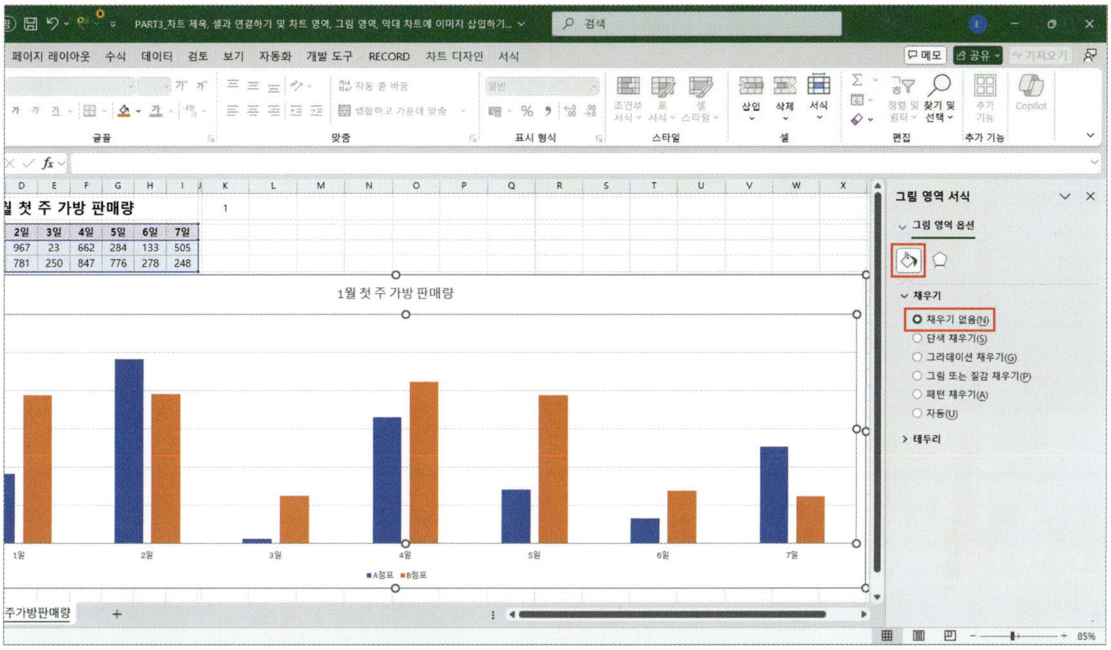

07 'A점포', '1일' 막대 차트(파랑)를 선택- 데이터 계열 서식- 계열 옵션- 채우기 및 선- 채우기- 그림 또는 질감 채우기- 그림 원본- 삽입- 그림 삽입- '파일에서' 메뉴를 클릭합니다.

※ 'A점포', '1일' 막대를 한 번만 클릭합니다. 더블 또는 두 번 클릭하지 않습니다.

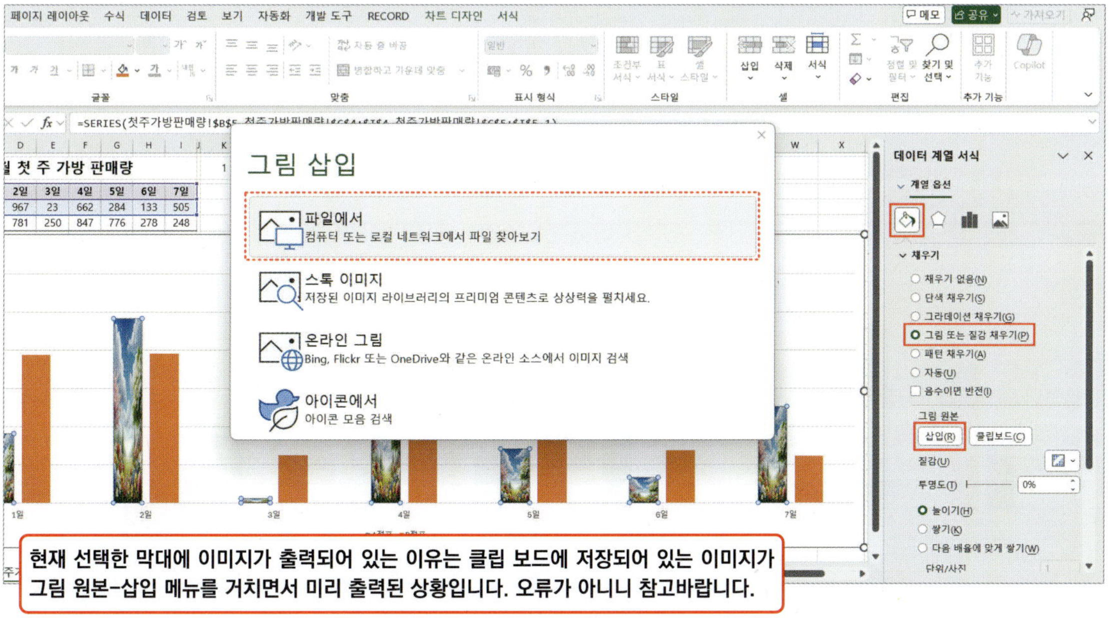

08 그림 삽입- 이미지가 있는 경로에서 원하는 이미지 선택 후 '삽입' 버튼을 클릭합니다.
※ 아래 이미지는 '여름' 이미지를 선택한 그림입니다.

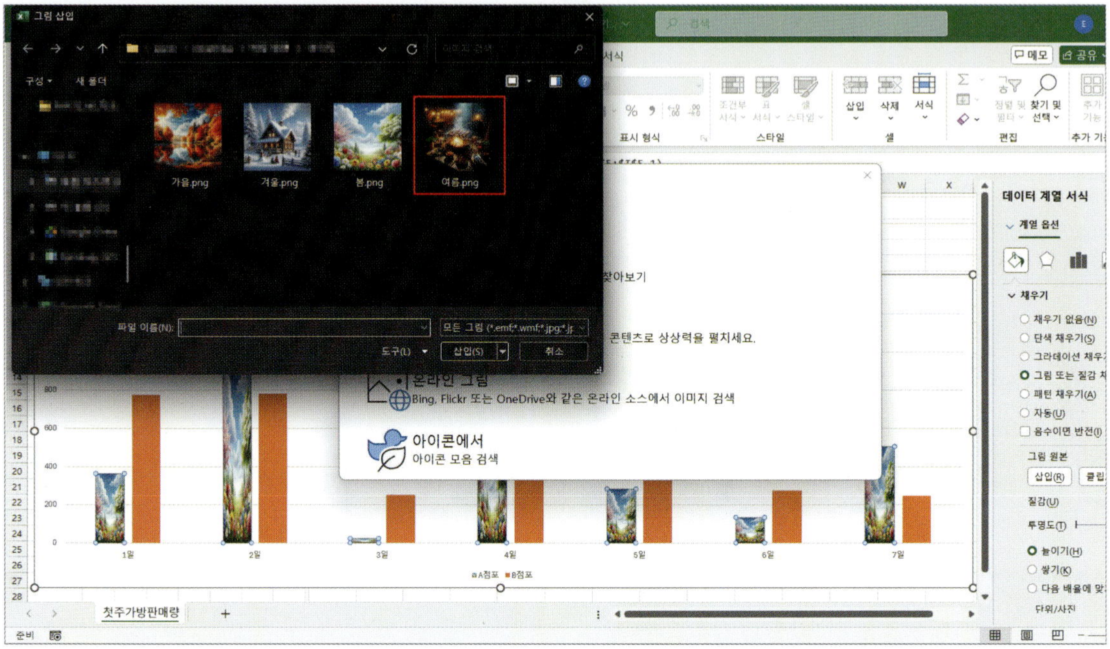

09 'A점포', '1~7일 막대 계열'에 이미지가 각각 삽입된 결과를 확인합니다.

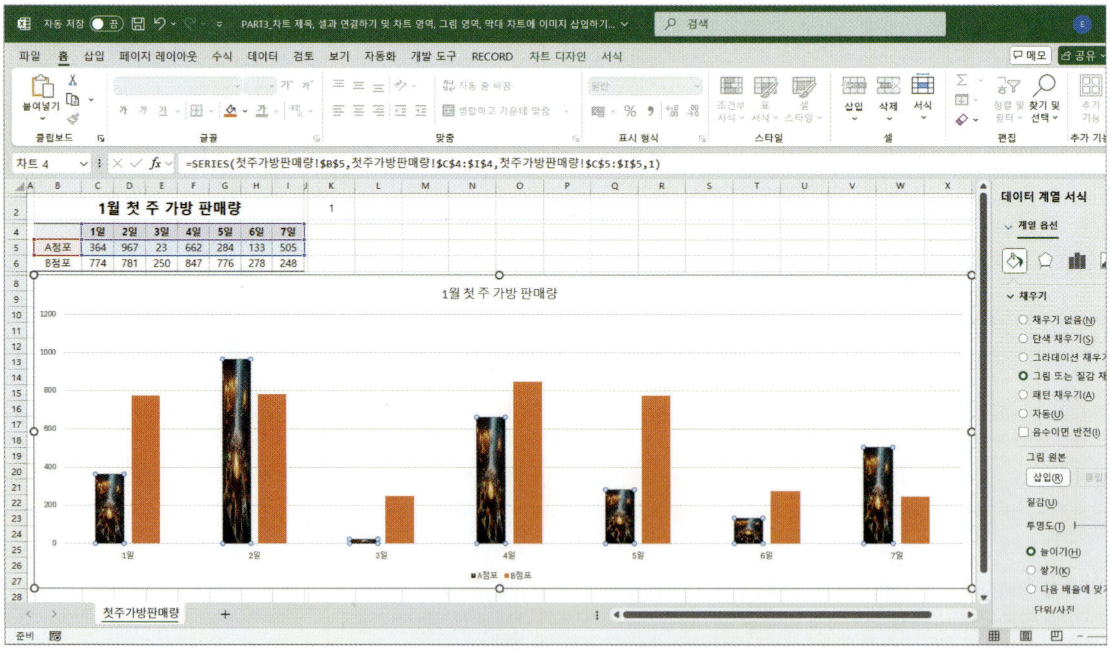

10 데이터 계열 서식- 계열 옵션- 채우기 및 선- 채우기- '자동' 메뉴를 선택합니다.

※ 이미지 없음으로 처리

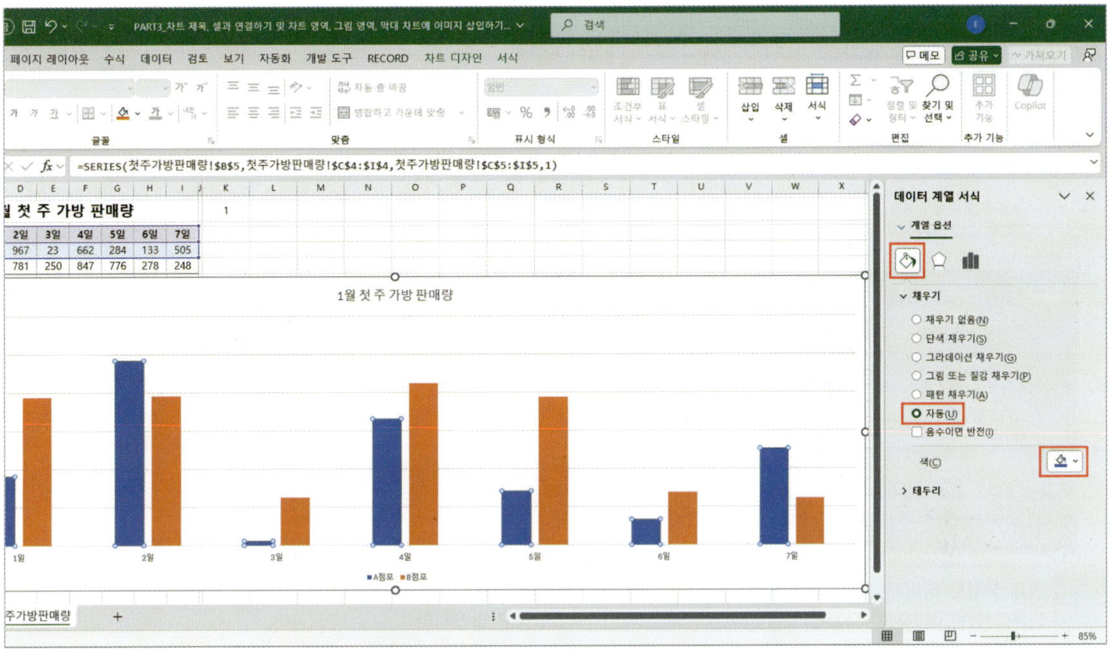

11 차트 영역(차트 가장 외곽선)을 클릭합니다.

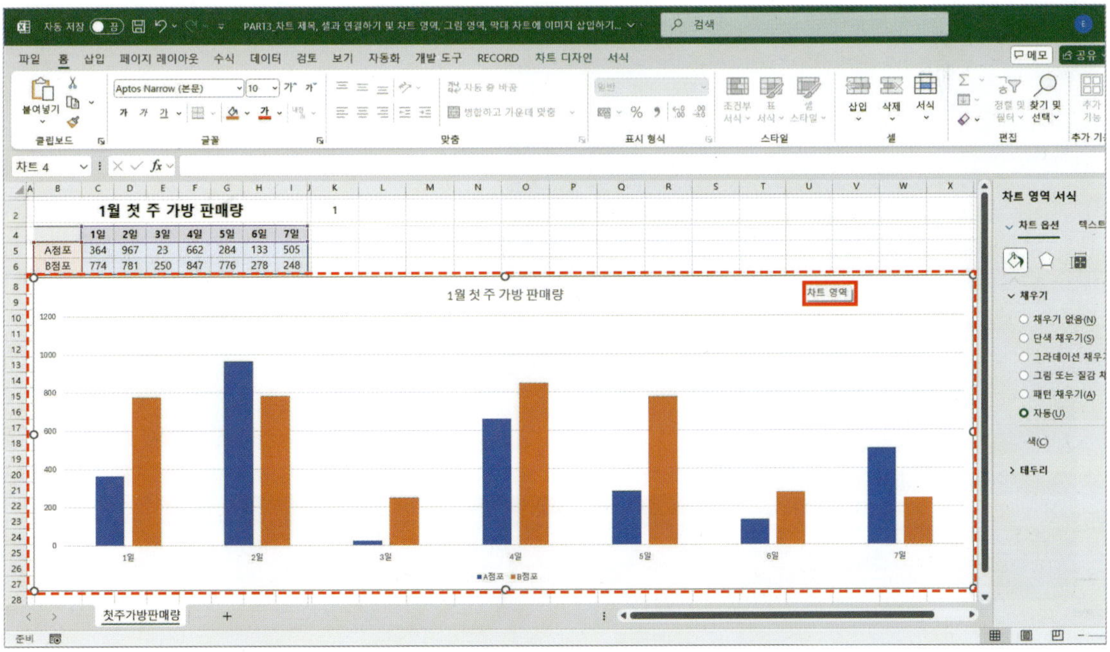

12 차트 영역 서식- 차트 옵션- 채우기 및 선- 채우기- 그림 또는 질감 채우기- 그림 원본- 삽입- 그림 삽입- '파일에서' 메뉴를 클릭합니다.

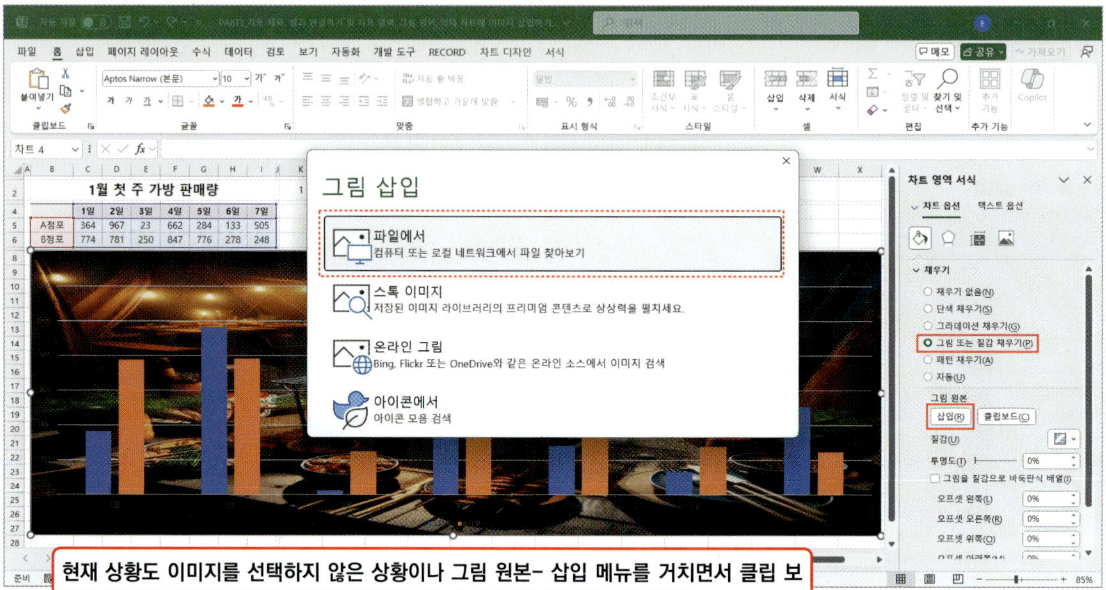

현재 상황도 이미지를 선택하지 않은 상황이나 그림 원본- 삽입 메뉴를 거치면서 클립 보드에 저장된 이미지가 자동 출력된 상황입니다. 오류가 아니니 참고 바랍니다.

13 그림 삽입- 이미지가 있는 경로에서 원하는 이미지 선택 후 '삽입' 버튼을 클릭합니다.
※ 아래 이미지는 '겨울' 이미지를 선택한 그림입니다.

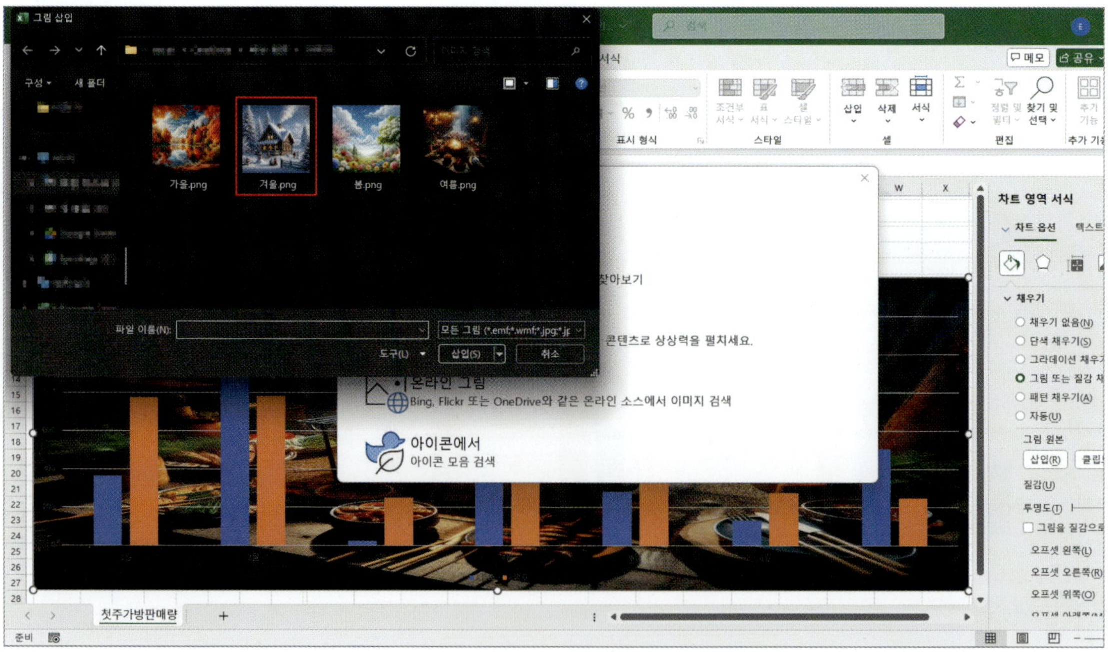

14 차트 영역에 이미지를 삽입된 결과를 확인합니다.

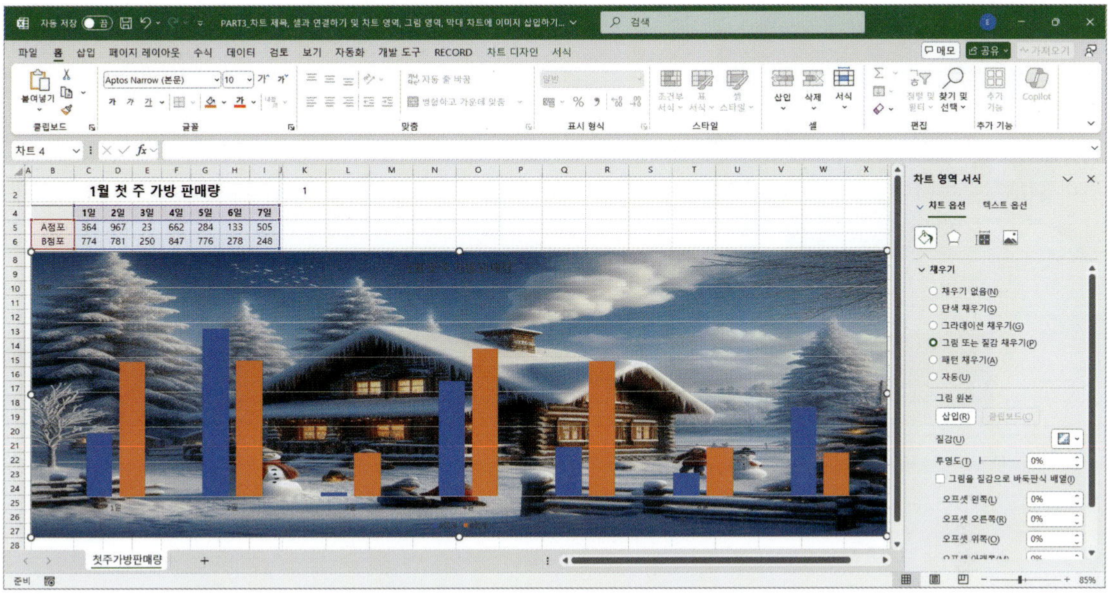

실무 예제로 알아보는 함수 운영 원리 및 사용 방법

Part 2

CHAPTER 01

데이터 관리, 데이터 추출, 취합 및 정산/평가- 함수 운영 시 반드시 알아야 할 3가지 조건

실무 스킬

*** 함수란?**

엑셀에서 정의하는 함수란, 특정 조건값에 대응하는 결과값을 프로그래밍 값으로 출력해 주는 기능입니다. 이를 구체적으로 정리해 보면 다음과 같습니다.

함수란, '='이라는 등호로 시작하는 수식을 압축해 놓은, 영문으로 입력된 명령으로, 엑셀 시트에 '=S'이라고 입력을 해 봅니다. 그럼 'S'로 시작하는 명령문들이 나타납니다. 이 명령문들의 공통점은 모두 수식과 관련이 있다는 것입니다. 왜냐하면 모두 '='이라는 등호로 시작하기 때문입니다.

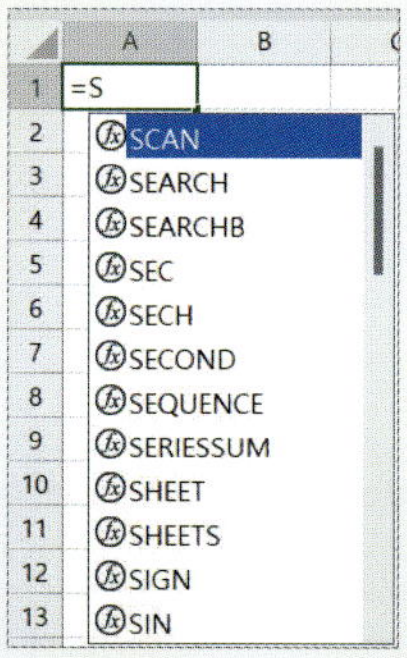

즉 함수란 =로 시작하는 짧거나 긴 수식을 쉽게 이해할 수 있도록 문자로 압축해 놓은 것이라고 볼 수 있습니다. 그래서 문자의 뜻을 알면 해당 함수가 어떤 수식을 가지고 있는지도 파악할 수 있습니다. 예를 들어 엑셀에서 가장 많이 쓰이는 함수에는 SUM이 있습니다. SUM은 '더한다'라는 뜻입니다. 즉 SUM은 더하기를 도와주는 함수입니다. SUM을 찾고 싶다면, =S를 입력한 상태에서 SUM이라는 함수를 찾아 운영 원리에 맞게 사용하면 됩니다.

*** 함수의 세 가지 조건값, 인수**

경우에 따라 다르지만 함수를 올바르게 이용하기 위해서는 입력하는 보통 세 가지 조건값을 입력해야 합니다. 이를 인수라고 부릅니다. 함수의 인수는 이렇게 구성됩니다.

1. 기준값: 함수를 운영할 때 조건값으로 보통 결과값을 찾기 위한 기준이 되는 값을 의미합니다. 기준이 되는 값을 직접 입력하거나, 기준 텍스트가 입력된 셀 하나를 선택하라는 의미입니다. 인수 설명구간에 number, lookup_value, criteria, row_num, column_num, text_new, value, num_digits, function_num, index_num, text 등이 적힌 구간에는 보통 기준이 되는 값을 지정하면 됩니다.

EX "홍길동", A1, 7 등

2. 범위: 기준값과 매칭해 결과값을 찾게 해 줄 범위 구간을 의미합니다. 보통 참조할 범위 구간이라고 표현을 합니다. 인수 설명 구간에 ref, range, reference, table_array, array 등이 적힌 구간에는 범위를 참조하면 됩니다. **EX** A1:Z100, A:A, A:Z 등

3. 논리(값): 비교를 통해 출력할 논리값이 달라지는 조건값 구간을 말합니다. 인수 설명 구간에 order, range_lookup, logical_test, match_type, logical1… 등이 적힌 구간에는 논리값을 넣어 출력하면 됩니다. **EX** TRUE, FALSE, 1, 0, -1 등

실무 연습 ❶

세 가지 조건값을 모두 필요로 하는 함수 RANK 함수를 예로 들어 살펴보겠습니다. 참고로 RANK 함수는 특정 범위 구간에서 순위를 구해 주는 함수입니다. RANK 함수의 자세한 사용 방법은 뒤에서 다루도록 하겠습니다.

01 함수 삽입(f(x)) 버튼을 클릭합니다.

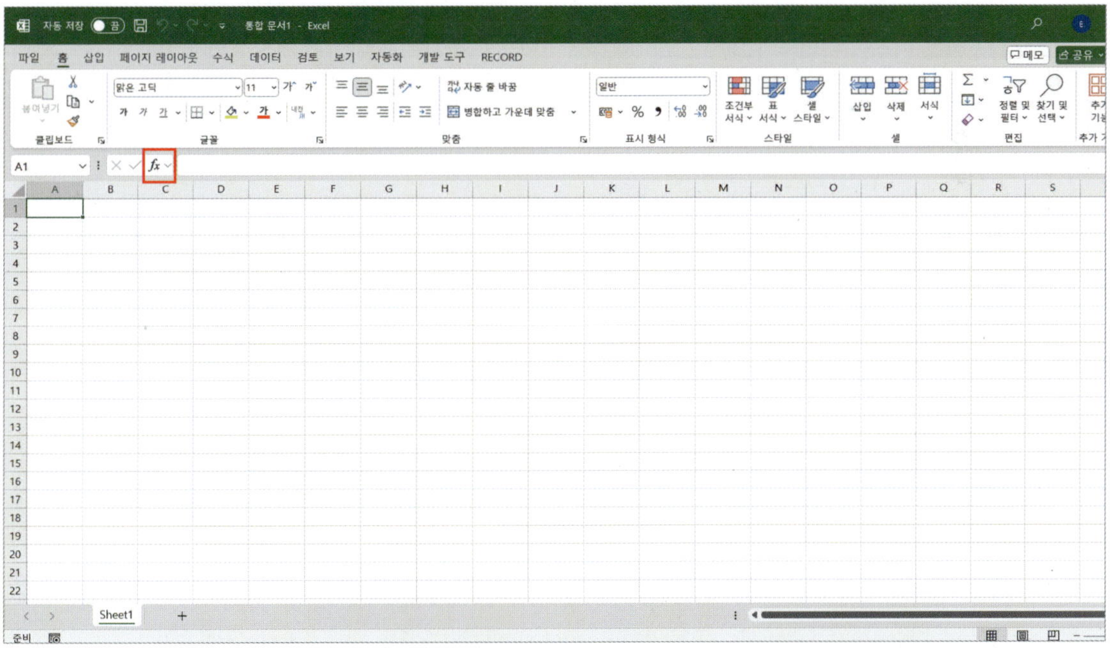

02 함수 마법사 창에서 함수 검색(S)에 'RANK'라고 입력합니다. 그럼 RANK로 시작하는 함수 목록이 나타납니다. 'RANK'를 선택하고 [확인]을 클릭합니다.

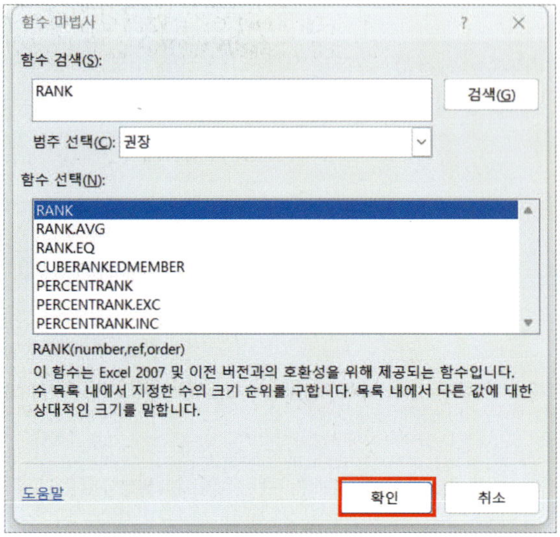

03 RANK 함수 인수 대화창이 나타납니다. RANK 함수는 세 개 인수를 필요로 하는 함수입니다.

❶ **첫 번째 인수인 기준값은 'Number'**입니다. Number의 뜻만 봐도 무슨 인수인지를 알 수 있는데요. 이 뜻은 순위를 구하기 위해 첫 번째 기준이 되는 기준값으로 숫자 하나를 선택하라는 의미입니다.

❷ **두 번째 인수인 범위는 'Ref'**입니다. 참조할 범위를 입력하라는 의미입니다. RANK 함수에서는 순위를 구하기 위해 특정해야 할 범위를 입력해야 한다고 생각하면 됩니다.

❸ **세 번째 인수인 논리값은 'Order'**입니다. 'Order'(흰 색 빈칸)를 클릭하면 아래에 설명 문구를 볼 수 있습니다. 'Order는 입력값에 따라 순위를 '오름차순' 또는 '내림차순'으로 논리적으로 매긴다'는 것을 알 수 있습니다. 0이나 생략하면 내림차순, 0이 아닌 값을 입력하면 오름차순으로 순위가 매겨집니다.

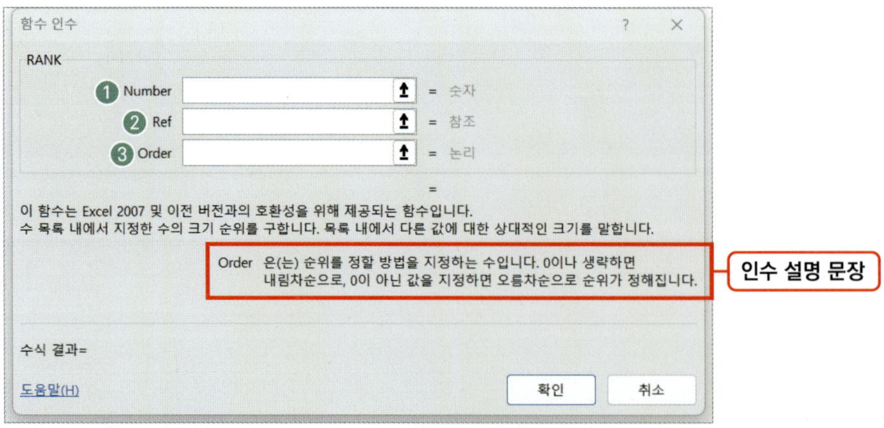

04 각각 값을 입력합니다. 아래는 Number에 A2, Ref에 A2:A20, Order에 0을 입력한 결과입니다. 결과가 올바르면 하단의 =에 값이 나오며 결과가 올바르지 않으면 오류가 나타나거나 값이 보이지 않습니다.

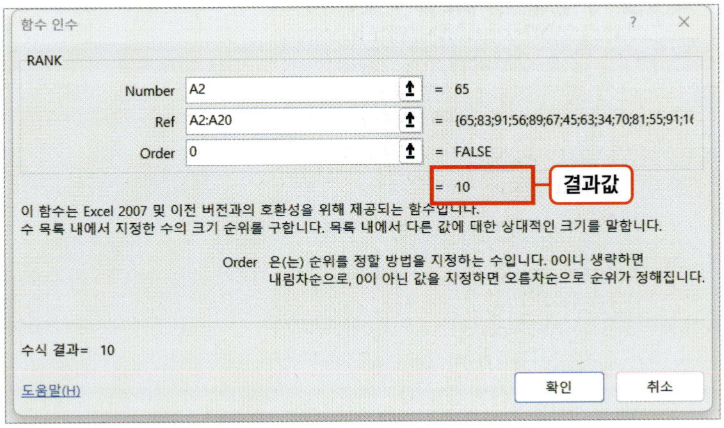

TIP 함수를 사용한다는 것은 조건값으로 ❶ 기준값, ❷ 범위, ❸ 논리(값)를 조합해 사용자가 원하는 결과값을 찾아가는 과정이라고 볼 수 있습니다. 모든 함수 인수 대화창에서는 인수 구간 왼쪽에 영문으로 어떤 값을 넣으면 되는지 힌트를 제공하고 있습니다. 예를 들어 기준값 자리에 'Number'라는 단어가 있다면 숫자가 기준이 되는 값을 넣으면 된다는 힌트가 됩니다. 이 힌트 하나만 알아도 다른 함수를 사용할 때 Number가 있다면 같은 방법으로 기준값을 숫자로 입력하면 됩니다. 이런 힌트를 많이 알고 있으면 함수를 사용하기 훨씬 수월해집니다.
그리고 반드시 기억해야 할 부분은 함수를 작성할 때는 복사/붙여넣기를 숙지해야 한다는 점입니다. 수식은 결과값 하나를 출력하고 마치는 경우는 드뭅니다. 여러 수식을 이용하여 새로운 수식을 만들어내는 경우가 많습니다. 그렇기 때문에 엑셀에서 필수지식인 복사/붙여넣기하는 스킬은 반드시 이해하고 숙지돼야 함수를 사용함에 있어서 불편함이 없을 것입니다.

엑셀 엔진 UP! 실무에서 반드시 알아야 중요한 인수 설명 단어

1. **Range:** 보통 범위를 지정하는 인수 구간으로 한 열 또는 한 행을 범위로 지정
2. **Criteria:** 텍스트 형식의 기준값 하나를 입력하라는 기준값 인수 구간
3. **Ref:** 참조할 범위 구간을 지정하라는 의미로 많이 사용
4. **Criteria_range(순번):** 보통 다중 조건으로 해당 순번 기준값 목록이 있는 한 열 또는 한 행 범위 지정
5. **Array:** 여러 개 범위를 한 개의 그룹으로 범위를 생성
6. **Lookup_value(검색할_값):** 범위를 만족시킬 텍스트 형식의 기준값 하나를 입력하라는 기준값 인수 구간
7. **Logical_test:** 논리적으로 판단할 수 있는 근거가 되는 수식이나 논리값

CHAPTER 02

연속된 기호, 중첩 함수로 손쉽게 출력하기(UNICHAR, ROW 함수)

예제 파일 PART2_2 연속된 기호, 중첩 함수로 하나로 손쉽게 입력하기

실무 스킬

엑셀의 UNICHAR 함수는 특정 유니코드 값을 문자로 변환하는 데 사용되며, ROW 함수와 결합하여 다양한 유니코드 문자를 동적으로 생성할 수 있습니다. 이러한 조합은 문자 코드 기반의 데이터 생성, 특수 기호 또는 이모지 출력, 비주얼 데이터 설정 등 다양한 실무 및 창의적 작업에 활용됩니다. 특히 UNICHAR 함수는 유니코드로 정의된 국제적인 문자를 다룰 수 있어 다국어 데이터 처리에도 유용합니다. ROW 함수는 셀의 행 번호를 반환하므로, 이와 결합하면 행 번호를 기반으로 유니코드 문자를 연속으로 출력하는 동적 데이터 작업을 쉽게 수행할 수 있습니다.

실무에서 연속성이 있는 기호를 이용해 목록이나 본문 내용의 개요를 출력해야 될 때가 있습니다. 엑셀로 연속된 기호를 함수를 이용해 출력하는 방법을 알아 둔다면 시간 단축 및 업무 효율 향상이 가능합니다.

대표적인 연속된 기호로는 다음과 같은 경우들이 있습니다.

1. ⓐ, ⓑ, ⓒ, ⓓ⋯..,
2. ⒜, ⒝, ⒞, ⒟⋯..,
3. Ⓐ, Ⓑ, Ⓒ, Ⓓ⋯..,
4. ①, ②, ③, ④⋯..,
5. ⑴, ⑵, ⑶, ⑷⋯..

만약 위와 같은 연속 기호를 일일이 특수기호를 찾거나 '한글 자음'+'한자키' 조합으로 하나씩 입력하려 한다면 많은 시간과 에너지가 필요할 것입니다. 이럴 때 사용할 수 UNICHAR 함수는 숫자코드에 대한 특정 문자를 출력해 줍니다.

• UNICHAR(number)

1. **number:** 숫자만 입력 가능하며, 문자를 나타내는 유니코드 숫자입니다.

• ROW([reference])

1. **[reference]:** 행 번호를 구하려는 셀 또는 셀 범위입니다. 생략하면 ROW 함수가 들어있는 셀의 행

번호를 출력합니다. ROW 함수는 참조하는 주소값 중 행 번호만 참조해 그 값을 숫자 결과값으로 반환해 주는 함수입니다. 열 번호는 출력되는 결과값에 영향을 미치지 않습니다.

※ 대괄호로 묶인 인수는 생략 가능하다는 의미입니다.

ROW 함수를 사용하는 방법은 두 가지가 있습니다.

첫 번째 사용 방법은 인수 없이 사용하는 방법입니다. ROW 함수의 인수에 아무런 주소값을 참조하지 않고 괄호를 열고 닫아서 마무리하게 되면 해당 셀의 행 번호를 반환해 줍니다. A5셀에 '=ROW()'라고 입력하고 Enter 키를 누릅니다. 그럼 현재 입력된 셀이 '5'번 행을 참조하고 있어 결과값으로 5가 출력됩니다.

두 번째 사용 방법은 직접 주소값을 넣는 방식입니다. A5셀에 상대참조 주소값 A1셀을 인수로 '=ROW(A1)'이라고 입력을 합니다. 그리고 Enter 키를 입력하면 결과값으로 1이 반환됩니다. 복사/붙여넣기를 진행하면 순번이 출력되는 구조로 만들 수 있습니다.

실무 연습 ❶

[연속 기호] 시트에서 UNICHAR, ROW 함수 중첩으로 ⓐ~ⓩ까지 연속 기호를 출력해 보겠습니다.

01 A5셀에 '=UNICHAR(ROW(A9424))'를 입력하고 A30셀까지 복사/붙여넣기합니다.

※ ROW(A9424)로 상대참조로 운영해야 1씩 증가하는 행 번호 구조를 만들 수 있으니 참고하시기 바랍니다.

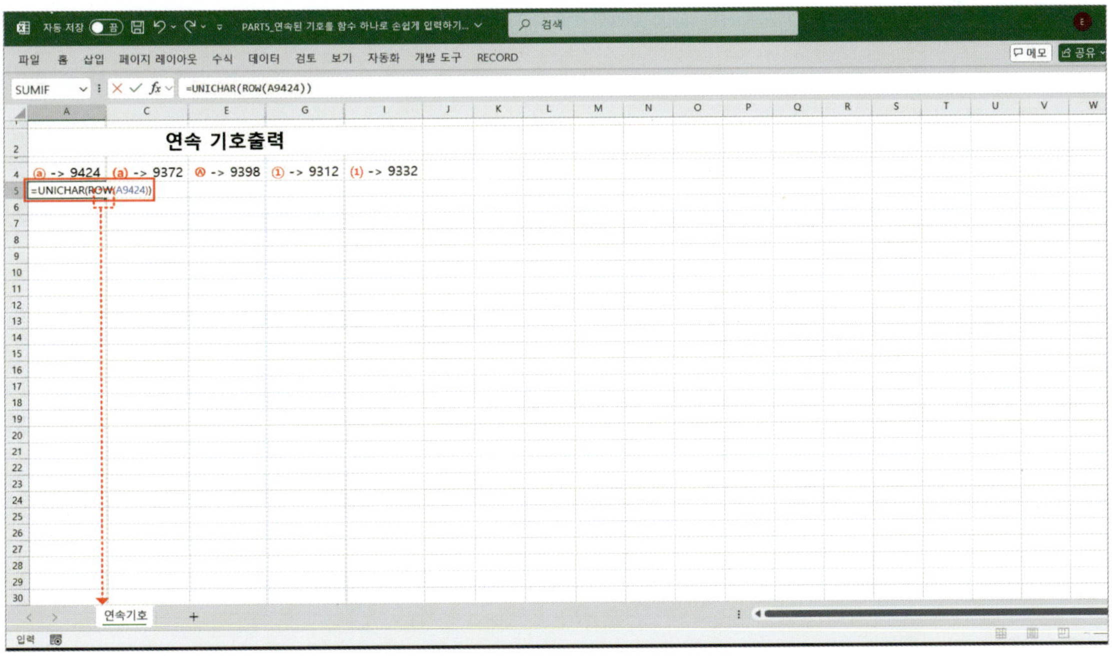

02 A5셀 결과값 ⓐ를 시작으로 A30셀까지 순차적으로 '동그라미+영문 소문자'가 출력된 결과를 확인합니다.

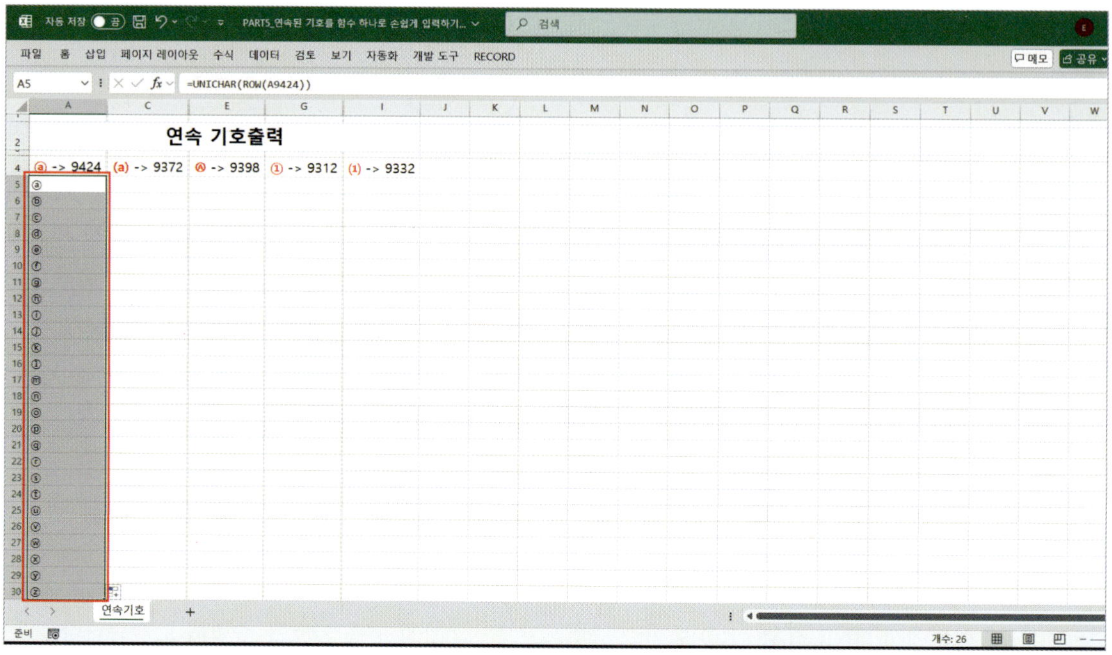

엑셀 엔진 UP! UNICHAR, ROW중첩 함수 운영법

실습 파일 상단에 적힌 숫자는 연속 기호가 시작되는 유니코드 값입니다.

(9424/ 9372/ 9398/ 9312/ 9332) 실습 파일에 표기된 처음 시작 기호(빨간색 기호)를 참고해서 복사/붙여넣기합니다.

자주 사용하는 연속 기호 5가지 정도만 알고 있어도 충분히 현업이 가능합니다.

1. ⓐ ~ ⓩ출력, UNICHAR 코드번호: 9424 ~ 9449

'=UNICHAR(ROW(A9424)) ~ =UNICHAR(ROW(A9449))

2. ⒜ ~ ⒵출력, UNICHAR 코드번호: 9327 ~ 9397

'=UNICHAR(ROW(A9327)) ~ =UNICHAR(ROW(A9397))

3. Ⓐ ~ Ⓩ출력, UNICHAR 코드번호: 9398 ~ 9423

'=UNICHAR(ROW(A9398)) ~ =UNICHAR(ROW(A9423))

4. ① ~ ⑳출력, UNICHAR 코드번호: 9312 ~ 9331

'=UNICHAR(ROW(A9312)) ~ =UNICHAR(ROW(A9331))

5. ⑴ ~ ⒇출력, UNICHAR 코드번호: 9332 ~ 9351

'=UNICHAR(ROW(A9332)) ~ =UNICHAR(ROW(A9351))

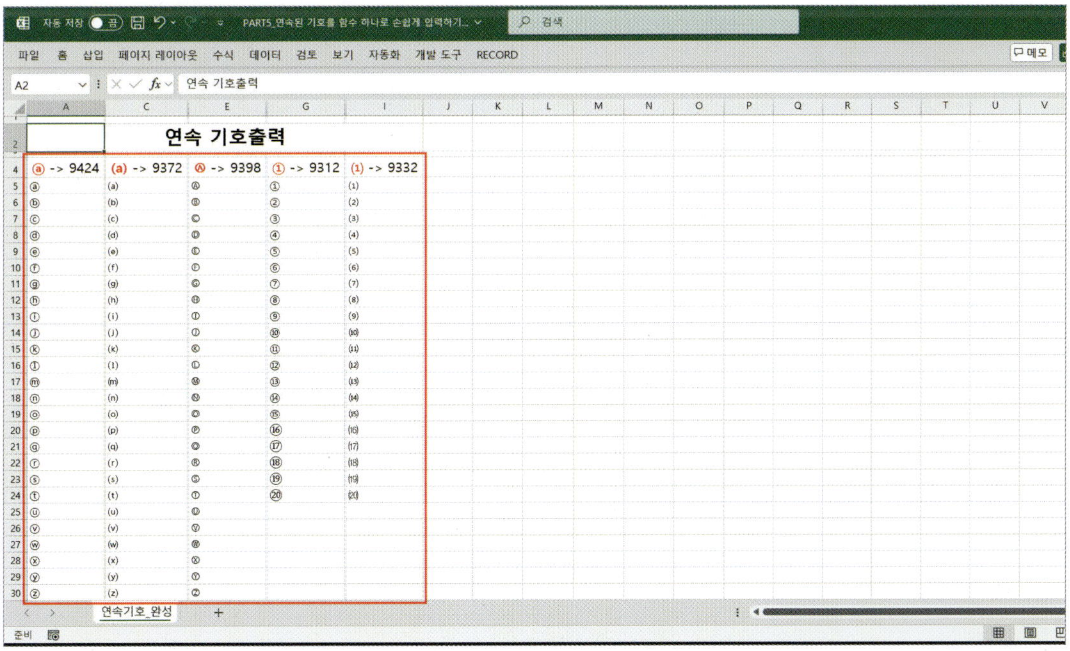

CHAPTER 03

감사패 명단, 입사일자 년, 월, 일, 정보 쉽게 파악하기(YEAR, MONTH, DAY 함수)

예제 파일 PART2_3 감사패 명단, 입사일자 년, 월, 일 정보 쉽게 파악하기

실무 스킬

엑셀의 YEAR, MONTH, DAY 함수는 날짜 데이터를 분석하고 세부적으로 분리할 수 있는 도구입니다. 각각의 함수는 주어진 날짜 값에서 연도, 월, 일 정보를 개별적으로 추출해 사용자가 원하는 방식으로 데이터를 관리할 수 있도록 돕습니다.

이 함수들은 데이터 분석과 시간 관련 정보를 분리하여 활용하는 데 적합하며, 특히 연도별, 월별, 일별 데이터를 쉽게 정리할 수 있도록 지원합니다.

사용자는 간단한 함수 입력만으로 빠르고 정확하게 데이터를 구조화할 수 있습니다. 이러한 함수는 일정 관리, 통계 분석, 데이터 필터링 등 다양한 엑셀 작업에서 필수적인 역할을 합니다.

YEAR, MONTH, DAY 각각의 함수 사용 방법을 실무 예제를 통해 확인해 보도록 하겠습니다.

YEAR(serial_number)

날짜에서 해당 연도를 숫자로 출력해 주는 함수입니다.

1. serial_number: 기준값을 넣는 인수 자리입니다. 반드시 날짜 속성을 가진 정보가 입력되어야 합니다.

MONTH(serial_number)

MONTH 함수는 날짜에서 해당 월을 숫자로 출력해 주는 함수입니다.

1. serial_number: 기준값을 넣는 인수 자리입니다. 반드시 날짜 속성을 가진 정보가 입력되어야 합니다.

DAY(serial_number)

DAY 함수는 날짜에서 해당 일자를 숫자로 출력해 주는 함수입니다.

1. serial_number: 기준값을 넣는 인수 자리입니다. 반드시 날짜 속성을 가진 정보가 입력되어야 합니다.

실무 연습 ❶ '년도' 정보 추출하기

[감사패명단] 시트에 '감사패명단' 표에서 '입사일자'를 기준으로 년/월/일자 정보를 추출해 감사패 수상자 정보를 알아보려고 합니다.

01 H5셀 클릭- '=YEAR(E5)' 입력, E5셀은 마우스로 참조 셀 클릭 후 Enter 키를 누릅니다.

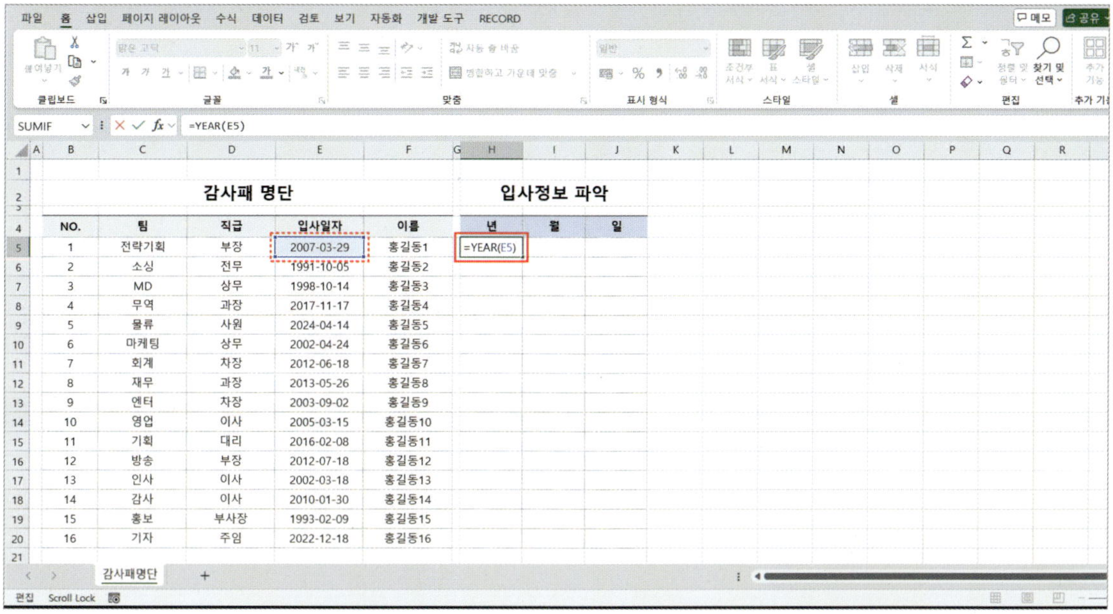

02 H5셀 자동 채우기 핸들을 H20셀까지 아래로 드래그해 복사/붙여넣기합니다.

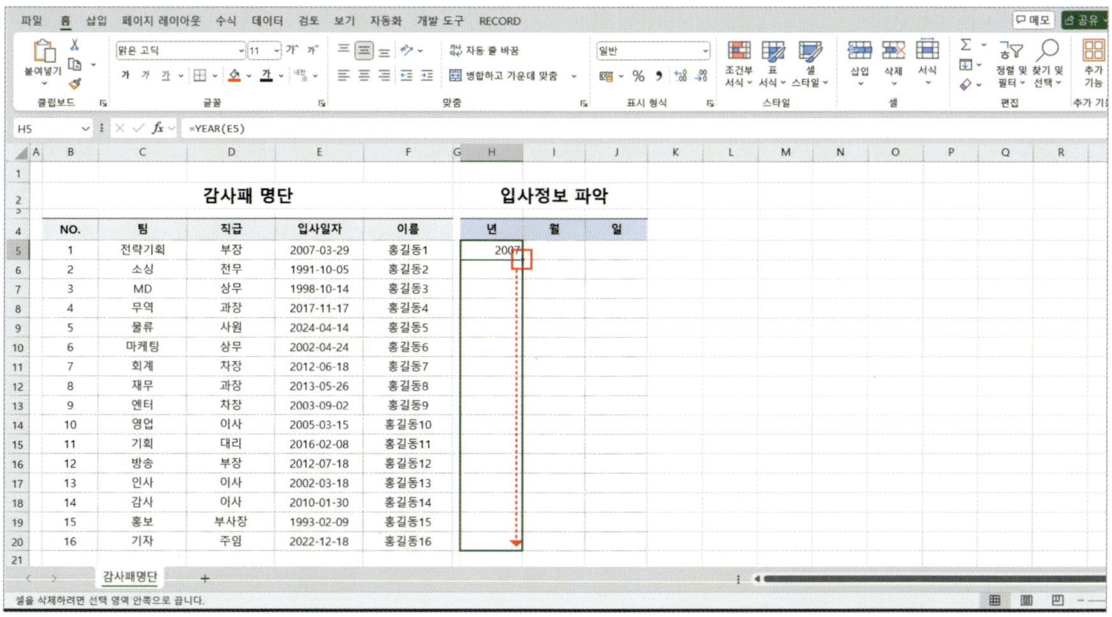

03 '입사일자' 목록에서 '연도' 정보가 출력된 결과를 확인합니다.

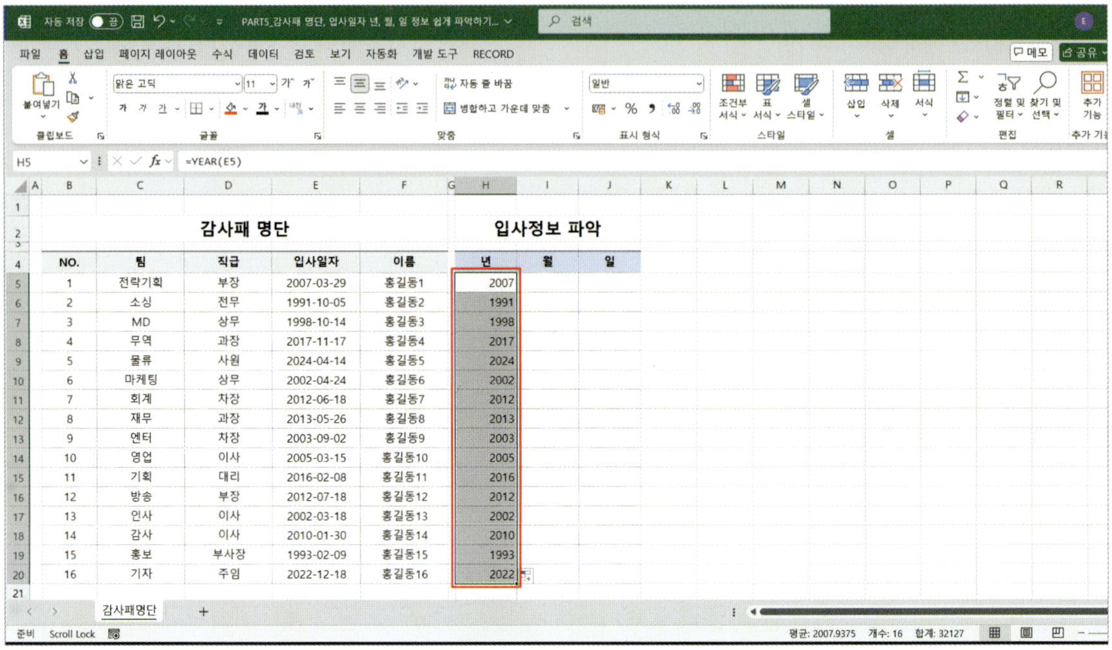

실무 연습 ❷ '월' 정보 추출하기

01 I5셀 클릭- '=MONTH(E5)' 입력, E5셀은 마우스로 참조 셀 클릭 후 Enter 키를 누릅니다.

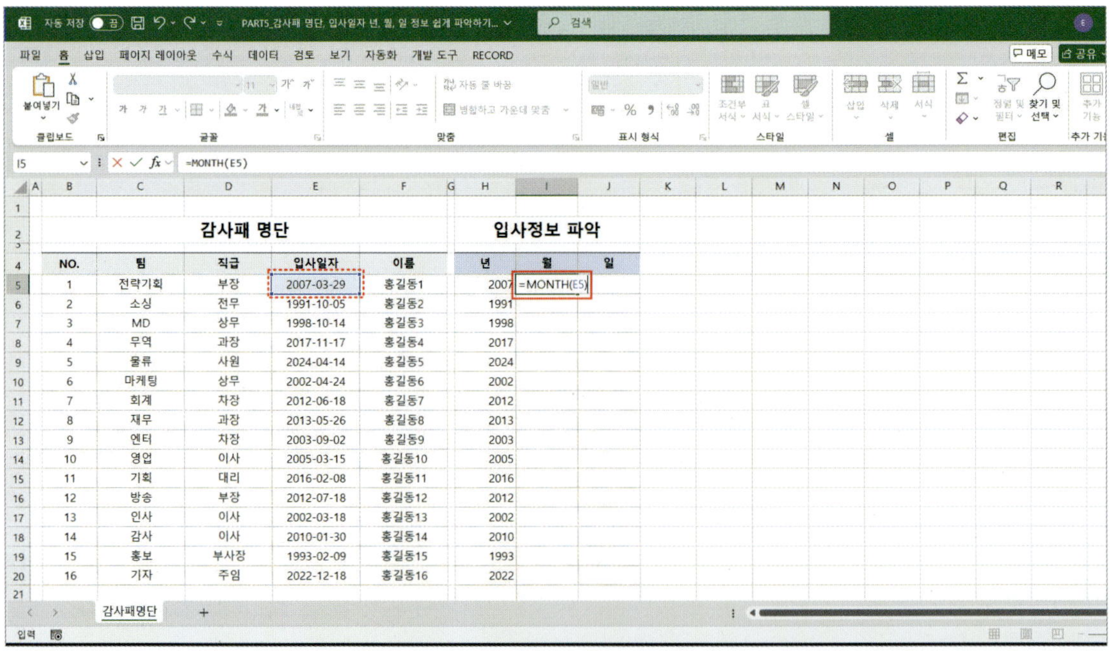

02 I5셀 자동 채우기 핸들을 I20셀까지 아래로 드래그해 복사/붙여넣기합니다.

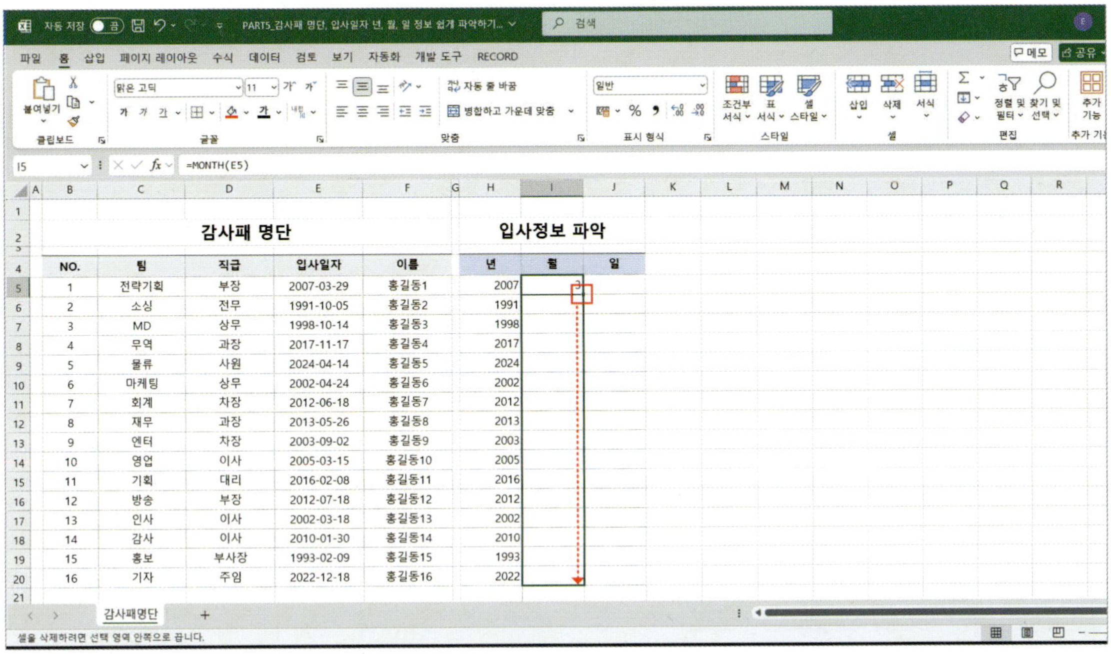

03 '입사일자' 목록에서 '월' 정보가 출력된 결과를 확인합니다.

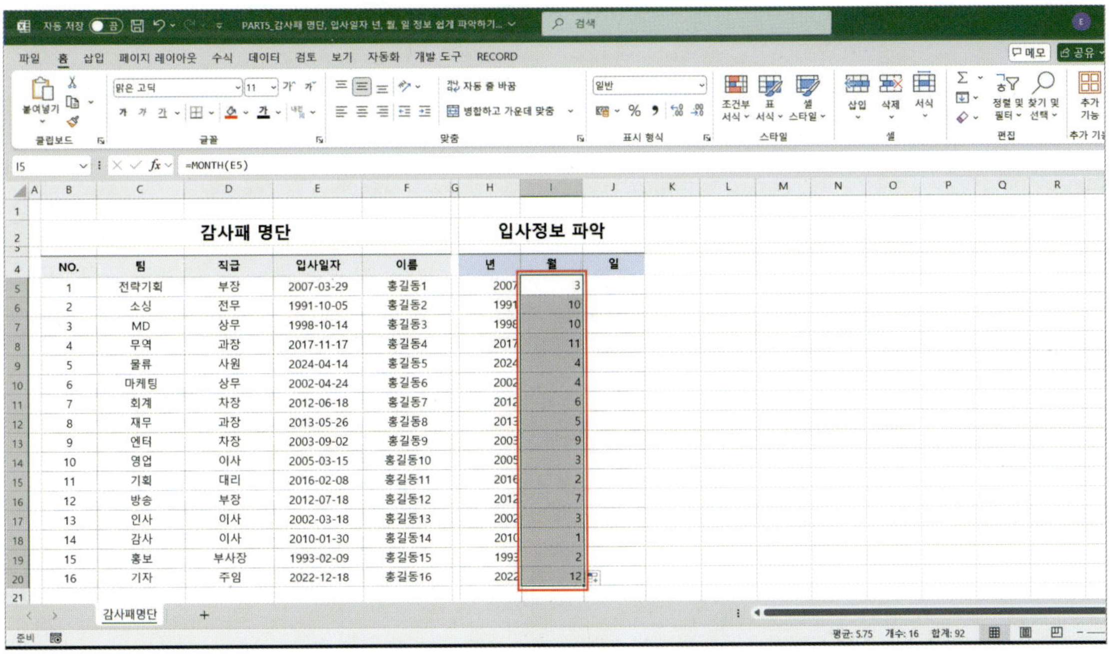

TIP I5셀 클릭 후 자동 채우기 핸들을 드래그하지 않고 더블클릭하게 되면 한 번에 I20셀까지 복사/붙여넣기할 수 있습니다. 왼쪽 셀 정보가 공백이 없을 때 자동 채우기 핸들 더블클릭 기능을 사용할 수 있습니다.

실무 연습 ❸ '일' 정보 추출하기

01 J5셀 클릭- '=DAY(E5)' 입력, E5셀은 마우스로 참조 셀 클릭 후 Enter 키를 누릅니다.

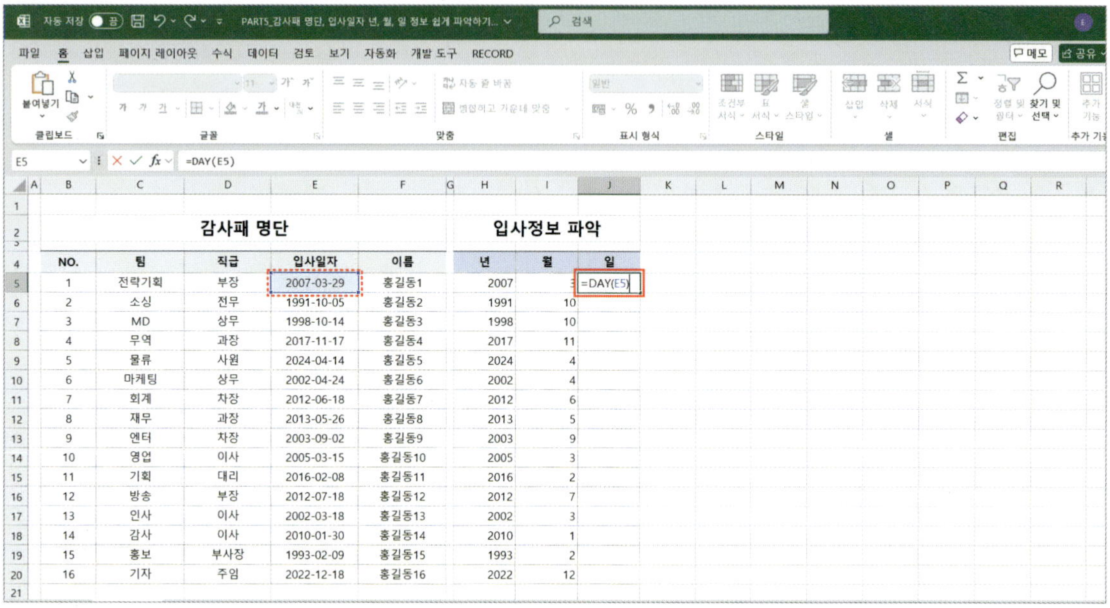

02 J5셀 자동 채우기 핸들을 J20셀까지 아래로 드래그해 복사/붙여넣기합니다.

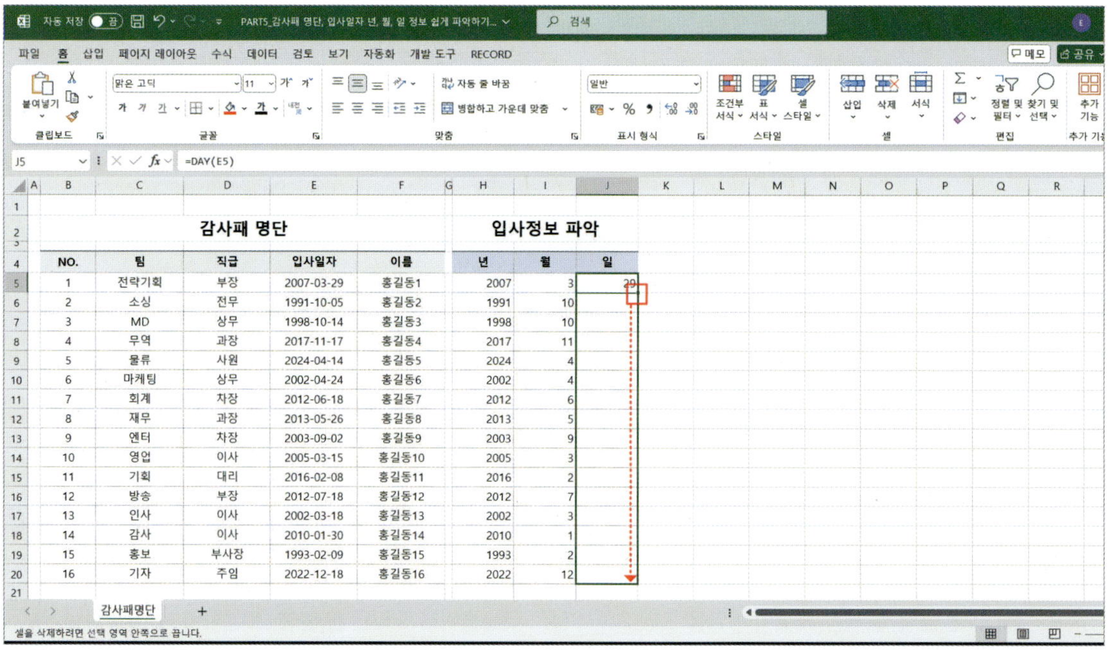

03 '입사일자' 목록에서 '일자' 정보가 출력된 결과를 확인합니다.

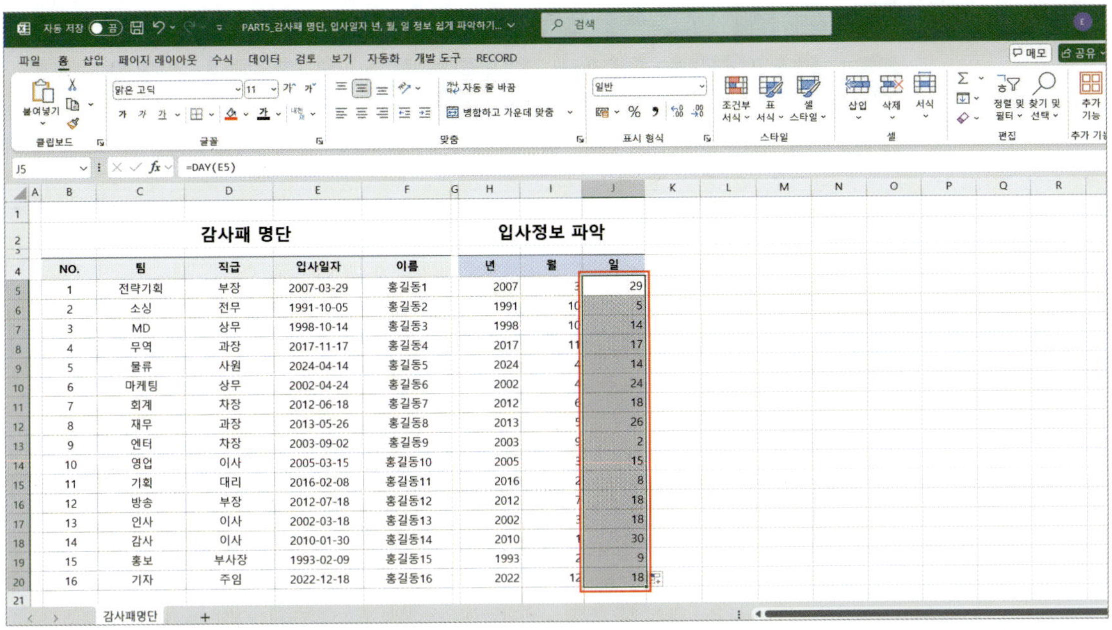

TIP J5셀 클릭 후 자동 채우기 핸들을 드래그하지 않고 더블클릭하게 되면 한 번에 J20셀까지 복사/붙여넣기 할 수 있습니다. 이번에도 왼쪽 셀 정보가 공백이 없기때문에 자동 채우기 핸들 더블클릭 기능을 사용할 수 있습니다.

CHAPTER 04

두 날짜 간격 및 주차 수, 몇 달 후 예측, 마지막 또는 다음 달 1일자 구하기 (DAYS, WEEKNUM, EDATE, DATE, EOMONTH 함수)

예제 파일 PART2_4 두 날짜 간격 및 주차 수, 몇 달 후 예측, 마지막 또는 다음 달 1일자 구하기

실무 스킬

엑셀에서는 날짜 및 시간 함수들을 통해 데이터를 효율적으로 관리할 수 있는 도구를 제공하는데 이번 파트에서는 특히 DAYS, WEEKNUM, EDATE, DATE, EOMONTH의 사용법과 활용 사례를 간단하게 알아보겠습니다.

DAYS 함수는 두 날짜 간의 일수 차이를 계산할 때 유용하며, 프로젝트 일정을 관리할 때 자주 사용됩니다. WEEKNUM 함수는 특정 날짜가 해당 연도의 몇 번째 주에 속하는지 반환하여 주 단위의 보고서 작성에 도움을 줍니다. EDATE 함수는 지정한 날짜에서 월을 더하거나 빼는 방식으로 만기일 계산에 적합합니다. DATE 함수는 연, 월, 일을 조합해 새로운 날짜를 생성할 때 활용됩니다. EOMONTH 함수는 특정 월의 마지막 날을 계산하며, 회계 마감일 처리에 유용합니다. 이들 함수는 단독으로도 강력하지만, 조합해 사용할 경우 더욱 효과적으로 데이터를 처리할 수 있습니다.

예를 들어, 프로젝트 종료일을 계산하고, 연도 및 주 단위로 데이터를 정리하며, 특정 날짜를 기준으로 정기적인 일정이나 마감일을 설정할 수 있습니다. 이 함수들은 일정 관리, 데이터 분석, 재무 계산 등 다양한 실무 상황에서 널리 활용됩니다. 이번 파트에서는 간단한 예제로 각 함수에 운영 원리에 대해 알아보겠습니다.

DAYS(end_date, start_date)

DAYS 함수는 두 날짜 사이 간격을 숫자로 출력해 줍니다.

1. end_date: 마지막 일자, 주소값을 바로 참조할 때 반드시 날짜 속성값이여야 합니다.

2. start_date: 시작 일자, 주소값을 바로 참조할 때 반드시 날짜 속성값이여야 합니다.

WEEKNUM((serial_number, [return_type])

WEEKNUM 함수는 지정된 날짜가 해당 연도의 몇 번째 주에 속하는지를 반환하는 함수입니다.

1. serial_number: 날짜 속성값을 참조합니다.

2. [return_type]: 무슨 요일을 한 주 시작 요일로 정할지 옵션을 숫자로 선택합니다. 1- 일요일, 2 - 월요일……… 대괄호[], 인수이기 때문에 생략 가능합니다. 생략하면 1 - 일요일 옵션이 선택됩니다.

EDATE(start_date, months)

EDATE 함수는 기준 날짜를 기준으로, 지정한 개월 수만큼 이전 또는 이후의 날짜를 계산하는 데 사용됩니다.

1. start_date: 시작 날짜를 입력합니다. 날짜는 반드시 날짜 속성값이여야 합니다.
2. months: 시작 날짜로부터 전이나 후의 개월 수를 표시합니다. 숫자 0은 시작 날짜 그 달입니다.

DATE(year, month, day)

DATE 함수는 연도, 월, 그리고 일을 입력하여 하나의 날짜 값을 생성하는 데 사용됩니다.

1. year: 년도를 나타낼 숫자를 입력합니다. 1900~9999 사이 숫자를 입력합니다.
2. month: 월을 나타낼 숫자를 입력합니다. 1~12 사이 숫자를 입력합니다.
3. day: 일자를 나타낼 숫자를 입력합니다. 1~31 사이 숫자를 입력합니다.

EOMONTH(start_date, months)

EOMONTH 함수는 기준 날짜를 기반으로, 지정한 개월 수 이후 또는 이전의 월의 마지막 날을 계산하는 데 사용됩니다.

1. start_date: 시작 날짜를 입력합니다. 날짜는 반드시 날짜 속성값이여야 합니다.
2. months: 시작 날짜의 전이나 후의 개월 수를 입력합니다. 숫자 0은 시작 날짜 그 달입니다.

실무 연습 ❶ '년도' 정보 추출하기

[보험판매] 시트에서 '판매 시작일'과 '판매 마지막일' 목록을 참조해 ❶ 근무 일수, ❷ 판매 마지막일 주차수, ❸ 정산 만기(3개월 후), ❹ 판매 시작일 1년, 1월, 1일 더하기, ❺ 판매 마지막 월 마지막 일자 구하기, ❻ 판매 마지막 월 다음 달 1일 구하기, 총 6가지 날짜를 실무 스킬)에서 언급된 함수로 출력해 보겠습니다.

근무 일수 구하기

01 F5셀 클릭- '=DAYS(E5,D5)+1'입력 후 F19셀까지 복사/붙여넣기합니다.

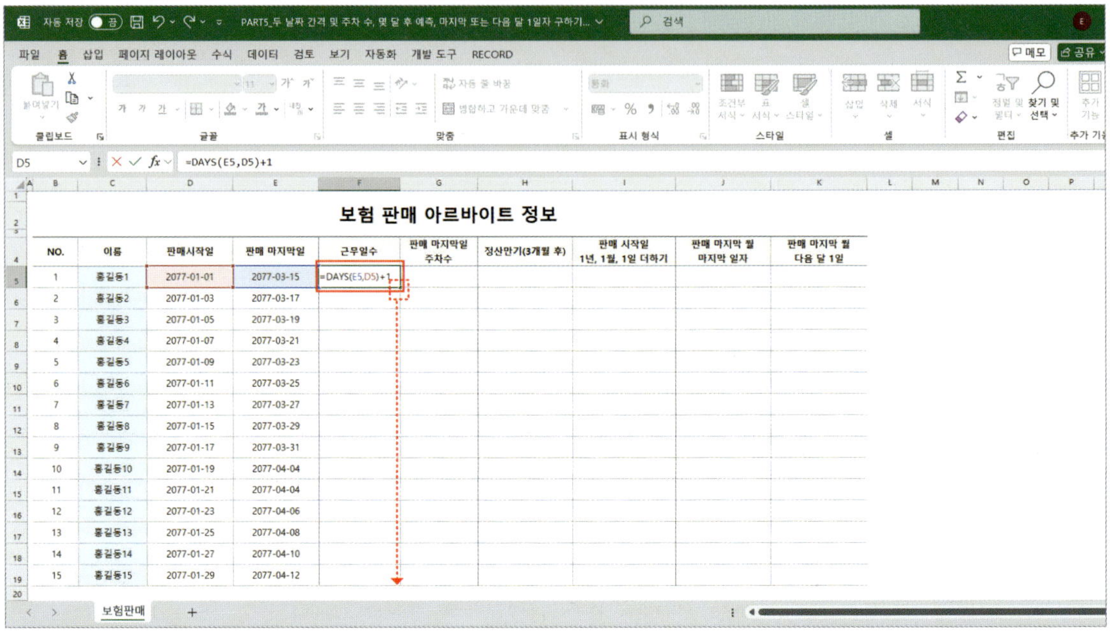

※ '=DAYS(E5,D5)+1' DAYS 함수 수식에 +1을 더해 주는 것은 시작일을 포함하지 않기 때문에 +1을 해서 처음 시작일자를 포함시키기 위함입니다.

02 근무 일수가 출력된 F5:F19셀 범위 결과를 확인합니다.

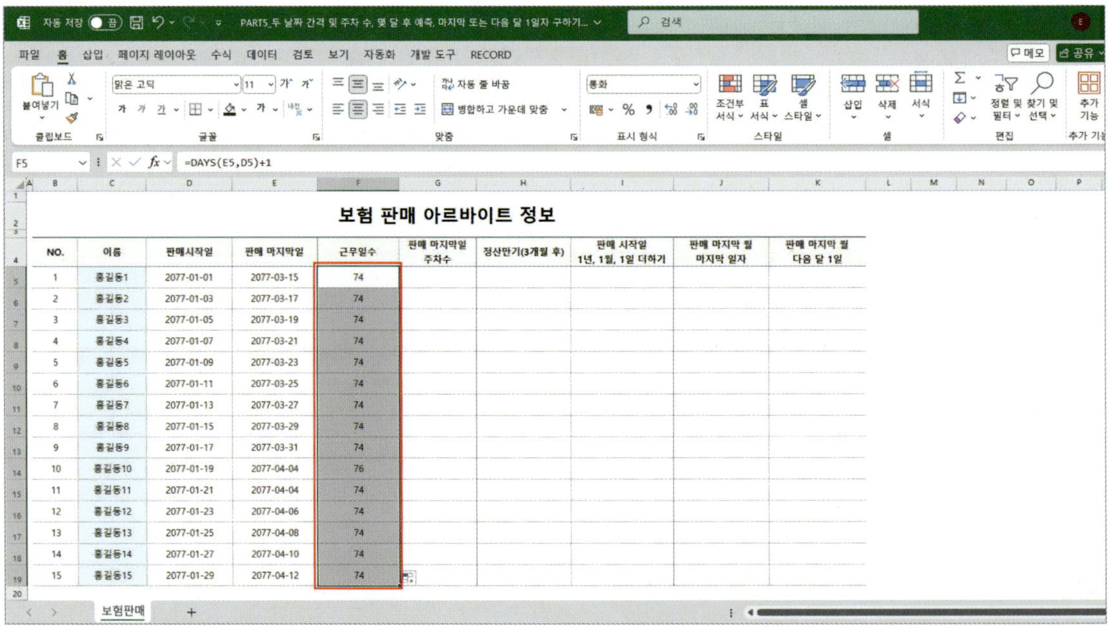

판매 마지막일 주차수 구하기

01 G5셀 클릭- '=WEEKNUM(E5,2)', 두 번째 인수, return_type옵션 2, '월요일'을 주 시작 옵션으로 선택 후 G19셀까지 복사/붙여넣기합니다.

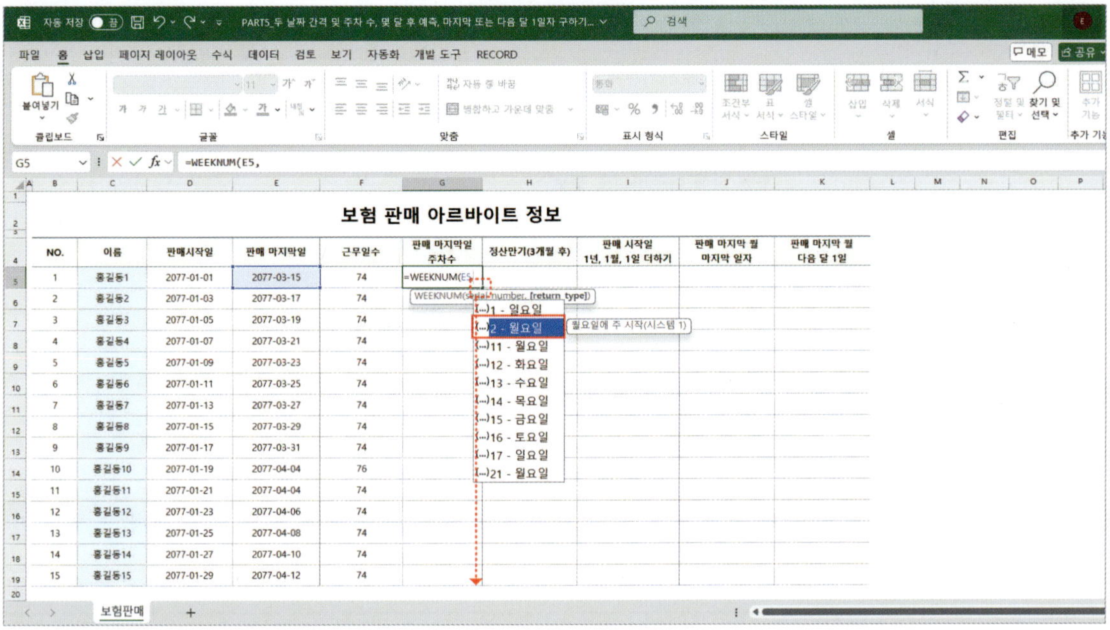

02 판매 마지막일 주차수가 출력된 G5:G19셀 범위 결과를 확인합니다.

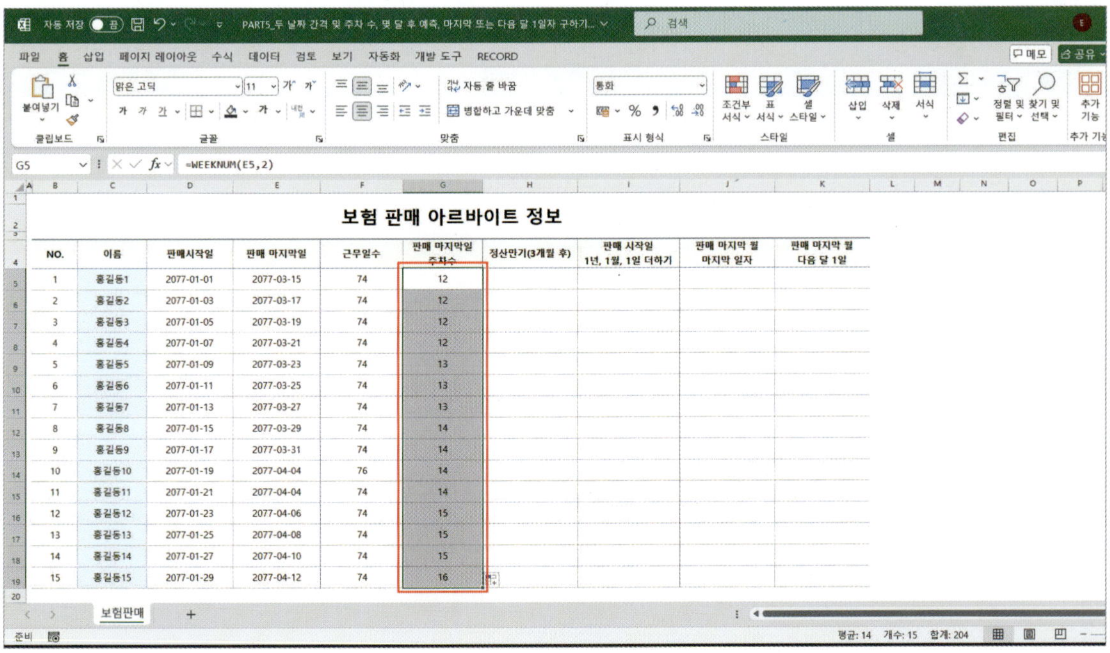

정산 만기(3개월 후) 구하기(EDATE 함수)

01 H5셀 클릭- '=EDATE(E5,3)' 입력 후 H19셀까지 복사/붙여넣기합니다.

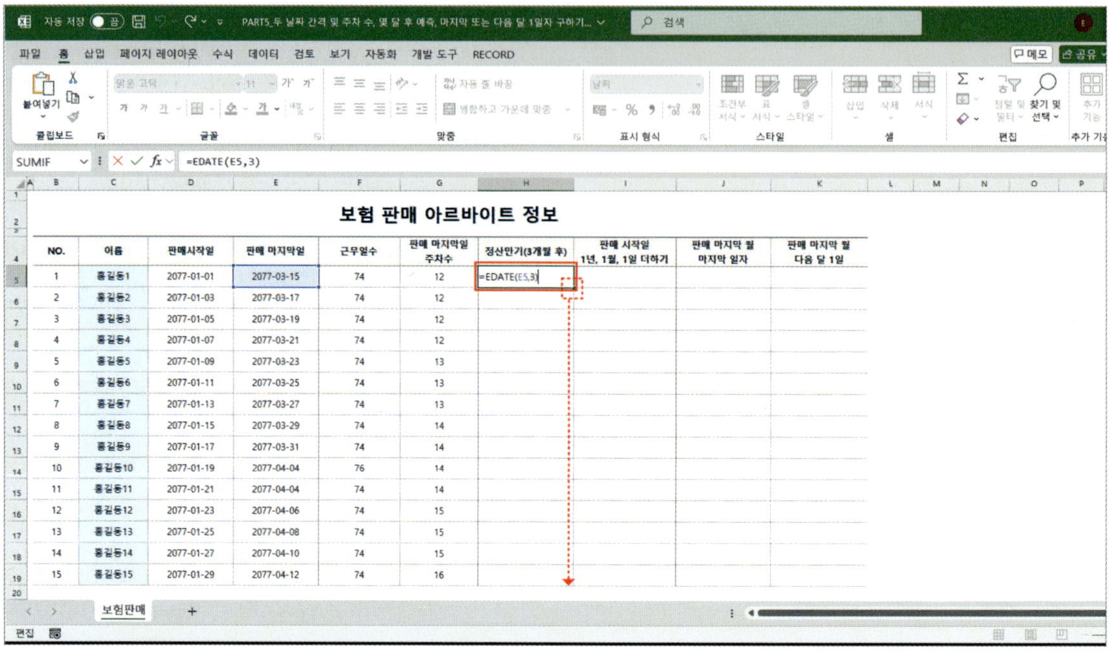

※ EDATE 함수 두 번째 인수 구간에 -3을 입력하면 3개월 이전 날짜를 구할 수 있습니다.

02 판매 마지막일 정산 만기 3개월이 더해진 H5:H19셀 범위에 출력된 결과를 확인합니다.

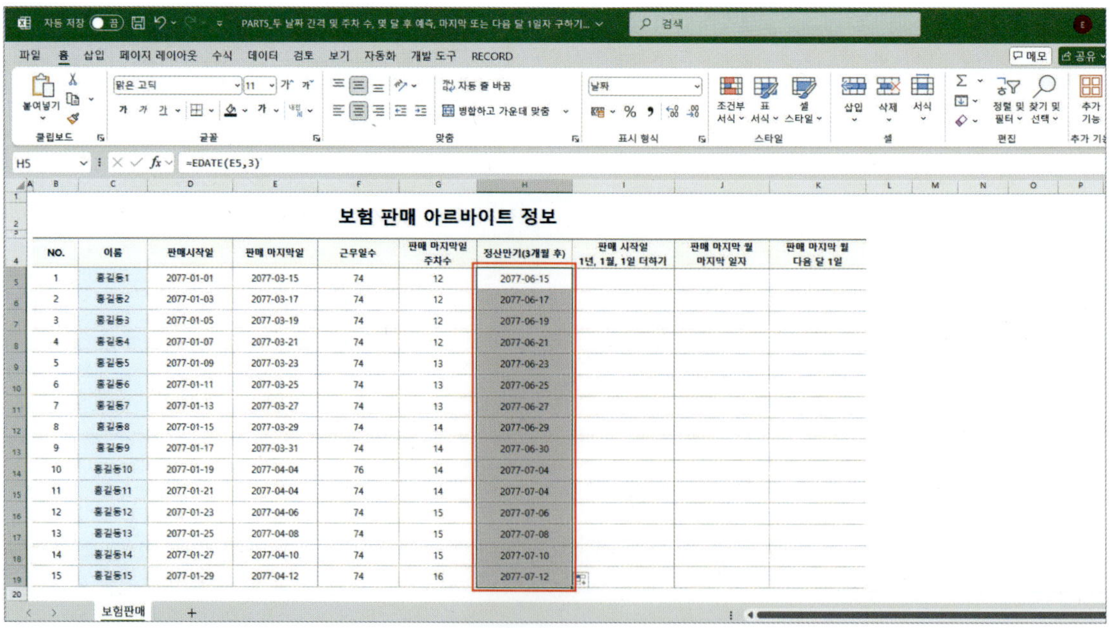

판매 시작일에 1년, 1월, 1일 더하기(DATE 함수)

01 I5셀 클릭– '=DATE(YEAR(D5)+1,MONTH(D5)+1,DAY(D5)+1)' 입력 후 I19셀까지 복사/붙여넣기합니다.

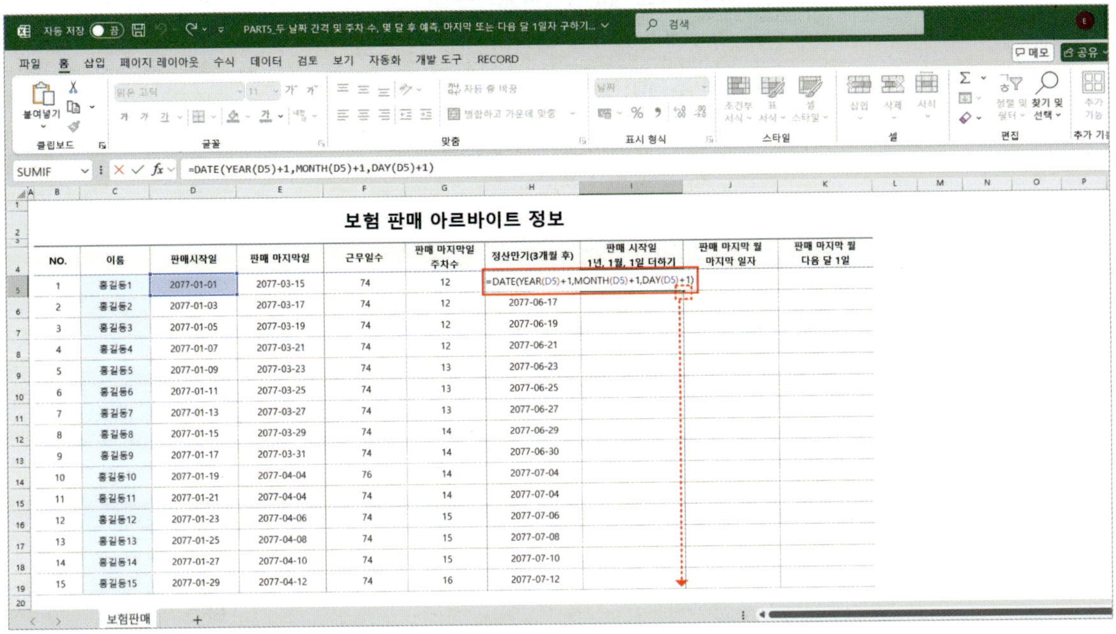

02 판매 시작일 1년, 1월, 1일이 더해진 I5:I19셀 범위 출력된 결과를 확인합니다.

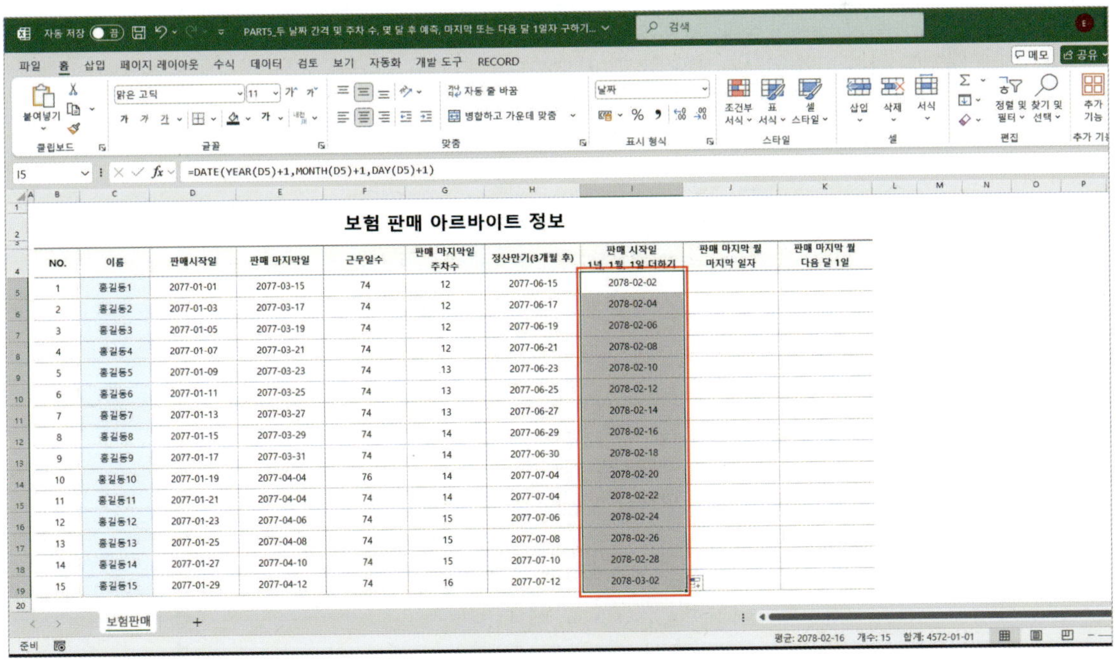

판매 마지막 월 마지막 일자 구하기(EOMONTH 함수)

01 J5셀 클릭- '=EOMONTH(E5,0)', 두 번째 인수 months에 숫자 0 입력 후 J19셀까지 복사/붙여넣기합니다.

※ '=EOMONTH(E5,0)' 두 번째 인수 months, 0의 뜻은 시작 날짜 그 달의 마지막 일자라는 의미입니다. 만약 months 인수 자리에 숫자 1을 입력하면 그 다음 달 마지막 일자가 출력이 되고, -1을 입력하면 지난달 마지막 일자가 출력이 됩니다.

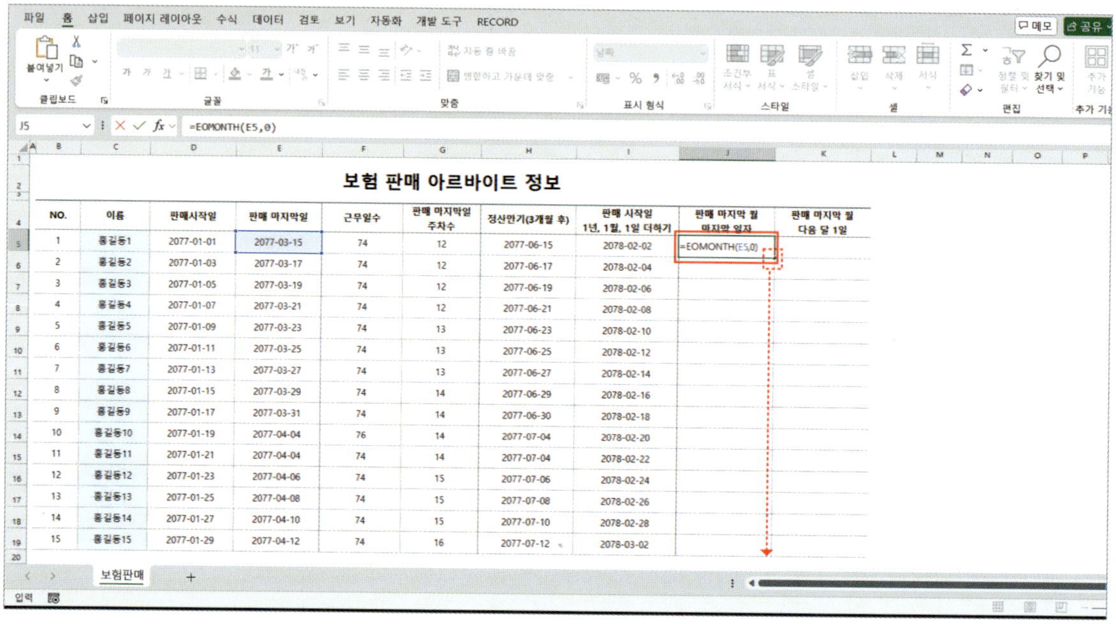

J5 =EOMONTH(E5,0)

보험 판매 아르바이트 정보

NO.	이름	판매시작일	판매 마지막일	근무일수	판매 마지막일 주차수	정산만기(3개월 후)	판매 시작일 1년, 1월, 1일 더하기	판매 마지막 월 마지막 일자	판매 마지막 월 다음 달 1일
1	홍길동1	2077-01-01	2077-03-15	74	12	2077-06-15	2078-02-02	=EOMONTH(E5,0)	
2	홍길동2	2077-01-03	2077-03-17	74	12	2077-06-17	2078-02-04		
3	홍길동3	2077-01-05	2077-03-19	74	12	2077-06-19	2078-02-06		
4	홍길동4	2077-01-07	2077-03-21	74	12	2077-06-21	2078-02-08		
5	홍길동5	2077-01-09	2077-03-23	74	13	2077-06-23	2078-02-10		
6	홍길동6	2077-01-11	2077-03-25	74	13	2077-06-25	2078-02-12		
7	홍길동7	2077-01-13	2077-03-27	74	13	2077-06-27	2078-02-14		
8	홍길동8	2077-01-15	2077-03-29	74	14	2077-06-29	2078-02-16		
9	홍길동9	2077-01-17	2077-03-31	74	14	2077-06-30	2078-02-18		
10	홍길동10	2077-01-19	2077-04-04	76	14	2077-07-04	2078-02-20		
11	홍길동11	2077-01-21	2077-04-04	74	14	2077-07-04	2078-02-22		
12	홍길동12	2077-01-23	2077-04-06	74	15	2077-07-06	2078-02-24		
13	홍길동13	2077-01-25	2077-04-08	74	15	2077-07-08	2078-02-26		
14	홍길동14	2077-01-27	2077-04-10	74	15	2077-07-10	2078-02-28		
15	홍길동15	2077-01-29	2077-04-12	74	16	2077-07-12	2078-03-02		

02 판매 마지막 월 마지막 일자가 출력된 J5:J19셀 범위 결과를 확인합니다.

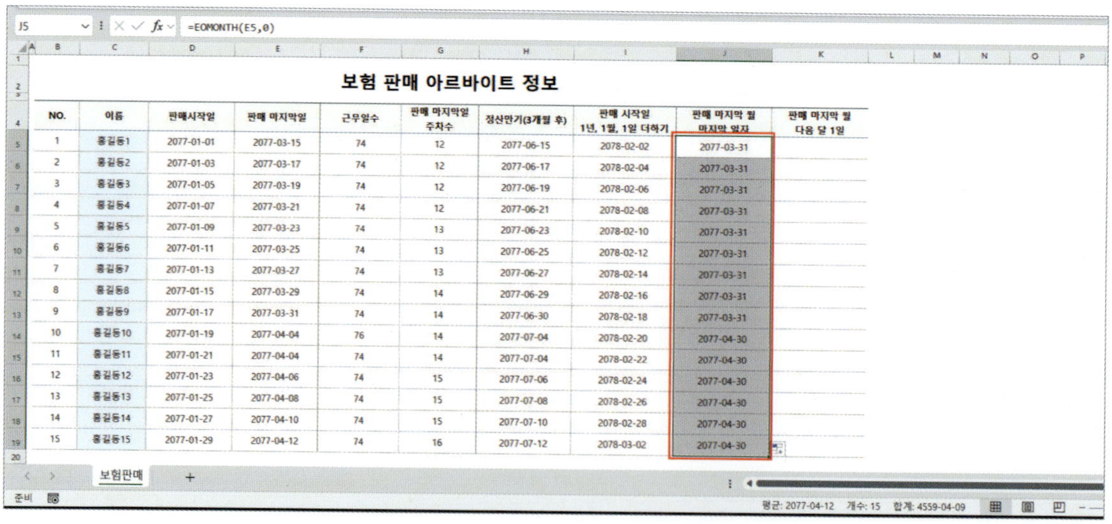

J5 =EOMONTH(E5,0)

보험 판매 아르바이트 정보

NO.	이름	판매시작일	판매 마지막일	근무일수	판매 마지막일 주차수	정산만기(3개월 후)	판매 시작일 1년, 1월, 1일 더하기	판매 마지막 월 마지막 일자	판매 마지막 월 다음 달 1일
1	홍길동1	2077-01-01	2077-03-15	74	12	2077-06-15	2078-02-02	2077-03-31	
2	홍길동2	2077-01-03	2077-03-17	74	12	2077-06-17	2078-02-04	2077-03-31	
3	홍길동3	2077-01-05	2077-03-19	74	12	2077-06-19	2078-02-06	2077-03-31	
4	홍길동4	2077-01-07	2077-03-21	74	12	2077-06-21	2078-02-08	2077-03-31	
5	홍길동5	2077-01-09	2077-03-23	74	13	2077-06-23	2078-02-10	2077-03-31	
6	홍길동6	2077-01-11	2077-03-25	74	13	2077-06-25	2078-02-12	2077-03-31	
7	홍길동7	2077-01-13	2077-03-27	74	13	2077-06-27	2078-02-14	2077-03-31	
8	홍길동8	2077-01-15	2077-03-29	74	14	2077-06-29	2078-02-16	2077-03-31	
9	홍길동9	2077-01-17	2077-03-31	74	14	2077-06-30	2078-02-18	2077-03-31	
10	홍길동10	2077-01-19	2077-04-04	76	14	2077-07-04	2078-02-20	2077-04-30	
11	홍길동11	2077-01-21	2077-04-04	74	14	2077-07-04	2078-02-22	2077-04-30	
12	홍길동12	2077-01-23	2077-04-06	74	15	2077-07-06	2078-02-24	2077-04-30	
13	홍길동13	2077-01-25	2077-04-08	74	15	2077-07-08	2078-02-26	2077-04-30	
14	홍길동14	2077-01-27	2077-04-10	74	15	2077-07-10	2078-02-28	2077-04-30	
15	홍길동15	2077-01-29	2077-04-12	74	16	2077-07-12	2078-03-02	2077-04-30	

판매 마지막 월 다음 달 1일 구하기(EOMONTH+1_응용)

01 K5셀 클릭- '=EOMONTH(E5,0)+1'입력 후 K19셀까지 복사/붙여넣기합니다.

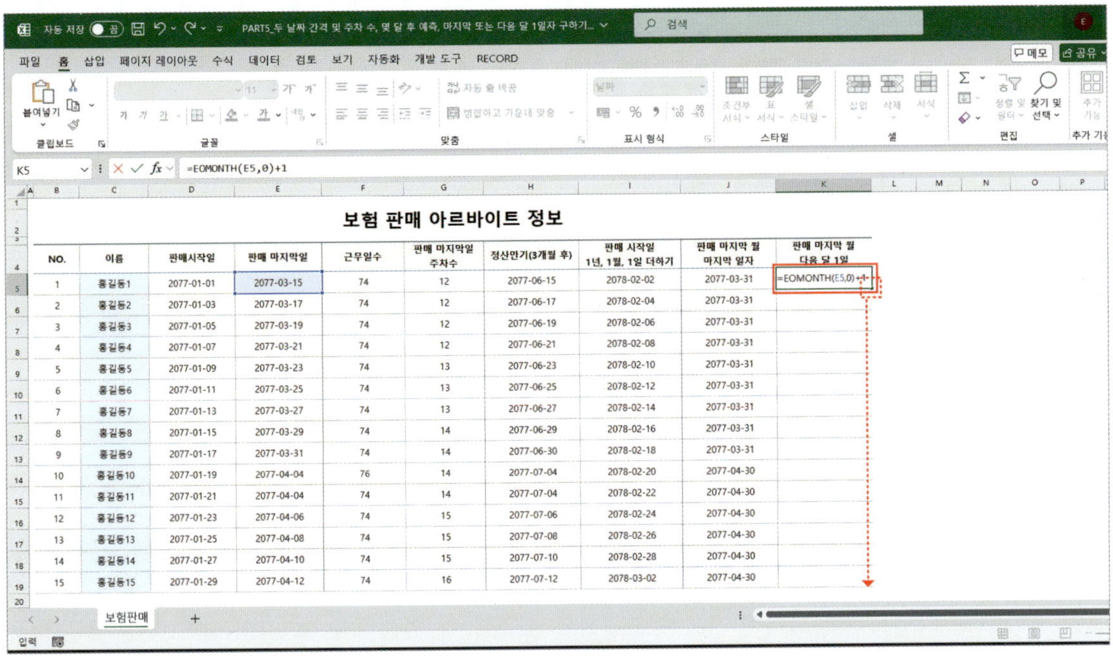

02 판매 마지막 월 다음 달 1일이 출력된 K5:K19셀 범위 결과값을 확인합니다.

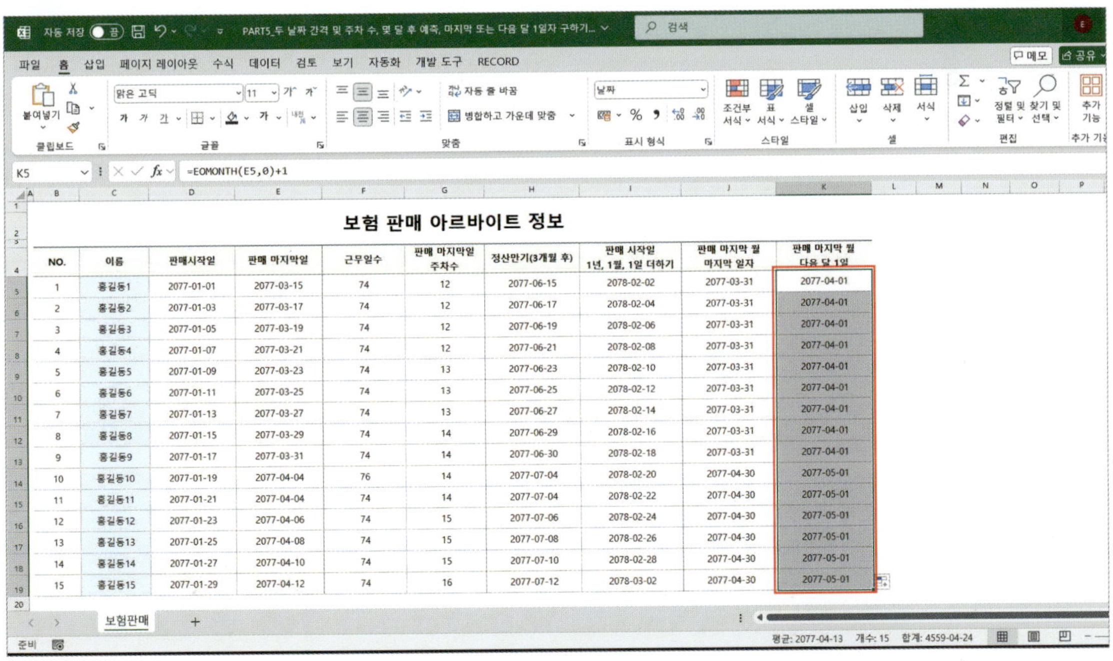

CHAPTER 05

보험판매 아르바이트 평일 근무 일수, 공휴일 및 휴무일자 제외하고 구하기(WORKDAY 함수)

예제 파일 PART2_5 보험판매 아르바이트 평일 근무일수, 공휴일 및 휴무일자 제외하고 구하기

실무 스킬

엑셀에서 WORKDAY 함수는 업무 일정 관리와 프로젝트 계획에서 필수적인 도구입니다. 이 함수는 시작 날짜를 기준으로 지정된 근무일(영업일) 이후의 날짜를 자동으로 계산합니다. 주말과 공휴일을 제외하므로 실제 업무일 기준으로 날짜를 산출하는 데 적합합니다. 예를 들어, 일정 마감일을 설정하거나 작업 기간을 예측할 때 사용할 수 있습니다. 공휴일 목록을 함께 입력하면 더 정확한 계산이 가능합니다. 업무 환경에서 프로젝트 타임라인을 작성하거나 팀의 작업 일정을 조정할 때 매우 유용합니다. 반복적인 날짜 계산 작업을 자동화하여 신속하게 결과를 도출할 수 있습니다. WORKDAY 함수 실무 적용 예시 해결을 통해 사용 방법을 알아보도록 하겠습니다.

WORKDAY 함수는 지정된 시작 날짜를 기준으로, 특정 개수의 작업일(평일)을 계산하여 결과 날짜를 반환합니다.

WORKDAY(start_date, days, [holidays])

1. start_date: 시작 날짜를 입력합니다.
2. days: 시작 날짜 전이나 후의 주말을 제외한 날짜 수입니다.
3. [holidays]: 주말이외 국경일, 공휴일 같이 작업 일수에서 제외되는 날짜 범위입니다. 생략 가능합니다.

실무 연습 ❶

[아르바이트] 시트에서 첫 정산일자를 2가지 경우로 구해 보도록 하겠습니다. 첫 번째는 주말을 제외하고 판매 시작일 20일 이후 정산일자를 구하고, 두 번째는 공휴일 및 휴무, 주말제외 20일 이후 정산일자를 구해 보도록 하겠습니다.

01 첫 번째는 주말을 제외하고 판매 시작일 20일 이후 받기입니다. ❶ F5셀 클릭–'=WORKDAY(D5),20)'입력 후 F19셀까지 복사/붙여넣기합니다.

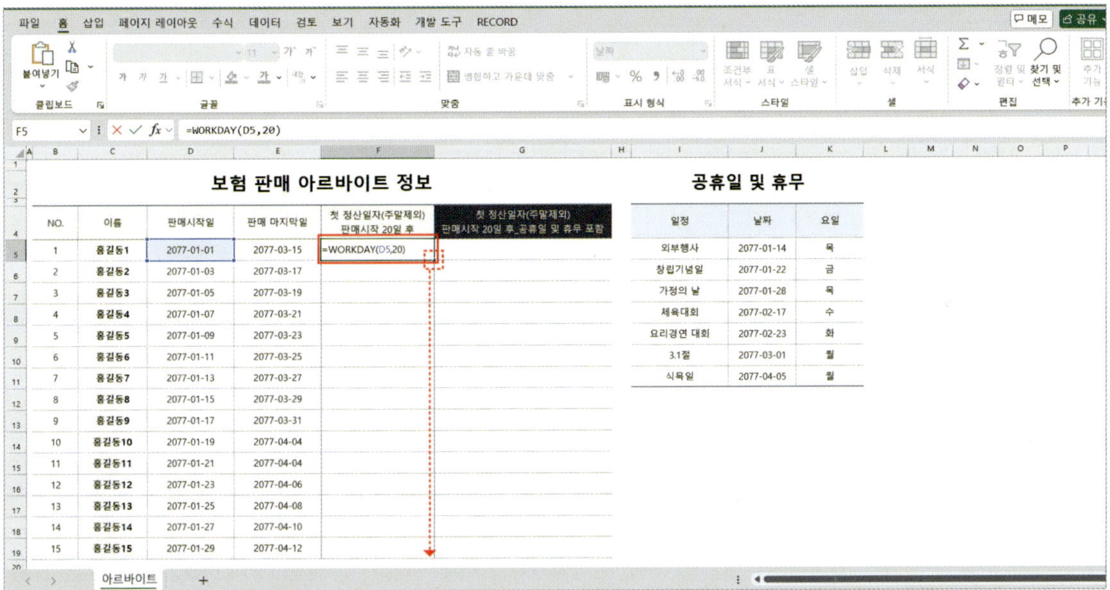

❷ 주말 제외, 판매 시작일 20일 이후 날짜가 출력된 F5:F19셀 결과를 확인합니다.

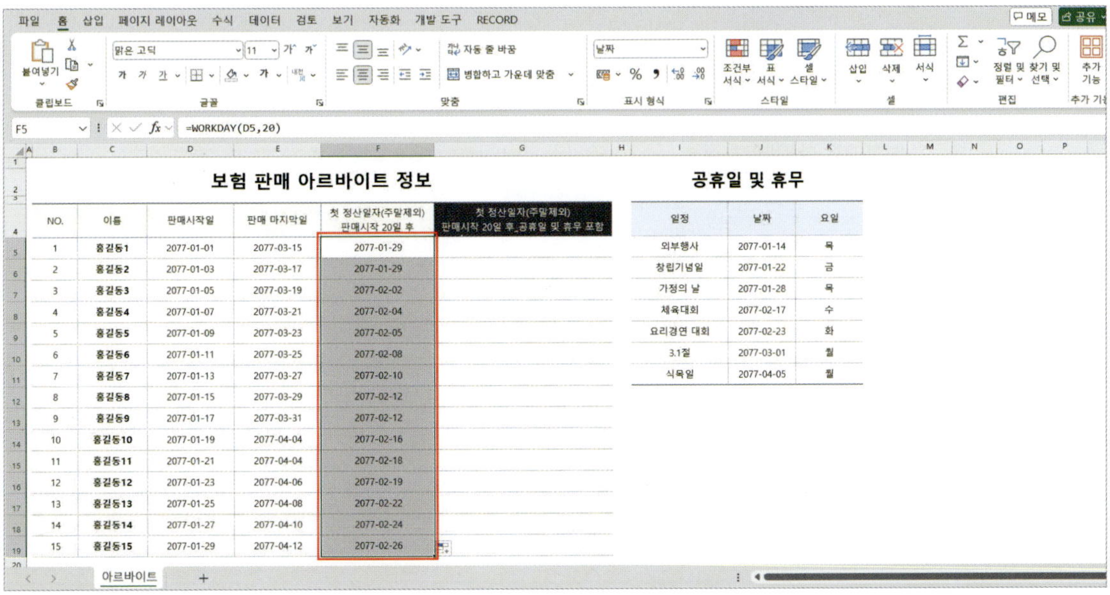

02 두 번째는 주말과 공휴일 및 휴무와 주말을 제외한 판매 시작일 20일 이후 받기입니다.

❶ G5셀 클릭- '=WORKDAY(D5),20,$J$5:$J$11)' 입력 후 F19셀까지 복사/붙여넣기합니다.

※ WORKDAY 함수 세 번째 인수 자리에 '공휴일 및 휴무', '날짜' 범위를 절대참조로 운영해 [holidays]인수를 범위로 지정합니다.

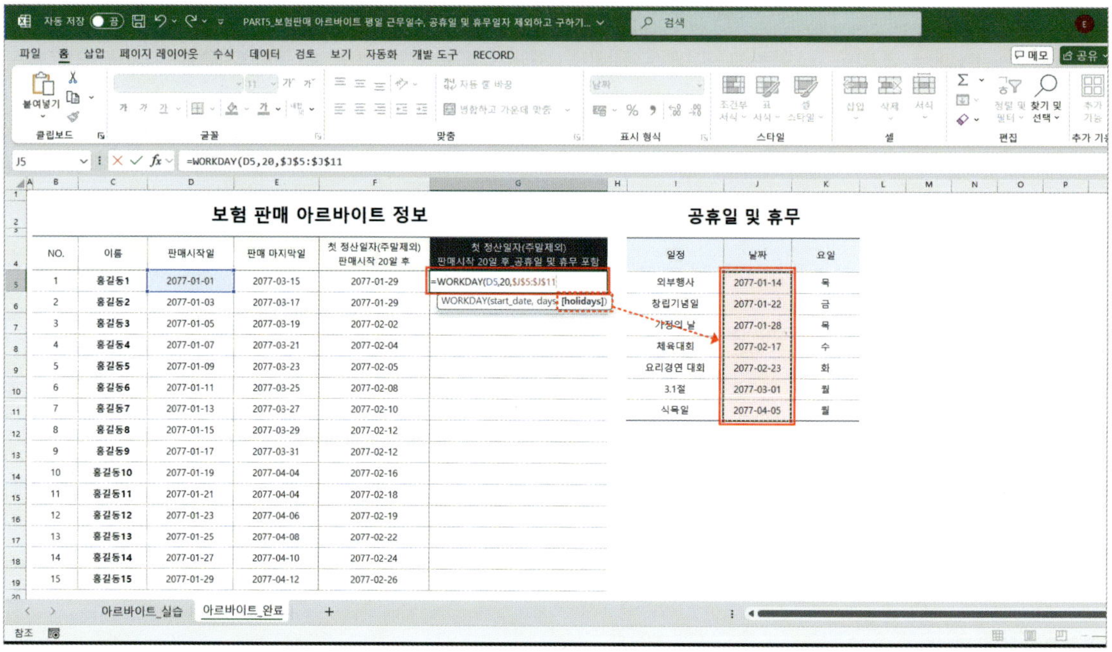

❷ 주말과 공휴일 및 휴무와 주말을 제외한 판매 시작일 20일 이후 결과가 출력된 G5:G19셀을 확인합니다.

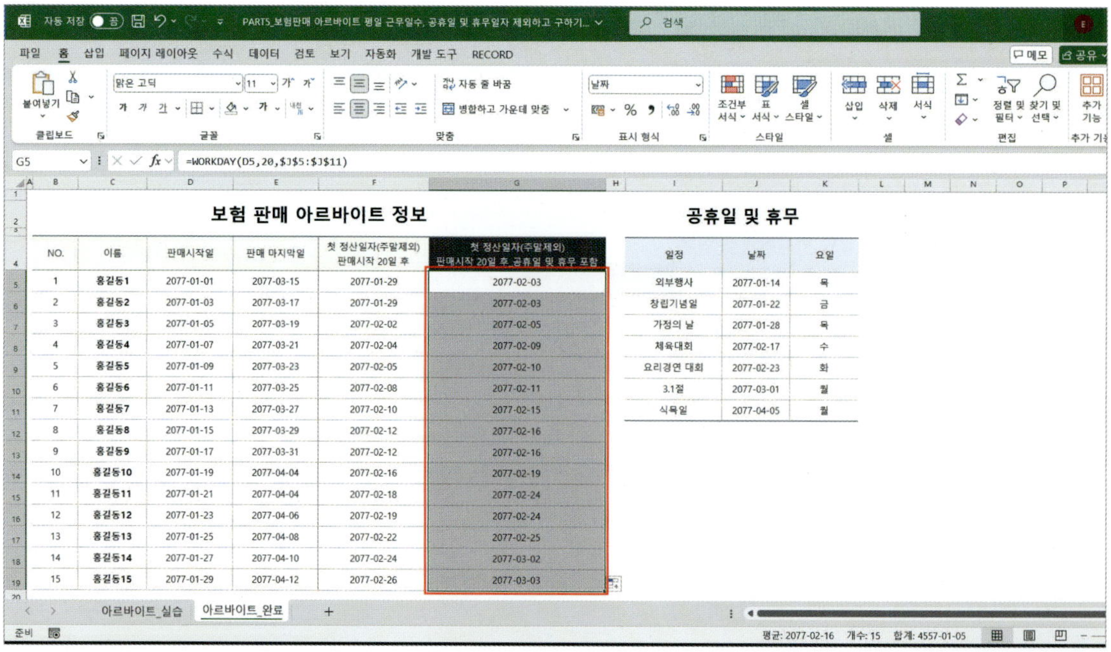

CHAPTER 06

함수 하나로 날짜, 시간, 숫자 표시 형식 내 마음대로 바꾸기 (TEXT 함수)

예제 파일 PART2_6 함수 하나로 날짜, 시간, 숫자 표시 형식 내 마음대로 바꾸기

실무 스킬

엑셀의 TEXT 함수는 데이터를 사용자 정의 형식으로 변환하여 데이터를 더 직관적이고 깔끔하게 표현할 수 있도록 돕는 도구입니다. 이 함수는 날짜, 시간, 숫자와 같은 다양한 데이터 타입을 원하는 형식으로 출력할 수 있습니다. 데이터를 천 단위 구분, 금액 표시, 특정 날짜 및 시간 형식 지정 등으로 변환하는 데 활용됩니다. TEXT 함수는 보고서 작성이나 데이터 시각화 작업에서 특히 유용합니다. 텍스트 형식을 조정함으로써 데이터를 더욱 이해하기 쉽게 만들어, 실무에서의 가독성과 효율성을 동시에 높입니다. 이 함수는 다양한 용도로 활용 가능하며, 사용자 맞춤형 데이터 표현을 필요로 하는 모든 상황에서 유연하고 효율적인 처리를 가능하게 합니다. TEXT 함수는 데이터의 내용뿐만 아니라 시트 화면상 보이는 형식까지 정교하게 다룰 수 있도록 설계되어 있어 실무에서 자주 볼 수 있습니다. 사용 방법을 알아보겠습니다.

TEXT 함수는 숫자, 날짜, 또는 기타 값을 원하는 표시 형식으로 변환하여 텍스트로 표시하는 데 사용됩니다.

TEXT(value, format_text)

1. **value**: 표시 형식을 바꾸고자 하는 날짜나 시간, 텍스트 정보를 입력합니다.
2. **format_text**: 사용자가 지정한 표시 형식으로 바꿀 샘플 형식을 적습니다.

실무 연습 ❶

[표시 형식] 시트에서 차례대로 날짜, 시간, 숫자 순으로 시트 상 출력되는 표시 형식 정보만 바꿔 보도록 하겠습니다.

날짜 표시 형식 바꾸기

01 D5셀 클릭- '=TEXT(C5,"YYYY년 MM월 DD일")' 입력 후 [Enter] 키를 누릅니다.

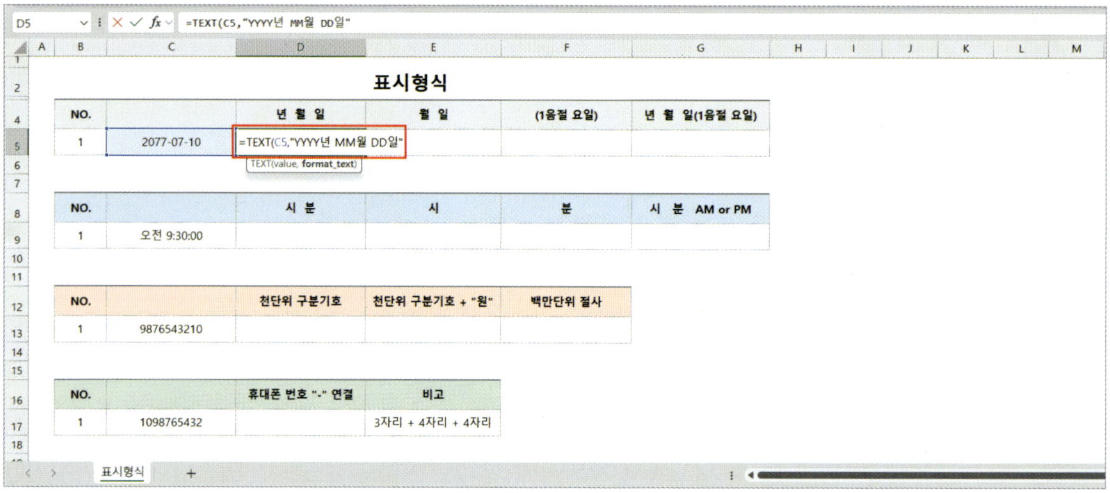

02 '년, 월, 일' 표시 형식으로 변경된 결과를 확인합니다.

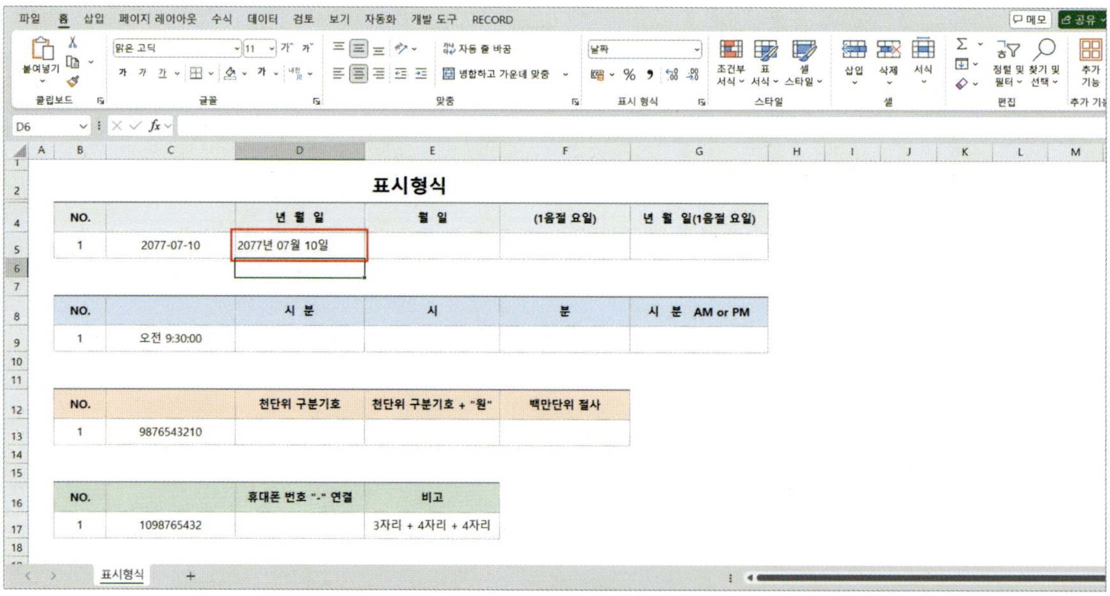

03 E5셀 클릭- '=TEXT(C5,"MM월 DD일")' 입력 후 Enter 키를 누릅니다.

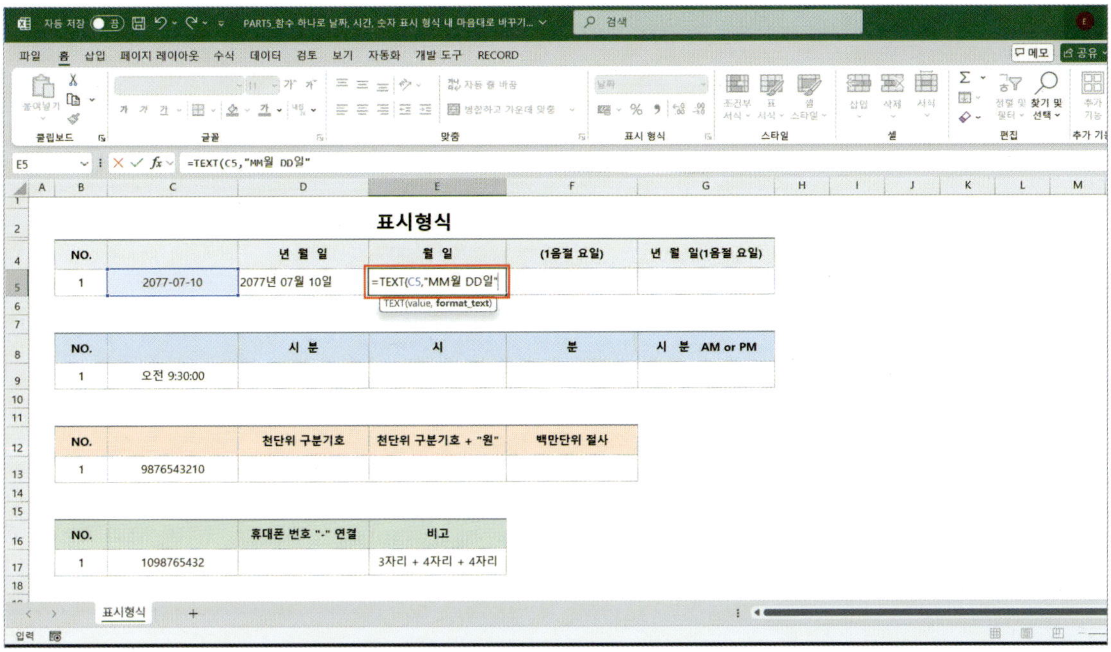

04 '월, 일' 표시 형식으로 출력된 결과를 확인합니다.

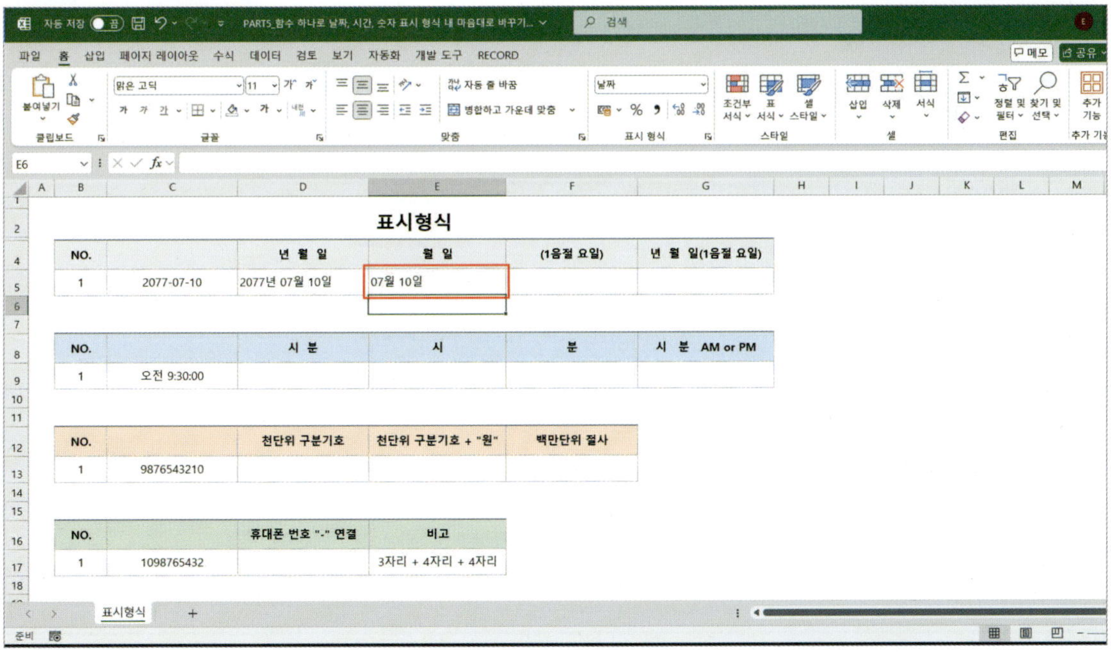

05 F5셀 클릭- '=TEXT(C5,"AAA")' 입력 후 Enter 키를 누릅니다.

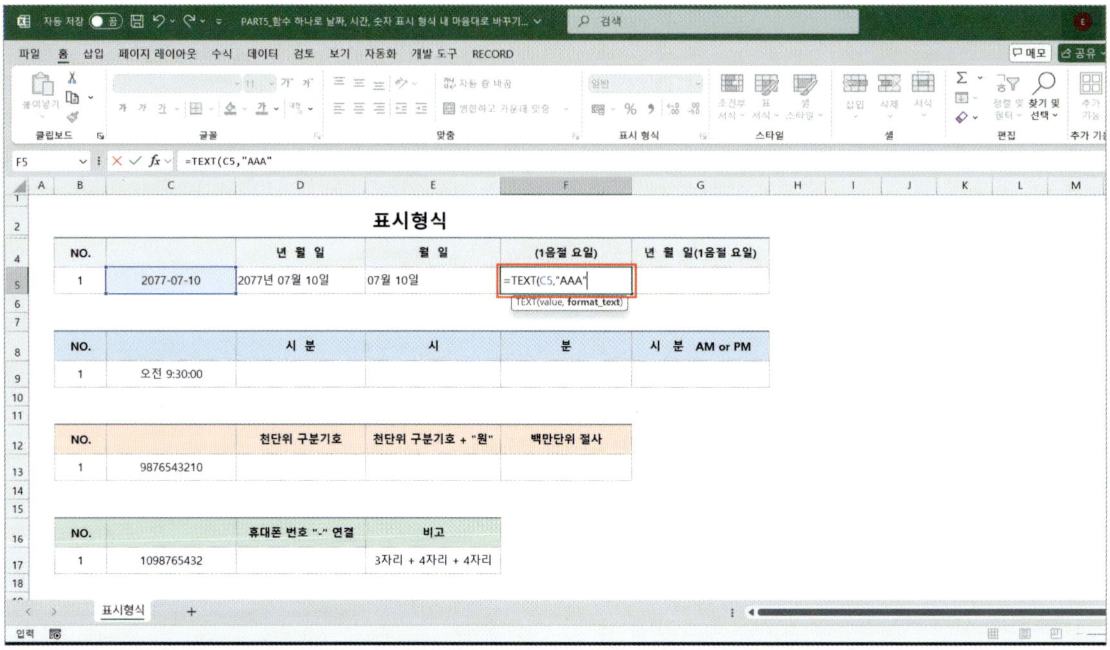

06 1음절 요일인 '토'가, 표시 형식으로 출력된 결과를 확인합니다.

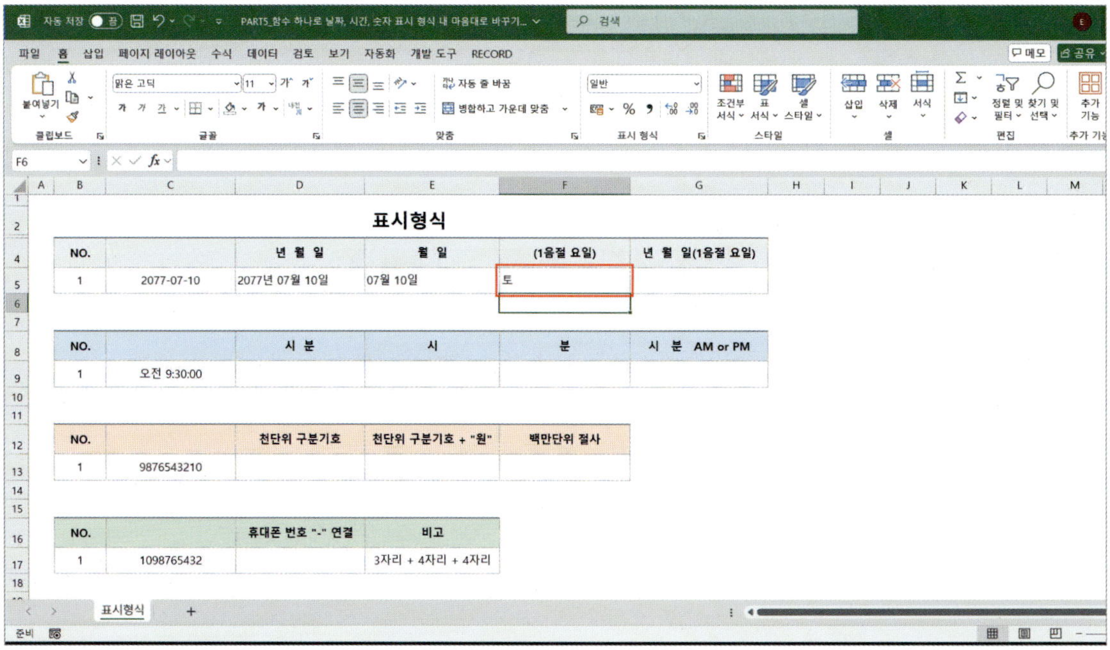

TIP 3음절 한글 요일은 "AAAA", A를 네 번입력하면 됩니다.

07 G5셀 클릭- '=TEXT(C5,"YYYY년 MM월 DD일(AAA)")' 입력 후 Enter 키를 누릅니다.

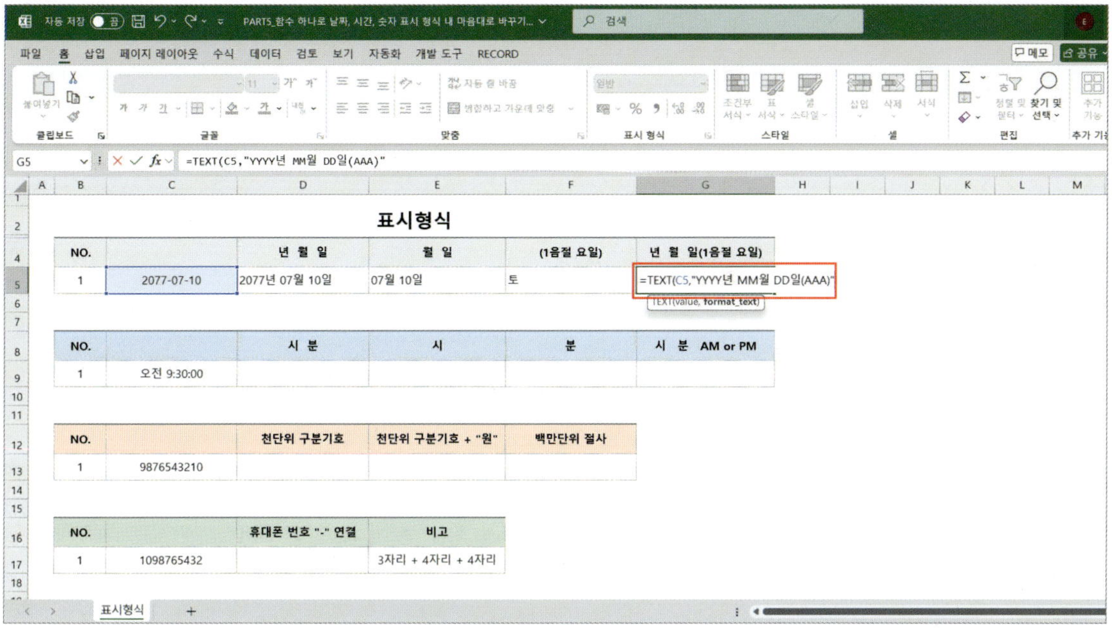

08 년 월 일(1음절 요일), 표시 형식으로 출력된 '2077년 07월 10일(토)' 결과를 확인합니다.

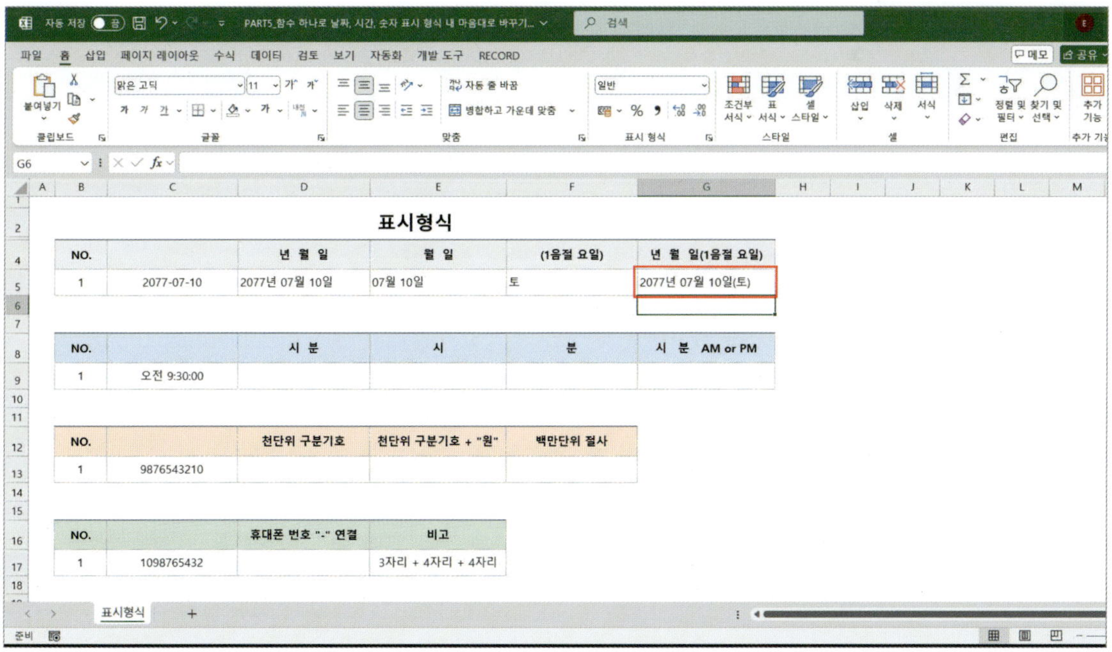

시간 표시 형식 바꾸기

01 D9셀 클릭- '=TEXT(C9,"HH시 MM분")' 입력 후 Enter 키를 누릅니다.

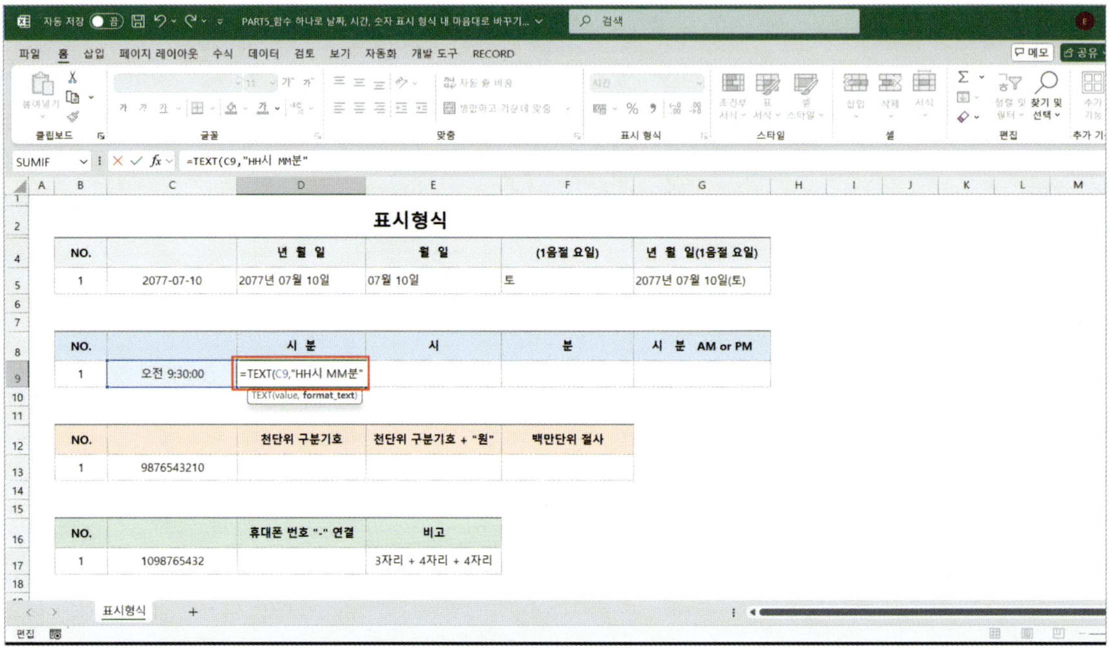

02 D9셀에 출력된 '09시 30분' 출력 결과를 확인합니다.

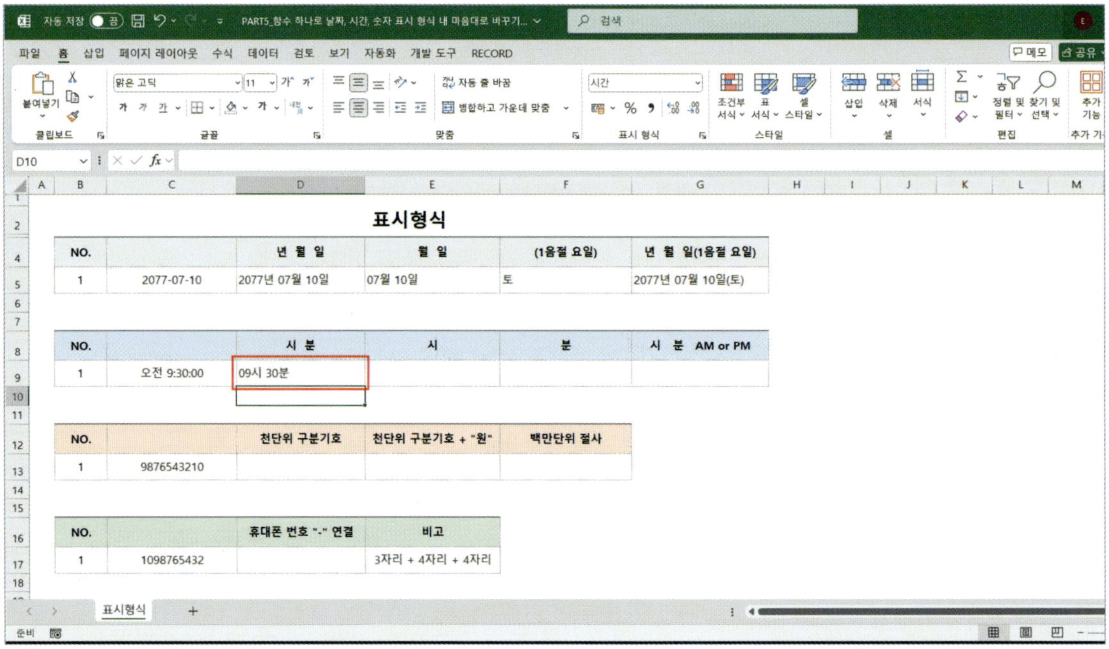

03 E9셀 클릭- '=TEXT(C9,"HH시")' 입력 후 [Enter] 키를 누릅니다.

※ HH가 두 번 입력된 상황에서는 시간자리 수를 두 자리로 출력하라는 의미입니다(ex 01시, 02시). 그리고 대소문자를 구분하지 않습니다.

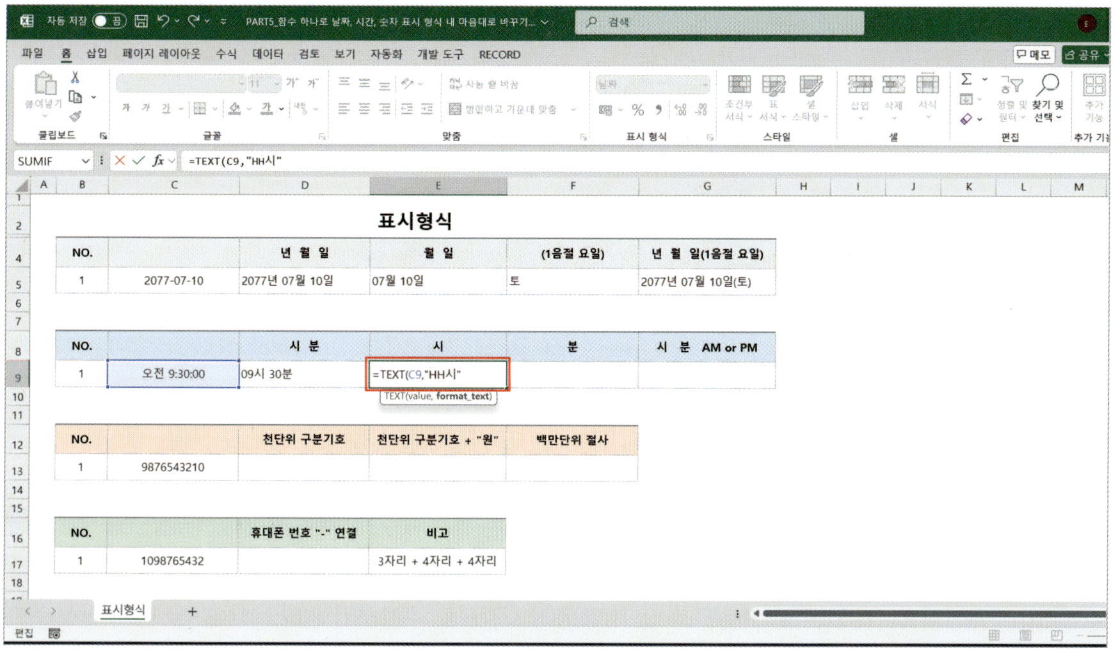

04 E9셀에 '09'시가 출력된 결과를 확인합니다.

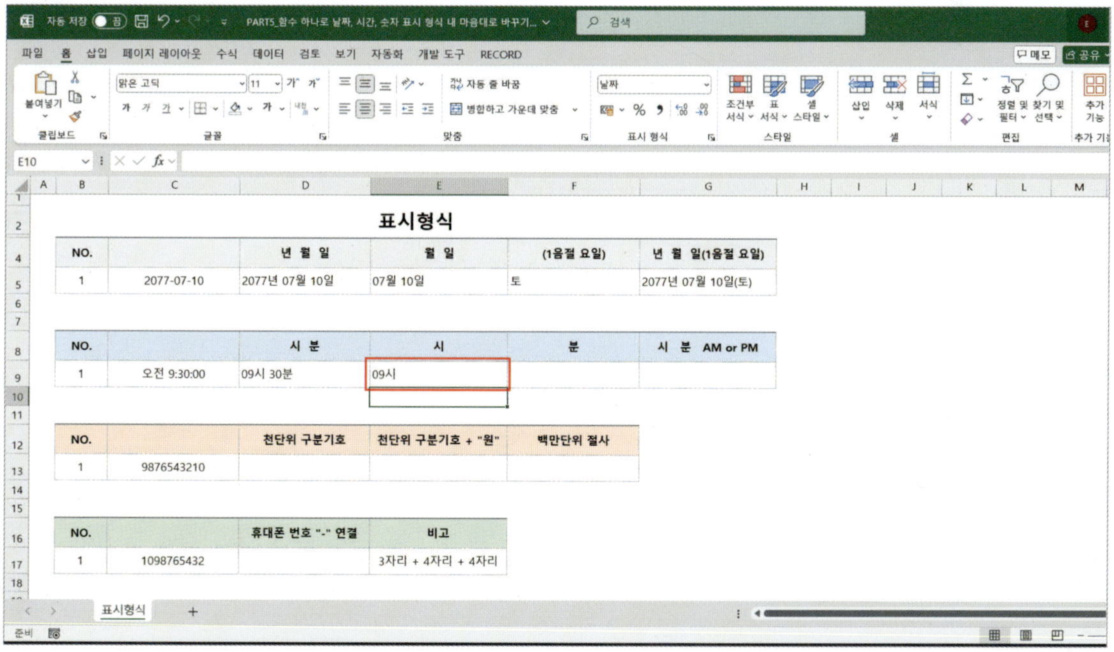

05 F9셀 클릭- '=TEXT(C9,"MM:SS분")' 입력 후 Enter 키를 누릅니다.

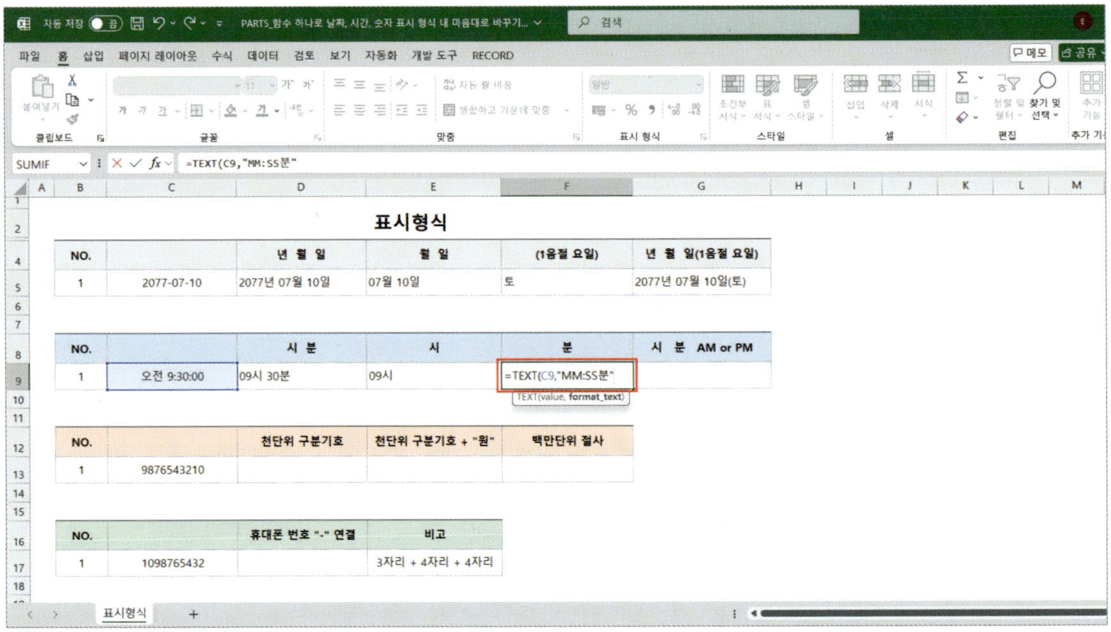

※ '=TEXT(C9,"MM:SS분")' 수식에서 MM:SS를 입력하는 이유는 MM은 날짜에서 MONTH로도 사용될 수 있고, 시간에서 MINUTE로도 사용될 수 있기 때문에 시간으로 구분하기 위해 MM:SS로 표시 형식을 표기해야 합니다.

06 F9셀에 '30:00분' 출력된 결과를 확인합니다.

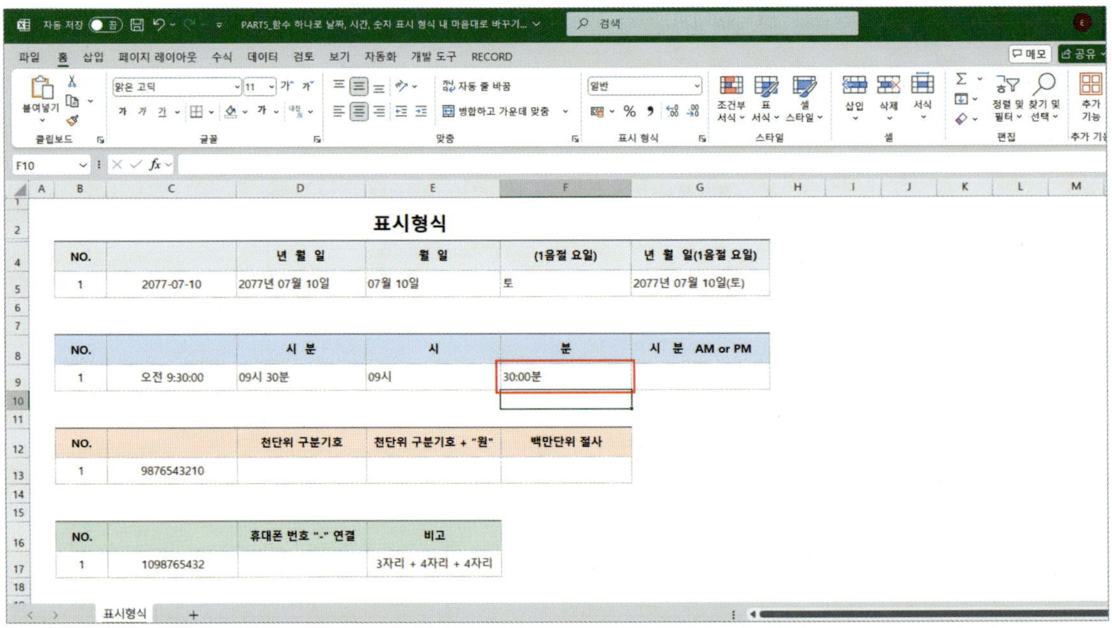

07 G9셀 클릭- '=TEXT(C9,"HH시 MM분 AM/PM")' 입력 후 Enter 키를 누릅니다.

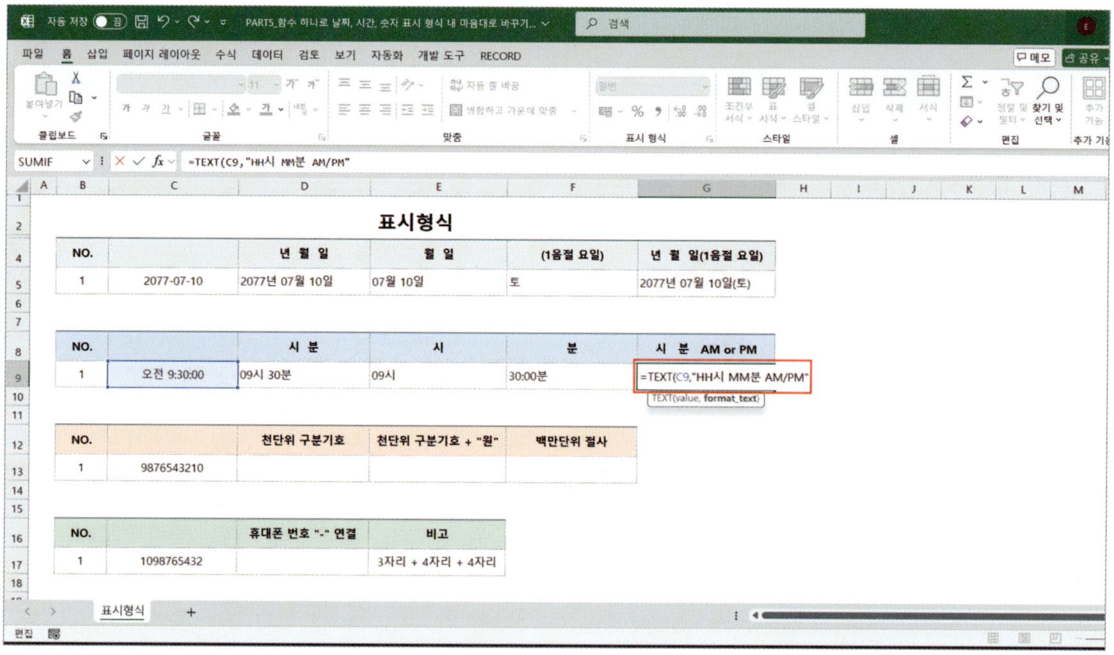

08 G9셀, '09시 30분 AM' 출력된 결과를 확인합니다.

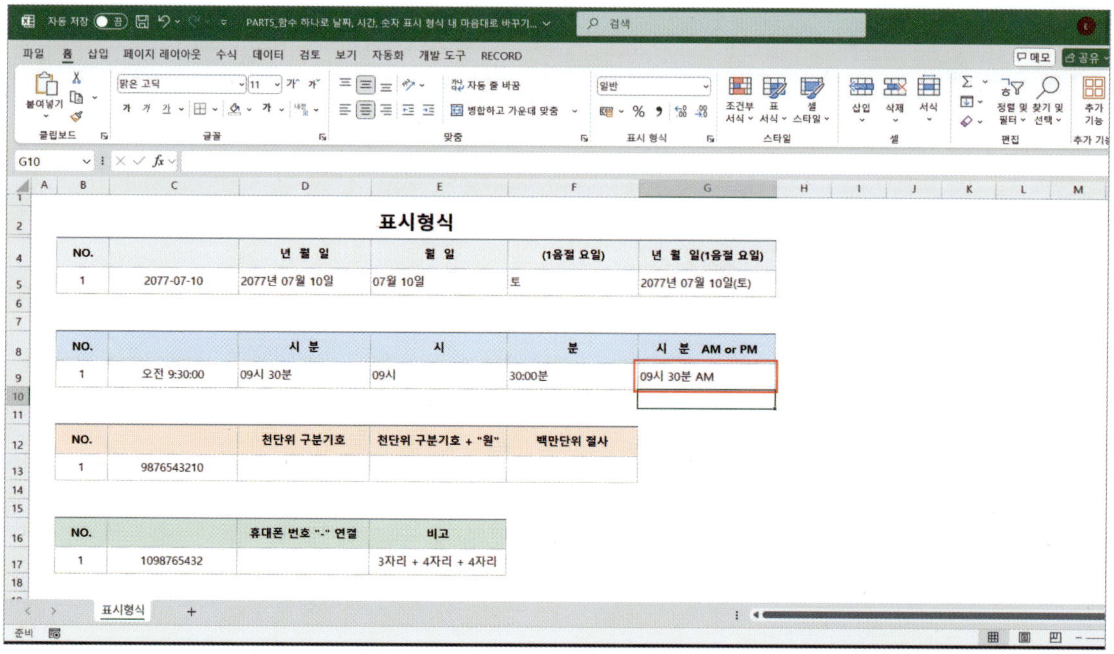

숫자 표시 형식 바꾸기

01 D13셀 클릭- '=TEXT(C13,"#,##0")' 입력 후 Enter 키를 누릅니다.

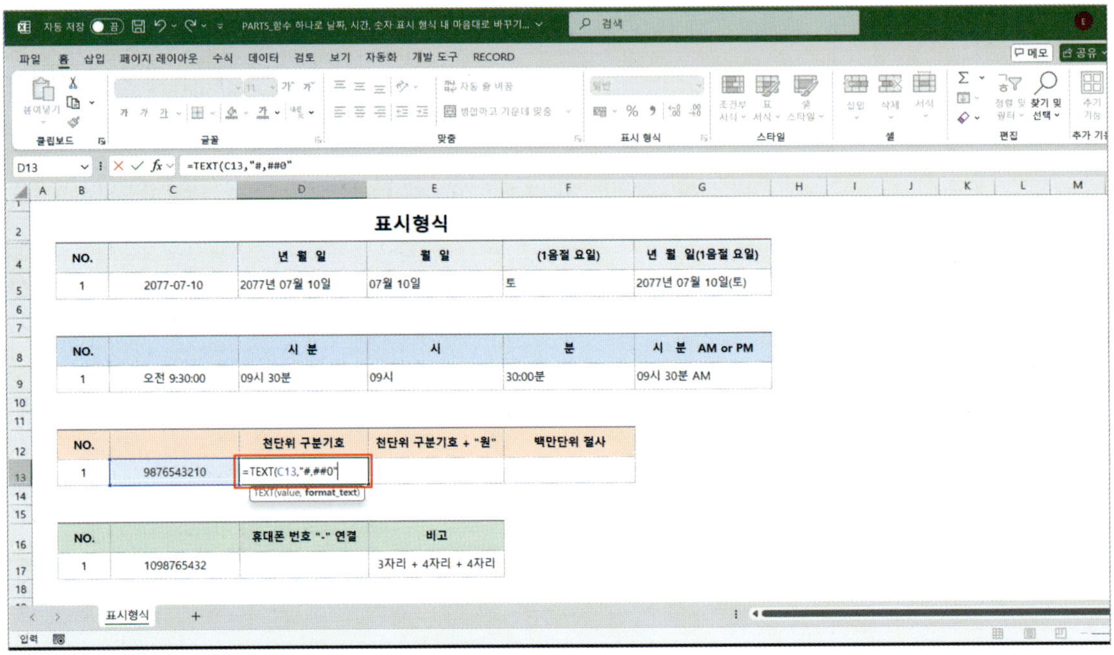

02 D13셀에 천 단위 구분 기호가 출력된 숫자 결과 '9,876,543,210'을 확인합니다.

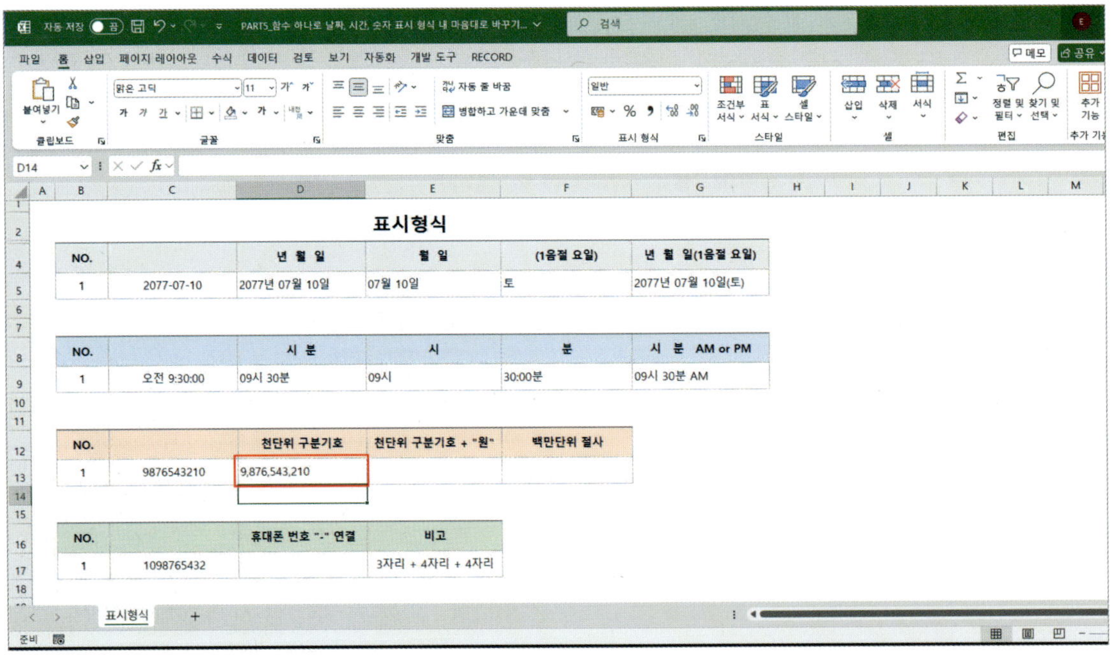

03 E13셀 클릭- '=TEXT(C13,"#,##0원")' 입력 후 Enter 키를 누릅니다.

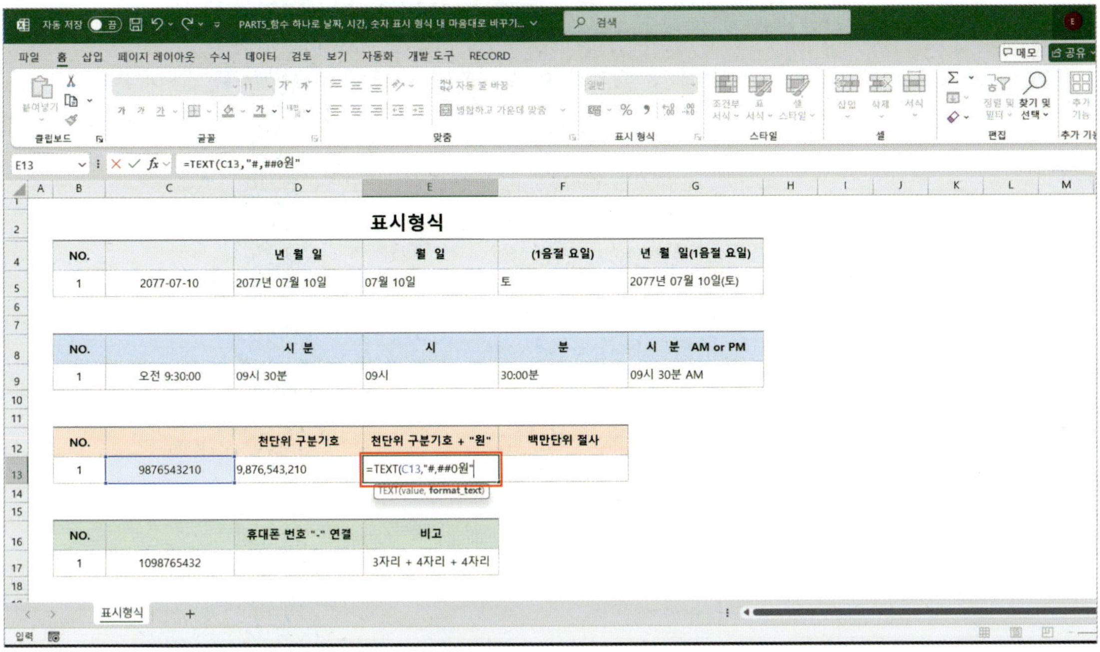

04 E13셀, 천 단위 구분 기호+원이 입력된 결과 '9,876,543,210원'을 확인합니다.

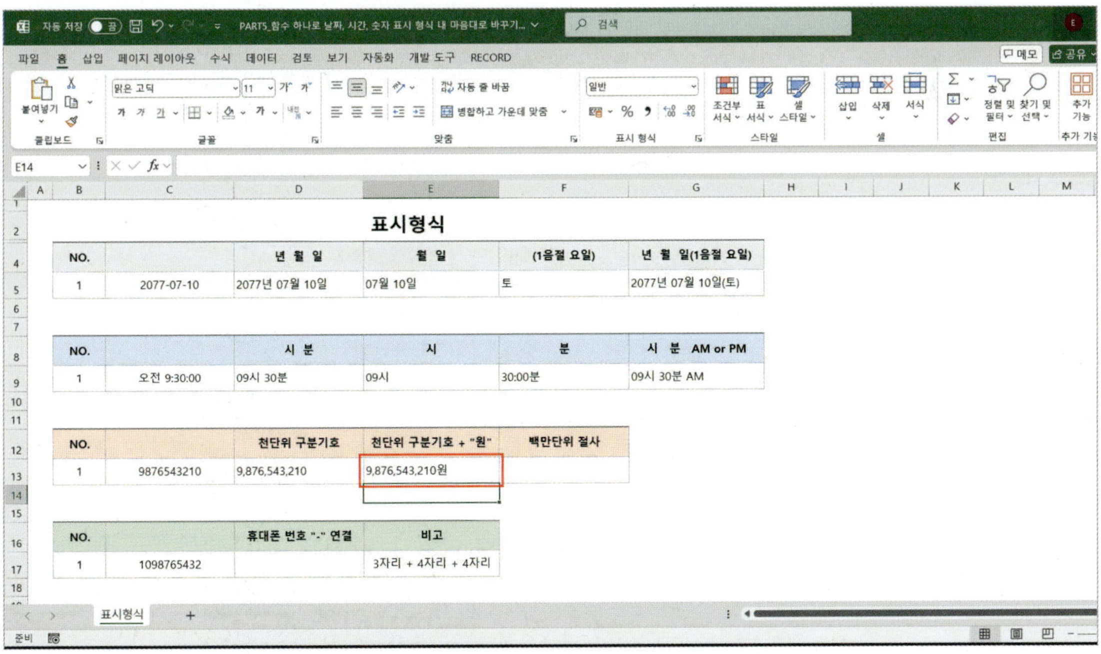

05 F13셀 클릭- '=TEXT(C13,"#,##0,,")' 입력 후 Enter 키를 누릅니다.

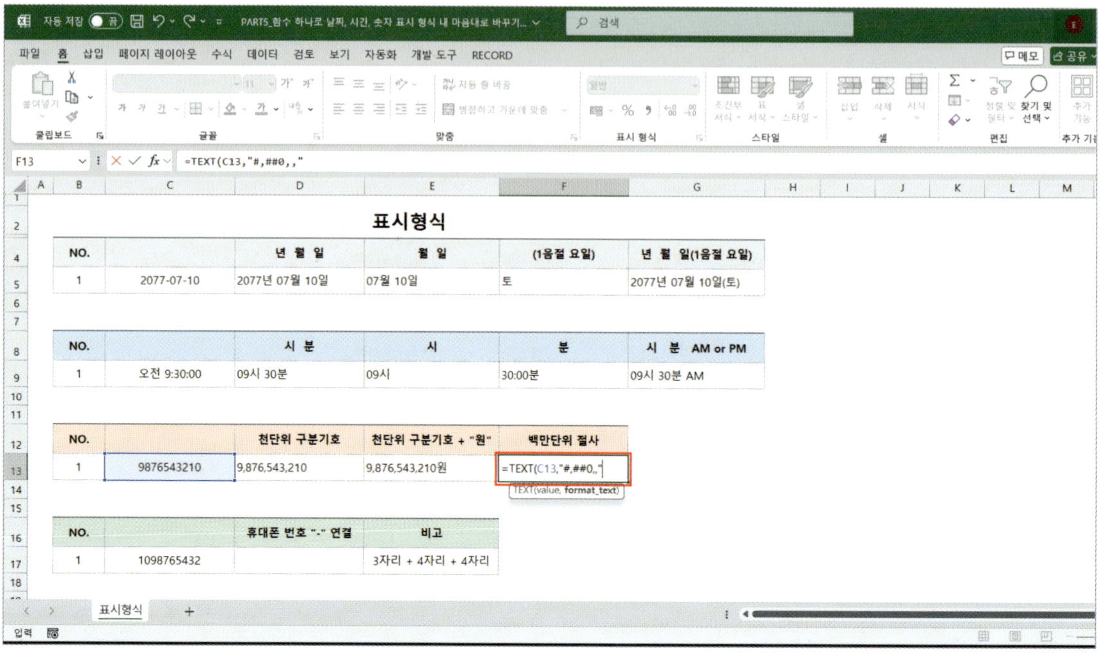

06 F13셀이 백만 단위로 절사되면서 십만 자리에서 반올림된 결과 '9,877'을 확인합니다.

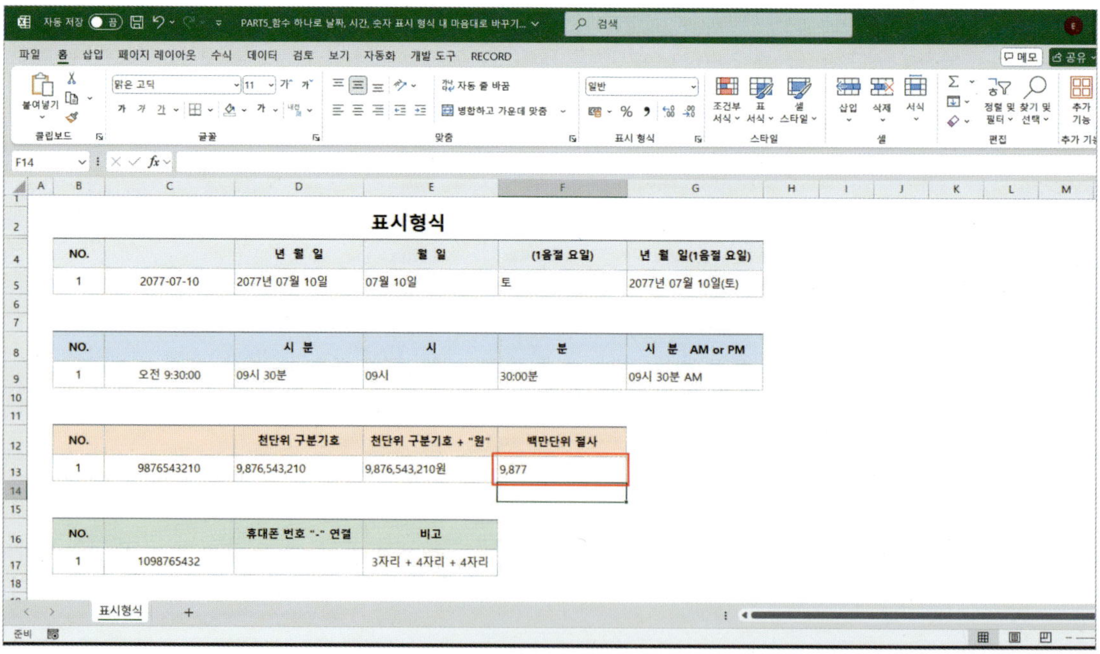

휴대폰 번호로 숫자 표시 형식 바꾸기

01 D17셀 클릭- '=TEXT(C17,"000-0000-0000")' 입력 후 Enter 키를 누릅니다.

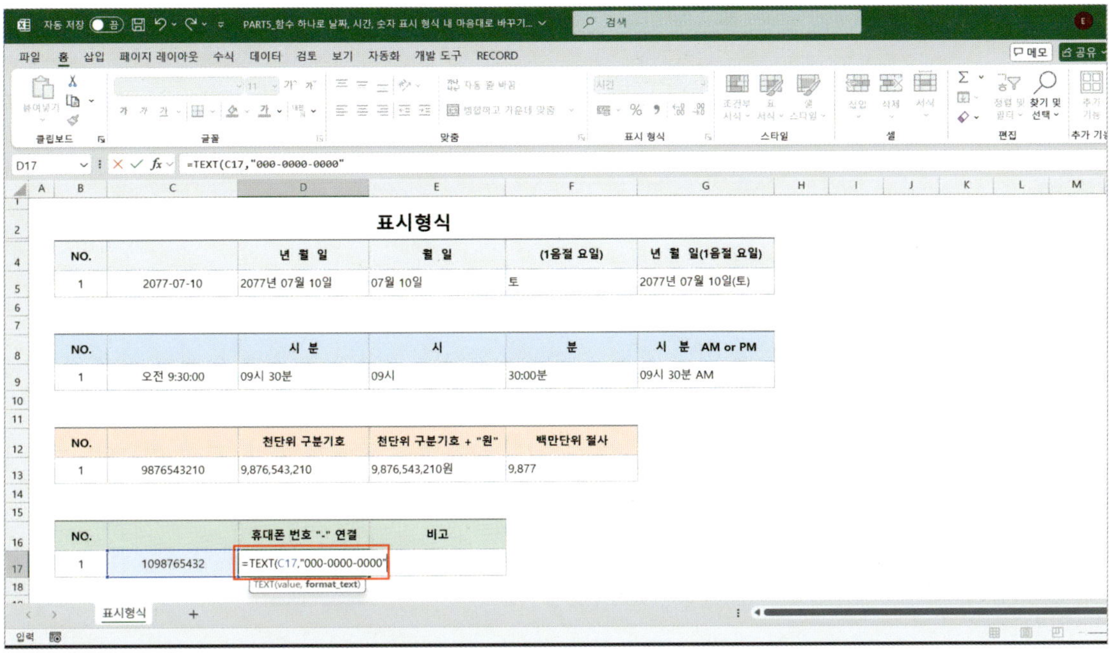

02 D17셀, 휴대폰 번호 형식으로 출력된 결과 '010-9876-5432'를 확인합니다.

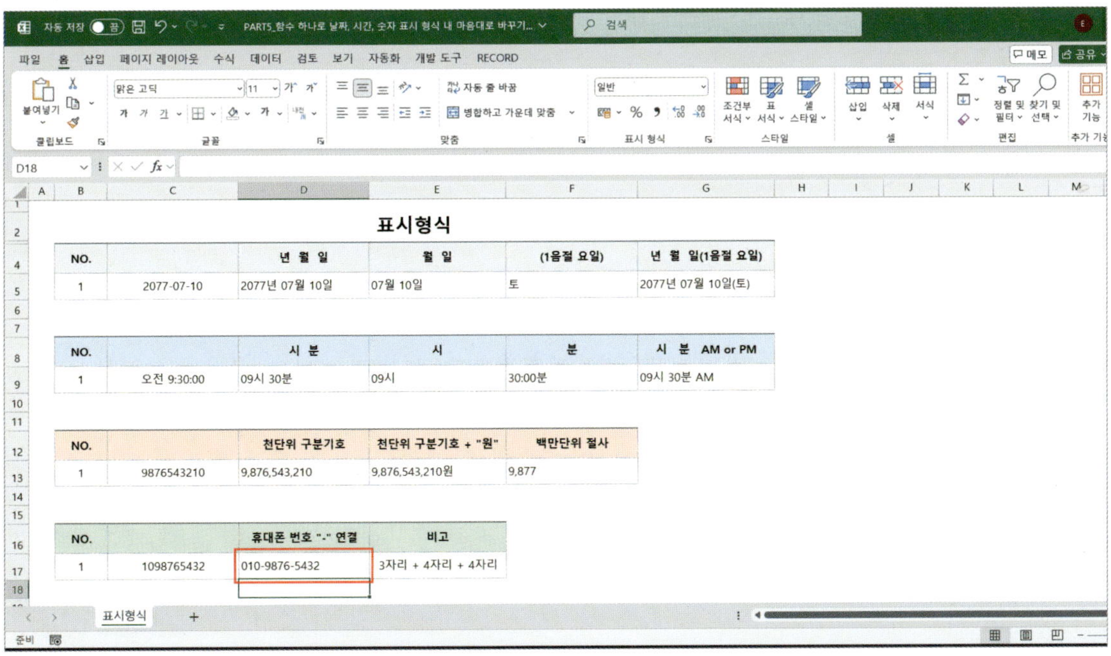

CHAPTER 07

TRUE, FALSE 논리 이용해 분기 매출 비교로 원하는 데이터 출력하기

예제 파일 PART2_7 TRUE, FALSE 논리 이용해 분기 매출비교로 원하는 데이터 출력하기

실무 스킬

엑셀에서 TRUE와 FALSE는 데이터를 처리하고 논리적 조건을 검증하는 데 필수적입니다. 이 두 논리값은 엑셀에서 논리를 바탕으로 다양한 작업을 가능하게 합니다. TRUE는 "참이다, 맞다, 유사하다"는 뜻을 가지고, FALSE는 "거짓이다, 틀리다, 유일하다"라는 뜻으로 사용됩니다. 예를 들어, 엑셀에서 조건이 충족될 때 TRUE를 반환할 수 있고, 반대로 조건이 충족되지 않을 경우 FALSE를 반환합니다. 이 TRUE, FALSE는 논리 함수와 결합하면 강력한 기능을 발휘합니다.

엑셀의 IF 함수가 TRUE와 FALSE를 활용하는 대표적인 함수라 볼 수 있습니다. IF 함수로 TRUE일 때, 반환 값을 특정할 수 있고, FALSE일 때도 마찬가지입니다. TRUE와 FALSE 논리는 특정 문자로 이뤄져 있지만 사칙연산을 적용해 계산을 하면 값이 계산되는데 TRUE는 1, FALSE는 0을 출력합니다. TRUE와 FALSE는 데이터 필터링 기준으로도 사용할 수 있습니다. 필터링을 통해 데이터를 분류하거나 분석을 쉽게 할 수 있습니다. 그리고 TRUE와 FALSE는 데이터 검증에도 매우 유용합니다. 데이터 무결성을 확인하거나 오류를 잡아낼 때 이들을 활용할 수 있습니다. 엑셀에서 TRUE와 FALSE를 활용하면 작업 효율을 극대화할 수 있습니다. 사용 방법을 알아보겠습니다.

TRUE, FALSE 논리값 구조 알아보기

1. 등호+부등호 = A1〉B1 or =A1〈B1, 결과 TRUE or FALSE
2. 등호+등호 = A1=B1, 결과 TRUE or FALSE
3. 사칙연산 적용하기(TRUE=1, FALSE=0)
   1) =TRUE+TRUE, 결과 2, 2) =TRUE+FALSE, 결과 1, 3) =TRUE-TRUE, 결과 0,
   4) =TRUE-FLASE, 결과 1, 5) =TRUE*TRUE, 결과 1, 6) =TRUE/TRUE, 결과 1,
   7) =FALSE*TRUE, 결과 0, 8) = FALSE/TRUE, 결과 0, 9) =FALSE/FALSE, 결과 #DIV/0!

※ FALSE 논리값인 0으로 나눌 경우 무한대값이 출력되므로 나누기 오류, 즉 #DIV/0! 오류가 출력됩니다.

논리값을 계산할 때는 반드시 사칙연산으로 값을 계산해야 숫자 결과값이 출력됩니다.

실무 연습 ❶

[매출비교] 시트에 있는 '1, 2분기 매출비교' 표에서 2분기 매출이 1분기 매출보다 큰 아이템 개수를 구하려 합니다. TRUE, FALSE 논리를 이용해 TRUE값의 합계를 구해 보도록 하겠습니다.

01 F5셀 클릭- '=D5>C5' 입력 후 F22셀까지 복사/붙여넣기합니다.

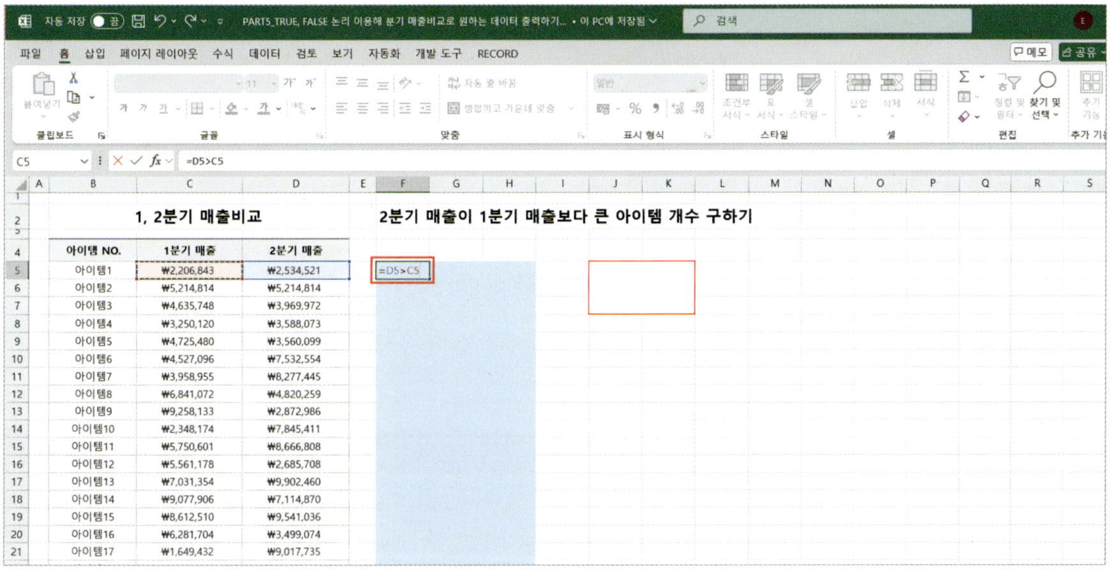

02 F5:F22셀 범위 복사- G5셀 클릭- 마우스 우클릭- 선택하여 붙여넣기- '값' 메뉴를 선택해 붙여넣기합니다.

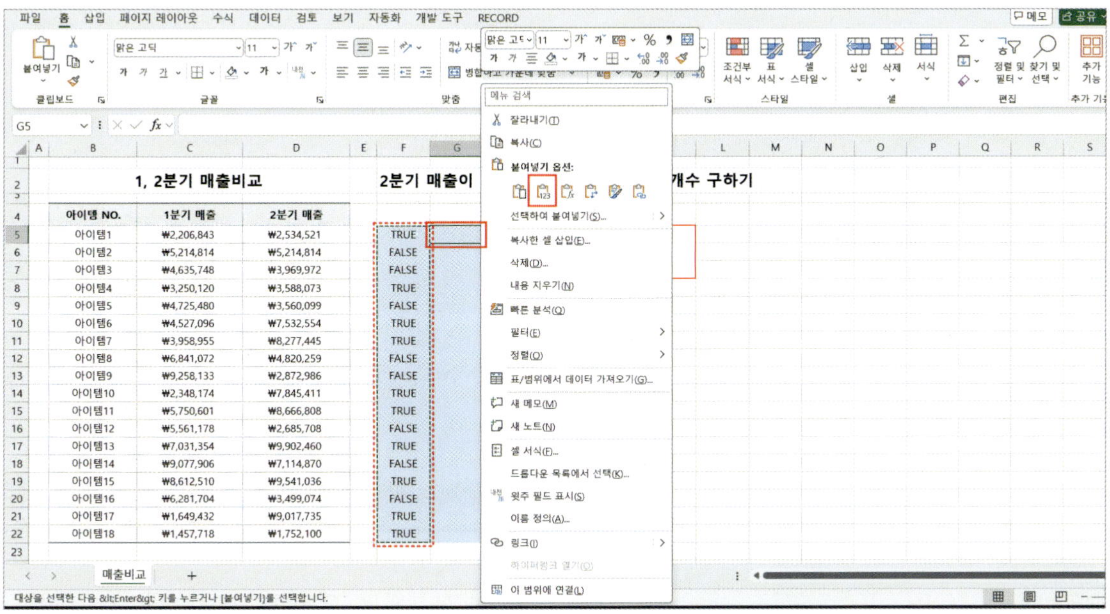

03 H5셀 클릭- '=F5*G5' 입력 후 H22셀까지 복사/붙여넣기합니다.

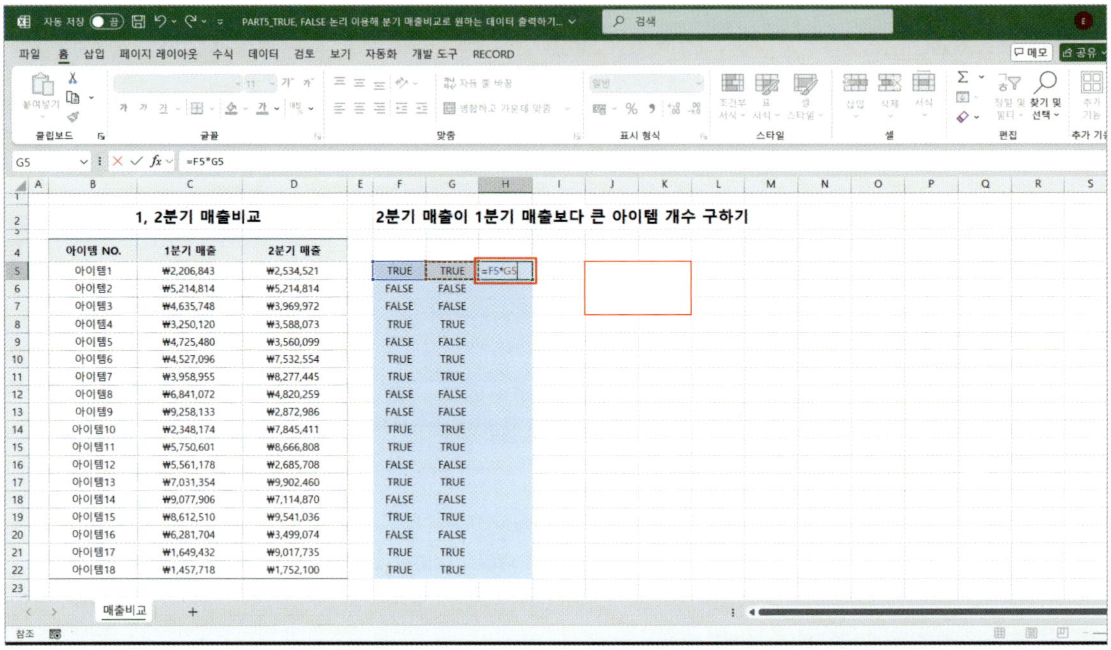

04 J5셀(병합 구간)클릭- '=SUM(H5:H22)' 입력 후 [Enter] 키를 누릅니다.

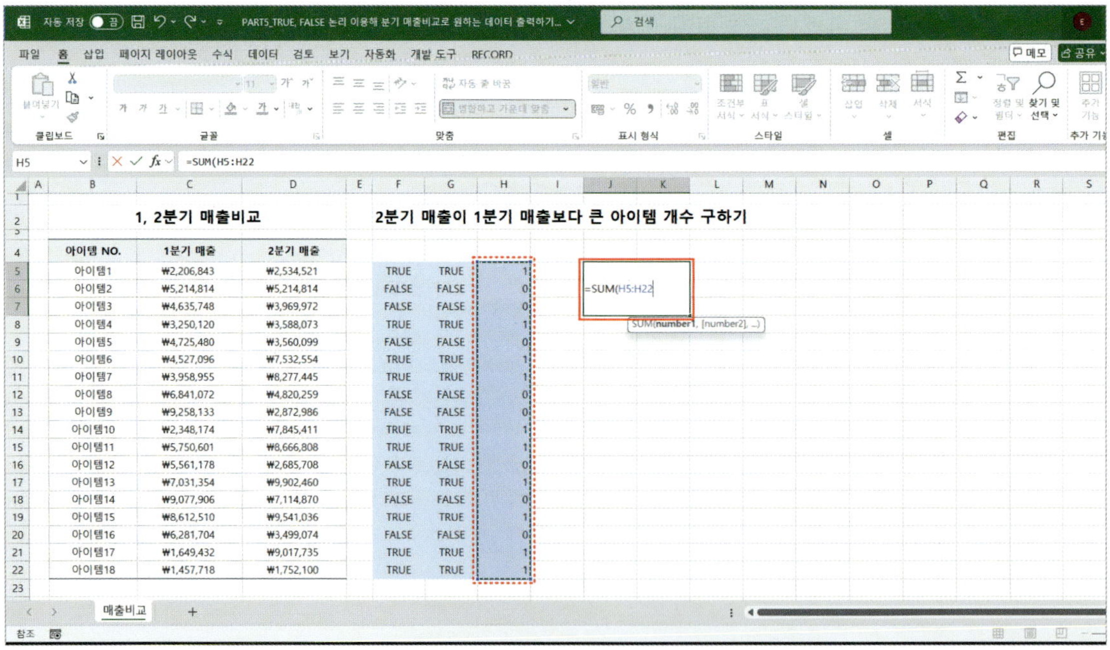

05 2분기 매출이 1분기 매출보다 큰 아이템 개수가, J5셀에 10개로 출력된 결과를 확인합니다.

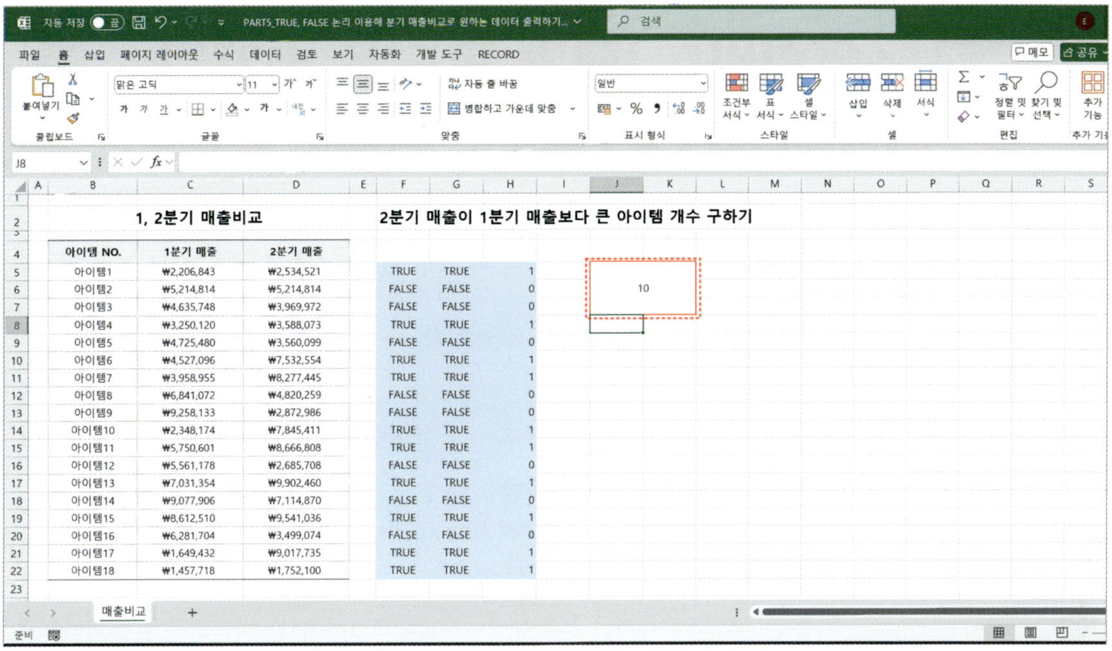

CHAPTER 08

올드 제품코드를 뉴코드1, 뉴코드1+언더바(_)제거 코드로 바꾸기 (SUBSTITUTE 함수)

예제 파일 PART2_8 올드 제품코드를 뉴코드1, 뉴코드1+언더바(_)제거 코드로 바꾸기

실무 스킬

엑셀의 SUBSTITUTE 함수는 텍스트 내 특정 문자열을 다른 문자열로 대체할 때 사용되는 유용한 도구입니다. 이 함수는 텍스트 데이터를 빠르고 정확하게 원하는 변환 작업을 수행할 수 있도록 돕습니다. 특히, 대량의 데이터 처리에서 반복적인 작업을 자동화하거나 텍스트 내용을 유연하게 수정할 때 효과적입니다.

SUBSTITUTE 함수는 특정 단어를 변경하거나 불필요한 기호를 제거하거나, 데이터를 표준화하는 데 적합합니다. 필요에 따라 특정 위치의 문자열만 대체할 수도 있어, 세밀한 조정이 가능합니다. 리본 메뉴에 있는 바꾸기 기능과 유사하지만 더 디테일한 설정이 가능하고 자동화할 수 있다는 장점이 있습니다. 실무에서는 고객 데이터 정리, 보고서 편집, 데이터 비교 등을 처리할 때 널리 활용됩니다. 이 함수는 단순하면서도 직관적인 기능을 제공하여 텍스트 데이터 관리의 효율성을 극대화합니다. 예제를 통해 간단한 사용 방법을 알아보도록 하겠습니다.

SUBSTITUTE 함수는 텍스트 문자열 내에서 특정 문자를 다른 문자로 대체하는 데 사용됩니다.

SUBSTITUTE(text, old_text, new_text, [instance_num])

1. **text**: 바꾸고자 하는 대상이 되는 텍스트를 입력합니다.
2. **old_text**: 새로운 텍스트로 바꾸고자 하는 대상 텍스트를 지정합니다. 대/소문자가 정확하게 일치할 수 있도록 입력합니다.
3. **new_text**: old_text에 입력된 텍스트와 바꾸려는 새로운 텍스트를 입력합니다.
4. **[instance_num]**: 몇 번째 old_text를 바꿀 것인지 지정합니다.

실무 연습 ❶

[제품코드] 시트에서 '올드코드' 목록에서 1. 뉴코드1(EFGH)로 앞 4자리 코드 바꾸기, 2. 뉴코드1+언더바(_)기호 모두 제거하기, 3. 뉴코드1+두 번째 언더바(_)코드만 제거하기 문제를 해결해 보도록 하겠습니다.

뉴코드1(EFGH)로 앞 4자리 코드 바꾸기

01 D5셀 클릭- '=SUBSTITUTE(C5,"ABCD","EFGH")' 입력 후 D22셀까지 복사/붙여넣기합니다.

※ 이때 SUBSTITUTE 함수 4번째 인수 [instance_num]는 대괄호가 있는 생략 가능 인수이기 때문에 생략하고 진행했습니다. 생략하면 기본값 1이 들어가 첫 번째 old_text부터 바꾸겠다는 의미입니다.

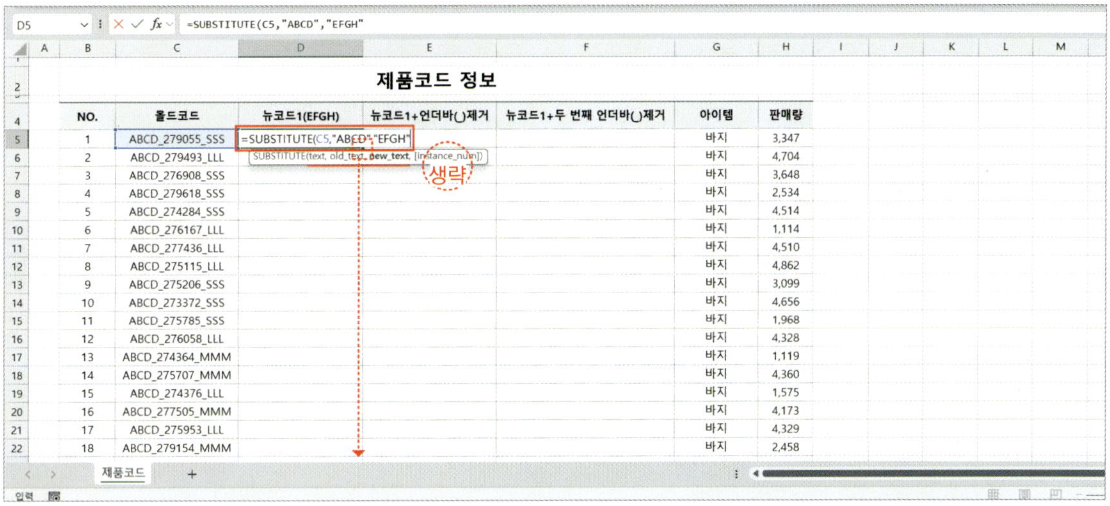

02 올드코드 앞 4자리 영문코드가 D5:D22셀에서 전부 'EFGH'로 변경된 결과를 확인합니다.

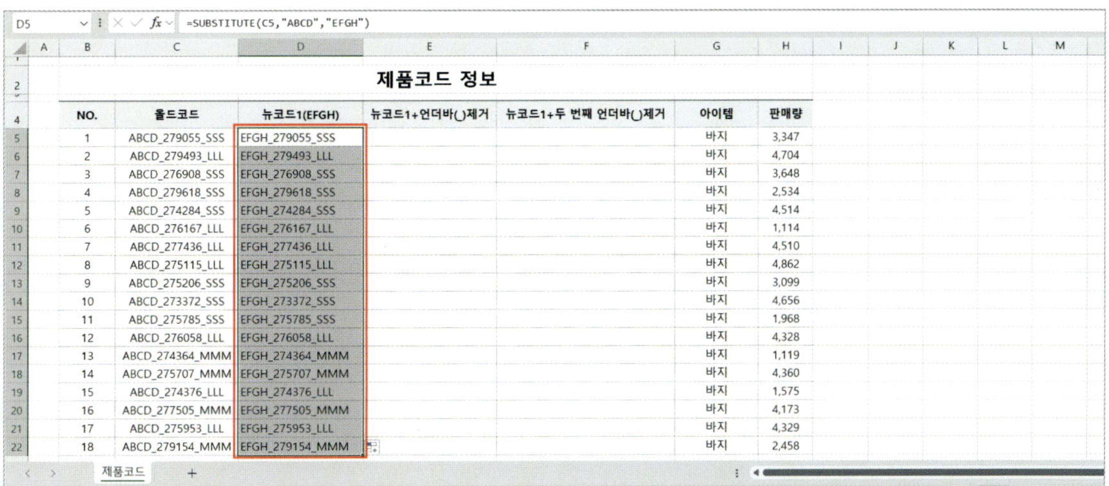

뉴코드1+언더바(_)기호 모두 제거하기

01 E5셀 클릭- '=SUBSTITUTE(D5,"_","")' 입력 후 E22셀까지 복사/붙여넣기합니다.

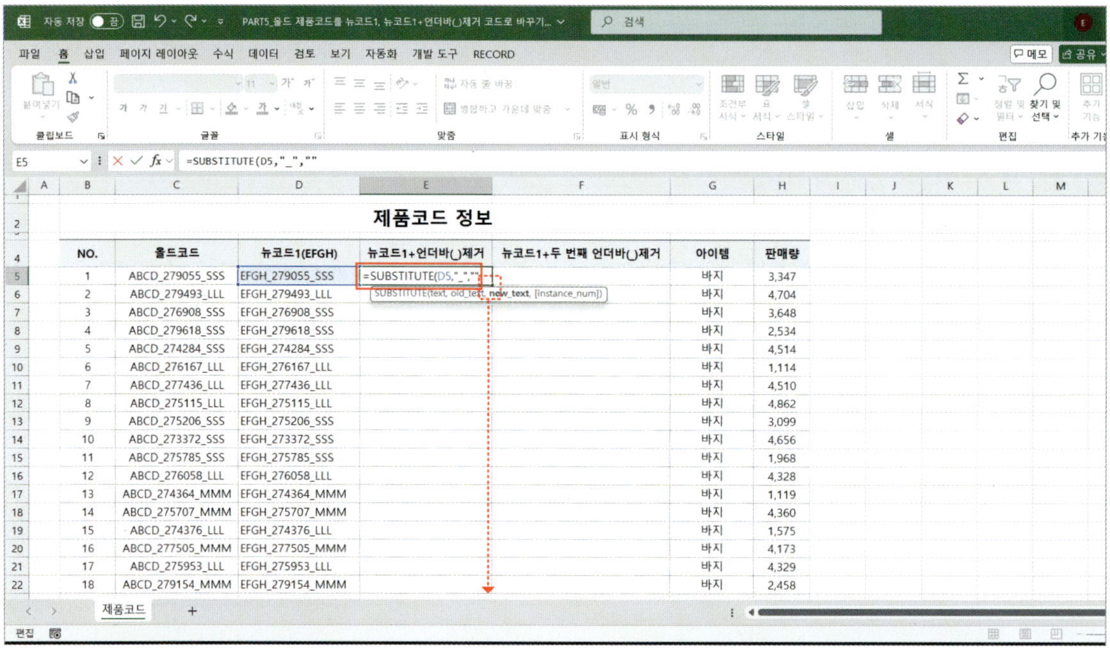

02 뉴코드1에서 언더바(_) 두 개 모두 제거된 결과, E5:E22셀에서 확인합니다.

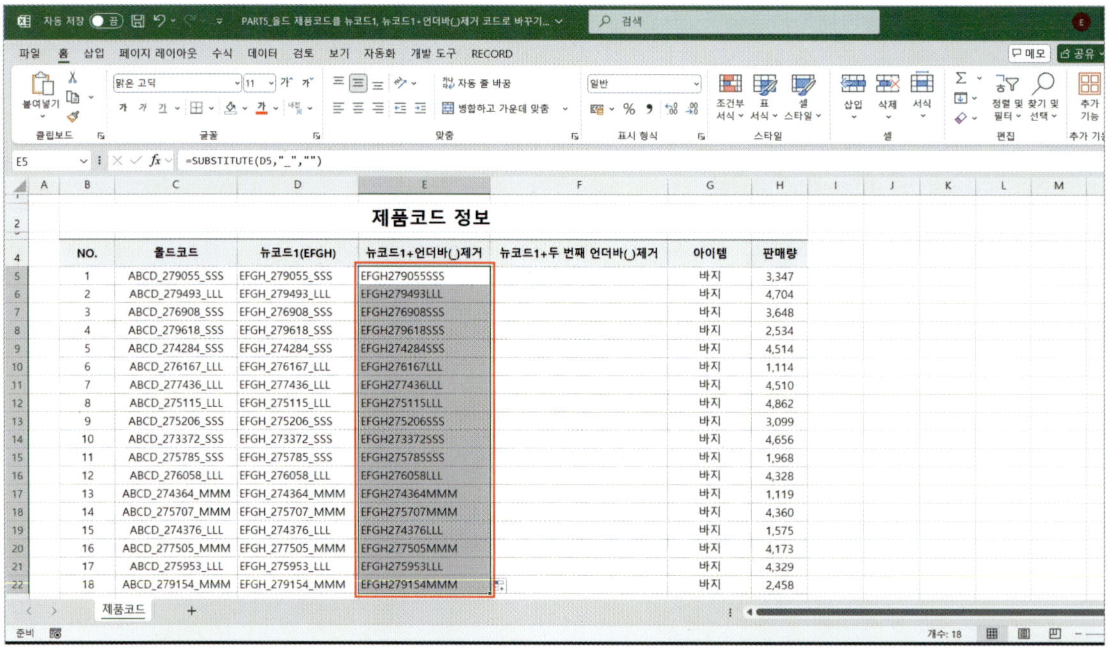

뉴코드1+두 번째 언더바(_)코드만 제거하기

01 F5셀 클릭- '=SUBSTITUTE(D5,"_","",2)' 입력 후 F22셀까지 복사/붙여넣기합니다.

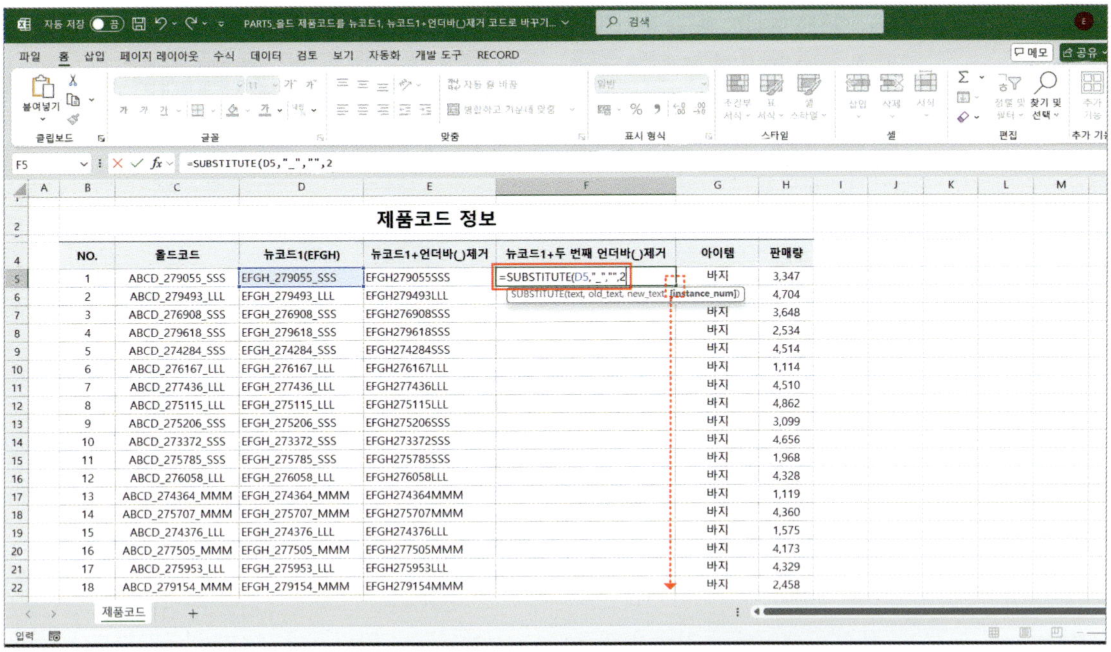

02 첫 번째 언더바(_)만 남아있고 두 번째 언더바(_)만 제거된 F5:F22셀 결과를 확인합니다.

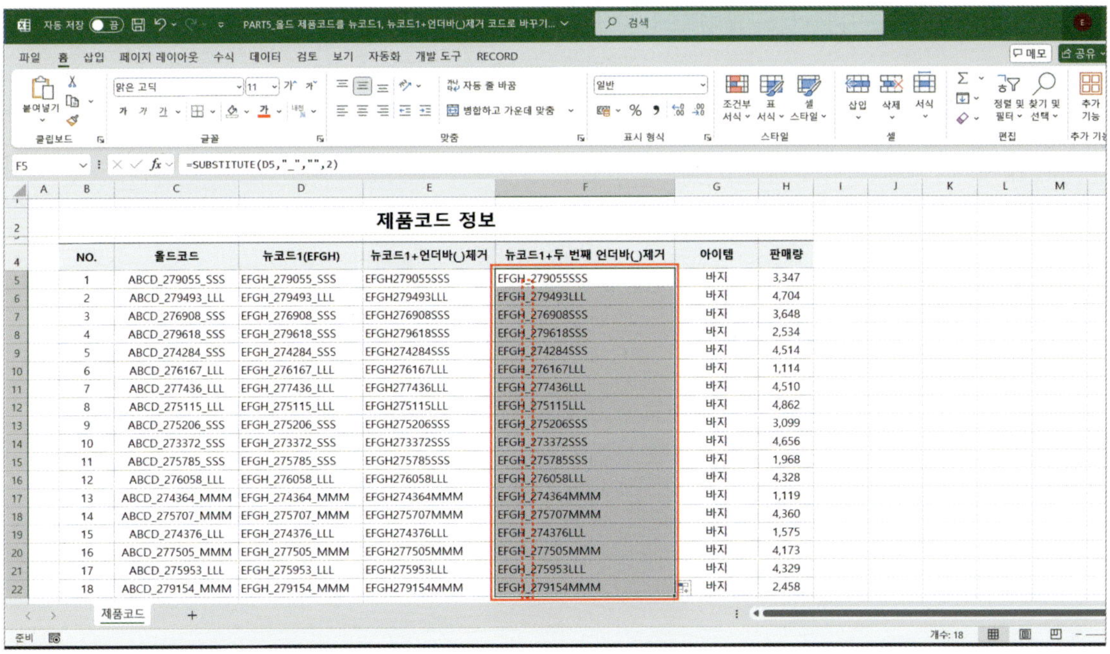

CHAPTER 09

전자제품 중 가장 많이 또는 적게 판매된 순서대로 내림차순 또는 오름차순으로 정렬하기(LARGE, SMALL, ROW, COLUMN 함수)

예제 파일 PART2_9 전자제품 중 가장 많이 또는 적게 판매된 순서대로 내림차순 또는 오름차순으로 정렬하기

실무 스킬

엑셀에서 LARGE, SMALL, ROW, COLUMN 함수는 데이터를 동적으로 정렬하거나 순위를 계산할 때 유용하게 사용할 수 있습니다. 특히, 이 함수들을 조합하면 데이터를 자동으로 증가 또는 감소하는 순서로 처리하는 로직을 손쉽게 만들 수 있습니다. 예를 들어, 특정값들의 순위를 구하거나, 열 또는 행의 순서에 따라 데이터를 배치할 때 효과적입니다.

LARGE와 SMALL 함수는 데이터의 최대값 및 최소값을 동적으로 반환하며, ROW와 COLUMN 함수는 현재 셀의 행 또는 열 번호를 기준으로 반복적인 패턴을 자동화합니다. 이러한 조합은 대량의 데이터를 정렬하거나 순위를 자동으로 업데이트해야 하는 경우 유용한 도구가 됩니다. 또한, 데이터가 추가되거나 수정될 때 순위를 자동으로 조정할 수 있어 효율적입니다. 이번 파트에서는 순번을 하나씩 증가 또는 감소시키는 방법을 알아보도록 하겠습니다.

LARGE(array, k)

LARGE 함수는 데이터 집합에서 n 번째로 큰 값을 반환하는 데 사용됩니다.

1. **array**: k 번째로 큰 값을 결정하는데 필요한 데이터 범위를 지정합니다.
2. **k**: 범위 구간 내에서 몇 번째로 큰 값을 구할 것인지 숫자로 지정합니다.

SMALL(array, k)

SMALL 함수는 데이터 집합에서 n 번째로 작은 값을 반환하는 데 사용됩니다.

1. **array**: k 번째로 작은 값을 결정하는데 필요한 데이터 범위를 지정합니다.
2. **k**: 범위 구간 내에서 몇 번째로 작은 값을 구할 것인지 숫자로 지정합니다.

ROW([reference])

ROW 함수는 특정 셀 또는 범위의 행 번호를 반환하는 함수입니다.

1. [reference]: 행 번호를 구하려는 셀 또는 셀 범위입니다. 생략하면 ROW 함수가 들어 있는 셀의 행 번호를 출력합니다.

※ 대괄호로 묶인 인수는 생략 가능하다는 의미입니다.

COLUMN([reference])

COLUMN 함수는 특정 셀 또는 범위의 열 번호를 반환하는 함수입니다.

1. [reference]: 열 번호를 구하려는 셀 또는 셀 범위입니다. 생략하면 COLUMN 함수가 들어 있는 셀의 열 번호를 출력합니다. A가 알파벳 첫 번째이기 때문에 1로 시작!

EX COLUMN(D5), 결과 4 → A-1, B-2, C-3, D-4……,

※ 대괄호로 묶인 인수는 생략 가능하다는 의미입니다.

실무 연습 ❶

[판매율_1] 시트에서 F열에 있는 세로로 정렬된 정보, '판매량' 목록을 기준으로 전자제품이 판매된 수량을 내림차순 또는 오름차순으로 정렬해 보도록 하겠습니다.

아이템 판매량, 내림차순 정렬하기

01 H5셀 클릭- '=LARGE($F$5:$F$22,ROW()-4)' 입력 후 H22셀까지 복사/붙여넣기합니다.

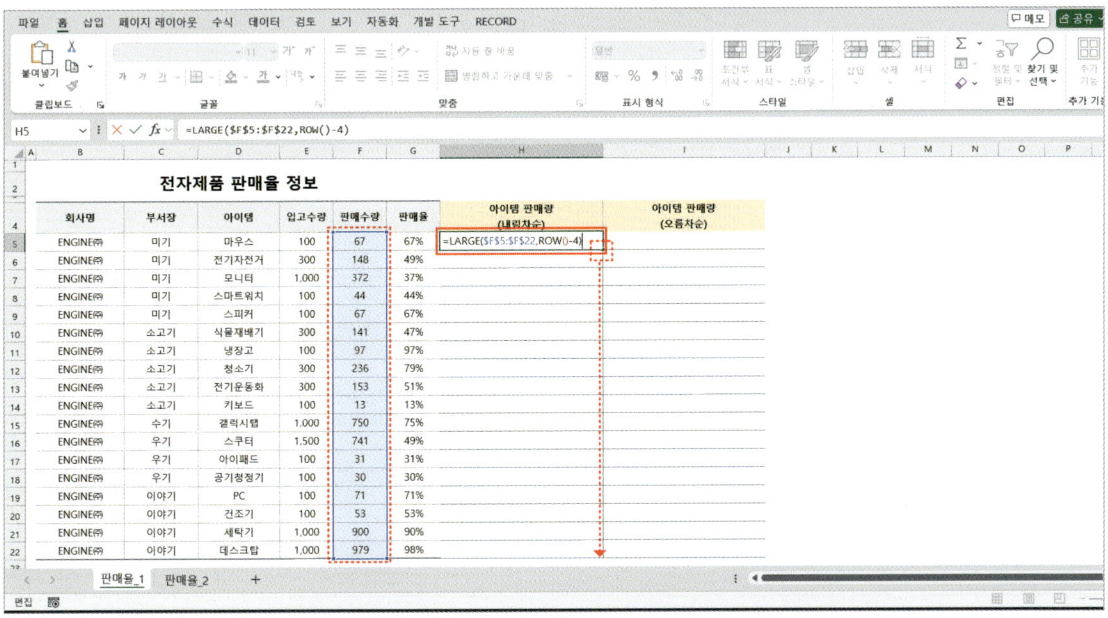

※ ROW()-4, 의미는 현재 H5셀에서 ROW() 함수가 운영되고 있기 때문에 행 번호 5를 출력하게 됩니다. LARGE 함수 두 번째 인수가 1부터 순차적으로 증가하는 구조로 만들기 위해서 ROW()-4를 입력한 구조입니다. 복사/붙여넣기를 진행하게 되면 행 번호가 하나씩 증가하기 때문에 1, 2, 3, 4, 5……. 이런 식으로 1씩 증가하는 순번 구조를 만들 수 있게 됩니다.

02 H5:H22셀 범위에서 가장 큰 숫자인 979를 시작으로 2번째, 3번째……. 큰 숫자들이 내림차순으로 정렬된 결과를 확인합니다.

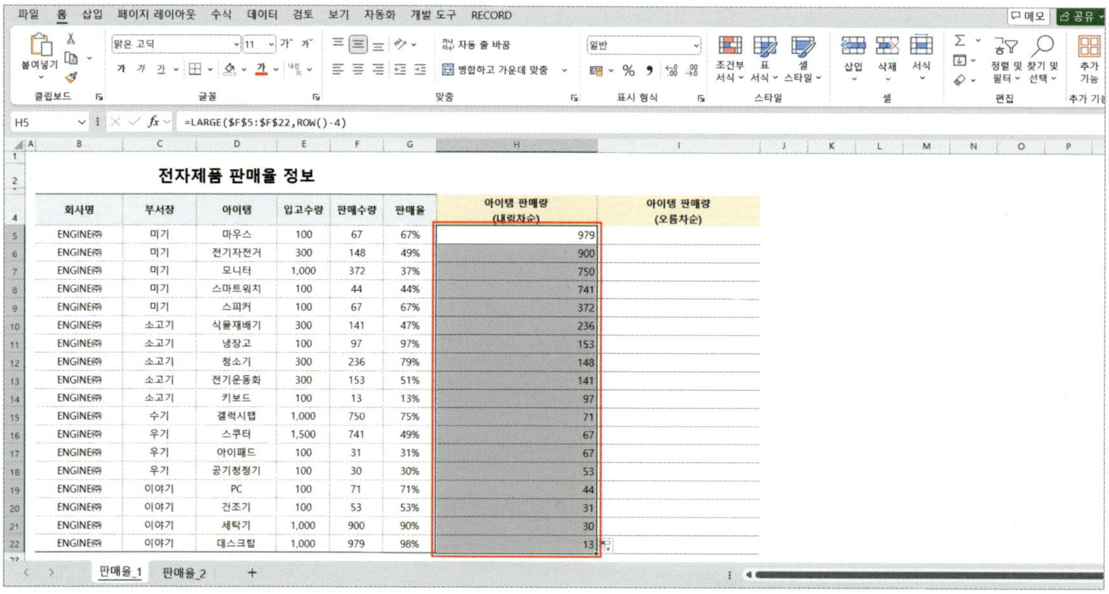

아이템 판매량, 오름차순 정렬하기

01 I5셀 클릭- '=SMALL($F$5:$F$22,ROW()-4)' 입력 후 I22셀까지 복사/붙여넣기합니다.

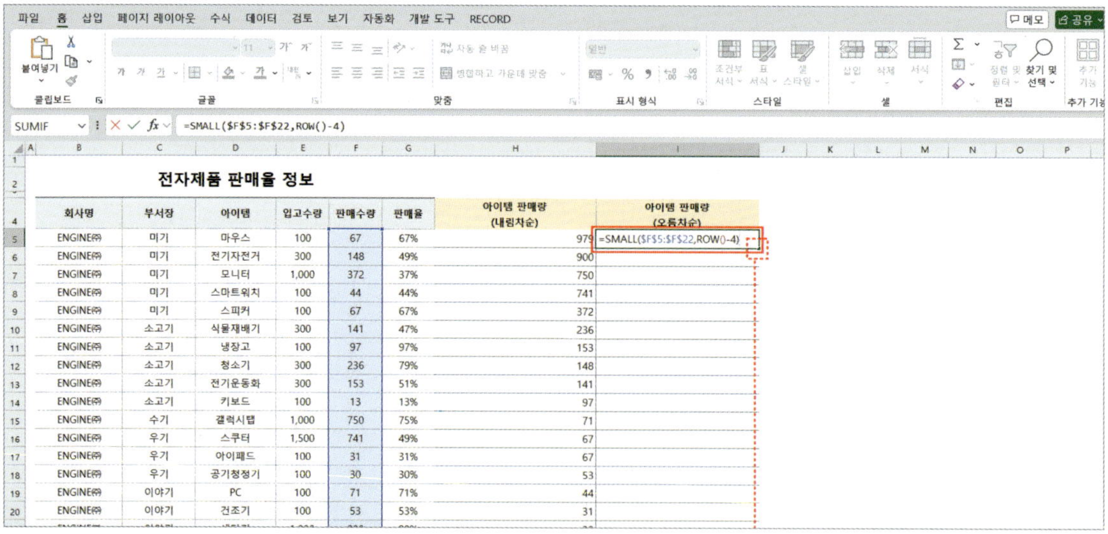

02 I5:I22셀 범위에서 가장 작은 숫자인 13을 시작으로 2번째, 3번째……. 작은 숫자들이 오름차순으로 정렬된 결과를 확인합니다.

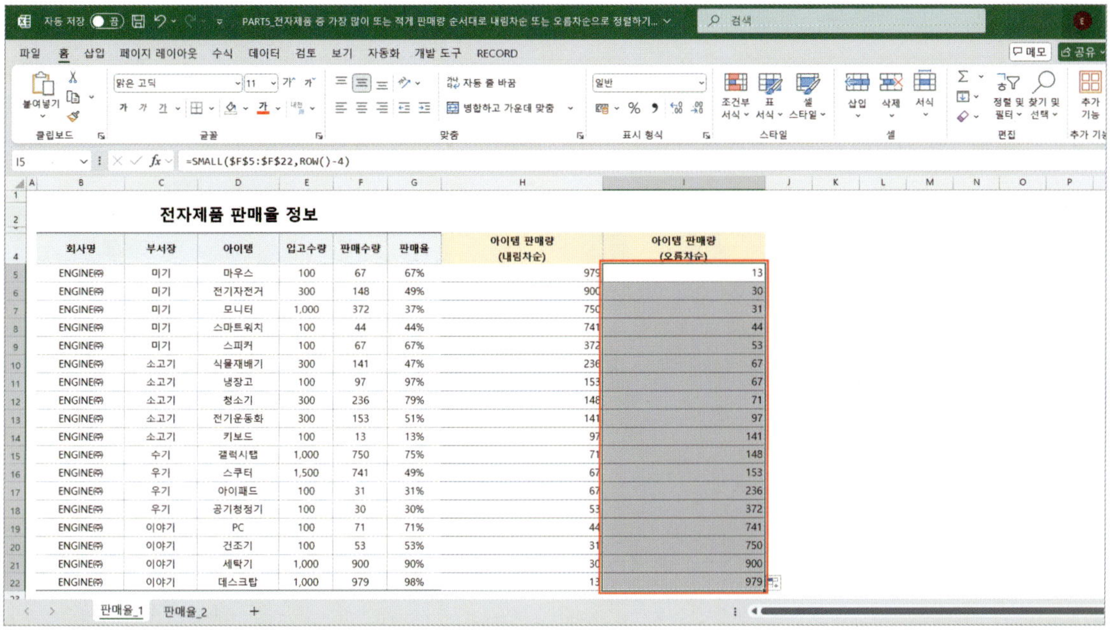

[판매율_2] 시트에서 8행에 있는 가로로 정렬된 정보, '판매량' 목록을 기준으로 전자제품이 판매된 수량을 내림차순 또는 오름차순으로 정렬해 보도록 하겠습니다.

아이템 판매량, 행 방향 내림차순 정렬하기

01 C10셀 클릭- '=LARGE($C$8:$T$8,COLUMN()-2)' 입력 후 T8셀까지 복사/붙여넣기합니다.

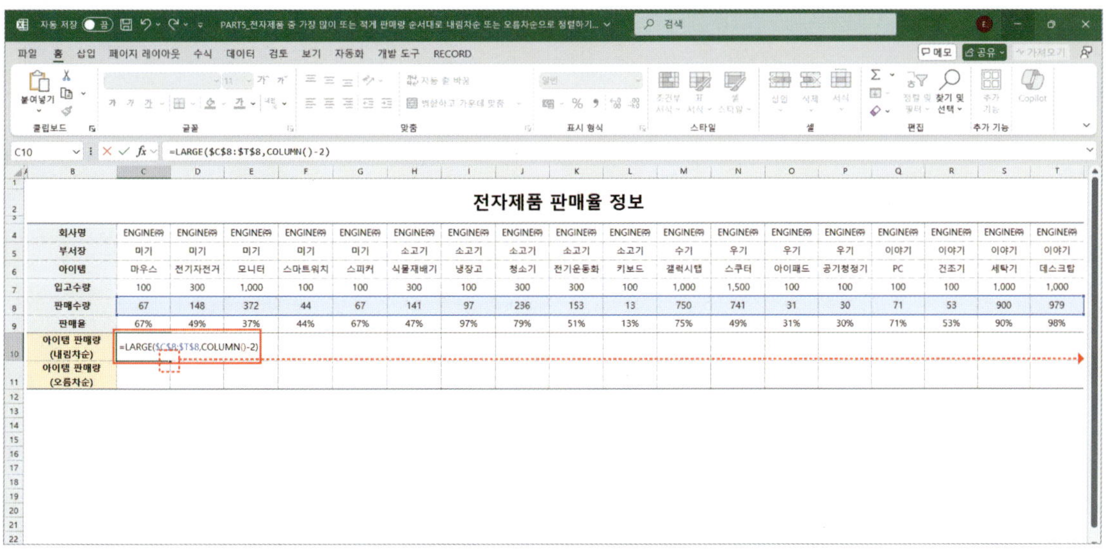

※ COLUMN()-2, 의미는 현재 C10셀에서 COLUMN() 함수가 운영되고 있기 때문에 열 번호 3을 출력하게 됩니다. LARGE 함수 두 번째 인수가 열 방향으로 1부터 순차적으로 증가하는 구조로 만들기 위해서 COLUMN()-2를 입력한 구조입니다. 복사/붙여넣기를 진행하게 되면 열 번호가 하나씩 증가하기 때문에 1, 2, 3, 4, 5……. 이런 식으로 1씩 증가하는 순번 구조를 만들 수 있게 됩니다.

02 C10:T10셀 범위에서 가장 큰 숫자인 979를 시작으로 2번째, 3번째……. 큰 숫자들이 내림차순, 행 방향으로 정렬된 결과를 확인합니다.

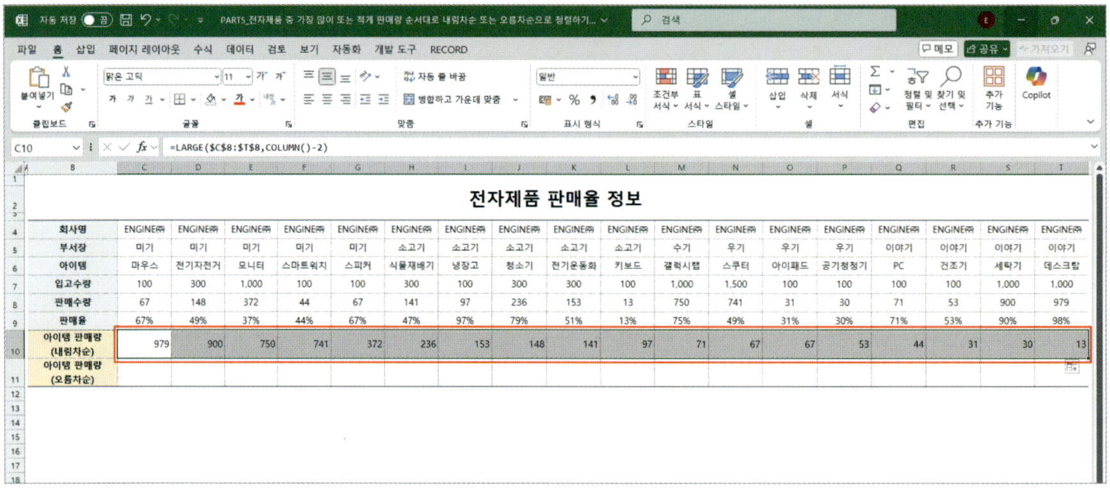

아이템 판매량, 행 방향 오름차순 정렬하기

01 C11셀 클릭- '=SMALL($C$8:$T$8,COLUMN()-2)' 입력 후 T8셀까지 복사/붙여넣기합니다.

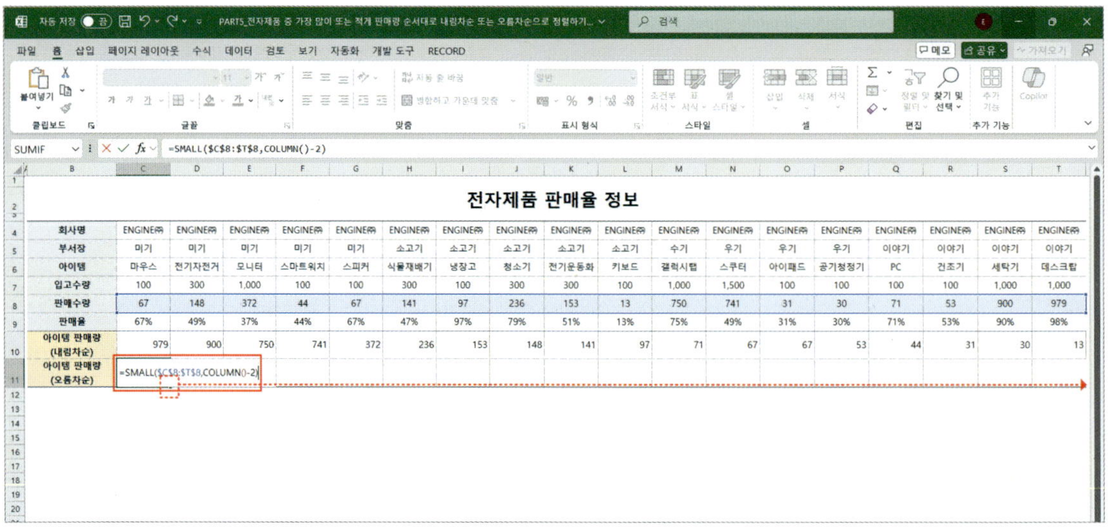

02 C8:T8셀 범위에서 가장 작은 숫자인 13을 시작으로 2번째, 3번째……. 작은 숫자들이 오름차순, 행 방향으로 정렬된 결과를 확인합니다.

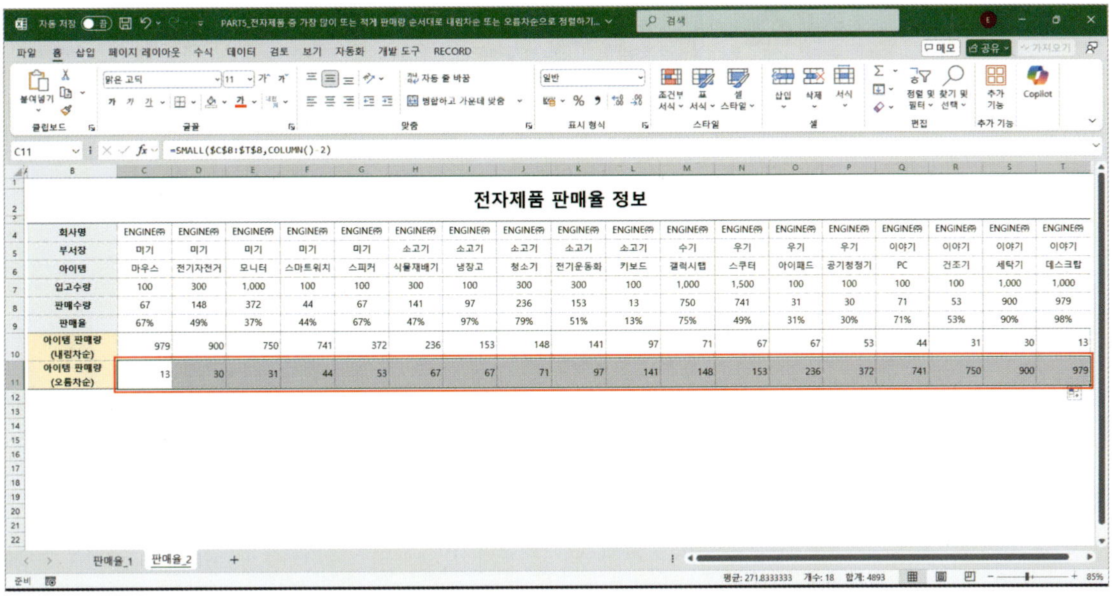

CHAPTER 10

글꼴과 함수 하나만 이용해 영어 시험점수, 상대적 크기 가로형 막대 그래프로 나타내기(REPT 함수)

예제 파일 PART2_10 글꼴과 함수 하나만 이용해 영어 시험점수, 상대적 크기 가로형 막대 그래프로 나타내기

실무 스킬

엑셀에서 REPT 함수와 특정 글꼴을 활용하면 데이터 시각화를 간단한 방식으로 구현할 수 있습니다. 특히, 가로형 막대 그래프는 숫자 데이터를 텍스트 기반으로 시각화할 때 유용합니다. REPT 함수는 텍스트 문자열을 지정된 횟수만큼 반복하여 출력하므로, 데이터 값에 따라 막대의 길이를 동적으로 조정할 수 있어 상대적인 크기를 나타내는데 도움이 됩니다. 여기에 적합한 글꼴인 'Britannic Bold'를 적용하면 깔끔하고 직관적인 가로형 막대 그래프를 만들 수 있습니다. 이 방법은 데이터를 빠르게 비교하거나, 프레젠테이션 자료에서 간단한 그래프를 보여줄 때 매우 유용합니다. 고급 차트 기능 없이 텍스트만으로 효과적인 데이터 시각화를 구현할 수 있습니다. 간단한 사용 방법 예제를 통해 알아보겠습니다.

REPT(text, number_times)

REPT 함수는 텍스트 문자열을 지정한 횟수만큼 반복하여 표시하는 데 사용되는 함수입니다.

1. text: 반복하려는 텍스트를 지정합니다.
2. number_times: 지정한 텍스트를 몇 번 반복할 건지 숫자로 횟수를 입력합니다.

글꼴과 막대 차트

Britannic Bold 같은 글꼴을 엑셀에서 막대그래프 형태로 활용할 수 있는 이유는 글꼴의 고정 폭과 굵기 때문입니다. 이와 같은 글꼴은 각 문자나 기호의 크기가 일정하기 때문에 데이터 시각화를 위해 특정 기호를 반복해서 사용할 경우 그래프처럼 보이는 효과를 얻을 수 있습니다.

실무 연습 ❶

[영어 점수] 시트에서 성적을 기준으로 전체 반 구성원의 상대적인 점수 크기를 가로 막대형 차트로 만들어 보겠습니다.

01 D5셀 클릭- '=REPT("|",C5)' 입력 후 D24셀까지 복사/붙여넣기합니다.

※ "|", 이 기호는 버티컬 바 기호로 [Enter] 키와 백스페이스 사이에 있습니다.

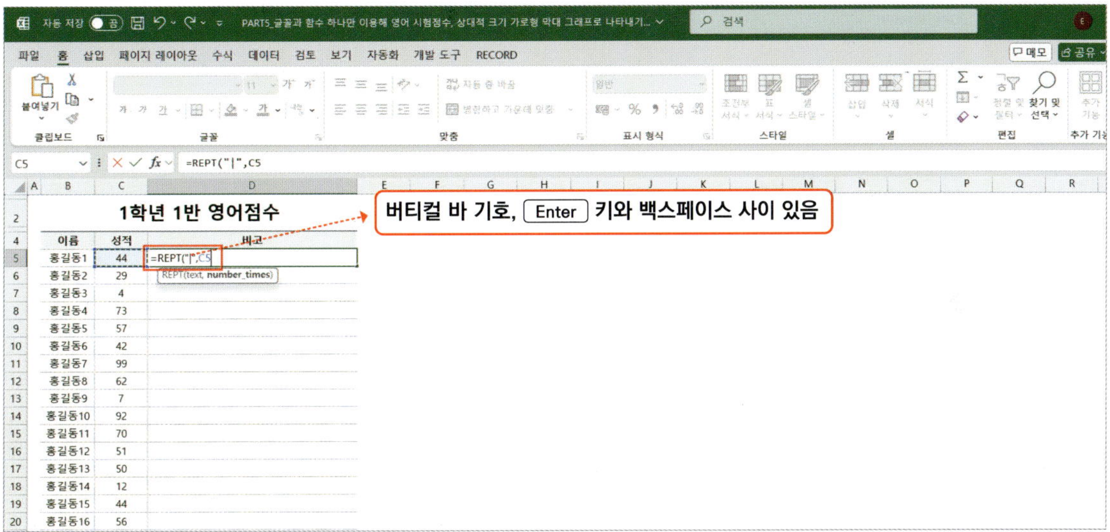

02 복사/붙여넣기한 범위 전체가 범위 지정된 상태에서 글꼴 오른쪽 탭- 'bri'까지만 입력한 후 Britannic Bold체를 선택합니다.

※ 이때 차례가 바뀌면 해당 글꼴을 찾는데 시간이 걸릴 수 있습니다. 위 순서를 잘 지켜 글꼴을 찾아 주세요.

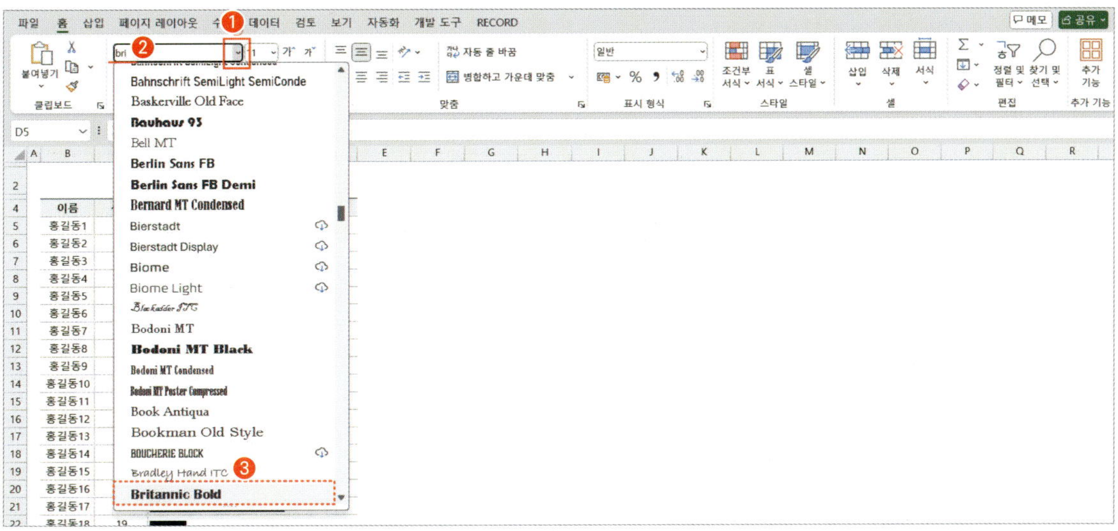

03 D5:D24셀 범위, 영어 점수 상대적인 크기가 가로형 막대 차트로 출력된 결과를 확인합니다.

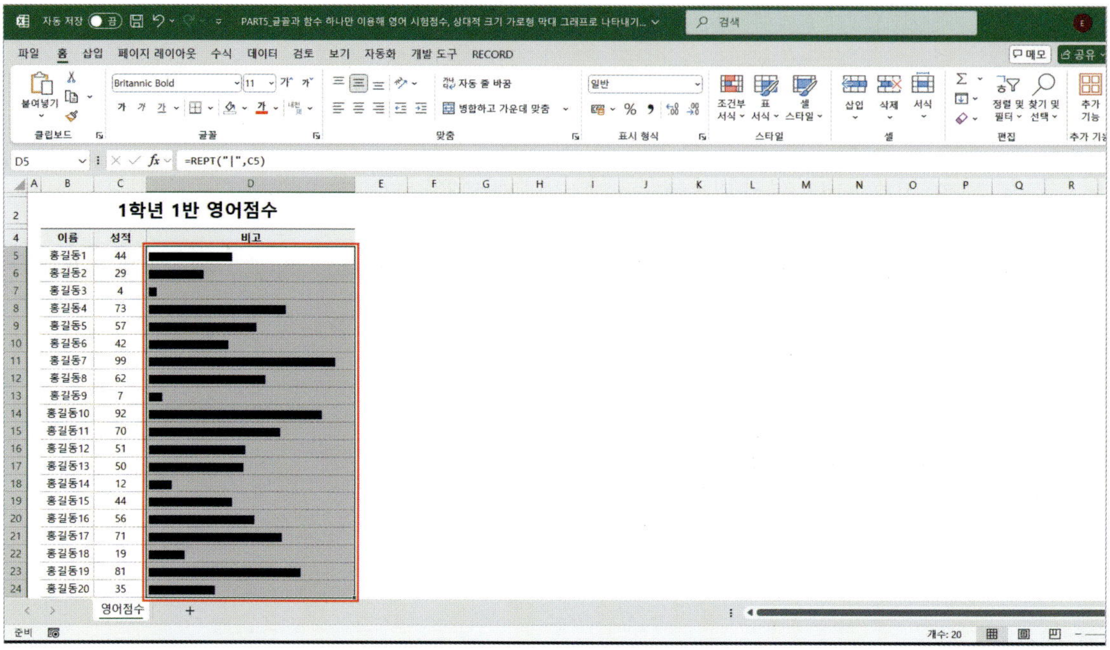

CHAPTER 11

텍스트 앞, 뒤에 안보이는 공백 제거, 중간 띄어쓰기된 공백 개수 구하기 (LEN, TRIM, SUBSTITUTE 함수)

예제 파일 PART2_11 텍스트 앞, 뒤에 안보이는 공백 제거하고 중간 띄어쓰기된 공백 개수 구하기

실무 스킬

엑셀의 LEN, TRIM, SUBSTITUTE 함수를 조합하면 텍스트 데이터에서 공백의 개수를 효과적으로 계산할 수 있습니다. 이러한 함수 조합은 데이터 정리 및 분석 과정에서 불필요한 공백을 처리하거나, 텍스트 내 공백의 수를 정확히 파악하는 데 유용합니다.

LEN 함수는 문자열의 전체 길이를 반환하고, TRIM 함수는 텍스트의 선행 또는 후행 공백을 제거하며, SUBSTITUTE 함수는 특정 문자를 대체해 공백을 제거하는 데 사용됩니다. 이 세 가지를 결합하면 원본 텍스트에서 공백의 개수를 계산하는 로직을 구현할 수 있습니다. 이 접근법은 텍스트 데이터 정리 및 관리 작업에서 유용한 도구로 활용할 수 있으며, 특히 데이터베이스 관리나 보고서 작성 시 유용합니다. 이 세 가지 함수를 중첩해 공백 개수를 구하는 방법을 알아보도록 하겠습니다.

LEN(text)

LEN 함수는 텍스트 문자열의 길이(문자 수)를 계산하는 데 사용됩니다.

1. **text**: 전체 텍스트 길이를 음절 수로 나타냅니다. 숫자, 문자, 기호, 띄어쓰기를 모두 포함해 개수를 카운팅합니다.

TRIM(text)

TRIM 함수는 텍스트 문자열에서 선/후행 불필요한 공백을 제거하는 데 사용됩니다.

1. **text**: 선행 또는 후행 공백을 제거할 텍스트를 입력합니다.

※ 중간에 있는 공백은 제거하지 않습니다.

SUBSTITUTE(text, old_text, new_text, [instance_num])

SUBSTITUTE 함수는 텍스트 문자열에서 특정 문자를 다른 문자로 치환하는 데 사용됩니다.

1. text: 바꾸고자 하는 대상이 되는 텍스트를 입력합니다.
2. old_text: 새로운 텍스트로 바꾸고자 하는 대상 텍스트를 지정합니다. 대/소문자가 정확하게 일치할 수 있도록 입력합니다.
3. new_text: old_text에 입력된 텍스트와 바꾸려는 새로운 텍스트를 입력합니다.
4. [instance_num]: 몇 번째 old_text를 바꿀 것인지 지정합니다.

실무 연습 ❶

[공백개수] 시트에서 ❶ B열 '기준문자' 목록을 대상으로 전체 문자 길이를 파악하고, ❷ D열 선행과 후행에 있는 공백을 제거한 문자 길이를 출력합니다. 그리고 ❸ 선행과 후행 공백이 제거된 D열 목록을 대상으로 단어 사이 공백을 제거하고 문자 길이를 출력합니다. 그리고 나서 ❹ 최종적으로 H열 '글자 사이 공백 개수'를 구해 보도록 하겠습니다.

01 B열 '기준 문자' 목록을 대상으로 전체 문자 길이를 파악해 보겠습니다.
❶ C5셀 클릭- '=LEN(B5)' 입력 후 C13셀까지 복사/붙여넣기합니다.

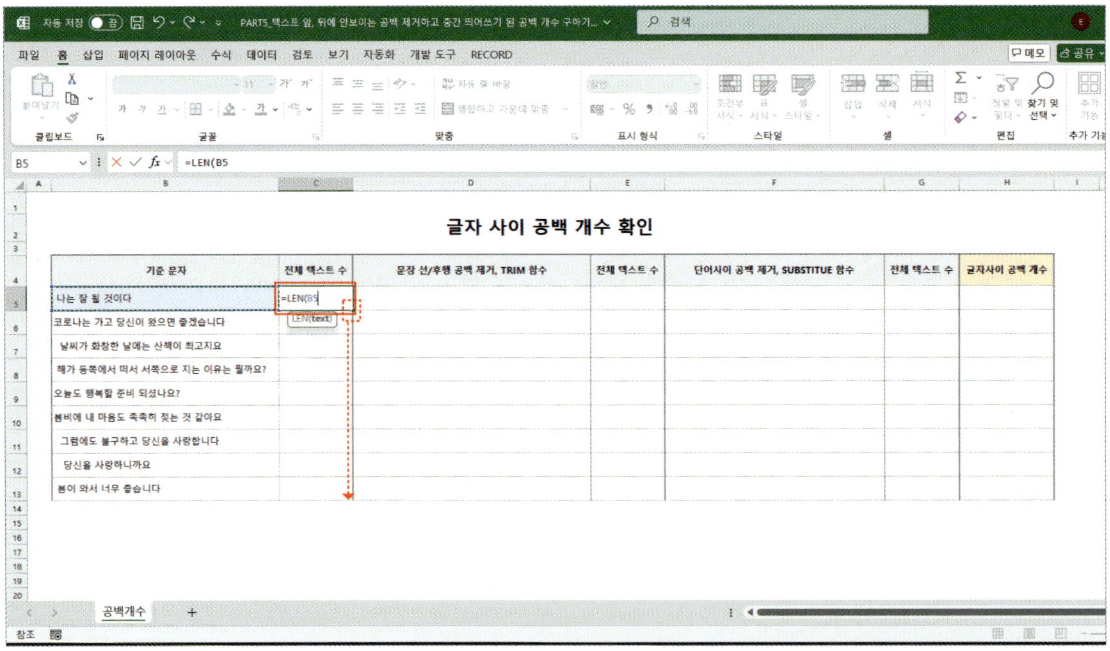

❷ C5:C13셀 범위에 출력된 전체 문자 길이를 숫자로 확인합니다.

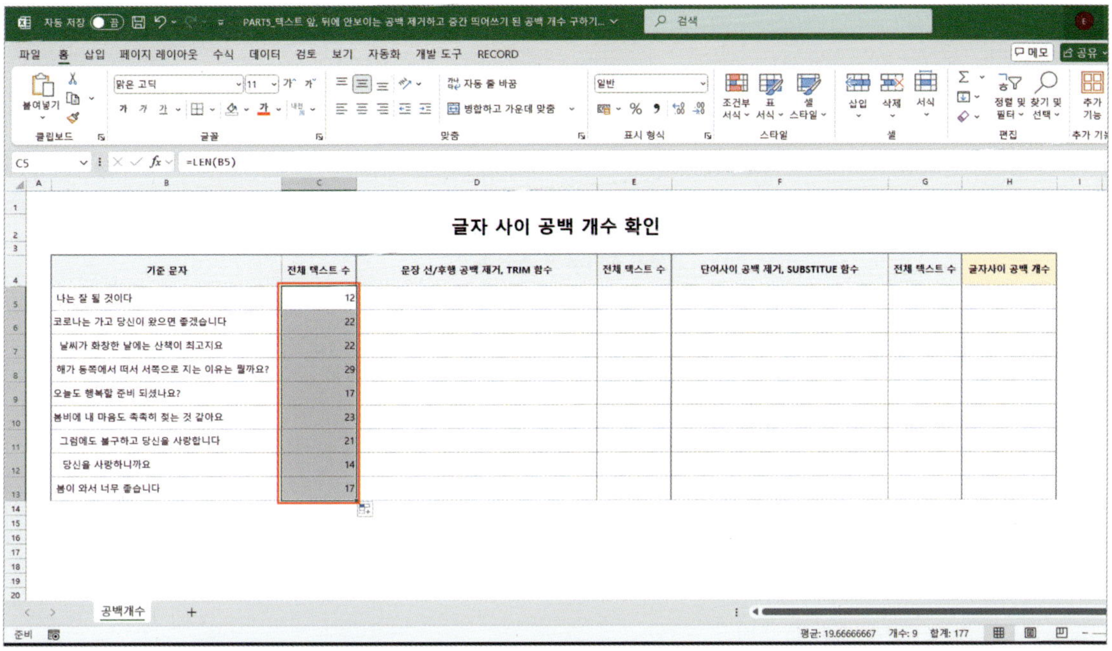

※ B5셀- '나는 잘 될 것이다', 문장에서 눈에 보이는 음절 수, 7개 + 단어 사이 공백 개수 3개로 총 텍스트 길이는 10개입니다. 그렇지만 LEN 함수 결과값은 12개로 선/후행 양쪽 공백 개수를 포함한 결과값이 출력이 되었다는 것을 알 수 있습니다.

02 선행과 후행에 있는 공백을 제거한 문자 출력 및 음절 수를 파악해 보겠습니다.

❶ D5셀 클릭- '=TRIM(B5)' 입력 후 D13셀까지 복사/붙여넣기합니다.

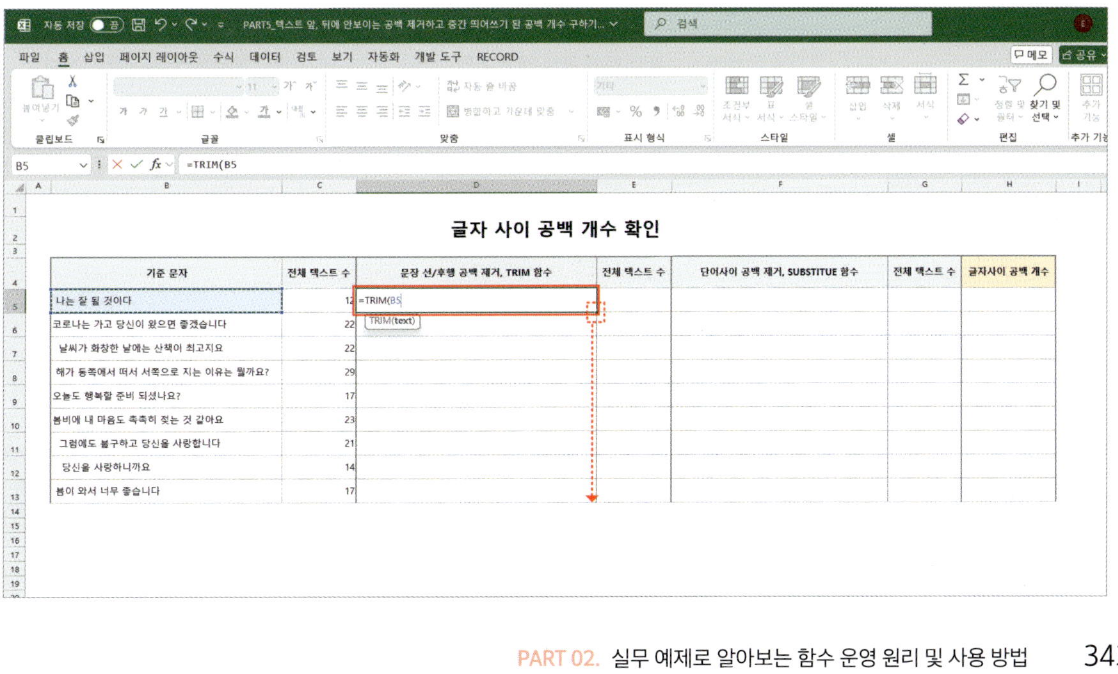

❷ D5:D18셀 범위에 선/후행 공백이 제거된 결과를 확인한 후, E5셀 클릭- '=LEN(D5)' 입력 후 E13셀까지 복사/붙여넣기합니다.

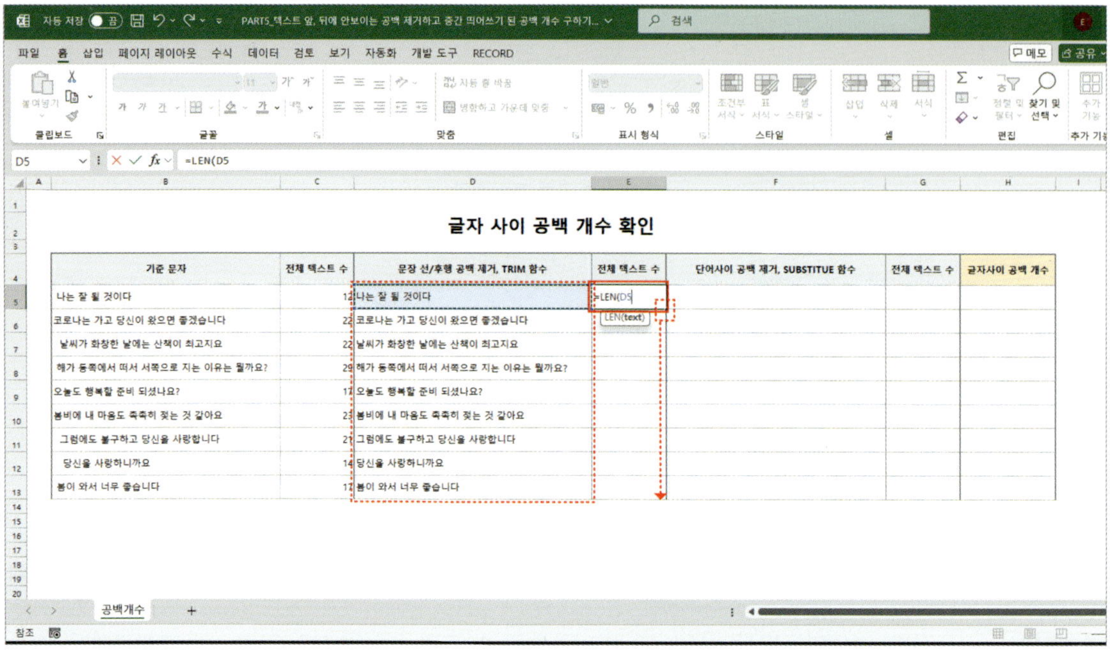

❸ E5:E13셀 범위에 선/후행 공백이 제거된 음절 수가 숫자로 출력된 결과를 확인합니다.

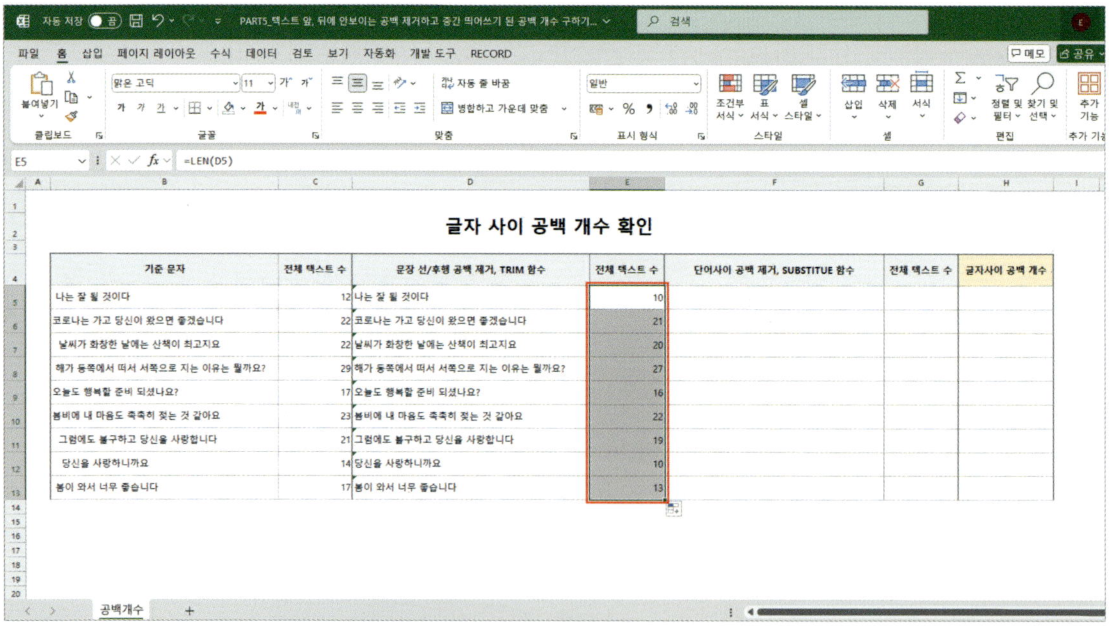

※ B5셀- '나는 잘 될 것이다', 문장에서 눈에 보이는 음절 수, 7개 + 단어 사이 공백 개수 3개로 총 텍스트 길이는 10개입니다. 그렇지만 LEN 함수 결과값은 12개로 선/후행 양쪽 공백 개수를 포함한 결과값이 출력이 되었다는 것을 알 수 있습니다.

03 선행과 후행 공백이 제거된 D열 목록을 대상으로 단어 사이 공백을 제거하겠습니다.

❶ 선/후행 공백이 제거된 D열에 출력된 문장의 단어 사이 공백을 제거하기 위해, F5셀 클릭-'=SUBSTITUTE(D5," ","")' 입력 후 F13셀까지 복사/붙여넣기합니다.

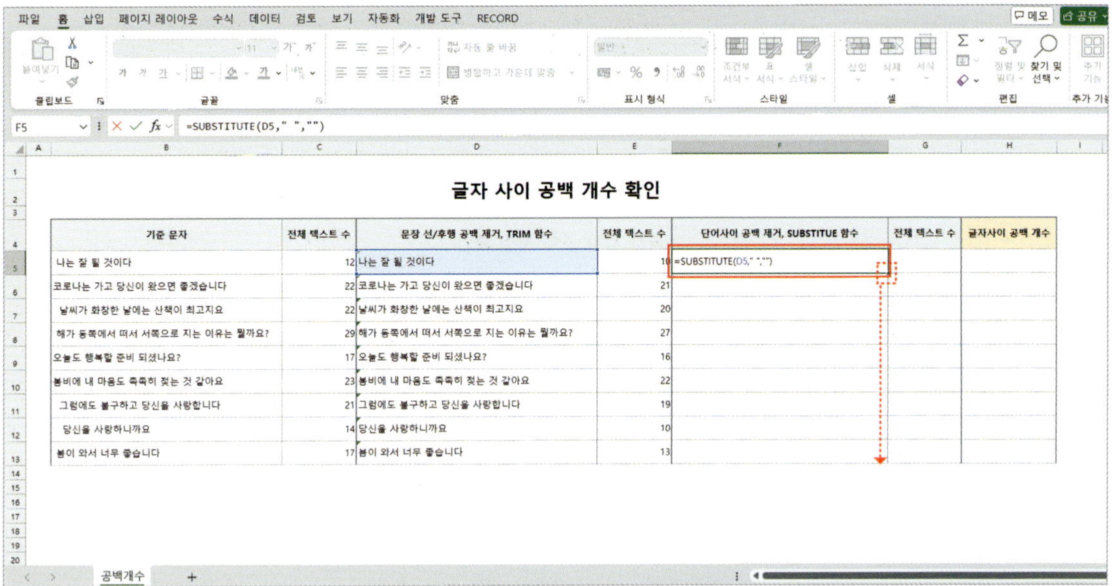

※ '=SUBSTITUTE(D5," ","")', D5셀의 " "(공백)을 찾아 ""(공백 없음)으로 텍스트를 대체하겠다는 의미입니다.

❷ F5:F13셀 범위에 단어 사이 공백이 제거된 문장을 확인한 후, G5셀 클릭- '=LEN(F5)' 입력 후 G13셀까지 복사/붙여넣기합니다.

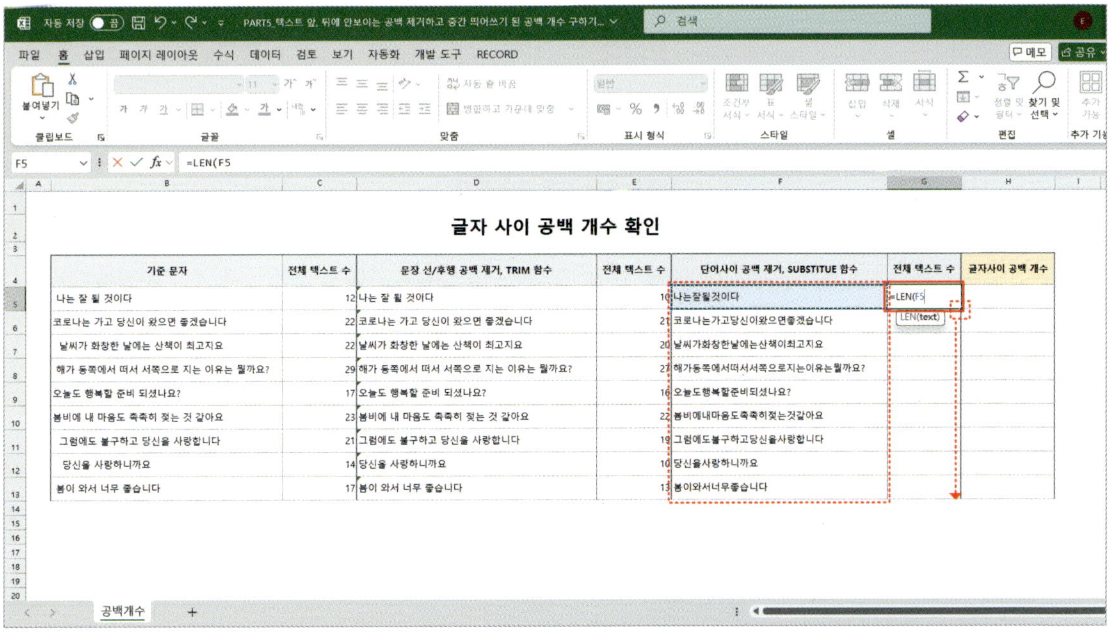

04 최종적으로 H열 '글자사이 공백 개수'를 구해 보도록 하겠습니다.

❶ H5셀 클릭- 선/후행 공백 제거된 문자 길이 출력된 E5에서 단어 사이 공백이 제거된 G5셀을 빼기합니다. '=E5-G5' 입력 후 H13셀까지 복사/붙여넣기합니다.

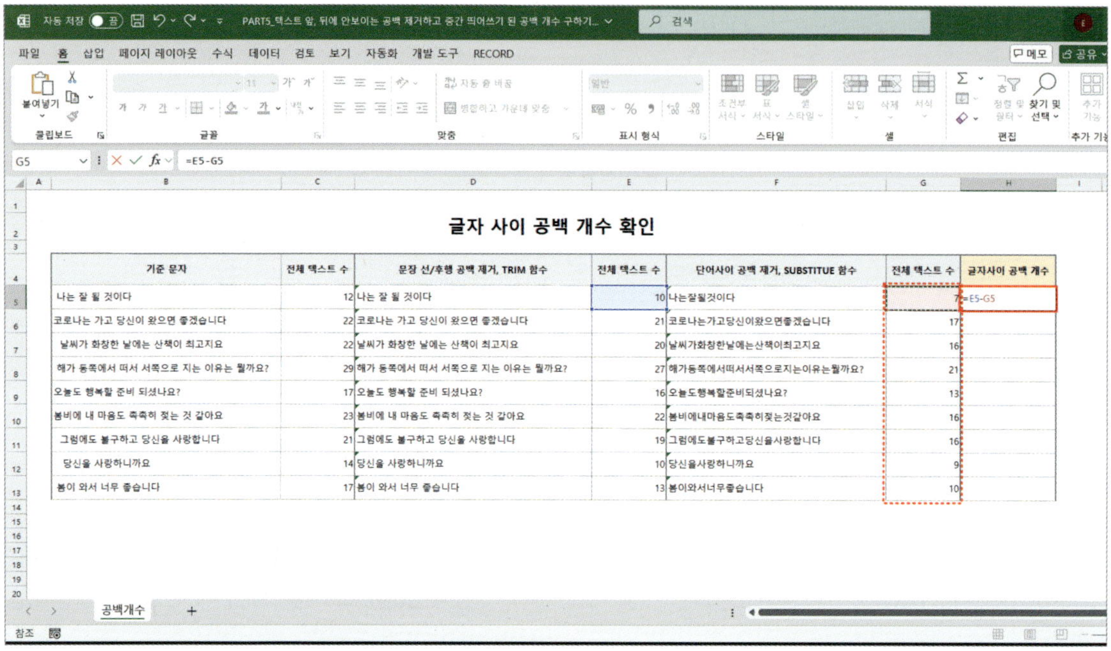

❷ H5:H13셀 범위에 단어 사이 공백 개수 결과값이 출력된 결과를 확인합니다.

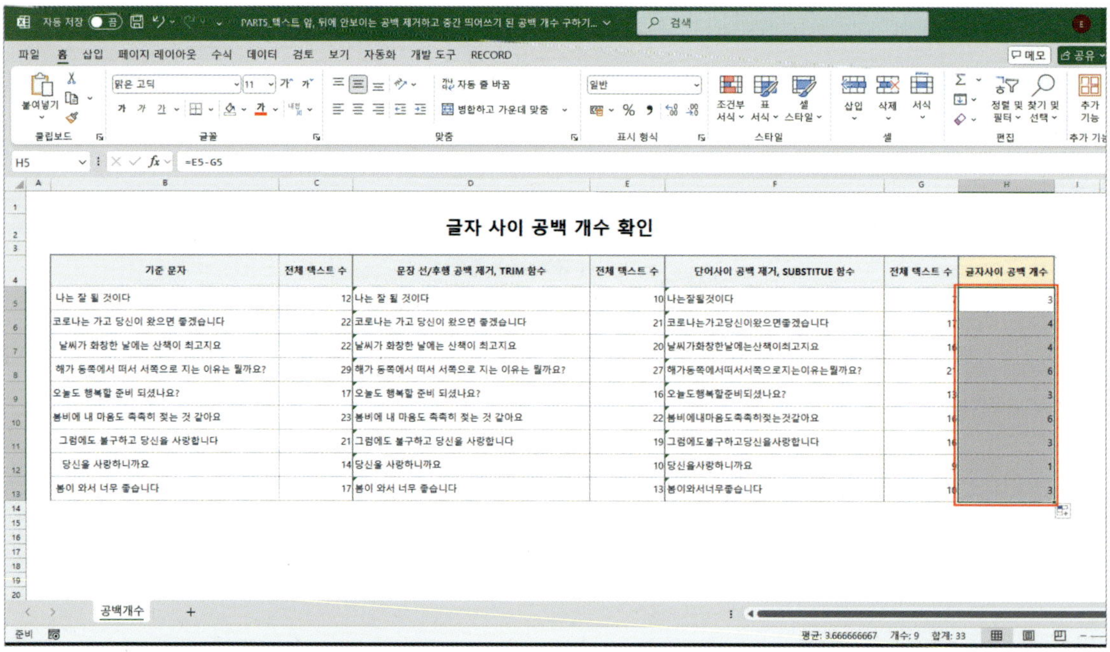

TIP 텍스트의 선행 또는 후행 공백이 의도치 않게 발생하는 이유는 여러 가지가 있습니다:

1. **데이터 입력 오류:** 수작업으로 데이터를 입력하는 동안 실수로 공백이 추가될 수 있습니다. 특히 복사 및 붙여넣기 과정에서 공백이 추가되는 경우가 흔합니다.

2. **파일 형식의 문제:** 다른 소프트웨어에서 데이터를 가져오거나 변환할 때, 텍스트 앞뒤에 공백이 자동으로 삽입되기도 합니다.

3. **자동 서식 설정:** 일부 텍스트 편집 도구나 데이터베이스에서 텍스트를 정렬하거나 서식화하는 동안 공백이 의도치 않게 추가될 수 있습니다.

4. **사용자 습관:** 데이터를 입력할 때 빠르게 작업하기 위해 키를 잘못 눌러 공백을 추가하거나, 습관적으로 띄어쓰기를 잘못 사용하는 경우가 있습니다.

5. **데이터 처리 중 생기는 오차:** 데이터를 병합하거나 분리하는 작업 중, 특수 기호와 함께 공백이 생성될 수 있습니다.

6. **엑셀 함수 사용:** 특정 텍스트 함수 사용 시, 공백을 정확히 처리하지 않으면 결과에 의도하지 않은 공백이 포함될 수 있습니다.

7. **데이터 소스의 문제:** 외부 데이터베이스에서 가져온 데이터가 이미 선행 또는 후행 공백을 포함하고 있을 가능성도 높습니다.

이러한 문제가 발생하면 공백이 데이터 분석과 처리에 영향을 줄 수 있으므로, TRIM 함수나 SUBSTITUTE 함수를 활용해 이를 정리하면 유용합니다. 상황에 따라 데이터를 사전에 검토하는 것도 습관을 들이는 것이 좋습니다.

엑셀 엔진 UP! '일치하지 않는 수식' 오류 해결하기

D열과 F열 목록에 출력된 결과물, 셀 포인터 왼쪽 상단에 '일치하지 않는 수식' 오류로 녹색 삼각형이 출력되고 있습니다. 이 오류가 출력된 원인은 왼쪽 셀에 입력된 수식의 패턴이 일관되지 않기 때문에 수식을 한 번 더 살펴보라는 의미에 알람 메시지라 생각하면 됩니다. 사용자는 일관된 수식이 아니라 TRIM과 SUBSTITUTE 함수 사용에 의도가 있기 때문에 굳이 일관된 함수 수식을 입력할 필요가 없기 때문에 이 오류는 무시해도 됩니다. 오류 무시 방법을 알아봅니다.

01 녹색 삼각형이 출력된 D5:D13셀 범위 지정– 왼쪽 노란색 삼각형 또는 마름모 메뉴 클릭– '오류 무시' 메뉴를 클릭합니다.

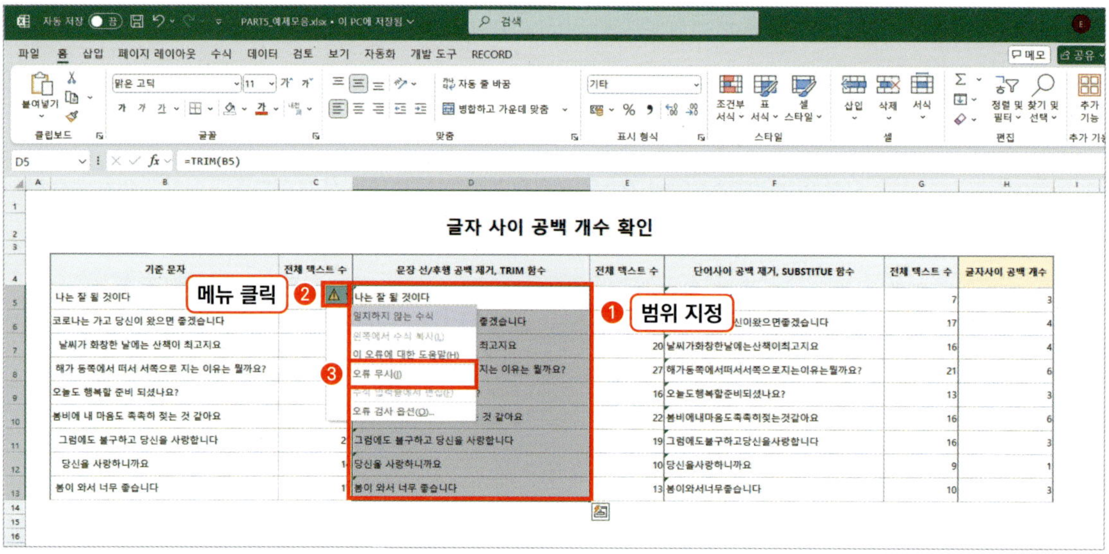

02 녹색 삼각형 오류 메시지가 사라진 결과를 확인할 수 있습니다.

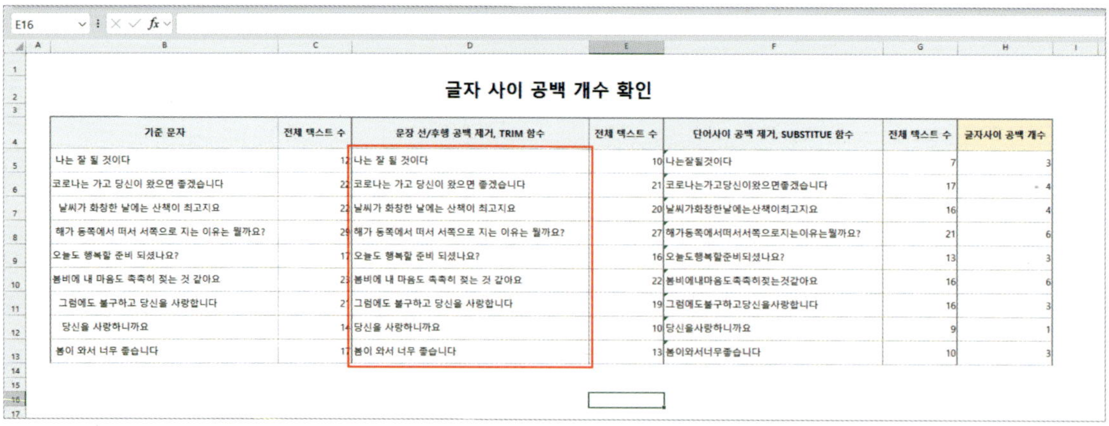

※ F열도 같은 작업을 반복해 녹색 삼각형 오류 메시지를 무시하면 됩니다.

CHAPTER 12

브랜드 판매량 및 성장율 반올림, 내림, 올림하기(ROUND, ROUNDDOWN, ROUNDUP 함수)

예제 파일 PART2_12 브랜드 판매량 및 성장율 반올림, 올림, 내림하기

실무 스킬

엑셀의 ROUND, ROUNDDOWN, ROUNDUP 함수는 숫자를 지정한 자릿수로 반올림, 내림, 올림하는데 사용되는 함수입니다. 이 함수들은 데이터를 정리하거나 계산 결과를 특정 형식으로 조정할 때 유용합니다. ROUND 함수는 숫자를 가장 가까운 값으로 반올림하며, ROUNDDOWN 함수는 항상 지정된 자릿수 이하로 숫자를 내림합니다. 반대로 ROUNDUP 함수는 지정된 자릿수 이상으로 숫자를 올림하여 계산합니다. 이러한 함수는 데이터 처리의 정확도를 높이고, 필요한 자릿수를 유지해 보고서 작성, 재무 분석, 통계 계산 등 다양한 실무 작업에서 활용됩니다. 이 함수들은 단순하지만 효과적이며 다른 엑셀 기능들과 결합하여 더욱 정교한 데이터 조정을 가능하게 합니다. 예제 파일을 해결하며 사용 방법을 익혀 보도록 하겠습니다.

ROUND(number, num_digits)

ROUND 함수는 숫자를 지정한 자리로 반올림하는 함수입니다.

1. **number**: 반올림하려는 실수를 입력합니다.
2. **num_digits**: 반올림하려는 자릿수입니다. 정수로써 양수, 0, 음수를 입력할 수 있습니다.

ROUNDDOWN(number, num_digits)

ROUNDUP 함수는 숫자를 지정한 자리로 올림하는 함수입니다.

1. **number**: 올림하려는 실수를 입력합니다.
2. **num_digits**: 올림하려는 자릿수입니다. 정수로써 양수, 0, 음수를 입력할 수 있습니다.

자릿수에 대한 이해

양수 값 지정 (예: 1, 2, 3 등) 소수점 아래 몇 자리까지 표시할지를 결정합니다.

- ROUND(12.345, 2) → 소수 둘째 자리까지 반올림: 결과는 12.35
- ROUNDDOWN(12.345, 1) → 소수 첫째 자리까지 내림: 결과는 12.3
- ROUNDUP(12.345, 3) → 소수 셋째 자리까지 올림: 결과는 12.345

※ 현재 소수점 네 번째 자리 숫자는 표시되어 있지 않습니다. 0으로 봐도 됩니다. 그렇기 때문에 12.345가 그대로 출력되었습니다.

정수의 자릿수 조정

0 지정 정수로 처리하며, 소수점 이하를 모두 제거합니다.

- ROUND(12.345, 0) → 반올림하여 정수 표시: 결과는 12
- ROUNDDOWN(12.345, 0) → 소수점 이하 제거 후 내림: 결과는 12
- ROUNDUP(12.345, 0) → 소수점 이하 제거 후 올림: 결과는 13

음수 값 지정 (예: -1, -2, -3 등) 정수 부분에서 단위를 결정하며, 10단위, 100단위, 1000단위로 반올림/내림/올림할 때 사용됩니다.

- ROUND(3456, -1) → 10 단위로 반올림: 결과는 3460
- ROUNDDOWN(3456, -2) → 100 단위로 내림: 결과는 3400
- ROUNDUP(3456, -3) → 1000 단위로 올림: 결과는 4000

요약

- 양수: 소수점 아래 자릿수를 결정합니다.
- 0: 정수로 계산합니다.
- 음수: 정수의 자리 단위를 설정합니다.

실무 연습 ①

[브랜드성장율_실습] 시트에서 ❶ E열에 '올해-전년 판매량' 목록, 필드값을 단위별 반올림, 내림, 올림으로 출력해 보겠습니다. ❷ I열에 '성장율' 목록, 필드값을 소수점 자리별 반올림, 내림, 올림 순으로 값을 구해 보겠습니다.

01 E열에 '올해-전년 판매량' 목록, 필드값을 일, 백, 천 단위로 반올림, 내림, 올림으로 출력해 보겠습니다.

일 단위 반올림

❶ F6셀 클릭- '=ROUND(E6,-1)' 입력 후 F12셀까지 복사/붙여넣기합니다.

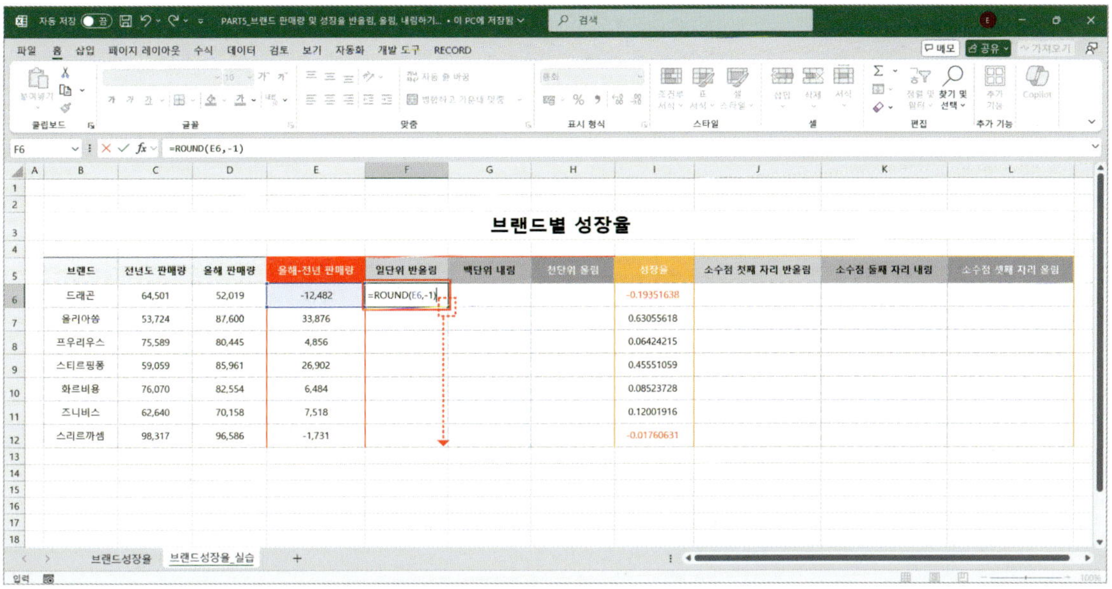

❷ F6:F12셀 범위에서 일 단위에서 반올림된 결과를 확인합니다.

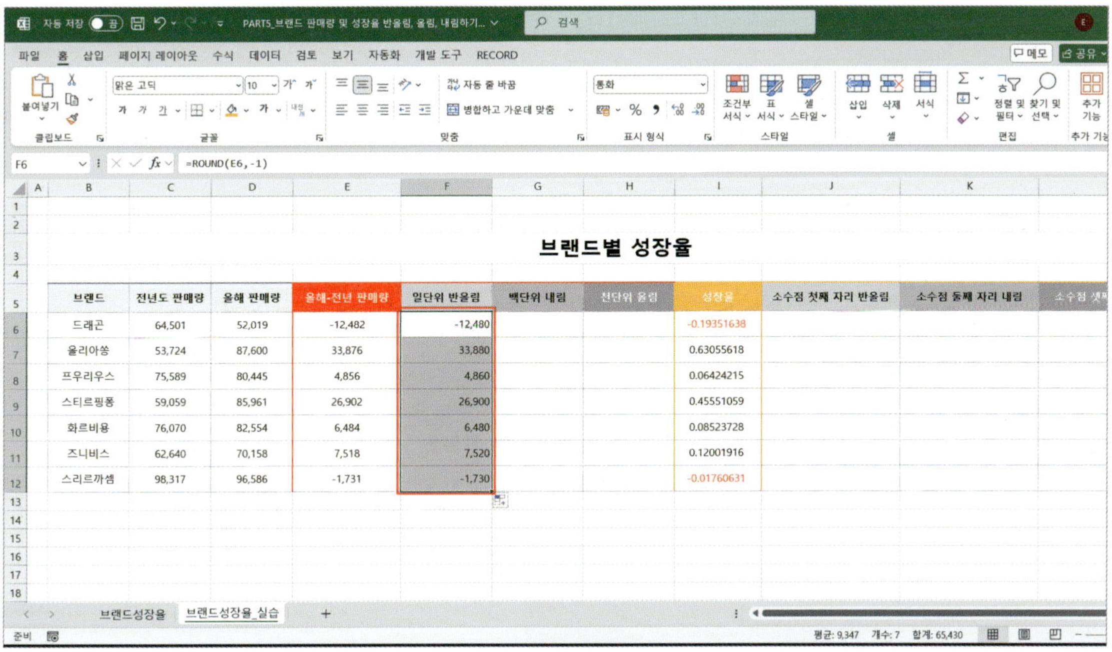

백 단위 내림

❶ G6셀 클릭- '=ROUNDDOWN(E6,-3)' 입력 후 G12셀까지 복사/붙여넣기합니다.

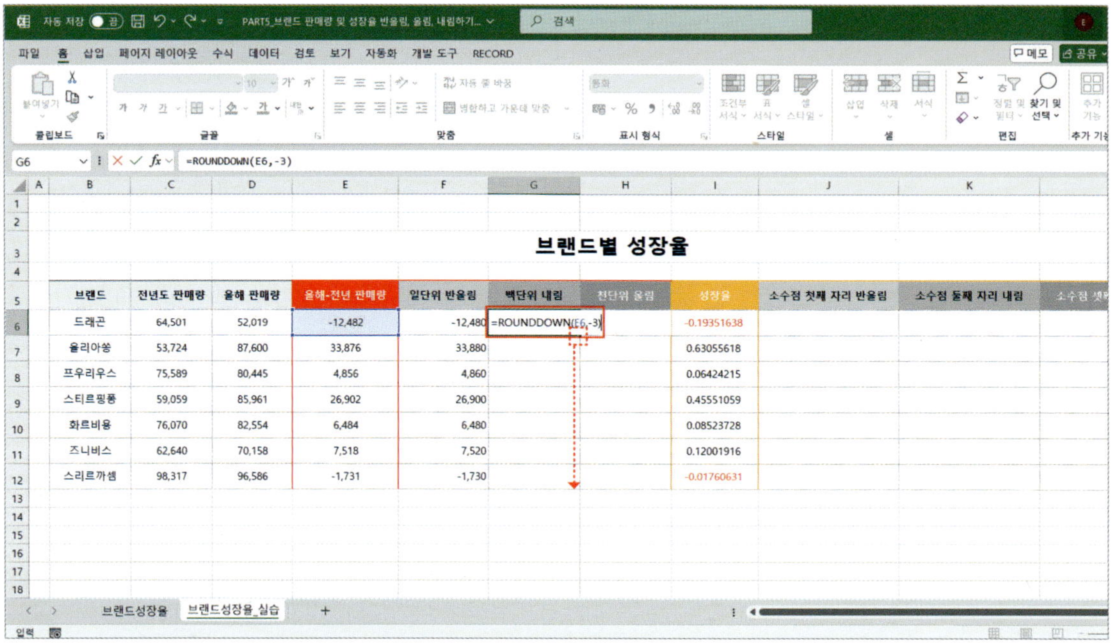

❷ G6:G12셀 범위에서 백 단위에서 내림된 결과를 확인합니다.

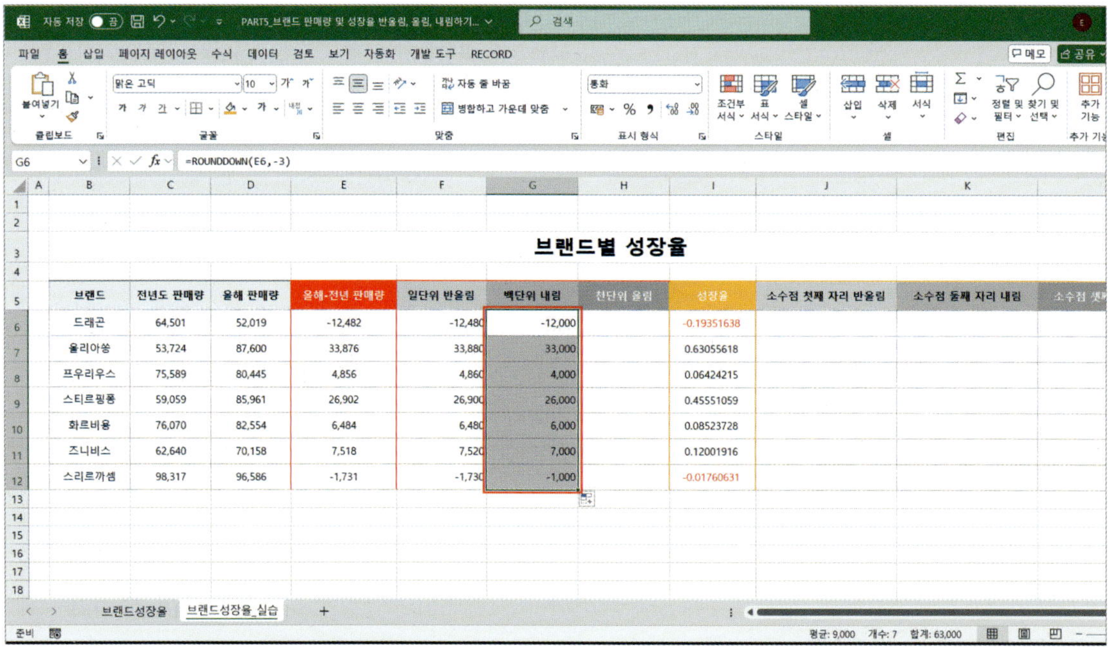

천 단위 올림

❶ H6셀 클릭- '=ROUNDUP(E6,-4)' 입력 후 H12셀까지 복사/붙여넣기합니다.

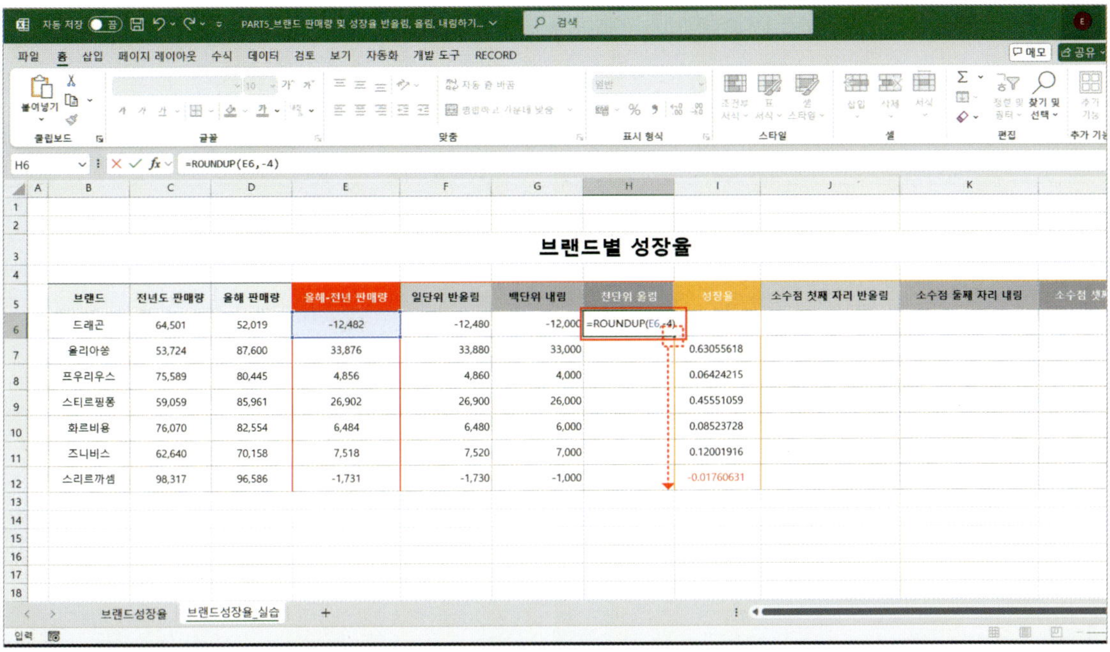

❷ H6:H12셀 범위에서 천 단위에서 올림된 결과를 확인합니다.

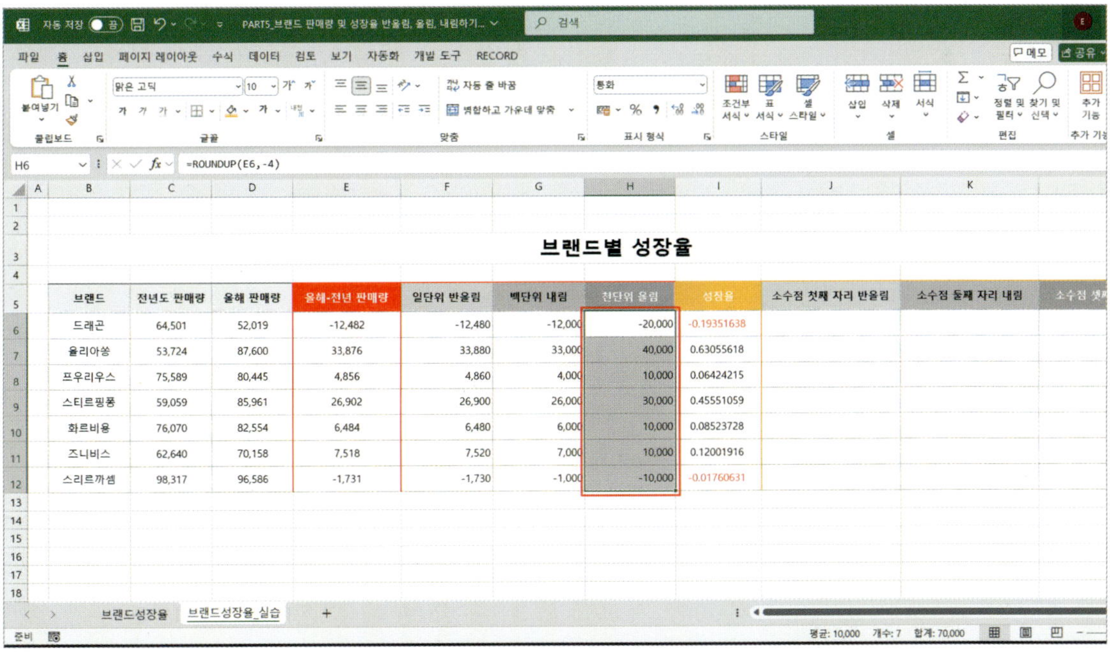

02 I열에 '성장율' 목록, 필드값을 소수점 첫째, 둘째, 셋째 자리에서 반올림, 내림, 올림 순으로 출력해 보겠습니다.

소수점 첫째 자리 반올림하기

❶ J6셀 클릭- '=ROUND(I6,0)' 입력 후 J12셀까지 복사/붙여넣기합니다.

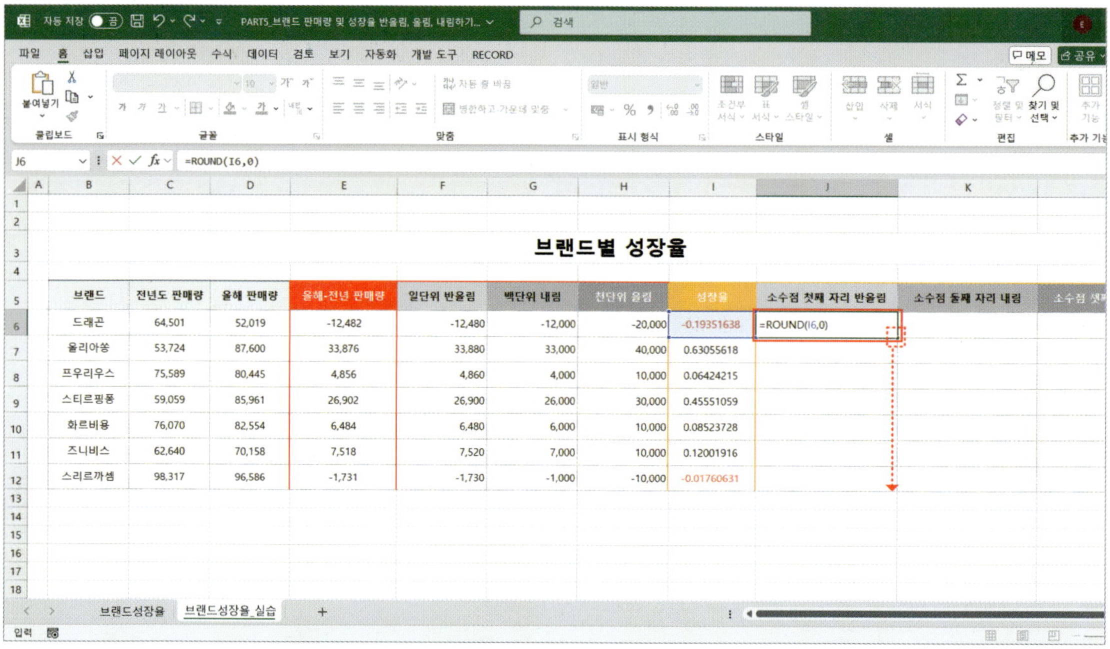

❷ J6:J12셀 범위에서 소수점 첫째 자리에서 반올림된 결과를 확인합니다.

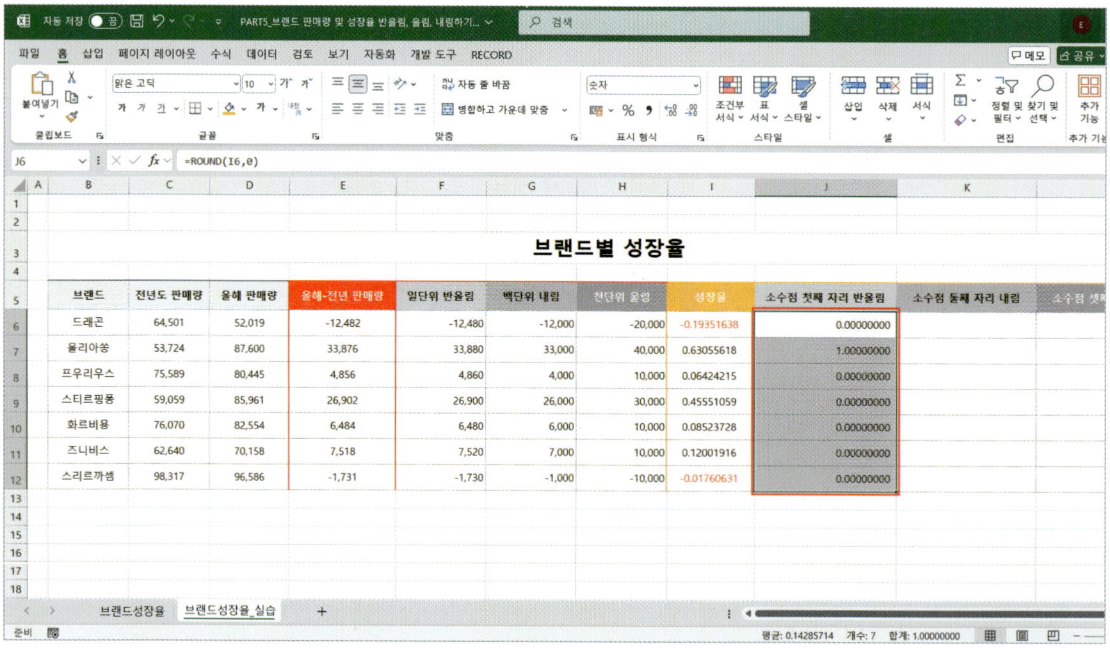

소수점 둘째 자리 내림하기

❶ K6셀 클릭- '=ROUNDDOWN(I6,1)' 입력 후 K12셀까지 복사/붙여넣기합니다.

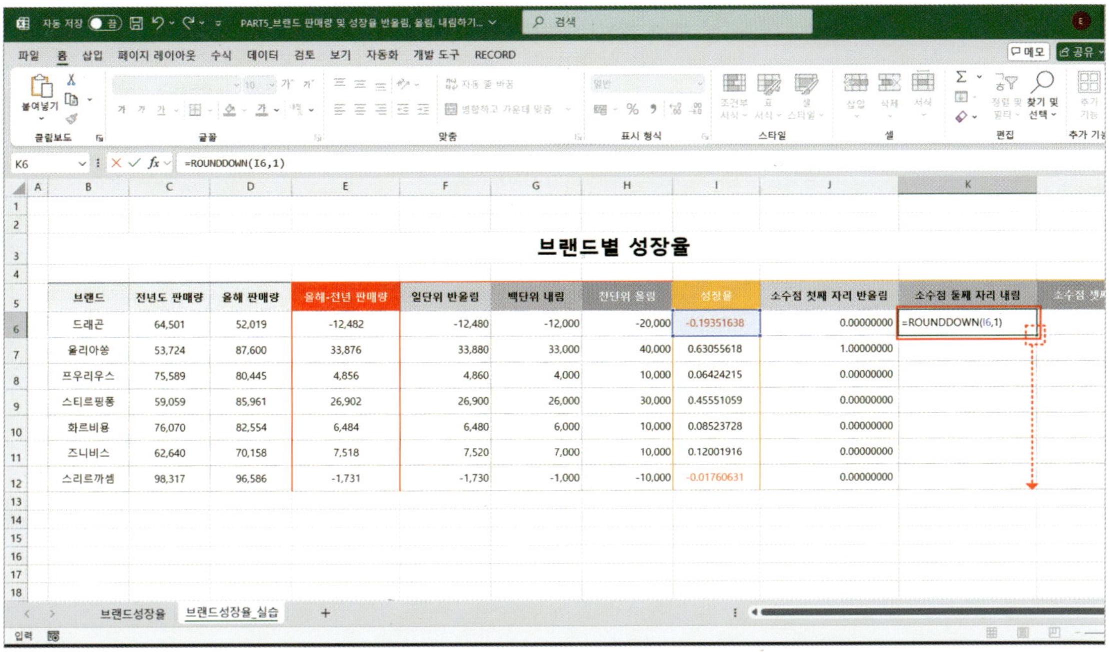

브랜드	전년도 판매량	올해 판매량	올해-전년 판매량	일단위 반올림	백단위 내림	천단위 올림	성장율	소수점 첫째 자리 반올림	소수점 둘째 자리 내림
드래곤	64,501	52,019	-12,482	-12,480	-12,000	-20,000	-0.19351638	0.00000000	=ROUNDDOWN(I6,1)
올리아쏭	53,724	87,600	33,876	33,880	33,000	40,000	0.63055618	1.00000000	
프우리우스	75,589	80,445	4,856	4,860	4,000	10,000	0.06424215	0.00000000	
스티르핑풍	59,059	85,961	26,902	26,900	26,000	30,000	0.45551059	0.00000000	
화르비용	76,070	82,554	6,484	6,480	6,000	10,000	0.08523728	0.00000000	
즈니비스	62,640	70,158	7,518	7,520	7,000	10,000	0.12001916	0.00000000	
스리르까셈	98,317	96,586	-1,731	-1,730	-1,000	-10,000	-0.01760631	0.00000000	

❷ K6:K12셀 범위에서 소수점 둘째 자리에서 내림된 결과를 확인합니다.

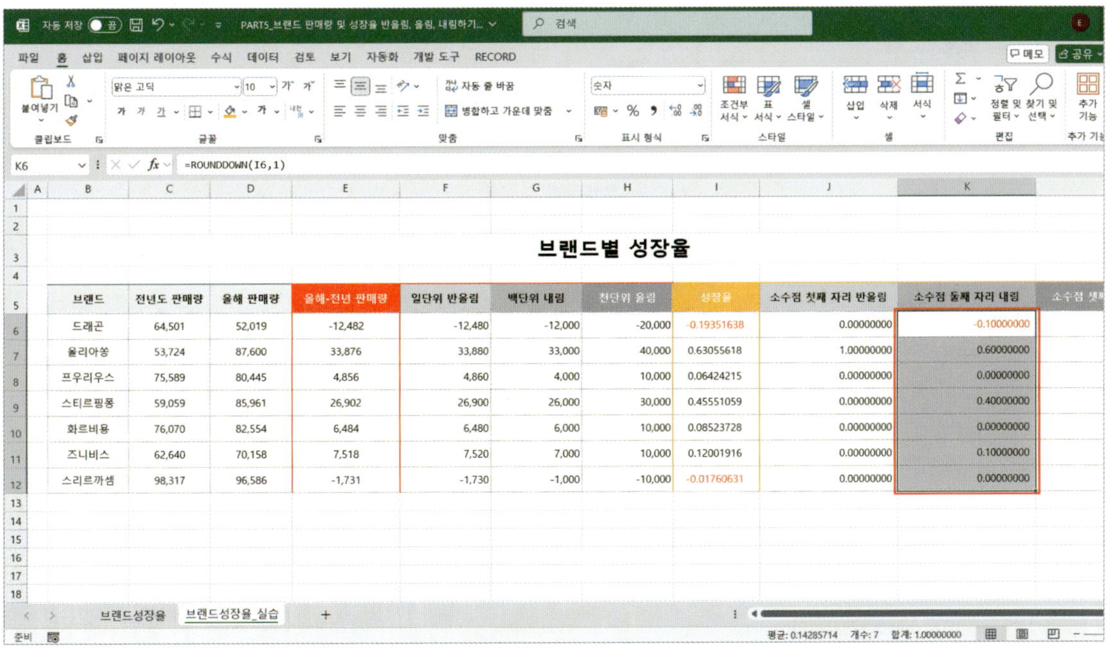

브랜드	전년도 판매량	올해 판매량	올해-전년 판매량	일단위 반올림	백단위 내림	천단위 올림	성장율	소수점 첫째 자리 반올림	소수점 둘째 자리 내림
드래곤	64,501	52,019	-12,482	-12,480	-12,000	-20,000	-0.19351638	0.00000000	-0.10000000
올리아쏭	53,724	87,600	33,876	33,880	33,000	40,000	0.63055618	1.00000000	0.60000000
프우리우스	75,589	80,445	4,856	4,860	4,000	10,000	0.06424215	0.00000000	0.00000000
스티르핑풍	59,059	85,961	26,902	26,900	26,000	30,000	0.45551059	0.00000000	0.40000000
화르비용	76,070	82,554	6,484	6,480	6,000	10,000	0.08523728	0.00000000	0.00000000
즈니비스	62,640	70,158	7,518	7,520	7,000	10,000	0.12001916	0.00000000	0.10000000
스리르까셈	98,317	96,586	-1,731	-1,730	-1,000	-10,000	-0.01760631	0.00000000	0.00000000

소수점 셋째 자리 올림하기

❶ L6셀 클릭– '=ROUNDUP(I6,2)' 입력 후 L12셀까지 복사/붙여넣기합니다.

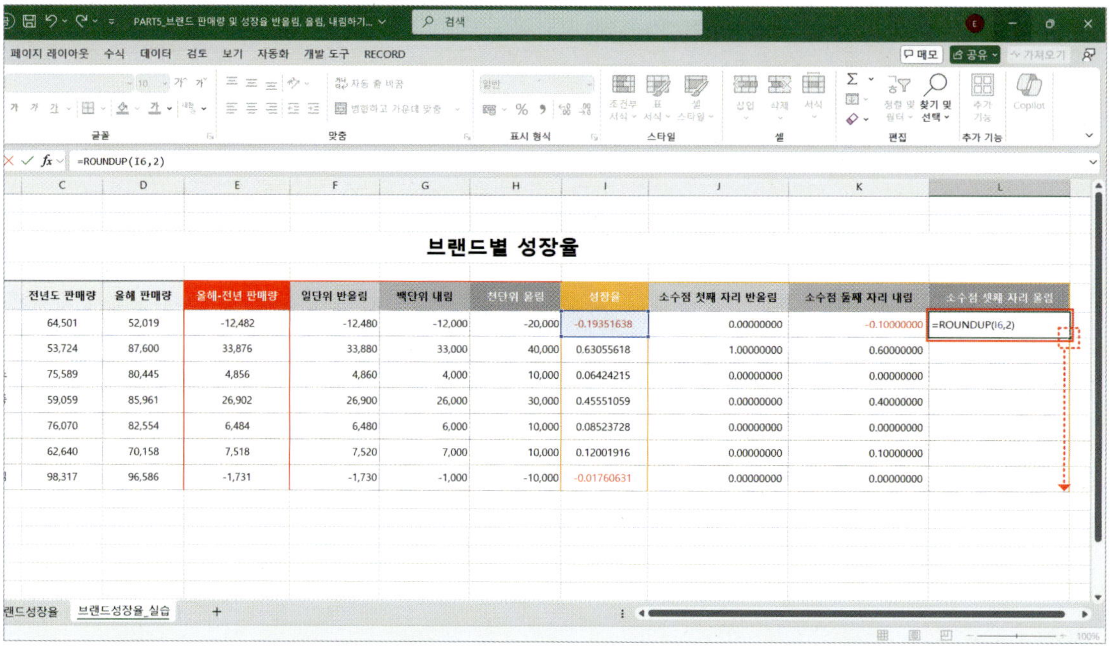

❷ L6:L12셀 범위에서 소수점 셋째 자리에서 올림된 결과를 확인합니다.

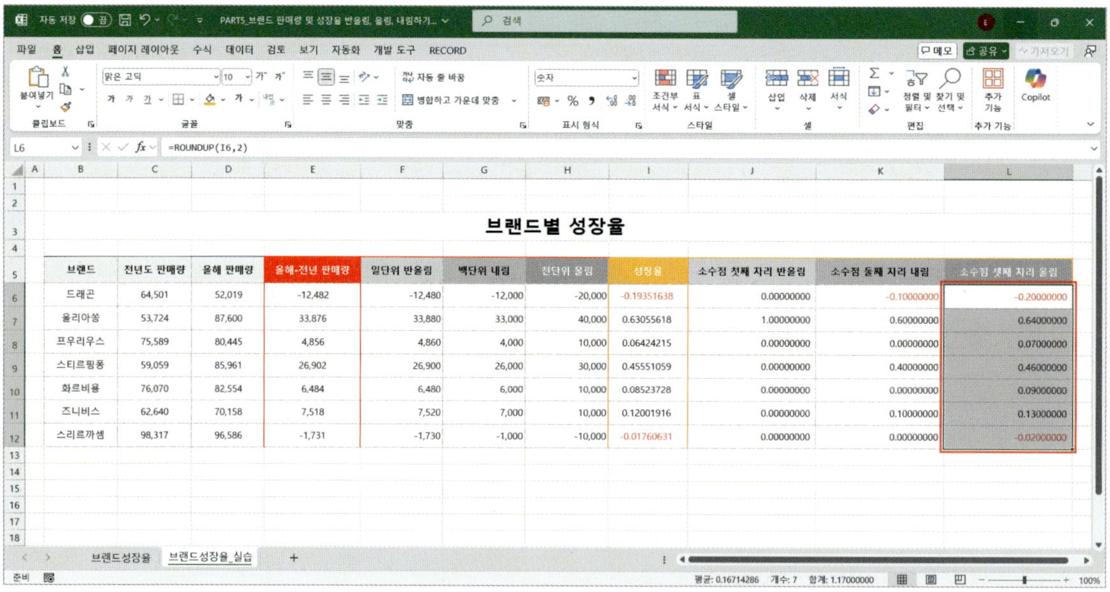

CHAPTER 13 세로 방향 발주 자료에서 상품명, 기준값을 만족하는 결과값 찾기(VLOOKUP, IFERROR 함수)

예제 파일 PART2_13 세로 방향 발주 자료에서 상품명, 기준값을 만족하는 결과값 찾기

실무 스킬

엑셀에서 VLOOKUP 함수와 IFERROR 함수는 데이터를 검색하고 오류를 처리하는 데 매우 유용한 도구입니다. VLOOKUP 함수는 세로 방향으로 정리된 데이터에서 특정값을 기준으로 다른 데이터 범위에서 관련 정보를 찾아 반환하는데 사용됩니다. 이 함수는 대규모 데이터셋에서 원하는 정보를 빠르게 검색하고, 이를 기반으로 분석을 수행하는 데 적합합니다. 하지만, 데이터가 누락되었거나 찾을 수 없는 경우 #N/A같은 오류가 발생할 수 있는데, 이때 IFERROR 함수를 함께 사용하면 유연하게 대응할 수 있습니다.

IFERROR 함수는 수식에서 오류가 발생했을 때 대체값을 반환하도록 설정할 수 있어 보다 깔끔한 결과를 출력하는 데 도움을 줍니다. 두 함수를 조합하면 VLOOKUP에서 검색 실패 시 오류 메시지 대신 사용자 정의 메시지나 기본값을 출력하도록 설정할 수 있습니다. 이는 데이터 분석과 보고서 작성에서 효율성과 가독성을 크게 향상시킵니다. 두 함수 모두 업무에서 가장 많이 사용되는 함수이니 사용 방법을 꼭 익혀 두시기 바랍니다.

VLOOKUP 함수는 데이터를 세로 열에서 검색하고 특정 열의 값을 반환하는 도구입니다. 기준값이 있는 첫 번째 열에서 기준값을 찾은 뒤, 해당 값이 포함된 행에서 특정 열의 데이터를 가져옵니다.

VLOOKUP(lookup_value, table_array, col_index_num, [range_lookup])

1. lookup_value(**검색할_값**): 결과값을 찾고자 하는 기준값을 입력합니다. 표의 첫 열에서 찾으려는 값이고, 셀 주소 또는 텍스트일 수 있습니다.

2. table_array(**표_범위**): 기준값이 있는 열을 반드시 첫 열로 시작해 데이터를 추출하려는 결과값이 있는 열을 포함해 표 범위를 지정합니다.

3. col_index_num(**열_인덱스_번호**): 기준값이 있는 열을 반드시 첫 번째 범위로 시작해 찾고자 하는 결과값이 있는 열의 순번을 입력합니다.

4. [range_lookup](범위_검색): 논리값을 입력하는 곳으로, 기준값에 정확하게 일치하는 것을 찾으려면 FALSE 또는 0을 입력하고, 비슷하게 일치하는 것을 찾으려면 TRUE 또는 1을 입력하거나 생략합니다.

※ 비슷하게 일치 논리: 기준값이 있는 열 데이터 범위는 반드시 오름차순으로 정렬되어 있어야 합니다. 이 상태에서 기준값보다 작은 값 중에 최대값을 찾는 논리가 비슷하게 일치 논리입니다.

IFERROR 함수는 수식이나 계산 결과에서 오류가 발생할 경우, 지정한 대체값을 반환하도록 설계된 함수입니다.

IFERROR(value,value_if_error)

1. value: 입력되어 있는 함수나 수식입니다.

2. value_if_error: value인수에 입력된 함수나 수식의 결과값이 오류일 경우 출력할 텍스트를 입력합니다. value값에 오류가 없을 때 value결과값을 출력합니다.

실무 연습 ❶

[발주 자료] 시트에서 '스타일별 발주 자료' 표에 '상품명', 필드값을 만족하는 1) 발주량, 2) 원가(V+), 3) 판매가, 위 3가지 값을 반환해 보겠습니다. 그리고 기준값인 '상품명'에 해당하는 결과값이 없을 경우 '값이 없음' 이란 문구가 출력되게 구조를 만들어 보겠습니다.

01 K5셀 클릭- '=VLOOKUP(J5,$C$5:$H$25,3,FALSE)' 입력 후 K12셀까지 복사/붙여넣기합니다.

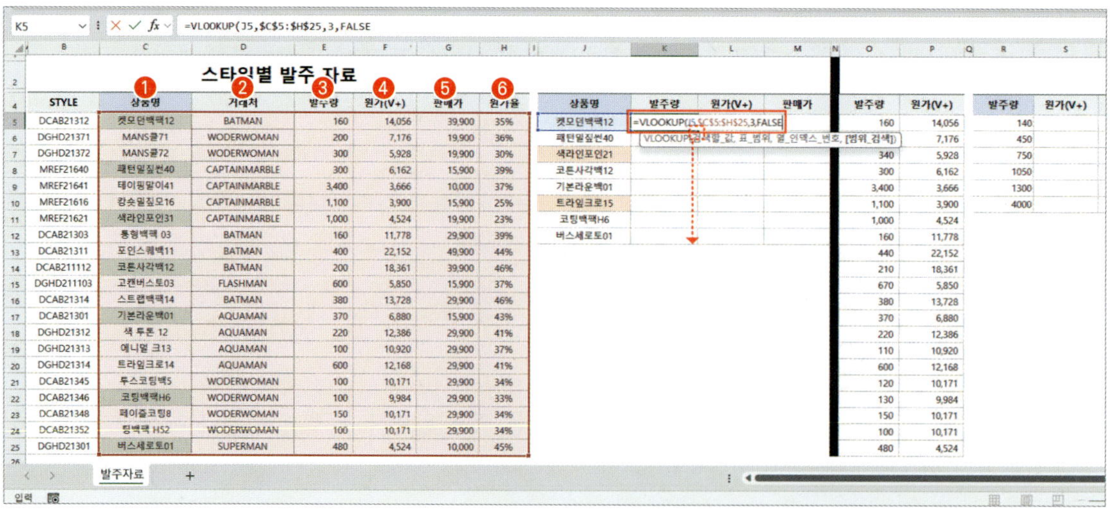

개념설명

=VLOOKUP(J5,$C$5:$H$25,3,FALSE)

❶ J5(lookup_value)	결과값을 찾을 기준값을 의미합니다.
❷ $C$5:$H$25(table_array)	기준값이 시작되는 열 번호 C를 시작으로 결과값이 있는 '발주량' 목록을 포함하는 범위 개념입니다.
❸ 3(col_index_num)	기준값이 있는 열 번호 '상품명'의 열 순번을 1로 시작해, 결과값이 있는 목록 순번을 차례대로 카운팅하면 '상품명' 1, '거래처' 2, '발주량' 3, 열 순번으로 찾을 결과값이 있는 목록 순번 3을 적습니다.
❹ FALSE([range_lookup])	논리값으로 정확하게 일치 옵션인 FALSE가 입력되었습니다. 숫자 논리로 0을 입력해도 같은 결과값을 얻을 수 있습니다. 여기에서 사용된 FALSE 논리는 '유일하다'라는 논리로 사용되었습니다.

02 K5:K12셀까지 복사/붙여넣기를 진행 후 K7, K10셀에 #N/A오류값이 출력된 것을 확인할 수 있습니다. #N/A오류 의미는 '기준값에 부합하는 결과값이 없다'라는 의미입니다. 기준 셀인 첫 번째 수식이 입력된 K5셀 클릭– '=IFERROR(VLOOKUP(J5,$C$5:$H$25,3,FALSE), "값이없음")' 입력 후 K12셀까지 복사/붙여넣기합니다.

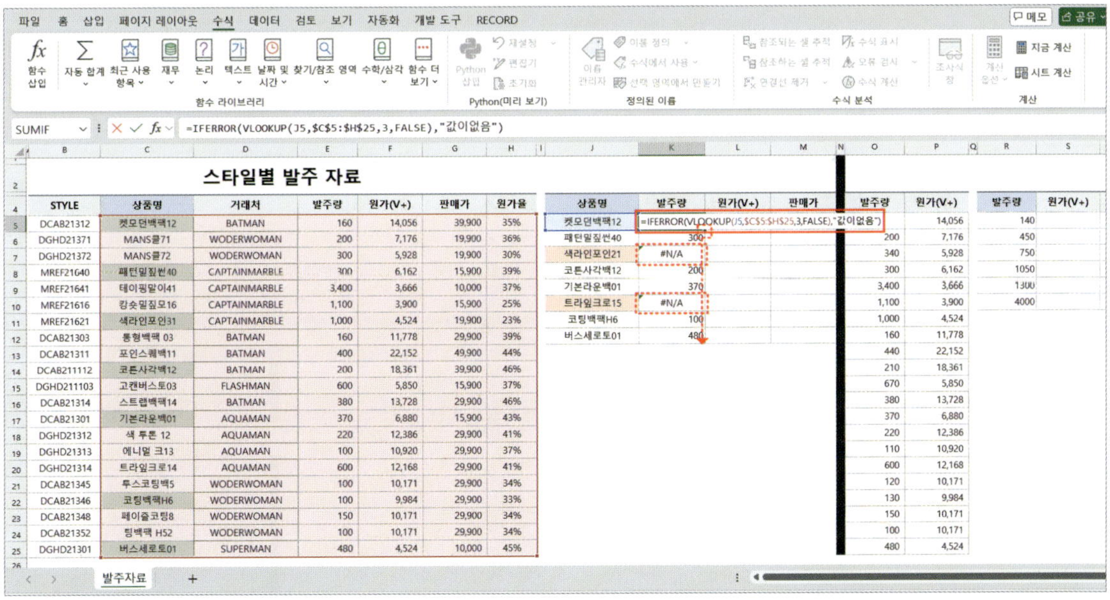

개념설명

=IFERROR(VLOOKUP(J5,$C$5:$H$25,3,FALSE),"값이없음")

❶ VLOOKUP(J5,$C$5:$H$25,3,FALSE)(value)	기존에 입력된 함수나 수식이 입력된 자리입니다.
❷ "값이없음"(value_if_error)	value 결과값에 에러가 발생한 경우 출력할 텍스트로 현재는 "값이없음"이란 텍스트가 출력되도록 입력되었습니다.

03 K5:K12셀 범위, '상품명' 기준값을 만족하는 결과값, '발주량'을 '스타일별 발주 자료' 범위에서 찾아온 결과값과 에러가 발생한 셀에 '값이없음'이란 오류 대체 텍스트 메시지가 출력된 결과를 확인합니다.

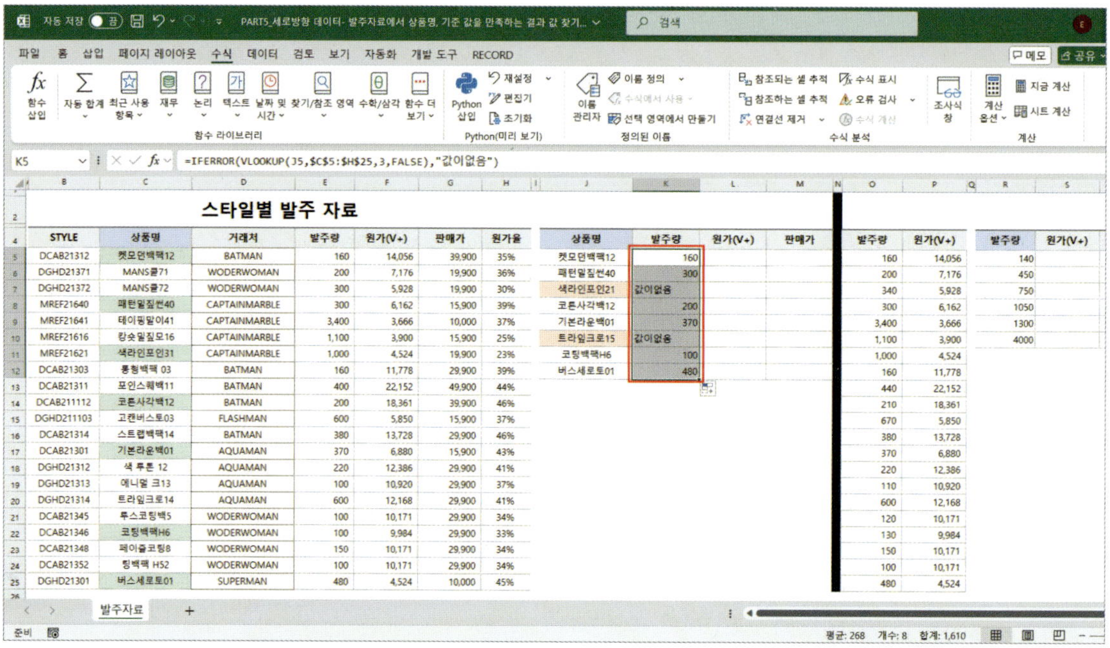

04 L5셀 클릭- '=VLOOKUP(J5,$C$5:$H$25,4,FALSE)' 입력 후 L12셀까지 복사/붙여넣기합니다.

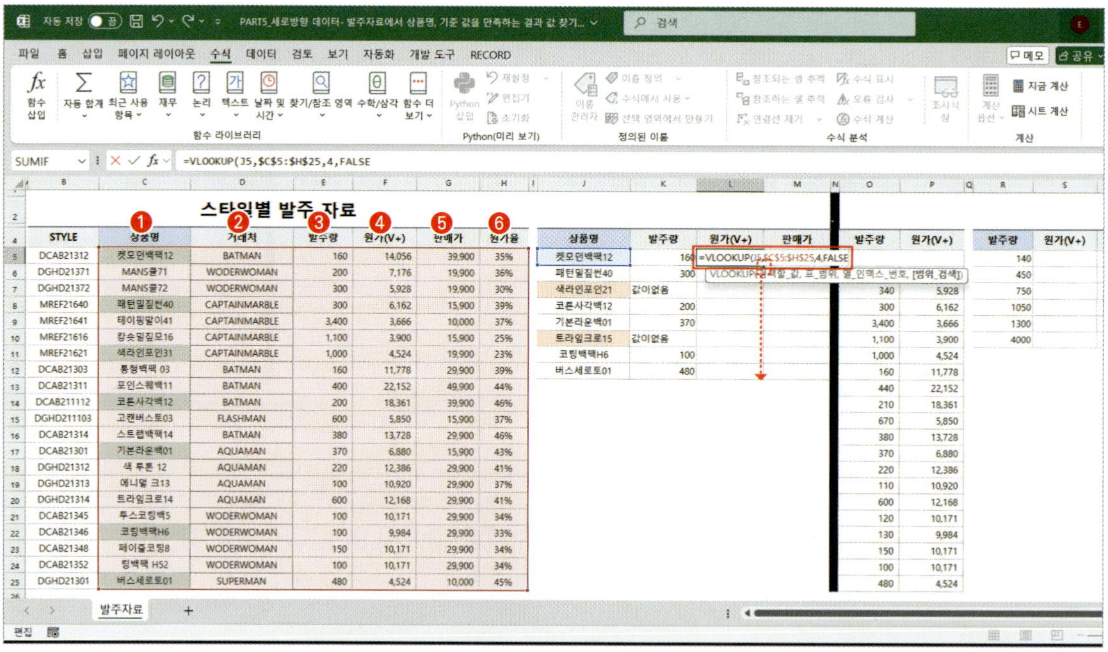

※ VLOOKUP개념 설명은 **실무 연습 ❶번의** 01 설명을 참조합니다.

05

L5:L12셀까지 복사/붙여넣기를 진행 후 L7, L10셀에 #N/A오류값이 출력된 것을 확인할 수 있습니다. #N/A오류 의미는 '기준값에 부합하는 결과값이 없다'라는 의미입니다. 기준 셀인 첫 번째 수식이 입력된 L5셀 클릭- '=IFERROR(VLOOKUP(J5,$C$5:$H$25,4,FALSE),"값이없음")' 입력 후 L12셀까지 복사/붙여넣기합니다.

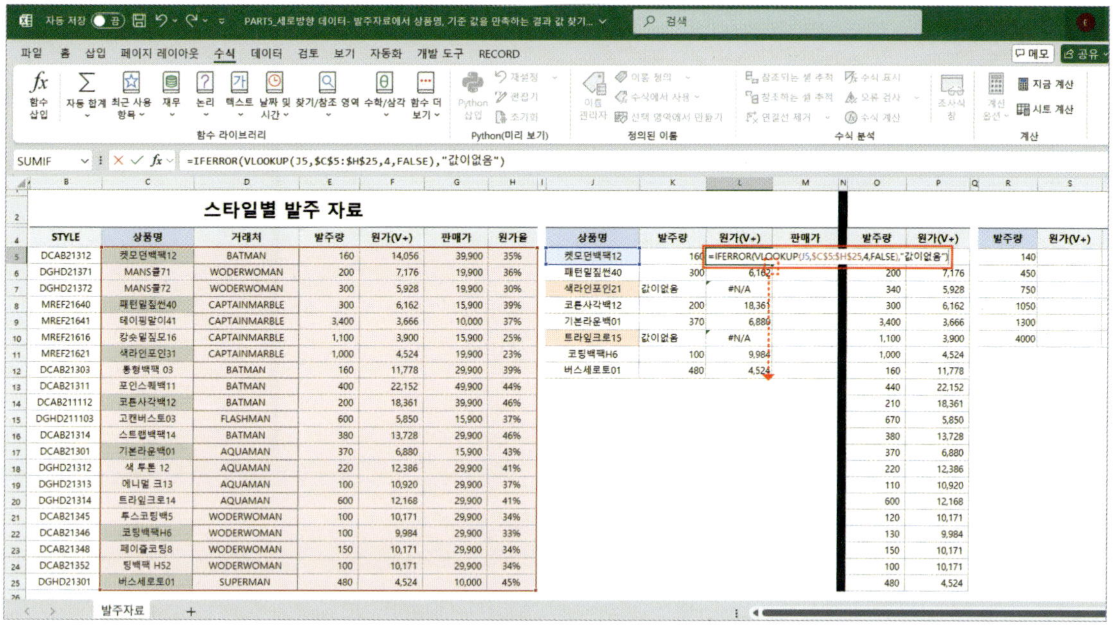

※ IFERROR개념 설명은 **실무 연습 ❶번의** 02 설명을 참조합니다.

06

L5:L12셀 범위, '상품명' 기준값을 만족하는 결과값, '원가(V+)'를 '스타일별 발주 자료' 범위에서 찾아온 결과값과 에러가 발생한 셀에 '값이없음'이란 오류 대체 텍스트 메시지가 출력된 결과를 확인합니다.

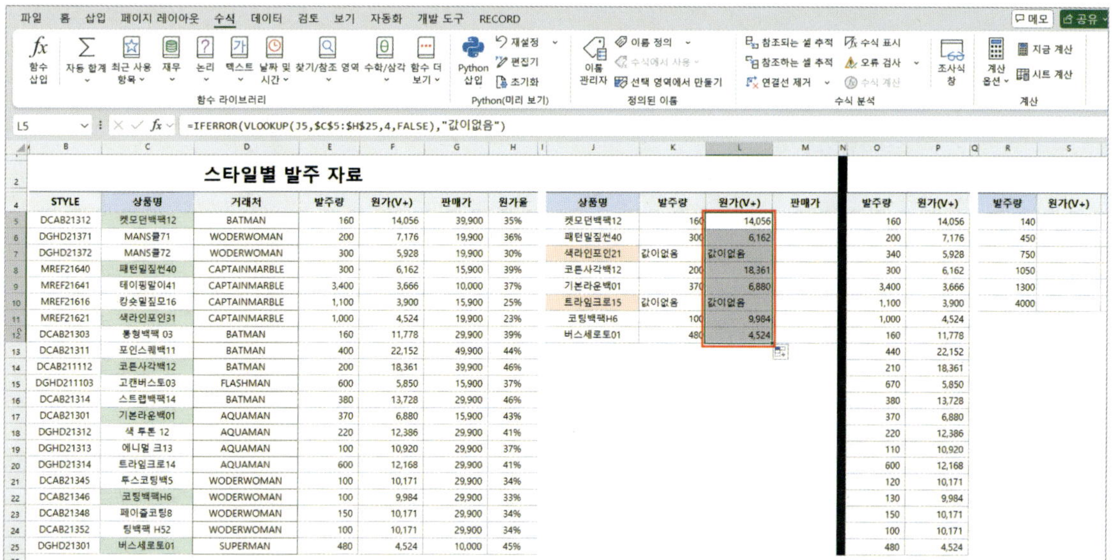

07 M5셀 클릭- '=VLOOKUP(J5,$C$5:$H$25,5,FALSE)' 입력 후 M12셀까지 복사/붙여넣기합니다.

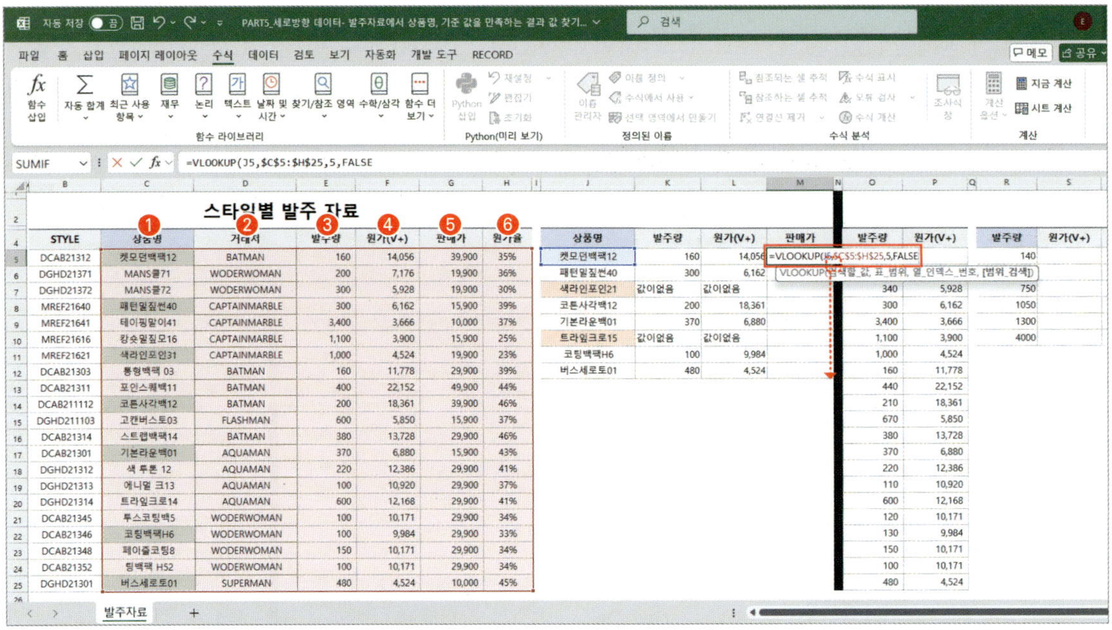

※ VLOOKUP개념 설명은 **실무 연습 ❶번의** 01 설명을 참조합니다.

08 M5:M12셀까지 복사/붙여넣기를 진행 후 M7, M10셀에 #N/A오류값이 출력된 것을 확인할 수 있습니다. #N/A오류 의미는 '기준값에 부합하는 결과값이 없다'라는 의미입니다. 기준 셀인 첫 번째 수식이 입력된 M5셀 클릭- '=IFERROR(VLOOKUP(J5,$C$5:$H$25,5,FALSE),"값이없음")' 입력 후 M12셀까지 복사/붙여넣기합니다.

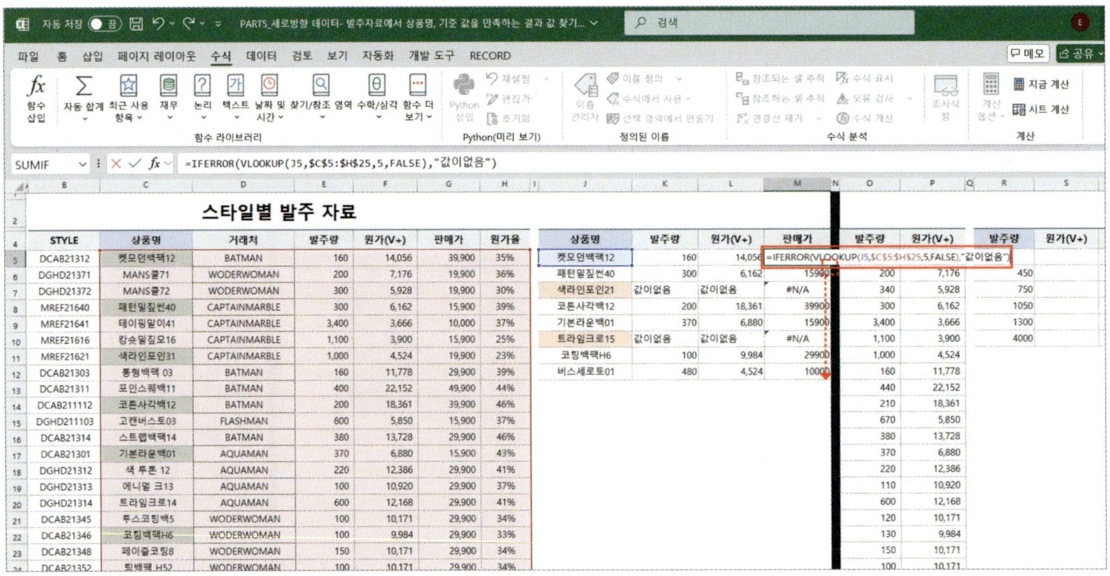

※ IFERROR개념 설명은 **실무 연습 ❶번의** 02 설명을 참조합니다.

09 M5:M12셀 범위, '상품명' 기준값을 만족하는 결과값, '판매가'를 '스타일별 발주 자료' 범위에서 찾아온 결과값과 에러가 발생한 셀에 '값이없음'이란 오류 대체 텍스트 메시지가 출력된 결과를 확인합니다.

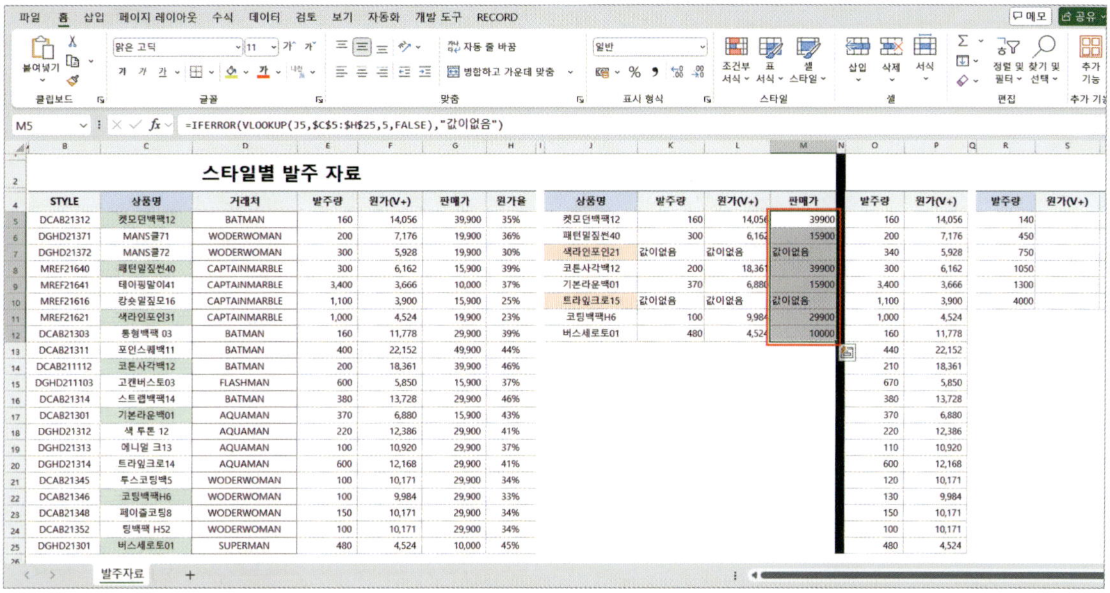

실무 연습 ❷

[발주자료] 시트에서 O열, '발주량', P열, '원가(V+)'목록, 두 개의 열로 된 표가 있습니다. 이 표에서 '발주량' 목록에 필드값인 숫자를 만족하는 유사값을 찾는 방법을 알아보도록 하겠습니다.

01 O열 '발주량', 필드값 숫자와 유사한 값을 찾기 위해 반드시 범위 구간을 오름차순 정렬해야 합니다. O4셀 클릭- [데이터] 탭- 정렬 및 필터- '텍스트 오름차순 정렬' 메뉴를 클릭해 '발주량' 목록을 오름차순 정렬합니다.

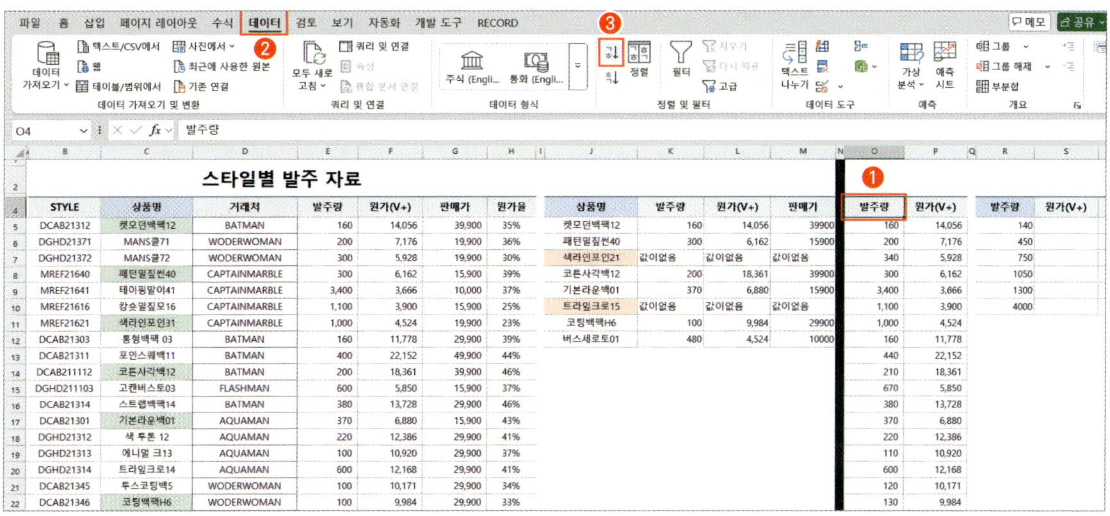

02 O열 '발주량' 목록이 오름차순 정렬이 된 상태에서, S5셀 클릭- '=VLOOKUP(R5,$O$5:$P$25,2,TRUE)' 입력 후 S10셀까지 복사/붙여넣기합니다.

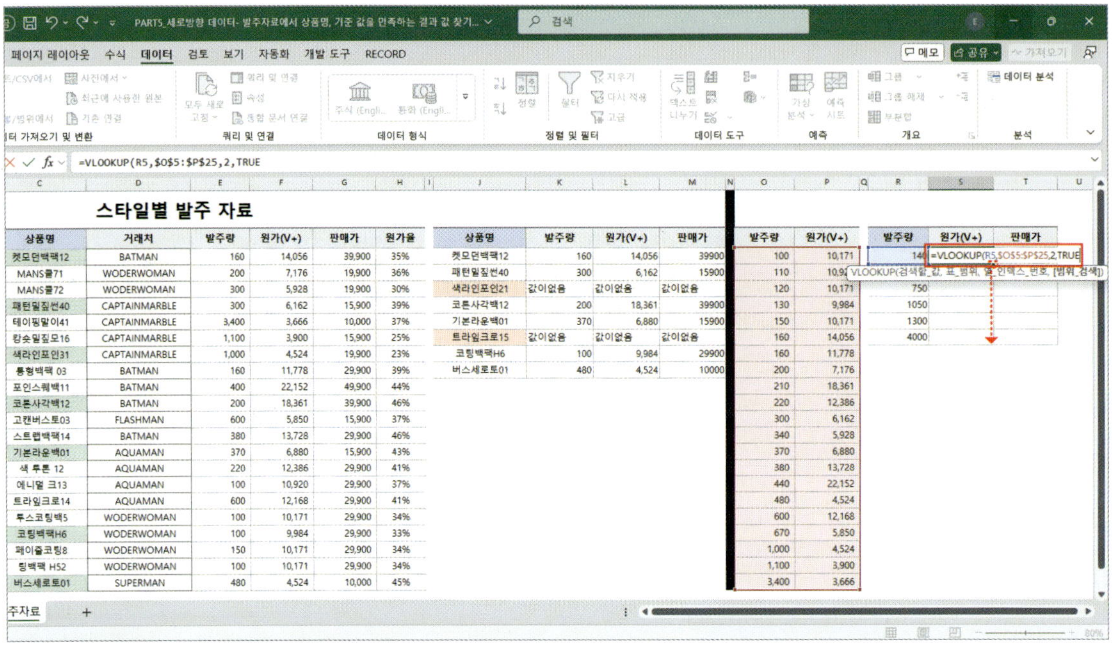

개념설명

=VLOOKUP(R5,$O$5:$P$25,2,TRUE)

❶ R5(lookup_value)	결과값을 찾을 기준값을 의미합니다.
❷ $O$5:$P$25(table_array)	기준값이 시작되는 열 번호 O열을 시작으로 결과값이 있는 '원가(V+)' 목록을 포함하는 범위 개념입니다.
❸ 2(col_index_num)	기준값이 있는 열 번호 '발주량'의 열 순번을 1로 시작해, 결과값이 있는 목록 순번을 차례대로 카운팅하면 '발주량' 1, '원가(V+)' 2, 열 순번으로 찾을 결과값이 있는 목록 순번 2를 적습니다.
❹ TRUE([range_lookup])	논리값으로 유사일치 옵션인 TRUE가 입력되었습니다. 숫자 논리로 1을 입력해도 같은 결과값을 얻을 수 있습니다. 여기에서 사용된 TRUE 논리는 '유사하다'라는 논리로 사용되었습니다.

유사일치 논리는 기준값보다 작은 값 중에 최대값이라는 논리로 운영이 됩니다. 이때 보통 범위 구간은 오름차순 정렬이 되어 있어야 합니다. 이 논리는 엑셀에서 '유사하다' 또는 '비슷하다'라는 모두 같은 해석으로 논리가 작동되니 기억해 두시기 바랍니다.

03 S5:S10셀 범위, '발주량' 숫자 기준값과 유사한 값, '원가(V+)'가 출력된 결과를 확인합니다.

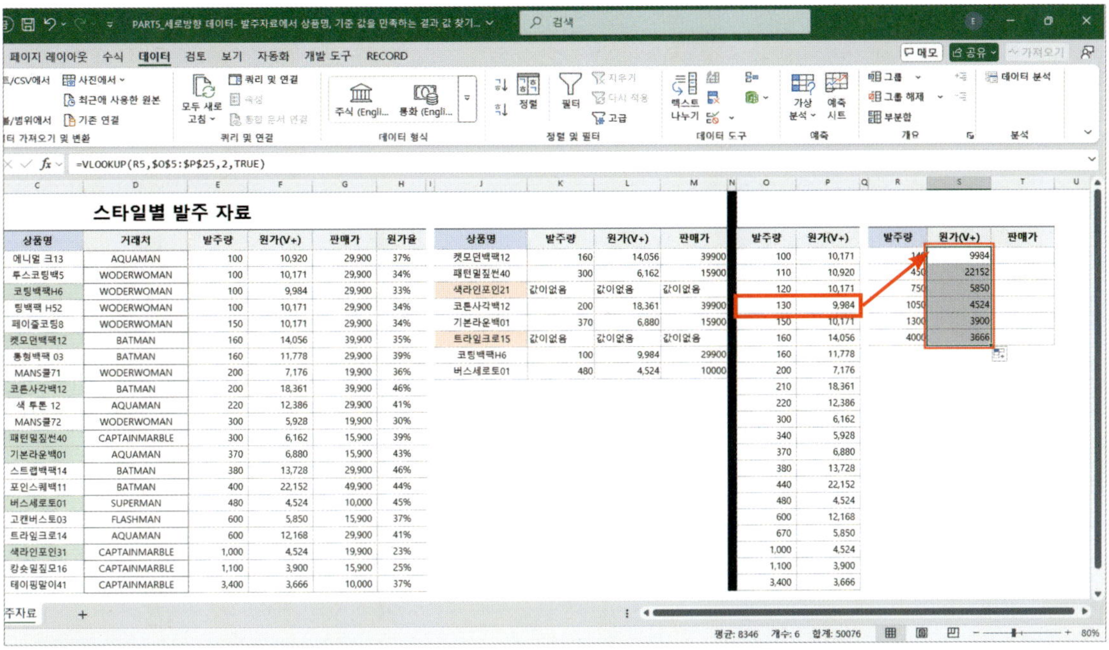

※ 유사한 값, S5셀에 출력된 9984는 기준 발주량 값이 140입니다. O열에 140보다 작은 값 중에 최대값은 O8셀에 입력된 130입니다. 이 값이 140보다 작은 값 중에 최대값이기 때문에 130을 만족하는 '원가(V+)'는 P8셀에 있는 9984가 되는 것입니다.

04 T열에 '판매가'는 '스타일별 발주 자료'에서 구해 보도록 하겠습니다. 이번에도 E열에 있는 '발주량' 목록을 오름차순 정렬하기 위해, E4셀 클릭- [데이터] 탭- 정렬 및 필터- '텍스트 오름차순 정렬' 메뉴를 클릭합니다.

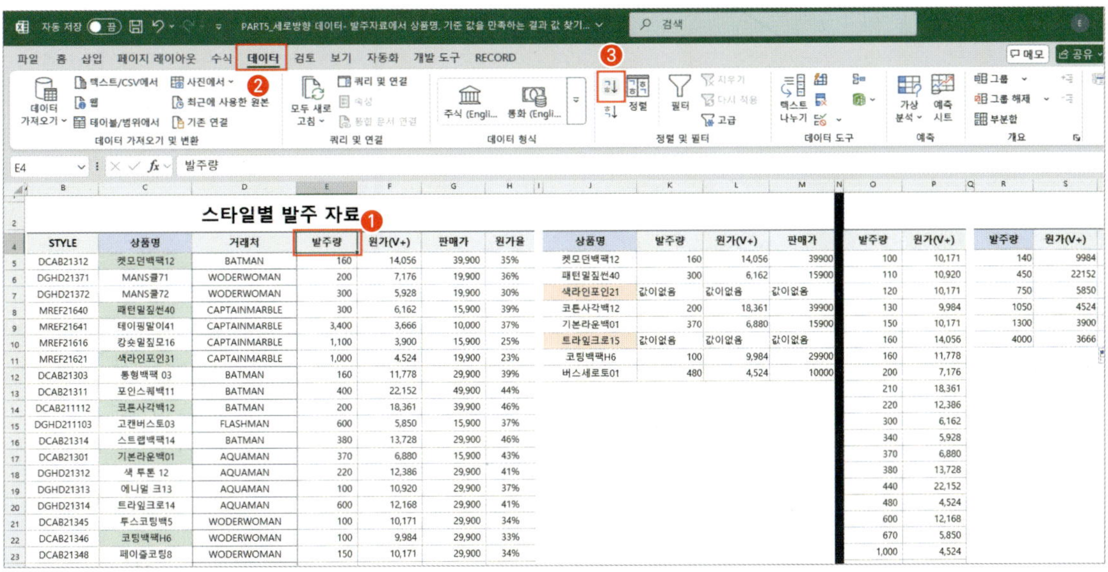

05 E열 '발주량' 목록이 오름차순 정렬이 된 상태에서, T5셀 클릭- '=VLOOK343UP(R5,$E$5:$G$25,3,TRUE)' 입력 후 T10셀까지 복사/붙여넣기합니다.

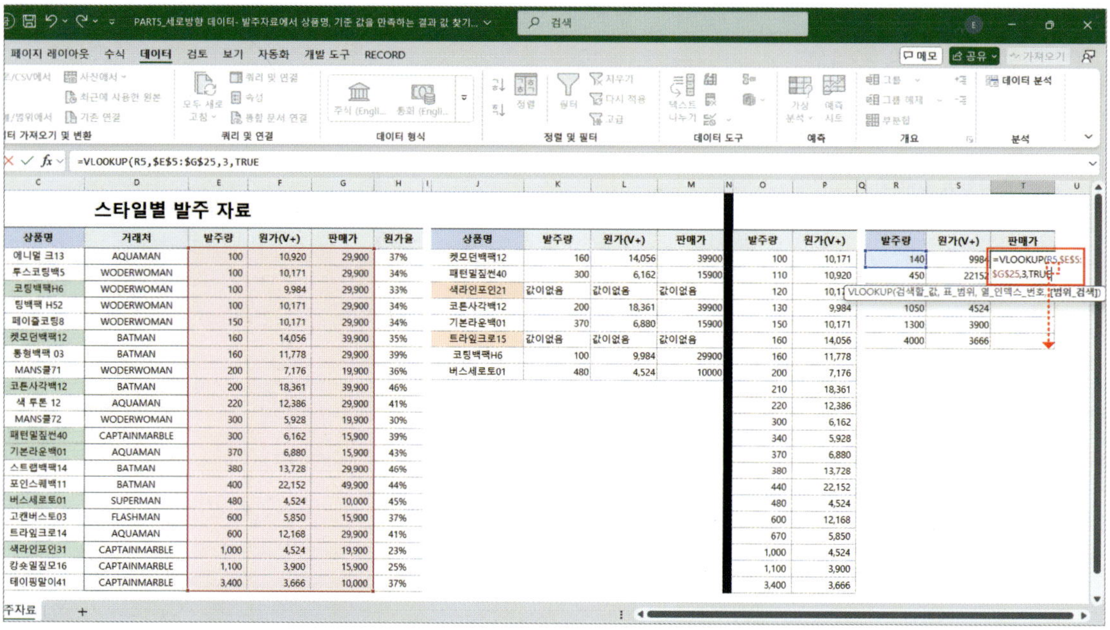

06 T5:T10셀 범위, '발주량' 숫자 기준값과 유사한 값 기준, '판매가'가 출력된 결과를 확인합니다.

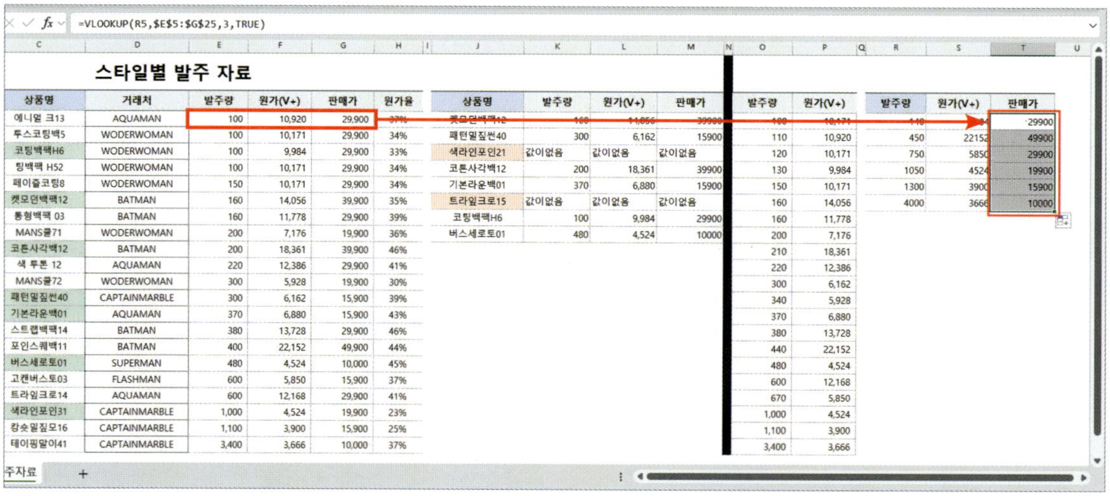

※ 유사한 값, T5셀에 출력된 29900은 기준 발주량 값이 140입니다. E5:E8셀 범위에 기준 발주량인 140보다 작은 값 중에 최대값이 가장 상단에 있는 E5셀 100이기 때문에 E5셀을 만족하는 '판매가', 29900원이 출력되고 있습니다.

> **TIP** E5:E8셀 범위에 발주량이 모두 100으로 동일한 값입니다. 중복된 값이 있을 경우 가장 위에 있는 값이 기준값이 되어 매칭되는 결과값을 반환하게 됩니다.

엑셀 엔진 UP! 유사값 찾기 논리, TRUE

유사값 찾기 논리는 숫자뿐만 아니라 텍스트를 기준으로도 작동합니다.

	A	B	C	D	E
1	이름	점수			
2	가영	80			
3	나영	85			
4	다영	90			

지금과 같이 함수를 입력하면 '=VLOOKUP("라영", A2:B4, 2, TRUE)', "라영"을 찾을 수 없으므로, 가장 근접한 값인 "다영"의 점수 90을 반환합니다. 이때 텍스트 목록 범위는 반드시 오름차순으로 정리되어 있어야 합니다.

CHAPTER 14

가로 방향 발주자료에서 상품명, 기준값을 만족하는 결과값 찾기 (HLOOKUP, IFERROR 함수)

예제 파일 PART2_14 가로 방향 발주 자료에서 상품명, 기준값을 만족하는 결과값 찾기

실무 스킬

엑셀의 HLOOKUP과 IFERROR 함수는 데이터를 검색하고 오류를 처리하는 유용한 도구입니다. HLOOKUP 함수는 특정값을 기준으로 표의 가로 행에서 원하는 데이터를 찾아 반환하는 데 사용됩니다. 이는 데이터가 가로로 배열되어 있는 경우에 특히 유용하며, 빠르고 간편하게 정보를 검색할 수 있습니다.

하지만, 데이터가 누락되었거나 검색 실패가 발생하면 #N/A 오류가 출력될 수 있습니다. 이런 경우 IFERROR 함수를 결합하여 오류를 처리할 수 있습니다. IFERROR 함수는 오류가 발생한 상황에서 대신 출력할 텍스트 값을 지정할 수 있어, 깨끗한 결과를 보여 줍니다. 두 함수의 조합은 검색 실패 시 사용자 정의 메시지, 기본값, 또는 대체 데이터를 표시하는 데 도움을 줍니다.

이 조합은 가로 데이터 검색을 자동화하고, 실무에서 데이터 분석의 정확도를 높이는 데 이상적입니다. 이번 파트에서는 HLOOKUP과 IFERROR를 어떻게 활용할 수 있는지 실질적인 사례에 대해 살펴보겠습니다.

HLOOKUP 함수는 데이터를 가로 행에서 검색하고 특정 행의 값을 반환하는 도구입니다. 기준값이 있는 첫 번째 행에서 기준값을 찾은 뒤, 해당 값이 포함된 열에서 특정 행의 데이터를 가져옵니다.

HLOOKUP(lookup_value, table_array, row_index_num, [range_lookup])

1. lookup_value(**검색할_값**): 결과값을 찾고자 하는 기준값을 입력합니다. 표의 첫 행에서 찾으려는 값이고, 셀 주소 또는 텍스트일 수 있습니다.

2. table_array(**표_범위**): 기준값이 있는 행을 반드시 첫 행으로 시작해 데이터를 추출하려는 결과값이 있는 행을 포함해 표 범위를 지정합니다.

3. row_index_num(**행_인덱스_번호**): 기준값이 있는 행을 반드시 첫 번째 범위로 시작해 찾고자 하는 결과값이 있는 행 순번을 입력합니다.

4. [range_lookup](**범위_검색**): 논리값을 입력하는 곳으로, 기준값에 정확하게 일치하는 것을 찾으

려면 FALSE 또는 0을 입력하고, 비슷하게 일치하는 것을 찾으려면 TRUE 또는 1을 입력하거나 생략합니다.

※ 비슷하게 일치 논리: 기준값이 있는 행 데이터 범위는 반드시 오름차순으로 정렬되어 있어야 합니다. 이 상태에서 기준값보다 작은 값 중에 최대값을 찾는 논리가 비슷하게 일치 논리입니다.

실무 연습 ❶

[가로방향발주자료] 시트에서 '상품명'을 만족하는 '발주량'과 '원가(V+)'를 가로 행으로 정리된 데이터 표에서 결과값을 반환해 보도록 하겠습니다. 오류가 발생한 경우 '값이없음'이란 텍스트 메시지가 출력되도록 로직도 함께 만들어 보겠습니다.

01 C15셀 클릭- '=HLOOKUP(C$14,$C$5:$R$8,3,FALSE)' 입력 후 J15셀까지 복사/붙여넣기합니다.

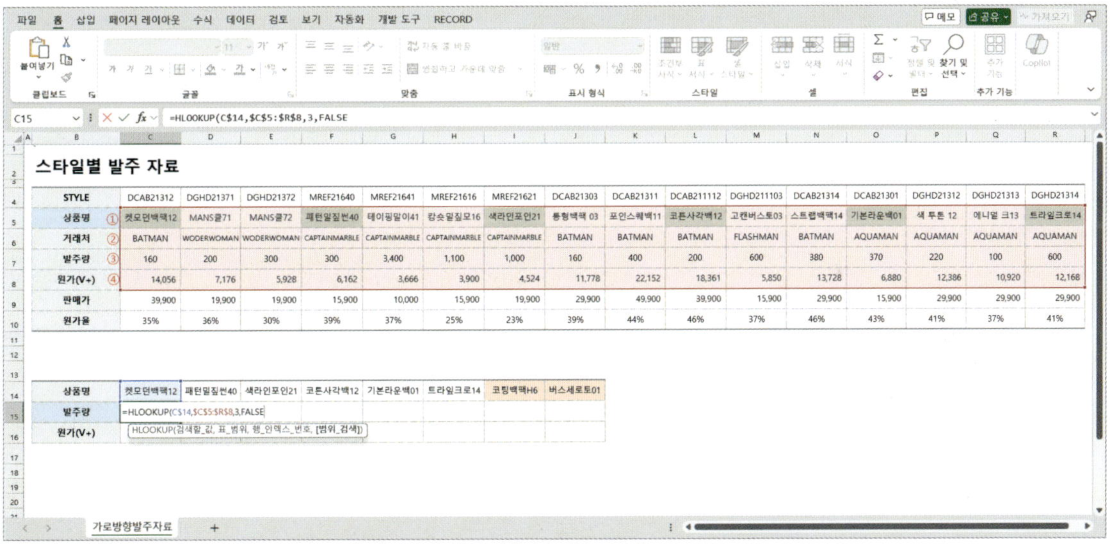

개념설명

$$=\text{HLOOKUP}(\underbrace{\text{C\$14}}_{❶},\underbrace{\text{\$C\$5:\$R\$8}}_{❷},\underbrace{3}_{❸},\underbrace{\text{FALSE}}_{❹})$$

❶ 기준값 C$14(lookup_value)	상품명 기준값 C$14셀을 혼합참조로 운영해 오른쪽으로 복사/붙여넣기 가능하도록 참조했고, 아래 방향으로 복사/붙여넣기를 진행 시 14행에 있는 기준값 '상품명'이 고정된 상태로 운영되게끔 혼합참조로 운영되었습니다.
❷ 범위 $C$5:$R$8(table_array)	기준값이 시작되는 행 번호 5행을 시작으로 결과값이 있는 '발주량' 목록을 포함하는 범위 개념입니다.
❸ 3(row_index_num)	기준값이 있는 행 번호 '상품명'의 행 순번을 1로 시작해, 결과값이 있는 목록 순번을 차례대로 카운팅하면 '상품명' 1, '거래처' 2, '발주량' 3, 원가(V+) 4, 행 순번으로 찾을 결과값이 있는 목록 순번 3을 적습니다.

④ TRUE([range_lookup])	논리값으로 유사일치 옵션인 TRUE가 입력되었습니다. 숫자 논리로 1을 입력해도 같은 결과값을 얻을 수 있습니다. 여기에서 사용된 TRUE 논리는 '유사하다'라는 논리로 사용되었습니다.

02 I15셀과 J15셀에 기준값에 부합하는 결과값이 없다는 #N/A오류가 발생했으므로, C15셀 클릭-'=IFERROR(HLOOKUP(C$14,$C$5:$R$8,3,FALSE),"값이없음")' 입력 후 다시 J15셀까지 복사/붙여넣기합니다.

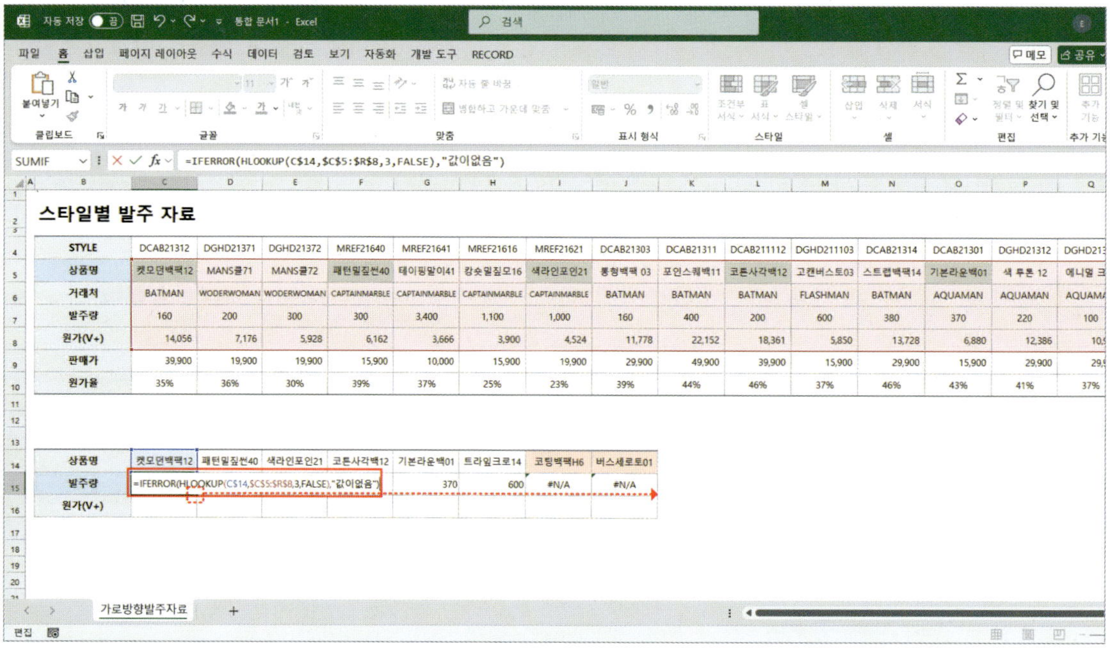

개념설명

=IFERROR(HLOOKUP(C$14,$C$5:$R$8,3,FALSE),"값이없음")

(① = HLOOKUP(C$14,$C$5:$R$8,3,FALSE), ② = "값이없음")

① HLOOKUP(C$14,$C$5:$R$8,3,FALSE)(value)	기존에 입력된 함수나 수식이 입력된 자리입니다.
② "값이없음"(value_if_error)	value 결과값에 에러가 발생한 경우 출력할 텍스트로 현재는 "값이없음"이란 텍스트가 출력되도록 입력되었습니다.

03 C15:J15셀 범위, '상품명' 기준값을 만족하는 결과값, '발주량'을 '스타일별 발주 자료' 범위에서 찾아온 결과값과 에러가 발생한 셀에 '값이없음'이란 오류 대체 텍스트 메시지가 출력된 결과를 확인합니다.

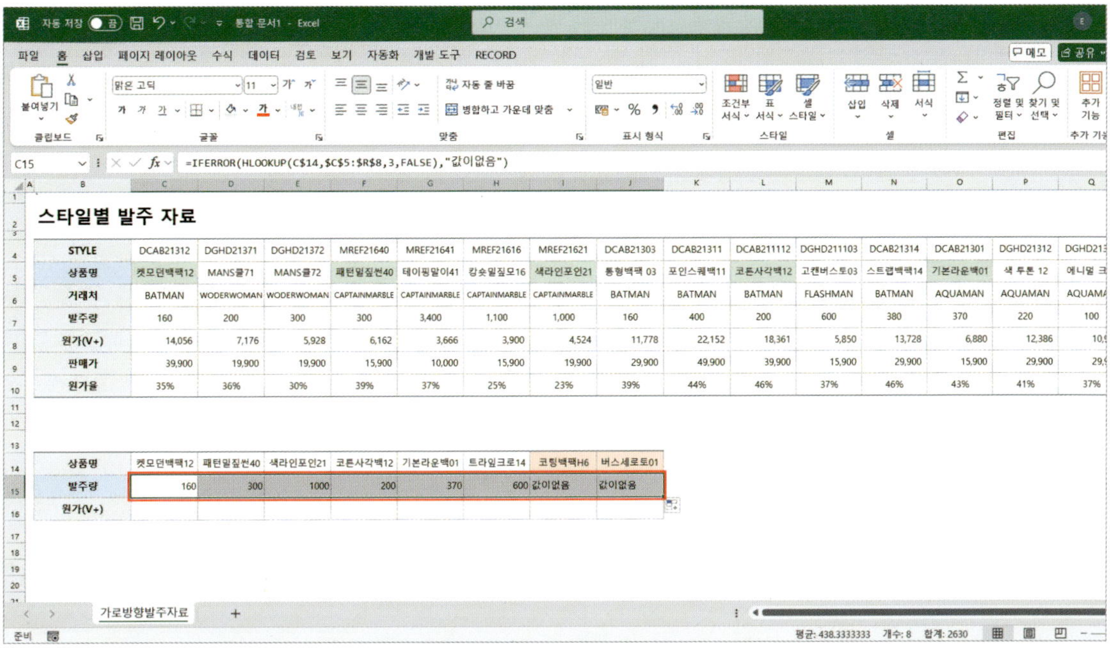

04 원가(V+) 결과값을 반환하기 위해, C15셀 클릭- 복사(Ctrl+C)- C16셀 붙여넣기(Ctrl+V) 진행합니다.

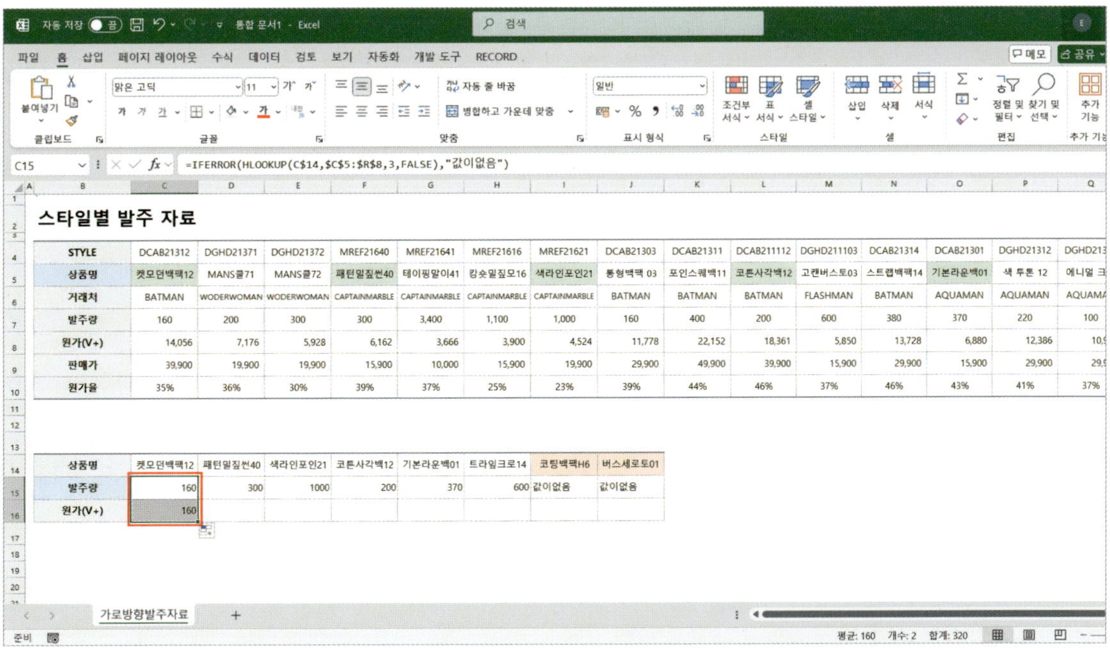

05 C16셀에 붙여넣기된 기존 수식에서 HLOOKUP, 세 번째 인수값을 3을 4로 변경합니다. '=IFERROR(HLOOKUP(C$14,$C$5:$R$8,4,FALSE),"값이없음")' 그리고 나서 J16셀까지 복사/붙여넣기합니다.

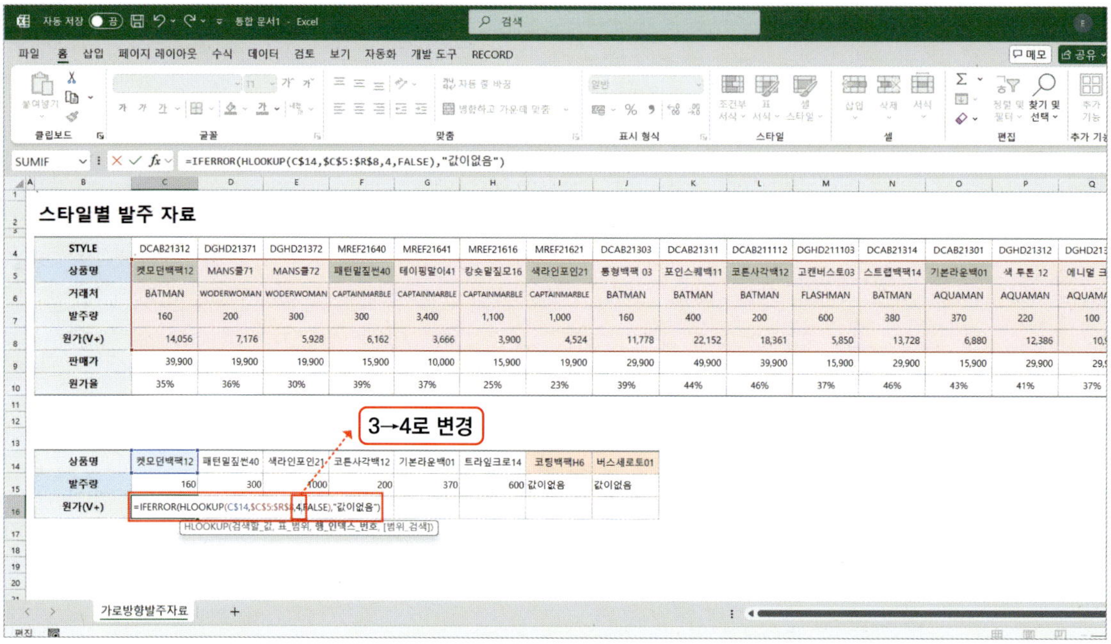

06 원가(V+) 결과값이 출력된 결과를 확인하고, '발주량', '원가(V+)' 범위, C15:J16셀 지정한 후, 표시 형식을 통일하기 위해 [홈] 탭- 표시 형식- '쉼표(,)' 메뉴를 클릭합니다.

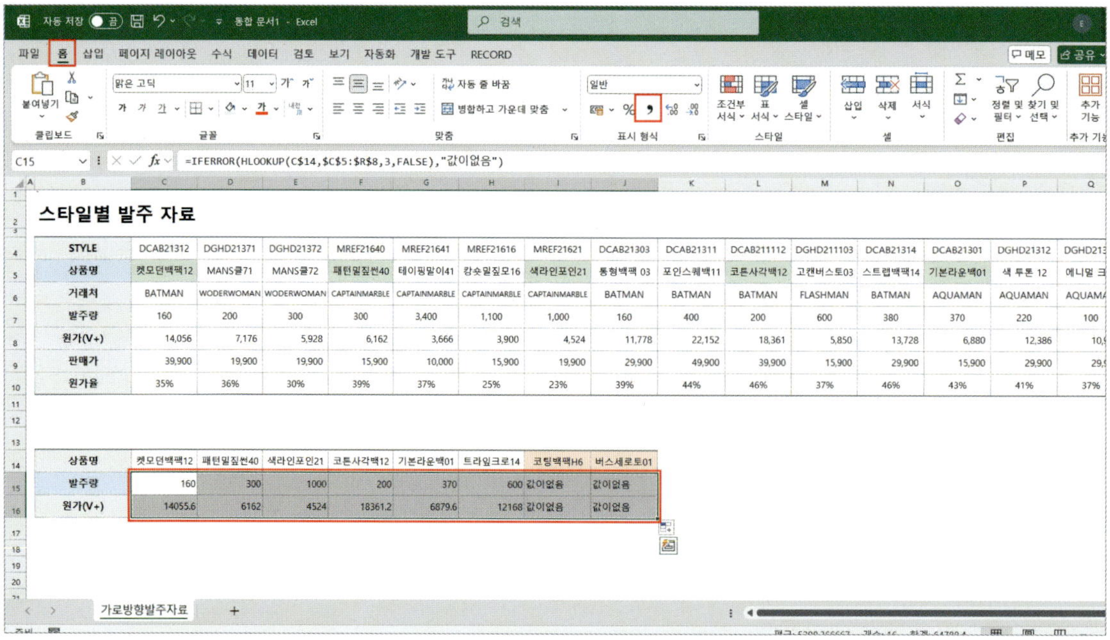

07 C15:J16셀 범위, 표시 형식이 통일된 최종 결과를 확인합니다.

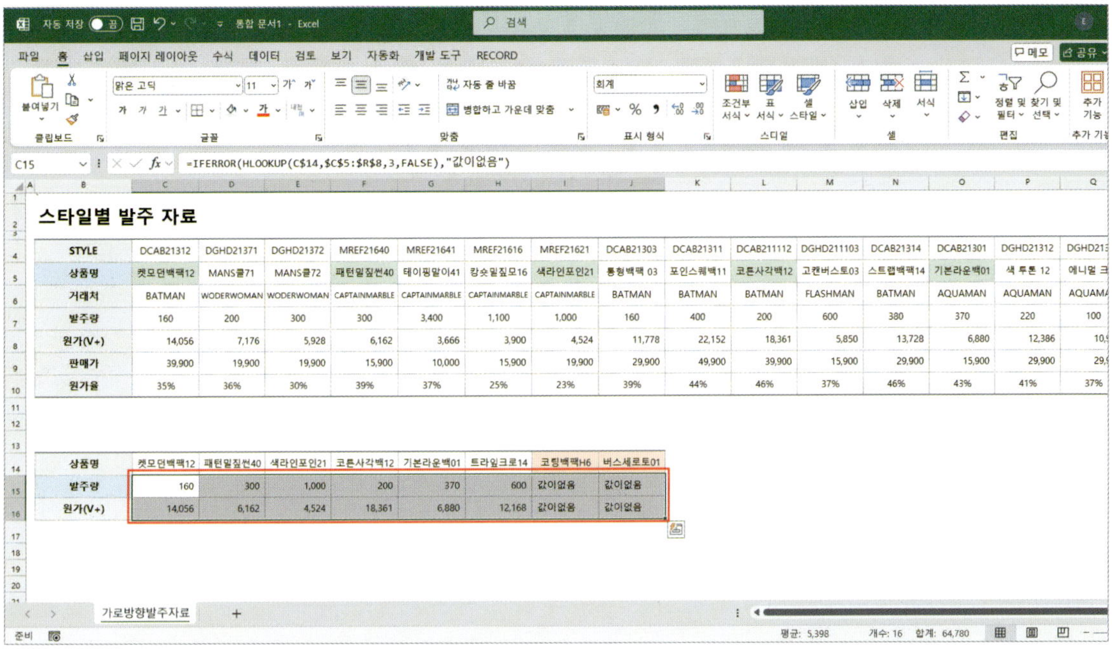

CHAPTER 15

직무능력 평가 과목 차수와 자리 배치 그리고 커트라인 앞, 뒤 점수 확인하기(MATCH 함수)

예제 파일 PART2_15 직무능력 평가 과목 차수와 자리 배치 그리고 커트라인 앞, 뒤 점수 확인하기

실무 스킬

엑셀의 MATCH 함수는 데이터를 검색하고 위치를 숫자로 반환하는 기능을 제공합니다. 이 함수는 특정값이 범위 내에서 몇 번째 위치에 있는지를 찾아주는 데 유용합니다. 데이터 분석과 정렬 작업에서 빠르고 효율적으로 사용할 수 있습니다.

이 함수는 데이터의 위치를 제공하며, 다른 함수와 함께 사용될 경우 데이터 관리 및 검색 작업을 더욱 강화합니다. 특히, INDEX 함수 또는 VLOOKUP 함수와 결합하면 동적 데이터 처리 기능이 확장됩니다. MATCH 함수는 복잡한 데이터 분석에서도 직관적이고 간결한 솔루션을 제공합니다.

MATCH 함수는 한 열 또는 한 행 범위 안에서 기준값을 만족하는 행 번호 또는 열 번호를 출력해 주는 함수입니다.

MATCH(lookup_value, lookup_array, [match_type])

1. lookup_value(**기준값**): 검색하려는 기준값을 지정합니다.

2. lookup_array(**범위**): 검색할 셀 범위를 나타냅니다. 한 열 또는 한 행으로 범위 지정합니다.

3. [match_type(**논리**)]: 검색 방식을 정의합니다. 옵션은 세 가지가 있습니다. 생략하면 기본값 1이 입력됩니다. 1은 범위가 오름차순으로 정렬된 경우 기준값보다 같거나 작은 값 중에 가장 큰 값을 반환하고, 0은 기준값과 정확히 일치하는 값을 반환하며, -1은 범위가 내림차순으로 정렬된 상태에서 기준값과 같거나 기준값보다 큰 값 중에 최소값을 반환합니다.

실무 연습 ❶

[직무능력평가] 시트에서 오른쪽 4가지 문제를 왼쪽에 '직무능력 평가' 표를 참고해서 해결해 보도록 하겠습니다.

01 엑셀은 몇 차에 시험을 보는지 확인해 보겠습니다.

❶ N7셀 클릭- '=MATCH("엑셀",D5:I5,0)' 입력하고 Enter 키를 누릅니다.

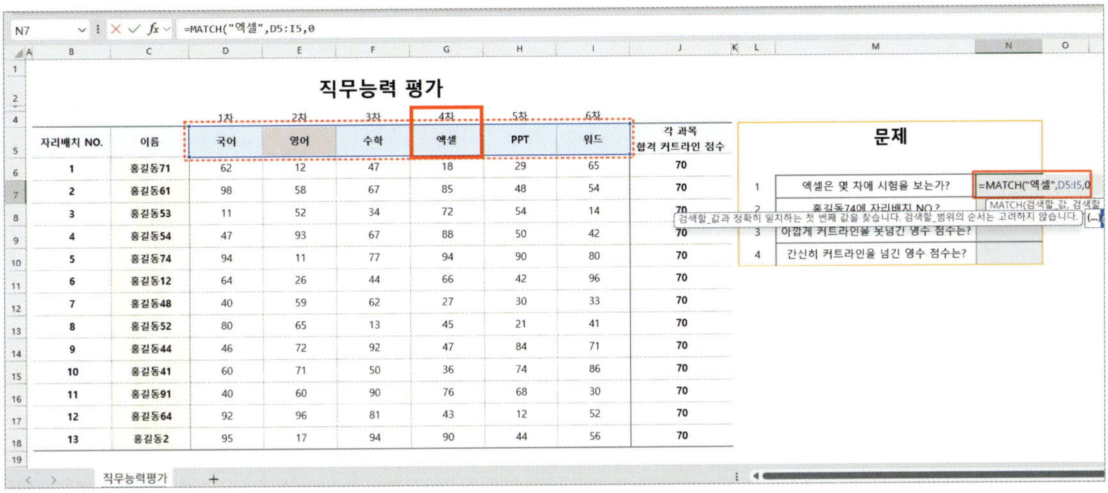

개념설명

=MATCH(❶"엑셀",❷D5:I5,❸0)

❶ "엑셀"	기준값입니다. 주소값 또는 숫자가 아닌 경우는 쌍따옴표안에 텍스트를 입력합니다.
❷ D5:I5	한 행 데이터 범위입니다.
❸ 0	정확하게 일치하는 기준값이 있는 '범위에서 순번을 알려줘'라는 논리 옵션입니다.

❷ N7셀에 출력된 결과값 4를 확인합니다. 범위 구간에서 열 순번으로 4번째 '엑셀'이 위치해 있다는 것을 숫자값으로 알 수 있습니다.

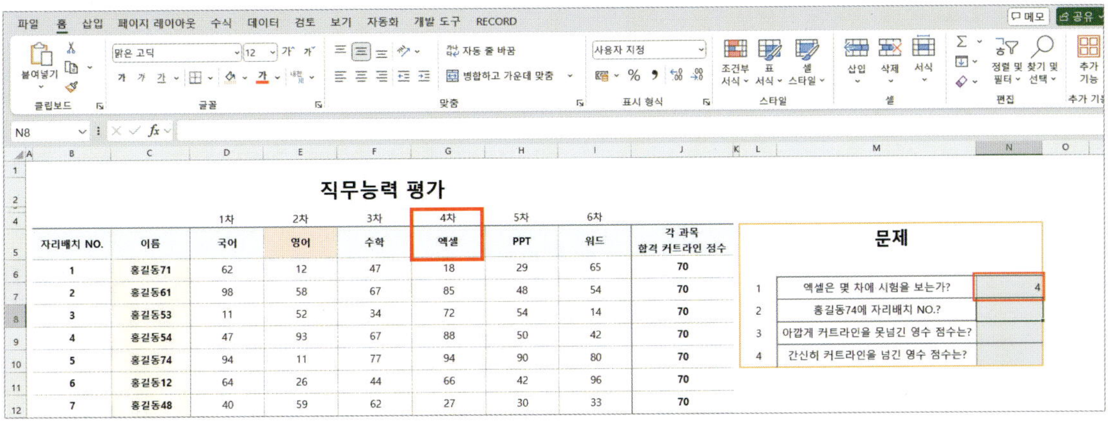

02 C열의 홍길동74 정보가 A열에 있는 자리 배치 NO.가 몇 번인지 확인해 보겠습니다.

❶ N8셀 클릭- '=MATCH("홍길동74",C6:C18,0)' 입력 후 [Enter] 키를 누릅니다.

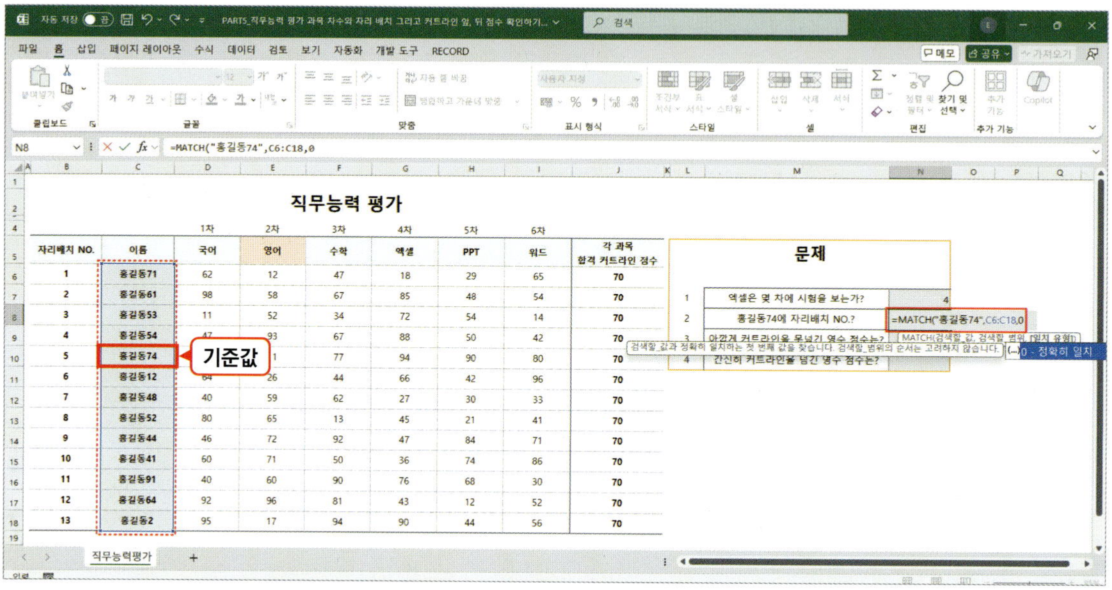

❷ 출력된 결과 5를 확인합니다. 이름 범위에서 위에서부터 아래로 순서상 5번째 위치해 있어, 자리 배치 NO.는 5라는 것을 확인할 수 있습니다.

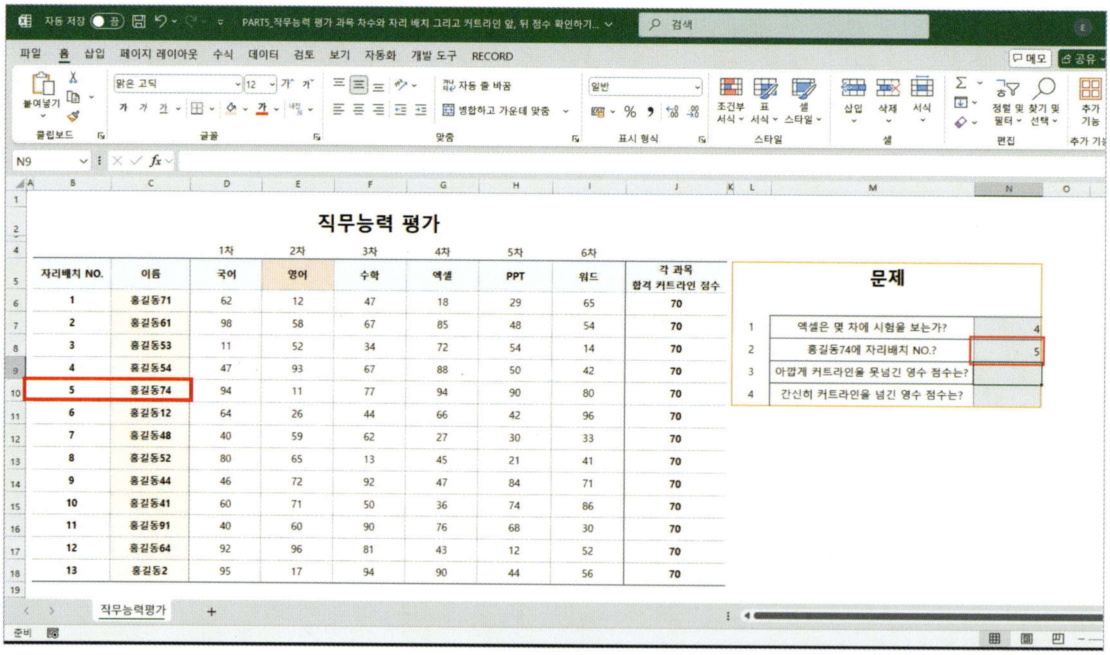

03 아깝게 커트라인을 못 넘긴 영어 점수를 구할 때는 어떻게 하는지 알아보겠습니다.

❶ 정확하게 일치 옵션 논리가 아닌 이상 범위 구간 정렬이 필요합니다. 커트라인을 아깝게 못 넘겼다는 의미는 커트라인 점수 70점보다 작은 값 중에 최대값이란 의미이므로 옵션 1을 사용하기 위해 먼저, 영어 점수를 오름차순 정렬해야 합니다. E5셀 클릭- [데이터] 탭- 정렬 및 필터- '텍스트 오름차순 정렬' 메뉴를 클릭합니다.

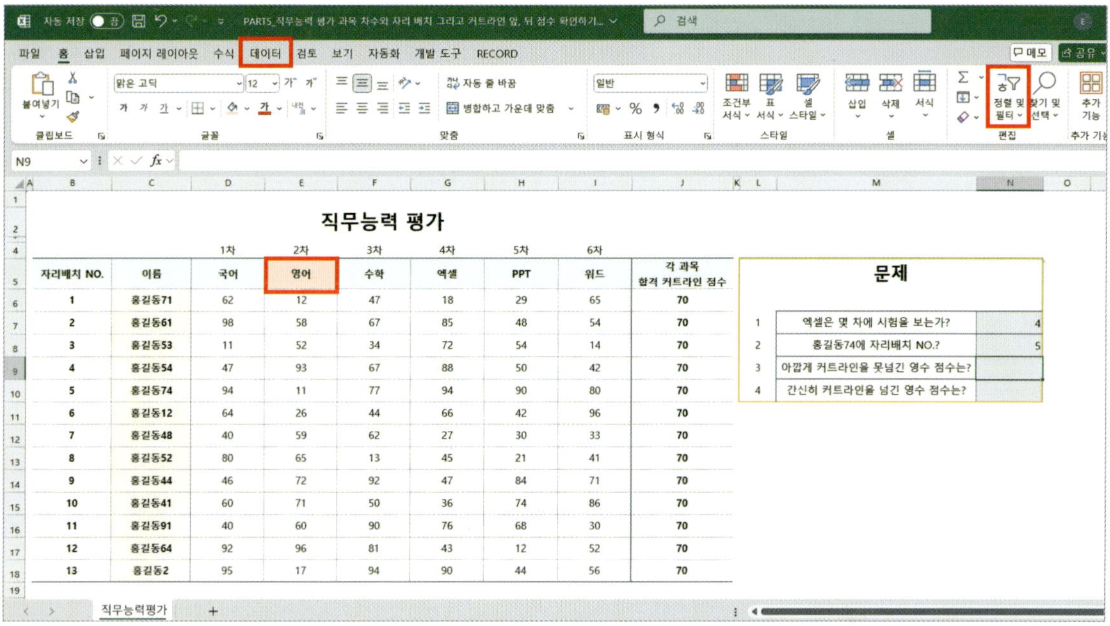

❷ N9셀 클릭- '=MATCH(70,E6:E18,1)' 입력 후 Enter 키를 누릅니다.

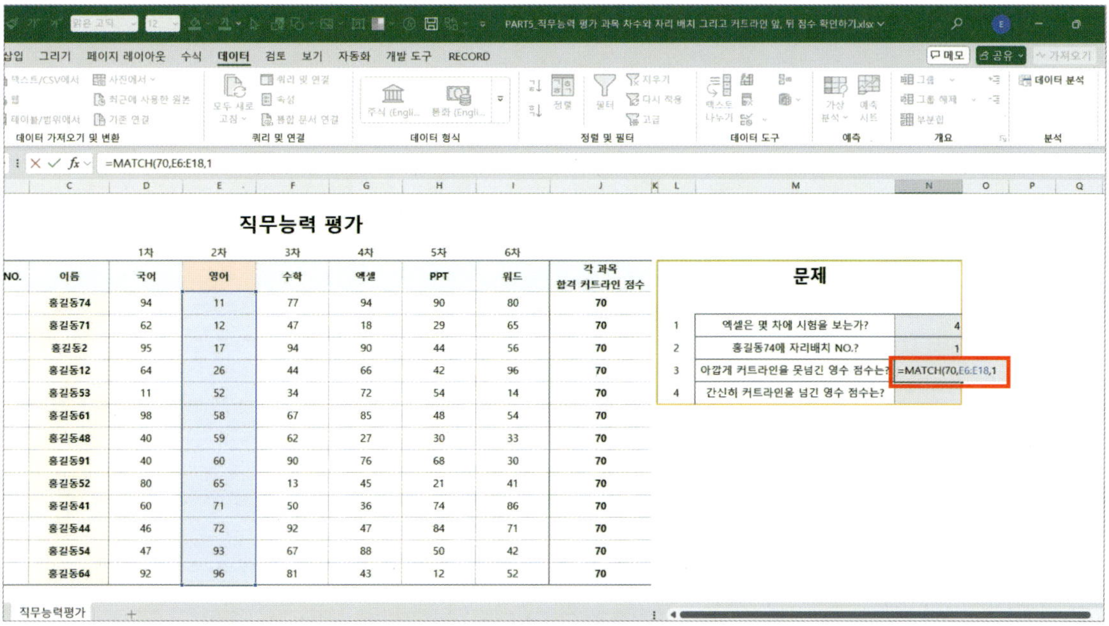

개념설명

=MATCH(70,E6:E18,1)

❶ 70	커트라인 기준 점수입니다.
❷ E6:E18	오름차순 정렬된 영어 점수 범위입니다.
❸ 논리 옵션 1	오름차순으로 정렬된 데이터에서 기준값(70)보다 작은 값 중에 최대값이란 의미입니다.

❸ 결과값, 9가 출력되었습니다. 오름차순으로 정렬된 영어 점수 범위 구간에서 위에서부터 9번째 위치한 65점 점수가 커트라인을 아쉽게 넘기지 못한 점수라는 것을 알 수 있습니다.

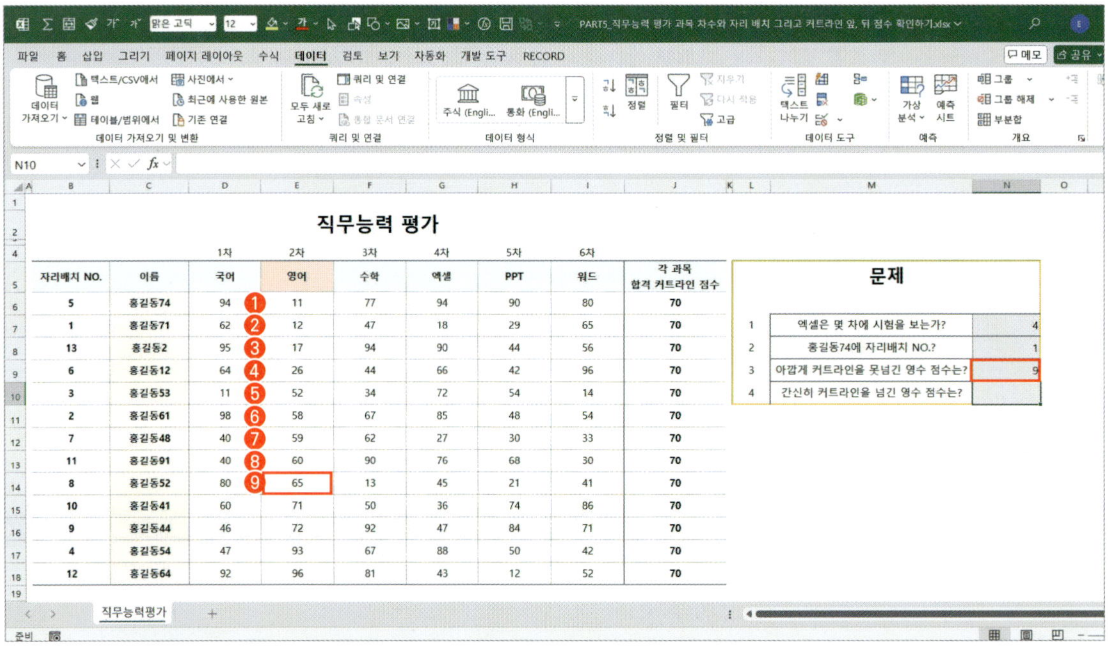

04 간신히 커트라인을 넘긴 영어 점수를 구할 때는 어떻게 하는지 알아보겠습니다.

❶ 정확하게 일치 옵션 논리가 아닌 이상 범위 구간 정렬이 필요합니다. 커트라인을 간신히 넘겼다는 의미는 커트라인 점수 70점보다 큰 값 중에 최소값이란 의미이므로 −1 옵션을 사용하기 위해 먼저, 영어 점수를 내림차순 정렬해야 합니다. E5셀 클릭- [데이터] 탭- 정렬 및 필터- '텍스트 내림차순 정렬' 메뉴를 클릭합니다.

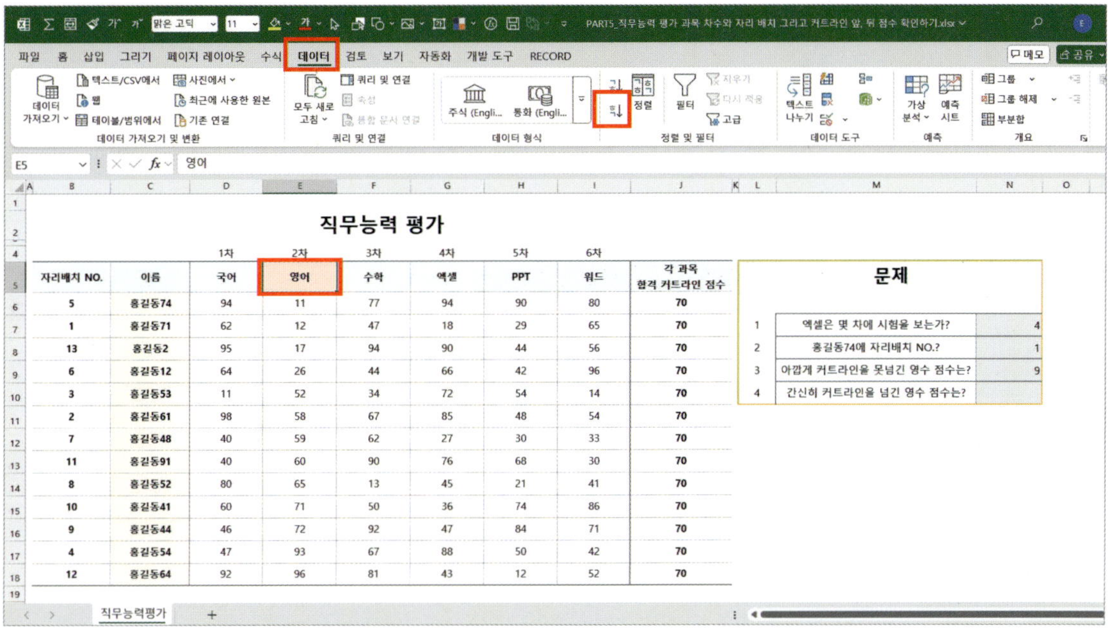

❷ N9셀 클릭- '=MATCH(70,E6:E18,−1)' 입력 후 Enter 키를 누릅니다.

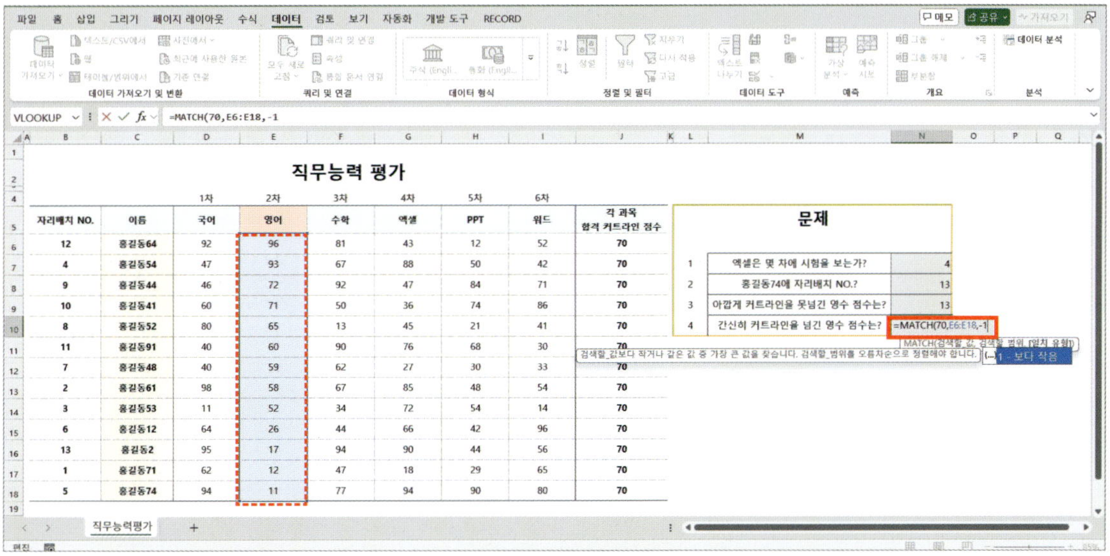

개념설명

$$=MATCH(70,E6:E18,-1)$$

(❶ 70, ❷ E6:E18, ❸ -1)

❶ 70	커트라인 기준 점수입니다.
❷ E6:E18	내림차순 정렬된 영어 점수 범위입니다.
❸ 논리 옵션 -1	내림차순으로 정렬된 데이터에서 기준값(70)보다 큰 값 중에 최소값이란 의미입니다.

❸ 결과값, 4가 출력되었습니다. 내림차순으로 정렬된 영어 점수 범위 구간에서 위에서부터 4번째 위치한 71점 점수가 커트라인을 간신히 넘긴 점수라는 것을 알 수 있습니다.

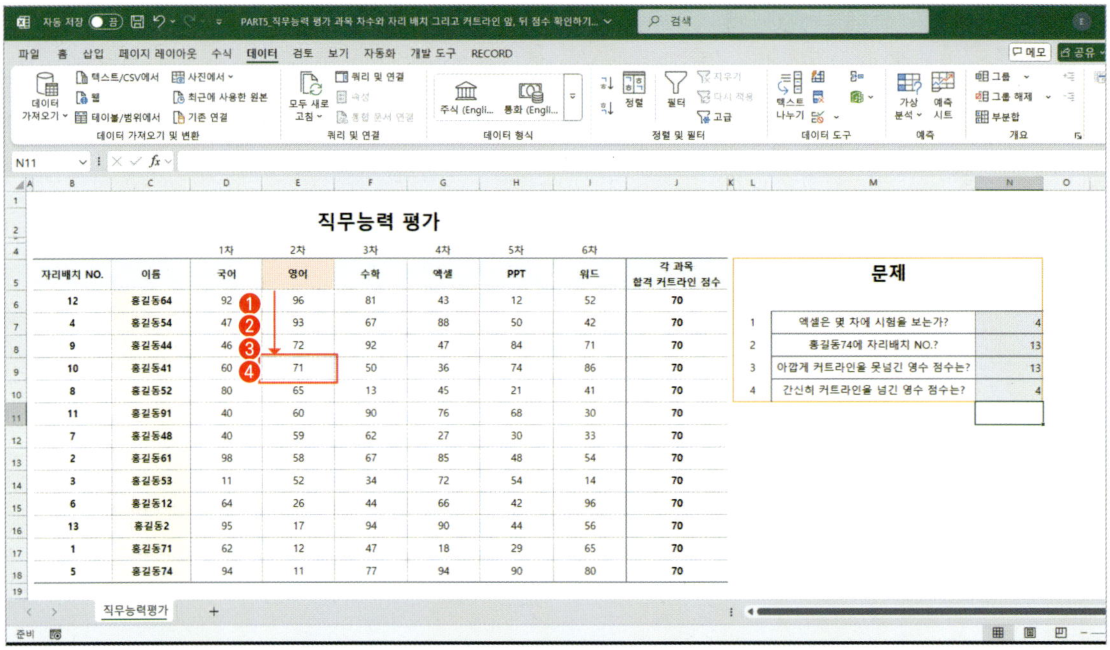

※ 문제 3번 결과값이 바뀐 이유는 내림차순으로 정렬되었기 때문이니 참고 바랍니다.

CHAPTER 16

과목별 점수 단일 또는 다중 범위 구간에서 행, 열 순번 만족하는 값 찾기(INDEX 함수)

예제 파일 PART2_16 과목별 점수 단일 또는 다중 범위 구간에서 행, 열 순번 만족하는 값 찾기

실무 스킬

엑셀의 INDEX 함수는 특정 위치의 데이터를 찾아 주는 도구입니다. 데이터를 저장한 표에서 "몇 번째 줄, 몇 번째 칸"에 있는 값을 가져올 수 있습니다. 이 함수는 많은 데이터 속에서 필요한 정보를 정확히 찾아낼 수 있도록 돕습니다. 사용자가 원하는 위치를 지정하면, INDEX는 그 위치의 값을 반환합니다. 표가 커질수록 데이터의 위치를 직접 찾는 것이 번거롭지만, INDEX는 이를 자동화합니다. 사용자는 단순히 "몇 번째 행"과 "몇 번째 열"만 지정하면 됩니다. 보통 MATCH 함수로 행과 열 순번 정보를 제공받아 자동화할 수 있습니다. INDEX는 "데이터 지도"와 같아서 정확한 위치를 알려 주는 역할을 합니다. 숫자나 텍스트 데이터를 검색하는 데 모두 사용할 수 있습니다. 또한, 다른 함수와 결합하여 훨씬 더 강력한 작업을 수행할 수 있습니다. 예를 들어, MATCH 함수와 함께 사용하면 더욱 동적인 데이터 검색이 가능합니다. INDEX는 데이터 분석과 정렬에서 시간을 절약하고 효율성을 높이는 데 큰 도움을 줍니다. 실전 예제를 통해 사용 방법을 알아보도록 하겠습니다.

INDEX 함수는 범위 안에서 행 번호와 열 번호가 만나는 정보를 출력해 주는 함수입니다.

INDEX(array, row_num, [column_num])_참조형

1. **arry(범위)**: 데이터가 있는 범위를 지정합니다. 한 행 또는 한 열, 행과 열을 동시에 지정할 수 있습니다.

2. **row_num(행 번호)**: 가져오려는 값이 있는 행 번호를 입력합니다. 데이터 범위에서 몇 번째 행의 데이터를 가져올지를 지정합니다. 만약, 2를 입력하면 두 번째 행의 값을 반환합니다.

3. **[column_num](열 번호)**: 가져오려는 값이 있는 열 번호를 입력합니다. 만약 데이터가 여러 열로 구성되어 있을 경우, 특정 열을 지정할 수 있습니다. 만약, 3을 입력하면 세 번째 열의 값을 반환합니다. 생략하면 첫 번째 열 값이 기본적으로 반환됩니다.

INDEX(reference, row_num, [column_num], [area_num])_행렬형

1. **reference(다중 범위)**: 데이터가 포함된 여러 표를 참조 영역으로 지정합니다. 여러 데이터 영역이 있을 경우, 각각의 영역을 참조할 수 있습니다. 이런 식으로 여러 개 참조 영역을 괄호 안에 넣어 (A1:C5, D1:F5, H1:J5) 참조할 수 있습니다.
2. **row_num(행 번호)**: 가져오려는 값이 있는 행 번호를 입력합니다. 지정한 영역에서 몇 번째 행을 선택할지 설정합니다.
3. **[column_num](열 번호, 선택 사항)**: 가져오려는 값이 있는 열 번호를 입력합니다. 선택하지 않으면 기본값으로 첫 번째 열 값이 반환됩니다.
4. **[area_num](참조 영역 번호, 선택 사항)**: 여러 참조 영역 중에서 사용할 영역의 번호를 지정합니다. 영역이 여러 개일 때, 특정 영역을 선택합니다. (A1:C5, D1:F5, H1:J5) 위 참조 영역에서 2를 입력하면 두 번째 범위인 D1:F5가 선택됩니다.

공통

1. **범위 지정**: array 또는 reference는 검색 대상 데이터 범위입니다.
2. **동적 검색**: row_num과 column_num을 조합해 행 번호 또는 열 번호 값을 찾습니다.
3. **선택적 인수**: column_num과 area_num은 생략 가능하며, 생략하면 기본값 1이 적용됩니다.

실무 연습 ❶

[과목점수] 시트에서 이름과 과목을 만족하는 행 번호와 열 번호를 조합해 결과값, 점수를 반환해 보고, 다중 범위에서 행 번호와 열 번호를 만족하는 점수를 각각 반환해 보겠습니다.

01 L10셀 클릭- '=INDEX(C5:F11,7,4)' 입력 후 Enter 키를 누릅니다.

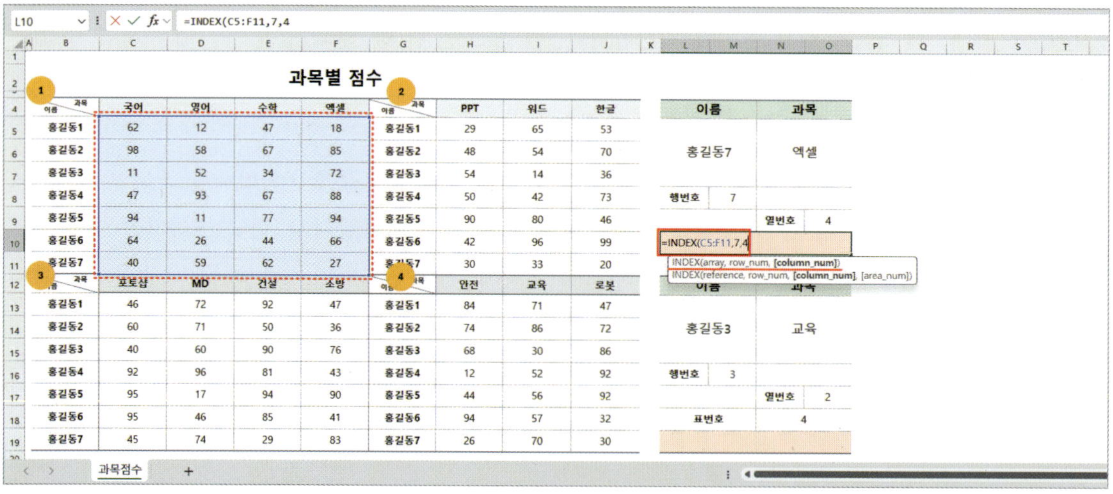

개념설명

$$=\text{INDEX}(\text{C5:F11},7,4)$$

❶ C5:F11	1번 표에서 점수를 반환할 행 번호, 열 번호를 가진 범위입니다.
❷ 7	범위 구간에서 행으로 7번째 위치한 '홍길동7'의 순번을 의미합니다. 두 번째 인수는 반드시 숫자를 입력해야 합니다.
❸ 4	범위 구간에서 열로 4번째 위치한 '엑셀'의 순번을 의미합니다. 세 번째 인수는 반드시 숫자를 입력해야 합니다. 생략 가능한 인수 구간으로, 생략 조건은 한 열을 범위로 지정한 경우 생략 가능합니다.

02 INDEX 범위 안에서 행 번호와 열 번호를 만족하는 27이 출력된 결과를 확인합니다.

03 L19셀 클릭- '=INDEX((C5:F11,H5:J11,C13:F19,H13:J19),3,2,4)' 입력 후 Enter 키를 누릅니다.

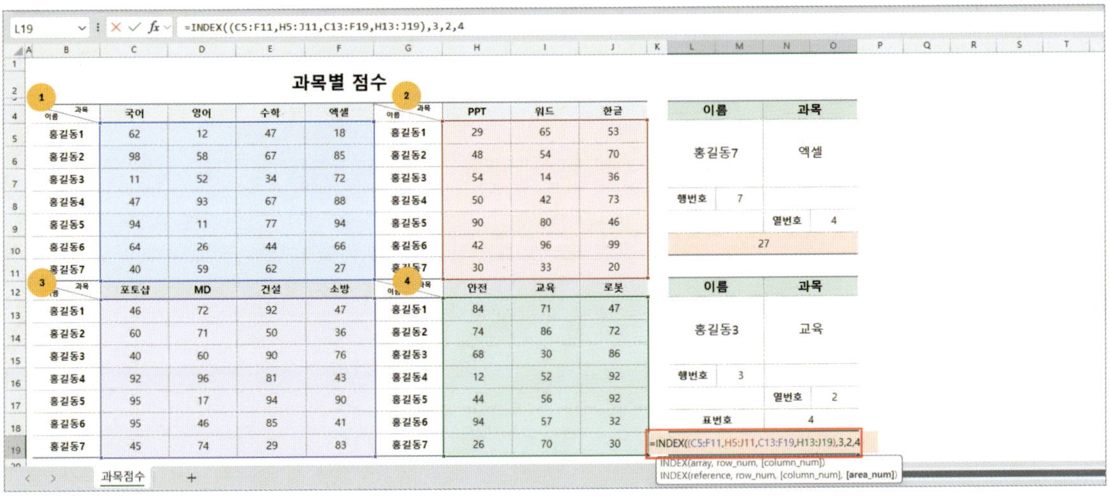

개념설명

=INDEX((C5:F11,H5:J11,C13:F19,H13:J19),3,2,4)

❶ (C5:F11,H5:J11,C13:F19,H13:J19)	다중 범위 구간으로 괄호 안에 범위를 다중으로 1번부터 4번까지 각각 지정한 상황입니다. 범위를 지정할 때 첫 번째 범위는 마우스로 드래그 그 다음 범위부터는 Ctrl 키를 누른 상태에서 범위를 드래그하면 다중으로 범위를 지정할 수 있습니다. 다중으로 범위가 지정되면 구분자 쉼표(,)를 확인할 수 있습니다.
❷ 3	범위 구간에서 행으로 3번째 위치한 순번을 의미합니다. 두 번째 인수는 반드시 숫자를 입력해야 합니다.
❸ 2	범위 구간에서 열로 2번째 위치한 순번을 의미합니다. 세 번째 인수는 반드시 숫자를 입력해야 합니다. 생략 가능한 인수 구간으로, 생략 조건은 한 열을 범위로 지정한 경우 생략 가능합니다.
❹ 4	범위 구간에서 참조된 표 범위 순서를 의미합니다. 4가 입력되었으므로 4번째 지정한 범위라는 의미입니다. 생략 가능한 인수 구간으로, 생략하면 첫 번째 표범위를 지정하게 됩니다.

04 출력된 결과를 확인합니다.

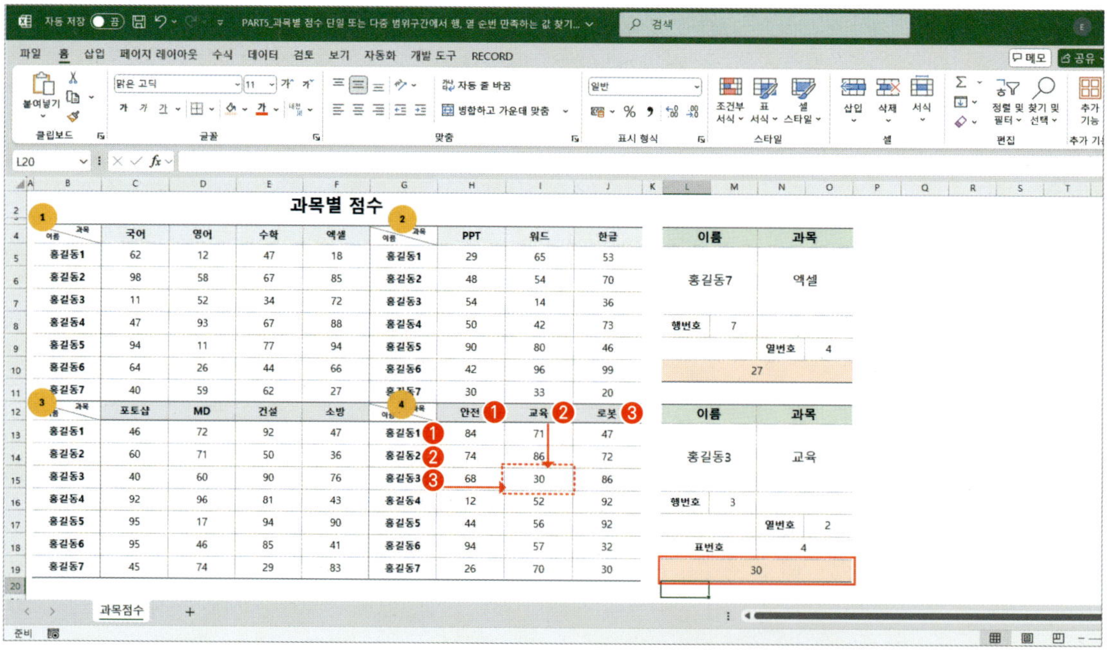

CHAPTER 17

상품명, 스타일코드를 만족하는 점포 재고수량 파악하기(INDEX, MATCH 함수)

예제 파일 PART2_17 상품명, 스타일코드를 만족하는 점포 재고수량 파악하기

실무 스킬

INDEX 함수와 MATCH 함수 조합은 데이터를 검색하고 가져오는 데 매우 유용한 도구입니다. INDEX 함수는 표 안에서 특정 위치에 있는 값을 찾아 주는 역할을 하고 MATCH 함수는 찾고자 하는 값이 데이터 범위에서 몇 번째 위치에 있는지 행 번호와 열 번호를 알려 줍니다. 이 두 함수를 조합하면 검색의 유연성과 정확성을 극대화할 수 있습니다.

예를 들어, VLOOKUP 함수는 기준값이 있는 열의 오른쪽에 있는 특정 위치만 검색할 수 있지만, INDEX와 MATCH를 사용하면 기준 열 왼쪽에서도 값을 찾을 수 있습니다. 데이터를 검색할 때, MATCH 함수가 위치를 계산하고 INDEX 함수가 값을 반환하는 방식으로 작동하는데 기준 열과 상관없이 MATCH 함수가 행이나 열 순번을 찾아 주기 때문에 INDEX 함수가 특정 위치에 있는 값을 찾게 됩니다. 이러한 조합은 큰 표나 복잡한 데이터에서 원하는 정보를 효율적으로 찾아낼 수 있게 합니다. 특히 행과 열이 추가되는 등에 데이터 구조가 자주 변경되는 경우에도 함수 인수 변경 없이 안정적으로 데이터를 가져올 수 있게 됩니다.

이처럼 두 함수를 함께 사용하면 보고서 작성 시 동적인 데이터 검색이 가능합니다. 또한, 데이터의 행과 열 번호를 자동으로 계산하므로 수동 작업이 줄어들어 편리합니다. VLOOKUP이나 HLOOKUP 보다 더 많은 데이터 구조를 처리할 수 있어 실용적입니다.

INDEX와 MATCH 함수 조합은 가장 많이 사용되는 중첩 구조입니다. 실무 예제를 통해 사용 방법을 알아보도록 하겠습니다.

실무 연습 ❶

[상품재고] 시트에서 '상품명'을 만족하는 '대전점' 재고를 '상품별 재고량' 표에서 반환하고자 합니다. 현재 문제는 VLOOKUP 함수로는 값을 찾을 수 없는 기준 열 왼쪽에 반환하고자 하는 값이 있는 구조입니다. INDEX 함수와 MATCH 함수 조합을 통해 문제를 해결해 보겠습니다.

01 M5셀 클릭- '=INDEX($E$5:$E$25,MATCH(L5,$I$5:$I$25,0),1)' 입력 후 M7셀까지 복사/붙여넣기합니다.

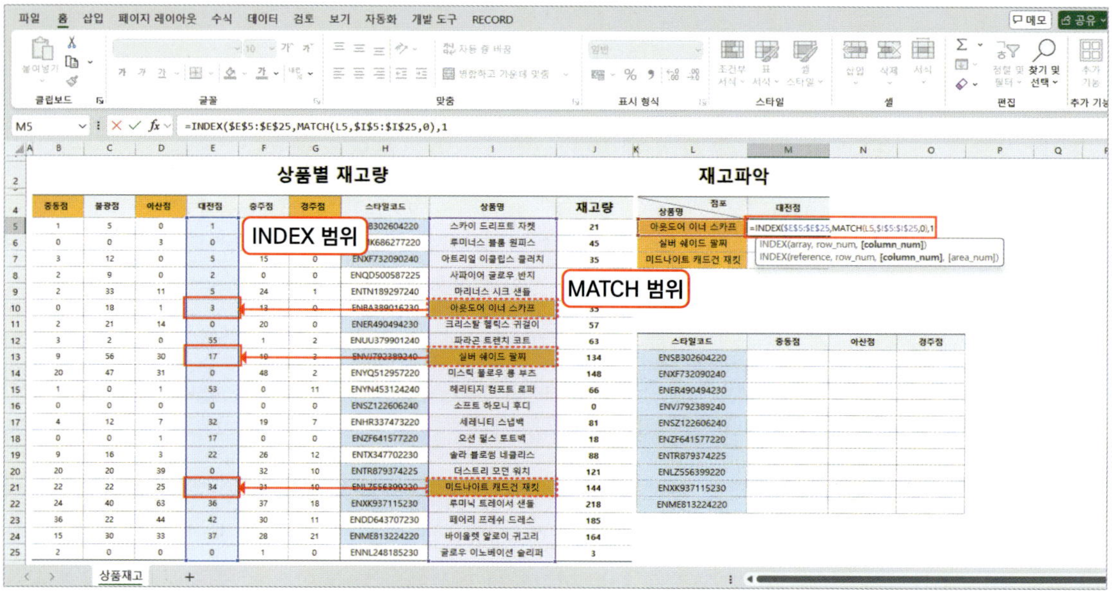

개념설명

=INDEX(❶ $E$5:$E$25, ❷ MATCH(L5,$I$5:$I$25,0), ❸ 1)

❶ INDEX 함수 1	$E$5:$E$25	찾고자 하는 값이 있는 대전점 재고량 한 열 범위를 지정했습니다.
❷ INDEX 함수 2	MATCH(L5,$I$5:$I$25,0)	중첩되어 있습니다.

MATCH(❶ L5, ❷ $I$5:$I$25, ❸ 0)

❶ MATCH 함수 1	L5셀	'상품명' 기준값을 의미합니다.
❷ MATCH 함수 2	$I$5:$I$25	기준값이 있는 한 열 데이터 범위를 지정했습니다. 여기에서 L5셀이 있는 행 순번을 찾기 위해 지정한 범위입니다. 출력된 결과값(숫자)을 INDEX 함수 두 번째 인수인 행 번호 정보로 사용되게 됩니다.
❸ MATCH 함수 3	0	정확히 일치 논리 옵션입니다.
❸ INDEX 함수 3	1	INDEX 함수 첫 번째 인수 범위로 한 열만 지정되어 있기 때문에 열 순번은 1만 존재합니다. 여기에서 한 열만 범위로 지정한 경우 숫자 1은 생략할 수 있습니다.

※ 주의할 점, INDEX 함수 범위와 MATCH 함수 범위의 출발점은 같아야 합니다.

02 '상품명' 기준값을 각각 만족하는 '대전점' 재고량이 M5:M7셀, 3, 17, 34가 출력된 결과를 확인합니다.

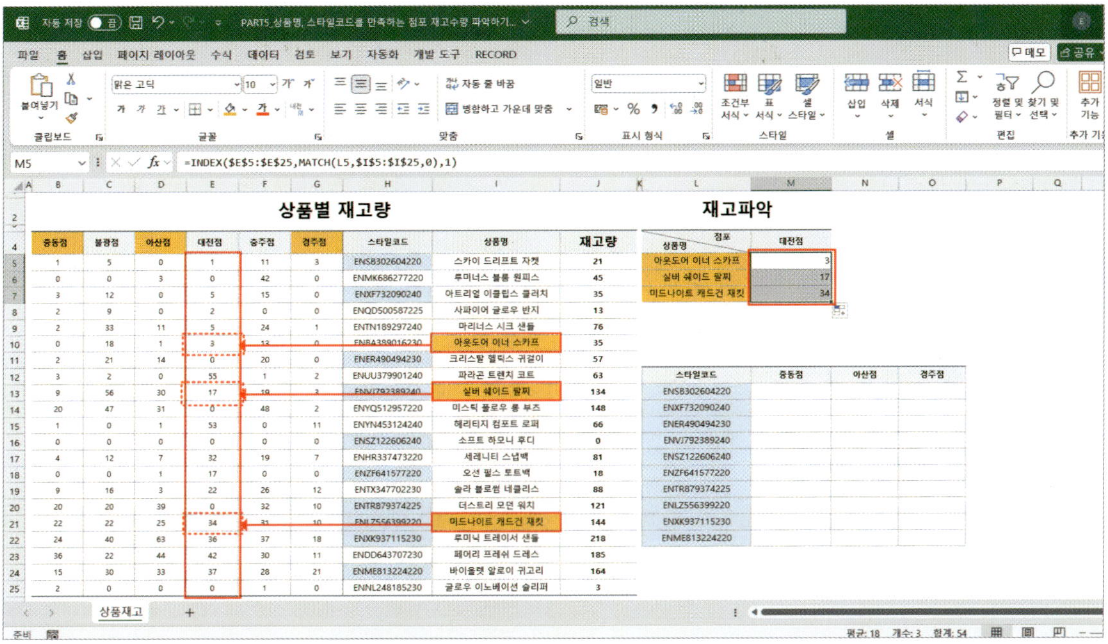

실무 연습 ❷

[상품재고] 시트에서 '스타일코드'를 만족하고 각각의 점포명을 만족하는 재고를 '상품별 재고량' 표에서 반환하려 합니다. INDEX 함수와 MATCH 함수 조합을 통해 문제를 해결해 보겠습니다.

01 M13셀 클릭- '=INDEX($B$5:$G$25,MATCH($L13,$H$5:$H$25,0),MATCH(M$12,$B$4:$G$4,0))' 입력 후 M22셀까지 복사/붙여넣기를 진행- M13:M22셀 범위 지정- O13:O22셀 범위까지 복사/붙여넣기합니다.

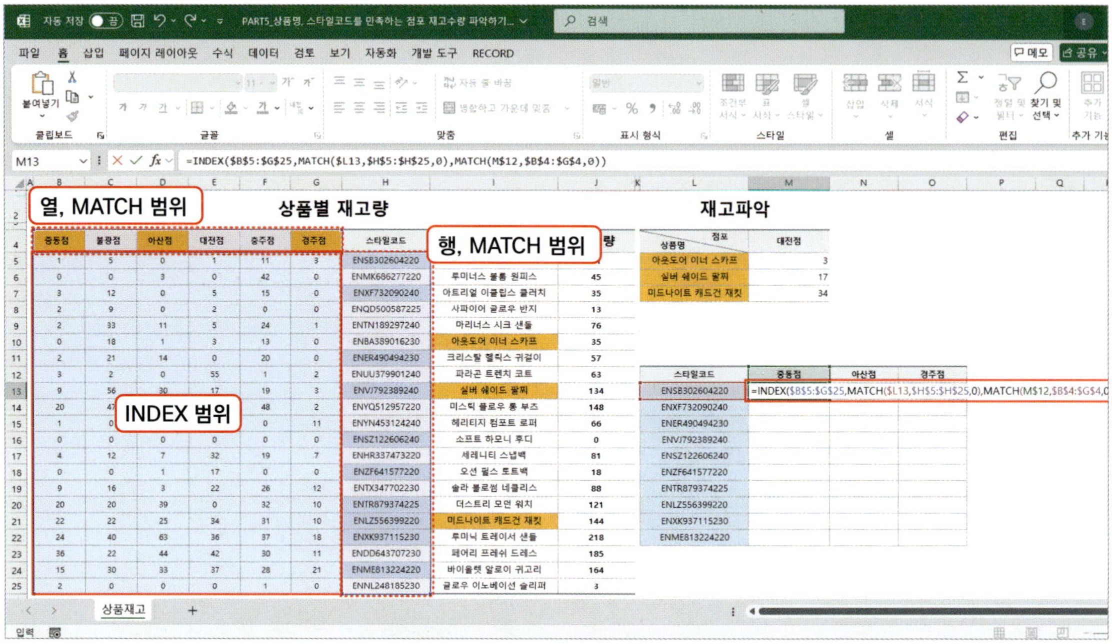

개념설명

=INDEX($B$5:$G$25,MATCH($L13,$H$5:$H$25,0),MATCH(M$12,$B$4:$G$4,0))

(❶ $B$5:$G$25, ❷ MATCH($L13,$H$5:$H$25,0), ❸ MATCH(M$12,$B$4:$G$4,0))

❶ INDEX 함수 1	$B$5:$G$25	반환할 값이 있는 범위입니다.
❷ INDEX 함수 2	MATCH($L13,$H$5:$H$25,0)	행 번호를 출력하고 있습니다.

MATCH($L13,$H$5:$H$25,0)

(❶ $L13, ❷ $H$5:$H$25, ❸ 0)

❶ MATCH 함수 1	기준값 $L13	기준값인 스타일코드로 열만 고정된 혼합참조로 복사/붙여넣기 시 열만 고정된 주소값으로 참조되었습니다.
❷ MATCH 함수 2	$H$5:$H$25	'상품별 재고량' 표에서 스타일코드가 기준값과 일치하는 행 번호를 반환하기 위해 지정된 범위입니다.
❸ MATCH 함수 3	논리값 0	기준값과 정확히 일치하는 논리값 옵션입니다.
❸ INDEX 함수 3	MATCH(M$12,$B$4:$G$4,0)	열 번호를 출력하고 있습니다.

MATCH(M$12,$B$4:$G$4,0)

(❶ M$12, ❷ $B$4:$G$4, ❸ 0)

❶ MATCH 함수 1	기준값 M$12	기준값인 점포명으로 행만 고정된 혼합참조로 복사/붙여넣기 시 행만 고정된 주소값으로 참조되었습니다.
❷ MATCH 함수 2	범위 $B$4:$G$4	'상품별 재고량' 표에서 점포명이 기준값과 일치하는 열 번호를 반환하기 위해 지정된 범위입니다.
❸ MATCH 함수 3	논리값 0	기준값과 정확히 일치하는 논리값 옵션입니다.

02 M13:O22셀 범위에 출력된, '스타일코드'를 만족하면서 점포명을 만족하는 재고량을 반환한 결과를 확인합니다.

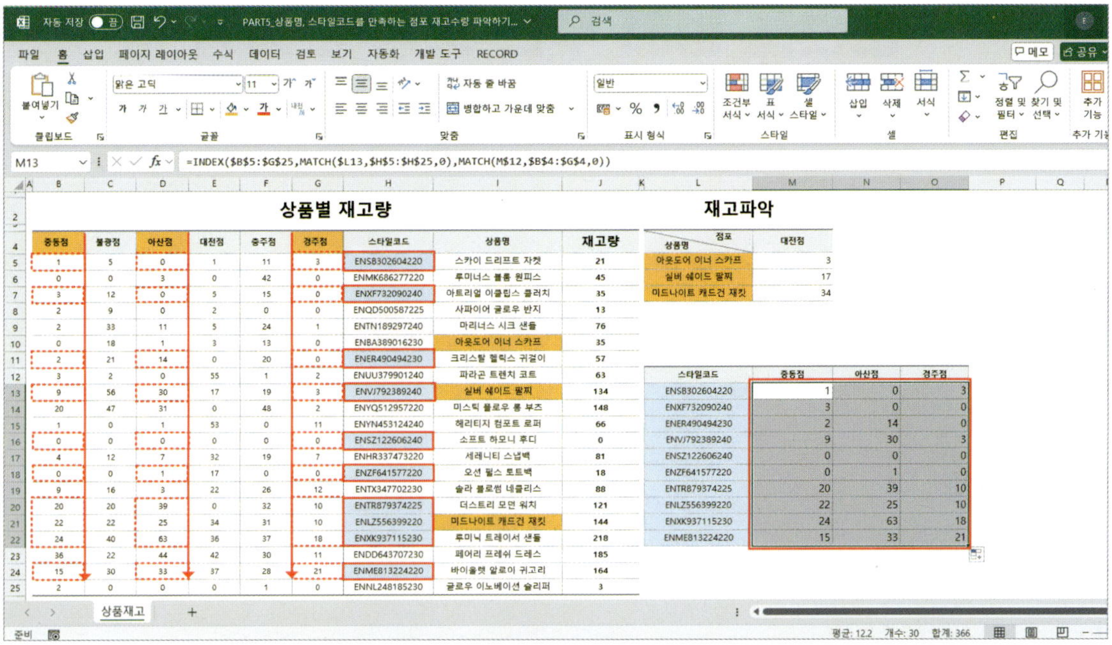

CHAPTER 18

목록에 따라 자동으로 VLOOKUP 순번을 정해 주는 로직 만들기 (VLOOKUP, MATCH 함수)

예제 파일 PART2_18 목록에 따라 자동으로 VLOOKUP 순번을 정해 주는 로직 만들기

실무 스킬

VLOOKUP과 MATCH 함수는 데이터를 검색하고 위치를 찾는 데 유용하게 사용됩니다. VLOOKUP 함수는 표의 범위, 첫 번째 열에서 기준값을 찾고, 해당 값이 있는 행의 다른 열에서 데이터를 반환합니다. 하지만 검색하려는 값의 열 위치가 변경되거나 동적으로 지정해야 하는 경우, VLOOKUP만으로는 한계가 있습니다.

이런 상황에서 MATCH 함수를 함께 사용하면 더 유연한 데이터를 검색할 수 있습니다. MATCH 함수는 같은 목록을 찾아 기준 목록이 데이터 범위 내에서 몇 번째 위치에 있는지를 찾아 주는 역할을 합니다. 이 값은 VLOOKUP의 열 번호 대신 사용되어, 데이터를 동적으로 검색할 수 있는 강력한 조합을 형성합니다.

이 두 함수를 결합하면 고정된 데이터 구조가 아닌 동적으로 변화하는 데이터에서도 안정적으로 필요한 정보를 추출할 수 있습니다. 특히 대규모 데이터 분석, 자동 보고서 생성, 동적 데이터 참조 작업에서 효율적으로 활용됩니다. 실무 예제를 통해 사용 방법을 알아보도록 하겠습니다.

실무 연습 ❶

[판매량정보] 시트에서 '스타일별 업체 판매량 정보' 표에서 스타일코드를 만족하는 목록을 VLOOKUP 함수 세 번째 인수 자리(col_index_num, 열 번호)에 MATCH 함수를 이용해 자동으로 순번을 반환하는 로직을 만들어 보겠습니다.

01 M5셀 클릭- '=VLOOKUP($L5,$B$5:$J$18,MATCH(M$4,$B$4:$J$4,0),FALSE)' 입력 후 Q5셀까지 복사/붙여넣기합니다.

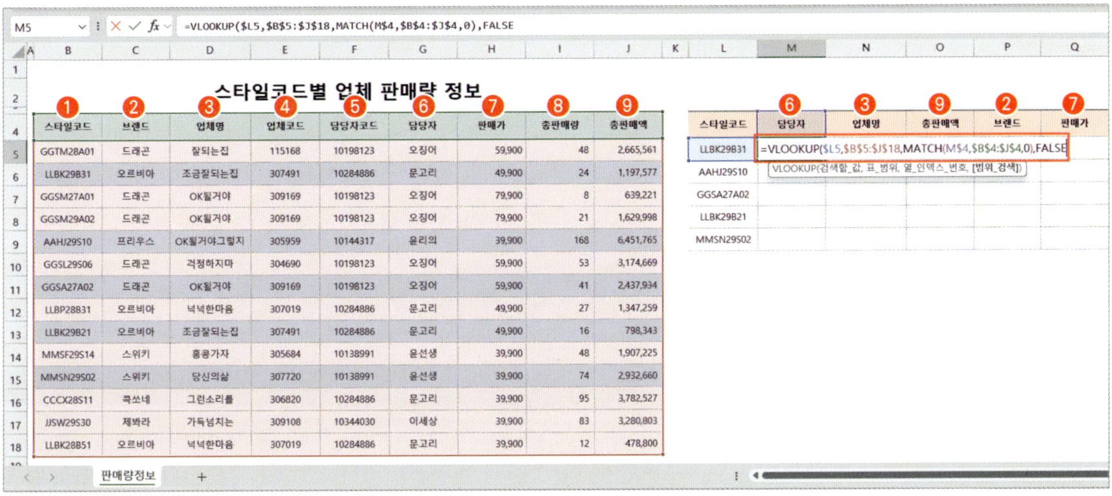

개념설명

=VLOOKUP(❶$L5,❷$B$5:$J$18,❸MATCH(M$4,$B$4:$J$4,0),❹FALSE)

❶ VLOOKUP 함수 1 $L5	스타일코드 기준값으로 복사/붙여넣기를 감안해 열만 고정된 혼합참조로 운영되고 있습니다.
❷ VLOOKUP 함수 2 $B$5:$J$18	'스타일코드별 업체 판매량 정보' 표에서 기준값이 있는 스타일코드 목록을 첫 번째 열 범위로 시작해서 전체 데이터 범위를 지정하였습니다.
❸ VLOOKUP 함수 3	스타일코드 목록을 1로 시작해 결과값이 있는 목록 번호를 출력하고 있습니다.

MATCH(❶M$4,❷$B$4:$J$4,❸0)

❶ MATCH 함수 1	M$4	기준 목록(텍스트)과 일치하는 값을 찾기위해 행만 고정된 주소값으로 참조되었습니다.
❷ MATCH 함수 2	$B$4:$J$4	'스타일코드별 업체 판매량 정보' 표에서 VLOOKUP 범위 시작위치와 일치시킨 목록 열 번호를 구하기 위한 범위 지정입니다.
❸ MATCH 함수 3	0	MATCH, 기준값과 정확하게 일치하는 논리값 옵션입니다.
❹ VLOOKUP 함수 4	0	VLOOKUP, 기준값과 정확하게 일치하는 논리값 옵션입니다.

02 MATCH 함수가 찾은 열 번호를 VLOOKUP 함수 세 번째 인수로 활용해 동적으로 열 번호를 입력받아 자동으로 목록에 해당하는 값이 출력된 결과를 확인합니다.

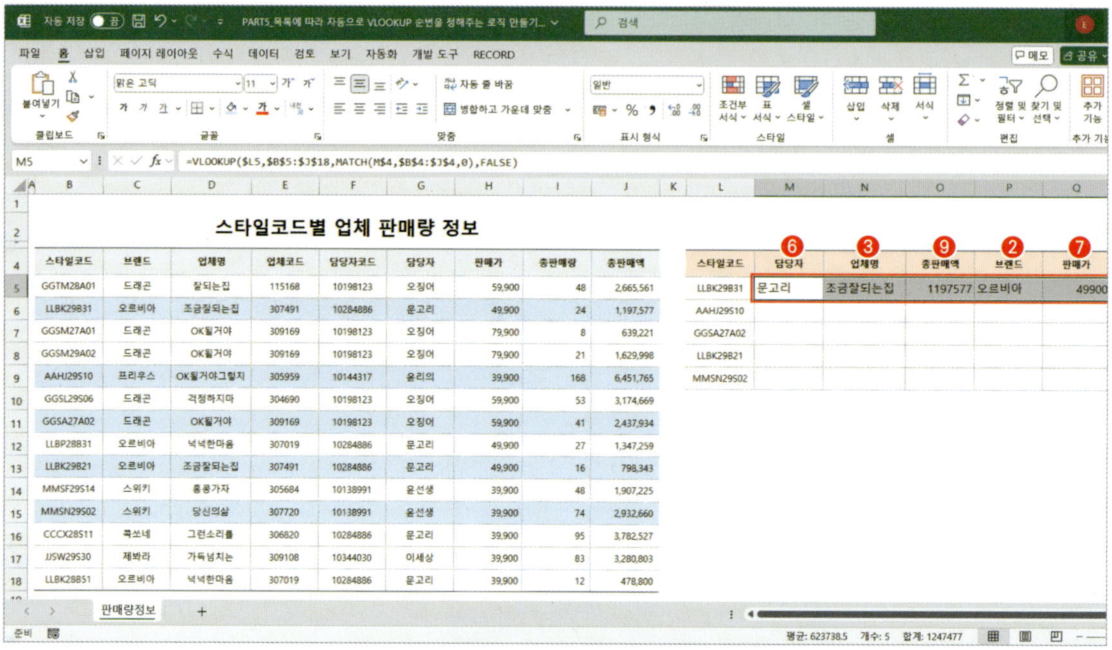

TIP MATCH 함수로 VLOOKUP 함수의 세 번째 인수로 사용해 열 번호를 반환받기 위해서는 반드시 기준값이 열 번호 첫 번째와 같은 범위에서 출발해 열 번호를 구해야 합니다.

03 M5:Q9셀 범위 전체 복사/붙여넣기를 진행해 VLOOKUP 함수와 MATCH 함수 조합의 자동 순번 매기기에 의해 채워진 결과값을 확인합니다.

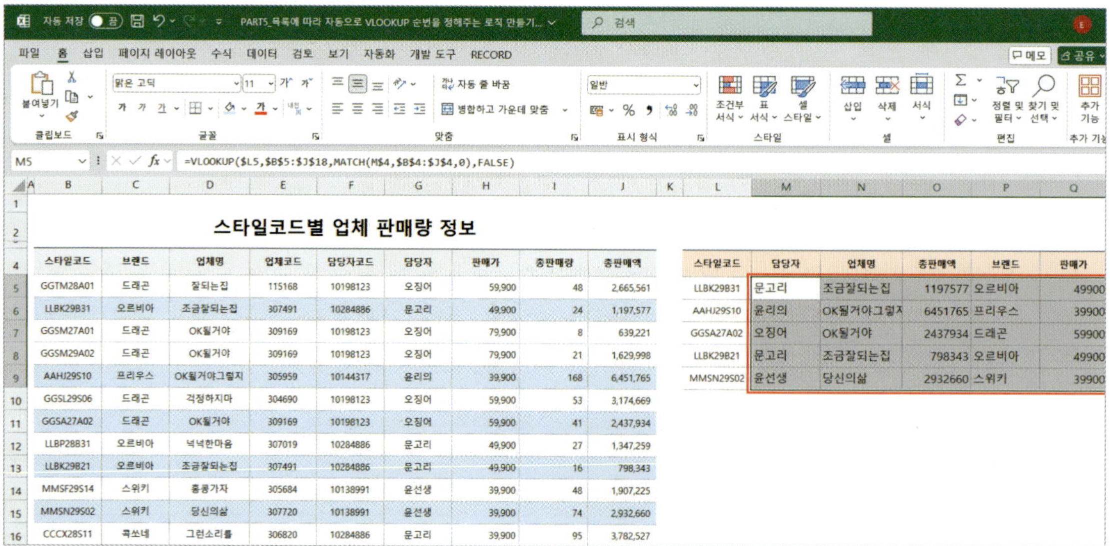

CHAPTER 19

시험 응시 및 미응시, 90점 이상 또는 A학점 과목수 및 개수 카운팅 하기(COUNT / COUNTA / COUNTBLANK / COUNTIF/ COUNTIFS 함수)

예제 파일 PART2_19 시험 응시 및 미응시, 90점 이상 또는 A학점 과목수 및 개수 카운팅하기

실무 스킬

엑셀에서 개수를 조건에 맞게 카운팅하는 COUNT계열의 함수가 많이 있습니다. 이런 류의 함수는 작동 방법이 어렵지 않아 누구나 쉽게 배울 수 있습니다. 대표적으로 COUNT, COUNTA, COUNTBLANK, COUNTIF, COUNTIFS 함수가 있습니다. 데이터를 세거나 특정 조건에 따라 셀을 계산하는 데 사용되는 필수적인 도구들입니다. 각각의 함수는 고유한 목적을 가지고 있으며, 데이터 분석 및 정리 작업을 효율적으로 수행할 수 있도록 돕습니다.

1. COUNT 함수는 지정된 범위에서 숫자만 포함된 셀의 개수를 세는 데 사용됩니다.
2. COUNTA 함수는 데이터 유형에 관계없이 값이 포함된 모든 텍스트, 숫자/문자/기호/공백의 개수를 세는 데 활용됩니다.
3. COUNTBLANK 함수는 범위 내에서 빈 셀의 개수를 계산하여 데이터 누락을 확인하거나 관리하는 데 유용합니다.
4. COUNTIF 함수는 단일 조건을 기반으로 특정 범위에서 기준값을 만족하는 텍스트의 개수를 세는 데 사용되며, 조건에 따라 유연하게 데이터를 계산할 수 있습니다.
5. COUNTIFS 함수는 다중 조건을 동시에 만족하는 경우 데이터 범위에서 텍스트 셀의 개수를 계산하는 데 사용할 수 있습니다.

이 함수들은 개별적으로 또는 조합하여 대규모 데이터셋에서 패턴을 분석하거나 특수한 조건을 충족하는 값을 효율적으로 확인할 수 있습니다. 이번 파트에서는 각 함수의 사용법과 실무에서의 활용 사례를 함께 살펴보겠습니다.

COUNT(value1, [value2],...)

1. **value1**: 최대 255개 인수까지 참조할 수 있고, 텍스트 정보를 참조할 수 있지만, 숫자만 개수로 카운팅합니다.
2. **value2**: 최대 255개 인수까지 참조할 수 있고, 텍스트 정보를 참조할 수 있지만, 숫자만 개수로 카

운팅합니다.

COUNTA(value1, [value2],...)

1. **value1**: 최대 255개 인수까지 참조할 수 있고, 숫자, 문자, 기호, 띄어쓰기 같은 모든 텍스트 개수 정보를 카운팅합니다.
2. **[value2]**: 최대 255개 인수까지 참조할 수 있고, 숫자, 문자, 기호, 띄어쓰기 같은 모든 텍스트 개수 정보를 카운팅합니다.

COUNTBLANK(range)

1. **range(범위)**: 빈 셀의 개수를 구하려는 셀 범위입니다.

COUNTIF(range, criteria)

1. **range(범위)**: 단일 기준값을 만족하는 셀의 개수를 구하려는 셀 범위입니다.
2. **criteria(기준값)**: 단일 기준값으로 텍스트 형식으로 입력됩니다.

COUNTIFS(criteria_range1, criteria1, [criteria_range2], [criteria2],...)

1. **criteria_range1(범위1)**: 최대 127인수까지 참조할 수 있고, 첫 번째 기준값을 만족하는 첫 번째 범위입니다.
2. **criteria1(기준값1)**: 최대 127인수까지 참조할 수 있고, 첫 번째 기준값을 텍스트로 입력합니다.
3. **[criteria_range2](범위2)**: 최대 127인수까지 참조할 수 있고, 두 번째 기준값을 만족하는 두 번째 범위입니다.
4. **[criteria2](기준값2)**: 최대 127인수까지 참조할 수 있고, 두 번째 기준값을 텍스트로 입력합니다. 텍스트입니다.

실무 연습 ❶ 시험 본 과목 수 구하기

[시험] 시트에서 '시험정보' 표에서 1차 시험과 2차 시험 정보가 나와 있습니다. 먼저, 1차 시험에서 학생마다 과목별 시험에 응시 및 미응시 과목을 파악하고, 1차 시험에서 90 이상 받은 과목의 개수를 표시, 엑셀과 한글 모두 90점 이상 받은 학생수를 조사해 보겠습니다.

01 I6셀 클릭- '=COUNT(D6:H6)' 입력 후 I20셀까지 복사/붙여넣기합니다.

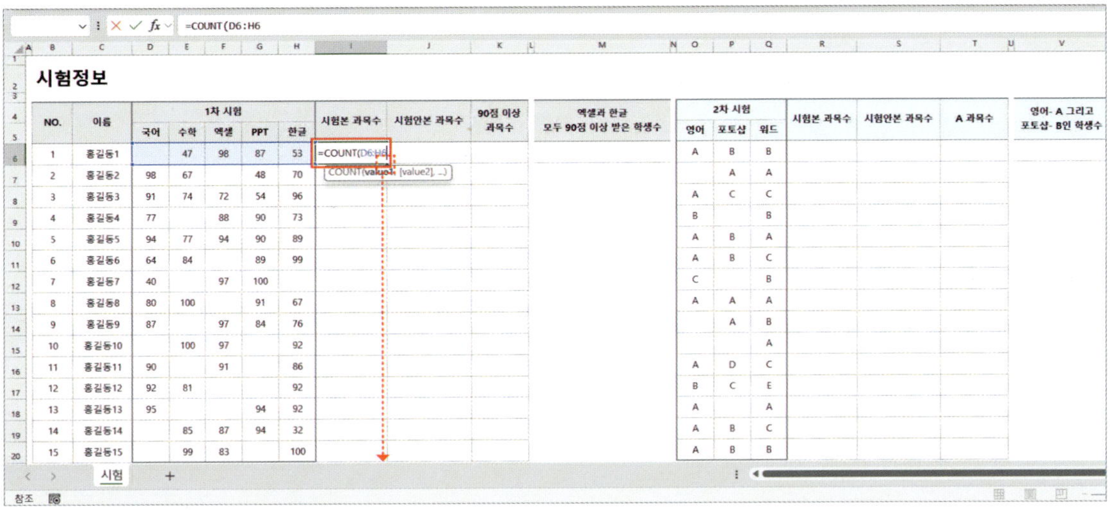

※ '=COUNT(D6:H6)' 개념은, 인수는 숫자가 입력된 범위로 셀 안에 정보가 있으면 1, 없으면 0의 개념으로 개수를 카운팅하게 됩니다.

02 I6:I20셀 범위, 점수가 기입된 경우 그 개수를 카운팅해 시험을 본 과목을 카운팅한 개수가 출력된 결과를 확인합니다.

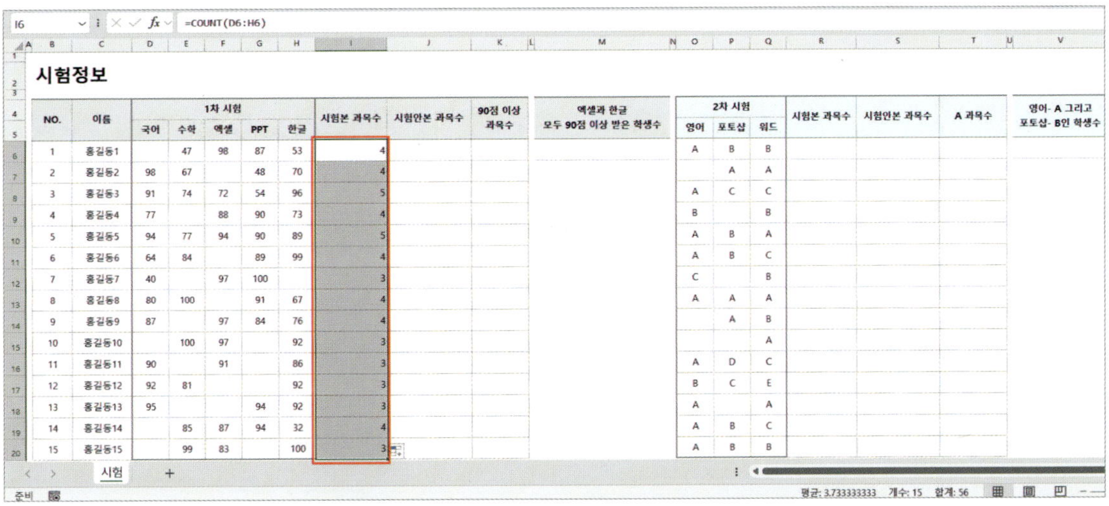

실무 연습 ❷ 시험 안본 과목수 구하기

01 J6셀 클릭- '=COUNTBLANK(D6:H6)' 입력 후 J20셀까지 복사/붙여넣기합니다.

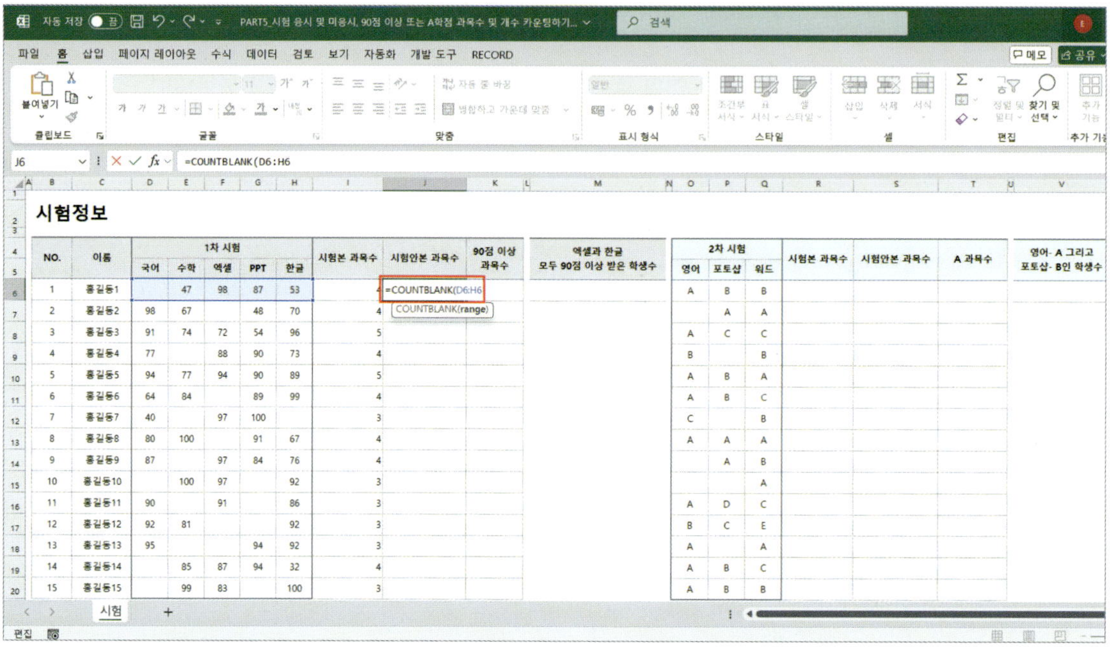

※ '=COUNTBLANK(D6:H6)' 개념은, 범위 안에 공백, 즉 빈칸이 있는 경우 그 개수를 카운팅하게 됩니다.

02 J6:J20셀 범위, 공백이 있는 개수가 카운팅된 결과를 확인합니다.

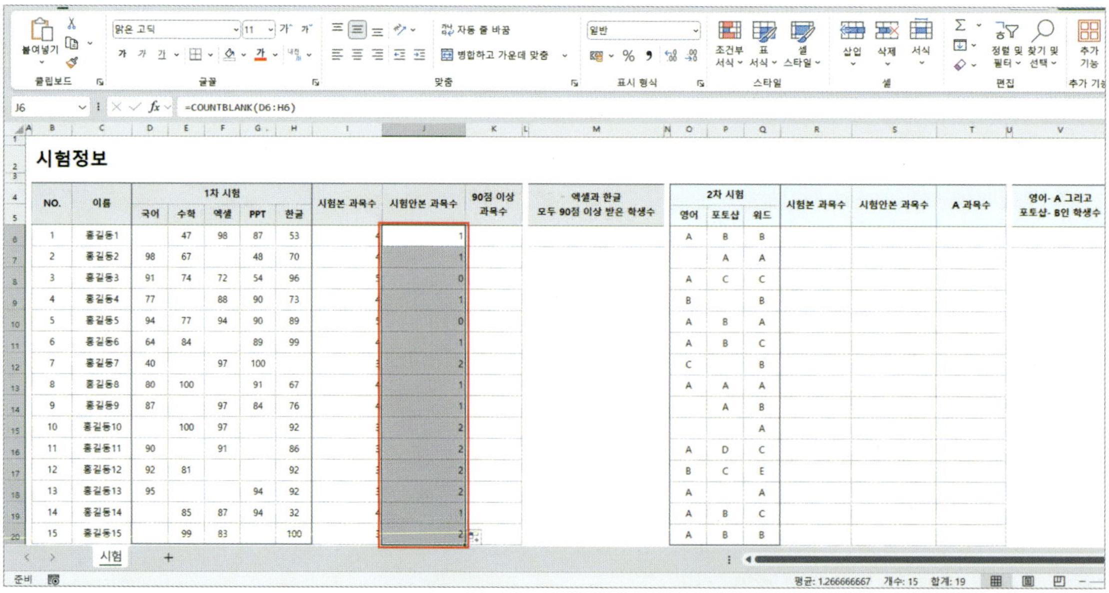

실무 연습 ③ 90점 이상 과목수

01 K6셀 클릭– '=COUNTIF(D6:H6,">=90")' 입력 후 K20셀까지 복사/붙여넣기합니다.

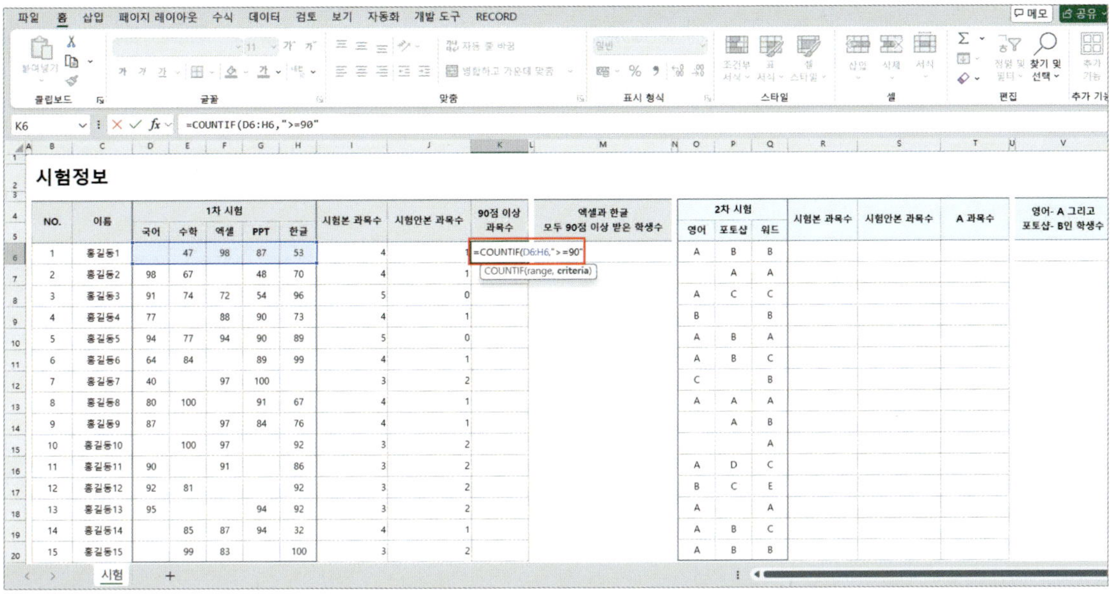

개념설명

=COUNTIF(D6:H6,">=90")

❶ D6:H6	단일 기준값을 만족하는 셀의 개수를 구하려는 셀 범위입니다.
❷ ">=90"	기준값을 부등호와 등호 조합의 텍스트로 나타낸 구간입니다.

02 K6:K20셀 범위, 학생별 90점 이상 과목 개수가 카운팅된 결과를 확인합니다.

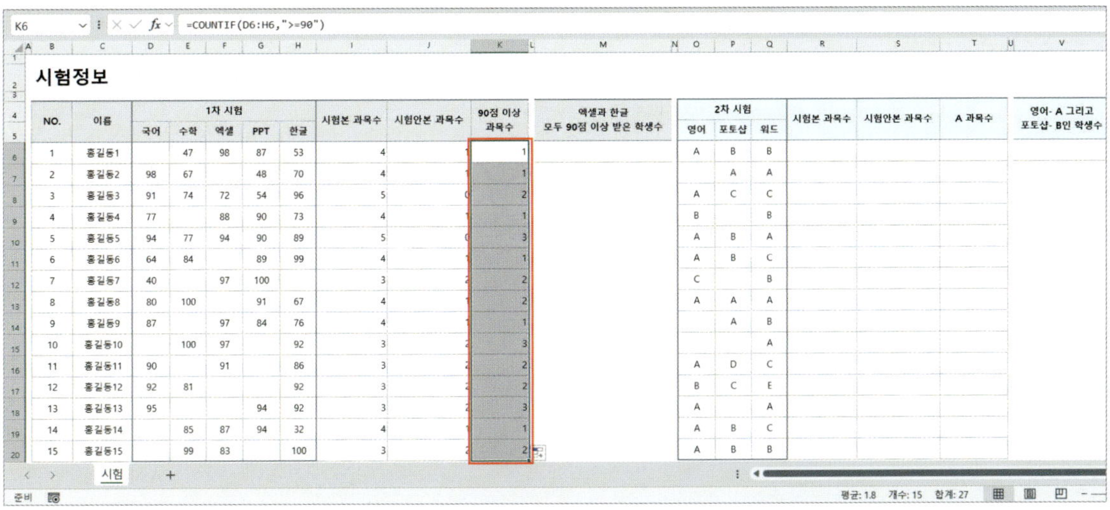

실무 연습 ❹ 엑셀과 한글 모두 90점 이상 받은 학생수

01 M6셀 클릭- '=COUNTIFS(F6:F20,"〉=90",H6:H20,"〉=90")' 입력 후 [Enter] 키를 누릅니다.

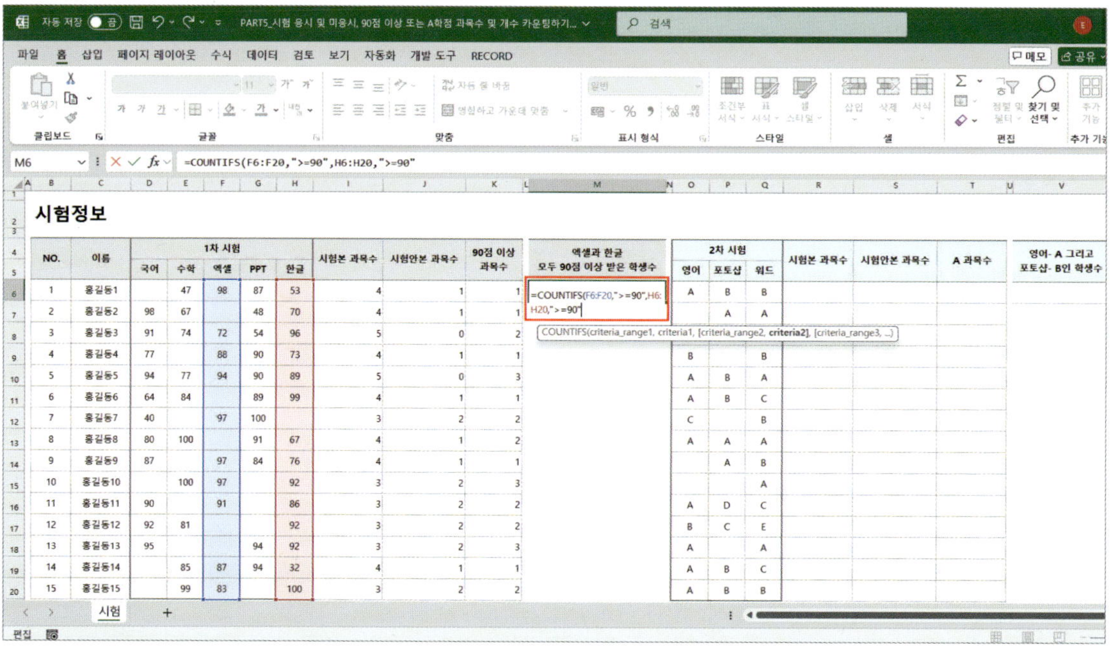

개념설명

=COUNTIFS(F6:F20,"〉=90",H6:H20,"〉=90")

❶ F6:F20	엑셀 점수가 입력된 첫 번째 범위입니다.
❷ "〉=90"	첫 번째 범위에서 90 이상 되는 개수를 카운팅하는 기준입니다.
❸ H6:H20	한글 점수가 입력된 두 번째 범위입니다.
❹ "〉=90"	두 번째 범위에서 90 이상 되는 개수를 카운팅하는 기준입니다.

TIP COUNTIFS 함수는 모든 범위구간을 동시 만족하는 경우만 그 개수를 카운팅합니다. 즉, AND조건으로 운영됩니다.

02 엑셀과 한글을 만족하는 학생은 '홍길동10' 학생 한 명인 결과를 확인합니다.

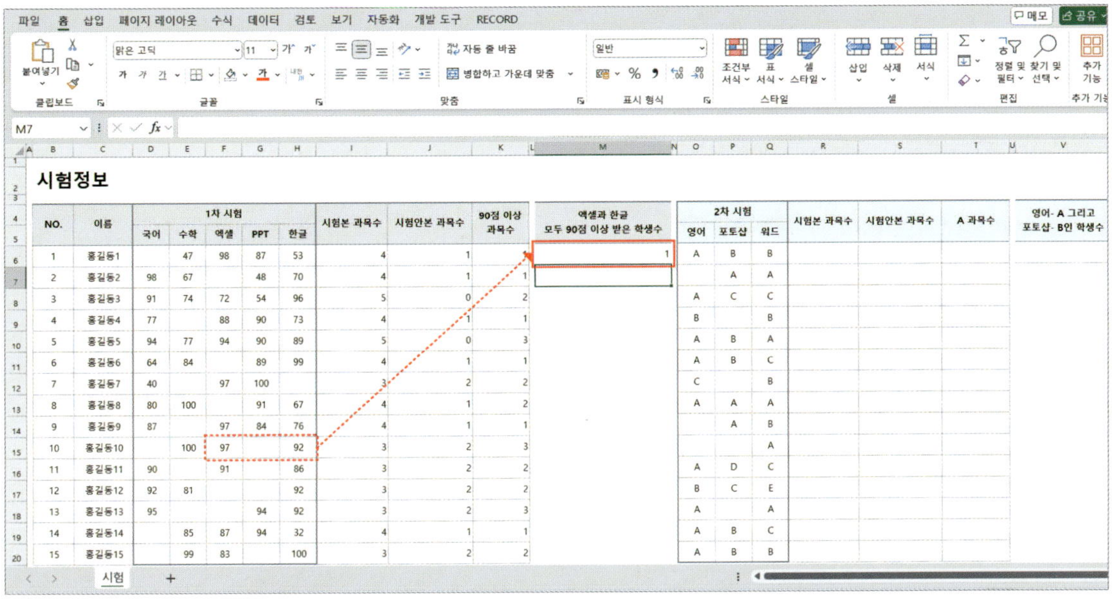

실무 연습 ⑤ 시험 본 과목수

[시험] 시트에서 '시험정보' 표에서 2차 시험 정보에서 학생마다 과목별 시험에 응시 및 미응시 과목을 파악하고, 2차시험에서 A를 받은 과목의 개수를 표시, 영어- A, 포토샵- B를 받은 학생수를 카운팅해 보겠습니다.

01 R6셀 클릭- '=COUNTA(O6:Q6)' 입력 후 R20셀까지 복사/붙여넣기합니다.

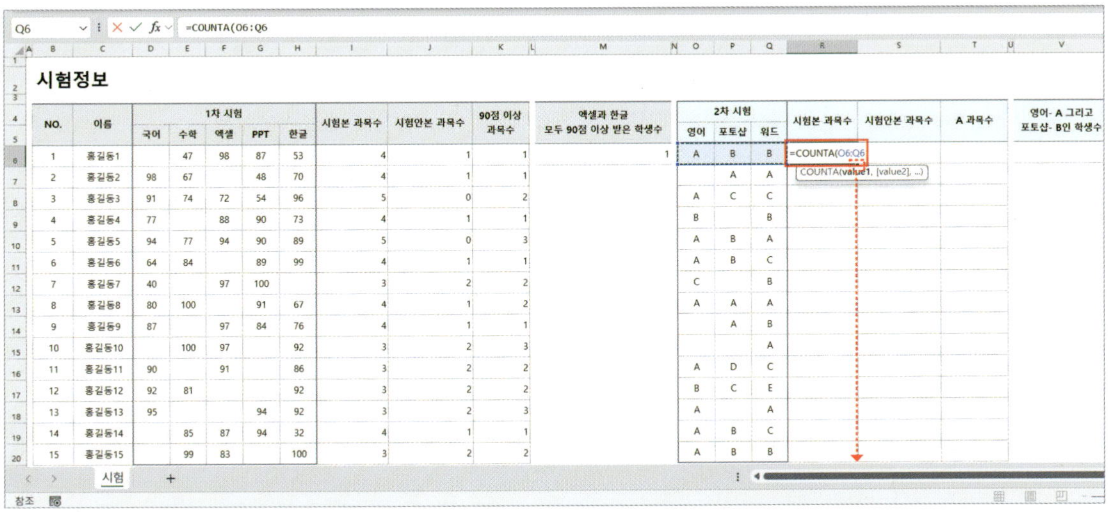

※ '=COUNTA(O6:Q6)' 개념은, 인수 범위는, 영문으로 출력된 텍스트 범위에서 개수를 카운팅해야 되는 상황이므로 COUNTA 함수를 사용했고, 텍스트 개수를 카운팅할 범위입니다.

02 R6:R20셀, 범위 안에 출력된 학생별 응시한 과목수가 출력된 결과를 확인합니다.

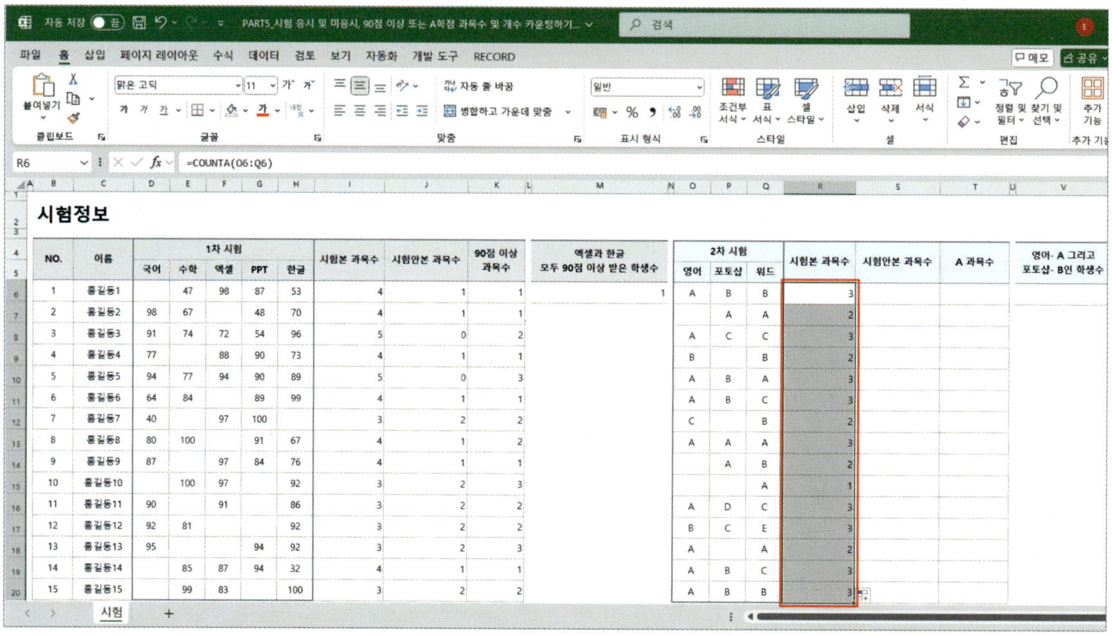

실무 연습 ❻ 시험 안본 과목수

01 S6셀 클릭- '=COUNTBLANK(O6:Q6)' 입력 후 S20셀까지 복사/붙여넣기합니다.

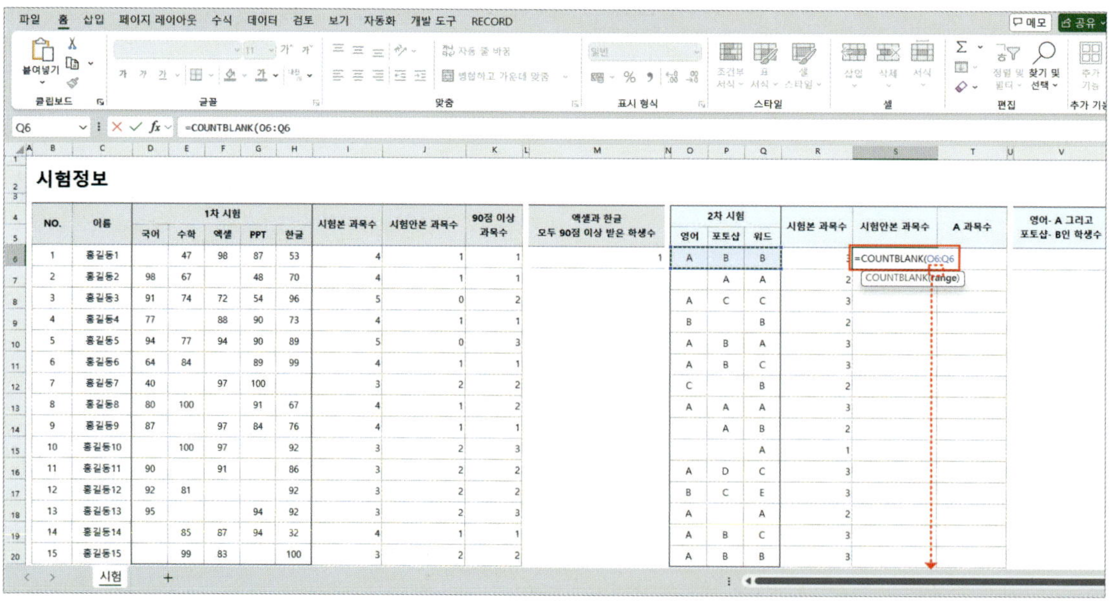

02 S6:S20셀 범위, 시험안본 학생 수, 점수가 없는 공백의 개수를 카운팅한 결과값을 확인합니다.

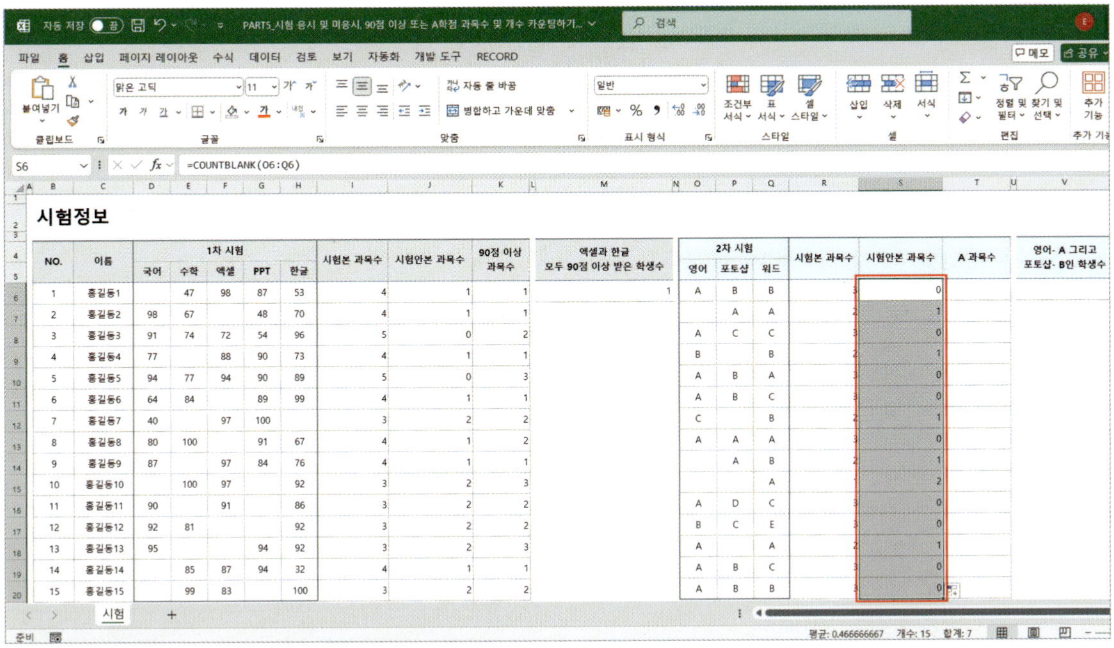

실무 연습 7 A과목수

01 T6셀 클릭- '=COUNTIF(O6:Q6,"A")' 입력 후 T20셀까지 복사/붙여넣기합니다.

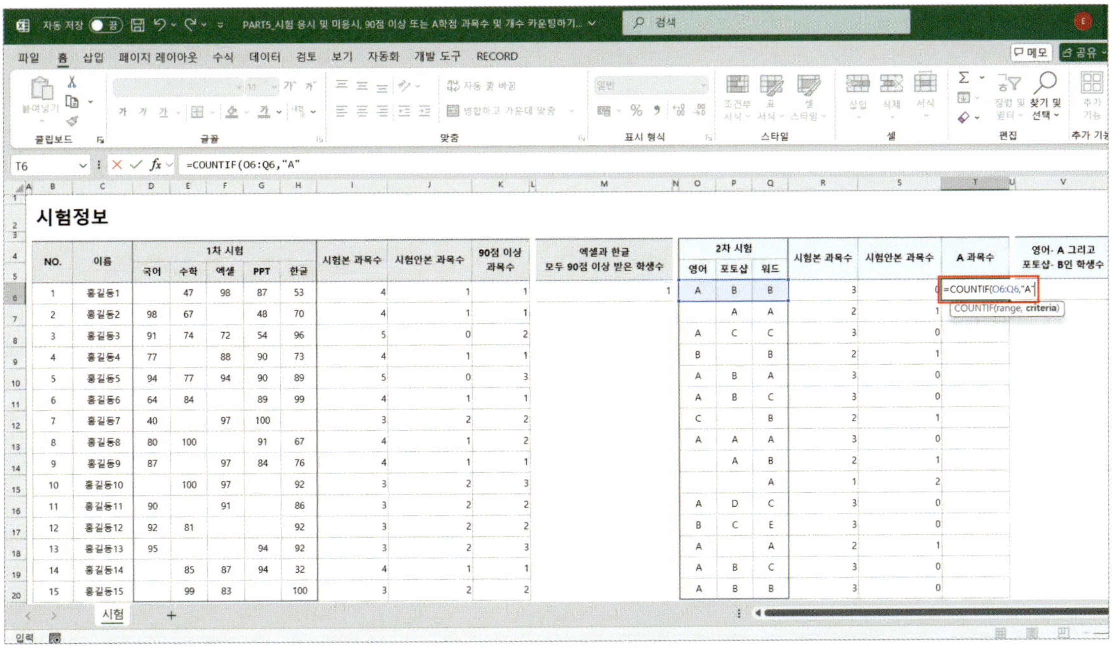

02 T6:T20셀 범위, A를 획득한 과목 개수가 카운팅된 결과를 확인합니다.

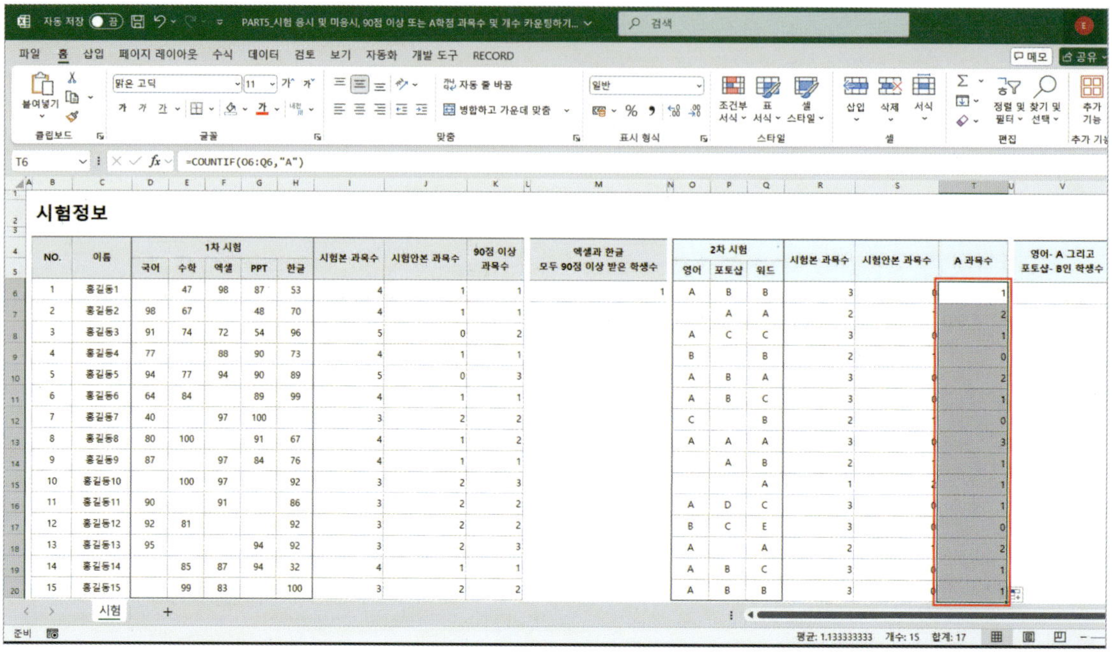

실무 연습 8 영어가 A 그리고 포토샵 B인 학생 수

01 V6셀 클릭- '=COUNTIFS(O6:O20,"A",P6:P20","B")' 입력 후 Enter 키를 누릅니다.

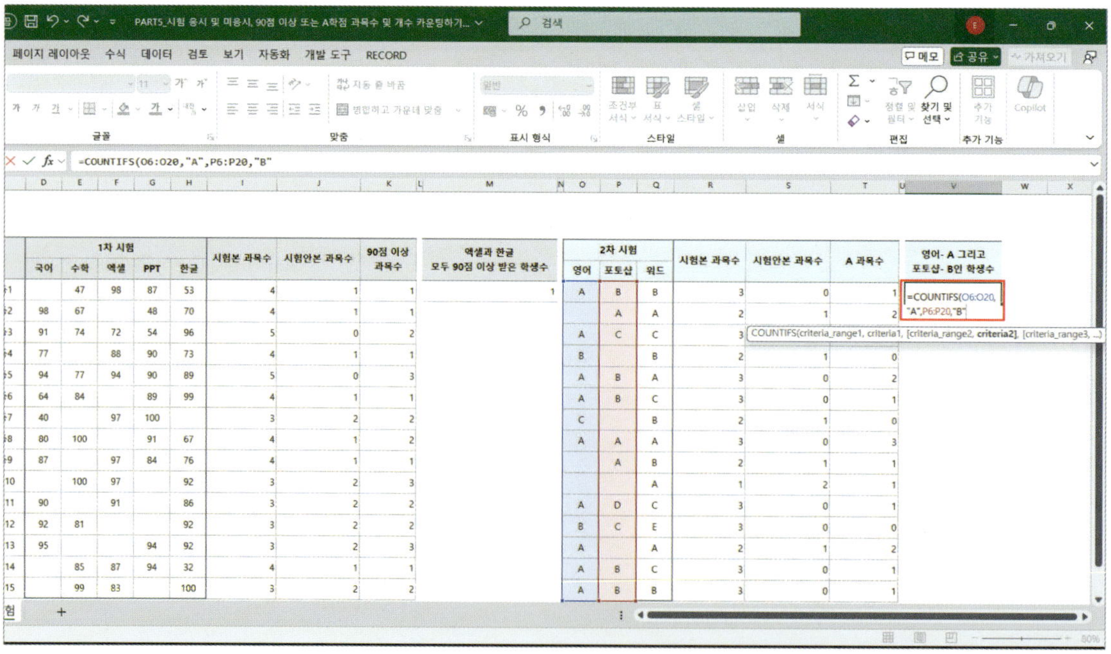

02 영어가 A 그리고 포토샵이 B인 학생수 5를 확인합니다.

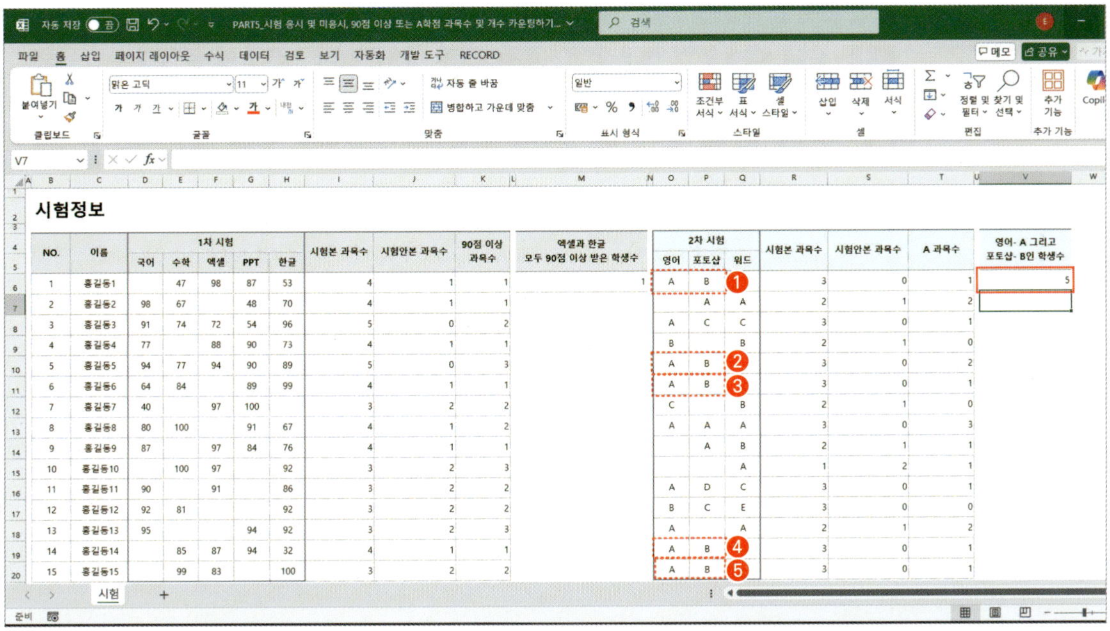

CHAPTER 20

선행대상자 정보 개수 자동화 및 와일드카드 운영 방법 익히기 (COUNTIF/와일드카드 운영 방법)

예제 파일 PART2_20 선행대상자 정보 개수 자동화 및 와일드카드 운영 방법 익히기

실무 스킬

COUNTIF 함수와 와일드카드를 조합하면 특정 조건에 맞는 데이터를 유연하고 효율적으로 검색할 수 있습니다. COUNTIF는 범위 내에서 조건을 만족하는 셀의 개수를 세는 함수며, 와일드카드를 사용하면 텍스트 패턴을 기반으로 데이터를 검색할 수 있는 강력한 기능을 제공합니다.

엑셀에서 와일드카드는,

- 별표(*): 텍스트에서 1개 이상의 문자→텍스트로 대체하여 넓은 범위의 조건을 설정할 수 있습니다.
- 물음표(?): 특정 위치에서 단일 문자 하나(한 음절)를 대체하여 정교한 조건을 설정할 수 있습니다.
- 틸드(~): */ ?/ ~, 3가지 와일드카드를 문자 그대로 검색하고 싶을 때 활용됩니다.

COUNTIF 함수와 와일드카드의 조합으로 텍스트 데이터의 패턴 분석, 특정 키워드 기반 데이터 필터링 등 다양한 상황에서 활용할 수 있습니다. 실무에서 어떻게 사용되는지 예제를 통해 확인해 보겠습니다.

실무 연습

[선행대상_실습] 시트에서 '선행대상자' 표를 보고 7가지 문제를 해결해 보겠습니다. 개수 기준을 직접 입력하는 방법과 자동화하는 방법, 그리고 와일드카드와 함께 개수를 카운팅하는 방법으로 알아보도록 하겠습니다.

실무 연습 ❶ 여자(남자)는 모두 몇 명인가요?(FM 사용법)

기준값 직접 입력

01 J5셀 클릭- '=COUNTIF(F5:F23,"여자")' 입력 후 Enter 키를 누릅니다.

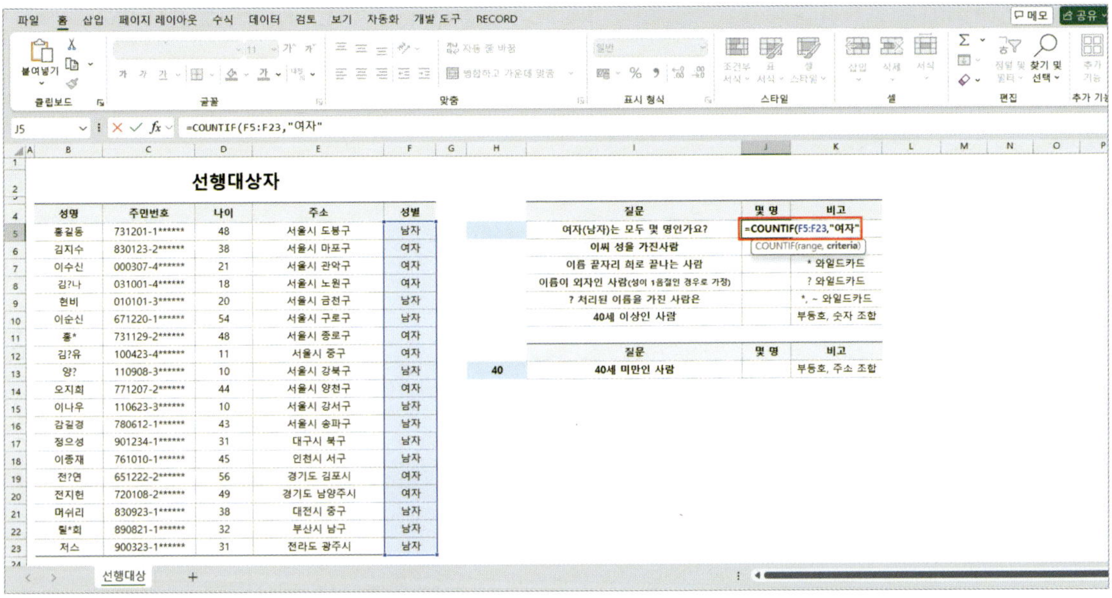

※ COUNTIF 두 번째 인수에 "남자"를 입력해서 결과값을 반환받아도 됩니다.

02 F5:F23셀 범위, "여자"가 8명인 결과를 확인합니다.

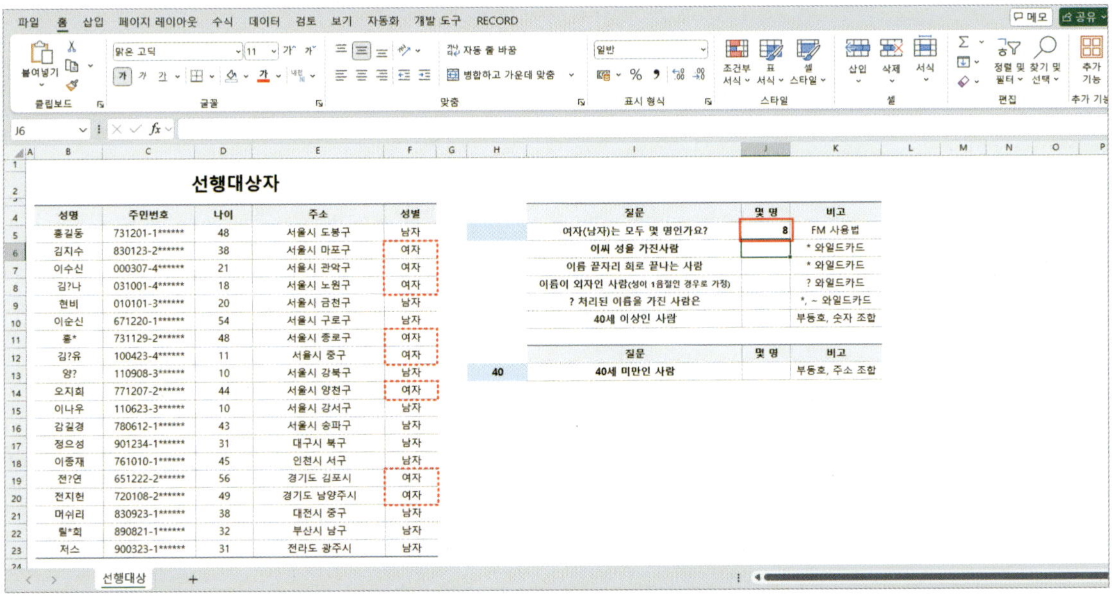

기준값 자동화

01 H5셀 클릭- [데이터]- 데이터 도구- 데이터 유효성 검사- 데이터 유효성- 설정- 유효성 조건- 제한 대상- '목록' 메뉴를 클릭합니다.

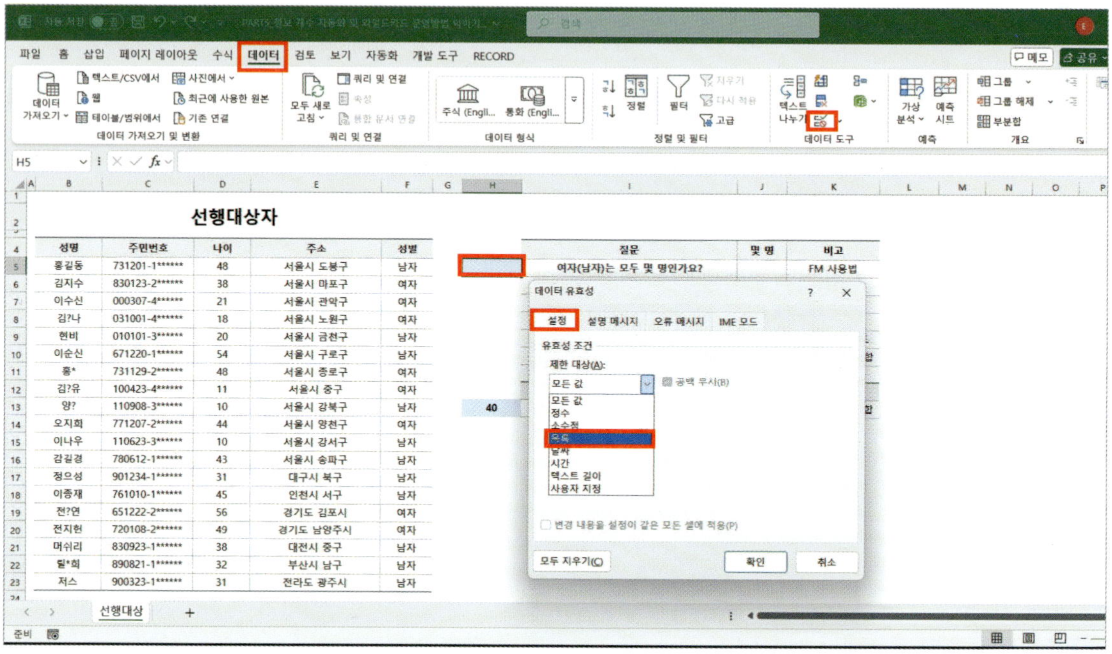

02 원본- '여자,남자'를 입력하고 확인 버튼을 누릅니다.

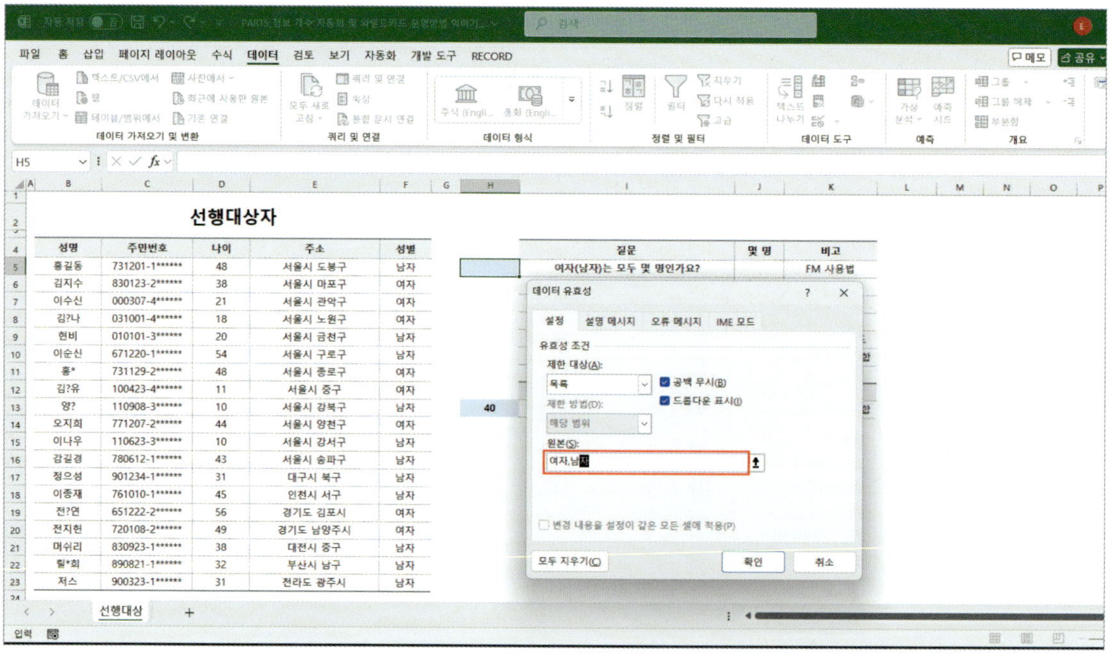

03 J5셀 클릭- '=COUNTIF(F5:F23,H5)' 입력 후 Enter 키를 누릅니다.

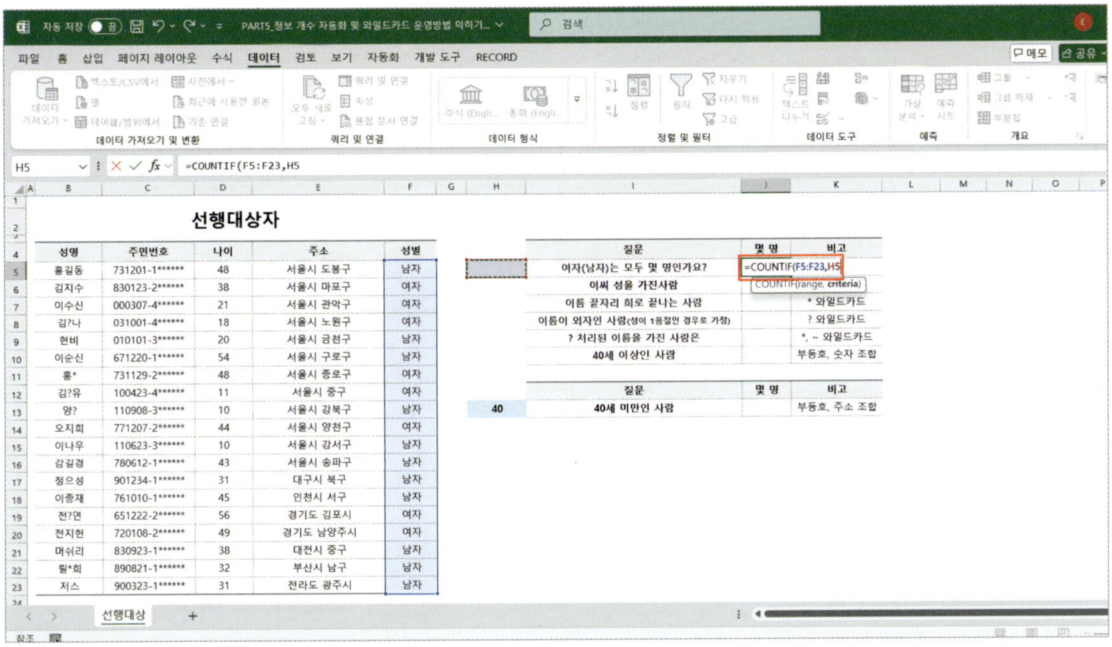

04 H5셀 클릭- 드롭다운 버튼 클릭- '여자'를 선택합니다.

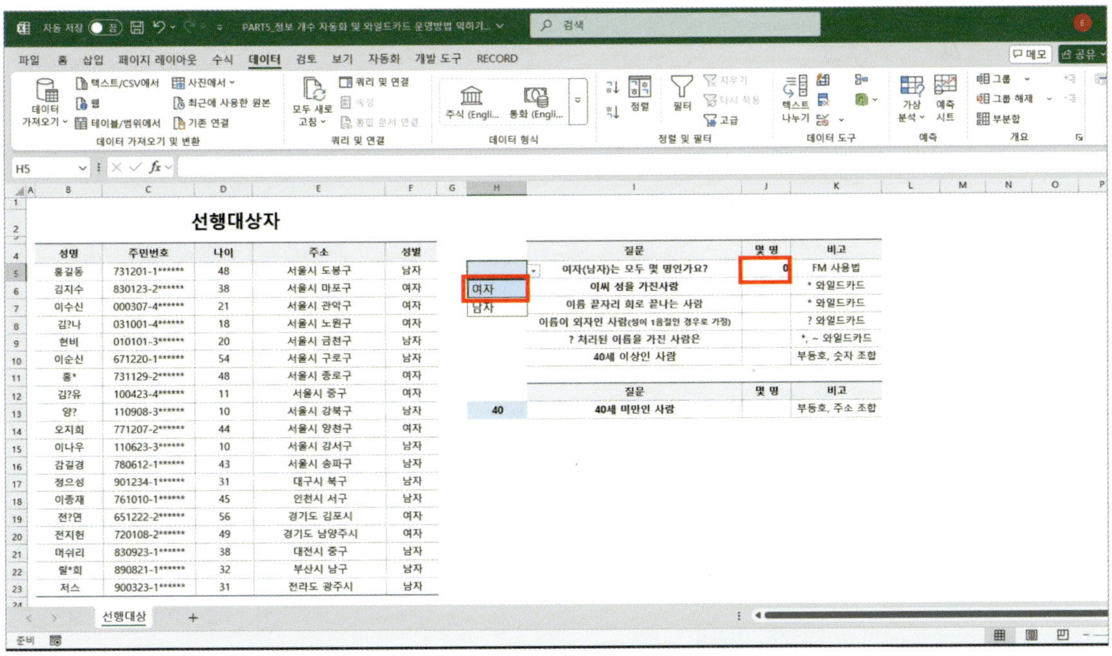

05 COUNTIF 두 번째 인수, 조건 값에 직접 "여자"를 입력했을 때와 결과값이 동일한 것을 확인합니다.

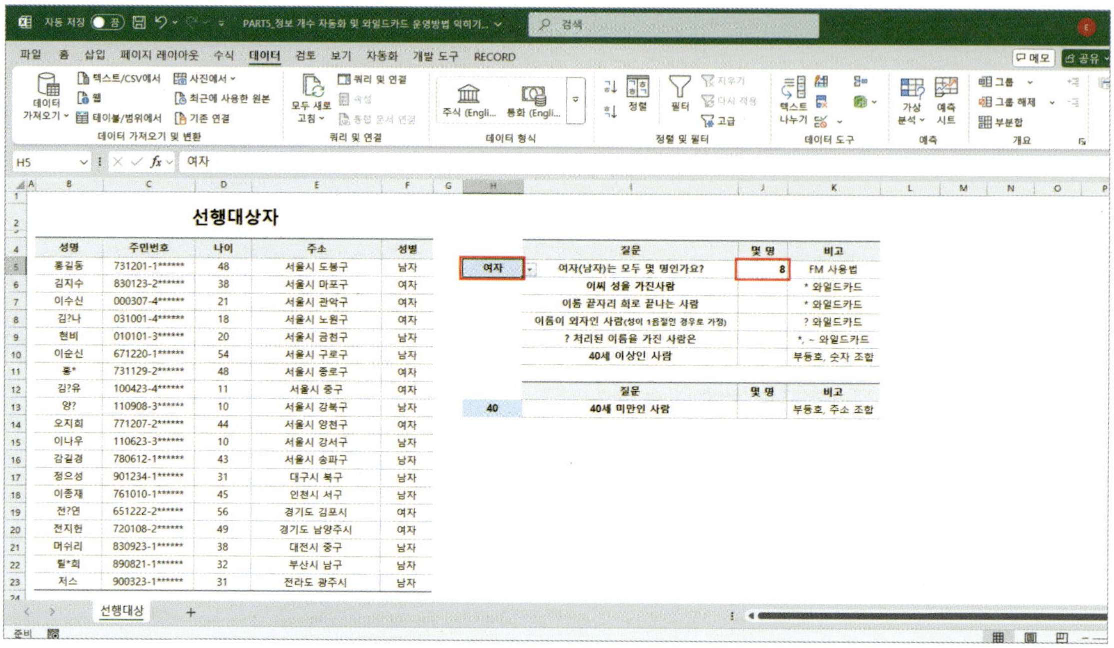

※ 데이터 유효성으로 COUNTIF 기준값을 연결해 놓으면 자동화할 수 있습니다.

실무 연습 ❷ 이씨 성을 가진 사람(*와일드카드)

01 J6셀 클릭- '=COUNTIF(B5:B23,"이*")' 입력 후 Enter 키를 누릅니다.

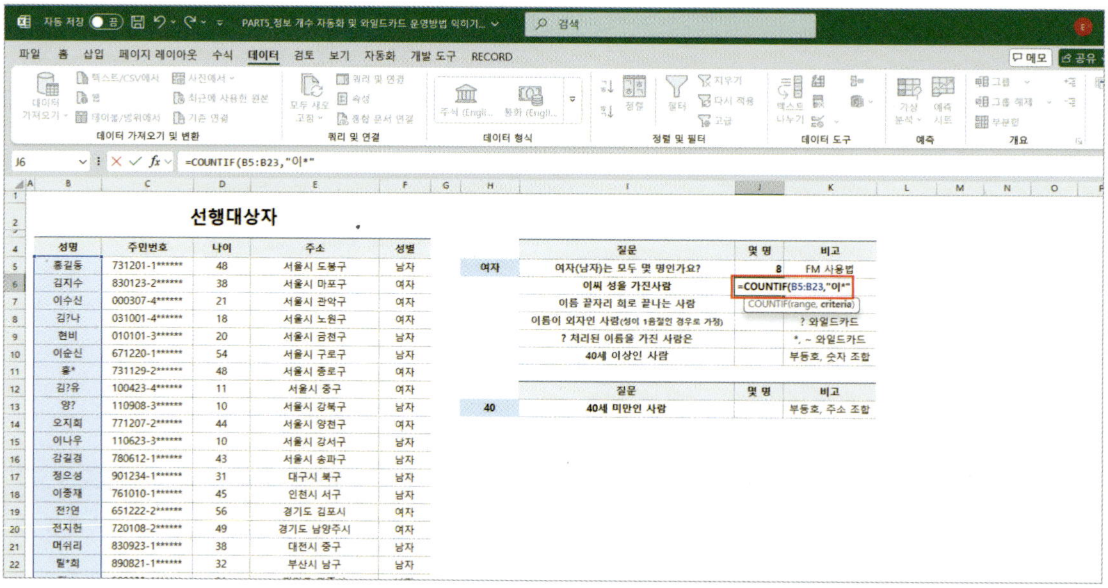

02 와일드카드로 검색한 '이+모든 텍스트' 조합인 4개 셀이 검색되어 개수값 4가 출력된 결과를 확인합니다.

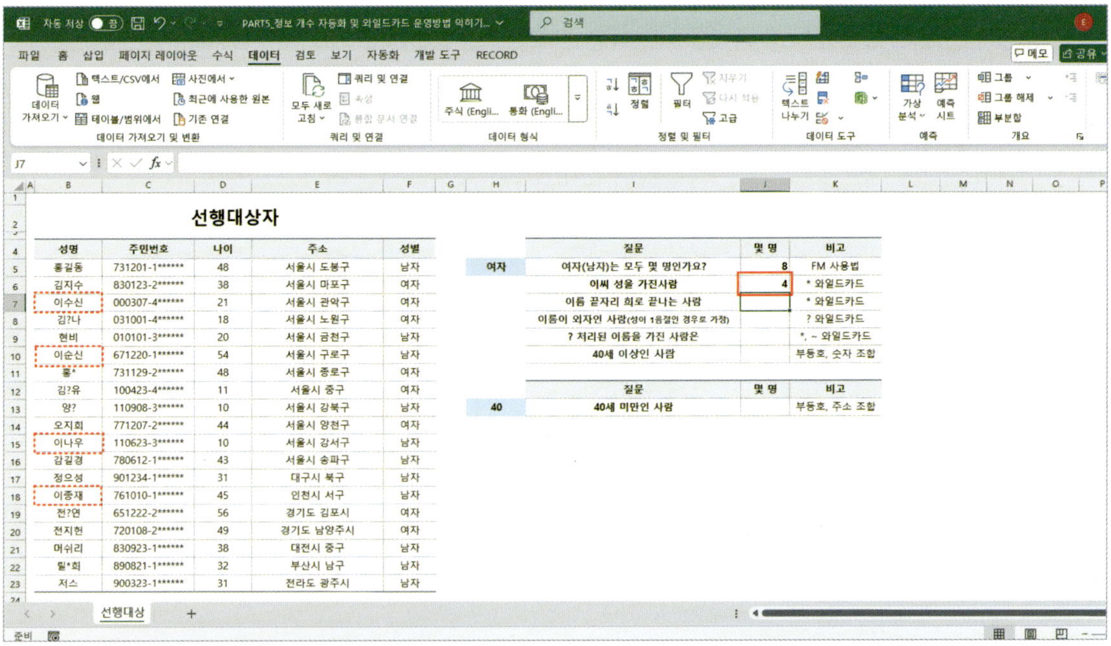

실무 연습 ③ 이름 끝자리 희로 끝나는 사람(*와일드카드)

01 J7셀 클릭- '=COUNTIF(B5:B23,"*희")' 입력 후 Enter 키를 누릅니다.

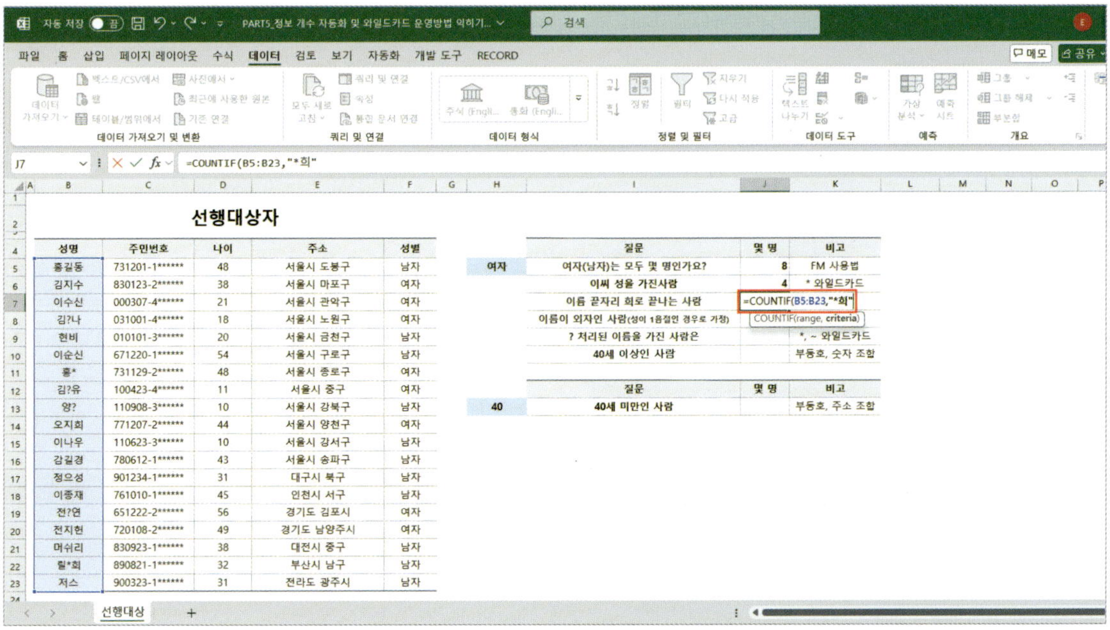

02 성명이 적힌 B5:B23셀 범위, '모든 텍스트+희'로 끝나는 와일드카드 검색으로 찾아낸 2개 셀을 확인할 수 있습니다.

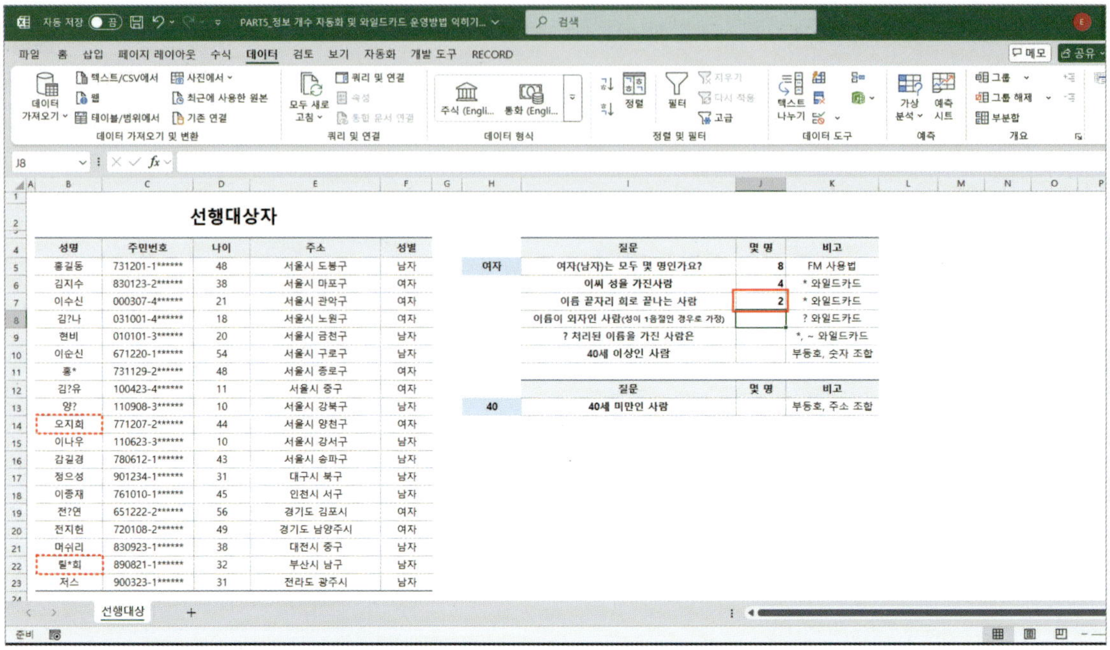

실무 연습 ❹ 이름이 외자인 사람(성이 1음절인 경우로 가정)_(? 와일드카드)

01 J8셀 클릭- '=COUNTIF(B5:B23,"??")' 입력 후 [Enter] 키를 누릅니다.

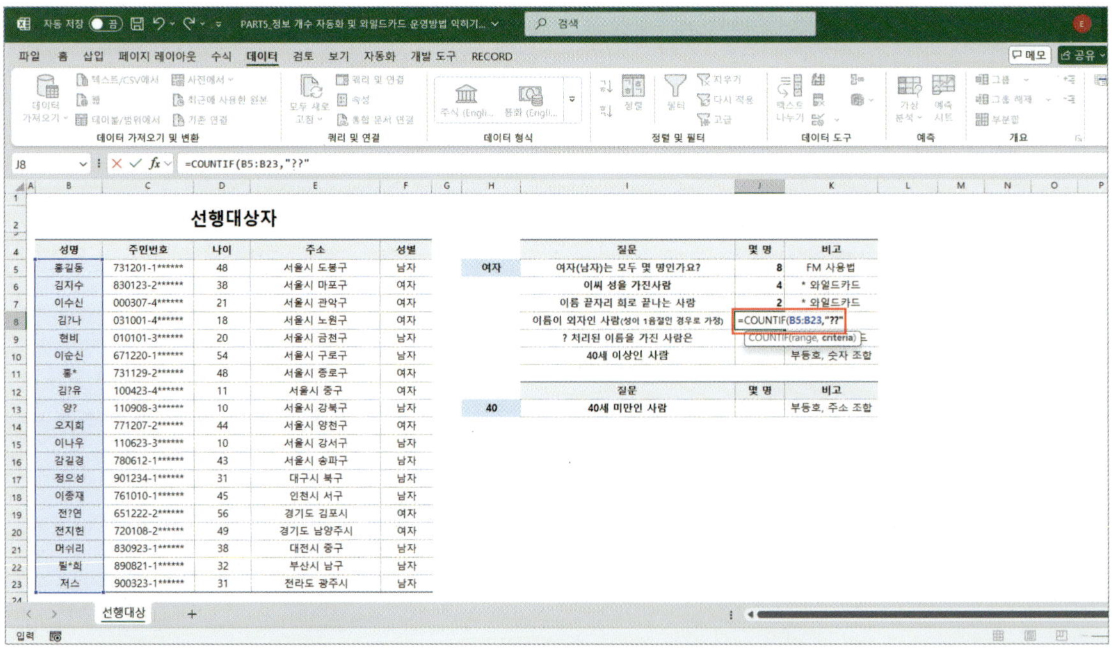

02 B5:B23셀 범위, 물음표가 2개 찍혀 있으므로 2음절 텍스트를 검색하고 있습니다. 그 결과는 4개 이름을 찾은 결과로 출력되고 있습니다.

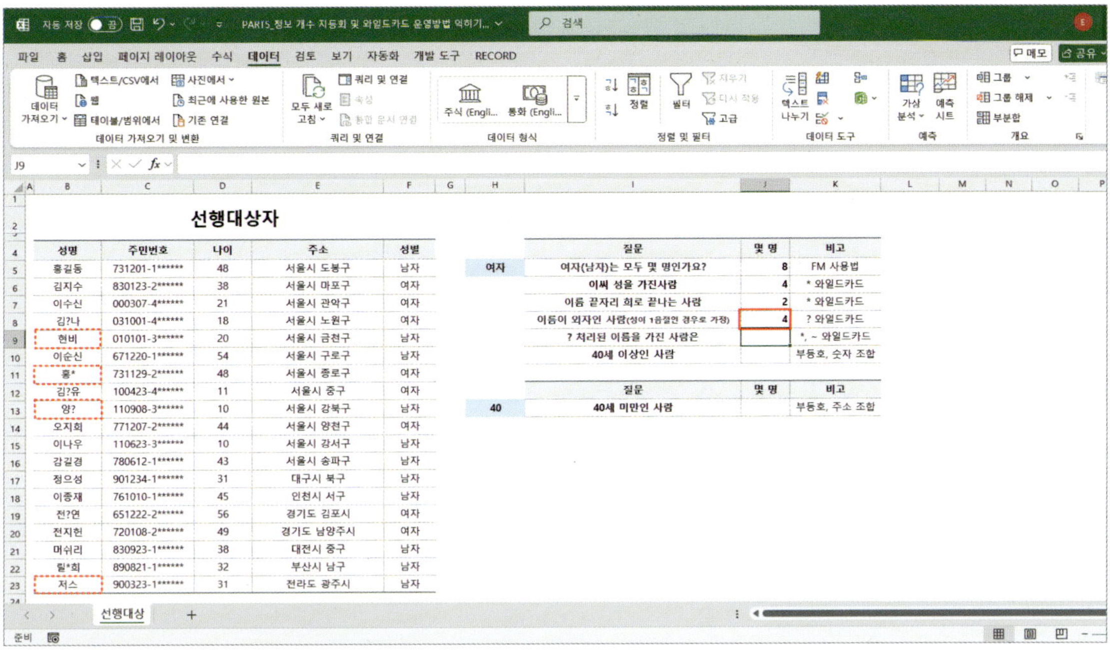

실무 연습 ⑤ ? 처리된 이름을 가진 사람은? (*, ~ 와일드카드)

01 J9셀 클릭- '=COUNTIF(B5:B23,"*~?*)' 입력 후 Enter 키를 누릅니다.

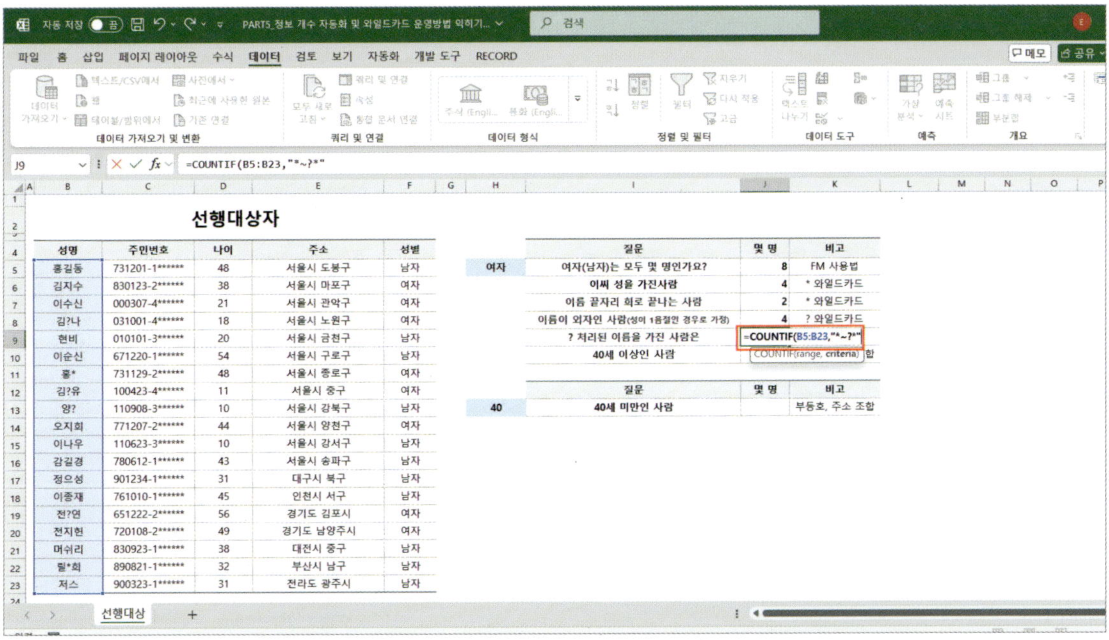

02 "*~?*", 와일드카드 조건을 사용한 이유는 ?(물음표)기호가 가장 처음이나 맨 마지막에 출력되거나 중간에 끼어 있을 수 있기 때문에 '모든 텍스트+~?+모든 텍스트' 개념으로 와일드 카드를 운영해야 합니다. 그래서 확인된 결과 4를 확인할 수 있습니다.

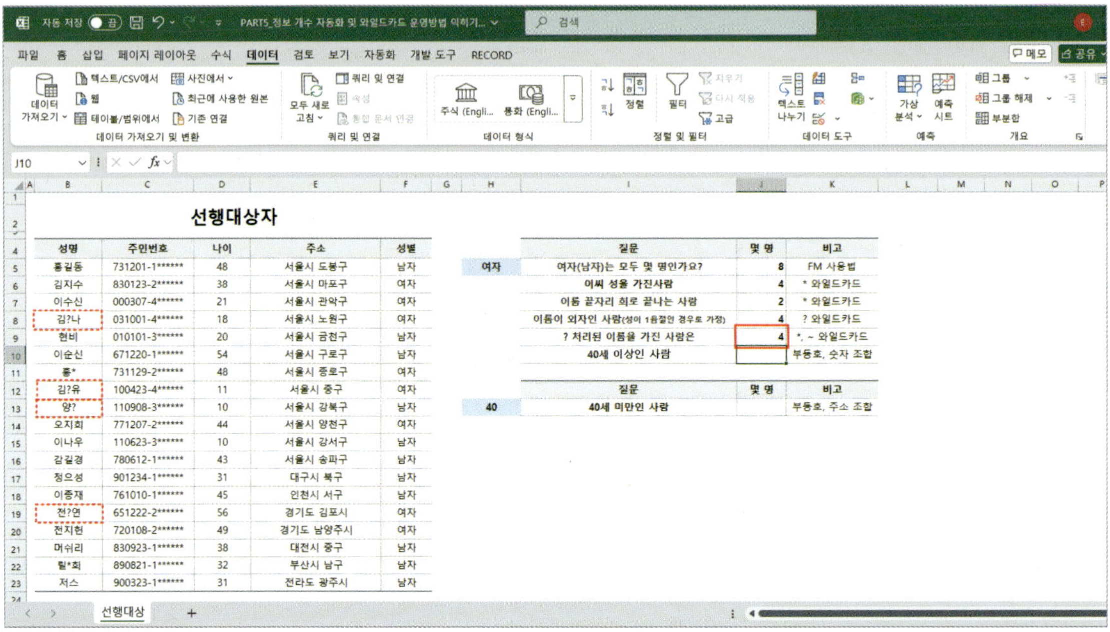

실무 연습 ❻ 40세 이상인 사람(부등호, 숫자 조합)

01 J10셀 클릭- '=COUNTIF(B5:B23,">=40")' 입력 후 Enter 키를 누릅니다.

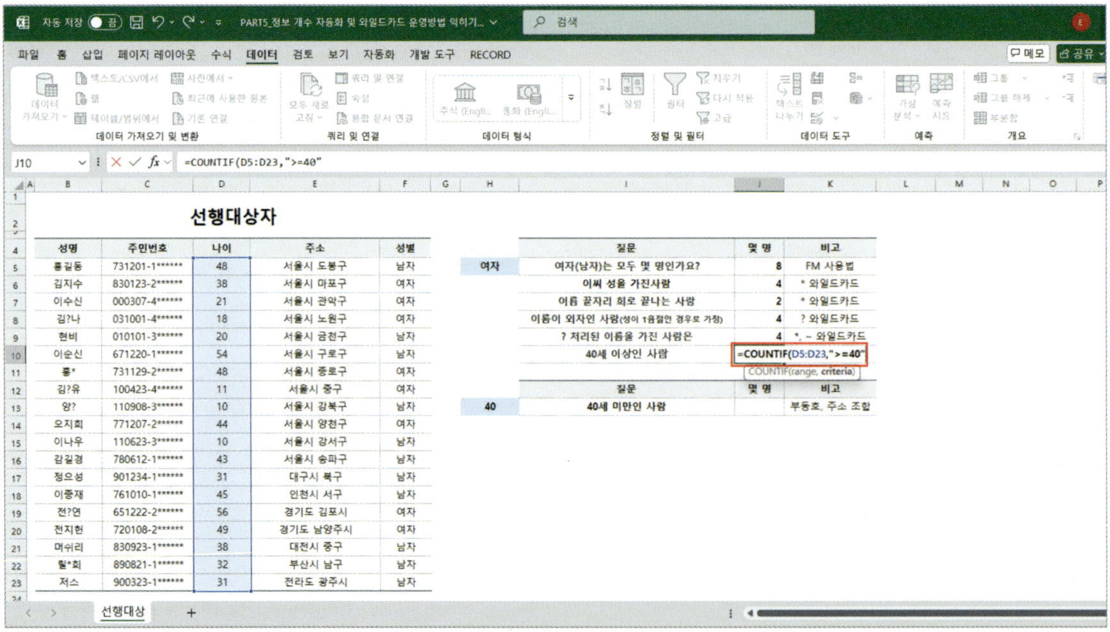

02 D열 나이 범위에서 40세 이상인 사람이 8명 있다는 결과를 확인합니다.

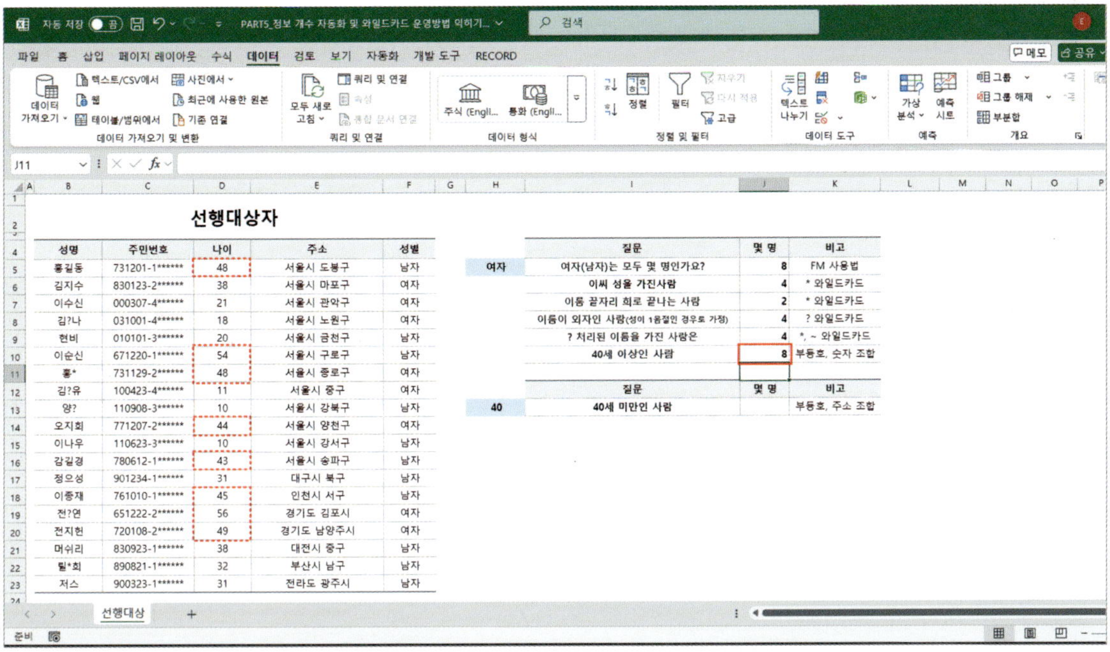

※ '=COUNTIF(B5:B23,"〉=40") 개념은, 두 번째 인수 "〉=40"은 숫자를 부등호+등호로 비교할 때 사용하는 방법으로 첫 번째 인수인 '범위 구간이 40 이상이다'라는 의미로 사용됩니다.

실무 연습 7 40세 미만인 사람(부등호, 주소 조합- 자동화)

01 J13셀 클릭- '=COUNTIF(D5:D23,"〈"&H13)' 입력 후 Enter 키를 누릅니다.

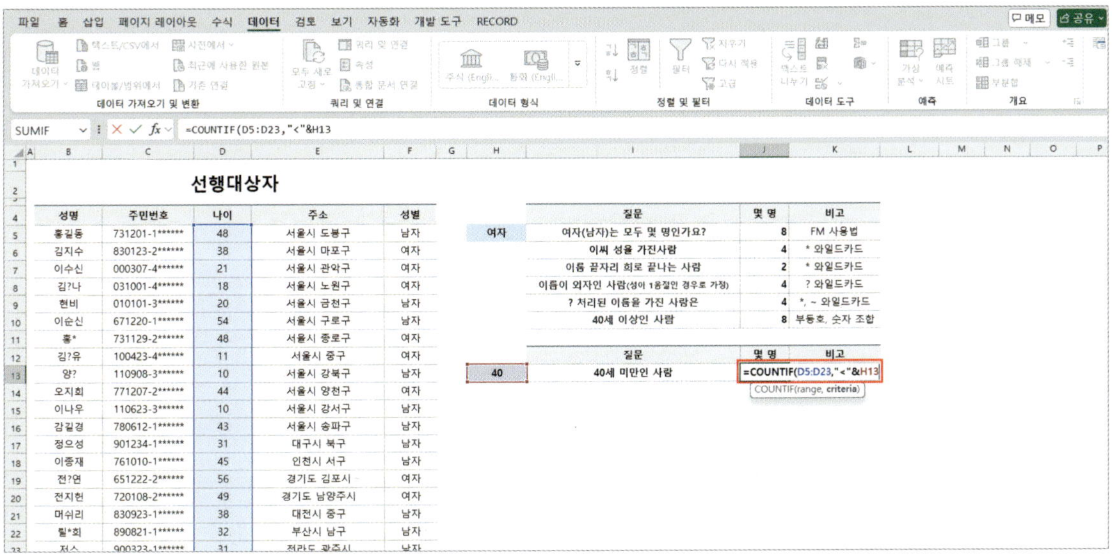

02 D열, 나이 목록에서 40세 미만인 사람이 11명인 결과를 확인합니다.

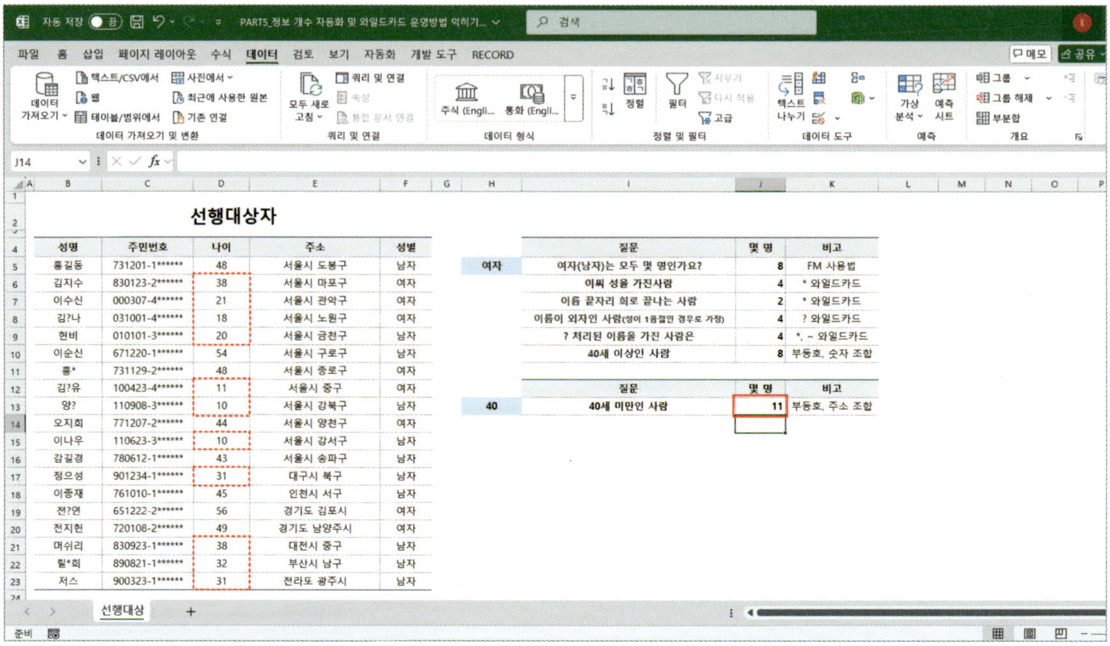

※ '=COUNTIF(D5:D23,"<"&H13) 개념은,

두 번째 인수, "<"&H13은 주소값을 텍스트 형식 부등호 또는 등호로 연결을 할 때 &연산자와 함께 자동화하는 방법으로 사용됩니다. 첫 번째 인수 범위가 &로 연결된 주소값보다 작다라는 개념이고 &+H13(주소값)이 연결되어 있으므로 H13의 값이 바뀔때 마다 해당 함수는 자동으로 값이 변경됩니다.

CHAPTER 21

주소록 이름 및 휴대폰 번호 같이 민감한 정보 별표(*) 기호로 숨기기(REPLACE 함수)

예제 파일 PART2_21 주소록 이름 및 휴대폰 번호 같이 민감한 정보 별표 기호로 숨기기

실무 스킬

REPLACE 함수는 텍스트 데이터를 수정하거나 필요한 부분을 새 텍스트로 대체하는 데 매우 유용합니다. 이 함수는 특히 대규모 데이터 작업에서 텍스트를 효율적으로 관리하거나 정리할 때 효과적입니다. 이런 특징에 더해 민감한 정보를 숨김 처리할 때나 규칙적이고 반복적인 변경 작업이 필요한 경우, 예를 들어 특정 단어를 치환하거나 형식을 변경할 때 사용할 수 있습니다.

시작 위치와 변경할 문자의 개수를 지정함으로써 원하는 텍스트를 정확하게 수정할 수 있어 데이터 관리와 분석의 효율성을 높이는 데 도움이 됩니다. 또한, 데이터 편집을 지원하여 예측 가능한 작업을 자동화할 수 있다는 점에서 텍스트 작업의 편리함을 더해 줍니다. 필요에 따라 데이터를 정리하고 보고서 작성이나 문자열 수정에서 정확성과 일관성을 유지하는 데 사용할 수 있습니다. 이번 파트에서는 실무에서 가장 많이 활용하는 민감한 정보 숨기기에 대해 함께 알아보도록 하겠습니다.

REPLACE 함수는 텍스트 문자열에서 특정 부분을 선택적으로 수정하거나, 새로운 텍스트로 대체하는 기능을 제공합니다.

REPLACE(old_text, start_num, num_chars, new_text)

1. old_text(**바꿀 대상**): 수정할 원래 텍스트 문자열을 지정합니다.
2. start_num(**바꿀 시작 위치 지정**): 텍스트 내에서 변경할 시작 위치를 숫자로 지정합니다.
3. num_chars(**문자 개수 지정**): 대체할 문자의 개수를 입력합니다.
4. new_text(**대체 텍스트 입력**): 대체할 새로운 텍스트를 지정합니다.

실무 연습 ❶

[연락정보] 시트에서 '플로어 매니저' 정보를 성을 제외한 이름을 별표(*)처리하고, 연락처 중간 4자리를 또한 별표(*) 처리해 보겠습니다.

01 I6셀 클릭- '=REPLACE(G6,2,2,"*")' 입력 후 I15셀까지 복사/붙여넣기합니다.

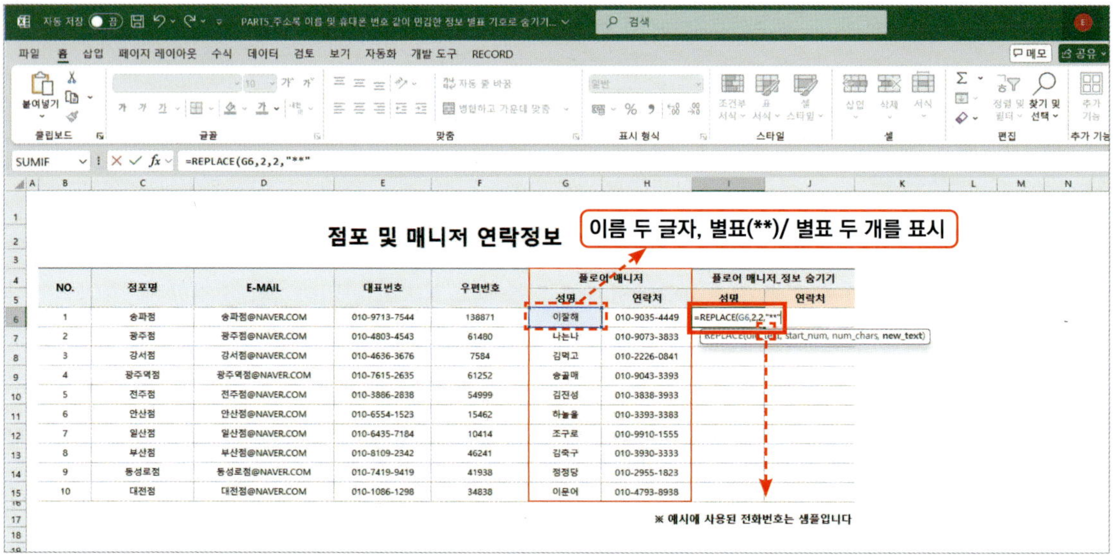

개념설명

=REPLACE(G6,2,2,"**")

❶ G6	수정할 텍스트인 첫 번째 이름 '이잘해'를 지정했습니다.
❷ 2	가장 왼쪽에서 2번째 음절부터 텍스트를 바꾸겠다는 의미로 2가 입력되었습니다.
❸ 2	두 번째 인수 시작 위치인 2번째부터 2개를 대체할 텍스트로 지정합니다.
❹ "**"	대체할 새로운 텍스트, 기호 별표(**)를 의미합니다. 이름이 보통 두 글자이기 때문에 별표(**) 두 개를 입력해줍니다.

02 I6:I15셀 범위, 이름 두 글자를 별표(**) 2개로 처리된 결과를 확인합니다.

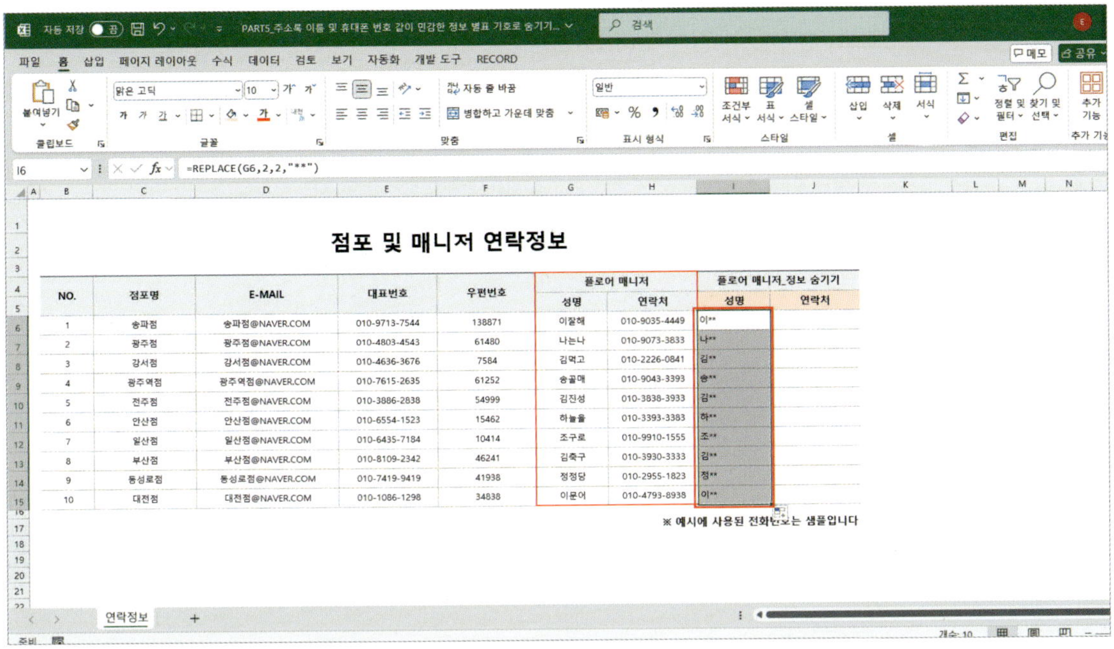

※ 만약 마지막 네 번째 인수에 별표(*), 하나를 표시하면 결과는 '이*'로 표시되게 됩니다.

03 J6셀 클릭- '=REPLACE(H6,5,4,"****")' 입력 후 J15셀까지 복사/붙여넣기합니다.

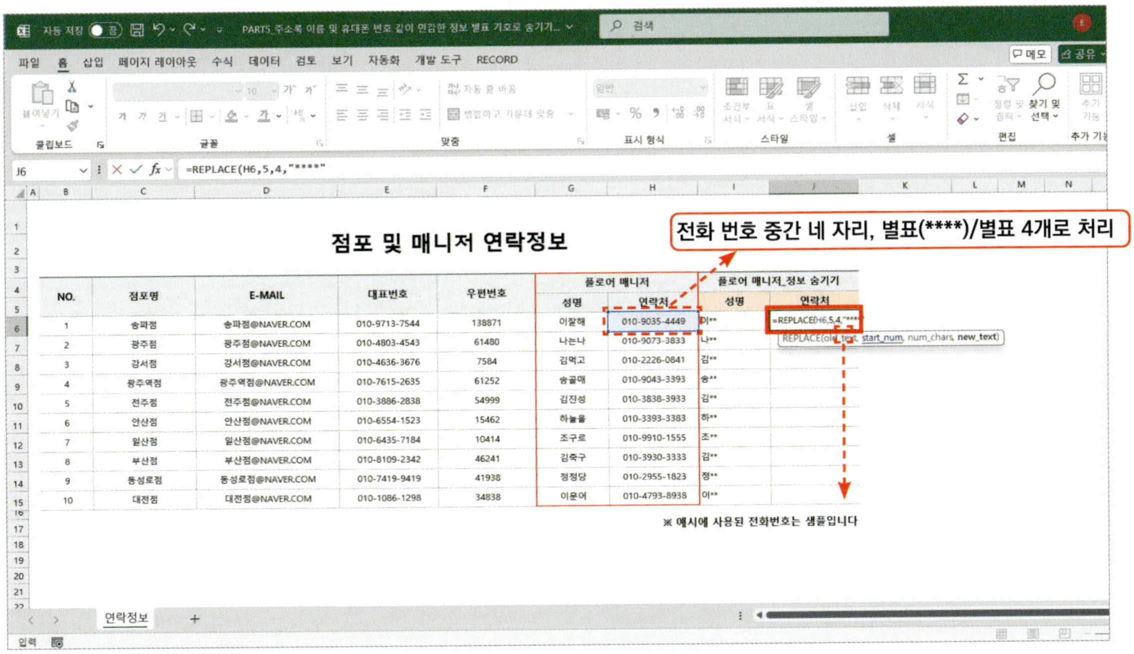

개념설명

=REPLACE(H6,5,4,"****")

❶ H6	전화번호 기준값으로 총 전화번호 음절 수는 하이픈(-)을 포함해 13음절로 되어 있습니다.
❷ 5	가장 왼쪽에서부터 5번째 음절부터 텍스트를 바꾸겠다는 의미로 5가 입력되었습니다(음절 수를 계산할 때는 모든 텍스트가 대상이 됩니다).
❸ 4	두 번째 인수 시작 위치인 5번째부터 4개를 대체할 텍스트로 지정합니다.
❹ "****"	대체할 새로운 텍스트, 기호 별표(****)를 의미합니다. 휴대폰 번호 중간 4자리를 대체해야 하기 때문에 별표(****) 4개를 입력해 줍니다.

04 J6:J15셀 범위, 휴대폰 번호 중간 4자리 별표(****) 4개로 처리된 결과를 확인합니다.

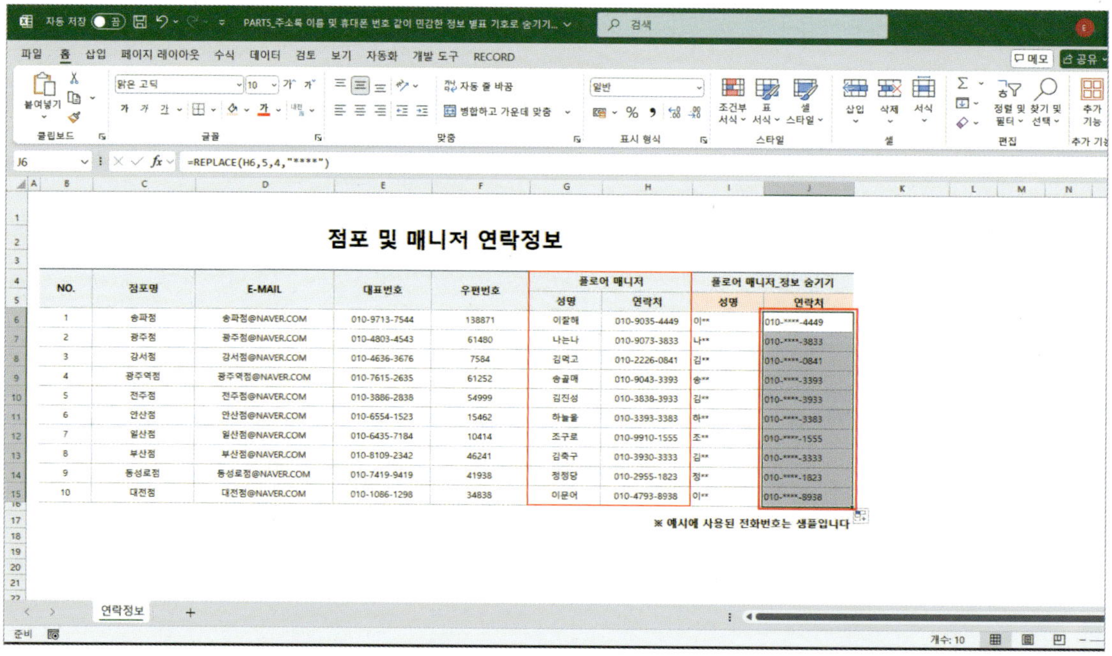

엑셀 엔진 UP! REPLACE 함수 실행 후 기존 정보 수식 지우기

REPLACE 함수에 원본 데이터를 남겨 둔 채 정보를 숨기기 하면 참조 범위가 노출되므로 REPLACE 함수로 데이터를 숨김 처리하고 나서는 반드시 출력된 수식을 값으로 바꿔 놓습니다.

01 함수로 출력된 I6:J15셀 범위 지정- 복사- 마우스 우클릭- 선택하여 붙여넣기, '값' 메뉴를 선택합니다.

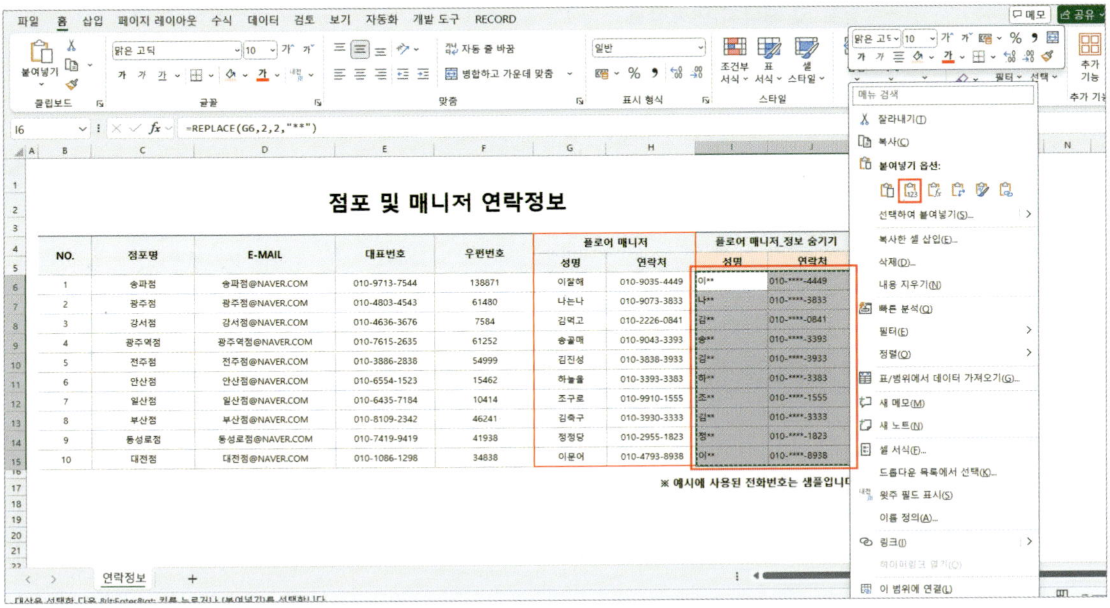

02 그리고 나서 원본 데이터 구간 G:H열 정보는 삭제합니다. G:H열 전체 선택- 마우스 우클릭- '삭제' 메뉴를 클릭해 원본 데이터를 삭제합니다.

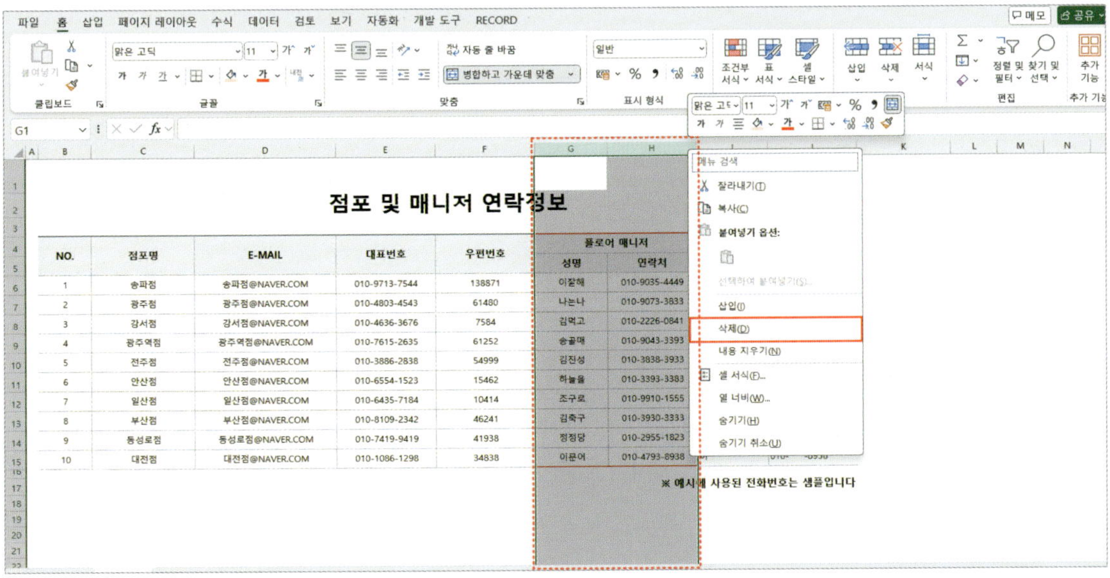

03 G와 H열에 각각 이름과 연락처 정보가 처리된 결과를 확인합니다.

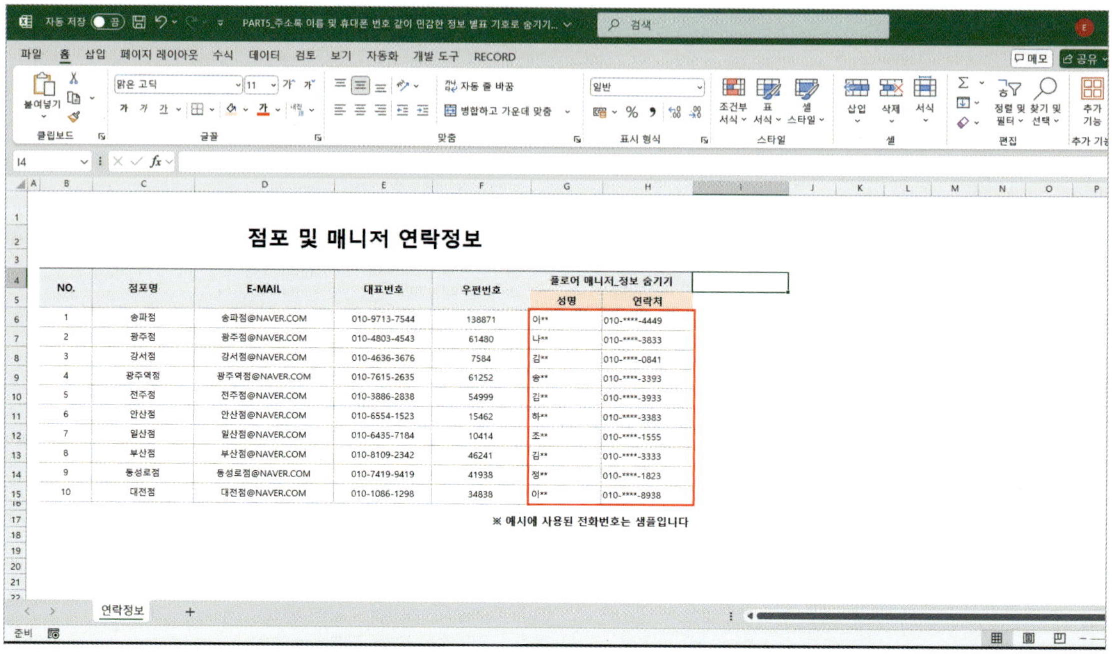

CHAPTER 22

상, 하반기 매출자료에서 코드 정보 분류하기(LEFT, MID, RIGHT 함수)

예제 파일 PART2_22 상, 하반기 매출자료에서 코드정보 분류하기

실무 스킬

Excel의 LEFT, MID, RIGHT 함수는 텍스트 문자열에서 특정 위치나 범위를 지정하여 필요한 부분을 추출하는 데 사용됩니다. 이러한 함수는 텍스트 데이터를 분석하거나 세부 정보를 분리할 때 매우 유용하며, 데이터 관리 및 보고 작업에서 필수적인 도구입니다.

LEFT 함수는 문자열의 가장 왼쪽에서 시작해서 지정한 개수만큼 문자를 추출합니다.

MID 함수는 문자열의 중간에서 시작 위치와 문자 개수를 지정하여 원하는 부분을 추출합니다.

RIGHT 함수는 문자열의 가장 오른쪽에서 지정한 개수만큼 문자를 추출합니다.

이 함수들은 텍스트 데이터를 효율적으로 다루고 필요한 정보를 분리하여 분석과 정리를 도와주는 도구로 활용됩니다. 실무 예제를 통해 사용 방법에 대해 알아보겠습니다.

LEFT(text, [num_chars])

1. text: 추출하려는 문자가 들어 있는 텍스트 문자열입니다.
2. [num_chars]: 텍스트 가장 왼쪽에서부터 추출할 문자 수를 지정합니다. 생략하면 1이 됩니다.

MID(text,start_num,num_chars)

1. text: 추출하려는 문자가 들어 있는 텍스트 문자열입니다.
2. start_num: 텍스트 문자열을 추출할 시작 위치를 가장 왼쪽에서부터 지정한 숫자입니다(음절 수 기준).
3. num_chars: start_num에서 지정한 위치에서 추출할 문자 수를 지정합니다.

RIGHT(text, [num_chars])

1. text: 추출하려는 문자가 들어 있는 텍스트 문자열입니다.
2. [num_chars]: 텍스트 가장 오른쪽에서부터 추출할 문자 수를 지정합니다. 생략하면 1이 됩니다.

실무 연습 ❶

[상하반기매출_실습] 시트에서 B열에 있는 '스타일코드'에서 ❶ 영문으로 된 아이템코드 앞에서 4자리, ❷ 아이템코드 다음 년도 2자리 숫자, ❸ 코드 마지막 자리 2자리 숫자 사이즈를 각각 추출해 보겠습니다.

영문으로 된 아이템코드 앞에서 4자리 추출하기

01 C6셀 클릭- '=LEFT(B6,4)' 입력 후 C23셀까지 복사/붙여넣기합니다.

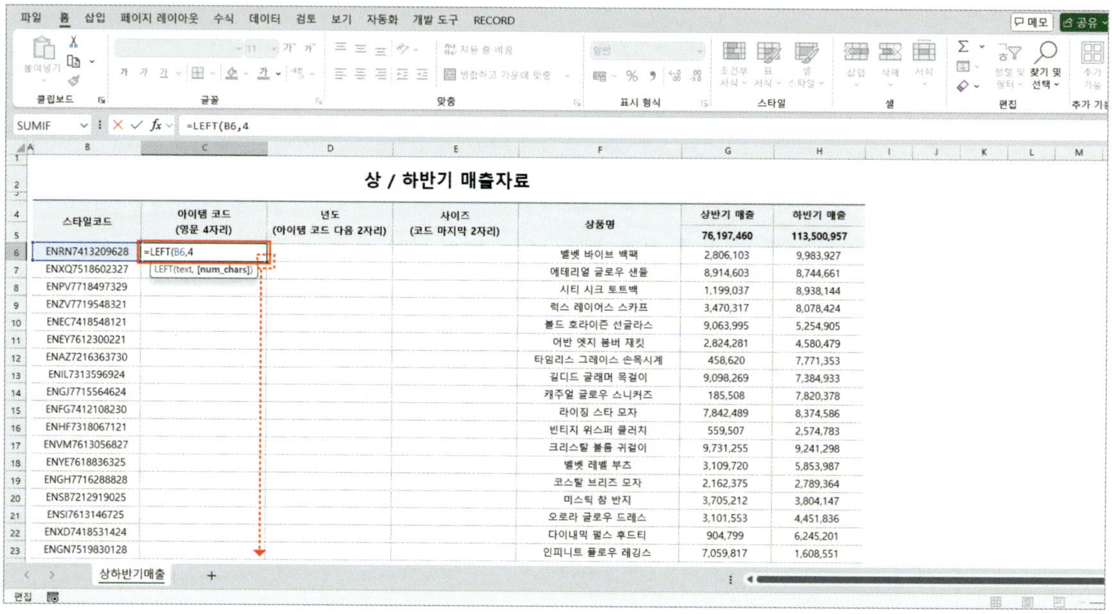

02 아이템 코드 영문 4자리가 가장 왼쪽에서 출력된 결과를 확인합니다.

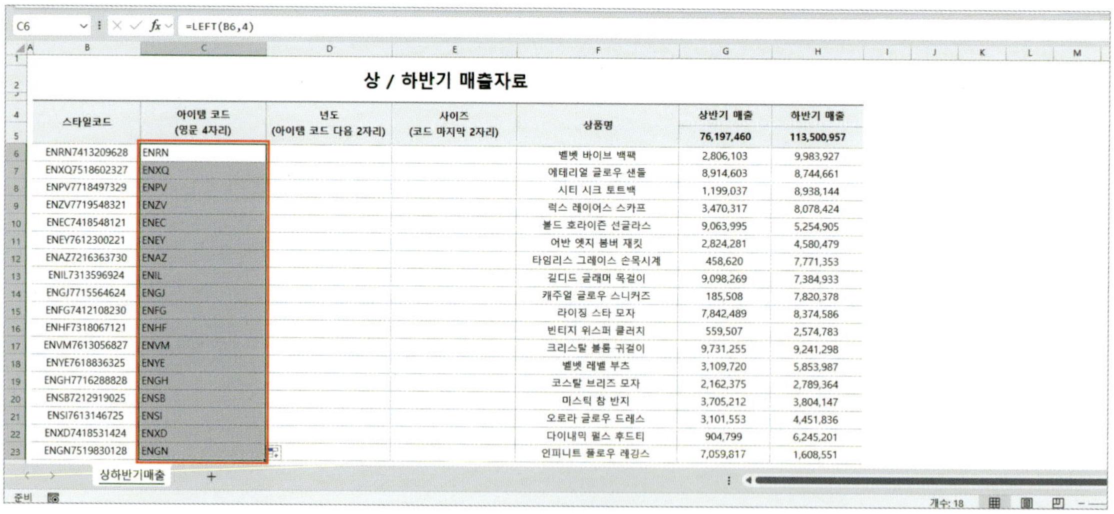

아이템코드 다음 년도 2자리 숫자 출력하기

01 D6셀 클릭– '=MID(B6,5,2)' 입력 후 D23셀까지 복사/붙여넣기합니다.

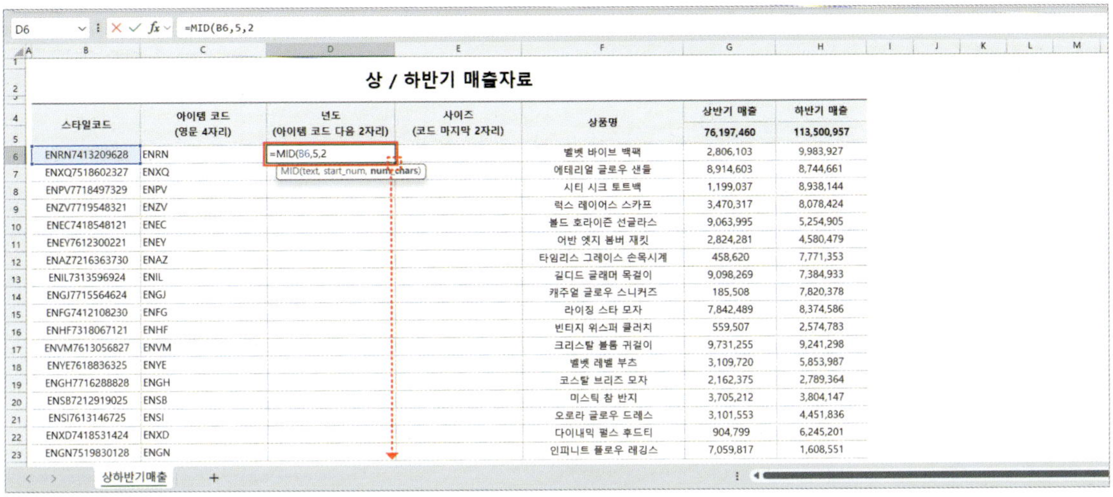

개념설명

=MID(B6,5,2)

❶ B6	텍스트를 추출할 기준값입니다.
❷ 5	가장 왼쪽 텍스트에서 시작해 5번째 텍스트를 추출할 시작점을 의미합니다.
❸ 2	두 번째 인수 5번째 음절부터 시작해 2개 텍스트를 출력하겠다는 의미입니다.

02 D6:D23셀 범위, 영문 아이템 코드 4자리 다음 숫자 2개가 출력된 결과를 확인합니다. 여기에서는 년도를 뜻합니다. 2074년, 2075년, 2077년…….

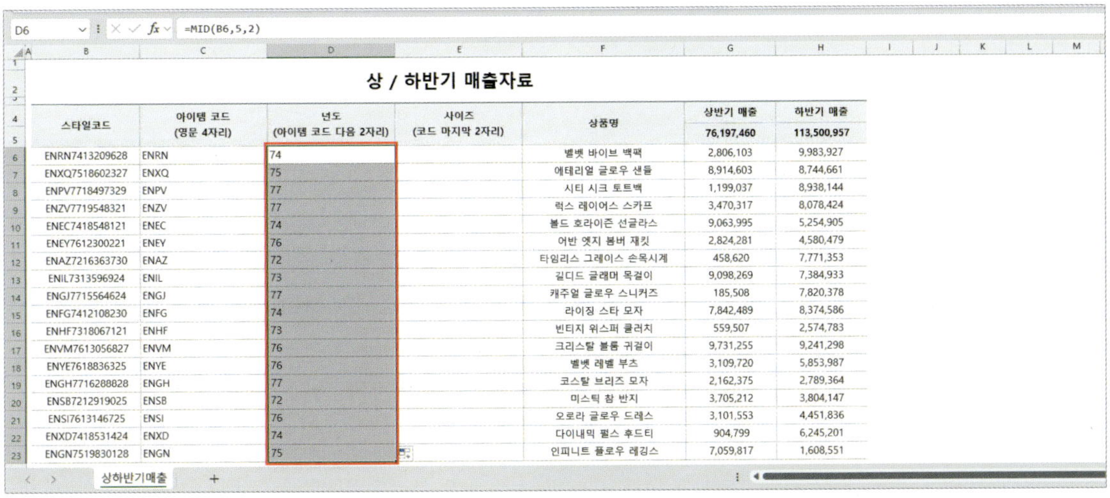

코드 마지막 자리 2자리 숫자 사이즈를 추출하기

01 E6셀 클릭- '=RIGHT(B6,2)' 입력 후 E23셀까지 복사/붙여넣기합니다.

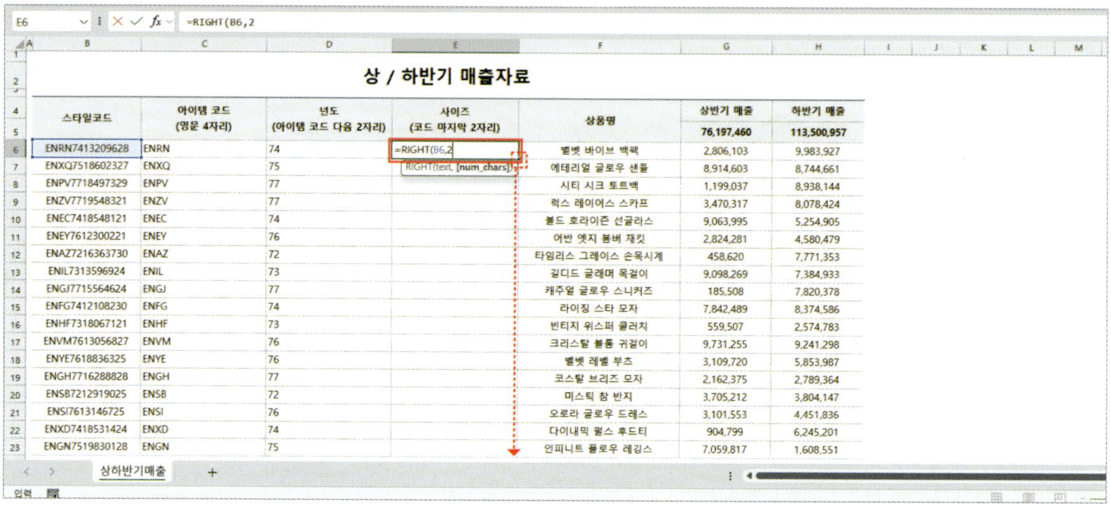

E6 =RIGHT(B6,2

상 / 하반기 매출자료

스타일코드	아이템 코드 (영문 4자리)	년도 (아이템 코드 다음 2자리)	사이즈 (코드 마지막 2자리)	상품명	상반기 매출	하반기 매출
					76,197,460	113,500,957
ENRN7413209628	ENRN	74	=RIGHT(B6,2	벨벳 바이브 백팩	2,806,103	9,983,927
ENXQ7518602327	ENXQ	75		에테리얼 글로우 샌들	8,914,603	8,744,661
ENPV7718497329	ENPV	77		시티 시크 토트백	1,199,037	8,938,144
ENZV7719548321	ENZV	77		럭스 레이어스 스카프	3,470,317	8,078,424
ENEC7418548121	ENEC	74		볼드 호라이즌 선글라스	9,063,995	5,254,905
ENEY7612300221	ENEY	76		어반 엣지 봄버 재킷	2,824,281	4,580,479
ENAZ7216363730	ENAZ	72		타임리스 그레이스 손목시계	458,620	7,771,353
ENIL7313596924	ENIL	73		길디드 글래머 목걸이	9,098,269	7,384,933
ENGJ7715564624	ENGJ	77		캐주얼 글로우 스니커즈	185,508	7,820,378
ENFG7412108230	ENFG	74		라이징 스타 모자	7,842,489	8,374,586
ENHF7318067121	ENHF	73		빈티지 위스퍼 클러치	559,507	2,574,783
ENVM7613056827	ENVM	76		크리스탈 블룸 귀걸이	9,731,255	9,241,298
ENYE7618836325	ENYE	76		벨벳 레벨 부츠	3,109,720	5,853,987
ENGH7716288828	ENGH	77		코스탈 브리즈 모자	2,162,375	2,789,364
ENSB7212919025	ENSB	72		미스틱 참 반지	3,705,212	3,804,147
ENSI7613146725	ENSI	76		오로라 글로우 드레스	3,101,553	4,451,836
ENXD7418531424	ENXD	74		다이내믹 펄스 후드티	904,799	6,245,201
ENGN7519830128	ENGN	75		인피니트 플로우 레깅스	7,059,817	1,608,551

02 E6:E23셀 범위, 텍스트 가장 오른쪽 2자리 사이즈가 출력된 결과를 확인합니다.

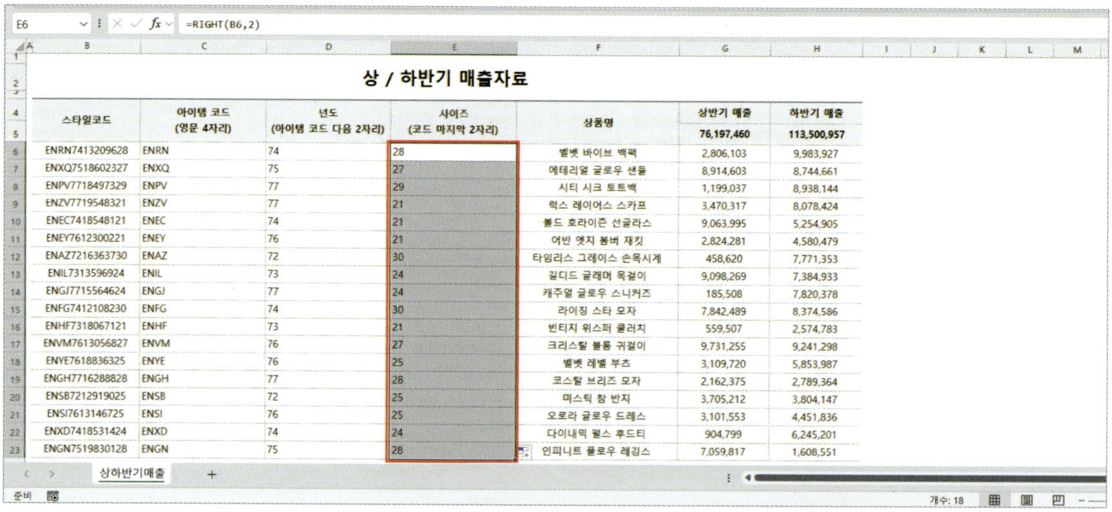

E6 =RIGHT(B6,2)

상 / 하반기 매출자료

스타일코드	아이템 코드 (영문 4자리)	년도 (아이템 코드 다음 2자리)	사이즈 (코드 마지막 2자리)	상품명	상반기 매출	하반기 매출
					76,197,460	113,500,957
ENRN7413209628	ENRN	74	28	벨벳 바이브 백팩	2,806,103	9,983,927
ENXQ7518602327	ENXQ	75	27	에테리얼 글로우 샌들	8,914,603	8,744,661
ENPV7718497329	ENPV	77	29	시티 시크 토트백	1,199,037	8,938,144
ENZV7719548321	ENZV	77	21	럭스 레이어스 스카프	3,470,317	8,078,424
ENEC7418548121	ENEC	74	21	볼드 호라이즌 선글라스	9,063,995	5,254,905
ENEY7612300221	ENEY	76	21	어반 엣지 봄버 재킷	2,824,281	4,580,479
ENAZ7216363730	ENAZ	72	30	타임리스 그레이스 손목시계	458,620	7,771,353
ENIL7313596924	ENIL	73	24	길디드 글래머 목걸이	9,098,269	7,384,933
ENGJ7715564624	ENGJ	77	24	캐주얼 글로우 스니커즈	185,508	7,820,378
ENFG7412108230	ENFG	74	30	라이징 스타 모자	7,842,489	8,374,586
ENHF7318067121	ENHF	73	21	빈티지 위스퍼 클러치	559,507	2,574,783
ENVM7613056827	ENVM	76	27	크리스탈 블룸 귀걸이	9,731,255	9,241,298
ENYE7618836325	ENYE	76	25	벨벳 레벨 부츠	3,109,720	5,853,987
ENGH7716288828	ENGH	77	28	코스탈 브리즈 모자	2,162,375	2,789,364
ENSB7212919025	ENSB	72	25	미스틱 참 반지	3,705,212	3,804,147
ENSI7613146725	ENSI	76	25	오로라 글로우 드레스	3,101,553	4,451,836
ENXD7418531424	ENXD	74	24	다이내믹 펄스 후드티	904,799	6,245,201
ENGN7519830128	ENGN	75	28	인피니트 플로우 레깅스	7,059,817	1,608,551

※ LEFT, MID, RIGHT 함수로 출력된 모든 정보는 텍스트입니다. 즉, 위 예시에서 출력된 년도와 사이즈는 일반 숫자가 아닌 텍스트입니다. 직관적으로는 셀 안에서 숫자의 위치가 왼쪽 정렬된 것을 보고 알 수 있습니다. 그래서 SUM이나 AVERAGE 함수로 값을 계산할 수 없으니 주의하시기 바랍니다. 일반 숫자 형태로 바꾸는 간단한 방법은 LEFT, MID, RIGHT 함수 곱하기 1 또는 나누기 1을 하면 텍스트 형식 숫자가 일반 숫자로 바뀌는 것을 알 수 있습니다. 예를 들어, '=LEFT(B6,4)*1' 또는 '=LEFT(B6,4)/1' 과 같이 진행해 주면 됩니다.

CHAPTER 23

함수 하나로 텍스트 형식으로 출력된 숫자를 일반 숫자 형식으로 바꾸기(VALUE 함수)

예제 파일 PART2_23 함수 하나로 텍스트 형식으로 출력된 숫자를 일반 숫자 형식으로 바꾸기

실무 스킬

VALUE 함수는 텍스트 형식으로 입력된 숫자나 날짜를 자동으로 숫자값으로 인식합니다. 그리고 계산 가능하도록 데이터를 처리하며, 숫자 형식으로 변환하지 않은 경우 오류를 방지하는 데 도움을 줍니다.

이 함수는 텍스트 데이터를 수식이나 숫자 계산에서 사용할 수 있도록 변환할 때 유용한 도구입니다. 현업에서 가장 많이 볼 수 있는 사용법을 간단하게 소개하겠습니다.

VALUE(text)

1. text: 형식을 바꾸려는 텍스트가 있는 셀 주소 또는 큰따옴표로 묶인 텍스트입니다.

실무 연습 ❶

[입실정보_실습] 시트에서 '방번호_인원수' 목록을 분리해 '방번호'와 '인원수'를 나눠 인원수만 SUM 함수를 이용해 더해 보겠습니다.

01 C5셀 클릭- '=LEFT(B5,3)' 입력 후 C20셀까지 복사/붙여넣기합니다.

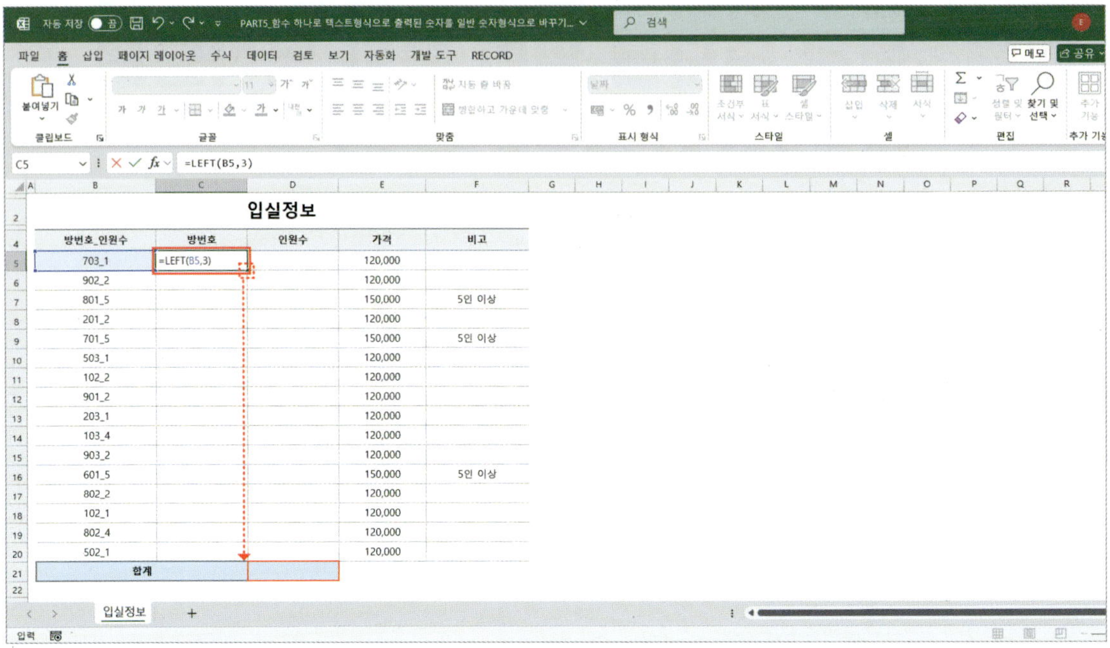

02 D5셀 클릭- '=VALUE(RIGHT(B5,1))' 입력 후 D20셀까지 복사/붙여넣기합니다.

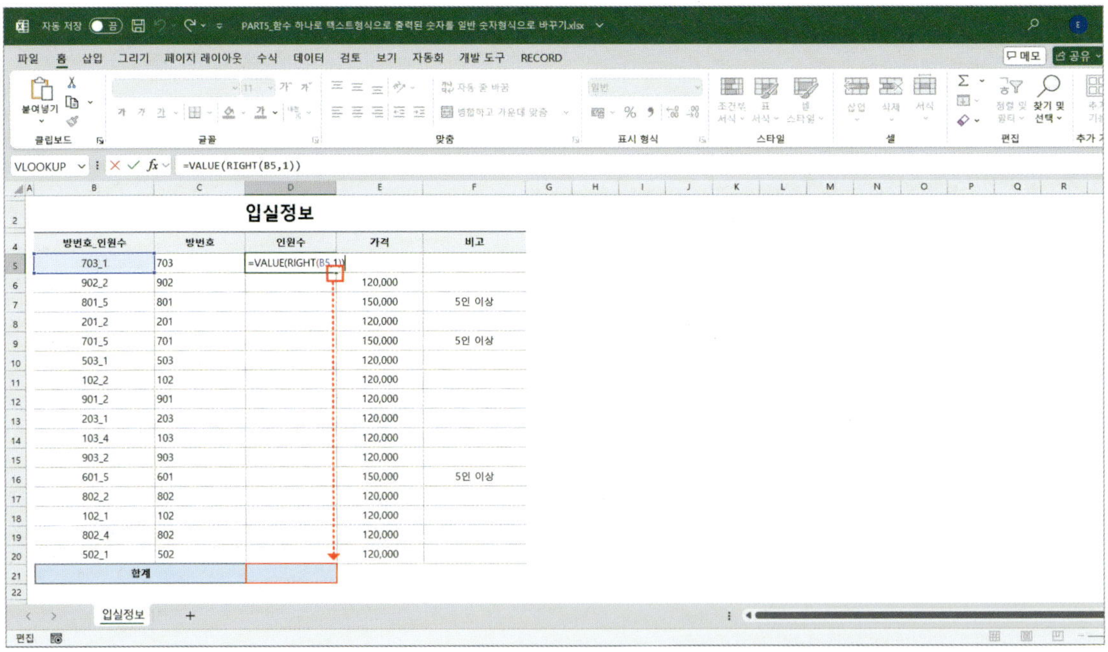

03 VALUE 함수 없이 LEFT 함수로 출력한 범위, C5:C20셀 숫자 정보는 왼쪽 정렬이 된 텍스트 형식 숫자임을 알 수 있고, VALUE 함수와 RIGHT 함수 중첩 결과 범위, D5:D20셀 숫자 정보는 오른쪽 정렬된 숫자 정보임을 알 수 있습니다.

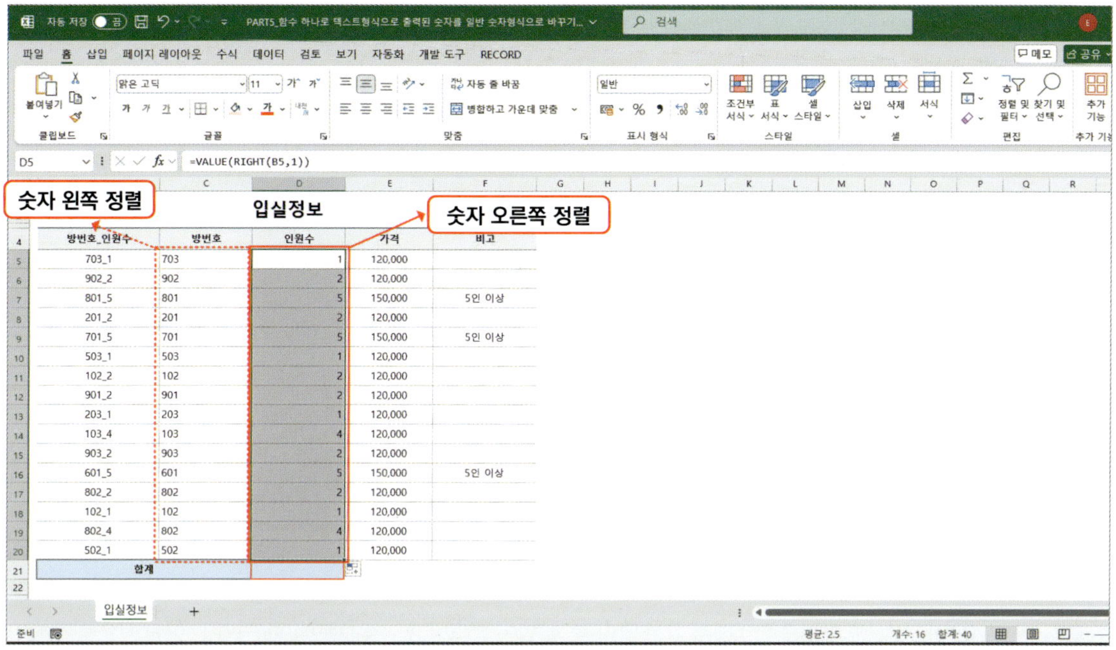

04 D21셀 클릭- '=SUM(D5:D20)' 입력 후 Enter 키를 누릅니다.

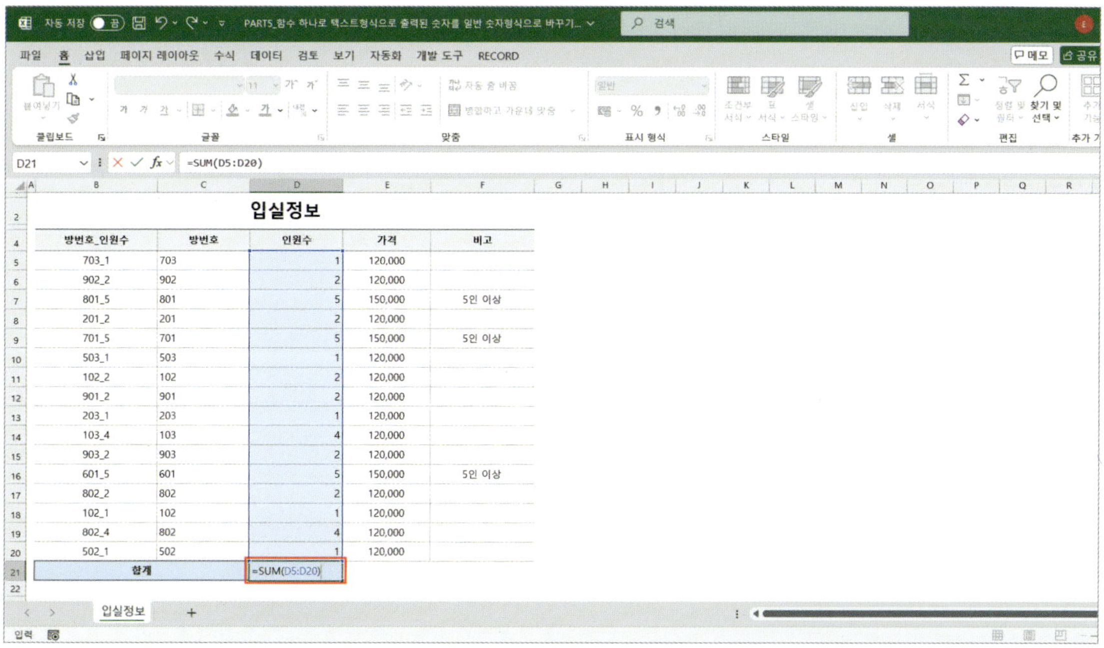

05 전체 입실 인원수 D21셀에 40이 출력된 결과값을 확인합니다.

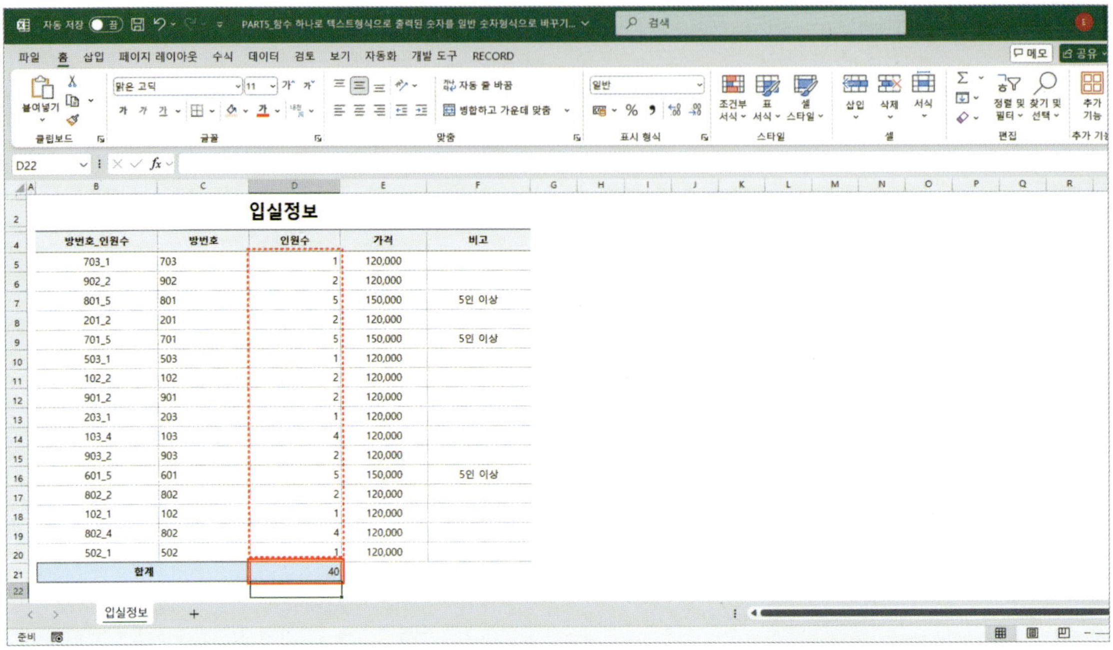

TIP 위 예시는 VALUE 함수를 현업에서 가장 많이 볼 수 있는 형태이고, '=VALUE("1900-1-1")', 이런 식으로 큰따옴표로 날짜 형식을 참조하게 되면 일련번호를 출력해 주기도 합니다. 결과값은 1이 출력이 됩니다.

CHAPTER 24

이메일 주소안에서 ID만 분리하기(LEFT, FIND 함수)

예제 파일 PART2_24 이메일 주소안에서 ID만 분리하기

실무 스킬

LEFT 함수와 FIND 함수는 텍스트 데이터를 관리하고 필요한 정보를 추출하는 데 유용한 도구입니다. LEFT 함수는 문자열의 시작 부분에서 지정한 개수만큼 문자를 추출하여 원하는 데이터를 분리하거나 분석하는 데 사용되고, FIND 함수는 텍스트 문자열 내에서 특정 문자나 텍스트의 첫 번째 위치를 반환하여 데이터를 동적으로 탐색할 수 있도록 돕습니다. 그래서 규칙성이 있는 정보 구간에서 FIND 함수를 활용해 특정 기호의 규칙을 순번으로 찾아와 가장 왼쪽에서부터 특정 기호가 있는 위치만큼 LEFT 함수 두 번째 인수로 사용해 원하는 정보를 추출할 수 있게 도와줍니다.

두 함수 조합을 잘 이용하면 데이터를 효율적으로 정리하고 필요한 정보를 정확하게 추출하는 데 유용합니다. 실무 예제를 해결하면서 사용 방법을 익혀보도록 하겠습니다.

FIND(find_text, within_text, [start_num])

1. find_text(**기준값**): 검색할 문자, 숫자 또는 기호와 띄어쓰기 같은 텍스트 문자를 입력합니다.
2. within_text(**범위**): 검색할 텍스트가 포함된 기준 셀을 지정합니다.
3. [start_num]: 검색을 시작할 위치를 지정합니다. 생략하면 기본값은 1이며, 문자열의 가장 왼쪽부터 검색을 시작합니다. 보통 생략해서 많이 사용합니다.

요약

FIND 함수 결과값은 항상 숫자입니다. 가장 왼쪽에서부터 음절 수를 카운팅해 기준값이 텍스트 내에서 몇 번째 있는지 순번을 출력해 줍니다.

실무 연습 ❶

[VIP고객정보_실습] 시트에서 VIP고객의 ID를 이메일 정보에서 추출하려 합니다. 순서에 따라 추출해 보도록 하겠습니다.

01 C5셀 클릭- '=LEN(B5)' 입력 후 C18셀까지 복사/붙여넣기합니다.

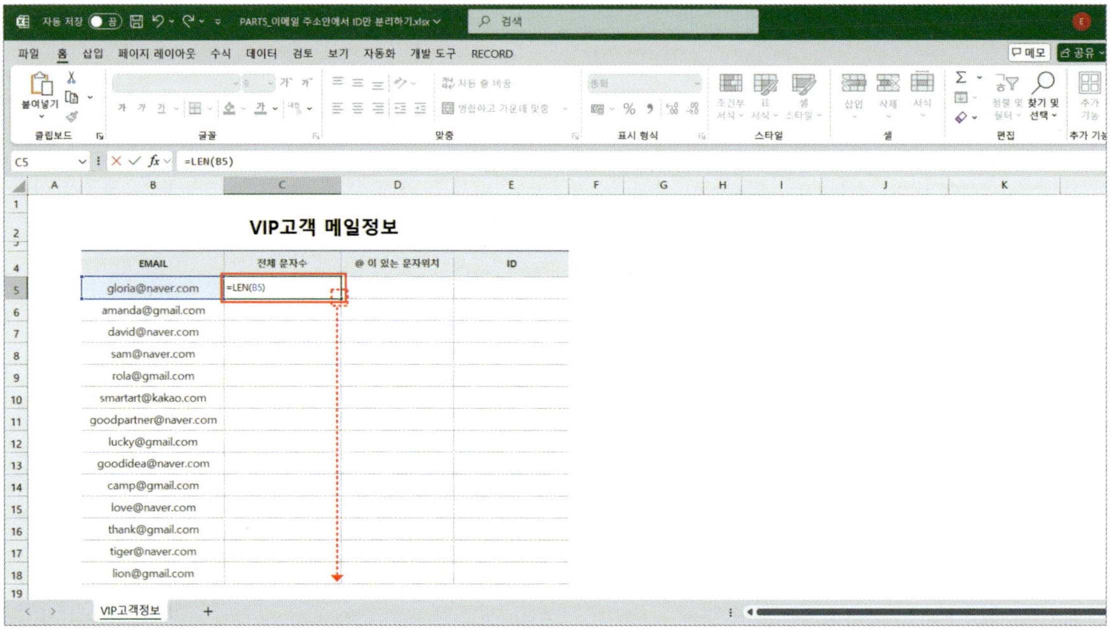

02 D5셀 클릭- '=FIND("@",B5")' 입력 후 D18셀까지 복사/붙여넣기합니다.

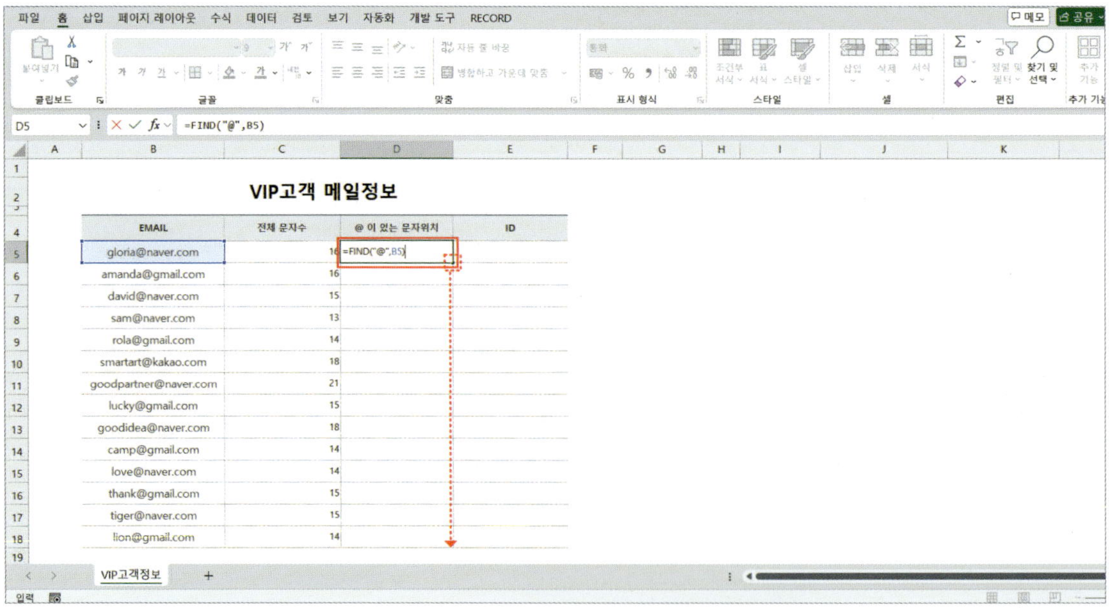

※ '=FIND("@",B5")' 개념은,

첫 번째 인수, "@": 두 번째 인수 범위 구간에서 '@'가 위치한 음절 순서를 가장 왼쪽에서부터 몇 번째 있는지 찾으라는 의미입니다.

두 번째 인수, B5: '@' 텍스트 위치를 찾기 위한 범위입니다.

세 번째 인수, 생략: 현재는 생략되었습니다. 생략되면 기본값 1이 입력됩니다.

03 E5셀 클릭- '=LEFT(B5,FIND("@",B5)-1)' 입력 후 E18셀까지 복사/붙여넣기합니다.

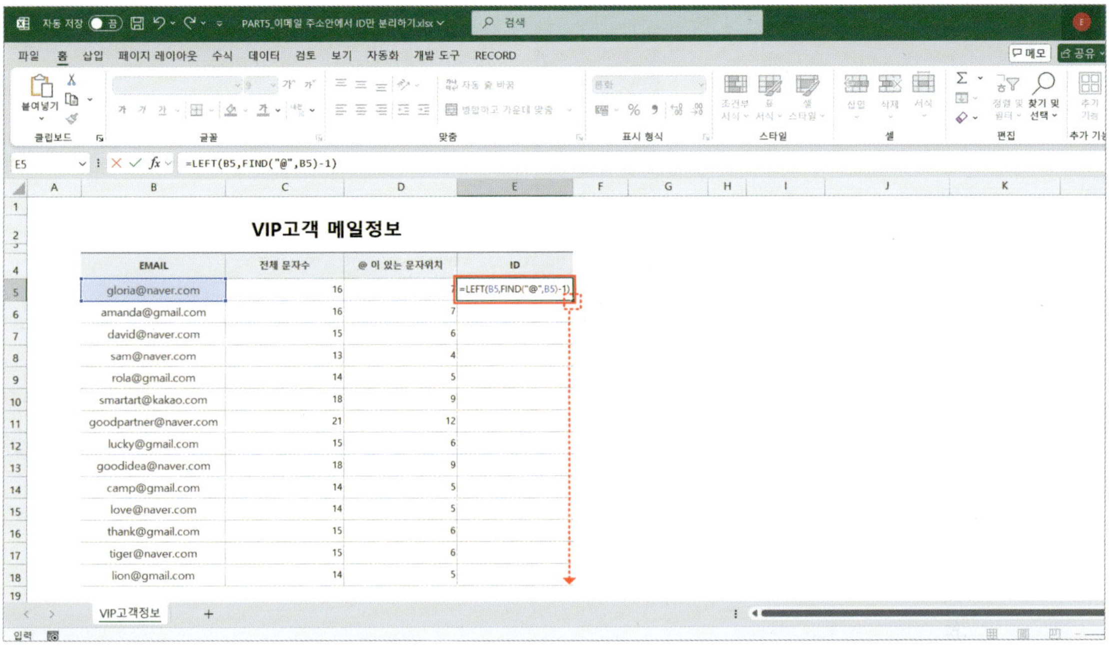

개념설명

❶ ❷

=LEFT(B5,FIND("@",B5)-1)

❶ LEFT 함수 1	B5	텍스트를 추출할 기준이 되는 기준 셀 범위입니다.
❷ LEFT 함수 2	FIND("@",B5)-1	FIND 함수 개념 설명 참조해 주세요.

현재 FIND 함수로 찾은 "@"의 위치는 7번째입니다.

B5셀에 입력된 이메일에 ID는 'gloria'로 6개 음절로 이뤄진 단어입니다.

만약 FIND("@",B5)라고만 입력한다면 이메일 주소에서 '@'가 위치한 7이라는 값이 LEFT 함수 두 번째 인수로 입력되어 출력 결과는 'gloria@'가 될 것입니다.

공통 규칙인 '@' 위치를 숫자 -1을 빼주게 되면 '@' 이전라는 공식을 만들 수 있게 되어 '@'를 제외한 ID만 추출하는 로직을 만들 수 있습니다.

그래서 'FIND("@",B5)-1' 이 입력되었습니다.

04 E5:E18셀 범위, 이메일 주소에서 ID만 추출된 결과를 확인합니다.

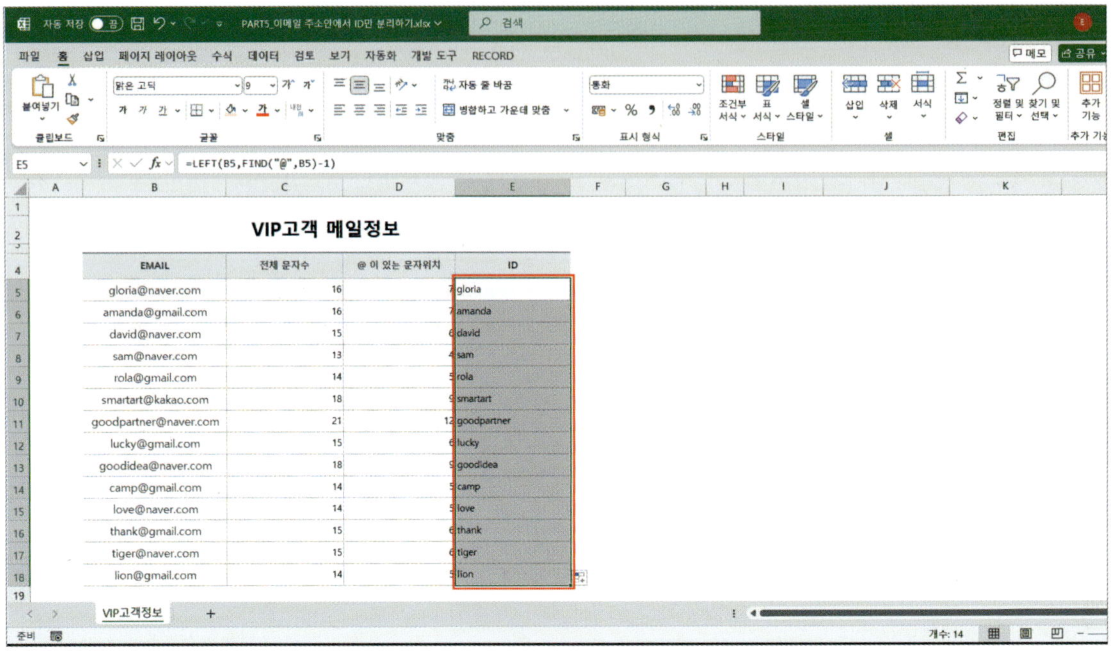

CHAPTER 25

점포 매출 마감일자 가장 빠른, 늦은 날짜 개수 구하기(MAX, MIN 함수)

예제 파일 PART2_25 점포 매출 마감일자 가장 빠른, 늦은 날짜 개수 구하기

실무 스킬

MAX 함수와 MIN 함수는 데이터 집합에서 가장 큰 값과 가장 작은 값을 각각 반환하는 함수입니다. MAX 함수는 선택한 범위 내에서 가장 높은 값을 식별하는 데 사용되며, 최대값을 쉽게 찾을 수 있도록 합니다. MIN 함수는 선택한 범위 내에서 가장 낮은 값을 식별하여 최소값을 제공합니다.

이 두 함수는 숫자 데이터를 분석하고 비교하거나 특정 조건에서 중요한 값을 추출하는 데 유용한 도구로, 데이터 정리 및 통계 작업에 자주 활용됩니다. 실무에서 어떻게 활용할 수 있는지 간단한 예제를 통해 확인해 보겠습니다.

MAX(number1, [number2], …)

1. number1: 최대값을 구하려는 범위로 인수는 최대 255개까지 지정할 수 있습니다.
2. [number2]: 최대값을 구하려는 두 번째 범위로 지금부터 모든 인수는 생략 가능합니다.

MIN(number1, [number2], …)

1. number1: 최소값을 구하려는 범위로 인수는 최대 255개까지 지정할 수 있습니다.
2. [number2]: 최소값을 구하려는 두 번째 범위로 지금부터 모든 인수는 생략 가능합니다.

실무 연습 ❶

[점포매출마감일자_실습] 시트에서 '점포매출 마감일자 가장 빠른 점포 개수'와 '점포매출 마감일자 가장 늦은 점포 개수'를 구해 보도록 하겠습니다.

'점포매출 마감일자가 가장 빠른 점포 개수' 구하기

01 M4셀 클릭- '=COUNTIF(B7:B22,MIN(B7:B22))' 입력 후 Enter 키를 누릅니다.

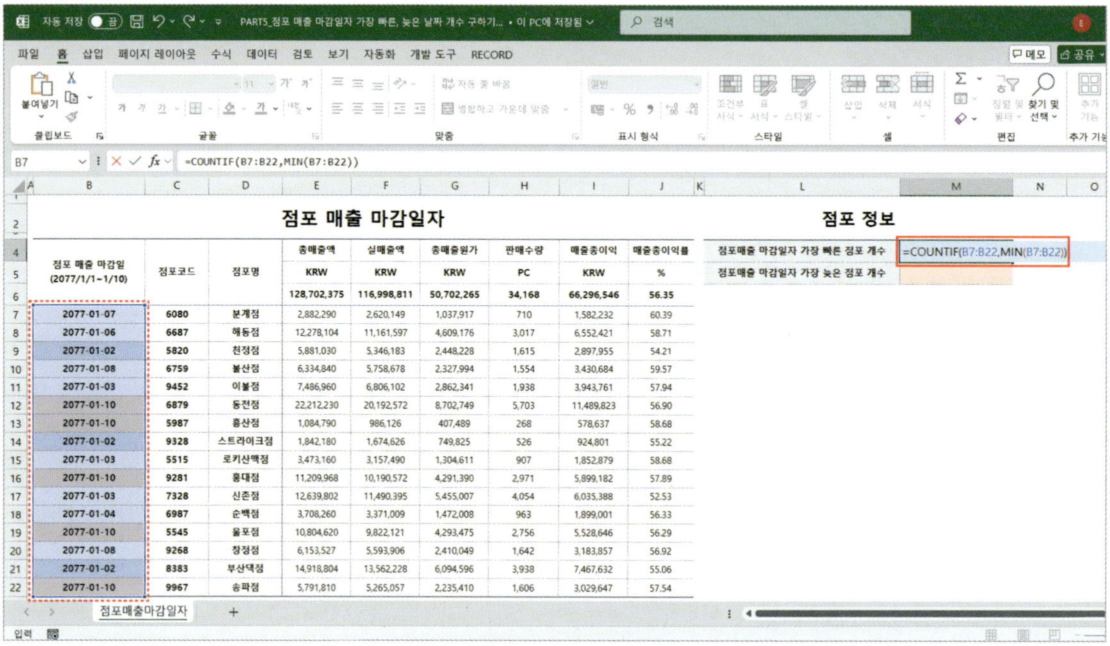

점포 매출 마감일자

점포 매출 마감일 (2077/1/1~1/10)	점포코드	점포명	총매출액	실매출액	총매출원가	판매수량	매출총이익	매출총이익률
			KRW	KRW	KRW	PC	KRW	%
			128,702,375	116,998,811	50,702,265	34,168	66,296,546	56.35
2077-01-07	6080	분계점	2,882,290	2,620,149	1,037,917	710	1,582,232	60.39
2077-01-06	6687	해동점	12,278,104	11,161,597	4,609,176	3,017	6,552,421	58.71
2077-01-02	5820	천정점	5,881,030	5,346,183	2,448,228	1,615	2,897,955	54.21
2077-01-08	6759	불산점	6,334,840	5,758,678	2,327,994	1,554	3,430,684	59.57
2077-01-03	9452	이불점	7,486,960	6,806,102	2,862,341	1,938	3,943,761	57.94
2077-01-10	6879	동전점	22,212,230	20,192,572	8,702,749	5,703	11,489,823	56.90
2077-01-10	5987	흥산점	1,084,790	986,126	407,489	268	578,637	58.68
2077-01-02	9328	스트라이크점	1,842,180	1,674,626	749,825	526	924,801	55.22
2077-01-03	5515	로키산맥점	3,473,160	3,157,490	1,304,611	907	1,852,879	58.68
2077-01-10	9281	홍대점	11,209,968	10,190,572	4,291,390	2,971	5,899,182	57.89
2077-01-03	7328	신촌점	12,639,802	11,490,395	5,455,007	4,054	6,035,388	52.53
2077-01-04	6987	순백점	3,708,260	3,371,009	1,472,008	963	1,899,001	56.33
2077-01-10	5545	울포점	10,804,620	9,822,121	4,293,475	2,756	5,528,646	56.29
2077-01-08	9268	창정점	6,153,527	5,593,906	2,410,049	1,642	3,183,857	56.92
2077-01-02	8383	부산댁점	14,918,804	13,562,228	6,094,596	3,938	7,467,632	55.06
2077-01-10	9967	송파점	5,791,810	5,265,057	2,235,410	1,606	3,029,647	57.54

점포 정보

점포매출 마감일자 가장 빠른 점포 개수	=COUNTIF(B7:B22,MIN(B7:B22))
점포매출 마감일자 가장 늦은 점포 개수	

개념설명

=COUNTIF(B7:B22,MIN(B7:B22))
(❶ B7:B22, ❷ MIN(B7:B22))

❶ B7:B22	개수를 카운팅할 범위를 지정합니다.
❷ MIN(B7:B22)	B7:B22셀 범위에서 가장 작은 값을 추출합니다. MIN(B7:B22)로 출력되는 최소값, 날짜는 2077-01-02 입니다.

02 COUNTIF, 첫 번째 인수, 범위에서 두 번째 인수, 가장 작은 값을 찾아 개수를 카운팅합니다. 가장 작은 날짜 '2077-01-02'에 해당하는 '점포명'은 ❶ 천정점, ❷ 스트라이크점, ❸ 부산댁점, 총 3개 입니다. 그래서 결과값은 3이 출력이 됩니다.

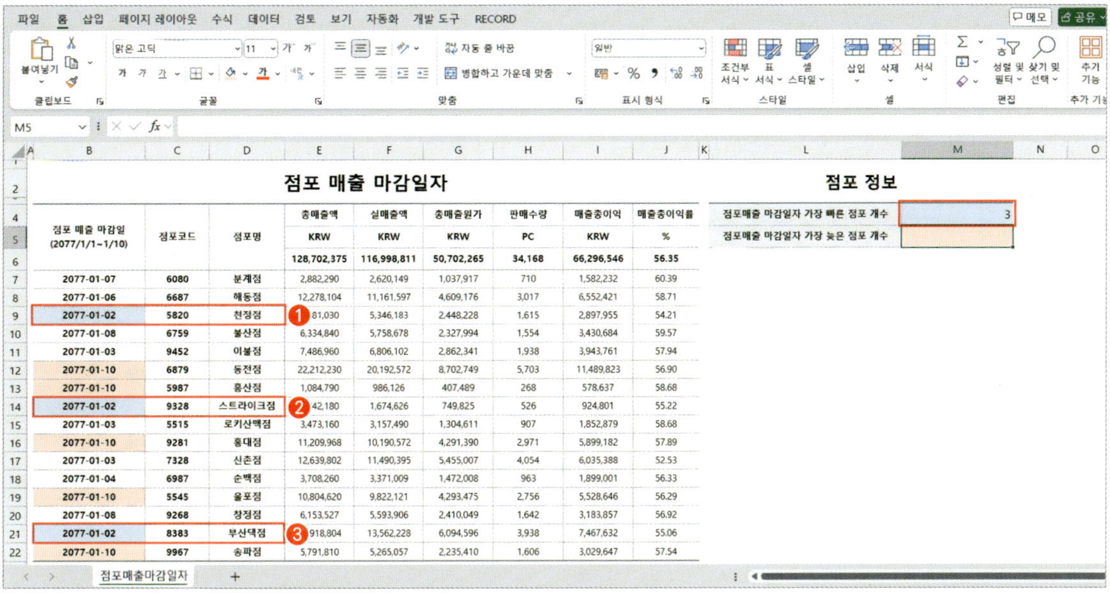

'점포매출 마감일자가 가장 늦은 점포 개수' 구하기

01 M5셀 클릭- '=COUNTIF(B7:B22,MAX(B7:B22))' 입력 후 [Enter] 키를 누릅니다.

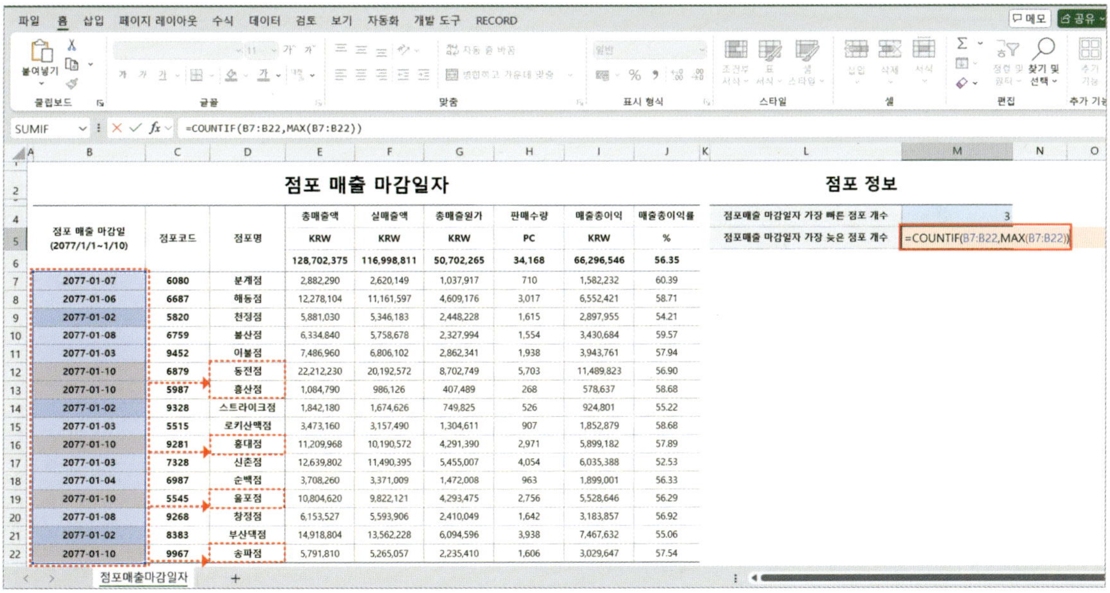

개념설명

$$=COUNTIF(\underbrace{B7:B22}_{①},\underbrace{MAX(B7:B22)}_{②})$$

❶ B7:B22	개수를 카운팅할 범위를 지정합니다.
❷ MIN(B7:B22)	B7:B22셀 범위에서 가장 큰 값을 추출합니다. MIN(B7:B22)로 출력되는 최대값, 날짜는 2077-01-10 입니다.

02 COUNTIF, 첫 번째 인수, 범위에서 두 번째 인수, 가장 큰 값을 찾아 개수를 카운팅합니다. 가장 큰(늦은) 날짜 '2077-01-10'에 해당하는 '점포명'은 ❶ 동전점, ❷ 흥산점, ❸ 홍대점, ❹ 울포점, ❺ 송파점, 총 5개입니다. 그래서 결과값은 5가 출력이 됩니다.

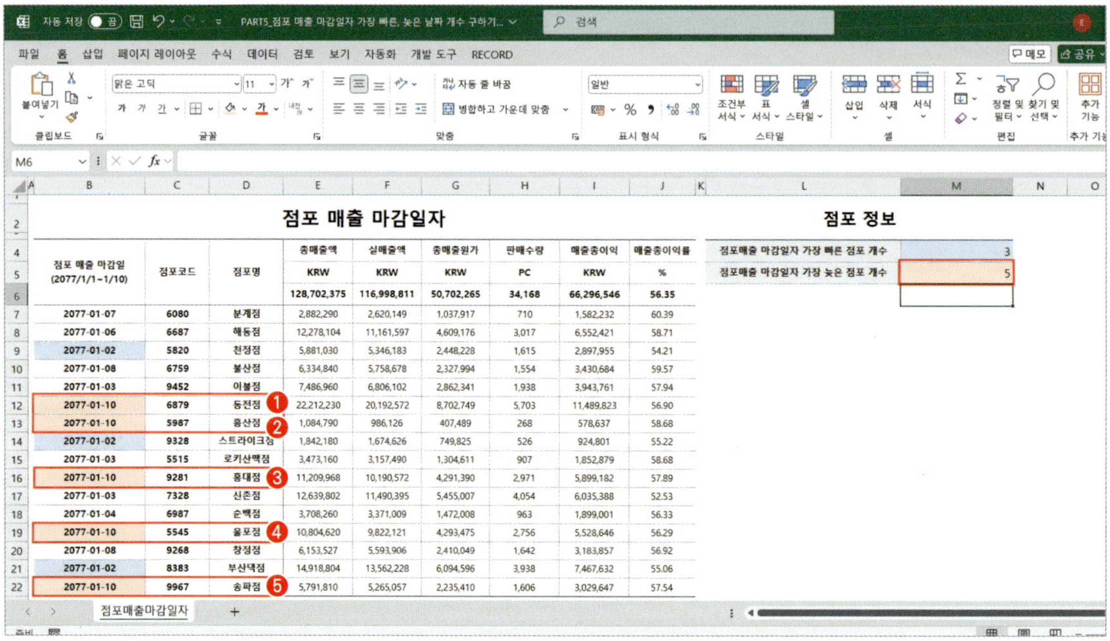

점포 매출 마감일자

점포 매출 마감일 (2077/1/1~1/10)	점포코드	점포명	총매출액	실매출액	총매출원가	판매수량	매출총이익	매출총이익률
			KRW	KRW	KRW	PC	KRW	%
			128,702,375	116,998,811	50,702,265	34,168	66,296,546	56.35
2077-01-07	6080	분계점	2,882,290	2,620,149	1,037,917	710	1,582,232	60.39
2077-01-06	6687	해동점	12,278,104	11,161,597	4,609,176	3,017	6,552,421	58.71
2077-01-02	5820	천정점	5,881,030	5,346,183	2,448,228	1,615	2,897,955	54.21
2077-01-08	6759	불산점	6,334,840	5,758,678	2,327,994	1,554	3,430,684	59.57
2077-01-03	9452	이불점	7,486,960	6,806,102	2,862,341	1,938	3,943,761	57.94
2077-01-10	6879	동전점 ❶	22,212,230	20,192,572	8,702,749	5,703	11,489,823	56.90
2077-01-10	5987	흥산점 ❷	1,084,790	986,126	407,489	268	578,637	58.68
2077-01-02	9328	스트라이크점	1,842,180	1,674,626	749,825	526	924,801	55.22
2077-01-03	5515	로키산맥점	3,473,160	3,157,490	1,304,611	907	1,852,879	58.68
2077-01-10	9281	홍대점 ❸	11,209,968	10,190,572	4,291,390	2,971	5,899,182	57.89
2077-01-03	7328	신촌점	12,639,802	11,490,395	5,455,007	4,054	6,035,388	52.53
2077-01-04	6987	순백점	3,708,260	3,371,009	1,472,008	963	1,899,001	56.33
2077-01-10	5545	울포점 ❹	10,804,620	9,822,121	4,293,475	2,756	5,528,646	56.29
2077-01-08	9268	창정점	6,153,527	5,593,906	2,410,049	1,642	3,183,857	56.92
2077-01-02	8383	부산댁점	14,918,804	13,562,228	6,094,596	3,938	7,467,632	55.06
2077-01-10	9967	송파점 ❺	5,791,810	5,265,057	2,235,410	1,606	3,029,647	57.54

점포 정보

점포매출 마감일자 가장 빠른 점포 개수	3
점포매출 마감일자 가장 늦은 점포 개수	5

CHAPTER 26

일자별 요일, 이벤트, 할인율 관리 툴 자동화하기(CHOOSE, WEEKDAY 함수)

예제 파일 PART2_26 일자별 요일, 이벤트, 할인율 관리 툴 자동화하기

실무 스킬

CHOOSE 함수와 WEEKDAY 함수를 함께 사용하면 날짜 데이터를 기반으로 동적인 결과를 생성할 수 있습니다. WEEKDAY 함수는 날짜의 요일을 옵션을 통해 7개의 숫자로 반환하며, 이를 활용해 CHOOSE 함수에서 특정값을 선택하도록 설계할 수 있습니다. 예를 들어, 각 요일에 따라 다른 메시지를 출력하거나 요일별로 지정된 데이터를 표시하는 작업을 수행할 수 있습니다. CHOOSE 함수는 INDEX 번호에 맞는 값을 순번에 따라 하나를 선택할 수 있는 유연성을 제공하며, INDEX 값으로 WEEKDAY 함수의 결과를 사용할 수 있습니다. 이 조합은 날짜 분석, 스케줄 관리, 또는 요일별 조건 적용에 필요한 도구가 됩니다. 또한 반복 작업을 자동화하거나 요일 데이터를 기반으로 결과를 다르게 설정할 때 편리합니다. 두 함수의 결합을 통해 데이터의 동적 변환과 요일별 결과 처리를 효율적으로 구현할 수 있습니다. 텍스트 데이터, 날짜 계산, 혹은 조건부 출력이 필요한 상황에서도 유용하게 활용됩니다. 활용 방법을 알아보도록 하겠습니다.

CHOOSE 함수는 숫자 인덱스를 기반으로 여러 옵션 중 하나를 반환하는 함수입니다.

CHOOSE(index_num,value1,[value2],...)

1. **index_num**: 반환할 값을 결정하는 숫자입니다. 이 값은 선택할 값의 순서를 나타냅니다. 1이상의 정수여야 하며, 해당 값에 따라 반환할 인수의 텍스트를 순서에 맞게 선택해 값을 반환할 수 있습니다.
2. **value1**: 최대 254개 인수를 선택 가능, 첫 번째 값 목록입니다.
3. **[value2]**: 두 번째 값 목록입니다.

WEEKDAY 함수는 지정된 날짜의 요일을 숫자로 반환하는 함수입니다.

WEEKDAY(serial_number, [return_type])

1. **serial_number**: 요일을 반환하려는 날짜를 지정합니다. 반드시 날짜 형식의 정보여야 합니다.
2. **[return_type]**: 반환되는 요일 숫자의 순서를 결정합니다. 기본값은 1이며, 이는 일요일을 1로 시작한다는 뜻입니다. [return_type] 제공하는 날짜 옵션은 아래 정보를 참고해 주시기 바랍니다.

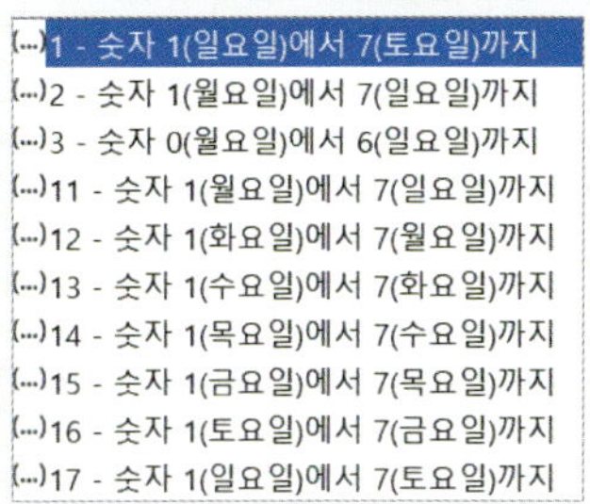

실무 연습 ❶

[이벤트관리] 시트에서 '일자별 이벤트 관리' 표를 참고해서 아래 '기준 날짜'에 맞게 '요일 순번', '요일', 요일별 이벤트', 요일별 할인율'을 가져와 보겠습니다. CHOOSE 함수와 WEEKDAY 함수를 함께 운영해 요일을 출력하는 방식과 주소값을 참조하는 방식, 두 가지로 원하는 값을 가져오도록 하겠습니다.

※ 일주일 시작 옵션은 '월요일'이 1인 옵션으로 진행하겠습니다.

주소값 참조하는 방식으로 원하는 값 가져오기

01 C9셀 클릭- '=WEEKDAY(C8,2)' 입력 후 I9셀까지 복사/붙여넣기합니다.

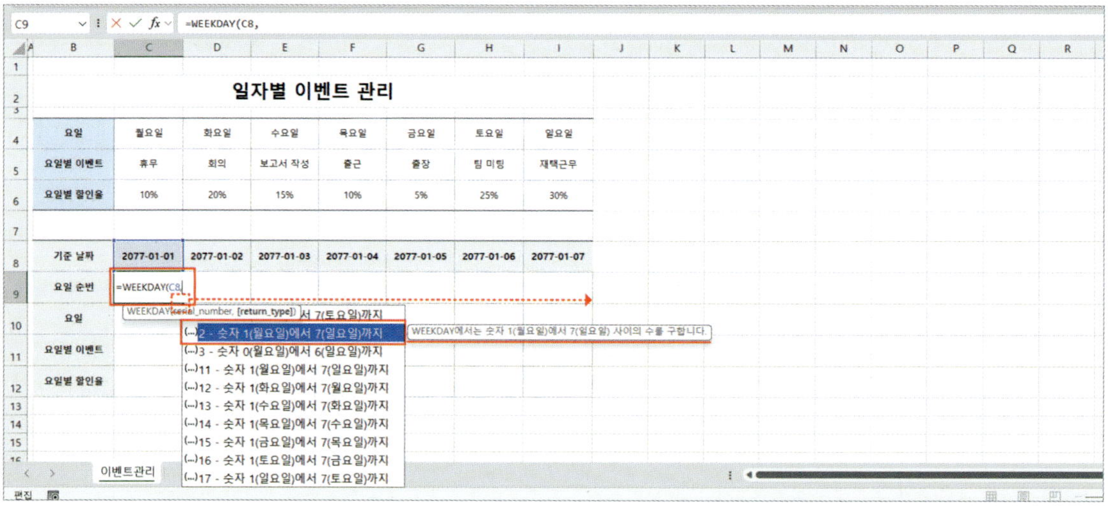

02 C9셀에 출력된 숫자 '5'는 월요일을 '1'로 시작하는 옵션을 선택했기 때문에 금요일이라는 것을 알 수 있습니다.

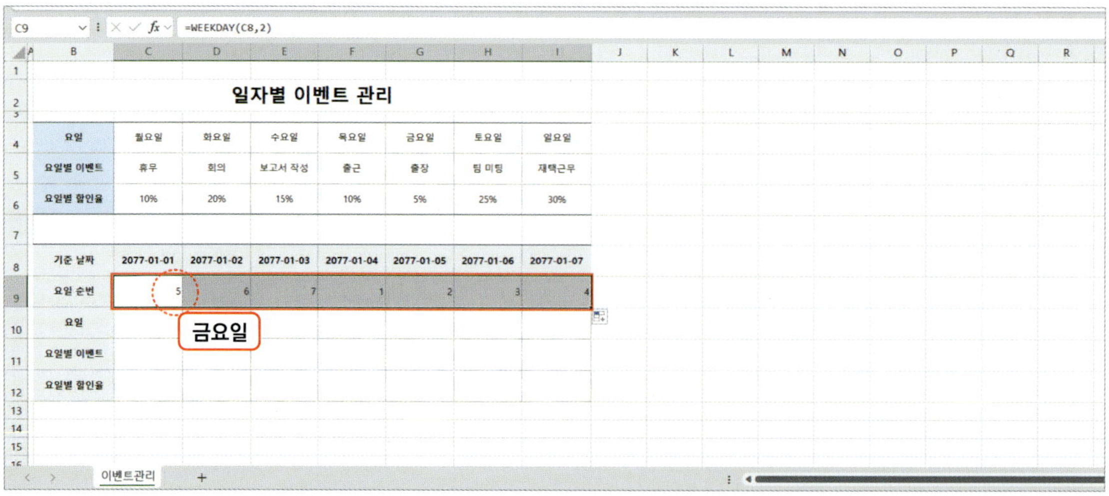

03 C10셀 클릭- '=TEXT(C8,"AAAA")' 입력 후 I10셀까지 복사/붙여넣기합니다.

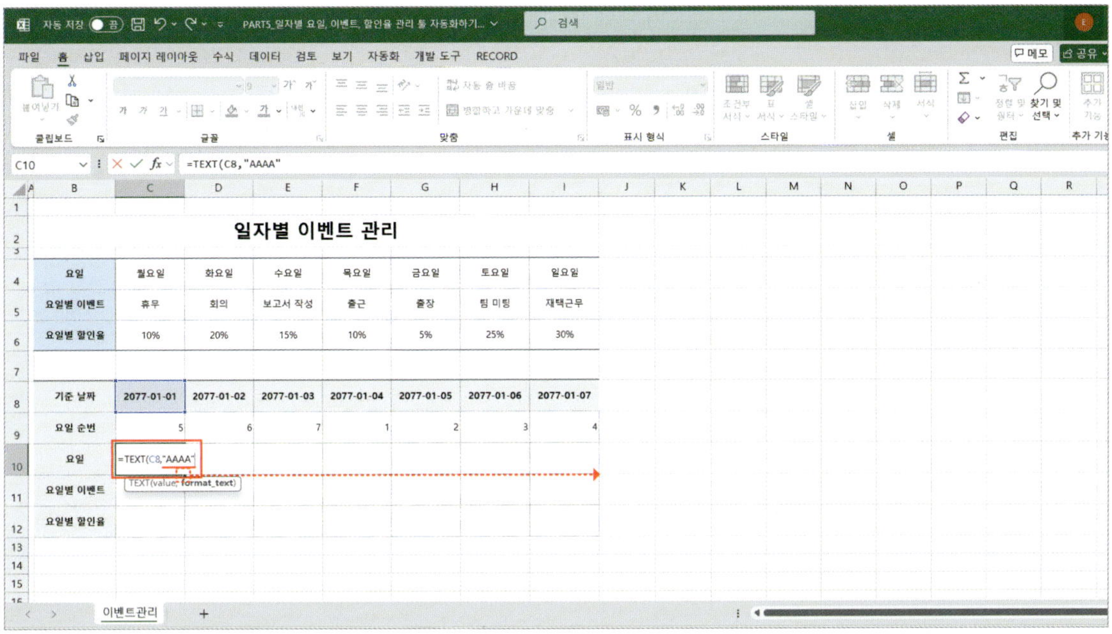

04 C10:I10셀 범위, 요일이 TEXT 함수에 의해 표시 형식, 3음절 텍스트로 출력된 결과를 확인할 수 있습니다. C9셀에 숫자 5와 C10셀에 금요일은 같은 요일을 나타내는 정보임을 알 수 있습니다.

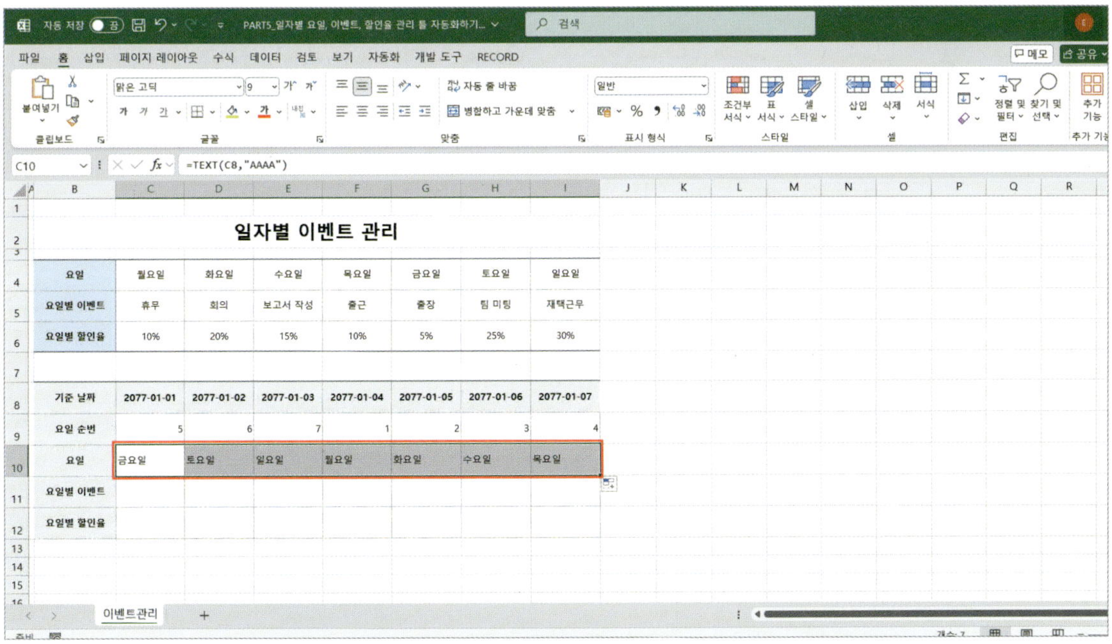

05 C11셀 클릭- '=CHOOSE(C$9,$C5,$D5,$E5,$F5,$G5,$H5,$I5)' 입력 후 I11셀까지 복사/붙여넣기합니다.

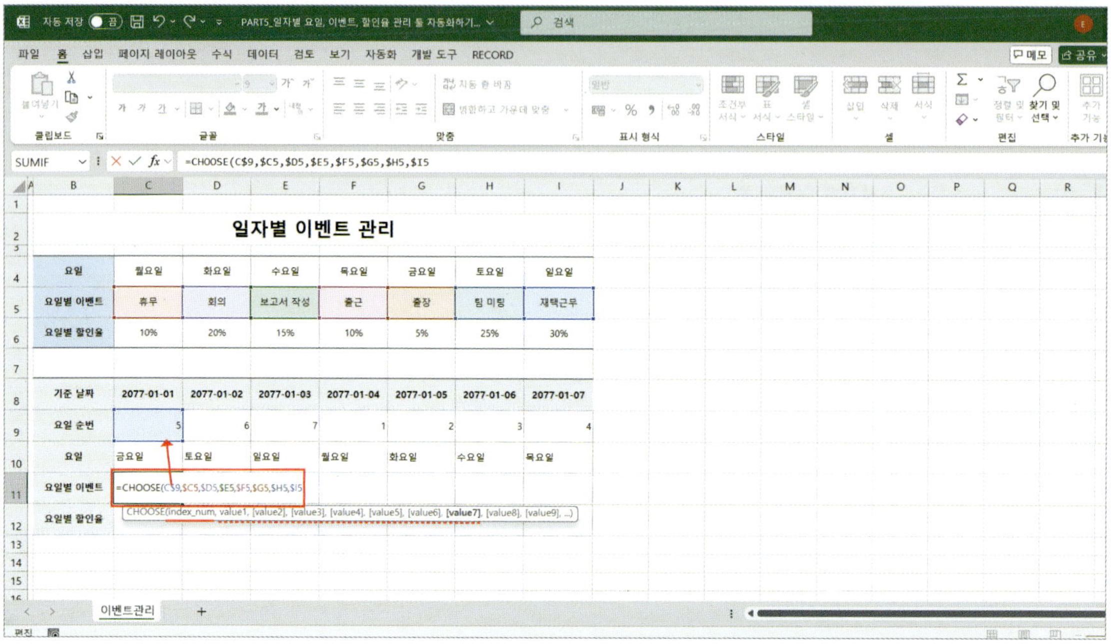

개념설명

=CHOOSE(C$9,$C5,$D5,$E5,$F5,$G5,$H5,$I5)

(❶ C$9, ❷~❽ $C5, $D5, $E5, $F5, $G5, $H5, $I5)

❶ C$9	요일 순번 첫 번째 5를 행만 고정 혼합참조로 운영해 아래로 복사/붙여넣기 시 요일 순번 행을 고정하기 위함입니다. 그리고 index_num로 요일 순번에 맞는 '요일별 이벤트'를 출력하기 위해 복사/붙여넣기 열 방향으로는 상대적으로 요일별 이벤트를 요일별로 순번을 참조할 수 있도록 운영되고 있습니다.
❷ 두 번째 인수 ~ 여덟 번째 인수	C5-'휴무'를 시작으로 I5- '재택근무'까지 index_num에 순번에 매칭되는 '요일별 이벤트'가 아래로 복사/붙여넣기를 감안해 모든 value 값은 열만 고정된 혼합참조로 입력되어 있습니다.

요약

만약 Index_num가 1이면 value1 텍스트 값인- '휴무'가 출력됩니다.

Index_num가 2이면 value2 텍스트 값인- '회의'가 출력됩니다.

Index_num가 3이면 value3 텍스트 값인- '보고서 작성'이 출력됩니다.

…….

Index_num와 value에 붙은 숫자는 서로 매칭이 됩니다.

06

C11:I11셀 범위, 요일별 이벤트 값이 출력된 결과를 확인합니다. 아래 빨간색 네모 표시는 대표적인 예로 목요일, 순번 4는 요일별 이벤트 '출근' 정보를 가지고 있기 때문에 결과로 출력이 되었습니다. 다른 요일별 이벤트도 요일별 순번에 맞게 결과가 출력되었습니다.

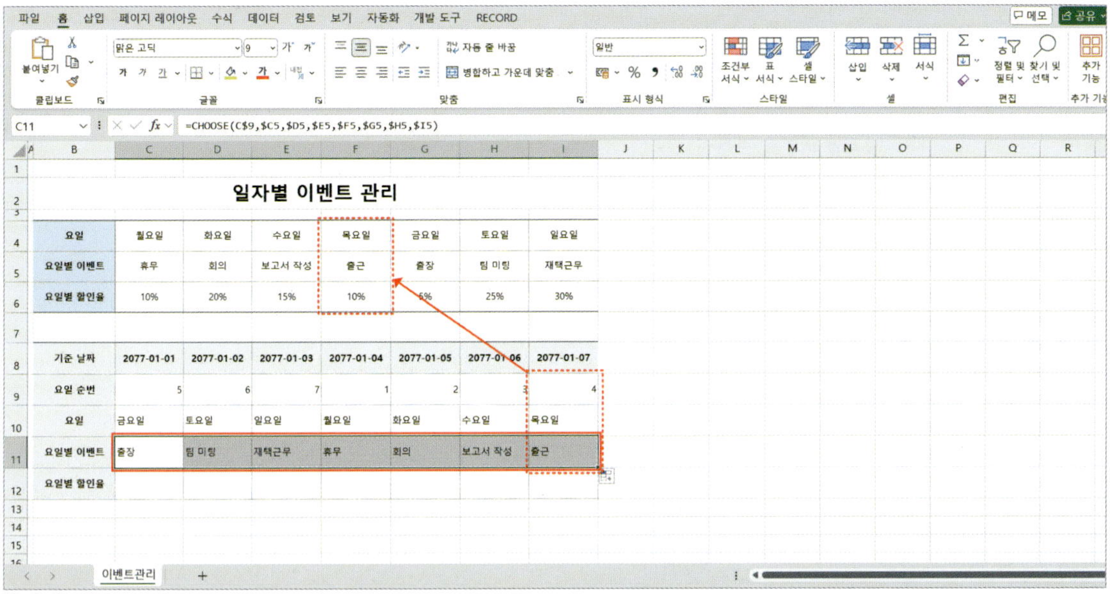

07

C11:I11셀 범위 지정- C12:I12셀에 복사/붙여넣기를 진행해 '요일별 할인율' 정보를 수식 채워 넣기 진행합니다. 그리고 [홈] 탭- 표시 형식- '%(백분율 스타일)' 메뉴를 클릭해 표시 형식을 퍼센트(%)로 출력합니다.

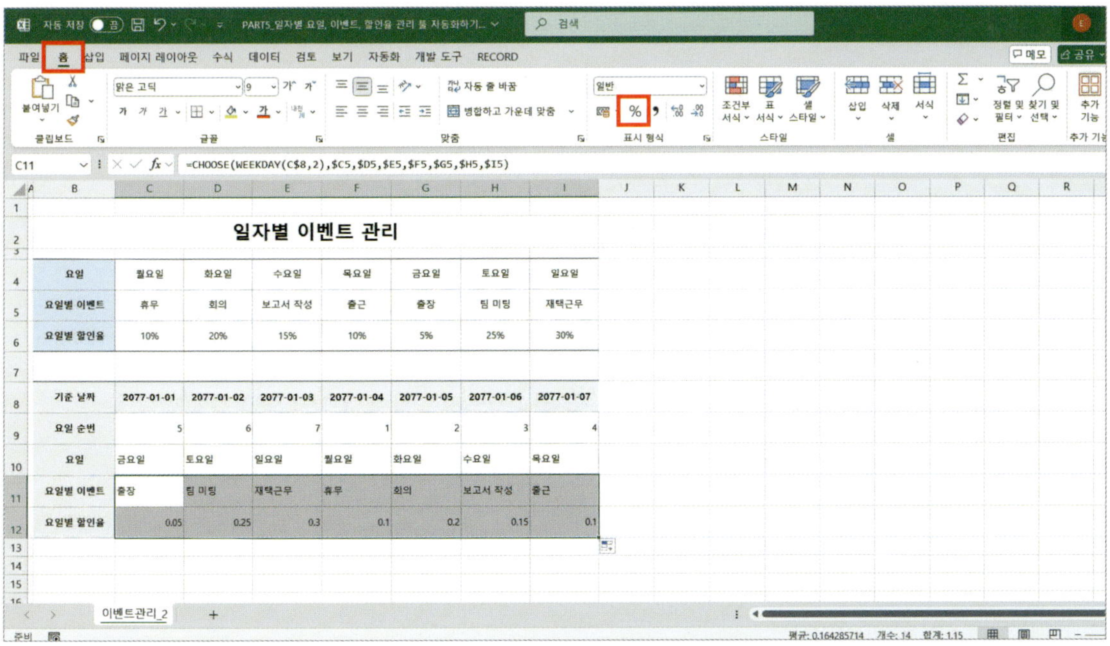

08 출력된 최종 결과를 확인합니다.

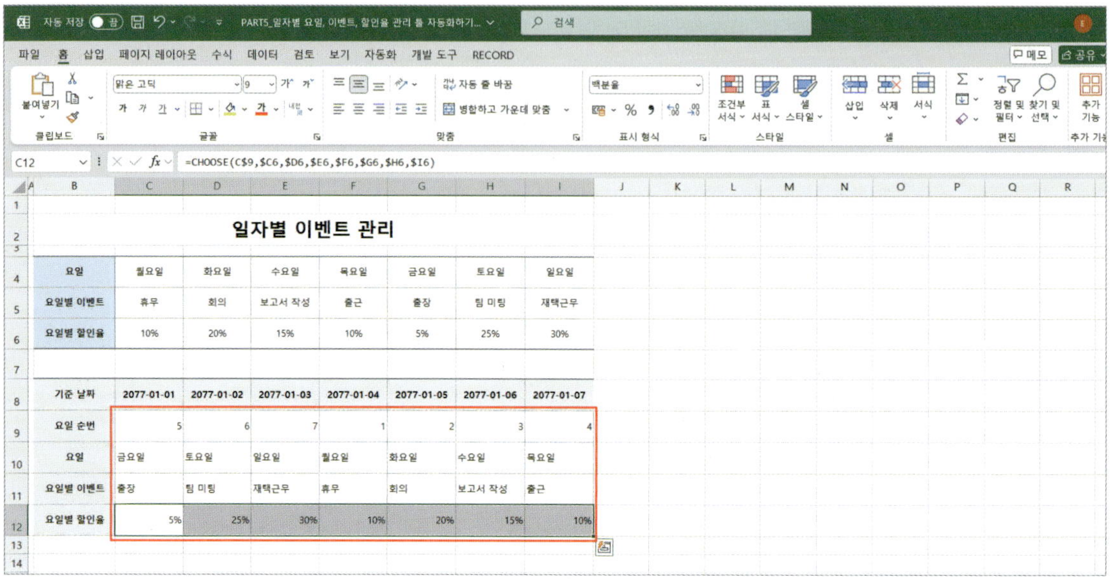

실무 연습 ❷

[이벤트관리_2] 시트에서 '기준 날짜'를 기준으로 '요일', '요일별 이벤트', '요일별 할인율'을 CHOOSE 함수와 WEEKDAY 함수 조합으로 구해 보도록 하겠습니다.

요일은 CHOOSE 함수와 WEEKDAY 함수를 조합해 가져오고 나머지는 주소값을 참조해 원하는 값 가져오기

01 C10셀 클릭- '=CHOOSE(WEEKDAY(C8,2),"월요일","화요일","수요일","목요일","금요일","토요일","일요일")' 입력 후 I10셀까지 복사/붙여넣기합니다.

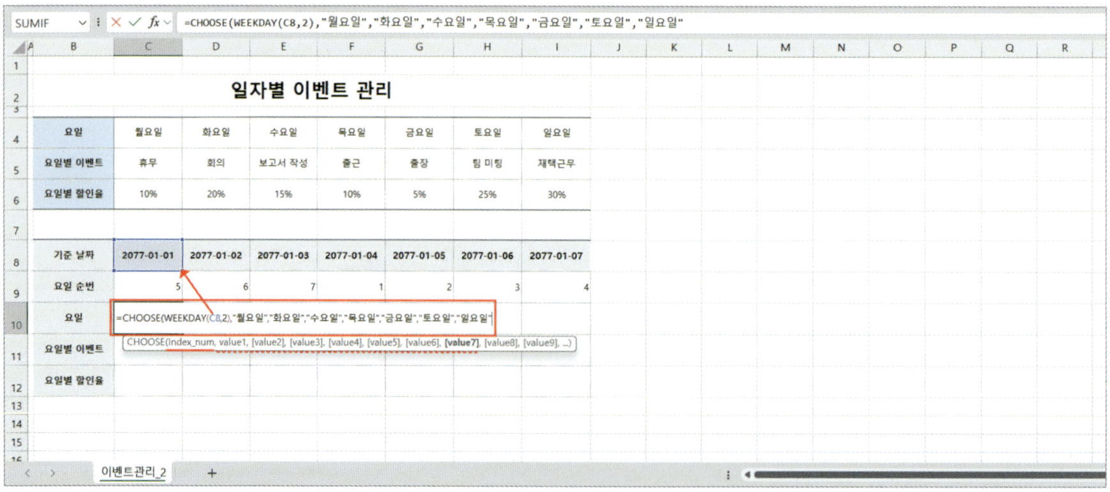

02 실무 연습 ❶에서는 TEXT 함수를 이용해 요일을 3음절로 출력했지만, 이번에는 CHOOSE 함수와 WEEKDAY 함수로 요일을 3음절로 출력하였습니다.

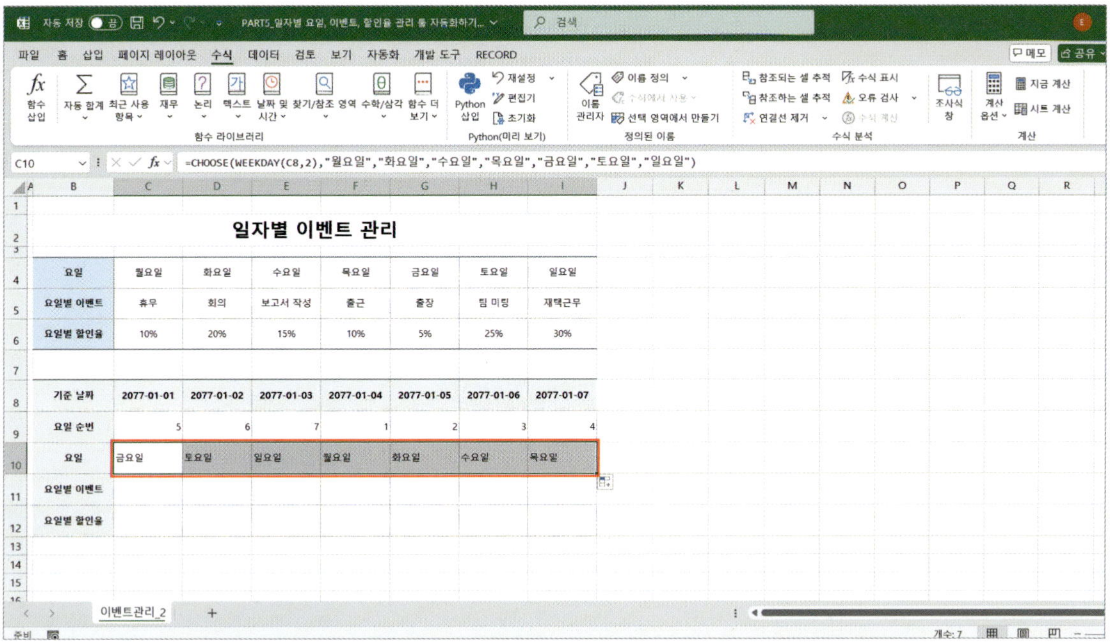

03 C11셀 클릭- '=CHOOSE(WEEKDAY(C$8,2),$C5,$D5,$E5,$F5,$G5,$H5,$I5)' 입력 후 I11셀까지 복사/붙여넣기합니다.

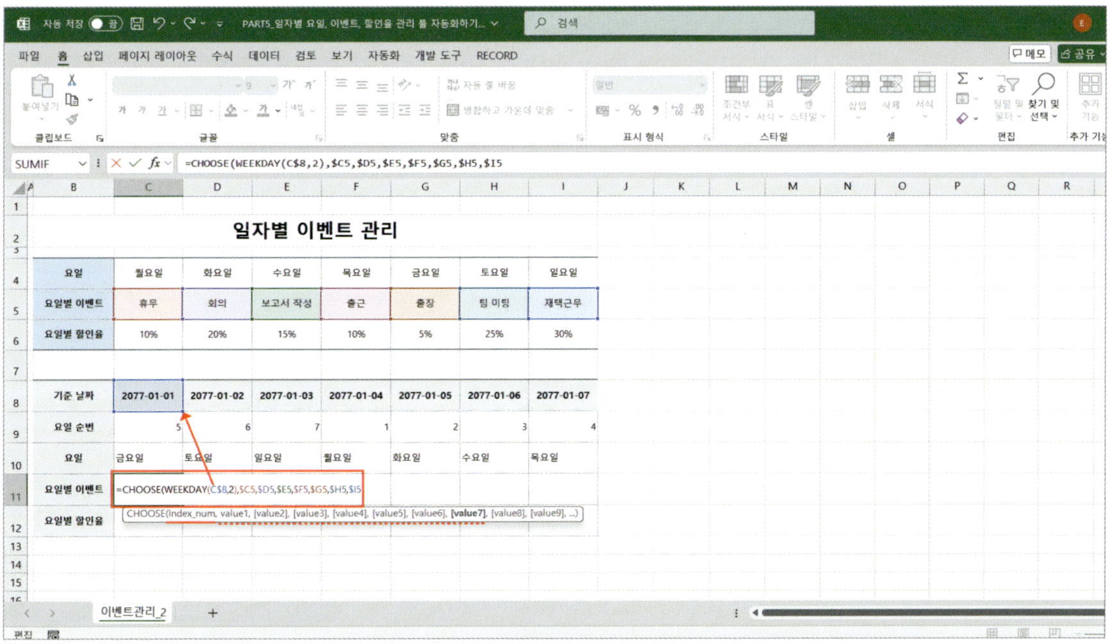

개념설명

$$\texttt{=CHOOSE(}\underbrace{\texttt{WEEKDAY(C\$8,2)}}_{①}\texttt{,}\underbrace{\texttt{\$C5}}_{②}\texttt{,}\underbrace{\texttt{\$D5}}_{③}\texttt{,}\underbrace{\texttt{\$E5}}_{④}\texttt{,}\underbrace{\texttt{\$F5}}_{⑤}\texttt{,}\underbrace{\texttt{\$G5}}_{⑥}\texttt{,}\underbrace{\texttt{\$H5}}_{⑦}\texttt{,}\underbrace{\texttt{\$I5}}_{⑧}\texttt{)}$$

❶ CHOOSE 함수 1	WEEKDAY(C$8,2)	index_num에 WEEKDAY(C$8,2)가 숫자를 담당하고 있습니다. WEEKDAY(C$8,2)에서 월요일을 1로 시작하는 옵션으로 위 1번과 같은 상황입니다. 그래서 참조되는 날짜가 월요일이면 1, 화요일이면 2를 출력하는 형식으로 로직이 만들어지게 되었습니다. 그리고 WEEKDAY 첫 번째 인수 C$8은 복사/붙여넣기 아래 방향을 감안해 날짜를 참조하게 하기 위해 행만 고정된 혼합참조로 운영되고 있습니다.
❷ CHOOSE 함수 2	두 번째 인수~ 일곱 번째 인수	'일자별 이벤트 관리' 표에서 '요일별 이벤트 정보를 아래로 복사/붙여넣기를 감안해 주소값을 차례대로 열만 고정한 혼합참조하였습니다

04 C11:I11셀 범위, 복사해 C12:I12셀까지 붙여넣기합니다.

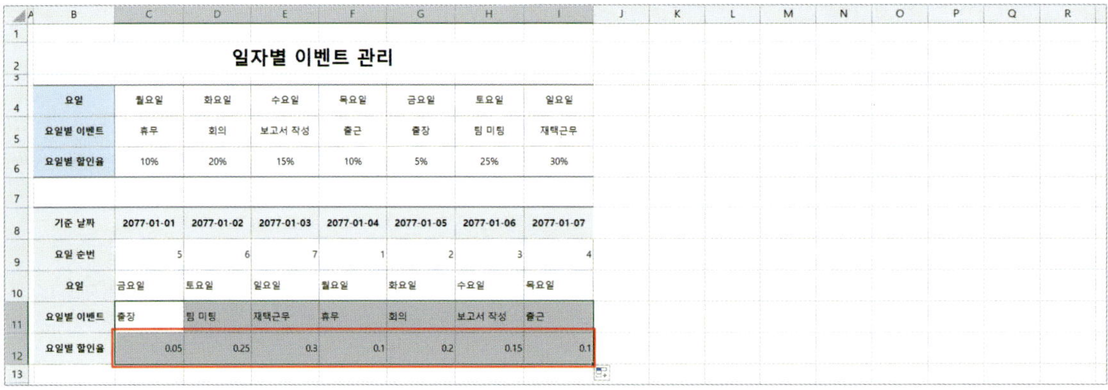

05 복사/붙여넣기를 진행 후 C12:I12셀 범위 출력된 소수점은 [홈] 탭- 표시 형식- '%(백분율 스타일)' 메뉴를 눌러 %로 표시 형식을 바꿔 줍니다.

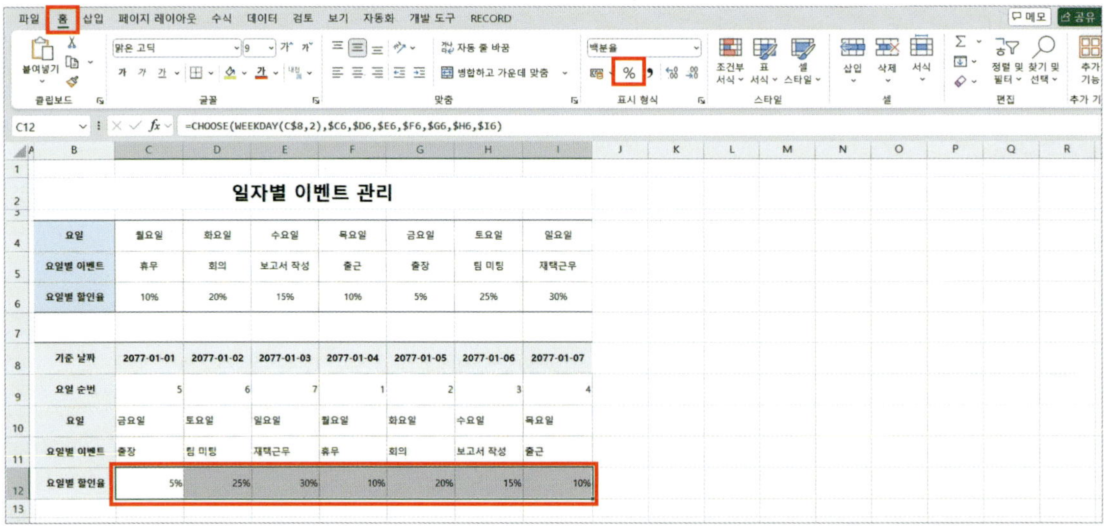

CHAPTER 27

근속정보 전체 년, 월, 일 수를 나눠서 출력하거나 한꺼번에 출력하기(DATEDIF 함수)

예제 파일 PART2_27 근속정보 전체 년, 월, 일 수를 나눠서 출력하거나 한꺼번에 출력하기

실무 스킬

DATEDIF 함수는 두 날짜 간의 차이를 계산하는 함수로, 날짜 간의 기간을 일, 월, 또는 년 단위로 반환합니다. 이 함수는 일정 계획, 프로젝트 관리, 또는 두 시점 간의 경과 시간을 계산하는데 유용합니다. 특히 연령 계산이나 근속 연수를 구할 때 자주 사용됩니다. DATEDIF 함수의 주요 특징은 날짜 형식 데이터를 기반으로 작동합니다. 시작 날짜와 종료 날짜 간의 차이를 계산합니다. 결과를 여러 단위(일, 월, 연)로 나타낼 수 있습니다. 그리고 DATEDIF 함수는 엑셀에서 사용 가능한 함수이긴 하지만, 공식적인 함수 목록에서는 자세한 인수 정보나 도움말이 표시되지 않습니다. 참고 바랍니다.

DATEDIF(start_date, end_date, unit)

1. start_date: 계산의 시작 날짜
2. end_date: 계산의 종료 날짜
3. unit: 결과 단위를 지정하는 코드, 큰따옴표 안에 아래 코드를 입력합니다.

코드 예시)

1. "Y" (연도 단위)

- 두 날짜 사이의 전체 연수 차이를 반환합니다.
- 예: 시작 날짜가 2077-01-01이고 종료 날짜가 2080-12-31이라면 결과는 3입니다. 2080-2077 = 3

2. "M" (월 단위)

- 두 날짜 사이의 전체 개월 수를 반환합니다.
- 예: 시작 날짜가 2077-01-01이고 종료 날짜가 2080-12-31이라면 결과는 47(3년 11개월)입니다. (2080-2077) X 12 + (12-01) = 47

3. "D" (일 단위)

- 두 날짜 사이의 총 일수를 반환합니다.
- 예: 시작 날짜가 2077-01-01이고 종료 날짜가 2080-12-31이라면 결과는 1460(4년 간의 총 일수)입니다.

4. "MD" (일 단위, 월은 무시)

- 날짜 차이에서 월은 제외하고 일만 계산합니다.
- 예: 시작 날짜가 2077-01-15이고 종료 날짜가 2077-02-20이라면 결과는 5(15일부터 20일까지의 차이)입니다.

5. "YM" (월 단위, 연도는 무시)

- 날짜 차이에서 연도는 제외하고 개월 수만 계산합니다.
- 예: 시작 날짜가 2077-01-15이고 종료 날짜가 2078-06-15라면 결과는 5(1월에서 6월까지의 차이)입니다.

6. "YD" (일 단위, 연도는 무시)

- 날짜 차이에서 연도는 제외하고 일수만 계산합니다.
- 예: 시작 날짜가 2077-01-01이고 종료 날짜가 2078-12-31이라면 결과는 364(1월 1일부터 12월 31일까지의 일수 차이)입니다.

실무 연습 ❶

[근속정보] 시트에서 'ENGINE_그룹 인사정보' 표를 참고해서 직원별 전체 근무한 년, 월, 일 수를 각각 구하고 몇 년, 몇 개월, 며칠 근무했는지 기준 날짜를 기준으로 한 번에 출력해 보겠습니다.

01 L5셀 클릭- '=DATEDIF(F5,K5,"Y")' 입력 후 L18셀까지 복사/붙여넣기합니다.

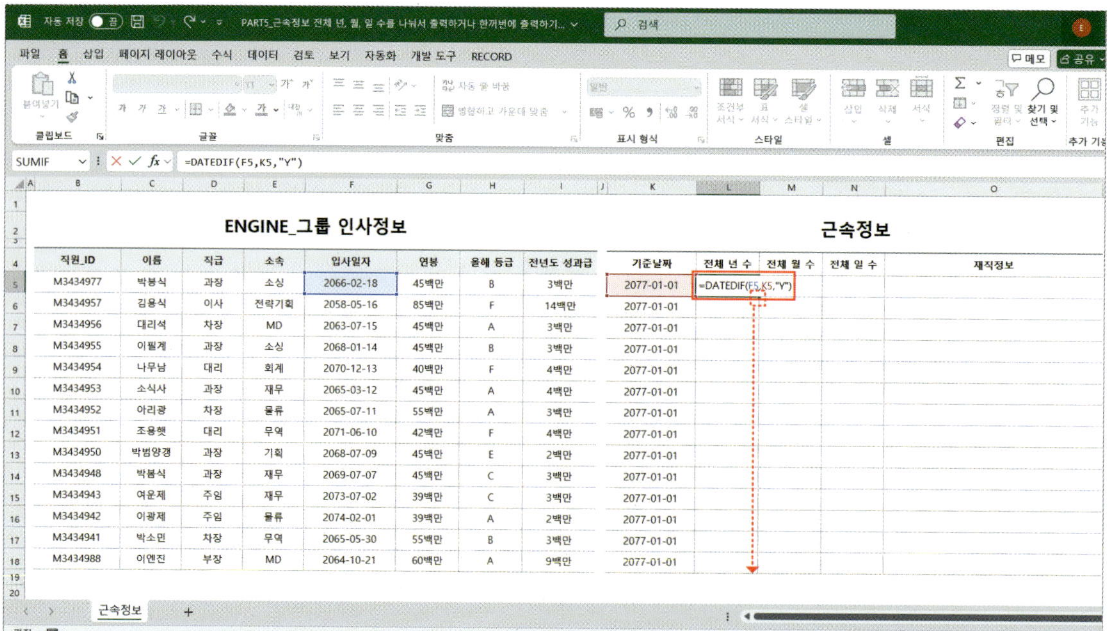

02 M5셀 클릭- '=DATEDIF(F5,K5,"M")' 입력 후 M18셀까지 복사/붙여넣기합니다.

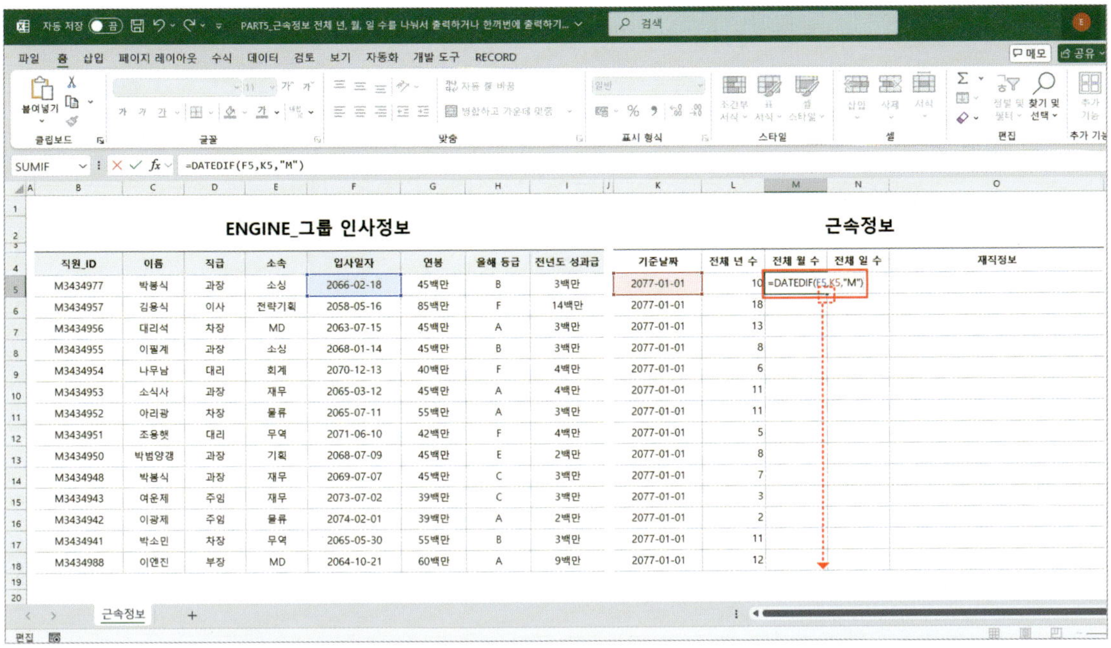

03 N5셀 클릭- '=DATEDIF(F5,K5,"D")' 입력 후 N18셀까지 복사/붙여넣기합니다.

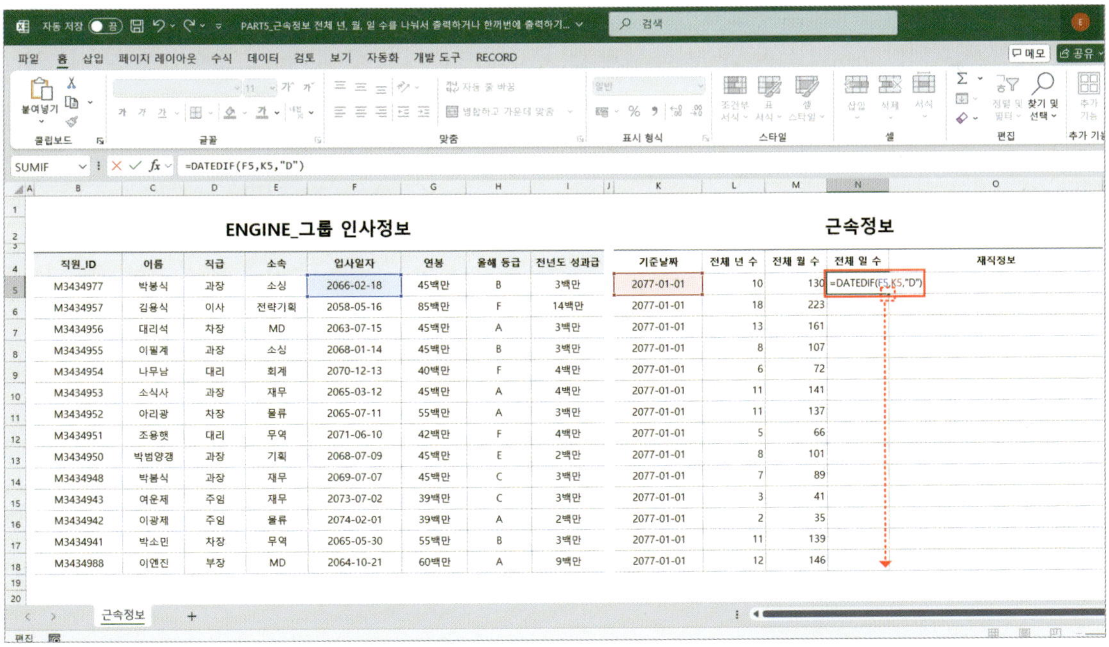

04 O5셀 클릭- '=DATEDIF(F5,K5,"Y")&"년 "&DATEDIF(F5,K5,"YM")&"개월 "&DATEDIF(F5,K5,"MD")&"일"' 입력 후 O18셀까지 복사/붙여넣기합니다.

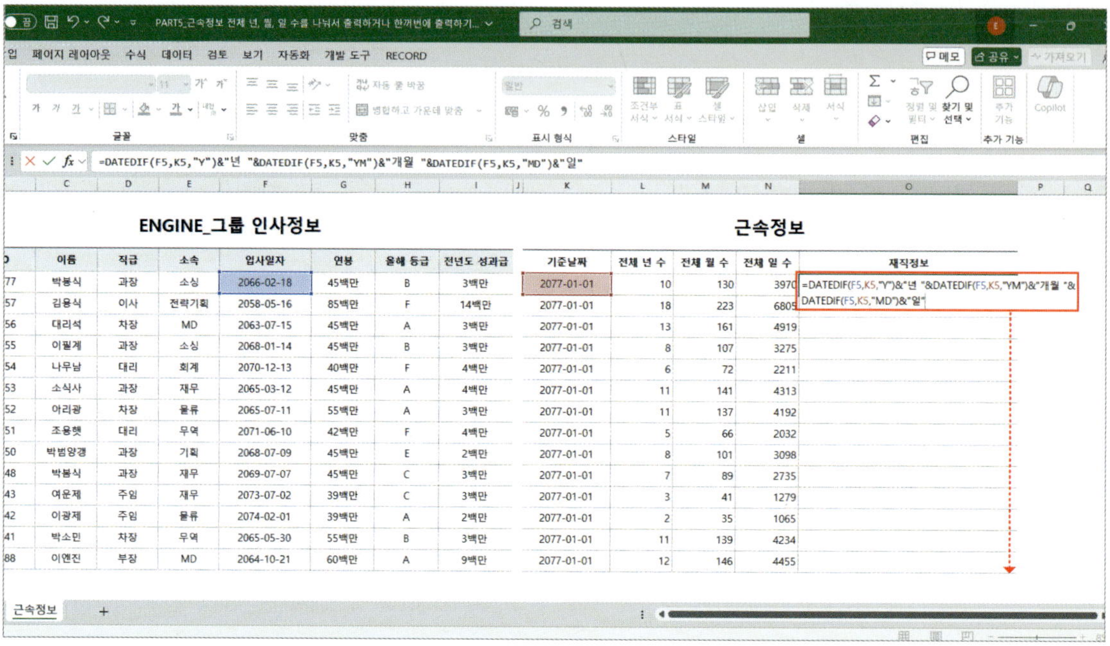

※ '=DATEDIF(F5,K5,"Y")&"년 "&DATEDIF(F5,K5,"YM")&"개월 "&DATEDIF(F5,K5,"MD")&"일"' 개념은, DATEDIF 함수 시작 일자에서 마지막 일자를 빼기 하는 프로세스는 동일합니다.

"Y": 마지막 날짜 연도- 시작 일자 연도, 두 날짜 간의 전체 연도 차이를 계산합니다.

"YM": 연도를 제외한 마지막 날짜 월- 시작 날짜 월, 두 날짜 간의 연도를 제외하고 순수 개월 차이를 계산합니다.

"MD": 월을 제외한 마지막 날짜 일자- 시작 날짜 일, 두 날짜 간의 월은 제외하고 순수 일수 차이를 계산합니다.

05 O5:O18셀 범위, 재직정보가 몇 년 몇 개월 며칠로 출력된 결과를 확인합니다.

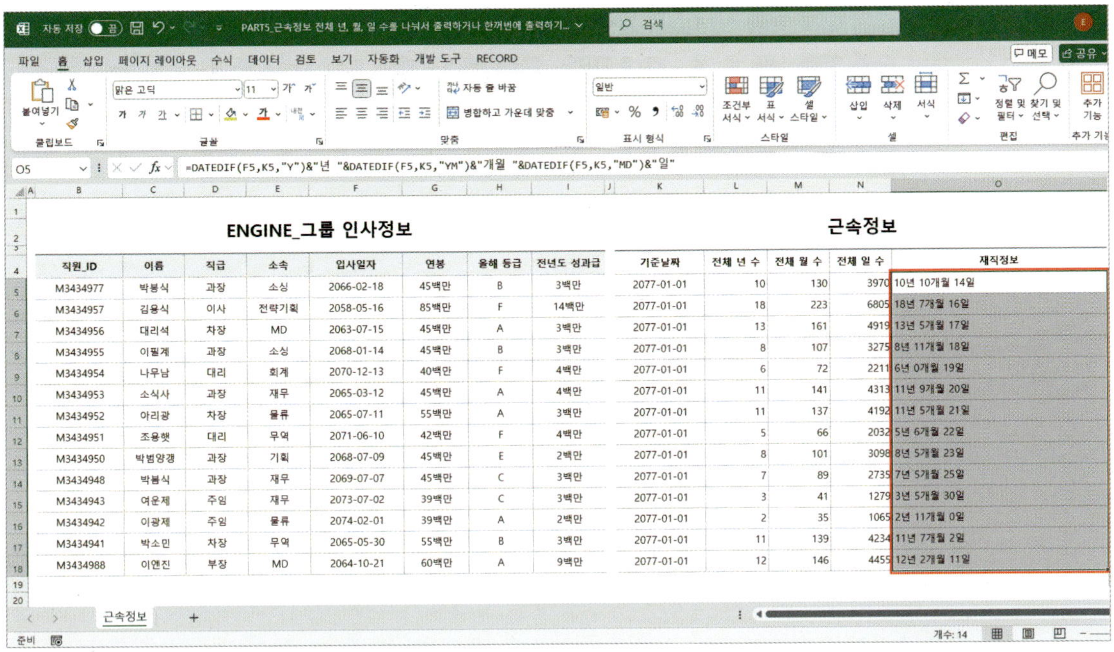

TIP DATEDIF함수로 날짜를 계산할 때 주의해야 할 점은, 아르바이트 급여같이 시작일자를 포함해야 하는 경우는 종료일+1로 수식을 조정해야 시작일자를 포함시킬 수 있습니다. 시작일 3일, 종료일 5일 일때, 수식은 5-3로 결과값이 2가 되기때문에 마지막에 +1을 해서 수식을 조정해 줍니다.

CHAPTER 28

스타일 코드 정보에서 텍스트 형식 셀주소나 이름 정의 활용해서 원하는 값 추출하기(INDIRECT 함수)

예제 파일 PART2_28 스타일 코드 정보에서 텍스트 형태 셀 주소나 이름 정의 활용해서 원하는 값 추출하기

실무 스킬

INDIRECT 함수는 텍스트 형태로 주어진 참조를 실제 참조로 변환해 주는 함수입니다. 이 함수는 일반적인 셀 참조보다 더 유연하게 데이터와 셀 주소를 관리할 수 있도록 돕습니다.

셀 주소를 문자열 형태로 입력하면, 엑셀이 이를 해석하여 실제 셀의 값을 반환합니다. 간단히 말해, 텍스트로 셀 주소를 작성해도 엑셀이 자동으로 해당 셀과 연결합니다. 특히, INDIRECT 함수는 시트 간 참조 작업에서 큰 유연성을 제공합니다. 사용자는 고정된 참조 대신 텍스트를 활용하여 변경 가능한 참조를 설정할 수 있습니다. 예를 들어, 한 셀에 주소를 저장해 두고 이를 기반으로 여러 셀과 동적으로 연결할 수도 있습니다.

이 함수의 강점은 주소가 변경되어도 동적으로 참조를 유지할 수 있다는 점입니다. 다양한 데이터 집합을 연결하고 필요에 따라 변경 가능한 셀 주소를 설정할 수 있습니다. 실무에서 어떻게 사용되는지 몇 가지 예제를 가지고 함께 해결해 보겠습니다.

INDIRECT(ref_text,[a1])

1. ref_text: 텍스트 형식으로 출력할 셀 주소 또는 이름 정의 정보를 입력하는 인수입니다. 텍스트 정보를 입력할 때는 큰따옴표("")로 셀 주소를 입력하거나 참조한 셀 주소 정보에 주소값이 입력되어 있어야 합니다.

2. [a1]: 기본적으로 엑셀은 A1스타일로써 숫자 행정보와 영문 열 정보를 참조 출력하는 형태입니다. 생략 가능하며 기본값은 TRUE 또는 1입니다. 만약 FALSE 0을 선택하면 R1C1스타일 참조로 사용되게 됩니다. 행과 열을 모두 숫자 순번으로 참조하게 됩니다.

실무 연습

[코드정보_실습] 시트에서 INDIRECT 함수 운영 예제 ❶ 텍스트 입력, ❷ 주소 참조, ❸ 텍스트+ROW(), ❹ 범위출력, ❺ 이름 정의 5가지 실전 문제를 해결해 보겠습니다.

실무 연습 ❶ 텍스트 입력

J5셀에 입력된 스타일명, '여성 숄더백 NO.1'이란 정보를 '스타일코드 정보' 표에서 주소값, 텍스트 입력으로 출력해 보겠습니다.

01 J12셀 클릭- '=INDIRECT("E8")' 입력 후 [Enter] 키를 누릅니다. 여기에서 2번째 인수는 생략해 A1스타일로 출력합니다(행 순번, 열 영문 구조).

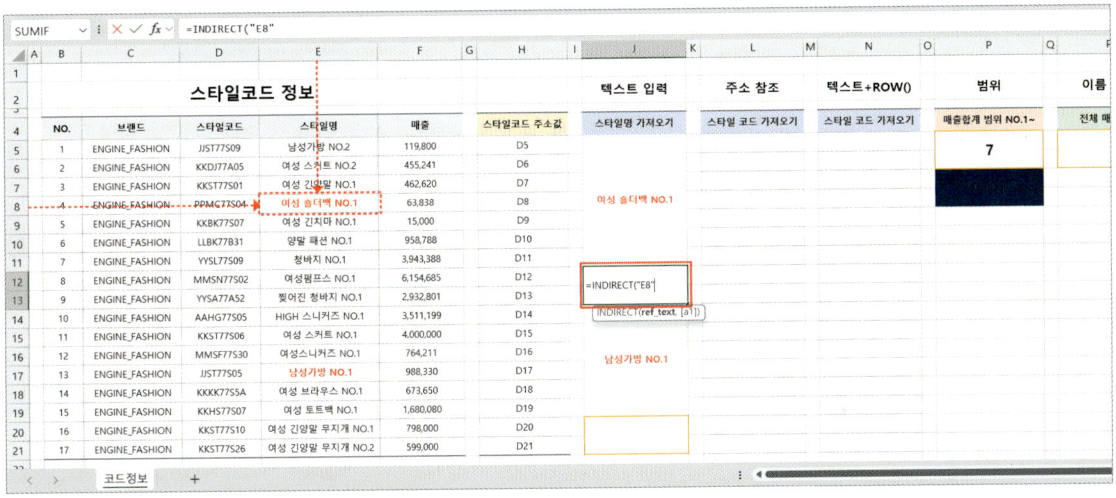

02 J12셀에 출력된 '여성 숄더백 NO.1' 결과를 확인하고, J20셀 클릭- '=INDIRECT("E17")' 입력 후 [Enter] 키를 누릅니다. 이번에도 2번째 인수는 생략합니다.

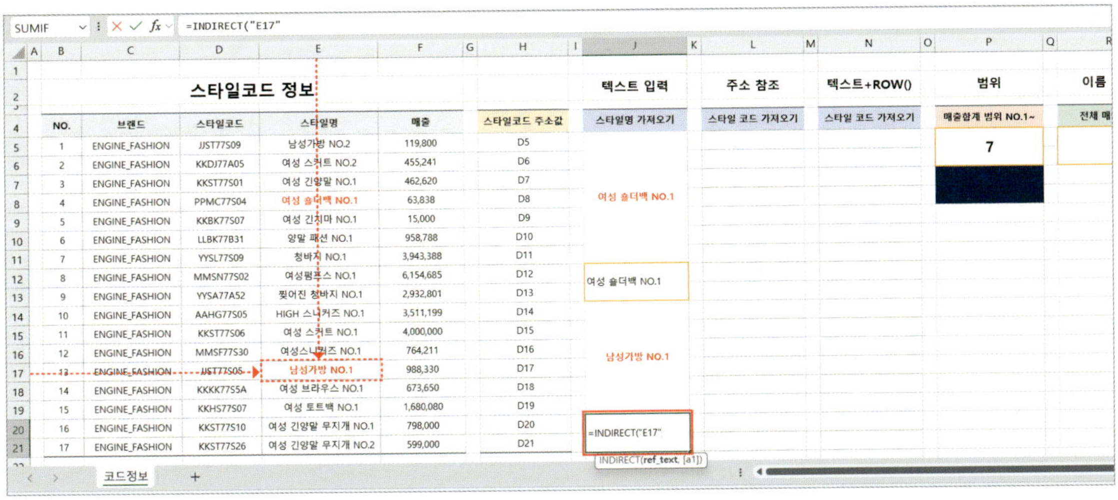

03 각각 출력된 빨간색 글씨, J12- '여성 숄더백 NO.1', J20- '남성가방 NO.1' 결과를 확인합니다.

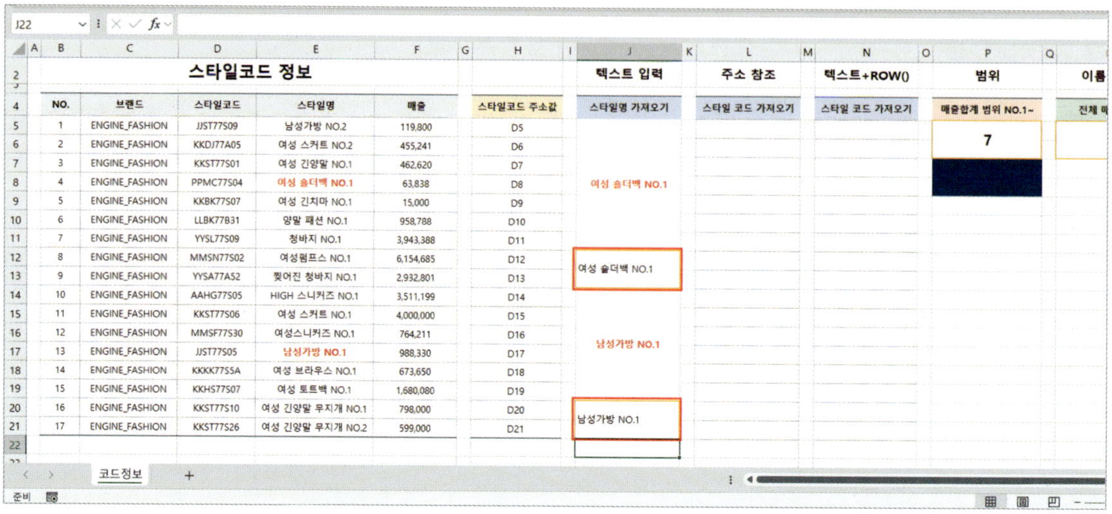

실무 연습 ② 주소 참조

'스타일코드 정보' 표에서 스타일코드를 H열에 있는 주소값 정보를 참조해 L5:L21셀까지 출력하는 방법을 알아보겠습니다.

01 L5셀 클릭- '=INDIRECT(H5)' 입력합니다.

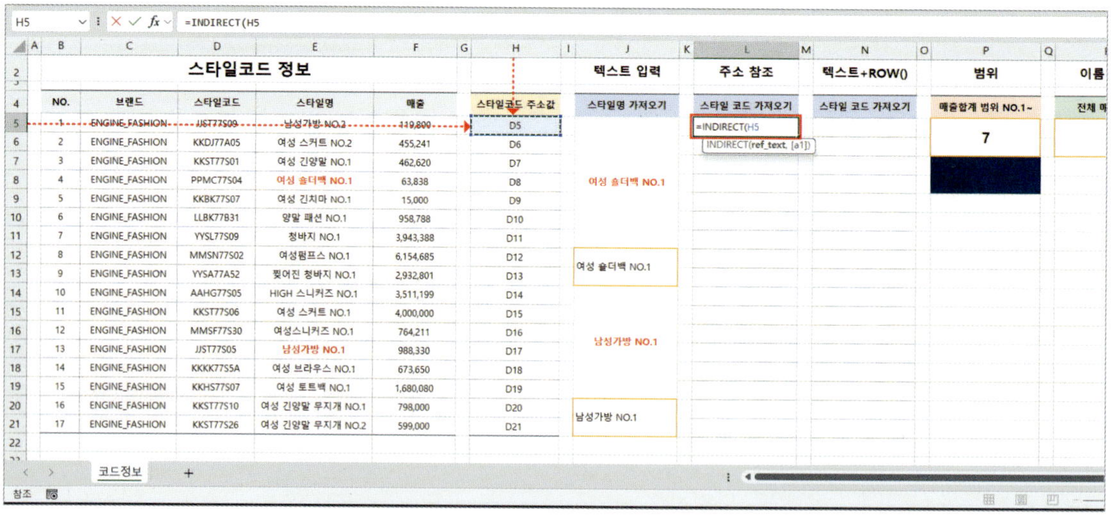

※ 지금 같은 경우는 INDIRECT(H5) 함수 인수로 텍스트 형식이 아닌 주소값을 그대로 참조했습니다. 이런 경우는 참조된 주소값 정보가 또 다른 주소값으로 입력되어 있을 때는 텍스트 형식이 아닌 일반 주소값 형태로 참조합니다.

02 입력 후 L21셀까지 복사/붙여넣기합니다.

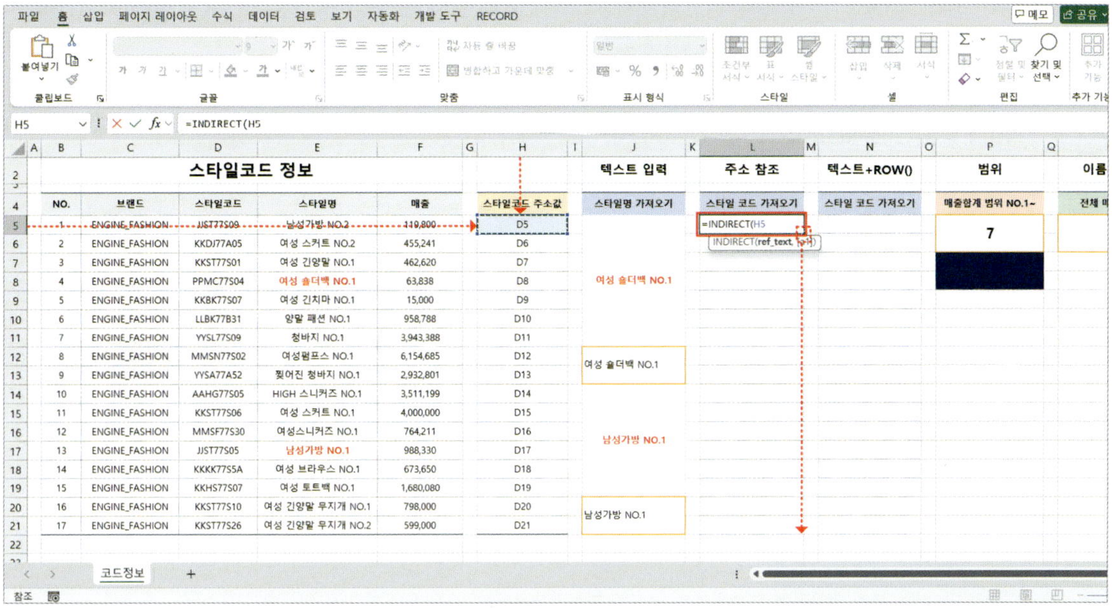

03 L5:L21셀 범위, 출력된 스타일코드 정보를 확인합니다.

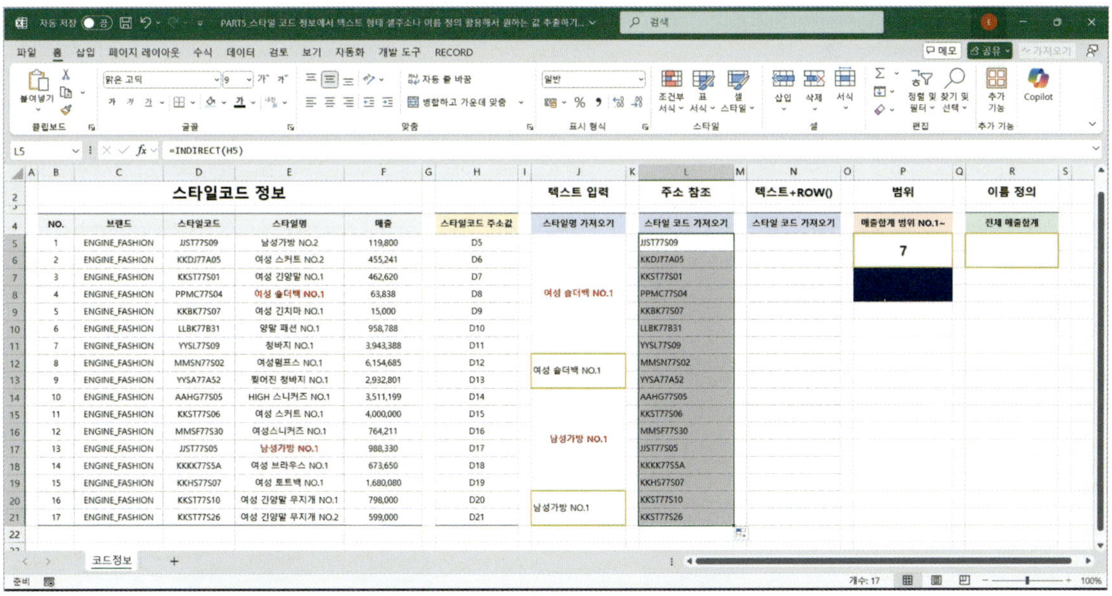

실무 연습 ❸ 텍스트+ROW()

'스타일코드 정보' 표에서 스타일코드를 H열에 있는 주소값 정보를 참조해 텍스트 형식 주소값과 ROW 함수 조합으로 N5:N21셀까지 출력하는 방법을 알아보겠습니다.

01 N5셀 클릭- '=INDIRECT("D"&ROW())' 입력 후 N21셀까지 복사/붙여넣기합니다.

개념설명

=INDIRECT("D"&ROW())

❶ "D"	텍스트로 열 주소값을 참조한 형태입니다.
❷ &	D열과 연결하겠다는 의미입니다.
❸ "D"&ROW()	현재 5번 행에서 ROW() 함수가 인수값 정보 없이 사용되었기 때문에 현재 함수를 사용한 행 번호인 5를 반환하게 됩니다. 아래로 복사/붙여넣기를 진행하게 되면 순차적으로 5번부터 21까지 출력되게 되는 구조입니다.

02 N5:N21셀 범위, 출력된 스타일코드 정보를 확인합니다.

실무 연습 ❹ 범위 출력

F열에 '매출'을 합계하고 싶은 범위만큼 숫자값으로 참조해 동적 범위로 출력하는 방법을 알아보겠습니다.

01 P6셀 클릭- '=SUM(INDIRECT("F5:F"&P5))' 입력 후 Enter 키를 누릅니다.

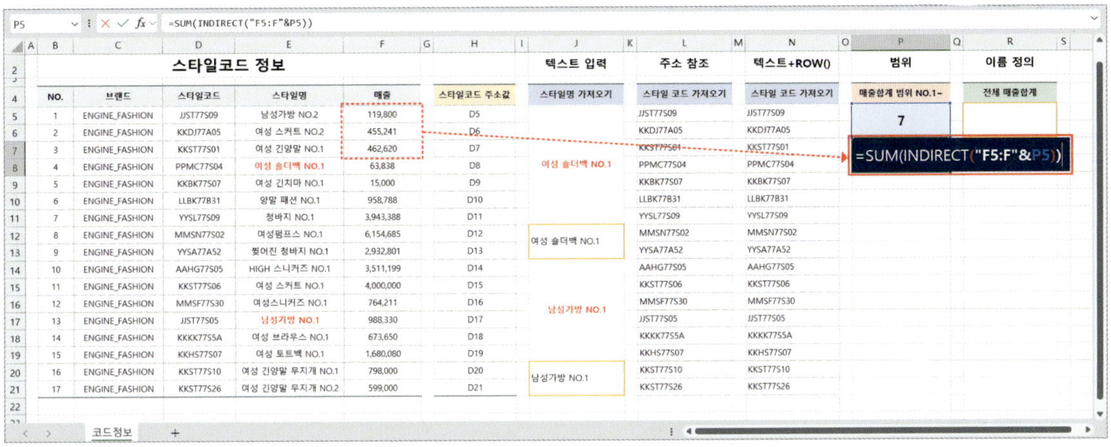

개념설명

=SUM(INDIRECT("F5:F"&P5))

❶ SUM 함수 1	INDIRECT 함수 사용	
❷ INDIRECT 함수 1	"F5:F"	범위를 텍스트 형식으로 참조합니다.
❸ INDIRECT 함수 2	P5셀	숫자값을 2번째 범위 행 번호로 참조하게 만든 구조입니다.
	"F5:F7" 이라는 개념이 되므로 SUM(F5:F7) 범위로 인식해 결과값이 출력되는 구조입니다.	

02 F5:F7셀 범위, 합계 1037661이 출력된 결과를 확인합니다.

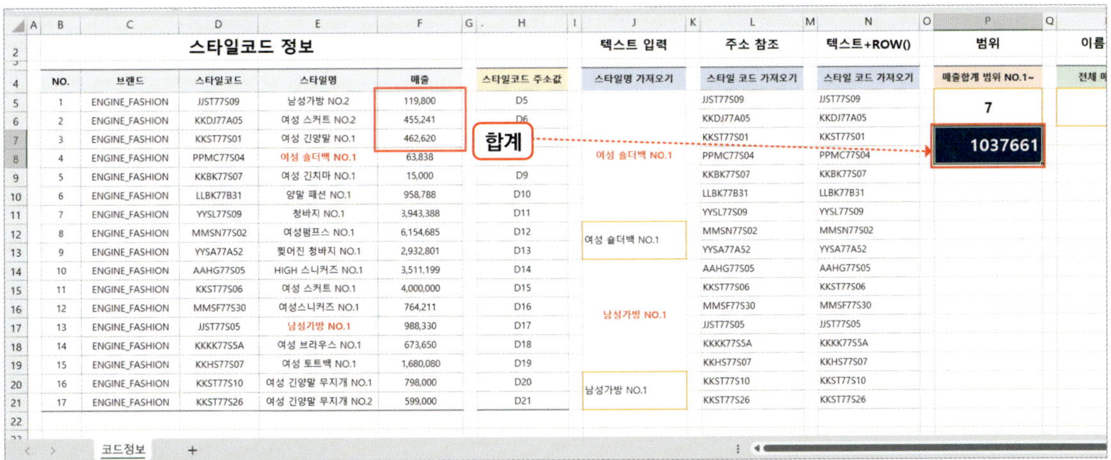

※ P7셀에 입력된 숫자값을 더하고 싶은 범위만큼 입력하면 동적인 합계 구조를 만들 수 있습니다.

실무 연습 5 이름 정의

F열 전체 '매출' 합계를 이름 정의를 통해 출력하는 방법을 알아보겠습니다.

01 F5:F21셀 전체 범위 지정 후 왼쪽 상단, 이름 상자에 '매출'이라고 입력하고 [Enter] 키를 눌러 해당 범위를 '이름 정의'합니다.

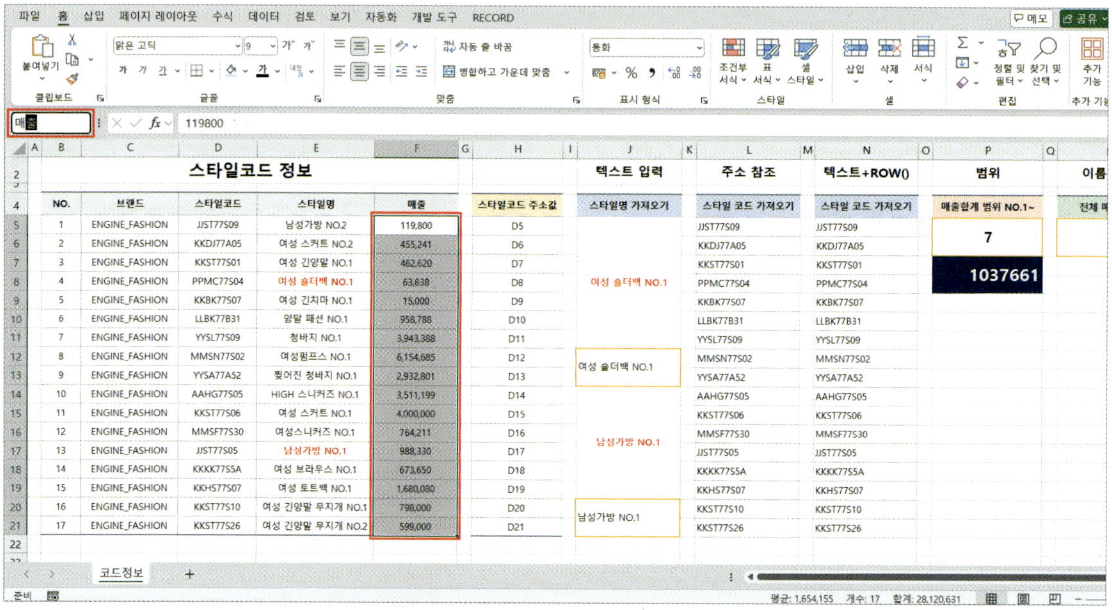

02 R5셀 클릭- 이름 정의한 '매출'을 INDIRECT 함수 인수로 참조하기 위해 텍스트 구조로 큰따옴표로 참조해 다음과 같이 수식을 만들고, '=SUM(INDIRECT("매출"))' [Enter] 키를 누릅니다.

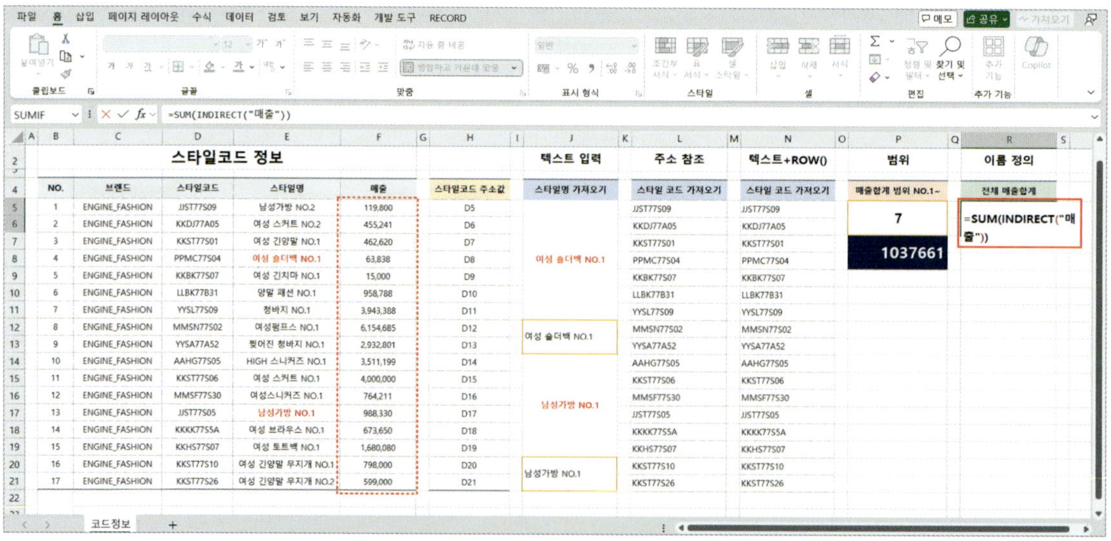

03 F5:F21셀 범위, 전체 합계값 28120631 결과가 출력된 것을 확인합니다.

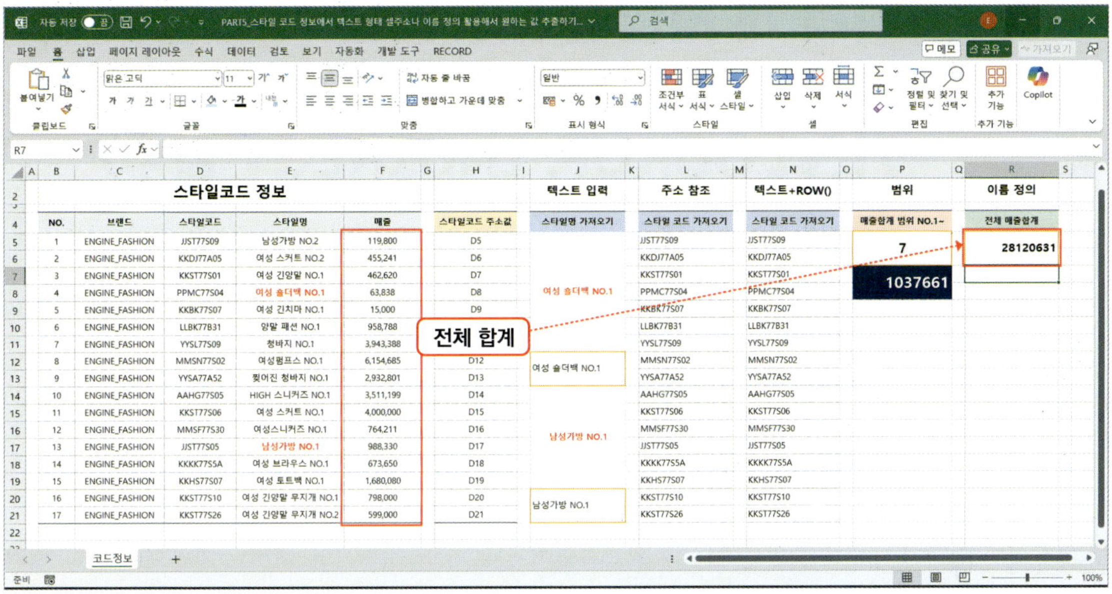

CHAPTER 29

여러 개 지점별 시트에서 기준 음료 아이템과 일치하는 음료 판매량 가져오기(VLOOKUP, INDIRECT 함수)

예제 파일 PART2_29 여러 개 지점별 시트에서 기준 음료 아이템과 일치하는 음료 판매량 가져오기

실무 스킬

VLOOKUP 함수와 INDIRECT 함수는 각각 독립적으로도 강력하지만, 이를 중첩하여 사용하면 동적 데이터 검색과 다양한 시트 간 정보 관리에 놀라운 유연성을 제공합니다. VLOOKUP은 테이블에서 특정값을 찾아 연관된 데이터를 반환하는 데 최적화되어 있고, INDIRECT는 텍스트 기반으로 셀과 범위를 참조할 수 있어 데이터 참조의 동적 변경을 가능하게 합니다.

예를 들어, 시트 이름을 셀에 입력하고, VLOOKUP과 INDIRECT를 사용해 해당 시트에서 특정 데이터를 자동으로 가져오는 로직을 구현할 수 있습니다. 이를 통해 여러 시트에 걸쳐 데이터를 관리하거나, 사용자 입력에 따라 실시간으로 참조를 변경하는 작업을 간편하게 수행할 수 있습니다. 이 방식은 대규모 데이터 관리나 복잡한 보고서 작성, 다수의 시트에서 데이터를 집계해야 하는 상황에서 매우 유용합니다. 예제를 통해 사용 방법을 알아보겠습니다.

실무 연습 ❶

[음료판매량] 시트를 기준으로 음료 아이템에 해당하는 판매량 정보를 [마곡], [강남], [가로수길] 시트를 참조해서 VLOOKUP 함수와 INDIRECT 함수 조합으로 복사/붙여넣기를 통해 수식 하나로 '음료 판매량' 표를 완성하려고 합니다.

※ 참고로 3개의 참조 시트 데이터 구조는 동일합니다. B열에는 기준값, 음료 아이템이 입력되어 있고, C열에는 결과값, 음료 판매량이 입력되어 있습니다.

01 C5셀 클릭- '=VLOOKUP($B5,INDIRECT(C$4&"!"&"B:C"),2,FALSE)' 입력 후 E5셀까지 복사/붙여넣기합니다.

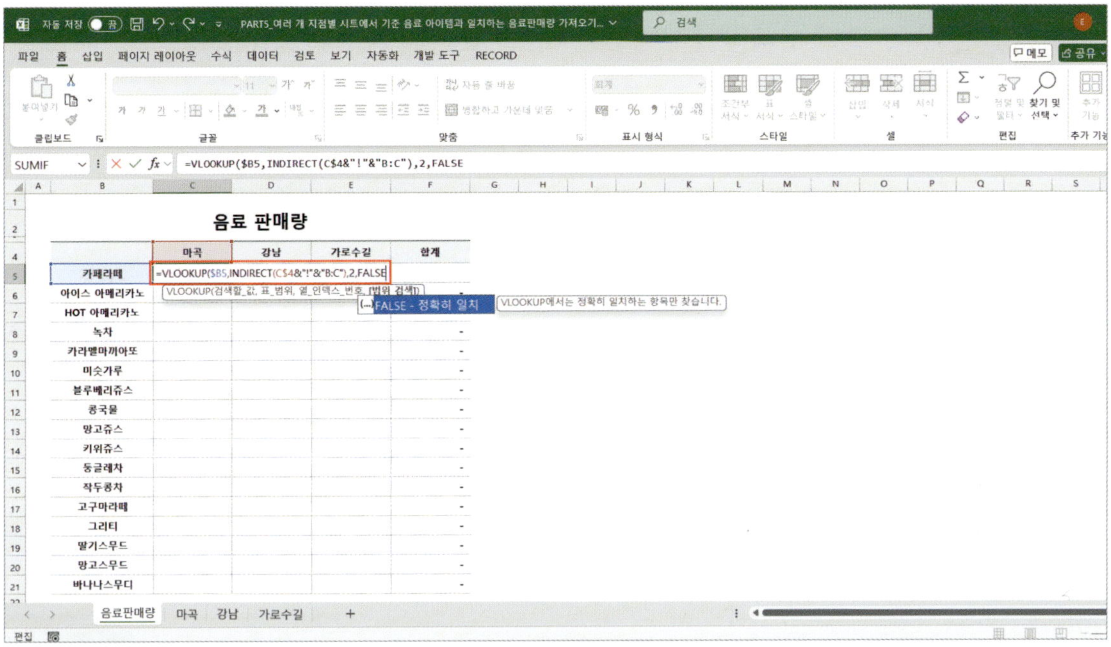

개념설명

=VLOOKUP($B5,INDIRECT(C$4&"!"&"B:C"),2,FALSE)

❶ VLOOKUP 함수 1	$B5	기준값이 있는 B열을 고정한 혼합참조구조로 복사/붙여넣기 시 행 방향으로 내려오면서 참조 기준값을 변경하기 위함입니다.
❷ VLOOKUP 함수 2	INDIRECT(C$4&"!"&"B:C")	INDIRECT 함수로 동적범위 구조를 만들었습니다.
❶ INDIRECT 함수 1	C$4	목록에 적힌 이름이 시트 이름과 일치하게 참조되어 있고, 복사/붙여넣기 시 4번행을 고정해 목록 이름을 고정하고 있습니다.
❷ INDIRECT 함수 2	&"!"	목록 이름과 느낌표(!)를 연결해 놓았습니다. 이 의미는 시트 이름을 참조한다는 의미입니다. 등호(=)를 입력한 후 다른 시트를 참조하게 되면 반드시 시트 이름+느낌표(!) 구조로 출력이 됩니다. 그렇기 때문에 느낌표(!)를 텍스트로 입력해 참조했습니다.
❸ INDIRECT 함수 3	"B:C"	VLOOKUP 함수 기준값이 있는 B열 전체를 시작 열로 찾을 값이 있는 C열 전체를 텍스트 형식으로 참조한 내용입니다. INDIRECT 함수는 주소값 안에 또 다른 주소값이 없을 경우는 반드시 이렇게 텍스트 구조로 참조해야 합니다.
❸ VLOOKUP 함수 3	2	기준 열 B를 1로 시작해서 찾을 결과값이 있는 C열을 2로 지정한 인수입니다.
❹ VLOOKUP 함수 4	FALSE(0)	기준값에 부합하는 정확히 일치하는 값을 찾는 논리값이 입력되었습니다.

02 C5:E5셀 범위, 출력된 결과값을 각 시트에서 확인합니다. 확인이 되었으면 C21:E21셀 범위까지 C5:E5셀을 복사해서 붙여넣기합니다.

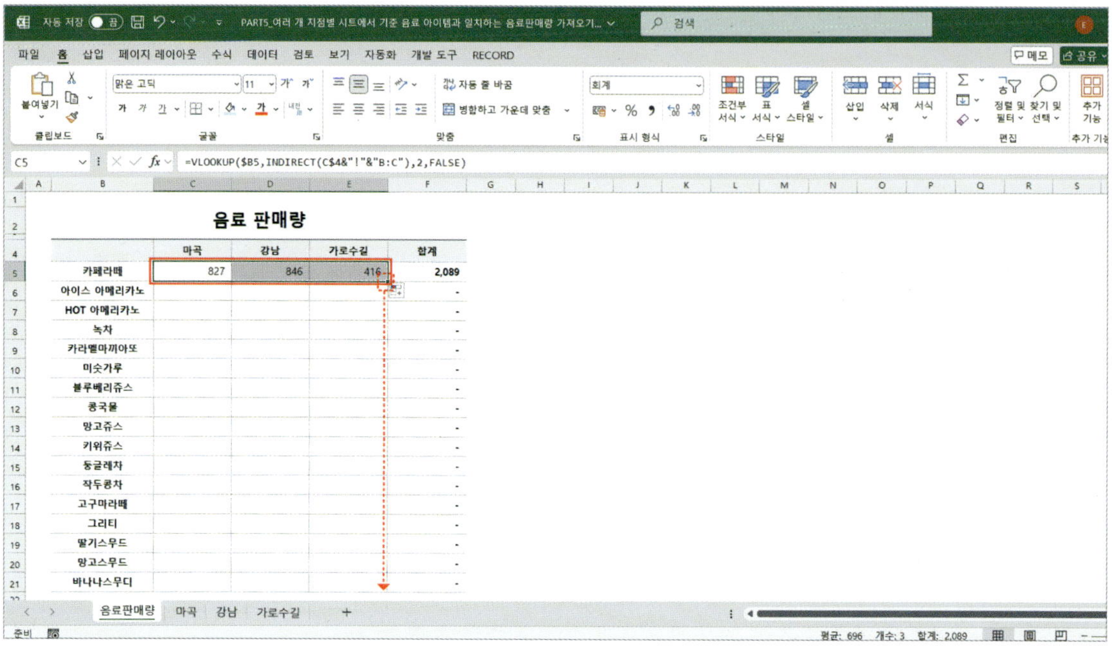

※ 참고로 F열은 각 음료에 대한 점포 합계 SUM 함수가 운영되고 있습니다. F5:F21셀 범위는 SUM 함수가 미리 입력되어 있습니다.

03 C5:E21셀 범위, 각 시트 음료 아이템 기준값, 판매량이 출력된 결과를 확인합니다. 결과값이 제대로 출력되었는지 확인하기 위해서 [음료판매량] 시트 B10셀 '미숫가루' 판매량을 [강남] 시트에서 제대로 반환했는지 확인해 보겠습니다. 현재 출력된 판매량은 464 입니다.

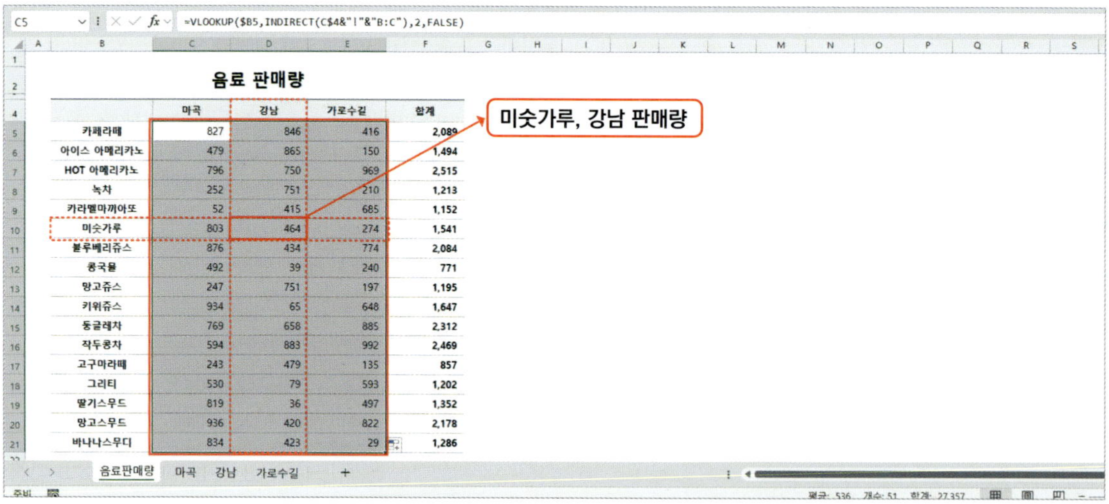

04 [강남] 시트에 B14셀 '미숫가루' 판매량 464가 제대로 출력된 결과를 확인할 수 있습니다.

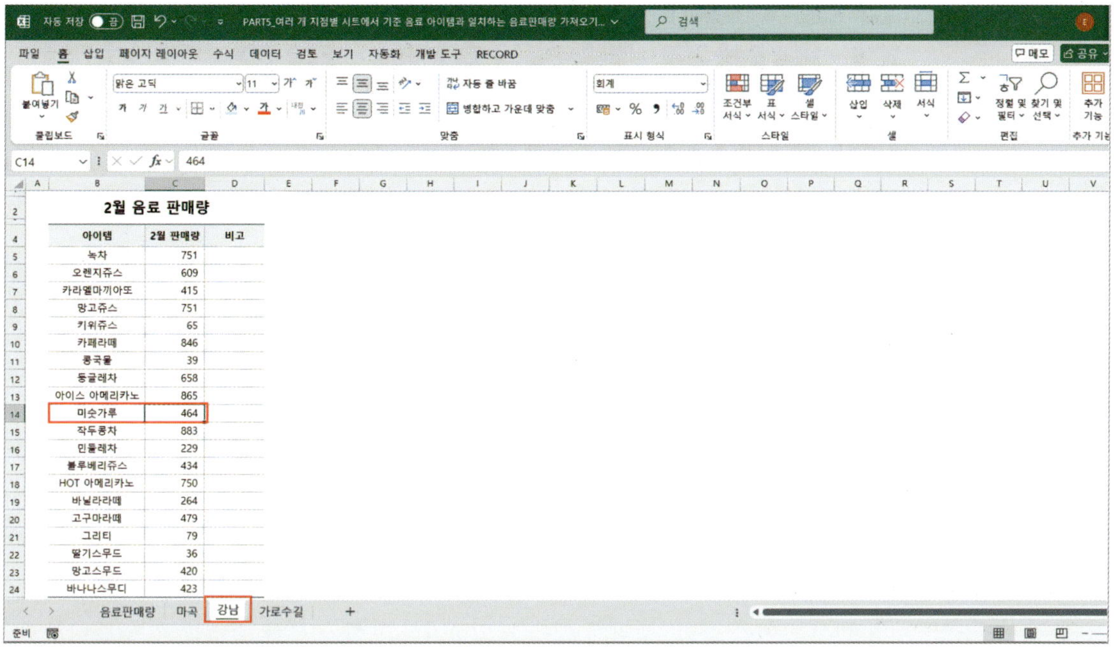

TIP VLOOKUP 함수와 시트를 참조해 자동화 구조화는, INDIRECT 함수로 범위를 텍스트 형태로 참조할 때 반드시 각 시트별 데이터 분석과 규칙을 발견하고 기준값이 있는 열과 결과값이 있는 열 범위를 확인후 텍스트로 범위를 참조합니다.

CHAPTER 30

상품 MDP 자료에서 필터링된 담당자 정보로 개수, 합계, 평균 구하기 (SUBTOTAL 함수)

예제 파일 PART2_30 상품 MDP 자료에서 필터링된 담당자 정보로 개수, 합계, 평균 구하기

실무 스킬

SUBTOTAL 함수는 엑셀에서 데이터를 집계하거나 요약할 때 매우 유용한 도구입니다. 특히, 필터링된 데이터를 다룰 때 강력한 기능을 발휘합니다. 이 함수는 데이터를 다양한 방식으로 계산(합계, 평균, 개수 등)할 수 있을 뿐 아니라, 필터를 적용했을 때 선택된 데이터만 계산에 포함하도록 설계되어 있습니다. 단순히 모든 데이터를 포함하여 계산하는 것이 아니라, 사용자가 설정한 조건에 따라 계산 범위를 동적으로 변경할 수 있습니다. 예를 들어, 숨겨진 행을 제외하거나 포함 여부를 결정할 수 있습니다. 이로 인해 대규모 데이터 세트를 다룰 때 더욱 효율적으로 작업할 수 있습니다.

SUBTOTAL 함수는 특정 작업(합계, 평균 등)을 반복적으로 실행해야 하거나, 필터를 통해 필요한 정보만 요약해야 하는 상황에서 큰 도움을 줍니다. 데이터 분석과 정리에 특화된 이 함수는 엑셀에서 필터링 및 계산의 기본이자 필수 도구로 자리 잡고 있습니다. 실무에서 어떻게 활용되는지 함께 알아보도록 하겠습니다.

SUBTOTAL(function_num,ref1, [ref2], [ref3],...)

1. function_num: 부분합을 수행할 계산 유형을 지정하는 번호입니다. 예를 들어, 9는 합계를, 1은 평균을 계산하는 작업을 의미합니다. 총 11개의 번호를 사용할 수 있으며, 숨겨진 행을 포함하거나 제외할지에 따라 1~11과 101~111로 구분됩니다.

1~11: 숨겨진 행 포함.

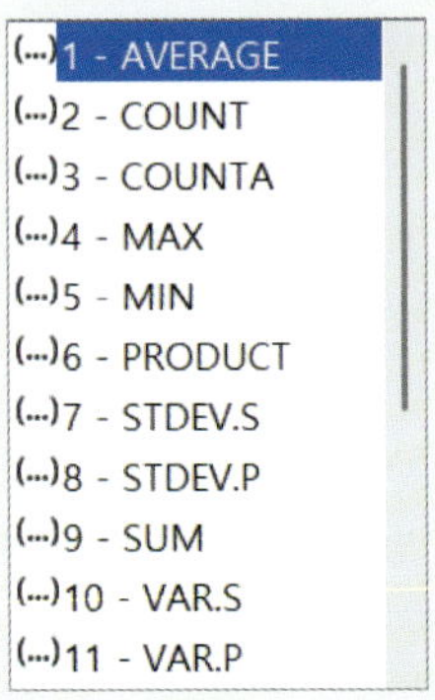

101~111: 숨겨진 행 제외.

- (…)101 - AVERAGE
- (…)102 - COUNT
- (…)103 - COUNTA
- (…)104 - MAX
- (…)105 - MIN
- (…)106 - PRODUCT
- (…)107 - STDEV.S
- (…)108 - STDEV.P
- (…)109 - SUM
- (…)110 - VAR.S
- (…)111 - VAR.P

※ 실제 업무에서는 숨겨진 행 포함 및 제외보다 필터 조합으로 더 많이 사용하기 때문에 이 부분은 따로 다루지는 않고 필터기능과 함께 사용하는 방법 위주로 설명할 예정입니다.

2. ref1: 요약하려는 데이터가 포함된 범위를 지정합니다. 9, SUM옵션을 지정했다면 첫 번째 범위가 들어오는 인수 자리가 됩니다.

3. [ref2], [ref3], [ref4]…….: 부분합을 구하려는 최대 254개 인수 범위나 셀 주소입니다.

실무 연습 ❶

[MDP자료] 시트에서 D열 '상품명'은 개수값을 E:G열까지는 '발주량', '총원가합', '총판매가합'은 합계를 출력하고, H:I열 목록 '원가율', 'MDP'는 평균값을 SUBTOTAL 함수로 출력합니다. 그리고 나서 '담당자', '홍길동3'으로 필터링했을 때 결과값과 이전 결과값을 비교해 보도록 하겠습니다.

01 D5셀 클릭- '=SUBTOTAL(3,D6:D28)' 입력 후 Enter 키를 누릅니다.

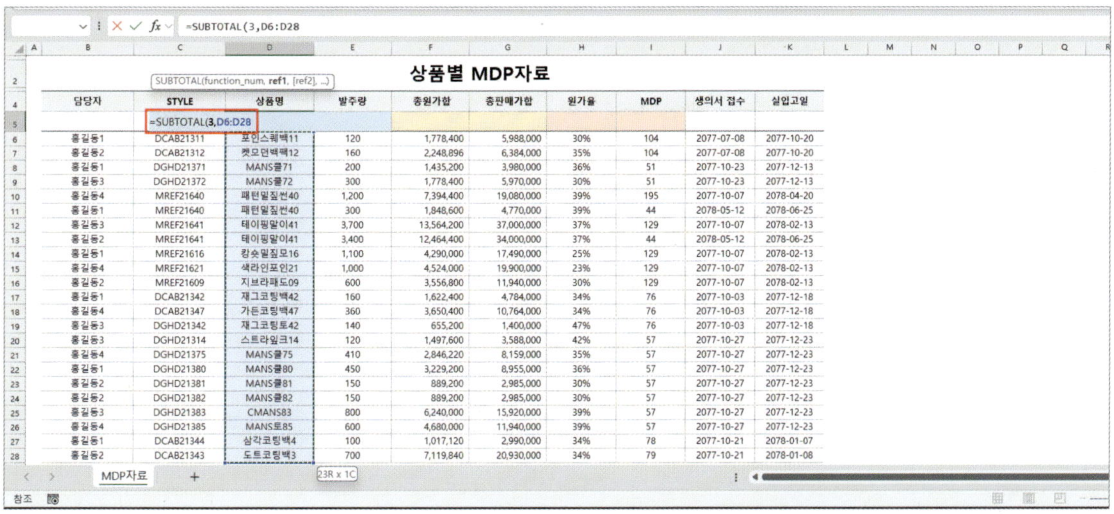

	담당자	STYLE	상품명	발주량	총원가합	총판매가합	원가율	MDP	생의서 접수	실입고일
5		=SUBTOTAL(3,D6:D28								
6	홍길동1	DCAB21311	포인스퀘백11	120	1,778,400	5,988,000	30%	104	2077-07-08	2077-10-20
7	홍길동2	DCAB21312	캣모던백팩12	160	2,248,896	6,384,000	35%	104	2077-07-08	2077-10-20
8	홍길동1	DGHD21371	MANS클71	200	1,435,200	3,980,000	36%	51	2077-10-23	2077-12-13
9	홍길동3	DGHD21372	MANS클72	300	1,778,400	5,970,000	30%	51	2077-10-23	2077-12-13
10	홍길동4	MREF21640	패턴밀짚썬40	1,200	7,394,400	19,080,000	39%	195	2077-10-07	2078-04-20
11	홍길동1	MREF21640	패턴밀짚썬40	300	1,848,600	4,770,000	39%	44	2078-05-12	2078-06-25
12	홍길동3	MREF21641	테이핑말이41	3,700	13,564,200	37,000,000	37%	129	2077-10-07	2078-02-13
13	홍길동2	MREF21641	테이핑말이41	3,400	12,464,400	34,000,000	37%	44	2078-05-12	2078-06-25
14	홍길동1	MREF21616	캉숏밀짚모16	1,100	4,290,000	17,490,000	25%	129	2077-10-07	2078-02-13
15	홍길동4	MREF21621	색라인포인21	1,000	4,524,000	19,900,000	23%	129	2077-10-07	2078-02-13
16	홍길동2	MREF21609	지브라패도09	600	3,556,800	11,940,000	30%	129	2077-10-07	2078-02-13
17	홍길동1	DCAB21342	재그코팅백42	160	1,622,400	4,784,000	34%	76	2077-10-03	2077-12-18
18	홍길동4	DCAB21347	가든코팅백47	360	3,650,400	10,764,000	34%	76	2077-10-03	2077-12-18
19	홍길동3	DGHD21342	재그코팅토42	140	655,200	1,400,000	47%	76	2077-10-03	2077-12-18
20	홍길동3	DGHD21314	스트라잎크14	120	1,497,600	3,588,000	42%	57	2077-10-27	2077-12-23
21	홍길동4	DGHD21375	MANS클75	410	2,846,220	8,159,000	35%	57	2077-10-27	2077-12-23
22	홍길동1	DGHD21380	MANS클80	450	3,229,200	8,955,000	36%	57	2077-10-27	2077-12-23
23	홍길동2	DGHD21381	MANS클81	150	889,200	2,985,000	30%	57	2077-10-27	2077-12-23
24	홍길동2	DGHD21382	MANS클82	150	889,200	2,985,000	30%	57	2077-10-27	2077-12-23
25	홍길동3	DGHD21383	CMANS83	800	6,240,000	15,920,000	39%	57	2077-10-27	2077-12-23
26	홍길동4	DGHD21385	MANS토85	600	4,680,000	11,940,000	39%	57	2077-10-27	2077-12-23
27	홍길동1	DCAB21344	삼각코팅백4	100	1,017,120	2,990,000	34%	78	2077-10-21	2078-01-07
28	홍길동2	DCAB21343	도트코팅백3	700	7,119,840	20,930,000	34%	79	2077-10-21	2078-01-08

※ '=SUBTOTAL(3,D6:D28)' 여기에서 3은 COUNTA 옵션으로 텍스트 개수값을 카운팅하겠다는 의미이며 나중 필터 기능을 운영했을 때 숨긴 행 정보는 무시하고 개수값을 카운팅하게 됩니다. 103- COUNTA 옵션 또한 필터를 운영했을 때 숨긴 행 정보를 무시하고 개수값을 카운팅하는 로직은 동일하기 때문에 숫자 3이든 103이든 관계없이 입력하면 됩니다.

02 E5셀 클릭- '=SUBTOTAL(9,E6:E28)' 입력 후 G5셀까지 복사/붙여넣기합니다.

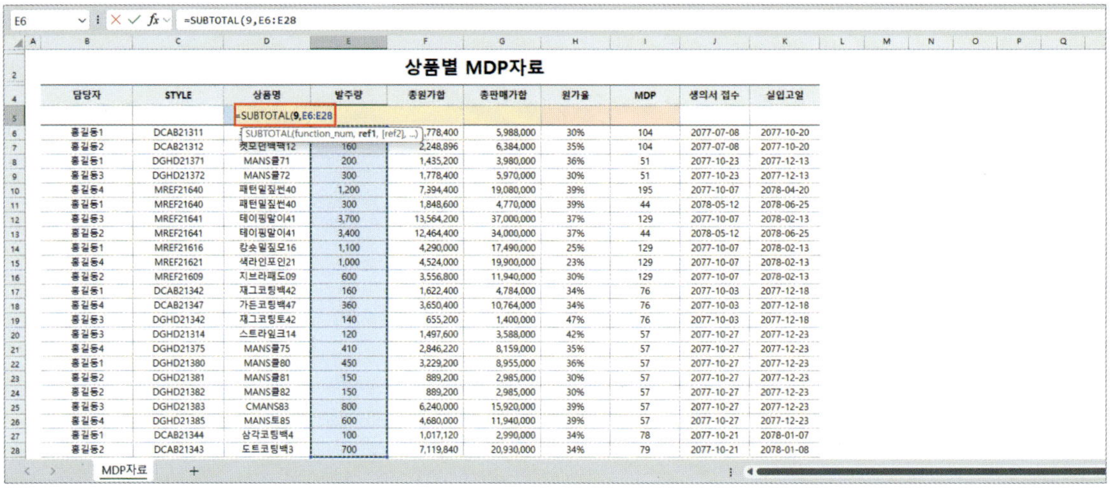

※ '=SUBTOTAL(9,E6:E28)' 여기에서 9는 SUM옵션으로 합계값을 계산하겠다는 의미이며 나중 필터 기능을 운영했을 때 숨긴 행 정보는 무시하고 합계값을 계산하게 됩니다. 109- SUM 옵션 또한 필터를 운영했을 때 숨긴 행 정보를 무시하고 합계값을 계산하는 로직은 동일하기 때문에 숫자 9든 109든 관계없이 입력하면 됩니다.

03 H5셀 클릭- '=SUBTOTAL(1,H6:H28)' 입력 후 I5셀까지 복사/붙여넣기합니다.

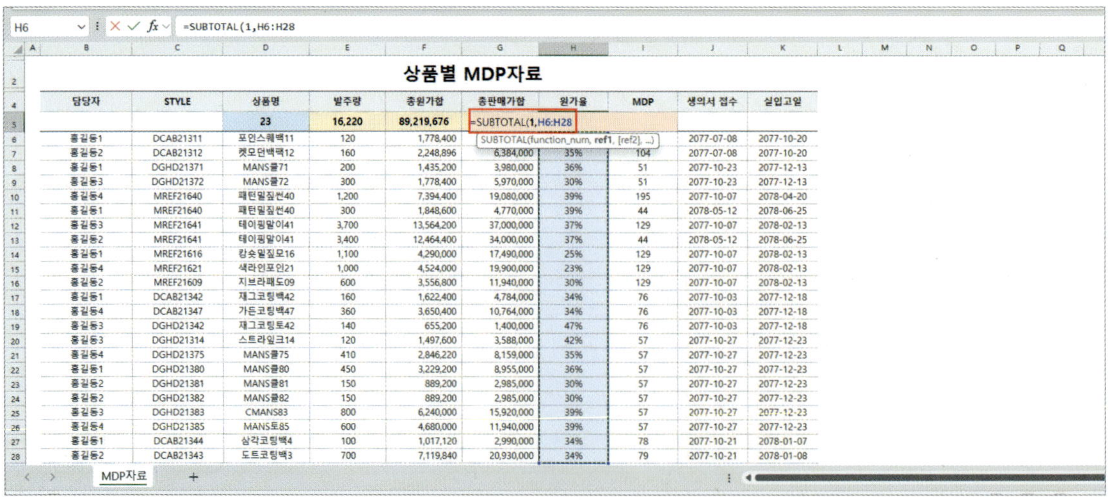

※ '=SUBTOTAL(1,F6:F28)' 여기에서 1은 AVERAGE 평균을 계산하겠다는 의미이며 나중 필터 기능을 운영했을 때 숨긴 행 정보는 무시하고 평균값을 계산하게 됩니다. 101- AVERAGE 옵션 또한 필터를 운영했을 때 숨긴 행 정보를 무시하고 평균값을 계산하는 로직은 동일하기 때문에 숫자 1이든 101이든 관계없이 입력하면 됩니다.

04 H5셀을 I5셀에 복사/붙여넣기했을 때 8230%로 표시 형식이 출력되었습니다. I5셀을 클릭하고 [홈] 탭- 표시 형식- 상단 표시 형식 클릭- '숫자' 메뉴를 눌러 MDP 표시 형식을 숫자로 변경합니다.

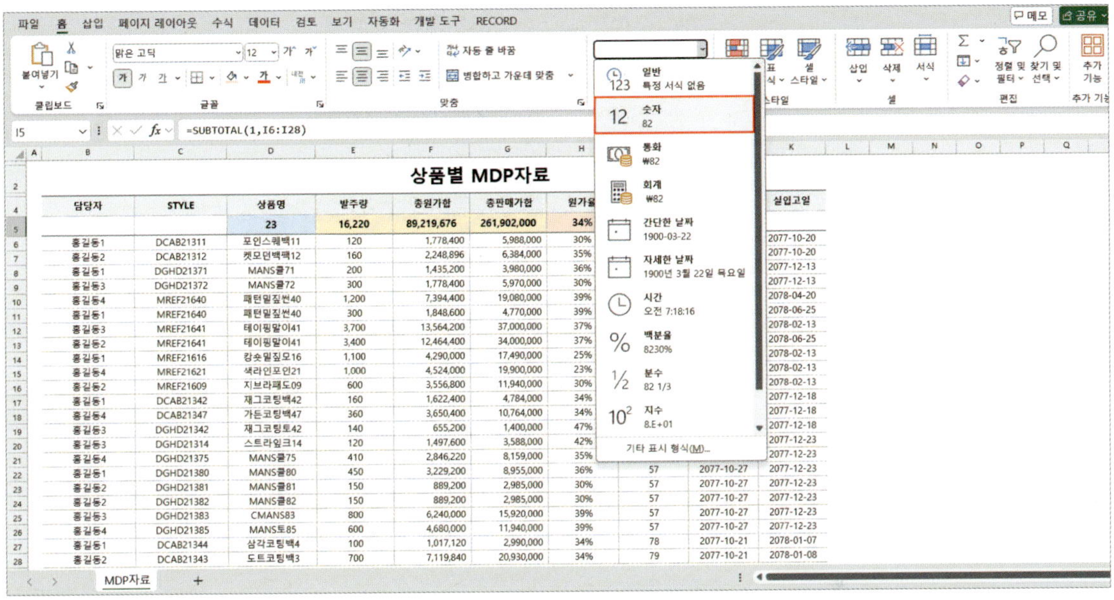

05 B5:K5셀 범위 지정- [데이터] 탭- 정렬 및 필터- '필터' 메뉴 또는 'Ctrl+Shift+L', 눌러 필터를 실행합니다.

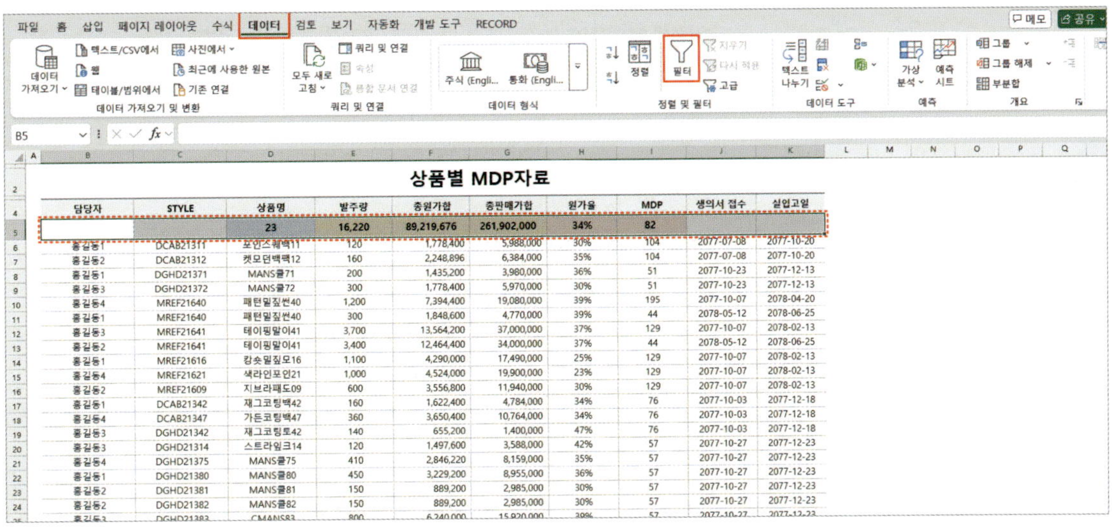

06 필터, 드롭다운 버튼이 생성된 상태에서 '담당자' 아래 드롭다운 버튼을 탭해 '홍길동3'만 선택하고 확인 버튼을 클릭하고, 개수값, 합계값, 평균값이 업데이트되는 정보를 확인합니다.

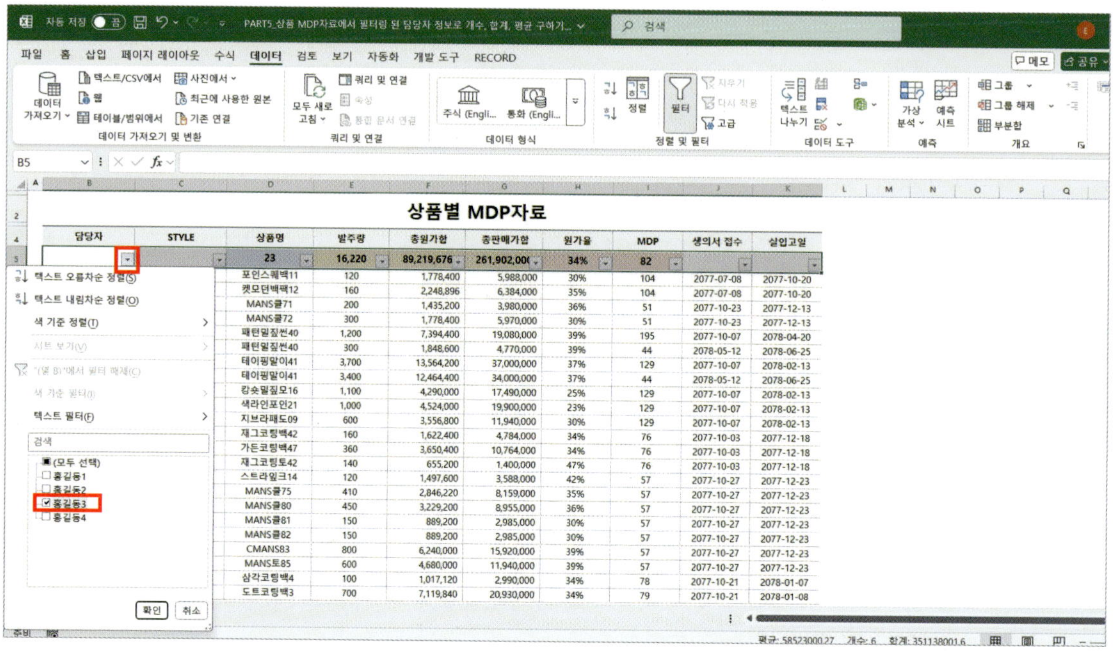

07 D5:I5셀 범위에 '홍길동3'으로 필터링 이후 SUBTOTAL 함수로 출력된 개수, 합계, 평균값이 각각 업데이트된 결과를 확인합니다.

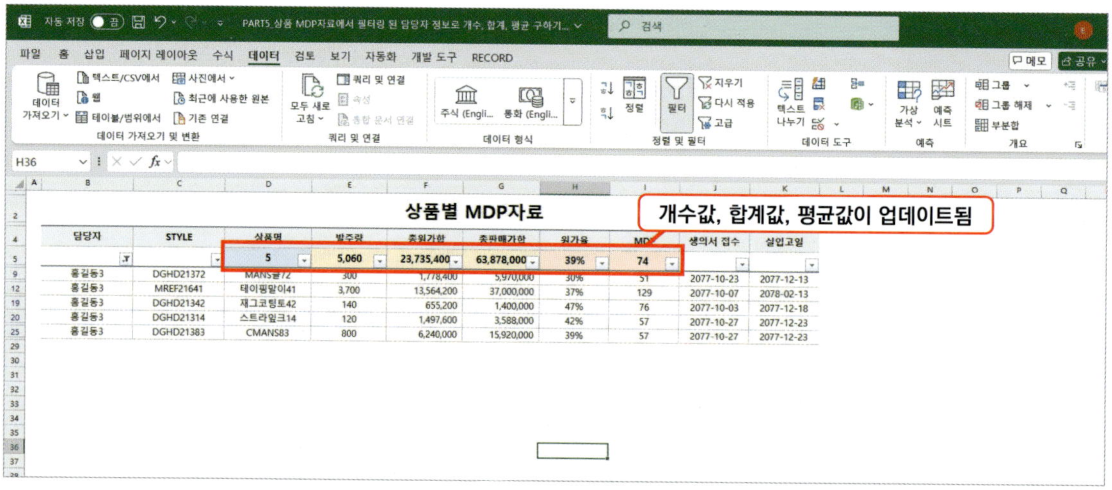

TIP SUBTOTAL 함수와 SUM, AVERAGE, COUNT, COUNAT등과 같은 함수와 가장 큰 차이는 필터와 함께 운영했을 때 SUBTOTAL 함수를 제외한 나머지 함수는 필터링된 정보를 업데이트 하지 않고 원래 범위의 수식 결과를 그대로 반영한다는 것입니다. 그렇기 때문에 정보를 필터링해 부분합을 반환하고 싶을 때는 반드시 SUBTOTAL 함수로 함수식을 운영해야 합니다.

CHAPTER 31

업체별 판매량 정보 합계 및 브랜드별 담당자 판매액 정보 합계 구하기(SUMIF, SUMIFS 함수)

예제 파일 PART2_31 업체별 판매량 정보 합계 및 브랜드별 담당자 판매액 정보 합계 구하기

실무 스킬

SUMIF 함수와 SUMIFS 함수는 엑셀에서 데이터를 조건에 따라 취합 및 정산할 때 아주 유용한 함수입니다. 두 함수 모두 특정 조건을 기반으로 값을 합산하지만, 각각의 쓰임새와 강점이 조금 다릅니다.

SUMIF 함수는 단일 조건을 기준으로 데이터 범위에서 기준값을 만족하는 결과값을 합산할 때 사용됩니다. 예를 들어, 특정 제품의 이름이 "A"일 때, 해당 제품의 판매량만 합산하고 싶다면 SUMIF 함수를 사용할 수 있습니다. 이 함수는 간단하면서도 조건 기반 작업에서 빠르게 사용할 수 있는 유용한 도구입니다.

SUMIFS 함수는 SUMIF의 확장 버전으로, 다중 조건을 기반으로 데이터를 합산할 수 있습니다. 여러 가지 기준(예: 제품 이름과 날짜)을 설정하고, 그 조건들을 모두 만족하는 데이터만 합산할 때 SUMIFS 함수가 유용합니다. 복잡한 필터링 작업에서 매우 효과적이며, 다단계 조건을 처리할 때 사용할 수 있습니다.

두 함수 모두 데이터 분석과 보고서 작성에서 필수적인 도구로 활용됩니다. SUMIF는 단순하고 빠른 작업에 적합하며, SUMIFS는 다중 조건으로 더 세밀한 분석이 필요한 상황에서 빛을 발합니다. 실무 예제로 사용 방법을 익혀 보도록 하겠습니다.

SUMIF(range, criteria, [sum_range])

1. range(**보통 한 열 또는 행 데이터 범위**): 기준값이 있는 목록 한 열 또는 한 행 데이터 범위입니다.
2. criteria(**기준값**): 취합 및 정산할 기준이 되는 텍스트 기준값입니다.
3. [sum_range](**보통 더할 한 열 또는 행 범위**): 기준값과 범위를 만족하며 합을 구할 실제 범위입니다. 생략하면 범위 내의 셀들이 계산됩니다. 하지만 보통 생략하지 않고 사용합니다.

SUMIFS(sum_range, criteria_range1, criteria1, [criteria_range2], [criteria2].......)

1. sum_range(**보통 더할 한 열 또는 행 범위**): 다중 기준값과 범위를 만족하며 합을 구할 실제 범위입니다.
2. criteria_range1(**첫 번째 범위**): 첫 번째 기준값이 있는 목록 범위를 지정합니다.

3. **criteria1(첫 번째 기준값)**: 첫 번째 기준값을 지정합니다.

4. **[criteria_range2](두 번째 범위)**: 두 번째 기준값이 있는 목록 범위를 지정합니다. 총 127개 인수 범위로 지정할 수 있습니다.

5. **criteria2(두 번째 기준값)**: 두 번째 기준값을 지정합니다. 총 127개 인수를 지정할 수 있습니다.

실무 연습 ❶

[업체 정보] 시트에서 '업체 정보' 표를 기준으로 ❶ '업체별 판매정보' 표에서 '업체명'을 기준으로 '총판매량' 합계값을 출력하고, ❷ '브랜드별 담당자 판매정보' 표에서는 '브랜드'와 '담당자' 모두를 만족하는 겨우 '총판매액'을 구해 보도록 하겠습니다.

01 N5셀 클릭- '=SUMIF($D$5:$D$26,L5,$H$5:$H$26)' 입력 후 N17셀까지 복사/붙여넣기합니다.

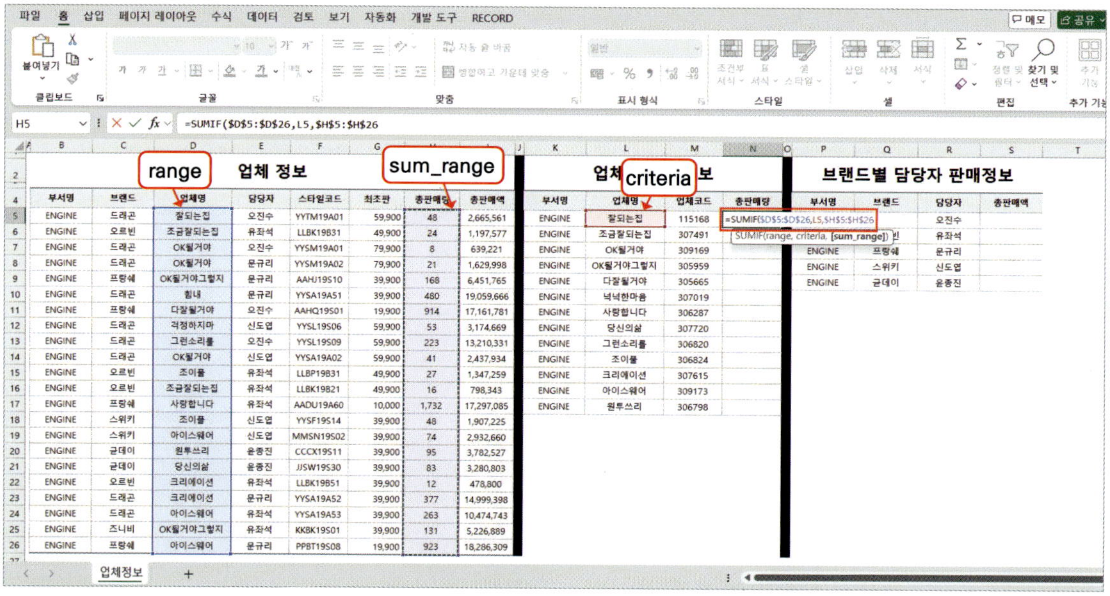

개념설명

=SUMIF($D$5:$D$26,L5,$H$5:$H$26)

❶ $D$5:$D$26	기준값이 있는 목록 한 열 데이터 범위입니다.
❷ L5	더할 기준값입니다.
❸ $H$5:$H$26	기준값과 범위를 만족하는 경우 같은 행에 더할 범위를 한 열 데이터 범위로 지정했습니다.

02 N5:N17셀 범위, 기준값인 '업체명'을 만족하는 총판매량 합계값을 '업체 정보' 표에서 반환한 결과를 확인합니다.

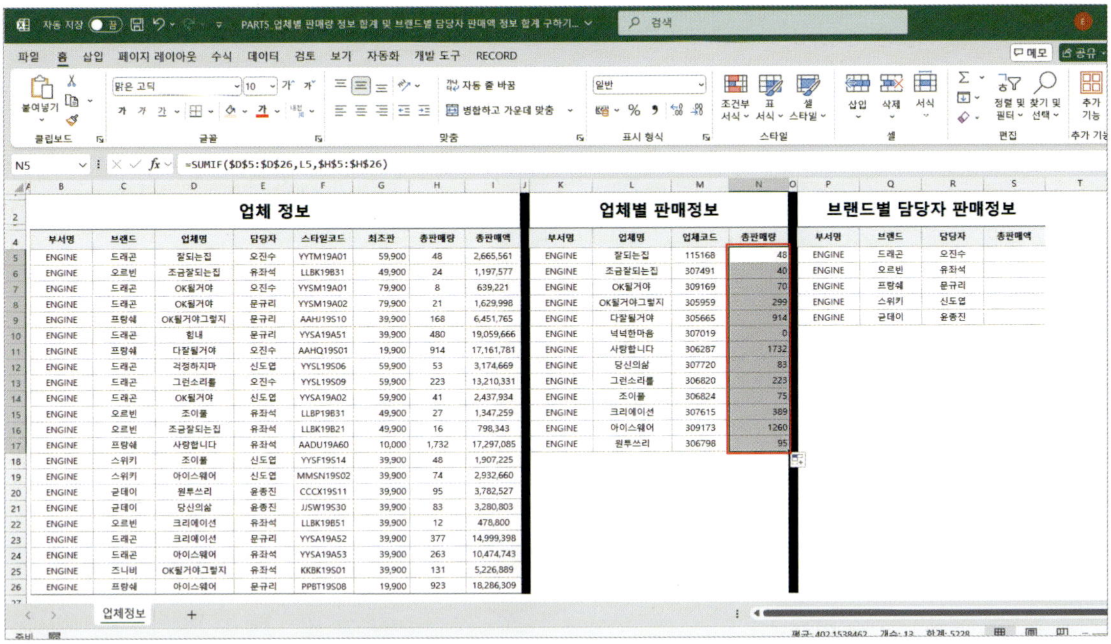

03 S5셀 클릭- '=SUMIFS($I$5:$I$26,$C$5:$C$26,Q5,$E$5:$E$26,R5)' 입력 후 S9셀까지 복사/붙여넣기합니다.

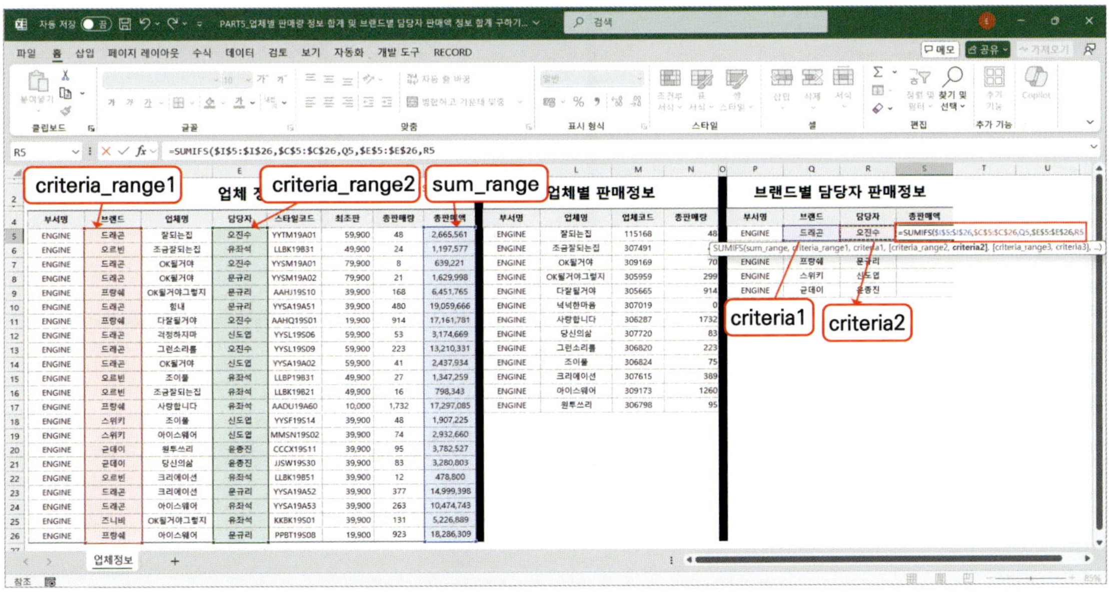

개념설명

=SUMIFS($I$5:$I$26,$C$5:$C$26,Q5,$E$5:$E$26,R5)

(❶ $I$5:$I$26, ❷ $C$5:$C$26, ❸ Q5, ❹ $E$5:$E$26, ❺ R5)

❶ $I$5:$I$26	다중 기준범위를 만족할 경우 더할 값 한 열 데이터 범위입니다.
❷ $C$5:$C$26	첫 번째 기준값이 있는 목록 한 열 데이터 범위입니다.
❸ Q5	첫 번째 기준값이 입력되어 있습니다.
❹ $E$5:$E$26	두 번째 기준값이 있는 목록 한 열 데이터 범위입니다.
❺ R5	두 번째 기준값이 입력되어 있습니다.

04 S5:S9셀 범위, '업체 정보' 표에서 두 개의 기준값인 '브랜드'와 '담당자' 모두를 만족하는 정보를 찾아 더한 결과 '총판매액'값을 확인합니다.

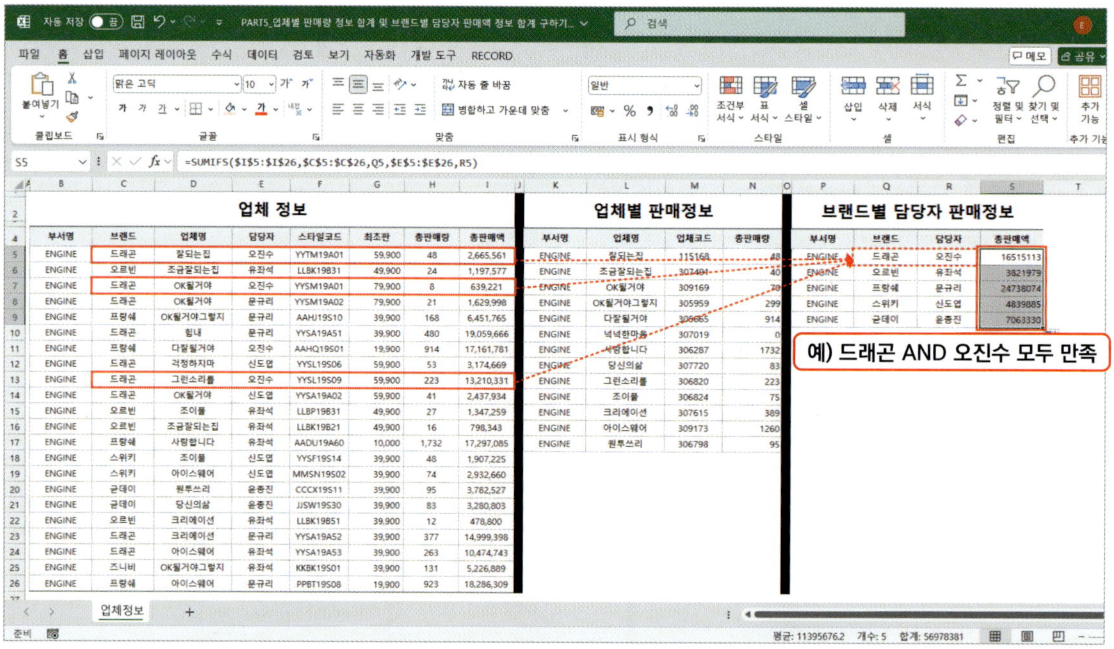

※ 예) 브랜드: 드래곤과 담당자: 오진수를 만족하는 백데이터는 총 3개입니다.

= 2,665,561+639,221+13,210,331, 결과는 출력된 16,515,113이 제대로 출력된 것을 확인할 수 있습니다.

CHAPTER 32

상품 사이즈별 판매량 정보 표에서 전체, 사이즈별 매출 및 컬러별 사이즈 판매량 합계하기 (SUMPRODUCT 함수)

예제 파일 PART2_32 상품 사이즈별 판매량 정보 표에서 전체, 사이즈별 매출 및 컬러별 사이즈 판매량 합계하기

실무 스킬

SUMPRODUCT 함수는 배열(범위 그룹)의 값을 곱하고 이를 합산하는 엑셀의 다재다능한 함수입니다. 여러 데이터 범위를 동시 계산하거나, 조건에 따라 합산을 조절할 수 있어 데이터 분석과 계산에서 매우 유용합니다. SUMPRODUCT를 사용하면 데이터를 단순히 곱한 뒤 합산하는 기본 작업뿐 아니라, 특정 조건을 설정하여 논리값(TRUE-1/ FALSE-0)을 이용해 필요한 데이터만 계산할 수도 있습니다. 이 함수는 단일 공식으로 여러 계산을 수행할 수 있습니다. 데이터 필터링, 조건부 계산, 또는 다중 배열의 수학적 분석 등에도 최적화된 SUMPRODUCT 함수는 엑셀에서 고급 분석과 동적 계산의 핵심 도구라고 볼 수 있습니다. 실무에서 사용되는 예제는 어떤 것들이 있는지 함께 살펴보도록 하겠습니다.

SUMPRODUCT 함수는 배열(범위 그룹)의 값을 곱해서 합산해 한 개 셀에 출력해 주는 함수입니다.

SUMPRODUCT(array1, [array2], [array3], ...)

1. array1: 필수 입력값으로 계산할 첫 번째 데이터 범위입니다.
2. [array2], [array3]·······.: 선택적 입력값으로 array1과 범위 크기가 동일한 추가 데이터 범위를 입력할 수 있습니다.

실무 연습

[사이즈별판매정보_실습] 시트에서 ❶ 전체 매출 합계를 SUMPRODUCT 함수의 가장 기본적인 사용법으로 출력하고 나서 ❷ 사이즈별 매출을 출력해 보겠습니다. 그리고 ❸ 컬러와 사이즈 두 개 기준값 모두를 만족하는 경우 판매량 합계를 출력해 보겠습니다.

실무 연습 ❶ 전체 매출 구하기

01 I5셀 클릭- '=SUMPRODUCT(F5:F23,G5:G23)' 입력 후 Enter 키를 누릅니다.

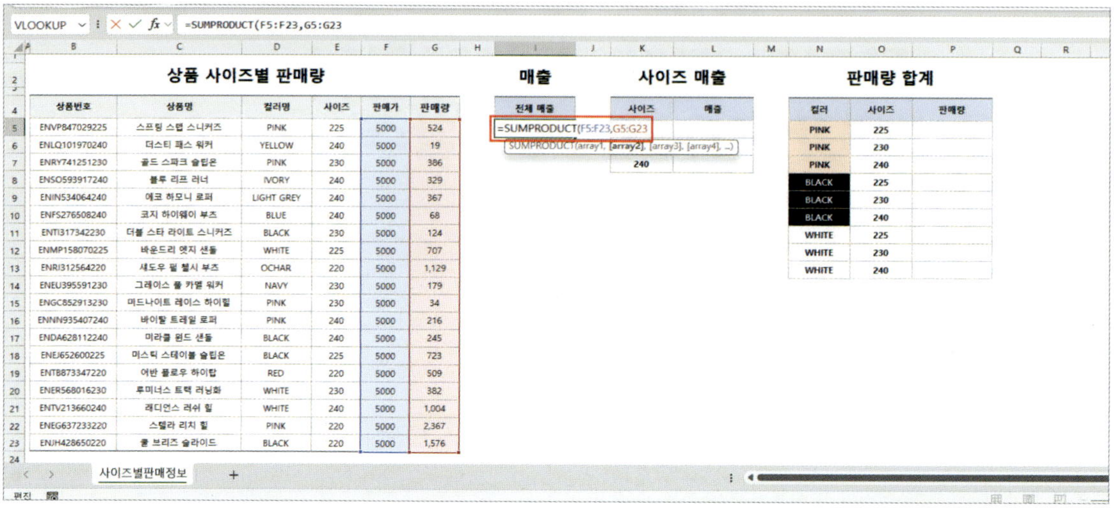

※ '=SUMPRODUCT(F5:F23,G5:G23)' 개념은,

SUM은 더하고, PRODUCT는 곱한다는 개념으로, 먼저 배열로 된 그룹 범위 안에 주소값을 F5*G5 + F6*G6 + F7*G7 + F8*G8………… 이런 식으로 곱해서 전부 더해 값을 출력해 주는 구조의 함수가 SUMPRODUCT입니다.

02 I5셀에 출력된 54440000 결과값을 확인합니다.

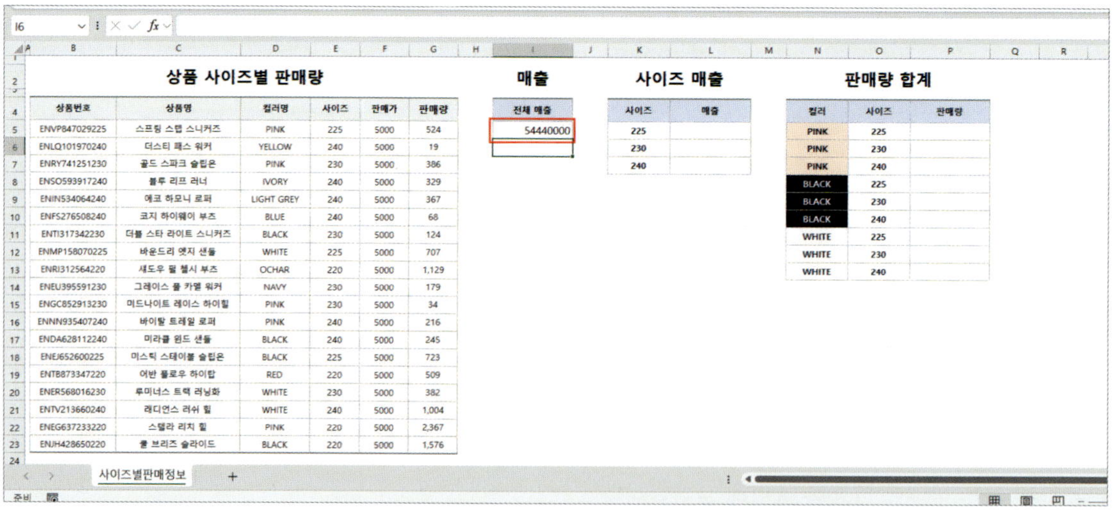

※ 이 결과값은 '판매가' * ' '판매량'을 한 행씩 곱해서 전부를 더한 값의 결과입니다.

실무 연습 ② 사이즈별 매출 구하기(2가지 방법으로 구하기)

첫 번째 방법

01 L5셀 클릭- '=SUMPRODUCT(($E$5:$E$23=K5)*($F$5:$F$23)*($G$5:$G$23))' 입력 후 L7셀까지 복사/붙여넣기합니다.

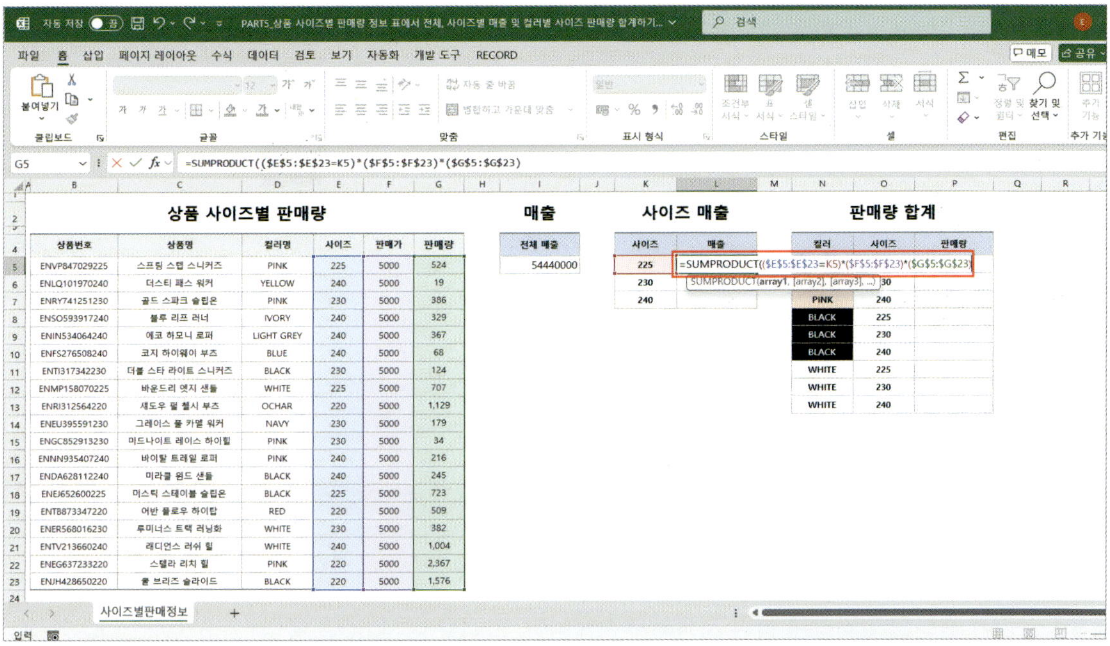

※ '=SUMPRODUCT(($E$5:$E$23=K5)*($F$5:$F$23)*($G$5:$G$23))' 개념은,
($E$5:$E$23=K5), 사이즈 범위=기준 사이즈 비교 구조로 이 결과는 '맞다' 또는 '틀리다' 개념인 TRUE나 FALSE가 출력되게 됩니다. ($E$5:$E$23=K5) 상기 범위를 마우스로 드래그한 상태에서 F9번 키를 누르게 되면 중간 결과값을 확인할 수 있는데, {TRUE;FALSE;FALSE;FALSE;FALSE;FALSE;FALSE;TRUE;FALSE;FALSE;FALSE;FALSE;FALSE;TRUE;FALSE;FALSE;FALSE;FALSE;FALSE}, 이렇게 각 범위 셀들은 비교 대상 기준값 사이즈와 일치하는지 아닌지를 TRUE 또는 FALSE값으로 출력을 하게 됩니다.
TRUE 또는 FALSE 논리값은 사칙연산이 적용이 되어야만 계산이 가능합니다. TRUE는 1, FALSE는 0이란 개념이 있습니다.
그래서 앞서 배운 ($F$5:$F$23)*($G$5:$G$23) 매출을 구하는 식을 곱한 사칙연산을 적용해 TRUE자리 행 값 구간에 매출만 곱해서 더하므로 특정 사이즈 기준값을 만족하는 결과를 도출할 수 있게 됩니다.

02 L5:L7셀 범위, 각 사이즈 기준값 매출이 출력된 결과를 확인할 수 있습니다.

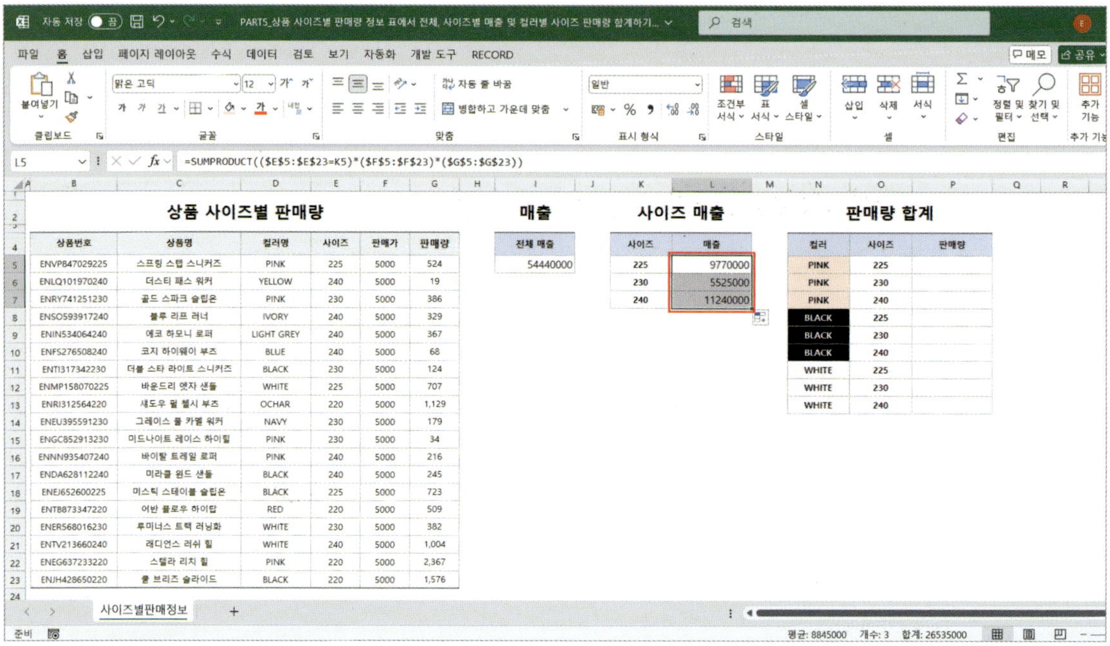

두 번째 방법

01 기존 출력된 결과값은 범위 지정해서 지웁니다. 그리고 나서 L5셀 클릭- '=SUMPRODUCT(--($E$5:$E$23=K5),$F$5:$F$23,$G$5:$G$23)' 입력 후 L7셀까지 복사/붙여넣기합니다.

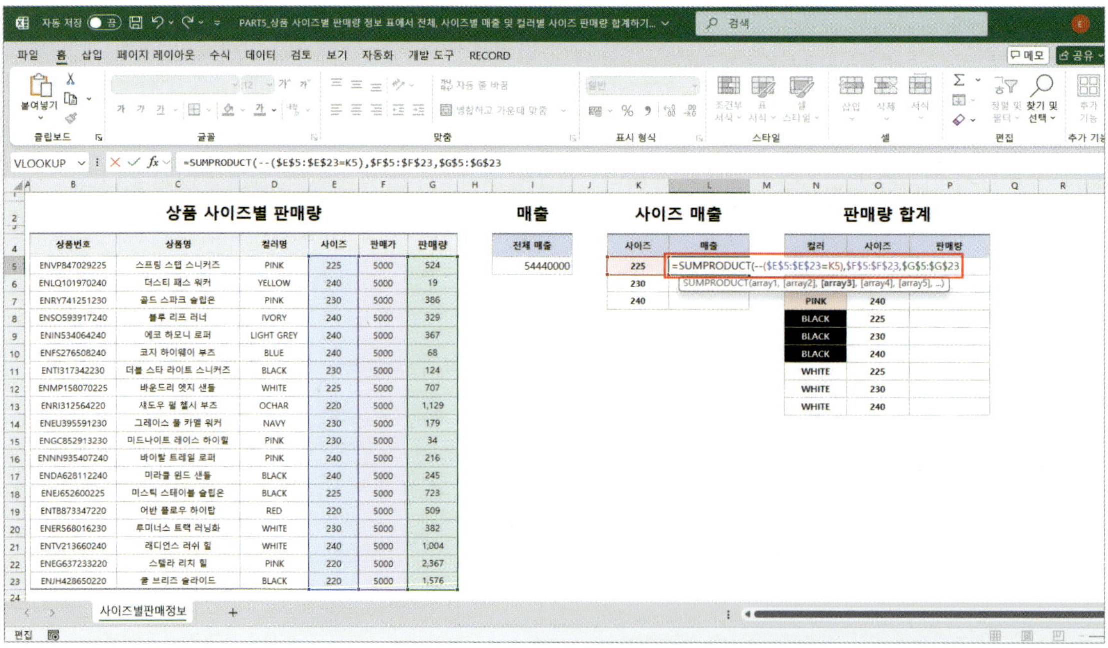

※ '=SUMPRODUCT(--($E$5:$E$23=K5),$F$5:$F$23,$G$5:$G$23)' 개념은,
--($E$5:$E$23=K5), 사이즈 범위와 사이즈 기준값을 비교한 결과값이 일치하는 경우는 TRUE값이 출력되고 아닌 경우는 FALSE가 출력됩니다. 이때 사칙연산이 적용되어야만 계산이 가능하다고 말씀드렸습니다. 현재 수식에서는 사칙연산 적용이 안되어 있습니다.
그렇지만 계산이 가능한 이유는 더블 네거티브라는 기호로 TRUE와 FALSE값을 숫자값으로 대체시켜 놓았기 때문인데 마이너스 기호를 두 번(--) 표시하는 형태를 더블 네거티브라고 일컫고 이 기호가 괄호 앞에 표시되었을 때 TRUE는 1, FALSE는 0을 반환해 각 셀 범위 출력 값이 1 또는 0이 되게끔 하는 역할을 하게 됩니다.
$F$5:$F$23,$G$5:$G$23 매출을 구하는 부분은 그대로 쉼표(,)를 구분자 인수로 각각 입력되어 TRUE인 경우 1 * 매출 구조로 결과값을 출력하는 형태로 '매출' 표에서 전체 매출을 구한 구조와 동일한 로직으로 운영되었습니다.

02 L5:L7셀 범위, 각 사이즈 기준값 매출이 출력된 결과를 확인할 수 있습니다.

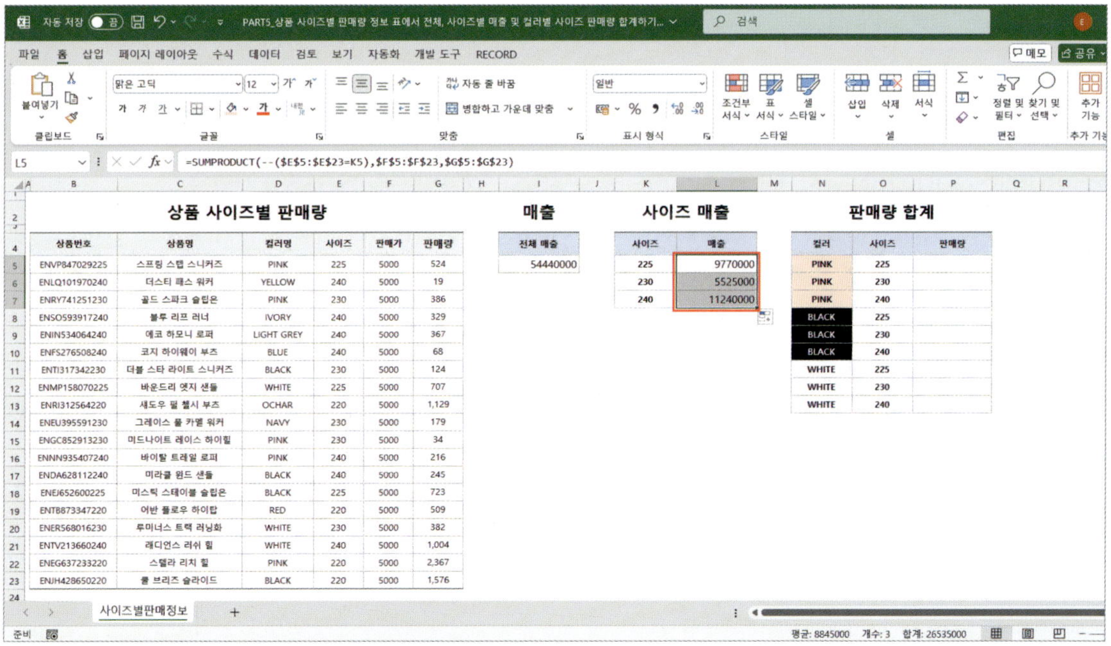

실무 연습 ❸ 컬러별 사이즈 판매량 구하기

01 P5셀 클릭- '=SUMPRODUCT((N5=$D$5:$D$23)*(O5=$E$5:$E$23)*($G$5:$G$23))' 입력 후 P13셀까지 복사/붙여넣기합니다.

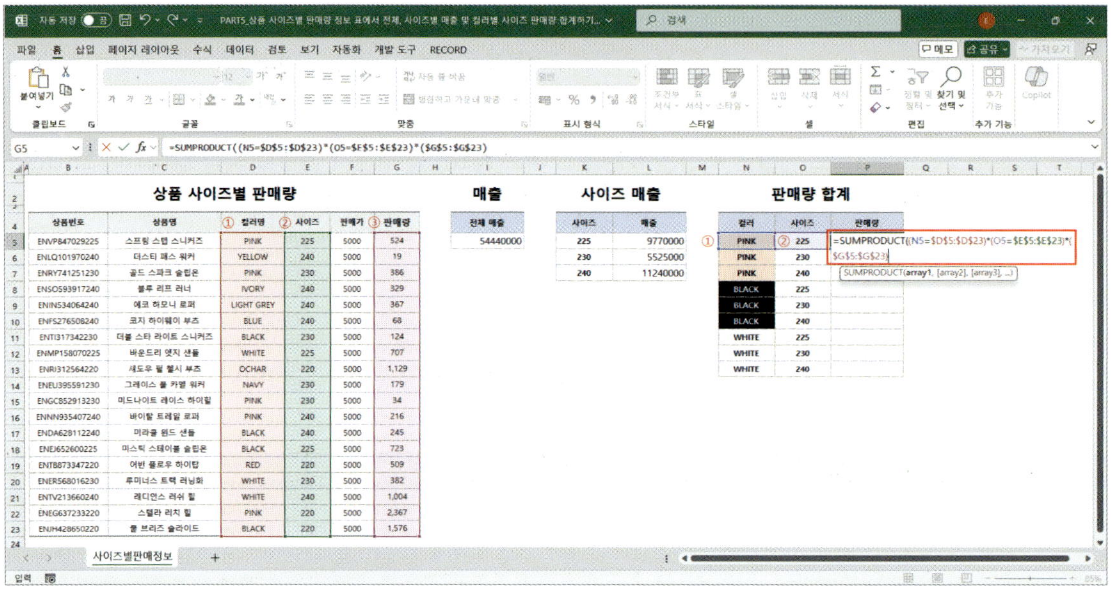

※ =SUMPRODUCT((N5=$D$5:$D$23)*(O5=$E$5:$E$23)*($G$5:$G$23) 개념은,
(N5=$D$5:$D$23), N5셀- 컬러 기준값과 $D$5:$D$23- 컬러 범위를 비교해 값이 같다면 TRUE를 반환하고 아니라면 FALSE를 반환하는 논리 구조를 만들었습니다.
(O5=$E$5:$E$23), O5셀- 사이즈 기준값과, $E$5:$E$23- 사이즈 범위를 비교해 값이 같다면 TRUE를 반환하고 아니라면 FALSE를 반환하는 논리 구조를 만들었습니다.
($G$5:$G$23), '판매량' 범위로 컬러 범위에 TRUE값과 사이즈 범위 TRUE값의 곱을 만족하는 구간의 판매량을 곱하기 해 판매량을 출력해 모두 더할 수 있도록 구조를 만들었습니다.

※ 요약하자면 3가지 범위를 곱하기(*) 연산자, 즉 사칙연산으로 연결해 'TRUE(컬러)*TRUE(사이즈)*판매량' 만족하는 구간을 모두 더해 총판매량 합계를 출력하고 있습니다.

02 P5:P13셀 범위, 컬러별 사이즈 합계값이 출력된 결과를 확인합니다. 샘플로 'PINK', '235'사이즈를 만족하는 G7셀- 386 + G15셀- 34 = 결과값 420이 출력된 결과를 확인합니다.

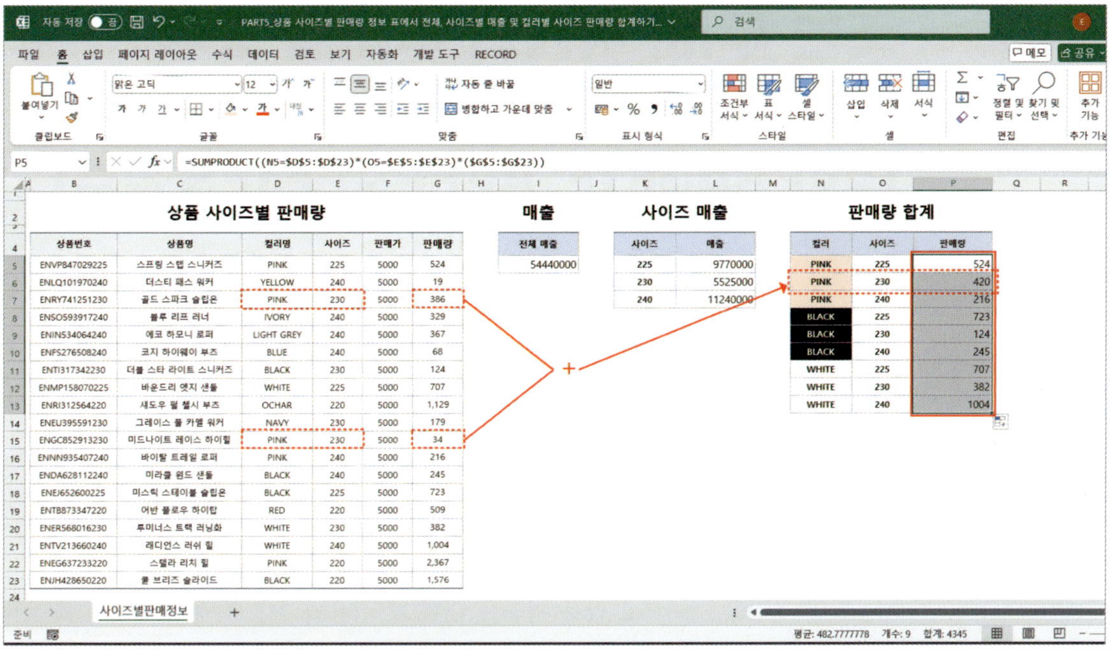

CHAPTER 33

직원별 전년, 올해 성과점수를 직급 또는 부서, 직급과 부서를 모두 만족하는 경우 평균 구하기 (AVERAGEIF, AVERAGEIFS 함수)

예제 파일 PART2_33 직원별 전년, 올해 성과점수를 직급 또는 부서, 직급과 부서를 모두 만족하는 경우 평균 구하기

실무 스킬

AVERAGEIF 함수와 AVERAGEIFS 함수는 엑셀에서 데이터를 단일 또는 다중 조건에 따라 평균을 계산할 수 있는 도구입니다. 이 두 함수는 데이터 집계와 분석, 취합에서 효율적으로 작동하며, 특정 기준을 만족하는 값만 포함하도록 설계되었습니다.

AVERAGEIF 함수는 단일 조건을 기준으로 값을 평균을 내는 데 사용됩니다. 특정 범위에서 조건을 만족하는 값만 선택하여 평균을 계산하며, 간단한 데이터 필터링과 계산에 적합합니다. 예를 들어, 특정 제품의 판매 데이터에서 "A"라는 제품만 평균 판매량을 계산하고 싶을 때 활용할 수 있습니다.

AVERAGEIFS 함수는 AVERAGEIF의 확장형으로, 다중 조건을 만족하는 데이터의 평균을 계산할 수 있습니다. 여러 기준(예: 날짜와 지역)을 동시에 적용하여 분석할 때 유용하며, 복잡한 데이터 필터링과 세밀한 분석에 적합합니다.

실무에서 어떻게 사용 가능한지 예제를 살펴보겠습니다.

AVERAGEIF(range, criteria, [average_range])

1. range(**데이터 범위**): 기준값을 만족하는 목록이 있는 셀 범위입니다.
2. criteria(**기준 조건**): range범위 안에 있는 기준값 하나를 지정합니다.
3. [average_range](**평균_범위**): 범위 안에 조건을 만족하는 평균을 구하는데 사용할 실제 숫자가 있는 목록 범위입니다. 생략하면 범위 안에 있는 셀이 사용됩니다.

AVERAGEIFS(average_range, criteria_range1, criteria1, [criteria_range2, criteria2]…….)

1. average_range(**평균_범위**): 다중 범위 안에 모든 조건을 만족하는 평균을 구하는 데 사용할 실제 숫자가 있는 목록 범위입니다.
2. criteria_range1(**첫 번째 기준 범위**): 첫 번째 기준값을 만족하는 첫 번째 목록이 있는 셀 범위입니다.
3. criteria1(**첫 번째 기준값**): criteria_range1 범위 안에 있는 기준값 하나를 지정합니다.

4. [criteria_range2(두 번째 기준 범위): 두 번째 기준값을 만족하는 첫 번째 목록이 있는 셀 범위입니다. 127개 인수까지 지정할 수 있습니다.

5. [criteria2](두 번째 기준값): criteria_range2 범위 안에 있는 기준값 하나를 지정합니다. 127개 인수까지 지정할 수 있습니다.

요약

각 기준에 부합하는 모든 범위 조건을 만족하는 평균값을 구하는 함수입니다.

실무 연습

[성과점수] 시트에서 '직급'을 만족하는 '전년 성과점수'의 평균을 구하고, '부서'를 만족하는 '올해 성과점수' 평균을 구해 보겠습니다. 그리고 나서 '직급'과 '부서'를 만족하는 '전년과 올해 성과점수'의 평균을 구해 보겠습니다.

실무 연습 ❶ '직급'을 만족하는 '전년 성과점수' 평균 구하기

01 L5셀 클릭- '=AVERAGEIF($C$5:$C$22,K5,$F$5:$F$22)' 입력 후 L8셀까지 복사/붙여넣기합니다.

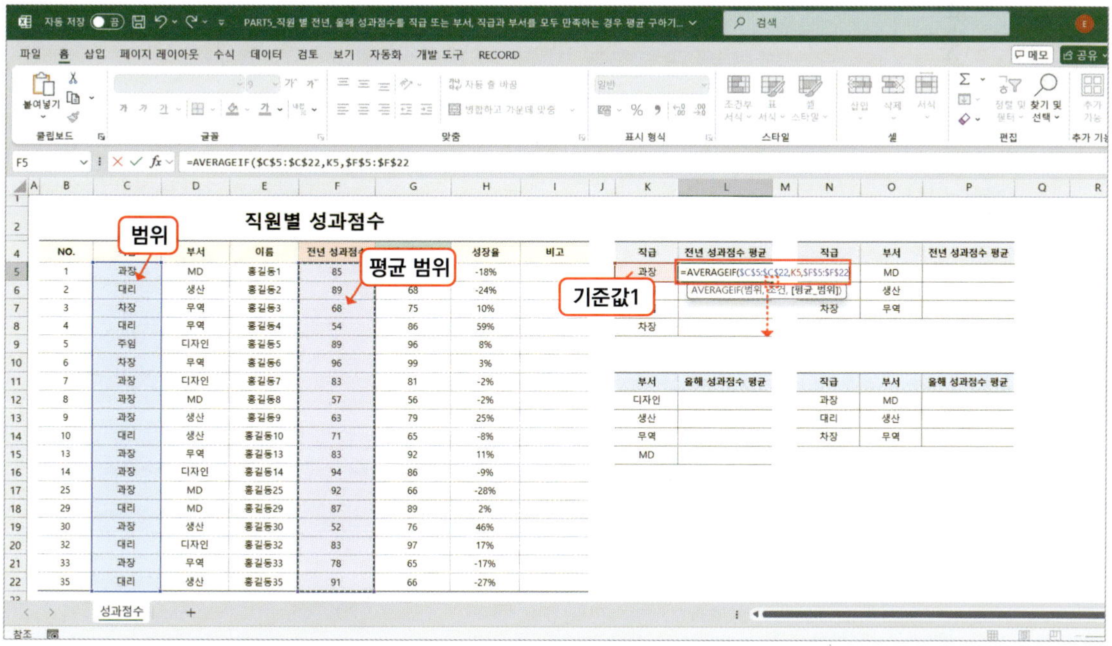

개념설명

=AVERAGEIF($C$5:$C$22,K5,$F$5:$F$22)

❶ $C$5:$C$22	기준값이 있는 범위 목록을 지정했습니다.
❷ K5	기준값을 입력했습니다.
❸ $F$5:$F$22	범위 안에 기준값을 만족하는 경우 행 번호 숫자값을 찾아 평균을 낼 범위를 지정했습니다.

02 L5:L8셀 범위, 출력된 '직급별 전년 성과점수' 평균을 확인합니다. 샘플로 '차장'의 평균 82를 확인해 봅니다.

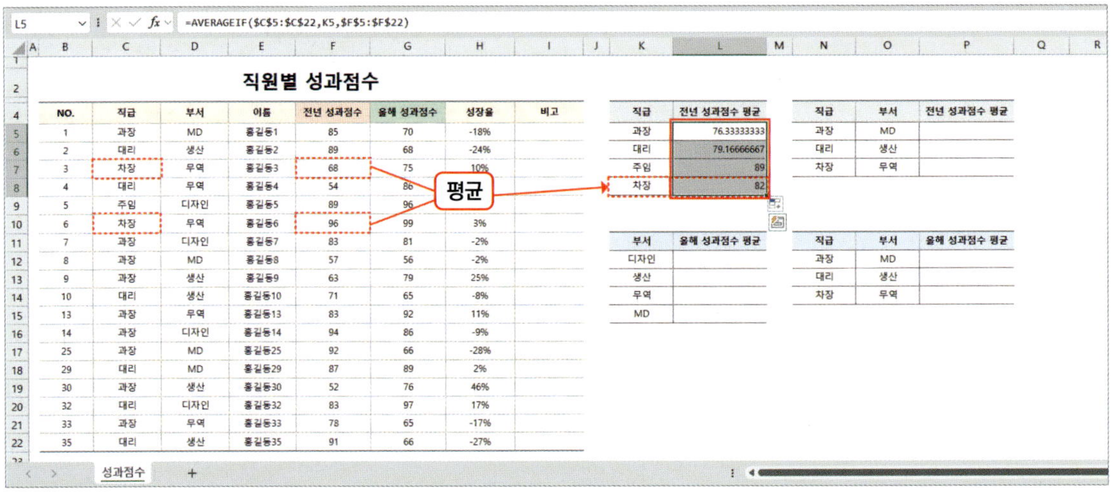

실무 연습 ❷ '부서'를 만족하는 '올해 성과점수' 평균 구하기

01 L12셀 클릭- '=AVERAGEIF($D$5:$D$22,K12,$G$5:$G$22)' 입력 후 L15셀까지 복사/붙여넣기합니다.

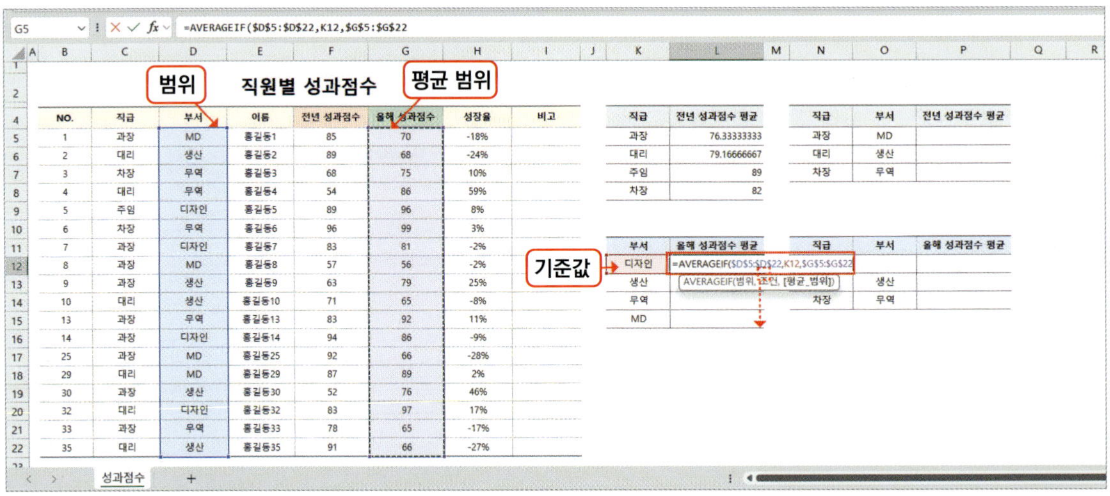

02 L12:L15셀 범위, 출력된 '직급별 올해 성과점수' 평균을 확인합니다. 샘플로 '디자인' 부서 평균 90을 확인해 봅니다.

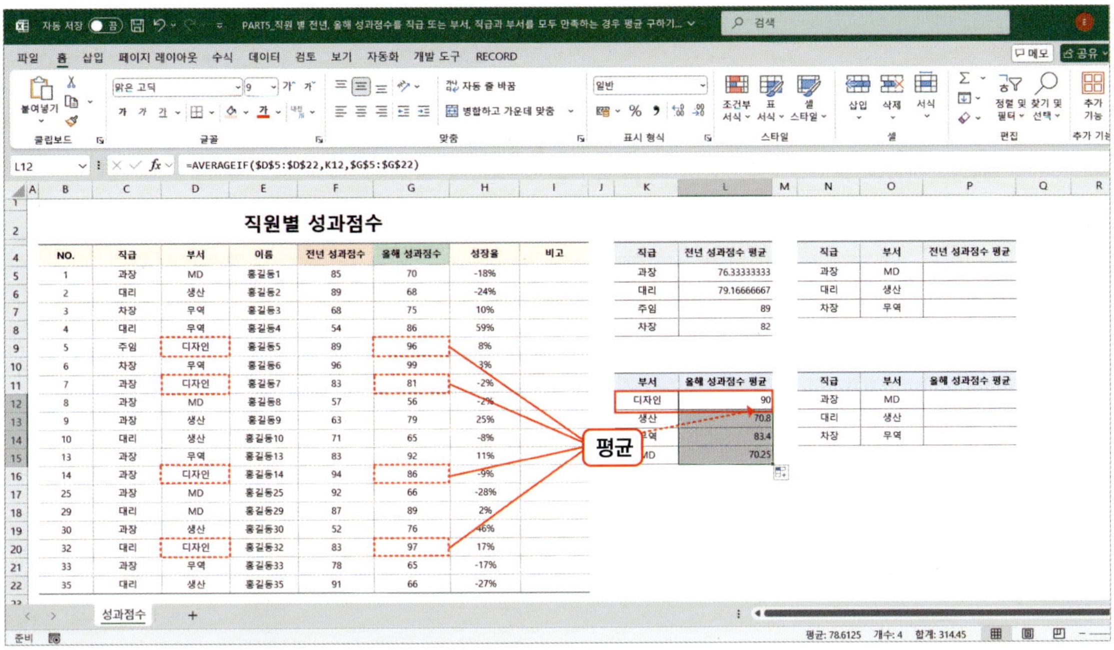

실무 연습 ③ '직급과 '부서'를 만족하는 '전년 성과점수' 평균 구하기

01 P5셀 클릭- '=AVERAGEIFS($F$5:$F$22,$C$5:$C$22,N5,$D$5:$D$22,O5)' 입력 후 P7셀까지 복사/붙여넣기합니다.

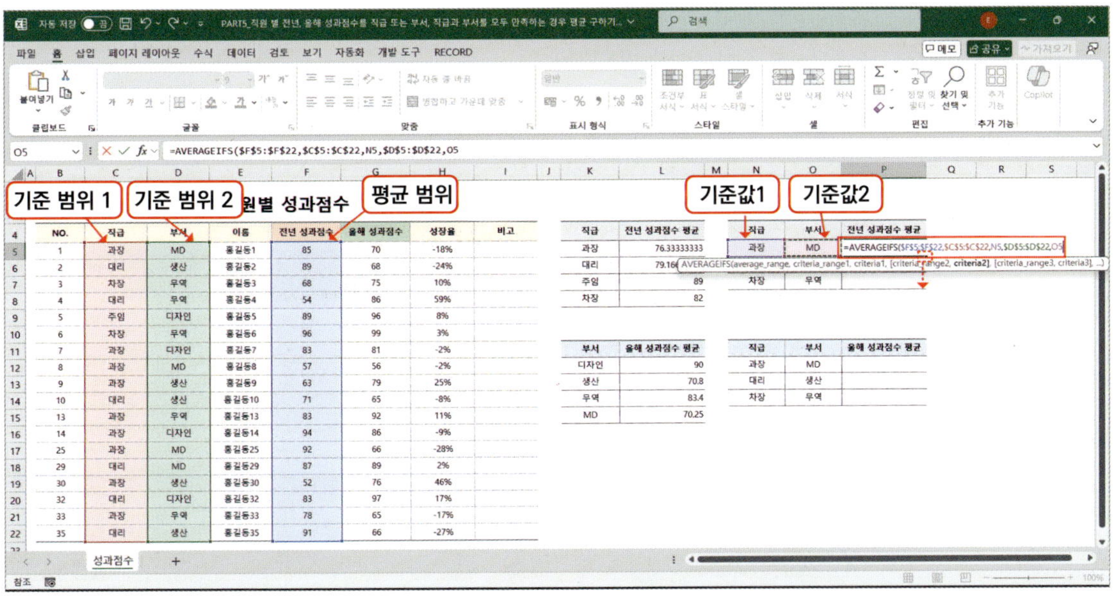

개념설명

=AVERAGEIFS($F$5:$F$22,$C$5:$C$22,N5,$D$5:$D$22,O5)

❶ $F$5:$F$22	다중 범위 안에 모든 조건을 만족하는 평균을 구하는데 사용할 실제 숫자가 있는 목록 범위입니다.
❷ $C$5:$C$22	첫 번째 기준값, 직급이 있는 범위 목록을 지정했습니다.
❸ N5	첫 번째 기준값 직급을 선택했습니다.
❹ $D$5:$D$22	두 번째 기준값, 부서가 있는 범위 목록을 지정했습니다.
❹ O5	두 번째 기준값 부서를 선택했습니다.

02 P5:P7셀 범위, 출력된 '전년 성과점수' 평균을 확인합니다. 샘플로 '과장', 'MD'를 모두 만족하는 평균 78을 확인해 봅니다.

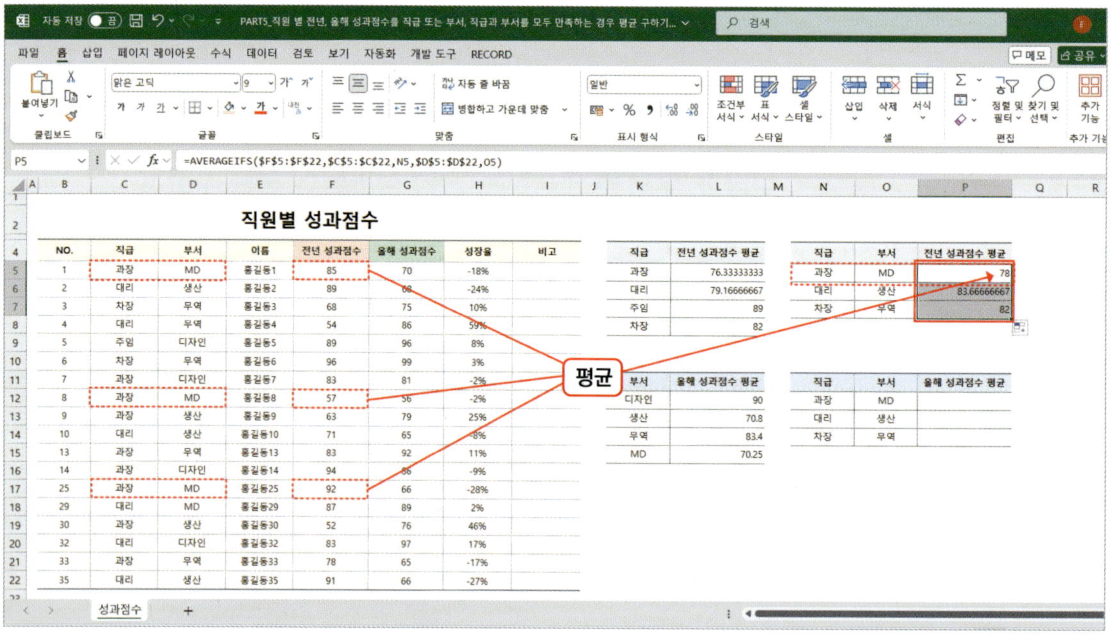

실무 연습 4 '직급과 '부서'를 만족하는 '올해 성과점수' 평균 구하기

01 P12셀 클릭- '=AVERAGEIFS($G$5:$G$22,$C$5:$C$22,N12,$D$5:$D$22,O12)' 입력 후 P14셀까지 복사/붙여넣기합니다.

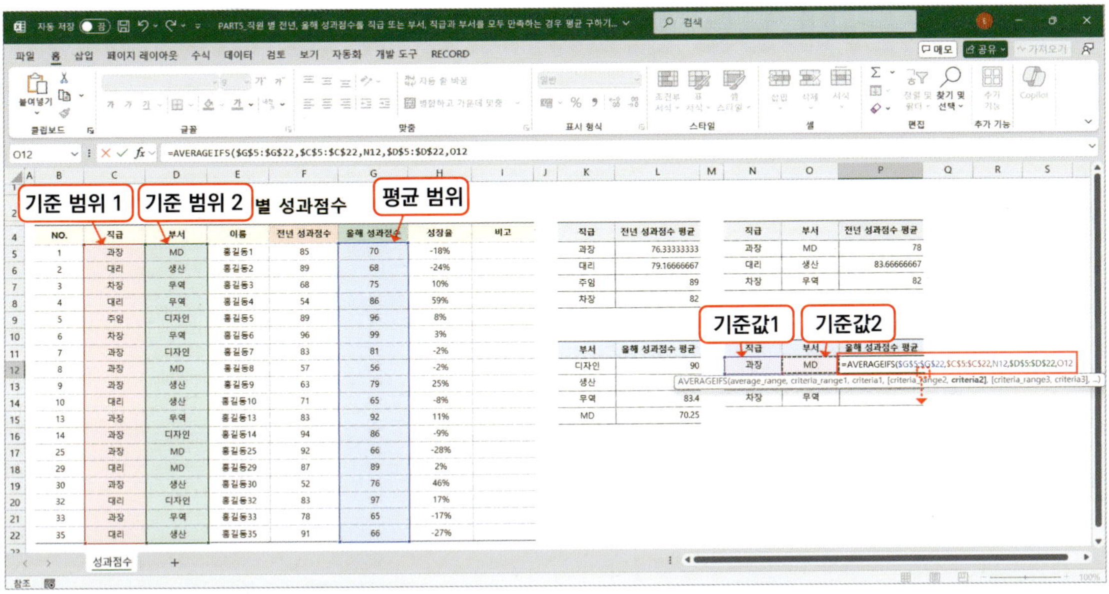

02 P12:P14셀 범위, 출력된 '올해 성과점수' 평균을 확인합니다. 샘플로 '대리', '생산'을 모두 만족하는 평균 66.33333333을 확인해 봅니다.

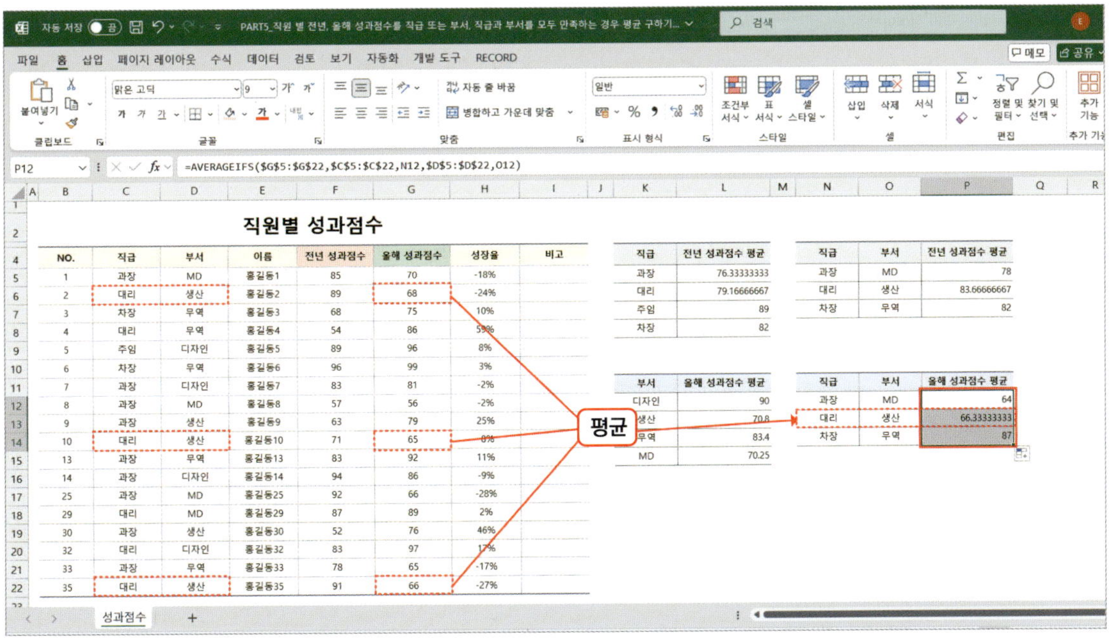

CHAPTER 34

논리값으로 1, 2분기 매출 비교를 통한 아이템 개수 구하기(TRUE, FALSE 논리)/배열 구조 이해하기

예제 파일 PART2_34 논리값으로 1, 2분기 매출 비교를 통한 아이템 개수 구하기

실무 스킬

엑셀에서 TRUE와 FALSE는 조건을 만족하는지에 대한 결과를 나타내는 중요한 논리값입니다. TRUE라는 논리값은 '맞다, 참이다, 유사하다'라는 뜻이 있고, FALSE는 조건이 '거짓이다, 틀리다, 유일하다'라는 뜻으로 쓰입니다. FALSE 조건 '유일하다'는 VLOOKUP 함수에 4번째 논리값으로 사용되는 논리값이기도 합니다. 예를 들어 "10이 5보다 큰가?"라는 질문에는 TRUE가 반환됩니다. 식으로 표현하면 '=10>5' 이렇게 표현할 수 있습니다. 반대로 "2가 8보다 큰가?"라는 질문에는 FALSE가 나옵니다. 식으로 표현하면 '=2>8' 이렇게 표현할 수 있습니다.

또한 TRUE는 엑셀에서 숫자 1로 계산되고, FALSE는 숫자 0으로 계산됩니다. 중요한 포인트는 TRUE, FALSE라는 논리값 문자를 대상으로 계산을 할 때는 반드시 사칙연산으로 계산을 해야 숫자 결과값을 얻을 수 있습니다. 예로, '=TRUE+TRUE, 결과 2', 단순히 SUM 함수 인수로 TRUE, FALSE 범위를 지정하면 값을 계산할 수 없게 됩니다.

이처럼 계산에서도 활용할 수 있기 때문에 단순한 논리값 이상으로 중요합니다. TRUE와 FALSE는 조건부 서식, 데이터 필터링 등 다양한 엑셀 작업에 사용됩니다. 간단한 예제를 통해 실무에서는 어떻게 활용되는지 배워 보겠습니다.

CHAPTER 7(324p)에 나온 내용과 유사하나 같은 내용은 아니니 참고 바랍니다.

실무 연습

[분기매출비교] 시트에서 '2분기 매출이 1분기 매출보다 큰 아이템 개수 구하기'를 해 보겠습니다. 비교를 통해 출력된 값을 숫자값으로 더하는 방법을 알아보도록 하겠습니다. 두 번째 SUM 함수를 이용해 논리값을 한 번에 더하는 방법도 함께 알아보겠습니다. 마지막 세 번째, '담당자별 아이템 개수'를 논리값으로 구해 보도록 하겠습니다.

실무 연습 ❶ 2분기 매출이 1분기 매출보다 큰 아이템 개수 구하기

01 G5셀 클릭- '=D5<E5' 입력 후 G22셀까지 복사/붙여넣기합니다.

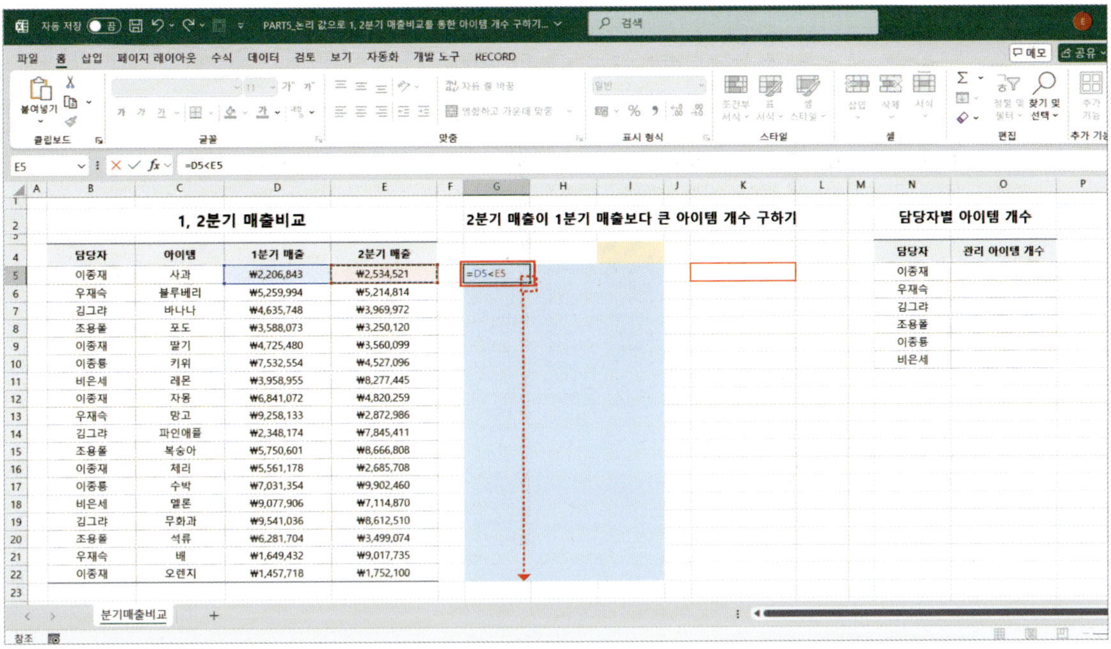

02 G5:G22셀 범위에 TRUE 또는 FALSE가 출력된 결과를 확인하고, H5:H22셀 범위 전체를 숫자 1을 입력합니다.

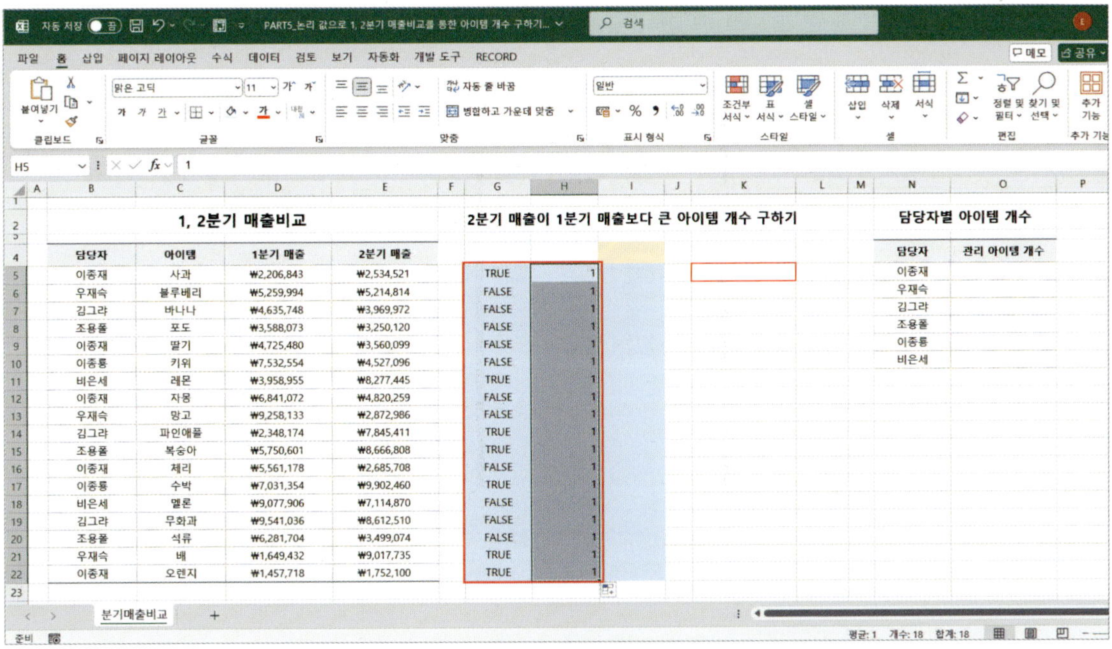

03 I5셀 클릭- '=G5*H5' 입력 후 I22셀까지 복사/붙여넣기합니다.

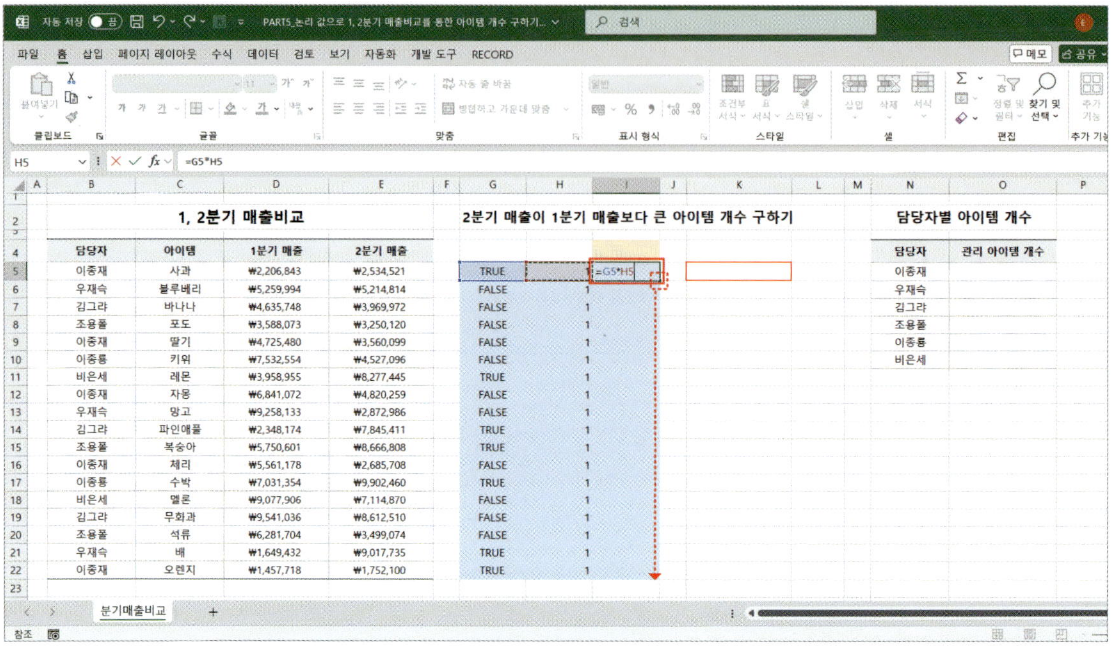

04 I4셀 클릭- TRUE 또는 FALSE 곱하기(*) 1한 결과 범위 I5:I22를 SUM 함수로'=SUM(I5:I22)' 입력 후 Enter 키를 누릅니다.

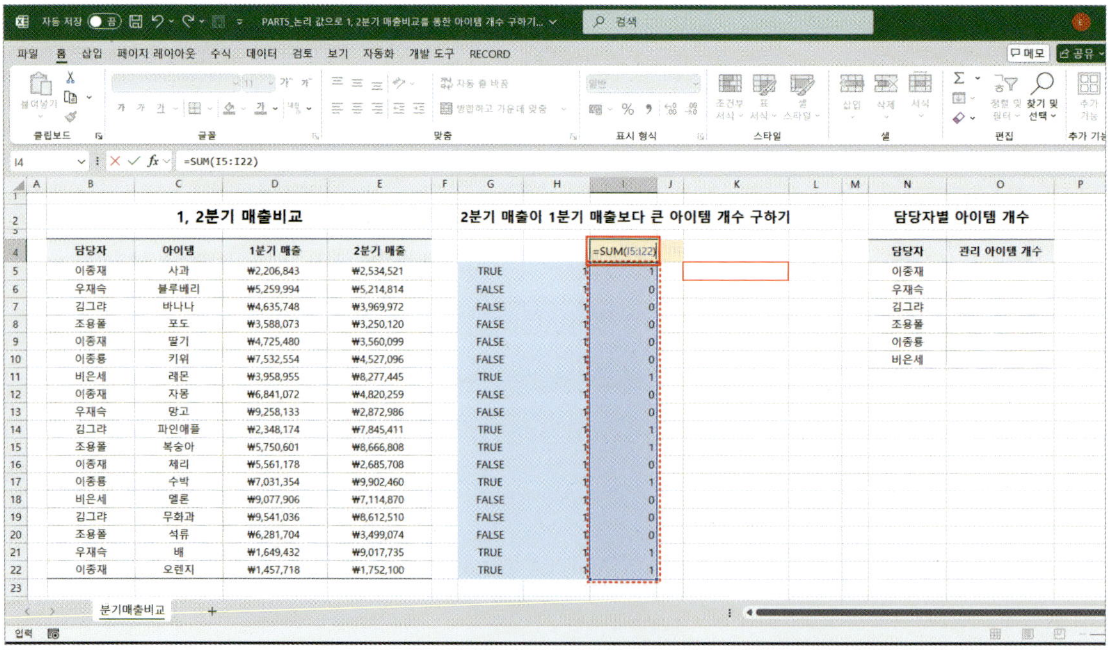

05 I4셀에 출력된 2분기 매출이 1분기 매출보다 큰 아이템 개수, 7 결과값을 확인합니다.

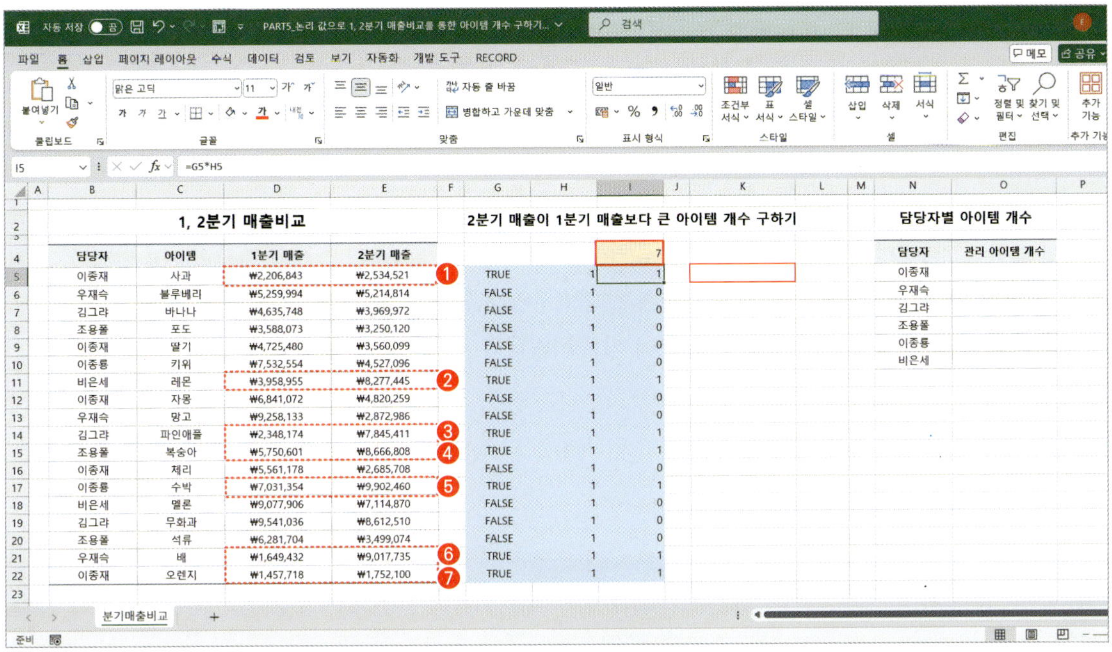

실무 연습 ② 2분기 매출이 1분기 매출보다 큰 아이템 개수 구하기

01 K5셀 클릭- '=SUM((D5:D22<E5:E22)*1)' 입력 후 Ctrl+Shift+Enter 키를 누릅니다.

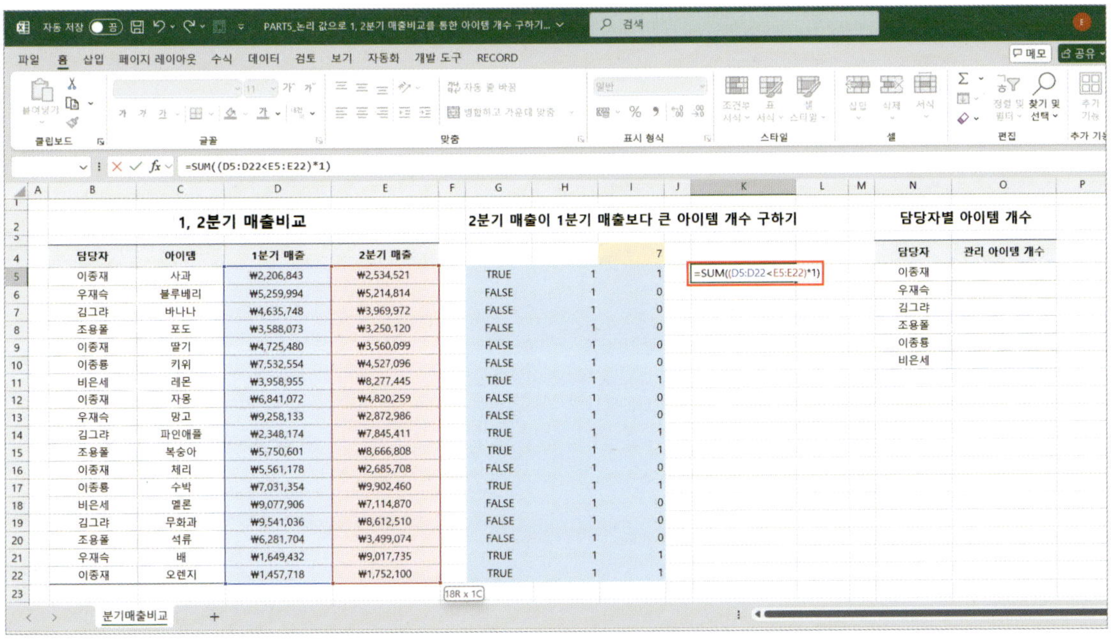

※ '=SUM((D5:D22<E5:E22)*1) 수식은 앞 페이지의 01번에서 단계별로 계산한 과정을 SUM 함수 인수, (D5:D22<E5:E22) TRUE, FALSE 논리값을 사칙연산을 적용해 한 번에 출력해 더한 결과입니다.

이런 개념을 배열이라고 합니다. 배열 구조에서는 수식을 입력 마무리할 때 그냥 Enter 키를 누르는 것이 아니라 반드시 Ctrl+Shift+Enter를 눌러 마무리해야 합니다.

Ctrl+Shift+Enter 개념은 배열을 입력할 때 사용하는 방법으로 01번 문제에서 출력된 여러 개 논리 결과값이 여러 개 셀로 출력된 형태의 배열, 즉 범위 그룹이기 때문에 프로그램에서 한 셀씩 출력된 결과를 하나의 그룹으로 인식하게 만들어주기 위한 입력 방법입니다.

그래서 배열로 참조된 구간에서는 반드시 Ctrl+Shift+Enter를 눌러 수식을 마무리해야 합니다. 배열 수식이 입력되면 수식에 중괄호({})가 표시되게 됩니다. {=SUM((D5:D22<E5:E22)*1)}

배열 수식은 병합된 셀에서는 사용할 수 없으니 참고 바랍니다.

02

2분기 매출이 1분기 매출보다 큰 아이템 개수를 SUM 함수 인수에 논리값 곱하기 사칙연산 적용으로 출력된 합계값 7을 확인합니다.

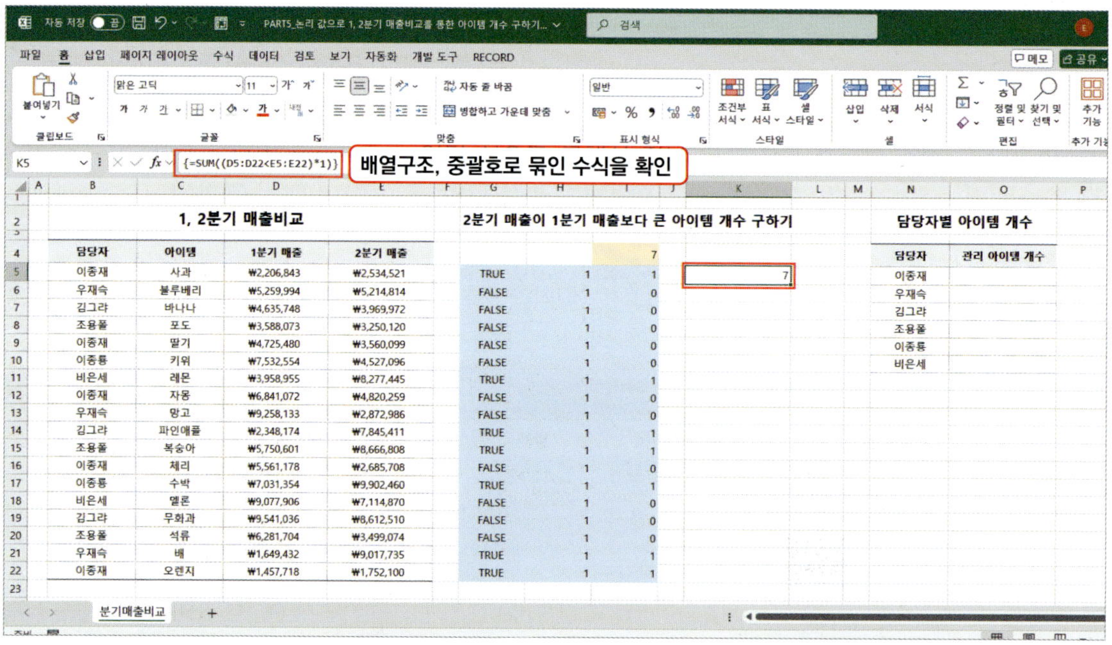

실무 연습 ③ '담당자별 아이템 개수'를 논리값 배열 구조로 참조해 구하기

01 O5셀 클릭- '=SUM(($B$5:$B$22=N5)*1)' 입력 후 Ctrl + Shift + Enter 를 눌러 배열 수식을 완성합니다.

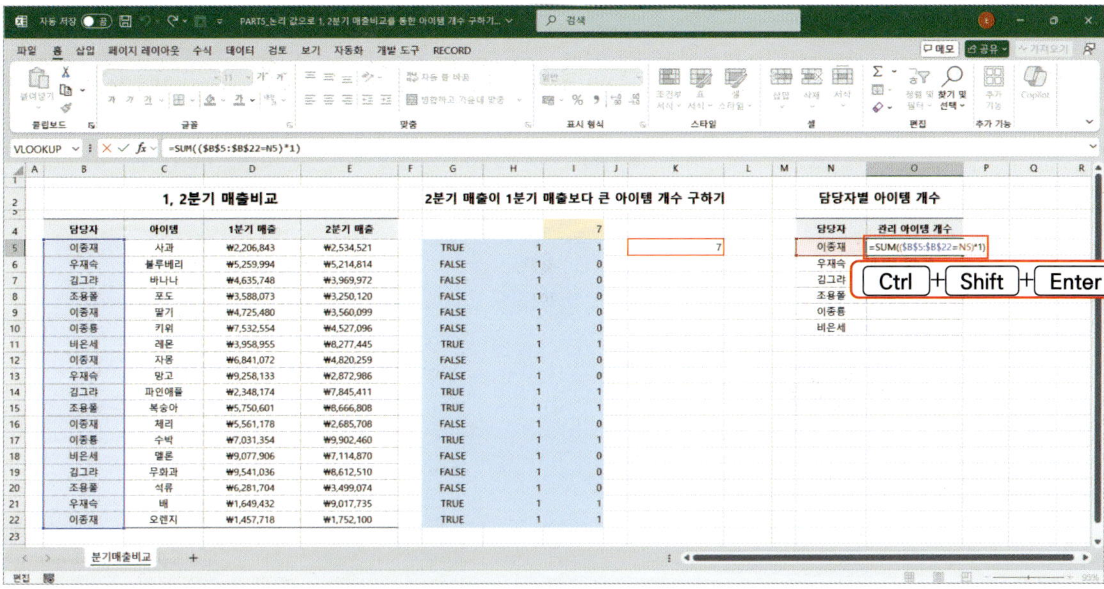

※ ($B$5:$B$22=N5), SUM 함수에 참조된 왼쪽 수식을 마우스로 드래그한 상태에서 F9키를 누르면 중간 계산 결과값을 확인할 수 있습니다.
{TRUE;FALSE;FALSE;FALSE;TRUE;FALSE;FALSE;TRUE;FALSE;FALSE;FALSE;TRUE;FALSE;FALSE;FALSE;FALSE;FALSE;TRUE}, 비교 대상이 있을 때는 반드시 TRUE나 FALSE가 출력이 됩니다. 그런데 TRUE, FALSE는 사칙연산이 없으면 숫자값으로 계산할 수 없기 때문에 곱하기(*) 1을 해서 숫자값으로 출력될 수 있게끔 마지막에 곱하기(*)1을 해 주었습니다. 그렇게 되면 처음부터 출력된 자리에 논리값을 한 개씩 차례대로 곱하기(*) 1을 해서 출력된 결과값을 더하게 됩니다.

02 O5:O10셀 범위, 담당자별 아이템 개수를 SUM 함수 논리값 인수를 배열 구조로 참조해 구한 결과값을 확인합니다.

※ 배열 수식으로 출력된 결과값을 복사해 O10셀까지 복사/붙여넣기한 결과입니다.

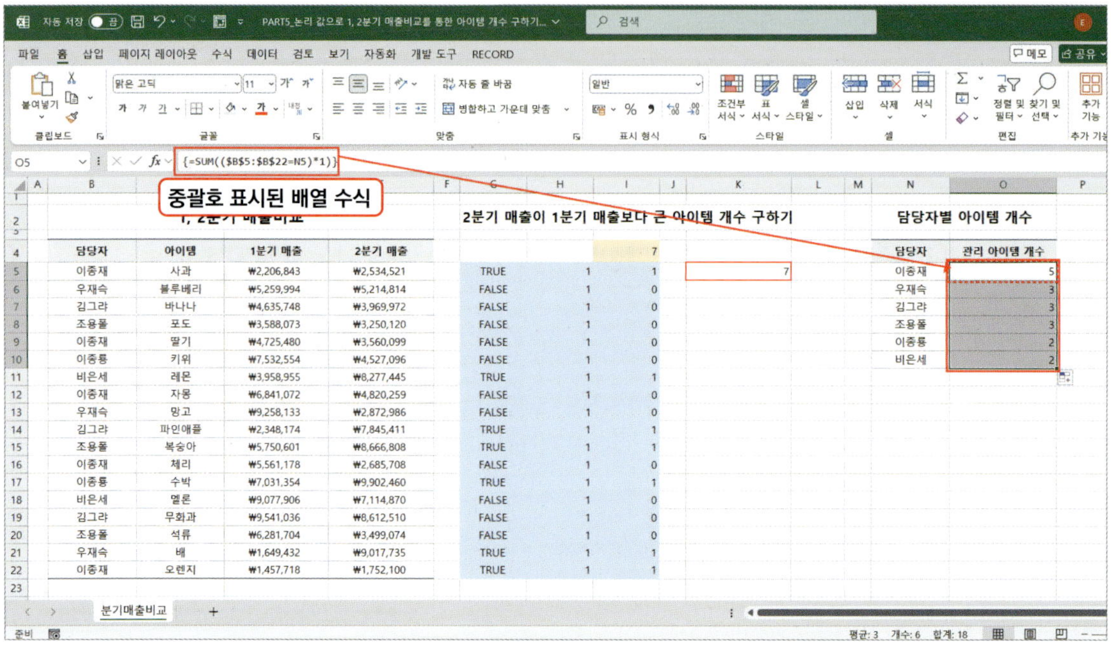

엑셀 엔진 UP! 배열 구조 이해하기

배열(array)은 데이터를 구성하는 하나의 집합으로, 여러 값이 한 그룹으로 묶여 있는 형태를 의미합니다. 이를 쉽게 이해하자면, 셀 범위의 그룹이 배열이라고 생각할 수 있습니다. 배열은 행 또는 열뿐만 아니라, 행과 열이 결합된 2차원 데이터도 포함합니다.

배열의 주요 특징

1. 단일 행/열 배열: 한 행(A1:D1)이나 한 열(A1:A5)에 나열된 데이터 집합.

★ 출력방법 두 가지 알아보기

1) 행 방향 배열 출력: '={1, 2, 3, 4}'을 배열로 출력하기 위해서는 ❶ 출력할 4개 범위 행 방향(가로로 범위지정)으로 지정, ❷ 수식 입력, '={1, 2, 3, 4}', ❸ Ctrl + Shift + Enter 키를 눌러 배열 수식 입력하기

※ 행 방향 출력: 중괄호+텍스트+쉼표 구조

2) 열 방향 배열 출력: '={1; 2; 3; 4}'을 배열로 출력하기 위해서는 ❶ 출력할 4개 범위 열 방향(세로로 범위지정), ❷ 수식 입력, '={1; 2; 3; 4}', ❸ Ctrl + Shift + Enter 키를 눌러 배열 수식 입력하기

※ 열 방향 출력: 중괄호+텍스트+세미콜론 구조

TIP 여기에서 사용된 행 방향은 가로, 열 방향은 세로를 의미합니다.

2. 2차원 배열: 데이터가 행과 열로 구성된 범위(예: A1:C3)에서도 배열을 운영할 수 있습니다.
3. 배열에서 계산 가능: 배열 안의 값들은 합계, 평균, 곱셈 등 다양한 연산에 활용됩니다.
4. 배열 수식: 배열에 입력된 데이터를 처리하는 엑셀 수식으로 배열 수식은 여러 값을 동시에 계산하거나 처리할 수 있습니다.

   예 '=SUM(A1:A10 * B1:B10)', 입력 후 Ctrl+Shift+Enter 키로 마무리! A1*B1 +A2*B2+A3*B3………..
   이런 식으로 범위 계산 그룹이 하나로 운영되면서 전체 합계를 한 번에 출력하게 됩니다.
5. 배열의 동적 참조: 배열은 참조 구간 셀이 추가되거나 삭제되면 자동으로 값이 변경될 수 있습니다(동적 배열).

배열은 데이터를 묶어서 다루기 때문에, 엑셀에서 함수와 수식의 핵심 단위로 자주 사용됩니다.

엑셀에서 배열을 사용해 구구단을 계산한 때는 아래와 같이 작동하게 됩니다.

1. 구구단을 출력할 B2:J10셀 범위를 지정한 후, '=A2:A10*B1:J1' 입력 후 Ctrl+Shift+Enter 키를 누릅니다.

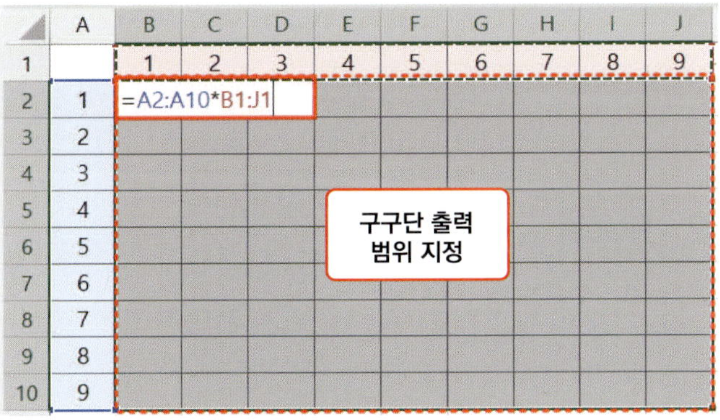

※ '=A2:A10*B1:J1' 개념은,

A2*B1, A3*B1, A4*B1…, A2*C1, A3*C1, A4*C1…, A2*D1, A3*D2, A4*D3… 이렇게 순차적으로 곱해서 구구단이 완성이 되는 배열 구조가 됩니다.

2. 구구단이 출력된 결과를 확인합니다.

	A	B	C	D	E	F	G	H	I	J
1		1	2	3	4	5	6	7	8	9
2	1	1	2	3	4	5	6	7	8	9
3	2	2	4	6	8	10	12	14	16	18
4	3	3	6	9	12	15	18	21	24	27
5	4	4	8	12	16	20	24	28	32	36
6	5	5	10	15	20	25	30	35	40	45
7	6	6	12	18	24	30	36	42	48	54
8	7	7	14	21	28	35	42	49	56	63
9	8	8	16	24	32	40	48	56	64	72
10	9	9	18	27	36	45	54	63	72	81

CHAPTER 35

부서별 직무 평가, 개별점수 기준과 종합점수 기준으로 각각 평가하기 (IF, 다중 IF 함수)

예제 파일 PART2_35 부서별 직무 평가, 개별점수 기준과 종합점수 기준으로 각각 평가하기

실무 스킬

IF 함수는 업무 프로세스에서 평가를 담당하는 중요한 함수입니다. 조건부 논리를 처리할 때 가장 기본적이면서도 강력한 도구로, 데이터를 논리 구조로 비교, 분석해 원하는 값을 출력할 수 있도록 돕습니다. IF 함수는 특정 논리 조건이 참인지 거짓인지를 평가한 뒤, 이에 따라 서로 다른 값을 반환합니다. 분기 함수라고도 불리는데 조건에 따라 '참'이든 '거짓'이든 두 가지 결과만 반환합니다. 단순하면서도 직관적인 구조를 가지고 있어 초보자부터 고급 사용자까지 폭넓게 활용할 수 있습니다.

다중 IF는 단일 비교 논리 IF 함수의 확장된 형태로, 여러 조건을 중첩해 복잡한 논리를 구현할 수 있습니다. 예를 들어, 특정 점수를 기준으로 여러 등급을 부여하거나, 조건에 따라 서로 다른 계산을 실행하는 등 다양한 시나리오를 만들기에 적합합니다. 다중 IF를 사용하면 여러 가지 상황을 하나의 공식으로 처리할 수 있어 작업 효율성을 극대화할 수 있습니다.

IF 함수와 다중 IF 함수는 단순 비교부터 복잡한 데이터 분석에 이르기까지 엑셀 작업의 핵심이 되며, 조건별 결과를 명확하게 제어할 수 있는 강력한 도구입니다.

IF 함수는 업무 프로세스에서 평가를 담당하는 중요한 함수로 특정 논리 조건이 참인지 거짓인지를 평가한 뒤, 이에 따라 서로 다른 값을 반환합니다.

IF(logical_test, value_if_true, [value_if_false])

1. **logical_test(논리)**: TRUE나 FALSE로 판단할 값이나 논리식을 입력합니다.
2. **value_if_true**: 첫 번째 인수, logical_test가 TRUE일 때 출력할 텍스트를 입력합니다.
3. **[value_if_false]**: 첫 번째 인수, logical_test가 FALSE일 때 출력할 텍스트를 입력합니다. 생략하면 FALSE를 반환합니다.

실무 연습 ❶

[직무평가] 시트에서 '평가' 목록 란에 '개별점수'를 기준으로 20점 이상인 경우 '보통'으로 평가하고, 20점 미만인 경우 '노력'으로 평가합니다. 그리고 '등급' 목록 란에는 '종합점수'를 기준으로 80점 이상이면 'A'로 평가하고, 70점 이상이면 'B', 60점 이상이면 'C', 60점 미만이면 'F'로 평가해 보겠습니다.

01 '평가' 목록 란에 '개별점수'를 기준으로 20점 이상인 경우 '보통'으로 평가하고, 20점 미만인 경우 '노력'으로 평가해 보겠습니다.

❶ K6셀 클릭- '=IF(J6>=20,"보통","노력")' 입력 후 K25셀까지 복사/붙여넣기합니다.

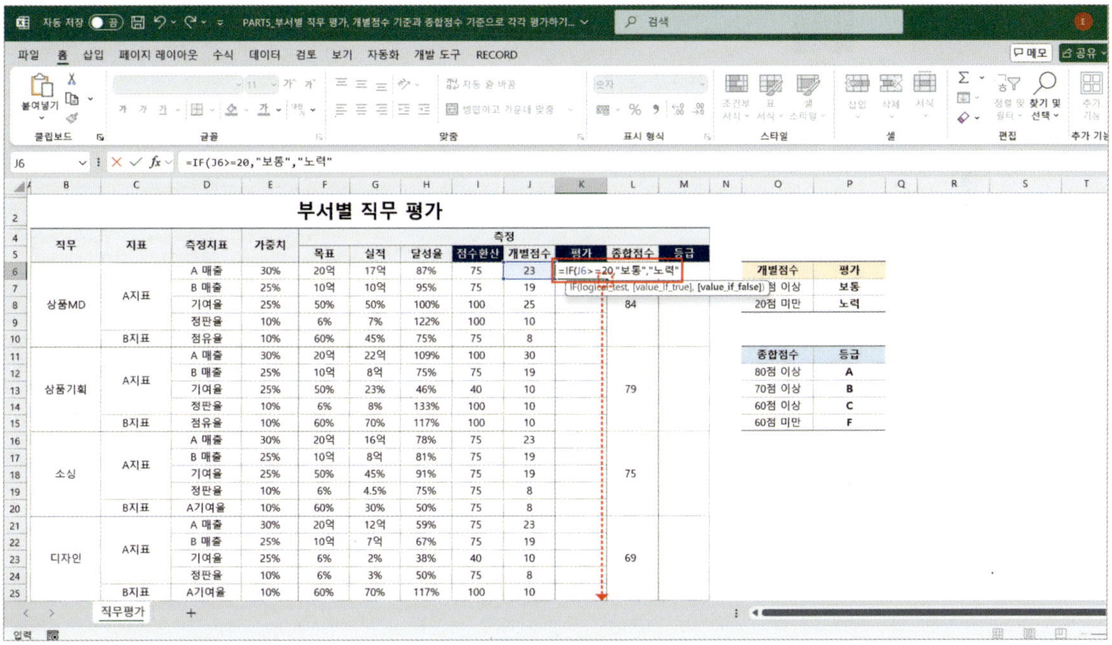

개념설명

=IF(J6>=20,"보통","노력")
(❶ J6>=20, ❷ "보통", ❸ "노력")

❶ J6>=20	기준값인 J6-개별 점수를 대상으로, TRUE와 FALSE를 판단할 수 있는 논리식을 만들었습니다.
❷ "보통"	첫 번째 인수(logical_test) 논리에서 J6셀 값이 20이상에 해당된다면 출력될 텍스트 값입니다.
❸ "노력"	첫 번째 인수 논리에서 J6셀 값이 20미만에 해당된다면 출력될 텍스트 값입니다.

❷ J열 '개별점수'가 20점 이상인 구간에는 TRUE에 해당하는 '보통'이 출력되었고, 20 미만인 구간에는 FALSE에 해당하는 '노력'이 출력된 결과를 확인합니다.

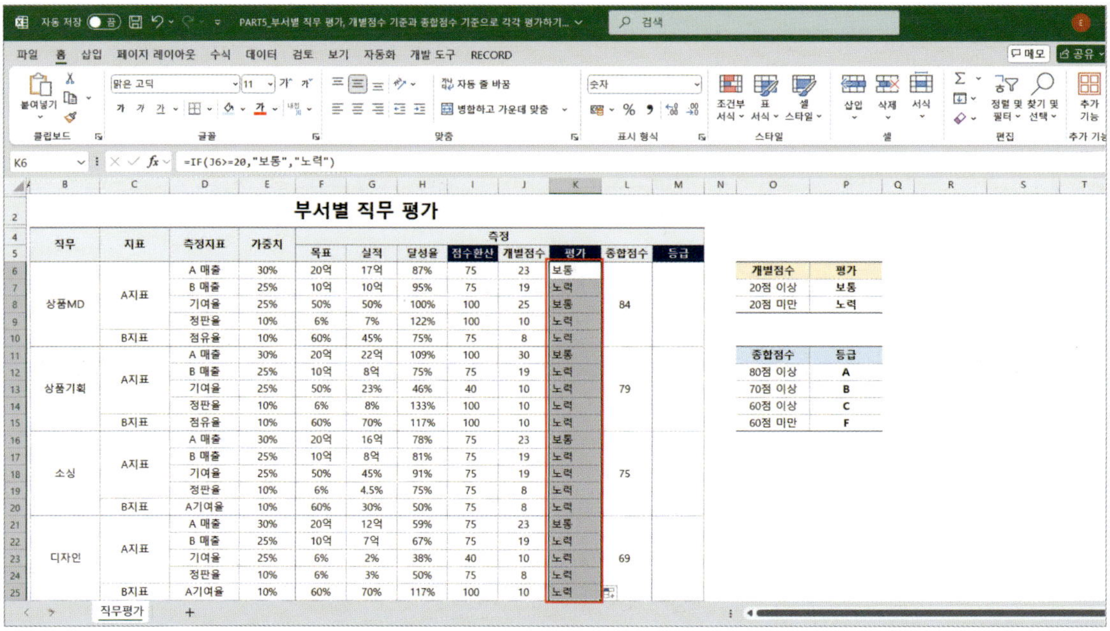

02

'등급' 목록 란에는 '종합점수'를 기준으로 80점 이상이면 'A'로 평가하고, 70점 이상이면 'B', 60점 이상이면 'C', 60점 미만이면 'F'로 평가해 보겠습니다.

❶ M6셀 클릭- '=IF(L6>=80,"A",IF(L6>=70,"B",IF(L6>=60,"C","F")))' 입력 후 M25셀까지 복사/붙여넣기합니다.

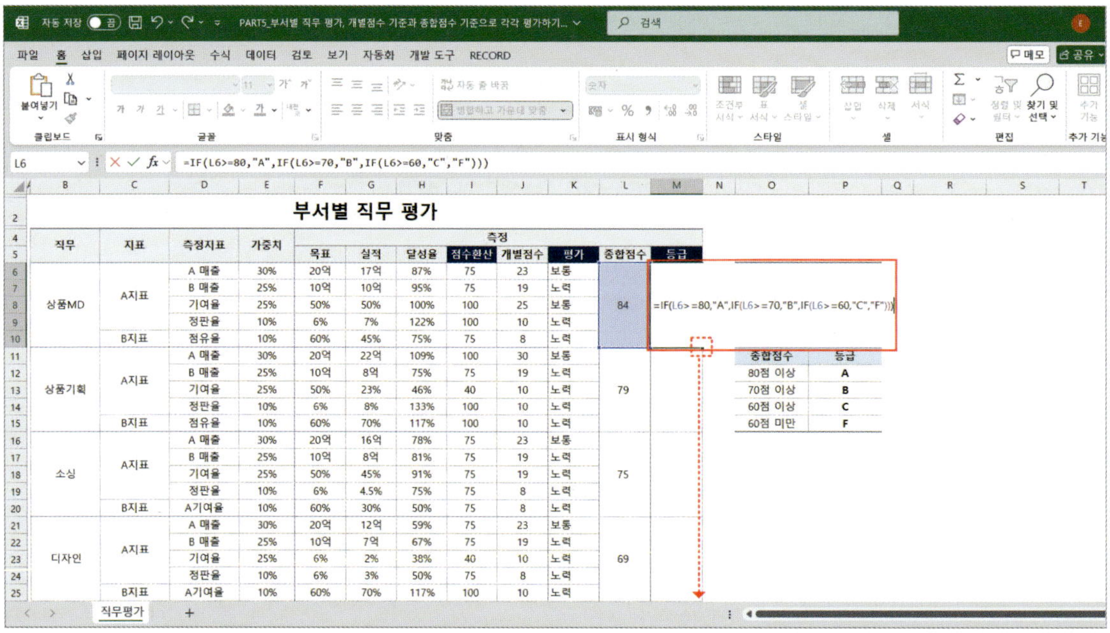

개념설명

=IF(L6>=80,"A",IF(L6>=70,"B",IF(L6>=60,"C","F")))

(❶ L6>=80, ❷ "A", ❸ IF(L6>=70,"B",IF(L6>=60,"C","F")))

❶ L6>=80	L6셀, 첫 번째 '종합점수'값이 80점 이상인지 확인하는 논리식이 입력되어 있습니다.
❷ "A"	첫 번째 인수(logical_test) 논리에서 L6셀 값이 80이상에 해당된다면 출력될 텍스트 값입니다.
❸ IF(L6>=70,"B",IF(L6>=60,"C","F"))	IF 함수가 중첩되어 또 다른 논리식을 만들어 TRUE와 FALSE에 해당하는 텍스트 값을 출력하는 논리가 2번 더 중첩되어 있습니다.

IF(L6>=70,"B",IF(L6>=60,"C","F")), L6셀 첫 번째 종합점수가 70점 이상이라면 "B"를 출력하고 아니라면 다시 논리를 판단해 60점 이상이라면 "C"를 출력하고 하나도 해당되지 않는 경우 즉, 60점 미만이라면 "F"를 출력하라는 구조로 IF 함수가 중첩되어 있습니다.

❷ K6:K25셀 범위, '종합점수'를 기준으로 80점 이상은 'A', 70점 이상은 'B', 60점 이상은 'C', 60점 미만이면 'F'로 평가된 결과를 확인합니다. 현재 'F'등급은 없습니다.

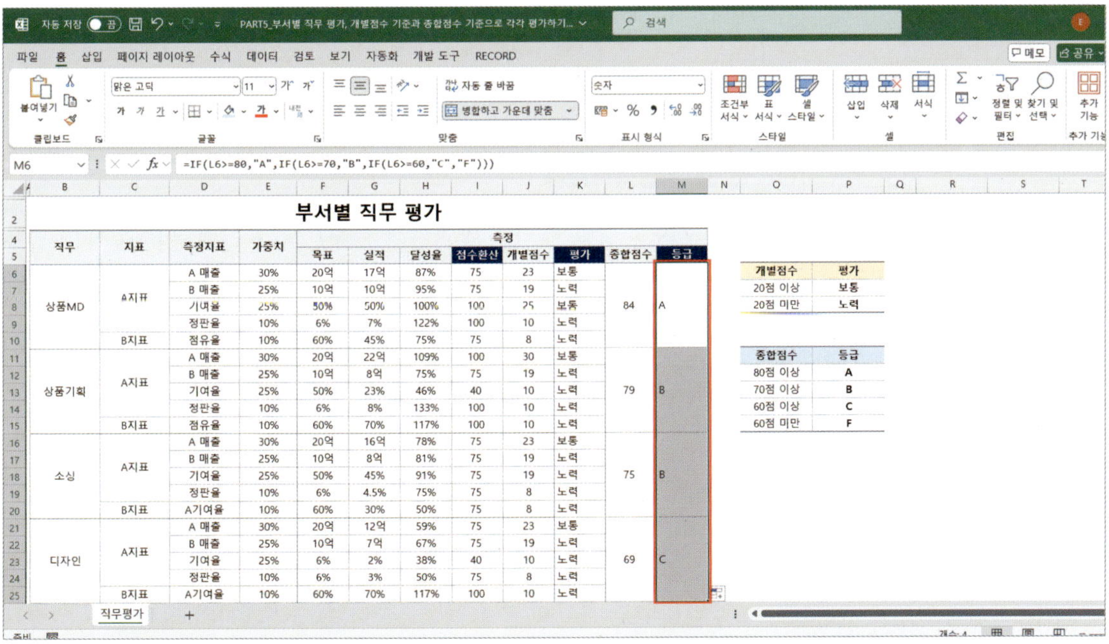

TIP 중첩 함수 구조를 만들 때 주의해야 할 점은 함수를 중첩한 만큼 괄호 열기('('), 닫기(')')는 세트로 출력이 되어야 오류가 발생하지 않습니다. 위 예시처럼 IF 함수가 3번 사용되었다면 괄호 열기, 닫기도 3개 세트로 출력이 되어야 합니다.

CHAPTER 36

상반기 평가 A이면서 판매 성장율이 90%이상인 직원 승진 대상자 선정하기(IF, AND 함수)

예제 파일 PART2_36 상반기 평가 A이면서 판매 성장율이 90%이상인 직원 승진 대상자 선정하기

실무 스킬

IF 함수와 AND 함수는 조건부 논리를 처리하고 복잡한 판단을 수행할 때 자주 사용되는 조합입니다. IF 함수는 특정 조건이 참인지 거짓인지 평가하여 결과를 반환하는 기본적인 분기 함수입니다. 간단하면서도 강력한 기능으로 평가를 진행할 때나 데이터를 분석하거나 조건에 따라 결과를 분류 하는데 유용합니다.

AND 함수는 두 개 이상의 조건이 모두 참일 경우에만 TRUE를 반환하는 함수로, 여러 조건을 동시에 만족해야 할 때 사용됩니다. AND 함수는 단독으로도 사용되지만, IF 함수와 결합하면 여러 조건을 효율적으로 처리할 수 있습니다. 예를 들어, 특정값이 범위 안에 있는지 확인하거나, 여러 기준을 모두 충족하는 데이터를 필터링할 때 효과적입니다.

이 두 함수의 조합은 단순한 작업부터 복잡한 데이터 분석까지 폭넓게 활용되며, 다양한 시나리오에서 조건에 맞는 결과를 유연하게 제공할 수 있습니다. 두 함수를 중첩해 간단한 실무 예제를 해결해 보겠습니다.

AND 함수는 두 개 이상의 조건이 모두 참일 경우에만 TRUE를 반환하는 함수입니다.

AND(logical1, [logical2], [logical3],...)

1) logical1: 참 또는 거짓으로 평가될 수 있는 논리적 표현식이어야 합니다. 첫 번째 조건을 지정합니다.

2) [logical2], [logical3],...: 추가 조건을 지정합니다. 여러 조건을 입력할 수 있으며, 모든 조건이 참이어야만 TRUE를 반환합니다. TRUE 또는 FALSE를 출력할 논리식을 255개까지 입력할 수 있습니다.

실무 연습 ❶

[승진대상자] 시트에서 '평가'가 'A'이면서, '판매 성장율'이 90% 이상인 직원인 경우 승진 대상자로 선정하기로 했습니다. 승진 대상일 경우, "승진대상"이라 출력하고 아닌 경우는 "승진대상아님"으로 출력해 보도록 하겠습니다.

01 G5셀 클릭– '=IF(AND(E5="A",F5>=90%),"승진대상","승진대상아님")' 입력 후 G20셀까지 복사/붙여넣기합니다.

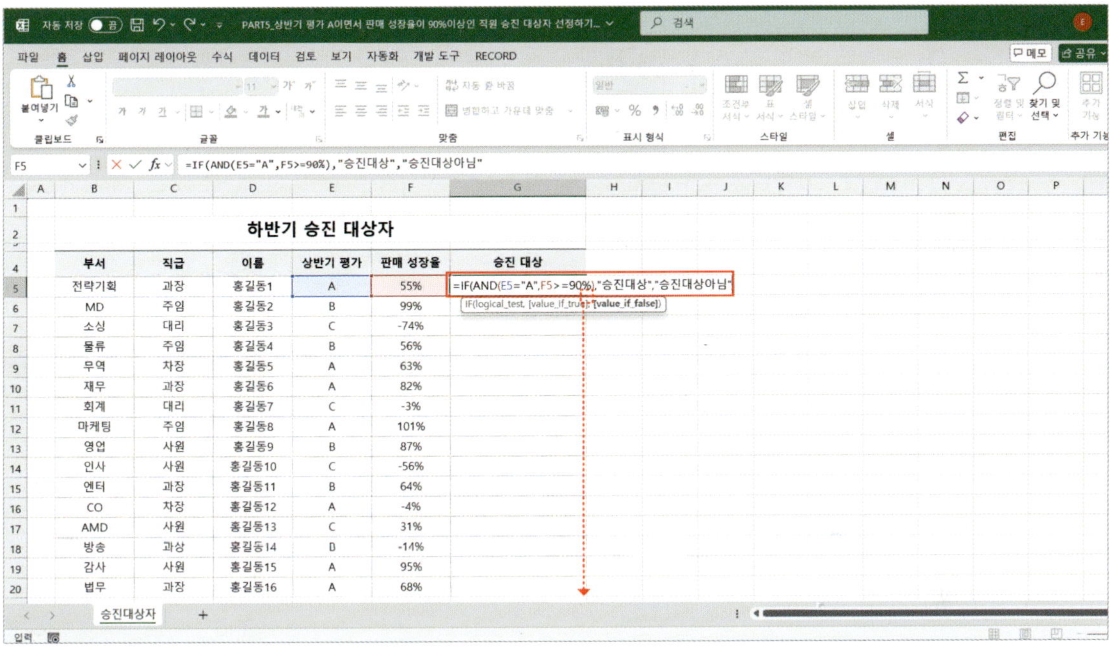

개념설명

=IF(AND(E5="A",F5>=90%),"승진대상","승진대상아님")

(❶ AND(E5="A",F5>=90%), ❷ "승진대상", ❸ "승진대상아님")

❶ AND(E5="A",F5>=90%)	E5셀, '상반기 평가'가 'A'이고, F5셀, '판매 성장율'이 90%이상을 모두 만족하는 경우 TRUE라는 논리 식이 AND 함수로 출력되고 있습니다.
❷ "승진대상"	첫 번째 인수(logical_test) 조건이 TRUE일 경우 출력할 텍스트입니다.
❹ "승진대상아님"	첫 번째 인수(logical_test) 조건이 FALSE일 경우 출력할 텍스트입니다.

02 G5:G20셀 범위, '승진대상'과 '승진대상아님'이 출력된 결과를 확인합니다. G12셀과 G19셀 두 명만 '승진대상'인 결과를 확인할 수 있습니다.

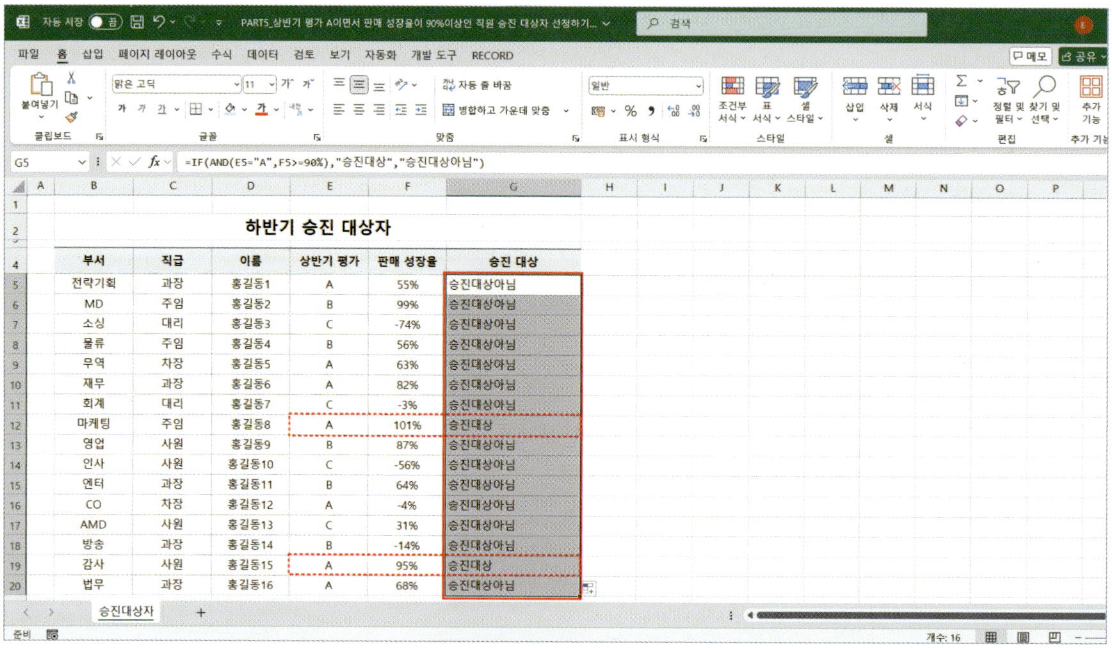

CHAPTER 37

토익점수 900 이상이거나 졸업학점 4.0 이상인 지원자 서류접수하기(IF, OR 함수)

예제 파일 PART2_37 토익점수 900 이상이거나 졸업학점 4.0 이상인 지원자 서류접수하기

실무 스킬

IF 함수와 OR 함수는 조건을 처리하고 데이터를 분석하는 데 필수적인 도구입니다. IF 함수는 특정 조건을 평가하여 참일 때와 거짓일 때 각각 다른 결과를 반환하는 분기 함수입니다. 간단하면서도 강력한 기능으로, 평가를 진행할 때 유용한 함수입니다.

OR 함수는 여러 조건 중 하나라도 참일 경우 TRUE를 반환하며, 모든 조건이 거짓일 때만 FALSE를 반환합니다. 여러 조건을 처리할 때 단독으로도 사용되지만, IF 함수와 결합하면 더욱 강력한 논리 작업이 가능합니다. 예를 들어, OR 함수는 "조건 A 또는 조건 B"와 같은 논리를 표현할 수 있어 복잡한 데이터를 효율적으로 처리할 수 있습니다.

이 두 함수를 함께 사용하면 단순한 논리 작업부터 복잡한 조건 처리까지 폭넓은 활용이 가능하며, 엑셀의 데이터를 유연하게 분석하고 관리하는 데 큰 도움을 줍니다. 사용 방법을 알아보도록 하겠습니다.

OR(logical1, [logical2], [logical3],...)

1. **logical1**: 참 또는 거짓으로 평가될 수 있는 논리적 표현식이어야 합니다. 첫 번째 조건을 지정합니다.
2. **[logical2], [logical3],...**: 추가 조건을 지정합니다. 여러 조건 중 하나라도 참일 경우 TRUE를 반환합니다. TRUE 또는 FALSE를 출력할 논리식을 255개까지 입력할 수 있습니다.

실무 연습 ❶

[서류지원자] 시트에서 토익점수 900 이상이거나 졸업학점 4.0 이상인 지원자를 찾아 서류접수를 받으려 합니다. 위 조건 중 하나라도 해당된다면 "지원가능"으로 출력하고, 두 가지 조건 모두에 해당하지 않는다면 "지원불가능"으로 출력해 보겠습니다.

01 I5셀 클릭- '=IF(OR(G5>=4.0,H5>=900),"지원가능","지원불가능")' 입력 후 I21셀까지 복사/붙여넣기합니다.

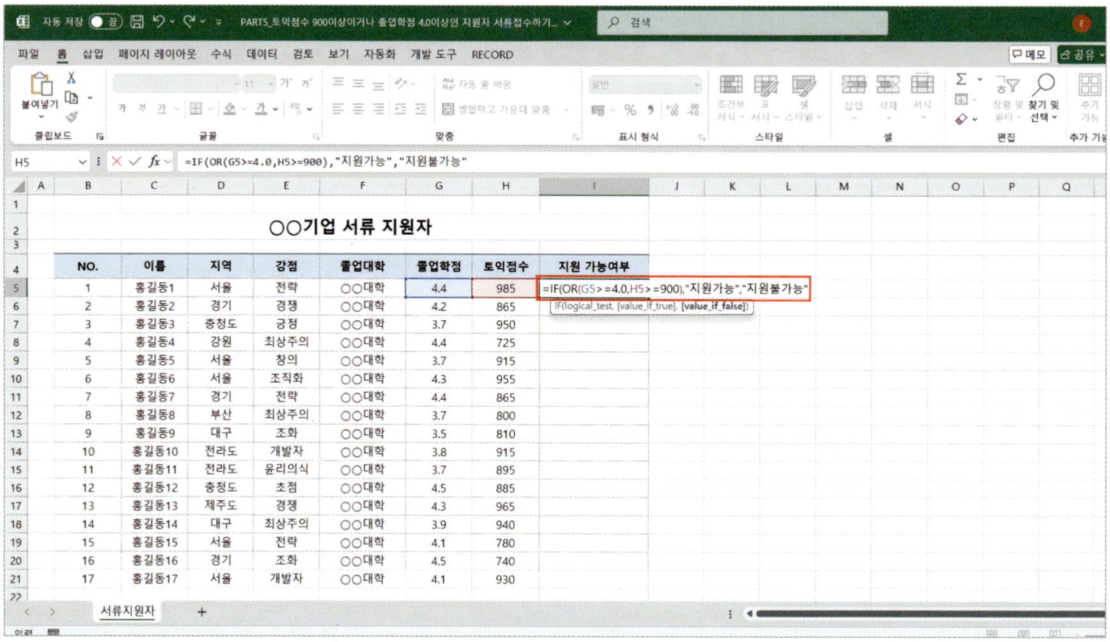

○○기업 서류 지원자

NO.	이름	지역	강점	졸업대학	졸업학점	토익점수	지원 가능여부
1	홍길동1	서울	전략	○○대학	4.4	985	=IF(OR(G5>=4.0,H5>=900),"지원가능","지원불가능"
2	홍길동2	경기	경쟁	○○대학	4.2	865	
3	홍길동3	충청도	긍정	○○대학	3.7	950	
4	홍길동4	강원	최상주의	○○대학	4.4	725	
5	홍길동5	서울	창의	○○대학	3.7	915	
6	홍길동6	서울	조직화	○○대학	4.3	955	
7	홍길동7	경기	전략	○○대학	4.4	865	
8	홍길동8	부산	최상주의	○○대학	3.7	800	
9	홍길동9	대구	조화	○○대학	3.5	810	
10	홍길동10	전라도	개발자	○○대학	3.8	915	
11	홍길동11	전라도	윤리의식	○○대학	3.7	895	
12	홍길동12	충청도	초점	○○대학	4.5	885	
13	홍길동13	제주도	경쟁	○○대학	4.3	965	
14	홍길동14	대구	최상주의	○○대학	3.9	940	
15	홍길동15	서울	전략	○○대학	4.1	780	
16	홍길동16	경기	조화	○○대학	4.5	740	
17	홍길동17	서울	개발자	○○대학	4.1	930	

개념설명

=IF(OR(G5>=4.0,H5>=900),"지원가능","지원불가능"

❶ OR(G5>=4.0,H5>=900)	G5셀, '졸업학점'이 '4.0'이상이거나, H5셀, '토익점수'가 900이상, 두 가지 조건 중 하나라도 만족하는 경우 TRUE라는 논리 식이 OR 함수로 출력되고 있습니다.
❷ "지원가능"	첫 번째 인수(logical_test) 조건 중 TRUE조건이 한 가지 이상일 경우 출력할 텍스트입니다.
❸ "지원불가능"	첫 번째 인수(logical_test) 조건 중 모두 FALSE일 경우 출력할 텍스트입니다.

02 I5:I21셀 범위, 토익점수 900 이상이거나 졸업학점 4.0 이상인 지원자를 찾아 서류 접수 가능 여부가 출력된 결과를 확인합니다. '지원불가능'이 3명 확인되었습니다.

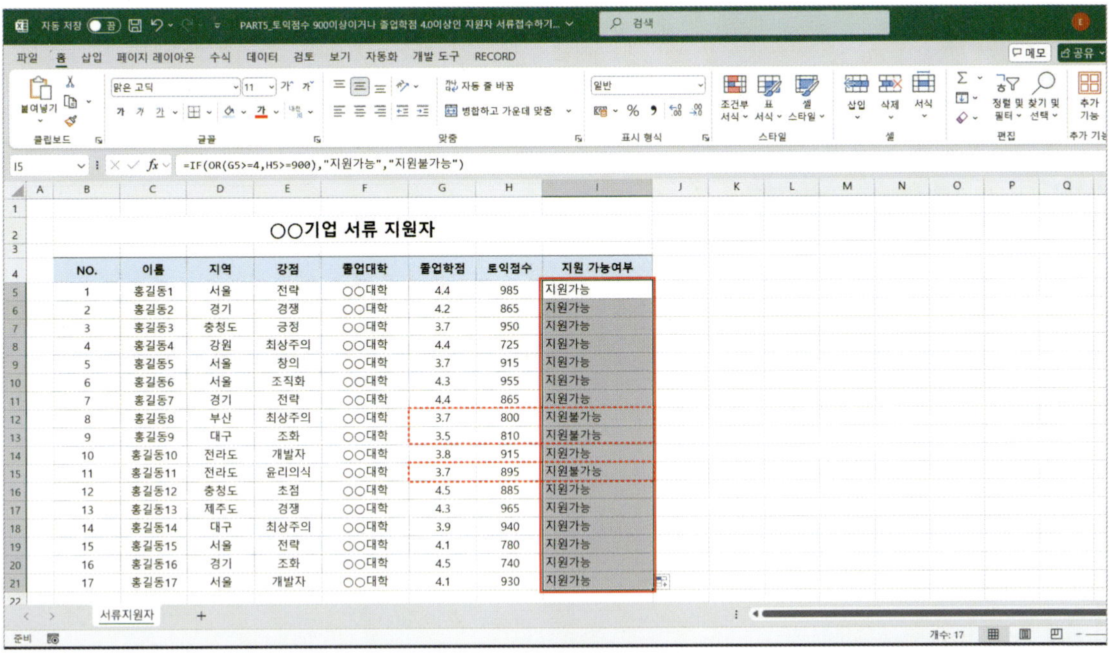
=IF(OR(G5>=4,H5>=900),"지원가능","지원불가능")

○○기업 서류 지원자

NO.	이름	지역	강점	졸업대학	졸업학점	토익점수	지원 가능여부
1	홍길동1	서울	전략	○○대학	4.4	985	지원가능
2	홍길동2	경기	경쟁	○○대학	4.2	865	지원가능
3	홍길동3	충청도	긍정	○○대학	3.7	950	지원가능
4	홍길동4	강원	최상주의	○○대학	4.4	725	지원가능
5	홍길동5	서울	창의	○○대학	3.7	915	지원가능
6	홍길동6	서울	조직화	○○대학	4.3	955	지원가능
7	홍길동7	경기	전략	○○대학	4.4	865	지원가능
8	홍길동8	부산	최상주의	○○대학	3.7	800	지원불가능
9	홍길동9	대구	조화	○○대학	3.5	810	지원불가능
10	홍길동10	전라도	개발자	○○대학	3.8	915	지원가능
11	홍길동11	전라도	윤리의식	○○대학	3.7	895	지원불가능
12	홍길동12	충청도	초점	○○대학	4.5	885	지원가능
13	홍길동13	제주도	경쟁	○○대학	4.3	965	지원가능
14	홍길동14	대구	최상주의	○○대학	3.9	940	지원가능
15	홍길동15	서울	전략	○○대학	4.1	780	지원가능
16	홍길동16	경기	조화	○○대학	4.5	740	지원가능
17	홍길동17	서울	개발자	○○대학	4.1	930	지원가능

실무 예제로 알아보는 리본 메뉴

개발 도구 탭

Part 3

CHAPTER 01

매크로로 보안 설정 및 시작하기

예제 파일 PART3_1 매크로로 보안 설정 및 시작하기

실무 스킬

엑셀에서 매크로는 반복 작업을 자동화하는데 매우 유용한 도구로, 상대참조와 절대참조를 사용하여 작업의 유연성과 정확성을 높일 수 있습니다. 매크로는 사용자가 수행한 작업을 기록하거나 Visual Basic for Applications(VBA)를 활용하여 복잡한 작업을 처리할 수 있는 기능을 제공합니다. 매크로를 사용하면 데이터 정렬, 계산, 보고서 작성 등을 간단히 자동화하여 시간을 절약하고 효율성을 극대화할 수 있습니다.

매크로 기록에는 두 가지 방법이 있습니다.

먼저, 상대참조 매크로는 매크로가 작업을 수행할 때 시작 지점에서의 위치를 기준으로 동작합니다. 즉, 상대적인 위치에 따라 다른 셀에서 동일한 작업을 실행할 수 있어 반복적인 작업에 매우 유연합니다. 반면에 절대참조 매크로는 작업을 특정 셀이나 고정된 범위에서 수행하도록 설정되어 정확한 위치를 기준으로 데이터를 처리합니다. 이러한 두 참조 방식을 적절히 활용하면 작업 흐름을 최적화하고 엑셀 매크로의 강력한 기능을 더욱 효과적으로 사용할 수 있습니다. 이번 파트에서는 매크로를 시작하기 전 설정하는 방법에 대해 알아보도록 하겠습니다.

실무 연습 ❶ 매크로 사용 설정하기

01 [파일] 탭을 클릭합니다.

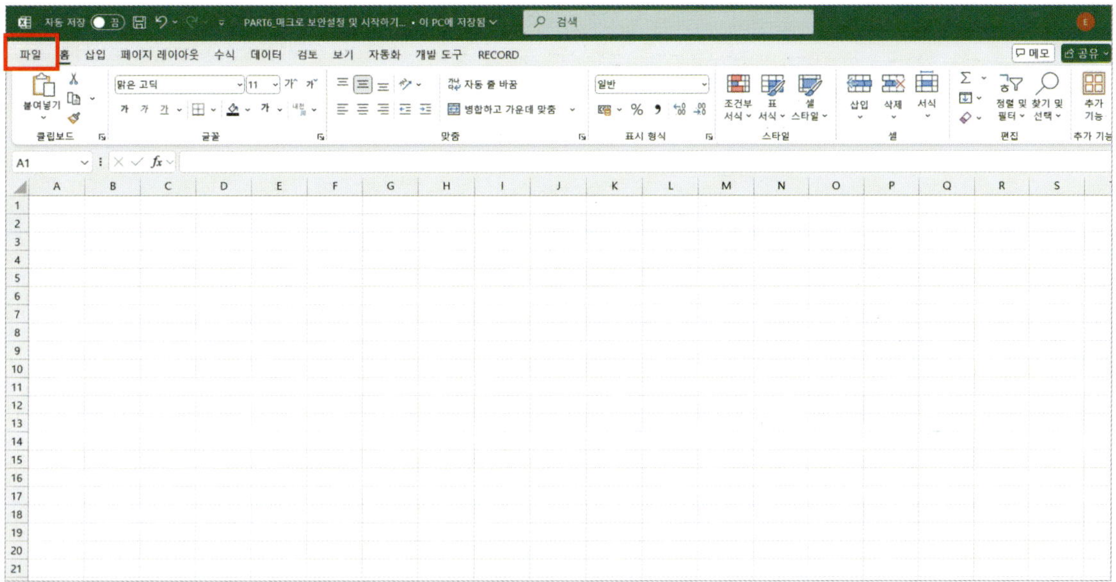

02 '옵션' 메뉴를 클릭합니다.

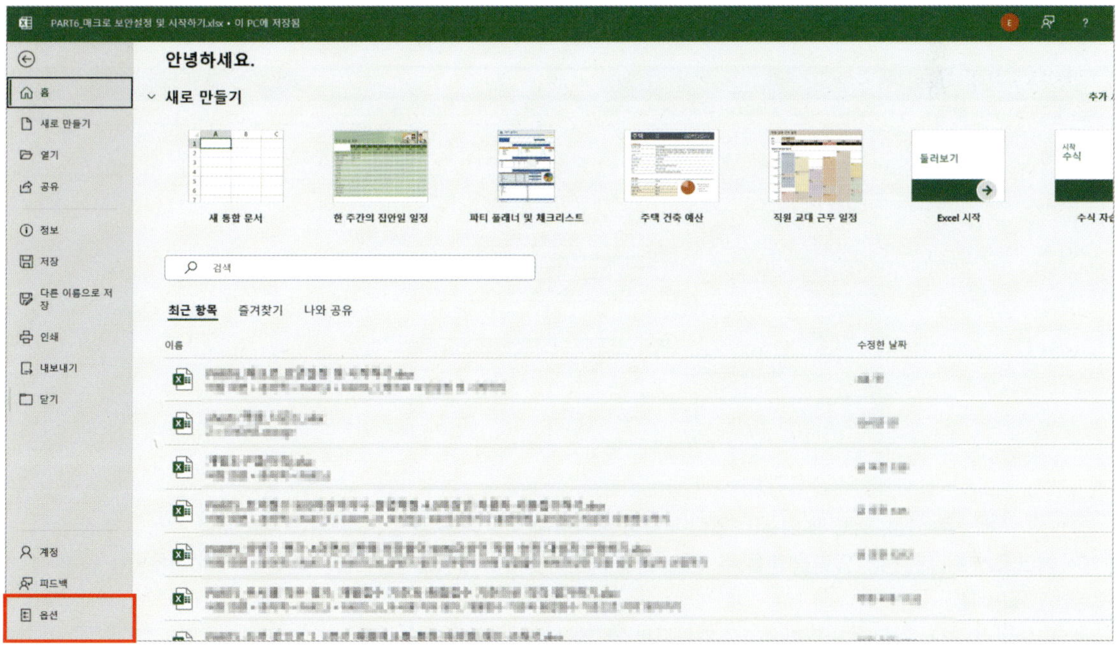

03 Excel 옵션- 보안 센터- '보안 센터 설정' 메뉴를 클릭합니다.

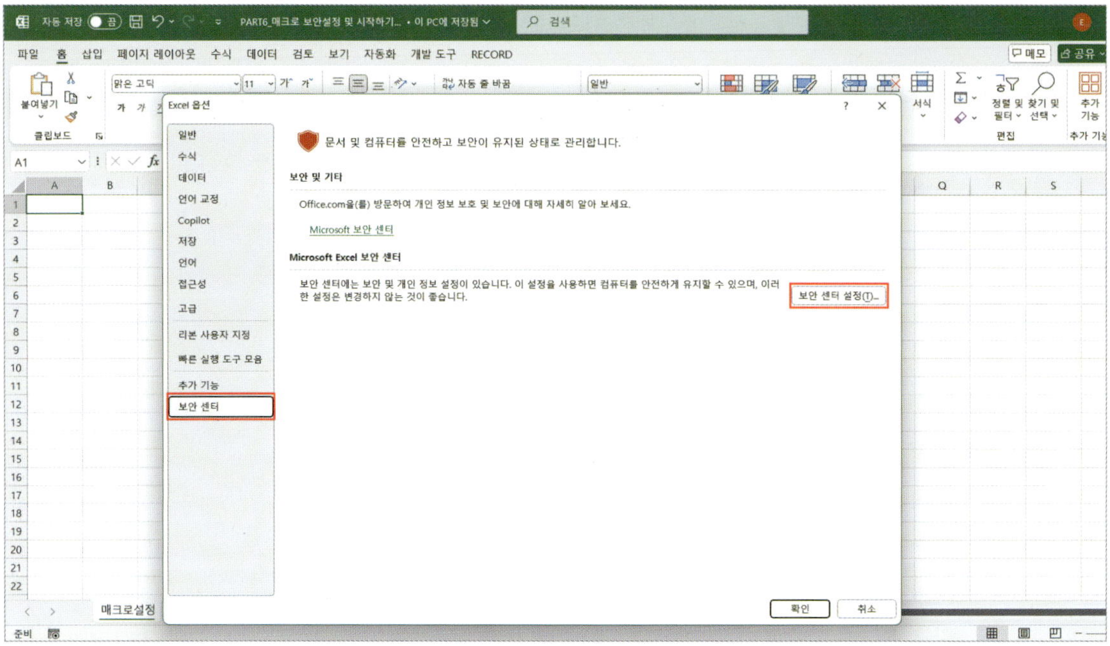

04 보안 센터- 매크로 설정- VBA 매크로 사용(권장 안 함, 위험한 코드가 시행될 수 있음)- VBA 매크로를 사용하도록 설정하면 Excel4.0 매크로 사용- 개발자 매크로 설정- 'VBA 프로젝트 개체 모델에 안전하게 액세스할 수 있음' 메뉴 체크 후 확인 버튼을 누릅니다.

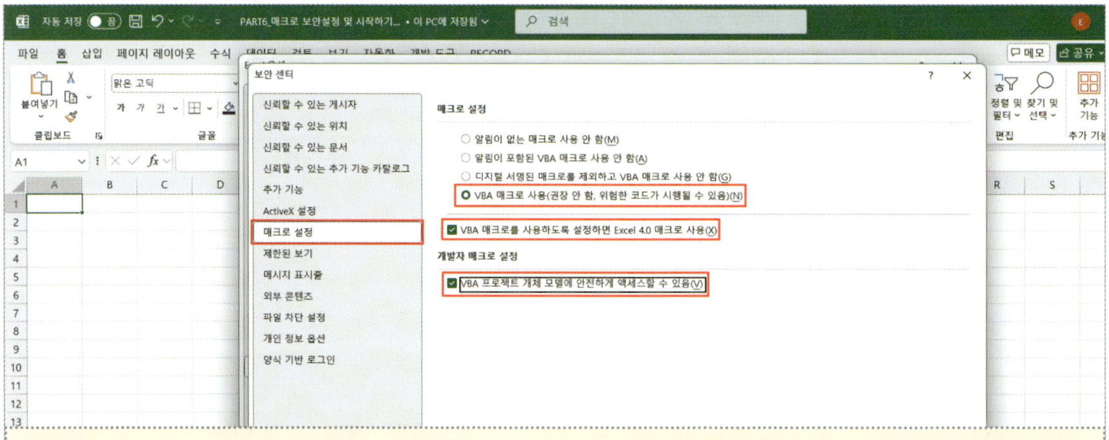

TIP 매크로 설정, 두 번째 메뉴인 '알림이 포함된 VBA 매크로 사용 안 함(A)' 메뉴도 매크로를 사용할 수 있습니다. 메크로가 포함된 경우 알림을 받을 수 있는데, 외부 인터넷에서 출처를 알 수 없는 파일을 자주 다운받는 경우 설정하면 됩니다.

매크로는 바이러스 같은 보안위험성이 존재하므로 환경에 맞게 설정합니다.

현재 설정, 'VBA 매크로 사용'은 사내에서 검증된 파일을 주고받을 때 사용할 수 있습니다. 이 책에서는 현재 설정으로 사용합니다.

05 Excel 옵션- 확인 버튼을 클릭합니다.

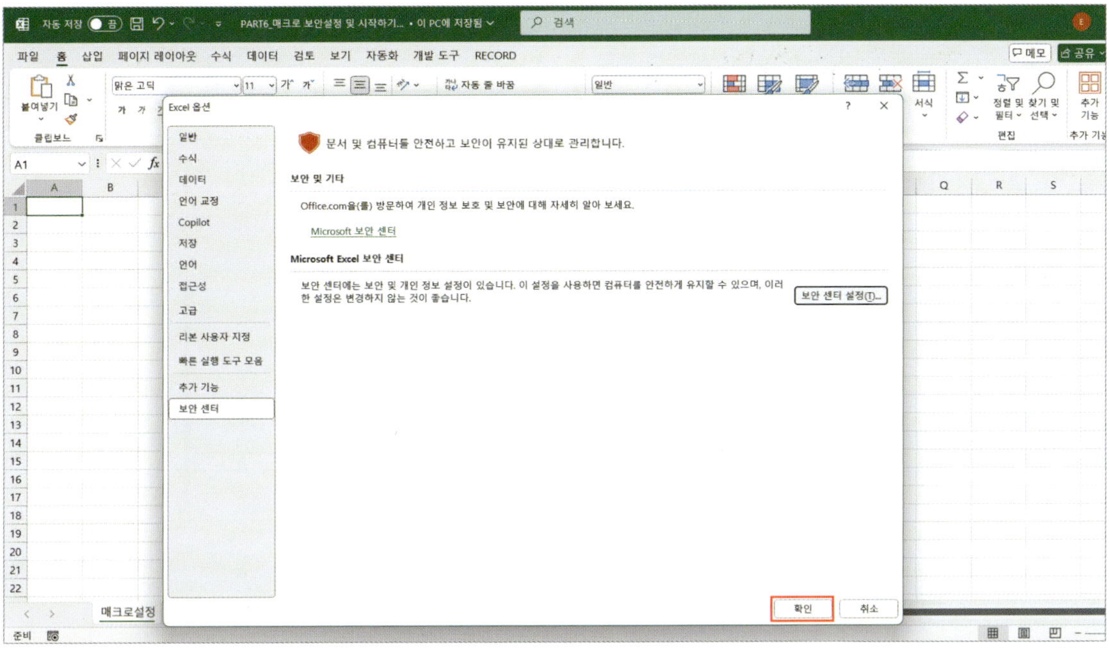

TIP 설정을 마치고 엑셀 파일을 닫고 다시 열게 되면 보안 설정이 적용됩니다.

[개발 도구] 탭 설정하기

01 리본 탭 아무 곳으로 마우스 밀어 넣기- 마우스 우클릭- '리본 메뉴 사용자 지정' 메뉴를 클릭합니다.

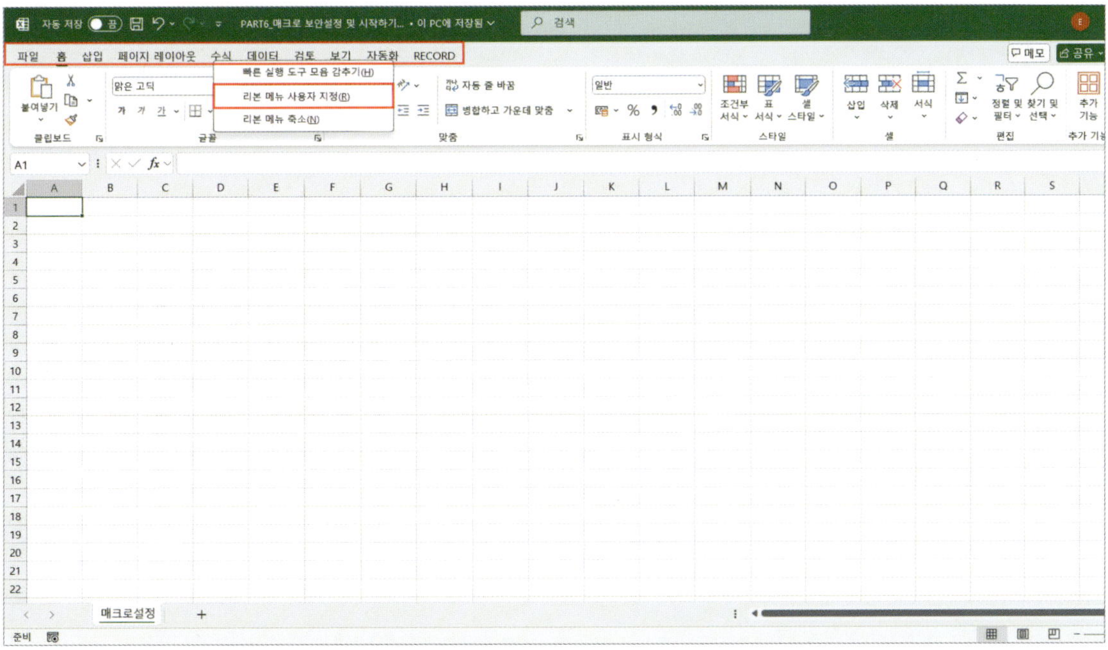

02 Excel 옵션- 리본 사용자 지정- 리본 메뉴 사용자 지정- '개발 도구, 체크' 후 확인 메뉴를 클릭합니다.

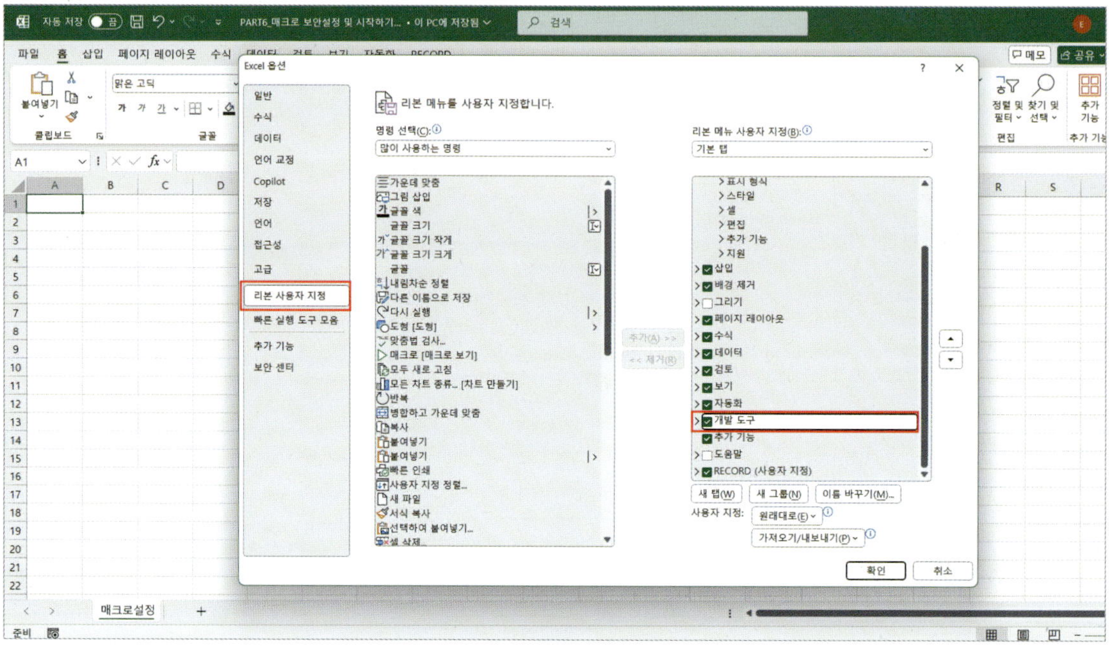

03 [개발 도구] 탭이 생성된 결과를 확인합니다.

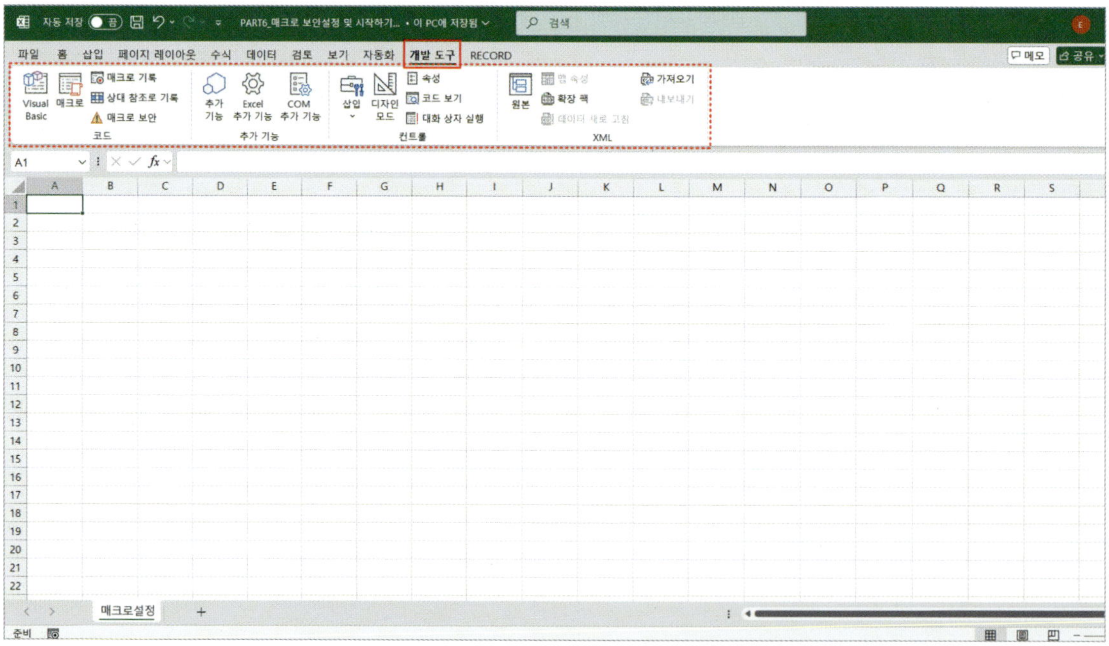

실무 연습 ❷ 매크로 저장하기

01 F12(다름 이름으로 저장) 버튼 클릭- 저장할 경로 선택- 파일 이름- '사용자가 원하는 이름으로 명명' 후- 파일 형식- 'Excel 매크로 사용 통합 문서(*.xlsm)' 메뉴 선택 후 '저장' 버튼을 눌러 저장합니다.

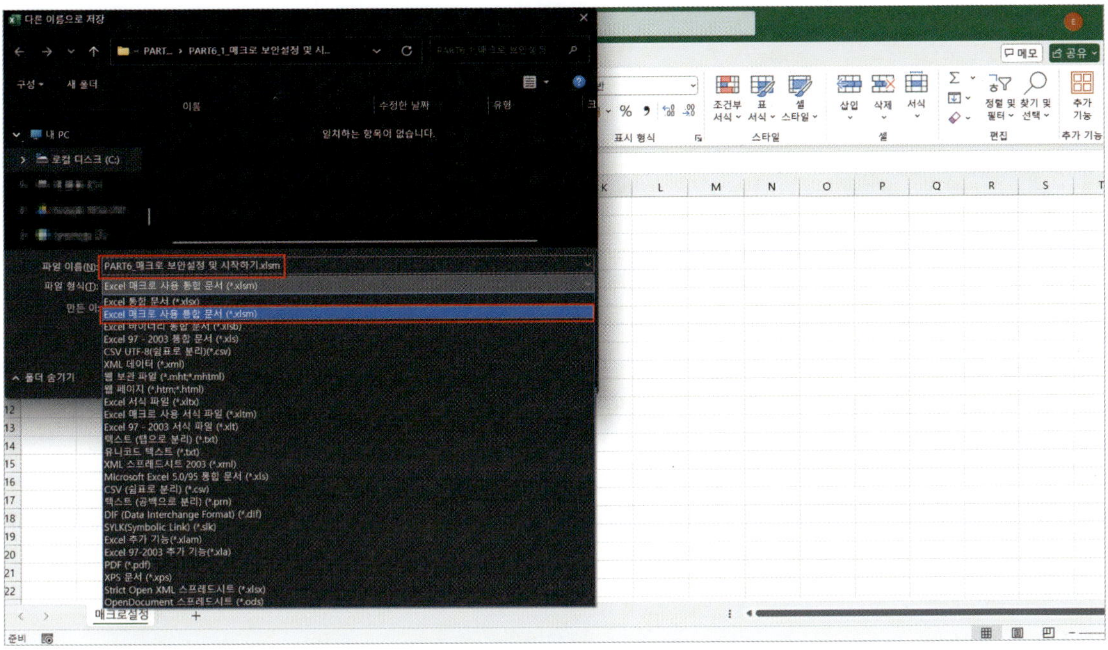

CHAPTER 02

주간 판매량 상세분석 매주 업데이트하고 주차별 합계 구하기(절대참조 매크로)

예제 파일 PART3_2 주간 판매량 상세분석 매주 업데이트하고 주차별 합계 구하기(실습).xlsx

실무 스킬

엑셀에 컨트롤 양식, 단추와 매크로를 결합해 활용하면 업무를 효율적으로 자동화할 수 있습니다. 컨트롤 양식의 단추를 사용하면 매크로와 연동하여 반복적인 작업을 버튼 클릭만으로 간단히 수행할 수 있습니다. 예를 들어, 단추를 클릭하면 고정된 A1셀에 데이터를 입력하거나, 정해진 데이터를 복사하는 작업을 자동으로 실행할 수 있습니다. 이러한 기능은 데이터 관리, 보고서 작성, 프로세스 자동화 등 다양한 분야에서 유용하게 활용되며, 엑셀 작업의 생산성을 크게 향상시킬 수 있습니다. 지금부터 컨트롤 양식과 단추를 활용한 실용적인 매크로 예제를 통한 작동 방법을 알아보도록 하겠습니다.

실무 연습 ❶

[주간합계]시트에 [주간판매_1주]~[주간판매_4주] 시트, 4개 주차별 전체 판매량 합계를 매크로를 활용해 누적으로 관리하려 합니다.

먼저, 1주차 정보 판매량 합계를 K2셀, 병합된 구간(K2:L2)에 합계를 출력합니다. 그 다음 2주차 정보가 업데이트되면 자동으로 1주차+2주차 누적 판매량 합계를 병합된 구간인 K2셀에 매크로 버튼을 클릭했을 때 자동으로 합계되도록 하려 합니다. 이런 식으로 4주차 주차별 판매량 합계를 매크로 단추, 하나로 출력하는 방법에 대해 알아보겠습니다.

※ 실무에서는 주차별 판매량이 1주, 2주, 3주, 4주……. 이런 식으로 누적되어 전체 표로 출력이 됩니다. 그렇기 때문에 누적으로 관리하기 위해서는 반복해서 주차가 늘어날 때마다 더하는 범위를 늘려 나가야 되는 불편함이 있습니다. 이런 반복 작업을 매크로를 활용해 해결해 보겠습니다.

01 [주간합계] 시트에 [주간판매_1주] 시트에 A열 왼쪽, 1행 위쪽을 클릭해 제목을 포함한 전체 표 복사합니다.

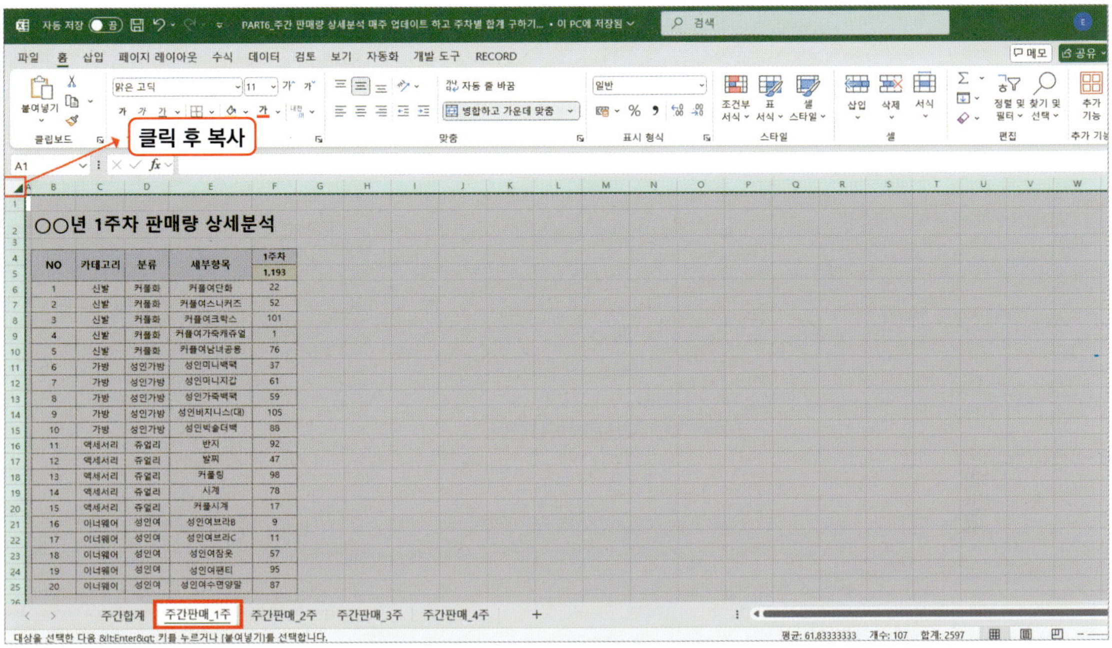

02 [주간합계] 시트로 이동해 똑같이 A열 왼쪽, 1행 위쪽을 클릭하고 붙여넣기를 진행합니다.

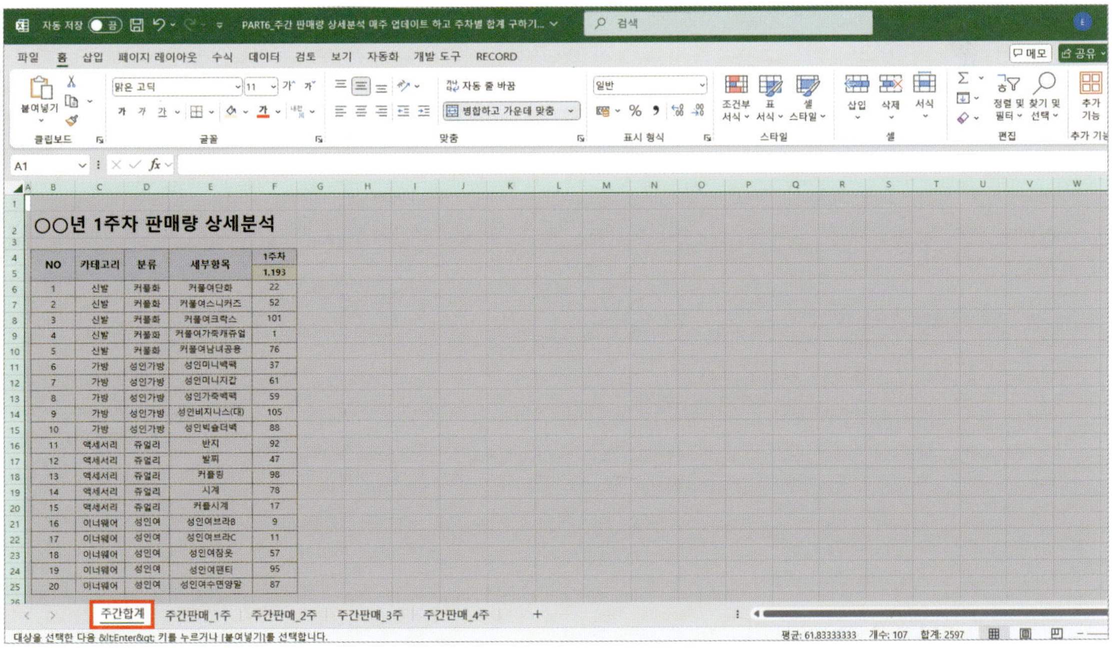

03 붙여넣기 후 아무 셀 클릭 후- [개발 도구] 탭- 코드- '매크로 기록' 메뉴 클릭- 매크로 기록- 매크로 이름: '주간합계'- 매크로 저장 위치- 현재 통합 문서' 메뉴를 선택하고 확인 버튼을 누릅니다.

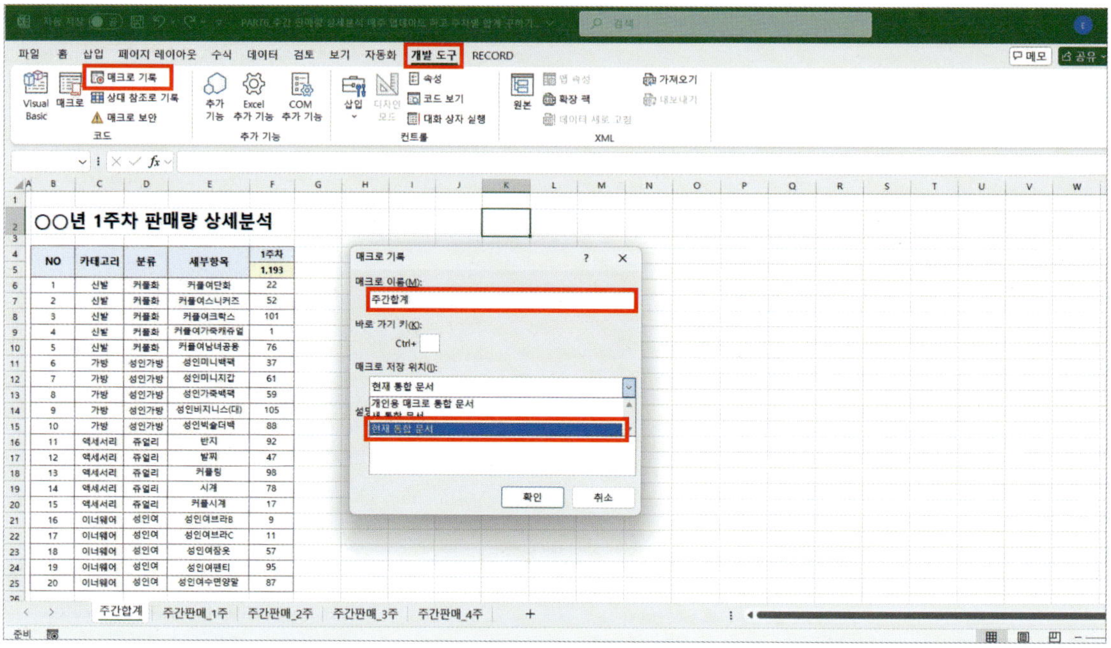

※ '바로 가기 키'는 매크로 단축키로 영문으로만 지정할 수 있습니다. 원하는 단축키가 있으면 지정하면 됩니다. 여기에서는 매크로 버튼을 따로 생성하기 때문에 생략합니다.

04 K2:L2셀 범위 지정- [홈] 탭- 맞춤- 병합하고 가운데 맞춤- '=SUM(F5:I5)' 입력 후 Enter 키를 누르고, 셀 포인터 위치는 M2셀에 클릭해 놓습니다.

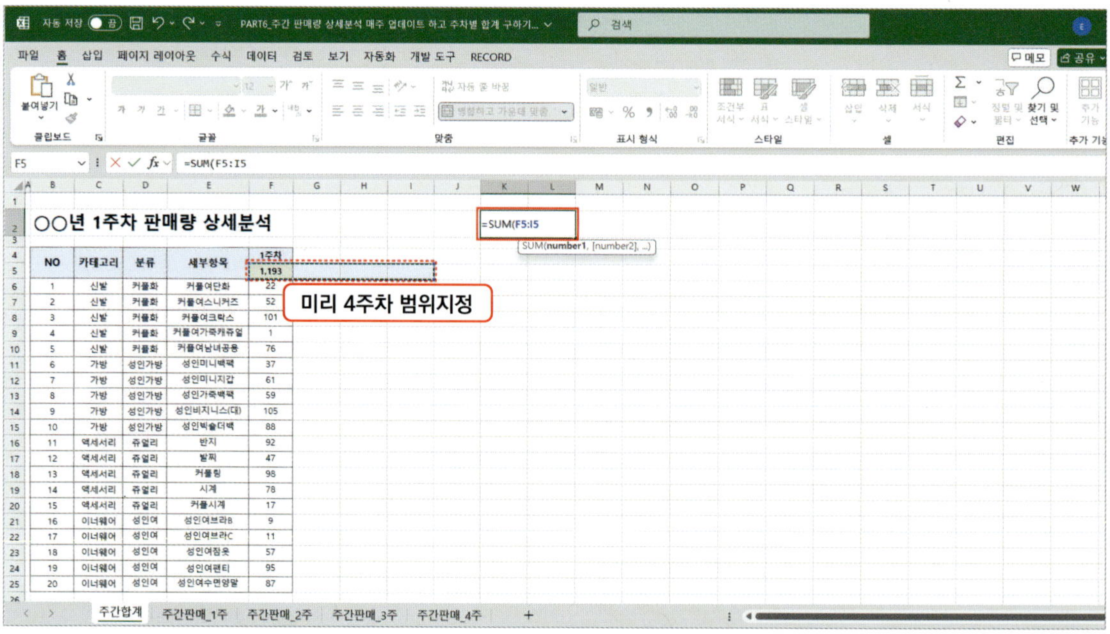

05 [개발 도구] 탭- 코드- '기록 중지' 메뉴를 클릭합니다.

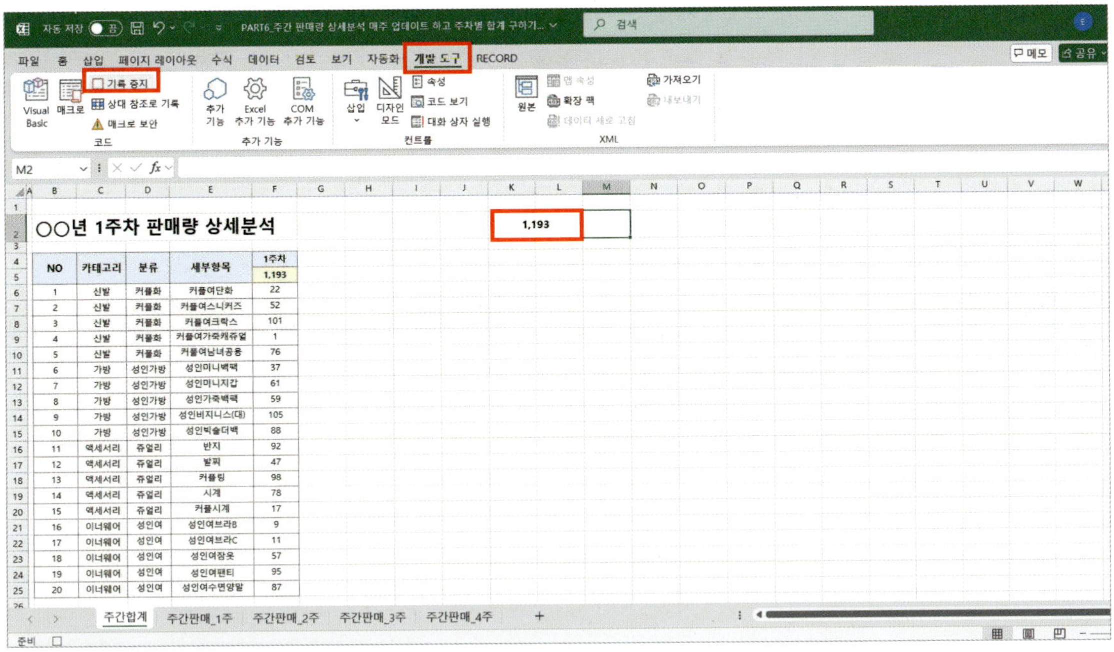

※ 지금까지 화면상에서 실행한 모든 행위가 기록되었습니다.

06 [개발 도구] 탭- 컨트롤- 삽입- 양식 컨트롤- '단추' 메뉴를 클릭합니다.

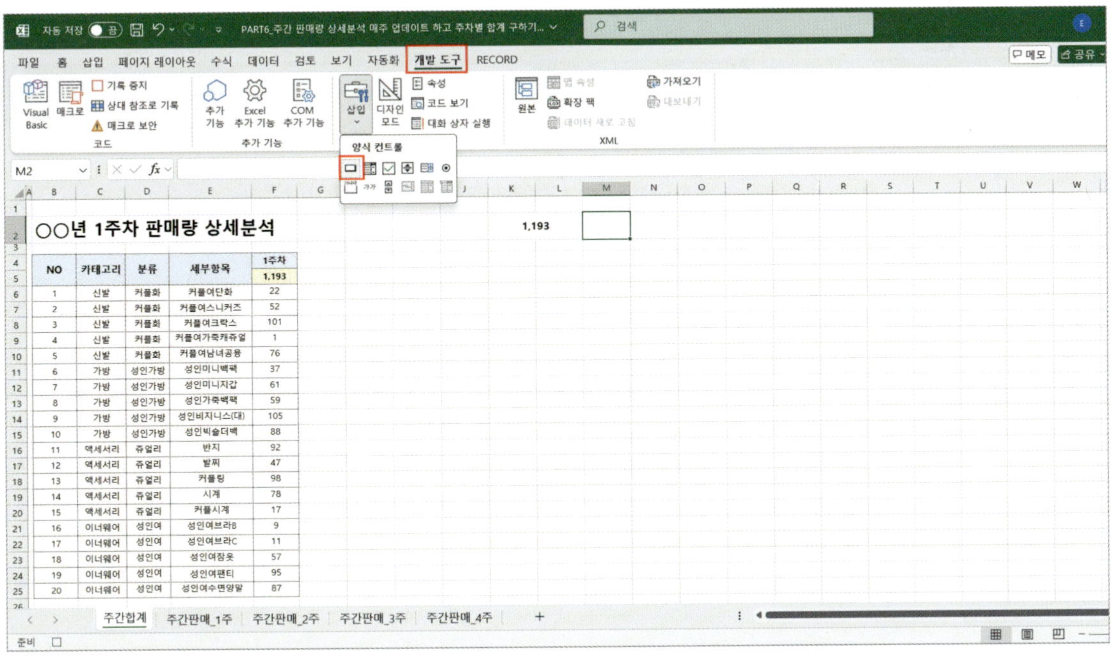

07 H2:J2셀 크기에 맞게 단추를 드래그- 매크로 지정- 매크로 이름- '주간합계' 클릭- 매크로 위치: '현재 통합 문서' 메뉴 선택 후 확인을 클릭합니다.

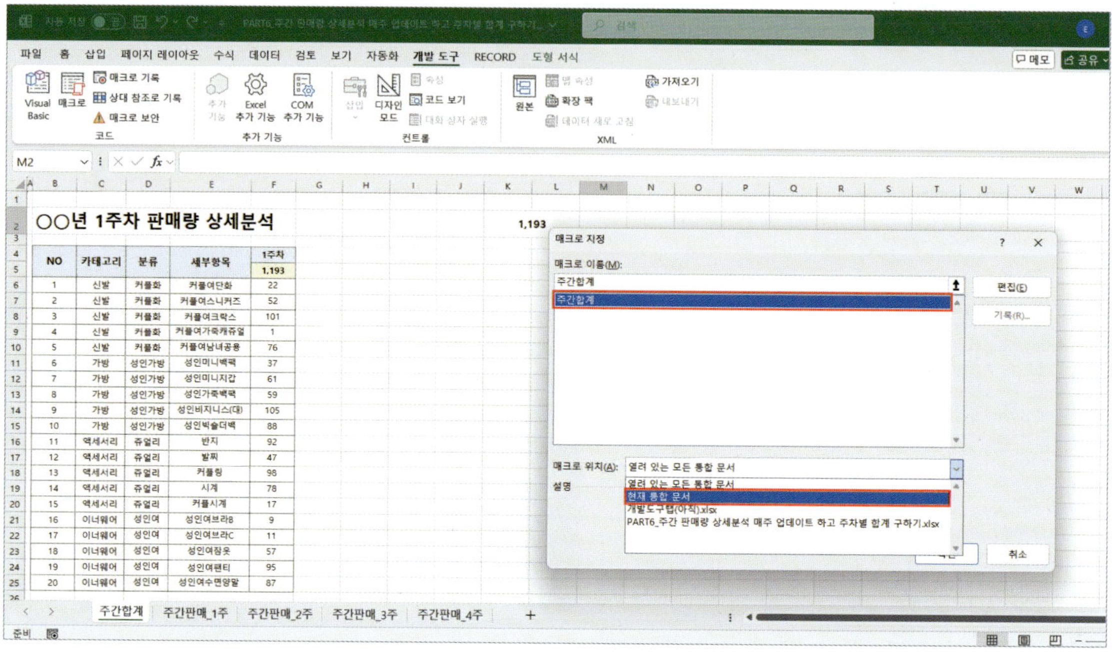

※ H2:J2셀에 단추를 만들 때, Alt 키를 누른 채 드래그해 셀 모서리에 맞게 그려 줍니다.

08 '단추 1' 컨트롤 양식, 단추를 마우스 오른쪽 버튼 클릭- '텍스트 편집' 메뉴를 선택해 '주간판매 합계'라고 이름을 고쳐 줍니다.

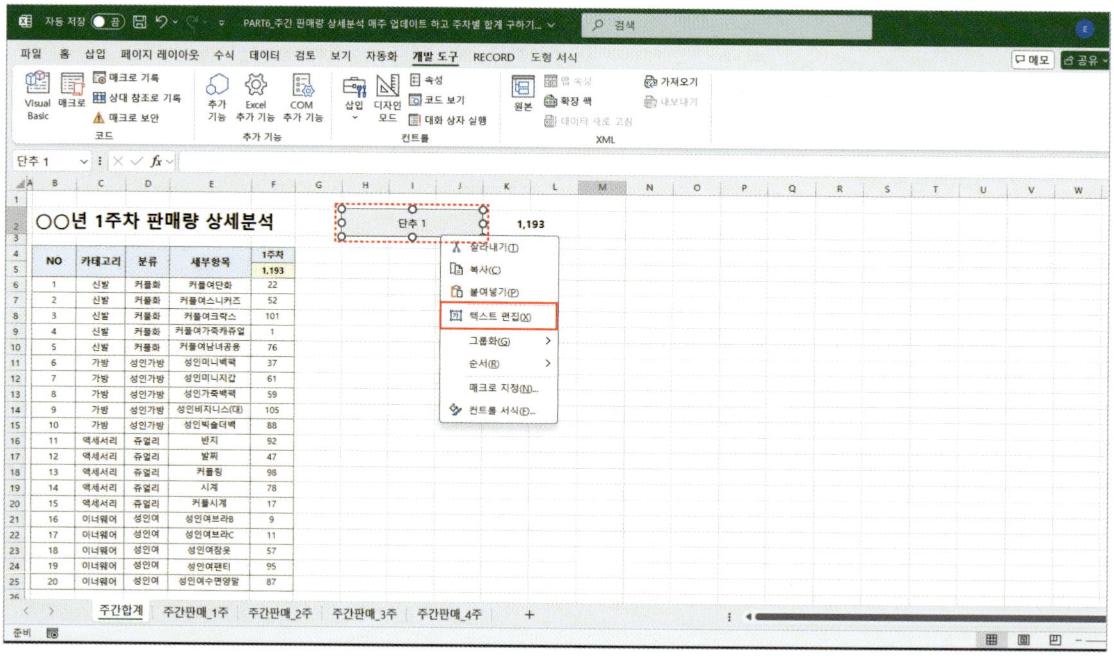

09 매크로 '단추' 버튼이 잘 작동하는지 확인하기 위해 [주간판매_2주] 시트를 전체 복사해(A열 왼쪽, 1행 위 버튼 클릭), [주간합계] 시트에 붙여넣기합니다. 이때도 A셀 왼쪽, 1행 위쪽을 클릭한 상태에서 붙여넣기합니다.

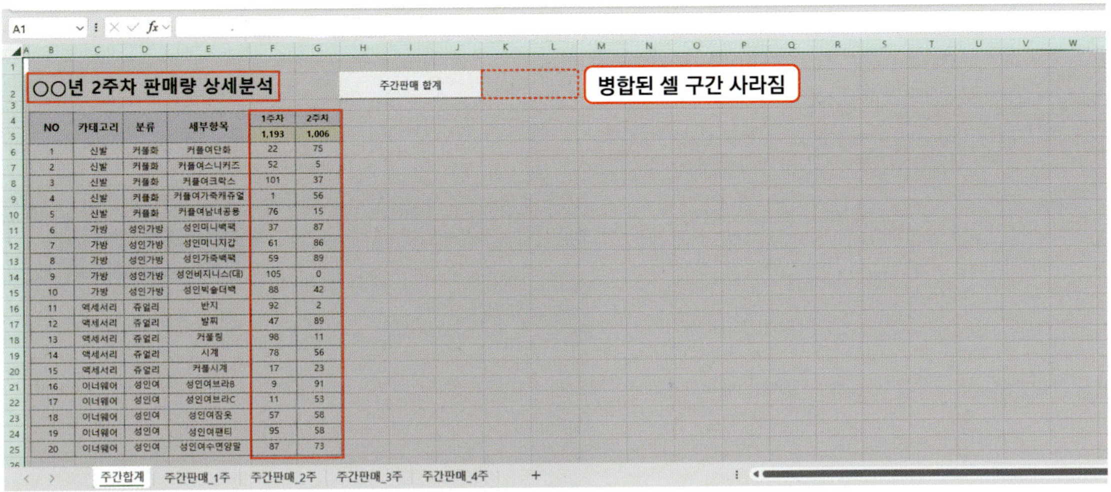

※ K2:J2셀 범위, 병합 구간 정보가 사라진 결과를 확인합니다. 그리고 2주차 판매량 합계가 붙여넣기된 결과도 함께 확인합니다.

10 이 상태에서 '주간판매 합계', 양식 컨트롤 단추를 클릭해 1~2주차 합계가 K2셀에 출력되는지 확인합니다.

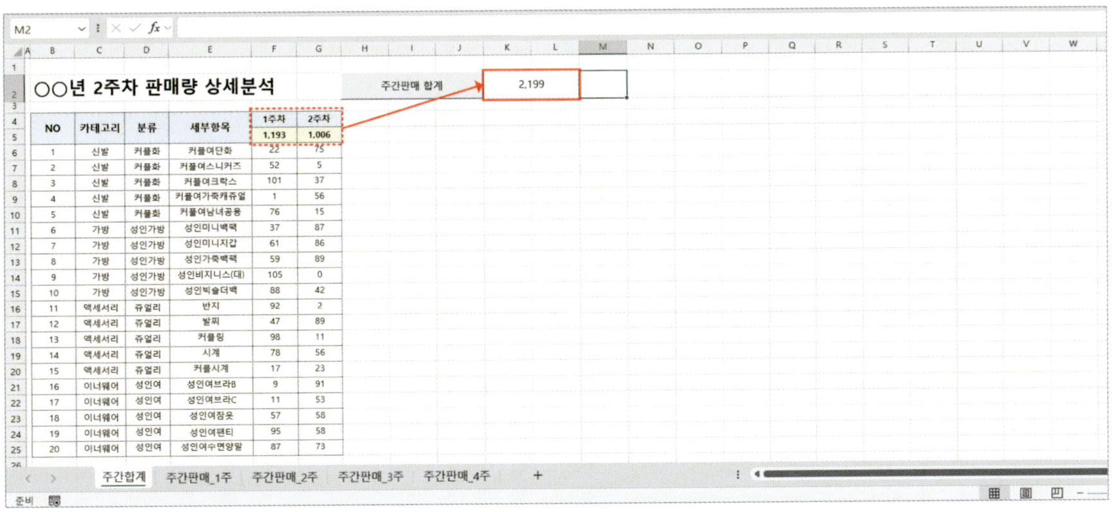

※ 1~2주차 합계가 K2셀, 병합된 구간에 잘 출력이 된 결과를 확인할 수 있습니다. 이런 식으로 3주차, 4주차 정보도 똑같이 복사/붙여넣기를 진행 후 '주간판매 합계', 양식 컨트롤 단추를 클릭해 결과를 확인해 봅니다.

11 [주간판매_4주] 시트까지 똑같은 방식으로 진행한 후 F12키, '다른 이름으로 저장' 실행 후 파일 형식을 'Excel 매크로 사용 통합 문서 (*.xlsm)' 선택 후 '저장' 버튼을 눌러 저장해 줍니다.

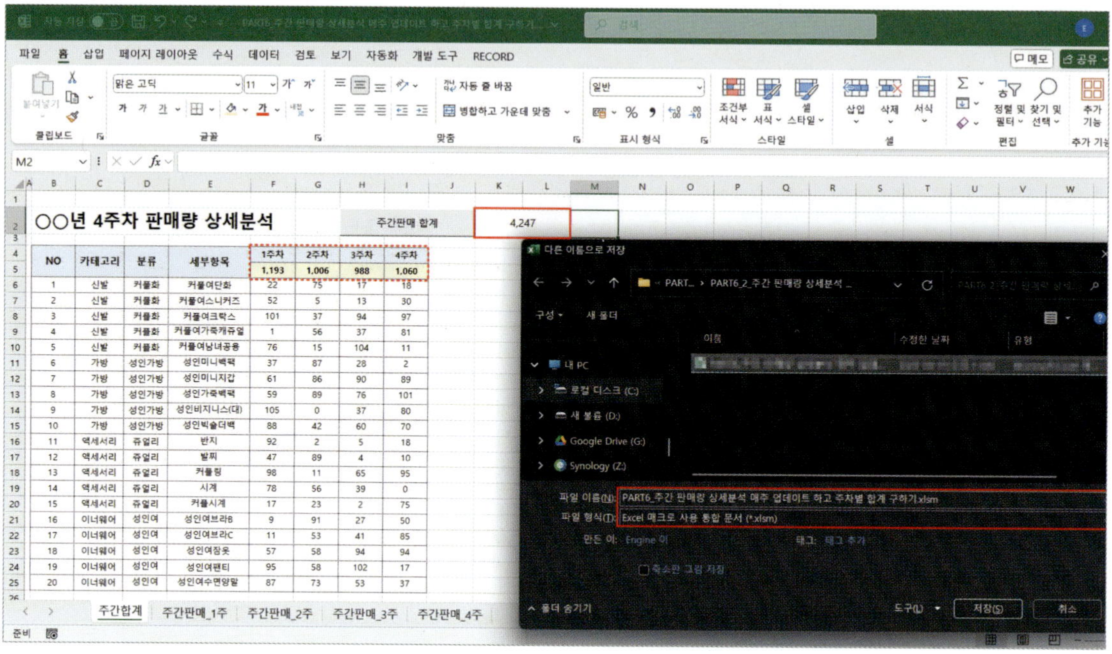

CHAPTER 03

직급 목록 반복적으로 만들고, 엑셀 점수 병합 구조 반복적으로 만들기(상대참조 매크로)

예제 파일 PART3_3 직급 목록 반복적으로 만들고, 엑셀 점수 병합 구조 반복적으로 만들기(실습).xlsx

실무 스킬

엑셀에서 반복적인 작업을 자동화하는 매크로는 생산성을 높이는 강력한 도구입니다. 더 유연하고 상황에 따라 달라지는 작업에 진가를 발휘합니다. 상대참조 매크로는 사용자의 현재 셀 위치를 기준으로 동작하며, 선택한 셀의 상대적 위치에 따라 작업을 수행합니다. 이 유연성 덕분에 동적이고 상황별로 다른 범위에서 동일한 작업을 반복하기에 탁월합니다. 예를 들어, 데이터 입력이나 서식 설정이 여러 셀에 걸쳐 수행되어야 할 때, 상대참조 매크로를 사용하면 시작 위치에 관계없이 동일한 작업을 손쉽게 적용할 수 있습니다.

절대참조 매크로가 정밀성과 고정성을 대표한다면, 상대참조 매크로는 적응성과 유연성으로 차별화됩니다. 상대참조 매크로를 활용해 반복 작업을 줄이는 실제적인 방법을 예제를 통해 확인해 보도록 하겠습니다.

실무 연습 ❶

[엑셀직능검사] 시트에서는 C열에 이름과 직급이 함께 출력되고 D열에는 이름과 직급을 만족하는 엑셀 점수가 병합되어 출력되고 있습니다. 이 구조를 [결과]시트에 있는 것처럼 'NO.', '이름', '엑셀 점수', '직급' 4개열 목록으로 만들려고 합니다.

현재 C열 구조는 이름 아래 직급이 적혀 있는 19개의 정보로 되어 있습니다. 이것을 4열로 나누기 위해서는 직급을 E열로 옮기고 D열에 병합된 구조를 해제하고 직급이 있던 행을 삭제하던지 또는 직급을 E열로 옮기고 직급이 있는 자리, 한 열 전체를 삭제하는 방법도 있을 겁니다. 여기에서 포인트는 이런 작업을 반복한다는 것입니다. 이런 번거로운 반복 작업을 상대참조 매크로를 이용해 쉽게 해결해 보도록 하겠습니다.

먼저, 작업 전 [엑셀직능검사] 시트와 작업 후 [결과] 시트를 확인해 보겠습니다.

작업 전, [엑셀직능검사] 시트

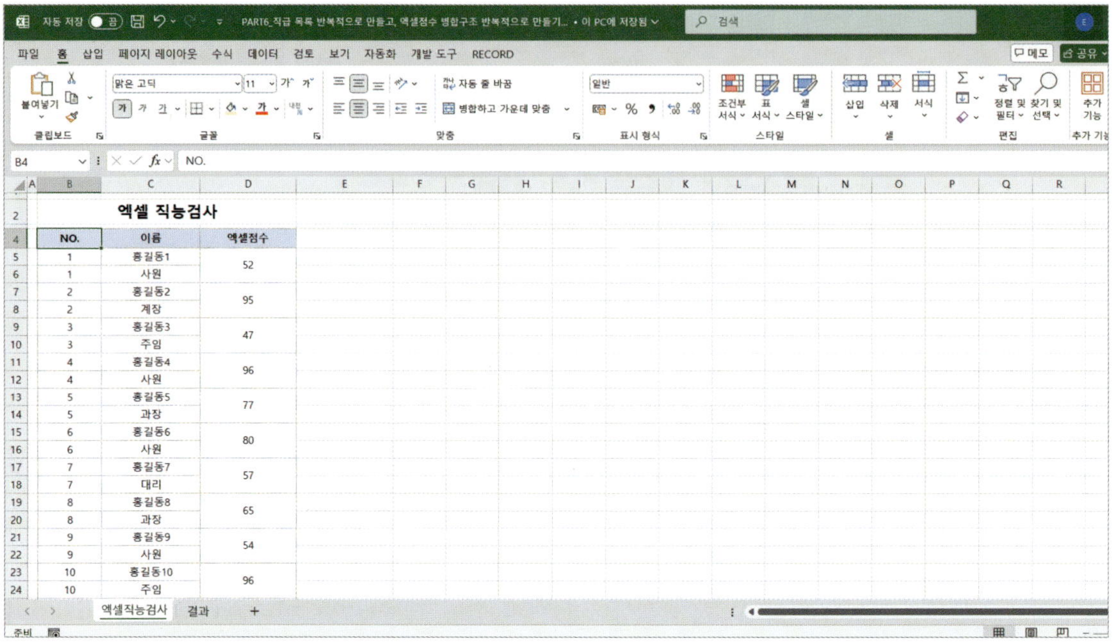

작업 후, [결과] 시트

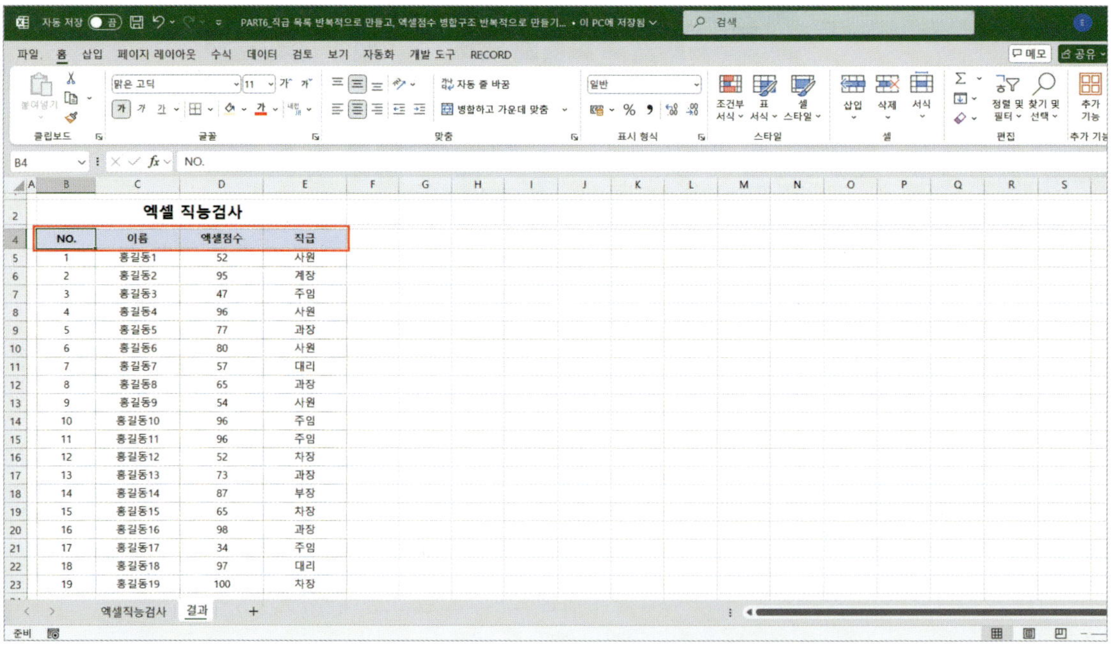

01 C5셀 클릭- [개발 도구] 탭- 코드- 상대참조로 기록- 매크로 기록- 매크로 기록- 매크로 이름: '병합해제'- 바로 가기 키: 'Ctrl+Shift+R'- 매크로 저장 위치: '현재 통합 문서' 선택 후 확인 버튼을 클릭합니다.

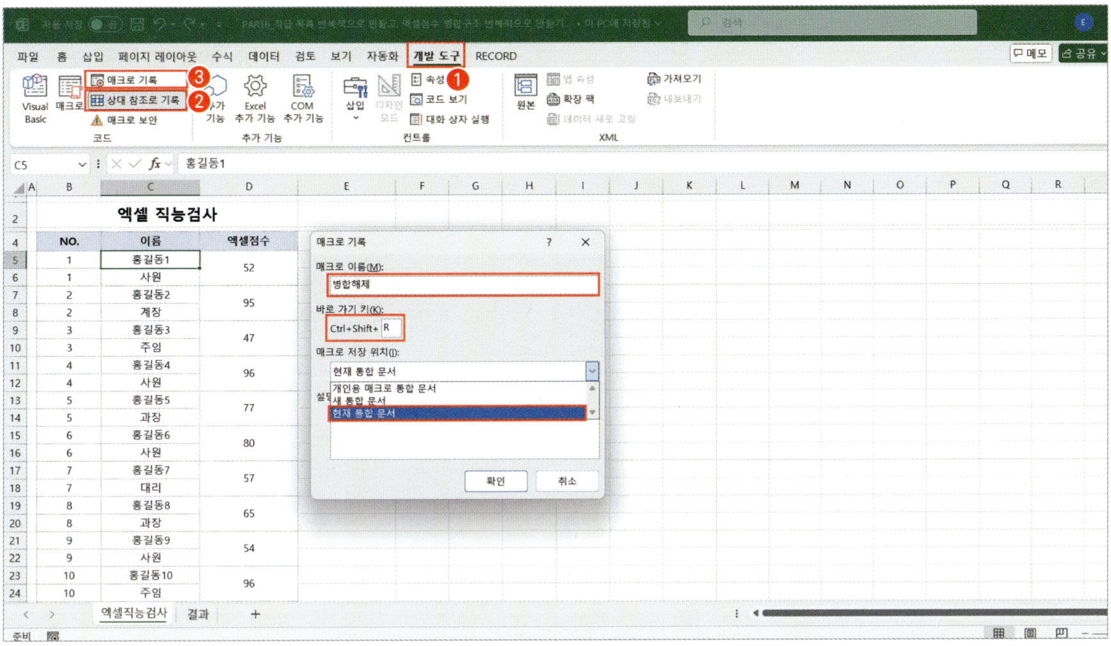

02 D5셀로 이동(병합된 구간)- [홈] 탭- 맞춤- '병합하고 가운데 맞춤(병합 해제)' 메뉴를 클릭합니다.

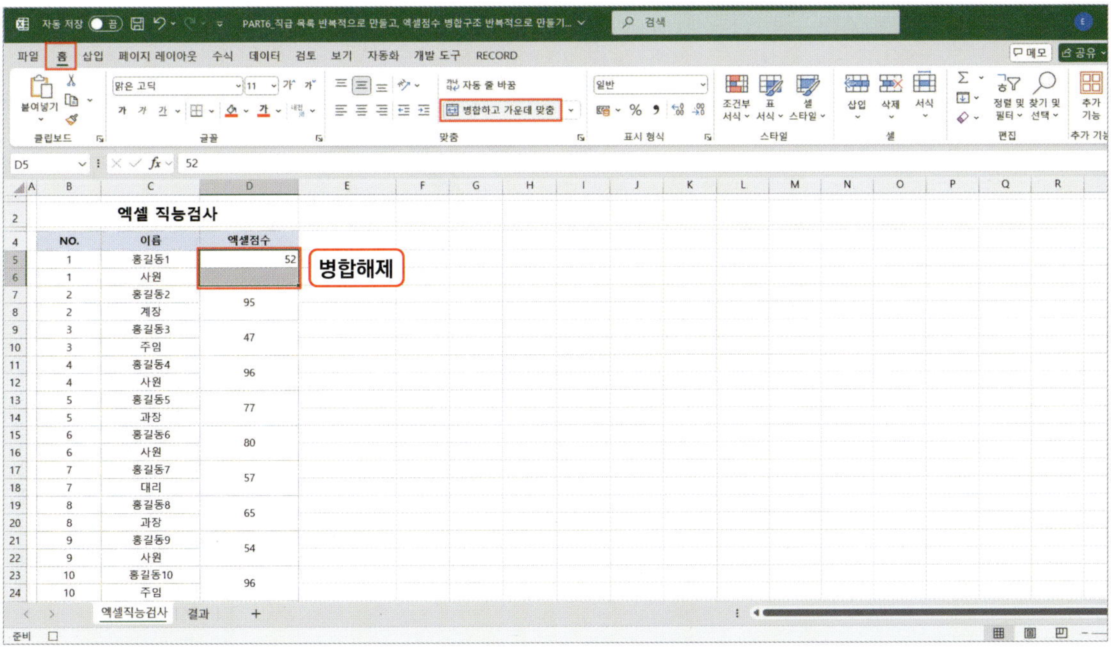

03 C6셀(사원)클릭- '잘라내기(Ctrl+X)'- E5셀 클릭- '붙여넣기(Ctrl+V)' 진행합니다.

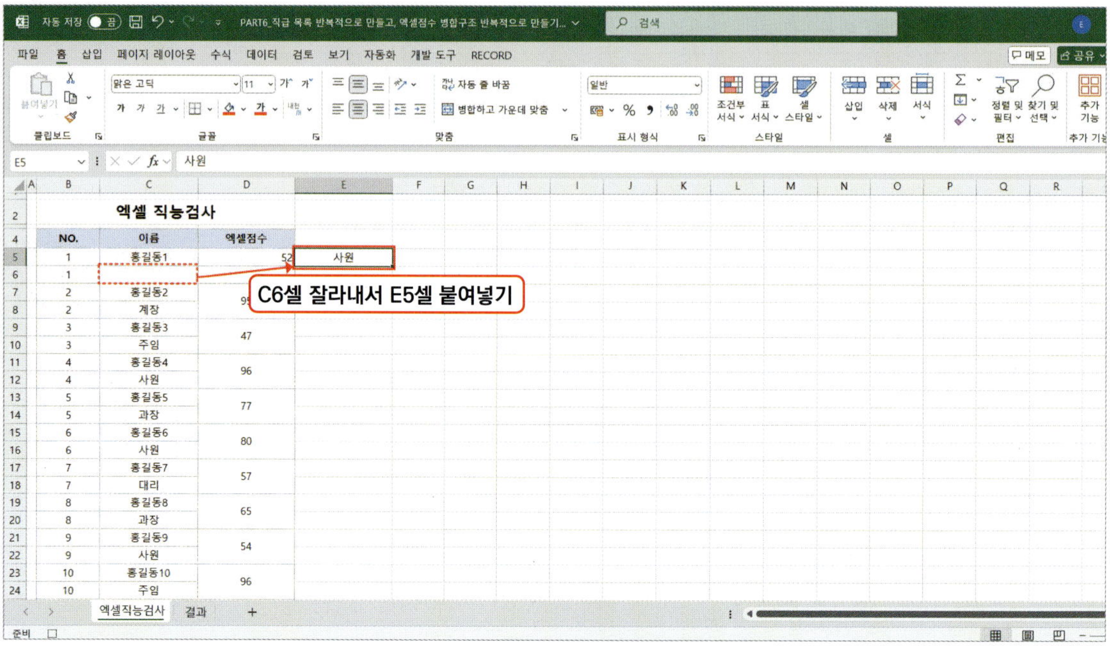

04 6번 행 전체 지정- 마우스 우클릭- '삭제' 메뉴 클릭합니다.

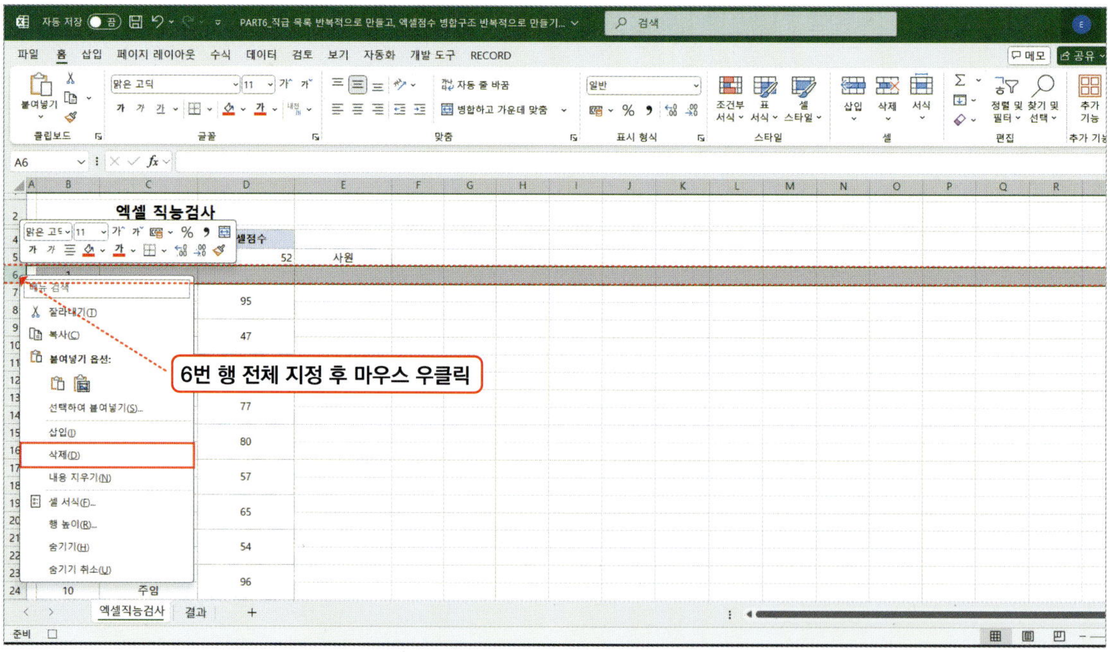

05 C6셀 클릭- [개발 도구] 탭- 코드- '기록 중지' 메뉴를 클릭합니다.

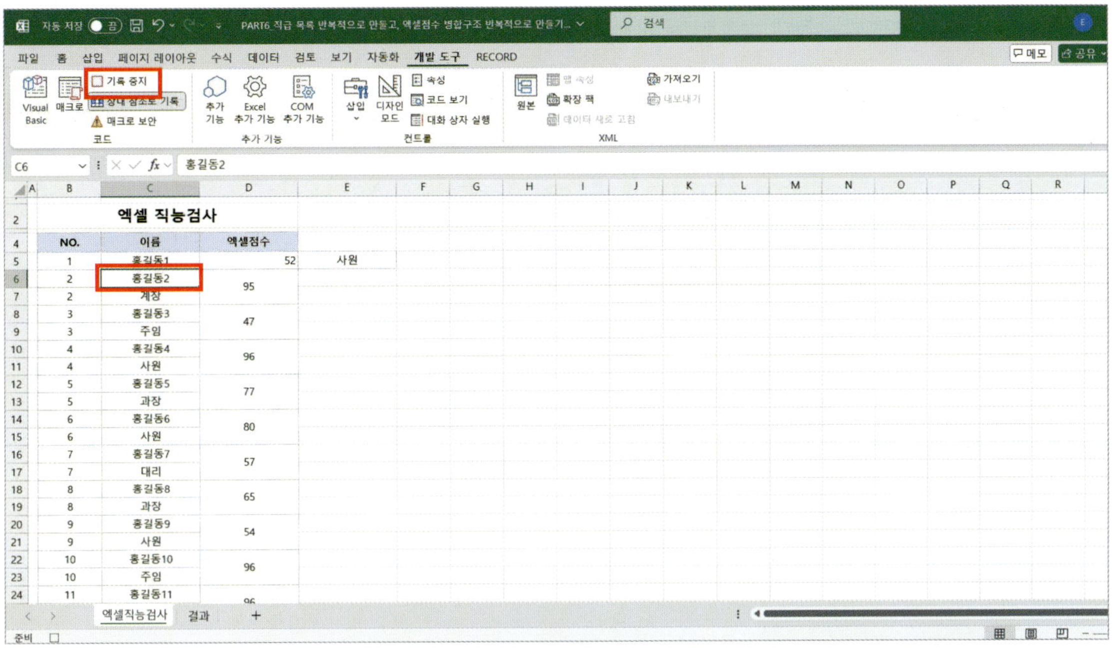

※ 반드시 '기록 중지' 전 C6셀을 클릭한 상태에서 진행해야 상대참조 매크로가 의도한 대로 진행됩니다. 시작 점 바로 아래라는 의미에 상대참조 운영이 되어야 합니다.

06 매크로가 잘 운영되는지 지정한 단축키 'Ctrl+Shift+R'을 눌러 결과, '홍길동2' 이름에 해당하는 '직급', '계장' 정보가 E6셀에 의도한 대로 옮겨진 결과를 확인합니다.

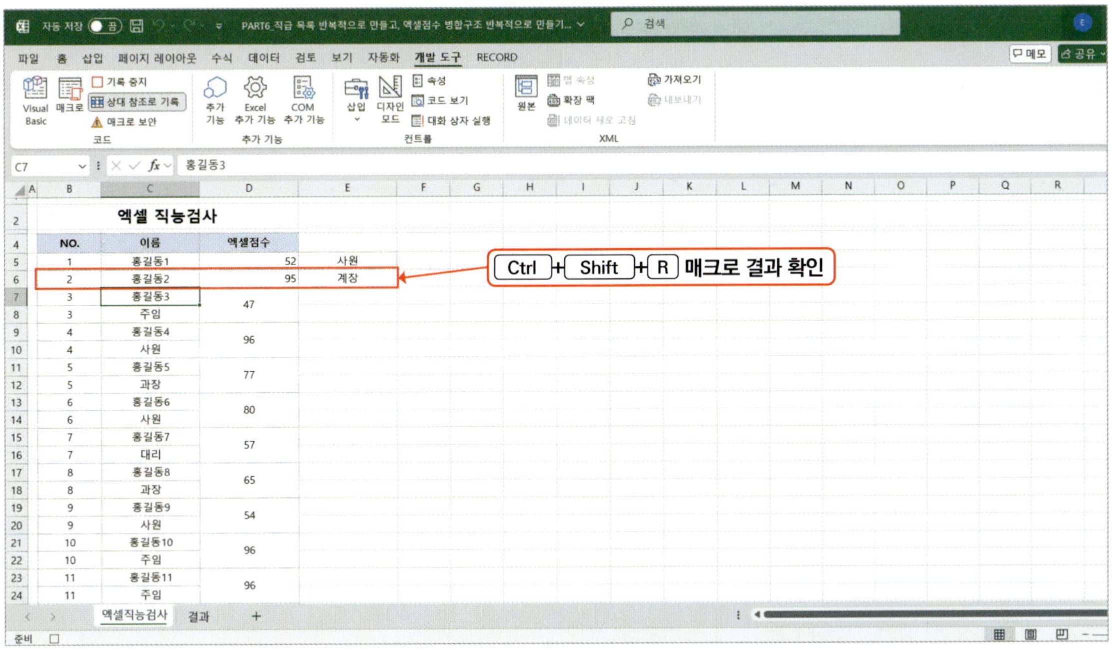

07 나머지 정보도 매크로 단축키 'Ctrl+Shift+R'을 여러 차례 눌러 [결과] 시트와 동일한 구조로 만들어 주고, E열 목록 이름을 E4셀 클릭. "직급"이라고 입력하고 제목, '엑셀 직능검사'도 가운데 맞춤해 표를 정리하고 마무리합니다.

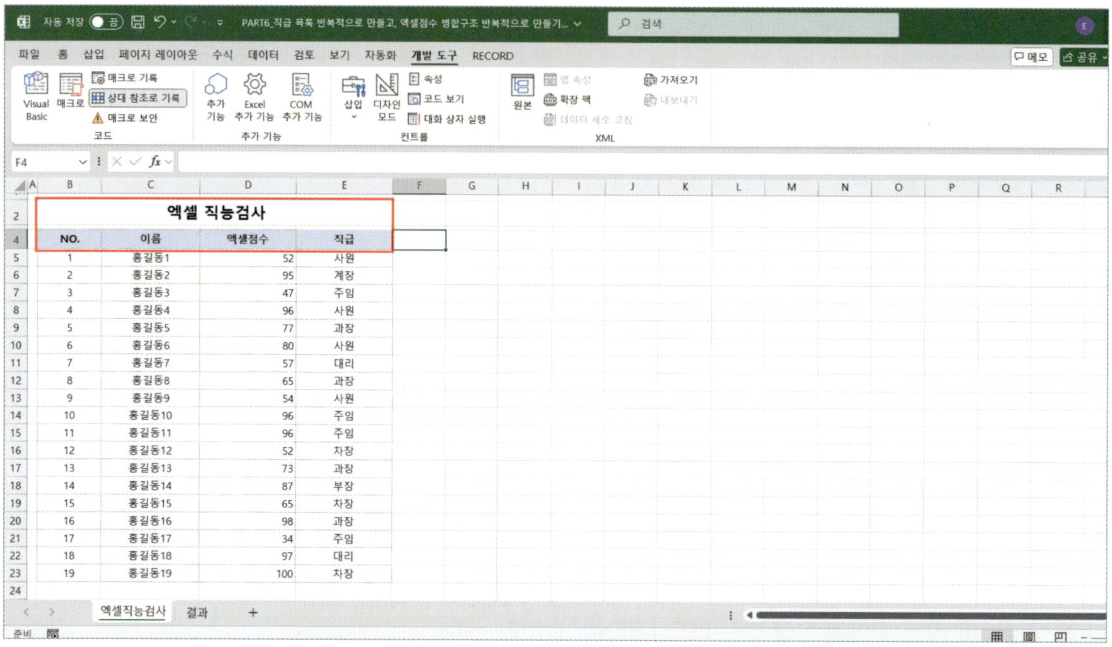

TIP 저장이 필요할 때는 F12, '다른 이름으로 저장' 버튼을 눌러 파일 형식을 'Excel 매크로 사용 통합 문서 (*.xlsm)' 선택 후 '저장' 버튼을 눌러 저장해 줍니다.

CHAPTER 04

수강신청 정보 고급 필터와 매크로 활용해 원하는 정보 추출하기(매크로/고급 필터/양식컨트롤- 단추)

예제 파일 PART3_4 수강신청 정보 고급 필터와 매크로 활용해 원하는 정보 추출하기(실습).xlsx

실무 스킬

고급 필터와 매크로를 활용한 데이터 추출은 업무 효율을 극대화하고 복잡한 데이터를 간단하게 관리할 수 있는 강력한 도구입니다. 고급 필터는 데이터베이스 내에서 조건에 맞는 결과를 정확하게 찾아낼 수 있게 하며, 매크로를 통해 이 작업을 더욱 체계적이고 빠르게 수행할 수 있습니다.

엑셀에서 까다로운 작업 중에 하나가 중복값을 추출하는 것인데 고급 필터와 매크로 조합으로 이를 해결할 수 있습니다. **『진짜 실무 엑셀 완전 정복 1』의 PART3_13 기준 조건을 활용해 중복값 및 AND와 OR조건을 만족하는 데이터 출력하기**에서 다룬 고급 필터를 이용해 기준값을 같은 행에 배치하는 AND조건과 다른 행에 조건값을 배치해 OR조건으로 데이터를 추출하는 방법을 충분히 학습한 후 진행해 보는 것을 추천 드립니다.

고급 필터와 매크로는 다양한 산업과 직무에서 활용될 수 있는 매우 유용한 도구입니다. 다음은 실제 사용 사례 몇 가지입니다.

고급 필터의 사용 사례

1. 판매 데이터 분석으로 예를 들어, 특정 기간 동안 특정 지역에서 판매된 제품만을 추출하여 해당 기간의 성과를 평가하거나 시장 트렌드를 분석할 수 있습니다.
2. 고객 데이터 관리 대규모 고객 데이터베이스에서 나이, 지역, 구매 이력 등 특정 조건에 맞는 고객 리스트를 추출해 마케팅 캠페인에 활용할 수 있습니다.
3. 재고 관리 특정 수량 이하로 재고가 떨어진 제품만 필터링하여 빠르게 파악하고 주문 목록을 작성하는 데 활용됩니다.

매크로의 사용 사례

1. 반복적인 데이터 처리 작업 자동화 매일 동일한 데이터 정리 작업을 해야 하는 경우, 예를 들어 열 정렬, 특정값 계산, 또는 보고서 형식 지정 등의 작업을 매크로로 설정하면 시간을 크게 절약할 수 있

습니다.

2. 보고서 자동 생성 월별 매출 데이터를 요약하여 표와 그래프로 변환하거나, 자동으로 시각화된 보고서를 생성하는 작업에 사용됩니다.

3. 이메일 발송 특정 조건에 따라 선택된 데이터를 기반으로 개인화된 이메일을 대량 발송하는 프로세스를 자동화할 수 있습니다.

이처럼 고급 필터는 원하는 데이터를 빠르게 찾을때, 매크로는 반복적인 작업을 자동으로 처리할 때 강력한 역할을 합니다. 이 두 도구를 조합하여 사용하면 더욱 효율적인 데이터 관리와 분석이 가능합니다. 실전에서 어떻게 활용할 수 있는지 실무 예제를 해결해 보면서 활용법을 익혀 보도록 하겠습니다.

실무 연습 ❶

[수강신청] 시트에서 3가지 매크로 로직을 만들어 보겠습니다. 그리고 마지막으로 매크로를 저장해 마무리해 보겠습니다.

1. AND조건 매크로

❶ 매크로 기록기를 켜고 ❷ 고급 필터로 '수강지역'이 'A'이고 '성별'이, '남'인 정보를 추출합니다. ❸ 그리고 나서 매크로 기록기를 끕니다. ❹ 단추, 양식 컨트롤을 만들어 지금 매크로 기록을 연결합니다. 출력이 잘 되는지 확인을 위해 '신청과목'이 '영어'이고, '담당선생님'이 '홍길동2'인 정보를 매크로 단추 버튼을 생성해 출력해 보겠습니다.

2. 출력정보 지우기 매크로

고급 필터로 출력된 정보를 모두 지우는 매크로 단추를 이용해 만들어 보겠습니다.

3. OR조건 매크로

❶ 매크로 기록기를 켜고 ❷ 고급 필터로 '수강신청일'이 '2077년 03월 04일'보다 크거나 '신청과목'이, '엑셀'인 정보를 추출합니다. ❸ 매크로 기록기를 끕니다. ❹ 단추, 양식 컨트롤을 만들어 지금 매크로 기록을 연결합니다.

출력이 잘 되는지 확인을 위해 '수강지역'이 'B'이고, '성별'이 '여인 정보를 매크로 단추 버튼을 생성해 출력해 보겠습니다.

AND조건 매크로 만들기

01 [개발 도구] 탭- 코드- 매크로 기록- 매크로 기록- 매크로 이름: 'AND조건' 입력 후 확인 버튼을 클릭합니다. 현재 셀 주소 위치는 K4셀 입니다.

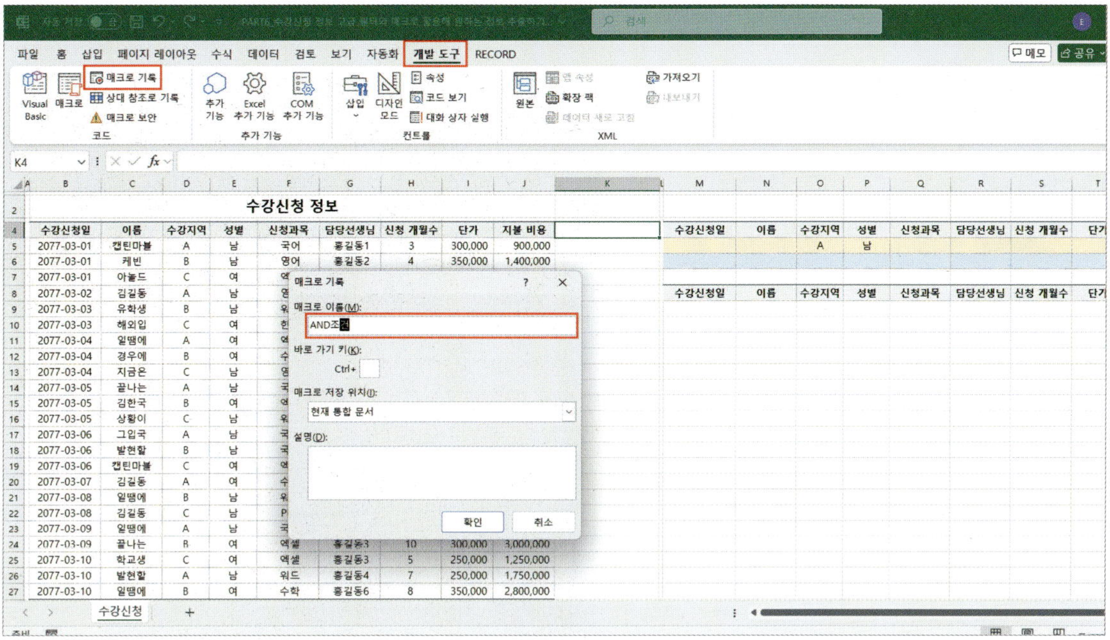

02 [데이터] 탭- 정렬 및 필터- 고급- 고급 필터- 결과- 다른 장소에 복사- 목록 범위: '수강신청!$B$4:$J$27'- 조건 범위: '수강신청!$M$4:$U$5'- 복사 위치: '수강신청!$M$8:$U$8' 지정 후 확인 버튼을 클릭합니다.

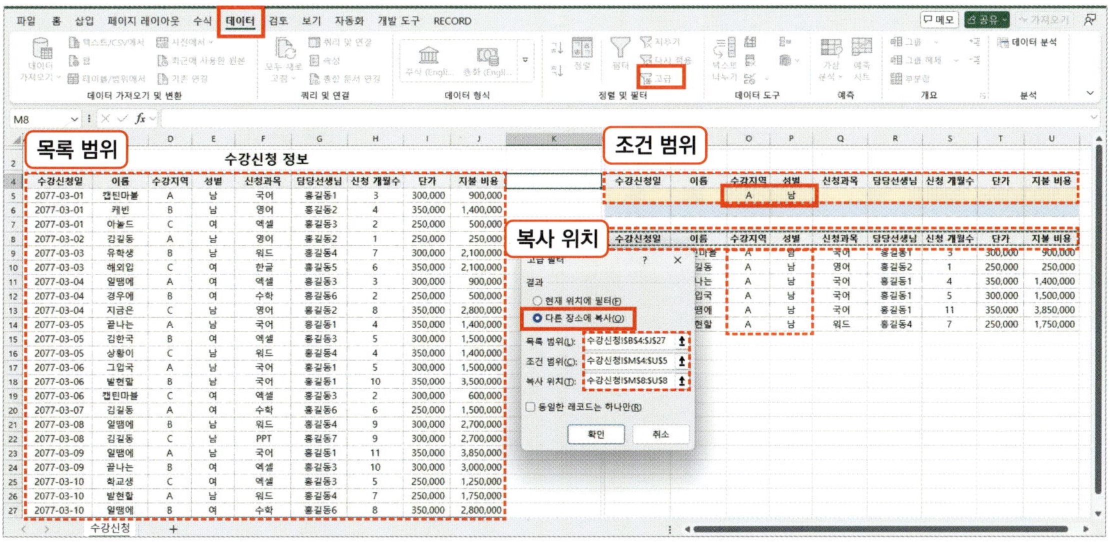

※ 매크로가 기록 중일 때, 고급 필터 메뉴를 클릭했을 때 범위가 자동 업데이트되어 있더라도 범위를 재지정해 줍니다.

03 [개발 도구] 탭- 코드- '기록 중지' 메뉴를 클릭합니다.

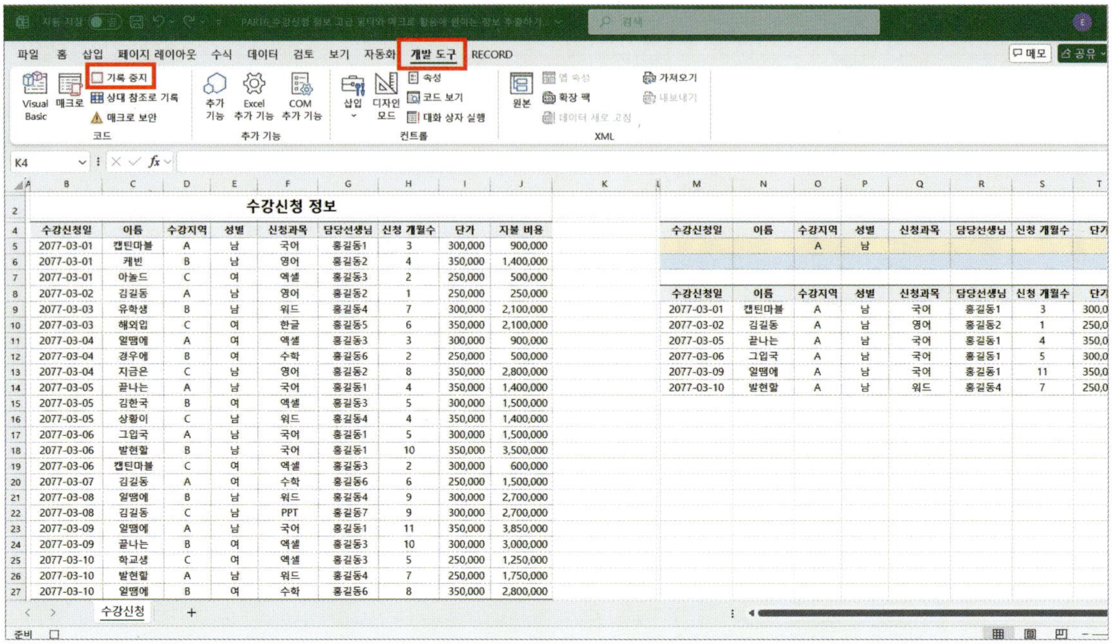

04 [개발 도구] 탭- 컨트롤- 양식 컨트롤- 삽입- '단추' 메뉴'를 클릭합니다.

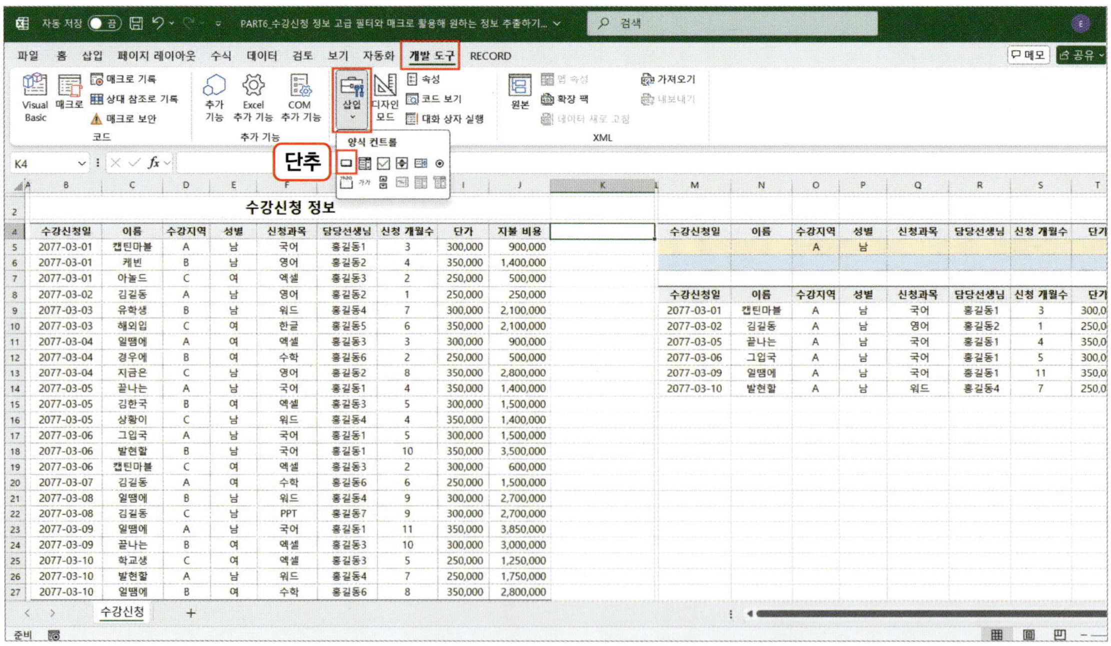

05 ‘단추’ 메뉴를 누른 상태에서 시트 안으로 이동해 Alt 키를 누른 채 K4:K5셀 범위에 맞춰 단추 상자를 드래그합니다. 매크로 지정- 매크로 이름: ‘AND조건’ 메뉴 클릭 후 확인 버튼을 클릭합니다.

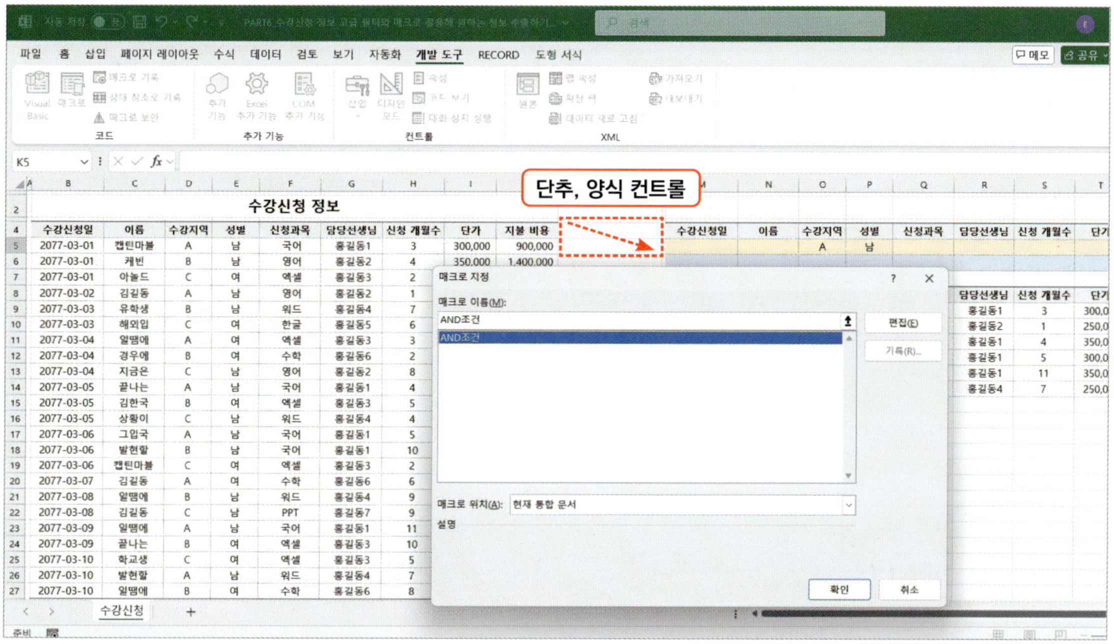

06 ‘단추 1’ 단추 컨트롤 양식 클릭- 마우스 우클릭- ‘텍스트 편집’을 눌러 ‘AND조건’으로 이름을 변경해 줍니다.

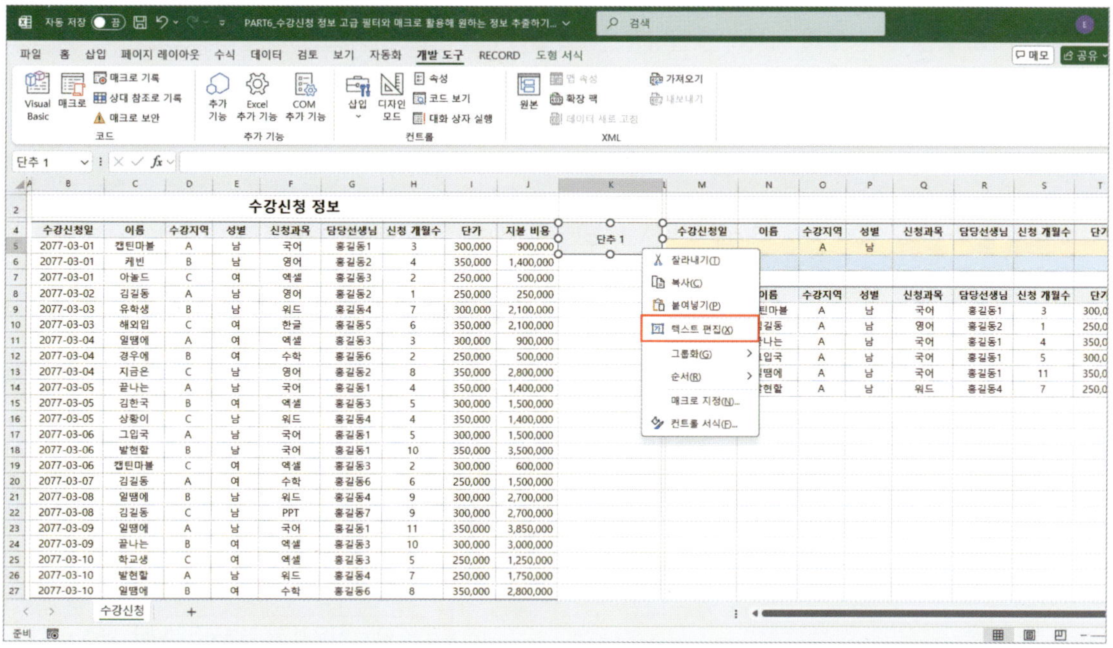

07 저장된 매크로가 잘 작동되는지 확인하기 위해 '신청과목' 목록, '영어' 입력, '담당선생님' 목록 '홍길동2'를 입력하고 'AND조건' 단추를 클릭해 AND조건으로 결과가 출력된 정보를 확인합니다.

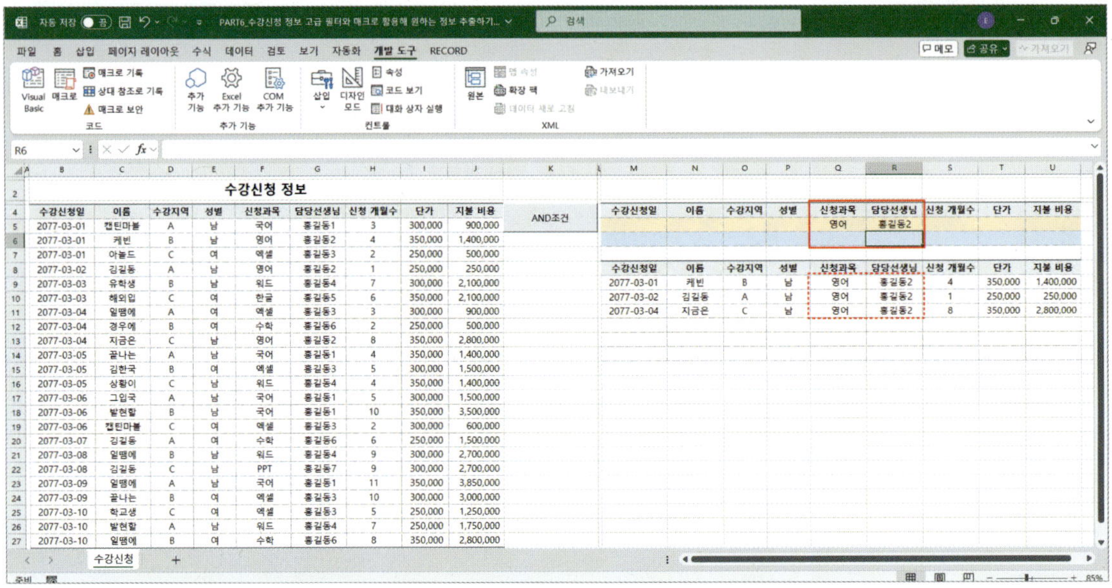

출력정보 지우기 매크로 만들기

AND조건으로 매크로가 잘 운영되고 있지만 출력된 정보 하단에 테두리가 남아 있습니다. 깔끔한 정보 출력을 위해 '모두 지우기' 매크로 단추를 생성해 보도록 하겠습니다.

01 AND조건- 다음부터 시작하면 됩니다. [개발 도구] 탭- 코드- 매크로 기록- 매크로 기록- 매크로 이름: '지우기' 입력 후 확인 버튼을 클릭합니다.

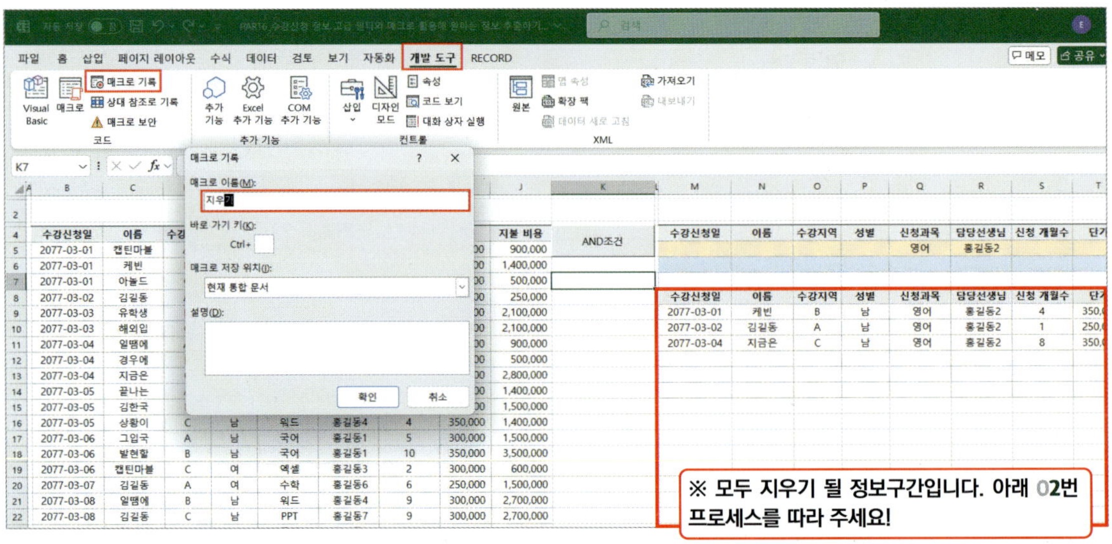

02 출력된 정보 목록 아래 범위, M9셀 클릭- Ctrl + Shift +방향키, 오른쪽(→), M9:U9셀 범위 지정- 이 상태에서 Ctrl + Shift +방향키, 아래방향(↓)을 2번 누릅니다(1번 아니고 2번입니다).- [홈] 탭- 편집- 지우기- '모두 지우기' 메뉴를 클릭합니다.

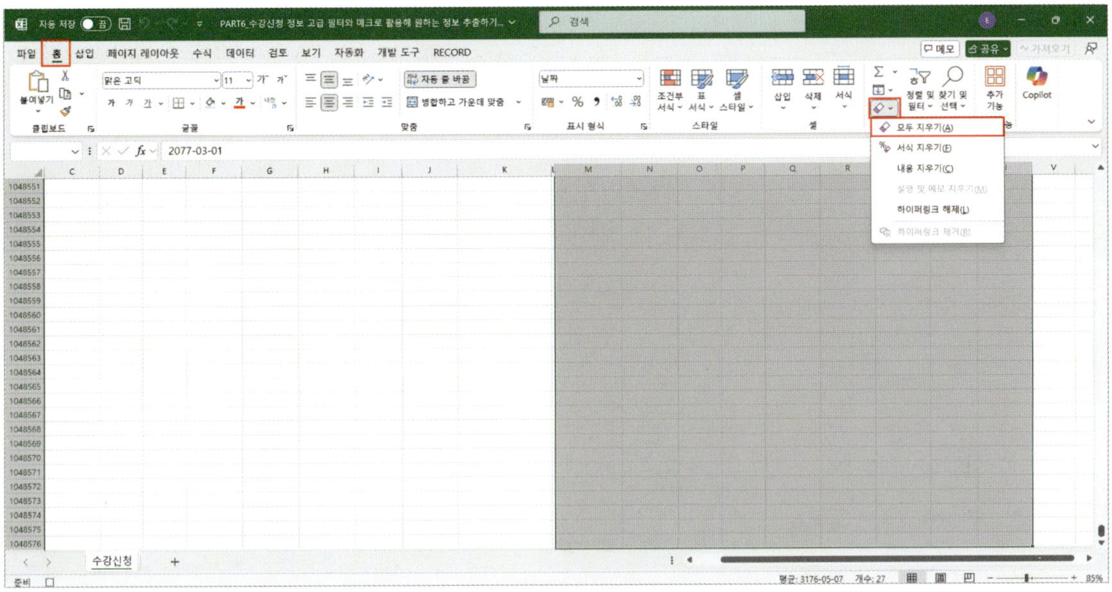

03 K2셀 클릭- [개발 도구]- 코드- '기록 중지' 버튼을 클릭합니다.

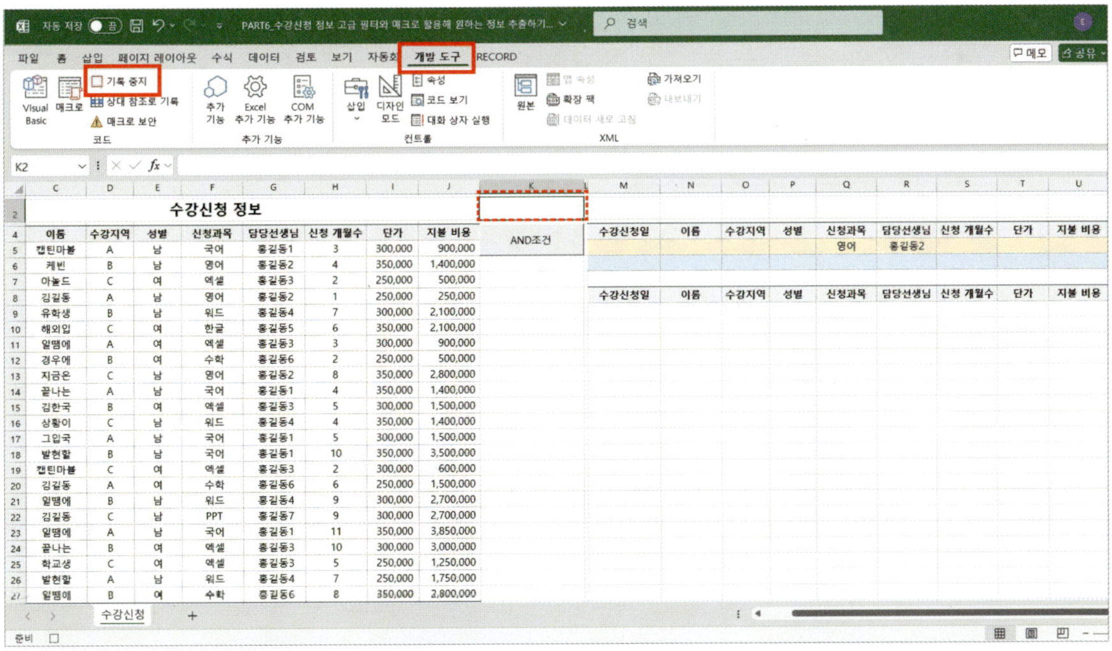

04 [개발 도구] 탭- 컨트롤- 양식 컨트롤- 삽입- '단추' 메뉴를 클릭합니다.

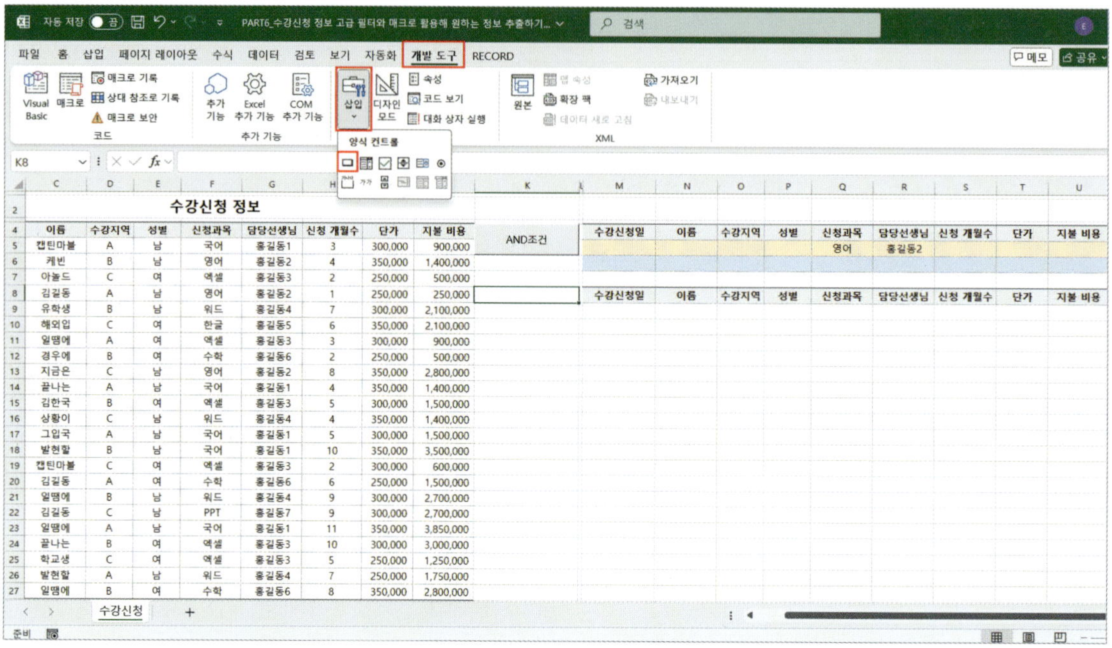

05 '단추' 메뉴를 누른 상태에서 시트 안으로 이동해 Alt 키를 누른 채 K8:K9셀 범위에 맞춰 단추 상자를 드래그합니다. 매크로 지정- 매크로 이름: '지우기' 메뉴 클릭 후 확인 버튼을 누릅니다.

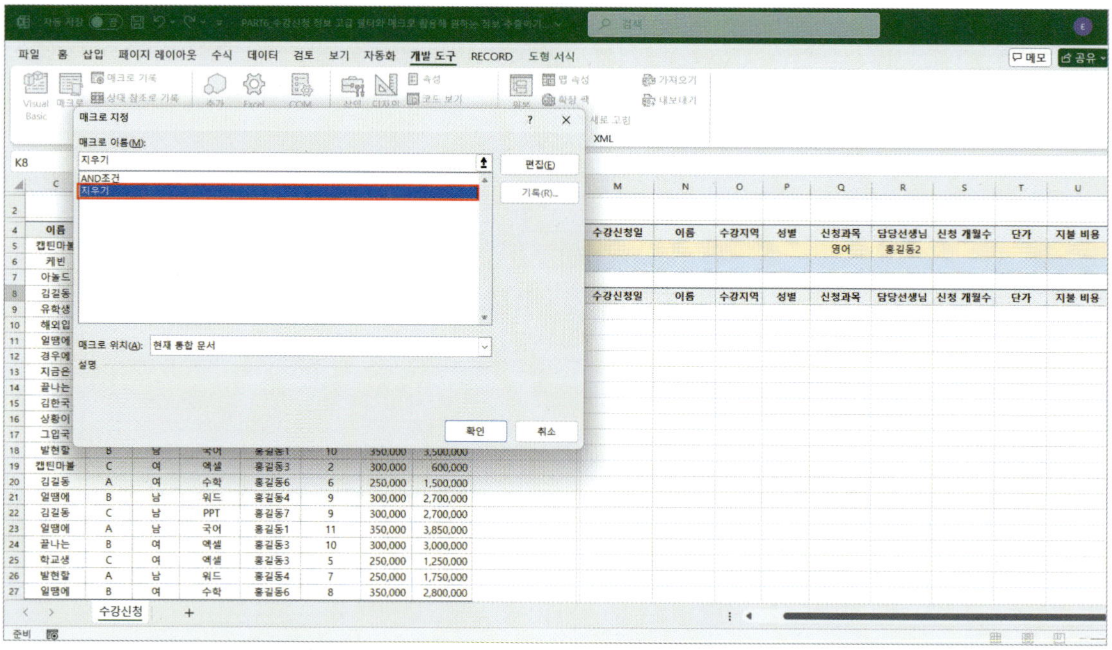

06 '단추 3' 단추 컨트롤 양식 클릭- 마우스 우클릭- '텍스트 편집'을 눌러 '지우기'로 이름을 변경해 줍니다.

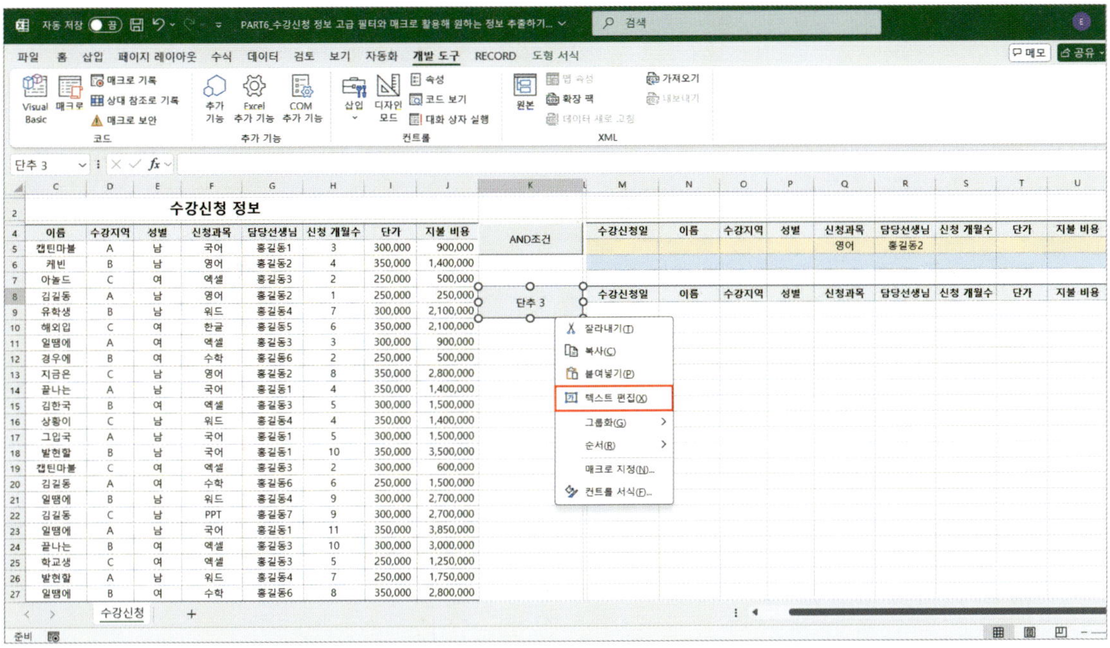

07 지우기 매크로 단추가 잘 작동하는지 확인을 위해 현재 '신청과목', '영어'가 적혀 있고 '담당선생님', '홍길동2'가 입력된 상태에서 'AND조건' 매크로 단추를 클릭합니다.

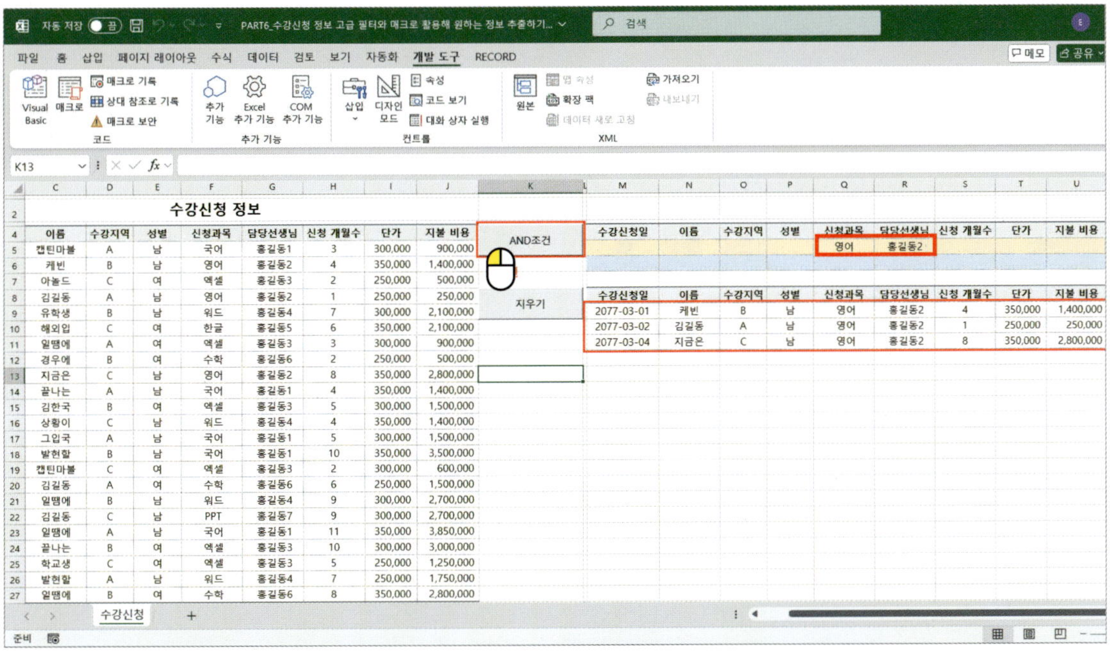

08 그리고 나서 바로 '지우기' 매크로 단추를 눌러 정보가 지워지는 결과를 확인합니다.

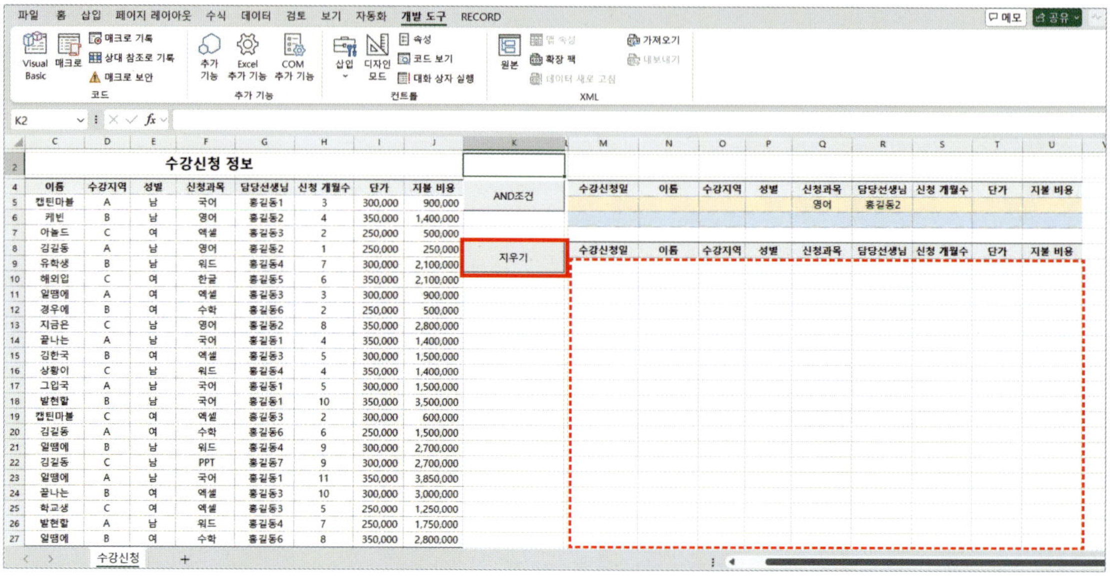

OR조건 매크로 만들기

01 '신청과목', '영어'를 지우고, '담당선생님', '홍길동2' 정보도 지워 줍니다.

OR조건을 만들기 위해 '수강신청일', M5셀에 '2077년 03월 04일'보다 큰 날짜 개념을 '>2077-03-04'라고 입력합니다. '신청과목'목록 아래, Q6셀 클릭 '엑셀'이라고 입력합니다.

그리고 나서 [개발 도구] 탭- 코드- 매크로 기록- 매크로 기록- 매크로 이름: 'OR조건'으로 입력하고 확인 버튼을 클릭합니다.

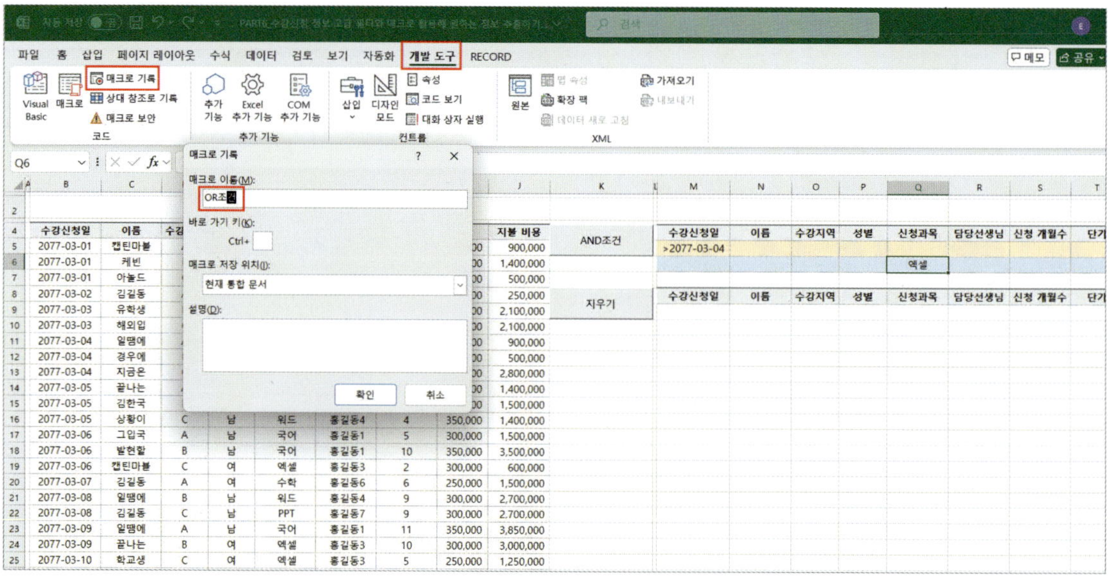

02 [데이터] 탭- 정렬 및 필터- 고급- 고급 필터- 결과 다른 장소에 복사- 목록 범위: '수강신청!$B$4:$J$27'- 조건 범위: '수강신청!$M$4:$U$6'- 복사 위치: '수강신청!Extract'를 지정하고 확인 버튼을 클릭합니다.

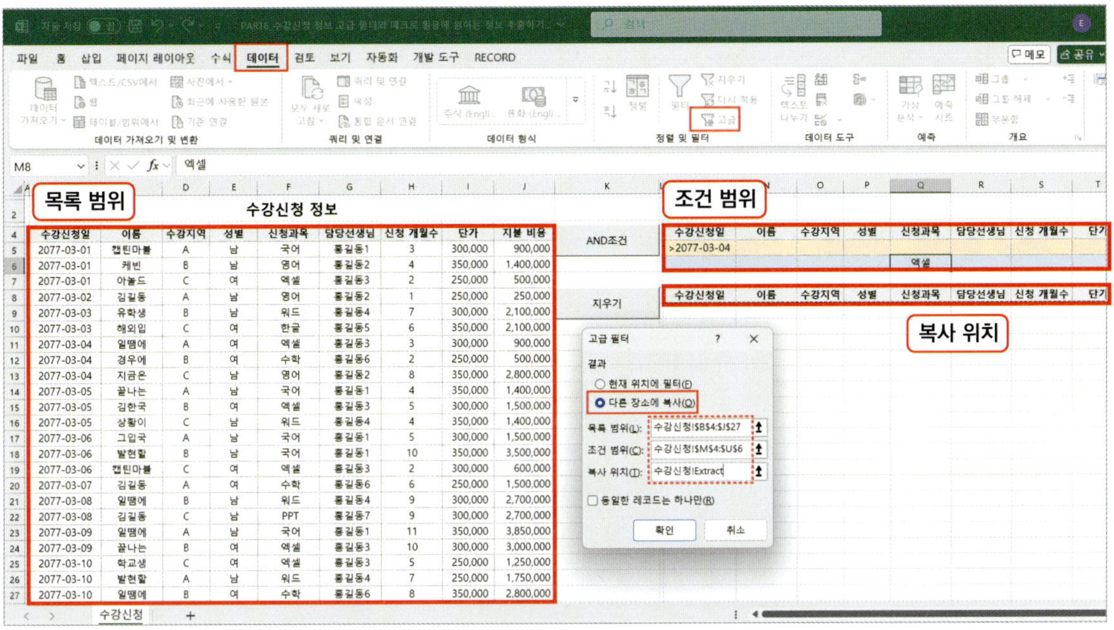

※ 복사 위치에 주소값 범위 M8:U8셀이 아닌 ''수강신청!Extract'가 출력되었습니다. AND조건으로 같은 범위를 지정한 상태이기 때문에 출력 범위가 '수강신청!Extract'로 출력되었습니다.

03 조건에 맞게 출력된 결과를 확인하고, [개발 도구] 탭- 코드- '기록 중지' 버튼을 클릭합니다.

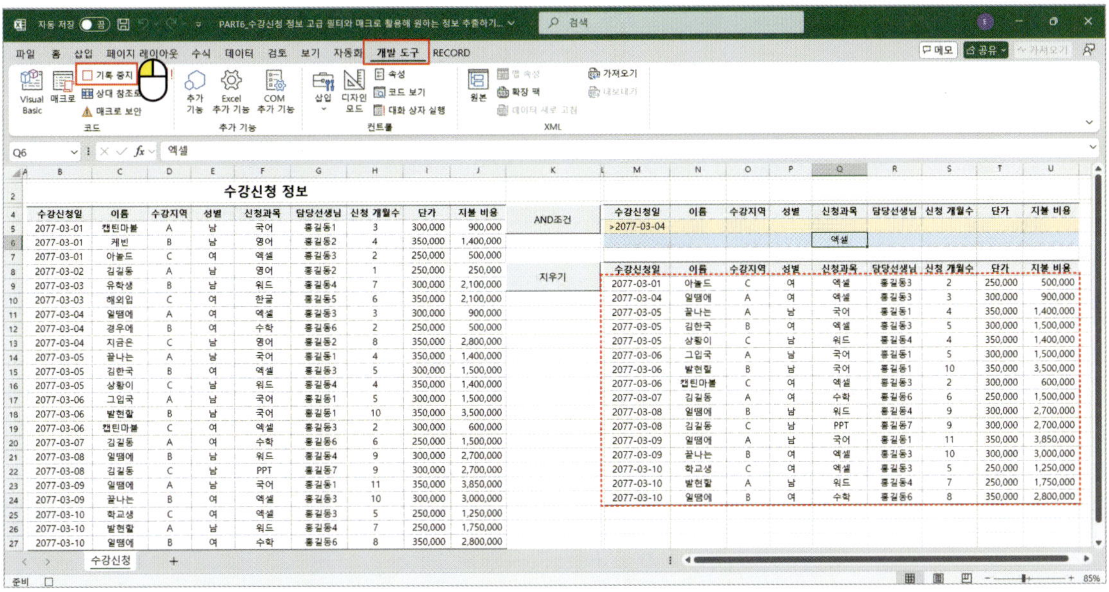

04 [개발 도구] 탭- 컨트롤- 삽입- 양식 컨트롤- '단추' 메뉴를 클릭합니다.

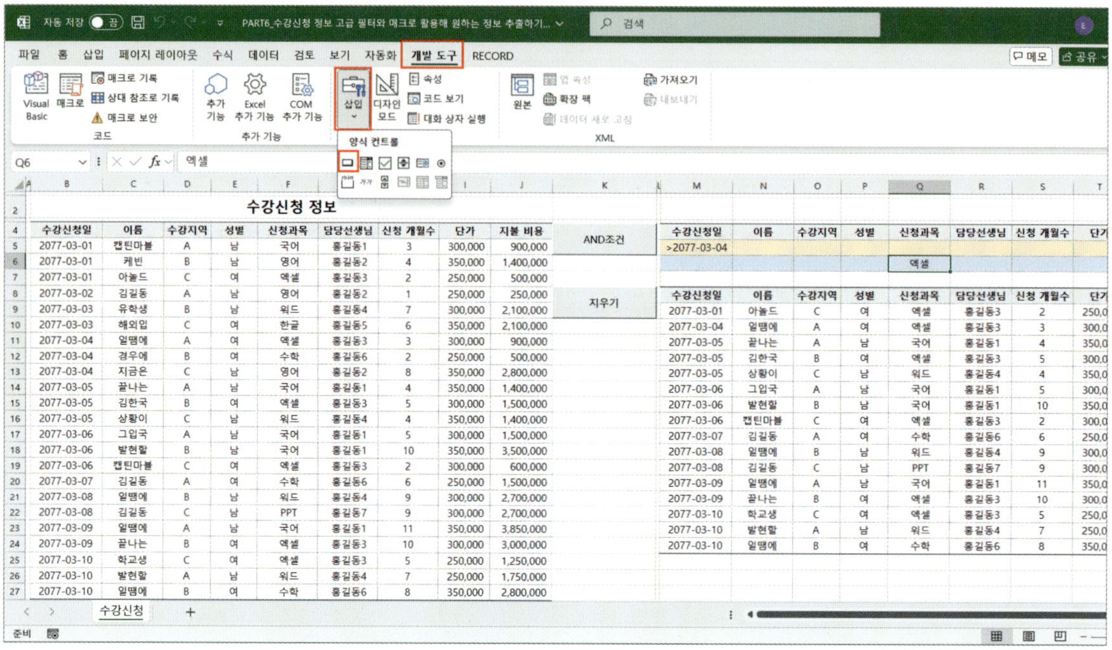

05 '단추' 메뉴를 누른 상태에서 시트 안으로 이동해 Alt 키를 누른 채 K12:K13셀 범위에 맞춰 단추 상자를 드래그합니다. 매크로 지정- 매크로 이름: 'OR조건' 메뉴 클릭 후 확인 버튼을 누릅니다.

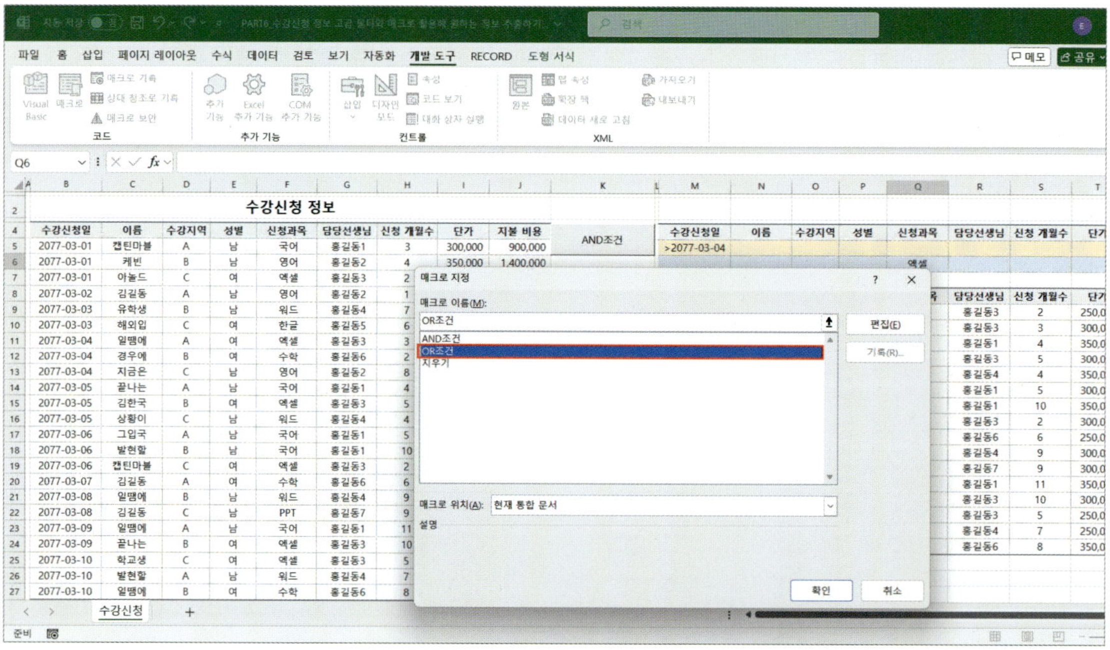

06 '단추 4' 단추 컨트롤 양식 클릭- 마우스 우클릭- '텍스트 편집'을 눌러 'OR조건'으로 이름을 변경해 줍니다.

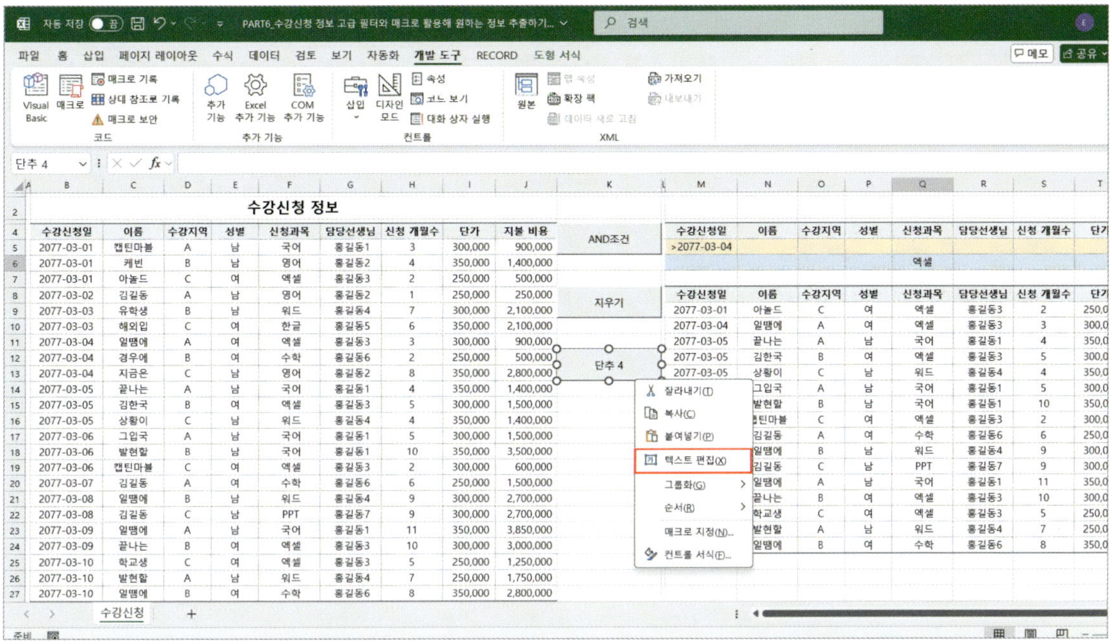

07 'OR조건' 매크로 단추가 잘 작동하는지 확인을 위해 현재 M5셀, '수강신청일', '>2077-03-04'이 적혀 있고 Q6셀, '신청과목', '엑셀'이 입력된 상태에서 '지우기' 매크로 단추를 클릭해 현재 출력된 정보를 모두 지우기합니다.

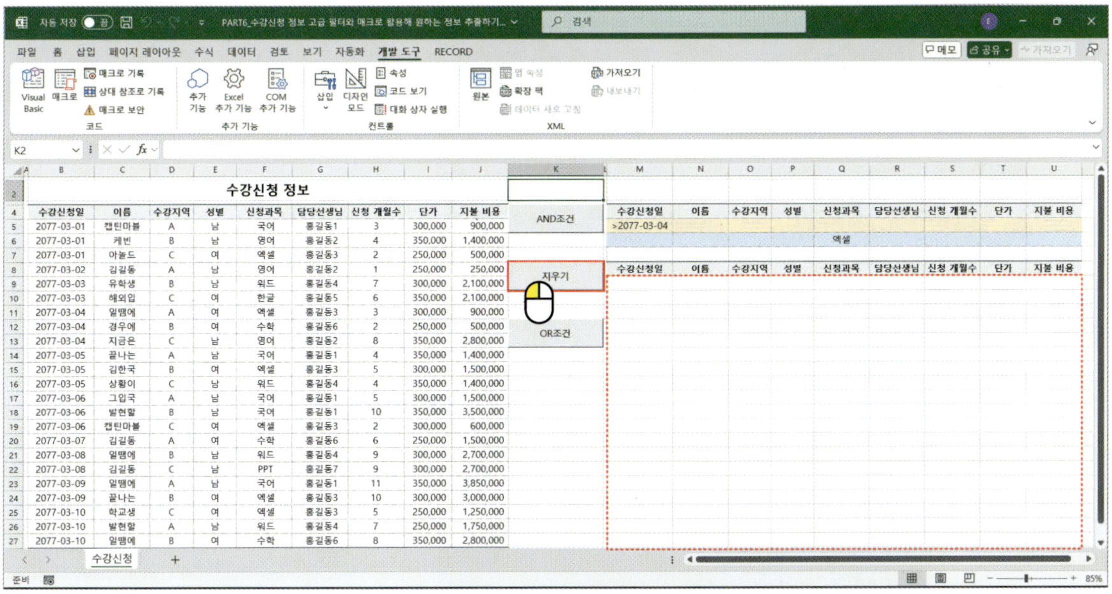

08 지우기된 정보를 확인하고, 'OR조건' 매크로 단추를 눌러 '수강신청일'이 2077년 03월 04일 보다 크거나, '신청과목'이 '엑셀'인 조건이 OR조건으로 출력된 결과를 확인합니다.

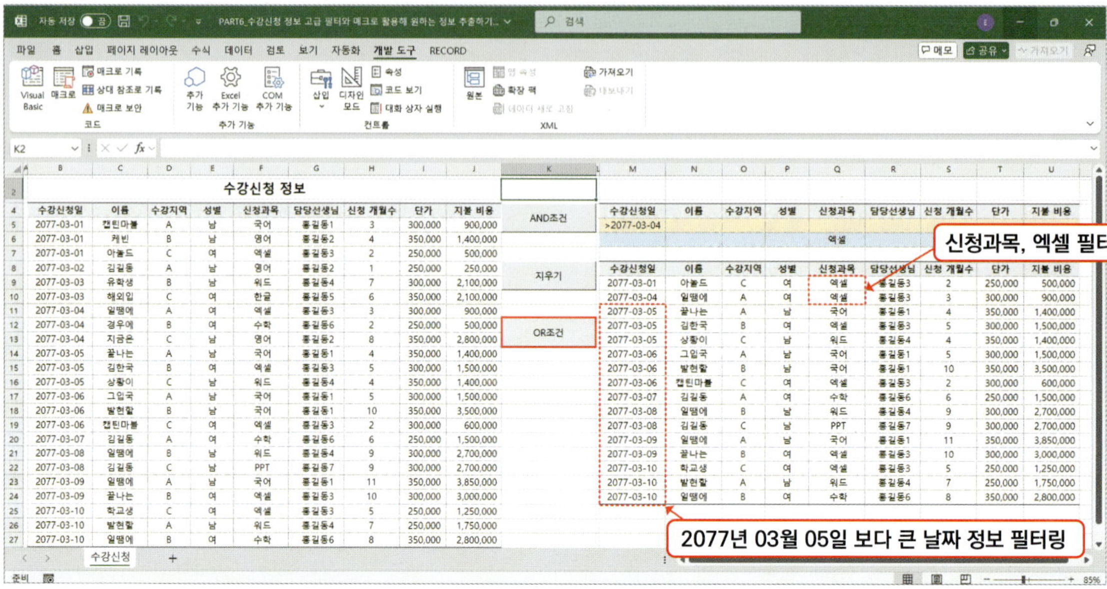

출력한 매크로 정보 저장하기

01 F12(다른 이름으로 저장)클릭- 다른 이름으로 저장- 파일 형식: 'Excel 매크로 사용 통합 문서(*.xlsm)' 선택 후 '저장' 버튼을 눌러 사용자가 원하는 위치에 해당 자료를 저장합니다.

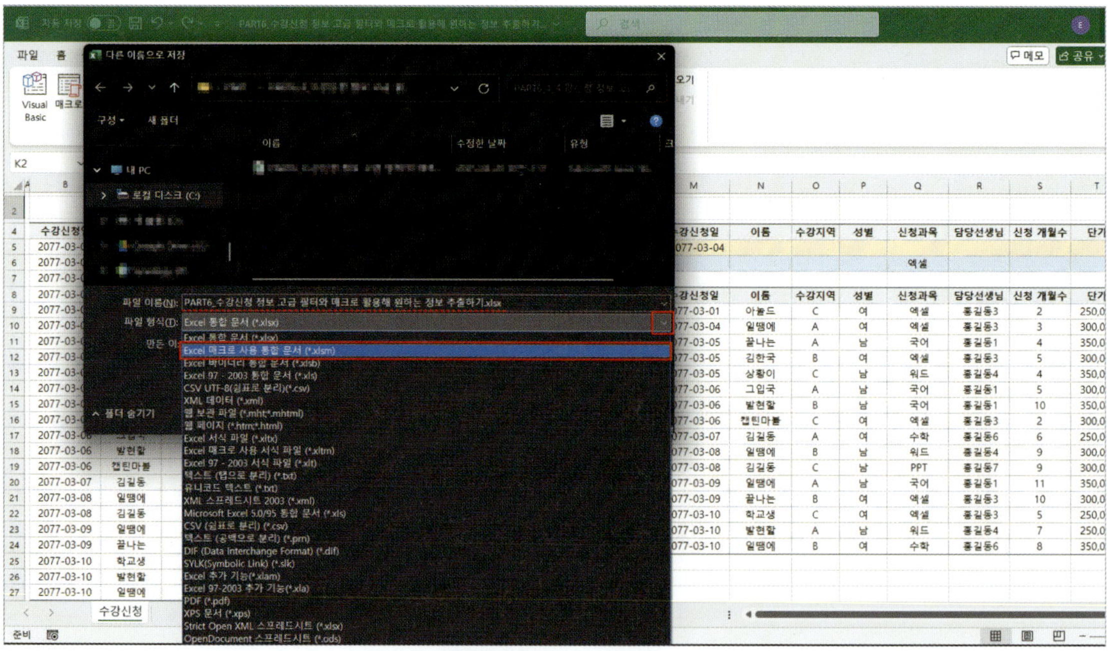

※ 파일 이름은 사용자가 원하는 이름으로 지정합니다.

CHAPTER 05

출석체크, 콤보 상자 이용해 출석 여부 확인하기 (양식 컨트롤- 콤보 상자)

예제 파일 PART3_5 출석체크, 콤보 상자 이용해 출석 여부 확인하기

실무 스킬

엑셀에서 콤보 상자는 사용자에게 드롭다운 메뉴로 여러 선택지를 제공하여 직관적이고 효율적인 데이터 입력 환경을 만들어 주는 도구입니다. 콤보 상자는 셀 공간에 제약 없이 인터페이스를 개선하고 데이터를 선택적으로 입력하도록 돕습니다. 데이터 유효성 검사와 유사한 기능을 제공하지만, 주요 차이점이기도 합니다. 콤보 상자는 복잡한 사용자 인터페이스를 구축할 때 특히 유용합니다. 특히, 셀에 공간적인 제약없이 입력과 선택을 쉽게 처리할 수 있습니다.

반면, 데이터 유효성 검사는 다량의 데이터 입력을 관리하거나, 입력값을 제한할 수 있습니다. 그리고 데이터 유효성 검사는 엑셀 셀에 적용되며, 간단한 입력 작업에 최적화되어 있습니다. 콤보 상자는 양식 설계와 사용자 친화적 환경이 중요할 때 적합하며, 데이터 유효성 검사는 대량 데이터의 정확성 관리와 간단한 드롭다운이 필요한 경우 사용됩니다. 이번 파트에서는 양식 컨트롤의 콤보 상자를 활용해 실무에서 어떻게 활용되는지 알아보겠습니다.

실무 연습 ❶

[출석현황] 시트에서 콤보 상자(양식 컨트롤) 메뉴로 '학생명' 리스트를 업데이트해 '출석체크'란에 '박지훈', '박예린' 학생의 출석 여부를 'O, X'로 표기될 수 있도록 구조를 만들어 보겠습니다.

01 [개발 도구] 탭- 컨트롤- 삽입- 양식 컨트롤- '콤보 상자' 메뉴를 클릭합니다.

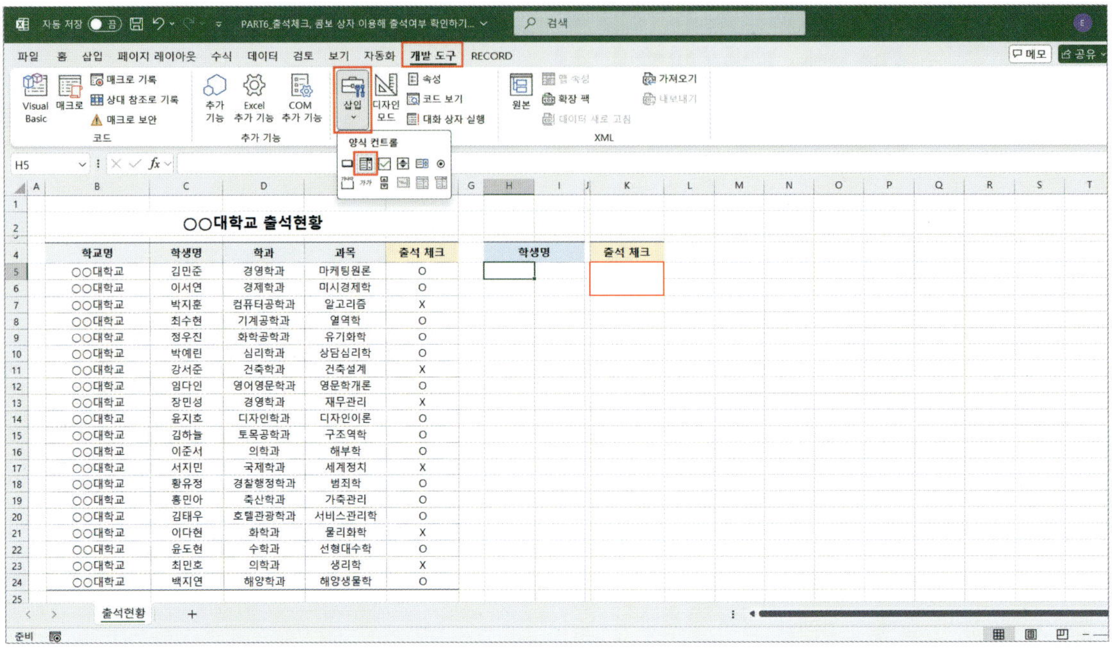

02 '콤보 상자' 메뉴 선택 후 마우스를 시트 안으로 밀어 넣고 Alt 키를 누른 채 H5:I6셀 범위까지 드래그해 콤보 상자를 출력합니다.

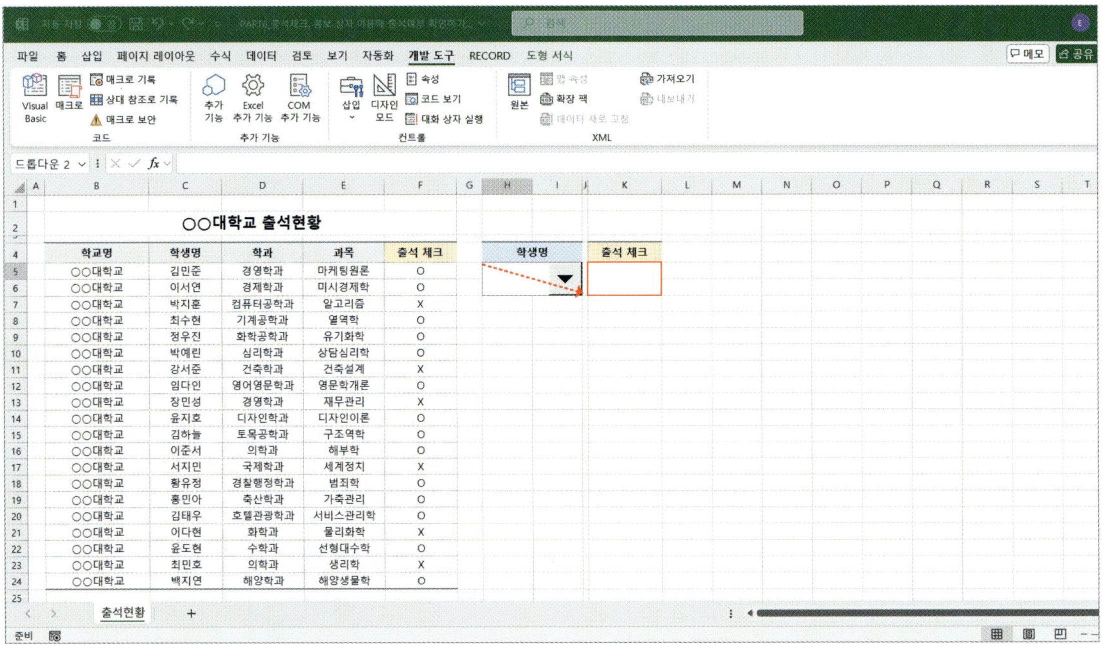

03 '콤보 상자' 클릭- 마우스 우클릭- '컨트롤 서식' 메뉴를 클릭합니다.

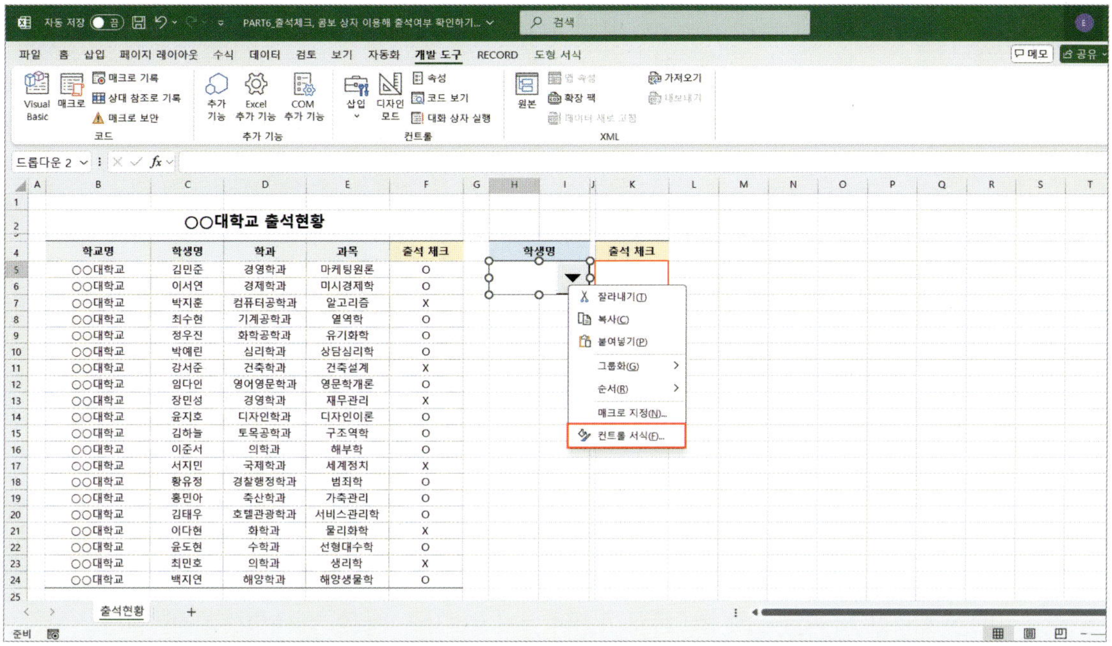

04 개체 서식- 컨트롤- 입력 범위: $C$5:$C$24- 셀 연결: $H$2- 목록 표시 줄 수- '10'을 입력 후 확인 버튼을 누릅니다.

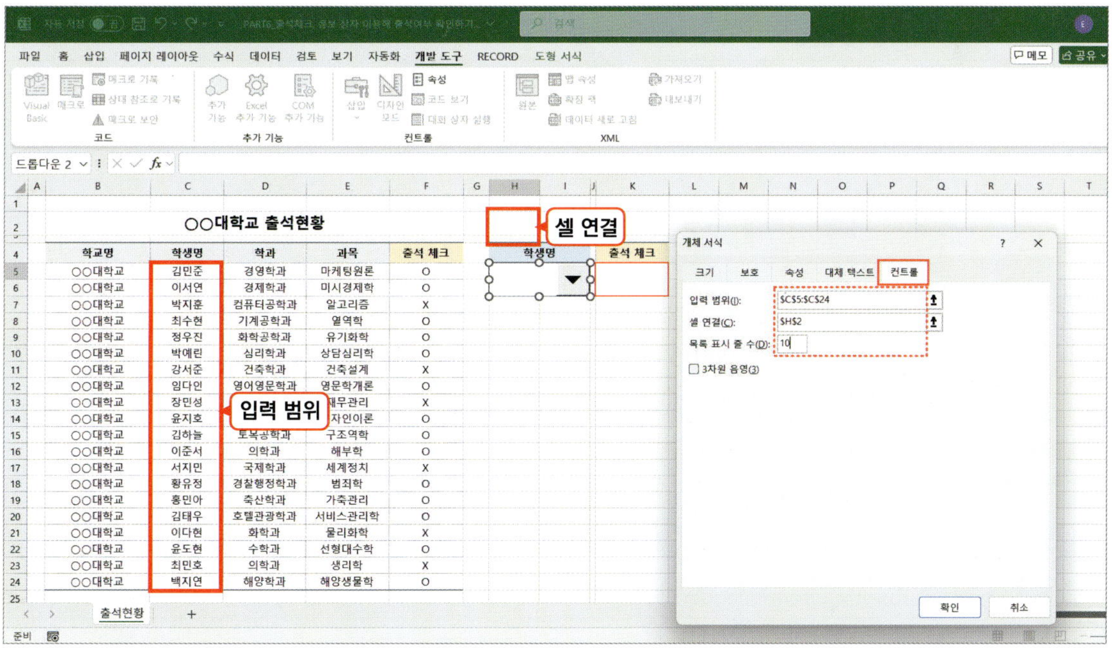

05 콤보 상자, 드롭다운 버튼을 클릭해 '박지훈' 학생을 선택해 H2셀에 출력되는 숫자를 확인합니다.

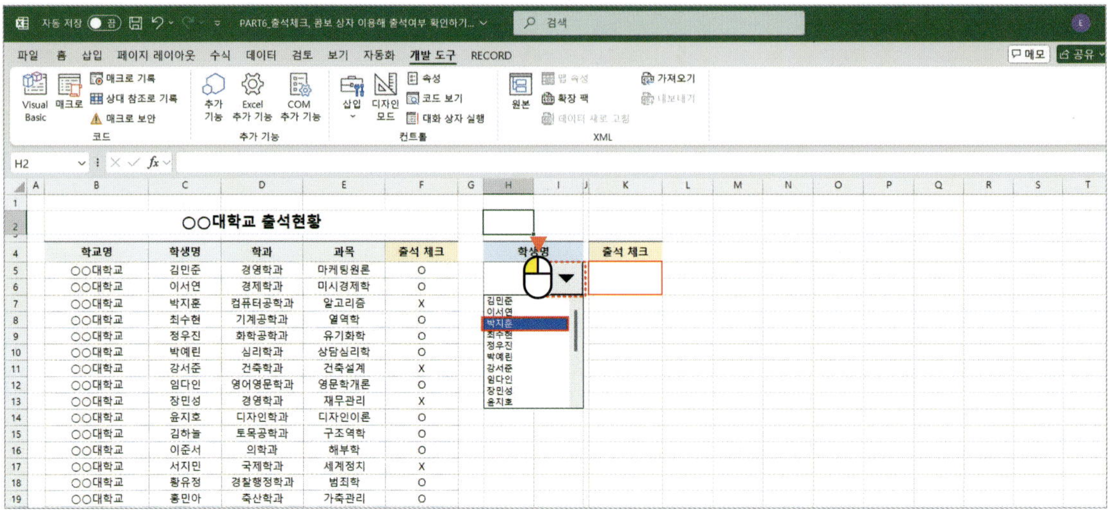

06 H2셀에 '박지훈' 학생 행 순번 3이 출력된 결과를 확인합니다. K5셀(병합 구간)클릭-'=INDEX(F5:F24,H2)' 입력 후 Enter 키를 눌러 '박지훈' 학생의 출석 여부를 확인합니다.

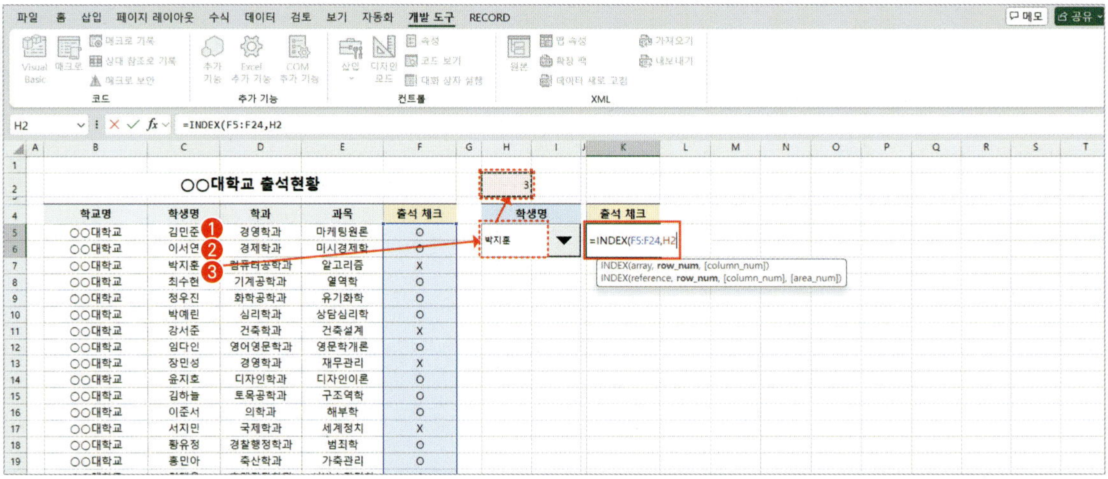

※ 이 결과는 드롭다운 클릭 시 범위 시작점부터 아래로 시작되는 순번으로 '박지훈' 학생은 '학생명' 아래 필드값 3번째 위치해 있기 때문에 드롭다운 버튼을 눌러 선택했을 때 순번 '3'이 출력된 것입니다.

개념설명

=INDEX(F5:F24,H2)

❶ F5:F24	결과값을 출력할 범위로 지정되었습니다.
❷ H2	행 순번을 입력 받은 H2셀을 기준값으로 지정했습니다.
❸ 생략	생략되면 기본값 1이 입력됩니다.

07 '박지훈' 학생은 '출석 체크' 결과 K5셀, 'X'로 출력된 결과를 확인합니다.

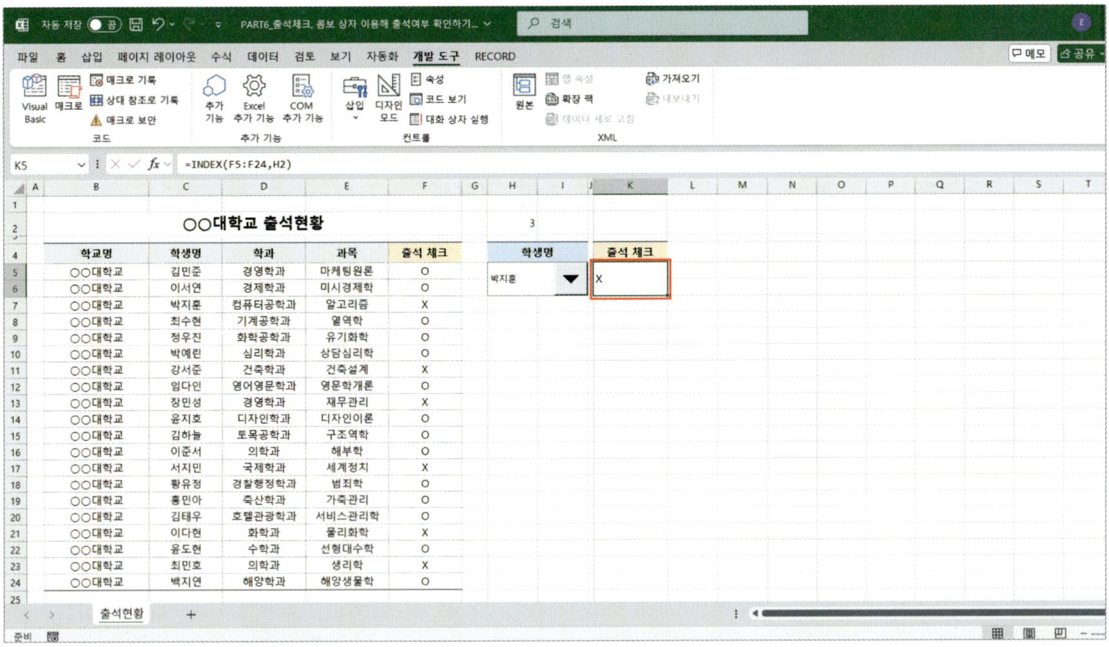

08 이 상태에서 '콤보 상자'클릭- '박예린' 학생을 선택해, H2셀에 6이 출력된 결과를 확인, K5셀, '출석 체크', 'O'가 출력된 결과를 확인합니다.

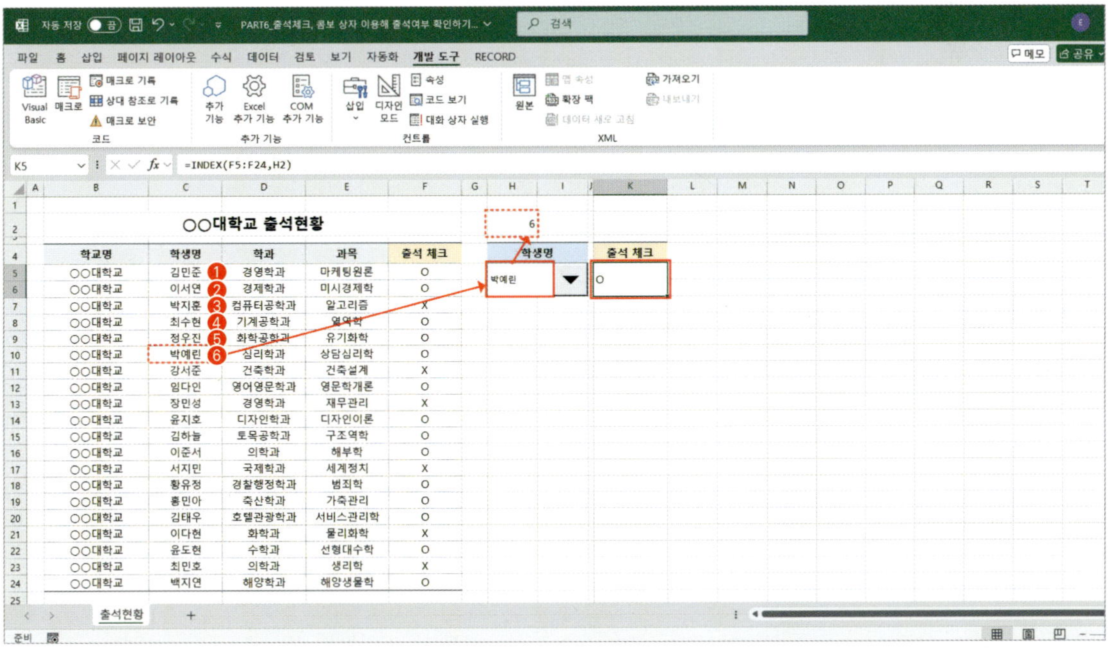

TIP H2셀에 출력되고 있는 행 순번을 숨기고자 할 때는 검정색 글꼴색을 흰색으로 바꿔 주면 됩니다. [홈] 탭- 글꼴- 글꼴 색- '흰색, 배경 1' 메뉴를 선택하면 됩니다.

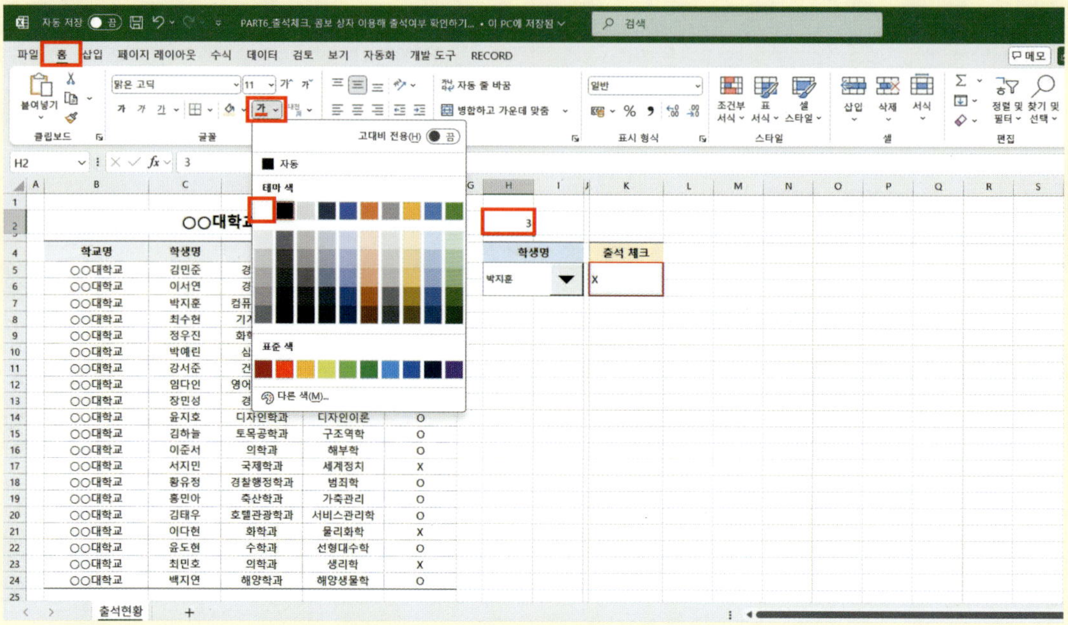

CHAPTER 06

프로젝트 진척도 대시보드(DASHBOARD), 확인란 이용해 만들기(양식 컨트롤- 확인란/조건부 서식/차트)

예제 파일 PART3_6 프로젝트 진척도 대시보드(Dashboard), 확인란 이용해 만들기

실무 스킬

엑셀에서 프로젝트 진척도 대시보드를 만들면 복잡한 데이터도 한눈에 직관적으로 파악할 수 있어 관리와 의사결정에 큰 도움을 줍니다. 이를 구현하기 위해 확인란(체크박스), 조건부 서식, 차트를 결합하면 효과적이고 사용이 간편한 대시보드를 완성할 수 있습니다. 확인란은 작업 완료 여부를 표시할 수 있어 프로젝트 진행 상황을 직관적으로 추적할 수 있고, 조건부 서식은 진행 상태를 색상이나 스타일로 시각화해 항목의 상태를 더욱 강조합니다. 또한, 차트를 활용하면 전체적인 진행도를 그래프로 표현해 팀원과 이해관계자들이 프로젝트 상태를 한눈에 확인할 수 있습니다. 이 대시보드는 프로젝트의 복잡성을 간소화하고 실시간으로 업데이트할 수 있는 강력한 도구로 활용되며, 작업의 효율성과 투명성을 모두 높여줍니다. 이번 파트에서는 도넛차트를 이용한 프로젝트 진척도 대시보드(Dashboard)를 만들어 보겠습니다.

실무 연습 ❶

[결과] 시트에 출력된 프로젝트 진척도 대시보드(Dashboard)를 [PJ진척도] 시트에 구현해 보도록 하겠습니다. 여기에서는 양식 컨트롤의 확인란을 이용해 조건부 서식과 도넛 차트를 이용해 대시보드(Dashboard)를 출력해 보겠습니다.

만들어 볼 결과물은 '인재POOL 3배 만들기' 체크, '필업속도 1분 완성' 체크, '디자인POOL 클러스터 만들기' 체크, 총 3개 프로젝트 진척된 대시보드(Dashboard) 결과를 확인해 보겠습니다.

먼저, 출력할 결과물을 [결과] 시트에서 확인합니다.

[결과] 시트

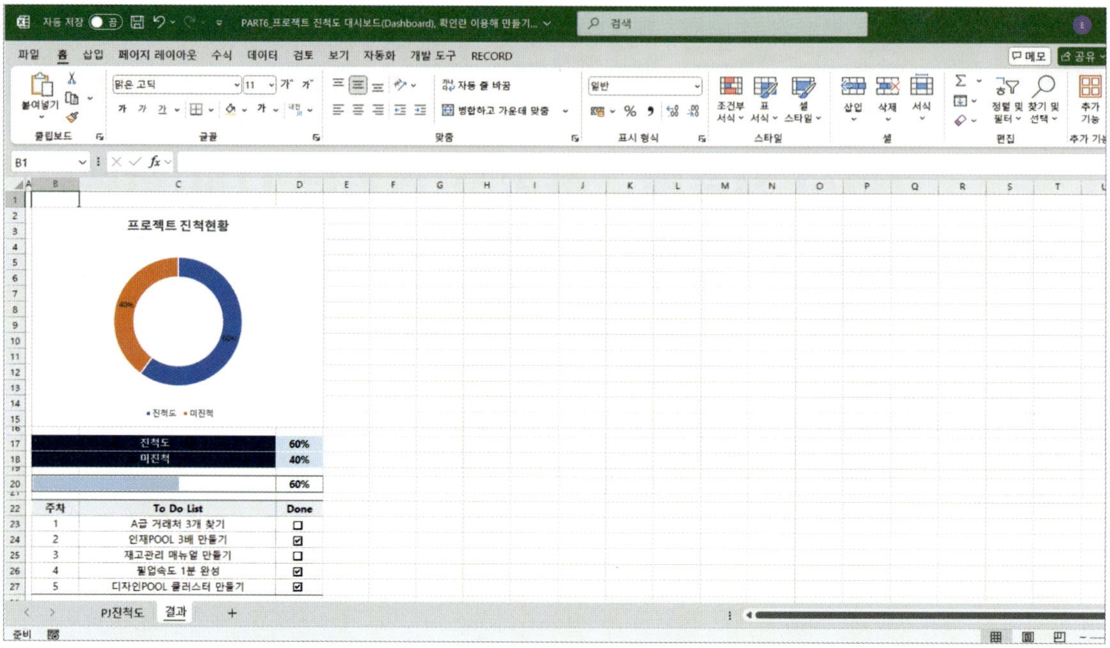

01 [PJ진척도] 시트, [개발 도구] 탭– 컨트롤– 삽입– 양식 컨트롤– '확인란' 메뉴 클릭합니다.

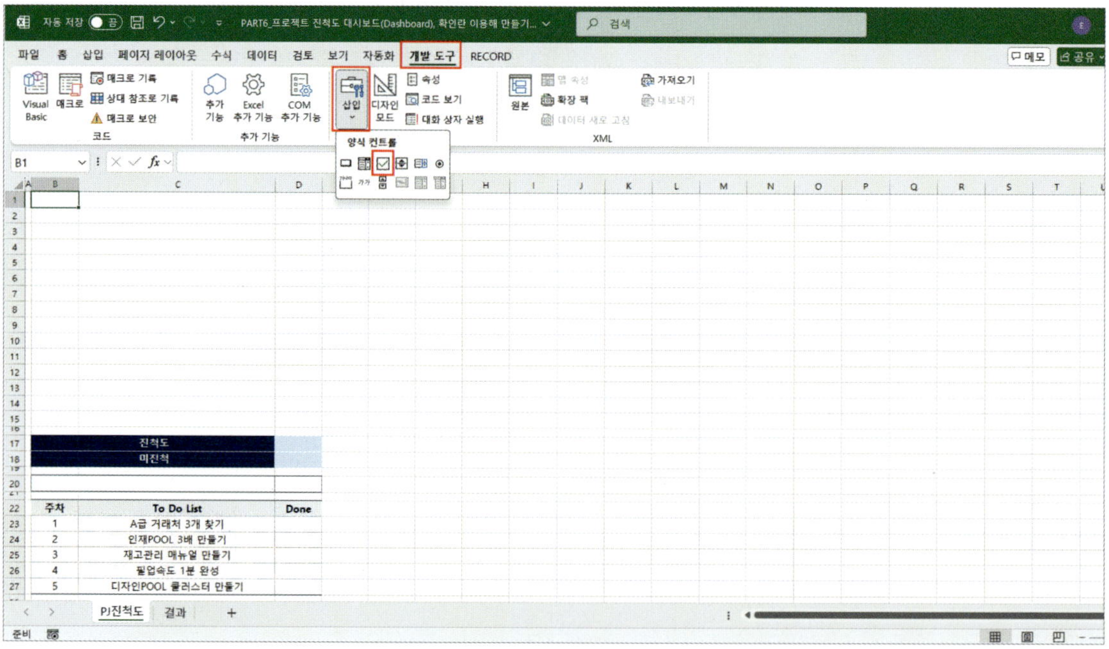

02 '확인란' 메뉴 선택 후 마우스를 시트 안으로 밀어 넣고 D23셀 가운데에 체크박스가 위치하도록 적당히 드래그- 마우스 우클릭- 텍스트 편집- 체크박스 오른쪽 텍스트를 모두 지우기합니다.

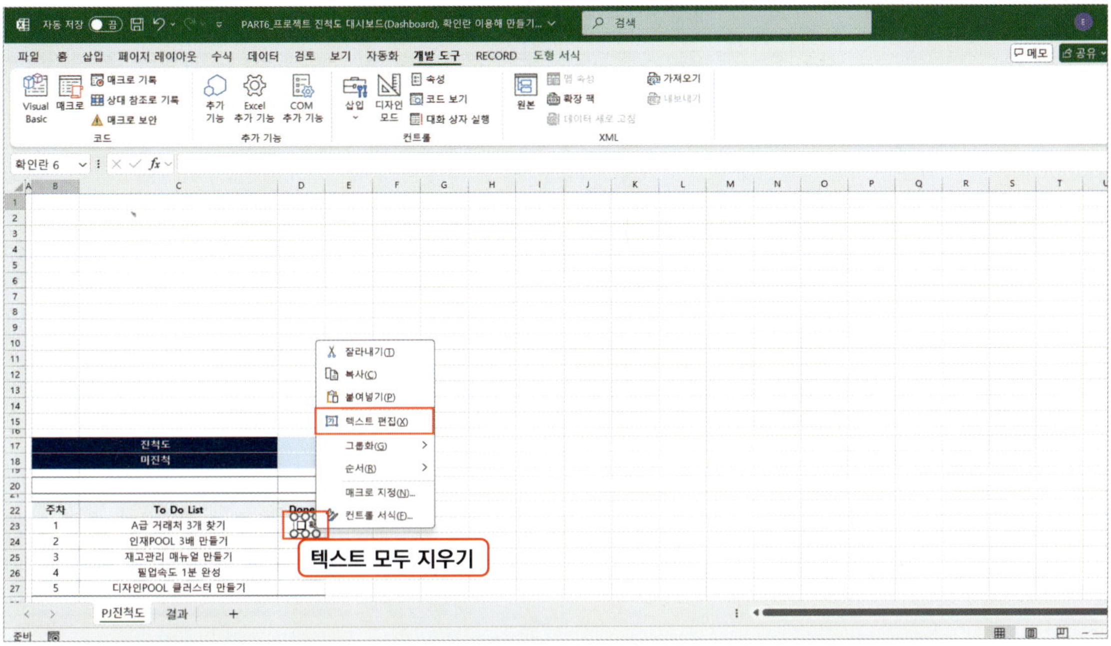

TIP '확인란'을 위치 이동시킬 때는 '확인란'에 바로 마우스 우클릭-> Esc -> 방향키 OR '확인란' 외곽선 마우스로 이동합니다.

03 다시 '확인란' - 마우스 우클릭- '컨트롤 서식' 메뉴를 클릭합니다.

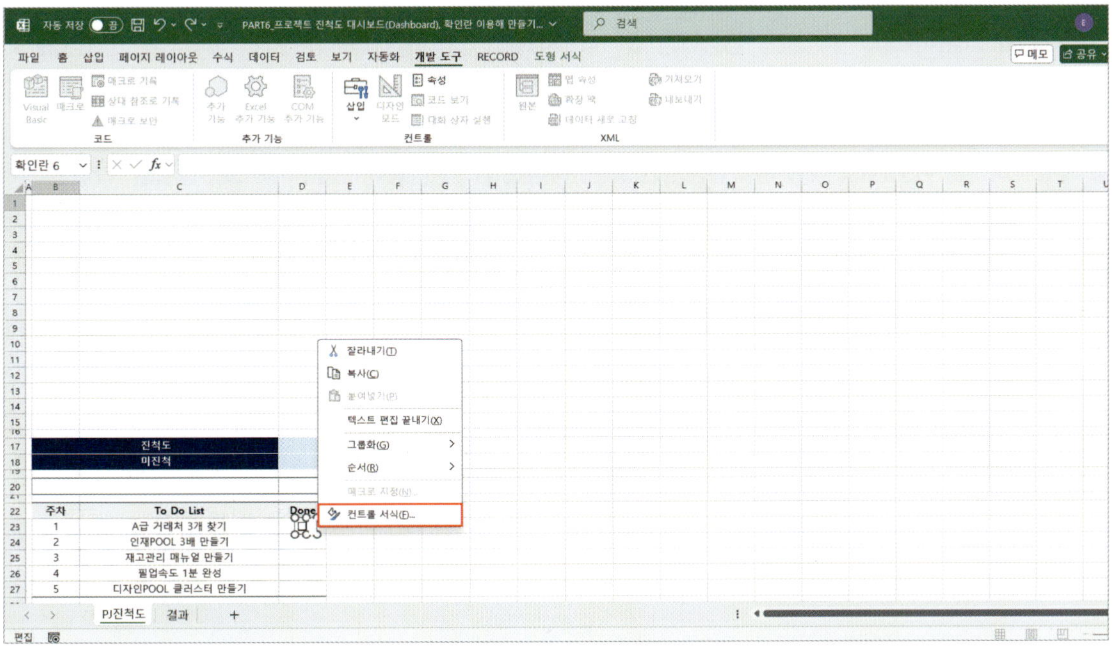

04 컨트롤 서식- 컨트롤- 셀 연결: '$D$23(체크 박스 출력한 셀)' 입력 후 확인 버튼을 누릅니다.

※ 체크박스가 출력된 같은 셀입니다.

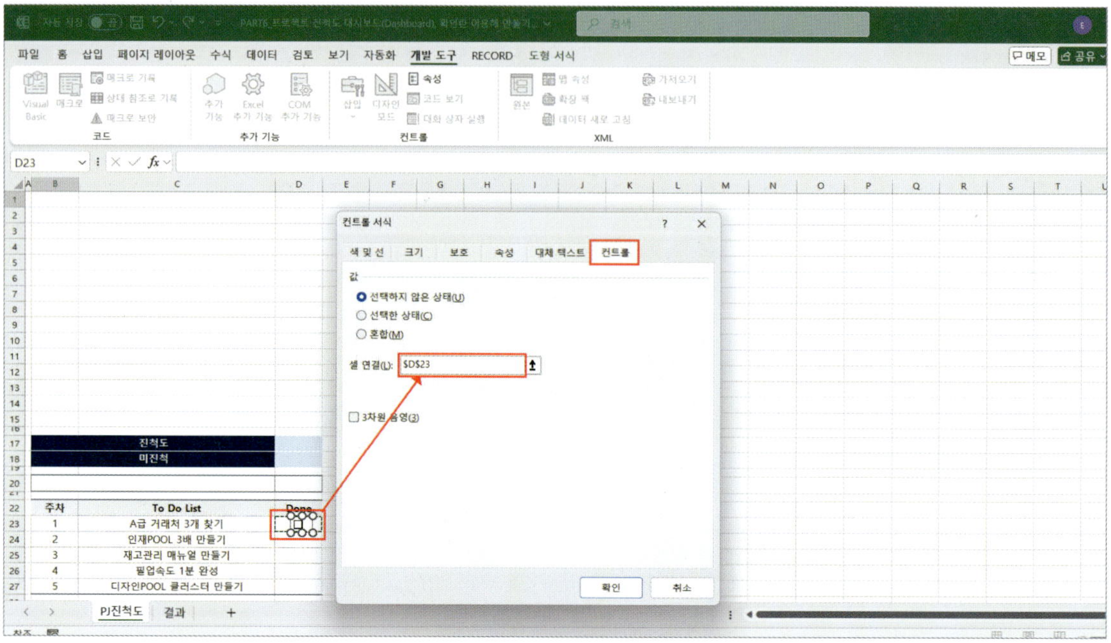

05 텍스트가 삭제된 D23셀 '확인란'을 똑같이 복사/붙여넣기 위해, D23셀 '확인란' 마우스 우클릭- ESC- '확인란' 외곽선 마우스 좌클릭 후- D24셀로 Ctrl+Shift+마우스 드래그, D24셀 '확인란' 선택- D25셀로 Ctrl+Shift+마우스 드래그, D25셀 '확인란' 선택- D26셀로 Ctrl+Shift+마우스 드래그, D26셀, '확인란' 선택- D27셀에 Ctrl+Shift+마우스 드래그해 총 5개 '확인란'을 만듭니다.

06 '확인란'이 제대로 작동하기 위해서는 모든 '확인란'을 셀 연결해야 합니다. D23셀처럼 '확인란'-마우스 우클릭- 컨트롤 서식- 셀 연결을 D24, D25, D26, D27셀 나머지 4개 '확인란'도 동일하게 진행합니다.

❶ D24셀 '확인란'- 마우스 우클릭- 컨트롤 서식- 컨트롤- 셀 연결- '$D$24' 입력 후 확인 버튼을 클릭합니다.

※ 마우스로 D24셀을 클릭하면 절대 참조된 $D$24로 자동 출력됩니다. 아래 나머지 셀들(D25,D26,D27)도 절대참조되어 출력되니 참고 바랍니다.

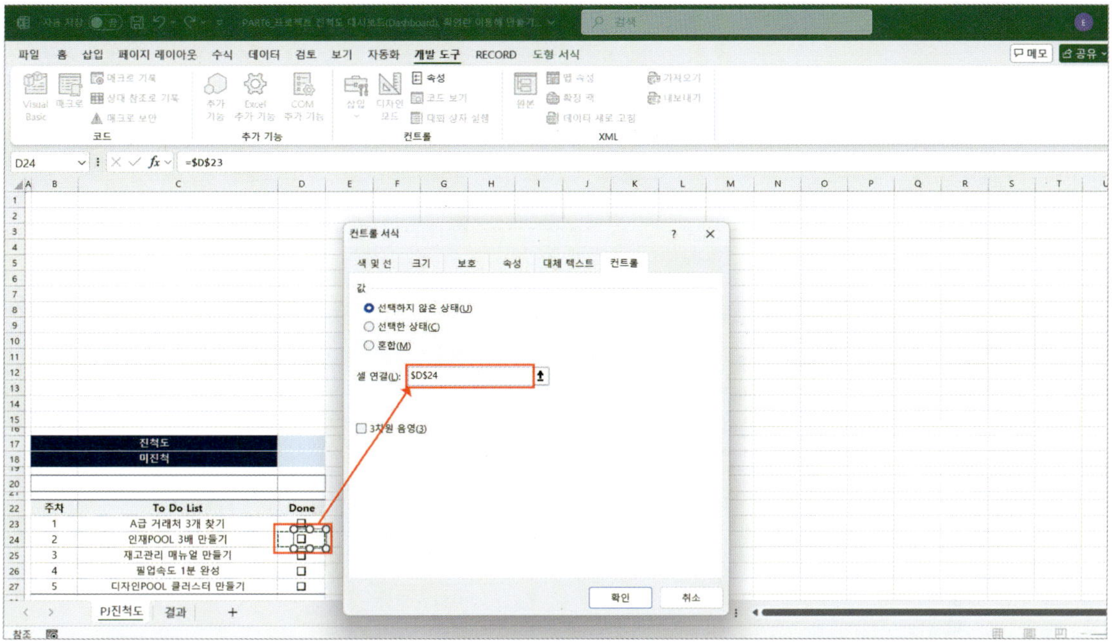

❷ D25셀 '확인란'- 마우스 우클릭- 컨트롤 서식- 컨트롤- 셀 연결- '$D$25' 입력 후 확인 버튼을 클릭합니다.

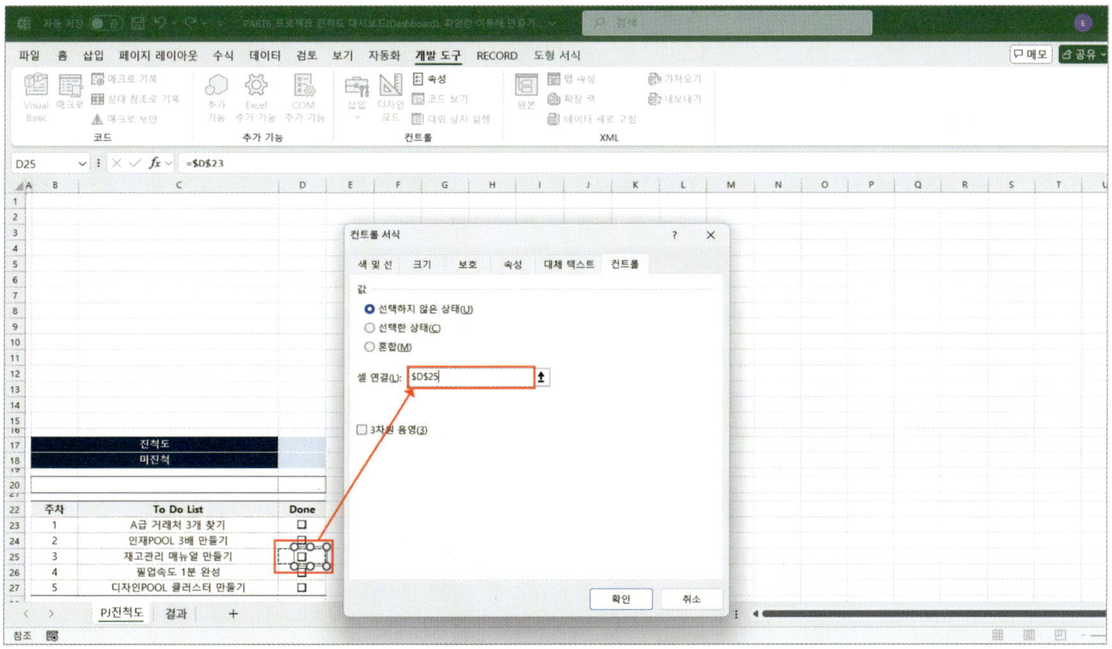

❸ D26셀 '확인란'- 마우스 우클릭- 컨트롤 서식- 컨트롤- 셀 연결- '$D$26' 입력 후 확인 버튼을 클릭합니다.

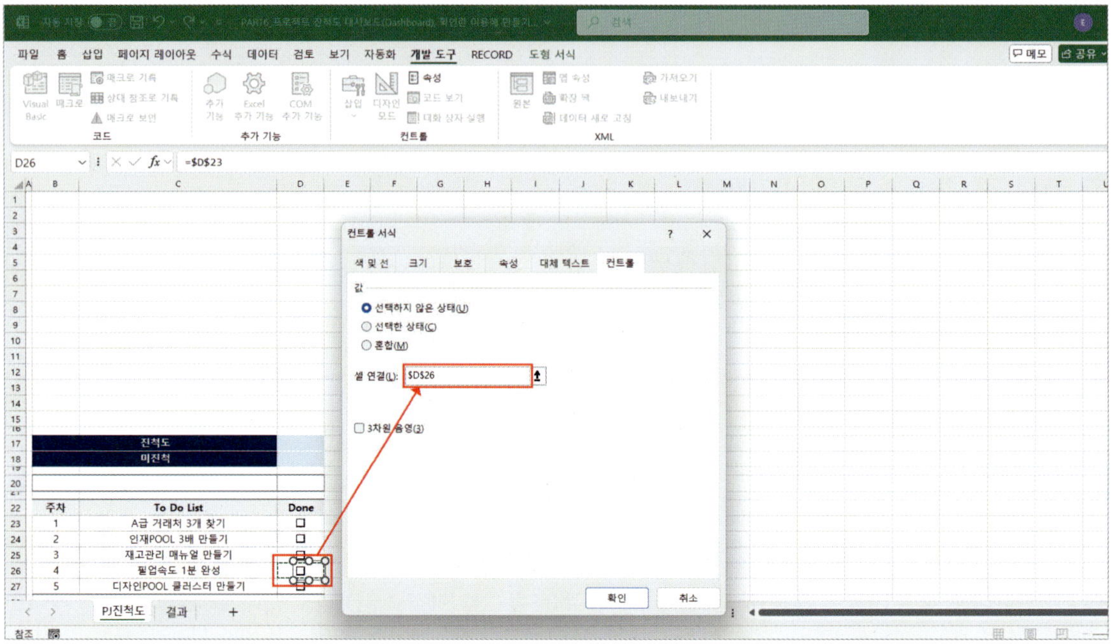

❹ D27셀 '확인란'- 마우스 우클릭- 컨트롤 서식- 컨트롤- 셀 연결- '$D$27' 입력 후 확인 버튼을 클릭합니다.

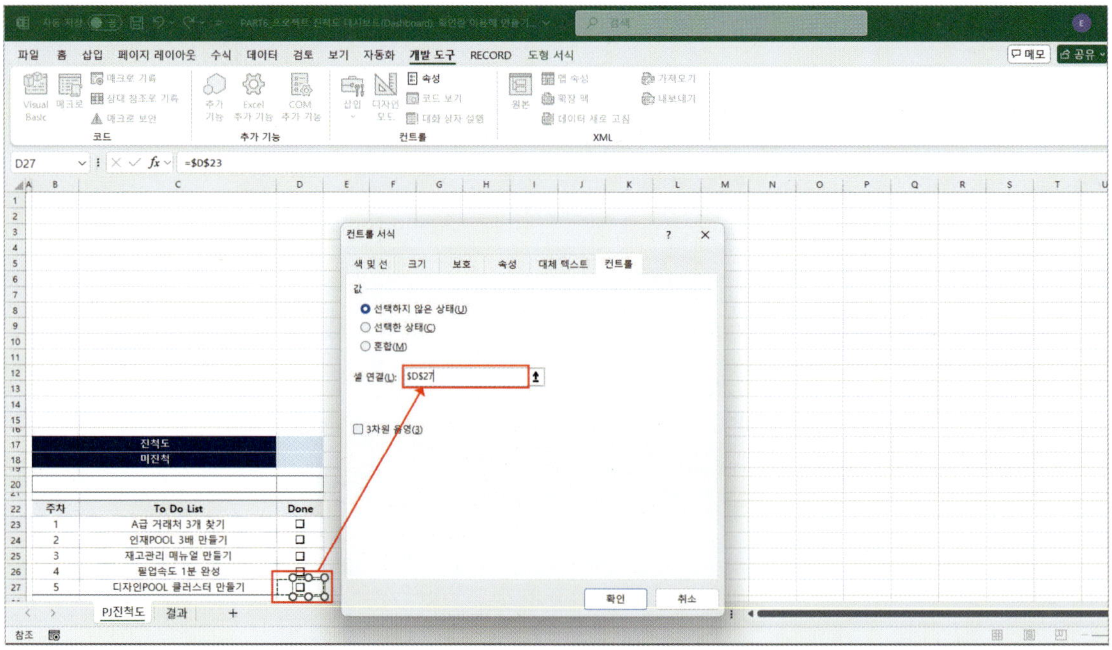

07 D23:D27셀 범위, 셀 연결 작업이 마무리되었으면 다시 D23:D27셀 범위 선택- [홈] 탭- 글꼴- 글꼴 색- '흰색, 배경 1' 메뉴를 클릭합니다.

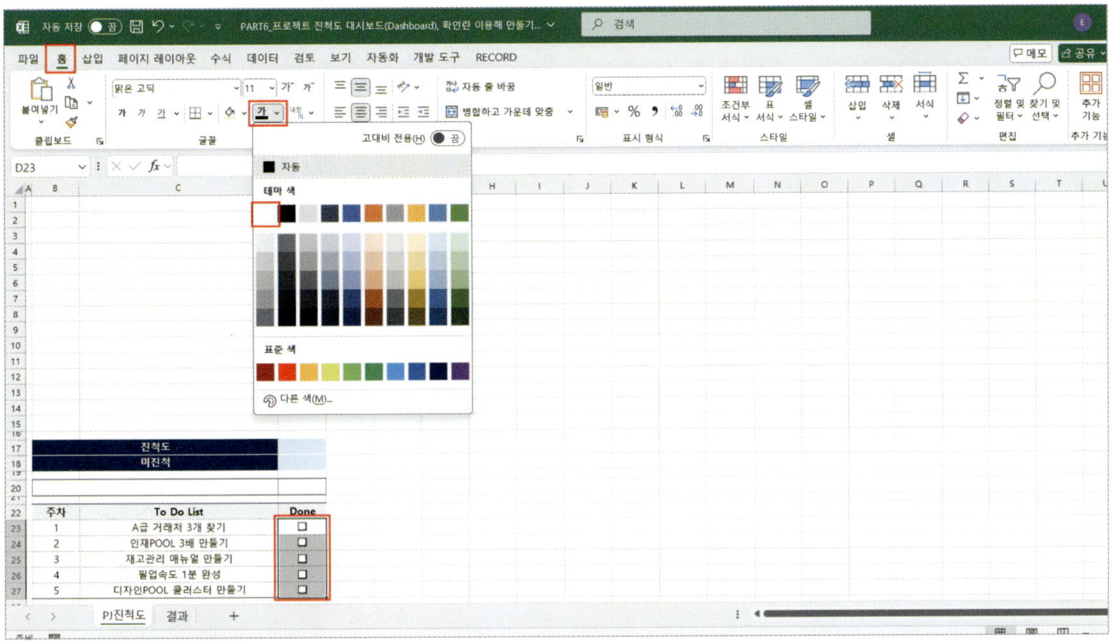

※ '흰색, 배경 1' 메뉴를 선택하는 이유는 출력된 '확인란' 체크박스에 체크하게 되면 'TRUE'라는 논리값이 해당 셀에 출력이 됩니다. 한 번 체크 이후 다시 체크박스 해제하면 'FALSE' 논리값이 출력이 되기 때문에 이 논리값 글씨를 보이지 않게 처리하기 위해 글꼴을 흰색으로 바꾸는 것입니다.

08 B20셀 클릭(병합된 구간)- '=AVERAGE(D23:D27/1)' 수식을 입력 후 Enter 키를 누릅니다.

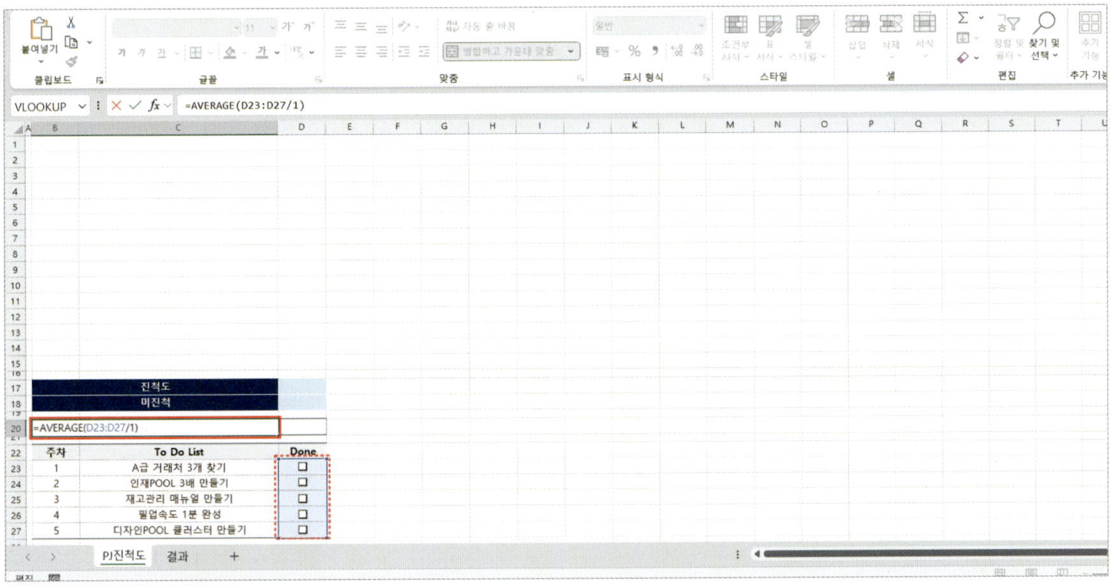

※ '=AVERAGE(D23:D27/1)' 개념은,

D23:D27셀 범위는 현재 '확인란', 체크박스가 출력된 범위 구간입니다. 글꼴 색을 흰색으로 처리해 시트상에서는 논리값이 보이지 않지만 체크박스에 체크한 셀에는 TRUE, 그렇지 않은 셀에는 FALSE가 출력됩니다.

D23:D27/1, 이 범위 끝에 나누기 1을 통해 TRUE, FALSE가 숫자값으로 출력될 수 있도록 하는 동시에 총 5개 결과값이 운영되는 배열 개념으로 만들어 퍼센트(%)로 값이 출력될 수 있도록 구조를 만들었습니다.

배열 개념 이해를 돕기 위해 '=AVERAGE(D23:D27/1)' 수식에서 'D23:D27/1'을 마우스로 드래그해 범위지정 후 F9를 누르게 되면 '=AVERAGE({0;0;0;0;0})'으로 출력이 됩니다. 이 의미는 5개로 출력되는 구간의 값을 '=(0+0+0+0+0)/5' 의미가 됩니다. 그래서 체크박스에 1개가 체크되면 1/50l 되어서 결과값은 0.2가 출력이 됩니다. 2개가 체크되면 0.4가 출력됩니다. 이 소수점을 퍼센트(%)로 운영해 대시보드(Dashboard)를 운영하게 됩니다.

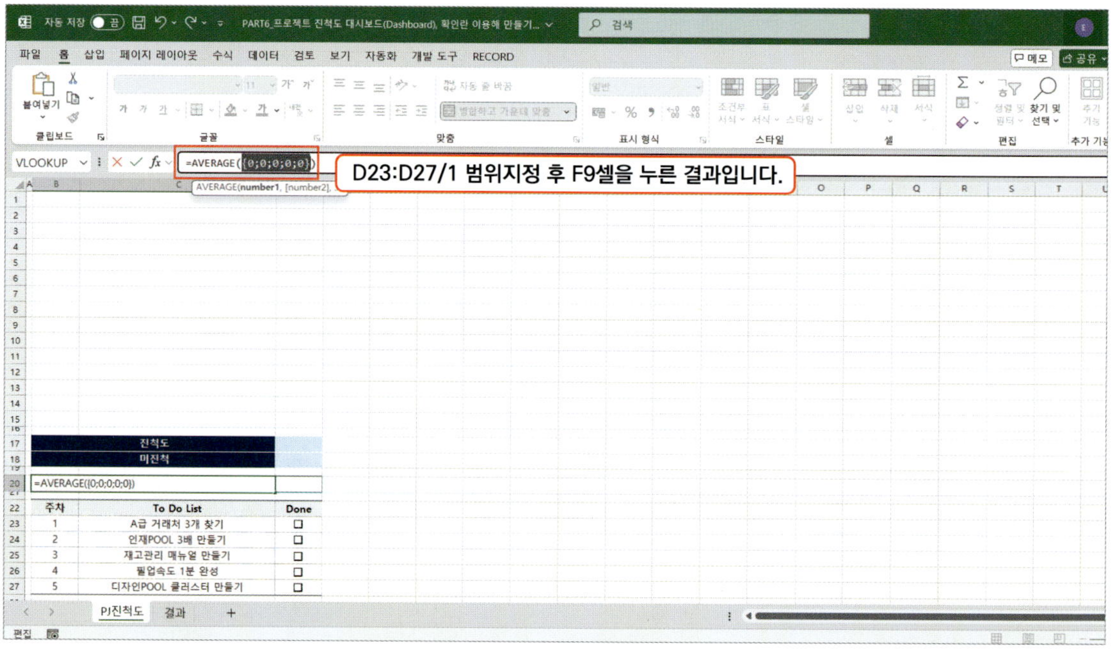

09 D20셀 클릭- '=B20' 왼쪽(병합 구간)셀, 마우스 클릭 후 Enter 키를 누릅니다.

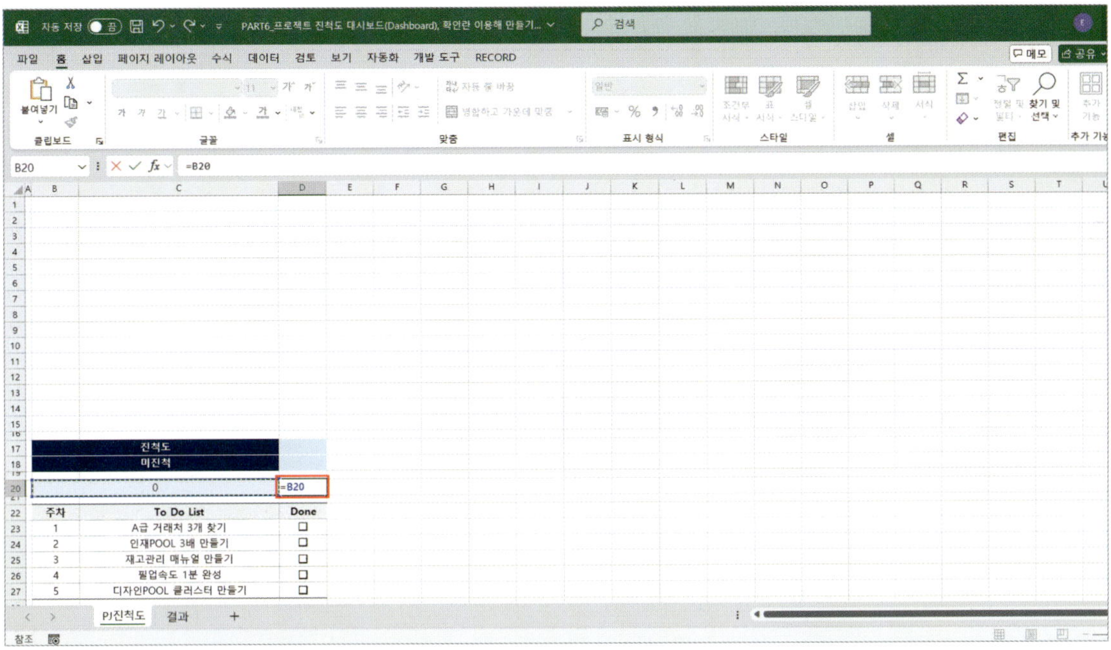

10 B20:D20셀 범위 지정- [홈] 탭- 표시 형식- '백분율 스타일(%)' 메뉴를 클릭합니다.

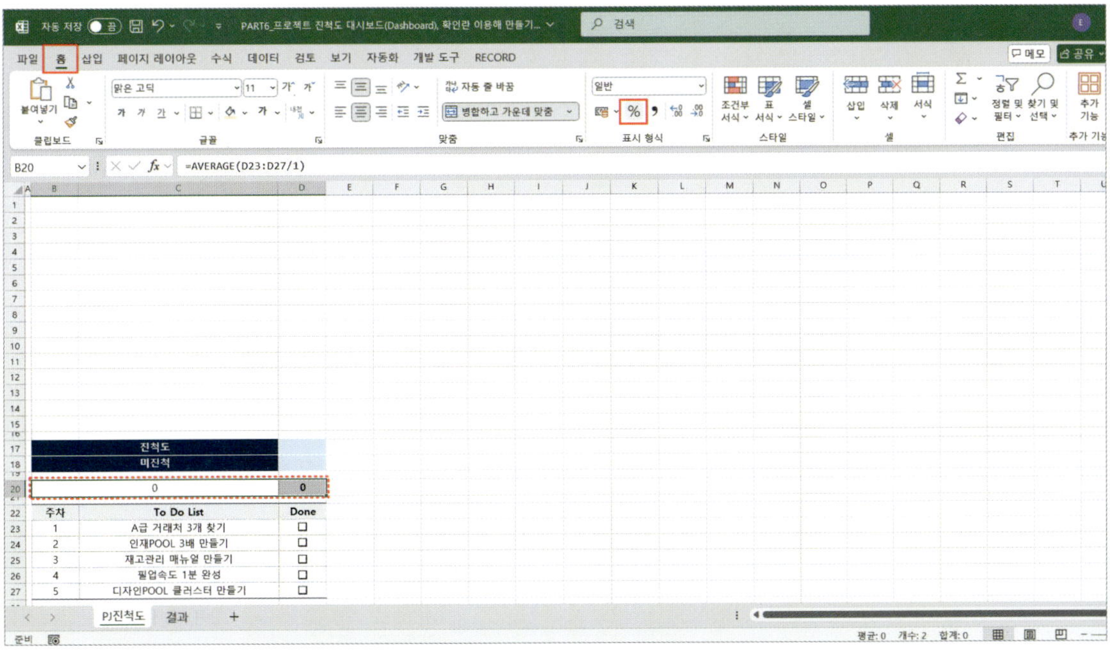

11 B20셀 클릭- [홈] 탭- 스타일- 조건부 서식- 데이터 막대- '기타 규칙' 메뉴를 클릭합니다.

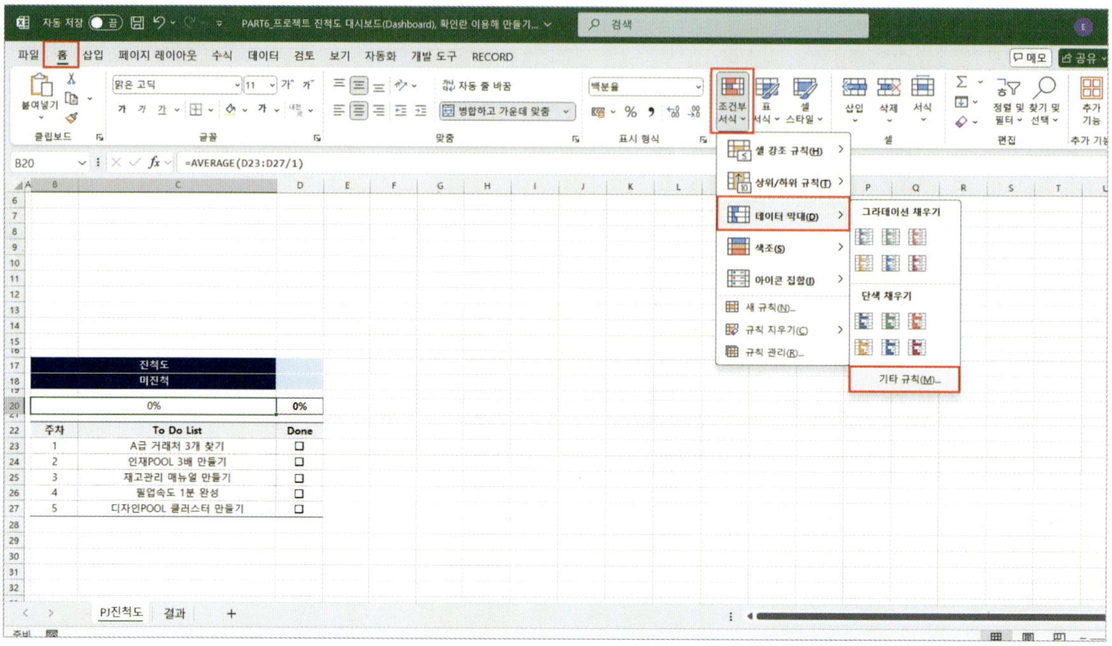

12 새 서식 규칙- 규칙 설명 편집- 셀 값을 기준으로 모든 셀의 서식 지정: 서식 스타일: 데이터 막대- 막대만 표시, 체크- '최소값- 종류: 숫자- 값: 0- 최대값- 종류: 숫자- 값: 1'을 입력 후 확인 버튼을 클릭합니다.

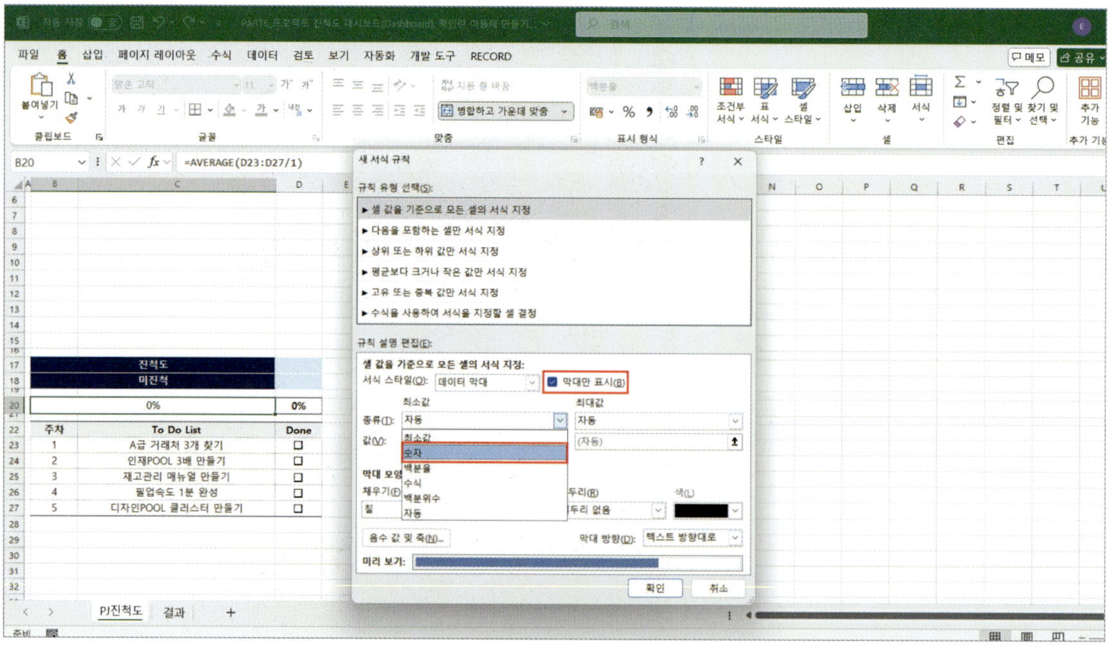

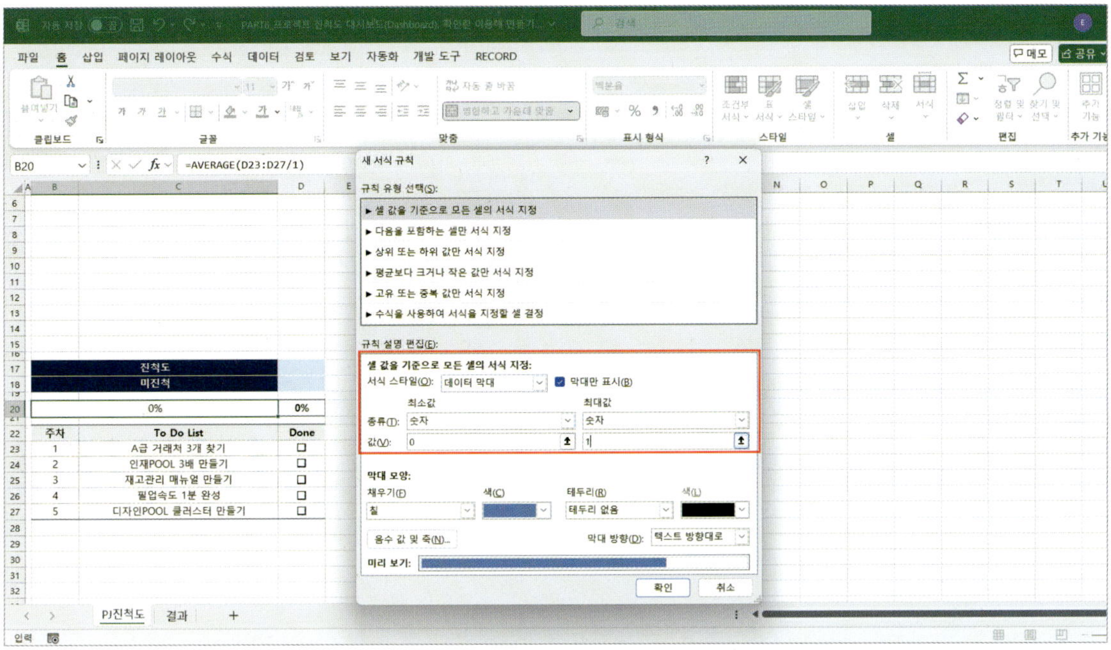

13 D17셀 클릭- '=D20' 마우스 클릭 입력 후 Enter 키를 누릅니다.

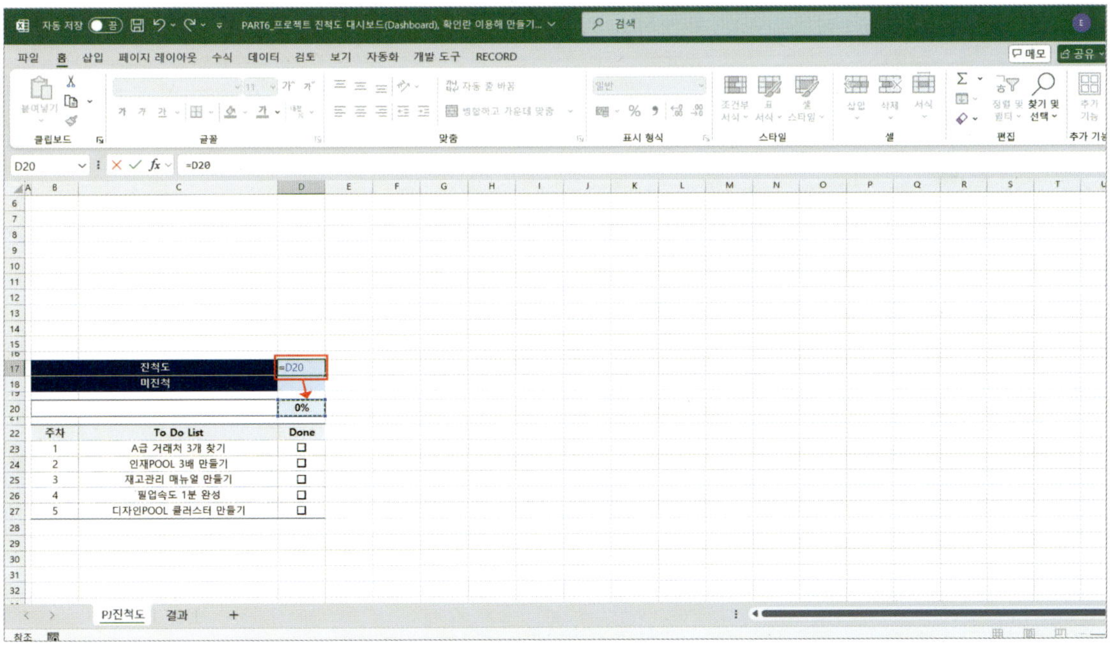

14 D18셀 클릭- '=1-D17' 입력 후 Enter 키를 누릅니다.

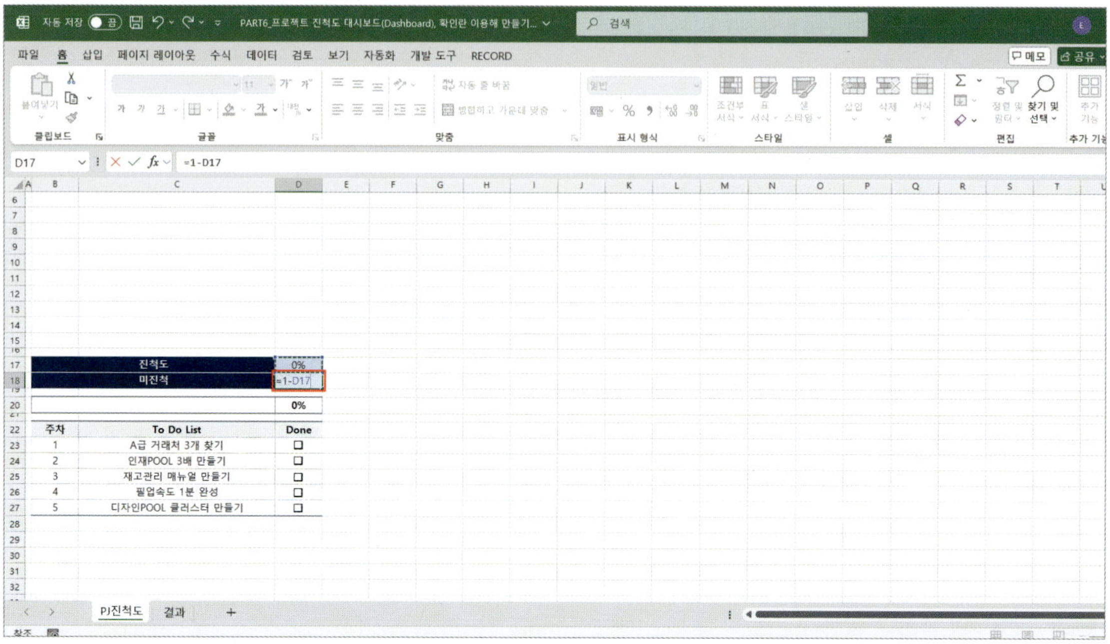

15 B17:D18셀 범위 지정- [삽입] 탭- 차트- '도넛형' 메뉴를 클릭합니다.

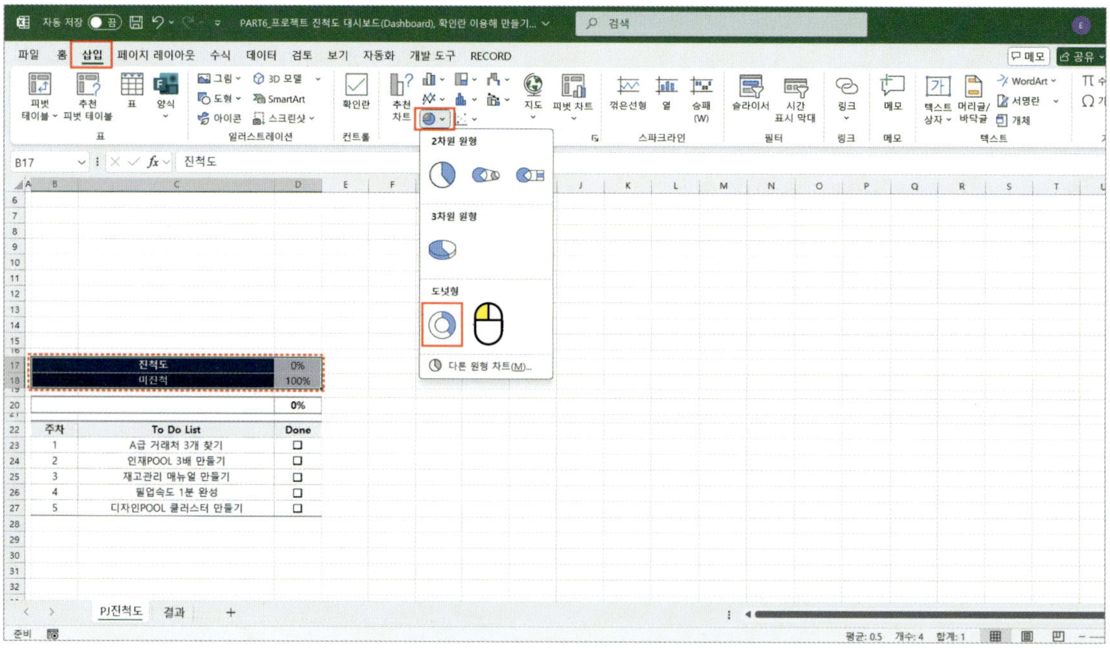

16 ❶ 도넛형 차트가 출력되면 Alt 키를 누른 채 마우스로 드래그해 크기를 B2:D15셀 영역에 정확히 맞춰 차트를 배치합니다.

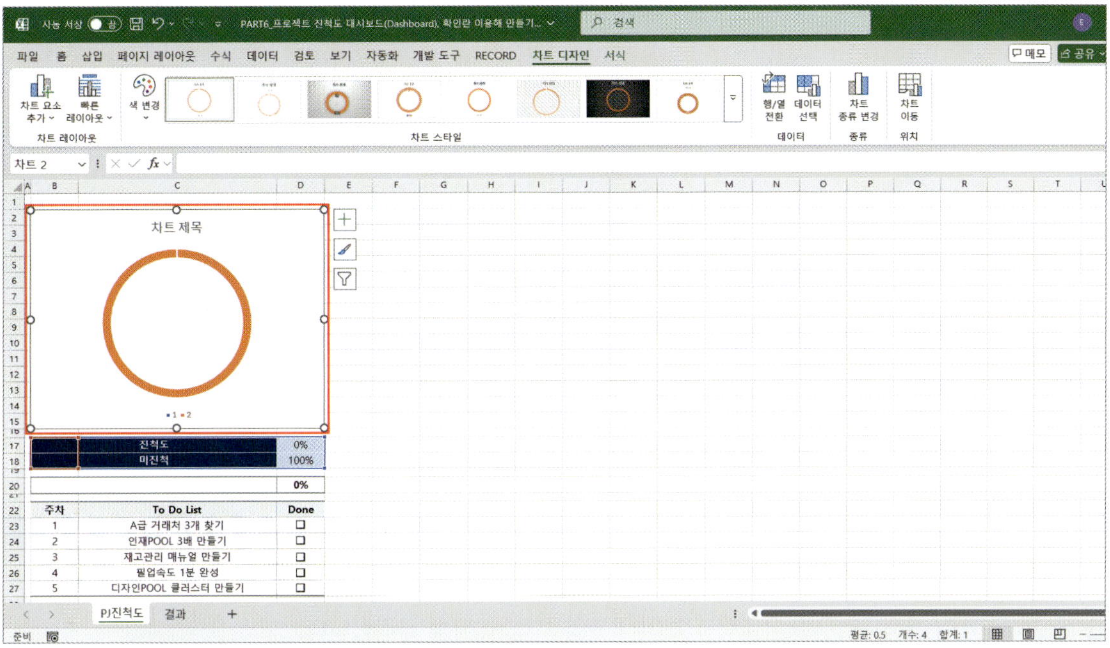

❷ 차트 외곽이 선택된 상태에서, [차트 디자인] 탭- 데이터- '행/열 전환' 메뉴를 클릭해 범례 항목이 '진척도', '미진척'으로 변경된 결과를 확인합니다.

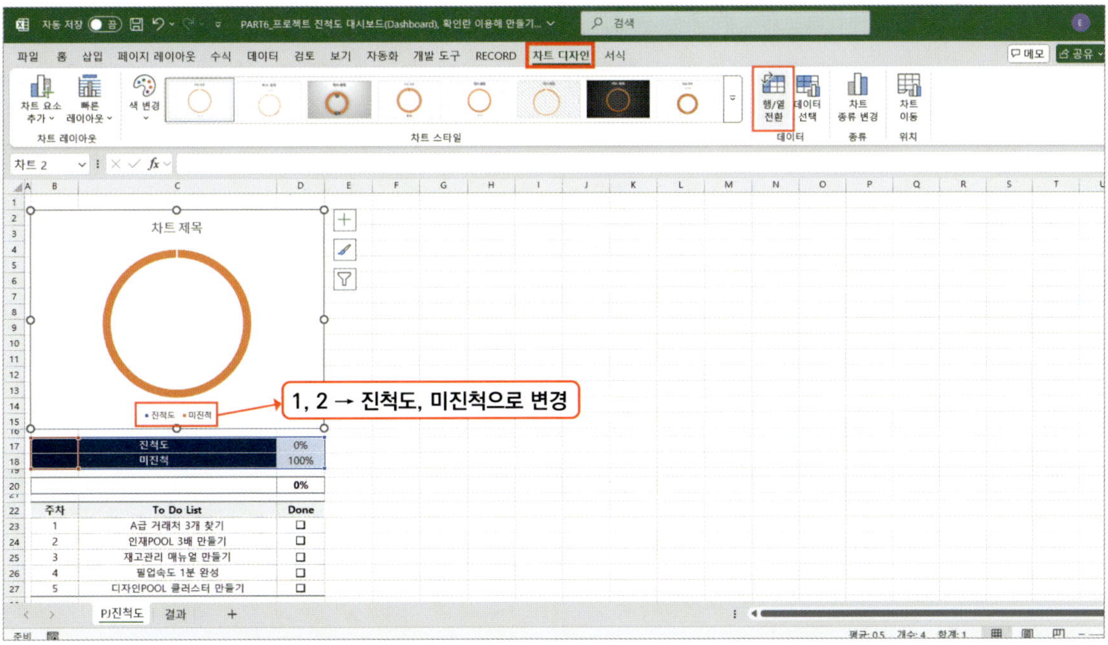

❸ '차트 제목'을 클릭해 '프로젝트 진척현황'이라고 입력합니다.

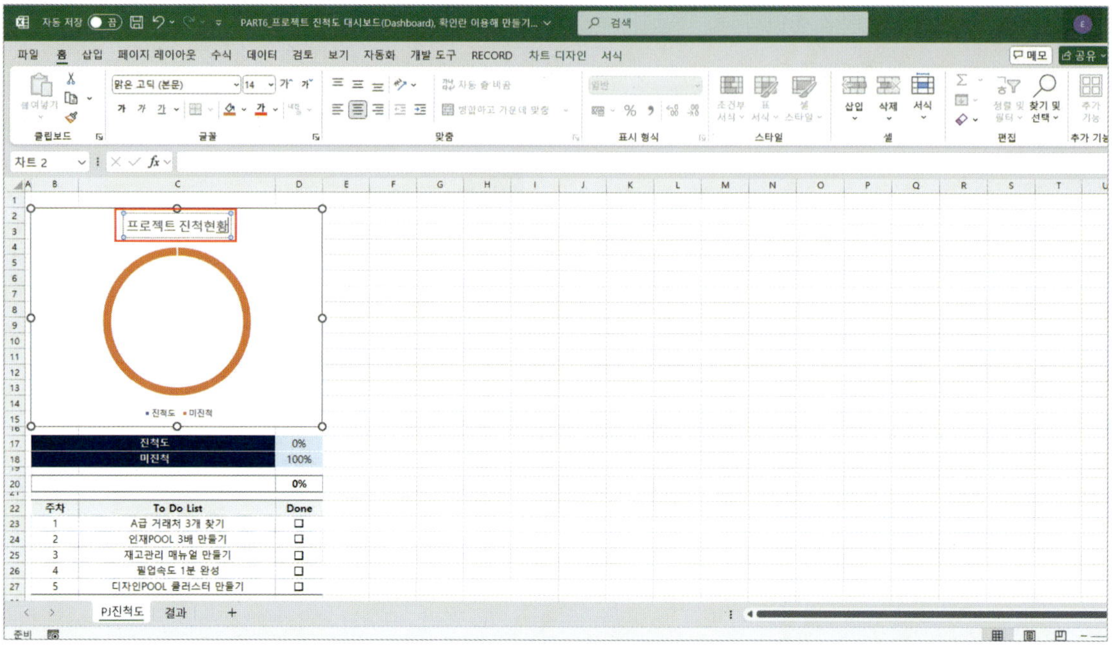

❹ 도넛차트 계열 클릭- 마우스 우클릭- '데이터 계열 서식' 메뉴를 클릭합니다.

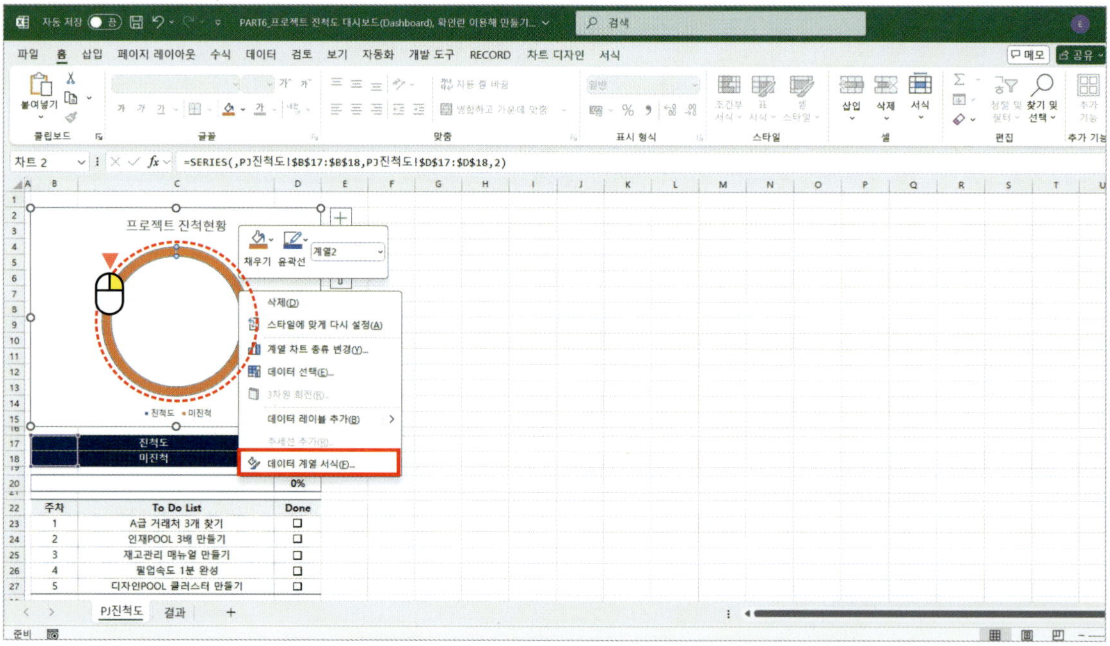

❺ 데이터 계열 서식- 계열 옵션- 계열 옵션- '도넛 구멍 크기: 37%' 입력 후 [Enter] 키를 누릅니다.

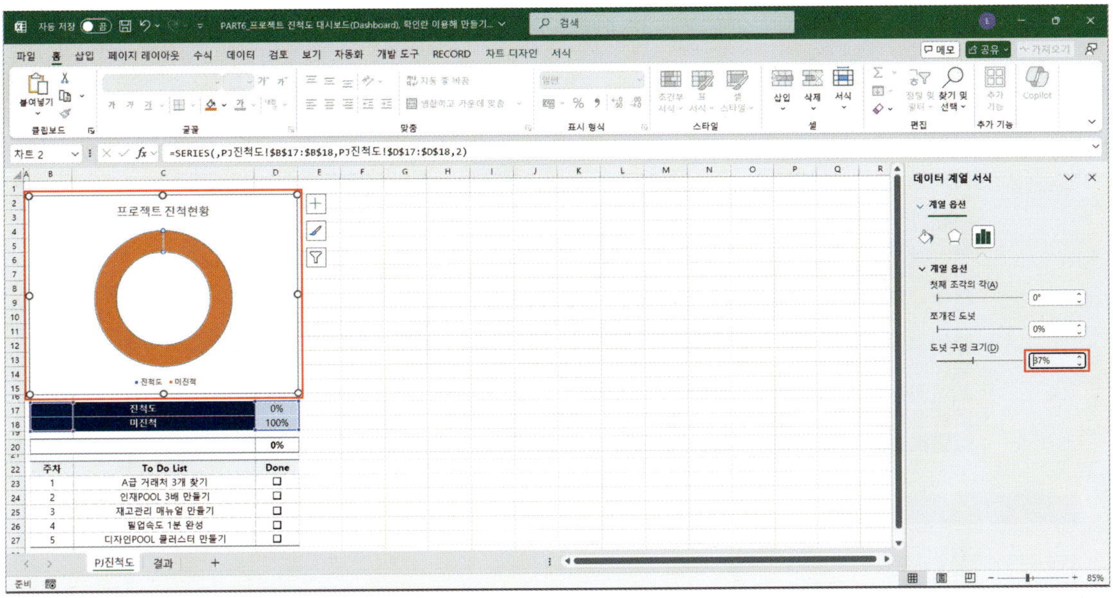

❻ 차트 영역(가장 외곽선)선택- 오른쪽 녹색 플러스(+)단추 클릭- 차트 요소- '데이터 레이블, 체크' 메뉴 클릭합니다.

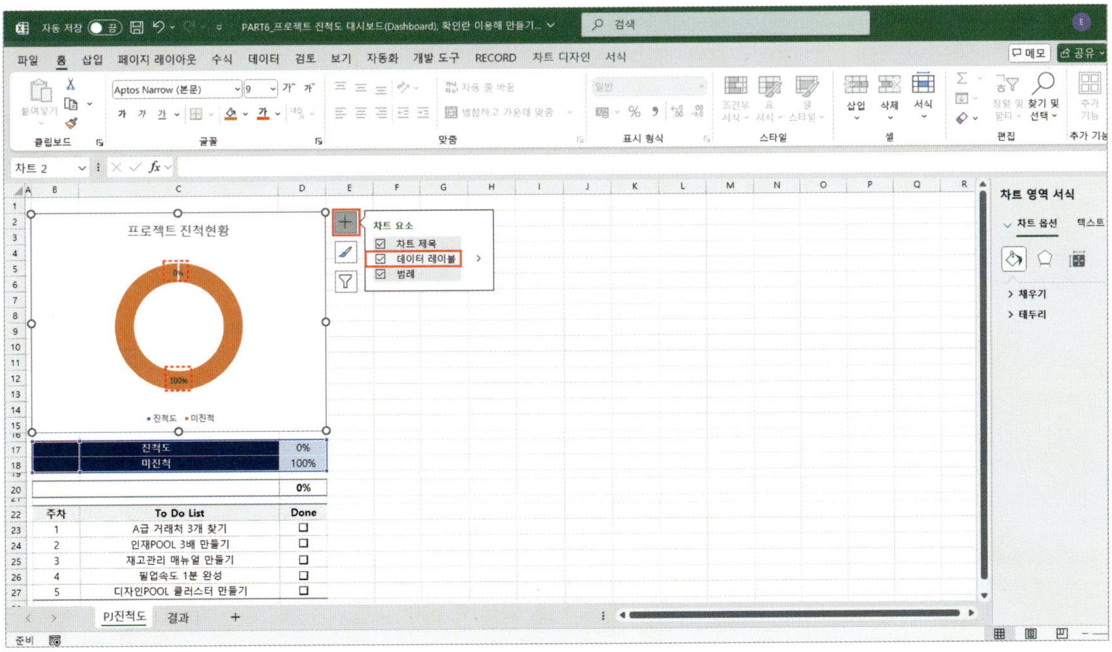

❼ 차트 영역(가장 외곽선)선택- [차트 디자인]- 차트 스타일- 색 변경- '다양한 색상표 3' 메뉴를 선택해 스타일을 조정합니다.

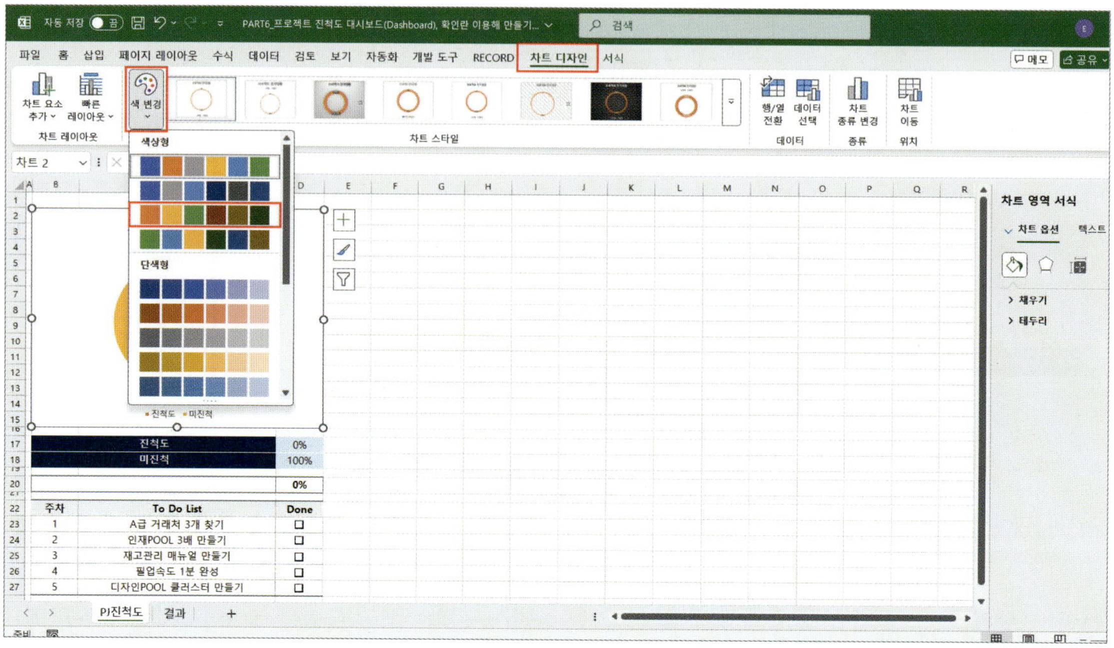

❽ 이 상태에서 '인재POOL 3배 만들기' 체크, '필업속도 1분 완성' 체크, '디자인POOL 클러스터 만들기' 체크해, 총 3개 프로젝트 진척된 최종 결과물 대시보드(Dashboard)를 확인합니다.

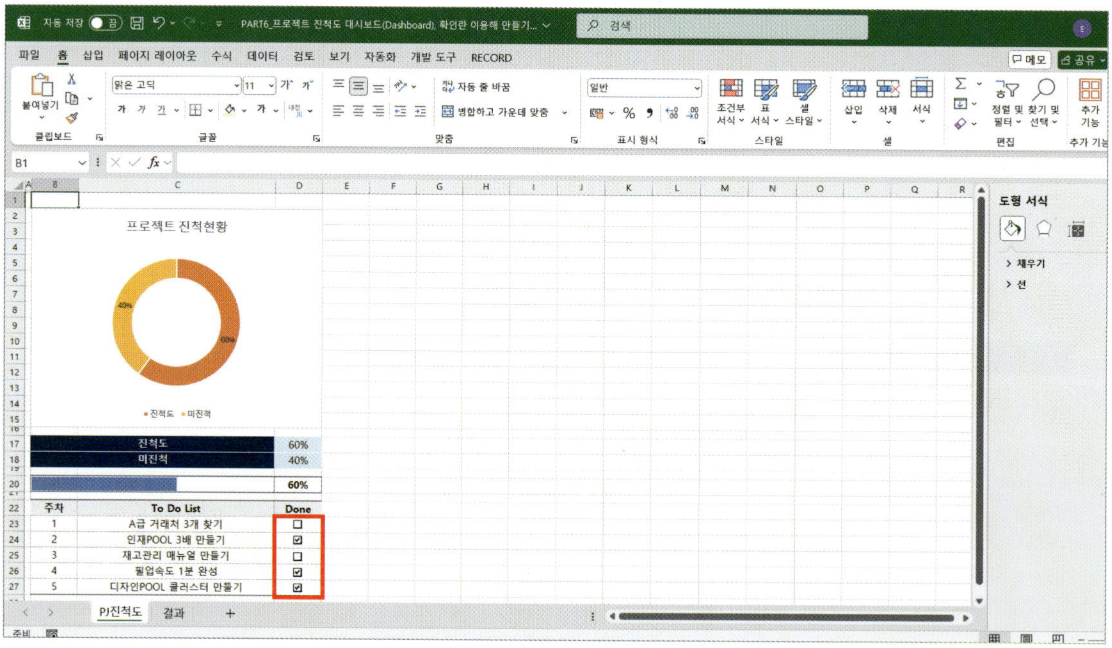

CHAPTER 07

영화 예매정보 표 참고해 영화 예매출력 데이터 만들기 (양식 컨트롤- 스핀 단추/함수)

예제 파일 PART3_7 영화 예매정보 표 참고해 영화 예매출력 데이터 만들기

실무 스킬

엑셀에서 스핀 단추는 숫자값이나 데이터를 단계적으로 조정할 수 있도록 돕는 컨트롤 도구입니다. 스핀 단추를 사용하면 값의 증가와 감소를 버튼 클릭만으로 간단히 조작할 수 있으며, 사용자가 빠르고 정확하게 데이터를 입력할 수 있도록 설계되었습니다. 값의 증감 또한 설정을 통해 제어할 수 있습니다. 예를 들어, 재고 관리 시트에서 수량을 조정하거나 프로젝트 일정 관리에서 날짜를 손쉽게 변경할 때 활용할 수 있습니다. 특정값 범위를 설정할 수 있어 불필요한 입력 실수를 방지하며, 데이터의 일관성과 신뢰성을 높이는 데 유용합니다. 이를 통해 엑셀 시트가 보다 직관적이고 효율적으로 작동하도록 디자인할 수 있습니다. 이번 파트에서는 함수와 조합해 사용하는 방법에 대해 알아보겠습니다.

실무 연습 ①

[영화예매정보] 시트에서 '영화 예매정보' 표를 참고해 '영화 예매출력'란을 만들려고 합니다. 이때 기준이 되는 값은 '티켓 번호'를 스핀 단추와 조합해 자동으로 '영화 제목'과 '관람 시간'이 출력되는 구조를 만들어 보도록 하겠습니다.

01 [개발 도구] 탭- 컨트롤- 삽입- 양식 컨트.롤- '스핀 단추' 메뉴를 클릭합니다.

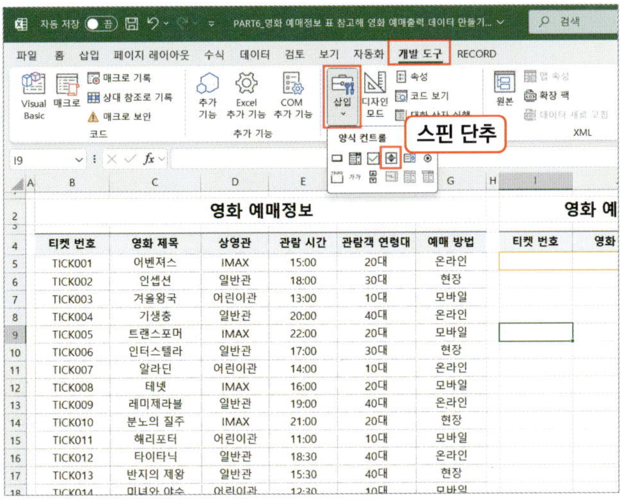

02 '스핀 단추' 메뉴 선택 후 마우스를 시트 안으로 밀어 넣고 Alt 키를 누른 채 N4:N5셀 범위까지 드래그해 스핀 단추를 출력합니다.

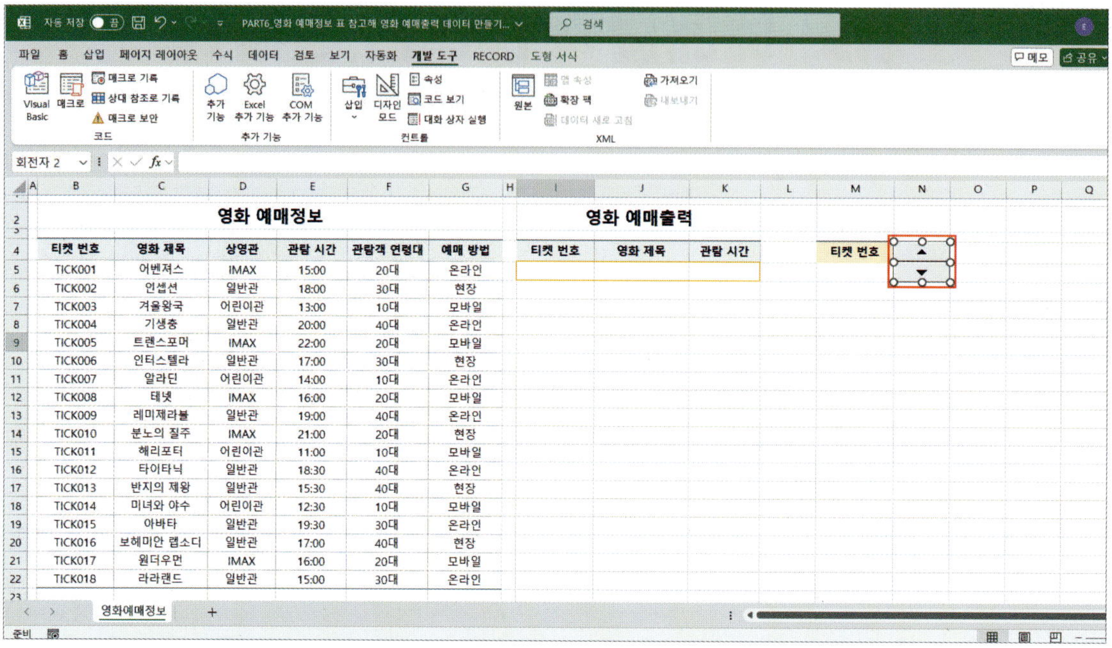

03 '스핀 단추' 클릭– 마우스 우클릭– '컨트롤 서식' 메뉴를 클릭합니다.

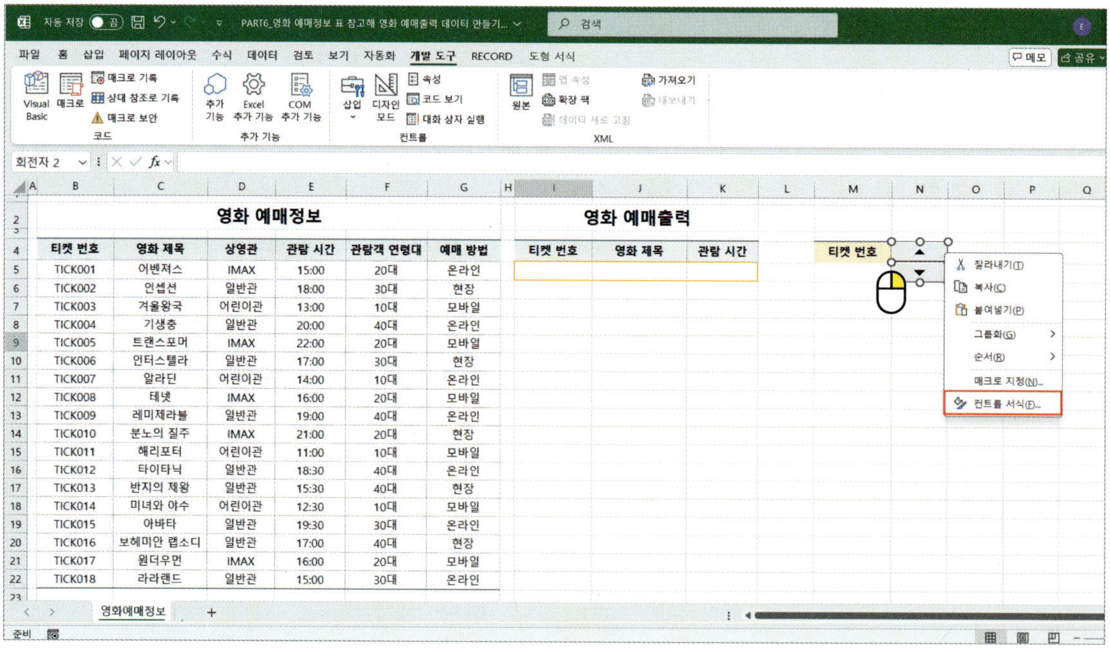

04 컨트롤 서식- 컨트롤- 최소값: 1- 셀 연결: '$M$2(마우스로 해당 셀 클릭 시 절대참조로 자동 출력 됨)' 입력 후 확인 버튼을 클릭합니다.

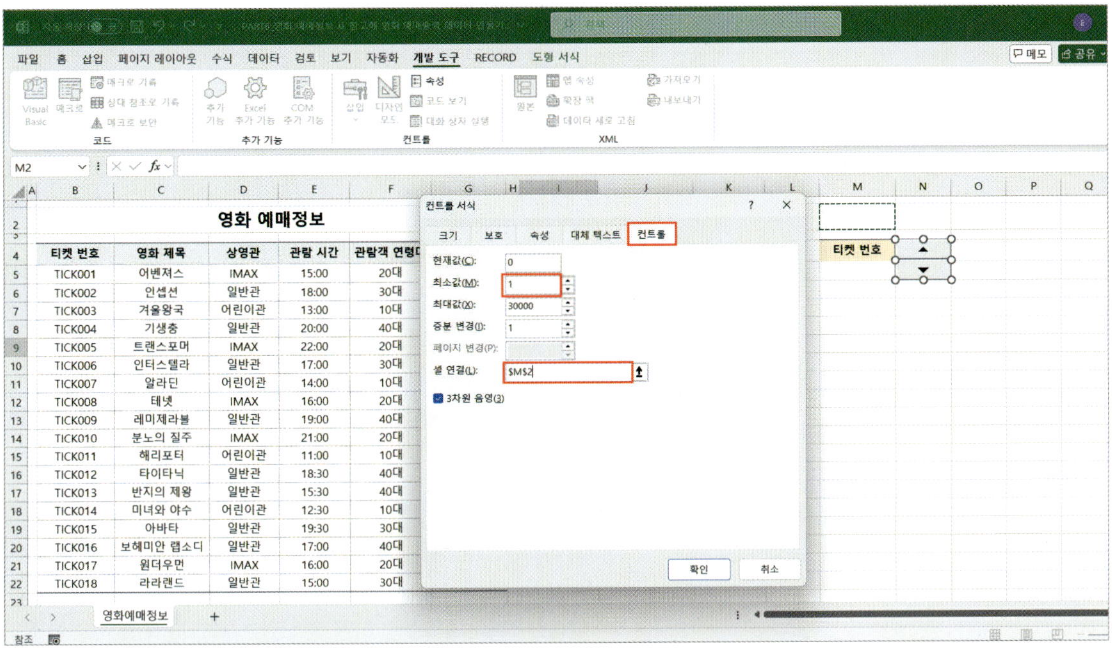

05 I5셀 클릭- '=IFERROR(VLOOKUP($M$5,$B$5:$G$22,MATCH(I$4,$B$4:$G$4,0),0),"예매없음")' 입력 후 K5셀까지 복사/붙여넣기를 진행합니다.

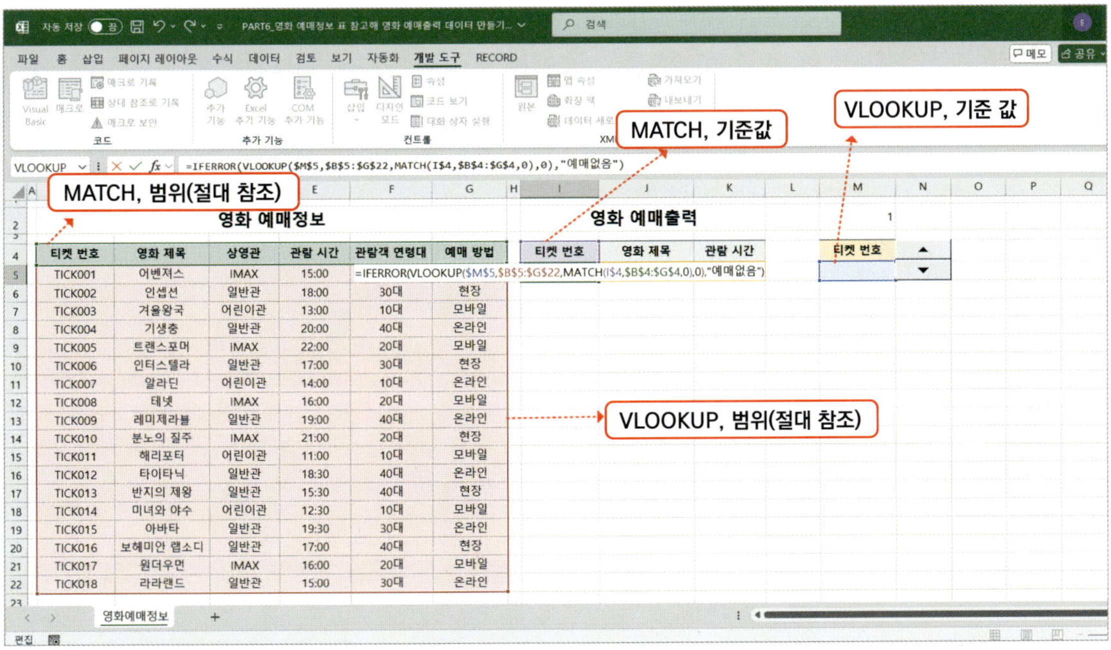

개념설명

❶ ❷ ❸ ❹

=IFERROR(VLOOKUP($M$5,$B$5:$G$22,MATCH(I$4,$B$4:$G$4,0),0),"예매없음")

❶ VLOOKUP 함수 1	$M$5	현재는 빈칸이지만 '티켓 번호'가 입력될 기준값 셀입니다.
❷ VLOOKUP 함수 2	$B$5:$G$22	기준값이 있는 B5셀을 첫 번째 B열로 시작해 마지막 G22셀을 마지막 G열로 참조하는 전체 범위 구간으로 절대참조되었습니다.
❸ VLOOKUP 함수 3	MATCH(I$4,$B$4:$G$4,0)	

MATCH(I$4,$B$4:$G$4,0)

❶ ❷ ❸

❶ MATCH 함수 1	I$4	행만 고정된 혼합참조로 열 목록을 찾아 열 순번을 구하기 위한 기준값이 지정되었습니다.
❷ MATCH 함수 2	$B$4:$G$4	백데이터 목록, '영화 예매정보' 머리글 전체가 기준값을 만족하는 순번을 찾기 위한 범위로 지정되었습니다.
❸ MATCH 함수 3	0	정확하게 일치하는 값을 찾는 논리 옵션이 입력되었습니다.
❹ VLOOKUP 함수 4	0	정확하게 일치하는 값을 찾는 논리 옵션이 입력되었습니다. 마지막으로 IFERROR함수는 VLOOKUP함수로 출력된 값에 오류가 발생한 경우 "예매없음"이란 텍스트가 출력되도록 로직을 만들었습니다.

06 K5셀까지 복사/붙여넣기를 진행 후 '자동 채우기 옵션' 단추 클릭– '서식 없이 채우기' 메뉴를 클릭해 서식 질서를 유지합니다.

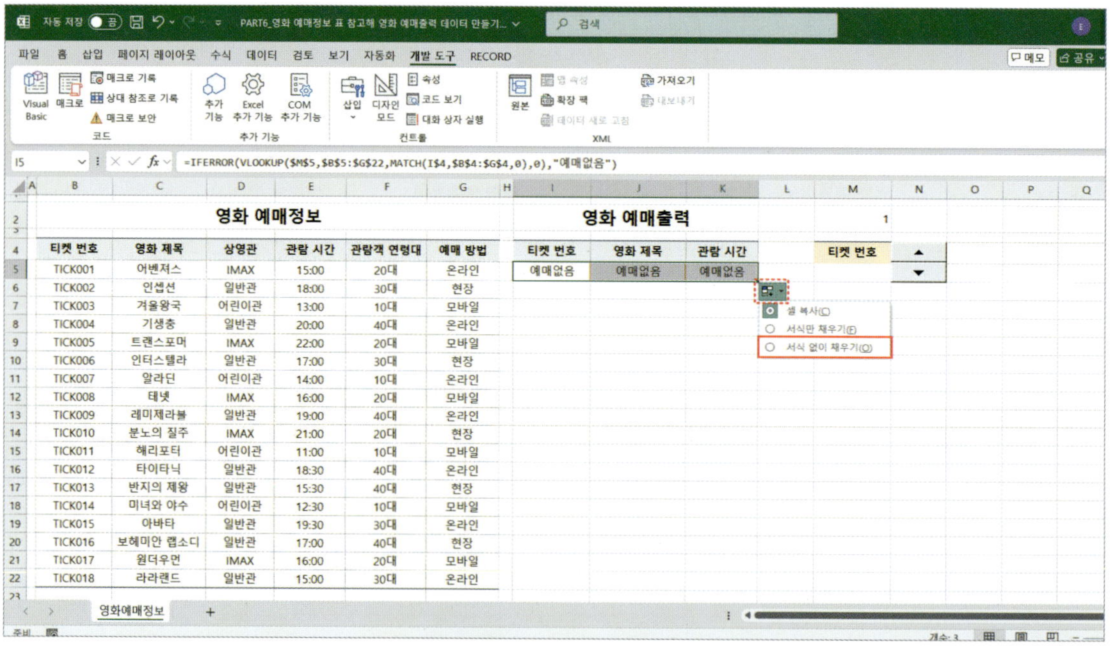

07 M5셀 클릭- '="TICK"&TEXT(M2,"000")' 입력 후 Enter 키를 누릅니다.

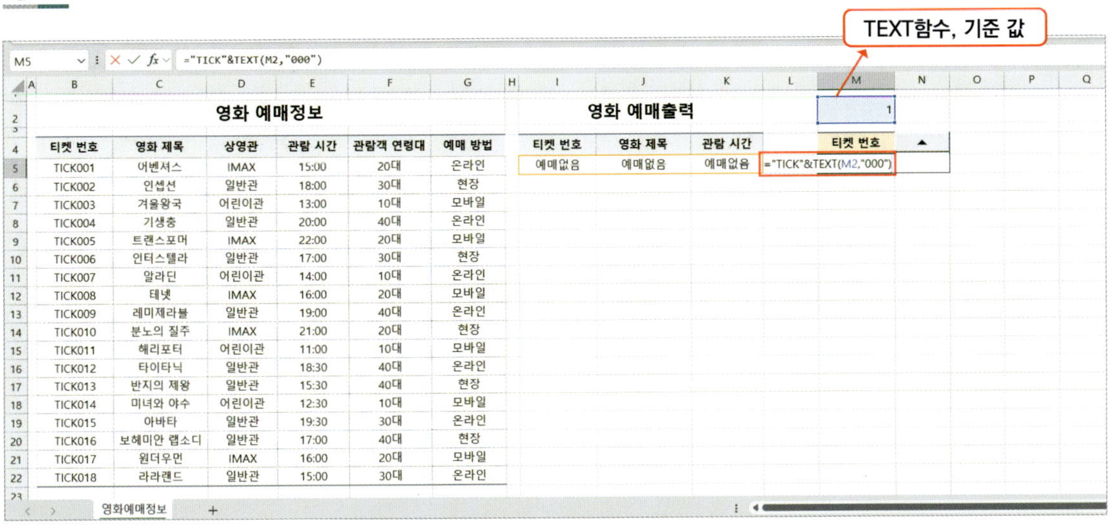

개념설명

TEXT(M2,"000")
(① M2, ② "000")

❶ M2 스핀 단추로 셀 연결한 주소값이고, TEXT 함수의 기준값이 됩니다.

❷ "000" 숫자 형식을 '3자리로 출력한다'라는 의미입니다.

08 마무리가 되었습니다. 스핀 단추를 위/아래 버튼을 클릭해 '영화 예매출력' 표가 자동화되었는지 확인합니다.

※ 아래 결과는 스핀 단추 위 방향으로 4번 더 눌러 출력된 기준값 'TICK005' 영화 예매출력정보입니다.

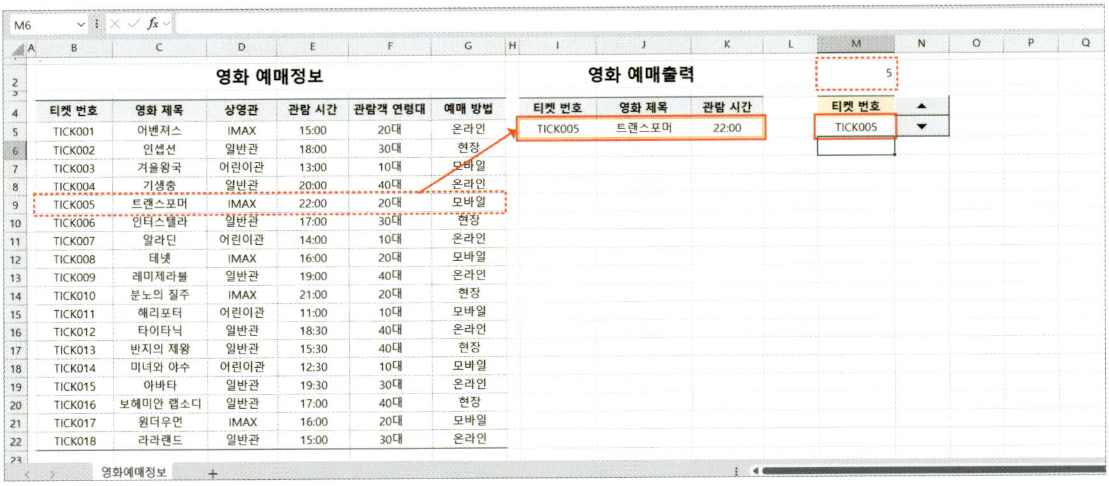

TIP 스핀 단추로 셀 연결한 M2셀 숫자 정보를 숨김 처리하기 위해서는 글꼴 색을 흰색으로 변경하면 됩니다.

CHAPTER 08

취급 아이템 정보 클릭 한 번으로 회사별 지역, 판매 정보 출력하기 (양식 컨트롤- 목록 상자/함수)

예제 파일 PART3_8 취급 아이템 정보 클릭 한 번으로 회사별 지역, 판매 정보 출력하기

실무 스킬

엑셀에서 목록 상자는 사용자가 선택한 목록을 화면상에 나타내 주는 인터페이스를 제공하는 도구입니다. 사용자가 설정한 옵션에 따라 선택 유형을 '한 개, 여러 개, 확장'으로 선택할 수 있고, 수식을 작성해 함수를 운영할 때는 데이터 목록 중 '한 개' 선택 유형 옵션을 활용해 선택된 데이터는 다른 셀이나 계산에 자동으로 반영되어 효율적인 데이터 관리가 가능합니다. 목록 상자는 양식 컨트롤을 활용해 구현되며, 직관적이고 단순한 인터페이스를 제공합니다. 수식연결이 아닌 경우는 다른 선택 옵션을 활용해 사용자가 여러 리스트 중 하나 또는 그 이상을 빠르고 정확하게 선택해야 할 때 적합합니다. 이는 설문조사, 제품 카테고리 선택, 특정 데이터 필터링 등 다양한 상황에서 효과적으로 사용됩니다. 목록 상자는 인터페이스 조절을 통해 데이터를 쉽게 이해할 수 있도록 직관적인 시각적 요소를 제공합니다.

실무 연습 ❶

[취급아이템] 시트에서 '취급 아이템' 목록 리스트를 만들어 해당 취급 아이템을 선택했을 때 '회사명', '지역', '판매량', '팀'정보를 '회사별 판매 정보' 표에서 추출해 업데이트하려 합니다.

이 파트에서는 '취급 아이템'을 '스마트 워치'와 '드론'을 선택했을 때 연결된 함수가 잘 운영되는지 확인해 보겠습니다.

01 [개발 도구] 탭- 컨트롤- 삽입- 양식 컨트롤- '목록 상자' 메뉴를 클릭합니다.

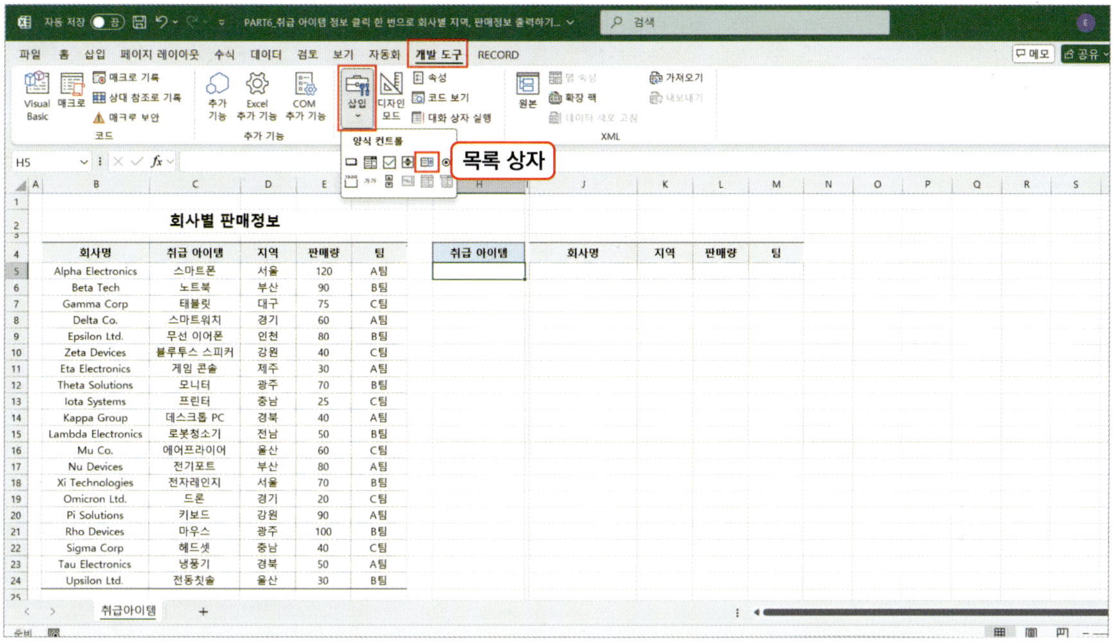

02 '목록 상자' 메뉴 선택 후 마우스를 시트 안으로 밀어 넣고 Alt 키를 누른 채 H5:H10셀 범위까지 드래그해 목록 상자를 출력합니다.

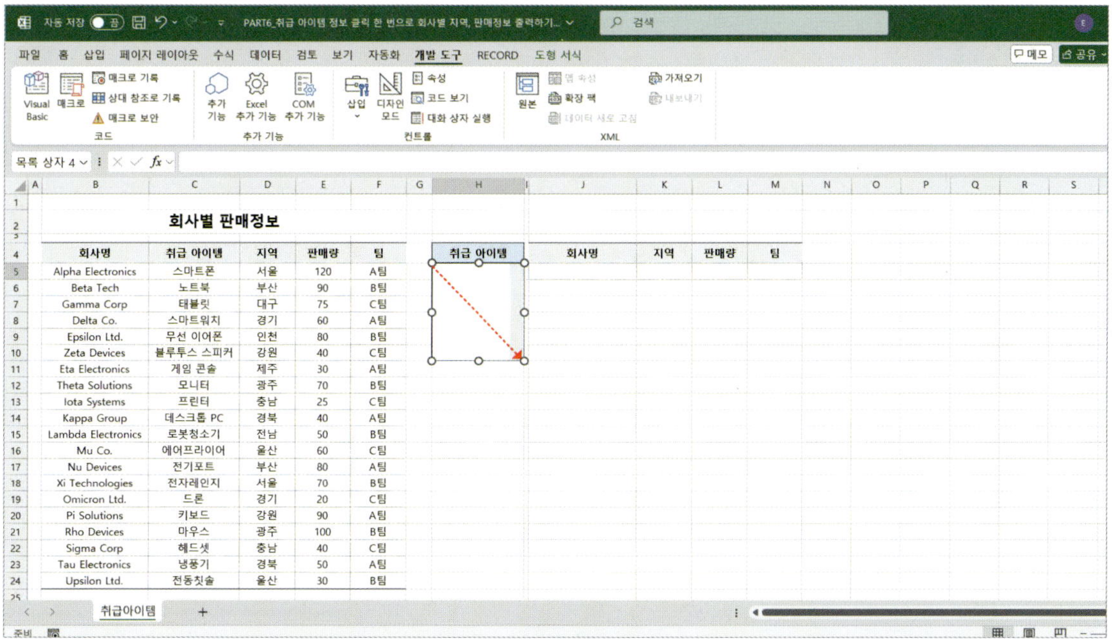

※ 목록 상자 크기는 사용자 환경에 맞게 크기를 조절해 사용할 수 있습니다.

03 목록 상자 클릭- 마우스 우클릭- '컨트롤 서식' 메뉴를 클릭합니다.

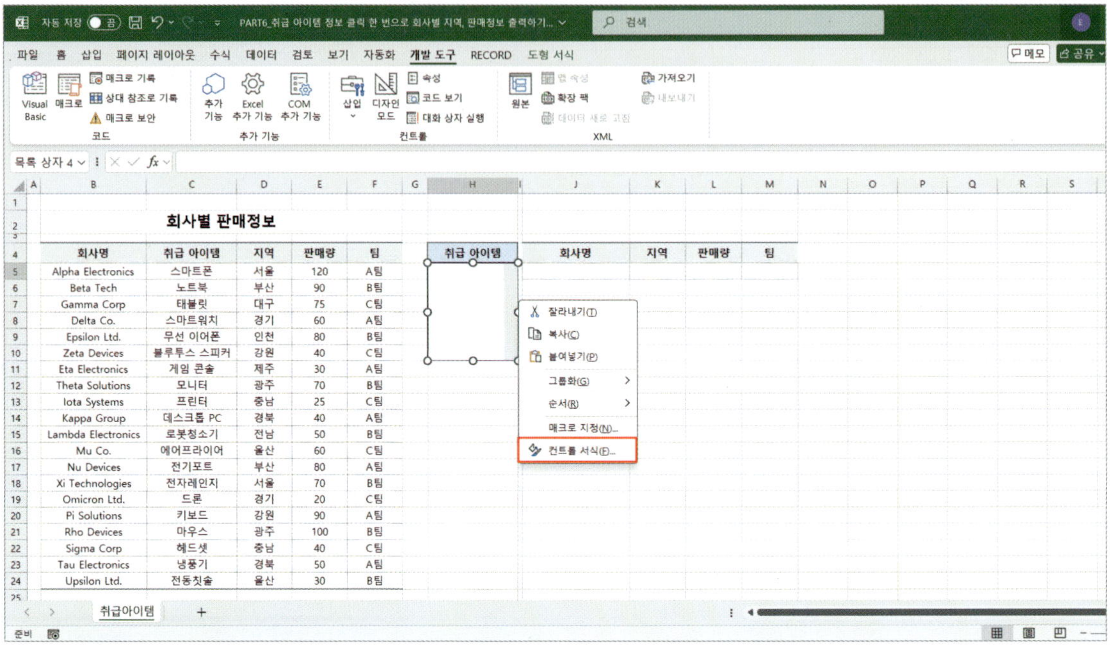

04 개체 서식- 컨트롤- 입력 범위: '$C$5:$C$24'- 셀 연결: '$H$2'- 선택 유형- '한 개' 메뉴 선택 후 확인 버튼을 클릭합니다.

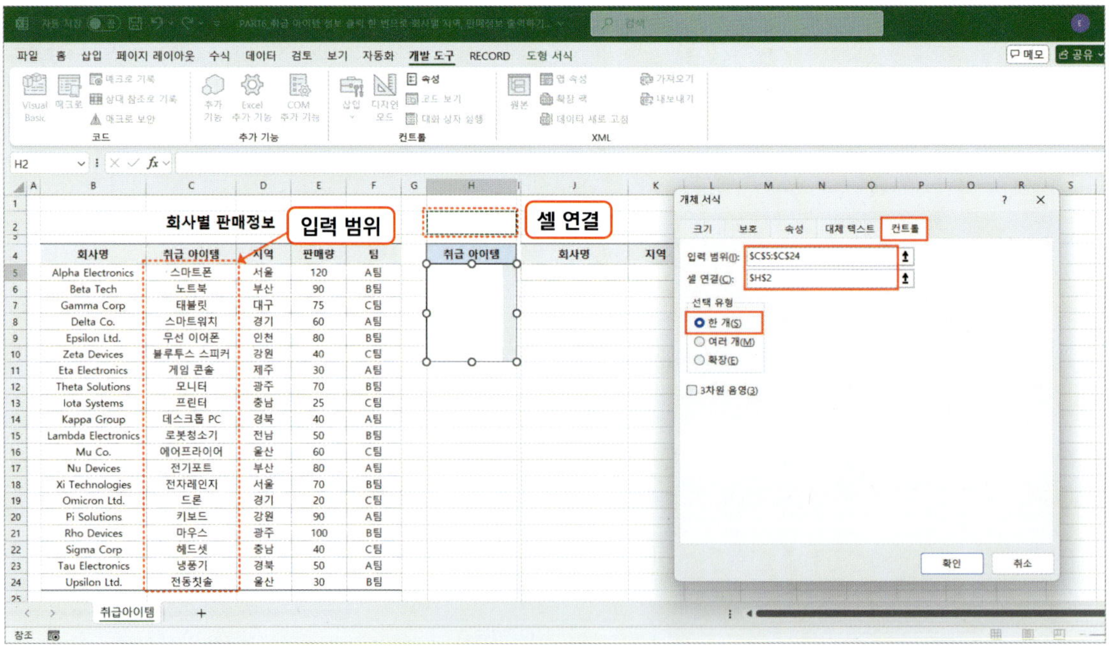

05 목록 상자에서 '스마트 워치'를 선택해, H2셀에 숫자 '4'가 출력되었는지 확인합니다.

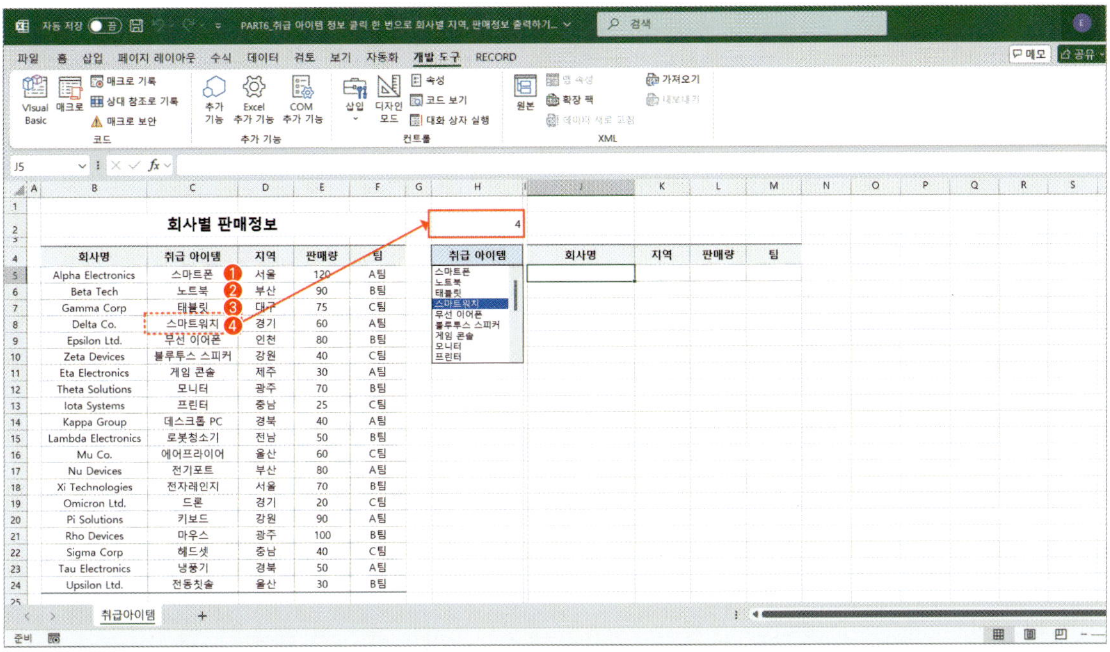

06 J5셀 클릭- '=INDEX($B$5:$F$24,$H$2,MATCH(J$4,$B$4:$F$4,0))' 입력 후 M5셀까지 복사/붙여넣기를 진행합니다.

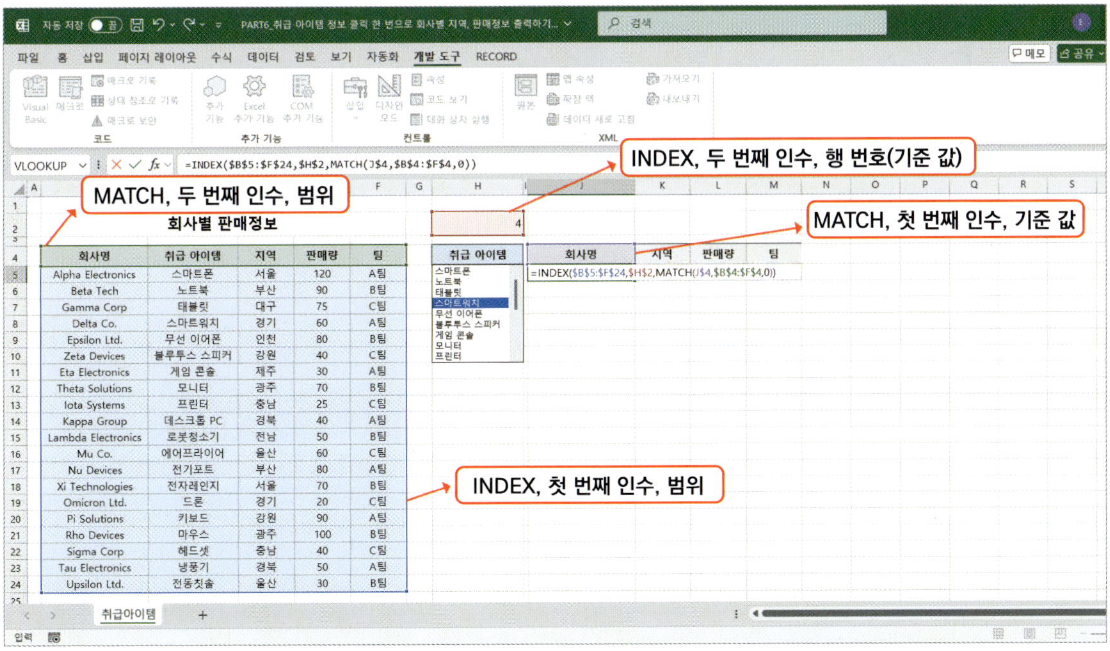

개념설명

❶ $B$5:$F$24 / ❷ $H$2 / ❸ MATCH(J$4,$B$4:$F$4,0)

=INDEX($B$5:$F$24,$H$2,MATCH(J$4,$B$4:$F$4,0))

❶ INDEX 함수 1	$B$5:$F$24	출력할 행과 열 정보가 있는 범위를 지정했습니다.
❷ INDEX 함수 2	$H$2	행 번호로 목록 상자가 출력할 순번 값이 있는 셀입니다.
❸ INDEX 함수 3	MATCH(J$4,$B$4:$F$4,0)	열 번호를 출력한 인수입니다.

❶ J$4 / ❷ $B$4:$F$4 / ❸ 0

MATCH(J$4,$B$4:$F$4,0)

❶ MATCH 함수 1	J$4	열 순번을 찾을 기준값이 있는 목록(회사명)을 복사/붙여넣기를 감안해 행만 고정한 혼합참조로 지정했습니다.
❷ MATCH 함수 2	$B$4:$F$4	열 순번을 만족하는 기준값이 있는 백데이터 목록 범위를 지정했습니다.
❸ MATCH 함수 3	0	정확히 일치하는 값을 찾는 논리 옵션 0을 입력했습니다.

07 J5:M5, '취급 아이템'에 맞는 회사 정보가 출력된 결과를 확인합니다.

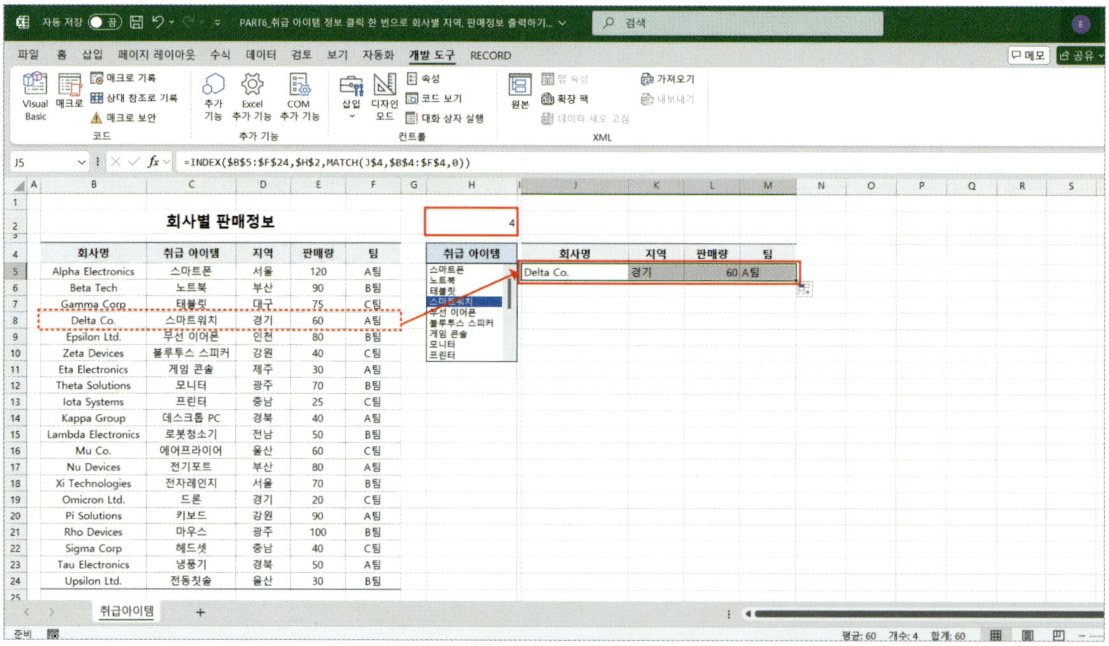

08 '목록 상자' 오른쪽 스크롤을 아래로 내려 '드론'을 선택해 해당 정보가 J5:M5셀 범위에 출력된 정보를 확인합니다.

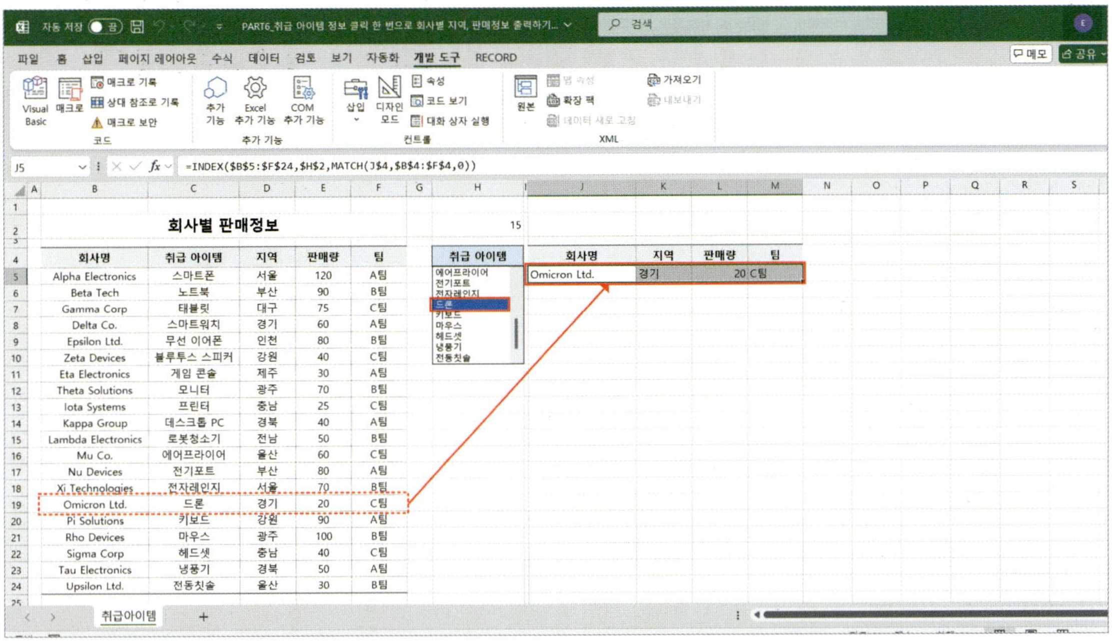

TIP 목록 상자로 셀 연결한 H2셀 숫자 정보를 숨김 처리하기 위해서는 글꼴 색을 흰색으로 변경하면 됩니다.

엑셀 엔진 UP! 목록 상자 선택 유형, 여러 개 및 확장에 대해 알아보기

앞서 알아본 목록 상자는 선택 유형을 '한 개'로 설정해 함수와 연결해 사용하였습니다. 선택 유형을 여러 개 또는 확장을 선택해 사용하는 경우는 다중 선택이 필요한 때, 예를 들어, 사용자가 관심있는 여러 제품을 선택하거나 복수 응답을 받을 때 유용하게 사용할 수 있습니다. 인터페이스가 어떻게 출력이 되는지 알아보도록 하겠습니다.

컨트롤 서식, 선택 유형: 여러 개– 다중 선택을 지원합니다.

컨트롤 서식, 선택 유형: 확장– 연속 드래그로 아이템을 선택할 수 있습니다.

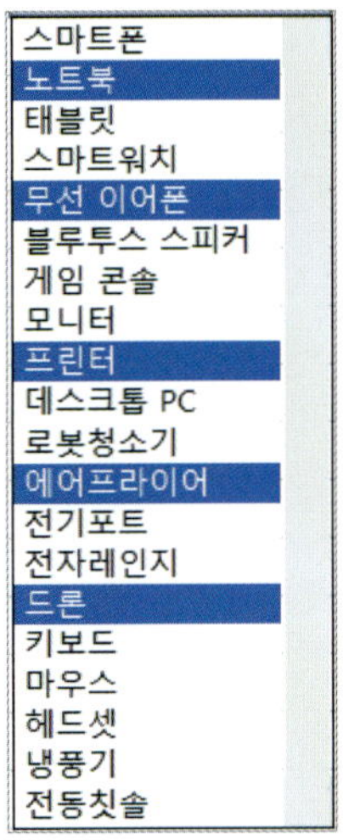

<선택 유형– 여러 개>

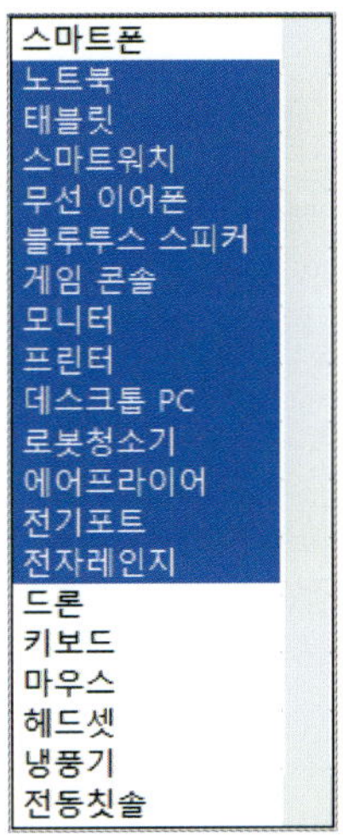

<선택 유형– 확장>

TIP <선택 유형- 한 개>를 선택했을 때만 셀 연결된 부분에 순번이 출력됩니다.

CHAPTER 09

요금제 옵션에 따른 서비스 혜택 요금 합계 구하기(양식 컨트롤-옵션 단추/함수)

예제 파일 PART3_9 요금제 옵션에 따른 서비스 혜택 요금 합계 구하기

실무 스킬

엑셀에서 옵션 단추는 사용자에게 여러 선택지를 제공하고 그중 하나의 옵션만 선택할 수 있도록 하는 도구입니다. 이 단추는 단일 선택형 인터페이스를 구현하기에 적합합니다. 예를 들어, 설문조사 양식에서 "남성"과 "여성" 중 하나를 선택하거나, 제품 주문 시 "소형", "중형", "대형"과 같은 사이즈를 선택하도록 설계할 때 활용됩니다. 옵션 단추는 컨트롤 양식으로 추가할 수 있으며, 데이터와 연결해 선택된 옵션에 따라 다른 작업이 자동으로 실행되도록 설정할 수 있습니다. 이를 통해 사용자 인터페이스를 직관적이고 명확하게 설계하고, 데이터 입력의 효율성과 정확성을 크게 향상시킬 수 있습니다.

주의사항은 한 시트에 출력되는 옵션 단추 생성 순서에 맞게 넘버링이 되기 때문에 새로운 순번이 필요한 경우 시트를 다시 생성해 옵션 단추를 만들어야 한다는 것입니다. 그래서 옵션 단추는 한 가지 계열 옵션에서만 사용 가능하다는 것입니다. 실무 예제를 통해 어떻게 옵션 단추가 사용되는지 알아보도록 하겠습니다.

실무 연습 ❶

[요금제옵션] 시트에서 요금제 옵션, '기본', '프리미엄', '고급' 중 하나를 선택했을 때 부과되는 '최종 월 요금' 합계를 출력하는 로직을 만들어 보도록 하겠습니다.

01 [개발 도구] 탭– 컨트롤– 삽입– '옵션 단추' 메뉴를 선택합니다.

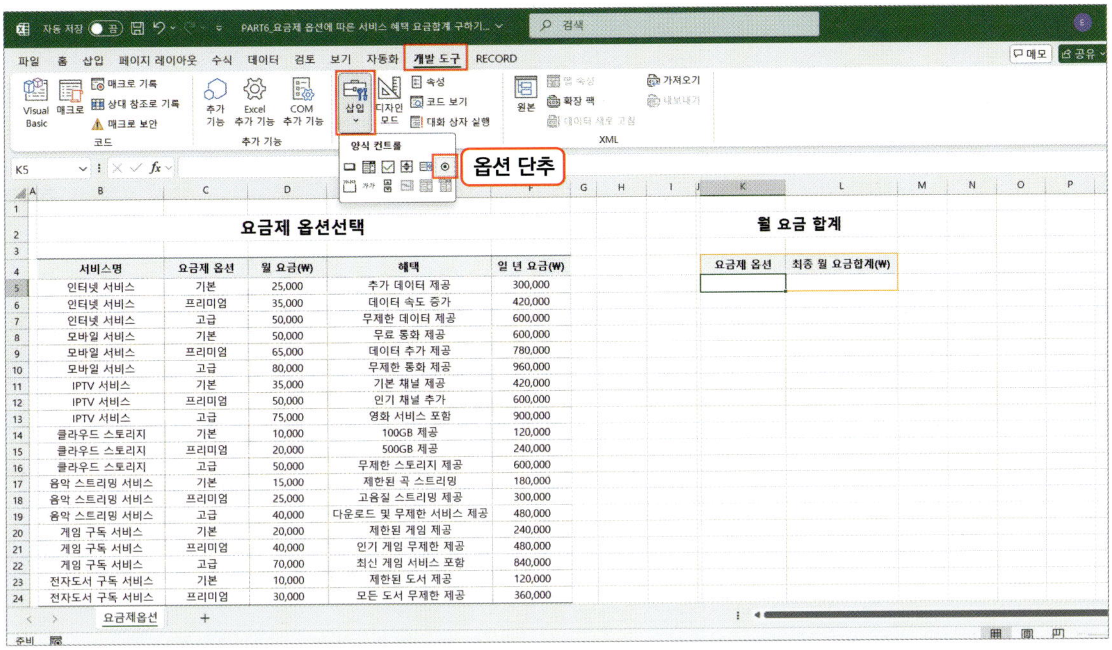

02 '옵션 단추' 메뉴 선택 후 마우스를 시트 안으로 밀어 넣고 마우스로 드래그해 '요금제 옵션선택' 표와 '월 요금 합계' 표 사이 적당한 위치에 출력합니다.

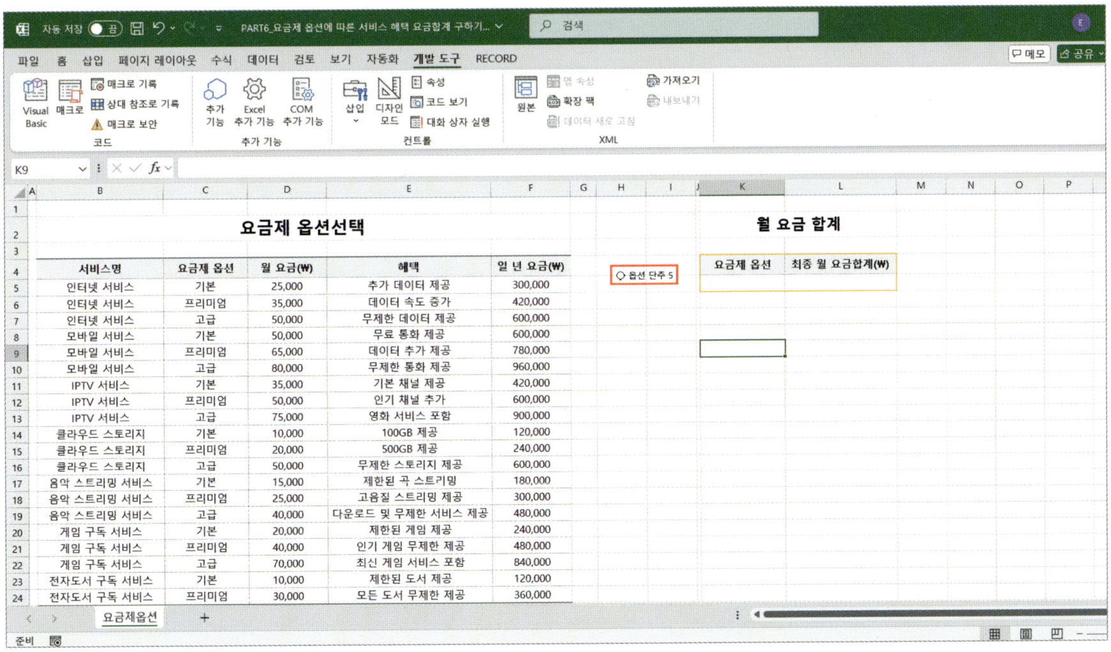

03 첫 번째 출력된 '옵션 단추' 생성 후 흰색 조절점이 생성된 상태에서 마우스로 선택하고 마우스 우클릭, ESC 버튼 클릭 후 메뉴 상자를 숨기고 흰색 조절점이 생성된 상태에서 선택하고 Ctrl + Shift +아래 방향키(↓)를 동시에 눌러 드래그해 두 번째 '옵션 단추'를 만들고 같은 방식으로 세 번째 '옵션 단추'를 만듭니다. 이때 '옵션 단추' 간격을 잘 맞춰서 출력합니다.

※ 지금 과정은 '옵션 단추' 복사/붙여넣기 입니다.

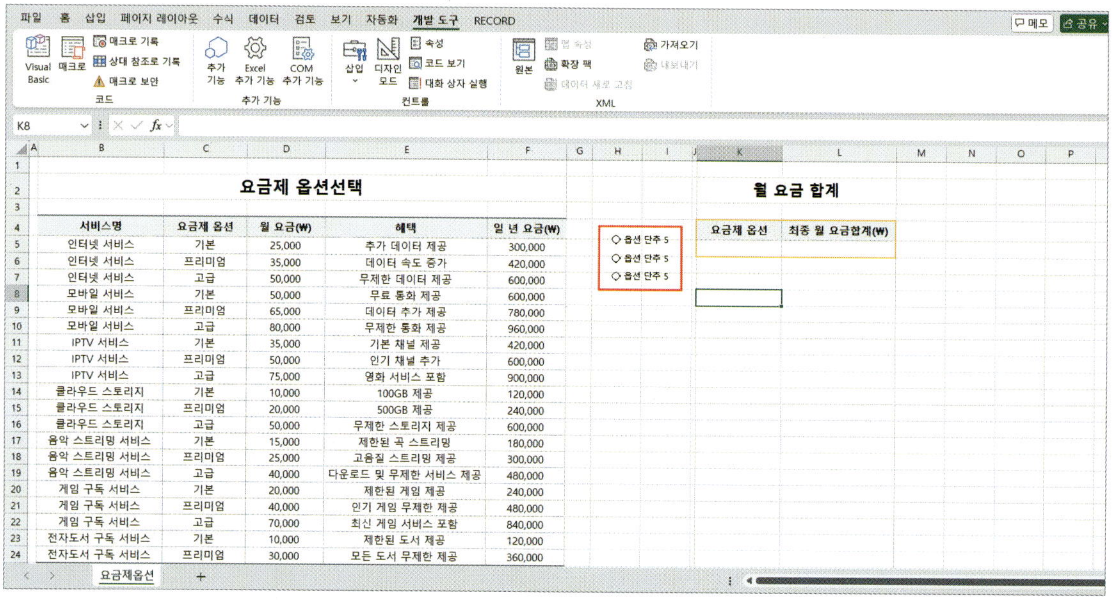

04 출력된 첫 번째 '옵션 단추'- 마우스 우클릭- 텍스트 편집- '기본' 글자로 바꿉니다.

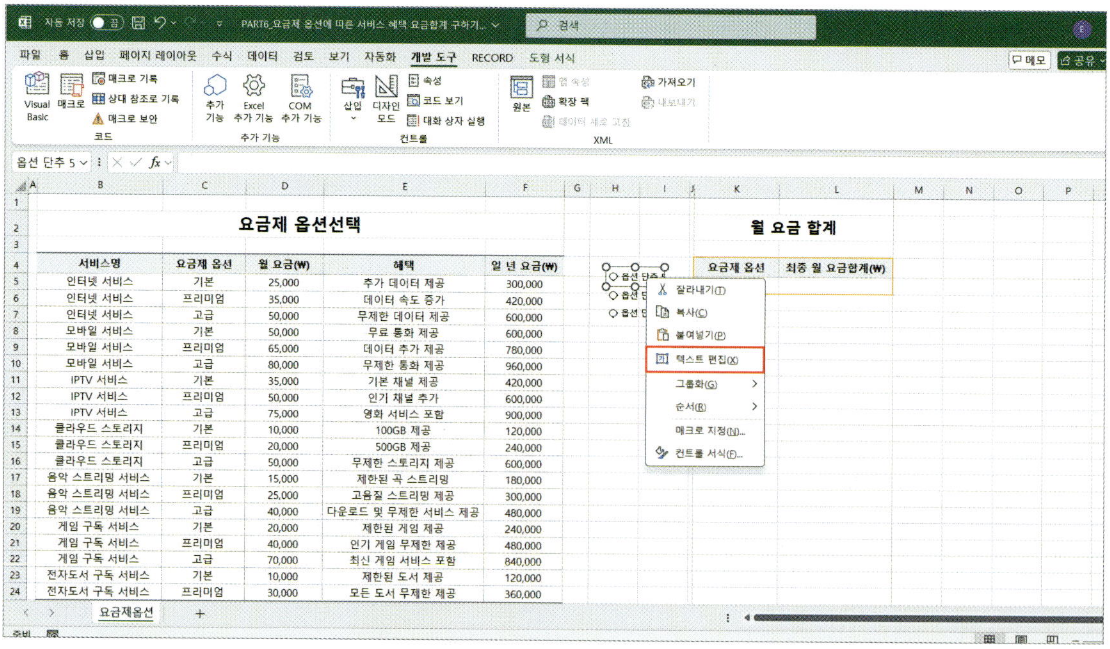

05 같은 방식으로 두 번째 '옵션 단추'는, '프리미엄', 세 번째 '옵션 단추'는 '고급'으로 글자를 바꿉니다.

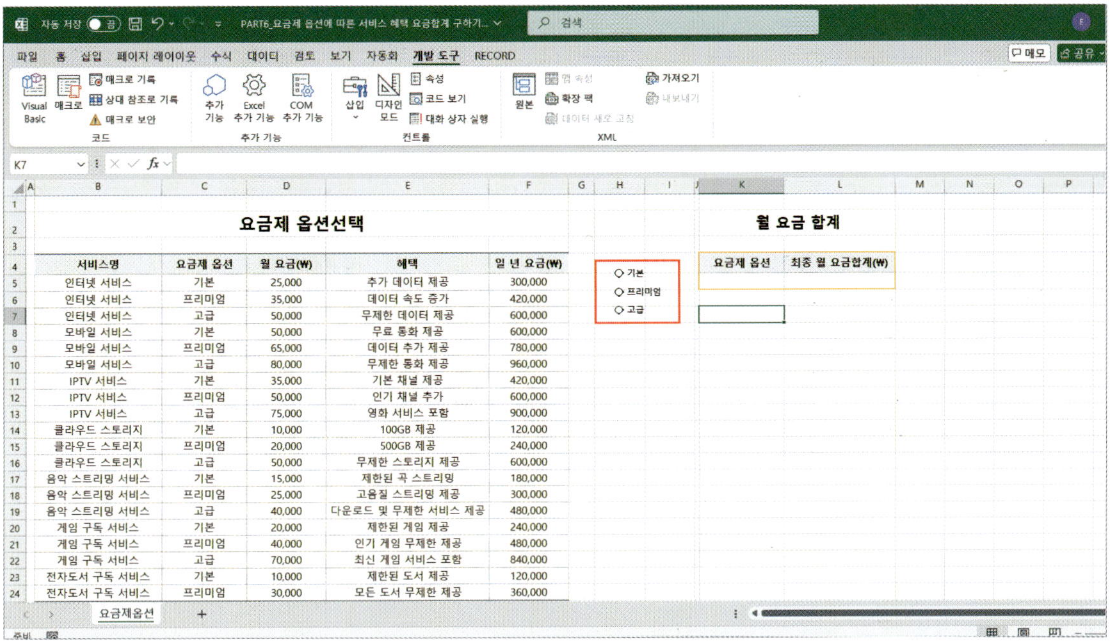

06 [개발 도구] 탭- 컨트롤- 삽입- 양식 컨트롤- '그룹 상자' 메뉴를 클릭합니다.

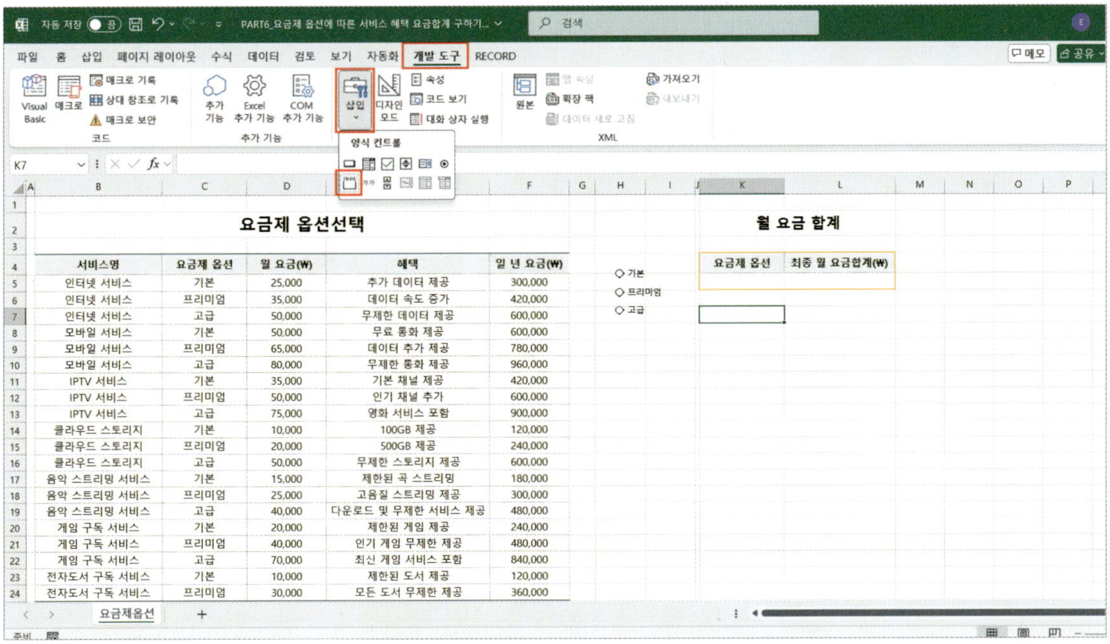

07 '그룹 상자'메뉴 선택 후 마우스를 시트 안으로 밀어 넣고 3개 '옵션 단추'를 보기 좋게 Alt 키를 누른 채 H4:I7셀 범위, '그룹 상자'로 마우스로 드래그해 테두리를 만들어 줍니다.

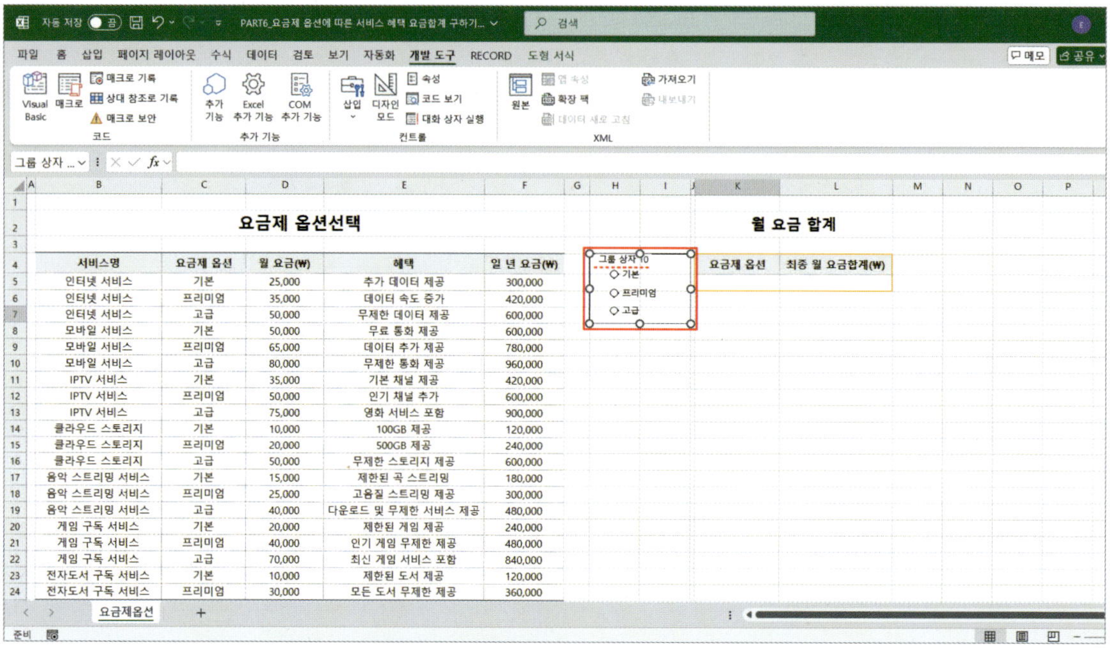

08 출력된 '그룹 상자' 왼쪽 상단을 클릭해 이름을 '옵션'으로 변경합니다. 그리고 나서 첫 번째 '옵션 단추'를 마우스 우클릭- '컨트롤 서식' 메뉴를 클릭합니다.

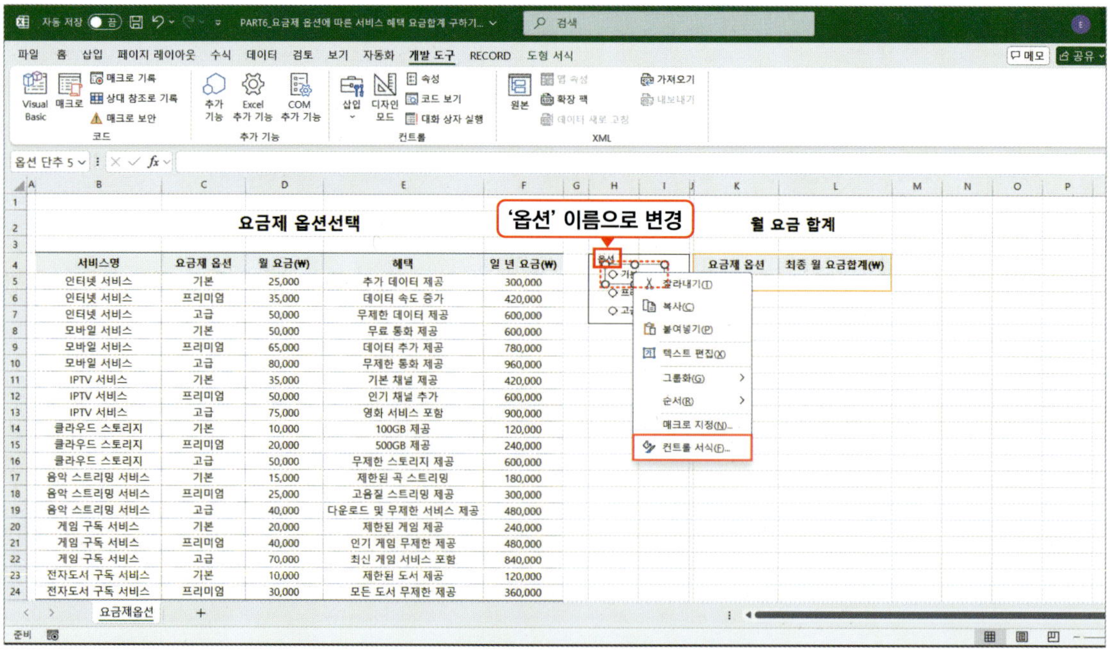

09 컨트롤 서식- 컨트롤- 셀 연결- '$H$2' 마우스 클릭으로 선택 후 확인 버튼을 클릭합니다.

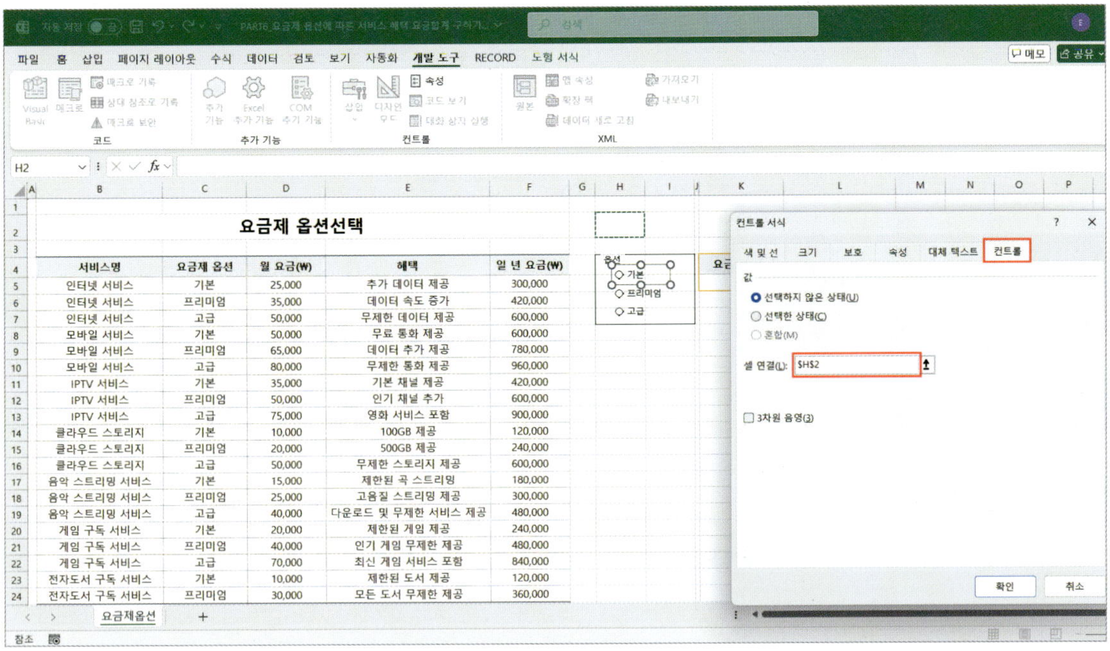

10 그리고 나서 두 번째, 세 번째 '옵션 단추'는 셀 연결 작업을 하지 않아도 '옵션 단추'가 생성된 순서대로 H2셀에 순번이 차례대로 출력이 자동으로 됩니다. 우선 '기본', '옵션 단추'를 선택해 놓습니다. 이때 H2셀에 숫자 1이 출력된 결과를 확인합니다.

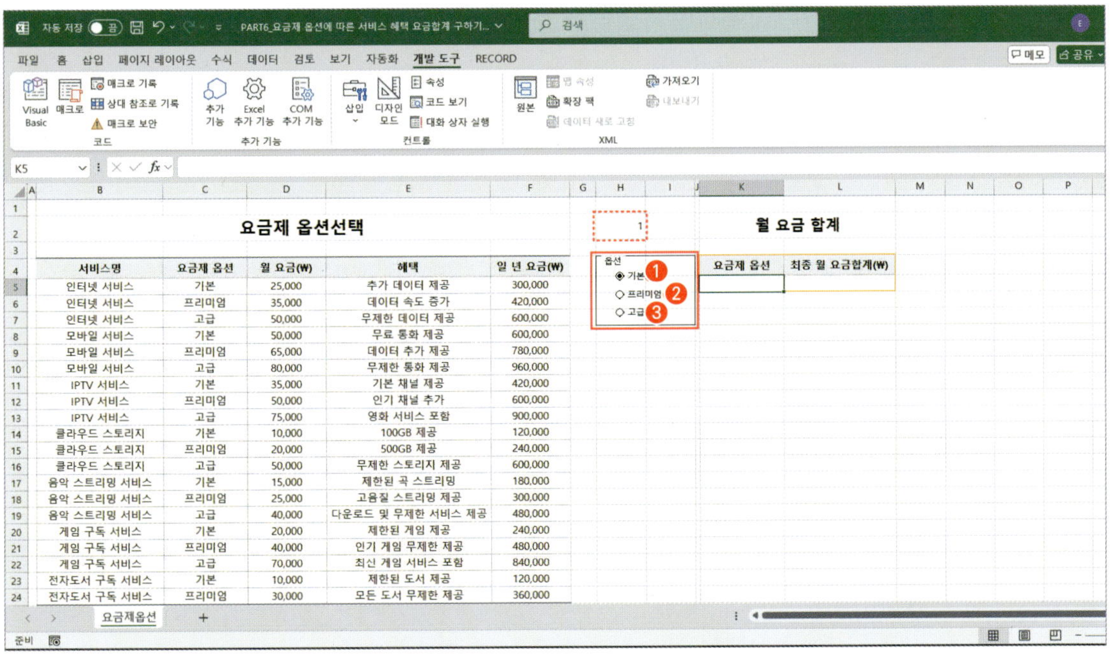

11 K2셀 클릭- '=IF(H2=1,"기본",IF(H2=2,"프리미엄","고급"))' 입력 후 Enter 키를 누릅니다.

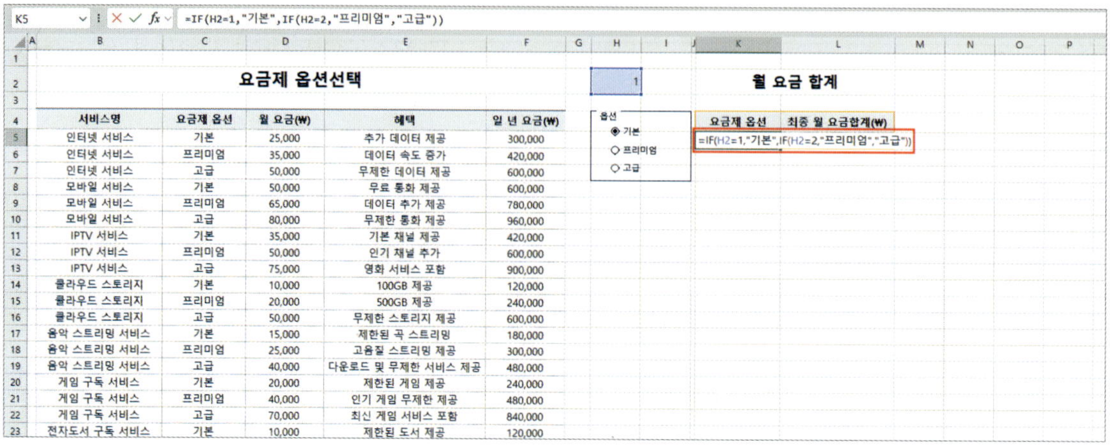

개념설명

❶ ❷ ❸

=IF(H2=1,"기본",IF(H2=2,"프리미엄","고급"))

❶ H2=1	옵션 단추 첫 번째가 선택되어 출력되는 숫자가 1인지 비교 논리 수식을 입력했습니다.
❷ "기본"	첫 번째 인수 논리식이 맞다면 "기본"이라는 텍스트를 출력한다는 의미입니다.
❸ IF(H2=2,"프리미엄","고급")	IF함수 첫 번째 인수가 거짓인 경우 출력되는 구간으로 IF(H2=2,"프리미엄","고급"), '옵션 단추', 두 번째 '프리미엄'이 선택되면 "프리미엄" 텍스트를 출력하고 나머지는 모두 "고급"으로 출력하라는 의미입니다.

12 K2셀, '기본'이 출력된 결과를 확인하고 L5셀 클릭- '=SUMIF(C5:C24,K5,D5:D24)' 입력 후 Enter 키를 누릅니다.

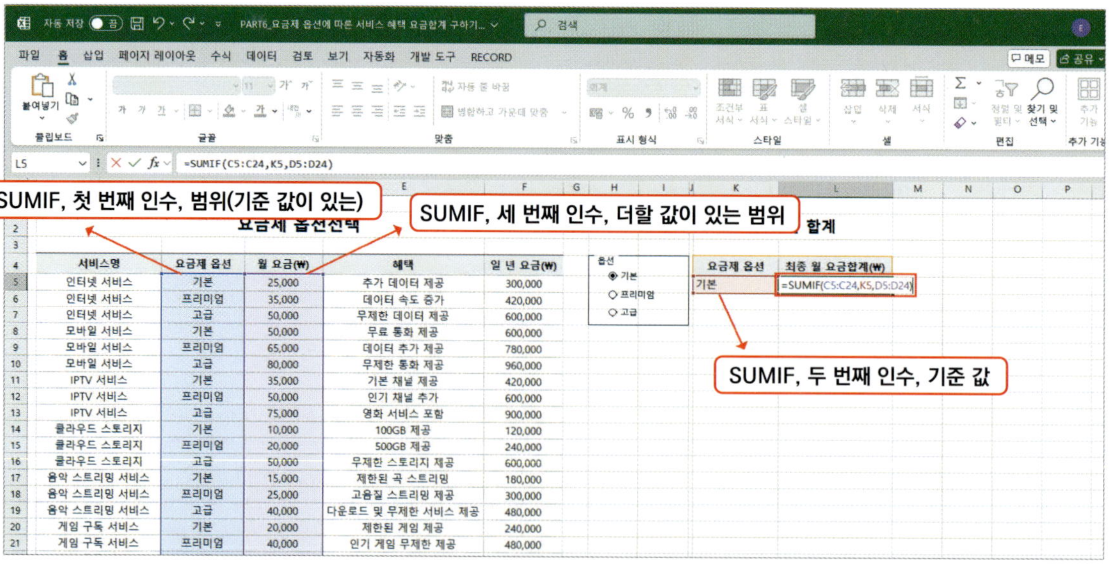

개념설명

$$=SUMIF(C5:C24,K5,D5:D24)$$

❶ C5:C24	범위로써 기준값이 있는 목록 한 열 범위입니다.
❷ K5	더할 기준이 되는 값, "기본"을 선택했습니다.
❸ D5:D24	범위가 매칭되어 더할 값이 있는 범위 한 열을 범위 선택했습니다.

13 '기본' 요금제를 모두 더한 값 L5셀, 165,000원이 출력된 결과를 확인합니다.

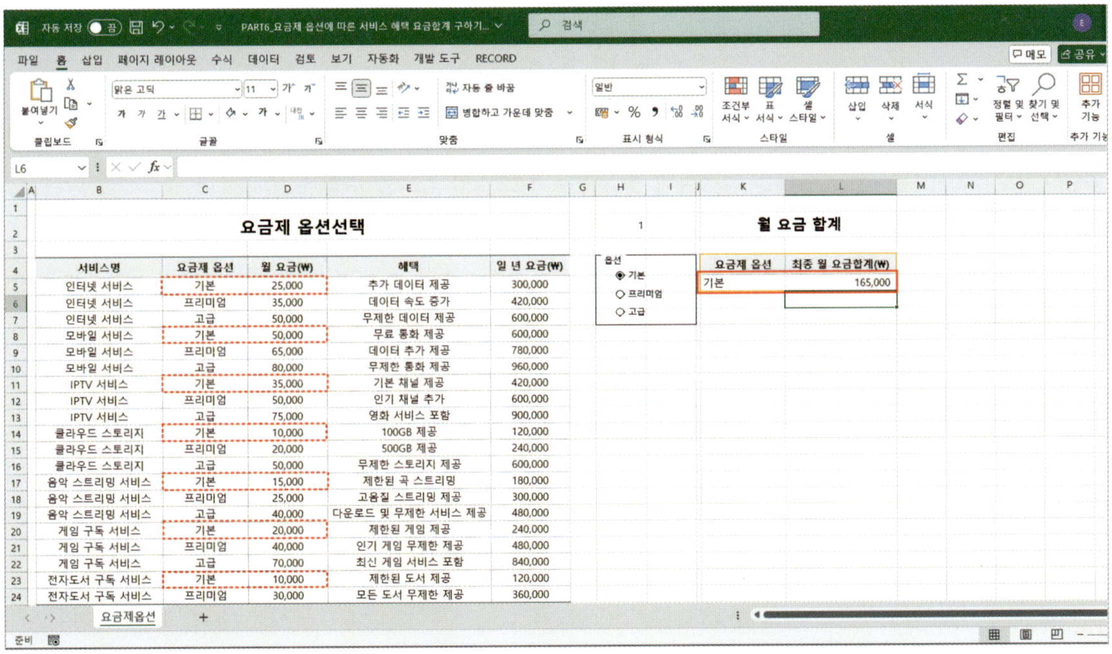

※ '프리미엄' 및 '고급' 옵션도 각각 선택해 '최종 월 요금 합계'값이 변경 출력되는지 확인합니다.

> **TIP** '옵션 단추'로 셀 연결한 H2셀 숫자 정보를 숨김 처리하기 위해서는 글꼴 색을 흰색으로 변경하면 됩니다.

CHAPTER 10

년간 이미지 맵 정보 만들기(양식 컨트롤- 콤보 상자/옵션 단추/고급 필터/매크로/함수)

예제 파일 PART3_10 년간 이미지 맵 정보 만들기(실습).xlsx

실무 스킬

지금까지 배운 내용을 토대로 간단한 프로그램을 만들어 보는 실습을 해 보려 합니다. 콤보 상자, 옵션 단추, 고급 필터, 매크로를 이용해 년간 이미지 맵 정보를 생성해 보겠습니다. 시각적이고 사용자 친화적인 데이터 관리가 가능하도록 클릭 몇 번으로 원하는 데이터를 추출할 수 있는 구조를 만들어 보겠습니다. 이 작업은 사용자가 시즌과 관리 부서를 선택하면 백데이터 자료에서 정보를 추출해 보고서를 완성해 줍니다. 데이터를 직관적으로 탐색하고, 특정 옵션에 따라 원하는 정보를 효율적으로 조회할 수 있도록 설계됩니다.

- 콤보 상자: 관리 부서 데이터를 선택할 수 있는 드롭다운 메뉴를 제공해 인터페이스를 간소화합니다.
- 옵션 단추: 옵션 선택을 통해 세부적으로 데이터를 분류하여 조건에 맞는 정보만 표시합니다.
- 고급 필터: 양식 컨트롤 메뉴로 선택한 정보를 해당 조건에 맞는 정보만 빠르게 추출할 수 있습니다.
- 매크로: 반복 작업을 자동화하여 클릭 한 번으로 데이터 업데이트, 리셋, 사용자 인터페이스 설정을 처리합니다.
- 함수: 데이터 연결과 동적 계산을 가능하게 하며, 이번 파트에서는 IF 함수로 양식 컨트롤 메뉴 결과를 반환해 실시간으로 정보를 표시합니다.

이 프로그램은 엑셀을 강력한 대시보드(Dashboard) 도구로 활용해 데이터를 체계적으로 관리하고, 년간 이미지 맵 정보를 시각화하여 데이터 분석 및 이해를 돕게 될 것입니다.

실무 연습 ①

[이미지맵정보] 시트에 '시즌', '관리 부서'를 입력하면 오른쪽에 관련 데이터가 추출되는 프로그램을 만들려고 합니다. '시즌'은 '옵션 단추'와 연결하고, '관리 부서'는 '콤보 상자'와 연결해 정보를 출력 받습니다. 그리고 나서 고급 필터와 매크로를 이용해 정보 추출 및 정보 지우기를 가능하게 만들어 하나의 대시보드(Dashboard)를 출력해 보겠습니다. 샘플로 '시즌'- '여름', '관리 부서'- '디자인 B팀'으로 설정해 진행해 보겠습니다.

먼저, 결과 인터페이스를 [결과] 시트를 통해 확인해 보겠습니다.

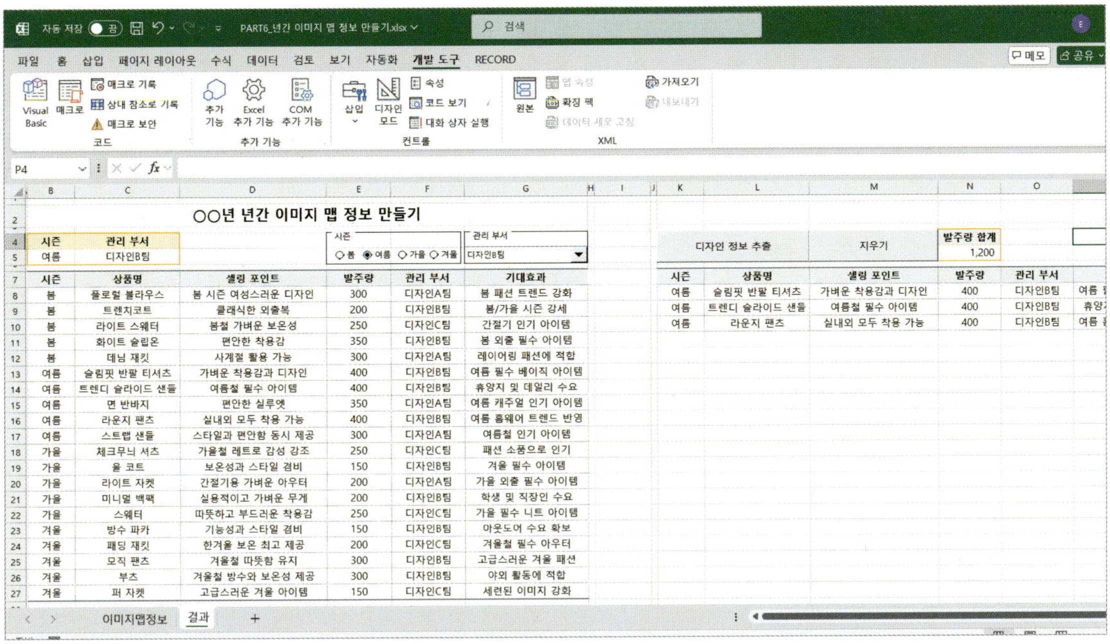

01 [개발 도구] 탭- 컨트롤- 삽입- 양식 컨트롤- '옵션 단추' 메뉴를 클릭합니다.

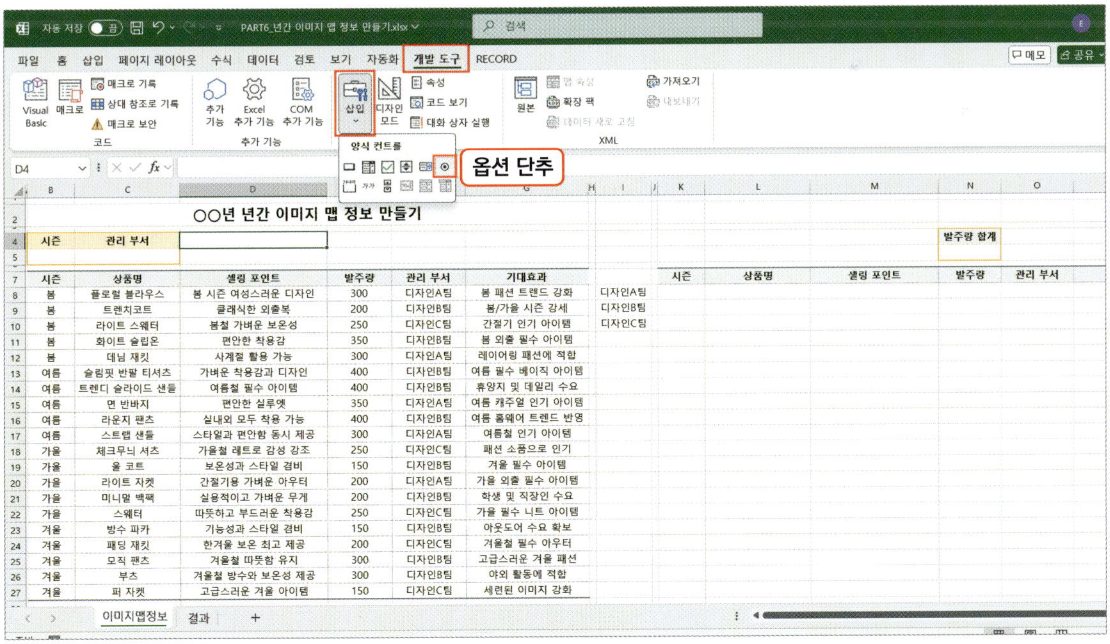

02 ‘옵션 단추’ 메뉴를 누른 상태에서 시트 안으로 이동해 E5:F5셀 범위에 간격을 잘 맞춰 첫 번째 ‘옵션 단추’를 만들고 나머지 3개는 복사/붙여넣기로 ‘옵션 단추’를 만듭니다.

※ ‘옵션 단추’ 복사/붙여넣기는 CHAPTER 9(570p)를 참고하세요.

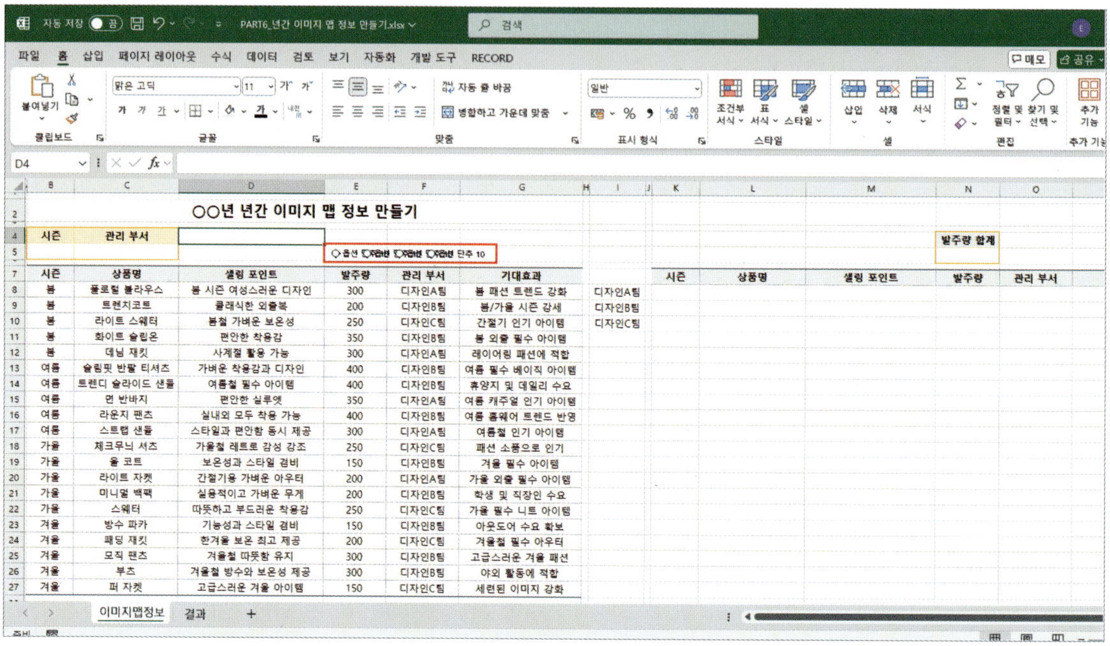

03 첫 번째 ‘옵션 단추’부터 차례대로 ‘봄’, ‘여름’, ‘가을’, ‘겨울’로 이름을 각각 변경해 줍니다.

※ ‘옵션 단추’ 이름 변경은 CHAPTER 9(570p)를 참고하세요.

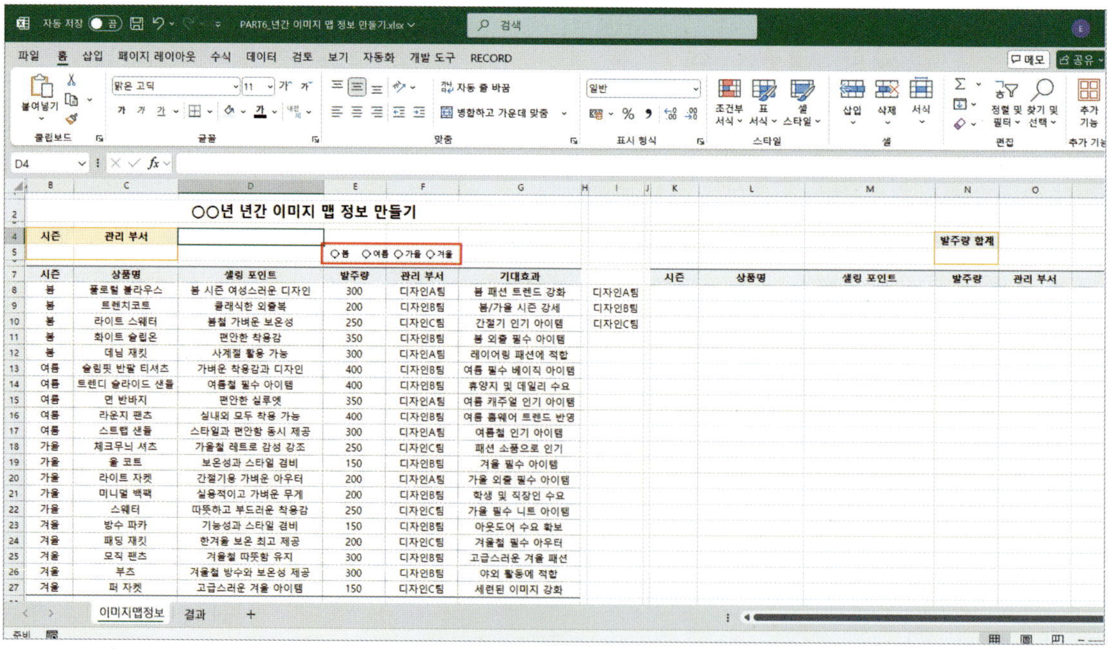

04 그리고 나서 [개발 도구] 탭- 컨트롤- 삽입- '그룹 상자' 메뉴를 클릭합니다.

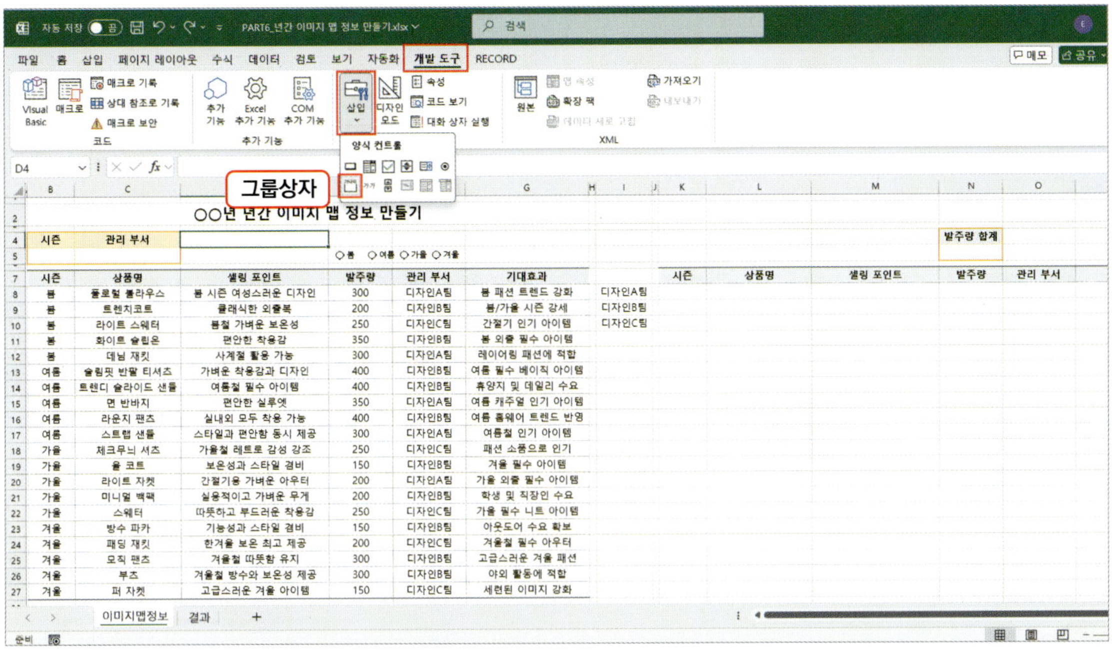

05 '그룹 상자' 메뉴를 누른 상태에서 시트 안으로 이동해 Alt 키를 누른 채 E4:F5셀 범위에 맞게 '그룹 상자'를 그려 줍니다. 그리고 나서 '그룹 상자' 왼쪽 상단 이름을 '시즌' 이름으로 변경합니다.

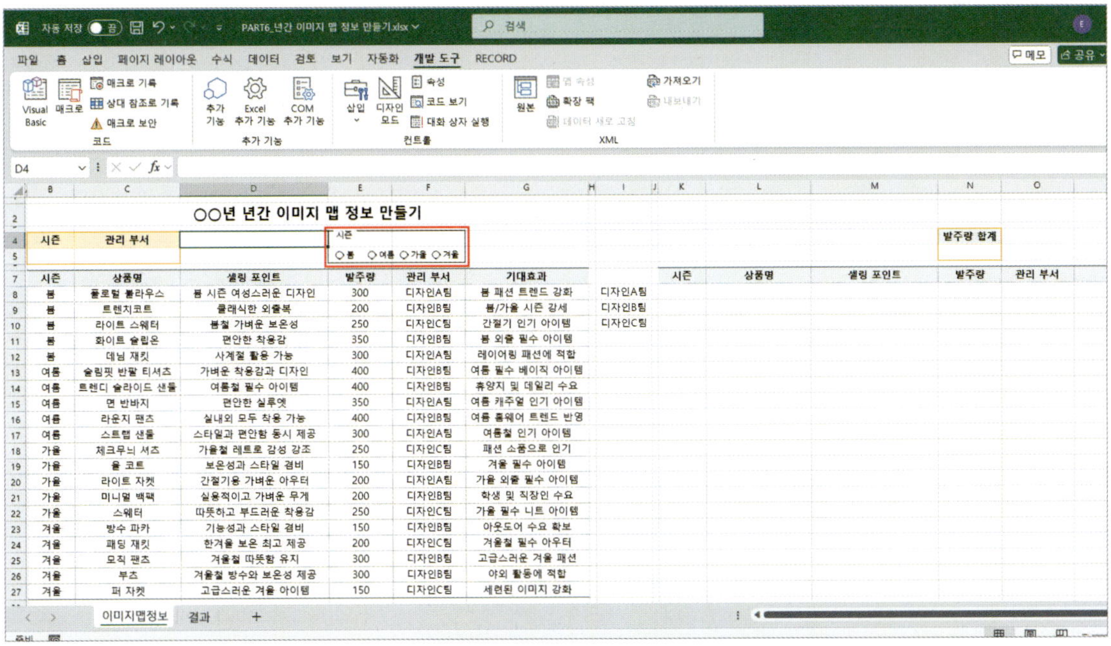

06 [개발 도구] 탭- 컨트롤- 삽입- '콤보 상자' 메뉴를 클릭합니다.

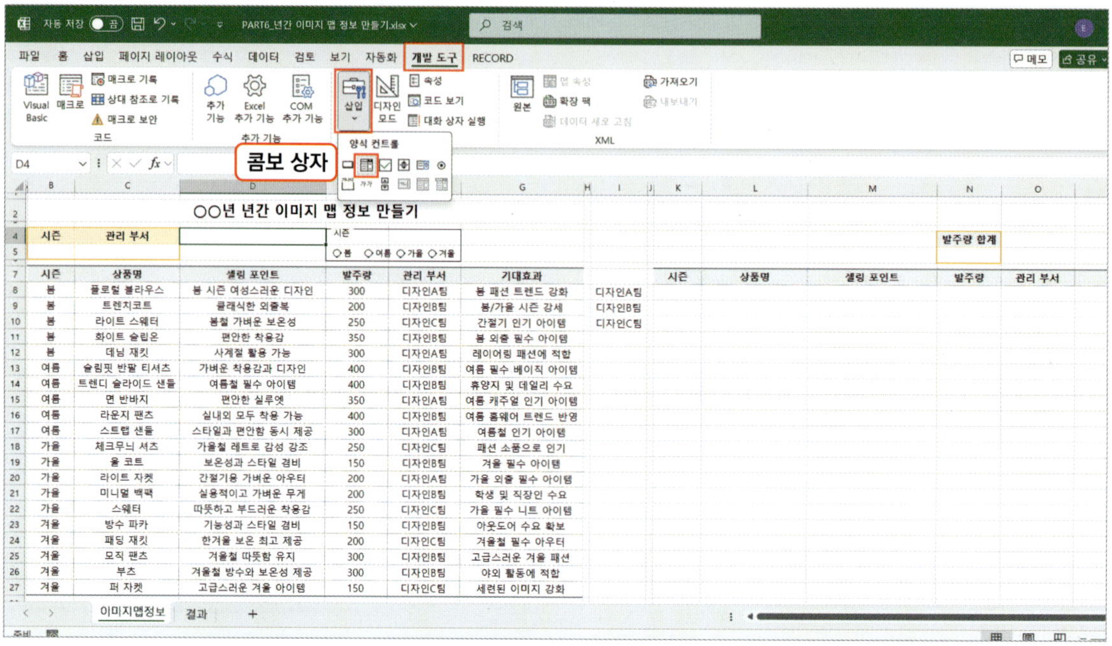

07 '콤보 상자' 메뉴를 누른 상태에서 시트 안으로 이동해 Alt 키를 누른 채 G5셀 범위에 맞게 '콤보 상자'를 그려 줍니다.

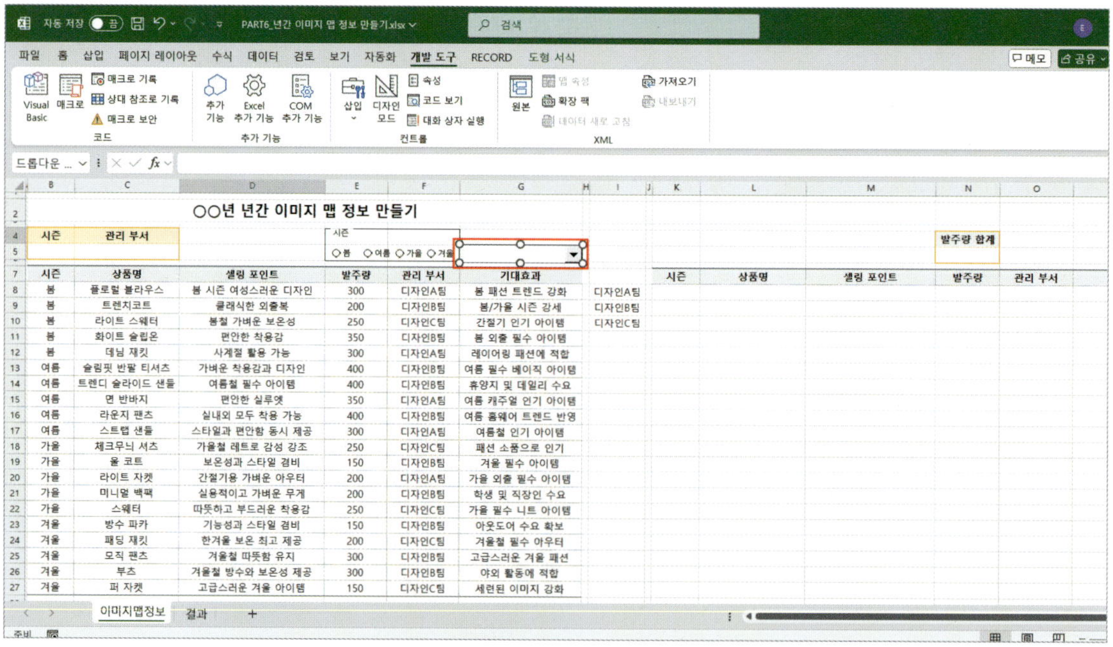

08 [개발 도구] 탭- 컨트롤- 삽입- '그룹 상자' 메뉴를 클릭합니다.

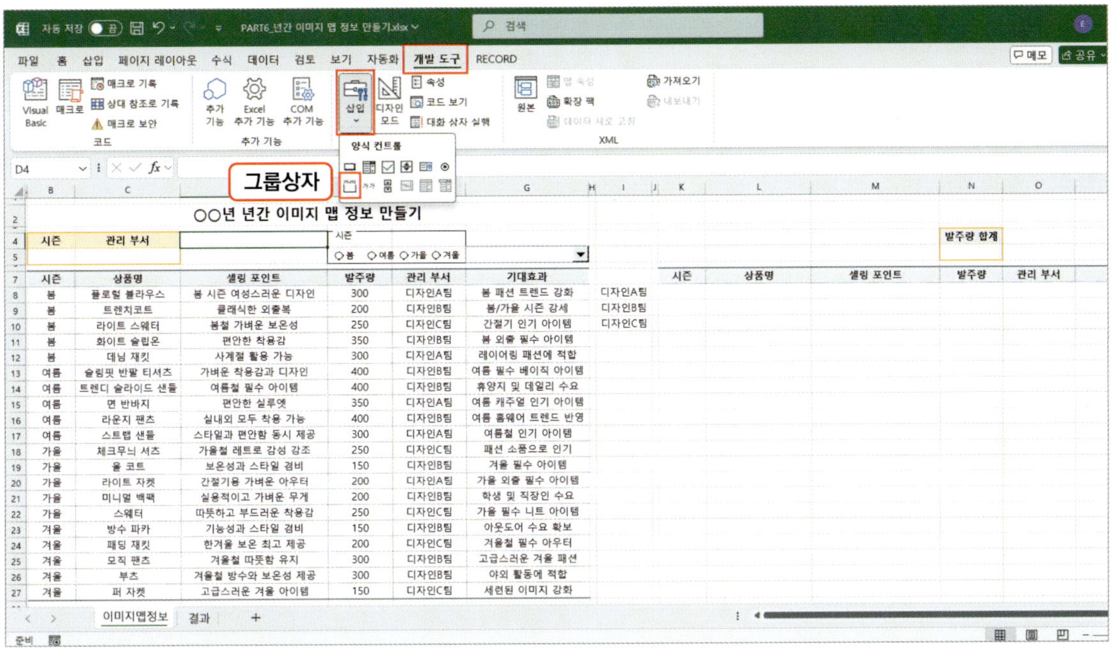

09 '그룹 상자' 메뉴를 누른 상태에서 시트 안으로 이동해 Alt 키를 누른 채 G4:G5셀 범위에 맞게 '그룹 상자'를 그리고, 왼쪽 상단 이름을 '관리 부서'로 변경합니다.

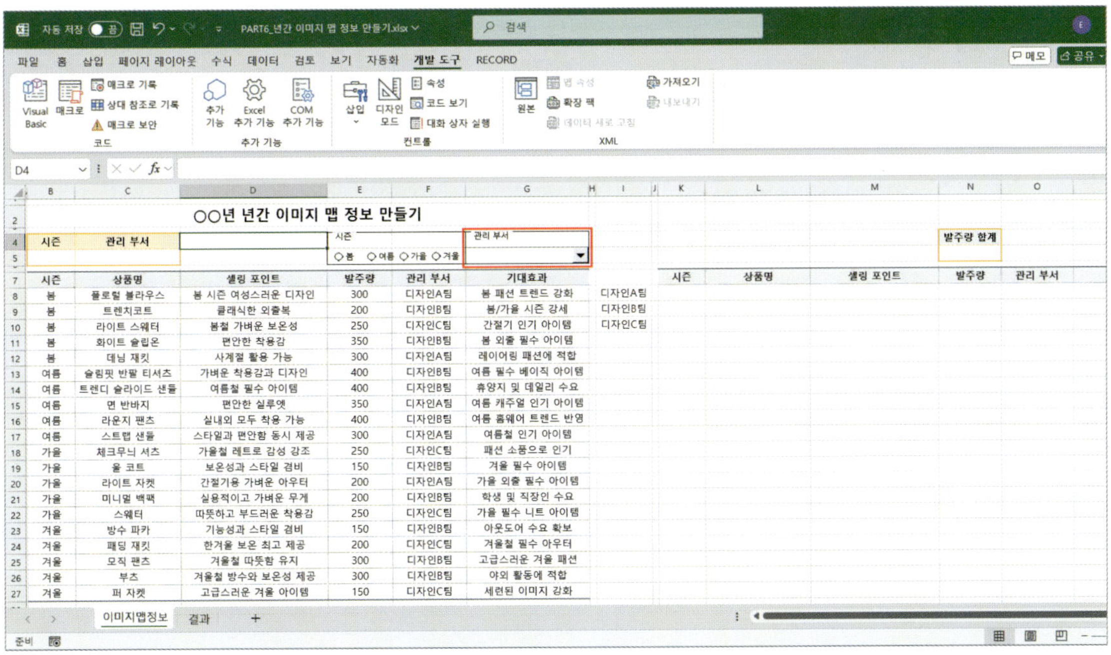

10 '옵션 단추' 첫 번째, '봄', 마우스 우클릭- '컨트롤 서식' 메뉴를 클릭합니다.

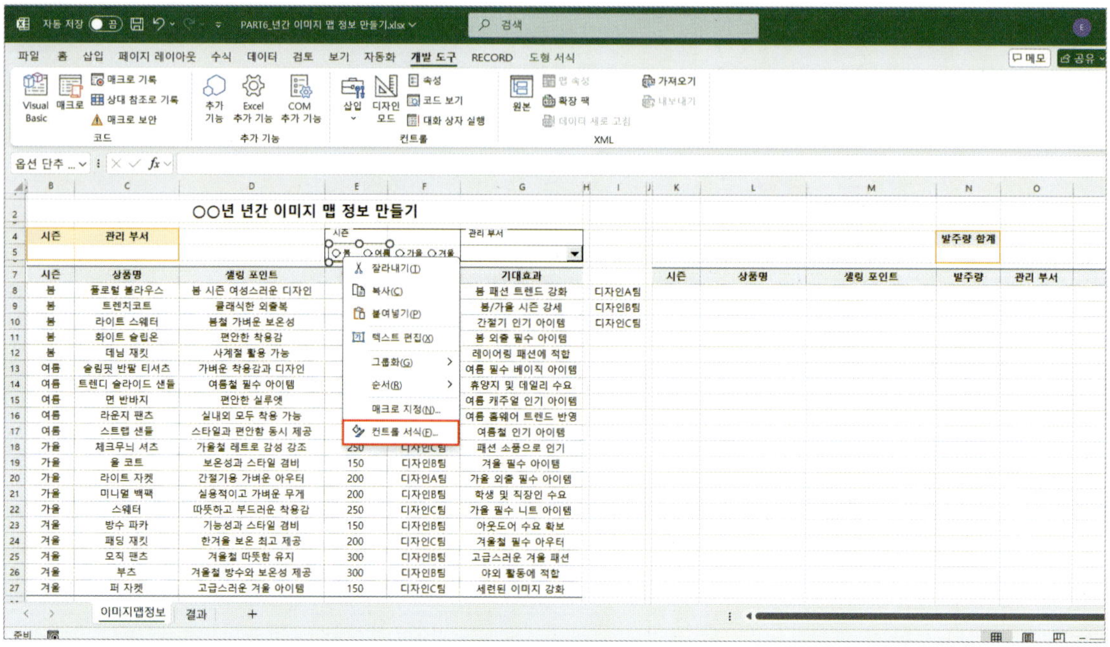

11 '컨트롤 서식- 셀 연결- '$I$2' 입력 후 확인 버튼을 클릭합니다.

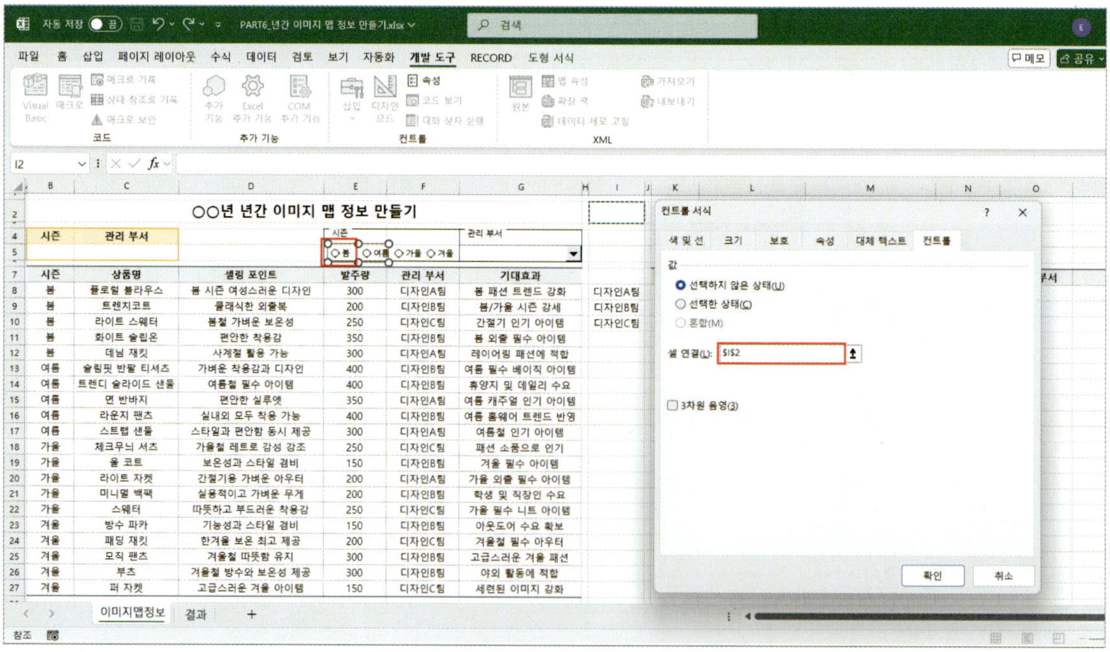

12 셀 연결이 잘 되었는지 샘플로 '옵션 단추'에서 '여름'을 선택한 상태에서, I2셀에 숫자 2가 출력이 되었는지 확인합니다.

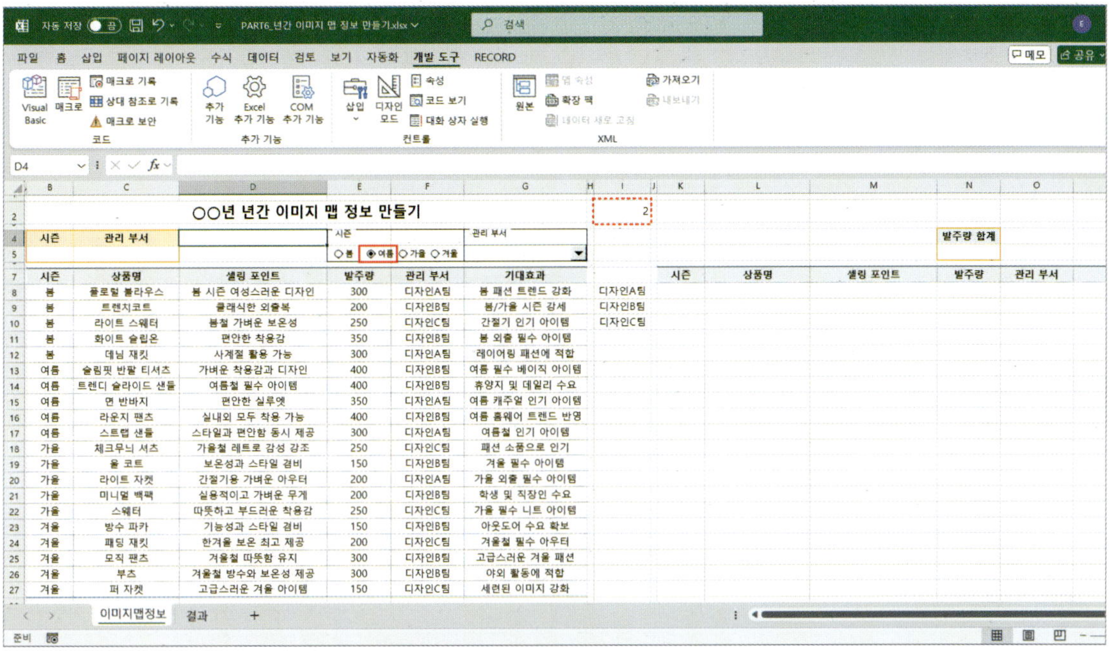

13 '콤보 상자', 마우스 우클릭– '컨트롤 서식' 메뉴를 선택합니다.

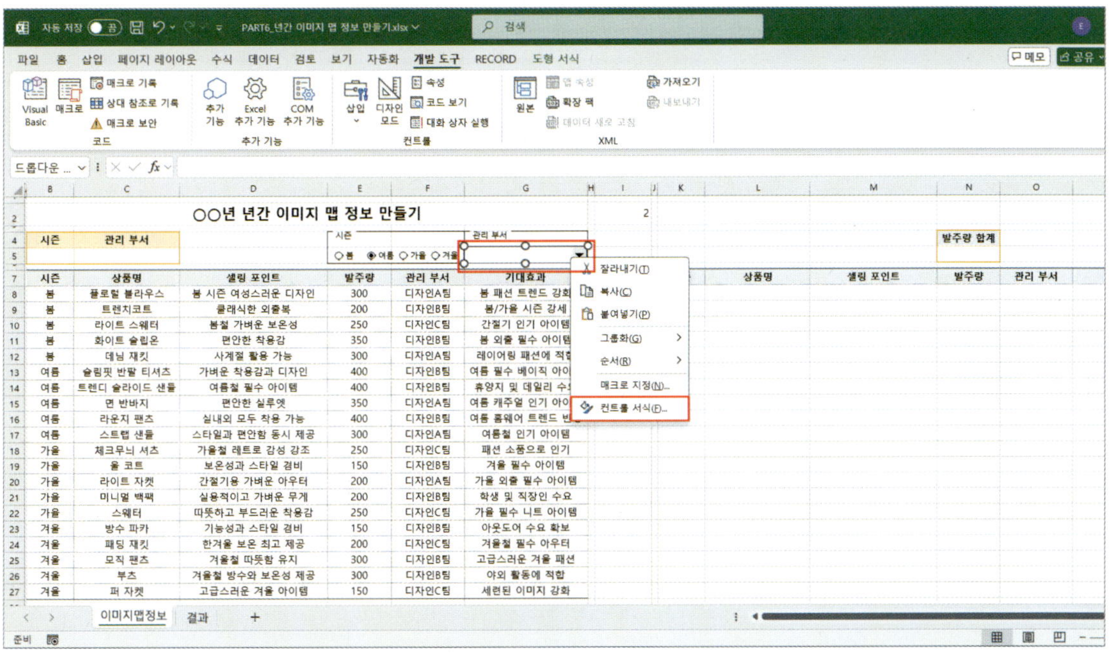

14 개체 서식- 컨트롤- 입력 범위: $I$8:$I$10- 셀 연결: $K$2- 목록 표시 줄 수: '3' 입력 후 확인 버튼을 클릭합니다.

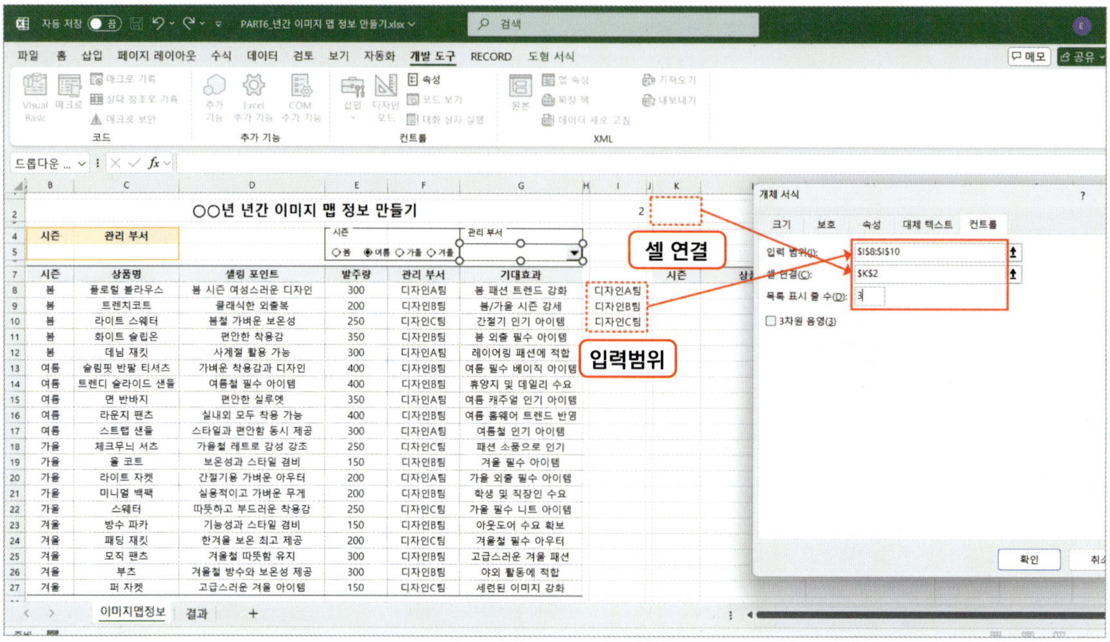

15 '콤보 상자'가 잘 작동되는지 확인을 위해 샘플로 '디자인A팀'을 선택해 놓습니다. 그리고 K2셀에 숫자 '1'가 출력이 되는지 확인합니다.

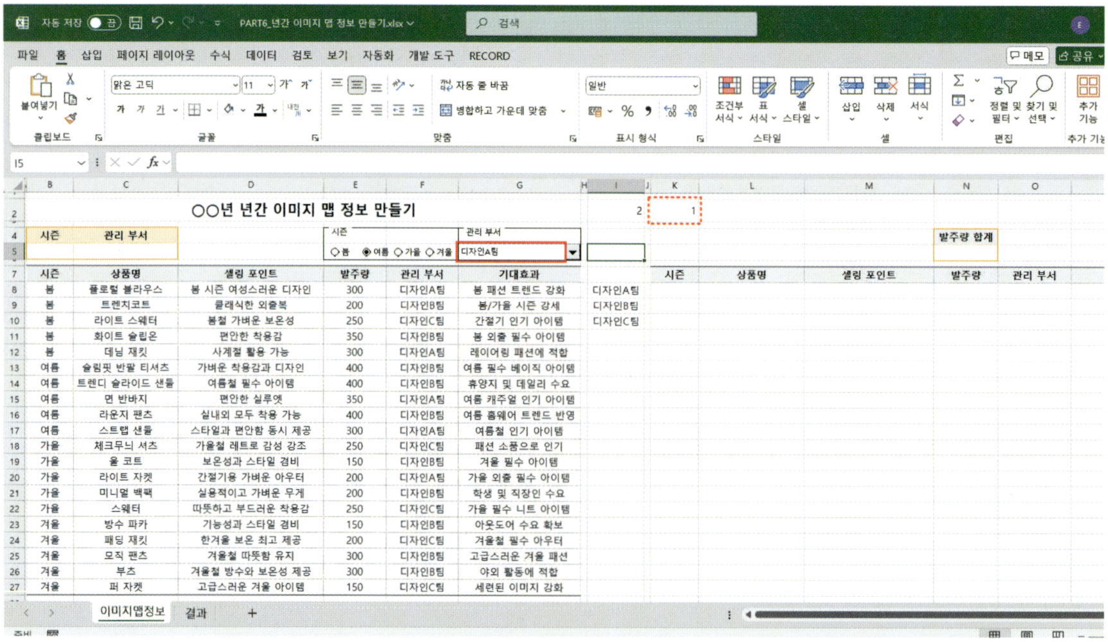

❶ B5셀 클릭- '=IF(I2=1,"봄",IF(I2=2,"여름",IF(I2=3,"가을","겨울")))' 입력 후 [Enter] 키를 누릅니다.

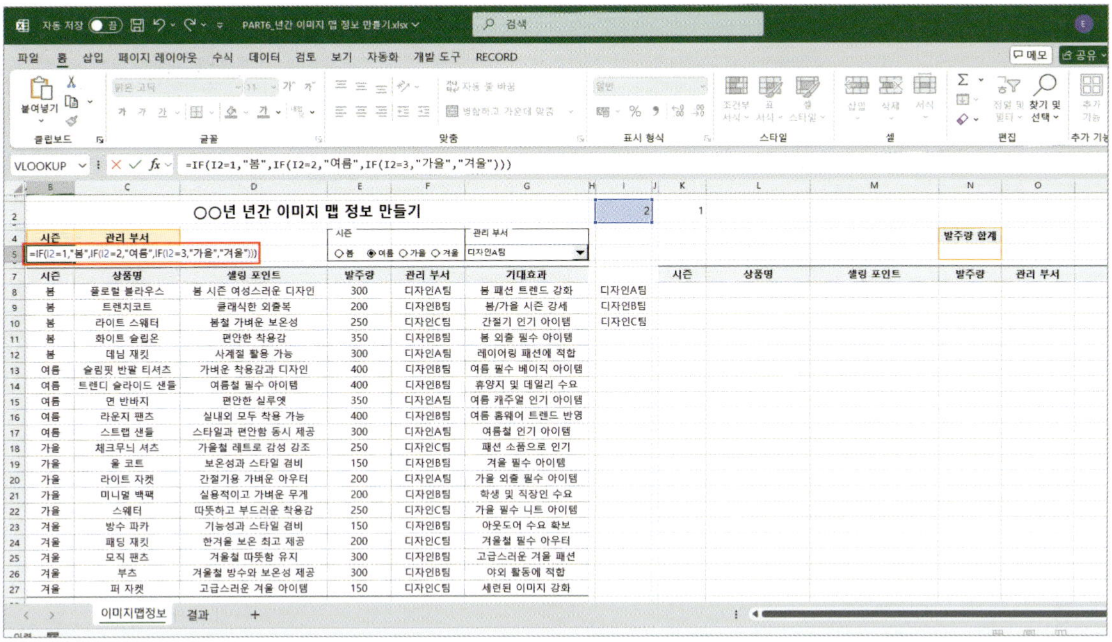

❷ B5셀: '여름'이 출력된 결과를 확인하고, C5셀 클릭- '=IF(K2=1,"디자인A팀",IF(K2=2,"디자인B팀","디자인C팀"))' 입력 후 [Enter] 키를 누릅니다.

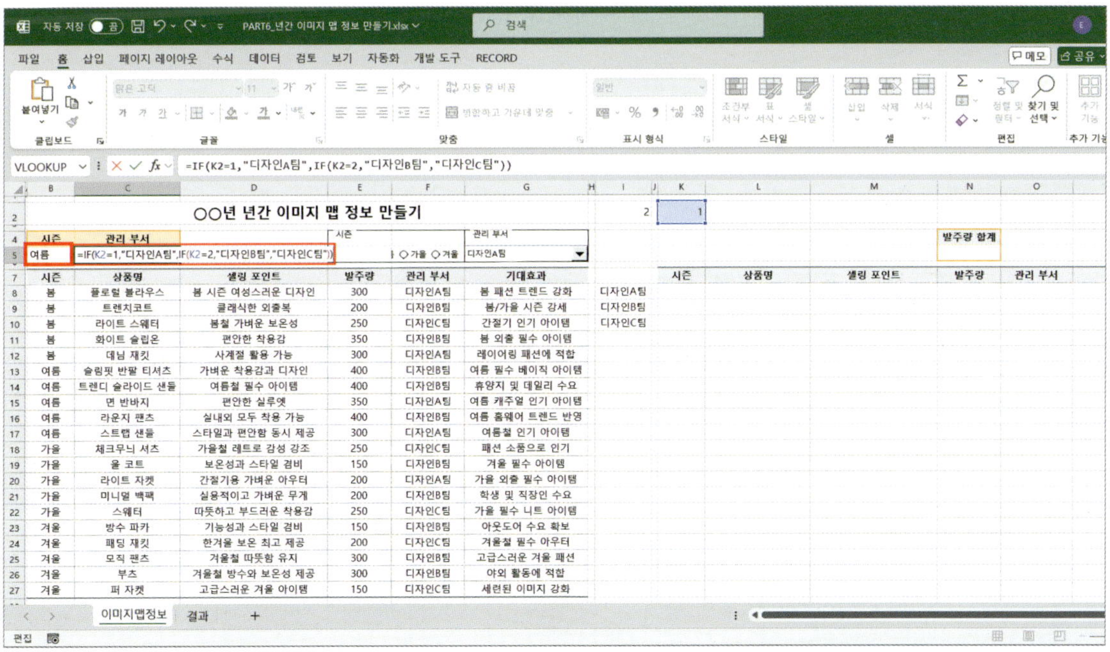

❸ C5셀: '디자인A팀'이 출력된 결과를 확인하고, [개발 도구] 탭- 코드- 매크로 기록- 매크로 기록- 매크로 이름: '디자인정보추출' 입력 후 확인 버튼을 클릭합니다.

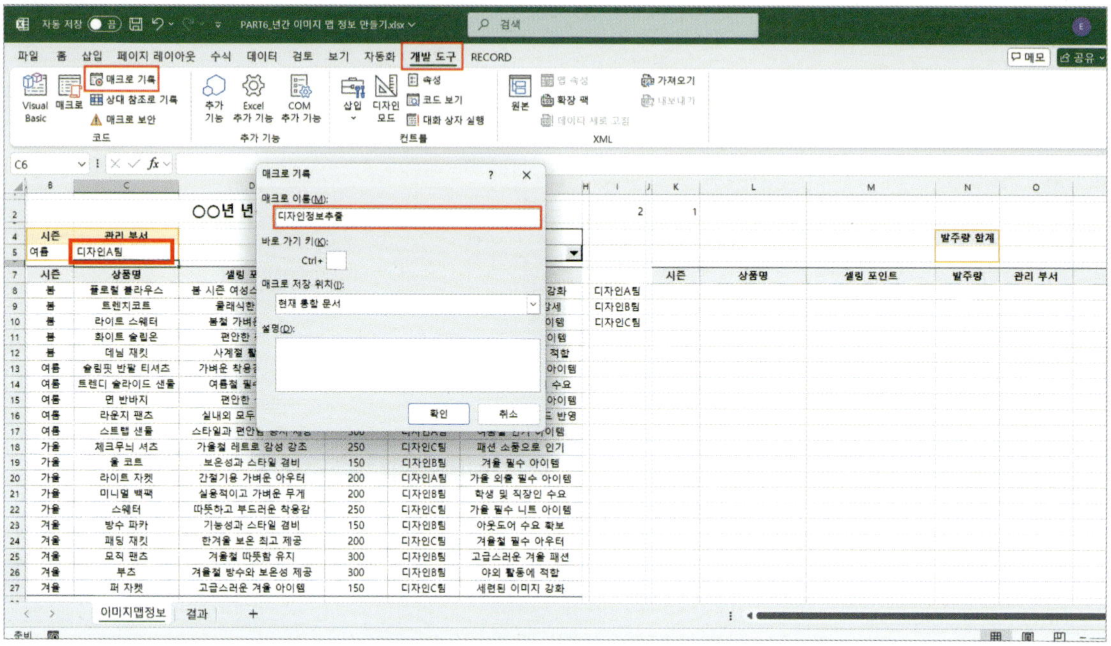

❹ [데이터] 탭- 정렬 및 필터- 고급- 고급 필터- 결과- 다른 장소에 복사- 목록 범위: '이미지맵정보!$B$7:$G$27'- 조건 범위: '이미지맵정보!$B$4:$C$5- 복사 위치: '이미지맵정보!$K$7:$P$7' 입력 후 확인 버튼을 클릭합니다.

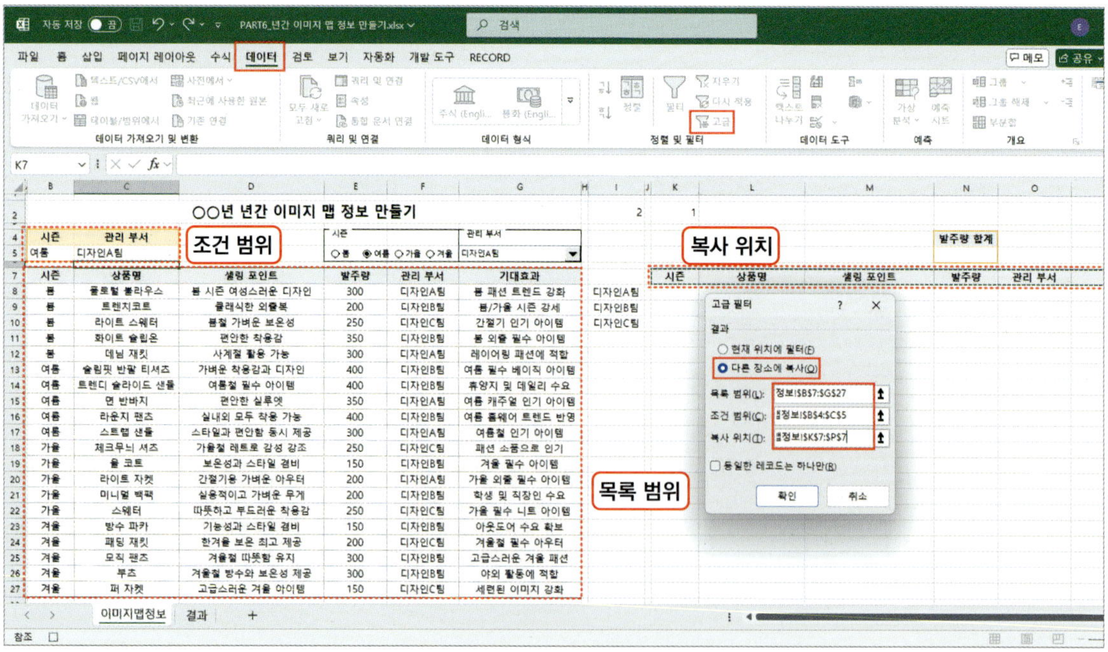

❺ 고급 필터로 출력된 K8:P9셀 범위 결과를 확인하고, [개발 도구] 탭- 코드- '기록 중지' 메뉴를 클릭합니다.

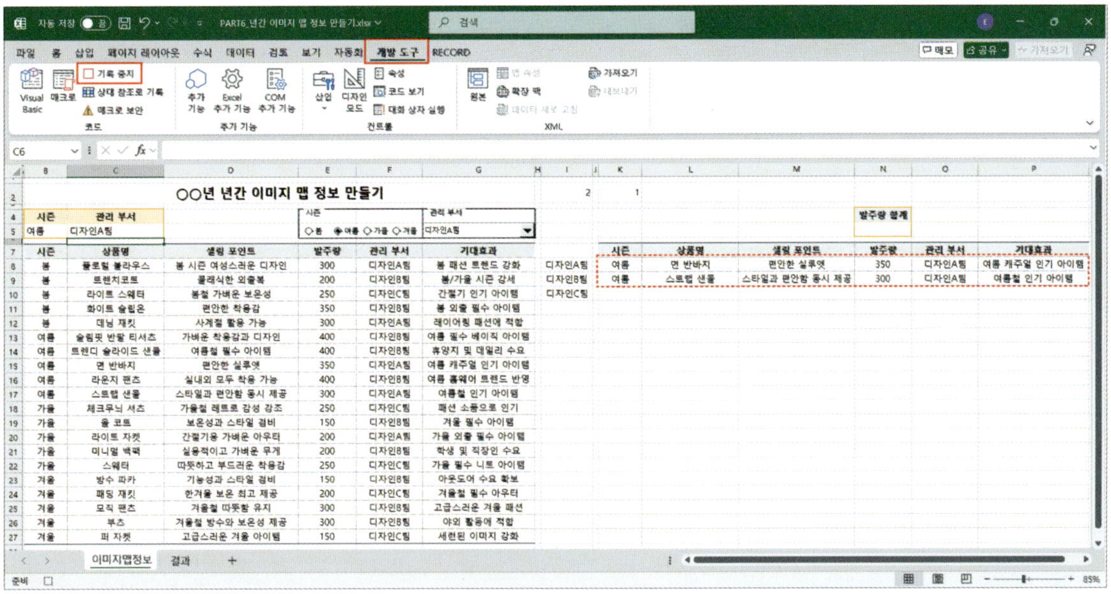

❻ [개발 도구] 탭- 코드- 매크로 기록- 매크로 기록- 매크로 이름: '지우기' 로 이름을 변경하고, 확인 버튼을 클릭합니다.

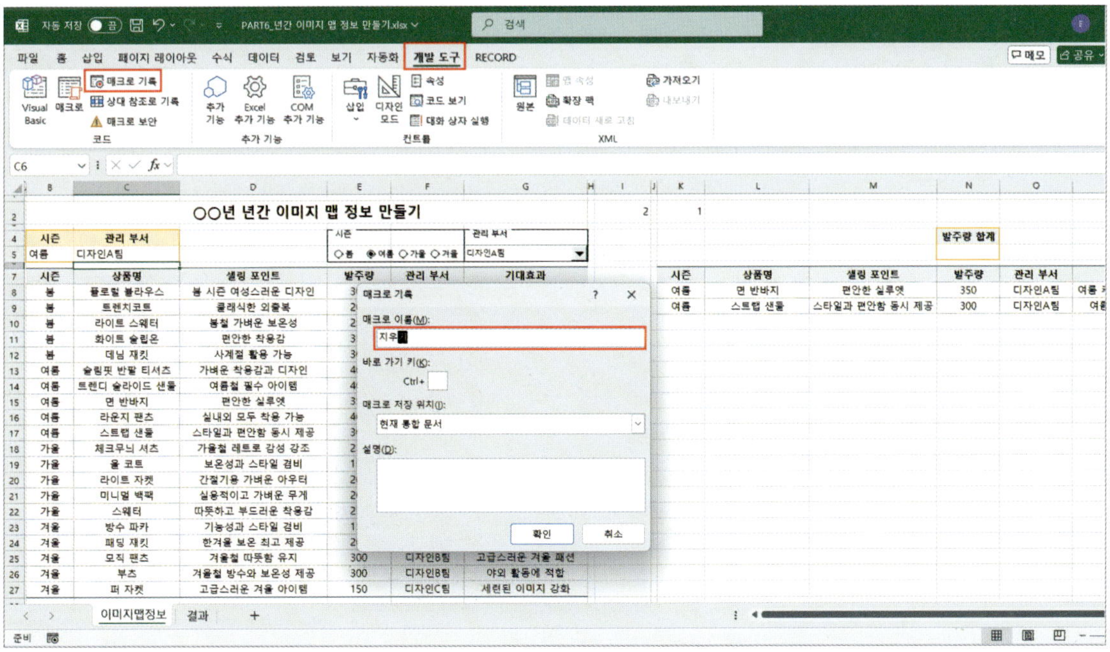

❼ K8셀 클릭-Ctrl+Shift+방향키, 오른쪽(→)+아래쪽(↓) 2번 누릅니다. 아래 이미지는 아래쪽으로 1번 누른 상태입니다. 한 번 더 눌러 줍니다.

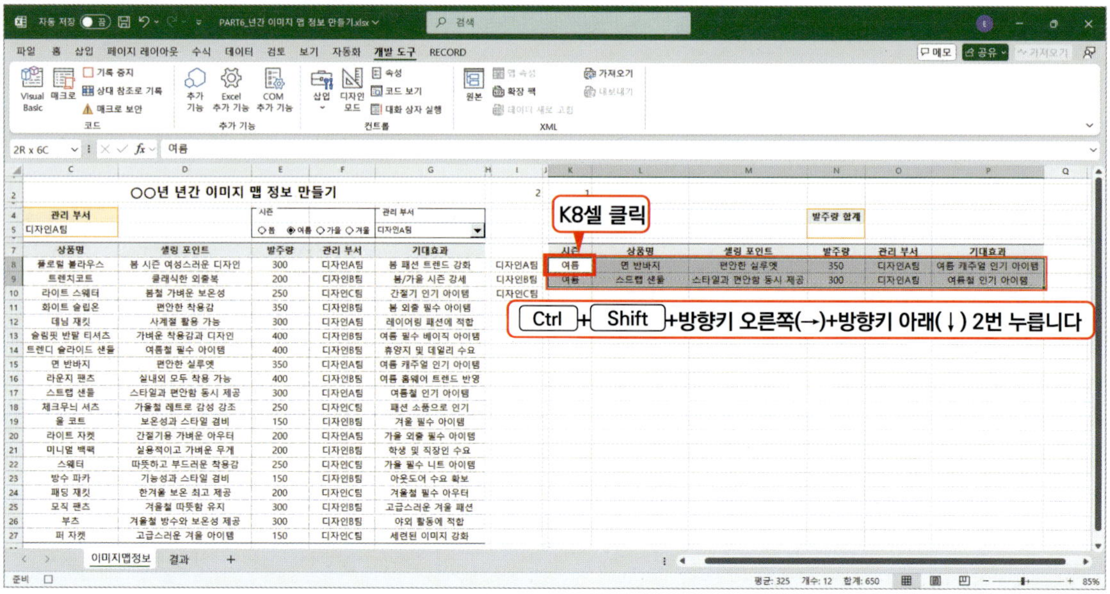

❽ Ctrl+Shift+방향키, 오른쪽(→)+아래쪽(↓) 2번 누른 상태에서 [홈] 탭- 편집- 지우기- '모두 지우기' 메뉴를 선택합니다.

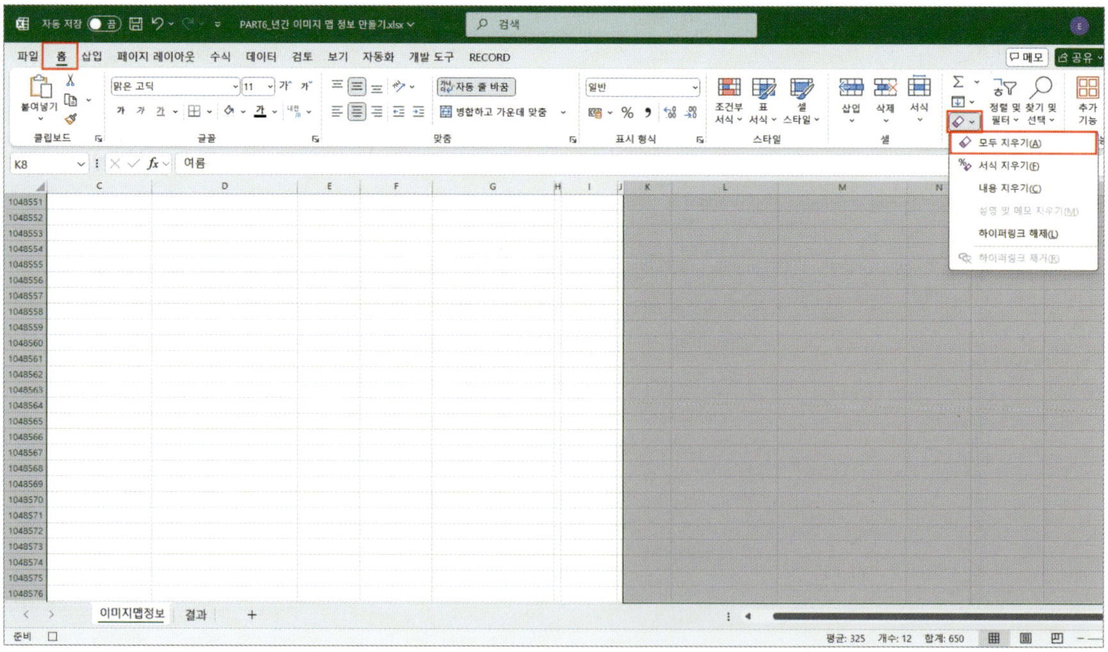

❾ L2셀 클릭- [개발 도구] 탭- 코드- '기록 중지' 버튼을 클릭합니다.

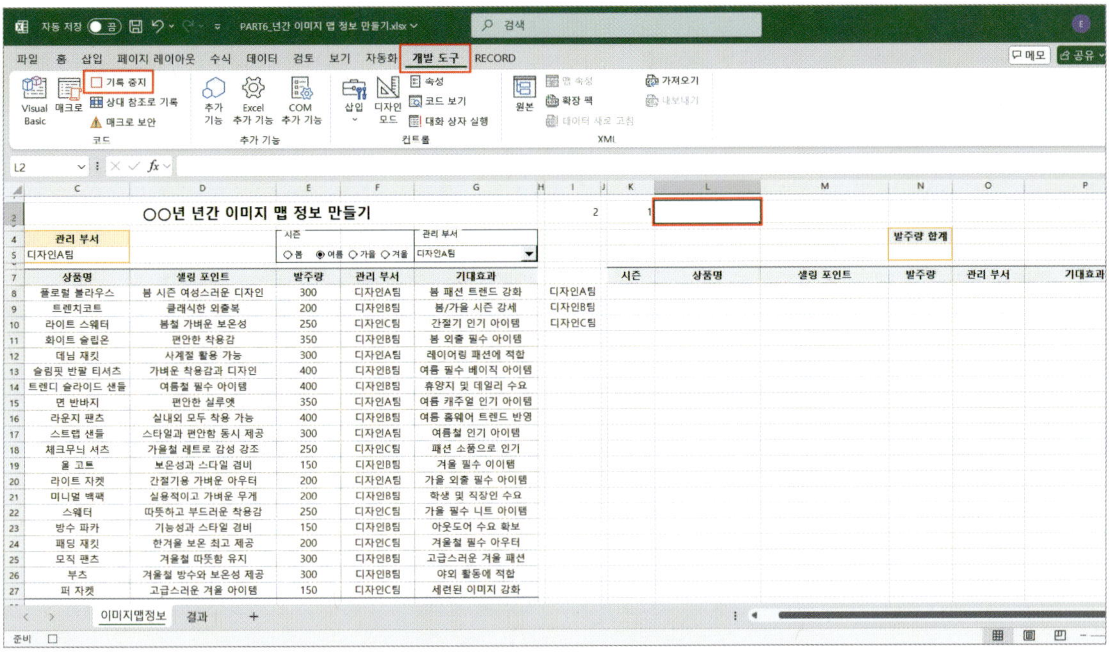

❿ [개발 도구] 탭- 컨트롤- 삽입- 양식 컨트롤- '단추' 메뉴를 클릭합니다.

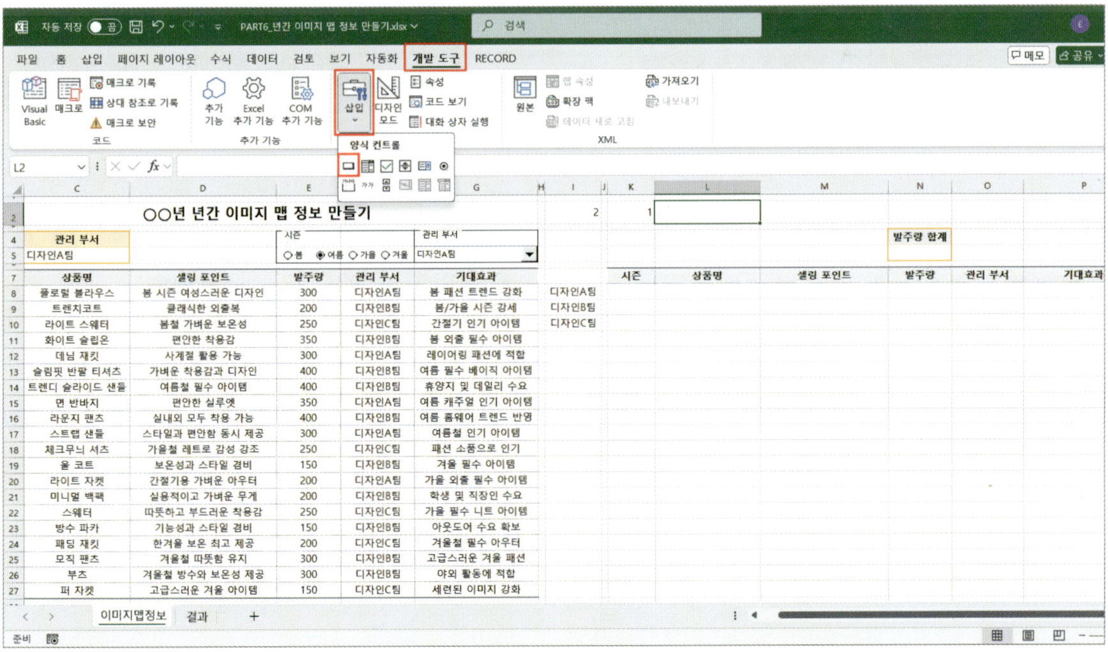

⓫ '단추' 메뉴를 누른 상태에서 시트 안으로 이동해 Alt 키를 누른 채 K4:L5셀 범위에 맞게 '단추' 드래그합니다. 매크로 지정- 매크로 이름- '디자인 정보 추출' 메뉴를 선택하고 확인 버튼을 클릭합니다.

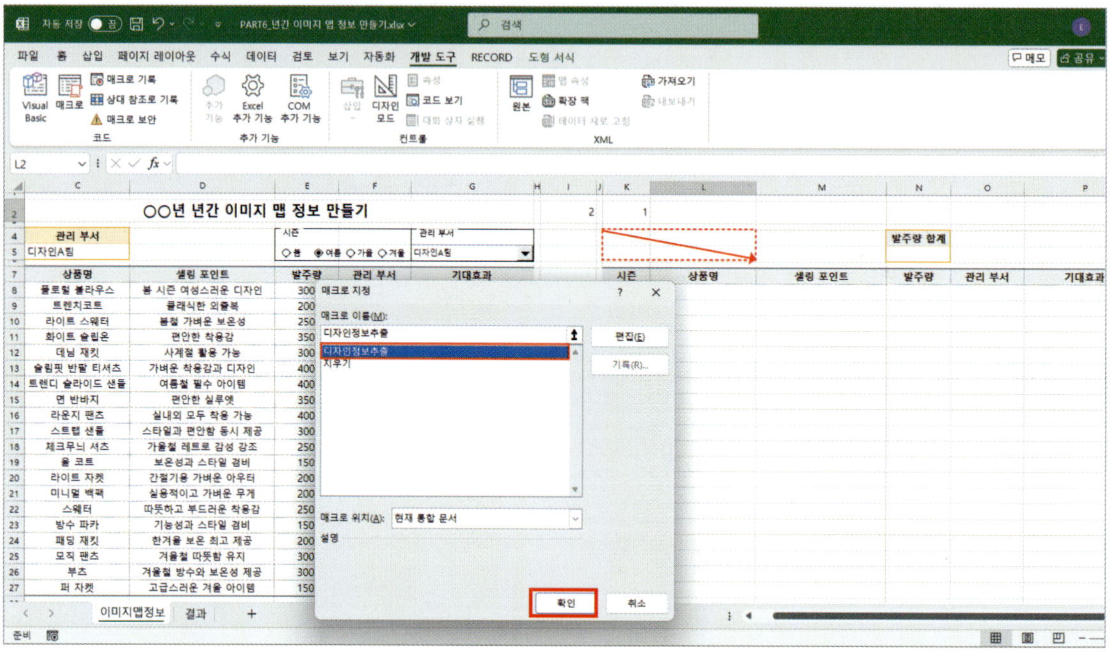

⓬ '단추' 컨트롤 양식을 클릭해 이름을 '디자인 정보 추출'이라고 입력합니다.

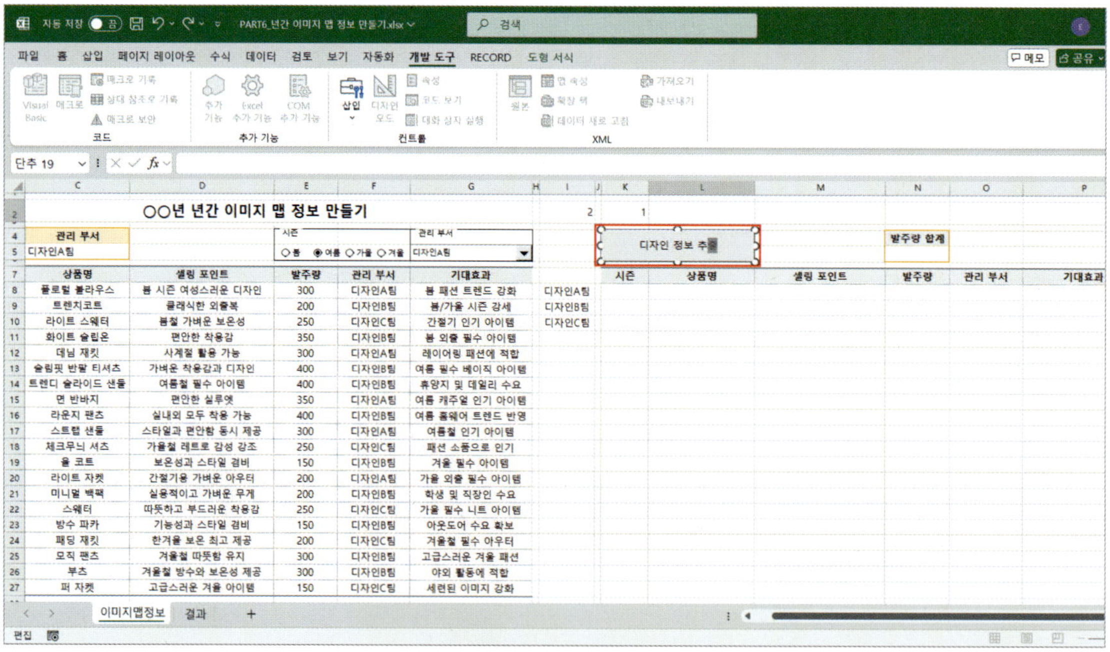

⓭ 그리고 나서 아무 여백 셀을 클릭하고, [개발 도구] 탭- 컨트롤- 삽입- '단추' 메뉴를 다시 클릭합니다.

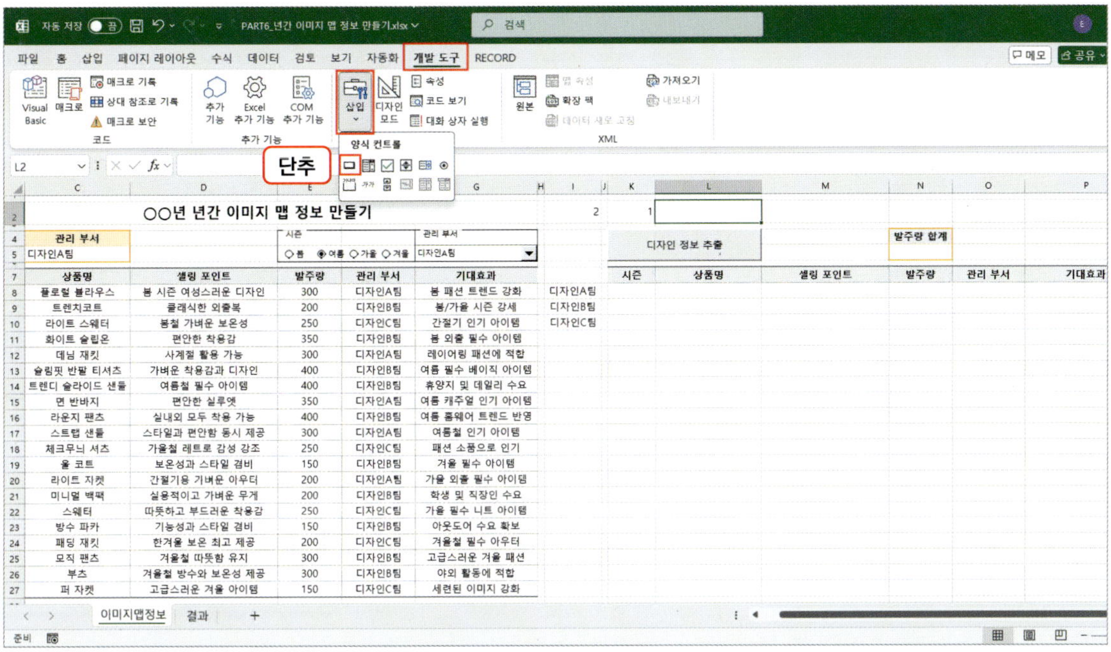

⓮ '단추' 메뉴를 누른 상태에서 시트 안으로 이동해 Alt 키를 누른 채 M4:M5셀 범위에 맞게 '단추' 드래그합니다. 매크로 지정- 매크로 이름- '지우기' 메뉴를 선택하고 확인 버튼을 클릭합니다.

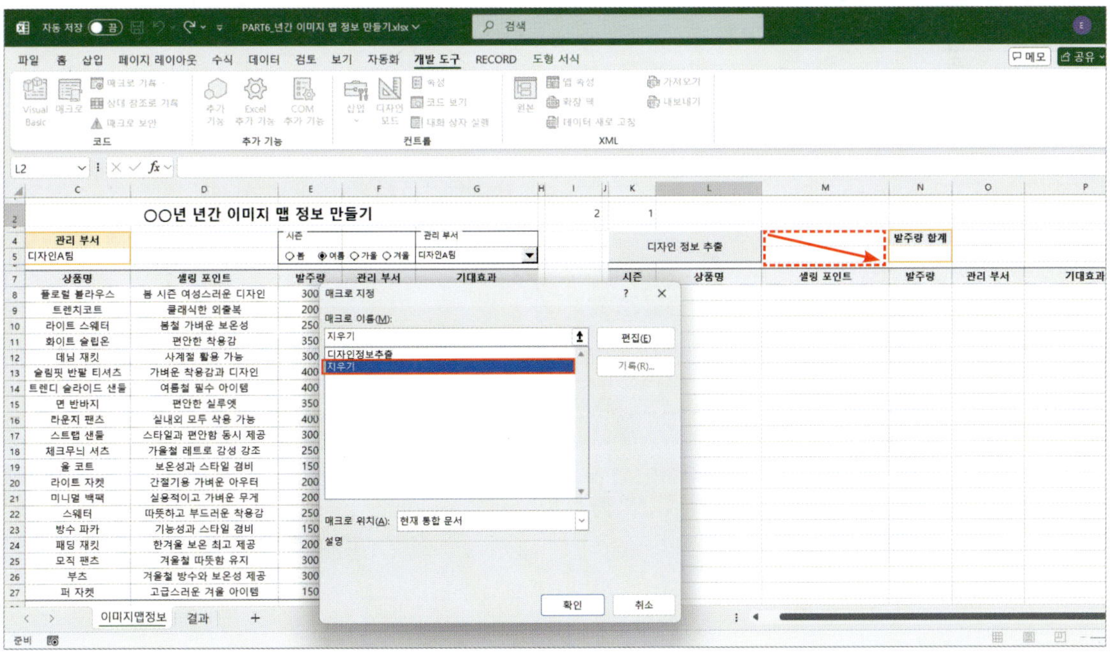

⓯ '단추' 컨트롤 양식을 클릭해 이름을 '지우기'라고 입력합니다.

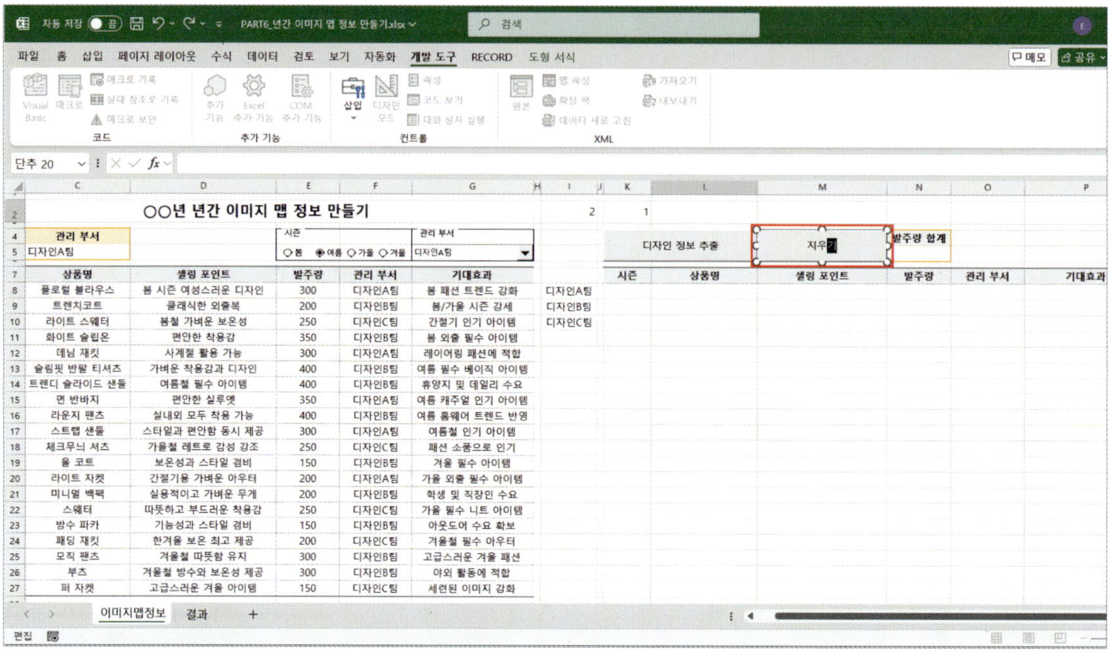

⓰ 아무 셀 여백을 클릭하고, 매크로 '단추' 버튼이 잘 작동되는지 확인하기 위해 현재 '시즌': '여름', '관리 부서': '디자인A팀'을 AND조건으로 추출되는지 '디자인 정보 추출', '단추'를 클릭해 결과를 확인합니다.

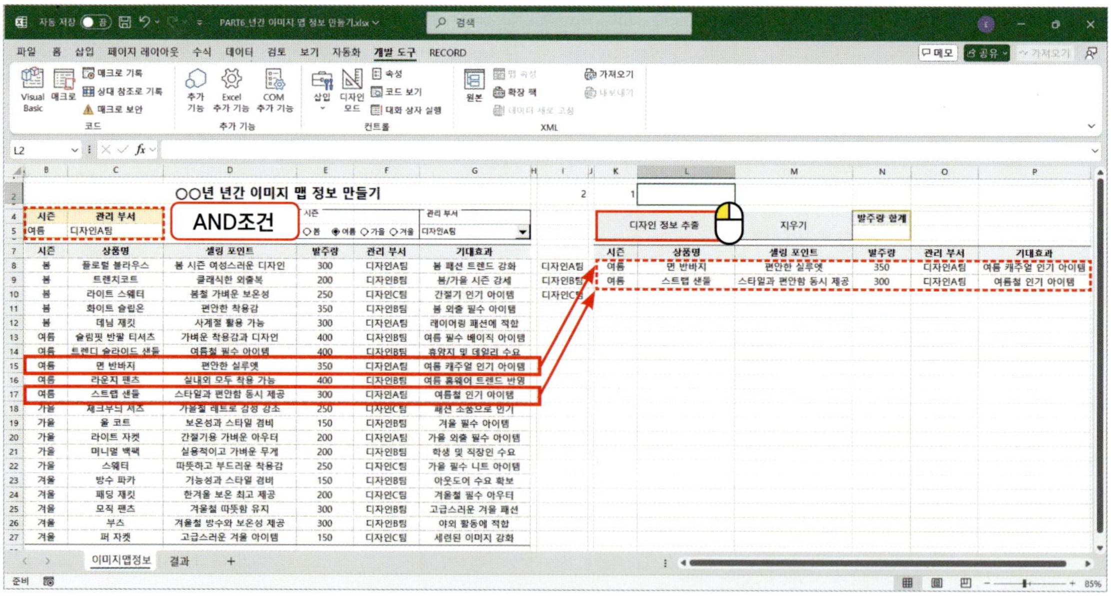

⑰ 결과가 잘 출력되었다면 이번에는 '지우기', '단추'를 클릭해 출력된 정보가 지워지는지 확인합니다.

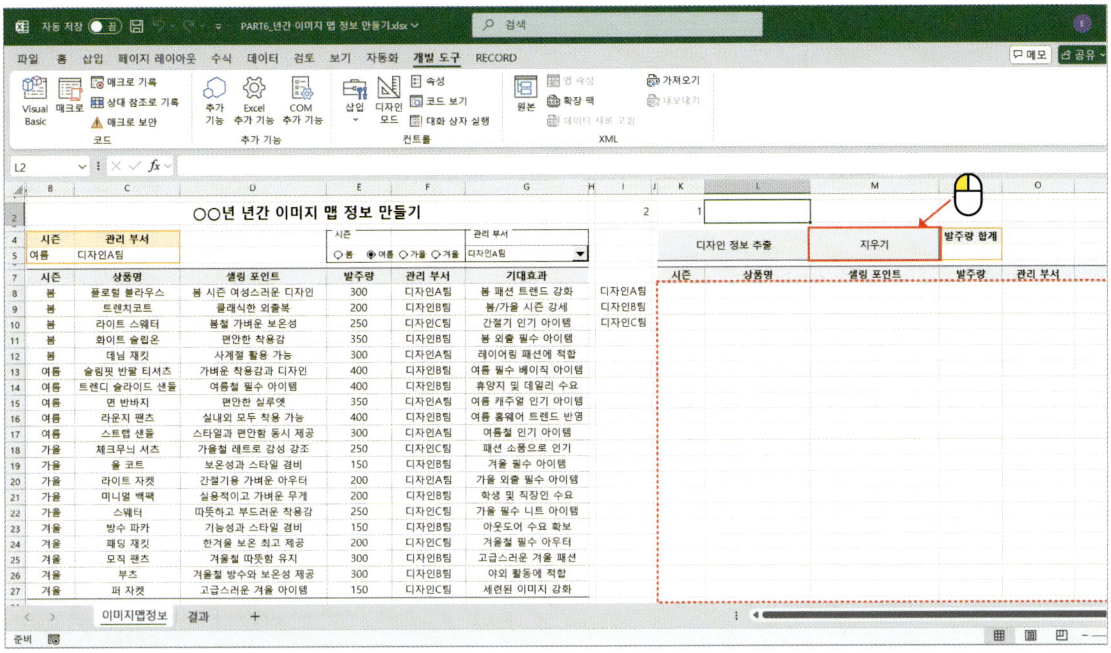

⑱ 발주량 합계를 구하기 위해 N5셀 클릭- '=SUM(N8:N27)' 입력 후 Enter 키를 누릅니다.

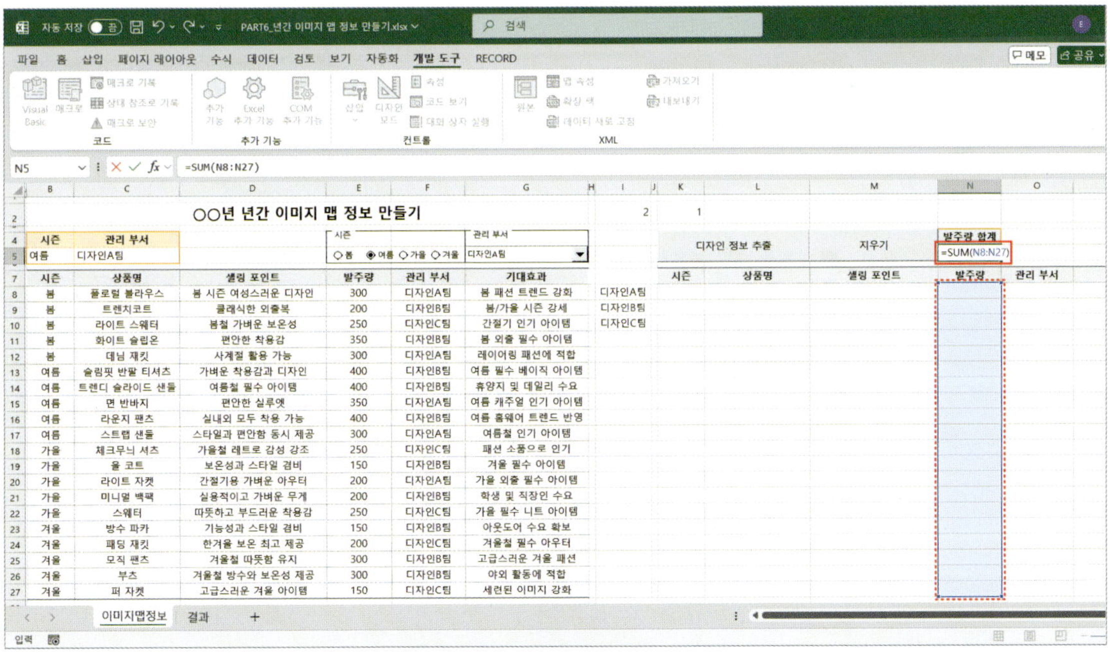

⑲ '디자인 정보 추출', '단추'를 클릭해 '발주량 합계'가 잘 운영되는지 확인합니다.

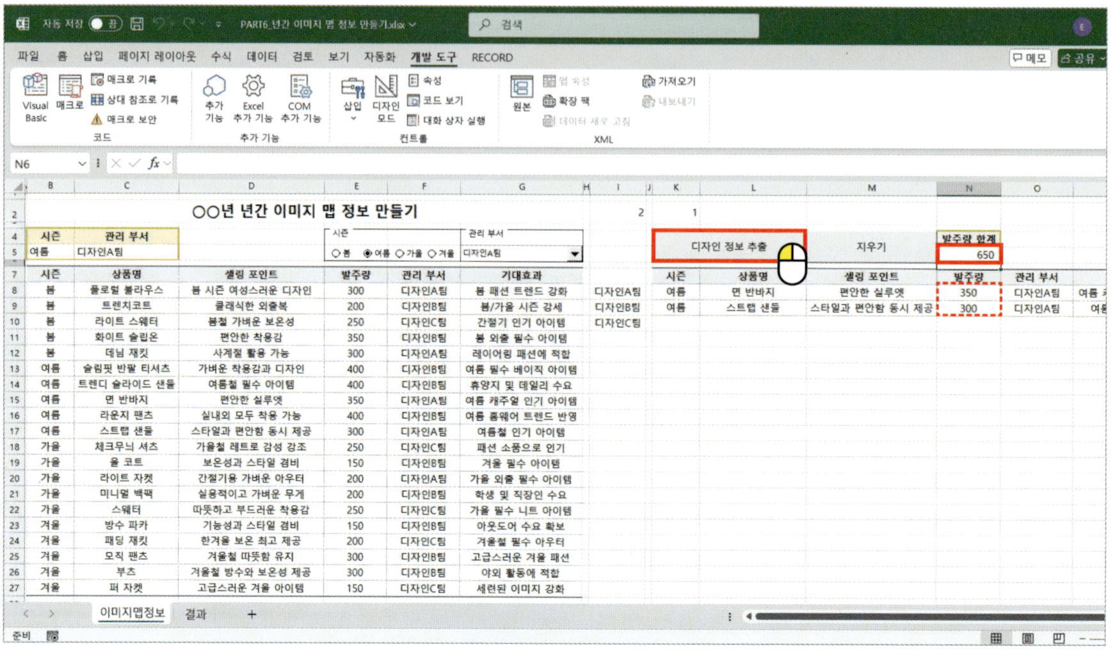

⑳ I8:I10셀 범위 지정- Ctrl 키를 누른 채, I2:K2셀 범위 지정- [홈] 탭- 글꼴- 글꼴 색- '흰색, 배경 1' 메뉴를 눌러 화면상 출력된 컨트롤 서식, 입력 범위 및 결과 숫자값을 흰색 글꼴로 바꿔 줍니다.

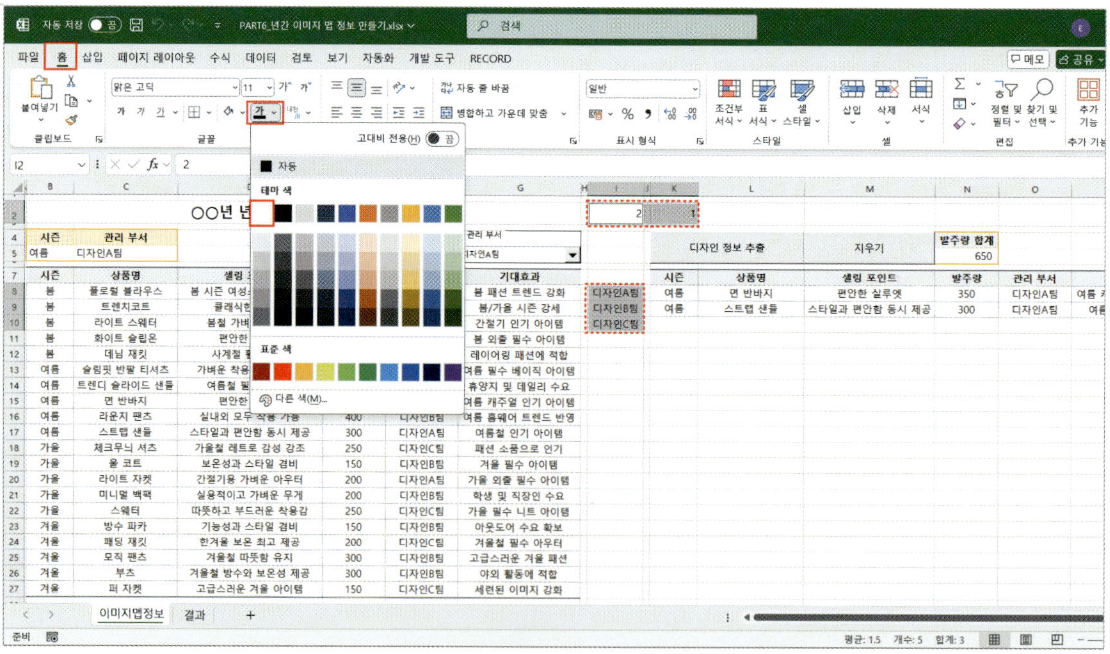

㉑ '이미지 맵 정보 만들기 대시보드(Dashboard) 현황판'이 만들어진 최종 결과물을 확인합니다.

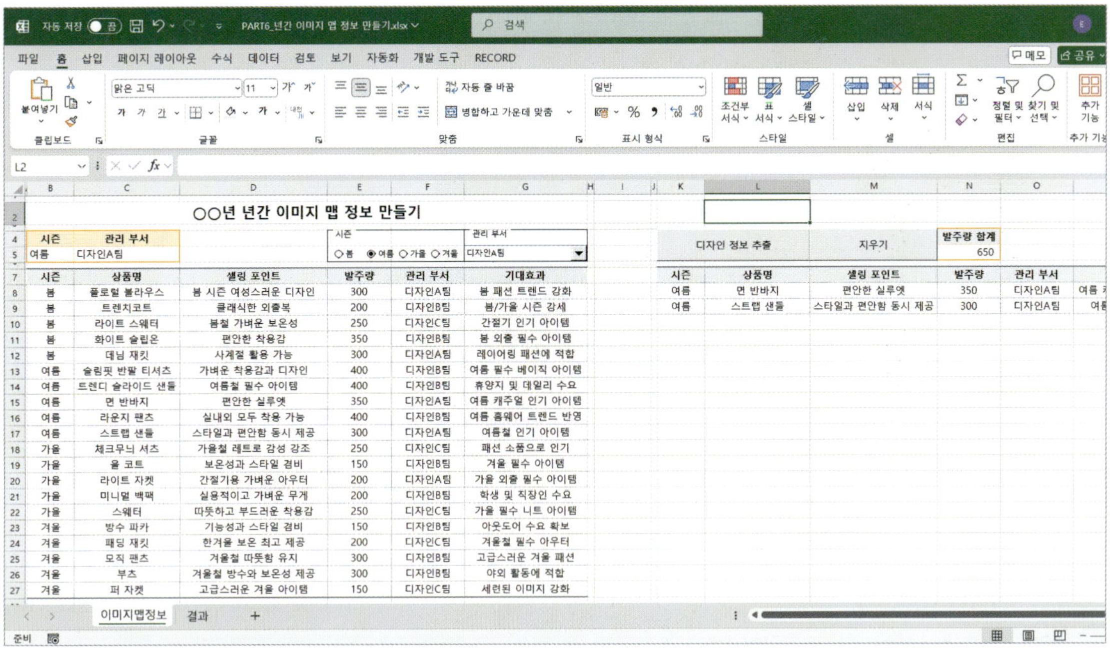

㉒ 마지막 매크로 파일로 저장하기 위해, F12 클릭- 다른 이름으로 저장- 파일 이름 사용자 지정- 파일 형식- 'Excel 매크로 사용 통합 문서 (*.xlsm)' 메뉴를 선택해 매크로 파일로 저장해 줍니다.

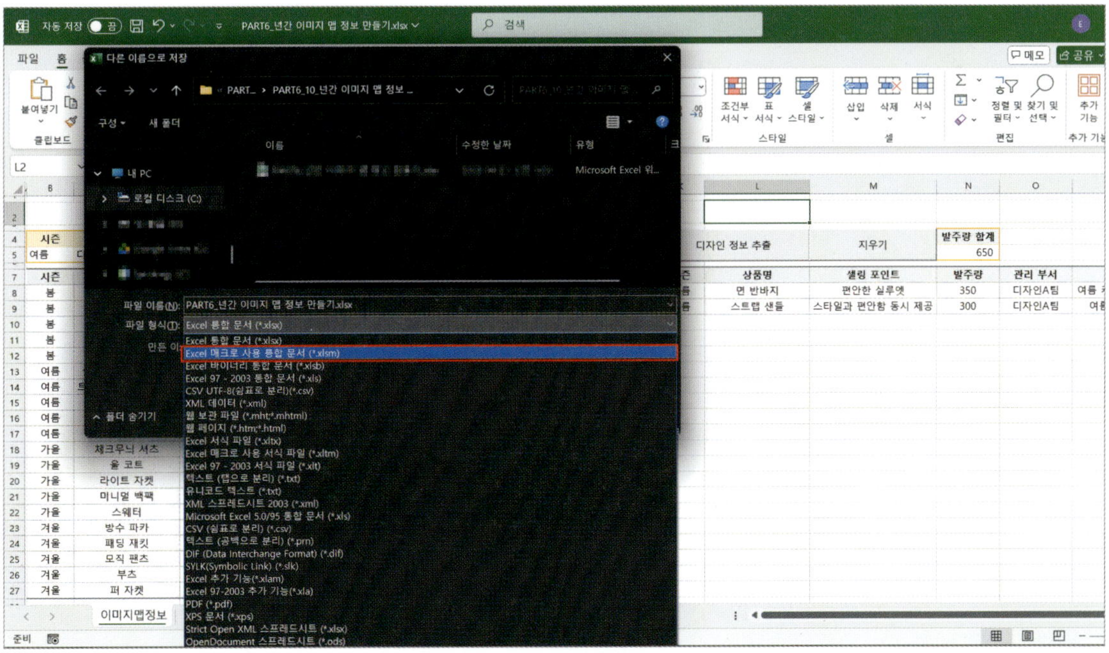

❷❸ xlsm 파일 형식으로 저장된 최종 파일명을 확인합니다.

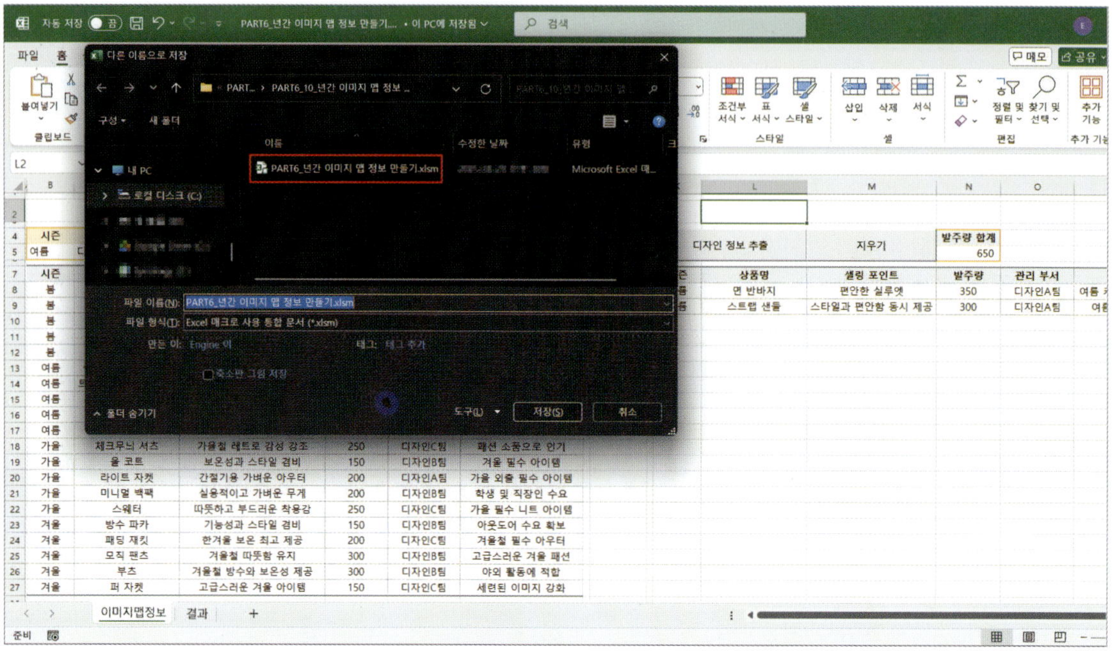

MEMO

엑셀 이것만!

진짜 업무에서 쓰이는 실전 백과사전 실무 엑셀 완전 정복 2

홈페이지 QR

예제 파일 다운로드

❶ 혜지원 홈페이지(www.hyejiwon.co.kr) 접속

❷ 상단 메뉴의 〈자료실〉에서 〈IT〉 클릭

❸ 검색 창에 실무 엑셀 완전 정복2 입력

❹ 페이지 하단의 다운로드 탭에서 파일 다운로드 클릭